譯註 首楞嚴經

개정 1쇄 | 2003년 11월 1일
개정 3쇄 | 2007년 1월 25일
개정 증보 5쇄 | 2019년 1월 15일

감수 | 如天無比
역주 | 一歸
펴낸이 | 강성철
펴낸곳 | 샘이깊은물

주소 | 서울 강북구 수유6동 524-58
전화 | 02) 2215-5618
전송 | 02) 2215-4536
등록 | 2002. 12. 30. 제9-00110호
ⓒ 2003, 샘이깊은물

ISBN 89-953913-2-4 03220

잘못된 책은 구입하신 서점에서 바꾸어 드립니다.

譯註 首楞嚴經

譯註

首楞嚴經

如天無比 監修
一 歸 譯註

샘이깊은물

楞嚴經 譯註 序文

고덕(古德)이 말씀하시기를 "나는 능엄경(楞嚴經)을 읽은 이후로는 인간사의 찌꺼기 맛은 보지 않았고, 화엄경(華嚴經)을 알고 부터는 비로소 내 자신이 불법(佛法)에 부귀한 사람이라는 것을 알았다[自讀楞嚴經 從此不嗜人間糟糠味 認識華嚴經 方知己是佛法富貴人]"라고 하였다.

단순히 한 고덕의 소감만으로 끝나는 것이 아니라 능엄경은 이와같이 인간의 삶에 끼친 영향이 지대하다. 사람들의 삶의 격을 한껏 높여주었던 것이다. 그리고 영원한 생명과 무한한 능력의 실재인 묘명진심(妙明眞心)을 확연히 드러내 보여주었다. 삼라만상(森羅萬象)의 청정본연(淸淨本然)한 진리까지.

운성대강백(雲惺大講伯)의 강맥(講脈)을 이은 일귀(一歸)스님은 일찍이 능엄경의 이러한 맛에 심취하여 그 좋아함을 세상 사람들과 달리하고 살아온 것이 이미 여러 해가 되었다. 마침 경학연구(經學硏究)의 뜻을 같이 하는 사람들의 도량인 이 곳 은해사 승가대학원에 와서 능엄경 연구의 그 결실을 보게 되었다. 참으로 수년 간의 심혈을 기울인 업적(業績)이다.

아직은 스스로 미완(未完)이라 말한다. 완성이란 정말 어디에도 없다. 모든 것이 미완이기에 사람의 삶이 의미있고 소중한 것이다. 다만 이번의 작업이 후학들의 연구에 큰 참고가 되리라고 확신한다. 그리고 뒷날 일귀스님 자신의 능엄경을 들을 수 있게 되기를 기대하며, 크게 기쁜 마음으로 경하(慶賀)해 마지 않는다. 아울러 우리나라의 경학연구에 밝은 빛이 되기를 당부드린다.

은해사 조계종 승가대학원장
如天無比 識

楞嚴經 譯註를 내면서

부처님께서 깨달음을 이루시고 평생을 교화하신 궁극의 뜻이 '우리들에게 수행을 통해 사회와 이웃에 회향하는 삶을 살라'고 하신 것이라면 능엄은 그러한 회향의 삶을 투철하게 잘 살 수 있도록 항상하고 영원한 참다운 나[如來藏 妙眞如性]를 깨닫게 하는 경전이다. 그러한 까닭에 특히 참선(參禪)을 강조하는 선종(禪宗)에서 중요시 했으며, 불교인이라면 누구나 소중히 생각하는 경전이다.

옛부터 능엄경의 요지를 말할 때 '환경에 사로잡혀 물질에 끌려가는 혼탁한 마음을 버리고[棄濁染] 오묘하고 밝은 깨달음의 지혜를 개발하는 것[發妙明]이다'고 했다. 이러한 내용은 반드시 능엄이 아니더라도 부처님의 모든 가르침이 여기에서 벗어나지 않을 것이다. 그러나 능엄이 다른 경전과 차이가 있는 것은 부처님이 아난과의 대화를 통해 그동안 여러 경전에서 말씀하셨던 것을 총정리하여 설하셨다는 점이다. 그러기에 그 내용이 다른 경전에서 보다 더 구체적이고 체계적이며, 특히 실천적인 선정(禪定)의 수행을 강조함으로써, 아는 데[智慧]에만 그치는 수행을 경책하는 의미가 담겨 있는 것이다.

이번에 출간하게 된 『능엄경 역주 (首楞嚴經 譯註)』는 일찍이 송광사 승가대학에서 어렵게 강의하면서 메모해 두었던 것을 은해사 승가대학원에 들어와 대학원 과정의 과제물로써 새로 정리한 것이며, 주로「계환해(戒環解)」를 의지하되 부족한 부분은「정맥소(正脉疏)」등을 참고하였다. 끝으로 이번에 책이 다시 재판될 수 있도록 도와주신 도서출판 샘이깊은물 직원 여러분의 노고에 감사드리는 바이다.　　　　　—歸

일러두기

1. 능엄경에는 東印度沙門 반라밀제(般刺密諦 Paramiti, 서기705)의 번역과 그 뒤에 불공(不空, 705-774)화상이 다시 정리한『正本首楞嚴經』이 있다.
   이 책에서는 반라밀제(般刺密諦)가 번역한『首楞嚴經』(卍續藏經17권 pp.681-901)으로 저본을 삼고, 不空譯을 참고하였다.
2. 그 밖에 주로 참고 했던 서적은 송대(宋代) 계환(戒環)스님의『능엄경요해(楞嚴經了解)』와 명대(明代) 진감(眞鑑)스님의『능엄경정맥소(楞嚴經正脉疏)』와 동국역경원에서 출판한 운허(耘虛)스님의『수능엄경주해(首楞嚴經註解)』와 운주사에서 출판한『김진열/능엄경연구』와 통도사에서 발행한『능엄사족(楞嚴蛇足)』등이다.
3. 출처를 밝히는 부분에 있어서『능엄경요해(楞嚴經要解)』는「계환해(戒環解)」라고 생략하여 표기하고,『능엄경정맥소(楞嚴經正脉疏)』는「정맥소(正脉疏)」라고 생략하여 표기하였다.
4. 통도사에서 발행한『楞嚴蛇足』은 仁岳義沼의『私記』이다.
5. 사전류는 홍법원에서 출판한『불교학대사전(佛敎學大辭典)』과 대만(台灣)에서 발행한『불광대사전(佛光大辭典)』을 참고 하였다.
6. 차례와 과목의 기호에 대해서는 1. 1) ⑴ ① ㅡ ㈎ ㉮ ㈀ ㉠ Ⓐ ⓐ F1의 순으로 정리하였다.

차 례

능엄경 해제 · 6

능엄경 제1권 · 27

서분(序分) · 28
    1. 설법의 때와 장소를 밝히다[證信序] ·························· 28
    2. 경을 설하게 된 동기를 밝히다[發起序] ···················· 32

정종분(正宗分) · 40
〈見道分〉
    1. 참되고 거짓됨을 가려서 그것으로 수행의 기초를
    삼게 하다[決擇眞妄以爲密因] ······································· 40
    1) 마음과 보는 성품이 있는 본성을 잃고 허망에 잠겨 있음
    을 밝히다[明心見失眞沈妄] ·· 40
    2) 마음과 보는 성품의 참다운 모습을 드러내 보이다
    [正決擇眞心眞見] ·· 67

능엄경 제2권 · 93

    2. 깨달음의 성품을 확연히 드러내어 수행하는 사람들

에게 바로 나아가게 하다[發明覺性直使造悟] ········ 93
　　1) 아난의 뜻을 설명하다[經家敍意] ····················· 93
　　2) 문답을 통하여 보는 성품의 참다운 모습을 드러내다
　　　[問答發明] ·· 94

능엄경 제3권 · 181

　　3) 때에 대중이 깨달음에 나아가다[時衆造悟] ··········· 261

능엄경 제4권 · 265

　3. 만법의 근원을 깊이 궁구하여 모든 의심을 풀어 주
　　다[深窮萬法決通疑滯] ·· 265
　　1) 부루나가 질문하다[富那疑問] ····························· 265
　　2) 부처님이 설명하다[如來決答] ····························· 268
　　3) 부루나와 아난이 지금까지의 내용을 총정리하여 다시 질
　　　문하다[躡迹疑難] ·· 301

〈修道分〉

　1. 수행자가 가져야 할 기본자세를 밝혀 수행의 터전
　　을 삼게 하다[修行眞基] ·· 315

능엄경 제5권 · 355

　2. 수행의 참다운 요체를 밝히다[修行眞要] ················ 355
　　1) 매듭을 푸는 방법과 차례를 설명하다[解結眞要] ········ 355

2) 원통(圓通, 깨달음)에 드는 요체를 밝히다[入圓眞要] ·· 373

능엄경 제6권 · 417

3. 몸과 마음을 다잡는 수행의 법칙을 설하다[攝持軌則] 467

능엄경 제7권 · 489

〈證果分〉
1. 아난이 법을 청하다[阿難請問] 539
2. 부처님이 자비로 가르침을 열어 보이다[佛慈開示]
.... 540

능엄경 제8권 · 555

〈結經分〉
1. 경의 이름에 대해서 묻다[請問經名] 589
2. 여래께서 경의 이름에 대해서 답하시다[如來標示]
.... 590

〈助道分〉
1. 천당과 지옥 등 칠취(七趣)가 오직 마음임을 밝혀 마음을 다잡아 경계하게 하다
   [別明諸趣戒備失錯] 593

능엄경 제9권 · 647

2. 선정을 닦는 가운데 50가지 마구니의 일을 밝혀 수행자들이 사특한 길에 떨어지지 않게 하다[詳辨魔境深防邪誤] ·· 669
   1) 부처님이 법회를 마치려다 아난을 불러 가르침을 보이다 [召告宣示] ·· 669

능엄경 제10권 · 735

   2) 법문을 듣고 아난이 거듭 오음(五陰)의 근본에 대해서 묻고 여기에 부처님이 답하다[請益詳盡] ·················· 788

유통분(流通分) · 798

   1. 능엄경의 수승함을 밝혀 수지(受持)하기를 권하다[顯勝勸持] ·· 798
   2. 청중이 기뻐하며 받들어 지니다[聽衆欣奉] ············· 800

능엄경 과목 · 801
능엄경 색인 · 815

수능엄경 해제

(1) 경(經)의 이름에 대한 설명

경전의 이름은 대불정여래밀인수증요의제보살만행수능엄경(大佛頂如來密因修證了義諸菩薩萬行首楞嚴經)이며, 줄여서 수능엄경(首楞嚴經), 혹은 능엄경(楞嚴經)이라 부른다.

본문 제8권 결경분(結經分)에서는 이 경의 이름에 대해 다섯가지로 설명하고 있는데, 지금의 대불정 여래밀인 수증요의 제보살만행 수능엄경(大佛頂如來密因修證了義諸菩薩萬行首楞嚴經)이라는 이름은 그 다섯가지 이름 가운데에서 부분부분 취하였음을 알 수 있다.

그 가운데 먼저 대불정(大佛頂)에서의 대(大)는 여래장(如來藏)의 실상을 밝힌 체상용(體相用) 삼대(三大)로써의 대(大)이고, 다음의 불(佛)은 부처님의 삼신(三身)인 법보화(法報化)로서의 불신(佛身)이며, 끝으로 정(頂)은 부처님의 반야지혜를 가리키는 것으로 견리명(堅利明)의 뜻이 들어 있다. 모두가 무상(無上)하고 미묘한 부처님의 세계를 뜻한다.

다음 여래밀인(如來密因)[1]이란 여래의 과덕(果德)을 비밀장(秘密藏)이라 하며, 그 비밀장의 인행(因行)에 드는 것을 밀인(密因)이라 하니, 밀(密)은 경(經)에서 말씀한 다라니(陀羅尼)[2]이다. 즉 범부나 소인이 능히 알 수 있는 것이 아니기에 밀(密)이라 하며, 이 밀(密)이 곧 성불의 인(因)이 된다는 것이다.

---

1) 여래밀인(如來密因): 如來證悟了義之果德 名祕密藏 而達到此 祕密藏之因行 稱爲密因 密乃經上所說之陀羅尼 非凡小所能知 故稱密卽因 (楞嚴義疏卷八之二) 『佛光大辭典』 (台灣 佛光出版社 1988) p.4475.
2) 다라니(陀羅尼)란 수능엄(首楞嚴)의 정관(正觀)이니, 이를 요달하면 전도(顚倒)된 견(見)의 망(妄)이 다시는 발생하지 아니하고, 가지가지 번뇌를 다하여 깨달음을 얻게 되는 것이다. 『戒環解』(『卍續藏經』17, p.717상).

수증요의(修證了義)란 닦되 닦음이 없이 닦고 증득하되 증득함이 없이 증득하는 요의(了義)의 수행법이라는 것이다.

제보살만행(諸菩薩萬行)이란 보살이 모든 만행(萬行) 즉 육바라밀(六波羅密)과 삼현십지(三賢十地) 등을 배우고 닦아서 깨달음을 원만히 하기 때문에 제보살만행이라 한다.

수능엄(首楞嚴)이란 범어 수람가마(Sūraṁgama)의 음역으로 필경견고(畢竟堅固)의 뜻이며, 밀인(密因)으로서의 여래장이니, 일체의 모든 법이 다 구경(究竟) 아님이 없으며, 이 밀인(密因)을 통해 실상의 견고불괴(堅固不壞)에 이르게 하는 것임을 뜻한다.

끝으로 경(經)이란 범어 수트라(sūtra)의 번역으로 본래 실[線]·끈[紐] 등의 의미였으나, 변하여 실로 꽃을 묶듯이 중생을 잘 보호하고 거두어 지닌다는 뜻이 되었다.

능엄경에 주해를 하셨던 계환스님은 경의 제목을 다음과 같이 정리하였다. "다만 중생인 여래가 여래장심(如來藏心)을 갖추고 있으나 밀인(密因)이 아니면 드러낼 수 없고, 중생인 보살이 칠취(七趣)에 윤회하나 만행이 아니면 닦을 수 없으니, 그러므로 부처님이 큰 법을 보이시어, 후학들로 하여금 소도(小道)에 미혹되지 않고 묵묵히 한없는 묘체(妙體)를 얻게 하시며, 불정(佛頂)으로 비유하여 중생들로 하여금 상견(相見)에 떨어지지 않고 오묘한 무상의 이치(致)에 다다르게 하시며, 여래의 밀인(密因)으로써 가리켜 우리들로 하여금 묘심(妙心)의 체를 밝히게 하시되, 삼세제불(三世諸佛)이 다 이를 의지하여 초인(初因)으로 삼았음을 알게 하시며, 수증요의(修證了義)를 밝히시어 저들로 하여금 구경법을 깨닫게 하되, 일체의 성인(聖人)들이 다 이를 의지하여 증과(證果)하였음을 알게 하시고, 내지는 보살의 청정만행을 구족하게 하되, 일체의 모든 법이 다 구경 아님이 없어서 실상의 견고불괴(堅固不壞)에 이르게 하셨으니, 그러므로 이름이 대불정 여래밀인 수증요의 제보살만행 수능엄경인 것이다.3)"

---

3) 계환해 『卍續藏經』17, p.682상

이상의 경명(經名)을 쉽게 다시 정리하면 "더없이 훌륭한[大佛頂] 여래의 비밀방편[如來密因]으로, 닦고 증득[修證了義]하는 가지가지 만행[諸菩薩萬行]을 통해, 마침내 우리들로 하여금 자신의 본래 모습인 여래장 묘진여성[首楞嚴]을 완전히 드러내게 하는 가르침[經]"이 되나니, 이것이 경의 이름이다.

2. 경(經)의 성립 및 전래

이 경이 설해진 시기에 대해서는, 경문(經文) 자체에서도 아난의 다문(多聞)에 정력(定力)의 필요성을 강조했듯이 사상적으로는 반야(般若) 이후 법화(法華) 이전에 해당(천태 五時敎4))된다고 할 수 있으며, 한편 경문에 법화경의 용어가 많이 인용되는 것으로 보아 역사적으로는 법화(法華) 이후라 할 수 있다. 특히 경전의 내용 중에는 밀교가 체계화되기 이전 초기 밀교적 성격과 이 경전이 중국찬술이라는 말까지 나올 정도로 중국의 도교를 염두에 둔 듯한 내용이 많이 나오지만, 그 사상은 대승불교의 진수를 담고 있다고 할 수 있다.

이 경의 중국 전역(傳譯)에 대해서는 여러가지 이설이 많으나 지승(智昇)의 속고금역경도기(續古今譯經圖紀,서기730年述)에 의하건대 중인도(中印度) 사문(沙門) 반랄밀제(般剌密諦,極量)가 광주(廣州) 제지사(制旨寺)에서 번역하였는데 때는 당(唐) 중종(中宗) 신용(神龍) 원년(元年,서기705)이라 했다. 이 경이 우리나라에 전래된 연대는 확실하지 않지만 고려대장경(서기1011년부터)에 수록되어 있는 것으로 보아 대개 중국에서 선법(禪法)이 전래된 신라 말이 아닌가 생각한다.

---

4) 最初華嚴 三七日   華嚴 窮子驚愕 내아들
   阿含十二 方等八   阿含 除糞定價 화장실   方等 出入自在 정식직원
   二十一載 談般若   般若 領知寶物 간부급
   終談法華 又八年   法華 傳付家業 후계자

3. 경전의 내용 설명

부처님께서 깨달음을 이루시고 평생을 교화하신 궁극의 뜻이 '우리들에게 수행을 통해 사회와 이웃에 회향하는 삶을 살라'고 하신 것이라면 능엄은 그러한 회향의 삶을 투철하게 잘살 수 있도록 항상하고 영원한 참다운 나[如來藏 妙眞如性]를 깨닫게하는 경전이다. 그러한 까닭에 특히 참선(參禪)을 강조하는 선종(禪宗)에서 중요시 했으며, 불교인이라면 누구나 소중하게 생각했던 경전이다. 옛부터 능엄경의 요지를 말할 때 '환경에 사로잡혀 물질에 끌려가는 혼탁한 마음을 버리고[棄濁染] 오묘하고 밝은 깨달음의 지혜와 자비를 개발하는 것[發妙明]이다'고 했다.

이러한 내용은 반드시 능엄이 아니더라도 부처님의 모든 가르침이 여기에서 벗어나지 않을 것이다. 그러나 능엄이 다른 경전과 차이가 있는 것은 부처님이 아난과의 대화를 통해 그동안 여러 경전에서 말씀하셨던 것을 총정리하여 설하셨다는 점이다. 그러기에 그 내용이 다른 경전에서 보다 더 구체적이고 체계적이며, 특히 실천적인 선정(禪定)의 수행을 강조함으로써, 지혜만 쫓는다든가 형식만 따르는 치우친 수행을 경책하는 의미가 담겨져 있는 것이다.

특히 이 경은 능엄주에 의해 수행에 있어서의 마장을 없애고 회광반조(回光返照)하는 이근원통(耳根圓通) 등의 수행에 전념하게 하여 여래의 진실한 지혜를 깨닫게 함으로써 생사의 괴로움을 벗어나게 하려는 것이 이 경의 목적이며, 그 중심 내용은 여래장 사상이다.5)

---

5) 능엄에서 여래장성의 의미는 무엇인가? *여래장이란 객진번뇌에 덮여있는 자성청정심의 뜻으로, 이는 부파불교 가운데 대중부에서 주장하는 心性本淨說(부파불교의 논서 순정이론-대정장 29권 p.733 참조)을 이어받은 것이며, 대승의 반야공관을 배경으로 하고 있다. 이와같이 마음의 본성은 청정하고 빈뇌는 객진에 지나지 않는다고 보는데서 출발한 여래장사상은, 유식사상과 교류하면서 학설을 발전시켜 나갔던 것이다. 능엄에서 때로는 여래장, 때로는 眞見, 妙明, 眞性 등 다양한 이름으로 불리어지고 있으니, 외계의 사물에 끄달리는 妄見과 다르다는 입장에서 眞見이라 하고, 어떤 환경에 처하더라도 변함이 없으므로 妙明이라 하고, 모든 법에 근본이 되므로 眞性이라고도 하였다. 그리고 색음등 이러한 현상은 그 어떤 것에서 나오는 인연도 아니고, 자체가 따로 있는 사연도 아니다. 다만 우리의 여래장성이 피로한 상태, 즉 지혜가 무명에 덮인 상태에서 근경이 서로 반연하여 형성된 하나의 허망한 현상에 지나지 않는 것이다. 그러므로 색음 등이 인연도 아니요 자연도 아닌 공이요 연기이기에 그 모두가 그대로 여래장성임을 알아야 한다는 것이다.

그 내용은 서론[序分]과 본론[正宗分]과 유통(流通分)으로 되어 있는데, 그 가운데 본론은 다시 견도분(見道分)6) 수도분(修道分)7) 증과분(證果分)8) 결경분(結經分)9) 조도분(助道分)10)으로 나누어 설명한다.

- 《序分》 -

먼저 서분은 설법의 때와 장소 그리고 당시의 청중을 소개하여 후학들에게 믿음을 주고, 다음에 아난이 마등가녀의 유혹에 빠졌던 일과 부처님 앞에 끌려온 아난이 울면서 '여래께서 깨달음을 이루시었던 그 묘하고도

능엄에서는 이러한 이치를 밝힌 것이 견도분이고, 이러한 여래장의 세계를 현실의 삶 속에서 드러내기 위한 방법을 설한 것이 수도분이다.

6) 제1의 견도분을 셋으로 나눈다면, 첫째 아난의 일곱가지 질문에 답하는 형식으로 眞妄을 결택하여 그것으로 密因을 삼아 常住眞心의 性淨明體를 드러내고, 다음에 八還 등을 통해서 妙淨見精을 가려 여래장을 드러냈으니, 즉 覺性을 발명하여 바로 우리들로 하여금 깨달음에로 나아가게 한 것이요, 끝으로 깊이 山河萬象에 나아가 勝義中의 眞勝義性을 말하여 우리의 의심을 풀어주는 내용이다. 이는 모든 수행자로 하여금 明心見性하게 하여 이것으로 修證의 밀인을 삼게 한 것이니, 그러므로 견도분이라 한다. (계환해 『卍속장경』17, p.684하) 참조
7) 제2의 수도분을 셋으로 나눈다면, 처음 修行眞基에서는, 初心의 두가지 決定義을 제시하여 후학으로 하여금 因心과 果覺을 살피게 하고, 또 번뇌근본을 살피게 하여 이를 통해 수행의 참다운 터전을 삼게 하고, 다음 修行眞要에서는 육근의 매듭을 푸는 차례를 보여서 학인으로 하여금 結心을 풀게 하되, 妙圓通(이근원통)을 얻는 것으로 수행의 핵심을 삼게 하였으니, 이는 利根이 修進하는데 좋은 방법이 되기 때문이다. 그러므로 아난이 여기에 이르러 회향보리의 길을 명료하게 알게 되고, 스스로 생각하기를 '나는 이미 성불의 법문을 깨달았으되, 말세의 중생들도 함께 제도되기를 원한다'라고 하여, 다시 攝持軌則 즉, 부처님에게 도량을 세우고 마음을 攝持할 궤칙의 법을 청하여, 드디어 三無漏學과 四種律儀 및 大神呪力을 들었는데, 이 모두가 수행의 방편이 되는 까닭에 수도분이라 한다. (계환해『卍續藏經』17, p.684하) 참조
8) 제3의 증과분은, 처음 범부로부터 나중에 대열반에 이르기까지, 정진해 나아가는 오십오위를 보여서 묘각이 다함에 이르러 무상도를 이루게 하였으니, 그러므로 증과분이라고 한다. (계환해『卍續藏經』17, p.684하) 참조
9) 제4의 결경분은, 다섯가지 이름을 열거해 보여서 큰 지혜를 결론지어 드러내고자 한 것이다. (계환해『卍續藏經』17, p.684하)
10) 제5는 조도분이니, 처음에 천당과 지옥 등 七趣가 하나의 오직 마음이 짓는 것임을 밝히고, 다음에 사마타 가운데 미세한 마구니의 일을 밝혀서, 모든 수행하는 사람이 마음을 닦되 잘못하여 타락할까 염려한 것이니, 그러므로 조도분이라 한 것이다. (계환해『卍續藏經』17, p.684하) 참조

근원적인 사마타(奢摩他)와 삼마(三摩) 그리고 선나(禪那)의 세 가지 수행의 바른 방법을 간절히 청하였다'는 내용이다.

- 《正宗分》 -

정종분은 앞의 서분에서 질문한 내용을 설명한 부분으로 능엄경의 본론에 해당된다. 여기에 다섯 가지가 있으니, 먼저 참마음의 실체를 밝히고[見道分] 이를 얻기 위한 구체적인 수행의 방법[修道分]과 수행의 지위[證果分]와 경전의 이름[結經分]과 끝으로 수행이 깊어지는데 따른 마구니의 실상을 밝혀 경계하도록 했다[助道分].

- 〈見道分〉 -

처음 견도분(見道分)은 眞妄(진망)을 가려서 참마음의 실체를 밝힌 부분이다. 이는 앞의 서분에서 아난이 질문한 세 가지 수행, 즉 사마타(奢摩他)와 삼마(三摩)와 선나(禪那)의 가운데 먼저 사마타(奢摩他)에 대한 답으로써 여기에는 크게 세 가지가 있다.

1. 참되고 거짓됨을 가려서 그것으로 수행의 기초[密因]을 삼게 하다.
　　[決擇眞妄以爲密因]
　　＊ 마음과 보는 성품이 진실을 잃고 허망에 잠겨 있음을 밝히다.
　　[明心見失眞沈妄]

능엄경의 칠처징심(七處徵心)으로 유명한 부분이다. 부처님이 아난의 출가동기를 묻자 아난이 "여래의 삼십이상(三十二相)이 수승하고 절묘하며, 그 몸의 비치고 사무침이 마치 유리와 같음을 보고 목마르게 부처님을 사모하고 끝내는 부처님 앞에 출가하게 되었습니다"하니, 이에 부처님은 아난의 '그러한 마음이 곧 참마음이 아닌 망상(妄想)이었음을 지적하시고, 이를 깨우치시고자 아난에게 질문을 하셨던 것이다.

즉 우리의 진정한 모습이요 본래의 자기 마음을 능엄에서는 묘명(妙明)·여래장(如來藏)·참마음[常住眞心]·참성품[眞如性] 등으로 표현했다. 우리가 자기 자신을 이러한 여래장성(如來藏性)으로 받아들일 때 그 세계는 한 없이 넓고 청정하며 너와 내가 나누어질 수 없는 부처님의 광명으로 살아가게 된다. 그리고 그 세계에서는 따로 분별이 필요 없으며 지극히 청정한 삶을 살게 되는 것이다. 부처님은 아난에게 바로 이러한 세계의 본래의 참마음을 깨우쳐 주기 위하여 질문을 하셨던 것이다.

"아난아! 내가 지금 너에게 묻는다. 응당 너의 발심이 '여래의 삼십이상(三十二相)을 말미암았다'고 했는데, 무엇으로 보고 무엇으로 사랑하고 좋아하였느냐?" 아난이 부처님에게 대답하였다. "세존이시여! 제가 이와 같이 사랑하고 좋아하였던 것은 저의 마음과 눈이었습니다. 눈으로 여래의 수승한 모습을 보고 마음으로 사랑하고 좋아하였기 때문에 저는 발심하여 생사에서 벗어나기를 바라게 되었습니다."

부처님이 아난에게 말씀하셨다. '너의 말과 같이 정말 사랑하고 좋아한 것이 마음과 눈이다'고 하면 그 마음과 눈은 지금 어디에 있느냐?"고 물으시고, 아난은 여기에 대해서 '안에 있다' '밖에 있다' 등 일곱 가지로 대답했으나 부처님께서는 내(內)·외(外) 등 칠처(七處)를 모두 부정하시고, 진실하고 항상한 참마음[常住眞心]은 방소(方所)가 따로 있는 것이 아니요, 대상에 따라 생멸하는 것이 아님을 깊이 깨우쳐 주신 내용이다.

* 마음과 보는 성품의 참다운 모습을 바로 드러내 보이다.
[正決擇眞心眞見]

그 때 아난이 대중 가운데 있다가 자리에서 일어나 "그동안 부처님의 어여삐 여기심만 믿고, 다문(多聞)만 좋아하여 아직 번뇌의 소멸을 얻지 못하고 사비가라(娑毘迦羅)의 주문에 홀리어 음사(淫舍)에 빠졌으니, 참다운 진리를 알지 못했기 때문입니다"라고 하면서 부처님에게 사마타(奢摩他)의 길을 가르쳐 달라고 간청하고, 이에 대해서 부처님은 광명을 나타내어 부처님의 위신력을 보이시고, 사마타(奢摩他)의 두 가지 근본에 대해서 말씀하신 내용이다.

"일체의 중생들이 시작이 없는 옛날부터 가지가지로 전도(顚倒)되어 업의 종자가 모여 있는 것이 마치 덩어리와 같다. 모든 수행하는 사람들이 최상의 깨달음을 얻지 못하고, 더 나아가 달리 성문이나 연각 및 외도나 여러 천마 그리고 마구니의 권속이 되는 것은 모두 이 두 가지 근본을 알지 못하고 어지럽게 살아온 까닭이다. 이는 마치 모래를 삶아 좋은 음식을 지으려는 것과 같아서 비록 티끌 수와 같은 수많은 세월이 지나간다 하더라도, 마침내 이룰 수 없는 것이다.

무엇이 그 두 가지 근본이냐? 아난아! "첫째는 무시생사(無始生死)이니 반연(攀緣)하는 마음으로 자성을 삼은 까닭이요, 둘째는 원청정체(元淸淨體)이니 원래의 본명(本明)을 유실하고 그릇 제취(諸趣)에 들어가기 때문이다."

이러한 법문을 듣고도 아난과 대중이 상주진심(常住眞心)의 소재를 알지 못하고, 망연하여 어찌할 줄을 모르고 있었다. 그 때 세존께서 다시 아난의 정수리를 만지면서 말씀하셨다.

"여래는 항상 '모든 법(法)의 생기는 것이 오직 마음으로 나타나는 것이며, 일체의 인과(因果)와 세계의 가지가지 현상이 다 마음으로 인하여 체(體)를 이룬다'고 했다. 아난아! 만약 모든 세계의 가지가지 존재와 그 가운데 더 나아가 풀잎이나 실오라기 하나라도, 그 근원을 찾아보면 다 체성(體性)이 있으며, 비록 허공일지라도 이름과 모양이 있는데 하물며 청정(淸淨)하고 묘정(妙淨)하며 밝은 참마음은 일체 마음의 본성이거늘, 어찌 스스로의 그 체(體)가 없겠느냐?"고 하시면서 참마음[常住眞心]의 존재를 강조하신다.

그 때 아난이 이 말을 듣고 거듭 슬피 울면서 온몸을 땅에 던져 장궤합장(長跪合掌)하고 부처님께 말씀드렸다. "제가 부처님을 따라 발심하여 출가한 이래로 부처님의 위신력(威神力)만 믿고 항상 '제가 애써 닦지 아니하여도 여래께서 삼매를 얻게 해주실 것이다'고 생각했지, 몸과 마음이 본래 서로 대신할 수 없다는 것을 알지 못하여 그만 저의 본심을 잃어버렸습니다. 제가 비록 봄은 줄가하였으나 마음이 아직 도(道)에 들지 못한 것이 마치 헐벗은 아들[窮子]이 아버지를 피하여 도망다니는 것과 같았습니다.

이제야 비로소 비록 다문(多聞)했다 하더라도 만약 수행하지 아니하면 듣지 아니한 것과 같은 것이, 마치 어떤 사람이 음식을 말하는 것으로는 마침내 배부를 수 없는 것과 같다는 것을 알았습니다. 세존이시여! 저희들이 지금 두 가지 장애에 얽매이게 된 것은 참으로 고요하고 항상한 심성

(心性)을 알지 못한 까닭입니다. 원하옵건대 여래께서는 헐벗은 저희들을 불쌍히 여기시어 묘명(妙明)한 마음을 드러내 저희들의 도안(道眼)을 열어주소서!"하니, 부처님은 '주먹의 비유'와 '맹인의 비유'를 통해 거듭 참마음[眞心眞見]의 실체를 설하신 내용이다.

2. 깨달음의 성품을 드러내어 수행자들에게 바로 나아가게 하다.
　　　[發明覺性直使造悟]
　다음 견도분(見道分) 가운데 두번째는 아난의 청을 받아 다시 깨달음의 성품[覺性]을 확연히 드러내어 수행자에게 바로 깨달음으로 나아가게 했는데[發明覺性直使造悟], 여기에는 11가지가 있다.

　　　＊ 몸의 달라짐에 의하여 보는 성품의 불생멸을 밝히다.
　　　　　[卽身變異明不生滅]
　총 11편 가운데 제1편에서는 "왕의 얼굴은 비록 쭈그러졌으나 보는 성품은 일찍이 쭈그러진 적이 없었습니다. 쭈그러진 것은 변하는 것이요, 쭈그러지지 않는 것은 변하는 것이 아니기에 변하는 것은 없어지겠지만 변하지 않는 것은 원래로 생멸이 없어 항상한 것입니다."라고 하여 생멸을 버리고 불생멸에 나아가야함을 깨우치시었다.

　　　＊ 손의 바로와 거꾸로의 비유를 통해 보는 성품은 유실이 없음
　　　　을 밝히다.[依手正到明無遺失]
　제2편에서는 "한번 미혹하여 마음이라 하고, 거기에 집착하여 이제는 다시 이 마음이 색신(色身)의 속에 있다고 착각하여 이 몸과 밖에 있는 산과 강 그리고 허공과 대지에 이르기까지 이것이 다 묘하게 밝은 참마음에서 비추어진 하나의 현상이라는 것을 알지 못하고 미혹에 미혹을 거듭하고 있다."라고 하여 보는 성품의 참다운 모습을 깨우치시었다.

* 반연의 그림자를 물리쳐서 참성품은 어둡고 의심스러운 것이
  아님을 명확히 드러내다.[辨斥緣影甄別混疑]

제3편에서는 "만약 내가 법을 설할 때에 그 음성을 분별하는 것으로 너의 참마음을 삼는다면 이 마음이 응당 음성을 여의고도 항상 분별하는 성품이 있어야 할 것이다. 마치 어떤 나그네가 여관에 기숙하여 잠시 머물렀다가는 바로 떠나고 항상 머물지 못하지만 여관의 주인은 도무지 갈 곳이 없어 주인이라 하는 것처럼, 마음도 역시 그와 같아서 만약 참다운 너의 마음이라면 갈 곳이 없을 것인데 어찌 소리를 여의었다고 해서 분별하는 마음의 그 본성까지 없어지겠느냐?"고 하여 참성품은 어둡고 의심스러운 것이 아님을 명확히 분별하여 드러내시었다.

* 여덟 가지 경계에 의지하여 보는 성품은 돌려보낼 수 없음을
  보이다.[依八境示見性無還]

제4편에서는 "아난아! 이러한 모든 변화 가운데 밝은 것은 해로 돌려보낸다. 왜냐하면 해가 없으면 밝지 못하기 때문이다. 이와 같이 밝은 것의 원인은 해에 속한 것이니 밝은 것은 해로 돌려보내고, 어두움은 달이 없는 데로 돌려보내고, 등등... 이와같이 대상에 따라 반연하는 여덟가지 마음은 따로 실성(實性)이 없으되, 그러나 이 여덟가지를 보는 성품은 어디로 돌려보내겠느냐?"고 하여 보는 성품의 상주성(常住性)을 깨우치시었다.

* 가지가지 물상에 나아가 보는 성품의 참다운 모습을 드러내다.
  [卽諸物像決擇眞性]

제5편에서는 "아난아! 멀고 가까운 모든 사물의 성품이 비록 여러가지로 다르더라도 모두가 너의 보는 성품의 정비로움으로 정정하게 보는 섯이기에, 여러가지 물류(物類)는 스스로 차별이 있을지언정 그것을 보는 성품은 차별이 없는 것이다. 이렇게 정묘명(淨妙明)한 것이 정말 너의 보는 성품이니라"고 하여 참성품의 존재를 깨우치시었다.

* 보는 성품의 참다운 모습은 본래 한량이 없음을 밝히다.
　　[明見眞體本絶限量]
　제6편에서는 "일체 세간의 대소내외(大小內外) 모든 일들이 다 앞의 대상에 속하는 것이기에 그 대상에는 멀고 가까운 차별이 있을지언정 보는 성품에 '퍼지거나 줄어듬이 있다'고 말할 수는 없다"하여 보는 성품의 참다운 실체는 한량이 없음을 깨우치시었다.

* 보는 견(見)과 색공 등 견연(見緣)이 본래 하나의 묘체(妙體)
　　이기에 나누어 질 수 없음을 밝히다.[明見與緣同一妙體]
　제7편에서는 "시방의 여래와 대보살들이 스스로 머무는 삼마지(三摩地)에는 견(見)과 견연(見緣)과 생각되는 모든 현상[相]이 마치 허공의 꽃과 같아서 본래 있는 것이 아니기 때문에, 견(見)과 견연(見緣)이 그대로 깨달음의 묘정명체(妙淨明體)이거늘, 어찌 그 가운데 '견[是]이다' '견이 아니다[非是]'고 할 것이 있겠느냐?"고 하여 견(見)과 견연(見緣)이 본래 나누어질 수 없음을 깨우치었다.

* 진실을 밝혀서 아난의 의심을 풀어주다.
　　[辨明眞說甄別疑濫]
　제8편에서는 "이와같은 깨달음의 묘명은 인(因)도 아니고 연(緣)도 아니며, 또한 자연도 아니고 자연 아님도 아니며 비(非)와 불비(不非)도 없고, 시(是)와 비시(非是)도 없어서 일체의 형상을 여의고 일체의 존재에 들어 있다는 것을 알아야 하는데 너는 지금 어찌하여 그 가운데 마음을 두어 속세의 부질없는 이름과 모양으로 분별을 일삼고 있느냐?"
　"그러므로 아난아! 네가 지금 밝은 것을 볼 때에도 보는 성품은 밝음에서 온 것이 아니고, 어두운 것을 볼 때에도 보는 성품은 어두움에서 온 것이 아니며, 또한 허공을 볼 때에도 보는 성품은 허공에서 온 것이 아니고, 막힌 것을 볼 때에도 보는 성품은 막힌 것에서 온 것이 아니다. 또한 명암공색(明暗空塞)의 이 네 가지 이치를 통해서 너는 응당 보는 것[見]을 볼(見) 때에 그 보는 성품[見]은 시견(是見)도 비견(非見)도 아니라는 것을 알아야 한다"고 하여 아난의 의심을 풀어주시었다.

* 모든 것이 눈병으로 인하여 생긴 허망한 것임을 거듭
　밝혀 지혜의 안목(眼目)을 열어주다.[廣明眚妄重開慧目]
　제9편에서는 동분망견(同分妄見)과 별업망견(別業妄見)을 설하되 "아난아! 저 중생들이 별업망견(別業妄見)으로 등불 주위에 나타난 둥근 그림자를 보게 되는데 이것이 비록 흡사 있는 것처럼 보이지만 사실 그 보이는 둥근 그림자는 눈이 병듦[赤眚]으로 인하여 이루어진 것이며, 이러한 적생(赤眚)은 눈이 피로함으로 생긴 허상이지 색(色)으로 이루어진 것이 아니다. 그러므로 그것이 적생임을 보면, 마침내 보는 성품에 허물이 없는 것이다"고 하여 거듭 지혜의 안목을 열어주시었다.

　* 모든 근진(根塵)에 나아가 참마음인 여래장을 들어내다.
　　[卽諸根塵顯如來藏]
　제10편에서는 "아난아! 너는 아직도 가지가지 들뜨고 장애하는 모든 허망한 것들이 그 자리에서 출생하고 곳에 따라 소멸하는 인연이기에 이러한 환망(幻妄)을 생겼다 없어지는 허망한 현상이라고 하지만 그러나 그 성품이 참으로 불생불멸(不生不滅)하면서도 묘하게 깨어 있는 밝은 것[妙覺明體]임을 알지 못하는구나!
　이와 같이 더 나아가 오음·육입·십이처·십팔계가 다 인연이 화합하면 허망하게 생기고, 인연이 흩어지면 허망하게 없어지는 것이다. 그러나 참으로 이 생멸거래가 그대로 본래 여래장(如來藏)의 항상 머물러 묘하게 밝고 어디에도 흔들림이 없이 두루 원만한 묘진여성(妙眞如性)임을 알지 못하고 성품이 진실하고 항상한 그 자리에서 거래(去來)·미오(迷悟)·생사(生死)를 구하려하니, 마침내 얻을 수 없는 것이다"고 하시어 집착을 버리고 깨어 있는 입장에서는 오음·육입·십이처·십팔계 등이 그대로 여래상의 묘진여성(妙眞如性)임을 밝히셨다.

* 널리 칠대(七大)를 들어서 원만히 여래장(如來藏)성을 보이다.
　　　[廣擧七大 圓示藏性]
　제11편에서는 일신(一身)의 오음·육입 등은 물론 지수화풍 등 칠대만법(七大萬法)에 이르기까지 그대로가 본래 여래장의 묘진여성(妙眞如性)임을 밝히신 내용이다.

　3. 만법의 근원을 깊이 궁구하여 모든 의심을 풀어 주다.
　　　[深窮萬法 決通疑滯]
　다음은 견도분(見道分) 가운데 세번째로 만법의 근원을 깊이 궁구하여 여래장 묘진여성의 실체를 들어냈다[深窮萬法決通疑滯]. 그 방법은 부루나가 묻고 부처님이 답하시는 형식이다.

　　1) 부루나의 질문[富那疑問]
　첫째는 "여래장의 묘하고 진실한 성품이 본래 청정하다면, 어찌하여 가지가지 차별적인 현상이 나타납니까?[門藏性淸淨何生諸相]"이고, 둘째는 "사대(四大,地水火風)가 각각 법계에 두루하다면 어떻게 서로 포용될 수 있습니까?[問四大各徧云何相容]"

　　2)부처님의 설명[如來決答]
　첫번째 질문[門藏性淸淨何生諸相] 즉 "세존이시여! 만약 세간의 모든 육근·육입·오음·십이처·십팔계 등이 다 그대로 여래장이어서 원래로 청정하고 본연(本然)하다면 어찌하여 홀연히 산하대지와 가지가지 집착하는 마음의 현상이 생겨나서 차례로 변천하여 흘러서 마쳤다가는 다시 시작하곤 하는 것입니까?"하니, 이에 대하여 부처님이 말씀하시기를[答諸相所起] "부루나야! 네가 말한 것과 같이 청정하고 본연(本然)한데 어찌하여 홀연히 산하대지가 생겼겠느냐? 그대는 내가 늘 '성각(性覺)이 묘명(妙明)하고 본각(本覺)이 명묘(明妙)하다'고 하는 말을 듣지 못했느냐?"
　"깨달음[性覺] 자체에는 본래 능명(能明)과 소명(所明)을 세울 수 없는데, 명(明)으로 인하여 능소(能所)가 성립되고 능소가 이미 허망하게 세워지면 너의 허망한 능업(能業)이 일어나서 본래 같고 다름이 없는 가운데 치연(熾然)하게 다름을 이루는 것이며, 다른 것을 다르다고 분별하여 그 다른 것으로 인하여 같음이 성립되고, 같음과 다름이 분명히 구분되어 드러남으로 인하여 다시 같음도 없고 다름도 없음을 세우게 되는데, 이렇게 흔들리고 어지러운 것이 서로 작용하면 피로가 생기고 그 피로가 오래 되면 티끌를 일으켜서 자연 서로 혼탁하게 되는 것이다.

 이로 말미암아 마음을 더럽히고 미혹하게 하는 번뇌가 일어나는데, 일어나서는 세계가 되고 고요하면 허공을 이루는 것이니, 허공은 같고 세계는 다른 것이다. 본래 같고 다름[同異]이 없는 가운데 이와 같이 되었으니, 참으로 이를 가리켜 유위법(有爲法)이라 하는 것이다"하시고, 이어서 세계상속(世界相續)과 중생상속(衆生相續)과 업과상속(業果相續) 등에 대해서 설하였다.

 두번째 질문[問四大各徧云何相容] "또 여래께서 말씀하시기를 '지수화풍은 본래 성품이 원융(圓融)하여 법계에 두루 펴져 담연(湛然)하게 항상 머물러 있다'고 하셨습니다. 세존이시여! 만약 흙의 성품이 두루하다면 어떻게 물을 용납하며, 물의 성품이 두루하다면 불은 생길 수 없는데, 어찌하여 물과 불의 두 가지 성품이 허공에 가득하면서 서로 능멸(凌滅)하지 않는다고 하셨습니까? 세존이시여! 흙의 성질은 장애하는 것이고, 허공의 성질은 비어 통하는 것입니다. 그런데도 어찌하여 다시 두 가지가 다 함께 법계에 두루하다고 하십니까?"하니,

 부처님께서 답하시기를[答四大相容] "부루나야! 마치 허공이 그 자체가 여러가지 모습을 지니지 않기에 저 모든 현상이 허공을 의지하여 발현되듯이 진체(眞體)가 사대(四大)의 상을 지키지 않기에 사대는 진(眞)을 취하여 이루어지며, 이와같이 사대가 본래 물도 불도 아닌 여래장성이기에 만물이 곳에 따라 발현함에 서로 거부하지 않는 것이다."라고 하신 것이다.

 여기까지 견도분(제1권 – 제4권)의 내용은 우리들의 참마음 밝혀서 이것으로 수행의 밀인(密因)을 삼게 한 것이다.

- 〈修道分〉 -

다음 수도분(修道分)은 앞의 견도분에서 깨닫고 이해한 여래장 묘진여성을 어떻게 하여야만 아는 데에 그치지 않고 닦아 나아갈 수 있는가?에 대한 구체적 실천의 방법에 대한 설명이다.

이를 크게 셋으로 나누었는데 처음은 수행자로서 가져야할 기본자세[修行眞基]을 설하고, 다음은 수행의 핵심[修行眞要]를 밝혔으며, 세번째는 몸과 마음을 다잡는 수행의 법칙[攝持軌則]을 설하신 내용이다.

1. 수행자가 가져야 할 기본자세를 밝혀 수행의 터전을 삼게 하다.
 [修行眞基]
여기에는 두 가지가 있다. 하나는 심인심(審因心)이니, 인지(因地)의 발심이 과지(果地)의 깨달음으로 더불어 '같은가 다른가'를 자세히 살펴야 하고, 둘째는 심업본(審業本)이니 응당 번뇌의 근본이 시작이 없는 옛날부터 업을 드러내고 생멸을 더하는데 '누가 업을 짓고 누가 업을 받는지'를 자세히 살펴야 한다는 것이다.

2. 수행의 참다운 요체를 밝히다.
 [修行眞要]
다음은 수행의 참다운 요체를 밝히고 있는데 두 가지가 있다. 첫째는 매듭을 푸는 요체[解結眞要]이니, 즉 이러한 번뇌의 매듭이 맺혀 고통을 받게 되는 것이 모두 육근을 의지해서 생기며, 또한 구경에 깨달음을 얻어 해탈하게 되는 것도 육근을 의지해서 얻게 되는 것임을 알아야 하며, 그 차례에 있어서는 먼저 인공(人空)을 얻고, 공성(空性)이 원명(圓明)해지면 법해탈(法解脫)을 이루며, 법해탈을 이루고 나서 구공(俱空)도 불생(不生)하여 무생법인(無生法忍)을 이루게 된다는 것이다.

둘째는 원통에 들어가는 요체[入圓眞要]이니, 즉 25원통을 낱낱이 밝히고 그 가운데 특히 관세음보살의 이근원통(耳根圓通)을 칭찬하신 내용이다.

3. 몸과 마음을 다잡는 수행의 법칙을 설하다.
　[攝持軌則]
　끝으로 세번째는 몸과 마음을 다잡는 수행의 법칙[攝持軌則]이다. 앞에서 정력(定力)이 부족한 아난의 다문(多聞)을 꾸짖었는데, 이러한 정력(定力)의 부족을 바로 잡으려는 것이다. 여기에는 내섭(內攝)과 외섭(外攝)이 있는데, 내섭은 계율(戒律)을 지니는 것이고 외섭은 능엄주(楞嚴呪)를 지니는 것이다. 능엄주를 지니는 뜻은 삼보와 보살의 가피력으로 모든 악주(惡呪)를 소멸시키고 수행자를 잘 보호하여 선정을 이루게 하려는 것이다.
　이러한 내용은 모두가 수행의 바른 방법이 되기 때문에 수도분(修道分)이라 하며, 이것이 서분(序分)에서 아난 질문한 세 가지 수행방법 가운데 삼마(三摩)에 대한 답(答)이다.

　　　　　　　- 〈證果分〉 -
　다음 증과분(證果分)의 내용은 앞의 수행을 통해 얻어지는 십신(十信)·삼현(三賢)·사가행(四加行)·십지(十地)·등각(等覺)·구경각(究竟覺) 등 57위의 행상을 설하여 증득해 나아가는 차제(次第)를 설하고 있다.
　아난이 일어나 묻기를 "저희가 우둔하여 다문(多聞)만 좋아하고, 모든 번뇌에서 벗어나기를 구하지 아니하였는데, 부처님의 자비하신 가르침을 입어 바르게 닦아 젖어들게 함을 얻고, 몸과 마음이 상쾌하여 큰 이익을 얻었습니다. 세존이시여! 이렇게 부처님의 삼마지(三摩地)를 닦아 증득하고자 하면 열반에 이르기 전에 어떤 것을 간혜지(乾慧地)라 하고, 더 나아가 어떤 것을 구경의 사십사심(四十四心)이라 하오며, 어느 점차(漸次)에 이르러서야, 비로소 올바른 수행의 명목(名目)을 얻을 수 있으며, 어느 곳에 나아가야 십지(十地)에 들어갔다 하오며, 무엇을 등각보살(等覺菩薩)이라 하나이까?"하니,
　이에 대하여 부처님이 "묘성(妙性)은 원명(圓明)하여 모든 명상(名相)을 여의었기에 본래 중생과 수증(修證)이 없건만[本無修證], 허망으로 인하여 수증(修證)이 있음을 밝히시고[因妄有修], 진정한 삼마지(三摩地)를 닦아 여래의 대열반에 나아가고자 한다면 먼저 중생과 세계의 전도인(顚倒因)을

알아야 한다고 하시며, 십이류(十二類)에 대해서 설명하시고[令識妄因], 다음 삼점차(三漸次)를 설하시어 수행하는 사람들에게 허망의 근본을 제거하게 하셨다[令除妄本]. 그리고 나중에 간혜지(乾慧地)로부터 십신(十信)·십주(十住)·십행(十行)·십회향(十回向)·사가행(四加行)·십지(十地)·등각(等覺)·금강심(金剛心)·묘각(妙覺)에 이르기까지의 여러 성인(聖人)의 지위를 보여 이를 바르게 관찰하게 하되[五歷示聖位], 금강심을 여의지 않고 처음부터 다시 시작하게 했으니, 이것이 서분(序分)에서 아난이 질문한 세가지 수행방법 가운데 선나(禪那)에 대한 답(答)이다.

참고로 삼점차(三漸次)에 대해서 간략하게 요약하면 다음과 같다. 제일(第一)의 점차(漸次)는 수습(修習)으로 반드시 그 조인(助因)을 제거해야 하는 것이니, 조인(助因)은 즉 주위환경[五辛菜]이고, 제이(第二)의 점차는 참다운 수행으로 그 정성(正性)이 본래 허망임을 관찰하는 것이니, 정성(正性)은 성욕 등 살도음(殺盜淫)이다. 제삼(第三)의 점차는 노력으로 반드시 중생의 현업(現業)을 어겨야 하는 것이니, 현업은 지금의 육근(六根)이 육경(六境)에 치달리는 것이다.

- 〈結經分〉 -

다음 결경분(結經分)의 내용은 경명(經名)으로 다섯 가지 이름을 열거해 보여, 이 경의 수승함을 결론지어 드러낸 것이다.

- 〈助道分〉 -

다음 조도분(助道分)의 내용은 크게 둘로 나누었다. 먼저 천당과 지옥 등 칠취(七趣)가 하나의 오직 마음이 짓는 것임을 밝혀, 마음을 가다듬어 섭지(攝持)하게 하고[別明諸趣 戒備失錯], 다음은 선정(禪定)을 닦아 오음(五陰)이 녹아 없어질 때에 나타나는 가지가지 마사(魔事)를 밝혀, 모든 수행하는 사람들에게 사특한 길에 떨어지지 않게 한 것이다[詳辨魔境 深防邪誤]. 수행을 하지 않는 사람은 일상생활이 그대로 마장(魔障)의 세계이므로 마장이 있어도 이를 모르거니와 닦아 나아가는 입장에서는 응당 만나게 되는 것이기에 이를 경계하게 했으니, 그러므로 이를 조도(助道)라 부르는 것이다.

그 제거되는 순서로는 "이 오음(五陰)이 원래 겹겹으로 포개어 생기는 것이니, 생(生)은 식(識)을 인하여 있고, 멸(滅)은 색(色)을 따라 없어지는 것이다. 이치로는 단박에 깨닫는 것이기 때문에 깨달으면 모두 소멸하거니와 현실은 단박에 없어지는 것이 아니니, 차례를 따라 소멸되기 때문이다. (제10권)"라고 하여 '거친 색음(色陰)으로부터 미세한 수상행식(受想行識)의 순서로 차례차례 제거되는 것임을 밝혔다. 즉 색음(色陰)에 열가지 마장(魔障)이 있는데 이를 수행하여 색음(色陰)의 마장(魔障)이 사라지면 수음(受陰)을 비롯한 마장(魔障)이 남고, 이렇게 수행하여 마침내 미세한 식음(識陰)의 마장(魔障)이 사라질 때, 비로소 온갖 마장(魔障)에서 영원히 벗어나게 된다는 것이다.

- 《流通分》 -

끝으로 유통분(流通分)의 내용은 그 때 대중이 이 경을 듣고 모두 기뻐하면서 물러갔다는 내용이다.

이상의 내용으로 볼 때 능엄경은 지금 우리들이 환경과 상황에 사로잡혀 집착하고 끌려 다니고 있는 허망한 마음을 깊이 돌이켜 보게 함으로써, 묘명진심(妙明眞心) 등 여러 가지로 표현되는 자기의 본심[如來藏 妙眞如性]을 깨닫게 하여 부질없는 경계에서 초연해질 수 있는 커다란 힘을 갖게 하는 한편, 불교의 모든 가르침을 통일적으로 이해하게 하고, 더 나아가서 아는 데[多聞]에만 그치지 않고, 저절로 깊이 실천하게 되는 신비한 경전이다.

(3) 경(經)의 성립 및 전래

이 경이 설해진 시기에 대해서는, 경문(經文) 자체에서도 아난의 다문(多聞)에 정력(定力)의 필요성을 강조했듯이 반야(般若) 이후 법화(法華) 이전이라는 천태 오시교(五時敎)적 주장과, 법화경의 용어가 많이 인용되는 것으로 보아 법화(法華) 이후라는 주장이 있다.11)

이 경의 전역(傳譯)은 지승(智昇)의 속고금역경도기(續古今譯經圖紀, 서기730年述)에 의하건대 중인도(中印度) 사문(沙門) 반랄밀제(般剌密諦,極量)12)가 광주(廣州) 제지사(制旨寺)에서 번역하였는데 때는 당(唐) 중종(中宗) 신용(神龍) 원년(元年, 서기705)이라 했다. 이 경이 우리나라에 전래된 연대는 확실하지 않지만 고려대장경(서기1011년부터)에 수록되어 있는 것으로 보아 중국에서 선법(禪法)이 전래된 신라 말이 아닌가 생각된다.

---

11) "대저 수행해 나아가는 일을 농사에 비유하면 김매는 것과 같고, 꽃에 비유하면 꽃이 피는 것과 같다. 이미 법화에서 추수하여 수확하고 열반에서 이삭까지 주워 마쳤다고 한다면, 응당 수확하여 이삭까지 주운 이후에 다시 김맬 수는 없는 것이요, 이미 법화에서 權敎를 폐하고 實相을 설하심이 마치 연꽃이 지고 열매를 맺은 것과 같다고 한다면, 응당 꽃이 떨어진 후에 다시 꽃이 핀다고 할 수는 없는 것이다. 경으로써 이를 증명하건대, 방랑하는 헐벗은 아들이 이미 보물 창고를 알았는데 다시 무엇 때문에 구걸하러 다닐 것이며, 化城에 집착하던 사람이 이제 이미 그 곳에 이르렀는데 무엇 때문에 다시 길을 나서겠는가? <중간생략> 능엄이 법화이후에 있다고 한다면, 아난이 이미 저 법화에 가지가지 번뇌를 멸진하고, 다시 능엄에서 여러가지 번뇌를 다하지 못한 것이며, 이미 법화에서 부처님의 수기를 받고, 다시 능엄에서 道力이 부족한 것이 되며, 이미 앞에서 묘법을 깨닫고 다시 眞諦의 나아갈 바를 알지 못한 것이 되고, 이미 佛道에 안주하고서 다시 생사에 얽힌바 되어 婬舍에 빠진 것이니, 이것은 다 倒置요 이치가 스스로 맞지 않기 때문에, 그러므로 능엄이 반야 이후에 설한 것이라 주장하는 것이다. 대개 반야이후에 혜학이 무성하고, 정력이 온전치 못하여 사람들이 혹은 多聞에 빠져 삼매를 잃어버리기 때문에, 여기에서 수능엄의 大定을 보이시되, 반야의 큰 지혜를 밑천 삼아 후학으로 하여금 정혜가 균등하고, 學行이 다 갖추어져 구경의 一乘實相에 나아가게 하고자 한 것이니, 이것이 능엄을 설하시게 된 동기이다."『戒環解』(『卍續藏經』17, p.683하)

12) 반랄밀제(般剌密諦): 東印度沙門으로 唐 中宗元年(서기705) 광주 制旨寺에서 능엄경을 번역하였다.『續古今譯經圖紀』(『大正藏』55, p.371하)

수능엄경 과목 도표

1) 서분

2) 정종분
 (1) 見道分
  ① 決擇眞妄以爲密因 (진망을 결택하여 이로써 성불의 기초를 삼게하다)
  ② 發明覺性直使造悟 (각성을 드러내어 바로 나아가게 하다)
  ③ 深窮萬法決通疑滯 (만법의 근원을 밝혀 모든 의심을 풀어주다)

 (2) 修道分
  ① 修行眞基 (수행의 기본 자세를 밝히다)
    審因心 (수행으로서의 因心과 깨달음으로서의 果覺을 알게 하다)
    審業本 (번뇌의 근본을 살피게 하다)
  ② 修行眞要 (수행의 참다운 요체를 밝히다)
    解結眞要 (매듭을 푸는데 있어서 그 방법과 차례에 대하여 설명하다)
    入圓眞要 (25원통을 설명하되 그 가운데 耳根圓通이 수승함을 밝히다)
  ③ 攝持軌則
    內攝 (네가지 큰 죄에 대해서 이를 잘 지킬 것을 권하다)
    外攝 (능엄주를 설하여 이를 항상 지니고 외우기를 권하다)

 (3) 證果分 (十二類 三漸次 57位를 밝히다)

 (4) 結經分 (이 경의 수승함을 결론지어 드러내다)

 (5) 助道分
  ① 別明諸趣 戒備失錯 (칠취가 오직 마음임을 밝혀 마음을 잘 단속하게 하다)
  ② 詳辨魔境 深防邪誤 (마구니의 일을 밝혀 사특한 길에 떨어지지 않게 하다)

3) 유통분

大佛頂1)如來密因2)修證了義3)諸菩薩萬行4)首楞嚴5)經6) 제1권

---

1) 대불정에서 大는 그 당체가 크고 훌륭하다는 뜻이요, 佛頂은 위가 없이 가장 높아 볼 수 없고 헤아릴 수 없다는 뜻이니 無上하고 미묘한 깨달음의 세계를 표현한 말이다.
2) 여래밀인이란 여래의 과덕(果德)을 비밀장이라 하며 이 비밀장의 因行에 드는 것을 密因이라 하니 密은 즉 경에서 설한 바 다라니다. 이는 범부나 소인이 능히 알 수 있는 것이 아니기에 密이라 하며, 이 密이 곧 성불의 因이 되는 것이다.『불광대사전』(대만 불광출판사 1988) p.4475.
  *여래밀인은 密이요, 수증요의는 顯이다. 대개 수행하는 사람들이 제불의 本有性具한 自心果性을 보고 이를 의지하여 수행을 일으켜서 바야흐로 참다운 因을 이루게 되는데, 權小는 이를 다 알지 못하기에 여래밀인이라 한 것이다.『정맥소』(『卍속장경』18, p.768하)
3) 수증요의란 비록 本有한 줄을 알지만, 無修無證에 떨어지지 아니하고 有修有證에 방해롭지 아니함을 말한 것이니, 이와같이 진정한 무수증의 의지하여 수증하기 때문에 修證了義라 한다.『정맥소』(『卍속장경』18, p.768하) 참조
4) 제보살만행이란 보살이 오십오위를 통해서 육바라밀 등 모든 만행을 배우고 깨달음을 원만히 하기 때문에 제보살만행이라 한 것이다.
5) 수능엄(범어 Śūraṁgama): 首楞이라 하는 것은 모든 것에 구경임을 뜻하는 말이고, 嚴이라 하는 것은 견고함을 가리킨 것이다. 이와같이 一切畢竟하여 견고한 것이 수능엄이니 首楞嚴定은 곧 불성이다.『大般涅槃經』(『大正藏』12, p.525a)참조
  *건상분별(建相分別)이라 함은 곧 수능엄의 작용을 설명한 것이다. 健相이란 '훌륭하다는 뜻으로, 분별없이 분별하는 것, 즉 완전한 요의의 설명이라는 것이다. 계환스님은 경의 제목을 설명하면서 '수능엄을 번역하면 一切事 畢竟堅固이며, 또한 健相分別이라고도 한다. 필경견고란, 無因無行 無修無證 無了不了하여 大小名相 등 일체를 세울 수 없는 것이 바로 필경견고의 모습이요. 건상분별이란, 금강으로 관찰하여 覺明을 분석하는 것이 이것이니 제1권 徵心辯見에서부터 제10권 破陰襯魔에 이르기까지 건상분별의 일 아님이 없다' 라고 했다.『계환해』(『卍속장경』17, p.682상)
  *육바라밀 가운데 앞의 보살만행으로 前四를 삼고 여기에 수능엄으로 定慧雙融의 後二를 삼았다. 그러나 앞의 사바라밀도 다 이를 의지하여 운행되어야 비로소 제일바라밀이 되기 때문에 이 수능엄이 총행이 되는 것이다.『정맥소』(『卍속장경』18, p.769하)
6) 經이란 범어 수트라(sūtra)의 번역으로 본래 줄(線)·가닥(條)·실(絲)·끈(紐)의 의미인데 변하여 실로 꽃을 묶듯이 중생을 잘 보호하고 거두어 지닌다는 뜻이 되었다. 한자어로서의 經은 날실의 뜻으로 여기에도 같은 뜻이 있고 또 영원히 변치 않는 규범이 된다는 의미이다. (전관응『불교학대사전』서울 홍법원 1988, p.52 참조)
  *經이란 부처님의 법을 설명하는 글이다. 마치 고기를 잡는 통발[筌]과 같은 것이다. 경이 통발이라면 이 경에 의지하여 해석되는 주해도 모두 통발이요 고기가 아니다. 배우는 사람들이 통발을 집착하여 고기를 삼지 않는다면 능엄경의 참뜻을 얻게 될 것이다.『계환해』(『卍속장경』17, p.682하)
  *密은 理며 了義는 敎이고 만행은 行이고 능엄은 果이다 (정맥소 卍속장경18 p.310하)

序分二 1.證信序7) 二 1)說法時處
如是我聞이라 **一時佛在室羅筏城祇桓精舍**하사

　이와같이 내가 들었다.8) 어느 때9) 부처님이 실라벌성10)의 기원정사11)에서

2)法會聽衆二 (1)常隨衆三 ①總標
與大比丘衆의 **千二百五十人俱**하시니

　대비구12) 1250인으로 더불어 함께 하셨는데,

---

7) 證信이란 곧 六成就로서 說主와 聽者 說時와 說處가 낱낱이 분명하여 이 경전의 진실성을 중생으로 하여금 믿게 하기 위한 것이다.
　*六成就: 경전의 첫머리에 경이 설해진 때와 장소 등을 설명하는데, 이 부분을 通序[證信序]라고 한다. 通序의 내용은 여섯항목으로 구분되며 이 여섯항목이 완비되어야 비로소 경전으로서의 모습이 갖추어지기 때문에 이것을 六成就 또는 六事成就라고 한다. (1)信成就(如是) (2)聞成就(我聞) (3)時成就(一時) (4)主成就(佛) (5)處成就(在王舍城 등) (6)衆成就(與大比丘衆若干人俱)
8) '이와같은 법 내가 부처님으로부터 들었다'고 한 것은 이 경을 결집하게 된 아난이 부처님에 의거해서 말을 세운다는 것이다. 즉 이 法이 부처님께서 직접 전해주신 것이요, 다른 사람의 말이 아님을 증명하기 위해서 한 말이다. 『계환해』(『卍속장경』17, p.685상) 참조　*아난이 '如是我聞'이라 한 것은 이것이 부처님의 말씀이요 자기의 말이 아님을 밝힌 것이다.
9) '어느 때'라는 말도 부처님으로 인해서 세운 것으로, 모든 經에서 함께 쓰는 말이다. 그러므로 따로 지정하여 가리키지 아니하고 '어느 때'라고 했다. (앞의 책 p.685상) 참조
10) 실라벌은 범어 Śrāvastī 음역으로 舍衛라고도 한다. 중인도 코살라국의 도성으로 인도 중북부 랍티강이 굽이쳐 흐르는 지금의 곤다州 사헤트마헤트 지방이다. 부처님이 계실 때 파사익왕과 유리왕이 살았다. 부처님이 일찍이 누차에 걸쳐 설법을 하셨던 기원정사는 이 성 남쪽으로 약 1마일 정도 떨어진 기수급고독원 안에 있었다.
11) 기원정사는 혹 祇桓精舍라고도 한다. 부처님이 일찍이 누차에 걸쳐 여기에서 설법을 하셨던 곳으로 왕사성의 죽림정사와 함께 불교 최초의 양대정사이다. 부처님 성도 후 3년째 되던 해에, 코살라국 사람이며 자선가로 유명한 급고독장자가 마가다국의 라자가하[王舍城]에서 부처님의 설법을 듣고 크게 감동하여 부처님을 사위성으로 모셔오려고 그 준비 작업으로 기타태자로부터 급고독원을 구입하고 여기에 기원정사를 지었다 한다.
12) 대비구란 안으로 보살을 간직하고, 밖으로 성문을 나타내어 사악한 성품을 파하고, 마구니를 두렵게 하는 이를 가리킨다. 千二百은 교진여와 삼가섭과 사리불과 목련의 무리이다. 『계환해』(『卍속장경』17, p.685상)

②嘆德

皆是無漏大阿羅漢이라 佛子住持하야 善超諸有하며 能於國土成就威儀하야
從佛轉輪호대

그들은 모두 무루(無漏)13)의 대아라한(大阿羅漢)14)들이었기 때
때문에 불자(佛子)로 주지(住持)하여 삼유[三界]의 모든 번뇌를 잘
초월하였고, 능히 여러 국토에서 위의(威儀)를 성취하여15) 부처님을
따라 법륜(法輪)을 굴리었다.

---

13) 漏는 범어 āsrava의 번역으로 번뇌를 뜻한다. 탐진치의 번뇌가 있는 것을 有漏라
하고, 번뇌가 없는 것을 無漏라 하니 즉 근본 자성을 잃고 환경에 사로잡혀 가지가지
業을 짓는 모든 현상적 행위가 有漏이고, 그러한 행위와 결과가 무상임을 깨달아 業習
을 끊고 수행에 나아가는 것이 無漏이다.
  *無漏業이란 바로 수능진정(首楞眞定)이다. 이 선정을 얻은 사람은 영원히 가지가지 漏
  를 소멸하게 되기 때문에, 憎愛의 두가지 고통을 여의게 되는 것이다.『계환해』(『卍속
  장경』17, p.762하)
14) 중생의 삶[分段生死]를 버리고 人天의 공양을 받으며, 무명의 도적을 제거한 이를
아라한이라 한다. (앞의 책 p.685상) *아라한이란 소승의 수행자들, 즉 성문승 가운데
최고의 이상이다. 본래 부처님를 가리키는 명칭이었는데 후에 수행자들이 도달하는 최
고의 단계로 바뀌었다. 수행의 결과에 따라 수타원·사타함·아나함·아라한의 四位로 나
누어 아라한을 최고의 자리에 놓고 있다. 그 중 아라한은 더 이상 배우고 닦을 만한
것이 없으므로 무학(無學)이라고 하며, 그 이전의 계위는 아직도 배우고 닦을 필요가
있는 단계이므로 유학(有學)이리 부른디. 데이리힌이리 힌 깃은 소승의 아라한이 아니
라는 것이다.
15) '능히 여러 국토에서 위의를 성취했다'고 한 것은 '환경에 따라 몸을 나투어서, 바른 모습
으로 중생을 깨닫게 한다'는 것이다. (앞의 책 p.685하) *聞我名者免三途 見我形者得解脫

妙堪遺囑하며 嚴淨毘尼弘範三界하고 應身無量度脫衆生하되 拔濟未來越
諸塵累니라

 또한 이들은 수행의 힘이 미묘하여 다 유촉(遺囑)을 감내할 만하며16) 계율[毘尼]를 엄정(嚴淨)히 지니어 삼계17)에 모범이 되고, 응신(應身)이 무량하여 중생을 제도하여 해탈하게 하며, 미래 중생의 번뇌18)까지도 다 소멸하여 가지가지 고통의 세계에서 벗어나게 하는 훌륭한 수행자들이었다.19)

---

16) '부처님을 따라 법륜을 굴리되, 미묘하여 유촉을 감당할만하다'는 것은 '수도는 능히 교화하는데 일조가 되고, 공덕은 족히 중생을 이롭게 할 만하다'는 것이다. 『계환해』(『卍속장경』17, p.685하)   *말한마디 걸음걸음이 수행자 답다.
17) 삼계(三界)란 삼유라고도 하는데 그중 욕계란 성욕 등 욕망이 지배하는 세계이고, 색계란 몸 등의 물질이 있지만 욕을 떠난 청정한 세계로서 定속에 戒가 저절로 따라오는 등, 정혜쌍수를 바르게 할 수 있는 수행자의 세계이다. 다음 무색계는 순 정신적 세계로써 선정만이 존재하는 소승의 세계이다.
18) 번뇌란 '나'라고 하는 我相에서 일어나는 모든 분별심을 말한다. 여기에는 分別起와 俱生起가 있는데 분별기는 잘못된 가르침 등 자라면서 외부적인 요인에 의해서 생기는 후천적 번뇌로서 성질은 강하지만 끊기는 쉬워 보통 見道의 단계에서 끊어진다. 구생기란 태어날 때부터 선척적으로 몸과 함께 일어나는 累世業力의 번뇌로서 미세하지만 끊기가 어렵기 때문에 많은 修道를 통해서 끊게 된다.
19) 또 '계율을 엄정하게 지니어 모범을 보이고, 응신을 드러내어 중생을 제도코자 한다'했으니, 그 뜻이 다만 一時의 중생만을 이롭게 하고자 한 것이 아니라, 미래의 모든 중생들까지 고난에서 구제하여 그들을 다 초탈케 하고자 한 것이니, 이는 아난과 사리불 등 그 同列의 덕(德)이다. (앞의 책 p.685하)
 *무릇 모든 경에는 각기 그 연기가 있으니 이 경은 아난으로 인하여 교설이 설해지되, 淫舍에 빠짐을 보였으니, 이는 그 뜻이 아마도 불법에 住持하고 모든 번뇌에서 잘 초월하지 못하면 위의를 파하게 되고 계율을 오염되게 하며 중생제도의 유촉과 미래 중생의 구제를 감당하지 못하게 됨을 보여주기 위하여, 아난이 일부러 이러한 자취를 보인 것이지, 아난의 수행력은 그렇지 않다는 것이다. 이를 증명하기 위하여 여기에서 同列[사리불 등]의 德을 찬탄함으로서 아난의 이러한 모습[示迹]이 정말 위의를 무너뜨리거나 계율을 더럽히려는 것이 아니라, 뜻이 중생을 구제하려는 것이었음을 밝히려는 것이라 생각된다. (앞의 책 p.685하)

③列名

其名曰 大智舍利弗과 摩訶目犍連과 摩訶拘絺羅와 富樓那彌多羅尼子와 須菩提와 優波尼沙陀等而爲上首니라

그 이름은 대지사리불과 마하목건련과 마하구치라20)와 부루나미다라니자21)와 수보리와 우파니샤타 등이 우두머리가 되었다.

(2)來集衆二 ①聲聞衆

復有無量 辟支無學 幷其初心이 同來佛所하니 屬諸比丘休夏自恣라 十方菩薩諮決心疑코자 欽奉慈嚴將求密義러라

또 수많은 벽지불과 무학(無學)과 초심자들이 모두 부처님의 처소에 모였으니, 마침 그 날은 모든 비구들이 여름 안거(安居)를 마치고 자자(自恣)22)하는 날이었으며, 시방의 보살들도 이 날을 기하여 의심스러웠던 것을 묻고 해결하려고, 부처님을 공경히 받들며23) 비밀한 뜻을 알려고 하였다.

---

20) 구치라(拘絺)는 근성이 총민하여 博學이 제일이다.『계환해』(『卍속장경』17, p.685하)
   *마하구치라(摩訶拘緻羅): 사리불의 외삼촌이라 한다. (능엄주해/운허 p.3)
21) 부루나는 대변재를 구족하여 설법제일이다.『계환해』(『卍속장경』17, p.685하)
22) 자자(自恣)란 스스로에게 허물이 있을 때 대중이 마음대로 들추어내도록 맡기는 것이다. 석달동안 움직이지 못해 부처님을 뵈올 수가 없었으므로 하안거를 마치고 모두 모여 마음에 의심되었던 바를 묻고 해결하는 것이니, 自恣決疑란 대중이 그 동안 석달의 德業을 회상하는 일이다.『계환해』(『卍속장경』17, p.686상)
   *自恣는 범어 pravarana<프라바라나>의 번역으로 구역에서는 自恣라 하고, 신역에서는 隨意라 했다. 이는 하안거가 끝나는 날 모든 비구들이 한자리에 모여 서로 묻고 탁마하며 타인의 犯戒行爲나 不法行爲 등을 적발 주의시켜 참회를 촉구하는 행사이다. 또 포살은 매달 15일과 30일에 교구의 전원이 참석하여 바라제목차를 독송하고 이것을 위반한 일은 없는가를 묻고 범계한 이는 이를 참회히게 허여 청정하게 하는 법회이다.
23) 欽奉慈嚴에서 慈嚴은 부처님을 공경이 받드는 것이니, 자(慈)는 은혜를 뜻하고, 엄(嚴)은 위의를 가리킨다.『계환해』(『卍속장경』17, p.686상)

卽時如來가 敷座宴安하사 爲諸會中하야 宣示深奧하시니 法筵淸衆得未曾有하고 迦陵仙音徧十方界하며

　그 때 여래께서 자리를 펴고 편안히 앉으시어 모인 대중들에게 심오한 이치를 펴 보이시니, 법연(法筵)에 참석했던 청중들은 미증유(未曾有)를 얻었고, 가릉빈가24)의 묘한 음성은 시방세계에 두루하였다.

②菩薩衆
恒沙菩薩來聚道場하니 文殊師利而爲上首러라

　또 항하25)의 모래수와 같은 수많은 보살들도 이 도량에 참여하였으니, 그 가운데에는 문수보살26)이 우두머리가 되었다.

2.發起序八 1)佛赴王命27)
時波斯匿王爲其父王하야 諱日營齋코자 請佛宮掖自迎如來하고 廣設珍羞無上妙味하며 兼復親迎諸大菩薩더라

　때에 파사익왕28)이 그 부왕을 위하여 제사날에 재(齋)를 지내려고 부처님을 궁전 안으로 청하여29) 직접 여래를 영접하고 가지가지 진수성찬과 최상의 음식을 차렸으며, 아울러 여러 대보살들도 친히 맞아들이었다.

---

24) 가릉빈가는 번역하여 선금(仙禽)이니 고상한 새이다. 그 음성이 화평하고 우아한데, 佛音이 이와 같다는 것이다.『계환해』(『卍속장경』17, p.686상)
25) 항하는 인도 바라나시 옆으로 흐르는 강으로 갠지스강을 가리킨다. 강가강이라고도 한다.
26) 문수를 번역하면 妙德이라 하는데 근본지를 가리키는 말이다. 능엄회상에 법을 간택하는 눈이 되었기 때문에 상수라 한 것이다.『계환해』(『卍속장경』17, p.686상) *문수도량으로는 한국의 오대산과 중국의 오대산이 있다.
27) 佛赴王命: 부처님이 파사익왕의 초청에 나아가다.
28) 파사익왕은 부처님과 나이가 같으며, 사위국왕이다. 승만경의 승만부인은 이 파사익왕과 말리부인 사이에서 태어났다.
29) 宮掖은 왕의 內庭이다. 內庭에서 부처님을 맞이한 것은 공경이 지극함을 뜻한다.『계환해』(『卍속장경』17, p.686하)

2) 聖衆分應30)

城中復有長者居士하야 **同時飯僧**코저 **佇佛來應**어늘 **佛勅文殊**호대 **分領菩薩**
及阿羅漢하야 **應諸齋主**러라

성안에는 다시 장자(長者)와 거사(居士)들도 있었는데, 그들 역시 승보(僧寶)에 공양을 올리려고 부처님이 오시어 응하여 주시기를 기다리고 있었다. 이에 부처님은 문수보살에게 '보살과 아라한들을 나누어서 여러 재주(齋主)들의 원(願)에 응하도록 하라'고 명하시었다.

3) 阿難獨異

唯有阿難 先受別請하고 **遠遊未還**타가 **不遑僧次**러니

다만 아난은 미리 별청31)을 받고 멀리 나가 돌아오지 못하여 대중이 함께하는 승차청(僧次請)32)에 참여하지 못하였다.

旣無上座及阿闍梨하고 **途中獨歸**하니 **其日無供**이라 **卽時阿難執持應器**하고
於所遊城次第循乞호대

그 때 아난은 상좌(上座)와 아사리(阿闍梨)도 없이33) 혼자 돌아와 공양이 없었으므로 곧 바로 응량기(應量器)34)를 들고 항상 유행하

---

30) 聖衆分應: 대중들을 나누어 齋主들의 청에 응하게 하다.
31) 별청(別請)은 재가신도가 수행승 가운데 특정인을 지칭하여 불러 공양 올리는 특별한 초청이다. 안거중 별청을 받았을 때에는 대중의 허락하에 7일을 머물수 있다. 대정신수장경22권(율부) p.833상(사분율편) 참조
32) 승차청은 시주가 어떤 수행자를 지정하지 않고, 다만 대중의 수를 지정하여 공양청을 하였을 때, 위에서부터 차례로 나아가는 것이다.
33) 상좌와 아사리도 없었다는 것은 잘못하여 음실에 빠지게 된 연유를 설명한 것이다. 율에 제정되기를 '수행자가 멀리 나가게 되었을 때에는, 반드시 세 사람이 짝이 되어야 한다'고 했으니 하나는 上首요, 하나는 軌範師이다. 이는 사문으로서의 수행을 엄정하게 하여 잘못되는 것을 미연에 방지하기 위함이다. 『계환해』『卍속장경』17, p.686하)
   *행호율의(行護律儀)에 이르기를 '五夏이상은 아사리[궤범사]라 하고, 十夏이상은 화상(和尙)이라 한다'하다. (사미율의)
34) 응기(應器) 또는 응량기는 승려들이 걸식할 때 가지고 가는 그릇으로, 범어 발다라 pātr의 번역이다.

던 성으로 차제걸식을 나갔던 것이다.

心中初求 最後檀越하야 **以爲齋主**호대 **無問淨穢**와 **刹利尊姓** 及**旃陀羅**하고
 이 때 심중에 '최후단월(最後檀越)35)을 구하여 재주(齋主)를 삼되, 깨끗하고 더러운 찰제리(刹帝利)나 전다라(旃陀羅)36)등을 묻지 않고

方行等慈 不擇微賤하니 **發意圓成** 一切衆生의 **無量功德**이라
 평등하게 자비를 행하여 아무리 미천한 자라도 가리지 않겠다37)' 라고 생각하였으니, 그 뜻은 일체중생에게 무량한 공덕을 원만히 성취시키고자 한 것이었다.

阿難已知 如來世尊이 **訶須菩提** 及**大迦葉**은 **爲阿羅漢**호대 **心不均平**하며
 또 아난은 이미 '여래께서 수보리와 대가섭은 아라한이 되었으면 서도 마음이 평등하지 못하다고 꾸중하시는 것'을 알고 있었을 뿐 만 아니라38)

---

35) 최후단월은 아직 수행자에게 보시를 해보지 못한 자이다.『계환해』(『卍속장경』17, p.686하)
36) 전다라는 의역하여 험악인·폭악인·도살인 등이라 하니, 인도사회의 계급종성제도 가운데 최하급의 종족이다. 마누법전에 실려 있기를 '전다라는 수다라를 아버지로 바라문을 어머니로 하는 혼혈종족이다'하다.『불광대사전』(台灣 불광출판사 1988) p.4117.
37) 평등하게 자비를 행한다는 것은, 나 자신이 평등한 마음으로 교화하여 저들로 하여금 평등한 마음으로 보시하게 하고자 한 것이다. 저 食에 평등한 사람이 저 法에도 평등한 것이기에, 그러므로 무량공덕을 이루게 되는 것이요, 또 마등가와 같은 사람은 추하고 미천한 사람이지만 아난이 이미 이러한 간택하는 마음이 없었기에 이러한 일을 경험하게 된 것이다.『계환해』(『卍속장경』17, p.686하)
38) 이는 평등하게 자비를 행하려 했음을 서술하려는 것이다. 空生[수보리]은 가난한 자를 피하였으니 부자라야 쉽게 보시할 수 있다고 본 것이요. 飮光[마하가섭]은 부자를 피하였으니 가난한 자에게 인연을 심어주기 위함이었다.『계환해』(『卍속장경』17, p.687상)

欽仰如來 開闡無遮하야 度諸疑謗할새 經彼城隍 徐步郭門하야 嚴整威儀 肅恭齋法일러라

'여래는 열린 마음으로 걸림이 없으셔서 어떤 의심이나 비방에서도 벗어나셨다는 것'을 공경하고 우러러 사모하였기 때문에, 성과 해자를 지나 천천히 성안으로 들어가 위의를 엄정히 하고, 엄숙하고도 공경히 걸식의 법을 행하게 되었던 것이다.

4)示遇惡緣

爾時阿難因乞食次에 經歷婬室라가 遭大幻術摩登伽女한때 以娑毘迦羅先 梵天呪로 攝入婬席婬躬撫摩하야 將毀戒體러니

그 때 아난이 걸식하던 차제(次第)에 음실(婬室)을 지나다가 환술을 잘하는 마등가족의 여인[摩登伽女]39)을 만났다. 그녀는 사비가라(娑毘迦羅)40)선범천(先梵天)의 주문으로 아난을 음석(淫席)으로 이

---

39) 마등가(mātaṅga)는 作惡業, 小家種이라 번역된다. 인도의 하천한 계급으로 母의 名이다. 그 딸은 발길제(本性이라 번역)이니 음녀로서 아난을 보고 반하여 어머니인 마등가에게 졸라서 선범천주를 외워서 아난을 홀리게 하였다. 이운허,『수능엄경 주해』(서울 동국역경원 1974 p.7.)

＊아난이 마등가녀와의 만남은 걸식하다가 목이 말라 물을 긷는 처녀에게 한잔의 물을 얻어 마신 것이 인연이 되었다.『불설마등녀경』(『대정장』14, p.895참조). 마등가족은 토착민족의 하나인데 아리안족들의 침략에 저항하다 끝내 천민으로 전락된 불행한 종족이라 한다.

40) 사비가라는 황발의 외도를 가리킨다. 대대로 家傳된 사람을 속이는 주문으로 선범천주이라 부르는데 사실은 요사한 사술에 지나지 않는다.『계환해』(『卍속장경』17, p.687상) ＊사비가라를 번역하면 金頭 또는 黃髮이 되며, 이들이 주로 사용하는 주문을 선범천주라 한다. 이 사비가라학파(수론학파 또는 샹캬학파)의 명제는 육사외도보다 1세기 정도 나중에 성립된 인도 육파철학의 하나로서 이 학파에서는 '정신의 본체인 神我와, 물질의 근원인 冥諦가 둘이 어울려 그 중간에 23諦를 生起하고, 나아가 우주가 전개되었다'고 하며, 만유는 필경 이 명제의 變作이라고 달관하면 해탈에 이를 수 있다고 주장한다. 고대 우파니샤드 철학자였던 <웃다라카 有論>의 영향을 받으면서도 그것을 비판적 안목에서 二元論的으로 발전시킨 것으로, 결과가 원인 가운데 잠재한다는 因中有果論이다. 이러한 샹캬철학은 베란따철학과 함께 힌두교의 사상형성에 중요한 역할을 하였다. 전관응,『불교학대사전』(서울 홍법원 1988) p.879와『불광대사전』(台灣 佛光出版社 1988) p.1279 참조.

＊先梵天呪는 '과거 범천이 사용하던 주문'이라는 뜻으로, 외도들이 자기들의 주문을

끌어 음란한 몸으로 만지고 비비면서 장차 아난의 계체(戒體)41)를 무너뜨리러 하였다.42)

5) 佛慈垂救
如來知彼 婬術所加하고 **齋畢旋歸**하신대 **王及大臣 長者居士**가 **俱來隨佛 願聞法要**니라

여래께서 아난이 마등가녀의 음술(淫術)에 붙들린 줄을 아시고, 공양[齋]를 마치자 바로 정사(精舍)에 돌아오시니, 왕과 대신 그리고 장자와 거사들도 부처님을 따라 함께와서 법요를 듣게 되었다.43)

미화하여 부르는 말이다. 이운허,『首楞嚴經註解』(서울 동국역경원 1974) p.7.

41) 戒體라 함은 계율을 받아 굳게 지니려는 마음을 말하고, 戒法이라함은 계율의 내용을 말하고, 戒行이란 계율의 실천행을 말하며, 戒相이란 계율의 공덕상을 말한다.
42) '음란한 몸으로 만지고 비비면서 계체를 무너뜨리려 했다'고 한 것은 마등가녀가 '몸으로써 핍근(逼近)하여 淨戒의 체를 더럽히고자 했다'는 것이다. 나중에 이르되 '아난의 마음이 원력으로 청정했기 때문에, 다행히 빠지지 않았다'했으니 아난이 부처님의 처소에서 부처님과 같이 발심하여 功行이 부처님과 같지만, 다만 본원이 항상 다문하기를 좋아하여 法藏을 호지하고 佛果를 취하지 않았는데, 지금 이와같은 자취를 보인 것은 그 뜻이 법장을 호지하려는 것이다.『계환해』(『卍속장경』17, p.687상)
*대개 반야 이후에 혜학이 치성하였기 때문에, 진정한 자기에 미혹한 무리들이 한결같이 다문만 하여 正定을 닦지 아니하고, 경계에 굴리는 바가 되어 삿되고 더러움을 쉽게 만나 완연히 굴러 떨어지게 되면 부처님의 법장을 호지할 수가 없게 되니, 그러므로 다문만 했던 사람이 邪染에 빠지는 일을 들어서, 그것으로 교를 일으키되, 능엄의 大定으로써 반야의 큰 지혜를 자본삼아, 후학들로 하여금 정혜를 균등히 하고, 學과 行을 쌍으로 밝히면 전도된 망념을 가히 소멸하고, 妙淡을 얻어서, 경계의 굴린바가 되지 아니하고, 오히려 경계를 굴려서 여래와 같게 하고자 한 것이다. 마땅히 알아야 할 것은, 아난이 이와같은 방편의 지혜로 물러나 말세의 후학을 위한 것이기에 그러므로 이후 경에서 보이는 자취는 다 후학을 책려하려는 것이다.『계환해』(『卍속장경』17, p.687)
43) 재를 마치시고 바로 돌아오셨다는 것은 부처님께서 항상 齋를 마치시면 바로 그 자리에서 보시한 사람을 위해 설법을 하시었는데, 그날은 갑자기 그대로 돌아가심으로, 왕과 신하들이 모두 부처님을 따라 기원정사까지 와서 법을 듣게 되었다는 것이다. (앞의 책 p.687하)

于時世尊 頂放百寶 無畏光明하시니 光中出生 千葉寶蓮이라 有佛化身이 結
跏趺坐하사 宣說神呪어늘

　그 때 세존께서는 정수리로부터 백보무외광명44)을 놓으시니 광명
가운데 천 개의 연꽃이 피어나고, 꽃잎마다 그 속에 부처님의 화신
(化身)이 결가부좌(跏趺坐)하고 앉으시어 신비한 주문[楞嚴呪]를 설
하시었다.45)

勅文殊師利하야 將呪往護하시니 惡呪銷滅하고 提獎阿難及摩登伽하야 歸來
佛所더라

　부처님이 문수사리보살에게 '이 주문을 가지고 가서 아난을 구해
오라'고 명하시니, 이리하여 악주(惡呪)가 소멸하고, 문수보살은 아
난과 마등가녀를 데리고 부처님 앞으로 돌아왔다.

6)阿難反省
阿難見佛하고 頂禮悲泣하야 恨無始來로 一向多聞이지 未全道力이라하고

　아난이 부처님을 뵈옵고 이마를 부처님의 발에 대어 슬피 울면서
'무시이래(無始以來)로 한결같이 다문(多聞)만 했지 도력(道力)을 온
전히 하지 못하였습니다'라고 한탄하였다.46)

---

44) 百寶 無畏光明: 정수리로 無上果를 삼는데 그 광명에 백가지 보배로운 色이 있어
    이를 일러 無畏라 한다. 이는 능히 마구니와 외도를 두렵게함이요, 또 밖의 경계가 이
    길 수 없기 때문이다. 세존께서 스스로 주문를 설하시지 않으시고, 정수리의 광명 속
    에서 나온 化佛에게 설하게 한 것은 이 주문이 바로 無爲의 心佛이며, 또한 위없는 心
    法임을 보이기 위함이다. 『계환해』(『卍속장경』17, p.687하)
45) 일체의 화신이 주문을 설하셨다는 것은 능엄주의 의미가 우리의 여래장심을 뜻하는
    것이다. 다음은 '80화엄 여래현상품'에서 설해지는 부처님의 광명에 대한 내용이다.
    "그때 세존께서 모든 보살들의 생각함을 아시고 입과 치아로서 세계의 티끌 수처럼 많
    은 광명을 놓으시니, 이른바 모든 보배 꽃 두루 비치는 광명과 가지가지 소리 내어 법
    계를 장엄하는 광명과 …중간생략… 이와같은 부처님 세계의 티끌 수와 같은 낱낱의 광
    명마다에는 다시 수많은 광명으로 권속을 삼았는데, 그 광명들이 모두 여러가지 묘한
    보배 빛을 갖추었고, 시방으로 각각 수많은 부처님 세계의 티끌 수 같은 세계해에 두루
    비치니, 저 세계해에 있는 보살 대중들이 이 광명 속에서 제각기 이 화장장엄세계를 볼
    수 있었다."
46) 다문의 지혜는 반드시 正定을 얻어야만 도력이 온전하게 되고, 사(邪)에 물들지 않

7) 因求今法47)
殷勤啓請 十方如來 得成菩提의 妙奢摩他 三摩禪那 最初方便이라

그리고 시방의 여래께서 보리(菩提)를 이루시었던 사마타(奢摩他)48)와 삼마(三摩)49) 선나(禪那)50)의 최초방편(最初方便)51)에 대해

게 되는 것이다. (앞의 책 p.688상)
47) 因求今法: 아난이 반성하고 그로 인하여 이제 法을 구하게 되다.
   *서분에서 아난이 질문하는 형식으로 최초방편을 청하고 부처님이 능엄경 전문을 통해 이에 대한 답을 하셨는데, 처음은 견도분의 사마타(慧)를 통해 근본지인 여래장을 밝힘으로 해서 이것으로 止를 삼고, 다음에 수도분의 삼마(定)를 통해 후득지인 대비심을 드러냄으로 해서 이것으로 觀을 삼았으며, 끝으로 증과분의 선나(慧)를 통해 법신의 세계를 밝힘으로 해서 이것으로 지관쌍수의 證을 삼은 것이다. 이때 능엄의 견도분에서 설해지는 사마타는 초기불교에서 집중의 의미, 즉 경계를 멀리하고 한곳에 마음을 집중하는 의미의 止가 아니라 근본지를 밝힘으로써 드러나는 慧를 통한 止이다. 또 수도분의 삼마는 보통 기신론처럼 定보다는 慧의 의미가 많은 '비파사나'를 사용하지 않고 定의 의미가 더 많은 삼마라는 용어를 써서 觀의 의미를 표현했는데, 그것은 아마 능엄경이 쓰여진 근본 목적이 慧보다는 定을 강조하려는 의도가 있었기 때문이며, 그러므로 수도분에서 觀의 의미는 이것이 단순한 觀의 의미가 아니라 앞의 사마타를 통한 선정 속에서의 觀이라는 것을 강조하기 위하여 이러한 용어를 사용한 것 같다. 특히 능엄에서는 따로 선나를 두어 금강간혜의 입장인 과상의 수행을 강조하고 있는데, 이때 선나도 慧의 의미보다는 定의 의미가 더 많은 용어이다. 보통 남방불교에서는 慧의 의미가 더 많은 觀이라는 용어를 사용하여 불교수행을 설명하고 있은데 비하여, 우리나라를 비롯한 중국 일본 등에서는 대개 定의 의미가 더 많은 禪이라는 용어를 사용하여 불교수행을 설명하는 것도 능엄경의 영향이 아닌가 생각해 본다.
48) 사마타(범어 śamatha)는 止 또는 寂靜이라 번역하여 모든 분별심[想念]이 허망임을 깨닫고 마음이 寂靜한 상태이다. 능엄에서는 견도분이 여기에 해당된다.『계환해』(『卍속장경』17, p.695)참조
49) 능엄에서는 삼매(samādhi)에 대해서 삼마제와 삼마지 또는 삼마발제 등으로 표현하고 있는데 이를 번역하면 寂靜 또는 等持의 뜻으로 대비심이 충만한 선정의 상태이다. 능엄에서는 수도분이 여기에 해당된다. *능엄경의 내용으로 볼 때 삼마제와 삼마지가 모두 수도분에 해당되나 보통 삼마제는 修三摩提라 표현하고 삼마지는 入三摩地라 표현한다.
50) 선나는 범어 dhyana의 음역으로 靜慮또는 思惟修라 번역한다. 진정한 이치를 사유하고 마음이 안정된 상태이니, 지관을 균등히 닦아 불심을 증득하는 수행이다. 능엄에서는 증과분이 여기에 해당된다.『계환해』(『卍속장경』17, p.845) 참조

   *사마타와 삼마 선나는 원각의 靜幻寂 삼관에 해당된다. 靜觀은 깨달음을 의지하여 塵을 멸하는 것이니 自己에 처하고[悟], 幻觀은 선정으로부터 행을 발하는 것이니 物

서 간절하게 여쭙고 청하였다.

8)時衆樂聞
於時復有恒沙菩薩及諸十方의 大阿羅漢辟支佛等이 俱願樂聞코저 退坐默然하야 承受聖旨러라

그 때 다시 항하(恒河)의 모래수와 같이 많은 보살과 시방의 대아라한(大阿羅漢)과 벽지불(辟支佛) 등도 함께 부처님의 법문(法門)을 들으려고 자리를 정하고 물러나 앉아 묵묵히 성인(聖人)의 뜻을 기다리고 있었다.

에 응하는 것이요[修], 寂觀은 쌍으로 起滅을 잊는 것이니 앞의 자취까지도 두지 않는 것[證]이다. 이 세가지를 가지런히 닦는다면 三도 아니고 一도 아니기에, 그러므로 妙라고 칭하는 것이니, 이것이 곧 수능엄정의 初門이요, 시방여래가 보리를 이루시었던 것도 무릇 여기에서 비롯된 것이다.『계환해』(『卍속장경』17, p.688상) 참조
51) 최초방편이란 바른 수행의 방법이다. 처음 決擇眞妄으로부터 發明覺性하고, 더 나아가 深窮萬法하여 決通疑滯하는데 이르기까지, 다 이것이 최초방편이 되는 것이니, 이는 신해(信解)로 하여금 참되고, 올바르게하여 인지(因地)의 마음을 삼게 한 것이니, 인지의 마음이 진실하고 올바라야 가히 果地의 수증을 원만히 이루게 되기 때문이다.
『계환해』(『卍속장경』17, p.763상)

正宗分五[1] 見道分三[2]
1.決擇眞妄以爲密因二[3] 1)明心見失眞沈妄二[4] (1顯大要因愛染起[5]
佛告阿難汝我同氣나 **情均天倫**이니 **當初發心**하야 **於我法中見何勝相**이완대
頓捨世間深重恩愛오

 부처님이 아난에게 말씀하시었다. "너와 나는 사촌[同氣]이지만 우리의 정리로 보면 친형제[天倫]와 같다. 네가 처음 발심하였을 때 나의 법 가운데에서 무슨 수승한 상(相)을 보았기에 그렇게도 갑자기 세간(世間)의 그 깊고 무거운 사랑과 은혜를 모두 버릴 수 있었더냐?"[6]

---

1) 앞의 서분에서는 능엄경을 설하게 된 동기를 대강 설명했었다. 이제 본론인 정종분에서는 부처님이 제자들과의 대화를 통해 우리의 본래 마음인 여래장심을 깨닫게 하려고 크게 다섯 가지로 설명하시었는데, 첫째 견도분(見道分)에서는 참마음의 실체를 밝히고, 둘째 수도분(修道分)에서는 이를 얻기 위한 구체적인 수행의 방법을 밝히고, 셋째 증과분(證果分)에서는 수행을 통해 얻게되는 단계를 설명하고, 넷째 결경분(結經分)에서는 경전의 이름을 밝히고, 다섯째 조도분(助道分)에서는 수행이 깊어지는데 따른 마구니의 실상을 밝혀 경계하도록 한 것이다.

2) 견도분은 앞의 서분에서 아난이 질문한 세가지 수행, 즉 사마타(奢摩他)와 삼마(三摩) 그리고 선나(禪那)의 가운데 사마타(奢摩他)에 대한 설명이다. 이러한 견도분의 내용은 다시 세 가지로 나누어 설명하게 되는데, 첫째는 決擇眞妄 以爲密因, 둘째는 發明覺性 卽使造悟, 셋째는 深窮萬法 決通疑滯하다.

3) 決擇眞妄 以爲密因편에서는 진과 망을 결택하여 그것으로 수행의 密因을 삼게 하시는데, 먼저 明心見 失眞沈妄: 즉 心과 見이 眞을 잃고 妄에 젖어 있음을 밝히신다. 그 방법은 부처님이 아난에게 출가의 동기를 묻고, 아난이 대답하기를 "여래의 모습이 너무도 수승하고 황홀하여 마침내 부처님 앞에 출가하게 되었습니다"라고 하니, 이에 부처님은 아난의 그 마음이 참마음이 아닌 망상(妄想)이었음을 지적하시고, 이를 깨우치기 위하여 그 유명한 칠처징심(七處徵心) 법문이 설해진다.

4) 明心見失眞沈妄: 먼저 心과 見이 眞을 잃고 妄에 젖어 있음을 밝히다.
5) 初顯大要因愛染起: 가장 핵심은 모든 것이 愛染으로 인하여 일어난 것임을 드러내다.

6) 애욕을 버리게 된 원인을 물어서 下文을 일으킨 것이다. 아난은 斛飯王子요, 同氣는 共本이며, 天倫은 형제의 뜻이다. 『계환해』(『卍속장경』17, p.688상) *同氣는 十寸이내이고, 天倫은 부모형제간의 윤리이며, 人倫은 夫婦나 君臣間의 윤리이다.

1.決擇眞妄以爲密因二 1)明心見失眞沈妄 41

阿難白佛我見如來三十二相이 勝妙殊絕하야 形體映徹호미 猶如瑠璃하고 常自思惟호대 此相非是欲愛所生이라

　아난이 부처님께 사뢰었다. "저는 여래의 32상이 수승하고 절묘하며, 그 몸의 비치고 사무침이 마치 유리와 같음을 보고 항상 '이러한 수승한 모습은 욕애(欲愛)로 인하여 생긴 것이 아닐 것이다.

何以故 欲氣麤濁 腥臊交遘하고 膿血雜亂하야 不能發生勝淨妙明紫金光聚라 是以渴仰投佛剃落이니다

　왜냐하면 욕애의 기운은 추하고 탁하며 비릿한 것이 얽히고, 고름과 피가 섞여서 승정묘명(勝淨妙明)한 자금광명취(紫金光聚)를 발하지는 못할 것이다' 라고 생각하였으며, 이렇게 생각한 까닭으로 목마르게 부처님을 우러러 사모하였고, 끝내는 부처님 앞에 출가하게 되었습니다."[7]

佛言善哉阿難이여 汝等當知하라 一切衆生從無始以來生死相續은 皆由不知常住眞心性淨明體하고 用諸妄想이니 此想不眞故有輪轉이니라

　부처님이 말씀하셨다. "착하다 아난이여! 너희들은 응당 일체중생이 시작이 없는 옛날부터 나고 죽음을 계속하는 것은 다 상주진심(常住眞心)의 성정명체(性淨明體)를 알지 못하고, 가지가지 망상을 사용하는 까닭이니, 이 망상이 본래 진실하지 않기 때문에 생사에 윤회하게 되느니라.[8]

---

7) 아난이 세속을 버리고, 출가하게 된 경위를 밝힌 것으로, 아난의 늦은 欲漏가 주악하여 능히 妙明을 장애하기 때문에, 진정한 妙明을 회복하고자 한다면 응당 愛染을 멀리 여의어야 함을 밝히고자 함이다. 따라서 능엄의 대의도 濁染을 버리고, 妙明을 드러내고자 한 것[棄濁染 發妙明]이며, 이 아래의 내용은 여기에 대한 해석에 불과한 것이다. 『계환해』(『卍속장경』17, p.688하)　棄濁染 發妙明　依密因 修萬行
　*아난이 부처님의 勝相을 보고 愛念을 일으키고, 마둥가가 아난의 貌고 愛念을 일으켰으니 보는 바 경계는 비록 서로 다르나 그 愛念은 같은 것이다.『楞嚴蛇足』(통도사 승가대학 1992) p.68.
8) 상주진심을 알지 못하는 것, 이것이 능엄에서 설하는 윤회의 근본원인이다.

(2)明倒妄因于心目二9) ①徵顯妄本10)

汝今欲硏無上菩提하야 **眞發明性**인댄 **應當直心酬我所問**하라 **十方如來同一道故**로 **出離生死**호대 **皆以直心**이니 **心言直故如是乃至 終始地位**히 **中間永無諸委曲相**이니라

그대가 이제 위없는 깨달음을 참구하여 그 진성을 드러내고자 한다면, 응당 직심(直心)11)으로 내가 묻는 것에 대답하라. 시방의 여래께서 한결같이 동일한 방법으로 모두 생사의 고통에서 벗어나셨으니, 모두가 이 직심이요. 마음과 말이 곧아 처음부터 끝까지 그리고 중간에도 전혀 구부러진 모습이 없으셨느니라."

阿難我今問汝리라 **當汝發心**이 **緣於如來三十二相**인댄 **將何所見**이며 **誰爲愛樂**고

아난아! 내가 지금 너에게 묻는다. "너의 발심(發心)이 '여래의 32상을 말미암았다'고 하니, 무엇으로 보고 무엇으로 사랑하고 좋아하였느냐?12)"

---

9) 明倒妄 因于心目: 망에 넘어진 것이 마음과 눈 때문임을 밝히다.
10) 徵顯妄本: 질문을 통해 먼저 妄의 근본을 밝히다.
11) 여기서 말하는 직심(直心)이란 아무런 의도된 행위가 없는 순수한, 즉 作僞性이 없는 인간의 근원적인 본심이니, 無心 또는 無念이 이것이다.
　*도가 본래 평탄하고 곧은 것인데도 妄으로 인하여 구부러진 것이다. 그러므로 부처님께서 우리들로 하여금 正道를 궁구하게 하고 倒妄에서 벗어나게 하고자 직심으로 답하라고 칙명하신 것이다.『계환해』(『卍속장경』17, p.688하)
12) 무엇이 愛樂하느냐고 물은 것은 妄이 일어나는 근본을 밝히고자 한 것이요. 마음과 눈[心目]을 말미암았다고 답한 것은 바로 그 妄의 근본을 드러낸 것이다.『계환해』(『卍속장경』17, p.689상)

1.決擇眞妄以爲密因二 1)明心見失眞沈妄 (七處徵心) 43

阿難白佛言 世尊如是愛樂 用我心目이니다 由目觀見如來勝相하고 心生愛樂하야 故我發心願捨生死이라다

아난이 부처님에게 대답하였다. "세존이시여! 제가 이와같이 부처님을 사랑하고 좋아하였던 것은 저의 마음과 눈이었습니다. 눈으로 여래의 수승한 모습을 보고, 마음으로 좋아하였기 때문에 저는 발심하여 생사에서 벗어나기를 바라게 되었습니다."

②推窮妄體二 ㈠總推徵13)

佛告阿難如汝所說하야 眞所愛樂이 因于心目이라하니

부처님이 아난에게 말씀하셨다. '너의 말과 같이 정말 사랑하고 좋아한 것이 마음과 눈이다'라고 하니,

㈡別徵破七14)

若不識知心目所在코는 卽不能得降伏塵勞이니 譬如國王爲賊所侵하야 發兵討除에 是兵要當知賊所在니라

마음과 눈의 소재(所在)를 알지 못하고서는 진로(塵勞)15)를 항복시킬 수 없을 것이다. 마치 국왕이 도적의 침입을 당해 병사를 보내 토벌하고자 할 때에 이 병사가 응당 저 도적들의 소재(所在)를 알아야 하는 것과 같다.

---

13) 總推徵: 총체적으로 추궁하다.
14) 능엄에서는 우리의 진정한 모습이요, 본래의 자기 마음이며, 해탈의 열려있는 세계를, 묘명(妙明)·여래장(如來藏)·참마음[常住眞心]·참성품[眞如性] 등으로 표현하고 있는데, 부처님은 아난에게 바로 이러한 묘명(妙明)의 세계를 깨우쳐 주시기 위하여 질문을 하셨지만, 아난은 상황 상황의 인연에 따라 생멸하는 허망한 마음으로 자기 마음을 삼아, 마음이 '안에 있다' '밖에 있다' 등등 일곱 가지로 대납하게 된다. 부처님께서는 이를 모두 부정하시고, 신실하고 항상한 참마음[常住眞心]은 방소(方所)가 따로 있는 것이 아니요, 대상에 따라 생멸하는 것이 아님을 깊이 깨우쳐 주셨는데, 이것이 칠처징심(七處徵心)의 법문이다.
15) 진로(塵勞)란, 몸과 마음을 더럽히고 피로하게 하는 모든 번뇌를 가리킨다.

使汝流轉함은 **心目爲咎**니 **吾今問汝**하노라 **唯心與目今何所在**오

너를 생사에 윤회[流轉]하게 하는 것은 마음과 눈의 허물이니 내가 이제 너에게 묻는다. 마음과 눈은 지금 어디에 있느냐?"16)

㈎在內二17) ㉮徵

阿難白佛言世尊 一切世間十種異生이 **同將識心**하야 **居在身內**하니 **縱觀如來靑蓮華眼**도 **亦在佛面**이며 **我今觀此浮根四塵**도 **秖在我面**이니 **如是識心實居身內**이니다

아난이 부처님께 말씀드렸다. "세존이시여! 세상의 열가지 각기 다른 중생들이18) 모두 마음[識心]을 몸속에 두고 있습니다. 가령 여래의 푸른 연화안(蓮華眼)을 보더라도 이는 여래의 얼굴에 있고, 지금 저의 부근사진(浮根四塵)19)을 보더라도 이것이 다만 저의 얼굴에 있으니, 이와같이 눈은 얼굴에 있고 마음[識心]은 몸 안에 있다고 하겠습니다."

---

16) 이로부터 일곱번 거듭하여 부처님이 아난의 의문을 깨뜨려 밝힌 것이니, 妄心과 妄見이 본래 실체가 없고, 다만 반연함으로 인하여 일어난 것임을 나타내고, 또한 이 망심과 망견이 무시이래의 생사근본이 되기 때문에, 반드시 파하여 끊어야함을 설명한 것이다. (앞의 책 p.689상)

17) 在內: 여래나 저나 눈은 밖(얼굴)에 있지만, 마음은 몸속에 있다고 하겠습니다. 라고 아난이 답하니, 이에 부처님께서는 마치 강당안에 있는 사람이 강당안을 먼저 보고 창문을 통해 밖을 볼수 있는 것처럼 마음이 몸안에 있다면, 몸속의 오장육부를 먼저 보고 몸 밖을 보아야 할 것이라 하여 그 첫 번째 망상을 파하신다.

18) 능엄의 증과분에서 십이류 중생을 설하였는데 이곳에서 十種이라 함은 그 가운데 土木[나무나 바위]과 空散[無色類]을 제한 것이니, 마음과 눈이 있는 무리가 아니기 때문이다. 『계환해』(『卍속장경』17, p.689하) 참조

19) 眼根은 밖으로 들떠서 지수화풍의 四塵을 의지하여 이루어진 것이니 흩어지게 되었을 때에는 다시 티끌[塵]로 돌아갈 것이기 때문에, 塵이라 이름한 것이다. 『계환해』(『卍속장경』17, p.689하)

　*浮根이란 浮塵根 혹은 扶塵根이라고도 하는데 이는 육근의 작용에서 견문각지하는 勝義根의 의미를 제하고, 두개의 포도알 같이 늘어진 眼球 등 識情이 없는 根을 가리키는 말이다. 여기에서 아난의 겸손의 표현으로 부처님은 연화안이라하고 스스로는 부근사진이라 했다. (수도분의 修行眞基 審業本편 참조)

1.決擇眞妄以爲密因二 1)明心見失眞沈妄 (七處徵心) 45

㈎破二 (ㄱ)引事辯定20)
佛告阿難하사대 **汝今現坐如來講堂**하야 **觀祇陀林**하니 **今何所在**오 **世尊此大重閣淸淨講堂**은 **在給孤園**하고 **今祇陀林實在堂外**니이다

 부처님이 아난에게 말씀하셨다. "네가 지금 여래가 설법하는 강당에 앉아서 지타림(祇陀林)을 보았을 것이니, 지금 그 지타림은 어느 곳에 있느냐?" "세존이시여! 대중각(大重閣)21)의 청정 강당은 급고독원(給孤獨園) 안에 있고 지타림은 강당 밖에 있습니다."

阿難汝今堂中에 **先何所見**고 **世尊我在堂中**하야 **先見如來**하고 **次觀大衆**하며 **如是外望**하야 **方矚林園**이니다

 "아난아! 네가 지금 이 강당 안에서 먼저 무엇을 보게 되느냐?" "세존이시여! 저는 지금 이 강당 안에서 먼저 여래를 보고, 다음에 대중을 보며, 이와같이 밖으로 바라보아 마침내 지타림과 급고독원을 보게 됩니다."

阿難汝矚林遠인댄 **因何有見**고 **世尊此大講堂**이 **戶牖開豁**할새 **故我在堂**하야 **得遠瞻見**이니다

 "아난아! 네가 지타림과 급고독원을 보았다면 무엇으로 인하여 보게 되느냐?" "세존이시여! 이 대강당(大講堂)의 문과 창이 활짝 열려있기 때문에, 그로 인하여 제가 강당에 앉아서 멀리 볼 수가 있습니다."22)

---

20) 引事辯定: 일상의 일을 가져다 설명하여 알게 하다.
21) 大重閣이란, 여러층으로 이루어진 큰 집이다.
22) 불공역에 의지하여 다음에 이어지는 이 부분(爾時世尊....伏受慈旨 그 때 부처님은 대중 가운데에서 금빛의 팔을 펴서 아난의 정수리를 만지시고, 아난과 여러 대중에게 말씀하시었다. "여기에 삼마제(三摩提)가 있으니 이름이 대불정수능엄왕이다. 만행이 구족되어 시방의 여래가 오직 이 하나의 문을 통해서 생사에서 벗어났으니, 이것이 묘장엄로(妙莊嚴路)이다. 너는 이제 자세히 들어라!" 아난이 이마를 부처님 발에 대고 엎드리며 부처님의 자비하신 뜻을 받들고자 하였다)을 정종분을 처음 시작하는 '佛告阿難 汝我同氣' 앞으로 옮겼다.

㈏正破非內二 ㉠發令諦聽23)

爾時世尊 在大衆中하야 舒金色臂하사 摩阿難頂하시고 告示阿難 及諸大衆하사대 有三摩提하니 名大佛頂 首楞嚴王이라 具足萬行하야 十方如來 一門超出하는 妙莊嚴路이니 汝今諦聽하라 阿難頂禮하고 伏受慈旨러라24)

그 때 부처님은 대중 가운데에서 금빛의 팔을 펴서 아난의 정수리를 만지시고, 아난과 여러 대중에게 말씀하시었다. "여기에 삼마제(三摩提)25)가 있으니 이름이 대불정수능엄왕이다. 만행을 구족하여 시방여래가 오직 이 하나의 문을 통해 생사에서 벗어나게 하시니[一門超出], 이것이 묘장엄로(妙莊嚴路)이다.26) 너는 이제 자세히 들어라!" 이에 아난이 이마를 부처님 발에 대고 엎드리며 부처님의 자비하신 뜻을 받들고자 하였다.

---

23) 發令諦聽: 저들로 하여금 자세히 듣게 하다.
24) 이 부분을 불공역에서는 견도분을 처음 시작하는 '佛告阿難 汝我同氣' 앞으로 옮겨서 번역하였다.

25) 이곳 견도분에서 삼마제를 대불정수능엄왕이라 하여 특별히 드러내는 것은, 여래장의 체를 드러내기에 앞서 그 근거로서 여래장의 大悲德相인 삼마제를 말한 것이다. *여기서 말하는 대불정수능엄왕으로서의 삼마제는 앞의 서분에서 설한 "사마타 삼마 선나" 이 세가지에 다 통하는 큰 의미로서의 三昧이다. 이운허,『楞嚴經講話』(서울 동국역경원 1993) p.79.

26) 수능엄삼매는 千聖이 모두 경유하는 것이기에, 一門이라 했고, 또 묘장엄의 바다에 이로 말미암아 이르게 되기 때문에, 길(路)이라 한 것이다.『계환해』(『卍속장경』17, p.690상) *여래의 果體는 그 자체가 본연이거늘, 어떻게 밀인을 빌릴 수 있으며?, 보살의 道用도 그 작용이 본래 無爲無作이거늘, 무엇으로 만행을 삼을 것인가? 無因無行 無修無證 無了不了하여 大小名相 등 일체를 세울 수 없으니 이것이 바로 진정한 수능엄의 필경견고한 모습이다.『계환해』(『卍속장경』17, p.682상)

1.決擇眞妄以爲密因二 1)明心見失眞沈妄 (七處徵心)   47

㋁躡前推破27)

佛告阿難 如汝所言하야 身在講堂하고 戶牖開豁할새 遠矚林園하니 亦有衆生在此堂中하야 不見如來하고 見堂外者아

  부처님이 아난에게 말씀하셨다. "너의 말한 바와 같이 '몸은 강당에 있고, 활짝 열린 문과 창으로 멀리 지타림과 급고독원을 본다'했으니, 만약 어떤 중생이 이 강당 안에 있으면서 여래는 보지 않고 강당 밖의 것만 볼 수 있겠느냐?"

阿難答言호대 世尊在堂 不見如來하고 能見林泉함은 無有是處니다

  아난이 대답하였다. "세존이시여! 이 강당 안에 있으면서 여래는 보지 않고 숲과 샘만을 본다는 것은 있을 수 없는 일입니다."

阿難汝亦如是하야 汝之心靈이 一切明了어니와 若汝現前所明了心이 實在身內인댄 爾時先合了知內身이어늘 頗有衆生先見身中하고 後觀外物가

  "아난아! 너 또한 그와 같아서 너의 신령스런 마음이 일체를 밝게 알거니와 만약 눈앞에 명료하게 아는 그 마음이 진실로 몸 안에 있다면 그 때 응당 먼저 몸 안을 알아야 할 것이다. 그런데 어떤 중생이 먼저 몸속을 보고, 나중에 밖의 것을 보는 이가 있더냐?

縱不能見 心肝脾胃라도 爪生髮長과 筋轉脈搖함은 誠合明了어늘 如何不知오

  비록 손톱이 생기고 머리털이 자라며 근육이 움직이고 맥박이 뛰는 것은 알지 못한다 하더라도 심간비위(心肝脾胃)는 진실로 응당 밝게 알아야 할 것이거늘 어찌하여 알지 못하고28)

---

27) 躡前推破: 앞의 내용을 이끌어 추궁하여 파하다.
28) 원문에 '縱不能見 心肝脾胃라도 爪生髮長 筋轉脈搖는 誠合明了어늘 如何不知'라고 되어 있는 것을 '不空譯'을 참고하여 '縱不能見 爪生髮長 筋轉脈搖라도 心肝脾胃는 誠合明了어늘 如何不知'로 해석하였다. *不空再譯 正本首楞嚴經 (縱不能見 爪生髮長과 筋轉脈搖라도 五臟六腑는 誠合明了어늘 如何不知오)

必不內知호대 云何知外리요 是故應知하라 汝言覺了能知之心이 住在身內함은 無有是處니라

　이와같이 반드시 안을 알지 못하면서 어찌하여 밖의 것만 잘 아느냐? 그러므로 내가 말한 '깨닫고 알고 하는 마음이 몸속에 있다'고 하는 것은 있을 수 없는 일이다."

(나)在外二29)　(가)徵

阿難稽首而白佛言호대 我聞如來如是法音하고 悟知我心實居身外이니다

　아난이 머리를 조아리고 부처님께 말씀드렸다. "제가 여래의 이와 같은 법음(法音)을 듣고, 이제 저의 마음이 몸 밖에 있다고 생각됩니다.

所以者何 譬如燈光이 然於室中하면 是燈必能 先照室內하고 從其室門 後及庭際인달하야 一切衆生不 見身中하고 獨見身外함은

　왜냐하면 마치 등불이 방 안에서 타오르면 이 등(燈)이 반드시 먼저 방안을 비추고, 문을 통하여 나중에 뜰에 이르게 되는 것처럼, 일체중생이 몸 안은 보지 못하면서 유독 몸 밖의 것만 보는 것은,

亦如燈光 居在室外하야 不能照室니다 是義必明하야 將無所惑하고 同佛了義하니 得無妄耶잇가

　마치 등불의 광명이 집 밖에 있어서 안을 비추지 못하는 것과 같습니다. 이 뜻이 반드시 분명하여 미혹됨이 없고, 부처님의 참다운 뜻과 같아서 잘못됨이 없는지요?"

---

29) 在外: 아난은 다시 마음이 몸 밖에 있다고 대답한다. 일체 중생이 자신의 몸속은 보지 못하고 몸 밖의 것을 보는 것은, 마치 밖에 있는 불빛이 방안을 비추지 못하는 것과 같다고 조심스럽게 말한다. 아난의 대답에 대해 부처님께서는 한사람이 밥을 먹었을 때, 다른 대중이 다같이 배부를 수 없는 것과 같이, 마음이 몸밖에 있다면 마음이 아는 것을 몸은 모르고, 몸이 아는 것을 마음이 몰라야 할 것이다. 그러나 몸과 마음은 서로 알기 때문에 마음이 몸밖에 있다는 것은 옳지 못하다고 아난의 두 번째 망상을 파하신다.

1.決擇眞妄以爲密因二 1)明心見失眞沈妄 (七處徵心)

㈑破二 ㈀引喩辯定

佛告阿難是諸比丘가 適來從我하야 室羅筏城에 循乞摶食하고 歸祇陀林한대 我已宿齋어니와 汝觀比丘컨대 一人食時諸人飽不아

부처님이 아난에게 말씀하셨다. "여기에 모인 여러 비구들이 지금 나를 따라 실라벌성(室羅筏城)에서 차례차례 음식을 얻어 지타림에 돌아왔다. 그런데 나는 이미 공양을 마쳤거니와30) 너는 저 비구들을 보라. 한 사람이 음식을 먹었을 때 많은 사람의 배가 불러지겠느냐?"

阿難答言不也世尊이시여 何以故是諸比丘雖阿羅漢이나 軀命不同어늘 云何一人能令衆飽리요

아난이 대답하였다. "그렇지 않습니다. 세존이시여! 왜냐하면 이 모든 비구들이 비록 아라한들이라고 하나 몸과 목숨이 각각 다르거늘, 어떻게 한 사람이 음식을 먹었을 때 여러 사람의 배가 불러질 수 있겠습니까?"

---

30) 我已宿齋: 저 사람의 식사하는 것이 능히 이 사람을 배부르게 할 수 없다면 밖에 있는 저 마음도 능히 이 몸을 알지 못해야 할 것이다. 걸식하여 기타림에 돌아왔다는 것은 현전의 식시대중을 예로 든 것이다. 그러므로 '나는 이미 齋를 마쳤거니와'라고 한 것이니 宿은 미리(豫)의 뜻이다. 먹는 것에(食) 네 가지가 있으니 段食·觸食·思食·識食이 그것이다. 본문에 박(摶)이라고 한 것은 段食을 가리킨 것으로, 형단이 있는 것을 摶이라고 했으니 思食이나 識食이 아니라는 것이다. 『계환해』(『卍속장경』17, p.690하)

*四食에 대한 설명을 계환스님은 증과분(앞의 책 p.834상)에서 이렇게 정의했다 "인간은 段食이니 말하자면 먹는 것을 씹어서 반드시 쪼개기 때문이요, 귀신은 觸食이니 나만 감촉을 흠향하는 것으로 배부름을 삼기 때문이요, 색계[禪天]는 思食이니 밥을 보고[食至] 다만 생각하기만 하면 배가 불러지기 때문이요, 무색계[識天]는 識食이니 밥을 보지 아니하고도 다만 생각으로 배가 불러지기 때문이다."

(ㄴ)正破非外31)
佛告阿難 **若汝覺了知見之心**이 **實在身外**인댄 **身心相外**하야 **自不相干**이라 **卽心所知**를 **身不能覺**하고 **覺在身際**에 **心不能知**하리라

  부처님이 아난에게 말씀하셨다. "만약 너의 깨닫고 알고 보는 마음이 정말 몸 밖에 있다면, 몸과 마음이 서로 달라 관계가 없을 것이다. 즉 마음이 아는 것을 몸이 깨닫지 못하고, 깨달음이 몸에 있을 때에도 마음은 알지 못할 것이다.

我今示汝 兜羅綿手하니 **汝眼見時 心分別不**아 **阿難答言 如是世尊**이시여

  내가 지금 너에게 도라면(兜羅綿)32)같은 손을 보였으니, 너의 눈이 볼 때에 너의 마음도 따라 분별하느냐?" 아난이 대답하였다. "그렇습니다. 세존이시여!"

佛告阿難하사대 **若相知者**인댄 **云何在外**리요 **是故應知**하라 **汝言覺了 能知之心**이 **住在身外**함은 **無有是處**니라

  부처님이 아난에게 다시 말씀하셨다. "만약 그와같이 서로 아는 것이라면 어떻게 밖에 있다고 할 수 있겠느냐? 그러므로 네가 말한 '깨닫고 알고 하는 마음이 몸 밖에 있다'고 하는 것은 있을 수 없는 일이다."

---

31) 正破非外: 밖에 있는 것이 아니라고 바로 파하여 주다.
32) 도라면은 그 色이 마치 서리[霜]와 같으니 부처님의 손이 부드럽기가 이와같다는 것이다.『계환해』(『卍속장경』17, p.691상)

(다)潛根二33) ㉮徵

阿難白佛言世尊如佛所言하사 不見內故로 不居身內하고 身心相知하야 不相離故로 不在身外하니 我今思惟호대 知在一處니다

아난이 부처님께 말씀드렸다. "세존이시여! 부처님께서 말씀하신 것처럼 안을 보지 못하니 '몸안에 있다'고도 할 수 없고, 몸과 마음이 서로 알아서 서로 여의지 아니하니 '몸 밖에 있다'고도 할 수 없습니다. 제가 지금 생각해 보니, 마음이 어느 한 곳에 있음을 알았습니다."

佛言處今何在오 阿難言此了知心이 旣不知內코도 而能見外하니 如我思忖컨대 潛伏根裡니다

부처님이 말씀하셨다. "그 곳이 지금 어디냐?" 아난이 말하였다. "이렇게 밝게 아는 마음이 이미 안을 알지 못하면서도 밖에 것을 잘 보니, 제 생각 같아서는 눈[根] 뒤에 숨어 있는 것 같습니다.

猶如有人이 取瑠璃椀하야 合其兩眼인댄 雖有物合이나 而不留礙인달하야 彼根隨見하고 隨卽分別하니

마치 어떤 사람이 유리로 된 주발을 취하여 두 눈을 덮는다면34) 유리주발을 눈에다 합하였으나 전혀 장애됨이 없는 것처럼, 안근(眼根)이 견(見)을 따르고 따른즉 마음이 곧 분별합니다.

---

33) 潛根: 안에 있는 것도 아니고, 밖에 있는 것도 아니고 눈 밑에 숨어 있어서 마치 안경을 끼고 바깥을 보는 것과 같기 때문에 밖을 볼 때에 눈이 아무런 장애를 받지 않으며, 그러나 마음이 안을 보지 못하는 것은 눈 뒤에 잠복해 있기 때문이라고 주장한다. 이에 대해 부처님께서는 안경을 끼고 산하를 볼 때 먼저 안경을 본 후에 산하를 볼 수 있는 것과 같이 마음이 눈 뒤에 숨어 있다면 마땅히 먼저 눈을 본 후에 산하를 보아야 하거늘 그러나 지금 눈을 보지 못하니, 마음이 눈 뒤에 숨어있다는 아난의 주장은 옳지 않다 라고 세 번째 망상을 파하신다.
34) 琉璃籠眼: '유리주발로 눈을 덮었다'는 것은 眼根 속에 마음이 숨었음을 비유한 것이다. 뱃속에 있는 것이 아니라 根에 있기 때문에, 속의 내장을 보지 못하고, 根이 청정하기 때문에, 外境을 보는 것이니 그러므로 潛根이라 설한 것이다. 『계환해』(『卍속장경』17, p.691상)

然覺了能知之心이 不見內者는 爲在根故요 分明矚外호대 無障礙者는 潛根內故니다

  그러니 저의 깨닫고 알고 하는 마음이 안을 보지 못하는 것은 눈[根]에 있기 때문이요, 분명하게 밖에 것을 보는데 장애가 없는 것은 눈 뒤[根內]에 잠복해 있기 때문입니다."

㉮破
佛告阿難 如汝所言하야 潛根內者호미 猶如瑠璃인댄 彼人當以瑠璃籠眼이라 當見山河함에 見瑠璃不아

  부처님이 아난에게 말씀하셨다. "너의 말한 바와 같이 눈밑에 숨어 있는 것이 마치 유리를 댄 것과 같다면, 그 사람이 유리로 눈을 덮었으니 응당 산과 강을 볼 때에 먼저 유리를 보겠느냐?"

如是世尊이시여 是人當以瑠璃籠眼할새 實見瑠璃니다

  "그렇습니다. 세존이시여! 이 사람이 응당 유리로 눈을 덮었다면 실로 먼저 유리를 보겠습니다."

佛告阿難 汝心若同瑠璃合者인댄 當見山河에 何不見眼고

  부처님이 아난에게 말씀하셨다. "너의 마음이 눈밑에 있는 것이 만약 유리를 댄 것과 같다면, 응당 산하(山河)를 볼 때에 어찌하여 먼저 눈을 보지 못하느냐?

若見眼者인댄 眼卽同境하야 不得成隨며

  만약 눈을 본다면 눈은 곧 바깥경계와 같을 것이니 그대가 앞에서 말한 '안근(眼根)이 보는 것을 따라 곧 분별한다'는 말은 성립될 수 없고,35)

---

35) '따라 이루는 것이 성립될 수 없다'한 것은 앞에서 말한 '따라 곧 분별한다'을 가리킨 것이니, 지금 눈이 '보는 경계'가 되었다면 따라 분별한다는 뜻이 이루어질 수 없다는 것이다. 『계환해』(『卍속장경』17, p.691하)

若不能見인댄 云何說言此了知心이 潛在根內如瑠璃合이리요

만약 보지 못한다면 어떻게 '알고 보는 마음이 눈밑에 숨어 있어 마치 유리를 댄 것과 같다'고 할 수 있겠느냐?

是故應知 汝言覺了能知之心이 潛伏根裡호미 如瑠璃合無有是處니라

그러므로 네가 말한 '깨닫고 알고 하는 마음이 눈밑에 숨어 있어 마치 유리를 댄 것과 같다'고 하는 것은 있을 수 없는 일이다."36)

㈃藏暗二37)　㉮徵

阿難白佛言 世尊我今又作 如是思惟호이다 是衆生身이 腑藏在中하고 竅穴居外하니 有藏則暗하고 有竅則明이라

아난이 부처님께 말씀드렸다. "세존이시여! 저는 지금 또 이와같이 생각을 해봅니다. 우리들 모든 중생들의 몸이 누구나 장부(臟腑)는 몸속에 있고, 눈 코 귀 등 구멍[竅穴]은 밖에 있기에, 우리의 마음이 장부에 있으면 어둡게 보이고, 눈이나 코 등에 있으면 밝게 압니다.

今我對佛하니 開眼見明으로 名爲見外하고 閉眼見暗으로 名爲見內이니 是義云何닛고

지금 제가 부처님과 마주하였으니 '눈을 뜨고 밝은 것을 보는 것으로 밖을 본다하고, 눈을 감고 어두운 것을 보는 것으로 안을 본다'라고 주장하고 싶은데 이 뜻이 어떻겠습니까?"38)

---

36) 너의 말대로 眼根 뒤에 마음이 숨어서 밖을 본다면 먼저 그 눈을 보아야 할 것이요, 또 설사 눈을 본다해도 그 말이 맞지 않으니 너의 말한바 '깨달아 아는 마음이 根 속에 잠복하여 마치 유리를 댄 것과 같다'한 것은 옳지 않다.
37) 藏暗: 아난은 눈을 감고 어두움을 보는 것은 몸 안을 보는 것이고, 눈을 뜨고 밝음을 보는 것은 밖을 보는 것이라고 주장한다. 이에 부처님께서는 만약 눈을 감고 어두움을 볼 때에 어두운 경계를 눈이 본다면 어두움이 눈앞에 있는 것이 되므로 몸속을 보는 것이 아니요, 만약 어두움을 보는 것이 몸속을 보는 것이라 한다면, 캄캄한 방안의 어두움이 모두 너의 오장육부가 될 것이다 라고 하여 네번째 망상을 파하신다.
38) 다시 마음이 안에 있다고 주장하고 싶기 때문에, 어두움을 보는 것으로 장부[腑藏]

㈏破三　㈠約外見39)

佛告阿難하사대 汝當閉眼하야 見暗之時에 此暗境界爲與眼對아 爲不對眼가
　부처님이 아난에게 말씀하셨다. "네가 응당 눈을 감고 어두운 것을 볼 때에 이것으로 '장부를 본 것이다'하니 그 어두운 경계가 눈앞에 있다[對]는 것이냐? 눈앞에 있지 않다는 것이냐?

若與根對하야 暗在眼前인댄 云何成内이며
　만약 눈과 상대하여 어두움이 눈앞에 있다면 어떻게 안을 보았다 할 수 있으며?

若成内者인댄 居暗室中에 無日月燈함에 此室暗中이 皆汝焦腑이며
　만약 억지로 눈앞에 어두움을 보는 것으로 안을 본 것이라 한다면, 어두운 방[暗室]에 앉아 해와 달 그리고 등불이 없어 눈앞이 온통 어두울 때, 이 방과 집이 그대로 다 너의 뱃속[焦腑]이라 해야 할 것이다.

若不對者인댄 云何成見이리요
　또 만약 어두운 경계가 눈앞에 있지 않다면[不對] 어떻게 보았다고 할 수 있겠느냐?40)

　　를 본다고 한 것이다. 『계환해』(『卍속장경』17, p.692상)
39) 約外見: 밖으로 보는 이치를 잡아서 파하다.
40) 어두운 경계가 눈앞에 없다면 이미 '보았다'는 말 자체가 성립이 안된다는 말이다.

(ㄴ)約內對41)

若離外見하고 **內對所成**이라 **合眼見暗**으로 **名爲身中**인댄 **開眼見明**함에 **何不見面**고

　(눈은 밖을 향하여 보는 것인데) 만약 밖으로 보는 것을 떠나 안으로 내대(內對)42)가 이루어진다고 하여 눈을 감고 어두운 것을 보는 것으로써 '몸 안을 본다'고 한다면 이제 눈을 뜨고 밝은 것을 볼 때에 어찌하여 자기 얼굴을 보지 못하느냐?43)

若不見面인댄 **內對不成**이니라

　만약 (눈을 뜨고 밝은 것을 볼 때에) 얼굴을 보지 못한다면 (눈을 감고 어두운 것을 볼 때에) 안을 본다는 것도 세울 수 없는 것이다.44)

(ㄷ)縱破45)

見面若成인댄 **此了知心與眼根**이 **乃在虛空**이어늘 **何成在內**리오

　얼굴을 보는 것이 만약 이루어 졌다면, 너의 아는 마음과 눈이 허공에 있는 격이거늘46) 어떻게 안에 있다 하겠느냐?

---

41) 約內對: 안으로 보는 이치를 잡아서 파하다.
42) 이때 內對가 이루어진다면 이는 反觀이다.
43) 눈은 밖으로 상대한 것만 보는 것인데 지금 눈을 감고 어두운 것을 보는 것으로 '안을 본다'하니 이는 눈을 감고 眼球가 돌아서서 안으로 보는 것이다. 그렇다면 눈을 뜨고 眼球를 돌렸을 때는, 다시 자기 얼굴을 볼 수 있어야 한다는 것이다. 이운허,『수능엄경주해』(서울 동국역경원 1974) p.20.
44) 內對不成: 눈앞의 경계를 外見이라 하고, 몸 안의 경계를 內對라고 하는데, 앞에서는 눈에 상대되는 것으로 밖을 삼기 때문에 內對라고 할 수 없으나, 지금 가령 外見을 여의고 '內對를 이룬다'고 한다면 이는 곧 눈이 앞을 보는 것이 아니라 反觀하고 있는 것이다. 너의 말대로 우선 눈을 감았을 때에 몸 안을 反觀할 수 있다면 눈을 떴을 때 응당 자기 얼굴을 돌이켜 보아야 한다. 만약 그렇지 못하다면 뜻이 이루어질 수 없다는 것이다.『계환해』(『卍속장경』17, p.692하)
45) 縱破: 아난의 말을 따라 파하다.
46) 눈이 허공에 있지 않고는 볼 수 없기 때문이다.

若在虛空하면 自非汝體이니 卽應如來가 今見汝面 亦是汝身이라

만약 마음과 눈이 몸을 떠나 허공에 있다면 저절로 너의 몸이 아닐 것이다. (그런데도 기어이 이를 너의 몸이라 한다면) 응당 여래가 지금 너의 얼굴을 보는 것도 너의 몸이라 해야 할 것이다.47)

汝眼已知라도 身合非覺어늘

(또 눈이 너의 몸을 떠나 있으므로) 너의 눈은 이미 알고 보더라도 몸은 응당 알지 못해야 할 것이다.

必汝執言호대 身眼兩覺하면 應有二知하야 卽汝一身應成兩佛하리라

그런데도 반드시 네가 고집하여 '몸과 눈 이 두가지가 다 깨달음이 있다'고 한다면 응당 두 개의 앎이 있는 것이 되어, 너의 한 몸에 두 부처를 이루는 모순에 빠질 것이다.48)

是故應知 汝言見暗으로 名見內者無有是處니라

그러므로 네가 말한 '어두움을 보는 것으로 안을 본다'라고 하는 것은 있을 수 없는 일이다.

---

47) 허공을 사이에 두고 서로 떨어져 존재한다면 같은 것일 수 없다는 것이다.
48) 되돌아서 보는[反觀] 이치가 있을 수 없음을 반복하여 밝힌 것이다. '너의 눈이 이미 알더라도 몸은 합당히 깨닫지 못한다'는 것은 마음과 눈이 이미 허공에 있기 때문에, 저절로 너의 몸이 아닐 것인데 만약 둘이 다 안다면 두 몸을 이루게 된다는 것이다. 妄을 파하는 글이 이처럼 다분히 曲辯함이 많은 것은 사람들의 心見이 眞을 잃고, 妄에 잠김이 심하기 때문이다. 만일 힐문만 한다면 狂蕩하게 되어 의지할 바를 잃으리니, 이른 바 허망한 浮心이 다분히 가지가지로 꽤만 낼 것이기에 그러므로 부처님이 妄巧함을 막고자 자세하게 가려서 밝히신 것이다. 『계환해』(『卍속장경』17, p.692하)

1.決擇眞妄以爲密因二 1)明心見失眞沈妄 (七處徵心)　57

(마)隨合二49) (가)徵

阿難言 我常聞佛 開示四衆하대 由心生故 種種法生하고 由法生故 種種心生하시니

아난이 말하였다. "저는 항상 부처님께서 사부대중에게 말씀하시기를 '마음이 일어나기 때문에 가지가지 법이 생기고, 법이 있기 때문에 가지가지 마음이 생긴다50)'라고 하시는 것을 들었습니다.

我今思惟호대 卽思惟體實我心性이라 隨所合處心則隨有하니 亦非內外中間三處니다

지금 생각해보니 우리의 사유 그 자체가 참으로 우리의 심성(心性)이므로, 합하는 곳을 따라 마음이 있는 것이지 안이나 밖에 혹은 중간에 마음이 따로 있다고 볼 수는 없겠습니다."51)

---

49) 隨合: 다시 아난은 '마음으로 인해 갖가지의 법이 생기고, 법에 의해 마음이 생긴다'라는 예전에 들었던 부처님의 말씀을 인용하여 '마음이 안과 밖, 그리고 중간에도 있지 않으며, 생각하는 것이 마음이기 때문에 대상과 마음이 합하는 곳을 따라 그곳에 마음이 있다'라고 주장한다. 아난의 이러한 주장에 부처님께서는 '생각하는 그 마음이 실체가 있느냐 없느냐'를 물으시고, 만약 실체가 없다면 합할 것도 없으므로 옳지 않고, 또 만약 실체가 있다면 너의 몸을 쩔렀을 때 아픔을 느끼는 마음이 안에서 나왔는지 밖으로부터 들어온 것인지를 물으셨다. 만약 몸 안에서 나왔다면, 몸 안의 내장을 볼 수 있어야 하고, 몸 밖에서 들어온 것이라면 먼저 얼굴을 볼 수 있어야 한다고 말씀하신다. 이에 아난은 보는 것은 눈이지 마음이 아니라고 주장한다. 부처님께서는 그렇다면, 죽은 사람도 눈이 있으니 마땅히 사물을 보아야 할 것이다 라고 하시며, 네가 말한 '합하는 곳을 따라 그곳에 마음이 있다' 라는 말은 옳지 않다 라고 파하신다.
50) 由心生故 種種法生: 이는 능가경의 뜻을 이끌어 온 것이다. 아리야식의 一念之妄으로 말미암아 변하여 根身器界를 일으키나니 이것이 心生法生의 뜻이고, 또 경계의 바람이 동하면 識浪이 騰起하게 되나니 이것이 法生心生의 뜻이다. 心과 法이 相生하면 경계를 따라 사유하게 되나니 이것이 마음의 體이다. 따라서 心과 法이 서로 합하는 곳에 마음이 있게 되는 것이다. 『계환해』(『卍속장경』17, p.093상)
51) 요즘에 어떤 사람이 헛되이 말하기를 '千里를 생각하면 곧 千里에 이르고 萬里를 생각하면 곧 萬里에 이른다'고 하니 바로 이러한 견해와 같다. 『正脉疏』(『卍속장경』18, p.33상).

㉮破二 (ㄱ)牒前起難52)
佛告阿難汝今說言호대 **由法生故種種心生**호대 **隨所合處 心隨有者**라하니
  부처님이 아난에게 말씀하시었다. 네가 지금 말하기를 '마음이 일어나기 때문에 가지가지 법이 생기고, 법이 있기 때문에 가지가지 마음이 생긴다'고 하면서 '합하는 곳을 따라 마음이 있게 된다' 하니,

是心無體則無所合이요 **若無有體而能合者**인댄 **則十九界因七塵合**이니 **是義不然**하니라
  그 마음에 체[體]가 없다면 곧 합할 수도 없을 것이요. 만약 억지로 체가 없는데도 합할 수 있다고 하면, 십구계(十九界)가 칠진(七塵)으로 인하여 이루어진다는 말53)과 같을 것이니, 그 뜻이 옳지 않다.

若有體者인댄 **如汝以手自挃其體**에 **汝所知心爲復內出**가 **爲從外入**가 **若復內出**인댄 **還見身中**이요 **若從外來先合見面**이니라
  만약 체[體]가 있다면 네가 손으로 몸의 어느 부분을 찌를 때에 너의 아는 바 마음이 안에서 나오느냐? 밖에서 들어오느냐? 만약 안에서 나온다면 먼저 몸속을 보아야 할 것이요, 만약 밖에서 들어온다면 들어올 때 먼저 얼굴을 보아야 할 것이다."

---

52) 牒前起難: 앞의 말을 이어받아 따져 물은 것이다.
53) 則十九界 因七塵合: 사유하는 체로 마음을 삼는 것은 부질없는 망상일 뿐이기에 그러므로 그 體의 유무를 물어 힐란한 것이다. 만약 體가 없다면 허공에 그 이름만 있는 격이니 어떻게 따라 합할 수 있으리요? 마치 十九界가 七塵에 합한 것과 같아서 다만 허명만 있는 것이다. 또 만약 體가 있다면 응당 어느 곳에 있겠느냐? 고 하여 저로 하여금 몸을 찔러서 경험하게 하되, 體가 실로 소재가 없음을 밝힌 것이다. 『계환해』(『卍속장경』17, p.693상)
  *十九界: 이름만 있고 실체가 없는 것에 비유한 것이다. 七塵도 마찬가지이다. 마치 거북의 털이요, 토끼의 뿔과 같은 것이다.

1.決擇眞妄以爲密因二. 1)明心見失眞沈妄 (七處徵心) 59

阿難言見是其眼이요 **心知非眼**이니 **爲見非義**니다

아난이 말하였다. "보는 것은 눈이며 마음은 알기만 하고 눈이 아닙니다. 그러므로 반드시 보아야 한다고 하심은 옳지 않습니다.54)"

佛言若眼能見인댄 **汝在室中**하야 **門能見不**아 **則諸已死**도 **尚有眼存**할새 **應皆見物**이며 **若見物者云何名死**리요

부처님이 말씀하셨다. "만약 눈이 능히 본다면 네가 방 안에 있을 때에 문이 능히 보더냐? 또 이미 죽은 사람도 그 시체가 아직 식기 전에 눈이 있으니 응당 볼 수 있어야 하며, 만약 본다면 어떻게 죽은 사람이라 할 수 있겠느냐?55)

(ㄴ)詳明隨合56)

阿難又汝覺了能知之心이 **若必有體**인댄 **爲復一體**아 **爲有多體**아 **今在汝身**하야 **爲復徧體**아 **爲不徧體**아

아난아! 너의 느끼고 알고하는 마음이 반드시 체(體)가 따로 있다면 그 체(體)가 하나냐? 여럿이냐? 지금 너의 몸에 있어서 온몸에 두루한 것이냐? 두루하지 않는 것이냐?57)

---

54) 아난이 부처님의 힐난에 대해서 반론한 것이다. '마음은 다만 알기만 하기 때문에, 가히 본다고 말할 수 없다'고 했으니 이는 아직 보는 것은 마음이요, 눈이 보는 것이 아님을 깨닫지 못했기 때문이다. 『계환해』(『卍속장경』17, p.693하)
55) 문을 들어서 능히 보는 것은 마음이요, 죽음을 들어서 눈만으로는 볼 수 없음을 밝힌 것이다. 『계환해』(『卍속장경』17, p.693하)
56) 詳明隨合: 자세히 '힙한 마의 곳을 따라, 마음도 따라 있다'는 말이 옳지 아니함을 가려주다.
57) 먼저 四義를 세우고, 아래는 뜻을 좇아 자세히 밝힌 것이니 응당 이 眞心이 非一非多 非徧 非不徧임을 알아야 한다. 『계환해』(『卍속장경』17, p.693하)

若一體者인댄 卽汝以手로 挃一支時에 四支應覺이며 若咸覺者인댄 挃應無在오 若挃有所인댄 則汝一體가 自不能成하리라

　만약 하나의 체(體)라면 네가 손으로 한쪽 팔을 찌를 때에 사지(四肢)가 모두 아파야 하며, 만약 한 곳을 찔렀는데 사지가 모두 아프다면 찌르는 곳이 있지 않아야 한다. 사지가 모두 아픈데도 만약 '찌르는 곳이 따로 있다'고 한다면 너의 일체(一體)라고 하는 말은 저절로 성립될 수 없는 것이다.58)

若多體者인댄 則成多人이니 何體爲汝아 若徧體者인댄 同前所挃이요

　만약 다체(多體)라면 다인(多人)을 이룰 것이니 어느 것으로 자기를 삼을 것인가? 만약 체(體)가 온 몸에 두루 퍼져 있다면 앞에서와 같이 찌르는 곳은 하나일지라도 아프기는 사지(四肢)가 다 아파야 할 것이다.

若不徧者인댄 當汝觸頭亦觸其足이면 頭有所覺足應無知어늘 今汝不然하니

　만약 체가 온몸에 두루한 것이 아니라면 네가 머리를 부딪치고 또한 발도 다쳤을 때에 머리는 아파도 발은 몰라야 하거늘 지금 우리는 그렇지 않다.59)

是故應知隨所合處하야 心則隨有함은 無有是處니라

　그러므로 네가 말한 '합하는 곳을 따라 마음도 있다'고 하는 것은 있을 수 없는 일이다.

---

58) 一體가 아님을 밝힌 것이니 찌르는 곳이 응당 따로 없다고 하는 것은 정해진 곳이 없음을 뜻한다. (앞의 책 p.693하)
59) 不徧이 아님을 밝힌 것이다. 네 가지(一多·徧不徧)뜻이 이미 다 아니라면 '隨所合處하여 心隨有라' 할 수 없는 것이다. 『계환해』(『卍속장경』17, p.694상)

1.決擇眞妄以爲密因二 1)明心見失眞沈妄 (七處徵心) 61

(바)中間二. ㈎徵60)

阿難白佛言호대 世尊我亦 聞佛與文殊等諸法王子와 談實相時에 世尊亦
言하사대 心不在內하며 亦不在外니다

아난이 부처님께 말씀드렸다. "세존께서 문수 등 여러 법왕자와
함께 실상(實相)을 말씀하실 때에 '마음은 안에도 있지 않고 또한
밖에도 있지 않다'고 하심을 들었습니다.

如我思惟함에 內無所見하고 外不相知라

제가 지금 가만히 생각해 볼 때에 (안에 있다면 안을 잘 알아야
하는데) 안으로 보는 바가 없고, 밖에 있다면 서로 잘 알지 못해야
하는데 (지금 몸과 마음이 잘 압니다.)61)

內無知故로 在內不成하고 身心相知하니 在外非義라 今相知故로 復內無見
하니 當在中間이니다

안으로 아는 바가 없으므로 '안에 있다'고 할 수도 없고, 몸과 마
음이 서로 잘 아니 '밖에 있다'고도 할 수 없습니다. 지금 서로 잘
알면서도 안으로는 보지 못하니, 아마도 근진(根塵)의 중간에 있는
것 같습니다."62)

---

60) 中間: 아난은 다시 마음의 소재가 안에 있는 것도 아니고, 밖도 있는 것도 아니니, 마
음은 육근과 육진의 중간에 있는 것 같다고 한다. 이에 부처님께서는 중간이라는 위치
가 일정치 않음을 밝히시고, 또 중간이라면 마음이 근과 진을 겸하는가? 겸하지 않는가?
만약 겸하였다면, 근과 진은 서로 양립한 것이어서 중간이라 할 수 없고 만약 겸하지
않았다면, 근도 아니고, 진도 아니므로 정해진 실체가 없어서 중간이라 할 상을 세울 수
없으니 결국 너의 중간이라 하는 것도 옳지 못하다고 파하신다.
61) 정맥소(속장경18 p.340상)에서 長水疏를 인용하여 말하기를 '外不相知의 不字는 又
字이다'라고 했으니 고심 끝에 내린 결정이리라. 그러나 그냥 원문을 바꾸지 않고 설명
을 덧붙여 뜻이 통하게 하였다.
62) 이는 원돈대교[心不在內外 心亦無所有 60화엄 권20]를 인용은 하였으나 아직 그릇
이해하고 있기 때문에 그러므로 在內라 하고 싶으나 장부(腑臟)를 보지 못하고, 또 在
外라면 몸과 서로 알지 못해야 한다. 이와같이 두 뜻이 서로 이루어지지 않으니 '根境
之中'이라 해 본 것이다. 『계환해』(『卍속장경』17, p.694상)

⑭破二 (ㄱ)辯定中位
佛言汝言中間하니 中必不迷하야 非無所在리라 今汝推中하니 中何爲在오
爲復在處아 爲當在身가

　부처님이 말씀하셨다. "네가 '근진(根塵)의 중간이다'고 하니 중간이라 하더라도 반드시 그 소재가 없지는 않을 것이다. 내가 지금 너에게 묻는다. 그 중간이라 하는 것이 어디를 가리키느냐? 바깥경계[處] 쪽이냐? 몸 쪽이냐?63)

若在身者인댄 在邊非中이요 在中同內니라

　만약 몸 쪽이라고 할 때, 갓[邊]이면 중간이 아닐 것이요, 중간에 있다면 이는 결국 앞에서 말한 안에 있는 것과 같을 것이다.64)

若在處者인댄 爲有所表아 爲無所表아 無表同無하고 表則無定하니라

　만약 그 중간이라 하는 것이 바깥에 있다면 그 지점이 뚜렷이 있어 표시할 수가 있는 것이냐? 표시할 수가 없는 것이냐? 표시할 수 없다면 아주 없는 것이요, 표시할 수 있다 하더라도 어디라고 고정 지을 수는 없을 것이다.

何以故오 如人以表로 表爲中時에 東看則西요 南觀成北인달하야 表體旣混하고 心應雜亂하리라

　왜냐하면 마치 어떤 사람이 표시하여 중간을 삼았다 하더라도 보는 바에 따라서 동(東)에서 보면 서(西)요, 남(南)에서 보면 북(北)을 이루는 것과 같으리니, 표시 자체가 혼란스럽고 마음도 응당 어지러울 것이다."65)

---

63) 먼저 묻고, 나중에는 답했다. 處는 바깥경계와 같은 뜻이다. 『계환해』(『卍속장경』17, p.694상)
64) 몸에는 中間과 邊의 두 가지 의미가 있는데 邊에 있다면 中이 될 수 없고, 中이라 하면 앞의 在內와 같이 응당 안을 볼 수 있어야 할 것이다. 『계환해』(『卍속장경』17, p.694상)
65) 중간의 위치가 일정하지 아니함을 밝힌 것이다. 表란 물건을 표시하여 그것으로 기

阿難言我所說中은 非此二種하니 如世尊言하사대 眼色爲緣하야 生於眼識인
달하여 眼有分別하고 色塵無知커든 識生其中하니 則爲心在니다

아난이 말하였다. "제가 말씀드린 중간은 '몸 바깥에 있느냐? 몸 안에 있느냐?'의 두가지 뜻이 아니고, 부처님께서 '눈과 대상[色]이 인연이 되어서 안식(眼識)을 생한다'고 하심과 같이, 눈은 분별이 있고 색진(色塵)은 앎이 없으되, 식(識)은 그[根塵] 중간에서 생기는 것이니, 그 곳이 바로 마음이 있는 곳이라 여겨집니다."66)

(ㄴ)正破非中

佛言汝心若在根塵之中인댄 此之心體가 爲復兼二아 爲不兼二아

부처님이 말씀하셨다. 너의 마음이 근(根)과 진(塵)의 중간에 있다면 이 마음의 체가 둘을 겸했느냐? 둘을 겸하지 아니했느냐?67)

若兼二者인댄 物體雜亂하리니 物非體知일새 成敵兩立어늘 云何爲中이리요

만약 마음이 근진(根塵)의 중간에 있어 둘을 겸했다면 물(物)과 체(體)가 서로 섞여 어지러울 것이다.68) 왜냐하면 물(物)은 앎[體知

준을 나타내는 것이니 기준이 혼란스럽다면 중간을 취할 수 없는 것이다. (앞의 책 p.694하)
66) 아난의 말은 몸안과 몸바깥의 중간이 아니라, 眼根과 色塵의 중간이라는 것이다.『계환해』(『卍속장경』17, p.694하)
67) 여기에서 먼저 전제로서 뜻을 세우고, 아래에서는 만약 만약 하면서 파하는 것이다. (앞의 책 p.694하)
68) 物은 塵이요, 體는 根이다. 잡란이라 한 것은 그 마음이 혼합되어 중간을 이루지 못한 것이다.『正脉疏』(『卍속장경』18, p.341하)
*누가지를 겸하였다면 중간이 될 수 없음을 일깨워 준 것이다. 物은 根塵이요 體는 心體이니 '물이 앎이 없다는 것은 物은 體와 같이 知가 있지 않기 때문에, 곧 根塵과 心體가 양립하여 中位를 세울 수 없다는 것이다.『계환해』(『卍속장경』17, p.694하)
*戒環疏解가 크게 여래의 本意를 어기고, 또한 위 아래 경문도 어그러뜨린 것이니 왜냐하면 疏에 이미 '物은 根塵이요 體는 心體라' 했으니 이는 여래의 뜻이 다만 妄心이 소제기 없이시 헛갓 그 이름 뿐이요 원래 실성이 없음을 깊이 파헤쳐서 일러주시고자 한 것인데, 지금에 만약 根塵으로 一邊을 삼고 心體로 一邊을 삼는다면 그 마음이 완연히 있는 것이 되기에 그러므로 여래의 뜻을 어겼다고 한 것이다.『楞嚴蛇足』(통도사승가대학 1992) p.74.

이 없어서 서로 적을 이루어 양립할 것이거늘 어떻게 중(中)을 세우겠느냐?

兼二不成인댄 **非知不知**라 **卽無體性**어니 **中何爲相**이리요 **是故應知 當在中間**호미 **無有是處**니라

만약 둘을 겸하지 아니했다면69) 지(知)도 부지(不知)도 아니어서 체성(體性) 그 자체가 성립될 수 없을 것이다. 이런 상황에서 중간이 무엇으로 상(相)을 삼겠느냐?70) 그러므로 알라. 네가 말한 '마음이 근진(根塵)의 중간에 있다'고 하는 것은 있을 수 없는 일이다.

⒮無着二71) ㉮徵
阿難白佛言 世尊我昔 見佛與大目連 須菩提 富樓那 舍利弗 四大弟子로 共轉法輪하야

아난이 부처님께 말씀드렸다. "세존이시여! 저는 예전에 부처님께서 대목련(大目連)과 수보리(須菩提)와 부루나(富樓那)와 사리불(舍利弗) 등 사대제자와 함께 법륜을 굴리실 때에

---

69) 즉, 네가 말한 중간이 만약 근진을 떠나 따로 있다면
70) '겸하지 아니하였다'해도 중간을 세울 수 없음을 깨우쳐 준 것이다. 根을 겸하지 아니하였다면 知도 아니요, 경계를 겸하지 아니하였다면 不知도 아니다. 두 뜻이 이미 아니거늘 중간을 어떻게 정하리요? 『계환해』(『卍속장경』17, p.694하)
71) 無着: 아난은 다시 '어디에도 집착함이 없는 것이 마음이다' 라고 주장한다. 이에 부처님께서는 집착이 없는 것이 마음이라면 집착할 대상이 실체가 있는지 없는지를 물으시고, 만약 실체가 없다면 집착함이 없다고 말할 필요도 없고, 만약 실체가 있다면 이미 형상을 분별했으니, 집착함이 없다고 말할 수 없다며, 아난의 망상을 파하신다.

*아난은 지금 참마음이 따로 있어야 하고, 깨달음이 따로 있어야 하기에, 자기의 마음을 보지 못하는 것이다. 결국 아난은 시공(時空)을 초월하고 분별의 세계를 떠나 있는 본래의 참마음을 알지 못하고, 마치 자기 눈으로 자기 눈을 보려고 하는 것처럼 자기 마음을 대상화하려는 분별심 때문에 자기의 참마음을 보지 못하고 있으니, 마치 소를 타고 소를 찾고, 물속의 고기가 물을 찾는 격이다.

常言覺知 分別心性이 旣不在內하고 亦不在外하며 不在中間하여 俱無所在
니다

　항상 '알고 분별하는 심성(心性)이 이미 안에도 있지 않고, 또한 밖에도 있지 않으며, 중간에도 있지 아니하여 어디에도 있는 바가 없다72)'라고 말씀하시는 것을 보았습니다.

一切無著名之爲心이라 則我無著으로 名爲心不잇가
　이는 일체에 집착하지 않는 것으로 마음을 삼으신 것이니, 저의 집착함이 없는 이것으로 마음을 삼으면 어떻겠습니까?"73)

㈏破
佛告阿難하사대 汝言覺知分別心性이 俱無在者라하니 世間虛空에 水陸飛行하는 諸所物象名爲一切라

　부처님이 아난에게 말씀하셨다. 네가 '알고 분별하는 심성(心性)이 어디에도 있는 바가 없다'고 말하는데, 세간과 허공 가운데 물에 있거나 육지에 있거나 날아다니는 등, 모든 물상(物象)을 일체(一切)라고 한다.

汝不著者는 爲在爲無아
　네가 '집착하지 않는다'고 하는 것은 대상이 있는데 다만 집착하지 않는다는 말이냐? 대상이 없는데도 집착하지 않는다는 말이냐?

無則同於 龜毛免角이늘 云何不著이며
　만약 대상이 없는데도 집착 운운(云云)하는 것은 거북의 털이나 토끼의 뿔과 같거늘 어떻게 집착하지 않는다고 말할 수 있으며,

---

72) '마음이 안에도 있지 않고 밖에도 있지 않다'고 한 것은 유마경의 제자품 '心亦不在內 不在外 不在中間'을 두고 한 말이다.
73) 부처님의 뜻은 마음이 본래 있는 곳이 없으니 응당 집착하지 말라는 것인데, 지금 아난이 다시 無着에 집착하니 이것이 바로 妄情에 반연한 것이다. 『계환해』(『卍속장경』17, p.695상)

有不著者는 不可名無니라

'대상이 있다'고 분별하면서 '집착이 없다'고 하는 것은 이미 집착한 것이니 '집착이 없다'고 말할 수 없는 것이다.74)

無相則無요 非無則相이라 相有則在어니 云何無著이리요

대상이 없으면 아주 없는 것이고, 없는 것이 아니라면 곧 대상이 있는 것이다. 대상이 있는 줄 알았다면 곧 마음이 있는 것인데 어떻게 집착이 없다[無着]고 할 수 있겠느냐?75)

是故應知 一切無著 名覺知心이라함은 無有是處니라

그러므로 네가 말한 '일체에 집착하지 않는 것이 마음이다'고 하는 것은 있을 수 없는 일이다.76)

---

74) 앞을 이어서 힐난해 질문한 것이니, 뜻이 '조금이라도 覺知가 있으면 無着이라 할 수 없다'는 것이다. 『계환해』(『卍속장경』17, p.695상)
 *'爲在? 爲無?'냐고 물은 것은 네가 '마음에 집착하지 않는다'고 하니 저 物像은 있는데 다만 집착하지 않는다는 말이냐? 저 物像이 空無한데도 네가 집착하지 않는다는 말이냐? (밖에 사물이 있다고 이미 인정했으면 이미 분별이니 집착이 없다고 말하는 것은 옳지 않다) 만약 저 物像이 이미 空無한데 네가 다만 집착하지 않는다고 하면 곧 龜毛兎角과 같거늘, 무엇을 상대로 집착하지 않는다는 말을 하며, 만약 '있는데 집착하지 않는다'고 하면 곧 대상[物]이 있는 것이 되나니 그러므로 無着이라 해서는 안되는 것이다. 이상은 다 앞의 말을 이어서[牒] 따져 물은 것이요, 아래는 결론지어 파한 것이다. (앞의 책 p.695상)
75) 云何無着: 물(物)이 과연 無相이라면 거북의 털과 같을 것이요, 물이 과연 없지 않다면 곧 相이 있을 것이니, 相이 있음을 안다면 곧 마음도 있는 것이다. 어찌 無着이 될 수 있겠는가?『계환해』(『卍속장경』17, p.695상) *이미 앎(覺知)이 있으면 곧 無着이 아님을 밝힌 것이다.
76) 결론지어 파한 것이다. 위에서 일곱 가지로 밝혔던 것은 간곡하게 아난이 계교하고 집착했던 것을 파하고자 한 것이니 妄情을 버리면 妄境은 저절로 없어져서 眞心眞見이 저절로 드러날 것이기 때문이다. (앞의 책 p.695하)
 *부처님께서 내(內)·외(外) 등 칠처(七處)를 모두 부정하신 것은 진실하고 항상한 여래장성으로서의 참마음[常住眞心]은 따로 세울 수도 없는 것이니, 그러므로 방소(方所)를 따로 정할 수 없고, 또한 보낼 수도 없는 것이니, 그러므로 대상에 따라 생멸할 수 있는 것이 아니다. 그런데도 우리들 중생들은 이를 따로 찾고 있으니, 마치 소를 타고 소를 찾는 것이다.

1.決擇眞妄以爲密因二 2)正決擇眞心眞見 (擇眞心) 67

2)正決擇 眞心眞見二.77) (1)擇眞心 ①阿難哀請
爾時阿難 在大衆中이라가 **卽從座起 偏袒右肩**하고 **右膝著地 合掌恭敬**하야
而白佛言호대

그 때 아난이 대중 가운데 있다가 자리에서 일어나 오른쪽 어깨를 드러내고 오른쪽 무릎을 땅에 대어 합장하고 공경히 예(禮)를 갖추어 부처님께 말씀드렸다.

我是如來 最小之弟로 **蒙佛慈愛**하사 **雖今出家 猶恃憍憐**하야 **所以多聞 未得無漏**할새 **不能折伏 娑毘羅呪**하고 **爲彼所轉**하야 **溺於淫舍**호니 **當由不知眞際所詣**니이다

"저는 여래의 가장 어린 동생으로, 부처님의 자비로운 사랑을 입어 비록 지금 출가하였으나, 오히려 어여삐 여기심만 믿고, 다문(多聞)만 좋아하여 아직 무루(無漏)를 얻지 못하였기에 사비가라(娑毘迦羅)의 주문을 절복시키지 못하고, 오히려 그것에 홀리어 음사(淫舍)에 빠졌으니 참다운 진리를 알지 못했기 때문입니다.

唯願世尊 大慈哀愍하사 **開示我等**에 **奢摩他路**하야 **令諸闡提隳彌戾車**하소서

원컨대 세존께서는 대자비로 불쌍히 여기시어 저희들에게 사마타의 길을 열어 보이시고, 저희 천제(闡提)78)들로 하여금 미려차(彌戾車)79)를 깨뜨릴 수 있게 해 주소서!"

---

77) 이곳 擇眞心의 의미는 두가지 근본을 통해서 眞心을 밝히고자 한 것이다. 두가지 근본이란, 첫째는 無始生死이니 用攀緣心으로 爲自性이요, 둘째는 元淸淨體이니 遺此本明으로 枉入諸趣이다.
  *正決擇眞心眞見: 바로 眞心(본각)과 眞見(시각)을 가려 밝혀주다. *眞心眞見이라한 것은 먼저 心을 결택하고 나중에 見을 결택한 것으로, 心은 覺의 本體요, 見은 覺의 作用이나 이는 다만 本覺의 이치에서 體用을 나눈 것 뿐이다. 『楞嚴蛇足』(통도사승가대학 1992) p.77.
78) 천제(闡提)란 一闡提의 略으로, 신근이 없는 어리석은 자, 혹은 믿음이 구족되지 못한 자라고 번역한다.
79) 미려차(彌戾車)는 변방에 사는 미개한 종족을 가리키는데 여기서는 추악한 소견을 지닌 자이다.

作是語已 五體投地하사 及諸大衆으로 傾渴翹佇하야 欽聞示誨하더라

이 말을 마치고 오체투지하고, 여러 대중으로 더불어 경갈교우(傾渴翹佇)80)하면서 공경히 부처님의 가르침을 듣고자 하였다.81)

②世尊答示三 ㉠光瑞開發

爾時世尊 從其面門으로 放種種光하니 其光晃耀 如百千日하며 普佛世界 六種震動하고 如是十方 微塵國土 一時開現커늘 佛之威神이 令諸世界 合成一界라

그 때 세존께서 면문(面門)82)으로 가지가지 광명을 놓으시니, 그 빛이 찬란하여 마치 백천의 해와 같았으며, 모든 부처님의 세계가 육종(六種)으로 진동하고83) 이와같이 시방의 헤아릴 수 없이 많은 국토가 일시에 다 나타났으며, 부처님의 위신력으로 여러 세계가 합해져서 하나의 세계가 되었다.84)

其世界中 所有一切 諸大菩薩이 皆住本國 合掌承聽하니라

이리하여 그 세계에 있는 모든 보살들이 다 본국에 머물면서 합장하고 받들어 공경하며 듣고 있었다.

---

80) 경갈교우(傾渴翹佇)한다는 것은 온 정성을 다해 목말라 하고 발돋움하면서 기달리고 있는 것이다.
81) 마음의 거울이 마치 물과 같아서, 움직이면 흐려짐이라, 그러므로 사마타의 길을 구하여 이로써 진제에 나아가고자 한 것이니 진제가 이미 드러나면 妄垢는 저절로 없어질 것이기 때문에, 闡提로 하여금 미려차를 깨뜨리게 해달라고 한 것이다. 『계환해』(『卍속장경』17, p.695하)
82) 장차 본래의 광명을 드러내고자 하는 까닭에, 먼저 상서로운 모습을 나타낸 것이다. '面門'에 放種種光'이라 한 것은 口眼耳鼻와 미간을 통하여 광명을 널리 놓았다는 것이니 이는 본각의 元明이 눈 코 등 모든 根에 나타나지 않은 바가 없음을 보인 것이다. 『계환해』(『卍속장경』17, p.696상)
83) '普佛世界'는 바로 法界를 가리킨 것이다. 六震이란 본각의 광명에 의지한 것이니 앞으로 六識無明이 感結한 妄境이 파하여 질 것임을 표한 것이다. (앞의 책 p.696상)
84) '十方世界 合成一界'라한 것은 지혜가 원만히 드러나서, 마음으로 헤아리는 모든 것에 자유자재하여 걸림이 없음을 뜻한다. 『계환해』(『卍속장경』17, p.696상)

㈢總示所迷

佛告阿難하사대 一切衆生 從無始來로 種種顚倒하야 業種自然 如惡叉聚라

부처님이 아난에게 말씀하셨다. "일체의 중생들이 시작이 없는 옛날부터 가지가지로 전도(顚倒)되어 업의 종자가 모여 있는 것이 마치 악차취[惡叉聚]85)와 같다.

諸修行人이 不能得成 無上菩提하고 乃至別成 聲聞緣覺하며 及成外道와 諸天魔王 及魔眷屬함은 皆由不知 二種根本하고 錯亂修習이니

모든 수행하는 사람들이 최상의 깨달음을 얻지 못하고, 더 나아가 달리 성문이나 연각 및 외도(外道)나 여러 천마(天魔) 그리고 마구니의 권속이 되는 것은 모두 이 두 가지 근본[二種根本]86)을 알지 못하고 어지럽게 살아온 까닭이다.

猶如煮沙하야 欲成嘉饌인달하야 縱經塵劫이라도 終不能得하리라

이는 마치 모래를 삶아 좋은 음식을 지으려는 것과 같아서 비록 티끌 수와 같은 수많은 세월을 지낸다 하더라도 마침내 이룰 수 없는 것이다.

---

85) 악차취란 범어 aksa의 음역으로 인도에서 생산되는 나무의 이름이다. 이 나무는 수많은 열매가 한 곳에 모여 있기 때문에, 惡叉聚라 부르며, 金剛子라고도 하는데 꿰어서 念珠를 만든다. 全觀應『佛敎學大辭典』(서울 弘法院 1988) p.1023.　*악차취는 하나의 가지에 세 개의 씨앗이 있는 것이다. 생길 때 반드시 같은 과로 나오는 것이 마치 惑業苦 이 셋이 생길 때 반드시 같이 모여 있는 것과 같다. (앞의 책 p.696하)

86) 중생이 業種을 성취하고, 수행자가 正果를 성취하지 못하는 것은 모두가 다 두가지 근본을 알지 못하여 진리와 등지고 어지럽게 수습하기 때문이니 그러므로 반드시 가리고 밝혀야 하는 것이다. 『계환해』(『卍속장경』17, p.696하)

云何二種고 阿難 一者無始 生死根本이니 則汝今者에 與諸衆生으로 用攀
緣心하야 爲自性者요
　무엇이 그 두 가지 근본이냐? 아난아! 첫째는 시작이 없는 옛날
부터 나고 죽는[無始生死] 근본이니, 즉 너와 지금의 여러 중생들이
반연심으로[用攀緣心]87) 자성을 삼는 까닭이요,

二者無始 菩提涅槃의 元淸淨體이니 則汝今者에 識情元明이 能生諸緣이든
緣所遺者라
　둘째는 시작이 없는 옛날부터 보리열반의 원래로 청정한 자체[元
淸淨體]88)이니, 즉 지금 너의 식정(識情)의 원명(元明)89)이 가지가
지 반연하는 마음을 내었거늘90) 이러한 반연된 것을 도리어 자기의
마음으로 잘못 알아 진성을 유실한 것이다.

由諸衆生이 遺此本明일새 雖終日行하야도 而不自覺하야 枉入諸趣하나니라
　모든 중생들이 이러한 본명을 유실[遺此本明]했기 때문에 비록
종일토록 사용하면서도 스스로 깨닫지 못하고, 그릇 미혹의 세계에

---

87) '반연심'은 앞의 七處에서 망령되이 執認했던 것이다. 『계환해』(『卍속장경』17, p.696
　　하) *반연심이란 범어 alambana 의 번역으로 能緣心이다. 즉 마음이 어떤 대상에 집
　　착하여 작용하는 것을 가리키는데 이것이 모든 공통의 근원이 된다. 대개 범부가 미혹
　　하면 微動만하여도 제법을 반연하게 되고, 망상이 이미 반연한 바가 있으면 선악이 이
　　미 나누어지고, 선악이 이미 나누어지면 憎愛가 함께 치성하리니 이로 말미암아 안으
　　로 衆結이 煩然하고, 밖으로 萬疾이 생하리니 이것이 다 반연의 작용으로 이렇게 된
　　것이다. 『불광대사전』(대만 불광출판사 1988) p.6665.
88) '元淸淨體'는 이제 바로 가려 밝히려는 것이다. 번뇌에 물들지 않는 것이 깨달음이
　　고, 생사에 휩쓸리지 않는 것이 열반이니, 물들지도 않고 휩쓸리지도 않는 것을 '元淸
　　淨體'라 부른다. 『계환해』(『卍속장경』17, p.696하)
89) 앞에서 元明을 말하고 다시 本明을 말씀하신 것은 근본으로부터 나왔기 때문에 '元'
　　이라 하고, 바로 당체를 가리킬 때는 '本'이라 한다. 『계환해』(『卍속장경』17, p.696하)
90) 식정(識精)은 阿陁那性識(제8식)이요, '원명(元明)'은 本覺妙明이다. 根身器界의 일체
　　의 반연하는 법이 이를 의지하여 생하거늘, 모든 중생들이 이 반연한 바에 오인하여
　　진성을 유실하였기 때문에 '緣所遺者'라고 한 것이요, 이를 유실하였기 때문에 '무명으
　　로 깨닫지 못하고 그릇 諸趣에 든다' 라고 한 것이다. 『계환해』(『卍속장경』17, p.696하)

들어가는 것이다.91)

㈢正與決擇九　㈎擧拳發問

阿難 汝今欲知 奢摩他路하야 願出生死라하니 今復問汝라시고 卽時如來가 擧金色臂하사 屈五輪指하고 語阿難言하사대 汝今見不아 阿難言見이니다

"아난아! 네가 지금 '사마타(奢摩他)의 길을 알아 생사에서 벗어나려고 한다'하니 내가 지금 너에게 다시 물으리라"하시고, 그 때 여래께서 금빛의 팔을 들어 다섯 손가락을 구부려서 아난에게 보이시며 물으셨다. "너는 지금 보았느냐?" 아난이 말하기를 "보았습니다."

佛言 汝何所見고 阿難言我 見如來擧 臂屈指하사 爲光明拳하야 耀我心目이니다 佛言 汝將誰見고 阿難言 我與大衆은 同將眼見이니다

부처님이 말씀하셨다. "너는 무엇을 보았느냐?" 아난이 말하였다. "저는 여래께서 팔을 들고 손가락을 구부려 빛나는 주먹을 만들어 저의 마음과 눈[心目]에 비추임을 보았습니다." 부처님이 말씀하셨다. "너는 무엇을 가지고 보았느냐?" 아난이 말하였다. "저와 대중은 모두 눈을 가지고 보았습니다."

---

91) 부처님은 이곳에서 우리가 중생의 세계에서 벗어나지 못하는 까닭을 두가지로 말씀하셨으니, 첫째는 허망한 마음이다. 우리는 상황에 따라 생겼다 없어지는 허망한 마음을 가지고, 그것으로 자기의 마음으로 삼고 있는데 그것은 참마음이 아니라는 것이다. 그런데도 그 마음을 믿고 울고 웃는 것이 우리들 범부의 현실이니, 우리가 이와같은 마음이 허망임을 깊이 자각하고, 거기에서 벗어나지 않는 한 중생의 세계는 끝이 없다는 것이다. 둘째는 본래로 깨어있는 항상한 참마음이다. 이러한 본래로 깨어있어 청정하고 거울같은 참마음이 있기 때문에 모든 것이 거기에 비치고 반연하는 것이거늘, 이러한 본래청정의 깨어있는 마음을 유실하고, 거울에 비치고 반연된 그림자만을 붙잡아 그것으로 자기의 마음을 삼고 있다는 것이다.

佛告阿難 汝今答我호대 如來屈指 爲光明拳하야 耀汝心目하니 汝目可見어니와 以何爲心 當我拳耀오

부처님이 아난에게 말씀하셨다. "네가 지금 나에게 '여래가 손가락을 구부려 광명권(光明拳)을 만들어 너의 마음과 눈에 비춘다'라고 대답했는데 너의 눈은 가히 본다고 할 수 있거니와 무엇으로 마음을 삼기에 나의 광명권(光明拳)이 비추임을 아느냐?"

(나)循妄以答92)

阿難言 如來現今에 徵心所在일새 而我以心 推窮尋逐이니 卽能推者 我將爲心호리다

아난이 말하였다. "여래께서 지금 마음의 소재를 물으시니 제가 마음으로 추궁하고 헤아리건데, 이렇게 추측하고 헤아리는 것을 마음이라 하겠습니다."93)

(다)蒙叱驚愕94)

佛言 咄阿難아 此非汝心이라 阿難矍然 避座合掌 起立白佛호대 此非我心인맨 當名何等이닛고

부처님이 말씀하셨다. "돌(咄)95) 아난아! 그것은 너의 마음이 아니다." 아난이 깜짝 놀라 자리를 고쳐 앉았다가 합장하고 일어나 부처님께 말씀드렸다. "이것이 저의 마음이 아니라면 응당 무엇이라고 불러야 합니까?"

---

92) 循妄以答: 상황에 따라 생기는 망심을 가지고 자기의 마음으로 삼고 있는 것이다.
93) 금색의 주먹(金拳)을 드는 곳에서, 바로 本明을 요달해야 하거늘, 아직도 塵相을 제거하지 못했기 때문에, 전처럼 盜賊을 오인하여 아들을 삼고 있는 것이다. 『계환해』(『卍속장경』17, p.697상)
94) 蒙叱驚愕: 꾸중을 듣고 경악하다.
95) 돌(咄): 꾸짖는 표현이다. 보통 사람들은 이런 표현을 들으면 깜짝 놀라게 된다.

㈘斥示非眞96)

佛告阿難하사대 **此是前塵 虛妄相想**이라 **惑汝眞性**이니

부처님이 아난에게 말씀하셨다. "그것은 다 눈앞의 대상[前塵]에 의해 생겨난 허망한 모습의 생각이니, 다만 너의 진성(眞性)을 미혹하게 할 뿐이다.

由汝無始 至于今生히 **認賊爲子 失汝元常**할새 **故受輪轉**이니라

네가 시작이 없는 옛날부터 금생에 이르도록, 도적을 오인하여 아들을 삼고, 너의 원래로 항상한 것을 잃어버렸기에, 그러므로 윤회를 받게 되느니라."

㈖阿難罔措97)

阿難 白佛言호대 **世尊 我佛寵弟**라 **心愛佛故 令我出家**호니 **我心何獨 供養如來**리잇고

아난이 부처님께 말씀드렸다. "세존이시여! 저는 부처님의 사랑하는 동생으로, 저의 이 마음이 부처님을 사랑했기에 저는 출가하게 되었습니다. 저의 마음이 어찌 유독 여래만을 공양했겠습니까?

乃至徧歷 恆沙國土하야 **承事諸佛 及善知識**하며 **發大勇猛**하야 **行諸一切 難行法事 皆用此心**이며

더 나아가 항하의 모래수와 같은 많은 국토를 두루 다니면서 여러 부처님과 선지식을 받들어 섬기며, 큰 용맹심을 발하여 일체의 어려운 수행을 행하는 것도 모두 이 마음이었습니다.

---

96) 斥示非眞: 배척하여 참이 아님을 開示하다.
97) 阿難罔措: 아난이 어찌할 줄을 몰라 하다.

縱令謗法 永退善根하야도 亦因此心이니 若此發明 不是心者인댄 我乃無心 同諸土木하야 離此覺知 更無所有니다

비록 법(法)을 비방하고 선근(善根)에서 영원히 물러나게 된다 하더라도 또한 이 마음으로 인한 것이거늘, 만약 이것을 가리켜 마음이 아니라고 하신다면 저는 곧 마음이 없어서 저 들판의 흙이나 나무와 같을 것이며, 이렇게 알고 분별하는 것을 떠나서는 다시 마음을 찾을 수도 없습니다.

云何如來 說非我心이잇고 我實驚怖 兼此大衆 無不疑惑하니 唯垂大悲 開示未悟하소서

어찌하여 여래께서는 이를 '마음이 아니다'라고 하십니까? 저는 정말 놀랍고 두려우며, 아울러 여기에 모인 대중들도 의아해하지 않는 이가 없습니다. 원컨대 대자비를 드리우시어 아직 깨닫지 못한 저희들을 개시(開示)하여 주소서!"98)

⑷示有眞心

爾時世尊 開示阿難 及諸大衆하사 欲令心入 無生法忍코자 於師子座 摩阿難頂 而告之言하사대

그 때 세존께서 아난과 여러 대중들을 깨우쳐서 그들의 마음이 무생법인(無生法忍)99)에 들게 하려고 사자좌(獅子座)에서 아난의 정

---

98) 무시이래로부터 잘못 알고 있다가 문득 참이 아니라고 배척함을 당[聞]하였기 때문에 몸둘 바를 잃고 놀래어 깨우쳐 주기를 거듭 청한 것이다. 『계환해』『卍속장경』17, p.697하)
99) 마음이 無生法忍에 든다는 것은 실상의 불생불멸의 마음을 깨닫는 것이다. (앞의 책 p.697하)
  *화엄의 十忍에서 제3이 무생법인이니 이는 조금도 法이 생겨나는 것을 볼 수 없고, 또한 조금도 法이 멸함을 보지 않는 것을 이른 것이다. 가지가지 情垢를 여의고, 지음도 없고 바라지도 아니하여 이와같이 도에 안주하는 것을 忍이라 한다. (앞의 책 p.835하)
  *무생법인(無生法忍, 梵語 anutpattika-dharma-kṣānti)이란 無生의 진리가 그대로 법이기 때문에, 그러므로 無生法이라 하고, 이와같은 제법의 실상을 사무쳐 아는 것이 忍(지혜)이며, 이는 果에 대한 因의로서의 지혜이다. 그러므로 忍이란 곧 無

수리를 만지시면서 말씀하셨다.

如來常説호대 **諸法所生 唯心所現**이며 **一切因果世界微塵**이 **因心成體**라호니
"여래는 항상 '모든 법(法)의 생기는 것이 오직 마음으로 나타나는 것이며100) 일체의 인과(因果)와 세계의 가지가지 현상이 다 마음으로 인하여 뼈대[體]를 이룬다'101)고 했다.

阿難 若諸世界 一切所有와 **其中乃至 草葉縷結**이라도 **詰其根元**컨댄 **咸有體性**이며 **縱令虛空**이라도 **亦有名貌**어든 **何況清淨 妙淨明心**은 **性一切心**이어늘 **而自無體**리요
아난아! 만약 모든 세계의 가지가지 존재와 그 가운데 더 나아가 풀잎이나 실오라기 하나라도 그 근원을 찾아보면 다 체성(體性)이 있으며, 비록 허공일지라도 이름과 모양이 있는데 하물며 청정(清淨)하고 묘정(妙淨)하며 밝은 참마음은 일체 마음의 본성이거늘, 어찌 스스로의 그 체(體)가 없겠느냐?102)

間道로서 바로 번뇌를 끊을 때요, 智란 解脱道로서 끊고 났을 때를 말한다.

100) 삼계는 유심이며 만법은 유식인 까닭에, 그러므로 '諸法所生 唯心所現'이라한 것이다. 『계환해』(『卍속장경』17, p.697하)
101) 일체의 인과는 十界의 正報를 가리킨 것이고, 세계의 미진은 十界의 依報를 가리킨 것이다. 『계환해』(『卍속장경』17, p.697하)
102) 마음이 없다는 말에 아난이 겁을 내니, 부처님이 평소에 말씀하셨던 것을 들어 사물을 이끌어 증명하시되, 진심을 보여 마음 둘 곳을 알게 한 것이다. (앞의 책 p.697하) *이미 마음으로 인하여 體가 이루지지 않는 것이 없는데 어찌 가히 무심을 가리켜 土木과 같다고 힐 수 있으랴? 본래 스스로 물듦이 없는 것을 청정이라 하고, 너러움 속에 있더라도 물들지 않는 것이 妙淨이라 하니 진심은 물론 일체의 망심도 性을 여기서 받기 때문에 그 자성은 본래 청정이요 본래 妙淨인 것이다. (앞의 책 p.697하)

(사)辯斥妄執103)

若汝執悋 分別覺觀의 所了知性하야 必爲心者인댄 此心卽應 離諸一切 色香味觸의 諸塵事業코도 別有全性하리라

네가 만약 분별(分別)하고 각관(覺觀)104)하여 아는 성품을 고집하여 굳이 참마음이라고 한다면, 이 마음이 응당 일체의 색향미촉(色香味觸) 등 가지가지 경계[諸塵事業]105)를 떠나서도 따로 온전한 성품이 있어야 할 것이다.

如汝今者 承聽我法함도 此則因聲하야 而有分別이니 縱滅一切 見聞覺知하고 內守幽閒도 猶爲法塵 分別影事니라

네가 지금 나의 법(法)을 듣는 것도 소리로 인하여 분별이 있으니 비록 일체의 견문각지(見聞覺知)106)를 멸하고 안으로 고요함을 느끼더라도 그것이 사실은 법진(法塵)107)의 분별영사(分別影事)108)

---

103) 辯斥妄執: 허망한 집착임을 가려서 물리치다.
104) 覺觀: 범어 vitarka와 vicara의 구역으로 신역에서는 尋伺라고 번역했다. 유식에서 볼 때 心所有法 가운데 隨煩惱에 해당되는 것으로, 마음을 언어의 세계로 향하게 하는 작용을 한다. 그 중 覺은 사물을 총체적으로 분별하는 마음의 거친 움직임이고, 觀은 사물을 미세하게 구체적으로 분별하는 마음의 움직임이다. 이 두가지가 다 第二禪에 오르려는 定心을 장애하는 것이다.『불광대사전』(台灣 불광출판사 1988) p.6801.
  *부처님이 아난에게 말씀하셨다. "초선에 들어갔을 때 언어가 적멸해지고, 第二禪에 들어갔을 때에 覺觀이 적멸해지며, 第三禪에 들어갔을 때에 喜心이 적멸해지며, 第四禪에 들어갔을 때에 출입식이 적멸해지며, 空處에 들어갔을 때에 色想이 적멸해지며, 識處에 들어갔을 때에 空處想(공처에 들었다는 생각)이 적멸해지며, 無所有處에 들어갔을 때에 識處想이 적멸해지며, 非相非非相處에 들어갔을 때 無所有處想이 적멸해지며, 멸진정에 들어 갔을 때 想受가 모두 적멸해지리니, 이것이 점차로 제행이 적멸해지는 도리이다"『止息經』(『大正藏』2, p.121b)
105) 諸塵事業에서 諸塵은 육진을 가리키는데 세간에서 업을 지을 때, 처음 짓는 것[營]이 事요 이미 갖추어지면 業이니 세간의 지는 바 事業이 다 塵을 의지하여 이루어지는 까닭에, '諸塵事業'이라 한다.『정맥소』(『卍속장경』18, p.350하 참조)
106) 견문각지: 見은 안식이고, 聞은 이식이고, 覺은 설식, 비식 신식에 통하고, 知는 의식에 통한다.
107) 법진(法塵)은 실상이 아니요. 다만 의근에 반연하여 안으로 根에 숨은 것이니 그러므로 內塵이라고 칭한다.『계환해』(『卍속장경』17, p.801)

에 지나지 않는 것이다.109)

我非勅汝하야 **執爲非心**이니 **但汝於心**에 **微細揣摩**하라
 내가 지금 너에게 명령하여 너의 생각하는 것을 마음이 아니라고 억지로 우기려는 것이 아니니, 다만 너는 너의 마음을 자세히 헤아려 보아라.

若離前塵하고 **有分別性**인댄 **卽眞汝心**이어니와 **若分別性 離塵無體**인댄 **斯則 前塵 分別影事**니라
 만약 앞의 대상[前塵]을 떠나서도 분별하는 체성(體性)이 있다면 그 때는 그것을 진실한 너의 마음이라 할 수도 있을 것이지만. 그러나 만약 분별하는 성품이 밖의 대상[塵] 여의고 따로 그 체(體)가 없다면 그것은 곧 전진(前塵)의 분별영사(分別影事)에 지나지 않는 것이다.

塵非常住일새 **若變滅時**에 **此心則同 龜毛兎角**하야 **則汝法身**이 **同於斷滅**어늘 **其誰修證 無生法忍**하리요
 눈앞의 대상은 항상한 것이 아니기에 그것이 변하여 사라질 때 그 분별했던 그림자 마음은 마치 구모토각(龜毛兎角)과 같을 것이요.110) 그렇다면 곧 너의 법신(法身)도 아주 없어진다는 말이 되나니, 누가 무생법인(無生法忍)을 닦아 증득하겠느냐?

---

108) 법진을 내진(內塵) 혹은 落謝塵(無表色,法處色)이라고도 칭하는데 色塵 등 五塵을 제외한, 의근의 대상이 될 수 있는 꿈이나 축억 등 의식 속의 모든 관념이나 개념 내지 이미지가 다 이 법진이다. 앞의 五塵은 순간으로 끝나는데 法塵인 꿈이나 추억 등은 과거 현재 미래에 걸쳐 분별이 가능하며, 이를 통해 여러가지 분별을 할 수 있는데 이것이 법진의 分別影事이다.
109) 이 문은 육진을 의지하여 무자성심을 밝힌 것이다. 覺知가 멸하면 의식이 幽閑해지지만, 그러나 이러한 幽閑은 오히려 고요를 즐기는 하나의 분별심에 지나지 않는 것이니 역시 자성이 없기 때문이다.『계환해』『卍속장경』17, p.698상)
110) 눈이 병들어 허공에 꽃이 보이는 것처럼 실재하지 않는 것을 비유한 말이다.

(아)阿難自失111)

卽時阿難 與諸大衆으로 黙然自失더라

　그 때 아난이 여러 대중과 함께 묵연히 무엇을 잃어 버린 듯 부처님만 바라보고 있었다.112)

(자)結成妄誤113)

佛告阿難 世間一切 諸修學人이 現前雖成 九次第定코도 不得漏盡의 成阿羅漢함은 皆由執此 生死妄想하야 誤爲眞實이니 是故汝今 雖得多聞이나 不成聖果니라

　부처님이 아난에게 말씀하셨다. 세간(世間)의 모든 수행하는 사람들이 눈앞에서 비록 구차제정(九次第定)을 이루고도 번뇌가 없는 아라한이 되지 못하는 것은, 모두 생사의 망상을 집착하여 그릇 진실을 삼기 때문이니, 그러므로 그대가 지금 비록 다문(多聞)은 했으나 성과(聖果)를 이루지 못하는 것이다.

---

111) 阿難自失: 아난이 실의 빠지다.
112) 항상 망심에 집착하다가 문득 분별하여 가려줌을 입고는, 어떻게 해야 할지 몰라 망연자실한 것이다. 『계환해』(『卍속장경』17, p.698상)
113) 結成妄誤: 허망하고 잘못됨이 이루어지는 이유를 결론지어 밝히다.

(2)擇眞見二114)　①阿難哀請二　㊀感慨前失
阿難聞己 重復悲淚하사 **五體投地 長跪合掌**하고 **而白佛言**
　그 때 아난이 이 말을 듣고 거듭 슬피 울면서 온몸을 땅에 던져 장궤합장(長跪合掌)하고 부처님께 말씀드렸다.

自我從佛 發心出家로 **恃佛威神**하고 **常自思惟**호대 **無勞我修**하야도 **將謂如來 惠我三昧**라하고 **不知身心 本不相代**하고 **失我本心**이니다
　"제가 부처님을 따라 발심하여 출가한 이래로 부처님의 위신력(威神力)만 믿고 항상 '제가 애써 닦지 아니하여도 여래께서 삼매(三昧)115)를 얻게 해주실 것이다'고 생각했지, 몸과 마음이 본래 서로 대신할 수 없다는 것을 알지 못하여 그만 저의 본심을 잃어버렸습니다.

---

114) 이러한 견(見)은 다른 것이 아니다. 바로 자신이 성을 내고 있을 때 '내가 또 성을 내고 있구나!'하고 알아차리는 回光返照이다. 이러한 깨어있는 마음은 비록 아직 第一月이 되지는 못했으나 그러나 본각을 믿고 수행에 힘쓰는 第二月의 상태이니, 아리야식 속에서의 여래장성의 작용이다. 우리는 이러한 도안(道眼)을 의지하여 여래장의 본각에 사무치는 것이니, 왜냐하면 이렇게 깨어있는 것이 본각과 하나됨이기 때문이다. 이러한 깨어있는 마음은 잠을 잘 때에도 없어지는 것이 아니다. 마치 태양이 밤이 되나 구름이 끼나 없어지지 않고 항상 비치고 있는 것과 같은 것이요. 그러니 부처와 중생의 차이는 다른 것이 아니다. 부처님은 항상 깨어 계시는 분이시고, 중생은 깨어있는 시간은 짧고 놓치는 시간이 많다는 것이다. 즉 부처님은 항상 因緣果의 모든 이치를 다 생각하시면서 사시는 분이시고, 중생은 오로지 果만을 생각하기에 미혹되는 것이다.
　*마음은 體가 되고, 見은 用이며, 마음은 法의 根源이요 見은 道眼이 되기 때문에, 차례로 결택하여 密因을 삼은 것이다. 『계환해』(『卍속장경』17, p.698하) *法의 근원은 本覺이요, 道眼의 작용은 始覺이다. 『楞嚴蛇足』(통도사승가대학 1992) p.81.
　*여래의 손이 '펴졌다 쥐어졌다'함을 보았을지언정 저희들의 보는 성품[見性]에는 '펴졌다 쥐어졌다'함이 없었습니다." "세존이시여! 저의 머리가 스스로 움직였을지언정 저의 보는 성품이야 '움직였다 그쳤다'할 것이 없는데 무슨 '요동하였느냐?'고 할 것이 있겠습니까?" 부처님이 말씀하셨다. "그건 그렇다."
115) '삼매'란 범어 samādhi의 번역으로 삼마 또는 삼마지로 번역되기도 한다. 불교 三學의 하나로 마음을 한 곳에 모으는 心一境, 즉 定에 해당되는데, 특히 능엄에서는 '수능능삼매'라 하여 일체삼매에 들어가는 근원으로 보고 있다. *'어떤 것이 삼매인가? 마음이 한 곳에 머물러 움직이지 않는 것이니 이것이 삼매이다'『대지도론』(『大正藏』25, p.110) *'만약 善心이 한결같다면 이것이 定이다.' 『중아함 法樂比丘尼經』(『大正藏』1, p.788)

雖身出家 心不入道호미 譬如窮子 捨父逃逝이니다

제가 비록 몸은 출가하였으나 마음이 아직 도(道)에 들지 못한 것이 마치 궁자(窮子)가 아버지를 피하여 도망 다니는 것과 같았습니다.116)

今日乃知 雖有多聞하야도 若不修行 與不聞等호미 如人說食 終不能飽니다

금일에야 비로소 비록 다문(多聞)했다 하더라도 만약 수행하지 아니하면 듣지 아니한 것과 같은 것이, 마치 어떤 사람이 음식을 말하는 것으로는 마침내 배부를 수 없는 것과 같다는 것을 알았습니다.117)

㈢重請開示118)

世尊 我等今者에 二障所纏은 良由不知 寂常心性이니

세존이시여! 저희들이 지금 두가지 장애119)에 얽매이게 된 것은 적상심성(寂常心性)을 알지 못한 까닭이니,

---

116) 부처님의 가르침에 감동하여 예전에 본심을 잃었던 것을 개탄하는 내용이다. 세존의 삼매는 가섭도 알지 못하기 때문에 서로 줄 수 없는 것이니 마땅히 몸소 身心을 닦아서 스스로 본심을 증득해야 하는 것이요. 迷悟가 자기에게 있기 때문에 서로 대신 할 수 없다고 한 것이다. 窮子捨父는 본심을 잃은 것에 비유한 것이다. 『계환해』(『卍속장경』17, p.698하)

117) 道를 배우는 要諦는 문사수로부터 삼마지에 들어가는 것이다. 한낱 듣기만 하고 닦지 아니하면 마침내 이룰 수가 없는 것이다. 그러므로 듣지 않는 것으로 더불어 같은 것이, 마치 어떤 사람이 음식을 말하는 것으로는, 마침내 배부를 수 없는 것과 같다고 한 것이다. 후세말학이 헛되이 다문만을 자랑하고, 행하고 실천하는 것을 가벼이 여겨, 失眞背道하되 스스로 뉘우칠 줄을 알지 못하는 자가 많으니 아난의 悲悔는 참으로 후학을 깨우쳐 주기 위한 것이다. 『계환해』(『卍속장경』17, p.698하)

118) 重請開示: 미혹의 원인을 거듭 말하여 깨우쳐 주시기를 구한 것이다. (앞의 책 p.699상)

119) 두가지 장애는 즉 번뇌장과 소지장이다. 所知는 礙正知見하고, 번뇌는 續諸生死하여 허망에 얽히게 한다. 만약 고요하고 항상한 것을 요달하면 번뇌가 일어나지 아니하고, 생사가 바뀌지 아니하여 허망에 얽히는 것이 스스로 풀릴 것이다. (앞의 책 p.699상)

唯願如來 哀愍窮露하사 **發妙明心**하여 **開我道眼**하소서

　원컨데 여래께서는 헐벗은 저희들을 불쌍히 여기시고 묘명심(妙明心)을 드러내어 저희들의 도안(道眼)120)을 열어 주소서!"

②世尊答示三　㊀光瑞開發
卽時如來 從胸卍字하사 **涌出寶光**하시니

　그때 여래께서 가슴의 만자(卍字)로부터 보배광명을 용출하시니121)

其光晃昱 有百千色이라 **十方微塵 普佛世界**에 **一時周徧**하야 **徧灌十方 所有寶刹**의 **諸如來頂**이라가 **旋至阿難 及諸大衆**하고

　그 광명이 찬란하여 백천의 빛이 있고, 수많은 부처님의 세계에 일시에 두루하여122) 시방보찰(十方寶刹)의 모든 여래의 정수리에 비추었다가123) 돌아서 다시 아난과 여러 대중들에게 비추시었다.124)

---

120) 앞의 眞心편에서는 본각의 입장에서 진여무심을 밝힌 것으로 어떠한 분별도 용납하지 않는 모습이었다. 이제 이곳 眞見편에서는 청정본각을 의지한 始覺의 입장에서 도안을 밝혀 密因을 삼게 한 것이다.
  *道眼은 즉 眞見이니 妙明心이다. 이는 무심으로 인하여 발하게 되는 것이다. (앞의 책 p.699상)
121) 장차 眞見을 드러내고자 가슴의 卍字로부터 보배로운 광명을 놓은 것은 寶明妙心으로부터 正知見이 나오게 됨을 밝힌 것이다. 부처님의 가슴에 卍字가 있는 것은 吉祥萬德의 모임을 뜻한다. 그 광명이 황연명(晃然明) 황연성(昱然盛)하여 백천의 色이 있나는 것은 묘심의 비치는 작용에 만덕을 구족하고 있음을 밝힌 것이다. 『계환해』(『卍속장경』17, p.699상)
122) '光徧佛界'라 하는 것은 청정본연함을 보이신 것이다. (앞의 책 p.699상) 1
123) '徧灌諸佛頂'이라 한 것은 여러 부처님들이 얻은 極果가 서로 같음을 표한 것이다. (앞의 책 p.699상)
124) '돌아서 대중에게 미쳤다'는 것은 그 신령스러움을 누구나 공유하고 있음을 밝힌 것이니, 이는 바로 妙心과 道眼의 광명이 성인에 있어 더하지도 않고, 범부에 처하더라도 덜하지 않고, 다만 근기를 따라 헤아리고 응하여 나타남을 밝힌 것이다. (앞의 책 p.699상)

㈢ 許從所請125)

告阿難言하사대 **吾今爲汝**하야 **建大法幢**하고 **亦令十方 一切衆生**으로 **獲妙微密 性淨明心**하야 **得淸淨眼**케호리라

부처님이 아난에게 말씀하셨다. "내가 이제 너를 위하여 대법당126)을 세우고, 또한 시방의 일체중생들로 하여금 묘미밀(妙微密)127)한 성정명심(性淨明心)을 얻어, 청정안(淸淨眼)을 이루게 하리라.128)

㈢ 正與決擇四 ㈎問答立義

阿難 汝先答我호대 **見光明拳**이니 **此拳光明 因何所有**며 **云何成拳**이며 **汝將誰見**고

아난아! 네가 앞에서 나에게 '빛나는 주먹을 보았다'고 대답했으니, 그 주먹의 광명이 어떻게 해서 있으며, 어떻게 해서 주먹이 되었으며, 너는 무엇으로 보았느냐?

---

125) 許從所請: 아난의 청을 허락하여 따르다.
126) 당(幢)은 邪를 꺾고, 正을 세운다는 뜻이다. 아래에 妙心과 淨眼을 밝혀서, 중생들로 하여금 邪異를 꺾어 굴복시키고 바른 지견을 얻게 했으니 ,이를 일러 대법당을 건립했다고 하는 것이다. 『계환해』(『卍속장경』17, p.699상) *幢: 어떤 단체나 어떤 상징을 나타내는 깃발이다.
127) 邪異가 이미 꺾기고, 지견이 이미 바르다면 妙心과 淨眼을 가히 얻게 되는 것이다. 중생과 부처가 다 같이 지니고 있으되 가히 헤아려 알기 어려우므로 妙微密이다. 『계환해』(『卍속장경』17, p.699하)
128) 성정명심이 본각심이라면, 청정안은 도안, 즉 시각일 것이다.
  *번뇌가 가히 물들일 수 없고, 무명이 능히 어둡게 할 수 없으므로 性淨명이다. (앞의 책 p.699하)
  *보는 성품이 병을 여의어 지혜로 확연히 비추기 때문에 淸淨眼이다. 『계환해』(『卍속장경』17, p.699하)

1.決擇眞妄以爲密因二　2)正決擇眞心眞見 (擇眞見)　83

阿難言 由佛全體 閻浮檀金이라 赩如寶山 淸淨所生일새 故有光明이시니 我實眼觀하며 五輪指端을 屈握示人 故有拳相이니다

아난이 말하였다. "부처님의 몸은 전신이 염부단(閻浮檀)의 금(金)129)이기에 빛나기가 마치 보배의 산과 같고, 청정 속에서 생긴 것이기에 광명이 있습니다. 그 광명을 저희들은 눈으로 보았으며, 다섯 손가락을 구부려 쥐어서 저희들에게 보이셨기에 주먹의 모양이 있게 된 것입니다."

佛告阿難 如來今日 實言告汝호리라 諸有智者 要以譬喩로 而得開悟니라

부처님이 아난에게 말씀하셨다. "여래가 금일에 진실을 너에게 말하노라. 지혜 있는 사람이라면 다음의 비유를 듣고 알게 될 것이다.

阿難 譬如我拳이 若無我手하면 不成我拳이며 若無汝眼이면 不成汝見이리 以汝眼根으로 例我拳理컨대 其義均不아

아난아! 예를 들어 나의 주먹은 손이 없으면 이룰 수 없는 것처럼, 너의 눈이 없다면 너의 본다는 것도 이루어질 수 없을 것이다. 이러한 이치에서 너의 눈을 나의 주먹에 비교한다면 그 이치가 같겠느냐?"

阿難言 唯然世尊 旣無我眼이면 不成我見이니 例如來拳하면 事義相類니다

아난이 말하였다. "그렇습니다 세존이시여! 만약 눈이 없으면 누구나 볼 수 없습니다. 그러므로 저의 눈을 여래의 주먹에다 비교하면 그 이치가 서로 같겠습니다."130)

---

129) 염부단의 나무 과즙이 물에 흘러 들어가면 모래와 돌이 모두 金으로 변한다. 『계환해』(『卍속장경』17, p.699하) *염부는 인도에 있는 나무의 이름이다. 이 閻浮樹는 4,5월 경에 꽃을 피워, 진한 자색의 열매를 맺는데 염부단은 그 꽃나무 사이를 흐르는 江[檀]이라는 뜻이며, 염부단 금이란 그 江에서 나오는 砂金, 혹은 閻浮樹 밑에 있다고 하는 金塊를 가리킨다고 한다. 전관응,『불교학대사전』(서울 홍법원 1988) p.1077 참조..
130) 眼根을 주먹에다 비유한 것이 옳지 아니하거늘, 옳다고 한 것은 아난이 아직 깨닫지 못한 것처럼 보이고자 이와같이 답한 것이다. 『계환해』(『卍속장경』17, p.699하)

⑷ 正擇眞見

佛告阿難 汝言相類라하나 **是義不然**이라

　부처님이 아난에게 말씀하셨다. "네가 서로 같다고 말하였는데 그 뜻이 그렇지 않다.

何以故 如無手人은 **拳畢竟滅**이어니와 **彼無眼者 非見全無**이니

　왜냐하면 만약 손이 없으면 주먹은 끝내 만들어 질 수 없으나, 눈이 없다고 하여 보지 못하는 것은 아니다.

所以者何오 **汝試於途**에 **詢問盲人**호대 **汝何所見**고하면 **彼諸盲人 必來答汝**호대 **我今眼前 唯見黑暗**하고 **更無他矚**이리니

　왜냐? 네가 한번 저 길에 나아가 맹인들에게 '당신들은 무엇을 보느냐?'고 묻는다면 저 맹인들이 하나같이 너에게 '우리들은 지금 눈앞에 오직 어두움만 보이고, 다른 것은 보이지 않습니다'라고 대답할 것이다.

以是義觀컨대 **前塵自暗**이언정 **見何虧損**이리요

　이러한 이치를 보더라도 눈앞의 대상[前塵]이 스스로 어두울지언정 견(見)이야 어찌 손상이 있겠느냐?131)"

阿難言 諸盲眼前에 **唯覩黑暗**커니 **云何成見**이리요

　아난이 말하였다. "저 소경들이 눈앞에 오직 어두운 것만 보는 것을 어떻게 보는 것[見]이라 할 수 있겠습니까?"

---

131) 어두움을 보는 것은 곧 보는 성품[見]이니 그러므로 맹인이 見이 없는 것이 아니라, 다만 눈이 없을 뿐이다. 『계환해』(『卍속장경』17, p.700상)

1.決擇眞妄以爲密因二 2)正決擇眞心眞見 (擇眞見)   85

佛告阿難 諸盲無眼하야 唯觀黑暗과 與有眼人이 處於暗室로 二黑有別가 爲無有別가

　부처님이 아난에게 말씀하셨다. "저 맹인들이 눈이 멀어 오직 어두운 것을 보는 것과 눈이 밝은 사람이 깜깜한 암실에 있는 것과 이 두가지 어두움이 서로 다르겠느냐? 다르지 않겠느냐?"

如是世尊이시여 此暗中人 與彼群盲으로 二黑校量컨대 曾無有異니이다

　"그렇습니다. 세존이시여! 깜깜한 암실(暗室)에 있는 사람과 앞을 보지 못하는 맹인과 이 두가지 어두움을 비교했을 때 조금도 다름이 없겠습니다.132)"

阿難 若無眼人이 全見前黑이라가 忽得眼光하면 還於前塵에 見種種色을 名眼見者인댄

　"아난아! 만약 눈이 어두운 맹인이 눈앞에 어두움만 보다가 어느 날 홀연히 눈을 뜨게 되어 눈앞에 가지가지 모양을 보게 되었을 때 이를 눈이 본다고 고집한다면,

彼暗中人 全見前黑이라가 忽獲燈光하면 亦於前塵에 見種種色을 應名燈見이니라

　저 깜깜한 암실(暗室)에서 아무 것도 보지 못하다가 홀연히 등불이 들어와 눈앞에 모든 것을 보게 되었을 때 이를 등불이 본다고 해야 할 것이다.

若燈見者인댄 燈能有見이라 自不名燈이며 又則燈觀어니 何關汝事리오

　만약 등불이 보는 것이라면 등에 능히 보는 성품이 있으니, 보여지는 등불이라 부를 수 없을 것이다. 또 등불이 보는데 너하고 무슨 관계가 있겠느냐?

---

132) 두가지 어두움이 다르지 않다면 저 어두운 것이 눈으로 말미암은 것이 아니라, 다만 前塵이 어두울 뿐이다. (앞의 책 p.700상)

是故當知하라 燈能顯色이언정 如是見者는 是眼非燈이며 眼能顯色이언정 如
是見性 是心非眼이니라
 그러므로 '등은 능히 모습[色]을 볼 수 있게 할지언정 이와같이 보는 것은 눈이지 등이 아니며, 눈은 능히 모습을 볼 수 있게 할지언정 이와같이 보는 성품은 마음이지 눈이 아니다'는 것을 잘 알아야 하느니라.133)"

㈐阿難未諭
阿難雖復 得聞是言하고 與諸大衆으로 口已默然이나 心未開悟하야 猶冀如
來 慈音宣示하며 合掌淸心 佇佛悲誨더라
 아난이 비록 이러한 말씀을 듣고 대중과 함께 입으로는 말이 없었으나, 마음 속으로는 아직 깨닫지 못하고 있었다. 그래서 여래께서 자비한 음성으로 다시 설명해 주시기를 바라면서 맑은 마음으로 합장하여 부처님의 가르침을 기다리고 있었다.

㈑遣拂客塵四134) ㉮追問發起
爾時世尊 舒兜羅綿 網相光手하야 開五輪指하고 誨勅阿難 及諸大衆하사대
 그 때 세존께서 도라면(兜羅綿) 같이 빛나고 그물 모양인 손을 들어 다섯 손가락[五輪指]135)을 펴보이시고, 아난과 여러 대중들에게 말씀하셨다.

---

133) 앞의 내용에 덧붙여서, 見이 눈을 말미암은 것이 아님을 결론지어 밝힌 것이다. 見이 눈을 말미암은 것이 아님을 안다면 곧 바로 보는 성품을 깨달아, 形累를 초월하고 청정안을 얻게 되리라. 『계환해』(『卍속장경』17, p.700상)
134) 遣拂客塵: 객진의 번뇌를 떨쳐버리다.
135) 五輪指: 부처님은 손가락 끝마다 輪相이 있으므로 五輪指라 한다.

1.決擇眞妄以爲密因二 2)正決擇眞心眞見 (擇眞見)

我初成道하야 於鹿園中에 爲阿若多 五比丘等 及汝四衆 言호대 一切衆生이 不成菩提 及阿羅漢은 皆由客塵 煩惱所誤라하니 汝等當時 因何開悟하야 今成聖果오

"내가 처음 성도한 후 녹야원(鹿野園)에서 아야다(阿若多憍陳那) 등 다섯 비구와 너희들 사부대중에게 '일체의 중생들이 보리(菩提)와 및 아라한을 이루지 못하는 것은 다 객진번뇌의 잘못됨이다'고 했는데, 너희들은 그 당시 무엇을 인하여 깨닫고 이제 성과(聖果)를 이루었더냐?136)"

㉯憍陳明義

時憍陳那 起立白佛호대 我今長老이나 於大衆中에 獨得解名은 因悟客塵 二字成果니다

때에 교진여(憍陳那)137)가 일어나서 부처님께 사뢰었다. "저는 지금 나이가 많지만 그래도 이 대중 가운데에서 유독 '알았다(解)'라는 이름을 얻게 된 것은 객(客)과 진(塵), 이 두 글자의 의미를 깨닫고 성과(聖果)를 이루었기 때문입니다.138)

---

136) 아난이 아직도 깨닫지 못하고 있는 것은 客塵에 미혹되고 장애된 까닭이니, 그러므로 특별히 객진을 보내고 털게 해주신 것이다. 대저 객진의 장애되는 것이 크게는 깨달음을 이루지 못하게 하고, 작게는 無學을 이루지 못하게 하니 성인의 자비가 深愍한 까닭에 녹야원의 인연을 물어서 대중으로 하여금 깨닫게 한 것이다. 손바닥을 펴는 등의 뜻은 後文(p.90)에 있다. 『계환해』(『卍속장경』17, p.700하)
137) 교진여를 번역하면 '알았다'라는 말이 된다. 부처님의 弟子 가운데 최초로 성도한 데서 붙여진 이름이다. (앞의 책 p.701상)   *교진여는 '阿若多 憍陣那'의 약칭으로, 阿若多는 알았다의 뜻이고, 교진여는 火器라 번역한다.
138) 객진을 설명하는데 있어서, 通과 別이 있으니 통으로 말하면 소지장이라고도 하고, 혹은 분별혹 俱生惑이라고도 한다. 모두 경계를 따라 생멸하여 眞常性이 없기 때문에 客이라 하고, 妙明을 오염시켜 맑고 고용함을 어지럽게 하기 때문에 塵이라 한다. 이를 따로 나누어 분별의 麤惑과 구생의 細惑으로 설명한 것이 別이다. 중생의 생멸이 멈추지 아니하되, 잠시 五陰의 움막에 의탁하여 머무는 것이 마치 방랑자가 여관에 의타히여, 미혹을 일으키고 입을 시어서 옛것을 버리고 새것에 나아가되, 먹고 자는 일을 마치고는 행장을 정돈하여 길을 나서는 것과 같다. 그러나 진성은 항상 고요하여 애초부터 일[事]이 없으니 그러므로 주인은 갈 바가 없는 것에 비유한 것이다. 分別의 麤煩惱 [客]야 보내기 쉽지만, 俱生의 微細惑 [塵]은 밝히기가 어려운 것이니 반드시

世尊 譬如行客이 投寄旅亭하야 或宿或食하며 食宿事畢하고 俶裝前途하야 不遑安住커든 若實主人인댄 自無攸往이니다

세존이시여! 마치 객지에 떠도는 방랑자가 여관[旅亭]에 의탁하여 숙식(宿食)하고 숙식이 끝나면 바로 행장을 정돈하여 여행길을 떠나기에 편안히 머물 겨를이 없지만, 주인(主人)은 실로 나아갈 필요가 없습니다.

如是思惟컨대 不住名客이요 住名主人이니 以不住者 名爲客義이니다

이러한 입장에서 볼 때 머물지 않은 것은 손님이요, 항상 머무는 것은 주인이니, 머물지 않는 것으로 손님[客]의 뜻을 삼았습니다.

又如新霽에 淸陽昇天하야 光入隙中하면 發明空中에 諸有塵相이니 塵質搖動하고 虛空寂然이라

또 비가 개이고 하늘이 맑아져서 햇빛이 틈으로 들어오면 허공에 많은 티끌[塵]이 보이며, 이 때 티끌은 요동하고 허공은 고요합니다.

如是思惟컨대 澄寂名空이요 搖動名塵이니 以搖動者 名爲塵義하노이다 佛言 如是니라

이러한 점에서 볼 때 맑고 고요한 것은 허공(虛空)이요, 요동하는 것은 티끌이니 요동하는 것으로 티끌[塵]의 뜻을 삼았습니다." 부처님이 말씀하셨다. "그건 그렇다."139)

성품의 하늘이 맑게 개이고, 지혜의 해가 빛을 발하여 오음의 틈을 의지하여 本空의 성품에 비추게 되는 것이요, 그 때야 비로소 부질없이 스스로 요동하였음을 깨닫게 되는 것이다. 이는 몸과 함께 생하고, 마음으로 더불어 같이 행동하되, 미세하고 은밀하기 때문에, 어두운 틈의 티끌에 비유한 것이다. 여관의 나그네는 보내기가 쉽거니와 어두운 틈의 티끌은 떨쳐버리기가 어려운 것이니 반드시 그 그늘진 틈을 부수고 열어서, 하여금 활연히 통달한 연후라야 없어지리니 이른 바 구생번뇌는 오음이 다하는 곳에 이르러야 비로소 끊어지기 때문이다. 『계환해』(『卍속장경』17, p.701상)

139) 분별하는 번뇌[客塵]는 대상을 따라 움직이지만, 여래장의 묘진여성은 부동불변하다는 것이니, 이 글의 뜻은 무엇이 客이고 塵이며, 무엇이 주인이고 허공인지를 잘 알아야 한다는 뜻이다.

1.決擇眞妄以爲密因二 2)正決擇眞心眞見 (擇眞見)

㊂釋尊示相二 (ㄱ)依境示麤

卽時如來 於大衆中에 屈五輪指하사 屈已復開하고 開已又屈하시어 謂阿難言하사대 汝今何見고

  그 때 바로 여래께서는 여러 대중들 앞에 다섯 손가락을 구부려, 구부렸다가는 다시 펴시고, 폈다가는 다시 구부리시어 아난에게 말씀하셨다. "너는 지금 무엇을 보았느냐?"

阿難言 我見如來 百寶輪掌을 衆中開合이니다

  아난이 말하였다. "저는 여래께서 가지가지 보배로운 법륜(法輪)의 무늬가 새겨진 손바닥을 대중 앞에서 '폈다 쥐었다'하심을 보았습니다."

佛告阿難 汝見我手를 衆中開合인댄 爲是我手에 有開有合가 爲復汝見有開有合가

  부처님이 아난에게 말씀하셨다. "네가 '나의 손이 대중 앞에서 폈다 쥐었다함을 보았다'하니 그 때 나의 손이 '폈다 쥐었다'하였느냐? 아니면 너의 견(見)이 '펴졌다 쥐어졌다'하였느냐?"

阿難言 世尊寶手를 衆中開合하시니 我見如來의 手自開合이언정 非我見性에는 有開有合이니다

  아난이 대답하였다. "세존께서 보배로운 손을 대중 앞에서 '폈다 쥐었다'하시니 저희들이 여래의 손이 '펴졌다 쥐어졌다'함을 보았을지언정 저희들의 보는 성품[見性]에는 '펴졌다 쥐어졌다'함이 없었습니다."

佛言 誰動誰靜고 阿難言 佛手不住요 而我見性은 尙無有靜커니 誰爲無住
잇고 佛言如是니라
　부처님이 말씀하셨다. "무엇이 움직이고 무엇이 고요했느냐?" 아
난이 말하였다. "부처님의 손은 머물지 못했으나 저희들의 보는 성
품이야 오히려 '고요해졌다'할 것도 없는데 무슨 '머물지 않았느냐?'
고 할 것이 있겠습니까?" 부처님이 말씀하셨다. "그건 그렇다."140)

(ㄴ)卽身示細
如來於是 從輪掌中으로 飛一寶光 在阿難右하시니 卽時阿難 廻首右盼하고
又放一光 在阿難左하신대 阿難又則 廻首左盼이라
　여래께서 법륜(法輪)의 무늬가 새겨진 손바닥으로부터 하나의 보
배광명을 날려 아난의 오른쪽에 비추시니, 즉시 아난이 머리를 돌
려 오른쪽으로 돌아보고, 다시 하나의 광명을 놓아 아난의 왼쪽에
비추시니 아난이 다시 머리를 돌려 왼쪽으로 돌아보았다.

佛告阿難 汝頭今日에 何因搖動고 阿難言 我見如來가 出妙寶光하사 來我
左右일새 故左右觀에 頭自搖動이니다
　부처님이 아난에게 말씀하셨다. "너의 머리가 지금 무엇 때문에
요동하였느냐?" 아난이 대답하였다. "저는 여래께서 묘하고 보배로
운 광명을 놓아 저의 좌우에 보내셨기에, 좌우로 이를 보느라 저의
머리가 요동했습니다."

阿難 汝盼佛光하야 左右動頭라하니 爲汝頭動가 爲復見動가
　"아난아! 네가 '여래의 광명을 보려고 좌우로 머리를 움직였다'하
니, 너의 머리가 움직였느냐? 너의 견(見)이 움직였느냐?"

---

140) 거친 번뇌는 경계를 따라 起滅이 있기 때문에, 부처님이 손으로써, 眞心에 상대되
는 경계를 비유하여 보이신 것이다. 처음은 開合을 물어서, 요동하는 塵을 밝히시고,
다음에는 動靜을 물어서, 머물지 못하는 客을 밝히셨으니 다 경계에 있고, 마음에 있
지 아니하기 때문에, 성품에는 開合이 없고, 성품에는 靜住가 없다고 한 것이다.『계환
해』(『卍속장경』17, p.701하)

1.決擇眞妄以爲密因二 2)正決擇眞心眞見 (擇眞見) 91

世尊 我頭自動이언정 **而我見性**은 **尙無有止**커니 **誰爲搖動**이잇고 **佛言如是**니라

"세존이시여! 저의 머리가 스스로 움직였을지언정 저의 보는 성품이야 '움직였다 그쳤다'할 것이 없는데 무슨 '요동하였느냐?'고 할 것이 있겠습니까?" 부처님이 말씀하셨다. "그건 그렇다."141)

㉣結責警衆
於是如來 普告大衆하사대 **若復衆生以搖動者**로 **名之爲塵**하고 **以不住者**로 **名之爲客**하니

다시 여래께서는 널리 대중에게 말씀하셨다. "이와같이 중생들은 요동하는 것으로 티끌[塵]을 삼고, 머물지 않는 것으로 손님[客]을 삼아야 한다.

汝觀阿難의 **頭自動搖**언정 **見無所動**이며 **又汝觀我**의 **手自開合**이언정 **見無舒卷**커늘

너희들은 아난의 머리가 스스로 요동하였을지언정 보는 성품[見]은 요동이 없었음을 관(觀)해야 하며, 또 나의 손이 '펴졌다 쥐어졌다'했을지언정 보는 성품은 '펴졌다 쥐어졌다'함이 없음을 관(觀)해야 하느니라.

云何汝今 以動爲身하고 **以動爲境**커늘

그런데도 어찌하여 그대들은 지금 요동하는 것은 몸이요, 요동하는 것은 경계인데도142)

---

141) 미세한 번뇌를, 봄과 함께 생기는 俱生이라 하는 것이기에, 그러므로 아난의 머리에 의지하여 성품에 상대되는 相을 비유하여 보인 것이다. 아울러 요동하는 塵과 머물지 못하는 客이 다 相에 있고, 性에는 있지 아니한 것이기 때문에, '性에는 본래 그침이 없거니 무슨 요동이 있겠는가?'고 한 것이다. 不住를 묻지 아니한 것은 앞에서 이미 밝혔기 때문에 생략한 것이다. 『계환해』(『卍속장경』17, p.701하)

142) 본문 '以動爲身 以動爲境'의 의미가 "요동하는 것은 몸이고 요동하는 것은 경계임을 알아야 한다'는 뜻이다"라는 것이 정맥소의 내용인 것 같다.
  *본문의 以 두자는 위의 내용을 비추어 볼 때 모두 知字와 說字로 읽어야 한다. 이를테면 그대가 만약 身境이 요동하는 것인 줄을 알지 못하거나 또 身境이 요동하는 것이

從始洎終히 念念生滅 遺失眞性하고 顚倒行事하되

　처음부터 끝까지 념념(念念)에 생멸을 따르며, 진성(眞性)을 유실하고 전도(顚倒)되어 살되,

性心失眞하고 認物爲己하야 輪廻是中 自取流轉고

　본성인 진심을 잃고 물(物)을 오인하여 자기로 삼아143) 그 가운데 윤회하면서 스스로 고통[流轉]을 취하고 있느냐?"144)

라고 설하여 들어내지 못했다면 이는 철저히 미혹된 것이다.『정맥소』(『卍속장경』18, p.362하)
143) 부처님이 아난을 통해 대중을 꾸짖으시되 '客塵에 집착하여 자성을 잃어버린 것을 책망한 것이다.' 앞에서는 다만 마음만 밝히고, 여기서는 경계까지 밝혔으니 마음과 경계 그리고 만법이 다 본래 따로 體가 있으나 다만 본체로부터 나와 객진이 된 것이 마치 손이 開合하고, 머리가 요동하는 것과 같고, 그 그침에 있어서는 본체가 스스로 고요하여 달리 있는 곳이 없으니 이는 모든 妄動이 본래 불가득(空)이기 때문이다. 그런데도 너희들 중생은 動으로 몸을 삼고, 動으로 경계를 삼으니 이는 객진에 집착하여 진성을 유실하고, 전도되어 사는 것이요, 이것이 윤회유전을 부르는 것이다.『계환해』(『卍속장경』17, p.702상)
144) '그 가운데에서 스스로 취한다'고 한 것은 진성 가운데에는 본래 流動이 없거늘, 모두가 다 스스로 취한다 했으니, 이는 迷處에 즉하여 깨닫게 하고자 한 것이다. 안타깝구나! 뭇 중생들이 愛染을 근본으로 하고, 心目으로 인하여 드디어 객진에 떨어져, 스스로 유전을 취함이 오래되었기 때문에, 참다운 자비심으로 그들을 구제하고자, 종횡으로 격발함이 또한 지극하셨으니, 이제 이러한 迷處에 의지하여 깨달을 수 있을 것이다.『계환해』(『卍속장경』17, p.702상)

大佛頂 如來密因 修證了義 諸菩薩萬行 首楞嚴經 제2권

2. 發明覺性 直使造悟145)　　1)經家敍意146)

爾時阿難 及諸大衆이 **聞佛示誨**하고 **身心泰然**하야 **念無始來 失却本心**하고 **妄認緣塵**의 **分別影事**라가 **今日開悟**호미 **如失乳兒 忽遇慈母**라

　그때 아난과 모든 대중들이 부처님의 가르침을 듣고 몸과 마음이 크게 편안하여 "시작이 없는 옛날부터 본심을 잃고 전진(前塵)의 분별영사(分別影事)로 그릇 참마음을 삼았다가, 오늘에야 비로소 개오(開悟)하니, 마치 젖을 잃었던 아이가 문득 어머니를 만난 것과 같다"라고 생각하였다.

合掌禮佛하고 **願聞如來 顯出身心 眞妄虛實**과 **現前生滅 與不生滅 二發明性**하니라

　그리고 모두 합장하여 부처님께 예(禮)를 올리고, 여래께서 몸과 마음의 진(眞)·망(妄)·허(虛)·실(實)과 눈앞의 생멸과 불생멸 등, 두 가지 성품147)에 대해서 분명하게 밝혀 주시기를 발원하였다.148)

---

145) 發明覺性 直使造悟: 깨달음의 본 성품을 드러내어 수행자로 하여금 곧 바로 깨달음에 나아가게 하다.
146) 經家敍意: 부처님이 설한 바 교법을 송출한 사람과 이를 가져서 결집하여 경전을 완성한 불제자를 가리킨다. 불타 재세시 여러 제자 가운데 아난과 가섭 등 大任을 맡은 사람들이 여기에 해당된다. 일반적으로 경전의 최초「여시아문」등 서분과 최종「作禮而去」등 유통분과 중간의 정종분에서 '불고아난'등의 설명어가 다 經家의 말이다. 이 밖에 論家는 論書를 지어 불법을 선양하고 경의를 천명한 사람들이니 인도의 용수 세친 등과 같은 보살이 다 論家이다. (불광대사전 台灣 불광출판사 1988 p.5553)
　*문답발명이 곧 발명각성이요, 時衆造悟가 바로 直使造悟이며, 經家敍意는 다만 結前起後이다.『능엄사족』(통도사승가대학 1992) p.87.
147) '二發明性'이란 眞[실,불생멸]과 妄[허,생멸]의 두 가지 성품에 대해서 발명해 달라는 것이다.
148) 대중들의 마음이 어딘가 느끼고 깨달은 바가 있었기 때문에, 이제 부처님께서 더욱 더 환히 가르쳐 주시기를 기대하게 된 것이나. 즉 앞에서 책망하시기를 '어찌하여 動으로 몸을 삼고, 動으로 경계를 삼고 있는가?'라고 하면서, 몸과 마음의 진망과 허실을 가리지 못한다'하시고, 또 책망하시기를 '생각 생각에 생멸하되 진성을 잃어버렸다'했으니, 불생멸까지도 가리지 못한 것이다. 그러므로 두가지 뜻을 드러내어 자세히 가

2)問答發明十一 (1)卽身變異 明不生滅二149) ①匿王請問

**時波斯匿王 起立白佛호대 我昔未承 諸佛誨敕에 見迦旃延과 毘羅胝子호
니 咸言此身 死後斷滅을 名爲涅槃이니다**

그때 파사익왕이 일어서서 부처님께 사뢰었다. "제가 지난 날 아직 부처님의 가르침을 받지 못하였을 때에 가전연(迦旃延)150)과 비라저자(毘羅胝子)151)를 만났습니다. 그런데 그들은 '이 몸이 죽은 뒤에 아무 것도 없는 것[斷滅]을 열반이라 한다'고 하였습니다.

**我雖値佛 今猶狐疑하니 云何發揮라야 證知此心 不生滅地리잇고 今此大衆
諸有漏者는 咸皆願聞이니다**

제가 비록 부처님을 뵙게 되었으나 아직도 의심을 떨쳐 버릴 수 없습니다. 어떻게 하여야 불생불멸(不生不滅)의 경지를 깨달을 수 있겠습니까? 지금 이 대중 가운데 여러 유루(有漏)들이 모두 듣기를 원합니다.152)"

르쳐 주시기를 청한 것이다. 『계환해』(『卍속장경』17, p.702하)
149) 初卽身變異 明不生滅: 몸의 變異를 통해서 불생멸의 성품을 밝히다.
150) 가전연과 비라저자는 단견에 집착하는 외도들이다. 『계환해』(『卍속장경』17, p.703상)
 *여기에서 말하는 가전연은 육사외도 중의 한 사람인 '파구다 카차야나(迦羅鳩馱 迦旃延)'을 지칭하는 것으로, 그는 無因論의 感覺論者인데 요소의 상주론, 또는 기계적 불멸론을 주장했다. 즉 모든 존재는 지수화풍·空·苦樂·命 등 이들 7요소이며, 우리들의 생사는 이들 7요소의 모임과 흩어짐일 뿐이다. 그렇기 때문에 '선악에 있어서도 어떠한 도덕적 의미가 없고, 인생에 있어서도 결정적 단멸은 없다'고 주장했다. 『불광대사전』(대만 불광출판사 1988) p.1282 참조. *능엄의 본문(卍속장경17, p.703상)에서는 가전연을 斷見論者라고 지칭했다.
151) 비라저자는 부처님 당시 육사외도 중의 한 사람인 산자야 벨라티푸타를 가리키는 것으로, 회의론자이다. 그는 진리를 있는 그대로 인식하고 설명한다는 것은 불가능하며, 진실을 실천하는데도 아무런 도움이 되지 않으니, 그런 문제들에 대하여 可否를 논한다는 것 자체가 무의미하다고 주장했다. 다시 말해 '신 영혼 내세 선악 등과 같은 형이상학적인 문제'에 대해서 '옳다 그르다, 있다 없다'라는 등의 대답을 하지 않고, 일체의 판단을 중지하게 한다든가 혹은 그때 그때의 경우에 따라 소신대로 말하면 그것이 곧 진리라고 주장했다. 부처님의 제자 사리불과 목련도 처음 산자야의 제자였다고 한다.

② 佛與發明二 ㈠問答辨幻
佛告大王 汝身現在하니 **今復問汝**호리라 **汝此肉身 爲同金剛**하야 **常住不朽**아 **爲復變壞**아

 부처님이 왕에게 말씀하셨다. "왕의 몸이 눈앞에 있으므로 지금 왕에게 묻겠습니다. 왕의 육신이 금강(金剛)과 같아서 항상 머물러 무너지지 않으리라 여기십니까? 아니면 언젠가는 변하여 없어지리라고 여기십니까?"

世尊 我今此身은 **終歸變滅**이니다

 "세존이시여! 저의 이 육신은 언젠가는 변멸(變滅)하여 없어질 것입니다."

佛言大王 汝未曾滅어늘 **云何知滅**고

 부처님이 말씀하셨다. "왕이 아직 죽지 않았는데 어떻게 죽을 것을 아십니까?"

世尊이시여 **我此無常 變壞之身**이 **雖未曾滅**이나 **我觀現前**에 **念念遷謝**하며 **新新不住**호미 **如火成灰**하야 **漸漸銷殞**하야 **殞亡不息**이라 **決知此身 當從滅盡**이니다

 "세존이시여! 저의 무상하게 변하는 몸이 비록 아직 죽은 것은 아니지만 저의 눈앞에서 생각마다 변해가고 새록새록 달라져서, 마치 나무가 불에 타서 재가 되는 것처럼 끊임없이 점점 늙어가고 있음을 보기 때문에 언젠가는 이 몸이 소멸한다는 것을 압니다.153)"

---

152) 몸과 마음의 불생멸을 밝히고자 하되, 파사익왕으로 하여금 발기하게 한 것은 왕을 비롯하여 일체중생이 다 생멸 속에 불생멸의 성품을 갖추고 있으되, 그러나 세속의 사람들이 다만 환경에 따라 변화하여 비록 지극히 존귀함에 처해 있더라도 마침내 變滅하게 됨을 일찍이 스스로 알지 못하니, 匿王의 發起는 대개 스스로 그 불생멸의 성품을 알게 하기 위한 경책의 의미기 담겨 있는 것이나. 『계환해』(『한속장경』17, p.703 상) *"諸法不自生 亦不從他生 不共不無因 是故知無生 모든 법은 스스로 생기지도 않고 다른 것으로부터 생기지도 않으며, 양자가 함께해서 생기지도 않으며, 원인없이 생기지도 않는다. 그러므로 무생(無生)임을 알아야 한다" (중론 제1 觀因緣品3)

佛言 如是大王이시여 汝今生齡 已從衰老호니 顏貌何如 童子之時리오
　부처님이 말씀하셨다. "그렇습니다. 왕이시여! 왕이 지금 이미 늙었는데, 지금 그 얼굴 모습이 동자(童子)일 때와 비교하여 어떠합니까?"

世尊 我昔孩孺에는 膚腠潤澤하고 年至長成 血氣充滿더니
　"세존이시여! 제가 옛날 어렸을 때에는 피부와 살결이 윤택하였고, 점점 성장함에 따라 혈기가 충만하더니

而今頹齡 迫於衰耄하니 形色枯悴 精神昏昧하고 髮白面皺하야 逮將不久커니 如何見比 充盛之時닛고
　이제는 나이 먹고 늙어 형색은 초췌하고 정신은 혼미하며 머리털은 희어지고 얼굴은 쭈그러져서 오래가지 못하게 되었습니다. 어떻게 한창 젊었을 때와 비교할 수 있겠습니까?154)"

佛言大王 汝之形容이 應不頓朽리라
　부처님이 말씀하셨다. "왕이시여! 왕의 얼굴이 갑자기 늙은 것은 아니지 않습니까?"

---

153) 중생의 모습이 마치 양[羊]이 도살장에 들어가는 것과 같아서, 걸음 걸음이 죽음을 재촉하고 있는 것이다.『계환해』(『卍속장경』17, p.703하)
154) 건강하게 커갈 때는 형색이 좋아 그대로 머물지 아니함이 마치 달리는 말과 같았으므로 비교할 수가 없다는 것이다. 어리다는 것은 겨우 몸이 갖추어짐을 말한 것이요, 젖먹이라는 것은 부모의 양육을 필요로 하는 것이다. 피부의 표면을 살갗(膚)이라 하고, 그 살결(文理)을 주(腠)라 한다. 퇴(頹)는 마치 해가 기운 것과 같은 것이니 해질녘을 가리킨다.『계환해』(『卍속장경』17, p.703하)

2.發明覺性 直使造悟 (1)卽身變異 明不生滅

王言世尊 變化密移를 我誠不覺이나 寒暑遷流하야 漸至於此니다

왕이 말하기를 "세존이시여! 변화가 은밀하게 옮겨가니 제가 실로 깨닫지는 못했지만 추위와 더위가 옮겨 흘러가 점차 여기에 이르렀습니다.

何以故 我年二十에 雖號年少나 顏貌已老 初十歲時요 三十之年 又衰二十이며 于今六十 又過于二라 觀五十時컨대 宛然强壯이라

왜냐하면 저의 나이 스무 살 때에는 비록 젊었다고는 하나 얼굴은 이미 열 살 때 보다는 늙었고, 서른 살 때에는 또한 스무 살 때 보다는 늙었고, 지금 예순에 또 둘을 더하고 보니 쉰 살 때가 지금보다 훨씬 더 건강하였습니다.

世尊 我見密移가 雖此殂落이나 其間流易 且限十年이어니와 若復令我로 微細思惟하면 其變寧唯 一紀二紀리요

세존이시여! 제가 이렇게 은밀히 변하여 가는 것을 보고, 비록 이렇게 쇠락하는 세월을 십 년씩 한정하여 말씀드렸으나, 다시 자세히 생각해 보면 그 변하여 가는 것이 어찌 십년 이십년이겠습니까?

實爲年變이며 豈唯年變 亦兼月化며 何直月化 兼又日遷이며

실은 해마다 변하였으며, 어찌 해마다 변하였겠습니까? 또한 달마다 변하였으며, 어찌 달마다 변하였겠습니까? 또한 날마다 변하였으며,

沉思諦觀컨대 刹那刹那 念念之間 不得停住일새 故知我身 終從變滅이니다

곰곰이 생각해보면 찰나찰나 생각생각에 머물러 있지를 않았습니다. 따라서 이 몸이 마침내 변하여 없어질 줄을 알게 됩니다.155)"

---

155) 幻化의 이치를 자세히 관하건대, 가만 가만 재촉하여 언뜻 바뀌어 마지막으로 달려가는 것[驟趣]이다. 둘을 더했다 한 것은 六十二를 가리킨다. '且限十年'이라 한 것은 느슨한 數로 대강 관한 것이니 다그쳐 미세하게 살펴본다면 참으로 생각생각에 멈추

㈢卽幻明眞156)

佛告大王하사되 汝見變化 遷改不停하고 悟知汝滅인댄 亦於滅時에 汝知身中 有不滅耶아

　부처님이 말씀하셨다. "왕이시여! '변하여 머물지 않는 것을 보고 필경 죽어 없어질 것임을 알게 된다'고 하였는데, 그렇다면 죽어 없어질 때에 왕 자신에게 본래 없어지지 않는 영원한 성품이 있다는 것을 아십니까?"

波斯匿王 合掌白佛호대 我實不知소이다 佛言 我今示汝는 不生滅性호리라

　파사익왕이 합장하고 부처님께 사뢰었다. "저는 참으로 그것을 알지 못하고 있습니다." 부처님이 말씀하셨다. "내가 지금 왕에게 불생불멸의 성품을 보여 드리겠습니다.

大王 汝年幾時에 見恒河水오

　왕이시여! 왕의 나이 몇살 때에 항하(恒河)의 물을 보았습니까?"

王言我生三歲에 慈母攜我하고 謁耆婆天할새 經過此流호니 爾時卽知 是恒河水호이다

　왕이 말하기를 "저의 나이 세살 되던 해에 어머니께서 저를 데리고 기바천(耆婆天)157)에 참배하러 갈 때, 그 강(江)을 건너갔습니다. 그 때 항하임을 알았습니다."

지 않았다는 것이다. 『계환해』(『卍속장경』17, p.703하) *임금의 죽음을 조락(殂落)이라 하는데 여기서는 몹시 늙은 모양을 가리킨다.
156) 어릴 때와 장년 그리고 늙음에 이르기까지, 가지가지로 변하고 달라져도[變異], 보는 見은 달라지지 아니하니 이것이 곧 生滅 가운데 不生滅하는 성품인 것이다. 『계환해』(『卍속장경』17, p.704상)
157) 기바는 번역하여 長壽天神이니 인간의 수명을 맡은 하늘 신이다. 그러므로 자식을 이끌고 배알했다는 것은 장수를 구하기 위함이었다. 『계환해』(『卍속장경』17, p.704상)

2.發明覺性 直使造悟 (1)卽身變異 明不生滅   99

佛言大王 如汝所說하야 二十之時 衰於十歲하며 乃至六十히 日月歲時 念念遷變이니다
 부처님이 말씀하셨다. "왕이시여! 왕의 말과 같이 스무살 때에는 열살 때보다 늙었고, 더 나아가서 예순이 되기까지 해마다·달마다·날마다·시간마다·생각 생각마다 변천하였다고 했습니다.

則汝三歲에 見此河時와 至年十三에 其水云何오
 그렇다면 왕이 세살 때에 이 항하를 보았을 때와 나이 열세살에 이르러 이 강물을 보는 것이 어떻게 다릅니까?"

王言 如三歲時하야 宛然無異하며 乃至于今히 年六十二라도 亦無有異니다
 왕이 말하기를 "세 살 때와 완전히 같아서 전혀 다름이 없으며, 더 나아가 지금 나이 예순두살이 되었으나 보는 것은 전혀 다름이 없습니다."

佛言 汝今自傷 髮白面皺하나니 其面必定 皺於童年이어나와 則汝今時에 觀此恒河와 與昔童時의 觀河之見에 有童耄不아
 부처님이 말씀하셨다. "왕은 지금 머리털이 희어지고 얼굴이 쭈그러짐을 안타까워하고 있는데 그 얼굴은 반드시 어렸을 적보다 쭈그러졌겠지만 왕이 지금 갠지스상의 물을 보는 것과 지난 날 어렸을 때에 항하의 물을 보던 견(見)에 어리고 늙음의 차이가 있더이까?"

王言 不也世尊이시여
 왕이 말하기를 "그렇지 않습니다. 세존이시여!"

佛言大王 汝面雖皺나 而此見精 性未曾皺니라
 부처님이 말씀하셨다. "왕이시여! 왕의 얼굴은 비록 쭈그러졌으나 견정(見精)158)의 성품은 일찍이 쭈그러진 적이 없었습니다.

皺者爲變이어니와 不皺非變이며 變者受滅이어니와 彼不變者 元無生滅이어늘

　쭈그러진 것은 변하는 것이요, 쭈그러지지 않는 것은 변하는 것이 아니기에 변하는 것은 없어지겠지만 변하지 않는 것은 원래 생멸이 없어 항상한 것입니다.

云何於中 受汝生死라하야 而猶引彼 末伽梨等의 都言此身 死後全滅가

　그런데도 어찌하여 그 가운데에서 '생사(生死)를 받는다'고 하여 오히려 저 말가리(末伽梨)등이 말한 '이 몸이 죽고 나면 아무 것도 없다'는 말에 집착하십니까?159)"

王聞是言하고 信知身後 捨生趣生하야 與諸大衆으로 踊躍歡喜 得未曾有라

　파사익왕이 그 말을 듣고는 진실로 이 몸 이후 생멸을 버리고 불생멸에 나아가야함을 깨달았으며, 여러 대중들과 함께 일찍이 듣지 못했던 법문을 들었다고 뛸 듯이 기뻐하였다.160)

---

158) 見精: 견(여래장)의 광명인 본질적인 정미로움
159) 이미 생사가 없음을 안다면 그것이 곧 眞常이니 응당 저 斷滅異論에 미혹되어서는 안된다는 것이다. 『계환해』(『卍속장경』17, p.704하)　　*생사(斷滅과 永生) / 불생불멸
160) 이미 드러내어 가르쳐 줌을 입고, 眞常을 바로 깨달아, 단멸에 집착하지 않게 되었다. 『계환해』(『卍속장경』17, p.704하)　　*"가전연과 비라저자는 이 몸이 죽은 뒤에 아무 것도 없는 것을 열반이라 합니다. 어떻게 해야 그러한 단멸에 떨어지지 않고, 이 마음의 불생불멸을 얻을 수 있겠습니까?"하니 부처님이 답하시기를 "왕이 지금은 늙었으나 저 항하를 보는 見은 어릴 때나 지금이나 아무런 변화가 없지 않습니까? 그 보는 성품[見]이 바로 불생불멸하는 우리들의 自性(여래장)입니다."라고 하신 내용이다.

(2)依手正到 明無遺失二.161) ①阿難請問
阿難 卽從座起하야 **禮佛合掌 長跪白佛**호대
 아난이 자리에서 일어나 부처님께 합장하여 예(禮)를 올리고, 무릎을 꿇고 앉아 부처님께 사뢰었다.

世尊 若此見聞 必不生滅인댄 **云何世尊 名我等輩**을 **遺失眞性顚倒行事**오
 "세존이시여! 만일 이렇게 보고 듣는 것[見聞]이 반드시 불생불멸(不生不滅)이라면 어찌하여 세존께서는 저희들에게 '참 성품을 잃어버리고 뒤바뀐 행동을 하느냐'고 하셨습니까?

願興慈悲 洗我塵垢하소서
 원컨대 자비하신 마음으로 저희들의 찌든 때를 씻어 주소서!162)"

②佛與開示二 ㉠比類
卽時如來 垂金色臂하사 **輪手下指**하시며 **示阿難言**하시되
 그 때 여래께서 금색의 팔을 드리우시어 손가락으로 아래를 가리켜 보이시고 아난에게 말씀하셨다.

汝今見我 母陀羅手하니 **爲正爲倒**아
 "너는 지금 나의 모다라수(母陁羅手)163)를 보았으니 '바로'라 하겠느냐? '거꾸로'라 하겠느냐?"

---

161) 依手正到 明無遺失: 손의 바로와 거꾸로를 통해 여래장심에 遺失이 없음을 밝히다.
162) 왕의 문답으로 인하여 아난에게 다시 의심의 번뇌가 생긴 것이다. 즉 '성품에 생멸이 있다면 가히 遺失을 설할 수 있겠지만, 이미 생멸이 없다면 어떻게 유실을 말할 수 있겠습니까?'라고 물은 것이다. 『계환해』(『卍속장경』17, p.704하)
163) 모다라는 印手로서 32相 가운데 하나이다. 『계환해』(『卍속장경』17, p.705상)
  *모타라를 번역하면 妙印이니 모다라수는 手印이다. 印이란 범어 mudra의 번역으로, 바꾸거나 변하게 할 수 없는 것[不動不變]이며, 모든 것의 규범이 되고 기치(旗幟)가 되는 것이니 모든 것은 이를 통해 증명된다는 뜻이다.

阿難言 世間衆生은 以此爲倒어니와 而我不知 誰正誰倒니다
　아난이 말하였다. "세상 사람들은 이것을 '거꾸로'라고 하지만 저는 무엇이 '바로'이고 무엇이 '거꾸로'인지 모르겠습니다."164)

佛告阿難 若世間人이 以此爲倒인댄 卽世間人 將何爲正고
　부처님이 아난에게 말씀하셨다. "만일 세상 사람들이 이것을 '거꾸로'라 하다면 어떤 것을 '바로'라 하겠느냐?"

阿難言 如來竪臂하사 兜羅綿手가 上指於空하면 則名爲正이니다
　아난이 말하였다. "부처님께서 팔을 세워 도라면(兜羅綿)165)같은 손이 위로 허공을 가리키면 '바로'라 할 것입니다."

佛卽竪臂하사 告阿難言하사되 若此顚倒는 首尾相換어늘 諸世間人 一倍瞻視하니
　부처님이 곧 팔을 세우시고 아난에게 말씀하셨다. "이와같은 전도(顚倒)는 팔의 머리와 꼬리만 서로 바뀌었을 뿐이거늘 세상 사람들이 일배첨시[一倍瞻視]166)하나니,

---

164) 부처님과 중생이 본래는 다 동일한 체성이기 때문에, 진실한 입장에서는 遺失이 없으나 다만 중생들의 입장 즉 전도된 견해로 인하여 遺失이 있게 되었다는 것을 밝힌 것이다. 마치 세상 사람들이 팔을 아래로 드리운 것이 바른[正] 것이거늘, 도리어 거꾸로[倒]라 하고, 팔을 들어서 세우는 것이 거꾸로[倒]이거늘, 도리어 이를 바로[正]라 하는 것처럼, 그러나 근본에서 바라본다면 처음부터 遺失이 없었던 것이며, 처음부터 바로와 거꾸로가 없었던 것이기에, 그러므로 일부러 '무엇이 바로며, 무엇이 거꾸로냐?'라고 물으신 것이다. 『계환해』(『卍속장경』17, p.704하)
165) 도라면에서 兜羅는 범어로서 인도의 깨끗하고 부드러운 솜을 가리킨다는데 이는 32相 가운데 '手柔軟相'에 해당된다.
166) 일배첨시: 부처님이 손을 드리웠던 것은 생멸하는 가운데 불생멸의 이치를 보이시고자 함이다. 다시말해 부처와 중생이 본래 다 동일한 체성이기에 본래 유실이 없거늘, 이를 모르는 것이 一瞻視오, 다시 팔을 세우는 것으로 바로라 고집하니 이것이 倍瞻視이다.
　본래 방위가 따로 없는데 동서남북을 설정하는 것이 一瞻視(我)요, 다시 동쪽이 근원

則知汝身과 與諸如來의 淸淨法身을 比類發明인댄 如來之身은 名正偏知요 汝 等之身은 號性顚倒니라

그러므로 너의 몸과 여러 부처님의 깨끗한 법신(法身)을 비교해서 설명할 때 '여래의 몸은 정변지(正遍知)라 부르고, 너희들의 몸은 성전도(性顚倒)167)라 부른다'는 것이다.168)

㈢原迷
隨汝諦觀하라 汝身佛身을 稱顚倒者는 名字何處하야 號爲顚倒오

너는 이제 자세히 살펴보아라. 너의 몸을 부처님의 몸에 비교하여 성전도(性顚倒)라 하는데 그렇게 불려지는 이유가 어디에 있느

이니 남쪽이 근원이니 고집하는 것이 倍瞻視(我所)이다. 팔에는 본래 바로 거꾸로가 없는데 바로와 거꾸로를 설정하는 것이 一瞻視오, 세운팔이 바로라 고집한다든가 하는 것이 倍瞻視이다. 토끼에게 뿔이 있다고 생각하는 것이 一瞻視요. 다시 토끼 뿔이 크다 작다 하는 등이 倍瞻視이다. 다른 한편으로는 別業妄見이 一瞻視라면, 同分妄見이 倍瞻視라고도 볼 수 있다.
*운허스님은 '내린팔을 거구로라 하는 것이 一瞻視오, 세운팔을 바로라 하는 것이 倍瞻視다' 했다. (능엄경강화1 p.194)
*팔을 세운 것으로 바로[正]를 삼으니 참으로 전도된 것이다. 그러나 이러한 전도는 다만 머리와 꼬리가 서로 바뀌었을 뿐, 근본에서 보면 전혀 遺失이 없거늘, 세상 사람들이 하나같이[一齊] 전도하여 첨시한 위에 다시 더[倍加] 첨시하여 억지로 분별을 내니 모두가 다 見의 잘못이다. 『계환해』(『卍속장경』17, p.705상)
*다음은 一倍瞻視에 대한 능엄경 본문의 내용이다. "한 번 미혹하여 마음이라 하고, 거기에 집착하여 이제는 다시 이 마음이 색신(色身)의 속에 있다고 착각하여, 이 몸과 밖에 있는 산과 강 그리고 허공과 대지에 이르기까지 이것이 다 묘명진심(妙明眞心)에서 비추어진 하나의 현상[物]이라는 것을 알지 못하고 있다...중간생략... 이러한 까닭에 그대들을 미혹한 가운데 다시 거듭[倍] 미혹한 사람이라 말하는 것이다. 一迷爲心 決定惑爲 色身之內 不知色身 外泊山河 虛空大地 咸是妙明 眞心中物 ...중간생략... 汝等卽 是迷中倍人)"

167) 正偏知란 일체의 事理를 바르고 두루하게 다 아는 것이고, 性顚倒란 제법의 본성에 대해서 전도되어 마음이 어두운 상태이다. 늠엄사족(p.89)에 '正은 근본지요 偏은 후득지라' 했다.
168) 팔과 몸이 본래 하나인데 妄情으로 집착하기 때문에, 분별이 생긴 것이며, 법신의 입장에서는 같은 몸인데 '바로다 거꾸로다'하는 것으로 인하여 다른 것처럼 되었으니, 만약 妄情의 집착을 여의고, 正과 倒를 버린다면 곧 팔과 몸이 스스로 如如하고, 법신이 본래 둘이 아닐 것이다. 『계환해』(『卍속장경』17, p.705상)

냐?"

于時阿難 與諸大衆이 瞪瞢瞻佛하야 目精不瞬이니 不知身心 顚倒所在러라
　그 때 아난과 모든 대중들이 물끄러미 부처님을 바라보며 눈을 깜박거리지 않고 있었으니, 몸과 마음이 전도하게 된 그 근원[所在]를 알지 못했기 때문이다.

佛興慈悲하사 哀愍阿難 及諸大衆하야 發海潮音으로 遍告同會하사대
　부처님이 자비하신 마음으로 아난과 여러 대중들을 가엾게 여기시어 해조음(海潮音)169)으로 대중들에게 널리 말씀하셨다.170)

諸善男子 我常說言호대 色心諸緣 及心所使와 諸所緣法이 唯心所現이니
　"여러 선남자들이여! 내가 늘 '대상[色]171)과 마음[心]172)과 가지가지 반연[諸緣]173)과 그리고 능연의 심소[心所使]174)과 소연의 모

---

169) 해조음이라 한 것은 부처님이 때에 맞추고 근기에 맞추어 설법하시되, 바다의 파도 소리처럼 분명하면서도 널리 두루 미치는 것에 비유한 것이다.
170) 전도(顚倒)가 따로 있는 것이 아니라, 오직 마음의 나타난 바임을 밝혀서, 마음을 깨닫게 하고자 한 것이다. 『계환해』(『卍속장경』17, p.705하)
171) 色은 五根과 六塵을 통털어 든 것이다. (앞의 책 p.705하)
172) 心은 심왕으로 육식과 팔식 등을 총칭한 것이다. (앞의 책 p.705하)
173) 제연(諸緣)은 根과 識으로 반연하는 바의 모든 법이니, 色과 心등 能所의 제법이다. 『계환해』(『卍속장경』17, p.705하)
174) 心所使는 선악의 業行으로 조용히 思와 想을 짓는 것이니, 能緣의 心所法이다. 『계환해』(『卍속장경』17, p.705하)
　*심소사(心所使)는 뒤의 소연(所緣)에 대(對)하는 능연의 심소(心所)이다. 즉 心王에 의지하여 뒤따라 일어나는 受想思 貪瞋痴 등, 마음의 가지가지 개별적인 분별작용를 뜻하는데, 미망의 세계에서 분별하는 심작용의 전부를 가리키는 것으로 그 수는 헤아릴 수 없이 많지만 유식에서는 이를 51가지로 분류하며, 이러한 심소가 일어날 때에는 심왕과 심소가 상응하여 함께 일어난다고 설한다. 그 가운데 특히 思와 想은 모두 유식의 心所 가운데 遍行에 속하는 것인대, 想은 대상의 像을 취하는 것으로 體性을 삼고, 種種名言을 시설하는 것으로 업용을 삼는다. 思는 의지로서 신구의 세 방면으로 나타난다. 즉 觸·作意·受·想·思라는 여러 心所 속에서 어떤 대상을 접촉[觸]하여 마음이 움직[作意]이고 감정적으로 받아[受]들여 인지[想]하고 의지[思]를 일으킨다.

든 현상[諸所緣法]175)들이 오직 마음에서 나타난 것이다'라고 말하였듯이,

汝身汝心이 **皆是妙明 眞精妙心 中所現物**이어늘
 너의 몸과 마음이 진실로 다 묘명진정(妙明眞精)176)한 묘심(妙心) 가운데 것[物]이거늘,177)

云何汝等이 **遺失本妙 圓妙明心**의 **寶明妙性**하고 **認悟中迷**오
 너희들은 어찌하여 본묘(本妙)한 원묘명심(圓妙明心)178)의 보명묘성(寶明妙性)179)을 잃어버리고, 이와같은 깨달음 속에서 미혹을 자기 마음으로 오인하느냐?180)

---

175) 소연이란, 능연(能緣)의 반대개념으로 마음으로 인식하는 모든 대상을 가리킨다. 그래서 계환스님은 "諸所緣法은 널리 산하대지와 명암과 색공과 진망의 성상과 사정(邪正)의 인과 등을 든 것이다. 『계환해』(『卍속장경』17, p.705하)
176) 妙明眞精이라 한 것은 마음에 나타난 바 현상이 마치 거울과 같음을 밝히고자 한 것이다. 『계환해』(『卍속장경』17, p.705하)
177) 전도의 소재를 밝힌 것이다. 色과 心과 心所使등이 다 실체가 없는 것으로, 오직 마음의 나타난 바이니 마치 거울 가운데 영상이 전체가 거울인 것과 같아서, 전체가 그대로 진심이거늘, 아직도 幻妄에 나아가 묘체를 깨닫지 못하고, 도리어 본묘를 유실하고 환망에 집착하니 이는 깨달음 가운데[悟中]에서 망견[迷]을 자기 마음으로 오인히고 있는 깃이요, 이깃이 전도소새인 것이나. (앞의 책 p.705하)
178) 本妙明心이라 한 것은 근본을 迷하여 지말을 쫓는 것을 밝히고자 한 것이다. 本妙라 한 것은 본래 스스로 오묘하여 닦음을 假藉하지 않기 때문이다. 『계환해』(『卍속장경』17, p.705하)
179) 寶明妙性: 성품이 밝아서 妙하게 빛나고 고요함이 마치 거울의 體와 같은 까닭에 寶明妙性이라 한 것이다. (앞의 책 p.705하)
180) 묘심이 하나인데 명칭이 많고 다르게 표현된 것은 상황에 따라 쓰임이 다르기 때문이다. 『계환해』(『卍속장경』17, p.705하)

晦昧爲空하고 空晦暗中 結暗爲色하야 色雜妄想하야 想相爲身거늘

묘성(妙性)에 어두운 까닭에 회매(晦昧)181)한 것이며, 이 회매(晦昧)로 인하여 꽉 막히어 완공(頑空)이 되고, 이렇게 막히고 어두운 가운데[空晦暗中] 어두움이 맺히어 색(色)이 되고, 색이 망상과 섞여서 생각[想]과 형상[相]을 지닌 몸이 되었거늘,

聚緣內搖하고 趣外奔逸하야 昏擾擾相 以爲心性이니

반연을 쌓아 안으로 흔들리고, 밖으로 치달려서 어둡고 번거로운 모습으로 자기의 마음[心性]을 삼은 것이다.182)

一迷爲心에 決定惑爲 色身之內하야 不知色身과 外洎山河와 虛空大地히 咸是妙明 眞心中物하니

한번 미혹하여 마음이라 하고, 거기에 집착하여 이제는 다시 이 마음이 색신(色身)의 속에 있다고 착각하여, 이 몸과 밖에 있는 산과 강 그리고 허공과 대지에 이르기까지 이것이 다 묘명진심(妙明眞心)에서 비추어진 하나의 현상[物]이라는 것을 알지 못하니,

---

181) 한 생각 부질없이 움직임으로 인하여 本妙眞性이 숨었기 때문에, 晦昧라 한 것이니, 진망화합의 아뢰야식이 이것이다. 釋智冠『楞嚴經略解』상권 p.252
  *性明을 미혹하여 무명을 이루는 까닭에 晦昧라 한 것이니 즉 업상전상이요, '爲空'으로부터 '爲身'에 이르기까지는 현상이며, 聚緣下는 즉 지상 상속 집취 계명이다. 『楞嚴蛇足』(통도사승가대학 1992) p.90.
182) 이는 바로 迷倒의 이유를 규명한 것이다. 圓妙明心이 본래 空色이 아니요 온전히 하나의 眞覺이거늘, 妄塵이 문득 일어남으로 말미암아 晦昧의 相을 이룬 것이요. 여기에 覺體가 굴러서 頑空이 되고 妙明에 晦昧하여 妄色이 되니 이와같이 空과 色이 세워지면 분별심[想相]이 다투어 생기는 것이다. 妄色과 想相이 섞여서 마침내 몸이 되고, 허망하게 반연하는 기운이 그 가운데 쌓여서, 안으로는 想[法塵]을 따라 搖蕩하고 밖으로는 경계[色塵]를 따라 奔逸하니, 이것이 다만 妄에 섞이고 塵에 반연하는 昏擾의 모습일 뿐이거늘, 사람들이 이것으로 자기 마음의 體性을 삼고 있어 어찌 미혹되지 않겠는가? 『계환해』(『卍속장경』17, p.706상)

2.發明覺性 直使造悟 (3)辨斥緣影 甄別混疑

譬如澄淸百千 大海棄之하고 **唯認一浮漚體**하야 **目爲全潮**하며 **窮盡瀛渤**이라

이는 마치 '맑고 청정한 백천의 큰 바다는 버리고, 오직 하나의 거품을 오인하여 그것으로 바다 전체라 하면서 바다를 다 알았다'고 하는 것과 같다.

汝等卽是 迷中倍人이니 **如我垂手**로 **等無差別**하며 **如來說爲 可憐愍者**니라

이러한 까닭에 그대들을 미혹한 가운데 거듭[倍] 미혹한 사람이라 말하는 것이니[183] 앞에서 내가 손을 드리워서 이야기했던 것과 다름이 없으며, 그래서 여래는 그대들을 '가엾은 사람이다'고 하는 것이다."

(3)辨斥緣影 甄別混疑二[184] ①請問混疑[185]

阿難承佛 悲救深誨하고 **垂泣叉手**하야 **而白佛言**

아난이 부처님께서 자비로 구원해 주시는 깊은 가르침을 받고, 눈물을 흘리며 합장하고 부처님께 사뢰었다.

我雖承佛의 **如是妙音**하고 **悟妙明心**이 **元所圓滿 常住心地**이나

"제가 비록 부처님의 이와같은 묘음(妙音)을 듣고, 묘명(妙明)한 이 마음이 본래로 원만한 상주심지(常住心地)[186]임을 깨달았으나,

---

183) 한번 미혹하여 마음이라 하고, 거기에 집착하여 결정코 다시 미혹하여 이 마음이 幻質[몸]의 속에 있는 줄로 착각하여 일찍이 妙明眞心이 천지를 에워싸 萬象을 머금고 있음을 알지 못하고, 옹색[葳]하게 身中에 있다 오인하니, 어찌 저 끝없는 바다를 버리고 하나의 거품을 오인하여 그것으로 바다 전체를 삼는 것과 다르겠는가? 『계환해』(『卍속장경』17, p.706상)

184) 辨斥緣影 甄別混疑: 반연의 그림자를 가리고 물리쳐서, 어둡고 의심스러운 것을 명확히 분별하다.

185) 請問混疑: 답답하고 어두움에서 구해달라고 청하여 묻다.

186) 법음을 듣고 '妙明한 마음이 본래 항상하고 두루하여 유실될 수 없다'는 것을 알았기에, 常住心地라 한 것이다. 그러나 情은 오히려 어둡고 팁팁하여 보는 섯이 아식 精明하지 못하고, 듣고 번역하는 마음으로 깨달음의 본성을 삼고 있으니, 이는 참으로 평소의 뜻에 의심과 혼란이 마음에 깊이 뿌리 박고 있어서 뽑기 어렵기 때문이다. 그러므로 부처님이 뽑아주시기를 원한 것이다. 『계환해』(『卍속장경』17, p.706하)

而我悟佛 現說法音도 現以緣心이며 允所瞻仰 徒獲此心일새 未敢認爲 本元心地니다

제가 지금 부처님께서 설법하시는 음성을 깨달은 것도 현재의 이 반연(攀緣)하는 마음이며, 간절하게 우러러 쳐다보는 것 또한 이 마음에서 얻어진 것이기에, 이를 아직 감히 본원심지(本元心地)라고 하지는 못하겠습니다.187)

願佛哀愍 宣示圓音하야 拔我疑根 歸無上道하소서

원컨대 부처님께서는 가엾게 여기시고 원음(圓音)을 베풀어 저희들의 의심하는 뿌리를 뽑아 무상도(無上道)에 들어가게 하여 주옵소서!"

②佛與宣示二 ㉠認緣失眞
佛告阿難하시대 汝等尙以 緣心聽法하니 此法亦緣이라 非得法性이니라

부처님이 아난에게 말씀하셨다. "너희들이 오히려 연심(緣心)188)으로 나의 법을 들으려 하니, 이 법(法) 또한 소연(所緣)이 되고, 그러므로 끝내 법성을 얻을 수 없는 것이다.

如人以手 指月示人인댄 彼人因指하야 當應看月어늘 若復觀指하야 以爲月體인댄 此人豈唯 亡失月輪이리요 亦亡其指하니라

마치 어떤 사람이 손으로 달을 가리켜 다른 사람에게 보인다면 저 사람이 손가락을 통해 달을 보아야 할 터인데, 만약 손가락을 보고 '달'이라고 하면 이 사람이 어찌 달만 잃어버린 것이리요! 또한 손가락도 잃어버린 것이다.

---

187) 깨닫지 못한 아난의 생각을 다시 정리해보면 다음과 같다. '부처님의 말씀을 듣고 보니, 이 마음이 그대로 本元心地임이 틀림없는 것 같은데, 그러나 아직 믿어지지가 않습니다.'라는 말이다.
188) 연심은 곧 능연심(能緣心)이니, 대상에 반연하는 분별심이다.

何以故 以所標指로 爲明月故이니 豈唯亡指리요 亦復不識 明之與暗이니라
　왜냐하면 손가락을 가지고 '밝은 달'을 삼았기 때문이며, 이것이 어찌 손가락만 잃어버린 것이리요! 또한 명암(明暗)도 알지 못한 것이다.

何以故 卽以指體로 爲月明性하야 明暗二性 無所了故이니 汝亦如是니라
　왜냐하면 손가락으로 '밝은 달의 성품'을 삼았기 때문에 명암의 두가지 성품에 대해서도 아는 바가 없게 된 것이니 너희들이 집착함도 그와 같도다.

㈢辨緣無性189)
若以分別 我説法音으로 爲汝心者인댄 此心自應 離分別音코 有分別性이라
　만약 내가 법을 설할 때에 그 음성을 분별하는 것으로 너의 참마음을 삼는다면, 이 마음이 응당 음성을 여의고도 항상 분별하는 성품이 있어야 할 것이다.

譬如有客 寄宿旅亭하야 暫止便去 終不常住어니와 而掌亭人 都無所去할새 名爲亭主인달하야
　마치 어떤 나그네가 여관[旅亭]에 기숙하여 잠시 머물렀다가는 바로 떠나고 항상 머물지 못하지만 여관의 주인은 도무지 갈 곳이 없어 주인이라 하는 것처럼,

此亦如是 若眞汝心인댄 則無所去어늘 云何離聲 無分別性고
　마음도 역시 그와 같아서 만약 참다운 너의 마음이라면 갈 곳이 없을 것인데, 어찌 소리를 여의었다고 해서 분별하는 마음의 그 본성까지 없어지겠느냐?190)

---

189) 辨緣無性: 반연하는 것에 성품이 없음을 밝히다.
190) 대상을 분별하는 緣心은 경계를 떠나 따로 실성이 없으니 마치 손님과 같고, 常住 眞心은 갈 곳이 없으니 마치 여관의 주인과 같다는 것이다. 『계환해』(『卍속장경』17,

斯則豈唯 聲分別心이리요

　이와같은 점에서 볼 때 어찌 음성을 분별하는 마음 뿐이리요!191)

分別我容도 **離諸色相**이면 **無分別性**이니

　그대가 여래의 얼굴을 분별하는 것도192) 모든 색상(色相)을 여의고는 그 분별하는 성품이 없을 것이다.

如是乃至 分別都無하야 **非色非空**일새 **拘舍離等 昧爲冥諦**니라

　이와같이 더 나아가193) 육진(六塵) 등을 전혀 분별할 수 없는 곳에 이르러서는 색(色)도 아니고 공(空)도 아니어서, 저 구사리(拘舍離)194) 등은 이러한 회매(晦昧)한 것으로 명제(冥諦)195)을 삼는 것이다.

---

　p.707상)
191) 소리를 분별하는 마음이란 소리에 반연하는 마음이니, 부처님의 법음을 분별하는 것도 마찬가지이다. (앞의 책 p.707상)
192) 여래[我]의 용모를 분별했다는 것은 色에 반연한 마음이니 앞에서 '간절히 瞻仰했다'한 것이 이것이다. 『계환해』(『卍속장경』17, p.707상)
193) '如是乃至' 등은 六塵과 그 緣影이 다 자성이 없음을 아울러 든 것이다. 일체가 다 없기 때문에 色이 아니요, 緣을 상대하여 妄으로 있기 때문에 空도 아니다. 이미 空色이 아니기에, 冥然하여 가릴 수 없기 때문에, 외도들은 어두어서 '冥諦가 아닌가?'하고, 末學들도 여기에 이르러서는 모두 캄캄하게 되는 것이다. 『계환해』(『卍속장경』17, p.707상)
194) 拘舍離는 末伽梨(p.102참조)의 다른 이름이다. 『계환해』(『卍속장경』17, p.707상)
195) 명제를 주장하는 數論外道[사비가라]들은 '정신의 본체인 神我와 물질의 요소인 冥諦가 둘이 어울려 중간에 23諦을 生起하여 우주가 전개되었다'고 하여 萬有는 필경 自性[冥諦]의 변작이라고 달관하면 해탈의 경지에 이른다고 한다. (p.36 娑毘迦羅 참조)

離諸法緣에 無分別性이요 則汝心性은 各有所還이어늘 云何爲主리요

그러나 제법(諸法)의 반연이 사라지면 거기에 분별했던 성품도 모두 따라 사라질 것이요, 그러한 너의 심성(心性)은 각기 돌아갈 곳이 있는 것이거늘, 어찌 이를 주인이라고 하겠느냐?"196)

(4)依八境示 見性無還二.197)　①阿難請問

阿難言 若我心性은 各有所還이나 則如來說의 妙明元心은 云何無還이리잇고 唯垂哀愍하사 爲我宣説하소서

아난이 부처님께 사뢰었다. "제가 말씀드린 심성(心性)은 각기 '돌아갈 곳이 있다'고 하시면서, 여래께서 말씀하시는 묘명원심(妙明元心)은 어찌하여 '돌아갈 곳이 없다'고 하십니까? 바라옵건대 부디 가엾게 여기시어 저희들을 위하여 말씀해 주십시오."

②佛與宣示

佛告阿難하사대 且汝見我하는 見精明元은 此見雖非 妙精明心이나 如第二月이요 非是月影이니

부처님이 아난에게 말씀하셨다. "그대가 나를 볼 때에 그 견정명원(見精元明)이 비록 묘정명심(妙精明心)으로 드러나지는 않았다 하더라도 이는 마치 제이월(第二月)과 같고 월영(月影)과는 같지 않도다.198)

─────────

196) 그러나 이러한 육진 내지 제7식까지 소멸하고 설사 그러한 고요한 곳에 이르렀다 하더라도 이는 구경이 아닌 법진의 분별영사로서 끝내 인연이 다하면 사라지고 마는 허망한 것이다. 제법에 반연했던 이러한 마음은 끝내 사라져 마치 손님과 같지만, 그러나 우리의 본묘심의 見精은 오지도 않았고 가지도 아니하니 주인인 것이다.

197) 依八境示見性無還: 여덟가지 경계를 통해 見의 성품이 돌아갈 곳이 없음을 밝히다.
198) 여기에서 見은 아리야식 속에서의 여래장성이고, 월영(月影)은 水中月로서 第三月이다. 달은 본래 하나이나 眞見과 妄見의 사이에서 세가지 달을 말하나니, 第一月은 맑은 하늘에 뜬 깨끗한 달이요, 第二月는 사람이 손으로 눈을 비벼서 딛을 바라봄에 圓影에 쌓여 있게 되니, 흐린 달이요, 第三月은 물속에 비친 달의 허상이니 그림자 달이다. 뜻이 第一月은 순수한 진여 本覺의 여래장성에 비유하고, 第二月은 진망화합의 야리야식에 비유하고, 第三月은 실상을 모르고 경계에 끄달려 분별하는 不覺의 번뇌에

汝應諦聽하라 今當示汝 無所還地호리라
 너는 응당 자세히 들어라. 내가 마땅히 지금 너에게 돌아갈 곳이 없는 참 마음을 보여 주리라.

阿難 此大講堂이 洞開東方하야 日輪升天 則有明耀하고 中夜黑月에 雲霧晦暝 則復昏暗하며
 아난아! 이 대강당의 동쪽이 환하게 트여서 둥근 해가 떠오르면 곧 밝게 빛나고, 달도 없는 한밤중[中夜黑月]에 구름과 안개마저 자욱하면 더욱 어두우며,199)

戶牖之隙 則復見通하고 牆宇之間 則復觀壅하고 分別之處 則復見緣하고 頑虛之中 徧是空性이며 鬱孛之象 則紆昏塵이요 澄霽斂氛 又觀清淨하리라
 문틈으로는 다시 통함을 보고, 담장을 대하여서는 막힘을 보며, 분별하는 곳에서는 반연(攀緣)함을 보고, 허공 속은 모두가 비었으며, 흙비의 현상은 티끌이 얽힌 것이고, 맑게 개여 안개가 걷히면 다시 맑음을 보게 될 것이다.

비유했다.
 *우선 네가 나를 볼 때에 그 見精明元은 온전히 아난인 네가 경계를 상대함으로 해서 드러난 것[見]이요, 그러나 그 보는 見의 근원은 妙精한 밝은 마음에서 나온 것이기에 비록 妙心으로 드러나지는 못했으나 마치 제이월(第二月)과 같은 것이다. 생각건대 第二月은 사실 본래의 달과 바탕[體]이 하나로서 다만 눈을 눌러서[捏目] 이루어진 것이니 비유하면 見精妙心이 본래 두 상이 없으나 사람으로 인하여 둘이 있는 것과 같다. 그러나 물에 비친 月影(水中月)은 참으로 두 모습이 있는 것이기에 여기에서 '月影은 아니다'고 한 것이다. 『계환해』(『卍속장경』17, p.707하)
 *지금 본문에서 '見精이 마치 第二月과 같다'고 말한 것은 비록 眞心은 아니나 사실 眞心으로 더불어 體를 달리한 것이 아니고, 다만 무명에 걸려 있을 뿐이니 이 무명만 제거하면 그대로 진리임을 밝힌 것이다. 『정맥소』(『卍속장경』18, p.379상) 참조

199) 黑月: 만월(16일)에서 그믐(30일)까지는 黑分, 즉 밤이 으슥하여야 달이 뜬다는 것을 의미하고, 초하루(1일)에서 보름(15일)까지는 白分, 즉 초저녁부터 밤하늘에 달을 볼 수 있으므로 그렇게 부른다. 따라서 보름을 지나 얼마 되지 않은 黑月의 한밤중에 달 보는 것은 당연하며, 구름이 가득해지니 다시 어두어졌다는 것이다.

阿難 汝咸看此 諸變化相이어와 **吾今各還 本所因處**호리라
 아난아! 너는 이러한 여러가지 변화하는 모양을 살펴보았거니와 내가 지금 각기 본래의 인연이 있는 곳으로 돌아가게 하리라.

云何本因고 **阿難 此諸變化 明還日輪**하니 **何以故 無日不明**할새니라
 무엇을 '본래의 인연이 있는 곳'이라 하겠느냐? 아난아! 이러한 모든 변화 가운데 밝은 것은 해로 돌려보낸다. 왜냐하면 해가 없으면 밝지 못하기 때문이다.

明因屬日 是故還日하고 **暗還黑月**하고 **通還戶牖**하고 **壅還牆宇**하고 **緣還分別**하고 **頑虛還空**하고 **鬱孛還塵**하고 **淸明還霽**하니
 이와같이 밝은 것의 원인은 해에 속한 것이니 밝은 것은 해로 돌려보내고, 어두움은 달이 없는 데로 돌려보내고, 통하는 것은 문으로 보내고, 막힘은 담장으로 돌려보내고, 대상에 반연(攀緣)하는 것은 분별로 보내고, 빈 것은 허공으로 보내고, 흙비는 티끌로 보내고, 청명은 개인 곳으로 돌려보낸다.

則諸世間 一切所有 不出斯類어니 **汝見八種 見精明性**은 **當欲誰還**고
 이와같이 세상 모든 것들이 여기에서 벗어나지 않을 것이니, 그렇다면 네가 이 여덟 가지를 보는 견정명성(見精明性)은 어디로 돌려보내겠느냐?200)

---

200) 밝음과 어두움과 통합과 막힘과 반연과 허공과 흙비와 청정함이 여덟 가지로 각기 원인이 있어 돌아가거니와 그 여덟 가지를 보는 見精明性은 어느 곳으로 돌아가겠느냐? 반연하는 것을 다시 본다는 것은 分別心이 생기면 곧 色空의 諸緣을 보게 된다는 것이다. 『계환해』(『卍속장경』17, p.707하)

何以故 若還於明하면 則不明時 無復見暗하리니 雖明暗等 種種差別이나 見無差別하나니

　왜냐하면 만약 견정명성(見精明性)이 밝은 곳으로 돌아가 버린다면 밝지 아니할 때에는 어두움을 보지 못할 것이요. 이와같이 명암 등은 비록 가지가지로 차별이 있다 하더라도 그 견(見)은 본래 차별이 없는 것이다.201)

諸可還者는 自然非汝어니와 不汝還者는 非汝而誰리오

　어느 곳이든 돌아갈 수 있는 것은 자연 너의 진성(眞性)이 될 수 없거니와 너에게서 돌려보낼 수 없는 것은 너의 진성이 아니고 무엇이겠느냐?202)

則知汝心이 本妙明淨커늘 汝自迷悶하고 喪本受輪하야 於生死中에 常被漂溺하니 是故如來 名可憐愍이니라

　이와같이 너의 마음은 본묘명정(本妙明淨)이었거늘, 네 스스로 혼미하여 근본을 잃고 윤회하면서 생사 속에서 항상 표류하였으니, 그러므로 여래가 '가련하다' 했음을 알아야 하느니라."

---

201) 질문하여 돌아갈 수 없음을 밝힌 것이다. 만약 돌아갈 곳이 있다면 곧 경계를 따라 갔으니 다시 볼 수 없을 것이다. 결국 경계가 스스로 차별이 있을지언정 보는 성품은 차별이 없는 것이니 그러므로 보는 성품이 경계를 따르지 아니함을 밝힌 것이다. (앞의 책 p.708상)
202) 돌아갈 곳이 없는 것이 참으로 너의 진성임을 결론지어 보인 것이니, 이른바 萬象 가운데 홀로 드러난 진실한 몸인 것이다. 『계환해』(『卍속장경』17, p.708상)

(5)卽諸物像 決擇眞性二203)　①阿難躡問

阿難言 我雖識此 見性無還이나 云何得知 是我眞性이리잇고

　아난이 부처님께 사뢰었다. "제가 비록 보는 성품[見性]은 돌아갈 곳이 없다는 것을 알았으나 어떻게 하여야 그것이 저의 진성(眞性)임을 사무쳐 알 수 있겠습니까?"

②佛與決擇五　㈠泛敍見用204)

佛告阿難 吾今問汝하노라 今汝未得 無漏淸淨이나 承佛神力하야 見於初禪 得無障礙하며

　부처님이 아난에게 말씀하셨다. "내가 지금 너에게 묻는다. 네가 아직 무루청정(無漏淸淨)을 얻지 못하였으나205) 부처님의 신비한 힘을 입어 저 초선(初禪)의 하늘을 보는 데에는 장애가 없고206)

而阿那律 見閻浮提호대 如觀掌中 菴摩羅果하며 諸菩薩等 見百千界하고

　아나율은 염부제 보기를 마치 손바닥에 있는 암마라과207)를 보듯 하며, 모든 보살들은 백천의 세계를 두루보고,

十方如來는 窮盡微塵 淸淨國土함에 無所不矚어늘 衆生洞視不過分寸이라

　시방의 여러 부처님은 한량없는 청정한 국토를 보지 못하는 곳이 없다. 그러나 중생이 보는 것은 분촌(分寸)에 지나지 않는다.208)

---

203) 卽諸物像 決擇眞性: 가지가지 物像에 나아가 眞性을 결택하다.　사약장(四若章)
204) 泛敍見用: 四聖六凡에 대한 見의 작용을 널리 서술하다.
205) 아난의 견(見)이 아직 欲을 여의지 못했기 때문에, '아직 無漏淸淨을 얻지 못했다'고 한 것이다. (앞의 책 p.708하)
206) 아난이 아직 초선에 이르지는 못하였으나, 부처님의 위신력으로 잠시 초선을 볼 수 있는 것이다.
207) 암마라과: 깨끗한 청정을 의미하는 사과와 비슷한 과일. 복숭아인지 사과인지 분간하기 어려운 괴일, 인도에민 있다고 한다.
208) 여기에 뜻은 四聖六凡이 각기 보는 작용세계[見量]가 비록 다르나, 그 보는 見精은 다르지 아니함을 밝히되 모두 物像에 나아가 결택한 것이다. 『계환해』(『卍속장경』17, p.708하)

116 능엄경 제2권 見道分

㈢卽物決擇209)

阿難 且吾與汝로 **觀四天王**의 **所住宮殿**할새 **中間遍覽 水陸空行**하나니
　아난아! 내가 지금 너와 함께 사천왕(四天王)이 거주하는 궁전을 보았고, 그 사이에 물과 육지와 허공을 두루 보았다.

雖有昏明種種形像이나 **無非前塵**의 **分別留礙**이니 **汝應於此**에 **分別自他**하라
　거기에는 비록 어둡고 밝은 갖가지 형상들이 있으나 모두가 전진(前塵)으로서 분별되고 장애됨이 없지 아니했으니 너는 응당 여기에서 나와 남을 분별해 보아라.

今吾將汝하야 **擇於見中**하되 **誰是我體**며 **誰爲物像**호리니 **阿難 極汝見源**하라
　이제 내가 너를 위하여 견(見) 가운데 어느 것이 아체(我體)이고 어느 것이 물상(物像)인지를 가려주리니210) 아난아! 너는 보는 근원[見源]을 끝까지 추구해 보아라.211)

從日月宮 是物非汝며
　위로 해와 달 궁전에 이르더라도 모두가 물상이지 너의 진성이 아니며,

---

209) 卽物決擇: 물상에 나아가 견(見)은 物이 아님을 밝힌 것이다.
210) 견(見)이 작용하는 가운데 어느 것이 주인(我體)이고, 어느 것이 손님(物像)인지를 알게 한다는 것이다.
211) '너의 보는 근원을 끝까지 다하라'라고 한 것은 저로 하여금 힘이 다할 때까지 자세히 관찰하게 한 것이니, 위로는 일월에 다하고, 아래로는 철위산에 다하며, 중간에는 만물에 다하여 그로 하여금 하나하나 자세히 가리게 한 것이다.『계환해』(『卍속장경』17, p.708하)

至七金山 周遍諦觀이라도 **雖種種光 亦物非汝**며

아래로 칠금산(七金山)212)에 이르도록 두루두루 자세히 관찰하여 보더라도 비록 갖가지 빛이 있으나 그것도 역시 물상이지 너의 진성이 아니며,

漸漸更觀하여 **雲騰鳥飛 風動塵起**와 **樹木山川 草芥人畜**하되 **咸物非汝**니라

다시 점점 관찰하여 구름이 뜨고 새가 날고 바람이 불고 먼지가 날리는 것과 나무와 산과 냇물과 풀 그리고 사람과 축생을 보더라도 모두가 다 물상(物像)이지 너의 진성(眞性)이 아니다.213)

㊂正示見性

阿難 是諸近遠에 **諸有物性**이 **雖復差殊**나 **同汝見精**의 **淸淨所矚**이니

아난아! 멀고 가까운 모든 사물의 성품이 비록 가지가지로 다르더라도 모두가 너의 견정(見精)으로 청정하게 보는 것이기에

則諸物類는 **自有差別**이언정 **見性無殊**이니

제물류(諸物類)는 스스로 차별이 있을지언정 그것을 보는 너의 견성(見性)에는 차별214)이 없는 것이니,

---

212) 칠금산이란 수미산 주위를 둘러싼 일곱겹의 金山, 즉 수미산과 철위산(鐵圍山)의 사이에 있는 일곱겹의 山으로서, 모두 金寶로 이루어져 있기 때문에, 七金山이라 칭한다. 높이는 사만유순이라 한다. 『불광대사전』(台灣 불광출판사 1988) p.100.

213) 금강경에 '凡所有相 皆是虛妄 若見諸相非相 卽見如來'라 했다. 우리들이 눈을 통해 봄으로 해서 분별된 모든 바깥대상은 이것이 다 허망한 물상이요, 끝내 주인으로서의 진성을 얻을 수 없는 것이다. 그렇다고 물상을 떠나 따로 있는 것은 아니니, 이에 대해서는 능엄의 다음의 내용(正示見性)이 그 답을 주고 있지만, 금강경에서 '若見諸相非相하면 卽見如來라'한 것도 눈에 보이는 모든 것이 허망하다는 말을 듣고, 다시 따로 진성을 구할까 염려스러워 이러한 말씀을 하신 것이다.

214) 앞에서 묻기를 '어떻게 이것이 나의 진성임을 사무치게 알 수 있습니까?'라고 물었기 때문에, 여기에서 萬境은 있고 없는 차별이 있으나 見에는 차별이 없음을 보이신 것이요, 이와같이 항상하면서도 차별이 없는 이것이 바로 너의 진성임을 밝힌 것이다. 『계환해』(『卍속장경』17, p.709상).

此精妙明이 誠汝見性이니라

이렇게 정묘명(精妙明)215)한 것이 바로 진정한 너의 견성(見性)이니라.

㈣辨見非物216)　　사약장(四若章)

若見是物인댄 則汝亦可 見吾之見하리라

만약 견(見)이 물(物)이라면, 너는 응당 나의 견(見)을 가히 보아야 할 것이다.217)

若同見者로 名爲見吾인댄 吾不見時에 何不見吾 不見之處오

만약 하나의 대상을 함께 보는 것으로 '나의 견(見)을 보았다'고 한다면, 내가 보지 않을 때 어찌하여 내가 보지 않는 곳을 보지 못하느냐?218)

---

215) 진성이 비록 추하고 탁함을 만나더라도 섞이지 않는 것이기에 精이요, 萬 가지로 다름을 섭렵하더라도 달라지지 않는 것이기에 妙이며, 멀고 가까움에 이르더라도 동일하게 보기 때문에 明이라 한다.『계환해』(『卍속장경』17, p.709상)
216) 辨見非物: 見은 이것이 物이 아님을 밝힌 것으로, 다시말하면 모든 물상에는 有無의 차별이 있을지언정, 見은 有無의 차별이 없고 또한 物과 我로 나눌 수도 없다는 것이다. 그리고 이러한 내용을 반어적으로 변론하여 밝힌 것이 사약장(四若章)이다.
217) '物이라면 가히 보아야 할 것이다'한 것은, 앞에서 '모두가 다 物이지, 너의 眞性이 아니다'라는 말을 이어서 거듭 밝힌 것이다.『계환해』(『卍속장경』17, p.709상)
218) '내가 보지 않을 때 어찌하여 내가 보지 않는 곳을 보지 못하느냐?'라는 말은 만약 見이 物이라면 '내가 보지 않을 때 내가 보지 않을 그 곳'을 보아야 한다는 말이다. 즉 다시말해 만약 見이 物이라면 不見 역시 物에 속한 것이기에 아난은 부처님의 불견(不見)을 반드시 보아야 한다는 취지의 말씀을 하신 것이다. 그러나 見은 物이 아니기 때문에 세존이 보지 않는 곳을 아난이 볼 수 없는 것은 당연한 것이다. 그래서 부처님은 아난에게 見은 物을 보는 주체이며, 참된 자신의 본성임을 깨우쳐 주기 위해서 이를 설하셨던 것이다.
  *함께 보는 것은 物을 의지한 자취이고, 보지 못하는 곳은 物을 여읜 實體이다. 만약 너와 네가 하나의 사물을 같이 보는 것으로 나의 見을 보았다고 한다면, 이는 다만 자취일 뿐이다. 응당 내가 物을 여의고 보지 아니할 때 나의 見體는 어디에 있겠느냐? 이미 見에 처소가 없음을 보았다면 결코 見이 物이 아님을 알았을 것이다.『계환해』(『卍속장경』17, p.709상)

若見不見인댄 自然非彼 不見之相이요
　만약 네가 '나의 보지 않는 곳'을 보았다고 한다면, 그것은 자연 '나의 보지 않는 모습'이 아닌 것이다.219)

若不見吾 不見之地인댄 自然非物이어니 云何非汝리오
　만약 '내가 보지 않는 곳'을 보지 않는다면 이는 저절로 물(物)에 집착하는 것이 아니니, 이것이 너의 진성(眞性)이 아니고 무엇이겠느냐?220)

又則汝今의 見物之時에 汝旣見物인달하야 物亦見汝하리니
　(만약 견이 물이라면 물에도 보는 성품이 있어서) 네가 지금 물(物)을 볼 때에 네가 이미 물(物)을 보듯이 물(物) 또한 너를 보리니,

體性紛雜하야 則汝與我와 幷諸世間이 不成安立하리라
　유정과 무정이 그 체성(體性)이 어지럽게 섞여서 너와 나, 그리고 모든 세간[諸世間]221)의 가지가지 현상이 제자리를 지키지 못할 것이다.222)

---

219) 양보논법(가정)으로 밝힌 것이다. 가사 망령된 뜻으로 '나의 不見之處를 보았다'고 말한다면 (이미 보았다고 했으니) 이는 저절로 '보지 않는 모습'이 아닌 것이다. 왜냐하면 대개 '보지 않는 모습'은 가히 見으로 미칠 수 없기 때문이다. (앞의 책 p.709상)

220) 見이 이미 物에 집착하지 않는다면 그대로 진성인 것이다. (계환해 卍속장경17 p.709상)

221) 제세간은 중생들과 중생들이 의지하는 器世間을 말한 것이니 유정과 무정을 통칭한 것이다. 『계환해』(『卍속장경』17, p.709하)

222) 物我의 잡란함을 잡아서, 見이 物이 아님을 밝힌 것이다. 見이 만약 物이라면 物이 응당 見이 있어서, 유정무정의 체성이 뒤섞이고 가릴 수 없다는 것이다. 그러므로 不成安立이라 했으니 見이 物이 아님이 분명하다. 『계환해』(『卍속장경』17, p.709상)

㈤牒顯結答223)

阿難 若汝見時에 **是汝非我**이며 **見性周徧**인댄 **非汝而誰**리오

아난아! 만약 네가 나를 볼 때에 너의 견(見)이지 나의 몸이 아니다. 이와같이 너의 견성(見性)이 두루하거늘 이것이 너의 진성(眞性)이 아니고 무엇이겠느냐?

云何自疑 汝之眞性을 **性汝不眞**하고 **取我求實**가

어찌하여 스스로 너의 진성을 '너에게 성품으로서 참되지 못한 것인 양' 의심하고, 나를 취하여 진실(眞實)을 구하려고 하느냐?"224)

---

223) 牒顯結答: 앞의 말에 이어서[牒] 참다운 성품을 드러내되 결론지어 답하다.
224) 앞의 말에 덧붙여서[牒] 결론지어 진성을 드러낸 것으로, '是汝非我'라는 말은 見의 體가 物로 더불어 섞일 수 없음을 밝힌 것이다. 만약 見의 體가 物로 더불어 섞일 수 없음을 깨닫는다면 곧 見의 性이 廓然淸淨하고 周遍法界하여, 이것이 바로 참다운 너의 성품임을 알아야 할 것이거늘, 어찌하여 이를 믿지 않고, 나에게 질문을 하고 있느냐?하고 책망하신 말이다. 이는 앞의 경문 '云何得知 是我眞性'이라는 질문에 대해서 결론지어 답한 것이다. '性汝'라고 한 것은, 너에게 성이 되는 것이니, 말하자면 일체 심에 성(性)이라는 것이다. 계환해(卍속장경17, p.709하)
  *이상은 第五 卽諸物像決擇眞性 편(卍속장경17권 p.708상)에서 아난이 말하기를 '어떻게 하여야 나의 眞性임을 사무쳐 알 수 있겠습니까? 云何得知 是我眞性'하는 질문에 답한 것이다.

(6)明見眞體 本絶限量二225) ①阿難躡問
阿難白佛言하대 **世尊若此見性**이 **必我非餘**인댄
 아난이 부처님께 사뢰었다. "세존이시여! 만약 이 견성(見性)이 반드시 나요 다른 것이 아니라면,

我與如來로 **觀四天王 勝藏寶殿**코자 **居日月宮**하야는 **此見周圓 徧娑婆國**이라가 **退歸精舍 祇見伽藍**하고 **淸心戶堂 但瞻簷廡**이니다
 제가 여래와 함께 사천왕의 수승한 보배의 궁전을 보고자 일월궁에 있을 때에는 이 견(見)이 두루 원만해져서 사바세계에 골고루 퍼져 있다가 정사(精舍)에 돌아오면 오직 가람만 보이고, 마음을 맑히는 선당에서는 다만 처마만 보입니다.

世尊 此見如是하야 **其體本來 周遍一界**라가 **今在室中**하야는 **唯滿一室**하니
 세존이시여! 이 견(見)이 이와 같아서 그 체(體)가 본래는 온 세계에 고루 퍼져 있다가 지금 방 안에 있을 때에는 오직 하나의 방에만 가득하게 됩니다.

爲復此見 縮大爲小니잇가 **爲當牆宇 夾令斷絶**이닛가
 이 때 이 견(見)이 큰 것이 축소되어 작아진 것입니까? 아니면 담과 지붕에 막히고 좁아져서 끊어진 것입니까?

我今不知 斯義所在로소니 **願垂弘慈 爲我敷演**하소서
 저희들은 지금 그 이치가 어디에 있는지를 알지 못하겠습니다. 원컨대 부처님께서는 큰 자비를 베푸셔서 저희들을 위하여 깨우쳐 주소서!

---

225) 明見眞體 本絶限量: 보는 성품의 참다운 모습은 본래 한량이 없음을 밝히다.

②佛與辯明三 ㊀直示
佛告阿難 一切世間 大小內外와 **諸所事業**이 **各屬前塵**하니 **不應說言**호대 **見有舒縮**이니라

　부처님이 아난에게 말씀하셨다. "일체 세간의 대소내외 모든 일들이 다 앞의 전진(前塵)에 속하는 것이기에 (그 前塵에는 멀고 가까운 차별이 있을지언정) 응당 견(見)에는 '펴지거나 줄어듦이 있다'고 말할 수 없다."

譬如方器 中見方空하니 **吾復問汝**하노라 **此方器中 所見方空**이 **爲復定方**가 **爲不定方**가

　"이것은 마치 모난 그릇 속에서 모난 허공을 보는 것과 같은 것이니, 내가 다시 너에게 묻는다. 이 모난 그릇 속에 보이는 모난 허공이 고정된 모난 것이냐? 아니면 고정된 모난 것이 아니냐?

若定方者인댄 **別安圓器**라도 **空應不圓**이며 **若不定者**인댄 **在方器中**하야도 **應無方空**이니

　만약 고정된 모난 것이라면 따로 둥근 그릇 속에 두더라도 그 허공은 응당 둥글게 보이지 않아야 할 것이고, 만약 고정될 수 없는 것이라면 모난 그릇 속에 두더라도 모난 허공일 수 없을 것이다.

汝言不知 斯義所在가 **義性如是 云何爲在**리오

　네가 '그 이유가 어디에 있는지를 알지 못하겠다'고 한 이치가 이와 같거늘, 어떻게 보는 성품이 펴지거나 줄어든다고 할 수 있겠느냐?·226)

---

226) 그릇은 前塵에 비유하고, 허공은 見體에 비유했다. 그릇에는 모나고 둥글음[方圓]이 있을지언정 허공에는 變異가 없는 것이니 이미 變異가 없는데 어찌 舒縮이 있으리요? '云何爲在'고 한 것은 見體가 如如하여 생각[情]이나 그릇[器] 등으로 망녕되이 헤아리는 것을 용납할 수 없다는 것이다. 『계환해』(『卍속장경』17, p.710상)

阿難 若復欲令 人無方圓인댄 但除器方이언정 空體無方이니

아난아! 만약 사람들로 하여금 둥그름[方圓]이 없는 곳에 이르게 하려면 그릇[前塵]의 모난 것만 없앨지언정, 허공 그 자체는 방원(方圓)이 없는 것이니,

不應說言 更除虛空의 方相所在니라

그러므로 응당 허공의 모난 것을 제거해야 한다는 말은 하지 말라.227)

㈢遣情

若如汝問인댄하야 入室之時에 縮見令小인댄 仰觀日時에 汝豈挽見하야 齊於日面고

만약 그대가 질문했던 것처럼 방 안에 들어갔을 때에 견(見)이 축소되어 작아진 것이라면 해를 쳐다 볼 때에 너는 어떠한 방법으로 견(見)을 늘려서 해에 닿게 하였느냐?

若築牆宇하야 能夾見斷인댄 穿爲小竇에 寧無續迹가 是義不然하니라

만약 담과 지붕이 막혀서 보는 견(見)이 끊어진 것이라면 작은 구멍을 뚫었을 때에는 어찌하여 이은 흔적이 없느냐? 그러므로 이 뜻이 그렇지 아니하니라.228)

---

227) 塵을 여의고 性을 관하면 저절로 본래의 眞이 얻어지는 것이지, 반드시 애써 塵을 제거해야만 性이 얻어지는 것은 아니다. 『계환해』(『卍속장경』17, p.710하)
228) 보는 성품이 이미 늘릴 수[挽] 없는 것이라면 결정코 줄일 수[縮]도 없을 것이요, 이미 이어진 것[續]이 아니라면 결정코 끊을 수[斷]도 없는 것이다. 뜻이 이미 그렇지 아니하니, 마음으로 헤아릴 수 없다는 것이다. (앞의 책 p.710하)

㈢ 結顯

一切衆生 從無始來로 迷己爲物하야 失於本心하고 爲物所轉故로 於是中 觀大觀小거니와

일체중생이 시작이 없는 옛날부터 자기를 미혹하고 사물을 따라 본심을 잃고 바깥경계에 끌려가기 때문에 그 가운데에서 크고 작은 일들을 보게 되거니와,

若能轉物인댄 則同如來로 卽心圓明하야 不動道場코도 於一毛端에 遍能含受十方國土하리라

만약 경계를 부릴 수 있다면 곧 여래와 같이 마음이 원명(圓明)하여 도량에서 움직이지 아니하고도 마치 한 개의 털끝 속에 시방의 국토를 받아들이듯 할 것이다."229)

---

229) '迷己爲物'이라 한 것은 진성을 잃고 塵을 따른다는 것이요, 失於本心은 그로 인하여 妄에 전도된 것이요. 爲物所轉이라 한 것은 마치 허공이 그릇의 변화를 따르는 것과 같기 때문에, 그 가운데에서 觀大觀小하여 마침내 중생이 되거니와 '경계를 부린다'는 것은 그릇을 除하고, 허공을 觀하기 때문으로, 곧 마음이 圓明하여 두루 국토를 머금고, 여래와 같게 된다는 것이다. 대개 毛端과 國土가 본래 小大가 없기 때문에, 含容의 이치가 神變을 빌리지 않는 것이니 다만 妄情의 그릇만 除하면 진성이 廓爾하여 눈앞에 드러나리라. 『계환해』(『卍속장경』17, p.710하)

2.發明覺性 直使造悟 (7)明見與緣 同一妙體

(7)明見與緣 同一妙體二230)　①阿難疑異231)

阿難白佛言하대 **世尊若此見精**이 **必我妙性**인댄

　아난이 부처님께 사뢰었다. "세존이시여! 만약 이 견정(見精)이 반드시 저의 묘성(妙性)이어서,

今此妙性이 **現在我前**이라 **見必我眞**인댄 **我今身心**은 **復是何物**이닛고

　지금 그 묘성(妙性)이 제 앞에 있고, 이 견(見)이 반드시 저의 진심(眞心)이라면, 지금 저의 몸과 마음은 다시 무엇입니까?232)

而今身心은 **分別有實**하나 **彼見無別**로 **分辨我身**이니다

　지금 이 몸과 마음은 분별하는 것이 분명하지만 저 견(見)은 따로 나의 몸을 분별함이 없나이다.233)

若實我心이라 **令我今見**인댄 **見性實我**요 **而身非我**로소니

　만일 진실로 저의 마음이고 저로 하여금 지금 보게 하는 것이라면 견성(見性)이 실로 나[我]요 이 몸은 내가 아닐 것이니,

---

230) 明見與緣 同一妙體: 보는 성품[見]과 보여지는 대상[見緣]이 동일한 妙體임을 밝히다.
231) 阿難疑異: 아난이 見과 緣이 서로 다른 것이 아닌가 의심하다.
232) 앞의 설법에 덧붙여서 아난이 질문한 것이다. 앞에서 모든 物에 나아가 지시하시기를 '이 精妙明이 참으로 너의 見性이 된다'하셨는데 이 見의 妙性이 현재 내 앞에 있으되, 저의 身心과는 다른 것 같습니다. 대체 어느 것이 진실입니까? 하고 물은 것이다. 『계환해』(『卍속장경』17, p.711상)
233) '지금의 몸과 마음은 분별이 있다'고 한 것은 '마음은 분별이 있으나 저 見은 분별이 없으니 몸으로 더불어 분석해 볼 때 저 見이 나와는 상관없는 다른 물건인 것 같다'는 말이다. (앞의 책 p.711상)

何殊如來의 先所難言하신 **物能見我**로닛고

그러면 여래께서 먼저 '물이 능히 나를 보리라[物能見我]'234)라고 힐난하여 말씀하신 것과 무엇이 다르오니까?235)

惟垂大慈 開發未悟하소서

바라옵건대 큰 자비를 베푸시어 아직 깨닫지 못한 저희들을 깨우쳐 주소서!"

②佛與和融三236) ㉠委曲辨示四 ㈎通破前疑
佛告阿難 今汝所言한 **見在汝前**이라호미 **是義非實**이라

부처님이 아난에게 말씀하셨다. 지금 네가 '견(見)이 앞에 있다237)'고 말하였는데 그 말은 이치가 옳지 않다.

---

234) 보는 성품이 참나요, 이 몸은 내가 아니라고 한다면 이 몸과는 별개인, 즉 밖에 있는 見이 이 몸을 보는 것이 됩니다. 그러니 여래께서 앞에서 꾸짖으며 말씀하신 '物能見我'라고 하신 것과 서로 구분이 안됩니다. *여기서 '物能見我'라고 한 것은 앞에서 여래께서 '見이 物이 아니다'라는 뜻에서 "見이 物이라면 네가 이미 物을 보듯이 物도 또한 너를 보리라[物亦見汝]' 하신을 가리킨 것으로 아난은 아직 헤매이고 있는 것이다.
235) "앞에 있는 저 見이 만약 참으로 나의 마음이라면 곧 저것이 참나요, 몸과 마음은 내가 아닐 것입니다. 보는 것[見]이 밖의 物에 있고, 이 몸에는 있지 아니한 것이 되니, 이는 앞에서 '物이 능히 나를 보리라'하심과 같습니다."라고 한 말이니, 이는 다 迷情에 나아가 어지럽게 분별한 것이다.『계환해』(『卍속장경』17, p.711상)

236) 佛與和融: 부처님이 융화시켜 주다.
237) '見在汝前'이라는 말은 앞(卍속장경17, p.710하)의 '今此妙性 現在我前'을 두고 한 말이다.

2.發明覺性 直使造悟 (7)明見與緣 同一妙體

(나)責辨非實二 ㉮辨物無是見238)

若實汝前하야 **汝實見者**인댄 **則此見精 旣有方所**이니 **非無指示**하리라

　만약 참으로 견(見)이 네 앞에 있어서 네가 실로 보는 것이라면 이 견정(見精)239)이 이미 장소가 있는 것이 되니, 가리켜 보일 수가 없지 않을 것이다.

且今與汝 坐祇陀林하야 **遍觀林渠 及與殿堂**어니와 **上至日月前對恒河**하니

　지금 너와 함께 지타림에 앉아서 두루 숲과 냇물과 전당(殿堂)을 보고 있는데, 위로는 해와 달에 이르고 앞에는 항하(恒河)를 대하고 있다.

汝今於我 師子座前 擧手指陳하라 **是種種相**이 **陰者是林 明者是日**이요 **礙者是壁 通者是空**이요

　그대가 지금 나의 사자좌(獅子座) 앞에서 손을 들어 가리켜 보아라. 이 갖가지 모양들이 그늘진 것은 숲이고, 밝은 것은 태양이며, 막힌 것은 벽이고, 통한 것은 허공이다.

如是乃至 草樹纖毫히 **大小雖殊**이나 **但可有形 無不指著**하리라

　이와같이 더 나아가 풀과 나무 그리고 실오라기와 터럭 끝에 이르기까지 크고 작은 것은 비록 다르지만 형상이 있는 것은 다 가리킬 수 있을 것이다.

---

238) 辨物無是見: 物에 見이 없음을 밝히다.
239) 처음에는 見精이라 하고, 다음에는 見元이라 하고, 나중에는 精見이라 한 것은 이 見이 妙精明心에 근몬할새 그러므로 통털어 精이라 했고, 마음으로부터 나오기 때문에 見元이요, 用을 의지하여 體를 가리키기 때문에 見精이요, 體를 의지하여 用을 가리키기 때문에 精見이라 했다. 林渠는 臨泉과 같은 말이다. 『계환해』(『卍속장경』17, p.711 하)

若必有見 現在汝前인댄 汝應以手 確實指陳하라 何者是見고
　만약 반드시 견(見)이 있어 분명히 네 앞에 있다면 너는 응당 손으로 확실하게 가리켜 보아라! 어느 것이 이 견(見)인가?

阿難當知하라 若空是見인댄 旣已成見어니 何者是空이며
　아난아! 마땅히 알라. 만약 허공이 견(見)이라면 허공이 이미 견(見)을 이루었거니, 어떻게 허공이라 하겠으며,

若物是見 旣已是見어니 何者爲物이리요
　만약 물(物)이 견(見)이라면 이미 견(見)이 되었거니 어떻게 물(物)이라 하겠느냐?

汝可微細히 披剝萬象하야 析出精明 淨妙見元하야 指陳示我호대 同彼諸物 分明無惑케하라
　너는 세밀하게 만상을 나누고 쪼개어서 정명(精明)한 정묘원견(淨妙元見)을 드러내 나에게 가리켜 보여서, 저 모든 물(物)의 모습과 같이 분명하여 의혹이 없게 해보아라."240)

阿難言 我今於此 重閣講堂에 遠洎恒河하며 上觀日月호대
　아난이 부처님께 사뢰었다. "제가 지금 이 곳의 여러 층으로 된 강당에서 멀리는 항하에까지 이르고, 위로는 해와 달을 보거니와,

擧手所指며 縱目所觀에 指皆是物이라 無是見者니다
　손을 들어 가리키는 것과 눈으로 보는 것들이 다 이것이 물(物)이지 견(見)이라 할 수는 없습니다.

---

240) 物에 見이 없다는 것을 통틀어 밝힌 것이다. '허공이 만약 見이라면' 등등은 色空 등 諸法을 모두 들어서 하여금 자세히 밝힌 것이다.『계환해』(『卍속장경』17, p.711하)

2.發明覺性 直使造悟 (7)明見與緣 同一妙體

世尊 如佛所説하야 **況我有漏 初學聲聞**이어니와
　세존이시여! 부처님께서 말씀하신 것처럼 저는 아직 번뇌를 여의지 못한 유루(有漏)의 초학성문(初學聲聞)이기에 그렇거니와

乃至菩薩 亦不能於 萬物像前에 **剖出精見**하고
　나아가 보살이라 하더라도 온갖 물상(物像)에서 따로 정견(精見)을 쪼개어 낼 수는 없고,

離一切物이라야 **別有自性**이니다
　일체의 물(物)을 여의어야 견의 자성(自性)을 볼 수 있습니다."

佛言 如是如是하시다
　부처님이 말씀하셨다. "그건 그렇다."241)

㈁ **辨物無非見**242)
佛復告阿難 如汝所言인댈하야 **無有精見**이요 **離一切物**이라야 **別有自性**인댄
　부처님이 다시 아난에게 말씀하셨다. "그러나 네가 말한 바와 같이 '물상(物像)에서 따로 정견(精見)을 쪼개어 낼 수 없고, 일체의 물(物)을 여의어야 견의 자성(自性)을 볼 수 있다'고 한다면,

則汝所指한 **是物之中**에 **無是見者**리니
　네가 가리킨 저 물(物)에는 견(見)이 없다는 말이 된다.243)

---

241) 物象에서 따로 見을 찾을 수 있는 것이 아니기 때문에, 설사 대성인이라 하더라도 物에서 見을 따로 가려낼 수는 없다 한 것이니, 밝히고자 한 뜻이 見을 얻으려면 반드시 物을 여의어야함을 밝힌 것이다. 이는 物에서 見을 따로 찾을 수 없음을 결론지어 밝힌 것이다.『계환해』(『㜎속장경』17, p.711하)
　*과목과 주해의 내용으로 볼 때, 계환스님의 뜻은 '능히 가지가지 物像에서 精見을 따로 쪼개어 낼 수 없고, 일체물을 여의어야 자성을 볼 수 있다'고 아난이 말했고, 이에 부처님이 맞다[如是如是]라고 하셨던 것이다. *즉 일체물을 여의고 따로 見을 찾는다면 잘못이지만, 일체물을 duml고 따로 見을 찾지 않으면 그대로 見이기 때문이다.
242) 辨物無非見: 物에 見 아님이 없음을 밝히다.

今復告汝라 汝與如來로 坐祇陀林하야 更觀林苑과 乃至日月 種種象殊이니
　지금 다시 너에게 묻는다. 너와 여래가 지금 지타림에 앉아서 저 숲과 동산, 나아가 해와 달에 이르기까지 가지가지 형상이 서로 다름을 보았을 것이다.

必無見精 受汝所指인댄 汝又發明하라 此諸物中에 何者非見고
　그 가운데 반드시 견정(見精)이 너의 가리킴을 받는 물(物)에 있지 않다면, 너는 다시 이 모든 물상 가운데에서 어느 것이 견 아닌 것[非見]인지를 밝혀 보아라."

阿難言 我實偏見 此祇陀林호대 不知是中에 何者非見이니다
　아난이 대답하였다. "제가 사실 이 지타림을 두루 보았으나 이 가운데 어느 것이 견 아닌 것[非見]인지 알지 못하겠습니다.

何以故 若樹非見인댄 云何見樹며 若樹卽見인댄 復云何樹닛고
　왜냐하면 만약 나무가 견(見)이 아니라면 어떻게 나무를 보며, 나무가 만약 견(見)이라면 어떻게 나무라 하겠습니까?

如是乃至 若空非見인댄 云何爲空이며 若空卽見인댄 復云何空이닛고
　이와같이 더 나아가 허공이 견(見)이 아니라면 어떻게 허공을 보며, 만약 허공이 견(見)이라면 어떻게 허공이라 하겠습니까?

---

243) 이는 부처님이 앞에서 아난이 '精見은 一切物을 여의어야 그 見의 自性을 볼 수 있다'고 한 말을 들어서, 혹시 '상에 떨어짐이 아닌가'하여 다시 점검하신 것이다. 즉 이미 '物에 見이 없다'고 고집한다면 이제 物은 見 아닌 것[非見]이 되어버림을 지적하신 것이다.『계환해』(『卍속장경』17, p.711하)
　*앞의 '辨物無是見'에서는 物을 여의어야 깨달을 수 있음을 가르치시고, 여기 '辨物無非見'에서는 한 단계 높여 그렇다고 物을 떠나 따로 있는 것도 아님을 보여주신 것이다.

我又思惟니다 **是萬象中**에 **微細發明**에 **無非見者**니이다

따라서 저는 다시 이렇게 생각해 봅니다. 온갖 물상을 지혜롭고 미세하게 살펴볼 때에 그 가운데에 견(見) 아닌 것이 없겠습니다."

佛言 如是如是하시다

부처님이 말씀하셨다. "그건 그렇다."244)

㈐初學罔措

於是大衆의 **非無學者**는 **聞佛此言**하고 **茫然不知 是義終始**이라 **一時惶悚**하야 **失其所守**러라

그 때 대중 가운데에서 아직 무학(無學)에 이르지 못한 이들은 부처님의 이러한 말씀을 듣고 아직 그 뜻의 처음과 끝[始終]245)을 알지 못한 채, 한동안 어리둥절해 하면서 마치 간직하고 있던 물건을 잃어버린 듯이 하고 있었다.246)

---

244) 아난이 '무엇이 견 아닌 것[非見]인지 알 수 없다'고 대답한 것은 그 뜻을 가히 정할 수 없었기 때문이다. 만약 나무가 見이 아니라면 어떻게 나무를 보며, 만약 나무가 見이라면 나무를 見이라 이름했는데 어떻게 나무라 부를 수 있으리요? 그렇다면 앞에서 단정하기를 '物에는 見이 없다'고 한 것이 이미 그 이치가 맞지 않기 때문에, 다시 스스로 '物에는 見 아닌 것[非見]이 없다'고 생각하게 된 것이다. 사실은 두가지 뜻 가운데 (어느 것은 맞고 어느 것은 틀리다)고 정할 수 없기에 부처님이 (앞에서도 如是如是 하고, 뒤에서도 如是如是 하여) 이를 다 허락했던 것이다. 이는 色空 등의 형상이 마치 허공의 꽃처럼 본래 있는 것이 아니어서 참으로 고정하여 가리킬 수 없기 때문이다. 그러므로 '下文'에서도 '이 모든 物像과 見精이 원래로 이 菩提의 妙精明體요 그 가운데 본래로 是와 非是의 義가 없다' 라고 하신 것이다. 『계환해』(『卍속장경』17, p.712상)

*下文: 오직 바라옵건대 여래께서는 큰 자비를 베푸시어 저 모든 物像이 이 見精으로 더불어 원래 이 무슨 물건이기에 이 속에 '是'와 '非是'를 말할 수 없는 것입니까?" 부처님께서 문수보살과 여러 대중들에게 말씀하셨다. "시방의 여래와 대보살들이 스스로 머무는 삼마지에는, 이 見과 見緣 그리고 생각하는 바의 相이 모두 마치 허공의 꽃과 같아서 본래 있는 바가 없음이라, 이 見과 見緣이 원래로 이 깨달음의 妙淨明體이거니 어찌 그 가운데 '是다' '非是다' 할 것이 있겠느냐? 『계환해』(『卍속장경』17, p.712)

245) 처음과 끝[始終]: 허공과 수풀과 계곡 등등 일체사물을 是見이라고도 할 수 없고, 非見이라고도 할 수 없는 두가지 뜻의 始終이다.

246) 부처님께서 답하신 '物에는 見이 없다, 物에는 見 아닌 것[非見]도 없다'라고 하시

㈘佛慈慰喩247)
如來知其 魂慮變慴하고 **心生憐愍**하야 **安慰阿難 及諸大衆**하사대
  여래께서는 그들이 어리둥절해 한다는 것을 아시고 가엾은 마음을 내시어 아난과 여러 대중들을 위로하시려고 말씀을 계속하셨다.

諸善男子야 **無上法王 是眞實語**며 **如所如說**이며 **不誑不妄**하야 **非末伽梨 四種不死**라는 **矯亂論議**이니
  "여러 선남자들이여! 한없이 훌륭한 법왕(法王)은 진실하게 말하고248) 다르지 않게 말하며[如所如說, 不異語] 속이는 것도 아니고, 허망한 말도 아니어서 저 말가리(末伽梨)들이 불사(不死)라고 주장하는 네가지 혼란스러운 논리249)와는 결코 같지 않나니,

汝諦思惟 無忝哀慕하라
  너희들은 깊이 생각하여 부질없이 슬퍼하거나 고민하지 말라."

어 두가지 뜻이 無定임에 어리둥절하였다는 것이니, 그러므로 간직하였던 것을 잃어버린 듯한 모습을 한 것이다. 『계환해』(『卍속장경』17, p.712상)
247) 佛慈慰喩: 부처님이 자비로 위로하고 깨우쳐 주다.
248) 진실한 말이라는 등은 위에서 두가지 뜻에 모두 如是如是라고 답한 것이 진실한 말이며, 如如한 말이어서, 교론이 아님을 가리킨 것이다. (앞의 책 p.712하)
249) 末伽外道의 四種矯亂은 末卷行陰의 글에 보인다. 『계환해』(『卍속장경』17, p.712하) *四種矯亂의 末卷行陰의 글이란 첫째 변화를 관찰하나 이치에 미혹되어 있는 교란[觀化迷理矯亂]과, 둘째 마음을 관찰하여 無에 집착하는 교란[觀心執無矯亂]과, 셋째 마음을 관찰하여 有에 집착하는 교란[觀心執有矯亂]을 말한다. 넷째는 경계를 관찰하여 有無에 마음이 어지러워진 교란이다.(觀境亂心矯亂)

2.發明覺性 直使造悟 (7)明見與緣 同一妙體

㈢文殊請明250)

是時 文殊師利 法王子가 愍諸四衆 在大衆中이라가 卽從座起 頂禮佛足하
고 合掌恭敬 而白佛言호대

그 때 법왕자인 문수사리보살이 여러 사부대중을 가엾게 여겨 대중 가운데 있다가 곧 자리에서 일어나 부처님의 발에 이마를 대어 절하고 공손히 합장하며 부처님께 사뢰었다.251)

世尊 此諸大衆이 不悟如來 發明二種 精見色空의 是非是義니다

"세존이시여! 여기 모인 여러 대중들은 여래께서 밝혀 주신 정견(精見)과 눈앞의 색공(色空)에 대한 시(是)도 비시(非是)의 두가지 뜻을 깨닫지 못하고 있습니다.252)

世尊 若此前緣 色空等象이 若是見者 應有所指요 若非見者 應無所矚커늘 而今不知 是義所歸일새

세존이시여! 만약 눈앞에 있는 색공(色空) 등의 대상이 만약 견(見)이라면 응당 가리킬 수 있어야 하고, 만약 비견(非見)이라면 응당 볼 수 없어야 하는데, 지금 그렇지 아니합니다.

---

250) 부처님의 뜻은 보는 성품과 색공 등 見緣이 마치 虛空의 꽃과 같아서, 그 가운데에는 본래 是와 非是의 뜻이 없기 때문에 '如是如是'라는 말로 물음에 따라 答을 했으나 이는 有學의 小智로는 미칠 수 없는 것이기에 大衆이 茫然하여 지키지 못하고, 반드시 문수보살이 부처님에게 가르쳐 달라고 청하기를 기다리고 있는 것이다.『계환해』(『卍속장경』17, p.712하)

251) 부처님의 뜻은 보는 성품과 색공 등 見緣이 마치 허공의 꽃과 같아서, 그 가운데에는 본래 是와 非是의 뜻이 없기 때문에 '如是如是'라는 말로 물음에 따라 답을 했으나 이는 有學의 小智로는 미칠 수 없는 것이기에 대중이 망연하여 지키지 못하고, 반드시 문수보살이 부처님에게 가르쳐 달라고 청하기를 기다리고 있는 것이다.『계환해』(『卍속장경』17, p.712하)

252) 두 가지[二種]란 정미롭고 밝은 보는 성품의 근원[精明元見]과 눈앞의 所緣인 色空에 대한 是(物에는 是見이 없다)와 非(物에 非見도 없다)의 두 가지 뜻이다. (앞의 책 p.712하)

故有驚怖연정 非是疇昔 善根輕尠이니다

그러므로 이 뜻의 근본을 알지 못하여 놀래고 두려워했을지언정 그렇다고 옛날보다 선근(善根)이 적어진 것은 아닙니다.

唯願如來 大慈發明하소서 此諸物象 與此見精이 元是何物이완대 於其中間 無是非是니잇고

바라옵건대 여래께서는 큰 자비를 베푸시어 저 모든 물상(物像)과 견정(見精)이 원래 무슨 물건이기에 이 속에 '시(是)'와 '비시(非是)'253)를 말할 수 없는 것입니까?

㊂正示同體三 ㈎正定所照254)

佛告文殊 及諸大衆하사대 十方如來 及大菩薩이 於其自住 三摩地中에 見與見緣 幷所想相이

부처님이 문수보살과 여러 대중들에게 말씀하셨다. "시방의 여래와 대보살들이 스스로 머무는 삼마지(三摩地)255)에는 견(見)256)과 견연(見緣)과 소상상(所想相)257)이

---

253) 是와 非是는 是見과 非是見의 뜻이다.
254) 正定所照: 바른 선정으로 비추다.
255) 삼마지란 삼매와 같이 samādhi의 번역이다.
    *시방여래와 대보살이 스스로 머무는 삼마지란 바로 自性首楞의 正定을 가리킨 것이다. 성인이 이 정에 머물러 만법이 오직 하나의 원융한 淸淨寶覺이라 일찍이 是와 非是가 없음을 요견하는 것이니, 이것이 질문에 대한 답이다. 『계환해』(『卍속장경』17, p.713상)
256) 개환해에서는 이 見을 능견인 根으로 보고, 정맥소에서는 見精으로 보았는데, 이 부분은 바로 뒤에 나오는 '見妙明'이라는 부분과 같이 연결해 생각해 볼 때 見精이라 해도 아직 妙明으로 드러나지 않은 第二月의 입장에서의 見精이다.
257) 의식에 남는 가지가지 업상이다.

2.發明覺性 直使造悟 (7)明見與緣 同一妙體 135

如虛空華하야 本無所有일새 此見及緣이 元是菩提의 妙淨明體라 云何於中에 有是非是리요

　마치 허공의 꽃과 같아서 본래 있는 것이 아니기 때문에, 견(見)과 견연(見緣)이 그대로 깨달음의 묘정명체(妙淨明體)이거늘258) 어찌 그 가운데 시(是)와 비시(非是)가 있겠느냐?

(나)顯無是非二　(가)喩明

文殊 吾今問汝하노라 如汝文殊하야 更有文殊에 是文殊者아 爲無文殊아

　문수(文殊)야! 내가 지금 너에게 묻는다. 네가 지금 문수(文殊)인데 다시 이 문수에게 시문수(是文殊)라 불러야 할 것이 있겠느냐? 시문수(是文殊)라 할 것이 없겠느냐?

如是世尊이시여 我眞文殊라 無是文殊니이다

　문수가 대답하였다. "그렇습니다. 세존이시여! 제가 진실한 문수이므로, 따로 시문수(是文殊)라 할 것은 없겠습니다.259)

---

258) 見의 一字는 見精을 가리키고, 見緣과 所想相은 가지가지 物을 가리킨 것이다. 즉 見緣은 즉 六塵色空 등의 物이요, 想은 즉 六處識心이요, 相은 곧 六根身相이다. 『정맥소』(『卍속장경』18, p.395하)
　*見은 根이고 見緣은 境이며 所想相은 識이다. 근경식 셋이 만법을 거두고 또한 발생하는 것이니, 대저 모든 所緣의 법이 원래로 하나의 實覺이기 때문에 是와 非是가 없음을 요달하면, 앞의 진망허실과 전도된 마음과 바위의 그림자 등이 서로 다른가? 하여 의심하고 분별하는 망정들이 활연하여 모두 없어지게 되리라. 『계환해』(『卍속장경』17, p.713상)

259) 이는 一眞法性에 본래 是非가 없음을 보인 것이다. '如汝文殊'라고 한 것은 본래 是非의 體가 없음을 든 것이요, '更有文殊 是文殊者? 爲無文殊?' 하고 물은 것은 是非가 있음으로 인하여 드디어 本眞을 잃게 됨을 밝힌 것이니 그러므로 '我眞文殊라 無是文殊'라고 답한 것이다. 대저 만약 是가 있게 되면 나는 곧 참이 아니니 말하자면 인듯 是非가 있게 되면 어지러워 본심을 잃게 되기 때문이다. 『계환해』(『卍속장경』17, p.713상)　*친구 간에 서로 이야기를 하다가 '나! 이 말은 진짜다'하는 말을 쓰게 되는데 진실의 세계에서는 필요 없는 말이다.

何以故 若有是者인댄 則二文殊이니 然我今日 非無文殊할새 於中實無 是非二相이니다

왜냐하면 만약 시문수(是文殊)가 있게 되면 곧 두가지 문수가 있게 됩니다. 그러므로 저는 금일에 문수가 없다는 것이 아니라, 그 가운데 진실로 시비(是非)의 두 모습이 '없다'는 것입니다."

⑭合顯
佛言 此見妙明 與諸空塵이 亦復如是하야 本是妙明 無上菩提 淨圓眞心어늘

부처님이 말씀하셨다. "이와같이 견의 묘명[見妙明]260)과 가지가지 허공과 물상[塵] 또한 그와 같아서 본래 그대로가 묘명(妙明)한 무상보리(無上菩提)의 정원진심(淨圓眞心)이거늘,

妄爲色空 及與聞見호미 如第二月이라 誰爲是月이며 又誰非月이리요

이것이 허망하게 색공(色空)과 견문(聞見)이 되는 것이, 마치 제이월(第二月)261)과 같은 것이다. 이 가운데 무엇을 시월(是月)이라 하고, 무엇을 비월(非月)이라 하겠느냐?262)

文殊 但一月眞이니 中間自無 是月非月이니라

문수야! 다만 하나의 진실한 달[一眞月]이 있을 뿐, 그 가운데 어디에도 '시월(是月)이다 비월(非月)이다' 할 것은 없느니라.263)

---

260) 여기에서 見妙明이란 第二月의 입장으로 깨어있기만 하면 見精으로 드러나는 묘명인 것이다.
261) 제이월은 본래 妙明한 第一月이었지만 스스로의 미혹으로 눈을 눌러서 생긴 것이다.
262) 妙明한 見은 汝文殊에 해당하고, 空塵과 見緣은 是文殊에 해당하고, 菩提心은 眞文殊에 해당하고, 色空과 聞見은 二文殊에 각각 해당하니 모두 깨끗하고 원만한 진심에 의지하여 일어난 것이기에 마치 第二月과 같다고 한 것이다. 당체가 온전히 비어서 분별하고 따지는 것을 용납하지 아니하니 분별하고 따질 수 없는 것임을 알면 바로 是非가 없어질 것이다. 『계환해』(『卍속장경』17, p.713하)
263) 다만 眞體에 나아가면 바로 是非가 스스로 없어질 것이다. (앞의 책 p.713하)

2. 發明覺性 直使造悟 (7) 明見與緣 同一妙體

㈐結告時衆

是以汝今에 **觀見與塵**하고 **種種發明**호대 **名爲妄想**이니 **不能於中**에 **出是非是**어니와

그러므로 네가 지금까지 보는 견(見)264)과 물상[塵]을 관(觀)하여 가지가지로 드러내 보였으되265) 이것을 다 망상이라 하는 것이니, 그 가운데에서는 시(是)와 비시(非是)를 벗어나지 못하기 때문이다.

由是精眞 妙覺明性일새 **故能令汝**로 **出指非指**하리라

그러나 이 모두가 다 정미롭고 진실한 묘각명성(妙覺明性)에서 나오는 것이기에, 그러므로 그대들로 하여금 '가리킨다'와 '가리키지 않는다'에서 벗어나게 할 수 있는 것이다.266)

---

264) 見은 見精을 가리키고, 塵은 안으로는 몸과 마음, 밖으로는 만물을 가리킨 것이다. 『정맥소』(『卍속장경』18, p.398하)
265) 種種으로 發明했다는 것은 몸과 마음을 가지고 이야기할 때는 '보는 성품이 앞에 있다'하고, 萬物을 잡아서 이야기할 때는 '是見이다 非見이다'라고 했는데 이것이 모두 妄見이라는 것이다. 『정맥소』(『卍속장경』18, p.398하)
　*'見과 塵을 통해 種種으로 발명했다'는 것은 손가락으로 손가락을 가리키고 있는 것과 같은 것이니 이렇게 되면 마침내 妄想에 잠겨서 是와 非에서 벗어나지 못한다는 것을 가지가지로 발명했다는 것이다. 『계환해』(『卍속장경』17, p.713하)
266) '모두가 다 정미롭고 참다운 妙覺明性에서 발명된 것이다'한 것은 손가락으로 손가락을 가리킬 수 없는 것과 같은 것이니, 是와 非에서 벗어나야 무분별지를 얻게 되는 것이다. 『계환해』(『卍속장경』17, p.713하)　　*指와 非指에서 벗어난다는 것은 是非雙泯을 말하는 것이다. (앞의 책 p.713하)
　*物은 가리킬 수 있는 것이고, 見은 가리킬 수 없는 것이지만, 眞性은 이를 모두 여의었기 때문에 '벗어남'이라고 하는 것이다. (環解刪補記)

(8)辨明眞說 甄別疑濫二267)　①阿難通難

阿難 白佛言호대 **世尊 誠如法王 所說覺緣**이 **遍十方界**하야 **湛然常住**하고 **性非生滅**인댄

　아난이 부처님께 사뢰었다. "세존이시여! 참으로 법왕께서 말씀하신 것과 같습니다. 각연(覺緣)268)이 시방세계에 가득히 맑고 고요하게 항상 머물러 있어서 그 성품이 생기고 없어지는 것이 아니라면,

與先梵志인 **娑毘迦羅**의 **所談冥諦 及投灰等 諸外道種**의 **說有眞我**가 **遍滿十方**으로 **有何差別**리닛고

　지난 날 선범지(先梵志)의 사비가라[先梵志娑毘迦羅]가 말했던 명제(冥諦)와 고행을 좋아하는 여러 투회(投灰)외도들이 '진아(眞我)가 시방세계에 가득하다'고 말한 것과 어떤 차이가 있습니까?269)

②問答質疑四　㊀疑同自然二　(가)疑

世尊亦曾 於楞伽山에 **爲大慧等**하사 **敷演斯義**하사대 **彼外道等**이 **常說自然**하나 **我說因緣 非彼境界**니이다

　세존께서도 일찍이 능가회상(楞伽會上)에서 대혜보살(大慧菩薩) 등을 위하여 이 이치에 대하여 말씀하실 때에 '저 외도들은 항상 자연(自然)이라고 말하지만 내가 설하는 인연(因緣)은 저들이 말하는 것과 다르다'고 하셨습니다.270)

---

267) 辨明眞說 甄別疑濫: 진실을 밝혀서, 아난의 의심을 풀어 주다.
268) 覺緣이란 깨달음의 성품이 골고루 인연이 되어서 있지 아니한 곳이 없음을 뜻한다. 앞에서 見의 성품이 주변하거니 너가 아니고 누구이겠는가? 했으며, 또 마음이 圓明하여 두루 국토를 함유한다 했으니 이것이 覺緣이 시방세계에 두루하여 상주불멸함을 가리킨 것이다. 『계환해』(『卍속장경』17, p.714하)
269) 覺緣이 시방세계에 두루하다고 했는데, 黃髮[수론의 사비가라]의 무리들도 '眞我가 遍界하다'하고, 또 저들이 세운 바 冥諦에 이르면 그 진성이 그윽하여 '體가 생멸이 아니다'라고 설하니, '부처님의 말씀으로 더불어 어떻게 다른가?'하고 의심하게 된 것이다. 대저 외도는 性眞을 보지 못하고, 다만 賴耶(8식)를 의지하여 망녕되이 계탁하여 眞說을 混濫케 하고 있기 때문에, 여기에서 아난이 후학을 위해 질문하여 부처님이 밝혀 주시기를 바라고 있는 것이다. 梵志는 외도의 통칭이요, 投灰는 고행외도이다. 『계환해』(『卍속장경』17, p.714하)

2.發明覺性 直使造悟 (8)辨明眞說 甄別疑濫

我今觀此인댄 覺性自然하야 非生非滅이며
  제가 지금 깊이 생각하여 볼 때에 부처님이 말씀하신 각성(覺性)은 자연(自然)하여 생기는 것도 아니고 없어지는 것도 아닙니다.

遠離一切 虛妄顚倒하니 似非因緣 與彼自然이니
  멀리 일체의 허망과 전도(顚倒)를 여의었기 때문에 아무래도 인연과 및 저 자연이 아닌 듯한데271)

云何開示라야 不入群邪하고 獲眞實心 妙覺明性이리잇고
  어떻게 이해하여야만 저희들이 삿된 소견에 떨어지지 않고, 진실한 마음의 묘각명성(妙覺明性)을 얻을 수 있겠습니까?"272)

---

270) 먼저 부처님의 말씀을 이끌어서 의심을 일으킨 것이다. 부처님이 능가회상에서 대혜보살을 위하여 인연의 이치를 말씀하시어 외도들이 '자연이다'라고 하는 집착을 깨뜨리셨는데, 그때 '저들이 말한 것과 다르다'라고 하신 것은 외도들의 소견과는 전혀 같지 않다는 것이다.『계환해』(『卍속장경』17, p.714하)

271) 능가회상에서 바로 인연을 설하여 저들의 妄執을 파하셨는데, 지금 말씀하시는 覺性에는 참으로 자연의 체가 있는 듯 여겨지고, 이 자연의 체로서 모든 倒妄을 여의게 하려는 것 같습니다. 그렇게 볼 때 지금 말씀하시는 覺性은 인연은 아닌 듯하고, 그렇다고 외도들이 허망하게 집착하는 자연도 아닌 것 같습니다' 라고 생각한 것이다.『계환해』(『卍속장경』17, p.714하) 참조
 *자연에 집착한다는 것은 특히 수론외도들의 명제에 집착하는 것을 말한 것으로 이는 모든 번뇌에서 벗어났으되 자비심이 없는 성문이나 연각과 같으며, 변마장에서는 이를 제8식의 식음정이라 했다. 결국 능엄에서 주장하는 自性은 경계따라 생멸하는 인연의 법도 아니요 그렇다고 모든 번뇌를 초월했으되 제8식 등의 고요에 머물러 모든 것을 자연에 맡기고 대비심이 없는 그런 것도 아닌, 일체를 초월하고 일체에 나아가는 완전한 해탈이 능엄의 自性이며 부처님의 해탈이라는 것이다.

272) 아난의 뜻은 '지금 경에서 설하시는 覺性이, 이미 생멸의 인연이 아니라면 자연과 흡사할 것이고, 이미 자연이 아니라면 인연과 흡사할 것이 아닌가'라는 후학들의 혼란을 염려하여 특별히 질문을 한 것이다.『계환해』(『卍속장경』17, p.714하) 참조

(나)釋

佛告阿難 我今如是 開示方便하야 眞實告汝어늘 汝猶未悟 惑爲自然가로다
　부처님이 아난에게 말씀하셨다. "내가 지금까지 여러가지 방편을 열어 보여서 진실하게 말하였는데도 너는 오히려 깨닫지 못하고 아직도 '자연(自然)인가?' 하고 의혹을 품고 있구나!

阿難 若必自然인땐 自須甄明 有自然體하리니
　아난아! 만약 정말로 자연이라면 그 자연을 분명히 밝힐 수 있어서 자연의 체(體)가 따로 있어야 할 것이다.

汝且觀此하라 妙明見中에 以何爲自오
　너는 우선 이 묘명(妙明)한 견(見) 가운데에 무엇이 자연의 체가 되는 지 살펴보아라.

此見爲復 以明爲自아 以暗爲自아 以空爲自아 以塞爲自아
　이러한 견(見)이 밝음으로 자연의 체를 삼느냐? 어두움으로 자연의 체를 삼느냐? 아니면 비어 있는 것[空]으로 자연의 체를 삼느냐? 막힘으로 자연의 체를 삼느냐?

阿難 若明爲自인땐 應不見暗이오 若復以空 爲自體者인땐 應不見塞이며
　아난아! 만약 밝음으로 자연의 체를 삼는다면 응당 어두움을 보지 못할 것이고, 만약 비어 있는 것으로 자연의 체를 삼는다면 응당 막힘을 보지 못할 것이다.

如是乃至諸暗等相으로 以爲自者인땐 則於明時 見性斷滅어니 云何見明이요
　이와같이 더 나아가 어두움 등으로 자연의 체를 삼는다면 곧 밝을 때에는 견성(見性)이 없게 될 것이니 어떻게 밝음을 볼 수 있겠느냐?

㊂疑同因緣二 ㈎疑

阿難言 必此妙見이 性非自然인댄 我今發明 是因緣生이나

아난이 부처님께 사뢰었다. "반드시 이 묘견(妙見)의 성품이 자연이 아니라면, 저는 다시 이것이 '인연으로 해서 생긴 것이다'라고 말하고 싶습니다.

心猶未明하야 諮詢如來하노니 是義云何이며 合因緣性이닛고

그러나 마음이 아직 분명하지 못하여 부처님께 묻습니다. 이 이치가 어떻겠습니까? 부처님께서 설하신 인연의 뜻에 맞겠습니까?"

㈏釋

佛言 汝言因緣이라하니 吾復問汝호리라

부처님이 말씀하셨다. "네가 인연이라고 말했기 때문에 내가 다시 너에게 묻는다.

汝今因見으로 見性現前하리니

네가 지금 보기 때문에 견성(見性)이 앞에 드러났으리니,

此見爲復 因明有見가 因暗有見가 因空有見가 因塞有見가

그렇다면 이 견(見)이 밝음으로 인(因)하여 있다고 생각하느냐? 어두움으로 인하여 있다고 생각하느냐? 허공으로 인하여 있다고 생각하느냐? 막힘으로 인하여 있다고 생각하느냐?

阿難 若因明有인댄 應不見暗이며 如因暗有인댄 應不見明이라

아난아! 만약 밝음으로 인하여 보게 된다면 응당 어두운 것을 보지 못할 것이고, 어두움으로 인하여 보는 것이라면 밝은 것을 보지 못할 것이다.

如是乃至 因空因塞도 同於明暗하니라

 이와같이 더 나아가 허공(虛空)으로 인하여 보게 되거나 막힘으로 인하여 보게 되는 것도 앞의 명암(明暗)과 같을 것이다.

復次阿難아 此見又復 緣明有見가 緣暗有見가 緣空有見가 緣塞有見가

 다시 아난아! 이 견(見)이 밝은 것을 연(緣)하여 보게 되느냐? 어두운 것을 연(緣)하여 보게 되느냐? 허공을 연하여 보게 되느냐? 막힘을 연하여 보게 되느냐?

阿難 若緣空有인댄 應不見塞이며 若緣塞有인댄 應不見空이라

 아난아! 만약 허공을 연하여 보게 된다면 막힌 것을 보지 못할 것이요, 만약 막힘을 연하여 보게 된다면 허공을 보지 못할 것이다.

如是乃至 緣明緣暗도 同於空塞하니라

 이와같이 더 나아가 밝음과 어두움도 트이고 막힘[空塞]의 비유와 같을 것이다.273)

㈢疊拂直示274)

當知如是 精覺妙明은 非因非緣이며 亦非自然이며 非不自然이니 無非不非하며 無是非是하야 離一切相하되 卽一切法이어늘

 그러므로 응당 이와같은 정각묘명(精覺妙明)은 인(因)도 아니고 연(緣)도 아니며 또한 자연(自然)도 아니고 자연 아님도 아니며275) 비(非)와 불비(不非)도 없고, 시(是)와 비시(非是)도 없어서 일체의 형상을 여의었으되 일체의 법에 즉하여 있음을 알아야 하거늘276)

---

273) 인연도 아님을 해석한 것이다. 物에 의지하는 것이 因이요, 物을 따르는 것이 緣이니 이미 定趣가 없어 인연이 아닌 것이다. 『계환해』(『卍속장경』17, p.715하)
274) 疊拂直示: 거듭 떨쳐버리고 진공묘유 쌍차쌍조의 입장에서 견(見)은 중도실성임을 바로 보이다.
275) 非不自然: '자연의 체가 없다'고 하니 다시 이 말에 집착하여 아주 없다는 斷見에 떨어질까 염려되어 '자연 아님도 아니다'고 한 것이다.

2.發明覺性 直使造悟 (8)辨明眞說 甄別疑濫   143

汝今云何 於中措心하야 以諸世間 戱論名相으로 而得分別가
　너는 지금 어찌하여 그 가운데 마음을 두어 속세의 부질없는 이름과 모양으로 분별을 일삼고 있느냐?277)

如以手掌으로 撮摩虛空인달하야 祗益自勞언정 虛空云何 隨汝執捉이리요
　이는 마치 손바닥으로 허공을 잡으려는 것과 같아서 스스로 수고로움만 더할 뿐 허공이 어떻게 너의 손에 잡히겠느냐?"278)

㈣引經再辯四　㈎引經問難
阿難 白佛言하대 世尊 必妙覺性이 非因非緣인댄
　아난이 부처님께 사뢰었다. "세존이시여! 반드시 이 묘한 각성(覺性)이 인(因)도 아니고 연(緣)도 아니라면

---

276) 가지가지로 변계함을 거듭 떨쳐내고 곧 바로 精覺을 보인 것이다. 인연 자연 시비 등 相이 다 망정으로 변계하여 분별한 것이요, 精覺妙明에는 본래 이런 일이 없기 때문에 일체상을 여의었다고 한 것이요, 변계분별을 이미 여의었다면 바로 원성의 실체가 이르는 곳마다 눈앞에 드러날 것이기 때문에 일체법에 나아갔다고 한 것이니 祖師의 이른 바 '다만 妄緣을 여의면 그대로 如如한 부처님이다'라고 했고, 또 이르되 '是非를 버리되 시비 속에서 알아차린다'했으니 이것이 일체상을 여의고 일체법에 나아가는 뜻이다. 『계환해』(『卍속장경』17, p.715하)

277) 우리의 진성인 여래장성은 能所를 여의고 차별을 떠났기에, 오는 것도 아니고 가는 것도 아니다. 因의 체가 있는 것도 아니요 緣의 체가 있는 것도 아니니 인연이 아니요, 그렇다고 자연의 체가 있는 것도 아니다. 본래부터 일체상을 여의고 일체법에 즉하였으니, 이것이 여래장성의 모습인 것이다. 불교사의 입장에서 보면 처음 부처님이 인연 연기론을 설하여 무아사상을 드러내셨으나, 나중에 유부 등의 불교에서 인무아에 그치고 법에 집착하니, 대승인 능엄에서는 법무아의 입장에서 인연도 아니고 자연도 아니라 하여 궁극에 중도실성의 여래장을 드러낸 것이다.

278) 앞의 글을 결론지어 妄情에 매어 있음을 책망한 것이다. 精覺에 가히 마음을 둘 수 없는 것이 마치 허공에 손을 둘 수 없는 것과 같다. 『계환해』(『卍속장경』17, p.715하)

世尊云何 常與比丘로 宣說見性 具四種緣하니

세존께서는 어찌하여 항상 비구들에게 '견성(見性)이 네가지 인연을 갖추어야 한다.

所謂 因空因明 因心因眼하시니 是義云何닛고

말하자면 허공을 인으로 삼고, 밝음을 인으로 삼고, 마음을 인으로 삼고, 눈을 인으로 삼는다'고 말씀하셨는데 이것은 무엇을 뜻하는 것입니까?

佛言阿難아 我説世間의 諸因緣相이언정 非第一義니라

부처님이 말씀하셨다. "아난아! 그것은 내가 세간의 가지가지 인연의 모습[相]을 말한 것이지, 제일의제(第一義諦)279)에서 말한 것은 아니다.

(나)委曲辯釋280)

阿難 吾復問汝하노라 諸世間人 説我能見하니 云何名見이며 云何不見고

아난아! 내가 다시 너에게 묻는다. 모든 세상 사람들은 '내가 본다'고 말하는데 어떤 것을 '본다' 하고, 어떤 것을 '보지 못한다' 하느냐?"

---

279) 인연에 의해서 생긴 것이 法이니, 이는 空으로 인하여 있고, 明으로 인하여 나타나며, 心으로 인하여 알게 되고, 眼으로 인하여 보게 되는 것이다. 이것이 바로 세간의 名相이요, 제일의제 앞에서는 다 희론이 되는 것이다. 『계환해』(『卍속장경』17, p.716상)
　*모든 법은 無自性이다. 이와같이 '있다'라는 상이 없기 때문에 '이것이 있으므로 저것이 있다'라는 사실 또한 성립되지 않는다. 諸法無自性 故無有有相 説有是事故 是事有不然 (중론송 제1觀因緣品 제12)
　*第一義諦란 언어와 사유를 초월하는 구극의 경지, 즉 세속에 대한 향상의 진제이며, 다문이나 알음알이가 아닌 실천에 의한 완전한 증득을 가리킨 말이다.『불광대사전』(台灣 불광출판사 1988) p.4759.
280) 委曲辯釋: 간곡하게 가리고 밝히다.

2.發明覺性 直使造悟 (8)辨明眞說 甄別疑濫 145

阿難 言世人因 於日月燈光하야 見種種相 名之爲見이오 若復無此 三種光明하면 則不能見이니다

아난이 부처님께 사뢰었다. "세상 사람들은 해나 달이나 등불의 빛으로 인하여 갖가지 모양을 보게 되면 이를 '본다' 하고, 만약 이 세가지 빛이 없으면 곧 '보지 못한다'고 합니다."281)

阿難 若無明時에 名不見者인댄 應不見暗하리라 若必見暗인댄 此但無明이어늘 云何無見이리요

"아난아! 만약 빛이 없을 때에 '보지 못한다'고 하면 응당 어둠도 보지 못해야 할 것이다. 만약 어두움을 본다면 이는 다만 밝음[明]이 없을 뿐이거늘, 이를 어찌 보는 성품[見]이 없다고 할 수 있겠느냐?

阿難 若在暗時에 不見明故로 名爲不見인댄 今在明時 不見暗相도 還名不見이니 如是二相 俱名不見이로다

아난아! 만약 어두울 때에 '밝은 것을 보지 못한다'하여 이것을 보지 못한다고 하면 지금 밝을 때에 '어두움을 보지 못하는 것'도 보지 못한다고 해야 할 것이요. 그렇다면 결국 밝고 어두움의 두 가지 모양을 다 보지 못한다고 해야 할 것이다.

若復二相 自相凌奪이언정 非汝見性 於中暫無이니 如是則知 二俱名見이언정 云何不見이리요

이와같이 두가지 현상[二相]이 서로 빼앗음이 있을지언정 너의 견성(見性)은 그 가운데에서 잠시도 없지 않았으니, 이와같다면 두 가지 현상을 모두 본다고 해야지, 어찌 보지 못한다고 할 수 있겠느냐?282)

---
281) 세가지 빛을 말미암은 연후에 능히 보게 되는 것은 이것이 和合相이요 참으로 見의 體는 아니다. 그러니 응당 眞見은 和合相이 아니기에 緣을 따라 生하지도 않고, 경계를 따라 멸하지도 않는 것임을 알라. 『계환해』(『卍속장경』17, p.716상)

㈐正明見體二　㉮明離緣283)

是故阿難汝今當知하라 **見明之時**에 **見非是明**이며 **見暗之時**에 **見非是暗**이며

그러므로 아난아! 네가 지금 밝은 것을 볼 때에도 견(見)은 밝음에서 온 것이 아니고, 어두운 것을 볼 때에도 견(見)은 어두움에서 온 것이 아니며,

見空之時에도 **見非是空**이며 **見塞之時**에도 **見非是塞**이며

또한 허공을 볼 때에도 견(見)은 허공에서 온 것이 아니고, 막힌 것을 볼 때에도 견(見)은 막힌 것에서 온 것이 아니다.284)

㉯明離相

四義成就로 **汝復應知**하라 **見見之時**에 **見非是見**이니라

또한 명암공색(明暗空塞)의 이 네가지 이치를 통해서 너는 응당 보는 것을 볼 때에 그 견(見)은 시견(是見)285)이 아니라는 것을 알아야 한다.286)

---

282) 자연스럽게 眞見을 드러낸 것으로 명암이 각자 서로 빼앗음이 있을지언정 그 가운데 見은 잠시도 없지 아니하니 이는 見이 緣으로부터 生하는 것이 아니요 경계를 따라 滅하는 것도 아님을 밝힌 것이다. 『계환해』(『卍속장경』17, p.716하)

283) 明離緣: 반연을 여의어야 함을 밝히다.
284) 明暗空塞이 다 緣塵에 속하고 각기 見의 體가 아닌 것이다. 『계환해』(『卍속장경』 17, p.716하) *반연에서 벗어나야 함을 밝힌 것이다.
285) '是見이 아니다'라는 것은 是見 非見의 差別見이 아니라는 것이다.
286) 네가지 뜻을 성취하여 응당 알아야 한다고 한 것은 앞의 뜻을 결론지어 다시 下文을 일으키려는 것이다. 『계환해』(『卍속장경』17, p.716하)　*위에서 '見은 明에서 온 것이 아니며 乃至 見은 塞에서 온 것이 아님'을 밝혔으니 뜻이 이미 성취되었으므로 다음에는 응당 '見見之時에 그 見은 非是見임을 알게 한 것이다. 대저 명암이 見이 아닌 줄 알았으니, 이것이 비록 見의 體가 緣을 여의었음은 깨달았다고 하나 아직 見의 體를 본 것은 아니니, 보는 것을 보는 것은 是見이 아님을 알아야만 비로소 見의 體가 相을 여의었음을 깨달아 참으로 見의 體를 보게 되는 것이다. (앞의 책 p.716하)

㈑結責勉進287)

見猶離見하야 **見不能及**커니 **云何復說 因緣自然 及和合相**이리요

　견(見)은 오히려 견(見)288)을 여의어서 견(見)으로는 능히 미칠 수 없는데, 어떻게 다시 이 보는 성품을 '인연이다 자연이다, 화합상이다'289)라고 말할 수 있겠느냐?

汝等聲聞 狹劣無識하야 **不能通達 淸淨實相**이기에 **吾今誨汝**하노니 **當善思惟**하야 **無得疲怠 妙菩提路**하라

　너희들 성문(聲聞)들이 용렬하고 무식하여 아직 청정한 실상을 통달하지 못하였기에 내가 지금 너희들에게 가르쳐 주려고 하나니, 응당 잘 듣고 사유하여 미묘한 깨달음의 길에서 물러나지 말라."290)

---

287) 結責勉進: 힘써 정지할 것을 결론지어 질책하다.
288) '見을 여의었다'는 것은 見의 성품이 본래 能見 所見의 差別見을 여의었다는 것이다.
289) 화합: 두가지 이상이 합하여 하나가 된 것이다.
290) 見의 體는 오히려 見을 여의어서 見으로는 능히 미칠 수 없는 것인데, 하물며 諸言說이 어찌 능히 미칠 수 있겠는가? 緣을 여의고 相을 여의어서 언설이 미칠 수 없는 것이 청정실상의 妙菩提路이거늘, 성문들이 다만 名相에 국집하여 능히 통달하지 못할 새, 그러므로 힘써 후학들로 하여금 善思하게 하여 疲怠하지 않게 하려는 것이다. 『계환해』(『卍속장경』17, p.716하)
　＊앞의 글에서 질문에 따라 널리 身心의 진망을 밝혔던 것은 그 뜻이 正知見을 발하여 여래장을 드러내려는데 있었던 것이요, 그러나 學者들이 '보고 있는 것을 보는 것은 妄見이 아니다'라는 이치가 아직 분명하지 못하고, 覺心 또한 아직 청정하지 못하기 때문에 아래의 글에서 거듭 지혜의 안목을 열고 다시 남은 번뇌를 맑혀서 眞精으로 하여금 瞭然하게 한것이니 그리하면 바로 여래장이 눈앞에 드러나기 때문이다. (앞의 책 p.716하)

(9)廣明眚妄 重開慧目三291)　①阿難牒請

阿難 白佛言호대 **世尊 如佛世尊**이 **爲我等輩**하사 **宣說因緣 及與自然**과 **諸和合相**과 **與不和合**하시나 **心猶未開**어늘

　아난이 부처님께 사뢰었다. "세존이시여! 여래께서는 오직 저희들을 위하여 인연과 자연과 여러 화합상(和合相)과 불화합상(不和合相)을 설명하여 주셨으니292) 저희들은 아직 마음이 열리지 못하였습니다.

而今更聞 見見非見하고 **重增迷悶**하노니

　지금 다시 '보는 것을 볼 때에 보는 것은 시견(是見)이 아니다'라고 하심을 듣고, 오히려 더욱 의혹이 깊어졌습니다.

伏願弘慈하사 **施大慧目**하야 **開示我等 覺心明淨**하소서

　엎드려 바라옵건대 큰 자비로써 지혜의 눈을 베푸시어 저희들의 깨닫는 마음이 밝고 깨끗하도록 이끌어 주소서!"

---

291) 廣明眚妄 重開慧目: 별업과 동업이 모두 눈병으로 인하여 생기는 허망임을 밝혀, 거듭 지혜의 안목을 열게 하다.
292) 앞을 이어서 거듭 청한 것이다. 諸和合相은 日月燈을 말미암은 연후에 見이 있게 되는 것을 말하고, 불화합상은 明暗通塞을 말미암지 않고 있는 것이다. 『계환해』(『卍속장경』17, p.717상)
　*'화합과 불화합' 이것은 아난이 묻지도 않았고, 세존이 설하시지도 않았는데 여기서 논의되고 있는 것은 인연·자연·화합·불화합 등은 세간의 희론 가운데 으례히 있을 수 있는 일이며, 또 화합은 인연과 상관되고 불화합은 자연과 상관되므로 말한 것이다. 이운허,『首楞嚴經 註解』(서울 東國譯經院 1974) p.76.
　*화합상이라 한 것은 즉 日月燈 등 五境을 의지하여 보고 분별하기 때문이요, 불화합상이라 한 것은 明暗通塞 등과 관계없이 六塵 가운데 法塵을 의지하여 분별하는 것이니 그러므로 화합상은 妄念麤相이요 불화합상은 法執細相이라 할 수 있다.

2.發明覺性 直使造悟 (9)廣明眚妄 重開慧目

作是語已 悲淚頂禮하야 承受聖旨러라

 아난이 말을 마치고 슬피 울면서 이마가 땅에 닿도록 절을 하고 성인의 가르침을 받들어 듣고자 하였다.

②佛與開示三 ㉠愍衆勅聽
爾時世尊 憐愍阿難 及諸大衆하야 將欲敷演 大陀羅尼와 諸三摩提 妙修行路하사 告阿難言하사대

 그 때 세존께서 아난과 여러 대중들을 가엾게 여기시어293) 대다라니(大陀羅尼)294)와 가지가지 삼마제(三摩提)의 오묘한 수행의 방법을 펴 보이시려고 아난에게 말씀하시었다.

汝雖强記 但益多聞이요 於奢摩他 微密觀照 心猶未了하니

 "네가 비록 기억은 많이 했으나 다문만 하고, 저 사마타(奢摩他)에서 은밀히 관조함에 있어서는 마음이 아직 요달하지 못하였으니,

汝今諦聽하라 吾今爲汝 分別開示하고 亦令將來 諸有漏者로 獲菩提果니라

 너는 지금 자세히 들어라. 내가 너를 위하여 이를 분별하여 드리내 보이고 또한 미래의 유루(有漏) 중생들까지도 보리과(菩提果)를 얻게 하리라.

---

293) 연민이란 諸有學이 헛되이 다문에 빠져 慧目을 열지 못하고 迷倒하여 輪轉함을 연민히 여긴다는 것이다. 『계환해』(『卍속장경』17, p.717상)
294) 大陀羅尼 등은 首楞嚴 正觀이니 이를 요달하면 顚倒見妄이 다시는 발생하지 아니하고 諸漏를 다하여 菩提果를 얻게 되는 것이다. 『계환해』(『卍속상성』17, p.717상)
  *다라니(Dhāraṇī)는 번역하여 總持·能持·能遮라 한다. 능히 한량없는 불법을 총섭하여 기억하되 이를 잊어버리지 아니하고 잘 지니는 念慧力이다. 『佛光大辭典』(台灣 佛光出版社 1988) p.3607.

㊂辯妄開示二　㈎總標妄本

阿難 一切衆生이 輪廻世間호미 由二顚倒의 分別見妄으로 當處發生하야 當業輪轉하나니

아난아! 일체의 중생들이 세상에서 윤회하는 것은 두가지 전도(顚倒)의 분별망견(分別見妄)295)으로 당처(當處)에서 업을 발생하고 당업(當業)으로 윤회하는 것이다.296)

云何二見 一者衆生 別業妄見이요 二者衆生 同分妄見이라

무엇이 두가지 잘못된 견해[妄見]인가? 첫째는 중생의 별업망견(別業妄見)297)이요, 둘째는 중생의 동분망견(同分妄見)298)이다.

---

295) 두가지 전도된 망견[二倒見妄]이란 동업으로 보는 것과 별업으로 보는 두가지 妄見이다. 별업이란 미혹이 일어나는 것이 서로 다름을 말한 것이니 허망하게 반연의 그림자를 쫓아 정견을 잃게하기 때문이요, 동업이란 그 느끼는 妄이 서로 같음을 말한 것이니, 허망하게 생사를 쫓아 본래의 깨어 있음[本覺]을 잃어버렸기 때문이다. 이러한 두가지 妄見 때문에 妄業을 짓게 되나니, 그러므로 '當處에서 발생한다' 하고 그 業을 따라 과보를 받기 때문에 '當業으로 輪轉하게 된다'고 한 것이다.『계환해』(『卍속장경』17, p.717하)
296) 當處發生 當業輪轉: 當處發生은 自心所見이요, 當業輪轉은 自業所招란 뜻이니 다시말해 自心과 自業을 떠나서 따로 경계가 있을 수 없다는 것이다. 석지관『楞嚴經略解』상권 p.276)
　　*別業이든지 同業이든지 다 妄見으로 업을 짓기 때문에 當處發生이라 하고, 미혹된 자리[當處]에서 발생한 그 업에 따라 諸趣에 윤회하기 때문에 當業輪轉인 것이다.
297) 別業妄見: 미혹이 일어나는 것이 서로 다름을 말한 것이니 허망하게 반연의 그림자를 쫓아 정견을 잃게 된 것이다. 마치 눈에 赤眚이 있으면 밤에 등불을 볼 때에 중첩된 圓影을 스스로 보게 되는 것과 같다.
298) 同分妄見: 그 느끼는 妄이 서로 같음을 말한 것이니 허망하게 생사를 쫓아 본래의 깨어 있음[本覺]을 잃어버렸기 때문이다. 능엄경에서는 '좋지 못한 境界을 여럿이 함께 感得한다'고 했으니, 같은 섬 안에서도 이웃에서는 보지 못하는데 妄見으로 인하여 이쪽 중생들만 보게 되는 것을 말한다.

(ㄴ)別釋妄狀二 ㉮喩明二 (ㄱ)喩別業四 ㉠擧喩
云何名爲 別業妄見고 阿難 如世間人이 目有赤眚하면 夜見燈光호대 別有圓影하야 五色重疊하나니

무엇을 별업망견(別業妄見)이라 하겠느냐? 아난아! 세상 사람들이 눈에 적생(赤眚)299)이 생기면 밤에 등불을 볼 때에 또 다른 둥근 그림자[圓影]가 생겨서 오색(五色)이 중첩(重疊)됨을 보게 될 것이다.300)

(ㄴ)明妄二 Ⓐ卽燈見明妄
於意云何 此夜燈明 所現圓光이 爲是燈色가 爲當見色가

어떻게 생각하느냐? 밤에 등불을 켰을 때에 따라 나타나는 둥근 빛그림자[圓光]가 등불에서 나온 것[色]이냐? 눈[見]에서 나온 것이냐?301)

阿難 此若燈色인댄 則非眚人 何不同見하고 而此圓影 唯眚之觀고

아난아! 이것이 만약 등불에서 나온 것이라면 눈병이 없는 사람은 어찌하여 그와같은 현상을 보지 못하고, 이러한 둥근 빛그림자를 오직 눈병이 있는 사람만이 보게 되느냐?302)

---

299) 赤眚· 눈을 다치거나 눈에 병이 생겨서 눈앞이 흐리게 보이는 현상이다.
300) 눈에 赤眚이 있게 되면 곧 저 등에 중첩된 색을 보게 되듯이 見에 妄病이 있게 되면 저 경계에 가지가지 차별의 미혹을 일으키게 되는 것이다. 『계환해』(『卍속장경』 17, p.717하)
301) 그 중첩되는 그림자가 燈의 色도 아니고 見의 色도 아니고 다만 저 보는 者의 눈병으로 이루어진 것이듯, 저 差別妄見이 경계에서 일어난 것도 아니고 根에서 생긴 것도 아니다. 다만 見의 病 때문에 이루어진 것임을 밝힌 것이다. 『계환해』(『卍속장경』 17, p.717하)
302) '오직 눈병난 사람만이 본다는 것'은 오직 눈병이 있는 자가 그것을 보기 때문이다. (앞의 책 p.717하)

若是見色인댄 見已成色이어늘 則彼眚人 見圓影者는 名爲何等고

만약 저 둥근 빛그림자가 눈[見]에서 나온 것이라면 눈[見]이 이미 둥근 빛그림자[色]를 이루었는데 그 둥근 빛그림자[圓影]를 눈병 난 사람만이 보는 것은 무슨 까닭이냐?303)

ⓑ離燈見明妄
復次阿難 若此圓影이 離燈別有인댄 則合傍觀 屛帳几筵에 有圓影出이요

다시 아난아! 만약 이 둥근 빛그림자[圓影]가 등(燈)하고 관계없이 있는 것이라면 응당 곁에 있는 병풍·휘장·책장·자리 등을 볼 때에도 둥근 빛그림자가 있어야 할 것이다.

離見別有인댄 應非眼矚이어니 云何眚人 目見圓影가

또 만약 견(見)을 떠나 따로 있는 것이라면 눈으로 보는 것과 전혀 상관이 없는데 어찌하여 눈병이 걸린 사람에게만 둥근 빛그림자가 보이느냐?304)

ⓒ結顯妄源
是故應知하라 色實在燈이어든 見病爲影하니라

그러므로 응당 '둥근 빛그림자[色]는 등(燈)의 광명 그 자체인데, 다만 눈[見]이 병들었기 때문에 흐려져서 둥근 빛그림자[圓影]가 되었다'는 것을 알아야 하느니라.305)

---

303) '이것을 이름하여 무엇이라 해야 하느냐[名爲何等]'한 것은 色이 만약 根에서 나왔다면 色이라고 이름할 수 없다는 것이다. (앞의 책 p.717하)
304) 위에서는 燈과 見에 즉하여 이미 無實體임을 밝히고, 여기에서는 燈과 見을 여읜다는 것에 나아가 또한 無定處임을 밝혔으니 족히 그 허망됨을 알았으리라. (앞의 책 p.718상)
305) 등에 광명[色]은 있으나 둥근 그림자[圓影]는 본래 없는 것이거늘, 圓影은 눈의 흐려짐[目眚]으로 인하여 있게 된 것이다. 지혜에는 비추임은 있으나 妄은 본래 없는 것이거늘, 妄은 보는 성품의 정미로움[見]이 병듦으로 말미암아 일어난 것이다. 『계환해』(『卍속장경』17, p.718상)

㉣了妄無體
影見俱眚언정 見眚非病이니

둥근 빛그림자[圓影]와 눈[見]의 피로가 모두 적생(赤眚)의 병일지언정 적생임을 보는 것은 병이 아니다.

終不應言 是燈是見이며 **於是中有 非燈非見**이니라

그러므로 적생으로 인하여 보이는 둥근 빛그림자[圓影]가 '등(燈)에서 나온 것이다, 눈[見]에서 나온 것이다'고 한다거나 그 가운데서 '등하고는 관계가 없다, 눈하고는 관계가 없다'라고 말하지 말라.

如第二月이 **非體非影**이라

이는 마치 제이월(第二月)이 달 자체도 아니요, 물에 비친 달 그림자[月影]도 아닌 것과 같은 것이니,

何以故 第二之觀은 捏所成故니 **諸有智者는 不應說言**호대 **此捏根元**이 **是形非形**이며 **離見非見**이니라

왜냐하면 제이월(第二月)을 보는 것은 눈을 눌러서 생긴 것이기에 지혜 있는 사람이라면 반드시 눈[根元]을 눌러서 생긴 제이월(第二月)이 '달에서 생긴 것이다, 달에서 생긴 것이 아니다' 한다거나 '견(見)을 여의었다, 비견(非見)을 여의었다' 고도 말하지 않는다.306)

---

306) 見을 여의었다는 것은 제이월이 '見에서 생긴 것이 아니다'는 말이고, 非見을 여의었다는 것은 '見에서 생긴 것이 아닌 것도 아니다. 즉 見에서 생겼다'는 말이다. *如第二月이 非體非影이라 何以故 第二之觀은 捏所成故니 諸有智者는 不應說言호대 此捏根元이 是形非形이며 離見非見이니라 (능엄한역)
*圓影이 見의 병으로 인하여 있는 것임을 알면 圓影과 見이 모두 적생의 병[眚病]이요, 眚病임을 보는 것은 병이 아닌 것이다. 眚病임을 보는 것은 見의 體이니 見體는 본래 스스로 병이 없고, 圓影과 見의 적생(眚)은 다 허망하여 마침내 相涉하지 못하는 것이다. 그러므로 응당 圓影이 '燈의 것이다, 見의 것이다'고 고집하지 않아야 하며, 또한 응당 '燈의 것이 아니다, 見의 것이 아니다'고도 고집하지 말아야 한다. 이는 마치 捏目으로 생긴 第二月이 달 그 자체[體]도 아니요 물에 비친 月影(水中月)도 아닌 것 처럼 전체가 허망이기 때문에 응당 窮詰할 수 없는 것이다. '如第二月 非體非影'이라 할 때 體는 眞月을 가리키고, 影은 水中月을 가리킨다. 『계환해』(『卍속장경』17, p.718상)

此亦如是 目眚所成커늘 今欲名誰 是燈是見이며 何況分別 非燈非見이리요
　이것도 그와 같아서 눈이 흐려져서, 둥근 빛그림자[圓影]가 이루어졌는데 지금 무엇을 이름하여 '등(燈)의 탓이다 견(見)의 탓이다' 할 수 있으며, 또 어찌 '등의 탓이 아니다 견의 탓이 아니다'라고 분별할 수 있겠느냐?

㈁喩同分二　㉠廣擧
云何名爲 同分妄見고 阿難 此閻浮提에 除大海水하고 中間平陸 有三千洲라
　어떤 것을 동분망견(同分妄見)이라고 하겠느냐? 아난아! 염부제(閻浮提) 가운데 큰 바다의 물을 제하고 그 사이에 육지가 삼천 개가 있다.

正中大洲 東西括量하면 大國凡有 二千三百하고 其餘小洲는 在諸海中이라
　그리고 한복판에 있는 가장 큰 대륙을 동쪽과 서쪽으로 헤아려 보면 그 안에 큰 나라가 이천 삼백 개가 있고, 그 밖에도 바다에는 작은 섬들이 무수히 많은데,

其間或有 三兩百國하며 或一或二로 至于三十 四十五十하니라
　그 중에는 하나의 섬에 혹 삼백 개의 나라가 있기도 하고, 혹은 한 두 개의 나라가 있기도 하며, 더 나아가 삼십·사십·오십 개의 나라가 있기도 한다.

㉡局喩
阿難 若復此中에 有一小洲호대 秖有兩國이어든 唯一國人 同感惡緣할새 則彼小洲의 當土衆生은 覩諸一切 不祥境界호대
　아난아! 그 가운데 하나의 작은 섬에 두 개의 나라가 있는데 그 중에 한 나라 사람만이 좋지 못한 인연(因緣)을 함께 만나게 되어 거기에 사는 모든 중생들이 일체의 상서롭지 못한 경계를 보게 되

는 것이다.

或見二日하고 **或見兩月**하며 **其中乃至 暈適珮玦**와 **彗孛飛流**와 **負耳虹蜺**히
　말하자면 두 개의 해를 보기도 하고, 혹은 두 개의 달을 보기도 하며, 그 가운데에 더 나아가 달무리·햇무리·해의 귀걸이·혜성·유성·해무지개에 이르기까지

種種惡相을 **但此國見**하고 **彼國衆生**은 **本所不見 亦復不聞**하나니라
　가지가지 좋지 못한 모습을 오직 업(業)이 같은 그 나라 사람들만 볼 뿐, 같은 섬인데도 저쪽 나라 중생들은 업이 다르고 복이 달라서 보지도 듣지도 못하는 것이다.307)

㈏法合二 ㈀合別業五 ㉠標告
阿難 吾今爲汝하야 **以此二事 進退合明**호리라
　아난아! 내가 지금 너를 위하여 이 두가지 일에 대해서 앞뒤로 비유를 들어가면서 결론지어 밝혀 주리라.308)

---

307) 좋지 못한 상황[氣現]을 오직 재앙의 땅[災地]에서만 보게 되니 이것이 同業妄惑이다. 저 재앙이 없는 곳에서는 보지도 못하고 듣지도 못한다[不見不聞]한 것은 중생계[有漏境界]가 오직 妄覺으로 나타남을 비유한 것이니 이것이 곧 同業妄見이다. 번뇌[漏]가 없는 사람은 보는 것이 본래 청정하기 때문에 석가모니께서 교화하시는 국토에서 淨穢의 不同이 나타나고, 諸天의 밥을 먹는 것이 복덕에 따라 다른 것이다.『계환해』『卍속장경』17, p.718하)
　＊훈적패결(暈適珮玦)은 日月의 재앙이요, 혜패비류(彗孛飛流)은 星辰의 재앙이요, 부이홍예(負耳虹蜺)는 음양의 재앙이다. 惡氣가 해를 두르고 있는 것을 햇무리[暈]이라 하고, 日食은 삼키는 것[適]이라 하나니 이른 바 삼켜버리는 일월의 재앙을 보았다는 뜻이다. 패결(珮玦)은 妖氣가 해에 가까이 있는 것이 마치 고리 모양과 같기 때문이다. 성망(星芒)은 치우쳐 뻗치는 것[偏指]이니 꼬리별[彗]이라 한다. 마치 빗자루와 같고, 그 빛[芒氣]이 사방으로 뻗어나오기[四出] 때문에 또한 패(孛)이니 孛孛然한 모습이다. 자취가 없이 가는 것이 飛요, 빛의 자취가 서로 이어지는 것을 流라 한다. 밝고 어두운 기운[陰陽之氣]이 둥겨져 미치 헤기 짊어진 것처럼 보이면 負요, 해 옆에 붙으면 耳이라 하며, 밝고 선명하면 虹[숫무지개]이라 하고, 어두우면 蜺[암무지개]라 한다. (앞의 책 p.718하)
308) 두 가지 일이란 別業의 赤眚妄見과 同分의 不祥境界이다. 法喩互顯이란 나아가고

ⓛ牒喩

阿難 如彼衆生 別業妄見으로 矚燈光中 所現圓影이니

　아난아! 저 중생들이 별업망견(別業妄見)으로 등불 주위에 나타난 원영(圓影)을 보게 되는데,

雖現似境하나 終彼見者 目眚所成이라

　이것이 비록 흡사 있는 것[境]처럼 보이지만 사실 그렇게 보이는 둥근 그림자는 눈이 병듦[赤眚]으로 인하여 이루어진 것이다.

眚卽見勞 非色所造어니와 然見眚者 終無見咎니라

　그리고 이러한 적생(赤眚)은 눈[見]이 피로함으로 생긴 허상이지 색(色)으로 이루어진 것이 아니기에, 그것이 적생임을 보면 마침내 견(見)에 허물이 없게 되는 것이다.309)

[法] 물러나면서[喩] 결론지어[合] 밝히는 것을 말한다. 『계환해』(『卍속장경』17, p.719상)　*法喩合: 여기서 法은 인명논리의 용어로서 주제를 가리키고, 喩는 그 주제를 정당화 하기 위한 比喩論法이며, 合은 결론이다.

309) 둥근 그림자[圓影]에 실상이 없으니 곧 경계와 같은 것이다. 이는 見의 미혹[勞]과 눈의 赤眚으로 이루어진 것이요, 燈의 빛으로 이루어진 것이 아니니 별업의 망은 허물이 根으로 인하여 일어난 것이요 경계로 말미암은 것이 아님을 비유로 밝힌 것이다. 비록 根으로 인하여 일어났다고 하더라도 다만 根의 妄이요 見의 妄이 아니기 때문에 '然見眚者, 終無見咎'이라고 한 것이다. 『계환해』(『卍속장경』17, p.719상)

　*앞에서 이르되 '赤眚임을 보는 것은 非病이라' 하고, 여기서는 '赤眚임을 보는 것은 見의 허물이 아니다' 하고, 다음에는 '本覺明心으로 緣을 깨닫는 것은 赤眚이 아니다' 했으며, 나중(p.162)에는 '세간의 十類衆生이 보는 것은 다 見의 허물이요, 赤眚을 보는 것이 아니다. 그러나 저 見의 精眞한 성품은 赤眚이 아니다'고 했으니 이것이 다 見의 體를 가리킨 말이다. (앞의 책 p.719상)

㉢正合

例汝今日에 **以目觀見 山河國土 及諸衆生**컨댄 **皆是無始 見病所成**이라

예를 들어 네가 지금 눈으로 산과 강 그리고 국토310)와 여러 중생들을 보는데, 다 이것이 시작이 없는 과거로 부터 견(見)이 병듦으로 인하여 생긴 것이다.

見與見緣이 **似現前境**이나 **元我覺明**으로 **見所緣眚**이니

그러므로 견(見)311)과 견연(見緣)이 흡사 눈앞에 있는 것처럼 보이지만 그러나 이것은 원래 나의 각명(覺明)으로 소연(所緣)의 적생(赤眚)을 보는 것이니312)

覺見卽眚이어니와 **本覺明心 覺緣非眚**이니라

각(覺)으로 보는 것313)은 적생이지만 본각명심(本覺明心)으로 대상에 반연(攀緣)하는 마음을 깨닫는 것은 적생이 아니다.

---

310) 산·강·국토 등 器界 역시 실체가 없어서 경계와 같은 것이다. 이는 바로 무시이 래로 보는 성품이 병듦으로 인하여 이루어진 것이지 참으로 있는 것이 아니다. 그러므로 '元我覺明으로 所緣을 보아 눈에 赤眚이 낀 것이다'고 했다. 『계환해』(『卍속장경』17, p.719하)
311) 여기에서 見도 앞에서와 같이 妙明으로 드러나지 못한 見精이니, 妄根의 작용인 것이다. *見과 見緣은 妄根과 妄境을 가리킨 것이다. 『계환해』(『卍속장경』17, p.719하) *見은 눈[目]으로 보는 것을 말하고, 見緣은 국토와 중생이다. 『정맥소』(『卍속장경』18, p.415상)
312) 흡사 있는 것처럼 보이지만 사실은 없고, 원래 나의 覺明으로 所緣의 경계를 보아 赤眚이 낀 것이다. 그러므로 이 赤眚은 다른 것이 아니라 有覺有見이면 곧 적생의 병이 되는 것이다. 이른 바 '知見에 知를 세우면 이것이 곧 무명의 근본인 赤眚이다' 함이 이것이다. 그러나 이것이 다만 覺明의 망작용이지 본가의 맑이 아니기 때문에 '本覺明心으로 緣을 깨닫는 것은 赤眚이 아니다'고 한 것이다. 『계환해』(『卍속장경』17, p.719하)
313) 여기에서 각(覺)으로 본다는 것은 覺明의 妄作用이다.

㉣牒答

覺所覺眚이어니와 覺非眚中이라

  소각(所覺)을 분별[覺]하는 것은 적생이지만 각(覺) 자체는 적생(赤眚)이 아니다.

此實見見이어니 云何復名 覺聞知見이리요

  이는 실로 보는 것을 보는 것[見見]이거늘, 어찌하여 이를 '견문각지라' 할 수 있겠느냐?314)

㉤結告

是故汝今에 見我及汝와 幷諸世間 十類衆生한대 皆卽見眚이요 非見眚者니

  그러므로 그대가 지금 나와 그리고 모든 세간의 열가지 중생을 보는데, 이는 모두 견(見)에 적생(赤眚)이 낀 것이지 적생임을 보는 것은 아니니,

彼見精眞 性非眚者일새 故不名見이니라

  견의 정진성(精眞性) 그 자체는 적생이 아니기 때문에 이를 견(見)이라고도 부르지 않느니라.315)

---

314) 所覺이란 바로 일체의 가히 볼 수 있는 경계이니, 가히 볼 수 있는 경계를 견문각지하는 것은 다 眚病이지만 이 覺의 성품은 본래 眚病에 떨어지지 않는다. 왜냐하면 볼 수 있는 대상이 아니기 때문이다. 이와같이 가히 볼 수 없는 것[非可見]을 보는 것이, 참으로 見을 見하는 것이다. 眞見이 이와 같거늘 어찌 다시 이를 覺聞知見하는 眚中의 일이라고 이름하겠는가? 『계환해』(『卍속장경』17, p.719하) *불교에서 觀이라 하는 것이 바로 見을 見하는 것이다.
  *所覺의 眚을 깨닫는 것은 앞의 覺緣二字에 해당되고, 覺은 眚中의 것이 아니다한 것은 앞의 非眚二字에 나아간 것이다. 그 뜻은 覺은 본래 眞이요, 眚은 본래 妄이니, 眚인줄 몰랐을 때는 覺이 늘 眚中에 떨어지지만 언듯(纔) 眚인줄 깨달으면, 覺은 이미 眚外로 벗어나 있는 것이다. 그러므로 別業中에서 허다히 발휘한 것이 다만 이 二句를 성취케 하고자 한 것이니, 그 뜻은 眞은 본래 초탈함을 드러내기 위하여 前의 迷悶之情을 해석한 것이다. 『정맥소』(『卍속장경』18, p.415하)
  *결국 밖의 경계에 집착하여 분별심[見聞覺知]을 내면 見이 병들게 된다. 그러나 오히려 그 분별하는 能見을 회광반조한다면 곧 眞見이라는 것이다.
315) '견에 적생이 낀 것[皆卽見眚]이지, 적생을 보는 것은 아니다[非見眚者]'라 한 것은

2.發明覺性 直使造悟 ⑼廣明眚妄 重開慧目

㈡合同分二　㉠牒喩
阿難 如彼衆生의 同分妄見으로 例彼妄見의 別業一人컨대
　아난아! 저 중생의 동분망견(同分妄見)을 다시 저 별업망견(別業妄見)의 한 사람에게 비교해 볼 때에,

一病目人은 同彼一國이니 彼見圓影은 眚妄所生이요
　한 사람의 눈에 병이 난 것은 저 섬의 한 나라에서 보는 장악(瘴惡)316)과 같나니, 그가 보는 원영(圓影)은 적생(赤眚)의 허망으로 생긴 것이요.

此衆同分으로 所見不祥은 同見業中에 瘴惡所起이니 俱是無始見妄所生이라
　이 곳 중동분(衆同分)317)으로 보는 바 상서롭지 못한 경계는 동업(同業)가운데 장악(瘴惡)으로 일어난 것이니, 모두가 시작이 없는 과거로부터 보는 성품이 잘못되어 생긴 것이니라.318)

㉡正合
例閻浮提 三千洲中과 兼四大海와 娑婆世界와 幷泊十方 諸有漏國과 及諸衆生하건대
　염부제(閻浮提)의 삼천 주와 네가지 큰 바다와 사바세계와 그리고 시방의 여러 번뇌가 많은 나라[有漏國]와 모든 중생들을 예로 든다면,

---

　'見의 법이 나 見의 亦眚이시요, 見의 체가 아니며, 서 見의 眞體는 본래 眚類가 아니기에 見이라고도 부르지 않는다'고 말했으니, 이는 見體가 是見이 아님을 결론지은 것이다. 『계환해』(『卍속장경』17, p.719하)
316) 瘴惡: 특수한 곳에서 번지는 풍토병이다.
317) 衆同分: 心不相應行法 가운데 하나로서 사람은 사람끼리의 衆同分이 있고, 축생은 축생끼리의 衆同分이 있다는 끗이다. 김동화,『俱舍哲學』p.172 174.
318) 별업을 끌어다 동분에 例하고, 眚妄을 끌어다 瘴惡에 예하여 妄業이 비록 다르나 妄本은 다르지 아니함을 밝힌 것이기에 '俱是無始 見妄所生'이라 한 것이다. 『계환해』(『卍속장경』17, p.720상)

同是覺明의 無漏妙心이 見聞覺知하야 虛妄病緣으로 和合妄生하고 和合妄死니라

  이 모두가 각명(覺明)의 무루묘심(無漏妙心)이 견문각지의 허망한 인연[病緣]에 화합하여 부질없이 생기고 부질없이 없어지는 것이다.319)

㊂擧要結答
若能遠離 諸和合緣과 及不和合하면 則復滅除 諸生死因하고 圓滿菩提의 不生滅性하야 淸淨本心의 本覺常住리라

  만약 모든 화합(和合)의 연(緣)과 불화합(不和合)의 연(緣)에서 멀리 벗어나면, 곧 가지가지 생사인(生死因)을 소멸하고, 보리(菩提)의 불생멸성을 원만하게 이루어, 청정한 본심인 본각(本覺)이 상주할 것이다.320)

③再淨餘塵二321)　㊀牒疑
阿難 汝雖先悟 本覺妙明이 性非因緣이며 非自然性이나

  아난아! 네가 비록 본각묘심(本覺妙明)의 참된 성품이 인연도 아니고 자연도 아니라는 것은 이해하였으나,

而猶未明 如是覺元이 非和合生이어나 及不和合이로다

  아직 이와같은 각(覺)의 근원이 화합(和合)으로 생기거나 불화합

---

319) 위에서는 한 사람을 一國에 비유하였는데, 여기에서는 一國을 대천세계에 비유하여 器界와 根身이 다 見의 病으로 인하여 和合妄起한 것이니 그 근본에서 보면 覺明의 無漏妙心이 眞을 의지하여 起妄한 것임을 종합하여 드러낸 것이다. 『계환해』(『卍속장경』17, p.720상)
320) 모든 和合緣이란 경계로 인하여 일어나는 妄念麤相이요, 불화합은 緣을 여의고, 홀로 證하는 法執細相이니 이는 다 諸生死因이기에 능히 보리를 무너뜨리고, 생멸을 일으키며, 淨心을 오염시키고, 본각을 잠기게 하기 때문에 능히 이를 遠離하면 圓滿淸淨하여 본각이 상주하리니 이 부분의 글은 처음 아난이 '慧目을 열어서 하여금 覺心이 明淨하게 해주십시오!'하고 청하였기 때문에 여기에서 결론으로, 慧目을 열어서 覺心을 밝히는 要諦로써 답한 것이다. 『계환해』(『卍속장경』17, p.720상)
321) 再淨餘塵: 다시 남은 의심[塵]을 밝혀주다.

(不和合)으로 생긴 것이 아님을 알지 못하는구나!322)

㊂辯淨二 ㈎擧妄情
阿難 吾今復以 前塵問汝호리라
 아난아! 내가 지금 다시 앞에 있는 대상을 가지고 너에게 묻나니,

汝今猶以 一切世間 妄想和合 諸因緣性에 **而自疑惑**하야 **證菩提心**도 **和合起者**로다
 너는 지금도 일체 세간에서 망상으로 화합하는 가지가지 인연의 성품에 스스로 미혹되어 보리심을 증득하는 것도 '화합으로 생기는 것이 아닌가?'라고 의심하는구나!

㈏正與辯四 ㉮辯非和五 ㈀總問
則汝今者 妙淨見精이 **爲與明和 爲與闇和**인가 **爲與通和 爲與塞和**인가
 너의 말대로 화합이라면 지금의 이 묘정견정(妙淨見精)이 밝음과 섞여서[和] 된 것이냐? 어두움과 섞여서 된 것이냐? 통함과 섞여서 된 것이냐? 막힘과 섞여서 된 것이냐?323)

㈁別辯
若明和者인댄 **且汝觀明**에 **當明現前**하리니 **何處雜見**고
 만약 밝음과 섞여서 된 것이라면 네가 밝은 것을 볼 때에 응당 밝음이 앞에 나타날 것이니, 어느 곳에 견(見)이 섞여 있더냐?

---

322) 覺元이란 本覺으로부터 나오는 것이니 곧 始覺이요, 아래에 이른바 보리심을 증한다는 것이 이것이다. 앞에서는 妙明本覺에 대해 인연같기도 하고 자연같기도 하다고 의심했기 때문에 이미 질문에 답변을 했거늘, 아직도 도를 증득하는 始覺이 화합으로 생하는 것이 아니며 불화합도 아님을 알지 못하니 이것이 覺心의 餘塵인 것이다. 그러므로 거듭 이를 가려서, 저로 하여금 明淨케 하려는 것이다. 『계환해』(『卍속장경』17, p.720하)
323) 설사 섞인 바가 있더라도 섞였다면 그것은 곧 경계(妄塵)가 되어(涉)버리니 妙淨이라 이름할 수 없다. 『계환해』(『卍속장경』17, p.720하)

見相可辯이니 雜何形像고
　견과 상을[見相可辯]324) 가히 가릴 수 있을 것이니, 섞였다면 어떠한 모습이더냐?

(ㄷ)反辯
若非見者인댄 云何見明이며
　만약 견(見)이 밝음과 섞여서 견의 기능을 잃었다면[非見], 어떻게 밝음을 보며,

若卽見者인댄 云何見見이리요
　만약 밝음이 견과 섞여서 그대로 견(見)이 되었다면, 어떻게 견(見)이 견(見)을 볼 수 있겠느냐?325)

必見圓滿인댄 何處和明하며
　만약 반드시 견(見)이 가득하다면 어느 곳에 밝음[明]이 섞일[和] 수 있으며,

若明圓滿인댄 不合見和니라
　만약 밝음이 가득하다면 견 또한 거기에 섞일 수 없을 것이다.326)

---

324) 계환은 見과 相을 가히 분별한다하고, 정맥은 所見의 相을 가히 분별한다고 했다.
　*見相은 보는 성품과 밝은 현상을 말한다. (앞의 책 p.720하)　*가히 볼 수 있는 것을 相이라 하나니 '見相可辨'이라 한 것은 所見의 相이 분명하여 가히 가릴 수 있기 때문이다.『정맥소』(『卍속장경』18, p.421상)
325) '明이 만약 見이 아니라면 능히 明을 보지 못할 것이다' 했으니 이는 서로 섞임을 의심한 것이고, '明이 본래로 見이라면 무엇이 能見이 되겠는가?'라고 한 것은 明과 見이 서로 섞일 수 없음을 밝힌 것이니 이 문장은 거품같고 티끌같은 幻相이 어디에도 實體가 없어서 찾아볼 수 없음[不容窮詰]을 밝힌 것이다.『계환해』(『卍속장경』17, p.721상)
326) 오직 見과 明이 體가 반드시 원만하다면 응당 서로 섞일 수 없을 것이니 대개 섞인다고 하면 즉 사이사이에 섞이게 되는 것이기에 원만할 수 없는 것이다.『계환해』(『卍속장경』17, p.721상)

2.發明覺性 直使造悟 (9)廣明瞽妄 重開慧目 163

㉣結成

見必異明이니 **雜則失彼 性明名字**하리니 **雜失明性**인댄 **和明非義**니라

　견(見)은 반드시 밝음[明]과는 다른 것이니, 서로 섞이게 되면 그 밝은 성품[性明名字]을 잃을 것이요, 섞여서 밝음의 묘정(妙淨)한 성품을 잃게 된다면 밝음과 섞이는 것이 의미가 없을 것이다.327)

㈁例明

彼暗與通 及諸群塞 亦復如是하니라

　이 밖에 어두움과 통함, 그리고 여러가지 막힌 것에 대해서도 모두 이와같다

㈐辯非合四　㈀總問

復次阿難 又汝今者에 **妙淨見精**은 **爲與明合**인가 **爲與暗合**인가 **爲與通合**인가 **爲與塞合**인가

　다시 아난아! 너의 지금의 묘정견정(妙淨見精)이 밝음과 합(合)해진 것이냐? 어두움과 합해진 것이냐? 통함과 합해진 것이냐? 막힘과 합해진 것이냐?328)

㈁別辯

若明合者인댄 **至於暗時**하야 **明相已滅**하고

　만약 견정(見精)이 밝음과 합하여 이루어진 것이라면, 어두움에 이르렀을 때 명상과 함께 이미 사라졌음이라

---

327) 앞의 내용을 이어서 和合이 아님을 결론지은 것이다. 見이 이미 明과 다르기 때문에 만약 화합하여 섞인 것이라면 저 妙淨性의 이름을 잃게 되리니 결정코 明으로 더불어 화합한 깃이 아니라는 깃이다. (앞의 책 p.721상) 牒上하야 結成非和也니라 見旣異明이라 若和而雜之則失彼妙淨性名이니 定非與明矣로다
328) 和는 서로 섞여서 가릴 수 없는 것이오, 合은 서로 붙어서 떨어지지 않는 것이다. 『계환해』(卍속장경』17, p.721상)

此見卽不 與諸暗合이어니 云何見暗이리요

이 견(見)이 어두움과는 합하지 못할 것이거늘 어찌하여 어두움을 보게 되느냐?329)

(ㄷ)反辯
若見暗時에 不與暗合인맨 與明合者할도 應非見明이리라

만약 어두움을 볼 때에 어두움과 합하지 아니하고 어두움을 본다면, 밝음과 합하게 되었을 때도 응당 밝음을 보지 못해야 할 것이다.

旣不見明인맨 云何明合이며 了明非暗가

이미 밝음을 보지 못한다면 어떻게 밝음과 합하였다고 할 수 있으며, 또 밝음이 어두움이 아니라는 것을 어떻게 알수 있겠느냐?330)

(ㄹ)例明
彼暗與通 及諸群塞 亦復如是하니라

이 밖에 어두움과 통함 그리고 가지가지 막힘에 대해서도 이와같다."

---

329) 합하였다면 서로 떨어질 수 없는 것이다. 그러므로 明相이 멸할 때에 見도 따라 멸하여 다시 暗과 합하지 못할 것이다. (앞의 책 p.721상)

330) 만약 暗과 合하지 아니하고도 능히 暗을 본다면 곧 明과 合하더라도 응당 明을 볼 수 없을 것이다. 그러나 이미 明을 보지 못하거니 어떻게 明으로 더불어 合하였다고 할 수 있으며, 어떻게 明이 暗과 다른 줄을 알리요? 이와같이 그 합한다는 뜻이 성립되지 아니하듯이 깨달음을 증득하게 하는 妙淨見精도 화합으로 생긴 것이 아님이 분명하다. 『계환해』(『卍속장경』17, p.721하)

2.發明覺性 直使造悟 (9)廣明눈妄 重開慧目　165

㉣辯非非和二　㈀起疑
阿難이 白佛言호대 世尊하 如我思惟컨대 此妙覺元이 與諸緣塵과 及心念慮로 非和合耶니이다

　아난이 부처님께 사뢰었다. "세존이시여! 저의 생각 같아서는, 이 묘각(妙覺)의 근원이 저 모든 경계[緣塵]와 마음[心]과 생각[念慮]으로 더불어 화합이 아니라고 생각됩니다."331)

㉡正辯四　㈀總問
佛言 汝今又言호대 覺非和合이라하니 吾復問汝호리라

　부처님이 말씀하셨다. "네가 지금 다시 '묘각(妙覺)의 근원이 화합이 아니다'라고 하니, 내가 다시 너에게 묻는다.

此妙見精이 非和合者인댄 爲非明和아 爲非暗和아 爲非通和아 爲非塞和아
　이 묘한 견정(見精)이 섞여 합한 것이 아니라면 밝음과 섞인 것[和]이 아니냐? 어둠과 섞인 것이 아니냐? 통함과 섞인 것이 아니냐? 막힘과 섞인 것이 아니냐?"

㈁別辯
若非明和인댄 則見與明이 必有邊畔하리니 汝且諦觀하라 何處是明이며 何處是見고 在見在明에 自何爲畔고
　만약 밝음과 섞인 것이 아니라면 견(見)과 명(明)에 반드시 경계선이 있어야 할 것이다. 너는 자세히 보아라. 어디까지가 명(明)이며 어디까지가 견(見)이냐? 견이 있고 명이 있다면 어디로부터 경계를 삼아야 하느냐?332)

---

331) 이는 하나를 버리고 다시 하나에 집착한 것이다. 『계환해』(『卍속장경』17, p.721하)
332) 和라면 같아져서 경계가 없을 것이요, 非和라면 달라서 반드시 경계가 있을 것이거늘, 우선 경계를 求하여도 얻을 수 없으니 非和가 아닌 것이다. 『계환해』(『卍속장경』17, p.721하)

ⓒ反辯

阿難 若明際中 必無見者인맨 則不相及이라 自不知其 明相所在리니 畔云
何成이리요

　아난아! 만약 밝게 보일 때 반드시 견(見)과 섞임이 없었다면 견
(見)과 명(明)이 서로 미칠 수 없을 것이요, 이와같이 명상(明相)의
소재도 알지 못하는데 어떻게 경계[畔]를 세울 수 있겠느냐?333)

ⓔ例明

彼暗與通 及諸群塞 亦復如是하니라

　이 밖에 어두움과 통함 그리고 여러 가지 막힘에 대해서도 이와
같다.

㉣辯非非合三 (ㄱ)總問

又妙見精 非和合者인맨 爲非明合가 爲非暗合가 爲非通合가 爲非塞合가

　다시 이 묘한 견정(見精)이 화합(和合)이 아니라면 밝음과 합(合)
한 것이 아니냐? 어두움과 합한 것이 아니냐? 통함과 합한 것이 아
니냐? 막힘과 합한 것이 아니냐?

(ㄴ)別辯

若非明合인맨 則見與明 性相乖角호미 如耳與明이 了不相觸하야 見且不知
明相所在커늘 云何甄明 合非合理리요

　만약 밝음과 합(合)이 아니라면 견(見)과 명(明)의 성품이 서로
어그러지는 것이, 마치 듣는 귀와 밝음이 서로 이루어지지 못하는
것과 같아서 보더라도 명상(明相)의 소재를 알지 못하는데 어떻게
합(合)과 비합(非合)의 이치를 밝게 분별할 수 있겠느냐?334)

---

333) 見이 서로 미칠 수 있어야 所在를 알게 되고, 所在가 있으므로 해서 경계(畔)가
　　있게 되는데, 경계의 의의를 이룰 수 없으니 非和가 아닌 것이다. (앞의 책 p.722상)
334) 만약 合이 아니라면 根境이 서로 어그러져 이미 明을 알지 못하고, 또한 見이 드
　　러나지 아니하리니 二體가 이미 없거늘 어떻게 合과 非合의 이치를 분별[甄別]하겠는
　　가? 『계환해』(『卍속장경』17, p.722상)　　*乖角: 두 뿔은 자체가 합할 수 없어 어그러지

(ㄷ)例明

彼暗與通 及諸群塞 亦復如是하니라

그 밖에 어두움과 통함 그리고 여러 가지 막힘에 대해서도 이와 같다.335)

(10)卽諸根塵 顯如來藏336) ①括前總顯

阿難 汝猶未明 一切浮塵이 諸幻化相이 當處出生하야 隨處滅盡하나니 幻妄稱相이어니와 其性眞爲 妙覺明體니라

아난아! 너는 아직도 가지가지로 들뜨고 장애하는 모든 허망한 것들이 당처(當處)에서 출생하고 수처(隨處)에서 소멸하는 인연(因緣)337)이기에 이러한 환망(幻妄)을 생겼다 없어지는 허망한 현상이라하거니와 그 성품은 진실한 불생불멸(不生不滅)의 묘각명체(妙覺明體)임을 알지 못하는구나!

는 것.
335) 이상은 다 淨妙한 見精에 의지하여 情塵을 털어 보내기 위한 것으로, 2권 初 發明覺性하여 廣辯眞妄으로부터 더 나아가 重開慧目하고 再淨餘塵하니 여기에 이르러 身心이 灑落하고 眞妄을 兩忘하여 이에 가히 여래장성을 현시하여 학인으로 하여금 근진처계의 법법이 원명하며 물물이 현현함을 알게 했으니 이것이 造悟修證의 大本이 되는 것이다. (앞의 책 p.722상)
336) 卽諸根塵 顯如來藏: 여러 근진에 나아가 여래장을 드러내다.
  *여래장이란 일체중생의 번뇌 가운데 숨어 있는 본래 청정한 여래의 법신을 가리킨다. 대개 여래장이란 비록 번뇌 가운데 덮이고 감추어져 있으나 번뇌에 물들지 않고, 본래 그대로를 구족하여 절대청정하고 영원불변한 본성으로써 존재하는 것을 말한다. 또 일체의 더러움과 청정한 모습이 다 여래장에 의지해서 일어났다고 주장하는 것을 여래장연기라고 한다. 『佛光大辭典』(台灣 佛光出版社 1988) p.2361)
337) 當處出生 隨處滅盡이란 인연의 다른 이류으로, 明暗通塞과 합과 비합의 이치가 다 이른 바 거품 같고 티끌 같은 허망한 모습[幻相]이니 화합하여 부질없이 일어나고 화합으로 헛되이 사라지기 때문에 當處出生 隨處滅盡이라 하는 것이다. 『계환해』(『卍속장경』17, p.722하)

如是乃至 五陰六入과 **從十二處**하야 **至十八界**히 **因緣和合**하야 **虛妄有生**하며 **因緣別離**하야 **虛妄名滅**이로대

이와같이 더 나아가338) 오음·육입·십이처·십팔계가 다 인연이 화합하면 허망하게 생기고, 인연이 흩어지면 허망하게 없어지는 것이로되,

殊不能知 生滅去來가 **本如來藏 常住妙明**하고 **不動周圓**한 **妙眞如性**하고

자못 이 생멸거래가 그대로 본래 여래장(如來藏)339)으로서 상주

---

338) 본래 생멸도 없고 화합도 없거늘 幻妄을 相이라 칭하니 이 幻이 자성이 없고 다만 眞을 의지하여 세우게 되는 것이 마치 허공에 꽃이 생기는 것과 같아서 전체가 그대로 空이요, 마치 물에 거품이 생기는 것과 같아서 전체가 그대로 물인 것과 같은 것이다. 그러므로 그 性이 참으로 妙覺明體가 되는 것이요, 가깝게는 몸으로부터 멀리는 만물에 이르기까지 다 그러하지 아니함이 없기에 如是乃至 등이라 한 것이다. (앞의 책 p.722하)

339) 여래장이란 각자[當人]의 法身妙性이다. 果를 의지하여 여래라 칭하고, 衆德을 含攝했기에 藏이라 하며, 오고가지 않기에 常住라 하고, 어두어도 능히 어둡지 아니하니 妙明이며, 생멸을 따르지 아니하기에 不動이요, 두루 만족하지 아니함이 없어 周圓이며, 만물에 오묘하되 지극히 신령하고, 일체에 性이 되지만 다르지 않기 때문에 妙眞如性이니 능히 이 性을 보면 迷悟와 생사가 마침내 불가득임을 요달하게 되리라.『계환해』(『卍속장경』17, p.722하)

*묻기를 '진실되고 항상한 性이 人人本具하여 이미 去來生死가 없거늘 어찌하여 지금 實로 있는가?' 답하기를 '眞常이 아니기에 있는 것이요, 만약 眞常이라면 곧 有가 아니다. 이를 허공이나 물에 비유하건대, 만약 눈에 病이 있으면 허공에 꽃이 보이고 바람이 물에 부딪치면 거품이 생기는 것과 같거니 이것이 어찌 眞常이겠는가? 만약 참으로 晴明澄湛이라면 바로 眞常이라 하리라. 그러나 저 明湛한 가운데에 그저 조용히 花泡를 구하고자 한들 어찌 얻을 수 있으리요? 능히 이러한 이치를 살핀다면 聖言을 의심하지 않게 되리니, 오직 힘쓸 것은 幻妄을 요달하고 眞常을 회복하는데 있다.『계환해』(『卍속장경』17, p.722하)

*여래장이란 일체중생의 煩惱身 가운데 숨어 있는 바 본래 청정한 여래의 법신을 가리킨다. 대개 여래장이란 비록 번뇌 가운데 覆藏해 있으나 도리어 번뇌의 물드는 바가 되지 아니하고 본래로 구족하여 절대 청정한 영원불변한 본성을 말한다. 또 一切染汚와 청정의 현상이 다 여래장을 반연하여 일어났다고 설하는 것을 여래장연기라 칭한다. 승만경 法身章에서는 여래의 법신이 煩惱藏을 여의지 않기 때문에 여래장이라 칭한다 했다.『佛光大辭典』(台灣 佛光出版社 1988) p.2361.

*勝鬘經 法身章에서는 여래장을 두 가지 의미로 보았는데, 첫째 그것이 번뇌를 초월하였기에 번뇌와 다르고, 또한 여래장 가운데에는 번뇌가 空하다는 면에서 空如來藏이

묘명(常住妙明)하고 부동원만(不動周圓)한 묘진여성(妙眞如性)임을 알지 못하고,

性眞常中에 **求於去來 迷悟生死**하니 **了無所得**이니라
 성품이 진실하고 항상한 그 자리에서 거래(去來)·미오(迷悟)·생사(生死)를 구하려하니 마침내 얻을 수 없는 것이다.

②隨事別明四 ㉠卽五陰明二 ㉮總徵340)

라 칭하고, 둘째 여래장이 一切法을 구족하여 번뇌와 더불어 不離不脫不異라고 하는 면에서 不空如來藏이라 칭했다(勝鬘經 空義隱覆眞實章). 아울러 同經에서 여래장에는 (空不空 모두) 번뇌에 휩싸인 在纏의 狀態와 번뇌에서 벗어난 出纏의 상태가 있다고 했다.『佛光大辭典』(台灣 佛光出版社 1988) p.2361.

340) 오온: 불교에서는 중생이 변계소집하는 몸과 마음, 그리고 이 우주를 오온으로 분석하였다. 여기서 蘊이란 모임, 즉 개체 형성을 뜻한다. ⑴色은 識情의 대상으로 빛깔이나 모양이 있는 것, 五根, 五境, 法處色 등). ⑵受는 快不快中性(捨)等의 느낌. 情이 경계에 접촉하고, 경계를 마음이 받아들이는 것[領納]을 受라 한다. ⑶想은 이미지나 선입관을 형성하는 추상적 사고. (善惡, 부처·중생, 神魔, 男女, 美醜, 自我 등) 받아들인 느낌에 대하여 갖가지 名言을 표상하는 작용. ⑷行은 행위에 선행하는 충동력과 그 상속[遷流]. ⑸識은 늘 수상행과 함께하면서 궁극에는 총체적으로 판단하는 분별작용이다.

*12연기에서 촉은 무명촉이요, 삼사화합(18계)이니, 이 촉(識)으로 인하여 자아(제7식)가 활동하고 삼사를 실재로 착각하는 것이다.
　　　　　　　　　　　　　　色
無明 - 行 - 識 - 名色 - 六入 - 觸 - 受想行 - 愛 - 取 - 有 - 生 - 老死
　　　　　　　　　　　　　　識

*존재의 근원이 본래로 자연스레 생주이멸하는 것이거늘, 우리는 한 순간의 모습에 집착하고, 그 위에 아집과 그것을 유지하려는 가지가지 분별을 일으켜 고통을 만들어 간다. 마치 어떤 사람이 전화소리(色)를 듣고(受識) 그 모습을 상상하고(想識) 만나고 싶어(行識) 애를 태우는 것(愛識)처럼....

*오온의 비유: 물은 고요한 것이나 바람이 물결을 일으키고, 허늘은 맑은 것이나 구름이 흩적을 만든다고 했으니 色陰에 비유한 것이고, 어름을 만지니 차고, 불을 쪼이니 따뜻하다고 함은 受陰에 비유한 것이고, 어버이를 생각하면 눈에 눈물이 맺히고, 음식을 말하면 입에 침이 생긴다고 함은 想陰을 비유한 것이고, 날르는 구름은 쉬지 않고 달리고, 흐르는 물이 빠

阿難 云何五陰이 本如來藏 妙眞如性고

아난아! 어찌하여 오음이 본래 여래장 묘진여성(妙眞如性)이겠느냐?

⑷別明五 ㉮色陰三 ㈠依眞起妄
阿難 譬如有人이 以淸淨目 觀晴明空에

아난아! 마치 어떤 사람이 청정한 눈으로 맑게 개인 허공을 볼 때에,

唯一晴虛 逈無所有라가 其人無故이 不動目睛 瞪以發勞하면

오직 맑은 허공만 보일 뿐 멀리 아무 것도 보이는 것이 없다가 그 사람이 까닭없이, 눈동자를 움직이지 않고 오래도록 똑바로 쳐다봄[업상]으로 인하여, 눈이 피로하게 되면[전상]

則於虛空 別見狂華라가

허공에서 어지러운 꽃이 보이다가[현상]

復有一切 狂亂非相인달하니 色陰當知 亦復如是니라

점점 더 어지러워 뿌연 모습이 되는 것처럼, 색음도 응당 이와같은 것임을 알아야 한다.341)

르다'고 한 것은 行陰에 비유한 것이고, 바다를 끌어다 네모난 못을 만들고, 허공을 나누어 적은 병에 담는다고 함은 識陰을 비유한 것이다.

341) 맑은 눈으로 晴空을 본다 고 말한 것은 淨智로 妙性을 보는 것에 비유한 것이다. 그러므로 '멀리 있는 바가 없다'고 했고, 피로한 눈으로 허공에 광화(狂華)를 본다는 것은 妄因으로 幻色을 반연한 것에 비유했다. 그러므로 따로히 狂相을 보게 되었던 것이니 이것이 色陰의 일어난 모습이다. 空花는 색음에 비유하고 狂相은 色境에 비유했으니 이것이 다 妄惑의 모습이다. 『계환해』(『卍속장경』17, p.723상)

(ㄴ)辯妄無實

阿難 是諸狂華가 非從空來며 非從目出이니라
  아난아! 이 모든 헛보이는 광화(狂華)가 허공에서 생긴 것도 아니고, 눈에서 나온 것도 아니다.

如是阿難아 若空來者인댄 旣從空來라 還從空入이며
  아난아! 만약 허공에서 나온 것이라면 이미 허공에서 나왔으니 다시 허공으로 들어가야 할 것이며,

若有出入인댄 卽非虛空이요
  만약 허공에 출입이 있다면 곧 허공이 아닐 것이다.

空若非空하면 自不容其 華相起滅호미 如阿難體에 不容阿難하리라
  그렇다고 허공이 비어 있는 것이 아니라면 허공에서 광화가 생길 수 없는 것이 마치 아난의 몸에 다른 아난을 용납하지 못하는 것과 같을 것이다.342)

若目出者인댄 旣從目出할새 還從目入이며
  만약 그 광화(狂華)가 눈에서 나온 것이라면 이미 눈에서 나왔기 때문에 다시 눈으로 들어가야 할 것이다.

卽此花性이 從目出故로 當合有見이요
  또 광화의 성품이 눈에서 나왔기 때문에 응당 다른 것을 볼 수 있어야 할 것이고,

---

342) 狂華가 허공에서 생긴 것이 아님을 가려서 色陰이 경계로 인하여 있는 것이 아님을 밝힌 것이다. 허공에 만약 출입이 있다면 실체가 있을 깃이므로 허공이 이닌 것이요, 허공이 만약 비어 있지 아니하다면 그 허공은 실체이리니 출입이 있을 수 없다. 이는 마치 아난의 몸에 다시 다른 몸을 용납할 수 없는 것과 같다. 『계환해』(『т속장경』17, p.723상)

若有見者인맨 去旣花空할새 旋合見眼이라
 만약 볼 수 있다면 나갈 때에 이미 허공의 꽃을 보았으니 돌아올 때에는 응당 눈을 보아야 할 것이다.

若無見者인맨 出旣翳空할새 旋當翳眼이며
 만약 (광화가 눈에서 나왔는데) 보는 성품[見]이 없다면 나갈 때에 이미 허공을 가렸으므로 돌아올 때에는 응당 눈을 가려야 할 것이다.

又見花時에 目應無翳어늘
 또 허공의 광화를 볼 때에 (눈에서는 이미 광화가 나갔으므로) 눈은 응당 가림이 없거늘,

云何晴空을 號淸明眼고
 어찌하여 (광화를 볼 때에 그 눈을 가려진 눈이라 하고, 오히려 허공에 광화가 없으면 그 광화가 눈으로 돌아왔을 것이므로, 그 눈은 오히려 가려진 눈이요 청정한 눈이 아닐 것인데, 허공에 광화가 없어) 맑은 허공일 때, 이를 청명한 눈[淸明眼]이라 부르느냐?343)

---

343) 狂華가 눈에서 나온 것이 아님을 가려서 色陰이 眼根에서 생긴 것이 아님을 밝힌 것이다. 狂華가 눈으로부터 나왔다면 눈의 성품을 얻었으므로 응당 볼 수 있어야 할 것이거늘, 지금 돌아올 때에 이미 눈을 보지 못하고, 또 (설사 보지 못한다 하더라도 눈에서 나갔다면 돌아올 때 눈을 가리워야 나갔다는 말이 되는데) 가리지도 못하니 눈에서 나온 것이 아니라는 것이다. 또 狂華를 볼 때에 (눈에서 狂華가 나가버렸으므로, 눈은 이제 청정해졌으니) 눈은 응당 흐릿함이 없어야만[無翳] 이에 눈에서 나왔다는 뜻이 이루어질 것이거늘 어찌하여 狂華를 볼 때에 눈은 오히려 흐릿[目尙有翳]해져 있으며, 반드시 맑은 허공을 보아야만 淸明眼이라 부르느냐? 그러므로 눈에서 나왔다는 뜻이 마침내 정립될 수 없다는 것이다.『계환해』(『卍속장경』17, p.723하)

(ㄷ)了妄卽眞

是故當知 色陰虛妄하야 **本非因緣 非自然性**이니라

그러므로 응당 색음(色陰)의 모습이 허망하여 본래로 인연도 아니고 자연성도 아님을 알아야 한다.344)

⑭受陰三 (ㄱ)依眞起妄

阿難 譬如有人이 **手足宴安**하면 **百骸調適**하야 **忽如忘生**하야 **性無違順**이라가

아난아! 마치 어떤 사람이 손발이 편안하고 모든 뼈마디가 적절히 조화되어 있으면, 문득 아무 생각이 없어 성품에 어긋나고 순함이 없다가,

---

344) 이미 幻花가 無因임을 요달했다면 응당 색음도 허망하여 본래 인연과 자연이 아닌 여래장의 妙眞如性임을 알았을 것이다. 나머지 四陰도 이와같다.『계환해』(『卍속장경』17, p.723하)

*능엄에서 색음을 허공의 꽃[狂華]에 비유했는데 이는 三細 가운데 現相이다. 즉 그 사람이 까닭없이 目睛을 움직이지 않은 것이 최초무명이라면 피로[勞]는 轉相[능견]이고 狂華는 現相[상분]인 것이다. 그러므로 색음의 이러한 현상은 무명에 근거한 허망한 것이요, 그 성품은 인연도 자연도 아닌 불생불멸의 여래장 묘진여성이라 했으니, 이를 깨달으면 바로 대등불교에서 주장하는 法空의 경계인 것이다.

*여래장이란 객진번뇌에 덮여있는 자성청정심의 뜻으로, 이는 부파불교 가운데 대중부에서 주장하는 心性本淨說을 이어받은 것이며, 대승의 般若空觀을 배경으로 하고 있다. 이와같이 마음의 本性은 淸淨하고 煩惱는 客塵에 지나지 않는다고 보는데서 출발한 여래장사상은, 유식사상과 교류하면서 학설을 발전시켜 나갔던 것이다.

능엄에서 때로는 여래장, 때로는 眞見, 妙明, 眞性 등 다양한 이름으로 불리어지고 있으니, 외계의 사물에 끄달리는 妄見과 다르다는 입장에서 眞見이라 하고, 어떤 환경에 처하더라도 변함이 없으므로 妙明이라 하고, 모든 법에 근본이 되므로 眞性이라 하였다. 그리고 색음 등 이러한 현상은 그 어떤 것에서 나오는 인연도 아니고, 自體가 따로 있는 자연도 아니다. 다만 우리의 여래장성이 피로한 상태, 즉 지혜가 무명에 덮인 상태에서 根境이 서로 반연하여 형성된 허망한 현상에 지나지 않는 것이다. 그러므로 색음 등이 인연도 아니요 자연도 아닌 공이요 연기이며 그대로 여래장성임을 알아야 한다는 것이다.

*이와같이 여래장 묘진여성의 세계에는 본래 차별이 없고, 이러한 차별이 있는 것은 다민 헌생각 미혹 때문이지만, 그러니 비록 미혹외 세계가 공하다 하여도 여래장묘진여성을 알지 못하는 한 엄연히 차별과 번뇌가 존재하므로 청정본연한 여래장의 경지를 체득하여야 하며, 이를 체득하게 하기 위하여 견도분에서 迷妄의 성체를 밝히고, 수도분에서 耳根圓通을 권한 것이다.

其人無故히 以二手掌으로 於空相摩하면 於二手中에서 妄生澁滑 冷熱諸相인달하야 受陰當知 亦復如是하니라

 그 사람이 까닭없이 두 손바닥을 허공에서 서로 비비면 두 손바닥에서 허망하게 껄끄럽거나 미끄럽거나 차거나 뜨거운 여러가지 현상이 생기듯이 수음(受陰)의 모습도 응당 이와 같음을 알아야 한다.345)

(ㄴ)辯妄無實
阿難 是諸幻觸이 不從空來하며 不從掌出하나니

 아난아! 이 모든 허환의 느낌[幻觸]이 허공에서 온 것도 아니며, 손바닥에서 나온 것도 아니다.

如是阿難아 若空來者인댄 旣能觸掌이어늘 何不觸身고 不應虛空이 選擇來觸이니라

 이와같이 아난아! 만약 허공에서 나왔다면 이미 손바닥에 접촉하였는데 어찌하여 몸에는 접촉하지 못하느냐? 응당 허공이 선택하여 접촉하지는 않은 것이다.

若從掌出인댄 應非待合이니라

 또 만약 그 허환의 느낌[幻觸]이 손바닥에서 나왔다면, 반드시 손바닥이 합(合)함을 기다리지는 아니할 것이다.346)

---

345) 우리의 마음[情]이 경계에 부딪쳐서 경계를 마음에 받아들이는 것을 受라 한다. 宴安하고 調適하여 性에 違順이 없다는 것은 여래장성에는 본래 諸受가 없다는 뜻이다. 두손을 허공에서 서로 문질러 허망하게 澁滑의 느낌이 생겼다는 것은 妄觸이 諸受를 이끄는 것에 비유한 것이다. 살아있음을 잊었다(忘生)는 것은 원각에 이른 바 '忽忘我身'을 가리킨 것이니 조화되고 적절함의 지극을 뜻한다.『계환해』(『卍속장경』17, p.723하)

346) 허공의 체는 항상하고 두루한 것이니 응당 선택하지 않을 것이요, 손바닥에서 저절로 나왔다면 응당 손바닥이 합하기를 기다리지 않아도 될 것이다. (앞의 책 p.724상)

又掌出故로 合則掌知인댄 離卽觸入이니 臂腕骨髓 應亦覺知 入時蹤跡이요
 또 손바닥에서 나와 합할 때에 손바닥이 느낀다면 뗄 때에는 그러한 느낌[觸]이 손바닥으로 들어가야 할 것이니, 팔과 손목과 뼈에도 응당 어떤 느낌이 있어야 할 것이다.

必有覺心이 知出知入인댄 自有一物이 身中往來어니 何待合知코사 要名爲觸이리요
 정말 느끼는 마음이 있어서 들어가고 나가는 것을 안다면, 스스로 어떤 물건이 있어서 몸속을 오고 가고 마음이 이를 느끼는데 어찌 손바닥이 합해져서 알아야만 느낌[觸]이 있다고 하겠느냐?347)

㈐了妄卽眞
是故當知 受陰虛妄하여 本非因緣 非自然性이니라
 그러므로 응당 수음(受陰)의 모습이 허망하여 본래로 인연도 아니고 자연성도 아님을 알아야 한다.

㈓想陰三   ㈠依眞起妄
阿難 譬如有人이 談說酢梅 口中水出하고 思蹋懸崖 足心酸澁하나니 想陰當知 亦復如是하니라
 아난아! 마치 어떤 사람이 신 매실을 말하면 입안에서 침이 생기고, 까마득한 벼랑에 서 있는 것을 상상하면 발바닥이 저려오는 것처럼 상음(想陰)의 현상도 이와 같다는 것을 알아야 한다.348)

---

347) 만약 손바닥에서 나왔다면 나온 것은 반드시 들어감이 있을 것이다. 그러나 손바닥을 합하여 느낌이 나올 때 손바닥은 비록 앎이 있었다고 하나 이제 떨어져 들어갈 때에 팔은 그것을 느끼지 못하니, 이미 정해진 實處가 없고 완전히 허망일 뿐이다. 『계환해』(『卍속장경』17, p.724상).
348) 상음에 실성이 없음이라, 마음에서 相을 이루었으니 매실을 말하고 '낭떠러지'를 생각하는 것이 다 실상이 없고, 입에서 침이 흐르고 발바닥이 저려오는 것은 마음으로 말미암아 이루어진 相이니 무릇 상음이 다 이와 같은 것이다. 『계환해』(『卍속장경』17, p.724상).

(ㄴ)辯妄無實

阿難 如是酢說이 不從梅生하며 非從口入이니
　아난아! 이러한 '시다'는 말은 매실에서 생긴 것도 아니고 입으로부터 들어온 것도 아니다.

如是阿難아 若梅生者인댄 梅合自談이어늘 何待人說이며
　이와같이 아난아! 만약 매실에서 생긴 것이라면 매실이 반드시 스스로 말을 해야 할 것인데 어찌 사람이 말하기를 기다리겠느냐?

若從口入인댄 自合口聞이어늘 何須待耳리요
　만약 입으로부터 들어왔다면 입으로 들[聞]어야 하거늘 어찌 남의 말을 귀로 듣고서야 '시다'는 현상이 생기느냐?

若獨耳聞인댄 此水何不 耳中而出이리요
　만약 귀가 홀로 듣는다면 침이 어찌하여 귀에서는 나오지 않느냐?349)

想蹋懸崖도 與說相類하니라
　낭떠러지에 서 있는 것을 생각하는 것도 앞에서 설하는 것과 서로 같다.350)

---

349) 사람이 매실을 이야기하면 입에서 침이 나오는데 매실이 스스로 말하는 것이 아니다. 그러므로 매실에서 나왔다고 생각하는 것은 妄이요, 귀가 매실 이야기를 듣고 마음으로 생각한 것이지 입으로 듣는 것이 아니다. 그러므로 입으로 들어간다고 생각하는 것도 妄이다. 또 귀는 매실 이야기를 듣기는 하나 귀에는 물이 없으니 말에서 나온다든가 듣는 데서 나온다든가 하는 것도 妄이다.『계환해』(『卍속장경』17, p.724하)

350) 이상의 예로 보더라도 상음은 온전히 妄이요 無實인 것이다.『계환해』(『卍속장경』17, p.724하)

㈐了妄卽眞
是故當知 想陰虛妄하야 **本非因緣 非自然性**이니라
　그러므로 응당 상음(想陰)의 모습이 허망하여 본래로 인연도 아니고 자연성도 아님을 알아야 한다.

㊃行陰三　㈎依眞起妄
阿難 譬如暴流가 **波浪相續**하야 **前際後際 不相踰越**인달하야 **行陰當知**하라 **亦復如是**니라
　아난아! 마치 사납게 흐르는 물결이 앞과 뒤를 서로 어기고 넘지 않는 것처럼 행음(行陰)의 현상도 이와 같다는 것을 알아야 한다.351)

㈏辯妄無實
阿難 如是流性이 **不因空生**이며 **不因水有**며 **亦非水性**이며 **非離空水**니라
　아난아! 이와같은 폭류성(瀑流性)이 허공에서 생긴 것도 아니며, 물에서 생긴 것도 아니며, 또한 물 그 자체도 아니며, 허공과 물을 떠나서 있는 것도 아니다.

如是阿難아 **若因空生**인댄 **則諸十方 無盡虛空**이 **成無盡流**하야 **世界目然 俱受淪溺**하며
　이와같이 아난아! 만약 허공에서 생긴 것이라면 곧 시방의 모든 허공이 끝없는 흐름을 이룰 것이니 세계가 자연 모두 물에 잠기게 될 것이요.

---

351) 본래 묘하고 담연한 것[妙湛]이 허망하게 통하였기 때문에 경계를 따라 구르고, 옮겨서 念念遷謝하고 新新不停하기 때문에 행음이라 하나니 瀑流에 비유된다. 念念生滅하야 뒤의 것이 앞으로 나아가지 아니하니 '서로 어기고 넘지 않는다'라고 했다. 『계환해』, 『卍속장경』17, p.724하)

若因水有인댄 則此暴流는 性應非水니 有所有相이 今應現在니라
　만약 이러한 폭류성이 물에서 나왔다면 이 폭류는 그 성품이 응당 물 그 자체와는 다를 것이기에 본래 있었던 물[有]과 있어야 할 [所有] 폭류의 모습[相]이 지금 서로 따로 드러나 있어야 할 것이다.

若卽水性인댄 則澄淸時에는 應非水體라
　만약 폭류성이 그대로 물이라면 폭류가 고요한 때에는 응당 물이라 할 수 없을 것이다.

若離空水이나 空非有外며 水外無流하니라
　그렇다고 이 폭류성이 '허공이나 물을 떠나 따로 있다'고도 할 수 없나니, 왜냐하면 허공은 밖이 있는 것이 아니고, 물을 떠나서는 흐름이 없기 때문이다.352)

㈐了妄卽眞
是故當知 行陰虛妄하여 本非因緣 非自然性이니라
　그러므로 응당 행음(行陰)의 모습이 허망하여 본래로 인연도 아니고 자연성도 아님을 알아야 하느니라.

---

352) 앞을 이어서 이 폭유성(瀑流性)이 허공이나 물로 인하여 있는 것이 아니기 때문에 卽도 아니고 離도 아니어서 행음이 실체가 없는 것임을 밝힌 것이다. '有所有相' 등은 (만약 이 폭유성이 굳이 물에서 나왔다고 한다면) 이 폭유성이 응당 물을 여의고 따로 體相이 있어야 함을 말한 것이요. 그 폭유성이 허공 밖에 있는 것이 아니라 물이 흐르는 그 사이에 있고, 물 밖에 따로 흐름이 없으니, 이처럼 흐름이 마침내 물에 의지한 것이라면 이 폭유성은 허공과 물을 떠나 따로 있을 수 없다는 것이다. 『계환해』(『卍속장경』17, p.725상)

2.發明覺性 直使造悟 ⑽卽諸根塵 顯如來藏 ㈠五陰   179

㈣識陰三 ㈠依眞起妄

阿難 譬如有人이 取頻伽甁하야 塞其兩孔 滿中擎空하야 千里遠行하야 用 餉他國인달하니 識陰當知하라 亦復如是하니라

　아난아! 마치 어떤 사람이 빈가병(頻伽甁)353)의 두 구멍을 막고, 그 가운데에 허공을 가득히 채워 멀리 천리나 되는 다른 나라에 가서 사용하려 하는 것처럼 식음(識陰)354)의 현상도 이와 같다는 것을 알아야 한다.355)

㈡辯妄無實

阿難 如是虛空이 非彼方來며 非此方入이니라

　왜냐하면 아난아! 허공 그 자체는 저쪽에서 온 것도 아니며, 이쪽에서 들어간 것도 아니니,356)

如是阿難 若彼方來인댄 則本甁中에 旣貯空去라 於本甁地에 應少虛空이요

　이와같이 아난아! 만약 허공이 저쪽에서 온 것이라면 본래의 병 가운데에 이미 허공을 담아 가지고 갔으므로, 본래의 병이 있던 곳에는 허공이 조금 줄어져야 할 것이다.

───────────

353) 성품에 미혹하여 '識이 몸(빙가병)에 있다'라고 하고, 다시 '그 식(허공)을 옮길 수 있다'라고 생각하는 것이다.
　*병 모양으로 가릉빈가조(頻伽鳥)의 형상을 만든 것이다. 이는 형상은 있으나 실체가 없다는 것이니, 중생의 妄身에 비유한 것이다.『계환해』(『卍속장경』17, p.725상)
354) 가득히 병 가운데 허공을 채웠다는 것은 식음에 비유한 것이다.『계환해』(『卍속장경』17, p.725상)
355) 우리의 본성인 性空의 참다운 깨달음이 법계에 두루하거늘 한번 미하여 '識이다'하고, 더 나아가 '허망한 몸 안에 있다'고 국집하는 것이 마치 병 속의 허공과 같은 것이다. 내외가 한결같이 공하다고 한 것은 性과 識이 본래 일체임을 비유한 것이다. 두 구멍을 막았다한 것은 허망하게 同異를 분별하는 것에 비유했다. 허공은 왕래가 없어서, 가히 가져다 쓸 수 없는 것인데, 빈가병을 따르는 까닭에 망녕되이 천리를 가 타국에서 들이마심이 있게 된 것이다. 이는 성품이 무생멸하고 無捨受하거늘 幻妄의 몸에 의지한 까닭으로 形을 익기에서 도망하나 生을 거기에 의탁하려는 것에 비유했으니, 이것이 性을 迷하고 識을 이루어 부질없이 유전(流轉)을 따르는 모습이다.『계환해』(『卍속장경』17, p.725상)
356) 본성에는 無往來 無出入임을 밝힌 것이다. (앞의 책 p.725하)

若此方入인댄 開孔倒甁에 應見空出하리라
  만약 병 속으로 들어갔다면 구멍을 열고 병을 기울일 때에 허공이 나오는 것을 보아야 할 것이다.357)

㈐了妄卽眞
是故當知 識陰虛妄하야 本非因緣 非自然性이니라
  그러므로 응당 식음(識陰)의 모습이 허망하여 본래로 인연도 아니고 자연성도 아님을 알아야 한다.358)

---

357) 출입이 있다고 생각하는 것이 다 헝망인 것이다. 『계환해』(『卍속장경』17, p.725하)
358) 몸과 마음과 가지가지 법이 다 여래장 묘진여성이기에 道는 간택을 싫어하고 이 치[理]는 情에서 벗어나기를 생각하나니, 무릇 말하는 바는 다 희론이요, 마음으로 헤아리고 생각이 동하면 다 迷倒에 떨어지게 되는 것이다. 大覺께서 이를 깨닫게 하고자 한 까닭에 제2권 初에 權으로 우선 正倒를 밝히고, 반연의 그림자를 분별하여 見精을 가리고 眞量을 보여서 한결같이 迷倒情計에 나아가 心眼의 티끌을 떨쳐버리고, 뱃속 [肺腸]의 垢濁을 씻어서 마음과 경계로 하여금 청정케 하고, 眞妄을 兩忘케 한 연후에 融會하여 여래장에 들게하여 드디어 根塵處界의 法法이 모두 묘진여성 아님이 없는 줄을 알게 하셨으니, 이것이 第二卷과 第三卷의 대지(大旨)이다. 『계환해』(『卍속장경』 17, p.725하)

大佛頂 如來密因 修證了義 諸菩薩萬行 首楞嚴經 제3권

㊂卽六入 明如來藏二 ⑺總標
復次阿難아 **云何六入**이 **本如來藏 妙眞如性**고
　다시 아난아! 어찌하여 육입(六入)359)이 본래 여래장 묘진여성(妙眞如性)이겠느냐?

㈏別明六 ㉮眼入三 ㈀依眞起妄
阿難 卽彼目睛의 **瞪發勞者**어니와 **兼目與勞**가 **同是菩提**의 **瞪發勞相**이니라
　아난아! 그때처럼 눈동자를 움직이지 않고 오래도록 똑바로 바라보아[瞪] 눈이 피로[勞]해지면 안입(眼入)의 현상이 생기는데, 이러한 눈의 견성과 피로가 다 보리(菩提)의 미혹(瞪)으로 피로를 발하여 생긴 현상이니라.360)

㈁辯妄無實
因于明暗 二種妄塵으로 **發見居中 吸此塵象**하니 **名爲見性**이어니와
　밝음과 어두움의 두 가지 허망한 경계로 인하여 보는 것[見]이 생겨서 그 가운데 가지가지 경계[塵像]를 흡입하니, 이것을 보는 성품[見性]361)이라 하지만,

---

359) 육근이 육진을 涉入하는 것을 入이라 한다. 『계환해』(『卍속장경』17, p.727상)
　＊根境이 서로 涉入하여 식을 발생시키는 데 그 통로라는 의미로서 入이라 했다.[구역爲入 신역爲處]. 그러므로 眼入 등이 그대로 空이요 여래장이라는 것이다.
　＊處라고 하면 根境이 相涉하여 識이 생기는데 相涉하는 장소를 의미한다. 그래서 六觸處라고도 한다. 육근이 각각 육경에 접촉하여 識을 형성하는 場이라는 뜻이다.
360) 그때처럼[卽彼]이라 한 것은 色陰 가운데에서 눈이 오래도록 사물을 물끄러미 바라보아 피로하게 되어 따로 허공에서 狂華를 보게 됨을 가리킨 것이요, 眼入의 妄(狂華)도 그와 같음을 밝힌 것이다. 然이나 눈[目]은 浮根이요, 피로[勞]는 瞪으로 인하여 발생된 것이니 보리의 진성 가운데에서는 다 幻妄이 되기 때문에 '同是菩提 瞪發勞相이라' 한 것이다. 『계환해』(『卍속장경』17, p.727상)
361) 眼入편에서는 '見性'이라 했고, 耳入편에서는 '聽聞性'이라 하고, 鼻入편에서는 '齅聞性'이라 하고, 舌入편에서는 '知味性'이라 하고, 身入편에서는 '知覺性'이라 표현했다.

此見離彼 明暗二塵코는 畢竟無體하니라
　이러한 보는 성품이 저 명암(明暗)의 두가지 경계를 여의고는 필경 그 실체가 없다.362)

如是阿難 當知是見 非明暗來하고 非於根出이며 不於空生이니라
　이와같이 아난아! 응당 이 보는 성품[見]은 명암(明暗)에서 온 것도 아니고, 안근(眼根)에서 온 것도 아니며, 그렇다고 허공에서 생긴 것도 아니라는 것을 알아야 한다.

何以故 若從明來인맨 暗卽隨滅이니 應非見暗이요
　왜냐하면 보는 성품이 만약 밝음에서 왔다면 어두워질 때에는 곧 따라 없어질 것이니 마땅히 어두움을 보지 못해야 할 것이요.

若從暗來인맨 明卽隨滅이니 應無見明하리라
　만약 어두움에서 왔다면 밝아질 때에 곧 따라 없어질 것이니, 마땅히 밝음을 보지 못해야 할 것이다.

若從根生인맨 必無明暗이니 如是見精 本無自性이요
　만약 보는 성품이 눈에서 생겼다면 명암과는 아무 상관이 없을 것이니363) 이와같이 보는 성품의 정미로움[見精]은 본래로 그 자성이 없는 것이 될 것이요.364)

---

362) 塵으로 인하여 見을 발하고, 根으로 인하여 塵을 吸入하므로 그것을 眼入이라 한다. 그러나 塵을 여의고는 따로 體가 없으니 가히 있는 것이 아닌 허망한 것임을 알아야 한다. 『계환해』(『卍속장경』17, p.727하)
363) '만약 눈에서 생긴다면 明暗과는 상관이 없을 것이다'한 것은, 만약 明暗이 없다면 見의 自性이 생길 수 없고, 또 명암을 의지하여 근에서 생기는 것처럼 보일지라도 根에서 생기는 것은 아니라는 것이다. 『계환해』(『卍속장경』17, p.727하)
364) 본다는 것은 대상인 명암을 본다는 것인데, 만약 명암이 없다면 그 본다는 것 자체가 성립이 될 수 없다는 말이다.

若於空出인땐 前矚塵象이니 歸當見根이며
 만약 허공에서만 나왔다면 눈앞에서 사물의 형상을 보았기에 돌아갈 때에는 응당 눈을 보아야할 것이며,

又空自觀커니 何關汝入이리요
 또 허공이 스스로 보는데 너의 안입(眼入)과 무슨 상관이 있겠느냐?

㈢了妄卽眞
是故當知하라 眼入虛妄하야 本非因緣 非自然性이니라
 그러므로 응당 보는 안입(眼入)이 허망하여 본래로 인연도 아니고 자연성도 아님을 알아야 한다.365)

㈏耳入三 ㈀依眞起妄
阿難 譬如有人이 以兩手指 急塞其耳하면 耳根勞故 頭中作聲어니와
 아난아! 비유하면 마치 어떤 사람이 두 손가락으로 갑자기 귀를 막으면 귀[耳根]가 피로[勞]해진 까닭에 머리 속에서 소리가 들리게 되는데366)

兼耳與勞가 同是菩提 瞪發勞相이니라
 이러한 귀의 문성(聞性)과 피로가 다 보리(菩提)의 미혹으로 피로를 발하여 생긴 현상367)이니라.

---

365) 眼入의 본성이 이미 다른 것으로부터 온 것이 아님을 알았을 것이다. 그러므로 인연도 아니고 자연도 아닌, 본래 여래장 묘진여성이라 한 것이다. 『계환해』(『卍속장경』 17, p.727하)
366) 손가락에 본래 소리가 없으며, 귀는 본래 들음이 아니거늘, 허망한 대상을 감촉함으로 인하여 머리 속에서 소리가 들리는 것이요, 耳入의 妄이 다 이와 같다는 것이다. 『계환해』(『卍속장경』17, p.727하)
 *반드시 손가락을 의지하여 비유를 들었던 것은 무릇 손가락에는 소리가 본래 없는 것이거늘, 妄 때문에 감촉한 바가 있게 될 것이니 만약 감촉함이 없다면 피차가 寂然하여 곧 여래장이 그대로 드러나 眞妙할 것임을 밝힌 것이다. (앞의 책 p.727하)

(ㄴ)辯妄無實

因于動靜 二種妄塵으로 發聞居中 吸此塵象하니 名聽聞性이어니와

움직이고 고요한 두가지 허망한 경계로 인하여 들음[聞]이 생겨 그 가운데에 대상[塵象]를 흡입하기에, 이를 듣는 성품[聽聞性]이라 부르지만,

此聞離彼 動靜二塵코는 畢竟無體니라

이 듣는 성품이 동정(動靜)의 두가지 경계를 떠나서는 필경 그 실체가 없다.368)

如是阿難 當知是聞 非動靜來며 非於根出이며 不於空生이라

이와같이 아난아! 그대는 응당 듣는 성품이 동정(動靜)에서 온 것도 아니며, 귀[根]에서 나온 것도 아니며, 허공에서 생긴 것도 아님을 알아야 한다.

何以故오 若從靜來인댄 動卽隨滅이니 應非聞動이요

왜냐하면 만약 고요함으로부터 왔다면 움직일 때에는 곧 따라 없어질 것이니 응당 움직임을 듣지 못해야 할 것이요.

若從動來인댄 靜卽隨滅이니 應無覺靜이요

만약 움직임에서 왔다면 고요해질 때에는 곧 따라 없어질 것이니, 응당 고요함을 듣지 못해야 할 것이다.

---

367) 귀의 피로는 막음으로 인한 것이며, 더 나아가 意의 피로는 업습으로 인한 것이니 각각의 妄이 다 눈의 피로와 같기 때문에 앞의 例와 같이 '瞪發勞相'이라고 칭했다. (앞의 책 p.727하)
368) 耳根이 動靜으로 인하여 聞을 발하는 것이, 마치 안근이 명암으로 인하여 見을 발하는 것과 같다. (앞의 책 p.728상)

2.發明覺性 直使造悟 ⑴卽諸根塵 顯如來藏 ㊂六入

若從根生인댄 **必無動靜**하리니 **如是聞體 本無自性**이요

　만약 듣는 성품이 귀[根]에서 생긴다면 동정(動靜)과는 아무 관계가 없을 것이니, 이와같이 듣는 것[聞體]이 본래로 자성(自性)이 없을 것이다.

若於空出인댄 **有聞成性**이니 **卽非虛空**이며

　만약 허공에서 나왔다면 허공에 듣는 작용이 있어 그것으로 성품을 이루었으니 곧 허공이 아닐 것이며,

又空自聞커니 **何關汝入**이리요

　또 허공이 스스로 들음이 있는데, 너의 이입(耳入)과 무슨 상관이 있겠느냐?

㈄了妄卽眞

是故當知하라 **耳入虛妄**하여 **本非因緣 非自然性**이니라

　그러므로 응당 듣는 이입(耳入)이 허망하여 본래로 인연도 아니고 자연성도 아님을 알아야 한다.

㊂鼻入三　㈎依眞起妄

阿難 譬如有人이 **急畜其鼻**하여 **畜久成勞**하면 **則於鼻中 聞有冷觸**하고

　아난아! 마치 어떤 사람이 코를 급히 들이키고 들이키기를 오래 하면 피로[勞]가 생겨 코[根]에서 차가움[冷觸]을 맡게 되고,

因觸分別 通塞虛實하니 **如是乃至 諸香臭氣**이니와

　그 차가움을 맡음으로 인하여 트임과 막힘과 허(虛)와 실(實)과 이와같이 더 나아가 모든 향기와 구린내를 분별하리니,

兼鼻與勞가 **同是菩提 瞪發勞相**이니라

　이러한 코의 문성(聞性)과 피로가 다 보리(菩提)의 미혹으로 피로를 발하여 생긴 현상이니라.369)

㈝辯妄無實
因于通塞 二種妄塵으로 **發聞居中 吸此塵象**하니 **名齅聞性**이어니와

　트이고 막히는 두가지 허망한 경계로 인하여 맡음[聞]을 발하여 그 가운데에서 대상을 흡입하니 맡는 성품[齅聞性]이라 부르지만

此聞離彼 通塞二塵코는 **畢竟無體**니라

　이 맡는 성품이 저 트이고 막히는 두가지 경계를 여의고는 필경 실체가 없다.

當知是聞이 **非通塞來**이며 **非於根出**이며 **不於空生**이니라

　그러니 응당 이 맡는 성품이 트이고 막힘에서 온 것도 아니고, 코[根]에서 온 것도 아니며, 허공에서 생긴 것도 아님을 알아야 한다.

何以故 若從通來인댄 **塞自隨滅**이니 **云何知塞**하며

　왜냐하면 맡는 성품이 만약 트인 데서 왔다면 막힐 때에는 곧 트임을 따라 없어질 것이니 어떻게 막힘을 알며,

如因塞有인댄 **通則無聞**이니 **云何發明 香臭等觸**이리요

　만약 막힘을 인하여 있다면 트인다면 곧 맡을 수 없을 것이니, 어떻게 향기와 취기 등의 감촉을 분별하겠느냐?

---

369) 들이킨다는 것은 코를 오므려 空氣를 들이키는 것이요, 冷氣는 이 들이킴으로 因하여 있는 것이니 들이키지 않으면 본래로 없는 것이다. 鼻入之妄도 다 이와 같으며, 나머지 뜻은 앞에서와 같다. 『계환해』(『卍속장경』17, p.728상)

若從根生인댄 必無通塞이니 如是聞機가 本無自性이요
　만약 맡는 성품이 코 자체에서 생긴다면 트이거나 막히거나 전혀 관계가 없을 것이니, 이와같이 맡는다는 것[聞機]이 본래로 자성(自性)이 없을 것이다.

若從空出인댄 是聞自當 廻齅汝鼻이며 空自有聞커니 何關汝入이리요
　만약 맡는 성품이 허공에서 왔다면 응당 돌이켜 너의 코를 맡을 수 있어야 할 것이요, 허공이 스스로 맡거니 너의 비입(鼻入)과 무슨 상관이 있겠느냐?370)

㈐了妄卽眞
是故當知하라 鼻入虛妄하여 本非因緣 非自然性이니라
　그러므로 응당 맡는 비입(鼻入)이 허망하여 본래로 인연도 아니고 자연성도 아님을 알아야 한다.

㈃舌入三 ㈀依眞起妄
阿難 譬如有人이 以舌舐吻하여 熟舐令勞에 其人若病하면 則有苦味하고 無病之人이면 微有甛觸인달하야
　아난아! 마치 어떤 사람이 혀로 입술을 핥아 오래되면 피로[勞]가 생기는데, 이 사람이 만약 병(病)이 있으면 쓴맛을 느끼게 되고, 병이 없으면 약간의 단맛을 느끼는 것처럼,

由甛與苦로 顯此舌根하고 不動之時에는 淡性常在어니와
　이러한 달고 쓴 것[甛苦] 때문에 이 설근(舌根)이 드러나게 되고, 핥지 아니할 때에는 담담함[淡性]이 항상 따르게 되는데,

---

370) 妄에는 하나도 實義가 없다.『계환해』(『卍속장경』17, p.728하)

兼舌與勞가 **同是菩提 瞪發勞相**이니라

 이러한 혀의 지성(知性)과 피로가 보리(菩提)의 미혹으로 피로를 발하여 생긴 현상이니라.371)

(ㄴ)辯妄無實

由甛苦淡 二種妄塵으로 **發知居中 吸此塵象**하니 **名知味性**이어니와

 이러한 달고 쓴 것[甛苦]과 담담함[淡]의 두가지 허망한 경계로 인하여 앎이 생겨서 그 가운데 대상를 흡입하니, 이를 맛을 아는 성품[知味性]이라 부르지만,

此知味性이 **離彼甛苦 及淡二塵**코는 **畢竟無體**니라

 이러한 맛을 아는 성품이 저 달고 쓰고 그리고 담담함의 두가지 경계를 여의고는 필경 실체가 없느니라.

如是阿難 當知如是 嘗苦淡知가 **非甛苦來**며 **非因淡有**이며 **又非根出**이며 **不於空生**이니라

 그러므로 아난아! 응당 이와같이 달고 쓰고 담담함을 맛보아 아는 성품이 달고 쓴 것에서 온 것도 아니고, 담담함으로 인하여 있는 것도 아니며, 또한 혀[根]에서 나온 것도 아니요, 그렇다고 허공에서 생긴 것이 아님을 알아야 한다.

何以故 若甛苦來인댄 **淡卽知滅**이니 **云何知淡**하며

 왜냐하면 맛을 아는 성품이 만약 달고 쓴 것에서 왔다면 담담할 때에는 곧 아는 성품[知性]이 없어질 것이니 어떻게 담담한 맛을 알며,

---

371) 입술에는 달고 쓴 맛이 없으나 피로함으로 因하여 허망하게 있는 것이다. 그러므로 움직이지 아니할 때에는 淡性이 常住하는 것이며, 舌入의 뜻이 다 이와같은 것이다. 『계환해』(『卍속장경』17, p.728하)

若從淡出인댄 甛即知亡이니 復云何知 甛苦二相이리요
  만약 담담함에서 나왔다면 달거나 쓸 때엔 곧 맛을 아는 성품이 없어질 것이니 다시 어떻게 달고 쓴 두가지 맛을 알겠는가?

若從舌生인댄 必無甛淡 及與苦塵이니 斯知味根이 本無自性하리라
  만약 혀에서 생긴 것이라면 반드시 달고 쓰고 그리고 담담한 맛과는 아무런 관계가 없을 것이니372) 맛을 아는 근[知味根]373)이 본래로 자성이 없을 것이다.374)

若於空出인댄 虛空自味일새 非汝口知이며 又空自知커니 何關汝入이리요
  만약 허공에서 나왔다면 허공이 스스로 맛보기 때문에 응당 너의 입[口]은 알지 못해야 할 것이며, 또 허공 스스로가 아는데 너의 설입(舌入)과 무슨 상관이 있겠느냐?

(ㄷ)了妄卽眞
是故當知하라 舌入虛妄하야 本非因緣 非自然性이니라
  그러므로 응당 이 맛보는 설입(舌入)이 허망하여 본래로 인연도 아니고 자연성도 아님을 알아야 한다.

---

372) '必無甛淡及與苦塵'은 必無甛苦及與淡二塵의 뜻이다.
373) '味根'이라 할 때의 根은 이미 識의 세계에 들어선 舌入의 의미이다. 耳入편에서는 聞體라 하고 鼻入편에서는 聞機라 했다.
374) 知味根 本無自性: 맛을 안다는 것은 대상인 甛苦與淡을 맛본다는 것인데, 만약 甛苦與淡이 없다면 그 맛본다는 것[知味根] 자체가 성립이 될 수 없다는 말이다.

㈣身入三 ㈠依眞起妄
阿難 譬如有人이 **以一冷手**로 **觸於熱手**함에 **若冷勢多**하면 **熱者從冷**하고 **若熱功勝**하면 **冷者成熱**인달하야

　아난아! 마치 어떤 사람이 찬 손으로 따뜻한 손을 잡았을 때[觸]에 만약 찬 기운이 많으면 따뜻한 손이 차가워질 것이고, 따뜻한 기운이 많으면 찬 손이 따뜻해지는 것처럼,

如是以此 合覺之觸으로 **顯於離知**어니와

　이와같이 손 그 자체에는 분별이 없으나 합하여 느끼는 감촉 때문에 차고 더움의 다름과 합하고 떨어짐의 앎이 나타나는데,

涉勢若成함은 **因于勞觸**이니

　이렇게 서로 섭렵(涉獵)하는 세력이 이루어지는 것은 다 피로하게 감촉한 때문이니,

兼身與勞가 **同是菩提 瞪發勞相**이니라

　그러므로 몸의 각성(覺性)과 피로가 다 보리(菩提)의 미혹으로 피로를 발하여 생긴 현상이니라.375)

㈡辯妄無實
因于離合 二種妄塵으로 **發覺居中 吸此塵象**하니 **名知覺性**이어니와

　여의고 합하는 두가지 허망한 경계로 인하여 분별이 생겨서 그 가운데[發覺居中]376) 대상을 흡입하니, 이것을 아는 성품[知覺性]이라 부르거니와,

---

375) 손이 스스로 覺觸하지 못하고, 합함으로 인하여 覺觸하기 때문에 合覺의 觸이라 했고, 합하되 스스로 합하지 못하고 떨어짐[離]을 인하여 합함을 알기 때문에 '합하고 떨어짐의 앎이 나타난다'고 했다. 熱을 가지고 冷을 涉하여 冷으로 하여금 熱을 이루게 하니 이것이 다 勞觸인 것이다. 『계환해』(『卍속장경』17, p.729상)
376) 發覺居中에서의 覺은 見聞覺知의 覺이니 分別覺이다.

此知覺體가 離彼離合의 違順二塵 畢竟無體니라
　이러한 아는 성품의 실체가, 여의고 합하는 것과 어기고 따르는 두가지 허망한 경계를 떠나서는 필경 실체가 없는 것이다.

如是阿難 當知是覺 非離合來며 非違順有이며 不於根出이며 又非空生이라
　그러므로 아난아! 이러한 아는 성품[知覺性]이 여의고 합하는 곳에서 온 것도 아니고, 어기고 따르는 것으로 인하여 있는 것도 아니며, 몸[根]에서 나온 것도 아니요, 허공에서 생긴 것도 아님을 알아야 한다.

何以故 若合時來인댄 離當已滅이니 云何覺離리요 違順二相 亦復如是니라
　왜냐하면 만약 이 아는 성품이 합할 때에 온 것이라면 떨어질 때에는 곧 합을 따라 없어질 것이니 어떻게 떨어짐을 알며, 어기고 따르는 두가지 경계도 마찬가지이니라.

若從根出인댄 必無離合 違順四相이니 卽汝身知 元無自性이요
　만약 아는 성품[知覺性]이 몸에서 생긴다면 반드시 떨어지고 합하고 어기고 따르는[離合違順] 네가지 경계와는 전혀 관계가 없을 것이니 너의 몸이 아는 것은 원래로 자성이 없을 것이다.

必於空出인댄 空自知覺커니 何關汝入이리요
　만약 반드시 허공에서 나온 것이라면 허공이 스스로 아는데, 너의 신입(身入)과 무슨 상관이 있겠느냐?

㈐了妄卽眞
是故當知하라 身入虛妄하야 本非因緣 非自然性이니라
　그러므로 응당 느끼는 신입(身入)이 허망하여 본래로 인연도 아니고 자연성도 아님을 알아야 한다.

㈑意入三 ㈀依眞起妄
阿難 **譬如有人**이 **勞捲卽眠**하고 **睡熟便寤**하여 **覽塵斯憶**하고 **失憶爲忘**하나니 **是其顚倒**의 **生住異滅**이라

　아난아! 마치 어떤 사람이 피곤하면 자고, 잠을 다 자고는 문득 깨어서 경계를 보고는 기억하고 기억이 사라지면 망각하게 되는데, 이것이 의입(意入)의 전도(顚倒)된 생주이멸(生住異滅)의 모습이다.

吸習中歸하여 **不相踰越**하니 **稱意知根**이니와

　이와같이 전에 익혔던 추억 등 고정관념[法塵]을 기억하여 그 가운데 돌고 돌아 서로 차례를 어기지 아니하니 이것을 뜻으로 아는 근[意知根性]이라 칭하거니와,

兼意與勞가 **同是菩提 瞪發勞相**이니라

　이러한 의지근(意知根)과 피로[勞]가 다 보리(菩提)의 미혹으로 피로를 발하여 생긴 현상이니라.377)

㈁辯妄無實
因于生滅 二種妄塵으로 **集知居中 吸撮內塵**호대 **見聞逆流 流不及地**하니 **名覺知性**이니와

　생멸하는 두가지 허망한 경계 속에서 아는 것을 모아 그 가운데 내진(內塵)을 흡찰(吸撮)하되378) 보고 들었던 것과 오근으로는 미칠

---

377) 意入은 기억하여 아는 것[憶知]을 주관하는 곳인데 이러한 憶知는 寤寐를 통하여 生하는 까닭에 睡寤에 의탁해서 밝힌 것이다. 보고 기억하는 것이 生이요, 기억이 사라져 잊어버림이 滅이니 住와 異도 거기에서 벗어나지 않는다. 이미 보고 기억하였다가 바로 기억이 사라져 잊어버리는 것이 말하자면 顚倒이니 妄塵을 吸習하되 意根 속으로 돌아가 前念後念이 次第相續하기 때문에 '서로 차례를 어기지 않는다'라고 했으니, 이것이 意入之相이다. 『계환해』(『卍속장경』17, p.729하)
378) 意는 아는 것[覺知]을 주관하고, 根은 몸 가운데 숨어 있기 때문에 集知居中이라 했다. 意根이 法塵을 반연하여 망상이 그 안에서 발생하기 때문에 吸撮內塵이라 했다. 文殊가 이르되 '法稱爲內塵'이라 했으니 즉 과거의 여러가지 추억[影像] 등이 이것이다. 또한 落謝塵, 阿毘曇이라고도 하고 無表色이라고도 했으니 모두 內塵을 두고 한 말이다. 『계환해』(『卍속장경』17, p.729하)

수 없는 곳을 거슬러 아는 것[逆流覺知]379)이니 이것을 아는 성품[覺知性]이라 부르거니와,

此覺知性이 離彼寤寐 生滅二塵코 畢竟無體니라
이러한 아는 성품이 깨어나고 잠드는 생멸의 두가지 경계를 떠나서는 필경 그 실체가 없느니라.

如是阿難 當知如是 覺知之根이 非寤寐來며 非生滅有며 不於根出이며 亦非空生이니
이와같이 아난아! 응당 이러한 아는 근성[覺知之根]이 깨어나고 잠드는 것에서 온 것도 아니고, 생멸로 인하여 있는 것도 아니며, 근(根)에서 나온 것도 아니요, 허공에서 생긴 것도 아님을 알아야 한다.

何以故 若從寤來인댄 寐卽隨滅하리니 將何爲寐며
왜냐하면 만약 아는 근성[覺知之根]이 깨어 있음에서 온 것이라면 잠을 잘 때는 곧 따라 없어질 것이니 누가 잠자는 것이 되느냐?

必生時有인댄 滅卽同無하리니 令誰受滅이며
만약 반드시 생길 때에 있는 것이라면 멸할 때에는 곧 없는 것과 같을 것이니, 누가 멸을 받겠느냐?

若從滅有인댄 生卽滅無하리니 誰知生者리요
만약 멸로부터 있는 것이라면 생길 때에는 곧 멸하여 없을 것이니 누가 생긴 줄을 알겠느냐?

---

379) 逆流한다는 것은 돌이켜 반연하는 것이요, 意根이 五根을 總括하기 때문에 見聞이라 했다. 그러나 五根은 다만 나타난 경계에 따라 順順히 반연할 뿐이지만 오직 意根만은 능히 五根의 반연으로는 미칠 수 없는 곳까지 돌이켜 반연한다. 이것은 추억이나 꿈과 같은 것으로 五根으로는 미칠 수 없는 것이다.『계환해』(『卍속장경』17, p.730상)

若從根出이댄 寤寐二相 隨身開合이라
　만약 근(根)에서 나온 것이라면 깨어나고 잠드는 두가지 모습은 본래 몸의 개합(開合)을 따르는 것이기에,

離斯二體하면 此覺知者가 同於空花하야 畢竟無性하리라
　깨어나고 잠드는 두가지를 여의고는 아는 근성[覺知之根]이 마치 허공의 꽃과 같아서 필경 체성이 없을 것이요.

若從空生인댄 自是空知어니 何關汝入이리요
　만약 허공에서 생긴다면 허공 스스로가 아는 것인데, 너의 의입(意入)과 무슨 상관이 있겠느냐?380)

㈂了妄卽眞
是故當知하라 意入虛妄하야 本非因緣 非自然性이니라
　그므로 응당 아는 의입(意入)이 허망하여 본래로 인연도 아니고 자연성도 아님을 알아야 한다.

---

380) 반복으로 窮詰하여 하나도 實義가 없음을 밝힌 것이다. 列子가 이르되 '깨어남은 形이 열리는 것이고, 잠드는 것은 形이 닫히는 것이라' 했으니 그므로 寤寐二相이 隨身開合이라 한 것이다. 『계환해』(『卍속장경』17, p.730상)

2.發明覺性 直使造悟 ⑽卽諸根塵 顯如來藏 ㊂十二處 195

㊂卽十二處 顯如來藏二381) ㈎總標

復次阿難아 云何十二處가 如來藏 妙眞如性고

다시 아난아! 어찌하여 십이처(十二處)가 본래 여래장 묘진여성이 겠느냐?

㈏別明六 ㉮眼色處三 ㈀擧相問處382)

阿難 汝且觀此 祇陀樹林 及諸泉池하니 於意云何오 此等爲是 色生眼見가 眼生色相가

아난아! 너는 우선 이 지타림과 그리고 여러 샘과 못[泉池]을 보았을 것이니, 너의 생각은 어떠하냐? 밖의 경계[色]가 보는 작용[眼見]을 내었느냐? 눈[眼根]이 경계[色]의 차별상을 내었느냐?383)

㈁辯處無實二 ㈀依根辯

阿難 若復眼根이 生色相者인댄 見空非色이니 色性應銷이요

아난아! 만약 눈이 앞에 보이는 모든 색상(色相)을 내었다면 지금 허공에 색상이 없으니, 색의 성품이 응당 소멸했다고 해야 할 것이다.

銷卽顯發이 一切都無러라 色相旣無어늘 誰明空質이리요 空亦如是하니라

소멸했다면 나타났던 모든 것이 없을 것이니, 색상이 이미 없는데 어떻게 허공의 형질(形質)을 밝힐 수 있겠느냐? 허공도 마찬가지이다.384)

---

381) 이 아래는 육근과 육진을 의지하여 處가 無實임을 밝히되, 妄을 요달하면 그대로 眞임을 밝힌 내용이다. *處란 근경이 相涉하는 장소의 의미이다.
382) 擧相問處: 현상을 들어서 그 處를 묻다.
383) 樹林과 泉池 등은 色塵이요 보는 것은 眼根이다.『계환해』(『卍속장경』17, p.730하)
384) 눈이 능히 색을 생하게 하였다면 바로 눈은 색의 性이라 할 수 있다. 그러니 허공을 볼 때에 이미 色相이 없다면 곧 色性이 소멸한 것이 된다. 眼中의 色性이 이미 사라졌다면 顯發한 바 일체가 다 色相이 없어야 할 것이다. 또 色空二法은 상대를 기다려서 나타나게 되는데 색상이 이미 없다면 어떻게 허공을 나타낼 수 있으리요? 그러므로 '誰明空質'이라 한 것이다. 그리고 그렇게 볼 때 '눈이 色處를 생하게 한다'고 計

ⓒ依境辯
若復色塵이 **生眼見者**인댄 **觀空非色**이니 **見卽銷亡**이요

  만약 다시 밖의 경계[色塵]가 안견(眼見)을 생기게 한다면 지금 허공을 볼 때에 색(色)이 없으므로 견(見)이 소멸했다고 해야 할 것이다.

亡卽都無리니 **誰明空色**이리요

  이미 소멸했다면 전혀 볼 수 없을 것이니, 어떻게 허공의 형색(形色)을 밝힐 수 있겠느냐?385)

ⓒ了妄卽眞
是故當知하라 **見與色空**이 **俱無處所**하야 **卽色與見 二處虛妄**하되 **本非因緣 非自然性**이니라

  그러므로 응당 보는 작용[見]과 보여지는 대상[色]과 허공이 모두 처소가 없고, 색(色)과 견(見)의 이 두 곳이 다 허망하여 본래로 인연도 아니고 자연성도 아님을 알아야 한다.

  較하는 것은 妄이라는 것이다. 『계환해』(『卍속장경』17, p.730하)
  *空亦如是: 만약 안근이 저 허공을 낸다고 하자. 그런데 色相을 볼 때에 허공이 없으니 응당 허공이 소멸했다고 해야 할 것이요....등등.
385) 만약 色이 능히 見을 낸다면 눈을 돌려 허공을 볼 때에는 見이 생길 수가 없을 것이다. 그러므로 '銷亡'이라고 한 것이요, '銷亡'이라면 곧 見이 없거늘 어떻게 空色을 밝힐 수 있으리요?' 한 것은 色이 眼處를 生한다고 계교하는 것이 妄임을 밝힌 것이다. 『계환해』(『卍속장경』17, p.730하)

2.發明覺性 直使造悟 ⑽卽諸根塵 顯如來藏 ㊂十二處   197

⒁耳聲處三 ㈠擧相問處
阿難아 汝更聽此 祇陀園中에 食辦擊鼓하고 衆集撞鐘하여 鐘鼓音聲이 前後相續리니
　아난아! 너는 다시 이 지타원(祇陀園)에서 음식이 마련되면 북을 치고 대중이 모이면 종을 쳐서 북과 종소리가 계속되는 것을 들었을 것이다.

於意云何오 此等爲是 聲來耳邊가 耳往聲處가
　어떻게 생각하느냐? 이러한 소리를 듣게 되는 것이 소리가 귓가에로 온 것이냐? 귀가 소리 있는 곳으로 간 것이냐?386)

㈡辯處無實二 ㉠依根辯
阿難 若復此聲이 來於耳邊인댄 如我乞食 室羅筏城함에 在祇陀林하야는 卽無有我인달하야
　아난아! 만약 이러한 소리가 귓가에로 와서 이루어진 것이라면 내가 실라벌성에 들어가 걸식할 때에 지타림에는 내가 없는 것처럼387)

此聲必來 阿難耳處인댄 目連迦葉은 應不俱聞어늘
　이 소리가 반드시 아난의 귓가에로 갔다면 목련과 가섭은 응당 함께 듣지 못해야 할 것이다.

---

386) 오고 가는 것을 확실하게 가릴 수 있어야 가히 實處가 있다고 할 수 있을 것이다. 『계환해』(『卍속장경』17, p.731상).
387) '如我入城 祇園無我'라고 한 것은 소리가 만약 우리의 귓가에로 와서 듣게 되는 것이라면 나머지 다른 곳에서는 그 소리를 들을 수 없어야 한다. 그러나 지금 모든 처소에 대중들이 다 듣게 되니 聲處가 따로 없음을 비유로 밝힌 것이다.『계환해』(『卍속장경』17, p.731상).

何況其中에 一千二百 五十沙門이 一聞鐘聲하고 同來食處아

그런데 어찌하여 그 가운데 1250의 사문(沙門)들이 일시에 종소리를 듣고 모두 식당으로 모이게 되느냐?

ⓛ依境辨

若復汝耳가 往彼聲邊인댄 如我歸住 祇陀林中함에 在室羅城하야는 卽無有我인달하야

만약 너의 귀가 소리나는 곳으로 가서 듣는 것이라면 네가 지타림에 돌아왔을 때에는 실라벌성에 자아(自我)가 없는 것처럼388)

汝聞鼓聲에 其耳其往 擊鼓之處리니 鐘聲齊出하야도 應不俱聞어늘

네가 북소리를 들을 때에는 그 귀가 이미 북을 치는 곳으로 갔으니 여기에서 종소리가 계속 이어져 나더라도 응당 이를 듣지 못해야 할 것이거늘,

何況其中에 象馬牛羊 種種音響가

어찌하여 그 가운데 종소리는 말 할 것도 없고 꼬끼리·말·소·양들의 가지가지 음향까지도 다 듣게 되느냐?

若無來往하면 亦復無聞이니라

만약 귀와 소리가 왕래하는 것이 아니라면 들음도 없어야 할 것이다.389)

---

388) '如我歸園 城中無我'라 한 것은 귀가 聲處에 가서 듣게 되는 것이라면 나머지 다른 곳에는 귀가 없어 듣지 못해야 한다. 그러나 종소리는 물론 다른 소리까지도 다 들으니 耳處가 實로 따로 없음을 깨우친 내용이다.『계환해』(『卍속장경』17, p.731상)
389) 앞으로 뒤로 훗을 가려서 이것이 다 식심의 분별계도임을 밝혀 떨쳐버린 것이다. (앞의 책 p.731상)

(ㄷ)了妄卽眞

是故當知하라 聽與音聲이 俱無處所하고 卽聽與聲 二處虛妄하야 本非因緣 非自然性이니라

　그러므로 응당 듣는 것[聽]과 음성이 모두 처소가 없고, 듣는 것[聽]과 소리[聲]의 두 곳[二處]이 허망하여 본래로 인연도 아니고 자연성도 아님을 알아야 한다.390)

㊂鼻香處三　㈀擧相問處

阿難아 汝又齅此 爐中栴壇하라

　아난아! 너는 다시 이 향로 가운데에 전단향 냄새를 맡아 보아라!

此香若復 然於一銖라도 室羅筏城 四十里內에 同時聞氣하리니

　만약 이 향을 한 개만 태워도 실라벌성 40리 안에서는 모두 동시에 그 향기를 맡게 될 것이다.

於意云何 此香爲復 生栴壇木가 生於汝鼻아 爲生於空가

　네 생각에는 어떠하냐? 이 향기가 전단목에서 생긴 것이냐? 너의 코에서 생긴 것이냐? 허공에서 생긴 것이냐?

㈁辯處無實二　㈀依根辯

阿難 若復此香 生於汝鼻인댄 稱鼻所生이라 當從鼻出이요

　아난아! 만약 이 향기가 너의 코에서 생겼다면 코에서 나온 것이라 말했듯이 응당 코로부터 나와야 할 것이다.

---

390) 어떤 사람이 또 물었다. "용제스님 말하기를 '일체의 종과 북이 본래 소리가 없다'고 하였는데 어떻게 소리없음을 믿을 수 있습니까?" 도제스님이 말하였다. "조사께서 말씀하시길 '북소리와 같이 모든 소리가 만든 자도 없고 머무는 곳도 없어 필경에 空한 까닭에 다만 범부의 귀를 속일 뿐이다'고 하였다. 만약에 북소리가 실제로 있다면 종소리와 맞면 응당 시로 섞이지 않을 것이다. 그런 까닭에 玄沙(835-908)스님께서 말한 '종 가운데에 북소리가 없고 북 가운데에 종소리가 없는데 종과 북은 서로 섞이지 아니하여 구절구절 前後가 없는 것이다'고 하였으니 만약에 당체가 적멸하지 않다면 어떻게 구절구절 전후가 없겠는가?"『선림승보전』(『卍속장경』137, p.427하)

鼻非栴壇이니 云何鼻中에 有栴壇氣리요

그러나 코가 전단(栴檀)이 아니니 어떻게 코에 전단의 향기가 있겠느냐?

稱汝聞香인맨 當於鼻入이어늘 鼻中出香 說聞非義니라

만약 코에서 향기가 나와 네가 이 향기를 맡는다고 하면 응당 향기가 콧속으로 들어가야 할 것이거늘, 콧속에서 나오는 향기를 맡는다고 하는 것은 그 뜻이 옳지 않다.391)

ⓒ依境辯
若生於空인맨 空性常恒이니 香應常在어늘 何藉爐中에 爇此枯木이리요

만약 허공에서 생긴 것이라면 허공의 성품은 항상한 것이기에 향기도 응당 항상 있어야 할 것이다. 그런데 어찌하여 향로에다 고목을 태워야만 향기가 있느냐?392)

若生於木인맨 卽此香質 因爇成烟하니 若鼻得聞에 合蒙烟氣어늘

만약 향나무에서 생긴다면 이 향기의 본질이 태움으로 인하여 연기가 되었으니 만약 코로 냄새를 맡을 때에 응당 연기가 코로 들어가야 할 것이다.

其烟騰空하여 未及遙遠한대 四十里內 云何已聞가

그런데 연기가 공중으로 올라가 멀리 퍼지지도 않았는데 어찌하여 40리 안에서 벌써 그 냄새를 맡게 되느냐?393)

---

391) 鼻根에서 생긴다고 계교하는 것이 妄이라는 것이다.『계환해』(『卍속장경』17, p.731하)

392) 향을 태움으로 인하여 있는 것이지 허공에서 생긴 것이 아니다. (앞의 책 p.731하)

393) 香質은 나무요, 연기는 나무가 아니다. 나무와 연기를 떠나 멀리 사십리 밖에서도 향기를 맡을 수 있으니 어찌 향기가 나무에서 생긴다고 할 수 있겠느냐? 이미 鼻根도 아니요, 허공도 아니요, 나무도 아니라면 향기의 實處는 본래 없는 것이다.『계환해』(『卍속장경』17, p.731하)

㉢了妄卽眞

是故當知하라 **香鼻與聞**이 **俱無處所**하고 **卽齅與香 二處虛妄**하야 **本非因緣
非自然性**이니라

 그러므로 응당 이 향기와 코와 맡는 것[聞]이 모두 처소가 없고, 맡는 것과 향기의 두 곳이 다 허망하여 본래로 인연도 아니고 자연성도 아님을 알아야 한다.

㉣舌味處三 ㈀擧相問處

阿難 汝常二時에 **衆中持鉢**하야 **其間或遇 酥酪醍醐**하면 **名爲上味**니라

 아난아! 네가 항상 두 때에 대중 가운데에서 발우(鉢盂)를 들고 걸식을 하는데, 그 사이에 혹 소락제호(酥酪醍醐)394)를 만나면 이를 최고의 맛이라 한다.

於意云何오 **此味爲復 生於空中**가 **生於舌中**가 **爲生食中**가

 어떻게 생각하느냐? 이 맛이 허공에서 생긴 것이냐? 혀에서 생긴 것이냐? 음식에서 생긴 것이냐?

㈁辯處無實二 ㈀依根辯

阿難 若復此味가 **生於汝舌**인댄 **在汝口中**하여 **秖有一舌**한대 **其舌爾時**에 **已
成酥味**하니 **遇黑石蜜**라도 **應不推移**리라

 아난아! 만약 이 맛이 너의 혀에서 생겼다면 너의 입 속에는 다만 혀가 하나뿐인데 그 혀가 그 때에 이미 소락제호(酥酪醍醐)의 맛을 이루었으니 단단한 엿을 만나더라도 응당 그 맛이 달라지지 않아야 할 것이다.

---

394) 소락은 소나 양의 젖이고, 제호는 버터나 치즈를 가리킨다. 보통 불교에서 지극한 이치를 표현할 때 소락제호에 비유하여 말한다.

若不變移인댄 不名知味하고 若變移者인댄 舌非多體커니 云何多味를 一舌之知리요

　만약 달라지지 않는다면 맛을 안다고 할 수 없고, 만약 달라진다면 혀는 여러 개의 몸이 아닌데 어떻게 여러 가지 맛을 한 개의 혀로 알 수 있겠느냐?395)

ⓛ依境辯
若生於食인댄 食非有識한대 云何自知리요 又食自知인댄 卽同他食이니 何預於汝완대 名味之知리요

　만약 음식에서 생기는 것이라면 음식은 분별하는 인식[識]이 있지 아니한데 어떻게 스스로 알겠느냐? 또 음식이 스스로 안다면 곧 다른 사람이 먹는 것과 같은데, 너와 무슨 관계가 있기에 맛을 안다고 하겠느냐?396)

若生於空인댄 汝噉虛空하라 當作何味오 必其虛空이 若作鹹味인댄 旣鹹汝舌일새 亦鹹汝面이요

　만약 허공에서 생기는 것이라면 네가 허공을 씹어 보아라. 무슨 맛이 있더냐? 허공이 만약 짠맛을 짓는다면 이미 너의 혀를 짜게 하였으므로 또한 너의 얼굴도 짜게 해야 할 것이다.

卽此界人 同於海魚이며 旣常受鹹일새 了不知淡이로다

　그렇다면 곧 이 세계의 사람들은 모두 바다 속의 고기와 같을 것이며, 이미 항상 짠 것 만을 수용했기에 담담한 것은 알지 못할 것이다.

---

395) 이미 정해진 體가 없기 때문에 맛이 혀에서만 생긴다고 할 수는 없는 것이다. 石蜜은 沙糖으로 굳기가 마치 돌과 같은 것이다.『계환해』(『卍속장경』17, p.732상)
396) 음식이 스스로 알지 못하고 혀로 인하여 맛을 알게 되는 것이요 비록 음식이 능히 맛을 '안다' 하더라도 앎이 너에게 있지 않다. 문득 타인이 먹는 것과 같아서 너하고는 아무 관계가 없거늘 어떻게 맛을 안다고 하겠느냐? 이치가 그렇지 못하니 맛이 음식에서 생긴다고 할 수는 없는 것이다.『계환해』(『卍속장경』17, p.732상)

若不識淡인댄 亦不覺鹹이며 必無所知인댄 云何名味리요
　만약 담담함을 알지 못한다면 또한 짠것도 깨닫지 못할 것이며, 반드시 아는 바가 없다면 어떻게 맛을 안다고 할 수 있겠느냐?397)

㈐了妄卽眞
是故當知하라 舌味與嘗이 俱無處所하고 卽嘗與味 二俱虛妄하야 本非因緣 非自然性이니라
　그러므로 응당 혀와 맛과 맛보는 것[嘗]이 모두 처소가 없고, 맛보는 것[嘗]과 맛[味]의 두 곳이 허망하여 본래로 인연도 아니고 자연성도 아님을 알아야 한다.

㈣身觸處三　㈠擧相問處
阿難 汝常晨朝에 以手摩頭하리니
　아난아! 너는 항상 새벽마다 손으로 머리를 만질 것이다.

於意云何 此摩所知함에 誰爲能觸고　能爲在手아 爲復在頭아
　그 때 너의 생각이 어떻했느냐? 만져서 느낌이 있을 때에 무엇이 감촉398)을 생기게 하느냐? 촉을 생기게 하는 것이 손에 있다고 생각하느냐? 머리에 있다고 생각하느냐?

㈡辯處無實二　㈠依手辯
若在於手인댄 頭卽無知어늘 云何成觸가
　만약 감촉을 생기게 하는 것이 손에 있다면 머리는 앎[觸知]이 없어야 하는데, 어찌하여 머리에서도 앎이 이루어지느냐?

---

397) 허공은 맛이 없어서 분별하여 밝힐 수 없는 것이다. 그러므로 짠것에 의탁하여 밝힌 것이니라. (앞의 책 p.732하)
398) 觸은 범어 sparśa 의 번역으로 근경식의 三者和合에 의해서 생기는 마음의 작용이다. 이를 能觸이라 한다면 所觸은 범어 sparṣṭavya 번역으로 身根에 의해서 감각될 수 있는 대상 그 자체를 가리킨다.『불광대사전』(台灣 불광출판사 1988) p.6802.

ⓒ依頭辯

若在於頭인댄 **手卽無用**이어늘 **云何名觸**가

　만약 촉을 생기게 하는 것이 머리에 있다면 손은 곧 아는 작용[觸知]이 없어야 할 터인데, 어찌하여 손에 '느껴 아는 것이 있다'고 이름하느냐?399)

若各各有인댄 **卽汝阿難**에 **應有二身**이요

　만약 감촉을 생기게 하는 것이 머리와 손에 각각 있다면 너 아난에게 응당 두 몸이 있다고 해야 할 것이다.

若頭與手가 **一觸所生**인댄 **卽手與頭**가 **當爲一體**리니 **若一體者**인댄 **觸卽無成**이요

　만약 머리와 손이 하나의 감촉으로 생긴다면 곧 손과 머리가 응당 한 몸이 되어야 할 것이니 만약 한 몸[一體]이라면 느낌이 이루어질 수 없을 것이다.

若二體者인댄 **觸誰爲在**아 **在能非所**하고 **在所非能**이라

　만약 촉(觸)은 하나인데 몸이 둘[二體]이라면 촉이 어느 몸에 있다는 말이냐? 능촉(能觸)에 있다면 소촉(所觸)에는 없을 것이고, 소촉에 있다면 능촉에는 있지 않을 것이다.

不應虛空이 **與汝成觸**이리라

　그렇다고 응당 허공이 너로 더불어 촉처(觸處)를 이루지는 아니 했을 것이다.400)

---

399) 觸은 응당 근과 경으로 인하여 能所가 서로 감응하여 이루어 진 것이거늘, 여기서 굳이 根에 의탁하여 觸을 밝힌 것은 만법이 본래 일체이거늘, 妄 때문에 능소가 나누어져 妄觸이 있게 됨을 밝힌 것이다. 감촉은 손에도 있고, 머리에도 있어 본래 定處가 없는 것이니 즉 身與觸處가 다 허망하기 때문이다. 『계환해』(『卍속장경』17, p.732하)
400) 두가지를 합하여 밝힌 것이다. 이것은 身觸二處가 다 無實이기 때문이다. '觸卽無成'이라고 한 것은 觸은 반드시 二物을 필요로 하고, 하나로는 이루어질 수 없기 때문

㈐了妄卽眞

是故當知하라 **覺觸與身**이 **俱無處所**하고 **卽身與觸 二處虛妄**하야 **本非因緣 非自然性**이니라

그러므로 응당 이 느낌[覺觸]과 몸[身]이 모두 처소가 없고, 몸과 촉의 두가지가 다 허망하여 본래로 인연도 아니고 자연성도 아님을 알아야 한다.

㈑意法處401)三 ㈎擧相問處

阿難 汝常意中에 **所緣善惡 無記三性**으로 **生成法則**하니

아난아! 너의 항상한 의근(意根) 가운데 소연(所緣)인 선(善)과 악(惡)과 무기(無記)의 세가지 성품으로 법칙(法則)402)을 이루었으니,

此法爲復 卽心所生가 **爲當離心**하고 **別有方所**아

이 법칙이 마음에서 생긴 것이냐? 마음을 여의고 따로 장소가 있어 거기에서 나온 것이냐?

이다. '非所非能' 즉 '能觸에 있다면 所觸에는 없을 것이고, 所觸에 있다면 能觸에는 있지 아니할 것이다'라고 한 것은 다 無實處임을 밝힌 것이다. 『계환해』(『卍속장경』17, p.732하)

*能觸과 所觸이 모두 身根이요, 觸塵이 따로 없는 것이 손으로 돌을 만지는 것과는 다르다. 몸(손)으로 몸(머리)을 만져서 촉을 이루게 되므로 손과 머리가 서로 능촉이 되는 것이다. 이운허,『首楞嚴經 주해』(서울 동국역경원 1974) p.109 참조.

401) 意에 대상인 法處이다.
402) 선악은 대상에 반연하여 생긴 마음이고, 무기는 어둠 속에 머문 것과 같아서, 어떤 결과도 결정되어 있지 않는 상태의 마음으로 意根의 반연한 바가 이 세가지를 벗어나지 않는다. 따라서 이와같은 內塵(선악무기)을 吸撮하여 所緣의 법을 이루므로 '법칙을 생성한다'라고 했다. 『계환해』(『卍속장경』17, p.733상)

*과거에 五根이 이미 보아 두었던 선악무기(삼성)이 추억[法塵]으로 남아 의근의 대상이 되는데 이 法塵(內塵)이 의근에 相涉되어 處를 이루게 된다. 그 때 그 이루어진 意法處 속에서 意處는 心이라 표현했고, 法處는 법칙이라 표현한 것이다.

*法塵을 內塵 혹은 落謝塵(無表色,法處色)이라고도 칭하는데 色塵 등 五塵을 제외한 의근의 대상이 될 수 있는 의식 속의 모든 관념적인 경계이다. 앞의 五塵은 순간으로 끝나는데 法塵(想)인 개념이나 꿈과 추억 등은 과거 현재 미래에 걸쳐 분별이 가능한 것이다.

(ㄴ)辯處無實二 ㉠依根辯

阿難 若卽心者인댄 **法則非塵**일새 **非心所緣**어늘 **云何成處**리요

　아난아! 만약 법칙(法則)이 마음에서 생긴 것이라면 법은 곧 경계[塵]로서의 의미를 잃게 되어 마음의 반연할 바의 대상이 될 수 없는데, 어떻게 의법처(意法處)가 이루어지겠느냐?403)

㉡依境辯

若離於心하고 **別有方所**인댄 **卽法自性**이 **爲知非知**아

　만약 법칙(法則)이 마음을 여의고 따로 처소가 있다면 그 법칙의 자성에 앎이 있느냐? 앎이 없느냐?404)

知卽名心어늘 **異汝非塵**하여

　만약 법칙의 자성에 앎이 있다면 마음이라고 불러야 하는데, 너의 마음을 떠나 따로 있으니 너와는 다르고, 그렇다고 앎이 있으니 경계라고도 할 수 없다.

同他心量이거늘 **卽汝卽心**인댄 **云何汝心 更二於汝**리요

　이는 마치 타인의 마음과 같은데 이를 굳이 '너의 마음이다'고 한다면, 어떻게 너의 마음에 다시 두 개의 너의 마음이 있다고 할 수 있겠느냐?

---

403) 法塵을 이미 마음이라 한다면 곧 塵에 속한다 할 수 없는 것이다. 그러므로 所緣이 아니라면 法處를 이룰 수 없다고 한 것이다. 『계환해』(『卍속장경』17, p.733상)

404) 法塵은 相이 아니요, 意知로 인하여 나타나는 것이기에, 그러므로 '爲知? 非知?'를 물은 것이다. 앎이 있으면 곧 마음에 屬하지만 그러나 體가 너하고는 다르고, 또 앎이 있어 塵이 아니니 그러므로 他人의 心量과 같다고 한 것이다. 『계환해』(『卍속장경』17, p.733하)

若非知者인댄 此塵旣非 色聲香味와 離合冷煖 及虛空相이니 當於何在리요
　만약 따로 있는데 앎이 없다면 이러한 법진(法塵)은 이미 물질[色]이나 소리[聲] 향기[香] 맛[味] 그리고 떨어지고[離] 합(合)하며 차고[冷] 따뜻함[煖]과 허공(虛空) 등의 현상이 아닌데 어떻게 어느 곳에 있다고 할 수 있겠느냐?

今於色空에 都無表示하고 不應人間에 更有空外이니
　지금 색(色)이나 허공 등으로 도무지 표시할 수가 없고, 그렇다고 응당 사람이 생각할 수 없는 '허공 밖에 있다'할 수도 없는 것이니,

心非所緣어니 處從誰立이리요
　앎이 없다면 있는 것이 아니어서 마음이 이미 반연(攀緣)할 수 없을 것인데, 의법처(意法處)가 어떻게 성립되겠느냐?405)

㈐了妄卽眞
是故當知하라 法則與心 俱無處所하고 則意與法 二處虛妄하야 本非因緣 非自然性이니라
　그러므로 응당 법칙과 마음이 모두 처소가 없고, 마음과 법의 이 두 가지가 허망하여 본래로 인연도 아니고 자연성도 아님을 알아야 한다.

---

405) 이 法塵은 이미 色 등과 같지 아니하고 다만 앎으로 인하여 발생한 것이기에 지금 이미 앎이 없다면 處가 응당 어디에 있을 수 있겠는가? 이미 色空 등으로 표현할 수 없고, 그렇다고 色空의 밖에 있는 것도 아니고, 더구나 허공이라 하더라도 밖에 있는 것은 아니다. 결국 마음이 반연하는 바 法處가 끝내 實處가 없다는 것이다.

㈣卽十八界 明如來藏二 ㈎總標406)
復次阿難아 云何十八界가 本如來藏 妙眞如性고
　다시 아난아! 어찌하여 이 십팔계(十八界)407)가 본래 여래장 묘진여성이겠느냐?

㈏別明六 ㉮眼色界三 ㈀擧相問界
阿難 如汝所明으로 眼色爲緣하야 生於眼識하니 此識爲復 因眼所生이라 以眼爲界아 因色所生이라 以色爲界아
　아난아! 네가 밝힌 것처럼 눈[眼]과 대상[色]이 연(緣)이 되어 안식(眼識)이 생기는 것이라면 이 식(識)이 눈으로 인하여 생긴 것이므로 눈으로써 계(界)를 삼아야 하느냐? 색(色)으로 인하여 생긴 것이므로 색으로써 계를 삼아야 하느냐?408)

㈁辯界無實三 ㈀依根辯
阿難 若因眼生인댄 旣無色空하면 無可分別이어니 縱有汝識인들 欲將何用고
　아난아! 만약 이 안식(眼識)이 눈으로 인하여 생긴 것이라면 이미 색과 허공과는 관계가 없을 것이고, 분별도 없을 것이니, 너의 식(識)이 있다 한들 무슨 소용이 있겠느냐?

汝見又非 靑黃赤白이라 無所表示어니 從何立界리요
　너의 견(見)은 볼 수 있는 청황적백(靑黃赤白)이 아니어서 표시할 수가 없는데 어떻게 계(界)를 세울 수 있겠느냐?409)

---

406) 界가 無實임을 밝히되, 妄을 요달하면 그대로 진실임을 설한 내용이다.
407) 界란 범어 dhatu의 번역으로 層·根基·要素·基礎·種族의 뜻을 가지고 있다. 불교에서는 일체법의 종자[因]를 界라고 한다. 『불광대사전』(台灣 불광출판사 1988) p.3889.
　*근진식 이 셋에 각기 여섯이 있으니 안과 밖 그리고 중간으로 나누어서 界라 이름한 것이다. 『계환해』(『卍속장경』17, p.733상)
　*여기에서 십팔계란 근경식을 총칭한 것이니, 이 세가지가 한 영역을 이루어 自分境界를 삼는다는 뜻과 이 세가지가 같은 종족을 이룬다는 뜻에서 界라 한다.
408) 眼色은 眼과 色이다. 능엄 제1권 七處徵心의 第6 中間 편에서 '識生其中 卽爲心在'라 했기 때문에 '如汝所明'이라 했다. 『계환해』(『卍속장경』17, p.733하)

ⓒ依境辯

若因色生인댄 **空無色時**에 **汝識應滅**하리니 **云何識知 是虛空性**이며

　만약 색(色)으로 인하여 생긴 것이라면 허공에 색이 없어졌을 때에 너의 의식[識]도 응당 멸할 것이니, 어떻게 허공의 성품을 알겠느냐? 만약 색이 변할 때에 네가 또한 그 색상(色相)의 변함을 안다면 너의 식(識)은 '홀로 변하지 않는 것'이 되는데, 너의 안색계(眼色界)가 무엇을 의지하여 성립되겠느냐? 410)

若色變時에 **汝亦識其 色相遷變**인댄 **汝識不遷**커늘 **界從何立**이리요 **從變卽變**이니 **界相自無**이요

　(만약 색이 변할 때에) 너의 식(識)도 따라서 변한다면 변하여 없어진 것이니 안색계(眼色界)의 현상은 저절로 없을 것이요,

不變卽恒이니 **旣從色生 應不識知 虛空所在**니라

　불변이라면 곧 항상한 것이니, 이미 색에 의지하여 생겼기에 응당 색에만 항상하고 허공의 소재는 알지 못할 것이다. 411)

---

409) 만약 안식이 눈에서만 생기고, 色空에 있지 아니하다면 識은 반연할 수가 없고, 見은 표시할 수가 없어서 界가 성립될 수 없을 것이니, 眼色界가 눈에서 생기는 것이 아님이 분명하다. 『계환해』(『卍속장경』17, p.734상)

410) 만약 眼色界가 色에서 생긴 것이라면 응당 色을 따라 滅하게 되리니 色이 滅하고 虛空이 나타나더라도 응당 알지 못해야 한다. 만약 안다면 色相은 변하여도 너의 識은 혼자 남아 있는 것이니 혼자 있다는 것은 이웃이 없다는 것이다. 짝이 없는데 界가 어떻게 성립되겠느냐? 眼色界가 色에서 생기는 것이 아니다. 아래는 앞의 말을 이어받아 힐난한 것이다. (앞의 책 p.734상)

411) 변한 즉 실체가 없다. 界의 相도 스스로 없을 것이요, 만약 따라 변하지 않는다면 識性은 한결같으나 응당 色에만 한결같고, 허공은 알지 못할 것이거늘, 이치가 그렇지 못하니 眼色界가 色에서 생한 것이 아니다. 『계환해』(『卍속장경』17, p.734상)

ⓒ根境合辯

若兼二種하여 眼色共生인댄 合卽中離요 離卽兩合이라 體性雜亂어니 云何成界리요

　만약 두가지를 겸해서 눈[眼]과 색(色)이 공동으로 안색계(眼色界)를 낸다면 합하였으니 가운데가 있어 나누어질 것이고, 서로 나뉘어 진다면 둘이 합하여진 것이므로 어느 쪽을 근거로 해야 할지 그 체성(體性)이 혼잡할 것이다. 그러니 어떻게 계(界)가 성립되겠느냐?412)

ⓒ了妄卽眞

是故當知하라 眼色爲緣하여 生眼識界어니와 三處都無하여 則眼與色 及色界三이 本非因緣 非自然性이니라

　그러므로 응당 안(眼)과 색(色)이 연(緣)이 되어 허망한 안식계(眼識界)를 내거니와 삼처(三處)가 모두 따로 없고, 안과 색 그리고 안색계의 이 세가지가 본래로 인연도 아니고 자연성도 아님을 알아야 한다.413)

---

412) 만약 眼과 色이 합하여 공동으로 識界를 낸 것이라면 응당 半은 앎이 있고 半은 앎이 없을 것이기 때문에 '中離'라 했다. 만약 가운데가 떨어진다면 半은 根에 합하고 半은 境에 합할 것이기에 '兩合'이라 했다. 두 가지 이치를 추궁해 보건대 다 界를 이룰 수 없는 것이다.『계환해』(『卍속장경』17, p.734상)

　*合卽中離 離卽兩合: 根과 塵이 합하여 공동으로 識을 낸다면 그 사이에 틈이 없어 識이 용납되지 못할 것이기에 識이 中을 여의어 설 자리가 없을 것이다[中離]. 眼과 色이 떨어진[離] 상태에서 공동으로 識을 낸다면 그 識이 兩分하여 一分은 眼根에 합하고 一分은 色塵에 합하여 體性이 잡난하리니 어떻게 界가 이루어지겠느냐? 이운허,『首楞嚴經 주해』(서울 동국역경원 1974) p.114 참조.

　*중간은 識界요, 內外는 鼻香界이다.『계환해』(『卍속장경』17, p.736상)

413) 이미 眼色界가 眼을 말미암지도 아니하고 色을 말미암지도 아니함을 밝혔으니 諸妄이 모두 제거됨에 여래장성이 저절로 드러났을 것이다.『계환해』(『卍속장경』17, p.734하)

2.發明覺性 直使造悟 ⑽卽諸根塵 顯如來藏 ㈣十八界 211

㈑耳聲界三 ㈠擧相問界

阿難 又汝所明으로 **耳聲爲緣**하야 **生於耳識**하나니 **此識爲復 因耳所生**이라 **以耳爲界**아 **因聲所生**이라 **以聲爲界**아

 아난아! 또 네가 밝힌 것처럼 귀와 소리가 연(緣)이 되어서 이식(耳識)이 생기는 것이라면 이러한 식(識)이 귀로 인하여 생긴 것이므로 귀로써 계(界)를 삼아야 하느냐? 소리로 인하여 생긴 것이므로 소리로써 계를 삼아야 하느냐?

㈡辯界無實三 ㉠依根辯

阿難 若因耳生인댄 **動靜二相 旣不現前**하면 **根不成知**라

 아난아! 만약 귀로 인하여 이식(耳識)이 생긴다면 움직이고 고요한 두 가지 상이 앞에 나타나지 아니했을 때에 귀[根]는 알지 못할 것이다.

必無所知인댄 **知尚無成**이어늘 **識何形貌**리요

 반드시 알지 못한다면 안다는 것도 오히려 이루어지지 못하는데 이식(耳識)에 무슨 모양을 말하겠느냐?

若取耳聞이나 **無動靜故 聞無所成**이니

 귀의 들음[耳聞]을 취하여 이식(耳識)을 말하려고 하나 '귀의 들음'이라 하는 것도 동정(動靜)이 없으면 들음[聞]이 이루어질 수 없는 것인데,

云何耳形가 **雜色觸塵**함을 **名爲識界**아

 어떻게 부진근(浮塵根)414)인 귀살[耳形]이 색(色)에 섞여서 경계에 부딪힌 것을 식계(識界)라고 부를 수 있겠는가?415)

---

414) 勝義根과 浮塵根: 눈 등 五官[五根] 가운데 감수작용을 주관하는 것을 勝義根이라 하고, 안구나 귀 코의 살갗 등 피와 살로 되어 있는 것을 浮塵根[扶塵根]이라 한다. (수능엄역주p.46 참조)

卽耳識界가 **復從誰立**이리요

(만약 이것을 식계라고 한다면) 이식계(耳識界)가 무엇으로부터 성립된 것이냐?416)

ⓒ依境辯

若生於聲인댄 **識因聲有**일새 **卽不關聞**이요 **無聞卽亡 聲相所在**하며

만약 이식(耳識)이 소리에서 생긴다면 이식(耳識)이 소리를 의지하여 있기 때문에 듣는 것[聞]과는 서로 관계가 없을 것이고, 듣는 것과 상관이 없다면 소리의 소재도 알 수 없을 것이다.417)

識從聲生하고 **許聲因聞**하야 **而有聲相**인댄

또 '이식이 소리에서 나오고, 그 소리는 듣는 것으로 인하여 그 소리의 현상이 있다'고 한다면418)

---

415) 어떻게 耳形이 色에 섞여서 聲塵에 부딪치는 것을 識界라고 하겠느냐: (세조언해본)
  *어떻게 耳形의 色塵, 觸塵들이 섞인 것을 識界라고 하겠느냐? 이운허,『首楞嚴經 주해』(서울 동국역경원 1974) p.115.
416) 耳識이 분별해 아는 것을 '知'라고 하고, 耳形이 소리에 접촉하는 것을 '聞'이라 한다. 다 動靜으로 인하여 發하는 것이니 만약 동정이 없으면 각기 이루어질 수 없는 것이다. '知'는 바로 識의 體이기에 '知'도 오히려 이루어지지 못했는데 '識'이 어떻게 形貌를 가지겠는가? 라고 말한 것이다. 聞은 다만 耳形이 物色에 섞여서 聲塵에 접촉한 것이요, 耳識이 아니기 때문에 '云何耳形 名爲識界?'라고 한 것이다.『계환해』(『卍속장경』17, p.734하)
417) 만약 識이 소리[聲]에서 생기는 것이라면 이 識은 다만 경계로 因하여 있으므로, 저절로 耳根하고는 관계가 없을 것이다. 그러나 根의 들음을 통[因]하지 아니하고, 어떻게 소리의 소재(동쪽에서 나는 지, 서쪽에서 나는 지, 닭소리인 지, 종소리인 지)를 알 수 있겠는가? (앞의 책 p.734하)
418) '소리는 듣는 것으로 인하여 그 소리의 상이 있다'고 주장한 것은 '耳識이 소리에서 나오고, 그 소리로 因하여 들음이 있다'는 것을 주장[許]한 것이니 그러나 만약 識이 소리에서 나왔다면 소리가 곧 識이리니 들을 때 응당 識도 들어야 할 것이요. 만약 '듣지 못한다'고 한다면 또한 界의 뜻이 성립되지 아니하니 결국 모두 不可하다는 것이다.『계환해』(『卍속장경』17, p.734하)

聞應聞識이요 不聞非界니라

들을 때에 응당 식(識)도 들을 수 있어야 할 것이다. 만약 듣지 못한다면 계(界)라고 할 수 없는 것이다.

聞則同聲이며 識已被聞하니 誰知聞識이리요

만약 식(識)을 듣는다면 식은 곧 소리와 같을 것이며, 식(識)이 이미 들렸으니 다시 누가 식(識)의 들음을 아느냐?

若無知者인댄 終如草木이요

만약 앎이 없다면 소리에서 나왔다는 그 식(識)은 마침내 초목과 같을 것이다.419)

ⓒ根境合辯

不應聲聞 雜成中界이니

그렇다고 응당 소리[聲]와 듣는 것[聞根]이 섞이어서 그 가운데 이식계(耳識界)가 이루어졌다고는 할 수 없을 것이다.

界無中位어늘 則內外相이 復從何成하리요

이와같이 중위(中位)로서의 계(界)를 세울 수 없는데, 안[根]과 밖[塵]의 모습420)을 어떻게 세울 수 있겠느냐?421)

---

419) 識은 能聞이요 聲은 이 所聞이다. 만약 참으로 識을 듣는다면 識은 곧 소리와 같아서 이미 들리는 바가 되었으니 무엇이 이 能聞이 되겠는가? 그러므로 '誰知聞識'이라고 한 것이다. 만약 能聞인데도 知가 없다면 그것은 마치 草木과 같을 것이니 또한 不可하다는 것이다. 『계환해』(『卍속장경』17, p.735상)
420) 內相은 耳根이요, 外相은 聲塵이다. 이운허, 『首楞嚴經 주해』(서울 동국역경원 1974) p.117.
421) 根을 의지한다든가 境을 의지한다든가 하는 單論은 이미 잘못된 것이요, 둘을 합하여 識界를 이루었다 하더라도 中位가 될 수는 없는 것이다. 中位가 이미 없는데 邊界가 어떻게 성립되겠는가? 『계환해』(『卍속장경』17, p.735상)

(ㄷ) 了妄卽眞

是故當知하라 **耳聲爲緣 生耳識界**어니와 **三處都無**하야 **則耳與聲 及聲界三**이 **本非因緣 非自然性**이니라

　그러므로 응당 귀와 소리가 연(緣)이 되어 허망한 이식계(耳識界)를 내거니와 삼처(三處)가 모두 따로 없고, 귀와 소리 그리고 이성계(耳聲界) 이 셋이 본래로 인연도 아니고 자연성도 아님을 알아야 한다.

(다) 鼻香界三　(ㄱ) 擧相問界

阿難 又汝所明으로 **鼻香爲緣**하야 **生於鼻識**인댄

　아난아! 네가 밝힌 것처럼 코와 향기가 연(緣)이 되어서 비식(鼻識)이 생긴다면

此識爲復 因鼻所生이니 **以鼻爲界**아 **因香所生**이니 **以香爲界**아

　이러한 식(識)이 다시 코로 인하여 생긴 것이므로 코로써 계(界)를 삼아야 하느냐? 향으로 인하여 생긴 것이므로 향으로써 계를 삼아야 하느냐?

(ㄴ) 辯界無實三　(ㄱ) 依辯根

阿難 若因鼻生인댄 **則汝心中**에 **以何爲鼻**오 **爲取肉形 雙爪之相**가 **爲取齅知 動搖之性**가

　아난아! 만약 코로 인하여 생긴 것이라면 네 생각에 무엇을 '코'라 하겠느냐? 얼굴 한 복판에 오똑 튀어나온 육형(肉形, 살덩어리)으로 된 한 쌍의 손톱모양[浮塵根]을 취하여 코라고 하겠느냐? 맡아 분별하는 성품[勝義根]을 취하여 코라고 하겠느냐?422)

---

422) 爪形은 콧구멍 모습이요, 움직이면서 맡는 것은 코의 본성이다. 『계환해』『卍속장경』17, p.735상)

若取肉形인댄 **肉質乃身**이오 **身知卽觸**이니

만약 살덩어리를 취하여 코를 삼는다면 살덩어리는 곧 몸이고 몸이 아는 것은 촉(觸)이니,

名身非鼻오 **名觸卽塵**이라

몸이라고 하면 비근(鼻根)이 아니고, 촉이라고 하면 곧 몸의 대상[塵]이다.

鼻尚無名커니 **云何立界**리요

결국 살덩어리[肉形]로 코를 삼는다면 오히려 비근(鼻根)이라는 이름도 세울 수 없는데 어떻게 계(界)가 비근(鼻根)에서 나온다고 할 수 있겠느냐?423)

若取齅知인댄 **又汝心中 以何爲知**오

만약 맡아 아는 것을 취한다면 우선 너의 마음에 무엇으로 앎을 삼느냐?

以肉爲知이나 **則肉之知**는 **元觸非鼻**라

코 속의 피부[肉]을 가지고 앎을 삼고자 하나 코 속의 피부[肉]가 아는 것은 원래로 감촉(觸)이지 코가 아니다.

以空爲知인댄 **肉應非覺**이어니

만약 코 속의 허공[空]이 안다면, 공(空) 스스로가 아는 것이라서 너의 코 속의 피부[肉]는 응당 깨닫지 못할 것이니

---

423) 몸이라고 이름하면 코[鼻]가 아니고, 觸이라고 하면 塵에 속하게 된다. 그러므로 육형으로 코[鼻]를 삼으려는 것은 그 이름을 얻을 수 없다는 것이다.『계환해』(『卍속장경』17, p.735하)

如是則應 虛空是汝오 汝身非知일새 今日阿難이 應無所在니라
 그렇다면 이는 허공이 곧 너이고, 너의 몸은 앎이 없기에 오늘의 아난은 응당 존재한다고 할 수 없을 것이다.424)

以香爲知인댄 知自屬香커니 何預於汝리요
 만약 코속의 향기(香氣)가 안다면 아는 자체가 향기에 속해 있는데 너와 무슨 상관이 있겠느냐?

若香臭氣가 必生汝鼻인댄 則彼香臭 二種流氣가 不生伊蘭 及旃檀木이니
 만약 향기(香氣)와 취기(臭氣)가 반드시 너의 코에서 생긴다면 저 향기와 취기의 두가지 냄새가 이란(伊蘭, 악취나무)과 전단(栴檀, 향나무)에서 나오는 것이 아닐 것이다.

二物不來어든 汝自齅鼻하라 爲香爲臭아
 이 두가지가 없는 상황에서 너 스스로 너의 코를 맡아보아라! 향기가 맡아지느냐? 취기가 맡아지느냐?425)

---

424) 肉質이 안다고 하면 이는 곧 몸[身根]에 속하기 때문에 '元觸非鼻'라 했고, 허공이 안다고 하면 앎이 곧 허공에 屬하기 때문에 '肉應無覺'이라 했다. 또 응당 허공이 너의 몸이라면 지금의 아난의 몸은 空하여 소재가 없게 되나니 '識이 鼻根에서 생긴다'고 계교하는 것이 妄임을 밝힌 것이다. 『계환해』(『卍속장경』17, p.735하)
425) 만약 앎[知]이 香氣에 속한다면 너의 鼻根은 아는 것과 아무 관계가 없을 것이다. 그러나 그렇지 아니하니 앎이 향기에 속한 것이 아니기 때문이다. 만약 향기가 코에서 생긴다면 나무에는 응당 향기가 없을 것이다. 伊蘭의 냄새와 栴檀의 香氣 이 두가지 사물이 오지 아니했을 때 코에서 무슨 냄새가 나더냐? 향기는 코에서 생기는 것이 아니기에 鼻識이 향기에서 생긴다고 계교하는 것은 妄이다. 『계환해』(『卍속장경』17, p.735하)

2.發明覺性 直使造悟 ⑽卽諸根塵 顯如來藏 ㈣十八界   217

臭則非香이며 香應非臭커늘 若香臭二가 俱能聞者인댄 則汝一人이 應有兩鼻라

  취기(臭氣)는 곧 향기(香氣)가 아니고 향기는 응당 취기가 아닌데, 만약 향기와 취기의 두가지를 다 맡을 수 있다면 너 한 사람에게 응당 두 개의 코가 있는 것이요,

對我問道호대 有二阿難하리니 誰爲汝體오

  또 나에게 도(道)를 물을 때에도 두 아난이 있는 것이니 어느 것으로 너의 몸을 삼겠느냐? 426)

若鼻是一인댄 香臭無二어늘

  (향기와 취기가 다 코에서 나온다는 입장에서) 만약 코가 하나라면 향기와 취기의 둘을 다 맡을 수는 없을 것이다.

臭旣爲香하고 香復成臭하여 二性不有리니 界從誰立하리요

  (그래도 굳이 맡는다고 하면) 취기가 이미 향기가 되고 향기가 다시 취기를 이루어 두가지 성품이 구분이 되지 않을 것인데, 계(界)가 어떻게 성립되겠느냐?427)

ⓛ依境辯428)

若因香生인댄 識因香有어니

  만약 향기로 인하여 비식(鼻識)이 생긴다면 이러한 식(識)이 향기로 인하여 있는 것이니,

---

426) '경계가 둘이라면 根도 응당 둘 이여야 한다'고 했으니 이는 다 識心의 분별계탁을 보내려는 것이다. 『계환해』(『卍속장경』17, p.736상)
427) 根으로써 하나의 경계를 삼는다면 경계의 性이 서로 互奪(즉 臭氣가 香氣가 되고, 향기가 다시 臭氣가 되는 것)하리니 어떻게 界를 세우겠느냐? 『계환해』(『卍속장경』17, p.736상)
428) 앞의 '以香爲知'는 '依根辯'을 밝히는 가운데 '코 속의 향기'를 말한 것이고, 이곳 '若因香生' 부터가 '依境辯'에 해당한다. 운허능엄 참조

如眼有見호대 不能觀眼하야 因香有故로 應不知香하리라

  마치 눈이 다른 것을 보면서도 눈 스스로는 보지 못하는 것처럼 향기로 인하여 있는 것이므로 응당 향기를 알지 못해야 할 것이다.

知則非生이오 不知非識이리라

  만약 안다면 비식(鼻識)이 향기에서 나온 것이 아니고, 알지 못한다면 식(識)도 아닌 것이다.429)

香非知有면 香界不成이요 識不知香이니

  향기에 앎이 있지 않다면 향계(香界)가 성립될 수 없고, 비식(鼻識)이 향기를 알지 못하니

因界則非 從香建立이요

  그러므로 비식계(鼻識界)는 향기로부터 건립된 것이 아닌 것이요.430)

㉢根境合辯

旣無中間하면 不成內外리니 彼諸聞性도 畢竟虛妄하리라

  이미 중간431)이 성립되지 못한다면 내외(內外)도 세울 수 없을 것이니, 저 모든 맡는 성품도 필경 허망일 것이다.

---

429) 眼識이 눈으로 因하여 있으나 이미 눈을 보지 못하듯이 鼻識이 향기로 인하여 있다면 응당 향기를 알지 못해야 한다. 만약 '能知'라면 香에서 生한 것이 아니며, 만약 '不知'라면 識이라 이름할 수 없으리니 모두 不可하기 때문이다. 『계환해』(『卍속장경』 17, p.736상)

430) 香이 鼻根을 말미암지 아니하고는 香界를 이룰 수 없듯이 鼻識이 香을 알지 못하면 識界를 이룰 수 없는 것이다. (앞의 책 p.736상)

431) 중간은 識界요, 내외는 鼻根과 香塵의 界이다. (앞의 책 p.736상)

㈂ 了妄卽眞

是故當知하라 鼻香爲緣하야 生鼻識界거니와 三處都無하야 則鼻與香 及香界三이 本非因緣 非自然性이니라

그러므로 응당 코[鼻根]와 향기가 연(緣)이 되어 허망한 비식계(鼻識界)를 내거니와 삼처(三處)가 모두 따로 없고, 코와 향기 그리고 비향계(鼻香界) 이 셋이 본래로 인연도 아니고 자연성도 아님을 알아야 한다.

㉔舌味界三 ㈀擧相問界

阿難 又汝所明으로 舌味爲緣하야 生於舌識하나니

아난아! 또 네가 밝힌 것 처럼 혀와 맛이 연(緣)이 되어서 맛보는 설식(舌識)이 생기는 것이니,

此識爲復 因舌所生이라 以舌爲界아 因味所生이라 以味爲界아

이러한 식(識)이 혀로 인하여 생긴 것이므로 혀로써 계(界)를 삼아야 하느냐? 맛으로 인하여 생긴 것이므로 맛으로써 계를 삼아야 하느냐?

㈁辯界無實三 ㈀依根辯

阿難 若因舌生인댄 則諸世間 甘蔗烏梅와 黃連石鹽과 細辛薑桂가 都無有味리니 汝自嘗舌하라 爲甛爲苦아

아난아! 만약 맛을 아는 것[舌識]이 혀에서 생긴다면 세간의 감자와 오매와 황연과 소금과 세신과 생강과 계피 등, 도무지 이러한 맛과는 관계가 없을 것이니, 너는 스스로 너의 혀를 맛보아라. 달더냐? 쓰더냐?432)

---

432) 단 맛의 감자(甘蔗)는 사탕수수이고, 신맛의 烏梅는 靑梅의 껍질을 벗기고 씨를 빼어 밀린 깃으로 해열 健胃劑로 쓴다. 쓴맛의 황련는 매자나무과이 다년초로서 일명 깽깽이풀이라 하는데 그 뿌리를 설사약으로 쓴다. 짠맛의 돌소금[石塩]은 지하에서 천연으로 산출되는 염화나트륨이다. 화한 맛의 細辛은 족두리풀 또는 민족두리풀의 뿌리이다. 말려서 두통 발한등의 약제로 쓴다. 매운 맛의 薑桂는 생강과 계피이다.

若舌性苦인댄 誰來嘗舌고 舌不自嘗이어니 孰能知覺이리요
　만약 혀의 성품이 쓰다면 누가 와서 혀를 맛보았겠는가? 혀가 스스로 맛보지는 못했을 것이니 무엇이 알고 느꼈겠느냐?

舌性非苦인댄 味自不生이어니 云何立界리요
　혀의 성질이 본래 쓴 것이 아니라 담담하다면 맛 자체가 생길 수 없을 것인데, 어떻게 계(界)를 세울 수 있겠느냐?433)

ⓛ依境辯
若因味生인댄 識自爲味이니 同於舌根이 應不自嘗인달하야 云何識知 是味非味리요
　만약 설식(舌識)이 맛에서 생긴 것이라면 이는 설식이 스스로 맛이 된 것이다. 혀[舌根]가 스스로 맛보지 못하는 것처럼 이것도 그와 같아서 어떻게 설식이 스스로 맛인 지 맛이 아닌지를 알 수 있겠느냐?434)

又一切味 非一物生이라 味旣多生인댄 識應多體요
　또 일체의 맛이 한 물건에서 생기지 아니했듯이 맛이 이미 이와 같이 여러 가지에서 생겼다면 그에 따른 식(識)도 응당 여러 개의 체(體)가 있어야 할 것이다.435)

---

433) '쓰다 달다'하는 맛은 혀로 因하여 맛보게 되는데 만약 혀가 본래 쓰다면 능히 맛볼 자가 없거늘 무엇이 인식하는 주체가 되겠느냐? 만약 혀가 본래 담담하다면 이미 경계를 인하지 아니 했으니 맛이 생길 수 없는 것이요, 맛과 그 상대가 없거늘 무엇으로 界를 세우겠느냐? 界가 혀로 인하여 生긴다고 계교하는 것은 妄이다.『계환해』(『卍속장경』17, p.736하)
434) '識自爲味'라고 한 것은 識이 그대로 맛이 되었다는 말이며, '同於舌根'이라 한 것은 識이 이제 舌根이 되었으니 舌根이 스스로 맛보지 못하는 것과 같을 것이라는 말이다.『계환해』(『卍속장경』17, p.736하)
435) 혀의 인식이 맛으로 인하여 생긴다면 맛이 여러 가지일 때 識도 응당 여러가지일 것이요, 識이 하나라면 맛도 응당 하나이어야 한다.『계환해』(『卍속장경』17, p.736하)

識體若一하고 體必味生인땐 鹹淡甘辛과 和合俱生의 諸變異相이 同爲一味하야 應無分別이니

만약 식(識)의 체(體)가 하나이고, 그 체는 반드시 맛에서 생기는 것이라면436) 짜고 담담하고 달고 매운 맛과 화합(和合)으로 이루어진 것과 본래부터 갖추어진 것[俱生]과 가지가지 변하고 달라진[變異] 모습437)이 다 한 맛이 되어438) 전혀 분별할 수 없을 것이다.

分別旣無하면 則不名識어늘 云何復名 舌味識界리요

이와같이 이미 분별이 없으면 식(識)이라 부를 수 없는데, 어떻게 다시 설미식계(舌味識界)라 부를 수 있겠느냐?

不應虛空이 生汝心識이니라

그렇다고 허공이 너의 심식(心識)을 출생 시킨 것은 아닐 것이다.

ⓒ根境合辯

舌味和合인땐 卽於是中 元無自性이니 云何界生하리요

혀와 맛이 화합하여 생겼다면 이 가운데 어디에도 원래의 자성을 세울 수 없을 것인데, 어떻게 계(界)가 생기겠느냐?439)

---

436) '體必味生'이라 한 것은 識이 맛으로 인하여 생긴다는 것을 거듭 단정한 것이다. (앞의 책 p.736하)
437) 여러 가지 맛이 섞어서 이루어진 것이 화합이요, 본래부터 있었던 맛이 俱生이요, 이 맛에서 저 맛이 변한 것이 變異로다. (앞의 책 p.737상)
438) '鹹淡甘辛 同爲一味'라 한 것은 識이 하나이면 맛도 응당 하나임을 결론지은 것이다. 만약 여러 가지 다른 식[異識]이 이미 하나이고, 다른 맛[異味]이 이미 같다고 하면 분별이 없을 것이다. 분별이 이미 없다면 識도 아니고 識이 아니라면 界도 세울 수 없으리니 界가 맛으로 인하여 생한다고 계교하는 것이 妄임을 밝힌 것이다.『계환해』(『卍속장경』17, p.736하)
439) 근성이 合混했다면 곧 자성을 정할 수 없거니 무엇으로부터 界가 생기겠느냐? (앞의 책 p.737상)

㈐了妄卽眞

是故當知하라 **舌味爲緣**하야 **生舌識界**커니와 **三處都無**하야 **則舌與味 及舌界三**이 **本非因緣 非自然性**이니라

그러므로 응당 혀와 맛이 연(緣)이 되어 허망한 설식계(舌識界)를 내거니와 삼처(三處)가 모두 따로 없고, 혀와 맛 그리고 설미계(舌味界)의 셋이 본래로 인연도 아니고 자연성도 아님임을 알아야 한다.

㈑身觸界三 ㈀擧相問界

阿難 又汝所明인 **身觸爲緣**하야 **生於身識**커니와

아난아! 네가 밝힌 것처럼 몸과 촉이 연(緣)이 되어서 신식(身識)이 생기거니와

此識爲復 因身所生이라 **以身爲界**아 **因觸所生**이라 **以觸爲界**아

이러한 인식이 다시 몸으로 인하여 생기는 것이므로 몸으로써 계(界)를 삼아야 하느냐? 촉으로 인하여 생기는 것이므로 촉으로써 계를 삼아야 하느냐?

㈁辯界無實三 ㈀依根辯

阿難 若因身生인댄 **必無合離 二覺觀緣**하리니 **身何所識**하리요

아난아! 신식(身識)이 몸[身根]에서 나온다면 반드시 합리(合離)의 두가지 분별[覺觀緣]과는 아무 상관이 없으리니 몸이 무엇을 안다고 하겠느냐?440)

---

440) 覺觀은 곧 身識이니 合離의 二境으로 緣을 삼는다. 『계환해』(『卍속장경』17, p.737 상)

㉡依根辯

若因觸生인댄 **必無汝身**하리니 **誰有非身**하야 **知合離者**리요

만약 신식(身識)이 촉에서 생긴다면 반드시 너의 몸과는 아무 상관이 없을 것인데, 어느 곳에 너 자신과는 상관이 없는 몸[非身]이 있어 합하고 떨어짐[合離]을 안다고 하겠느냐?441)

㉢根境合辯

阿難 物不觸知요 **身知有觸**하니

아난아! (만약 몸과 촉이 합하여 신식이 생긴다고 할 때) 사물[物]은 접촉[觸]이 되더라도 알지 못하고, 몸이라야 촉(觸)을 아나니,

知身卽觸이요 **知觸卽身**이라

그러므로 몸을 아는 것이 곧 촉이요, 촉을 아는 것이 몸이다.

卽觸非身이요 **卽身非觸**이니

그러나 아는 것[知]이 촉이라면 몸이라 할 수 없고, 아는 것[知]이 몸이라면 촉이라 할 수 없다.442)

---

441) 몸이 없으면 合離를 알지 못하나니 이는 몸을 말미암은 것이요, 경계를 말미암은 것이 아니기 때문이다. (앞의 책 p.737상)
442) '卽觸非身 卽身非觸'에서의 두 非字는 雙非의 논리로써, 共生이 될 수 없음을 파하여 밝힌 것이다. 즉 知가 이미 홀으로 觸에 속하였다면 몸에는 兼하여 속할 수 없으므로 '觸이라면 身이라 할 수 없다'고 하고, 이 知가 이미 홀으로 身에 속하였다면 觸에는 兼하여 속할 수 없으므로 '身이라면 觸이라 할 수 없다'고 한 것이다. 그리고 끝에 결론하여 말하기를 '마침내 二邊을 겸할 수 없거늘 어떻게 共生이라 하겠느냐?'고 하여 '身根과 觸塵이 緣이 되어 身識이 생긴다'는 아난의 共生論理를 파한 것이나. 나만 주의해야 할 것이 있으니 "非身과 非觸의 두 非字는 '아는 것이 촉이라면 몸이라 할 수 없고, 아는 것이 몸이라면 촉이라 할 수 없는 것이다'라는 뜻이지, 觸은 몸이 아니요 몸은 觸이 아니다'라고 해석하는 것은 불가하다. 『정맥소』(『卍속장경』18, p.454하)

＊'物不觸知 身知有觸'이라 한 것은 다만 觸만으로는 능히 知를 生하지 못하고, 身을 말미암은 후라야 觸을 알게 된다. 이것은 身識이 근경의 합함을 말미암은 후라야 나타나게 됨을 밝힌 것으로 합하게 되면 응당 '身이 곧 觸이요, 觸이 곧 身'임을 알 것이다. 『계환해』(『卍속장경』17, p.737하)

身觸二相 元無處所하야 **合身卽爲 身自體性**하고
　이와같이 몸과 촉의 두가지 모습이 원래 처소가 없기에, 촉이 몸에 합하면 바로 몸 자체의 성품이 되고,

離身卽是 虛空等相하야 **內外不成**어늘 **中云何立**하리요
　촉이 몸을 떠나면 허공과 같은 모습이 되어서 내외(內外)가 이루어질 수 없는데, 중간[身識]이 어떻게 성립되겠느냐?

中不復立인댄 **內外性空**이니 **卽汝識生**한들 **從誰立界**리요
　중간이 성립되지 못한다면 내외의 성품도 공하리니, 그러한 가운데 너의 식(識)이 생긴들 무엇을 의지하여 계(界)를 세우겠느냐?

㈐了妄卽眞
是故當知하라 **身觸爲緣**하야 **生身識界**거니와 **三處都無**하야 **則身與觸 及身界三**이 **本非因緣 非自然性**이니라
　그러므로 응당 몸과 촉이 연(緣)이 되어 허망한 신식계(身識界)를 내거니와 삼처(三處)가 모두 따로 없고, 몸과 촉 그리고 신촉계(身觸界) 이 셋이 본래로 인연도 아니고 자연성도 아님을 알아야 한다.

⑷意法界三　㈀擧相問界
阿難 又**汝所明**인 **意法爲緣**하야 **生於意識**하나니
　아난아! 또 네가 밝힌 것처럼 의지[意]와 추억 등 고정관념[法]이 연(緣)이 되어서 의식(意識)이 생기는데,

───────────────

＊만약 身이 곧 觸이라면 身이 身이 아니며, 만약 觸이 곧 身이라면 觸이 觸이 아니니 身觸이 互奪할 것이기에 '處所가 없다'고 한 것이다. 만약 身識이 몸에 합하면 觸位가 없기 때문에 身의 體가 되고, 身을 여의면 觸의 작용이 없기 때문에 허공과 같을 것이다. 그렇다면 안과 밖 그리고 중간의 位가 다 성립될 수 없을 것이며, 설사 識이 觸으로 인하여 생긴다 한들 어떻게 界를 세우겠느냐? 『계환해』(『卍속장경』17, p.737하)

2.發明覺性 直使造悟 ⑽卽諸根塵 顯如來藏 ㈣十八界 225

此識爲復 因意所生이라 **以意爲界**아 **因法所生**이라 **以法爲界**아

이 식(識)이 다시 의지[意]로 인하여 생기는 것이니 의(意)로써 계(界)를 삼아야 하느냐? 법으로 인하여 생기는 것이니 법으로써 계를 삼아야 하느냐?

㈎辯界無實三 ㉠依根辯
阿難 若因意生인댄 **於汝意中 必有所思**하야 **發明汝意**하나니

아난아! 만약 의근(意根)에서 의식(意識)이 생긴다면 너의 의근 가운데 반드시 생각하는 것이 따로 있어서 너의 의식을 나타낸다고 해야 할 것이다.

若無前法하면 **意無所生**하리라 **離緣無形**커니 **識將何用**이리요

만약 앞에 법진(法塵)이 없다면 의근은 생길 수 없으며, 의근은 법진에 반연하는 것을 여의고는 그 모습이 있을 수 없는데, 의식[識]이 어떻게 작용할 수 있겠느냐?443)

又汝識心이 **與諸思量 兼了別性**으로 **爲同爲異**아

또 너의 (의식이 의근에서 생긴다고 할 때) 그 식심(識心)이 가지가지로 사량하고 분별하여 아는 성품으로 더불어 같은가? 다른가?

同意卽意어니 **云何所生**이며 **異意不同**이니 **應無所識**하리라

만약 그와 같다면 결국 의근(意根) 뿐인데 어떻게 의근 혼자서 식(識)을 내었다고 하겠느냐? 다르다고 하면 곧 같지 아니함이니 응당 식이 없는 것과 같을 것이다.

---

443) 意識은 생각하는 곳에서 발하고, 意根은 法塵에서 생기는 것이니 두가지가 다 앞의 경계에 속하기 때문에 이를 여의면 根은 形相이 없고, 識은 작용이 없는 것이다. 모두가 다 경계를 말미암은 것이니 根에서 생긴다고 계교하는 것은 다 잘못이다. 『계환해』(『卍속장경』17, p.738상)

若無所識하면 云何意生이리요
　만약 아는 바가 없다면 어떻게 의근이 식(識)을 출생시켰다고 하겠느냐?

若有所識인댄 云何識意이리요
　만약 (의근에서 나온 식(識)이) 아는 바가 있다면 (의근과 의식은 서로 다른 것인데) 어떻게 의식을 낸 의근이라 할 수 있겠으며,

唯同與異 二性無成이어니 界云何立이리요
　이와같이 '같다'와 '다르다'의 두가지 성품이 이루어질 수 없는데, 어떻게 계(界)를 세울 수 있겠느냐?444)

ⓒ依境辯
若因法生인댄 世間諸法 不離五塵하니
　만약 법진(法塵)에서 의식(意識)이 나온다고 하면, 세간의 모든 법이 다섯가지 대상을 벗어나지 못하나니,

汝觀色法 及諸聲法과 香法味法과 及與觸法하라
　너는 색법(色法)과 성법(聲法)과 향법(香法)과 미법(味法)과 촉법(觸法)을 살펴보아라!

相狀分明하야 以對五根이언정 非意所攝이니라
　모양이 분명하여 오근(五根)에 상대될지언정 의근(意根)의 섭(攝)한 바는 아닐 것이다.

---

444) 根識이 섞이고 넘쳐서 因으로서의 界가 성립되지 아니함을 밝힌 것이다. 識心은 의식이고, 思量了別은 의근이니 같다면 능소가 없게 되고, 다르다면 識이 있을 수 없으니 두 가지가 섞이고 넘쳐서 이미 자성이 없기 때문에 界를 세울 수 없는 것이다. (앞의 책 p.738상)

2.發明覺性 直使造悟 (10)卽諸根塵 顯如來藏 ㉕十八界　227

汝識決定 依於法生인댄 **汝今諦觀**하라 **法法何狀**고
　너의 의식(意識)이 결정코 법진(法塵)에서 생긴 것이라면 너는 지금 자세히 보아라! 의근에 상대되는 그 법진이라는 법이 무슨 모양이더냐?445)

若離色空과 **動靜通塞**과 **合離生滅**하고 **越此諸相**하야는 **終無所得**하나니라
　만약 색공(色空, 色)과 동정(動靜, 聲)과 통색(通塞, 香)과 합리(合離, 觸)와 생멸(生滅, 味) 등, 이 모든 현상을 떠나서는 마침내 법진 그 자체를 얻을 수 없을 것이다.

生則色空 諸法等生하고
　(왜냐하면 법진이란 따로 있는 것이 아니니) 생긴다 하더라도 색공 등 가지가지 법이 생기고,

滅則色空 諸法等滅하나니라
　멸한다 하더라도 색공 등의 가지가지 법이 멸하기 때문이다.446)

㉢根境合辯
所因旣無인댄 **因生有識**에 **作何形相**이며 **相狀不有**커늘 **界云何生**하리요
　인(因)으로서의 의근(意根)과 법진(法塵)에 이미 스스로의 형상이 없다면, 그로 인하여 생긴 의식(意識)에 무슨 형상이 있으며, 형상이 있지 않다면 계(界)가 어떻게 생기겠느냐?447)

---

445) '法法何狀'이라고 할 때 앞의 法은 法塵이고, 뒤의 法은 앞의 法을 반복 강조한 것이다.
446) 五塵이 각기 眼 등 오근에는 상대할지 언정 의근의 攝한 바는 되지 못하니 다섯 가지 법이 각기 色空 등 諸緣을 인연하되 마침내 실상이 없기 때문이다. 이미 의근에 攝하지 아니하고 또 실상도 없다면 어떻게 의식을 생할 수 있겠는가? 『계환해』(『卍속장경』17, p.738상)
447) 앞에서는 識이 법으로 인하여 生한다고 했으나, 지금 여기 第一義諦 입장에서는 因한 바 모든 것이 이미 연기를 따라 멸하기 때문에 스스로 실상이 없는 것이니 이로 인하여 생긴 식인들 다시 무슨 형상이 있겠는가? 형상이 있지 아니하다면 界도 세울

㈄了妄卽眞

是故當知하라 **意法爲緣**하야 **生意識界**거니와 **三處都無**하야 **則意與法 及意界三**이 **本非因緣 非自然性**이니라

　그러므로 응당 의지[意]와 추억 등의 법(法)이 연(緣)이 되어서 허망한 의식계(意識界)를 내거니와 삼처(三處)가 모두 따로 없고, 의(意)의 법(法) 그리고 의법계(意法界)의 셋이 본래로 인연도 아니고 자연성도 아님을 알아야 한다.448)

⑾廣擧七大 圓示藏性二449) ①阿難發起

　　수 없다는 것이다.『계환해』(『卍속장경』17, p.738상)
448) 이미 인연도 아니고 자연도 아니라면 이것이 바로 妙眞如性인 것이다. (앞의 책 p.738하)
449) 앞에서는 가까이 諸身(根境)을 취하여 여래장을 드러내고자 했기 때문에 陰入處界를 의지하여 이를 밝혔으니 비록 一身에 대해서는 깨달았으나 아직 만법에 까지는 원융하지 못하여 '근경에 있어서 각기 藏性이 다른 것은 아닌가' 라고 의심하여 견성이 아직 원만하지 못하므로, 여기에서 다시 더 자세하게 멀리 諸物을 취하여 완전히 여래장성을 보이려고 地水火風空見識 칠대에 의거하여 그것으로써 밝혀서 후학들로 하여금 物我가 同根이요 是非가 일체이며 法法이 圓成하고 塵塵이 周遍함을 깨닫게 한 것이다.『계환해』(『卍속장경』17, p.739상)
　*法界頌(화엄초조 두순작)에 이르되 만약 사람이 진공의 이치를 알고자 하는가? 身內의 진여가 밖에도 두루하고 情과 無情이 한 가지 一體요 처처에 다 眞法界이다 했으니 이것이 칠대의 뜻이다. 이를 '大'라 하는 것은 性이 원만하고 周遍하여 含吐十方하는 것으로 뜻을 삼았으며, '七'을 둔 까닭은 만법이 생성하되 사대를 여의지 아니하고 空性에 의지하여 건립되며, 見으로 인하여 覺이 있고 識으로 인하여 知가 있기 때문이다. 前五는 無情이고 後二는 有情으로 합하여 七을 들었으니 만법이 갖추어진 것이다. (앞의 책 p.739상)
　*칠대가 다 識으로 인하여 변하는 까닭에 모두 識이라 했으니 識이란 '性覺 가운데에서 妄으로 明覺이 된 것'이다. 所妄이 이미 세워지면 저 妄能이 生하는 까닭에 칠대가 있게 되는 것이다. 그러나 저 大性은 본래 水火도 아니고 또한 空識도 아니다. 온전히 하나인 여래장의 體가 業을 따라 발현한 것뿐이다. 칠대가 이미 그러할진대 만법이 다 그러하며, 무릇 우리의 依報와 正報도 원래 根身이 아니며, 또한 器界도 아니다. 다 業을 따르는 현상이니 性은 진실하고 원융하여 처음부터 생멸이 없었던 것이다. 그러므로 아난이 부처님의 개시함을 입고 身心이 蕩然하여 무괘애(無罣碍)를 얻었으며, 세간의 모든 있는 바 物이 다 묘심으로 시방을 머금어 감싸고 있음을 요지하고 幻身의 기멸이 온 곳이 없음을 反觀하여 本妙心이 상주불멸임을 획득하는 것이다. (앞의 책 p.739상)

阿難 白佛言하대 世尊 如來常說 和合因緣하사대 一切世間 種種變化가 皆因四大 和合發明이니

아난이 부처님께 사뢰었다. "세존이시여! 여래께서 항상 화합(和合)과 인연(因緣)에 대하여 말씀하시기를 '일체 세간의 가지가지 변화하는 것이 모두 사대(四大)의 화합으로 인하여 드러난다'고 하셨습니다.

云何如來 因緣自然을 二俱排擯낏고

그런데 어찌하여 여래께서는 다시 (五陰·六入·十八界 등을) 인연과 자연 이 두가지가 다 아니라고 배척하십니까?

我今不知 斯義所屬하니 唯垂哀愍하사와 開示衆生에 中道了義 無戲論法하소서

저희들이 지금 이 이치를 알지 못하겠습니다. 오직 불쌍히 여기시사 중생들에게 중도요의(中道了義)인 희론이 없는 법을 열어 보여 주옵소서!450)"

②世尊垂答三 ㉠愍告
爾時世尊 告阿難言하사대 汝先厭離 聲聞緣覺 諸小乘法하야 發心勤求 無上菩提할새

그 때 세존께서 아난에게 말씀하셨다. "네가 앞에서 성문(聲聞)과 연각(緣覺)의 소승법(小乘法)을 싫어하고, 발심하여 부지런히 최상의 깨달음을 구하기에

---

*第二의 大科[제이 문답발명]가 글이 여기[칠대]에서 마치게 되었으니 실로 요지를 발명한 것이며, 密印을 수증케 한 것이다. (앞의 책 p.739하)
450) 權敎를 의지하여 질문하고 힐난하되, 사대로부터 시작하여 칠대의 인연과 자연의 뜻을 발기한 것이다. 『계환해』(『卍속장경』17, p.739하)

故我今時에 爲汝開示 第一義諦어늘 如何復將 世間戲論 妄想因緣하야 而自纏繞아

　내가 지금 너에게 제일의제(第一義諦)를 열어 보였는데도, 어찌하여 다시 세간의 희론인 망상인연(妄想因緣)에 스스로 얽매이느냐?

汝雖多聞하나 如說藥人이 眞藥現前호대 不能分別일새 如來說爲 眞可憐愍이니라

　네가 비록 많이 들었다고는 하나 마치 약(藥)을 말하는 사람이 좋은 약이 앞에 있는데도 이를 분별하지 못하는 것과 같기 때문에 여래는 너를 참으로 가련하다고 하는 것이다.451)

㊂許答
汝今諦聽하라 吾當爲汝하야 分別開示하며 亦令當來 修大乘者로 通達實相하리라

　너는 이제 자세히 들어라. 내 응당 너를 위하여 분별하고 개시(開示)하며, 또 앞으로 대승법(大乘法)을 닦으려는 자에게 실상을 통달하게 하리라."

阿難默然하야 承佛聖旨하니라

　아난이 부처님의 훌륭한 가르침을 듣고자 잠자코 있었다.452)

㊂正答二 ㈎總答
阿難 如汝所言하야 四大和合하야 發明世間 種種變化니와

　"아난아! 너의 말한바와 같이 '사대(四大)가 화합하여 세간의 가지가지 변화를 일으킨다'고 말하였다.

---

451) 다문은 마치 藥을 설하는 것과 같고, 第一義諦는 마치 藥을 먹는 것과 같다. 『계환해』(『卍속장경』17, p.740상)
452) 칠대가 본래 여래장임을 알면 바로 실상을 통달할 것이다. 『계환해』(『卍속장경』17, p.740상)

2.發明覺性 直使造悟 ⑴⑴廣擧七大 圓示藏性   231

阿難 若彼大性이 體非和合인댄 則不能與 諸大雜和호미 猶如虛空이 不和 諸色이요

그러나 아난아! 만약 저 대성(大性)의 체(體)가 화합하는 것이 아니라면, 다른 모든 원소와 섞일 수 없는 것이 마치 허공이 모든 물질과 화합할 수 없는 것과 같을 것이다.

若和合者인댄 同於變化하야 始終相成하야 生滅相續하고 生死死生하야 生生死死가 如旋火輪하야 未有休息하리라

만약 화합이라면 변하는 것과 같아서, 처음부터 끝까지 서로 이루되 생멸이 상속하여 태어났다가는 죽고, 죽었다가는 다시 태어나며, 이렇게 태어나고 죽는 것이 마치 화륜(火輪)을 돌려서 멈추지 못하는 것과 같을 것이다.453)

阿難如水成冰라가 冰還成水인달하니

아난아! 이는 마치 '물이 얼음이 되었다가 얼음이 다시 물이 되는 것'과 같을 것이다.454)

---

453) 權敎에서 비록 화합을 설하였으나 도무지 實義가 없는 것이다. 대개 저 大性이 과연 非和合이라면 마치 허공이 모든 色과 화합하지 못하는 것과 같은 것이니 거의 있을 수 없는 일이고, 만약 과연 화합이라면 곧 저 萬變과 같아서 서로 이루고 서로 상속하여 갈수록 허망하게 되리니 또한 있을 수 없는 일이다. 『계환해』(『卍속장경』17, p.740상) *'돌아가는 불 바퀴가 실체가 없다'는 것은 허망함이 서로 이루어지고 서로 상속하는 모습을 비유한 것이다. 『계환해』(『卍속장경』17, p.740상)   *旋火之輪: 횃불을 빨리 돌림으로 해서, 만들어진 허공에 火輪

*여기에서 칠대를 설했으나 그 性은 화합으로 해서 生함도 아니고 불화합으로 해서 生함도 아니요 본래 여래장 묘진여성인 것이다. 만약 大性이 불화합이라 하면 자성이 있어 다른 것을 받아들이지 못할 것이니 實相에 합할 수 없을 것이요, 또 만약 各自 自性을 가진 것끼리 화합한다면 各各體性을 가지고 상속을 그치지 아니 할 것이니 여래장의 뜻이 이루어질 수 없는 것이다.

454) 바로 大性의 화합과 불화합의 이치를 밝혀서 後文을 일으켰기 때문에 다시 아난을 불러서 말해준 것이다. 대저 물은 무엇과 화합하여 얼음을 이루었으며, 얼음은 무엇과 화합하여 물을 이루었겠는가? 七大의 性이 화합을 말미암지 아니하고 업을 따라 발현함이 이와같은 것일 뿐이다. 『계환해』(『卍속장경』17, p.740상)

*마치 물이 얼음이 되고 얼음이 물이 되듯이, 부처가 되고 중생이 되는 것도 그와 같

㈏別答七　㉗地大三　㈀標本455)
汝觀地性하라 **麤爲大地**하고 **細爲微塵**이니와
네가 흙의 성품[地性]을 살펴보아라. 거친 것은 대지(大地)라 하고, 미세한 것은 티끌[微塵]이라 하거니와

至鄰虛塵은 **彼極微 色邊際相**하야 **七分所成**이요
인허진(隣虛塵)456)에 이르렀다는 것은 저 극미(極微)인 색변제상(色邊際相)을 칠분(七分)으로 쪼개서 이루어진 것이고,

更析鄰虛하면 **卽實空性**이니라
다시 이 인허진(隣虛塵)을 쪼갠다면 실로 허공의 성품일 것이다.

㈁辯明
阿難 若此鄰虛를 析成虛空인댄 **當知虛空 生出色相**이로다
아난아! 만약 '인허진(隣虛塵)을 쪼개어 허공을 이루었다'고 한다면 응당 '허공이 모여서 색상(色相)이 된 것이다'고 이해해야 할 것이다.

아서 따로 體性이 있어 화합하기도 하고 불화합하기도 하는 것이 아니라, 다만 그 業에 따라 삼독에 떨어지면 중생이 되고 三空에 돌아가면 부처가 된다는 것이다.
455) 이것은 色은 비록 쪼갤 수 있으나 허공은 가히 합할 수 없음을 밝혀서 앞으로 地性이 非和合임을 밝히고자 한 것이다. (앞의 책 p.740하)
456) 린허진: 塵의 細가 微요, 細하고 또 細한 것이 극미이며, 微하고 또 微한 것이 隣虛이다. 極微의 塵도 오히려 微色이 있어서 色邊際相이라 부르거니와, 극미를 쪼개어 일곱으로 나누면 곧 微色이 거의 허하기 때문에 린허라고 부른 것이다. (앞의 책 p.740하)
*여기 능엄에서 물질의 최소 단위는 극미이다. 이 극미(색변제상, 지금의 분자)는 7개의 린허진(지금의 원자)이 모여서 이루어진 것이고, 이 린허진을 더 쪼개면 허공으로 돌아가겠지만 극미 그 자체는 흙도 아니고 허공도 아니고 본래 여래장묘진여성이라는 것이다.

汝今問言호대 由和合故로 出生世間 諸變化相이니

  네가 지금 질문하여 말하기를 '화합으로 인하여 세간의 모든 현상들이 생겨났다'고 했으니

汝且觀此하라 一鄰虛塵은 用幾虛空하야 和合而有인가

  네가 우선 살펴보아라. 여기에 하나의 인허진(隣虛塵)은 몇 개의 허공을 화합하여 이루어진 것이냐?

不應鄰虛가 合成鄰虛니라

  응당 인허(隣虛)가 합해져서 인허를 이루었다고는 할 수 없을 것이다.

又鄰虛塵이 析入空者인땐 用幾色相하야 合成虛空가

  또 인허진을 쪼개어 허공이 되었다면 얼마 만큼의 인허진(隣虛塵, 色相)을 쪼개 모아야만 대허공(大虛空)을 이루겠느냐?457)

若色合時에는 合色非空이며 若空合時에는 合空非色이라

  만약 색(色, 隣虛塵)이 합해졌을 때에 색이 합해진 것이지 허공이 합해진 것이 아니고, 또 허공이 합해졌을 때에 허공이 합해진 것이지 색이 합해진 것이 아니다.

色猶可析이어니와 空云何合하리요

  색은 그래도 쪼개고 합한다고 할 수 있지만 허공을 어떻게 쪼개고 합하고 할 수 있겠느냐?458)

---

457) 이는 諸變化의 상이 화합의 법이 아님을 밝힌 것이다. 『계환해』(『卍속장경』17, p.740하)
458) 물질이 합해진 것이라면 응당 허공이라 이름할 수 없고, 허공이 합해진 것이라면 응당 色이라 이름할 수 없을 것이니 空이 非和合이라면 色도 非和合임을 알 것이다. 『계환해』(『卍속장경』17, p.740하)

(ㄷ)結顯459)

汝元不知로다 如來藏中 性色眞空과 性空眞色이 淸淨本然하며 周遍法界하야 隨衆生心 應所知量이라

　너는 원래 여래장 가운데 성품이 색(色)인 진공(眞空)과 성품이 공(空)인 진색(眞色)이460) 청정본연(淸淨本然)하고 법계에 두루하여 중생심(衆生心)을 따르고 소지량(所知量)에 응하는 것임을 알지 못하는구나!461)

循業發現이어늘 世間無知하야 惑爲因緣 及自然性하나니

　(흙이라는 현상이 생기는 것이 다) 업에 따라 나타난 것인데, 세상 사람들이 무지하여 이것을 '인연의 성품이니 자연의 성품이니' 하고 미혹하는 것이다.

皆是識心의 分別計度이요 但有言說이언정 都無實義니라

　이는 다 식심(識心)으로 분별하고 계탁한 것이니 다만 언설(言說)이 있을지언정 도무지 실다운 뜻이 없느니라.462)

---

459) 如來藏性이 萬法에 한결같으나 業을 따라 發現하는 것이 흡사 다르게 보여 드디어 七大의 이름이 생겼으니 이는 다만 體用의 명칭이 다른 것 뿐이다. (앞의 책 p.741상) 如來藏性은 萬法一如로대 而循發似異하야 遂有七大之名이니 特體用異稱耳니라
460) 眞空이라 한 것은 한결같은 體를 가리키는 것이다. 그러므로 칠대를 다 진공이라 말하는 것이니 칠대가 다 업을 따르는 작용이기 때문이다. 그러므로 性空眞色하며, 더 나아가 性空眞識이라 말하는 것이니 體用이 不二하기 때문이요, 서로 의지하여 서로 들고[擧] 妙性을 여의지 않기 때문에 하나 하나를 다 性이라 말한 것이다. (앞의 책 p.741상)
　*性色眞空 性空眞色: 여래장 가운데 性이 色이면서 相을 여읜 眞空과 性이 空이면서 인연에 따라 작용하는 妙有의 眞色이.......
461) 여래장성이 만법에 한결같으나 업을 따라 발현하는 것이 흡사 다르게 보여 드디어 칠대의 이름이 생겼으니 이는 다만 體用의 명칭이 다른 것 뿐이다. (앞의 책 p.741상)
462) 不垢不淨을 청정이라 하고, 화합과 불화합이 아닌 것을 본연이라 하며, 불러서 있지 아니함이 없는 것을 주변이라 하니 이미 垢淨과 和合이 아니다. 그러나 '七大萬法을 이루었다'고 한 것은 다만 마음을 따라 量에 응하고, 업을 따라 발현하기 때문이다. 『계환해』(『卍속장경』17, p.741상)

㈏火大三三　㈎標本

阿難 火性無我하야 寄於諸緣하나니

아난아! 불의 성품이 본래 실체가 없고[無我]463) 다만 여러 가지 연(緣)에 의탁한 것 뿐이다.

汝觀城中 未食之家하라 欲炊爨時에 手執陽燧하야 日前求火리라

너는 실라벌성(室羅筏城)의 아직 식사를 하지 못한 집에서 밥을 지으려고 불을 피우고자 할 때에 손에 화경[陽燧]464)을 들고 태양 앞에서 불을 구하는 것을 보았을 것이다.

㈏辯明

阿難 名和合者인댄 如我與汝와 一千二百 五十比丘가 今爲一衆이니

아난아! 이 때 불[火]이 생기는 것이 화합이라면 이는 마치 내가 너희들 1250人의 비구들로 더불어 하나의 대중이 되었으니465)

---

*나중에 이르기를 "네가 허공으로써 밝히면 곧 허공으로 나타나고, 地水火風으로 各各 드러내면 각각 나타난다"고 했으니 이것이 중생심을 따르고 所知量에 응하는 일이며, '覺을 등지고 塵에 合하기 때문에 塵勞를 발하게 되고, 塵을 滅하고 覺에 합하기 때문에 진여를 발하게 된다'고 했으니 이것이 업을 따라 발현하는 일이다. 『계환해』(『卍속장경』17, p.741상)

*十法界의 의보와 정보의 相과 萬形의 섬세한 이치에 이르기까지, 마음을 따르고 헤아림에 응하는 것과 업을 따라 발현하지 아니함이 없다. 그러나 그 상을 살펴보다면 원래로 다 망이기 때문에 가리켜 보일 수가 없고, 그 성을 살펴본다면 원래로 이 진실이기에 오직 묘하게 깨어 있는 밝음일 뿐이다. 이처럼 이치에는 생각이 끊어져 妄으로 계탁함을 용납하지 않기 때문에 다만 언설만 있고 도무지 實義가 없는 것이다. 第一義諦에서 보건데 '마음으로 헤아리는 것은 다 그르치게 되고, 생각을 움직이면 곧 어긋나다'했으니 오직 일체시에 居하되 망념을 일으키기 말며, 識心으로 분별계탁하지 말아야 한다. 그리고 그러한 연후라야 상응하게 될 것이다. (앞의 책 p.741상)

463) 불에 自體가 없고, 物에 의지하여 형상을 이루었으니 그러므로 無我이다. 『계환해』(『卍속장경』17, p.741하)

464) 陽燧는 구리로 만든 것인데 거울 같으면서도 복판이 오목하다. 『계환해』(『卍속장경』17, p.741하)

465) '대중이 화합했다'는 것은 힐문하건대 각기 근본이 있으니 참으로 화합한 것이라 할 수 있으나 '불이 화합했다'는 것은 힐문하건대 각기 근본이 없으니 화합이라 이름할 수 없다는 것이다. 『계환해』(『卍속장경』17, p.741하)

衆雖爲一하나 詰其根本언맨 各各有身하며 皆有所生 氏族名字하니
　　대중이라는 의미에서는 비록 하나이나 그 근본을 따져보면 각기 몸이 있어서 모두 태어난 씨족과 그 이름이 따로 있는 것이다.

如舍利弗 婆羅門種이요 優樓頻螺 迦葉波種이요 乃至阿難 瞿曇種性이라
　　마치 사리불은 바라문 종족이고, 우루빌라는 가섭파 종족이며, 더 나아가 아난은 구담종성인 것과 같다.466)

阿難 若此火性이 因和合有인맨
　　또 아난아! 이 불[火]의 성품이 화합으로 인하여 생기는 것이라면

彼手執鏡하고 於日求火함에 此火爲從 鏡中而出가 爲從艾出가 爲於日來아
　　사람이 손에 화경을 들고 태양 앞에서 불을 구할 때에 이 불은 거울 속에서 나오는 것이냐? 쑥에서 나오는 것이냐? 태양에서 온 것이냐?

阿難 若日來者인맨 自能燒汝 手中之艾이니 來處林木이 皆應受焚이며
　　아난아! 만약 불이 태양으로부터 온다면 태양 스스로 너의 손 가운데 쑥을 태우는 것이므로 오는 길에 숲과 나무가 모두 불에 타야 할 것이다.

若鏡中出인맨 自能於鏡出하야 然於艾거늘 鏡何不鎔고 紆汝手執하야 尙無熱相커니 云何融泮이리요
　　만약 거울에서 나온다면 불이 스스로 거울에서 나와 쑥을 태우는데, 거울은 어찌하여 녹지 않느냐? 너의 손이 거울을 잡고 있는데도 전혀 뜨거운 현상이 없는데, 어떻게 거울이 녹을 수 있겠느냐?

---

466) '우루빈나'는 木瓜나무 숲이라는 뜻이요. '가섭파'는 거북을 상징하는 종족임을 뜻하고, '구담'은 지상에서 最勝이며, 태양의 후예라는 뜻이다. (앞의 책 p.741하)

2.發明覺性 直使造悟 ⑾廣擧七大 圓示藏性 ㉕火大   237

若生於艾인댄 **何藉日鏡**과 **光明相接**하야 **然後火生**하리요

　만약 쑥에서 생긴 것이라면 어찌하여 태양과 거울과 햇볕이 서로 닿은 후라야 불이 생기느냐?

汝又諦觀하라 **鏡因手執**하고 **日從天來**하고 **艾本地生**이니 **火從何方**하야 **遊歷於此**오

　너는 다시 자세히 보아라. 거울은 손에 들려 있고, 햇빛은 하늘에서 오며, 본래 쑥은 땅에서 생기는 것인데 불은 어느 곳으로부터 여기에 온 것이냐?

日鏡相遠하야 **非和非合**이며 **不應火光**이 **無從自有**니라

　해와 거울은 서로 거리가 멀어서 화합할 수 없는데, 그렇다고 응당 불이 나온 곳이 없이 스스로 있는 것은 아닐 것이다.467)

㈐結顯

汝猶不知로다 **如來藏中**에는 **性火眞空**과 **性空眞火**가 **淸淨本然**하며 **周遍法界**하야 **隨衆生心** **應所知量**하나니

　너는 오히려 여래장 가운데 성품이 불[火]인 진공(眞空)과 성품이 공(空)인 진화(眞火)가 청정본연(淸淨本然)하고 법계에 두루하여 중생심(衆生心)을 따르고 소지량(所知量)에 응하는 것임을 알지 못하는구나!

阿難 當知世人 一處執鏡하면 **一處火生**하고 **遍法界執**하면 **滿世間起**하나니 **起遍世間**커니 **寧有方所**리요

　아난아! 너는 반드시 알아야 한다. '세상 사람들이 한 곳에서 거울을 들면 한 곳에서 불이 생기고, 법계에 두루하게 들면 세상에 가득히 불이 일어나서 온누리에 두루하게 되거늘, 어찌 일어난 장

---

467) 세 가지 물건은 서로 멀고 火는 方所가 없으니 무릇 헤아리는 것이 다 妄計라는 것이다.『계환해』(『卍속장경』17, p.741하)

소가 따로 있겠느냐?

循業發現하거늘 **世間無知**하야 **惑爲因緣**과 **及自然性**이니라 **皆是識心**의 **分別計度**이니 **但有言說 都無實義**하니라
　모든 것이 다 업에 따라 나타난 것이거늘, 세상 사람들이 무지하여 이것을 '인연과 및 자연의 성품이라' 미혹하나니, 이는 다 식심(識心)으로 분별하고 계탁한 것이기에 다만 언설(言說)이 있을지언정 도무지 실다운 뜻이 없다.

㈤水大三　㈀標本
阿難 水性不定하야 **流息無恒**이니
　아난아! 물의 성품이 일정하지 아니하여 흐르고 그침이 항상하지 않다.468)

如室羅城에 **迦毗羅仙**과 **斫迦羅仙**과 **及鉢頭摩**와 **訶薩多等 諸大幻師**가 **求太陰精**하야 **用和幻藥**에
　저 실라벌성에 가비라선(迦毗羅仙)469)과 삭가라선(斫迦羅仙)과 발두마(鉢頭摩)와 가살다(訶薩多) 등 여러 대환사(大幻師)들이 달의 정기[太陰精]470)를 구하여 환술의 약을 만들려고 할 때에

是諸師等이 **於白月晝**에 **手執方諸**하야 **承月中水**이라
　이 환술사(幻術師)들이 보름날[白月]의 한밤중에 손에 방저(方諸, 구슬)471)를 들고 달 속의 물을 받는다.

---

468) 구하면 물이 흐르고, 그렇지 아니하면 쉬나니 말하자면 흐르고 쉼이 無常함을 가리킨 것이다. 『계환해』(『卍속장경』17, p.742상)
469) 가비라 등 四人은 모두 외도로서 능숙한 幻術家이다. (앞의 책 p.742상)
470) 태음정은 달 가운데 물이다. 달이 앞을 바라보는 것을 白이라 하고, 정오를 晝라 한다. (앞의 책 p.742상)
　*白月晝: 보름날 한밤중을 가리킴.
　*白月은 음력 초하루부터 보름까지로, 초저녁부터 달을 볼 수 있다.

此水爲復 從珠中出가 空中自有아 爲從月來아

그런데 이 물이 방저에서 나온 것이냐? 허공에서 저절로 생긴 것이냐? 달에서 온 것이냐?

(ㄴ)辯明
阿難 若從月來인댄 尙能遠方에도 令珠出水이니

아난아! 만약 달에서 온 것이라면 오히려 먼 곳인데도 구슬에서 물이 나오게 할 수 있었으니

所經林木이 皆應吐流로다

그렇다면 지나가는 곳의 숲과 나무에서 모두 물이 흘러야 할 것이다.

流則何待 方諸所出이며 不流明水 非從月降이로다

만약 흐른다면 어찌 굳이 구슬[方諸]에서 물이 나오기 만을 기다리겠으며, 흐르지 않는다면472) 분명 물이 달에서 오는 것이 아닐 것이다.

若從珠出인댄 則此珠中 常應流水어니 何待中宵 承白月畫리요

만약 구슬[方諸]에서 나오는 것이라면 구슬[方諸] 속에서 항상 물이 흘러야 하는데, 어찌하여 한밤중 백월(白月)의 달빛 받기를 기다려야만 하느냐?

---

471) 방저(方諸)는 물을 취하는 구슬이니 陰燧를 가리킨다. 『계환해』(『卍속장경』17, p.742상) *方諸는 옥돌로 된 술잔 모양의 그릇으로 닦아서 뜨겁게 달구어 달을 향하여 놓으면 진액이 생겨서 물이 흐른다고 한다. 李耘虛, 『首楞嚴經 註解』(서울 東國譯經院 1974) p.132.

472) '흐르지 않는다'는 등의 말은 林木에서 吐流하지 아니함을 가리킨 것이니 이로써 물이 달에서 흐르지 아니함을 알았을 것이다. 『계환해』(『卍속장경』17, p.742상)

若從空生인댄 空性無邊할새 水當無際라 從人洎天 皆同滔溺이니 云何復有水陸空行하리요

만약 허공에서 생긴다면 허공의 성품이 본래 끝[邊]이 없으므로, 물도 응당 한계가 없어서 인간으로부터 하늘에 이르기까지 다 모두 물에 잠길 것이니 어떻게 다시 물과 육지와 허공을 구별할 수 있겠느냐?473)

汝更諦觀하라 月從天陟하고 珠因手持하며 承珠水盤本人敷設이니 水從何方하야 流注於此오

너는 다시 자세히 보아라. 달은 하늘에 떠 있고, 구슬[方諸]은 손에 들려 있으며, 구슬의 물을 받는 쟁반은 본래 사람이 설치해 놓았는데, 물은 어디로부터 여기에 흘러온 것이냐?

月珠相遠하야 非和非合이며 不應水精 無從自有니라

달과 구슬은 거리가 서로 멀어서 화합될 수 없으며, 그렇다고 응당 물의 정기가 오는 곳이 없이 저절로 생긴 것도 아니다.

(ㄷ)結顯

汝尙不知로다 如來藏中에 性水眞空과 性空眞水가 淸淨本然하며 周遍法界하야 隨衆生心 應所知量하니라

너는 아직도 여래장 가운데 성품이 물[水]인 진공(眞空)과 성품이 공(空)인 진수(眞水)가 청정본연(淸淨本然)하고 법계에 두루하여 중생심(衆生心)을 따르고 소지량(所知量)에 응하는 것임을 알지 못하는구나!474)

---

473) 水가 月에서 온 것도 아니요, 또 珠에서 나온 것도 아니며, 허공에서 生한 것도 아니다. 본연하고 주변한 것이니 화합으로 생긴 것이 아니다. (앞의 책 p.742하)
474) 처음에는 '汝元不知'라 하고, 다음에는 '猶' '尙' '宛' '全' '曾'이라 하고, 마지막에는 또 '元'이라 했으니 이는 처음 本元을 스스로 미혹하기 때문에 '汝元不知'라 하고, 그 밖에 다시 밝혀 주었으되, 오히려 미혹되어 있기 때문에 '汝猶不知'라 하고, 後에 다시 밝혀주었으나 익히 알지 못하기 때문에 '汝尙不知'라 하고, 轉轉히 알지 못하기 때문에

一處執珠하면 一處水出하고 遍法界執하면 滿法界生하야 生滿世間커니 寧有方所리요

한 곳에서 구슬을 잡으면 한 곳에서 물이 흐르고, 두루 법계에서 잡으면 법계에 가득히 생겨서 그것이 세상에 가득할 것이니 어찌 장소가 따로 있겠느냐?

循業發現하거늘 世間無知하야 惑爲因緣 及自然性하나니

물이라는 현상이 생기는 것이 다 업에 따라 나타나는 것인데, 세상 사람들이 무지하여 이것을 '인연의 성품이니 자연의 성품이니'하고 미혹하는 것이다.

皆是識心 分別計度이요 但有言說 都無實義니라

이는 다 식심(識心)으로 분별하고 계탁한 것이니, 다만 언설(言說)이 있을지언정 도무지 실다운 뜻이 없다.

㉣風大三 (ㄱ)標本

阿難 風性無體하야 動靜不常하니

아난아! 바람의 성품이 실체가 없어서 동정(動靜)에 항상하지 않다.

汝常整衣하고 入於大衆할 때에 僧伽梨角이 動及傍人하면 則有微風이 拂彼人面하리니

네가 항상 옷깃을 여미고 대중에 들어갈 때에 가사[僧伽梨]475) 자락이 펄럭여서 곁에 있던 사람에게 미치면 곧 미풍(微風)이 저 사람의 얼굴에 스칠 것이다.

'汝宛不知'라 하고, 渾然히 알지 못하기 때문에 '汝全不知'라 하고, 甚히 알지 못하기 때문에 '汝曾不知'라 하고, 마침내 알지 못하기 때문에 다시 '汝元不知'라 했다. 처음 뜻은 동정심이고 맨 나중의 뜻은 책망한 것이다.『계환해』(『卍속장경』17, p.742하)

475) 승가리는 大衣라 번역하며, 구조 이상으로 설법하거나 걸식할 때 사용하는 가사[法衣]이다.

此風爲復 出袈裟角가 發於虛空가 生彼人面가
　이 바람이 가사자락에서 나온 것이냐? 허공에서 나온 것이냐? 저 사람의 얼굴에서 생긴 것이냐?476)

(ㄴ)辯明
阿難 此風若復 出袈裟角인댄 汝乃披風하니 其衣飛搖하야 應離汝體어니와
　아난아! 이 바람이 만약 가사자락에서 생긴 것이라면 너는 바람을 입었으므로 그 옷이 날리고 요동하여 응당 너의 몸에서 벗겨져 나가야 할 것이다.

我今說法에 會中垂衣니 汝看我衣하라 風何所在오 不應衣中 有藏風地리라
　내가 지금 설법하고자 이 모임에서 옷을 드리웠으니 너는 나의 옷을 보아라. 바람이 어디에 있느냐? 응당 옷 속에 바람을 숨겨놓지는 않았을 것이다.477)

若生虛空인댄 汝衣不動에 何因無拂고
　만약 허공에서 바람이 생긴 것이라면 네 옷이 펄럭이지 아니하였을 때에 어찌하여 바람이 일어나지 않느냐?

空性常住인댄 風應常生이며 若無風時에는 虛空當滅이니
　허공의 성품이 항상 머무는 것이라면 바람도 항상 나와야 할 것이며, 만약 바람이 없을 때에는 응당 허공도 멸해야 할 것이다.

---

476) 옷을 털면 곧 動이요 옷을 드리우면 곧 靜이니, 이른 바 動靜이 항상하지 않다는 뜻이다. 『계환해』(『卍속장경』17, p.743상)
477) 옷에서 나오는 것이 아님을 밝힌 것이다. 『계환해』(『卍속장경』17, p.743상) 辯非衣出也니라

滅風可見어니와 滅空何狀고
　바람이 멸하는 것은 가히 볼 수 있지만 허공이 멸했다면 어떤 모양이겠느냐?

若有生滅이면 不名虛空이오 名爲虛空이면 云何風出이리요
　만약 허공에 생멸이 있다면 허공이라고 이름하지 못할 것이며, 허공이라고 이름한다면 어떻게 바람이 나오겠느냐?478)

若風自生 被拂之面인댄 從彼面生이니 當應拂汝어늘 自汝整衣 云何倒拂고
　만약 바람이 저 사람의 얼굴에서 저절로 생기는 것이라면 저 사람의 얼굴에서 생기는 것이니, 응당 너에게로 불어와야 할 것인데, 네가 옷을 여밀 때에 어찌하여 바람이 거꾸로 부느냐?479)

汝審諦觀하라 整衣在汝하고 面屬彼人하며 虛空寂然 不參流動어늘 風自誰方하야 鼓動來此오
　너는 자세히 살펴보아라. 옷을 여미는 것은 너에게 있고, 얼굴은 저 사람에게 속해 있으며, 허공은 고요하여 움직임이 없거늘 바람이 어디에서 불어[鼓動] 여기에 오느냐?

風空性隔하야 非和非合이요 不應風性 無從自有니라
　바람과 허공은 성품이 서로 달라서 통하지 아니하니 화합할 수 없을 것이며, 그렇다고 이 바람의 성품이 온 곳이 없이 저절로 있지는 않을 것이다.480)

---

478) 허공에서 생긴 것이 아님을 밝힌 것이다. '虛空當滅'라 한 것은 無風時에 또한 응당 虛空도 없어야 한다는 말이다.『계환해』(『卍속장경』17, p.743상)
479) 바람이 얼굴에서 생긴 것이 아님을 밝힌 것이다. 바람은 옷에서 나온 것도 아니요, 허공에서 생긴 것도 아니며, 얼굴에서 생긴 것도 아니다. 좇아 온 바가 없기 때문에 和合이라 할 수 없다. (앞의 책 p.743상)
480) 三者가 가지런하지 않고 二性이 시로 隔하여 바람의 온 곳을 구하여도 아득하여 궁구할 수 없으니 참으로 本然하고 周遍하되 循業發現이기 때문이다. 風性을 혹은 風

㈄結顯

汝宛不知로다 **如來藏中 性風眞空**과 **性空眞風**이 **淸淨本然 周遍法界**하야 **隨衆生心 應所知量**이라

 너는 완연히 여래장 가운데 성품이 바람[風]인 진공(眞空)과 성품이 공(空)인 진풍(眞風)이 청정본연(淸淨本然)하고 법계에 두루하여 중생심(衆生心)을 따르고 소지량(所知量)에 응하는 것임을 알지 못하는구나!

阿難 如汝一人이 **微動服衣**하면 **有微風出**인달하야 **遍法界拂**하면 **滿國土生**하야 **周遍世間**커니 **寧有方所**리오

 아난아! 만약 너 한 사람이 의복을 약간 펄럭이면 미풍(微風)이 나오는 것처럼, 두루 법계에서 펄럭이면 국토에 가득히 바람이 생겨 세상에 두루할 것이니 어찌 장소가 따로 있겠느냐?

循業發現커늘 **世間無知**하야 **惑爲因緣 及自然性**하니

 바람이 생기는 것이 다 업에 따라 나타난 것인데, 세상 사람들이 무지하여 이것을 '인연의 성품이니 자연의 성품이니' 하고 미혹하는 것이다.

皆是識心 分別計度이요 **但有言說 都無實義**니라

 이는 다 식심(識心)으로 분별하고 계탁한 것이니 다만 언설(言說)이 있을지언정 도무지 실다운 뜻이 없다.481)

 心이라 하는 것은 잘못이다. 『계환해』(『卍속장경』17, p.743하)
481) 법계를 말하고 또 국토를 말했으니 遍法界는 一人에 대해서 한 말이요 國土는 依服에 대해서 말한 것이다. 『계환해』(『卍속장경』17, p.743하)

2.發明覺性 直使造悟 ⑾廣擧七大 圓示藏性 ㈣空大   245

㈣空大四 (ㄱ)標本482)

阿難 空性無形하야 **因色顯發**하나니

아난아! 허공의 성품이 본래 형상이 없고, 색(色)으로 인하여 나타난 것이다.

如室羅城이 **去河遙處**에 **諸刹利種**과 **及婆羅門**과 **毗舍首陀**와 **兼頗羅墮**와 **旃陀羅等**이 **新立安居**하야 **鑿井求水**에

이는 마치 실라벌성에서 강(江)이 먼 곳에 사는 모든 찰제리 족과 바라문과 바이샤와 수트라와 바라타(頗羅墮)483)와 전다라(旃陀羅)484)등이 새로 안거하고자 우물을 파고 물을 구할 때에

出土一尺하면 **於中則有 一尺虛空**하고 **如是乃至 出土一丈**하면 **中間還得 一丈虛空**하야 **虛空淺深**이 **隨出多少**하나니

흙을 한 자쯤 파내면 그 가운데 한 자의 허공이 생기고, 이와같이 더 나아가 흙을 한 길 쯤 파내면 그 속에 다시 한 길의 허공이 생기게 되어 허공의 얕고 깊음이 파낸 흙의 다소(多少)를 따를 것이다.

此空爲當 因土所出가 **因鑿所有**아 **無因自生**가

그렇다면 이 허공이 흙에서 나오느냐? 파냄으로 인하여 있느냐, 까닭도 없이 저절로 생기느냐?

---

482) 흙을 파내어 허공이 생기는 것은 이른 바 色으로 인하여 현발한다는 것이다. 『계환해』(『卍속장경』17, p.744상)
483) 바라타(頗羅墮)는 인도 고대 파라문의 六姓(혹은 十八姓) 가운데 하나로 귀족이다. 意譯하여 利根仙人、辯才、滿、滿正이라 한다.『佛光大辭典』(台灣 佛光出版社 1988) p.5949.
484) 전다라는 괴회(魁膾, 居殺者)이니 이 또한 어리석은 천민 종족이다. 『계환해』(『卍속장경』17, p.744상)

(ㄴ)辯明

阿難 若復此空이 無因自生인댄 未鑿土前에는 何不無礙하야 唯見大地의 迥無通達가

아난아! 만약 이 허공이 까닭도 없이 저절로 생긴 것이라면 아직 흙을 파내기 전에는 어찌하여 걸림이 많아 아득히 대지만 보이고, 멀리 통달하지 못하느냐?

若因土出인댄 則土出時에 應見空入이요

만약 흙으로 인하여 나오는 것이라면 흙을 파낼 때 응당 허공이 들어감을 보아야 할 것이다.

若土先出하고 無空入者인댄 云何虛空이 因土而出이리요

만약 흙이 먼저 나왔는데도 허공이 들어가지 않는다면 어떻게 허공이 흙으로 인하여 생긴다고 하겠느냐?

若無出入하면 則應空土가 元無異因이니

만약 흙을 파내더라도 허공은 나오거나 들어가지 않는다면 흙과 허공이 원래로 인을 달리하지 않을 것[無異因]이며485)

無異則同이어늘

흙과 허공이 인을 달리하지 않는다면 흙과 허공이 곧 그 체(體)가 같아서 나누어질 수 없을 것이다.

則土出時에 空何不出고

그렇다면 흙이 나올 때에 허공도 같이 나와야 할 터인데, 어찌하여 허공은 나오지 않느냐?

---

485) 因이 다르지 않다는 것은 一體라는 말이다.『계환해』(『卍속장경』17, p.744상)

2.發明覺性 直使造悟 ⑾廣擧七大 圓示藏性 ㈣空大   247

若因鑿出이면 卽鑿出空이요 應非出土이라

 만약 파내는 것으로 인하여 허공이 생긴다면 파낼 때 허공이 나와야 하고, 흙이 나오지 않아야 할 것이다.

不因鑿出인맨 鑿自出土에 云何見空가

 흙을 파냄으로 인하여 허공이 나오는 것이 아니라면, 지금 파서 흙이 나올 때에 어찌하여 허공을 보게 되느냐?486)

汝更審諦하야 諦審諦觀하라 鑿從人手하야 隨方運轉하고 土因地移거니와 如是虛空이 因何所出이요

 너는 다시 세밀하고 자세하게 살피고 관찰하라.487) 흙을 파내는 도구는 사람의 손에 의해서 방(方)을 따라 움직이고, 흙은 땅을 따라 옮겨지는데, 그렇다면 허공은 어떻게 해서 출현한 것이냐?

鑿空虛實이 不相爲用일새 非和非合이요 不應虛空이 無從自出이니라

 파냄과 허공은 허와 실[鑿空虛實]488)이라서 서로 작용할 수 없기 때문에 화합이 될 수 없으며, 그렇다고 허공이 온 곳이 없이 저절로 생긴 것도 아니다.

㈁會通
若此虛空이 性圓周遍하야 本不動搖인맨 當知現前 地水火風을 均名五大니

 만약 이 허공의 성품이 원만하고 두루하여 본래 동요하지 않는 것이라면 응당 눈앞의 지수화풍(地水火風)과 함께 나란히 오대(五

---

486) 因에 나아가[卽] 설하여도 옳지 않고, 因을 여의고[離] 설하여도 옳지 않다. (앞의 책 p.744상)
487) 그 이치가 인연과 자연이 아님을 자세하게 살피게 한 내용이다. 『계환해』(『卍속장경』17, p.744상)
488) '鑿空虛實'이라 한 것은 鑿은 實이고 空은 虛라는 뜻이다. 이상의 가지가지 巧辯은 다 識心妄計를 보이면 圓融眞體가 드러남을 밝힌 것이다. 『계환해』(『卍속장경』17, p.744상)

大)라고 해야 할 것이다.

性眞圓融하야 **皆如來藏**이라 **本無生滅**이니라
왜냐하면 그 성품이 참되고 원융하여 모두가 여래장이요 본래 생멸이 없기 때문이다.489)

阿難 汝心昏迷하야 **不悟四大**가 **元如來藏**이라
아난아! 너의 마음이 혼미하여 사대(四大)가 원래 여래장이라는 것을 깨닫지 못하는구나.

當觀虛空하라 **爲出爲入**가 **爲非出入**가
너는 응당 허공을 살펴보아라. 나오느냐? 들어가느냐? 나오지도 들어가지도 않는 것이냐?490)

(ㄹ)結顯
汝全不知로다 **如來藏中 性覺眞空**과 **性空眞覺**이 **淸淨本然 周遍法界**하야 **隨衆生心 應所知量**하나니
네가 온전히 여래장 가운데 성품이 깨달음[性覺]인 진공(眞空)과 성품이 공(空)인 진각(眞覺)이 청정본연(淸淨本然)하고 법계에 두루 하여 중생심(衆生心)을 따르고 소지량(所知量)에 응하는 것임을 알지 못하는구나!

---

489) 지수화풍 등 원소는 觸事(사물에 의지하여 즉 인연)로 성립될 뿐 따로 실체가 있는 것이 아니기 때문에 現前이라 했으며, 空性도 그와 같다는 것이다. (앞의 책 p.744 하)
490) 만약 허공의 性이 원만하고 周遍하여 本無出入임을 깨닫는다면 곧 사대의 性이 진실하고 원융하여 本無生滅임을 깨닫게 될 것이다. (앞의 책 p.744하)

2.發明覺性 直使造悟 ⑾廣擧七大 圓示藏性 ㈑見大 249

阿難ᅟ如一井空하면ᅟ空生一井하야ᅟ十方虛空도ᅟ亦復如是하야ᅟ圓滿十方이어니
寧有方所리오

아난아! 만약 하나의 우물을 파면 허공이 하나의 우물만큼 생기는 것처럼 시방의 허공도 그와 같아서 시방에 두루한 것인데 어찌 장소가 따로 있겠느냐?

循業發現하거니ᅟ世間無知하야ᅟ惑爲因緣 及自然性이라

허공이 생기는 것이 다 업에 따라 나타난 것인데, 세상 사람들이 무지하여 이것을 '인연의 성품이니 자연의 성품이니' 하고 미혹하는 것이다.

皆是識心 分別計度이니ᅟ但有言說 都無實義니라

이는 다 식심(識心)으로 분별하고 계탁한 것이니 다만 언설(言說)이 있을지언정 도무지 실다운 뜻이 없느니라.491)

㈑見大四ᅟ(ㄱ)標本492)

阿難ᅟ見覺無知하야ᅟ因色空有하나니ᅟ如汝今者에ᅟ在祇陀林하야ᅟ朝明夕昏하며
設居中宵하야도ᅟ白月則光하고ᅟ黑月便暗이요

아난아! 보고 느끼는 것에 앎이 있는 것이 아니라, 색(色)과 공(空) 등의 경계 때문에 앎이 있는 것이다. 네가 지금 지타림에 있을 때에 아침에는 밝고 저녁에는 어두우며 설사 밤중이라도 보름달이 비출 때에는 환하고 그믐에는 어두울 것이다.493)

---

491) 空과 覺은 體用이 異稱이다(空卽體 覺卽用). 체용이 不二이기 때문에 서로 의지하여 든 것이다. 하나의 우물에 있는 허공은 一法性에 비유하고, 시방의 허공은 萬法性에 비유한 것이다. 하나로 인하여 모든 것을 보고 스스로를 말미암아 남을 관하건데 그 근본[性]에서야 서로 다름이 없거늘 다만 그 형상과 그릇[틀]에 집착하여 망령되이 분별하는 것이다.『계환해』(『卍속장경』17, p.744하)
492) 보고 아는 것 그 자체에는 본래 스스로 앎이 있는 것이 아니다.『계환해』(『卍속장경』17, p.745상)
493) 만월(16일)에서 그믐(30일)까지는 黑月, 즉 밤이 으슥하여야 달이 뜬다는 것을 의미하고, 초하루(1일)에서 보름(15일)까지는 白月, 즉 초저녁부터 밤하늘에 달을 볼 수

則明暗等을 因見分析하나니 此見爲復 與明暗相 幷太虛空으로 爲同一體아
爲非一體아 或同非同이며 或異非異아

이러한 명암(明暗) 등으로 인하여 견(見)이 분석되는데 이 견(見)이 다시 명암의 현상과 태허공(太虛空)으로 더불어 동일체(同一體)이냐? 동일한 체가 아니냐? 아니면 혹은 같기도 하고 같지 않기고 하며, 혹은 다르기도 하고 다르지 않기도 하느냐?

(ㄴ)辯明

阿難 此見若復 與明與暗과 及與虛空으로 元一體者인댄 則明與暗은 二體相亡하야 暗時無明하고 明時無暗이니라

아난아! 이 보는 성품이 다시 명암(明暗)이나 허공과 함께 원래 한 덩어리였다면 명암의 두 가지 체(體)가 서로 공격하여 어두울 때는 밝음이 없어지고, 밝을 때에는 어두움이 없어질 것이다.494)

若與暗一인댄 明則見亡이요 必一於明인댄 暗時當滅이니

만약 이 보는 성품이 어두움과 한덩어리 라면 밝을 때에는 응당 보는 것이 없어질 것이고, 반드시 밝음과 한덩어리 라면 어두울 때에는 응당 볼 수 없을 것이니,

滅則云何 見明見暗이리요

이와같이 보는 성품이 소멸하는 것이라면 어떻게 밝음을 보고, 어두움을 보겠느냐?

있으므로 그렇게 부른다. 따라서 여기서 말하는 白月은 보름(보름날 밤중에 달은 중천에 있다)을 가리키고, 黑月은 그믐(달이 새벽 3시 경에 뜬다)을 가리킨다.
494) 위에서는 총표하고, 아래에서는 詳辯함이라. 相亡은 相奪과 같다. 『계환해』(『卍속장경』17, p.745상)

若明暗殊나 見無生滅어늘 一云何成이리요
　이와같이 명암은 비록 달라지나 보는 성품은 원래로 생멸이 없거늘 하나의 몸[一體]이라는 말이 어떻게 성립되겠느냐?495)

若此見精 與暗與明으로 非一體者인댄 汝離明暗 及與虛空하고 分析見元하라 作何形相고
　만약 이 견정(見精)이 어둠과 밝음으로 더불어 일체(一體)가 아니라면 너는 명암과 맞 허공을 떠나 견의 근원을 분석해 보아라. 어떠한 형상이겠느냐?

離明離暗하고 及離虛空이면 是見元同龜毛免角하리니 明暗虛空의 三事俱異인댄 從何立見이리요
　밝음과 어두움과 허공을 떠나서는 견의 근원이 원래로 거북의 털이요 토끼의 뿔과 같은데, 밝음과 어두움과 허공의 세가지 일과 다르다면 무엇으로 견(見)을 세우겠는가?496)

明暗相背어늘 云何或同하며 離三元無커니 云何或異하며
　밝음과 어두움은 서로 어긋나는데, 어떻게 보는 성품이 이들과 같다고 할 수 있으며, 밝음과 어두움과 허공의 세 가지를 떠나서는 따로 보는 성품을 세울 수 없는데, 어떻게 보는 성품이 이들과 다르다고 할 수 있으며,

分空分見컨댄 本無邊畔커늘 云何非同이며
　허공을 나누고 보는 성품을 나누려고 해도 본래 한계가 없는데, 어떻게 같지 않다고 할 수 있으며,

---
495) 一體가 아님을 밝힌 것이다. 『계환해』(『卍속장경』17, p.745상)
496) 異體(非一體)가 아님을 밝힌 것이다. (앞의 책 p.745상)

見暗見明호대 性非遷改어니 云何非異리오

어두움을 보기도 하고 밝음을 보기도 하지만, 보는 성품은 옮기고 바뀌는 것이 아니거늘, 어떻게 명암과 보는 성품이 다르지 않다고 할 수 있겠느냐?497)

汝更細審하야 微細審詳하야 審諦審觀하라

너는 다시 자세하고 미세하게 살펴서 깊이 분별하고 유심히 관찰해 보아라.498)

明從太陽하고 暗隨黑月하고 通屬虛空하고 壅歸大地어니와 如是見精이 因何所出고

밝음은 태양에서 오고, 어두움은 달이 없는데서 오며, 통한 것은 허공에 속하고, 막힘은 대지로 돌아가는데, 그렇다면 견정(見精)은 무엇으로 인하여 나온 것이냐?

見覺空頑이라 非和非合이며 不應見精이 無從自出이니라

견(見)은 깨달아 아는 것이 있고, 허공은 완고한 것이니, 화합에서 나온 것도 아니며, 그렇다고 이 견정(見精)이 인연이 없이 스스로 나온 것도 아니다.499)

---

497) 同과 非同이 아니며, 異와 非異가 아님을 밝힌 것이다. 변하여 바뀌지 않는다는 것은 명암은 변하여도 보는 견은 바뀌지 아니함을 밝힌 것이다.『계환해』(『卍속장경』17, p.745상)

498) 우리들로 하여금 그 性의 眞圓融함을 자세히 살펴서 諸妄에 交涉하지 않게 한 것이다. (앞의 책 p.745하) *깊이 분별함을 審이라 하고, 자세히 헤아리는 것을 詳이라 하며, 이치에 합당함을 諦라 하고, 유심히 보는 것을 觀이라 한다. (앞의 책 p.745하)
*처음 地大에서는 다만 汝觀地知이라 하고, 火大에서는 諦觀이라 하고, 다음 水大에서는 다시 諦觀이라 하고, 風大에서는 審諦觀이라 했으며, 見大에 이르러서도 중첩하여 말하고, 識大에 이르러서는 번복하여 말하는 것은 뜻이 言宛 言全 言曾의 무리와 같은 것이니 그 轉不知 渾不知 甚不知함을 위한 까닭이다. (앞의 책 p.745하)

499) 따땅히 알라. 성품은 圓周遍하여 본래 無生滅인 것이다.『계환해』(『卍속장경』17, p.745하)

㈐會通

若見聞知 性圓周遍하야 本不動搖인댄 當知無邊한 不動虛空과 幷其動搖하는 地水火風하야 均名六大니

　만약 이와같이 보고 듣고 아는 성품이 원만하고 두루하여 본래 동요하는 것이 아니라면 응당 저 끝없는 부동의 허공을 동요하는 지수화풍과 함께 나란히 육대(六大)라고 불러야 할 것이다.

性眞圓融하야 皆如來藏 本無生滅하니라

　왜냐하면 그 성품이 참되고 원융하여 모두가 여래장이어서 본래 생멸이 없기 때문이다.500)

阿難 汝性沈淪하야 不悟汝之 見聞覺知가 本如來藏이라

　아난아! 너는 성품이 잠겨 있어서 너의 견문각지하는 것이 그대로 여래장임을 알지 못하고 있구나!

汝當觀此 見聞覺知하라 爲生爲滅가 爲同爲異아 爲非生滅이요 爲非同異아

　너는 응당 이 견문각지하는 것을 다시 돌이켜 관찰하여 보아라. 이것이 생이더냐? 멸이더냐? 같더냐? 다르더냐? 생멸도 아니고, 같고 다름도 아니더냐?501)

---

500) 앞을 근거하여 회통해 준 글이다『계환해』(『卍속장경』17, p.745하) 例前會通之文이라
501) 생멸과 同異가 다 妄塵으로 인하여 있는 것이요, 非生非異라 하는 것도 妄計를 여의지 못한 것이니 이러한 諸妄을 여의면 곧 여래장이니라. (앞의 책 p.745하)

㈜結顯

汝曾不知로다 如來藏中 性見覺明과 覺精明見이 清淨本然 周遍法界하야 隨衆生心 應所知量하나라

너는 일찍이 여래장 가운데 성품이 견각명(見覺明)인 진공(眞空) 과 성품이 공(空)인 각정명(覺精明)의 진견(眞見)이5O2) 청정본연(淸 淨本然)하고 법계에 두루하여 중생심(衆生心)을 따르고 소지량(所知 量)에 응하는 것임을 알지 못하는구나!

如一見根이 見周法界인달하야 聽齅嘗觸과 覺觸覺知도 妙德瑩然하야 遍周 法界하고 圓滿十虛커니 寧有方所리오

이는 마치 하나의 견근(見根)으로 법계를 두루 보듯이5O3) 들음 [聽]과 맡음[齅]과 맛봄[嘗觸]5O4)과 느낌[覺觸]과 분별[覺知]5O5)도 묘 덕(妙德)이 환하여 법계에 두루하고 시방의 허공에 가득한데, 거기 에 어찌 장소가 따로 있겠느냐?

循業發現하거늘 世間無知하야 惑爲因緣 及自然性하나니 皆是識心 分別計 度이니 但有言說 都無實義니라

다만 업에 따라 나타난 것이거늘, 세상 사람들이 무지하여 이것 을 '인연의 성품이니 자연의 성품이니' 하고 미혹하는 것이다. 이는 다 식심(識心)으로 분별하고 계탁한 것이니 다만 언설(言說)이 있을 지언정 도무지 실다운 뜻이 없다.

---

502) '性見等'은 체용을 서로 의지하여 든 것이다. 見이 있고 覺이 있는 것이 비록 覺明 의 허물이기는 하나 그 體는 性이 見인 眞空인 것이요, 그 작용은 실로 性이 空인 覺 精明의 眞見인 것이다. 『계환해』(『卍속장경』17, p.746상)
503) 如一下는 나머지 根과 같다. (앞의 책 p.746상)
504) 嘗觸은 舌根이다. 맛[味]과 합하여 비로소 깨닫기 때문에 觸이라 이름한 것이다. (앞의 책 p.746상)
505) 覺觸과 覺知는 곧 身根과 意根이다. (앞의 책 p.746상)

㊃識大四 (ㄱ)標本

阿難 識性無源하야 **因於六種 根塵妄出**하나니라

 아난아! 인식하는 성품[識性]이 따로 근원이 없고, 다만 여섯가지 근(根)과 진(塵)에 의하여 허망하게 나오는 것이다.506)

汝今遍觀此會聖衆에 **用目循歷**하니 **其目周視**호대 **但如鏡中**에 **無別分析**이라

 네가 지금 두루 이 모임의 성스러운 대중을 살필 때에 눈으로 차례차례 보게 되는데, 그 눈이 두루 보는 것이 마치 맑은 거울 속을 보는 것과 같아서 달리 분별함이 없을 것이다.

汝識於中 次第標指호대 **此是文殊**며 **此富樓那**며 **此目犍連**이며 **此須菩提**며 **此舍利弗**이니

 그러나 너의 의식(意識)은 그 속에서 차례로 '이는 문수(文殊)이고 이는 부루나이고 이는 목건련이고 이는 수보리이고 이는 사리불이다'고 지목할 것이니507)

此識了知 爲生於見가 **爲生於相**가 **爲生虛空**가 **爲無所因**호대 **突然而出**가

 이 식(識)의 분별해 아는 성품이 보는 견근(見根)에서 생기느냐? 바깥대상[塵相]에서 생기느냐? 허공에서 생기느냐? 원인이 없이 돌연히 나온 것이냐?508)

(ㄴ)辯明

阿難 若汝識性이 **生於見中**인댄 **如無明暗 及與色空**이요

 아난아! 만약 너의 분별해 아는 성품[識性]이 보는 견근(見根)에서 생긴다면 명(明)·암(暗)·공(空)·색(色)과는 아무 상관이 없을 것이고,

---

506) 근진식 이 셋이 모두 妄으로써 다만 서로 因이 될 뿐이다.(앞의 책 p.746상)
507) 요별의 체를 보인 것이나.『계환해』(『卍속장경』17, p.746상)
508) 見은 根을 뜻하고 相은 경계를 가리킨다. (앞의 책 p.746하)

四種必無하면 元無汝見하리니 見性尚無어니 從何發識하리요
  이러한 네 가지가 반드시 없다면 원래로 너의 보는 성품도 있을 수 없을 것이다. 보는 성품도 오히려 없는데, 어디에서 식(識)의 작용이 발생하겠느냐?509)

若汝識性이 生於相中인댄 不從見生이리니 旣不見明하고 亦不見暗하며 明暗不矚인댄 卽無色空하리니 彼相尚無어니 識從何發하리요
  만약 너의 분별해 아는 성품[識性]이 바깥 대상에서 생긴다면 보는 견근(見根)과는 관계가 없을 것이다. 그렇다면 이미 밝음도 보지 못하고 또한 어두움도 보지 못하며, 밝고 어두움에 속하지 않는다면 곧 색(色)과 공(空)도 보지 못할 것이다. 이와같이 대상을 볼 수 없는데, 식(識)이 어떻게 발생하겠느냐?510)

若生於空인댄 非相非見이니
  만약 식(識)이 허공에서 생긴다면 대상과도 관계가 없고, 보는 견근(見根)과도 관계가 없다.

非見無辯하야 自不能知 明暗色空하며 非相滅緣하야 見聞覺知도 無處安立이니 處此二非하니라
  이와같이 보는 견근(見根)과 관계가 없다면 분별함도 없어서 자연 명암색공을 알지 못할 것이고, 대상과 관계가 없다면 반연이 없어서 보고 듣고 깨달아 안다는 것이 설 자리가 없을 것이니, 그러므로 견(見)과 상(相) 이 두가지가 다 아닌 것에 처함이로다.

---

509) 識이 見根에서 생기는 것이 아님을 밝힌 것이다. (앞의 책 p.746하)
510) 識이 대상에서 생기는 것이 아님을 밝힌 것이다. 『계환해』(『卍속장경』17, p.746하)

2.發明覺性 直使造悟 ⑾廣擧七大 圓示藏性 ㈃識大

空則同無하고 **有非同物**하리니 **縱發汝識**한들 **欲何分別**이리요

(이와같이 대상과도 무관하고 보는 견근(見根)하고도 무관한데) 식(識)이 허공이라면 없는 것과 같고, 식(識)이 허공에 있다하여도 체(體)를 세울 수 없어 밖의 사물과는 같지 않을 것이니, 설사 너의 식(識)이 생긴들 어떻게 분별할 수 있겠느냐?511)

若無所因호대 **突然而出**인댄 **何不日中**에 **別識明月**가

만약 이 식(識)이 까닭없이 돌연히 나온 것이라면 어찌하여 한낮에는 밝은 달을 분별하지 못하느냐?512)

汝更細詳 微細詳審하라

너는 다시 세밀하고 자세하게 살피고 관찰하라.

見託汝睛하고 **相推前境**하니

보는 견근(見根)은 너의 눈[眼睛]에 의탁하고, 대상은 앞의 경계를 가리키는 것이니,

可狀成有하고 **不相成無**어니와

가히 형상이 있는 것은 다 온 곳이 있을 것이고, 형상이 없는 것은 다 온 곳이 없는 것이다.

---

511) 식이 허공에서 생기는 것이 아님을 밝힌 것이다. 만약 허공에서 생긴다면 이는 相도 아니고 見도 아니니, 즉 見이 아니니 가릴 수가 없고 相이 아니니 반연할 수도 없는 것이다. 이와같이 所緣이 없는데 能緣이 어떻게 성립되겠는가? 또 非相 非見의 中間에 處함이라 하나 識體가 만약 空하다면 곧 龜毛와 같고, 識體가 만약 있다 하더라도 物象과 같지 아니할 것이니 이와같이 이미 體가 없거늘 어찌 능히 작용을 할 수 있겠는가? 그러므로 '欲何分別'이라 한 것이다. 『계환해』(『卍속장경』17, p.746하)
512) 無因이 아님을 밝힌 것이다. 『계환해』(『卍속장경』17, p.746하)

如是識緣은 因何所出고
　만약 이와 같다면 식(識)의 반연(攀緣)은 어디에서 나온 것이냐?513)

識動見澄이라 非和非合이며 聞聽覺知 亦復如是요
　식(識)은 움직이는 것이고 견(見)은 청정한 것이니, 화합에서 나온 것도 아니며, 견문각지(見聞覺知)도 이와같다.

不應識緣이 無從自出이니라
　그렇다고 이 식의 반연[識緣]이 온 곳이 없이 스스로 있는 것도 아닐 것이다.514)

㈐會通
若此識心 本無所從인댄 當知了別 見聞覺知도 圓滿湛然하야 性非從所라 兼彼虛空과 地水火風으로 均名七大니
　만약 이 식심(識心)이 본래로 온 곳이 없는 것이라면 응당 요별하여 견문각지하는 것도 원만하고 담연하여 그 성품이 본래 온 곳이 없을 것이다. 그렇다면 응당 저 허공이나 지수화풍과 함께 균등히 칠대(七大)라고 해야 할 것이니,

---

513) 見은 根에 의탁하고 相은 境에 의탁할 뿐이다. 만약 따로 온 곳이 있다면 가히 형상이 나올 수 있으나 나온 곳이 없다면 형상도 나올 수 없는 것이다. 따라서 根境을 여의고 識이 어느 곳에서 나오겠느냐? 하고 물은 것이다. 『계환해』(『卍속장경』17, p.747상)
514) 識은 분별이 있으니 動이라 하고 見은 분별이 없으니 澄이라 했다. 識은 動하고 見은 澄하여 성품이 서로 隔異한 것이며, 見과 識이 隔異하듯이 見聞聞知 또한 그러하여 모두 화합도 아니고 자연도 아닌 것이다. 이는 성품이 진실하고 원융하여 諸妄에 교섭되지 않기 때문이다. (앞의 책 p.747상)

性眞圓融하야 **皆如來藏**이라 **本無生滅**이니라
  왜냐하면 성품이 참되고 원융하여 모두가 여래장이어서 본래 생멸이 없기 때문이다.515)

阿難 **汝心麤浮**하야 **不悟見聞** **發明了知**가 **本如來藏**하나니
  아난아! 너의 마음이 거칠고 들떠서 보고 듣고 드러내 아는 것이 그대로 본래의 여래장임을 알지 못하는구나!

汝應觀此 六處識心하라 **爲同爲異**아 **爲空爲有**아 **爲非同異**아 **爲非空有**아
  너는 응당 보고 듣고 알고 하는 이 육처(六處)의 식심(識心)이 저 근진(根塵)과 같은가? 다른가? 그 자체가 공(空)인가? 유(有)인가? 같은 것도 아니고 다른 것도 아닌가? 공도 아니고 유도 아닌가? 이를 잘 관찰해 보아라.516)

㈣結顯
汝元不知로다 **如來藏中**에 **性識明知**와 **覺明眞識**이 **妙覺湛然**하야 **遍周法界**하야
  너는 원래 이 여래장 가운데 성품이 식(識)인 진공(眞空)의 명지(明知)와 성품이 공(空)인 각명(覺明)의 진식(眞識)이517) 묘하게 깨어 있어 담연(湛然)하고 법계에 두루함을 알지 못하는구나!

---

515) 여기서 '식심'은 모두 識大를 가리킨 것이고, '了別하는 見聞覺知'라 한 것은 육식을 가리킨 것이다. '兼彼空等'은 칠대를 통털어 모아 널리 만법에까지 통하게 한 것이다. 본래 좇아온 바가 없으면 湛然圓遍한 것이니 地等이 이미 그러하듯이 세계와 중생과 物物이 다 그러하다는 것이다. 다만 地等만 大라고 하는 것이 아니라 草芥塵毛도 다 이름이 大가 되나니 性이 진실하고 원융하여 본래 무생멸이기 때문이다. 앞의 글에서 상세하게 밝혀 뜻이 다 모아졌기 때문에 根境萬法으로부터 총회하여 널리 통하게 한 것이다. 『계환해』(『卍속장경』17, p.747상)
516) 識體가 深潛하니 응당 미세하고 깊게 헤아려야지 대충대충(麤浮)지나가서는 안된다. 만약 그 진실을 觀得하면 바로 근본 여래장을 깨닫게 되리라. (앞의 책 p.747하)
517) 識의 아는 것이 性明에서 나왔기 때문에 性識明知라 하고, 識이 비록 覺明의 허물이기는 하나 그 體는 眞이다. 그러므로 覺明眞識이라 했다. 體用이 不二하고 진망이 一如하기 때문에 번갈아 든 것이다. (앞의 책 p.747하)

含吐十虛어니 寧有方所리오

(이와같이 식의 성품이 본래 법계에 두루하기에) 사방의 허공을 머금고 토하는 것인데, 어찌 장소가 따로 있겠으며,

循業發現커늘 世間無知하야 惑爲因緣 及自然性하나니 皆是識心 分別計度이요 但有言說 都無實義하니라

이러한 식(識)이 다 업에 따라 나타난 것이거늘, 세상 사람들이 무지하여 이것을 '인연의 성품이니 자연의 성품이니' 하고 미혹하는 것이다. 이는 다 식심(識心)으로 분별하고 계탁한 것이니 다만 언설(言說)이 있을지언정 도무지 실다운 뜻이 없다.518)

---

518) 우리들이 견문각지하는 모든 행위가 根에서 나오는 것도 아니요, 塵에서 나오는 것도 아니요, 그렇다고 因이 없이 허공에서 생긴 것도 아니다. 이는 모두 그 體性은 본래 여래장이어서 周徧法界하고 常住不變한 것으로 다만 작용의 면에서 體가 緣을 따른 것 뿐이다. 그러니 허망한 緣起의 相에 떨어지지 말고 그 자체의 성품을 반조(返照)하여 相에 昧하지 않는다면 연기하는 그대로 根과 塵 그리고 견문각지가 모두 불생불멸의 여래장의 묘진여성이라는 것이다.

3) 時衆造悟二   (1) 經家敍悟

爾時阿難 及諸大衆이 蒙佛如來 微妙開示하와 身心蕩然하야 得無罣礙하고
　그때 아난과 대중들이 부처님의 미묘한 가르침을 듣고서 몸과 마음이 후련해 걸림이 없어지고,

是諸大衆 各各自知 心遍十方하야 見十方空호대 如觀手中 所持葉物하며 一切世間 諸所有物이 皆卽菩提 妙明元心이며 心精遍圓하야 含裹十方이요
　모든 중생들도 각각 스스로의 마음이 시방에 두루하여 시방의 허공을 보되, 마치 손바닥에 나뭇잎을 보듯이 하며, 일체 세간의 모든 사물들이 다 깨달음의 묘명원심(妙明元心)이며, 마음의 정미로운 성품이 두루하고 원만하여 시방을 둘러싸고 있음을 알았으나,

反觀父母 所生之身은 猶彼十方 虛空之中에 吹一微塵하야 若存若亡하며
　부모가 낳아 준 이 몸은 오히려 시방의 허공 가운데 나부끼는 하나의 작은 먼지와 같아 있는 듯 없는 듯 하며,

如湛巨海에 流一浮漚하야 起滅無從하고
　맑고 큰 바다에 떠가는 한 조각 물거품과 같아서, 그 일어나고 소멸하는 것이 의지할 곳이 없음을 반관(反觀)하고,

了然自知 獲本妙心 常住不滅하야
　요연하여 스스로 본래부터 묘하게 밝은 이 마음[本妙心]은 상주불멸임을 알게 되었다.

禮佛合掌 得未曾有하야 於如來前 說偈讚佛하더라
　그리하여 부처님께 예배하고 일찍이 없었던 것을 얻었다고 하면서 게송을 읊어 부처님을 찬탄하였다519)

---

519) 처음 決擇心見으로부터 陰入七大에 이르기까지 多方으로 드러내어 하여금 器界萬法이 當體가 온전히 참다운 本如來藏임을 깨닫게 했으니 이것이 微妙하게 開示해 주

(2)阿難偈讚三 ①讚謝二 ㉠讚

妙湛總持 不動尊이시여 **首楞嚴王**으로 **世希有**이니다

　미묘하고 깨끗한 다라니[摠持]의 부동존이시여! 수능엄왕으로서 세상에 드문 분이십니다.520)

㉡謝

銷我億劫 顚倒想호대 **不歷僧祇 獲法身**이니다 **願今得果 成寶王**하며 **還度如是 恒沙衆**코자 **將此深心 奉塵刹**호대 **是則名爲 報佛恩**이니다

　저의 억겁의 전도망상을 없애주시고, 아승지겁을 거치지 아니하고도 법신을 얻게 하셨습니다.521) 이제 저희들은 불과(佛果)를 얻고 보왕을 이루며, 다시 항하의 모래 수 같은 중생을 제도하려고 합니다. 이러한 깊은 마음으로 수많은 국토를 받들면, 이것이 부처님의

신 것이다. 이미 器界의 性이 眞圓融함을 깨달았기 때문에 몸과 마음이 蕩然하여 걸림이 없음을 얻었고, 妙覺湛然하고 周遍法界함을 깨달았기 때문에 각기 스스로의 마음이 시방에 두루함을 알게 된 것이며, 妙覺湛然하고 周遍하여 十虛를 含吐하는 것임을 알았기 때문에 시방의 허공을 보되 마치 手中의 나뭇잎을 보듯 하고, 萬法의 性이 진실하여 본래 여래장임을 알았기 때문에 일체 있는 바가 다 妙心이라 한 것이요, 根本心量의 광대함이 이와 같음을 깨달았기 때문에 妄身의 몸이 작은 것이 마치 티끌과 같고, 그 몸이 허망하기 거품과 같아서 있는 바가 없음을 反觀한 것이요, 本妙常心을 了了하게 깨달아 얻었기 때문에 여기에 깊이 경하하여 게송을 설하여 찬탄한 것이다.『계환해』(『卍속장경』17, p.747하)

520) '妙湛總持'라 한 것은 澄圓妙性인 여래장의 體를 가리킨 것이니 앞에서 누차 칭했던 妙覺湛然하고 不動周徧하여 十虛에 含吐한다는 것이 이것이다. 人人이 비록 본래 구족하고 있으나 반드시 首楞大定으로 말미암아 발하게 되나니 아난이 이미 스스로 깨달음에 나아가 드디어 여래께서 佛이 된 까닭이 다만 이것 뿐임을 알게 되었기 때문에 칭찬한 것이다. (앞의 책 p.748상)

*깨달음의 바다가 원만히 맑아서 밖의 物이 능히 흐리게 할 수 없기 때문에 妙湛이요, 여래장의 마음이 遍圓하여 十方을 含裹하기 때문에 總持라 한다. 體寂함이 마치 허공과 같아서 常住不滅하는 것을 不動이라 하며, 이러한 것을 구족하였기에 三界에 獨尊이시며, 이로 말미암아 일체에 法王이 되었으니 이러한 분은 世間에서 구하고자 하여도 얻을 수 없는 분이요, 참으로 희유한 분이기 때문이다. (앞의 책 p.748상)

521) 무시이래로부터 眞에 迷하여 허망하게 반연하는 그림자[緣影]를 오인한 것이 바로 億劫의 顚倒想이고, 한 번 깨우쳐 줌을 입어 본심을 요달하여 얻었기에 阿僧祇劫을 거치지 않았다고 한 것이다. (앞의 책 p.748상)

은혜에 보답하는 것이라 하겠습니다.

伏請世尊 爲證明하소서 五濁惡世 誓先入하야 如一衆生 未成佛이면 終不於此 取泥洹호리다

　엎드려 청하옵니다. 세존께서는 증명하여 주옵소서! 오탁악세(五濁惡世)522)에 맹세코 먼저 들어가, 만약 하나의 중생이라도 성불하지 못한 이가 있다면, 마침내 열반을 취하지 않겠습니다.523)

②重請
大雄大力 大慈悲이여 希更審除 微細惑게하사 令我早登 無上覺하야 於十方界 坐道場하소서

　대웅대력하고 대자대비하신 부처님이시여! 다시금 저희들의 미세한 의혹을 없애 주시고, 저희들이 하루빨리 위없는 깨달음에 올라, 시방의 도량에 앉게 하소서524)

---

522) 수능엄역주 p.325 참조
523) 이미 자성을 깨달아서, 깊이 깨닫게하여 주신 은혜에 감동했으므로 '원컨데 이룬 바가 있어서 널리 도를 넓히고 중생을 제도하여, 불심에 칭합하여 위로 은혜를 보답하여지이다'한 것이다.『계환해』(『卍속장경』17, p.748하)
　＊'聖果를 얻겠다'는 것은 지혜로운 마음이고, '다시 중생을 제도하겠다'는 것은 자비로운 마음이다. 智悲가 쌍으로 일어나서(運興) 광대하고 끝이 없으니 이를 일러 深心이라 한다. '길이 오탁에 들어 열반을 취하지 않겠다'라고 서원한 것은 深心의 드러남(効)이니 이를 의지하여 은혜에 보답하고자 했으므로, 부처님이 증명해 주시기를 청한 것이다. (앞의 책 p.748하)
524) 이미 찬사를 마치고 거듭 법을 청하되, 惑障을 다하고 果願을 성취하기를 바랜 것이다. 惑障을 끊고자 한다면 반드시 雄猛智力과 大慈悲德을 빌려야하기 때문에 칭탄하며 거듭 청한 섯이니, 앞에서는 心見을 드리내 여래장을 나타내고자 한 것이기에 바야흐로 見道麤惑을 파했고, 다음에는 疑滯를 決通코자 하기 때문에 修證門을 열어서 修道細惑을 끊어가되 자세히 살피어 모두 제거하고 최상의 깨달음에 오르기를 바랜 것이다.『계환해』(『卍속장경』17, p.748하)
　＊제4권으로부터 決通疑滯하여 모든 반연을 거두어 굴복시켰으니 이것이 細惑을 살펴서 제하는 방법이다. 이미 전도된 생각을 수멸하고, 바로 법신을 얻었거늘, 이미 얻은 果를 의심하여 다시 세혹 除하기를 구한다는 것은 佛果에 七이 있으니 보리·열반·진여·불성·암마라식·공여래상·대원경지가 이것이다. 이른 바 '獲法身'이란 보리를 나누어 얻되 스스로 불성을 보고 성품을 본 후에 반드시 세혹을 살펴 제하고 生滅滅生으로

③總結

舜若多性 可銷亡이언정 **爍迦囉心 無動轉**호이다

　허공[舜若多]의 성품은 가히 없앨 수 있을지언정, 저희들의 견고한 마음[爍迦羅心]은 마침내 변함이 없을 것입니다.525)

하여금 다 적정케 하며, 이로써 열반진여에 합하여 白淨純凝하며, 이로써 菴摩羅識에 합하고, 廓然圓照하여 이로써 공여래장과 대원경지에 합함으로써 七果가 원만히 구비됨이라야 이에 無上覺에 올랐다 하는 것이다. (앞의 책 p.748하)
　*지금에 배우는 자들은 겨우 그 둘을 얻으면 돌연 나머지 다섯을 잊어버리고 교법을 가벼이 여겨 다시 닦아 끊으려 하지 아니하니 생멸이 언제나 고요해지고, 雜染이 언제나 깨끗해지겠는가? 交交優優하니 언제 廓然해지고, 昏昏昧昧하니 언제 圓照해지겠는가? 가사 性品을 보게 되더라도 有爲習漏가 다시 일어남을 면하지 못하리니 내가 그 倒想이 의연하고 앞으로도 億劫에 더 보태질 것을 알기 때문에 가히 탄식하고 애석해 하는 것이다. 누구든지 이 首楞嚴 畢竟堅固의 가르침을 듣고자 한다면 반드시 기쁜 마음으로 힘써 정진하여 속히 일체로 하여금 필경케 하려 함이 마땅하니라. (앞의 책 p.749상)
　*암마라를 번역하면 無垢이니 즉 八識에 대한 第九識으로서 眞如白淨識이다. 일체를 분별하되 染着이 없는 것을 菴摩羅識이라 한다.
525) 순야다를 번역하면 空이고 삭가라는 견고이다. 空性에 體가 없으니 오히려 銷亡하게 할 수 있거니와 나의 마음은 견고하여 마침내 動轉이 없다. 그러니 이 楞嚴定力에 의지하여 앞에서 서원한 마음을 매듭짓고 스스로 구경을 맹서하여 필경에 물러나지 않으려고 하니 願心이 이와같은 후라야 聖果를 기약하고 부처님의 은혜에 보답할 수 있다는 것이다. 『계환해』(『卍속장경』17, p.749상)

大佛頂 如來密因 修證了義 諸菩薩萬行 首楞嚴經 제4권

3.深窮萬法 決通疑滯三526)   1)富那疑問二   (1)叙疑
爾時 富樓那彌 多羅尼子가 在大衆中 卽從座起하야 偏袒右肩 右膝著地
合掌恭敬 而白佛言호대
  그 때 부루나가 대중 가운데에서 일어나 오른쪽 어깨를 드러내고
오른 무릎을 꿇어 합장하며 공경히 부처님께 사뢰었다.

大威德 世尊이시여 善爲衆生하사 敷演如來 第一義諦니다
  "지혜와 자비가 한량없으신 세존이시여! 중생들을 위하여 여래의
제일의제(第一義諦)를 잘 말씀하여 주셨습니다.527)

世尊常推하사대 說法人中 我爲第一이나
  세존께서 항상 '설법하는 사람 가운데 부루나가 제일이다'라고 칭
찬하셨습니다.

---

526) 三深窮萬法 決通疑滯: 세 번째는 만법의 근원을 깊이 궁구하여 의심을 풀어주다.
  *견도분 가운데 앞의 둘은 근본지로써 眞을 증득케 하니 眞見道요, 여기에 深窮萬法等
  者는 후득지로 俗을 통달케하니 相見道이다. 『楞嚴蛇足』(통도사승가대학 1992) p.127.
  *대저 道에 드는 것은 見性으로 근본을 삼고 法을 요달하는 것은 그 다음이다. 그러
  니 대개 성품을 보았다 하더라도 萬法을 요달하지 못하면 가는 곳마다 걸리게 되기
  때문에 마음과 見을 발명하여 여래장을 드러낸 후에 다시 부루나로 하여금 의심을 하
  게 하여 산하대지의 모든 유위상을 다 가리게 하셨으니 이는 중생들로 하여금 모든
  법을 완전히 요달하게 하되 의심이나 걸림이 하나도 없게 된 후라야 수행해 나아가는
  것이 순조롭게 되기 때문이다. 『계한해』(『卍續藏經』17, p.749하)
  *십대제자 가운데 아난의 다문과 부루나의 설법이 각각 제일이었다. 그러므로 앞에서
  는 다문이 狂慧임을 알게 하여 그로 하여금 정견을 일으키게 하고자 한 것이기 때문
  에 아난으로 하여금 發起하게 했고, 여기에서는 모두가 다 의심이 있어 막히고 걸려
  있으므로 반드시 講論을 의지하여 통하게 해야 하기 때문에 부루나로 하여금 발기하
  게 한 것이다. 이는 다 성인이 근기에 따라 응하시는 교화의 바른 수단일 뿐이다. (앞
  의 책 p.749하)
527) 먼저 前法을 찬탄하고 다음 마음 속에 의심되는 바를 말하였다. 삼승에 으뜸이 되
  고 만법을 통솔하는 것이 第一義諦이다. (앞의 책 p.750상)

今聞如來 微妙法音호니 猶如聾人이 逾百步外하야 聆於蚊蚋니다 本所不見커니 何況得聞이닛고

　그러나 제가 지금 부처님의 미묘한 법음(法音)을 듣고 보니 저의 모습이 마치 귀먹은 사람이 백보(百步) 밖에서 모기 소리를 듣는 것과 같습니다. 모기는 작아서 본래 보기도 어려운데 하물며 어떻게 그 소리를 들을 수가 있겠습니까?

佛雖宣明하사 令我除惑하시나 今猶未詳 斯義究竟인 無疑惑地니이다

　부처님께서 비록 분명하게 말씀하시어 저희들이 의혹이 없게 하셨으나 저희들은 아직도 이 뜻의 구경인 의혹이 없는 경지까지는 자세하게 알지 못하고 있습니다.528)

世尊 如阿難輩는 雖則開悟나 習漏未除커니와

　세존이시여! 아난과 같은 이들은 비록 깨달았다고는 하나 익혀온 습기와 번뇌가 아직 다 없어지지 못하였기에 그러하겠지만

我等會中 登無漏者 雖盡諸漏이나 今聞如來 所說法音하고 尚紆疑悔니다

　저희들은 모임 가운데 번뇌가 없어 무루(無漏)에 오른 자로서 비록 모든 번뇌가 다 끊어졌는데도 지금 여래께서 말씀하신 법음(法音)을 듣고 이와같이 의혹에 얽히게 되었습니다.529)

---

528) 앞에서 밝힌 바가 뜻은 幽遠하고 근기는 昧劣하기 때문에 '마치 귀먹은 사람이 百步 밖에서 모기 소리를 듣는 것과 같다'고 비유한 것이다. 제일의 法才로도 오히려 이와같이 어둡거늘 그 가운데 中下의 근기로서는 疑惑이 없기 어렵기 때문에 부루나가 이러한 의심을 보여서 설법을 청한 것이다. 『계환해』(『卍속장경』17, p.750상)
529) 아난은 習漏가 아직 제서뇌시 않았기 때문에, 疑惑이 있음을 용납하거니와 부루나는 이미 諸漏가 다하였는데도 오히려 疑悔에 얽혀 있으니 나머지 대중이야 가히 알 수 있을 것이다. (앞의 책 p.750상)

(2)正問二 ①問藏性淸淨 何生諸相
世尊 若復世間의 **一切根塵 陰處界等 皆如來藏**이라 **淸淨本然**인댄 **云何忽生 山河大地**와 **諸有爲相**하야 **次第遷流 終而復始**닛고
　세존이시여! 만약 세간의 모든 육근·육입·오음·십이처·십팔계 등이 그대로 다 여래장이어서 원래로 청정하고 본연하거늘 어찌하여 홀연히 산하대지의 가지가지 유위상(有爲相)530)이 생겨나서 차례로 변천하여 흘러서 마쳤다가는 다시 시작하곤 하는 것입니까?531)

②問四大各徧 云何相容
又如來說하사대 **地水火風 本性圓融**하야 **周遍法界 湛然常住**라시니
　또 여래께서 '지수화풍은 본래 성품이 원융하여 법계에 두루 퍼져 담연하게 항상 머물러 있다'고 말씀하셨습니다.

世尊 若地性遍인댄 **云何容水**며 **水性周遍**이면 **火則不生**커늘
　세존이시여! 만약 흙의 성품이 두루하다면 어떻게 물을 용납하며, 물의 성품이 두루하다면 불은 생길 수 없을 것인데,

復云何明 水火二性이 **俱遍虛空**하야 **不相陵滅**이닛고
　어찌하여 물과 불의 두 가지 성품이 허공에 가득하면서 서로 능멸하지 않는다고 하십니까?

---

530) 有爲(범어 saṁskṛta)란 爲作·造作의 뜻이다. 즉 다른 것[조건]에 의해서 만들어진 것. 인연에 의해서 조작되어진 현상적인 존재를 유위법이라 한다. 그렇다고 무위법이 따로 있는 것이 아니다. 다만 有爲가 멸한 것을 無爲라 부를 뿐이다.
531) 청정하다면 응당 가지가지 有爲의 相이 없을 것이요, 本然이라면 응당 遷流가 없을 것이다. 『계환해』(『卍속장경』17, p.750하)
　*화엄에서도 보살문명품에서 각수보살이 문수보살에게 '불자이시여 심성은 본래 하나이거늘 어찌하여 종종의 차별을 보게 됩니까?'고 묻는다. 이에 대해여 문수보살은 '어진이여 잘들으소서 모든 법은 작용이 없고, 또한 체성이 없기 때문이니 그러므로 일체가 각각 알지 못합니다.' 화엄의 내용으로 보면 '모든 것이 무자성 공이기 때문에 그렇다는 것이다.' 즉 모든 것은 인연이기에 다만 차별이 있고, 또한 모든 것이 인연이기에 알 수 없다는 것이다.

世尊 地性障礙 空性虛通하니 云何二俱 周遍法界리닛고
　세존이시여! 흙의 성질은 장애하는 것이고, 허공의 성질은 비어 통하는 것입니다. 그런데도 어찌하여 다시 두 가지가 다 함께 법계에 두루하다고 하십니까?

而我不知 是義攸往하니 惟願如來 宣流大慈하사 開我迷雲하소서
　저는 그러한 이치를 알지 못하겠습니다. 오직 원컨대 부처님께서는 큰 자비를 베푸시어 저희들의 어두운 구름을 벗겨 주소서!"

及諸大衆 作是語已하고 五體投地하야 欽渴如來 無上慈誨하더라
　모든 대중들이 이렇게 말하고서 오체(五體)를 땅에 던지고 여래의 더없이 높고 자비로운 가르침을 흠모하여 목마르게 기다리고 있었다.532)

2)如來決答二 (1)通許
爾時世尊 告富樓那 及諸會中의 漏盡無學 諸阿羅漢하사대
　그때 세존께서 부루나와 이 모임에 번뇌가 다하여 더 배울 것이 없는 여러 아라한들에게 말씀하셨다.

如來今日에 普爲此會하야 宣勝義中 眞勝義性하야
　"여래가 오늘 널리 이 모임을 위해서 승의제 가운데에서도 진승의성(眞勝義性)533)을 설하여

---

532) 두 가지 물음이 다 앞의 四科(陰入處界)와 칠대의 글을 이어서 의심을 일으킨 것이다. 뜻에 性相이 서로 어긋나고 理事가 서로 장애하여 평소의 情에 걸리고 의심되기 때문에 질문을 통해서 해결하여 통하게 해주시기를 바랜 것이다. 『계환해』(『卍속장경』 17, p.750하)

533) 세속제가 있고 승의제가 있는데, 세속을 벗어나 眞에 冥合하며 情을 초월하고 妄을 여의어 세간의 삼유와 출세간의 二乘의 아는 바 마음으로는 헤아릴 수 없는 것을 勝義諦 가운데 眞勝義性이라 한다. 즉 下文에 覺明을 말미암아 眞覺을 밝히고, 了發을 因하여 諸妄을 窮究하여 山河가 다시 생기지 아니하고, 水火가 서로 凌滅하지 아니하며, 몸은 시방에 합하고 모발이 塵刹에 나타나기까지가 다 勝義諦 가운데 眞勝義性이

令汝會中 定性聲聞과 及諸一切 未得二空과 廻向上乘 阿羅漢等으로
　너희들 모임 가운데 정성성문(定性聲聞)534)과 일체의 아직 아공과 법공을 얻지 못한 이들535)과 대승(上乘)에 회향한 아라한536)들로 하여금

皆獲一乘 寂滅場地인 眞阿練若 正修行處리니
　모두 일불승의 적멸도량(寂滅場地)537)인 참다운 아란야(阿練若)538)의 바른 수행의 법을 얻게 하려고 하니,

汝今諦聽하라 當爲汝說호리라 富樓那等이 欽佛法音하와 默然承聽하니라
　너희들은 이제 자세히 들어라. 마땅히 너희들을 위하여 설해 주리라." 부루나 등이 부처님의 법음(法音)을 흠모하여 묵연히 받들어 듣고 있었다.

(2)正答二　①答諸相所起[四539)　㈠明本
佛言 富樓那야 如汝所說 淸淨本然커니 云何忽生 山河大地리요
　부처님이 말씀하셨다. "부루나야! 네가 말한 것처럼 청정(淸淨)하고 본연(本然)하거늘 어찌하여 홀연히 산하대지가 생겼느냐?540)

다. (앞의 책 p.751상)
534) '定性聲聞'이란 곧 空에 잠기고 寂으로 치달리는 者이다. (앞의 책 p.751상)
535) '未得二空'은 初心有學이다. 『계환해』(『卍속장경』17, p.751상)
536) '回向上乘'이란 대승에 마음을 둔 아라한이다. (앞의 책 p.751상)
537) '일승의 寂滅場地'란 삼승의 으뜸이 되고, 쟁론에서 벗어난 진정한 수행의 길이다. (앞의 책 p.751상)
538) 아란야(혹은 阿練若)는 마을에서 적당히 떨어져 시끄럽고 복잡하지 않는 곳이며, 수행자가 거주하는 곳이다. 한역에서는 遠離處·寂靜處·空閒處·意樂處·無諍處라고도 했다. 全觀應, 『佛敎學大辭典』(서울 弘法院 1988) p.999.
539) 부처님이 淸淨本然커늘 云何忽生 山河大地 諸有爲相이겠느냐? 라고 하여 불생불멸의 마음으로 바라보기를 권하고, 유위생멸의 시작은 본래 性覺이 妙明이거늘 必明코자 함으로 인하여 삼세육추 내지 세계와 중생과 업과의 상속이 이어짐을 밝히다.
540) 淸淨本然 云何忽生 山河大地: 이것은 낭야산하(瑯琊山河)라는 하나의 화두가 되어

汝常不聞가 **如來宣說 性覺妙明**하며 **本覺明妙**아

그대는 내가 늘 '성각(性覺)이 묘명(妙明)하고 본각(本覺)이 명묘(明妙)하다541)'라고 하는 말을 듣지 못했느냐?"

있다. "어느 때 장수자선스님이 낭야혜각(瑯琊惠覺)의 법이 높다는 소문을 듣고 그를 찾아가 묻기를 '청정하고 본연하거늘 어찌하여 홀연히 산하대지가 생겼습니까?'라고 묻자 랑야가 큰 소리로 되묻기를 '청정하고 본연하거늘 어찌하여 홀연히 산하대지가 생겼겠느냐?' 하니 언하에 장수스님이 도를 깨우쳤다."『佛祖歷代通載』(『大正藏』49, p.663a) 참조.

*수능엄 제4권에서 부루나가 '만약 세간의 一切根塵 陰處界等이 다 여래장이라서 청정본연하다면 어찌하여 홀연히 산하대지의 諸有爲相이 생겨서 차제로 천류하며 마쳤다 다시 시작하곤 하는 것입니까?' 하고 물었는데, 이에 대해서 어떤 사람이 말하기를 '만약 알았다면 이미 覺體가 本妙하고 무명이 本空하며 산하대지가 마치 공화와 같은 것임을 알았을 것이요. 만약 알지 못했다면 能所가 妄分하고 强覺이 俄起하기 때문에 三細는 世가 되고 四輪은 界를 이룰 것이다' 하거늘, 瑯琊가 말하되 '나는 그렇지 않다. 청정본연한데 어찌하여 홀연히 산하대지가 생겼겠느냐? 라고 했으니, 이는 도적의 말을 타고 도적을 쫓아가 도적의 창으로 도적을 죽인 것이다'하리라. 이에 薦福信이 이르기를 '앞의 것은 이르지 못했고, 뒤의 것은 지나쳤다'라고 했고, 萬松이 다시 말하되 '徐씨의 여섯째 아들이 널빤지를 짊어졌는데 각기 一邊 만을 보고 있으니, 반드시 見의 허물을 여의고 모름지기 天童을 보아야만 비로소 옳을 것이다' 라고 하고 게송으로 이르되 '有와 不有를 보는 것이 손을 뒤집고 손을 엎는 것과 같다. 瑯琊山 속의 사람들이여! 구담(瞿曇)의 나중에 떨어지지 말라' 하다.『從容錄』(『大正藏』48, p.291c) 第100則 瑯琊山河편 참조.

*이상과 같이 능엄에서는 산하대지가 생기는 것이 다 무명 때문이라 했으니, 무명이란 다른 것이 아니고 뒤에 나오는 '연야달다 이야기'와 또 다음의 경문에도 나오듯이 '성각(性覺)은 반드시 본래로 밝음[必明]인데도 부질없이 밝힐 각[明覺]을 삼는 것' 이 것이 무명인 것이다. 즉 무명이 있다고 생각하는 것이 무명이다.

541) '性覺妙明 本覺明妙'라 한 것은 만법에 있어서 體와 用의 다름을 칭한 것이다. 능히 일체에 성품이 되는 것을 性覺이라 하니 性覺의 妙는 明으로써 顯現되는 것이므로 體로부터 나와 만법을 드러내는 것이요. 性의 근본이 되는 것을 本覺이라 하니 本覺의 明은 妙寂에 감추어진 것이기에 用으로부터 돌리켜서 一眞에 冥合하게 하는 것이다. 이 두 가지 뜻을 요달하면 바로 體用이 하나의 깨달음[覺]이요, 物我가 한결같이 妙寂하리니 다시 諸相의 다름이 없을 것이다.『계환해』(『卍속장경』17, p.751상)

*妙는 寂이요 明은 照이니 여기에서 妙明은 고요한 가운데 비추는 것이요, 明妙는 비추는 가운데 고요함이다. 體와 用이 서로 여의지않는 가운데 두 가지 깨달음이 서로 도와 진리를 드러내고 있는 것이다.『정맥소』(『卍속장경』18, p.492상)

3.深窮萬法 決通疑滯 2)如來決答 ①答諸相所起   271

富樓那言 唯然世尊 我常聞佛 宣說斯義이니다

　부루나가 말했다. "그렇습니다 세존이시여! 저는 항상 부처님께서 그러한 이치에 대하여 말씀하시는 것을 들었습니다."

佛言 汝稱覺明은 **爲復性明**을 **稱名爲覺**가 **爲覺不明**을 **稱爲明覺**가

　부처님이 말씀하셨다. "그대가 지금 각(覺)과 명(明)을 말했는데, 깨달음의 성품이 본래 밝다는 뜻에서 각[覺明]이라 칭하는 것이냐? 깨달음이 밝지 못해 이를 밝혀야 한다는 뜻에서 명각(明覺)이라 칭한 것이냐?"542)

富樓那言 若此不明을 **名爲覺者**인댄 **則無所明**이니다

　부루나가 말했다. "만약 여기에 밝지 아니한 것을 그대로 각(覺)이라고 한다면 굳이 애써 밝힐 것도 없겠습니다."543)

佛言 若無所明인댄 **則無明覺**이니라

　부처님이 말씀하셨다. "만약 밝힐 것[所明]이 없으면, 따로 밝혀야 할 각[明覺]도 없을 것이다."544)

---

542) 앞의 내용을 들어 이를 다시 질문하여 그 이해와 미혹을 가린 것이다. 대저 그대가 覺을 이야기하고 明을 이야기하는데 그 뜻이 무엇이냐? 覺性의 근본이 스스로 밝고 신령스러워 어둡지 않기 때문에 그것을 覺明이라고 칭하는 것이냐? 다시 性이 스스로 밝지 못해 일부러 마음을 써서 覺하여야 하기 때문에 明覺이라 칭한 것이냐? 신령스러워 어둡지 않는 것은 眞覺이요, 마음을 써서 覺해야 하는 것은 妄覺이다. 『계환해』(『卍속장경』17, p.751하)

543) 부루나의 뜻은 性覺이 반드시 밝아야 覺이요, 밝지 못한 것은 覺이 아니라고 생각하기 때문에 '만약 이와같이 밝지 못한 것을 그대로 覺이라고 한다면 굳이 애써 수행하여 밝힐 필요도 없을 것이다'고 생각한 것이다. 그러나 조금이라도 밝힐 것이 있다면 바로 妄覺에 떨어져서 끝이 없는 妄業이 이로 말미암아 생긴다는 것을 알지 못한 것이다. 그러므로 아래에 '본래 眞覺에는 能明과 所明을 세울 수 없는데, 明으로 인하여 能所가 성립되고 能所가 이미 허망하게 세워지면 너의 허망한 能業이 生起한다'고 한 것이다. 『계환해』(『卍속장경』17, p.751하)

544) 明覺의 뜻이 다 밝히려고 하는 데에서 일어나는 것이다. 『계환해』(『卍속장경』17, p.751하)

有所非覺이오 **無所非明**이며

　깨달아야 할 각[所覺]이 있으면 그것은 이미 참다운 각(覺)이 아니요. 깨달을 것[所覺]이 없으면 밝혀야 할 명(明)도 있을 수 없으며,

無明又非 覺湛明性이라

　밝힐 명(明)이 없다면 다시 각(覺)의 담명성(湛明性)이라 할 것도 없을 것이다.545)

㈢叙妄二　㈎三細所起546)
性覺必明코자하야 **妄爲明覺**이라

　그런데도 성각(性覺)이 필명(必明)코자하여, 부질없이[妄] 명각(明覺)을 삼음이라.547)

---

545) 眞覺은 능소와 유무를 여의었기 때문에, 만약 소가 있으면 覺이 아니요, 覺은 모든 현상을 비추는 것이니, 만약 소(所)가 없으면 명(明)도 없을 것이다. 만약 진실로 覺에 명이 없다면 覺湛明性이라 할 것도 없나니, 그러므로 응당 所와 無所, 明과 非明이 있으면 모두 妄이 되어 마침내 妙明하고 明妙한 진리가 될 수 없는 것이다.『계환해』(『卍속장경』17, p.751하)

546) 삼세육추에 대해서는 수도분 수행진기 오탁편 주해참조

547) 앞에서는 '性覺妙明'이라 하고 여기서는 '性覺必明'이라 했으니, 湛然寂照한 것을 妙明이라 하고 억지로 요달해 알려하는 것이 必明이다. 妙明은 곧 眞이요 必明은 곧 妄이다. 그러므로 '허망하게 明覺이 되었다'했으니 즉 三細의 首요 妄識의 初相인 것이다. 기신론에 이르기를 '여실하게 진여의 법이 하나임을 알지 못하기 때문에 不覺心이 동한다'했으니 이것이 곧 여기서 말하는 明覺의 相이다.『계환해』『卍속장경』17, p.752상)　*앞에서 이미 전체가 무명이라고 배척했기에 앞을 이어서 말한 것이다. 즉 본성의 覺에는 반드시 本有의 明을 갖추었으니 이른 바 性覺必明이요, 그대가 까닭없이 이 覺上에 明을 보탠 것이니 이른 바 妄爲明覺이다. 이로 말미암아 마침내 근본무명이 되어 가지가지 妄이 이를 의지하여 시작된다는 것이다.『정맥소』(『卍속장경』18, p.493하)
　　*정맥소에서는 '性覺必明'은 본유의 淨明으로 보고, '妄爲明覺'은 근본무명으로, 그 다음 '覺非所明 因明立所'부터 무명업상으로 보았고, 계환해에서는 '性覺必明'은 근본무명으로, '妄爲明覺'은 무명업상으로 보았다.

覺非所明인데도 **因明立所**하고
　각(覺) 자체에는 본래 소명(所明)을 세울 수 없거늘, 명(明)으로 인하여 소(所)가 성립되고,

所旣妄立하면 **生汝妄能**하야
　소(所)가 이미 허망하게 세워지면 너의 허망한 능업(能業)이 일어나,

無同異中에 **熾然成異**하나니라
　본래 같고 다름이 없는 가운데 치연(熾然)하게 다름을 이룸이라.548)

異彼所異하고 **因異立同**하며
　그리하여 다른 것을 다르다고 분별하고 그 다른 것으로 인하여 같음이 성립되며,

同異發明하야 **因此復立 無同無異**하니
　같음과 다름이 드러남으로 인하여 다시 같음도 없고 다름도 없음을 세우게 되는데,

如是擾亂 相待生勞하고 **勞久發塵**하야 **自相渾濁**하니
　이렇게 흔들리고 어지러운 것이 서로 작용하여 피로[勞]가 생기고, 그 피로가 오래 되면 티끌[塵]을 일으켜서, 자연 서로 혼탁하게 되나니549)

---

548) 眞覺에는 본래 능소가 없는데 필명코자 하기 때문에 허망하게 所가 있게 되고, 능소가 이미 세워지면 마음과 경계가 서로 나누어지기 때문에 본래 同異가 없는 가운데 熾然하게 다름을 이루게 되는 것이요, 이것이 곧 轉相이다. 『계한해』(『卍속장경』17, p.752상).
549) 熾然하게 다른 것으로 異相을 삼고, 다시 異相으로 인하여 同을 세우고, 또 그 有同하고 有異함으로 인하여 無同하고 無異함를 세우게 되는 것이다. 하나의 眞體 가운

㈁六麤所起
由是引起 塵勞煩惱호대
 이로 말미암아 마음을 더럽히고 피로하게 하는 번뇌[塵勞煩惱]가 일어나는데550)

㈢感結三 ㈎總明
起爲世界 靜成虛空하니 虛空爲同 世界爲異라
 일어나서는 세계가 되고 고요하면 허공이 되나니, 허공은 같고 세계는 다른 것이다.

彼無同異 眞有爲法이니라
 본래 같고 다름이 없는 가운데 이와같이 되었으니, 참으로 이를 유위법(有爲法)551)이라 하느니라.552)

 데에는 본래 이러한 일이 없거늘 다 能所가 待對하여 妄立함으로 말미암아 어지럽게 情塵을 발하여 드디어 妙明으로 하여금 흐리게 하고 妙湛으로 하여금 탁하게 하여 晦昧空色이 이로부터 조짐이 생겨나나니 즉 現相이다. 이상 셋은 根本煩惱에 속하고, 아래에 六麤는 枝葉煩惱이다.『계환해』(『卍속장경』17, p.752상)
550) 앞의 三細로 말미암아 麤相이 생기는 것이다. 染汚로 塵을 삼고, 擾動은 勞가 되며, 憂煎은 煩이 되고, 迷亂은 惱가 되나니 이것이 곧 智相 相續 執取 計名 등 四麤의 總相이다. 이 후 세계상속과 중생상속은 造業相이요, 업과상속은 業繫苦相이다.『계환해』(『卍속장경』17, p.752상)
551) 妄覺이 동하면 勞擾가 塵을 발하는 것이니 일어나서는 세계가 되고, 妄覺이 엎드리면 頑然이 조용해지니 고요하여 허공을 이루는 것이다. 법계가 한결같이 공함을 同이라 하고, 情器가 만가지로 다름을 異라 하나니 이것이 바로 同異가 없는 가운데 치연하게 다름을 이룬 것이다. 그러므로 '동리가 없는 가운데 치연하게 다름을 이루었으니 이것을 有爲法이라 한다 고 했다.『계환해』(『卍속장경』17, p.752하)
 *저 細境 가운데의 無同無異한 相이 여기에 이르러 顯然히 확정되었기에 衆生業果의 眞有爲法을 이루었다고 말한 것이다.『정맥소』(『卍속장경』18, p.498하)
552) '覺非所明 因明立所'는 무명업상이니 자증분이고, '所旣妄立 生汝妄能'은 轉相이니 見分이며, '無同異中 熾然成異 異彼所異 因異立同 同異發明 因此復立 無同無異'는 現相이니 相分이다. '如是擾亂相待生勞'는 智相이니 第一麤이다. '勞久'는 相續相이니 第二麤이다. '發塵'은 執取相이니 第三麤이다. '自相渾濁'은 計名字相이니 第四麤이다. '由是引起 塵勞煩惱'는 造業相이니 第五麤이다. '起爲世界 靜成虛空 虛空爲同

㈏別明三553) ㉮世界起始
覺明空昧 相待成搖할새 **故有風輪 執持世界**하며
　각(覺)의 밝음과 허공(虛空)의 어두움이 서로 상대하여 동요를 이루기 때문에 풍륜(風輪)이 생겨나서 세계를 잡아 지탱하는 것이다.554)

因空生搖하야 **堅明立礙**하니 **彼金寶者 明覺立堅**이요 **故有金輪 保持國土**라
　허공의 어두움으로 인하여 각(覺)의 밝음에 동요가 생기고, 각(覺)의 밝음이 굳어져서 장애를 이루니, 저 금보(金寶)는 명각(明覺)이 굳어져서 설립된 것이며, 그러므로 금륜(金輪)이 생겨나서 국토를 보전하고 지탱하게 되는 것이다.555)

　　世界爲異 彼無同異 眞有爲法'은 業繫苦相이니 第六麤이다.『정맥소』(『卍속장경』18, p.494상-)
553) 세계상속에서 明昧相待는 이것이 업이요, 風輪執持는 과이며, 중생상속에서 동업相纏等은 업이요, 胎卵濕化等은 과이고, 업과상속에서 欲貪爲本等은 업이요, 相生不斷은 과이다.『楞嚴蛇足』(통도사승가대학 1992) p.129.
554) 만법이 五行으로부터 변화하고 오행은 妄覺으로 말미암아 발생하기 때문에 世界起始라 하는 것이니 이 세계기시가 반드시 覺明에서 비롯하여 風金水火에 의지해 만물을 所生하나니라. 眞覺妙空은 본래 明昧가 아니지만 밝히려고 하는 妄으로 말미암아 明覺이 되어서 마친내 昧空이 있게 되었으니 明昧가 서로 기울어져 不覺心이 동하는 까닭에 覺과 明과 空과 昧가 相待하여 搖動을 이루어 風輪이 있다고 했고, 세계가 가장 아래의 이 風輪을 의지하여 머물게 되기 때문에 執持世界라고 했다.『계환해』(『卍속장경』17, p.753상)
555) '허공의 어두움으로 인하여 覺의 밝음에 동요가 생긴다'는 등 以下의 글은 허공의 어두움이 생각이 동함을 말미암아 覺의 밝음이 굳어져서 막힘을 이루어서 金性을 感得하게 된다는 것이다.『계환해』(『卍속장경』17, p.753상)
*대지의 가장 아래에 이 金輪을 의지하여 일어나므로 '국토를 보전 지탱한다'한 것이다. (앞의 책 p.753상)

堅覺寶成하고 搖明風出하니 風金相摩일새 故有火光 爲變化性이며 寶明生潤하고 火光上蒸일새 故有水輪 含十方界니라

　명각(明覺)이 굳어져서 금은 보배가 되고, 각(覺)의 밝음[覺明]이 흔들려서 바람이 일어나니 바람과 금보(金寶)가 서로 마찰하여 불빛이 생겨 변화하는 성품이 되었으며556) 금보의 밝음이 윤택한 기운을 생기게 하고, 불빛은 위로 치솟기 때문에 수륜(水輪)이 생겨서 시방세계를 감싸고 있는 것이다.557)

火騰水降하야 交發立堅하니 濕爲巨海하고 乾爲洲潬하니 以是義故 彼大海中 火光常起하며 彼洲潬中 江河常注니라

　불은 위로 오르고 물은 흘러 내려서 서로 얽혀 굳어지니 젖은 곳은 큰 바다가 되고 마른 곳은 육지와 섬이 되며, 이러한 이치로 저 바다 가운데에서는 늘 불빛이 일어나고, 육지에서는 강물과 냇물이 항상 흐르는 것이다.

水勢劣火하면 結爲高山하나니 是故山石 擊則成燄하고 融則成水니라 土勢劣水하면 抽爲草木하니

　물의 힘이 불보다 부족하면 맺혀서 높은 산이 되기 때문에 산에서 돌이 부딪치면 불꽃이 일어나고, 녹으면 물이 되는 것이다. 흙의 힘이 물보다 열세이면 돋아나서 풀이나 나무가 되나니

---

556) '明覺이 굳어져서 금은 보배가 된다'는 등 以下의 글은 明覺이 굳어지고 覺明이 흔들림으로 인하여 서로 부딪쳐 번뇌를 일으켜 불을 感得하나니, 內外二界가 설은 것을 고쳐서 익게하고 有를 변화시켜 無가 되게 하는 것이 다 火大의 변화한 것이기 때문에 變化의 性이라 한다. 『계환해』(『卍속장경』17, p.753상)
557) '金寶의 밝음이 윤택한 기운을 생기게 한다'는 등은 覺明이 굳어짐으로 말미암아 識을 生하고 薰蒸하여서는 번뇌가 되어 情이 쌓이고 愛를 발하여 물[水]을 感得하고, 이리하여 세계가 大海 안에 있게 된 것이니 '含十方界'라고 한 것이다. (앞의 책 p.753상)

是故林藪 遇燒成土하고 因絞成水니라 交妄發生하야 遞相爲種이라 以是因
緣世界相續하나니라

그러므로 숲과 늪이 타버리면 흙이 되고, 쥐어짜면 물이 되는 것
이요. 이와같이 서로 엉켜 허망하게 발생하여 빈갈아 서로 종자(種
子)가 되나니558) 이러한 인연으로 세계가 상속(相續)559)되는 것이
다.

㉕衆生起始
復次 富樓那야 明妄非他 覺明爲咎니 所妄旣立하면 明理不踰할새

다시 부루나야! 명각(明覺)560)의 허망이 다른 것이 아니라, 각명
(覺明)의 허물561)이니 허망이 이미 세워짐으로 말미암아 밝은 이치
가 장애를 이루어 넘지를 못하는 것이다.

---

558) '불은 오르고, 물은 흘러 내린다'는 것은 妄覺이 번거롭게 일어나고, 妄識이 가로
흘러서 서로 어우러져 장애를 이루어 土를 感得하나니 물가의 언덕을 州라 하고, 모래
섬을 단(潭)이라 한다. 모두가 妄覺에서 비롯하여 五行을 感得하기 때문에 '交妄發生하
여 遞想爲種이라' 했다. 『계환해』(『卍속장경』17, p.753상)
559) 흙과 물이 나무를 生하고, 나무와 흙이 金을 生하고, 金과 나무가 불을 生하고, 불
과 金이 물을 生하고, 물과 불이 흙을 生하나니 세계가 처음 覺明에서 識을 發하여 水
가 되고, 허공의 어두움[空昧]에 물질[色]이 맺히어 흙이 됨으로 말미암아, 相待하여
요동을 이루어 바람이 되고, 나무가 되었으니 흙과 물이 나무를 生하는 것이다. 허공
의 어두움[空昧]으로 인하여 맺힌 흙이 흔들림을 내어 나무가 되고, 明覺이 굳어져 걸
림을 이루니 즉 나무와 흙이 金을 生하는 것이다. 나머지 文章도 심히 분명하여 흙이
水火로 말미암아 生하듯이 자식이 부모의 기분을 받는 까닭에 저 바다 가운데에서 불
이 일어나고 인덕에 호수[注]가 있게 되는 것이다. 『계환해』(『卍속장경』17, p.751상)
*五行에 '나를 이기는 것으로 妻를 삼나니 지아비가 양보[劣]한 후라야 음양이 화합하
여 자식이 생긴다' 하였듯이 물이 불에게 양보하여 山이 되고, 흙이 물에게 양보하여
나무가 되는 것이다. 焰과 融은 水火의 기분을 밝힌 것이고, 燒와 絞는 土水의 기분을
밝힌 것이니 이것이 세계상속의 이유이다. 『계환해』(『卍속장경』17, p.753하)
560) '明妄'이라는 것은 편명코자 함이 굳어져서 明覺이 된 것을 가리킨 것이요, 覺의
明이 흔들려서 바람이 되었다는 妄은 다른 것이 아니라 다만 覺明妄心의 허물인 것이
다. 『계환해』(『卍속장경』17, p.753하)
561) 각명의 망작용이다.

以是因緣 聽不出聲하며 見不超色하야 色香味觸 六妄成就하고
　이러한 인연으로 듣는 것은 소리를 벗어나지 못하고, 보는 것은 색을 벗어나지 못해 색향미촉(色香味觸) 등 여섯 가지 허망함이 이루어지고,

由是分開 見覺聞知호대 同業相纏 合離成化니라
　이로 말미암아 견문각지로 나누어져서562) 동업(同業)은 서로 얽혀서 태란(胎卵)이 되고563) 합리(合離)는 습생(濕生)과 화생(化生)을 이루는 것이다.564)

見明色發하고 明見想成하니
　밝음[明]을 보려고 하니 망색(妄色)이 드러나고565) 허망한 명각(明覺)으로 보기 때문에 망상(妄想)이 이루어진 것이다.566)

---

562) 眞明妙理에는 본래 능소가 없어 원래로 하나의 원융한 淸淨寶覺이로되, 所妄이 이미 세워지므로 말미암아 드디어 融碍를 이루어서 밝은 이치가 장애를 이루어 넘지 못하는 것이다. 넘지 못하기 때문에 듣고 보는 육근이 허망하게 局執하여 色香의 六塵에 부질없이 染着하고 느끼고 아는 六識이 망령되이 분별하되 근진식 三으로 業性이 되어 이로 말미암아 망업을 일으키고, 거기에서 동업은 相纏하고 合離는 成化하는 것이니 이것이 六道四生의 시작이다. (앞의 책 p.753하)
563) 동업이라 한 것은 胎卵의 무리이다. 부모와 자기 이 三者가 業이 같기 때문에 서로 얽기고 집착하여 生이 있게 되기 때문이다. (앞의 책 p.753하)
564) 合離라 한 것은 濕化의 類이니 부모를 의지하지 아니하고 다만 자기의 업으로 생기되 혹 濕氣와 합(合)하여 형체를 이루기도 하는데 즉 준연(蠢蠕 꿈틀거리고 굼실거림)의 類이고, 혹 본래의 모습을 떠나[離] 변하여 化生에 의탁하기도 하나니 저 천당 지옥 아귀 등의 종류이다. (앞의 책 p.753하)
565) 부질없이 所明을 보려고 하기 때문에 妄色이 드러난다 하여 '見明으로色發이라' 했으니, 이는 마음으로 말미암아 경계가 생긴다는 것이다. 『계환해』(『卍속장경』17, p.754상)
566) 明으로 인하여 見을 일으키고, 見으로 인하여 想을 내기 때문에 '明見하고想成이라' 했다. 이는 境界를 말미암아 情이 생긴다는 것이다. 『계환해』(『卍속장경』17, p.754상)

異見成憎하고 **同想成愛**하야 **流愛爲種**하고 **納想爲胎**하니 **交遘發生**에 **吸引 同業**일새

　견해가 다르면 증오를 이루고, 생각이 같으면 사랑을 이루어 그 사랑이 흘러 종자가 되고, 생각을 받아 태(胎)가 되어서 서로 어우러져[交遘] 염심(染心)을 발생하고 동업(同業)을 흡인하기 때문에567)

故有因緣 生羯羅藍과 **遏蒲曇等**이니라

　이러한 인연으로 갈라람(羯羅藍)과 알포담(遏蒲曇) 등568)이 생긴다.

---

567) 견해가 다르면 경계도 어그러지기 때문에 미움이 생기는 것이요, 생각이 같으면 마음이 順하는 까닭에 愛를 이루는 것이다. 三愛가 交注하는 것을 流라 하고, 三想이 相投하는 것을 納이라 한다. 愛는 윤회근본이 되는 까닭에 愛가 흘러서 종자가 되고, 想은 목숨을 傳하는 매개처가 되기에 想을 받아들여 胎를 이루게 되는 것이며, 交遘를 假藉하여 발생하고 동업을 말미암아 吸引하나니 이것이 中陰에서 生을 받아 물질에 의탁하는 시초이다.『계환해』(『卍속장경』17, p.754상)

　*부모의 交遘가 受生의 助緣이 된다. 孤山이 이르되 '交遘發生은 남녀가 會合하여 染心으로 성취하는 것이고, 吸引同業은 과거의 동업을 흡인하여 胎에 드는 것이다.『정맥소』(『卍속장경』18, p.503하)

　*다음은 유가사지론(大正藏30, p.282하)이 내용이다. "저가 그 때에 그 부모가 함께 邪行을 행하여 내는 精血을 보고 뒤바뀜을 일르킨다. 이러한 뒤바뀜을 일으킨다는 것은 부모가 邪行을 하는 것을 볼 때에 '부모가 邪行을 행하는구나'라고 생각하지 않고, 뒤바뀐 생각을 일으켜서 '자기가 스스로 행한다'고 보고, 자기가 스스로 행하다고 보고 나서는 문득 탐애를 일으키는 것이다."

568) 胎中五位는 七日에 한 번씩 변하게 되는데 갈라람은 번역하여 응활(凝滑)이니 初七日의 모습이고, 알포담은 번역하여 포(皰)이니 第二七日의 모습이고, 더 나아가 발라사구 등이 있다.『계환해』(『卍속장경』17, p.754상)

　*'명의집'에 태아의 다섯 단계를 밝혀 놓았다. 첫 7일째를 '가라라'라 이름하니 이곳 말로 응활(凝滑 미끄럽게 엉겨 있음) 또는 박락(薄酪 엷게 엉겨 있는 유즙)인데 그 형상이 마치 응결된 연유와 같기 때문이다. 14일째를 '알부담'이라 이름하니 이곳 말로 포(皰)인데 그 형상이 마치 종기나 천연두 같다. 21일째를 '폐시'라 이름하니 이곳 말로 凝結인데 그 형상이 마치 응결된 핏덩이와 같다. 28일째를 '건남'이라 이름하니 이곳 말로 응후(凝厚 두딥게 융고됨)인데 점차 견고하게 굳어지기 때문이다. 35일째를 '발라사거'라 이름하니 모든 형태를 갖추었기 때문이다. (緇門) 산곡거사황태사 발원문편 참조)

胎卵濕化 隨其所應호대 卵唯想生하고 胎因情有하며 濕以合感하고 化以離應하니

  태란습화(胎卵濕化)가 각기 그 감응할 곳을 따라 난생(卵生)은 오직 생각[想]으로 태어나고, 태생(胎生)은 정(情)으로 태어나며, 습생(濕生)은 양기(陽氣)에 합(合)하여 태어나고, 화생(化生)은 몸을 변역[離]하여 태어나는 것이니,

情想合離 更相變易호대 所有受業 逐其飛沈하니 以是因緣 衆生相續니라

  정상합리(情想合離)가 서로 변하고 바뀌어서 업을 받고 그 업으로 인하여 오르고 잠기게 되는데, 그러한 인연으로 중생이 상속569)이 되는 것이다.

---

569) 衆生相續: 四生의 類가 卵는 想에 응하고, 胎는 情에 응하고, 濕은 陽氣에 합하여 응하고, 化는 몸을 변역[離]하여 응하는 까닭에 그 應하는 바를 따르게 되는 것이다. 亂思를 想이라 하고, 結愛를 情이라 한다. 煖氣에 붙은 것이 合이니 濕에 합하여 生하기 때문이요, 形을 바꾸는 것[遁]이 離이니 이를 여의고 저에 生하기 때문이다. 情想合離는 누구나 태어나면 다 갖추어지는 것이기에 여기서 몇 마디 말을 했을 뿐이다. 『계환해』(『卍속장경』17, p.754상)
  *卵生을 머리에 두었던 것은 분별심[想念]이 처음 동하고 情愛가 後起하며, 다시 胎濕化를 겸하게 되는 까닭이다. 이 글에서 想을 論한 것은 內分의 染想이요, 外分의 淨想이 아니며, 化를 論한 것은 곧바로 轉하여 허물벗는[蛻] 業化이지 意로 生하는 妙化를 가리킨 것이 아니다. '情想合離 更相變易'이라 한 것은 혹 情이 變하여 想이 되고, 合이 變하여 離가 되어서, 정해진 업이 없으며, 卵이 바뀌어 胎가 되고, 濕이 바뀌어 化가 되는 것도 定해진 바탕이 없기 때문이다. 그러므로 받은 바 업보가 或升或沈하나 定해진 길[趣]이 없는 것이니 이것이 중생상속의 이유이다. 『계환해』(『卍속장경』17, p.754상) *여기에서 논하는 內分外分이라 말하는 것은 <능엄제8권 助道分>에서의 '內分積情 外分發想'을 두고 하는 말이다.

㉑業果起始

富樓那 想愛同結하야 **愛不能離**하면 **則諸世間 父母子孫**이 **相生不斷**하니 **是等則以 欲貪爲本**이라

부루나야! 생각과 사랑이 함께 맺어져 애욕이 되는데, 이러한 애욕를 여의지 못하면 곧 모든 세간의 부모와 자손이 서로 낳아 끊이지 않게 되는데, 이러한 것은 다 욕탐(欲貪)으로 근본을 삼는다.570)

貪愛同滋하야 **貪不能止**하면 **則諸世間 卵化濕胎 隨力强弱**하야 **遞相呑食**하니 **是等則以 殺貪爲本**이라

탐욕과 애욕이 서로 도와 탐욕을 그치지 아니하면 모든 세간의 태란습화(胎卵濕化)가 그 힘의 강약을 따라 번갈아 가며 서로 잡아먹게 되는데, 이러한 것은 살탐(殺貪)으로 근본을 삼는다.571)

以人食羊하면 **羊死爲人**하고 **人死爲羊**하야

사람이 양을 잡아 먹으면 그 양은 죽어서 사람이 되고, 사람은 죽어서 양이 되어

如是乃至 十生之類가 **死死生生 互來相噉**호대

이와같이 더 나아가 열가지 종류가 죽고 나고 나고 죽고하여 번갈아 가며 서로 잡아먹어

惡業俱生 窮未來際하나니 **是等則以 盜貪爲本**이라

악업이 생길 때마다 함께 생하여 미래제(未來際)가 다하도록 계속되는데, 이러한 것은 도탐(盜貪)으로 근본을 삼는다.572)

---

570) 부모와 자손이 애욕이 아니면 그 길에 나아갈 수 없으며, 또한 이 애욕이 아니면 생을 받을 수 없다. 『계환해』(『卍속장경』17, p.754하)
571) 胎卵濕化가 모두 자기보다 약한 것으로 먹이를 삼되 탐으로 말미암아 이러한 殺心을 일으키는 것이다. (앞의 책 p.754하)
572) 주지 않는 것을 취했을 때 盜라 하고, 또 몰래 取한 것을 盜라 한다. 사람이 羊을 먹는 것은 주지 않는 것을 取한 것이요. 羊이 죽어서 사람이 되고, 서로 오고 서로 먹

汝負我命하고 我還債汝하니 以是因緣 百千劫토록 常在生死하며

 너는 나의 목숨[命]을 빚지고, 나는 너의 빚을 갚아야 하니573) 이러한 인연으로 백천겁이 지나도록 항상 생사에 머물며,

汝愛我心하고 我憐汝色일새 以是因緣 經百千劫토록 常在纏縛이라

 너는 나의 마음을 사랑하고 나는 너의 얼굴을 어여삐 여겨서, 이러한 인연으로 백천겁이 지나가도록 항상 얽매이게 되는데,574)

唯殺盜淫 三爲根本일새 以是因緣 業果相續하니라

 이는 오직 살·도·음(殺盜淫)의 세가지가 근본이 되어 그러한 인연으로 업과(業果)가 상속되는 것이다.

(다)結答575)

富樓那야 如是三種 顚倒相續은

 부루나야! 이와같이 세계(世界)·중생(衆生)·업과(業果)의 세가지 전도(顚倒)가 상속되는 것은

 는다는 것은 몰래 取하는 것이다. 이와같이 세간에서 서로 먹는 것이 다 盜貪이니 婬殺盜 三이 業果의 근본이 되는 것이다.『계환해』(『卍속장경』17, p.754하)
573) 네가 나의 命을 빚졌으면 너는 나의 命을 갚아야 하고, 내가 너에게 빚을 졌다면 나는 너의 빚을 갚아야 한다. 李耘虛『능엄경강화 2』(서울 東國譯經院 1993) p.62. 汝負我命 汝還我命 我負汝債 我還汝債
574) 위에서는 業果의 根本을 밝히고 여기서는 相續의 理由를 밝혔으니 빚을 지고 빚을 갚는 것은 殺盜로 말미암은 것이요, 사랑하고 연연해 하는 것은 欲貪으로 말미암은 것이다.『계환해』(『卍속장경』17, p.755상)
575) 앞의 질문을 모두 간추려서 세계와 중생의 業藏과 果報가 다 覺明의 허물임을 결론지어 답한 것이다. (앞의 책 p.755상)

皆是覺明의 **明了知性**을 **因了發相**하고
　모두 이 각명(覺明)576)의 밝게 아는 성품을 밝게 알려함577)으로 인하여 가지가지 상(相)을 일으키고,

從妄見生일새 **山河大地諸有爲相 次第遷流**호대 **因此虛妄**으로 **終而復始**니라
　그로 말미암아 망견이 생기기 때문에 산하대지 등 가지가지 유위(有爲)의 현상이 차례로 변천하여 흐르되, 이러한 허망578)으로 인하여 끝났다가는 다시 시작하곤 하는 것이다.

㈣躡迹疑難二　㈎富那反難
富樓那云 若此妙覺의 **本妙覺明 與如來心**으로 **不增不減**호대 **無狀忽生 山河大地 諸有爲相**인댄
　부루나가 말했다. "만약 이 묘각(妙覺)의 본묘각명(本妙覺明)이 여래의 마음과 같이 부증불감(不增不減)하되 까닭없이 문득 산하대지의 가지가지 유위상(有爲相)을 내었다면

如來今得 妙空明覺이나 **山河大地 有爲習漏 何當復生**고
　여래께서도 지금 묘공명각(妙空明覺)579)을 얻으셨으나 언제 다시 산하대지를 분별하는 유위(有爲)의 번뇌를 내시겠습니까?"580)

---

576) '覺明'의 망작용이 性覺必明이다. 『계환해』(『卍속장경』17, p.755상)
577) '明了知性'이란 곧 부질없이 밝게 알려 함이다.(驪牛覓牛) '了發相'은 곧 明으로 인하여 所을 세우는 것이다. 『계환해』(『卍속장경』17, p.755상)
578) '此虛妄'은 覺明을 가리킨 것이다. 앞에서 묻기를 '云何忽生山河.......終而復始?' 라고 하였는데, 여기에서는 그 말에 덧붙여 覺明을 가리켜 답한 것이다. (앞의 책 p.755상)
579) '妙空明覺'에서 妙空은 열반이요 明覺은 보리이다. (楞嚴蛇足/통도사승가대학p.131)
580) 妙覺에는 眞妄의 體가 없음을 가리킨 것이다. '本妙覺明'이란 眞을 의지하여 妄을 일으킨 것이다. 중생의 覺體가 부처님으로 더불어 다름이 없거늘 까닭없이 홀연히 諸有爲相이 생긴 것이라면 곧 여래도 이미 空體을 증득하였으나 어느 때에 다시 諸有爲相을 일으키게 되는가? 하고 물었으니 이러한 일은 정말 보통 사람의 생각으로는 응당 의혹이 생길수 밖에 없는 것이므로 특별히 반문하여 질문한 것이다. 『계환해』(『卍속장경』17, p.755상)
＊이에 대해 기신론 人我見편에서는 '여래가 얻은 열반에 시작과 끝이 있는 것은 아닌가?'라

고 했을 때 그에 대한 답으로 "여래장에 시작과 끝이 없듯이 사실 여래가 얻은 열반에도 시작과 끝이 없다'라고 했고, 원각경 금강장 편에서는 '중생이 본래성불이라면 어찌하여 차별이 있게 되었으며, 중생이 본래성불인데 무명을 일으켰다면 여래는 언제 다시 번뇌를 일으키게 되는가?'라는 의문에 '선남자여, 환의 병으로 허망하게 허공 차별 꽃을 보다가 환의 병이 다하여 허공에서 꽃이 사라졌을 때에, 어느 때 다시 허공에 꽃이 일어나는가 라고 말하지 말라. 무슨 까닭인가? 허공에는 본래 꽃이 없었기 때문이니라. 선남자여, 마치 금광을 녹였을 때, 금은 녹여서 새로 생긴 것이 아니며, 이미 금을 이루고 나면 다시 광석이 되지 아니하되, 무량겁이 지나도록 금의 성품은 무너지지 아니하니, 금성(金性)을 '본래성취'라고 말하지 않을 수 없는 것처럼, 여래의 원각 또한 이와 같도다' 했다.

*중론에서는 모든 법이 본래로 四種不生임을 주장한다. 즉 無自性이어서 성립될 수 없고 결과도 이루어지지 않는다. 결과가 존재하지 않으므로 緣·非緣도 아니라는 것이다.
"諸法不自生 亦不從他生 不共不無因 是故知無生 모든 법은 스스로 생하지도 않고 다른 것으로부터 생하지도 않으며, 양자가 함께해서 생하지도 않으며, 원인없이 생하지도 않는다. 그러므로 무생(無生)임을 알아야 한다" (중론 제1 觀因緣品3)
*스스로 짓고 스스로 깨닫는다고 하면 곧 상견(常見)에 떨어지고, 남이 짓고 남이 깨닫는다고 하면 곧 단견(斷見)에 떨어진다. 의미 있고 법다운 말은 이 두 극단을 떠나 중도에 처하여 설하느니라. 이른바 '이것이 있기 때문에 저것이 있고, 이것이 일어나기 때문에 저것이 일어난다'는 것이다. (잡아함 300 타경(他經) 한글장경 : 잡-1-349)   *여러 외도들은 다시 물었다. "어떻습니까? 존자 부우미쟈여! 괴로움과 즐거움은 자기가 지은 것인가?(自生)고 물으면 아니다(無記)라고 말씀하시고, 괴로움과 즐거움은 남이 지은 것인가?(他生)라고 물어도 아니다(無記)라고 말씀하시고, 괴로움과 즐거움은 자기와 남이 지은 것인가?(共生)라고 물어도 아니다(無記)라고 말씀하시고, '괴로움과 즐거움은 자기도 아니요 남도 아니며 因이 없이 지어진 것인가?(無因生)라고 물어도 아니다(無記)라고 말씀하십니다. 이제 사문 고오타마는 괴로움과 즐거움은 어떻게 생긴다고 말씀하십니까?" 존자 부우미쟈는 대답하였다. "여러 외도들이여! 세존께서는 '괴로움과 즐거움은 인연을 좇아 일어난다'라고 말씀하십니다." (雜阿含 343 浮彌經, 大正藏2 p.93 b) *①휴전선을 내가 만든 것인가?(숙명론), ②휴전선을 남이 만든 것인가?(유신론), ③휴전선을 남한과 북한이 기계적 공동으로 만든 것인가?(공생론), ④휴전선이 우연히 그냥 만들어진 것인가?(우연론)   *부처님께서 캬샤파에게 말씀하셨다. "나는 이 괴로움을 내가 지은 것이라고 말하지 않으며, 남이 지은 것이라고도 말하지 않으며, 그렇다고 因이 없이 지어진 우연이라고도 말하지 않는다. 나는 모든 극단을 떠나 중도에서 법을 설하나니 '이것이 있기 때문에 저것이 있고, 이것이 일어나기 때문에 저것이 일어난다'라고, 이른바 '무명으로 인연하여 행이 있고 ......더 나아가 생사의 고통이 모이며, 무명이 멸할 때 행도 멸하고 .....더 나아가 생사의 고통도 멸하느니라."『아지라경』(『한글대장경』5, p.352)
*다음은 화엄경 보살문명품 緣起甚深 편의 내용을 요약한 것이다. "그 때 문수보살이 각수보살에게 물었다. 불자여! 마음의 성품은 하나인데 어찌하여 가지가지 차별을 보게 되나이까? 모든 법이 본래로 작용도 없고 성품도 없어 각기 서로 알지를 못하나니, 이를테면 강 가운데 흐르는 물이, 빠르게 흐르면서 서로 알지 못하듯, 여러가지 법들도 그러합니다. 이와 같이 육근이 유전하지만 그 가운데 굴리는 자 따로 없어라. *연기이기에 차별(윤회)이 있고,

㈏佛與曲盡五 ㉮旣覺不迷二 581) ㈀喩明

佛告 富樓那 譬如迷人 於一聚落에 **惑南爲北**인댄 **此迷爲復 因迷而有**아 **因悟而出**가

　부처님이 부루나에게 말씀하셨다. "마치 미혹한 사람이 어떤 마을에서 남쪽을 북쪽으로 잘못 알고 있다면 이러한 미혹은 미혹으로 인하여 있는 것이냐? 깨달음으로 인하여 나온 것이냐?"

富樓那言 如是迷人 亦不因迷하며 **又不因悟**이니

　부루나가 사뢰었다. "이와같이 사람을 미혹하게 하는 것은 미혹으로 인한 것도 아니요, 깨달음으로 인한 것도 아닙니다.

何以故 迷本無根커니 **云何因迷**이며 **悟非生迷**커니 **云何因悟**리잇고

　왜냐하면 미혹이 본래 뿌리가 없는 것인데 어떻게 미혹 때문이라고 하며, 깨달음에서는 미혹이 생길 수 없는데 어떻게 깨달음 때문이라고 하겠습니까?"582)

佛言 彼之迷人이 **正在迷時**에 **倐有悟人**하야 **指示令悟**하면 **富樓那**야 **於意云何**

　부처님이 말씀하셨다. "저 미혹한 사람이 정말로 미혹하였을 때에 문득 어떤 깨달은 사람이 있어 옳게 지시하여 깨닫게 한다면, 부루나야! 너는 어떻게 생각하느냐?

　연기이기에 알 수 없다(무아)는 것이다.
581) 旣覺不迷: 이미 覺이라면 다시 미혹되는 않는다.
582) 취락이란 시골의 시장으로 漢書에 '취낙을 태울 수 없다' 했으니 취락은 성품에 비유한 것이요, 남북은 迷倒에 비유한 것이다. 그러나 남북이 애초에 바뀌지 아니했다면, 성품도 본래 전도가 없었을 것이기 때문에, '迷가 본래 뿌리가 없고, 悟가 미혹에서 生하는 것이 아니다'라고 한 것이다. 『계환해』(『卍속장경』17, p.755하)

此人縱迷로 於此聚落애 更生迷不아 不也世尊이시여
  이 사람이 가령 옛날의 미혹 때문에 마을에 대하여 다시 미혹이 생기겠느냐? "그렇지 않습니다. 세존이시여!"

(ㄴ)合顯
富樓那 十方如來 亦復如是라
  "부루나야! 시방의 여래도 역시 그러하니라.

此迷無本 性畢竟空하니
  이 미혹은 근본이 없어서 그 성품이 필경에 공(空)한 것이니

昔本無迷호대 似有迷覺하니 覺迷迷滅하면 覺不生迷니라
  옛날부터 본래 미혹이 없었으되, 지금 미혹하여 흡사 미혹과 깨달음이 따로 있는 듯하지만 만약 미혹을 깨달아 미혹이 소멸하면 깨달음에 다시는 미혹이 생기지 않느니라.583)

(ㅂ)妙空無翳二584) (ㄱ)喩明
亦如翳人이 見空中華라가 翳病若除하면 華於空滅하니
  이는 마치 눈에 티끌이 들어 병이 난 사람이 허공의 꽃을 보는 것과 같아서 눈병이 만약 없어지면 그 꽃은 허공에서 저절로 없어지리니

---

583) 이미 깨달았다면 미혹이 본래 없었음이 들어 날 것이다. 옛부터 본래 迷惑이 없었 거늘 '迷惑에서 迷惑을 깨달았다'고 한다면 미혹을 깨달은 미혹이라 불러야 할 것이다. 『계환해』(『卍속장경』17, p.755하)
584) 妙空無翳: 묘공에는 업습이 없다.

忽有愚人 於彼空華의 所滅空地에 待華更生하면 汝觀是人에 爲愚爲慧아
　갑자기 어떤 어리석은 사람이 저 허공의 꽃이 없어진 빈자리에서 그 허공의 꽃이 다시 생기기를 기다린다면, 너는 그러한 사람을 볼 때에 어리석다고 하겠느냐? 지혜롭다고 하겠느냐?585)

富樓那言 空元無華어늘 妄見生滅하니
　부루나가 말하였다. "허공에는 본래 꽃이 없거늘 허망으로 인하여 생멸을 보는 것입니다.

見華滅空호미 已是顚倒어늘 敕令更出하면 斯實狂癡니다
　그러므로 그 꽃이 허공에서 없어짐을 보는 것이 이미 전도(顚倒)인데, 다시 나오기를 바란다면 이는 참으로 어리석은 짓입니다.

云何更名 如是狂人을 爲愚爲慧니잇고
　어찌하여 다시 이와같은 미친 사람을 '어리석다, 지혜롭다' 하고 논할 수 있겠습니까?"

(ㄴ)合顯
佛 如汝所解인댄 云何問言 諸佛如來 妙覺明空에 何當更出 山河大地오
　부처님이 말씀하셨다. "네가 이해하고 있는 것이 그와 같다면 어찌하여 '제불여래(諸佛如來)의 묘각명공(妙覺明空)에서 어느 때에 다시 산하대지가 나옵니까' 하고 묻느냐?586)

---

585) 눈에 티끌[翳]은 妄見에 비유하고, 空華는 山河에 비유했으며, 空華가 멸한 자리는 妙空明覺에 비유하였다. 『계환해』(『卍속장경』17, p.756상)
586) 이미 비유인 줄을 알았다면 어찌하여 다시 앞의 의심을 되풀이 하느냐? 『계환해』(『卍속장경』17, p.756상)

㈢果覺無變
又如金鑛雜於精金이나 其金一純하면 更不成雜이며
　또 이는 마치 광석에 순금이 섞여 있다가 그 금이 완전하게 순금이 되면 다시는 섞이지 않는 것과 같으며,

㈣果德無生
如木成灰하면 不重爲木인달하야
　마치 나무가 불에 타서 재를 이루면 다시는 나무가 되지 못하는 것처럼,

㈤結答
諸佛如來 菩提涅槃 亦復如是니라
　여러 부처님과 여래의 보리과 열반587)도 이와 같느니라.588)

---

587) 보리는 佛果의 覺이요, 열반은 佛果의 德이다. 果가 無變無生에 이르면 習漏가 不生하리니 가히 알 수 있을 것이다. 『계환해』(『卍속장경』17, p.756상)
588) 네 가지 비유 가운데 前二는 '옛날에는 본래 미혹이 없었거늘 迷惑으로 말미암아 妄이 일어남'을 밝혔고, 後二는 習漏妄緣이 보리를 證하면 바로 永斷됨을 밝힌 것이다. 만약 다만 앞의 비유만 들면 '妄이 眞을 방해할 수 없기 때문에 미혹도 스스로 滅할 것이다'고 생각하여 撥無의 妄執을 이룰까 염려되고, 또 다만 뒤의 비유만 들게 되면 '覺이 본래 청정한 것이 아니고 성품에 본래부터 生이 있었던 것이다'고 하여 雜되고 汚染된 常見을 이룰까 염려한 때문이다. 그러므로 네 가지 비유를 아울러 들어서 迷悟가 비록 허망한 것이나 修證을 廢할 수 없음을 밝힌 것이다. 『계환해』(『卍속장경』17, p.756상)
*四喩 가운데 前二의 藏性淸淨을 이룬다고 한 것은 앞의 견도분을 총결한 것이요, 後二의 修證을 의지한다고 한다고 한 것은 아래의 수도분을 일으키려는 내용이다. 즉 앞의 頓悟를 총결하고, 뒤의 漸修를 일으키려는 것이다. 『楞嚴蛇足』(통도사승가대학 1992) p.131.

②答四大相容二589) ㈠牒

富樓那 **又汝問言**호대 **地水火風 本性圓融**하야 **周遍法界**인댄 **疑水火性**이 **不相陵滅**하고

　부루나야! 또 네가 묻기를 "지수화풍의 본성이 원융하여 법계에 두루하다면 물의 성품과 불의 성품이 서로 능멸(凌滅)할 것이 아닌가?" 하고 의심하였고,

又徵虛空 及諸大地 俱遍法界인댄 **不合相容**가하니

　또 묻기를 "허공과 모든 대지가 모두 법계에 두루하다면 서로 용납할 수 없는 것은 아닌가?"라고 하였는데,

㈡答三 ㈎略明能容二 ㉮引喩

富樓那야 **譬如虛空 體非群相**이로대 **而不拒彼 諸相發揮**니라

　부루나야! 마치 허공 자체가 군상(群相)을 지니지 않아 저 모든 상(相)이 발휘되는 것을 막지 않는 것과 같다.590)

---

589) 부루나가 묻기를 '만약 흙의 성품이 두루하다면 어떻게 물을 용납하며, 물의 성품이 두루하다면 불은 생길 수 없을 것인데, 어찌하여 물과 불의 두 가지 성품이 허공에 가득하면서 서로 능멸하지 않는다고 하십니까?' 하니, 이에 부처님은 '허공이 群相을 지니지 않기에 가지가지 모습이 허공을 의지하여 발현하듯이, 眞體가 四大의 상을 지키지 않기에 사대는 眞을 취하여 이루어지며, 이와같이 사대가 본래 물도 불도 아닌 여래장성이기에 만물이 곳에 따라 발현함에 서로 거부하지 않는 것이다' 라고 답하신 것이다.

590) 허공이 諸相을 지니지 않기에 가지가지 모습이 허공을 의지하여 발현하고, 眞體가 四大의 상을 지키지 않기에 사대는 眞을 취하여 이루어지는 것이요. 사대가 본래 물도 불도 아니기에 서로 거부하지 않는 것이다. 여기서는 總標하고 아래에서는 別釋하다. 『계환해』(卍속장경』17, p.75하)

所以者何 富樓那야 彼太虛空 日照則明하고 雲屯則暗하며 風搖則動하고 霽澄則淸하고 氣凝則濁하고 土積成霾하며 水澄成映하니

　왜냐하면 부루나야! 저 태허공(太虛空)에 해가 비치면 밝고, 구름이 끼면 어두우며, 바람이 불면 흔들리고, 비가 개이면 맑으며, 기운이 엉키면 탁하고, 흙먼지가 쌓이면 흙비[霾]가 내리고, 물이 맑으면 비침을 이루기 때문이니라.591)

於意云何 如是殊方 諸有爲相이 爲因彼生가 爲復空有아

　어떻게 생각하느냐? 이와같이 다른 여러 방면의 유위상(有爲相)이 저들 해·구름·바람 등으로 인하여 생기느냐? 아니면 허공 그 자체에 본래 있었던 것이냐?

若彼所生인댄 富樓那야 且日照時 旣是日明이라 十方世界 同爲日色이어늘 云何空中 更見圓日이며

　만약 해로 인하여 생기는 것이라면 부루나야! 우선 해가 비칠 때에는 이미 해가 비치므로 시방세계가 다 햇빛이 되었거늘, 어찌하여 허공에서 다시 둥근 해를 보게 되느냐?

若是空明인댄 空應自照어늘 云何中宵 雲霧之時에 不生光耀오

　만약 허공에서 생긴 밝음이라면 허공이 마땅히 스스로 비추어야 할 것인데 어찌하여 밤중이나 구름이 끼었을 때에는 빛을 내지 못하느냐?

---

591) 여기서는 諸相을 보이고 아래에서는 서로 용납함을 밝히다. 매(霾 흙비)는 바람과 비와 흙이 함께 내리는 것이다.『계환해』(『卍속장경』17, p.756하)

3.深窮萬法 決通疑滯 2)如來決答 ②答四大相容) 291

當知是明 非日非空이며 **不異空日**이라
 그러므로 마땅히 알아야 한다. 그 밝음은 해에서 생기는 것도 아니요, 허공도 아니며, 허공이나 해와 다른 것도 아니다.

觀相元妄하야 **無可指陳**호미 **猶邀空華 結爲空果**어늘 **云何詰其相陵滅義**이며
 눈앞의 여러 현상을 살펴보건대, 원래로 허망하여 가리켜서 말할 수가 없는 것이 마치 허공의 꽃에서 부질없이 열매가 맺히기를 기다리는 것과 같거늘, 어떻게 '물과 불이 서로 능멸(凌滅)한다 하지 않는다'를 따질 수 있으며,

觀性元眞이라 **唯妙覺明**이니 **妙覺明心先非水火**어늘 **云何復問不相容者**리오
 그 성품을 살펴보건대 원래로 진실이라서 오직 묘각명(妙覺明)이요, 이 묘각명(妙覺明)의 마음은 애초부터 '물이다. 불이다'라고 단정할 수 없거늘 어찌하여 다시 '서로 용납하느냐? 하지 못하느냐?'를 물을 수 있겠느냐?592)

㈐合顯
眞妙覺明 亦復如是하야 **汝以空明 則有空現**하고 **地水火風**으로 **各各發明 則各各現**하며 **若俱發明 則有俱現**이니라
 진실한 묘각명(妙覺明)의 마음도 또한 그러하여 네가 허공으로써 밝히면 허공으로 나타나고, 지수화풍으로 각각 밝히면 곧 각각 나타나며, 만약 한꺼번에 밝히면 곧 함께 나타나는 것이다.593)

---

592) 보는 相이 이미 妄이라면 陵滅하는 것도 妄이요, 보는 성품이 한결같이 眞이라면 容納하지 못할 것이 없을 것이다. 곳을 따라 발하기 때문에 殊方이다. 彼는 日雲等을 가리킨 것이다. 『계환해』(『卍속장경』17, p.757상)
593) 眞妙覺明이 '마치 허공이 相은 아니지만 가지가지 相이 발휘되는 것을 거부하지 않는 것과 같다'는 것이다. '네가 허공으로써 밝히면 허공으로 나타나고...' 등은 이를 일상의 일로써 말하선 마치 우물을 파면 허공이 나오고, 화경(陽燧)을 비추면 불이 생기는 것과 같고, 業으로써 말한다면 마치 일어나서는 세계가 되고, 고요하여서는 허공이 되고, 風金이 서로 부딪쳐서는 火光이 되는 것과 같고, 心으로써 말한다면 망령되이 허공이라는 견해를 일으키면 허공이 나타나듯이 지수화풍도 그와같은 것이다. 그러

云何俱現고 富樓那 如一水中 現於日影하니
　어떤 것을 함께 나타나는 것이라고 하는가? 부루나야! 마치 하나의 물속에 해의 그림자가 여러개 나타나는 것과 같다.

兩人同觀 水中之日타가 東西各行則各有日하고 隨二人去호대 一東一西하니
　마치 두사람이 함께 물속의 해를 보다가 동쪽과 서쪽으로 제각기 가면 물 속의 해도 제각기 두사람을 따라서 하나는 동쪽으로 가고 하나는 서쪽으로 갈 것이다.

先無準的일새 不應難言 此日是一커늘 云何各行이냐
　이때 기준이 없는 것을 불평하여 '저 해는 하나인데 어찌하여 제각기 따라 가는가?' 한다든가

各日旣雙커늘 云何現一이니
　'각자 해가 있어 이미 둘이 되었는데, 어찌 하나라고 하는가?'라고 말할 수는 없을 것이다.

宛轉虛妄 無可憑據니라
　왜냐하면 그 해들이 본래 허망하여 의거할 수 없기 때문이다.594)

므로 '各各發明하면 卽各各現'이라고 한 것이니 各各은 前後를 말하고, 俱는 동시를 가리킨다.『계환해』(『卍속장경』17, p.757상)
594) 함께 나타나는 相을 설명한 것이다. 日影이 가는 사람을 따라 하나가 아닌 것이 마치 七大가 緣을 따라 달라지는 것과 같아서 애초부터 기준이 없는 것이니 응당 詰難할 일이 아니다.『계환해』(『卍속장경』17, p.757상)

㈏廣明互現三　㉮隨妄發現
富樓那야　汝以色空으로　相傾相奪　於如來藏일새　而如來藏　隨爲色空하야
周遍法界하니

　　부루나야! 네가 이 색(色)과 공(空)으로써, 여래장을 서로 밀어내고 서로 빼앗고 하기 때문에 여래장도 따라서 물질과 허공이 되어 법계에 두루하게 된 것이다.

是故於中風動空澄하며　日明雲暗커늘　衆生迷悶하야　背覺合塵일새　故發塵勞
有世間相어니와

　　그러므로 그 가운데서 바람은 움직이고, 허공은 맑으며, 해는 밝고, 구름은 어두운 것이거늘, 중생들은 어리석고 미련해서 배각합진(背覺合塵)하기 때문에, 번뇌가 일어나서 세간의 현상이 있게 되거니와595)

㉯依眞發現
我以妙明　不滅不生으로　合如來藏하니　而如來藏唯妙覺明이라　圓照法界일새

　　나[부처님]는 묘명(妙明)의 불생불멸을 가지고 저 여래장에 합한 것이니, 이 여래장은 오직 오묘한 각명(覺明)이기에 원만히 법계를 비추는 것이다.

是故於中一爲無量하고　無量爲一이며　小中現大　大中現小하며

　　그러므로 그 가운데서 하나가 무량이 되고, 무량이 하나가 되기도 하며, 작은 가운데 큰 것을 나타내기도 하고, 큰 가운데 작은 것을 나타내기도 하며,

---

595) 迷하여 眞體를 잃고 緣影을 分別하는 것 이것을 背覺合塵이라 하고, 相이 원래로 妄임을 요달하고 性品이 원래로 眞임을 觀하는 것 이것을 滅塵合覺이라 한다. 『계환해』(『卍속장경』17, p.757하)

不動道場 遍十方界하며 身含十方 無盡虛空이라

　도량에서 움직이지 않고 시방세계에 두루 퍼지며, 몸으로 시방의 끝없는 허공을 머금으며,

於一毛端 現寶王刹하고 坐微塵裡 轉大法輪하며

　하나의 털끝에서 보왕(寶王)의 세계를 나타내며, 미세한 티끌 속에　앉아서 대법륜(大法輪)을 굴리기도 하며596)

㉣離卽圓會三　㈀依體圓非
滅塵合覺일새 故發眞如 妙覺明性어니와 而如來藏 本妙圓心은 非心非空이며　非地非水 非風非火라

　번뇌를 멸하고 깨달음에 합하기 때문에 진여로서 묘각명성(妙覺明性)을 발하게 되거니와, 여래장의 본묘원심(本妙圓心)597)은 분별심도 아니요 허공도 아니며, 흙도 아니요 물도 아니며, 바람도 아니요 불도 아니다.598)

---

596) 色空은 세간의 妄相이요, 妙明은 진여의 妙性이니 모두가 여래장의 나타난 바이다. 원래가 하나의 원융이로되 다만 중생이 背眞合妄하기 때문에 세간의 相에 국집하게 되고, 제불은 滅妄合眞하기 때문에 묘하게 진여의 작용을 얻게 된다. 그러므로 一多互應하고 小大相容하여 寶刹을 저 毛端에 나투고, 法輪을 저 塵裏에서 굴리어 事事無礙하고 法法如如하게 되는 것이니 대개 相이 원래로 妄이라서 가히 가리켜 펴 보일 수가 없음을 觀하고, 性이 원래로 眞이기에 모든 것을 용납하지 않음이 없음을 觀한 까닭이다. 『계환해』(『卍속장경』17, p.757하)
597) '本妙圓心'이라 한 것은 根本이요 枝末이 아니며, 원만이지 치우침이 아니며, 마음이지 物이 아니니 바로 眞淨妙體이기 때문에 一切法이 아니라고 한 것이다. 『계환해』(『卍속장경』17, p.759상)
598) 비록 번뇌를 滅하고 깨달음을 發하여 一多와 小大가 일체가 되었다고 하나, 本妙圓體는 애당초 變異가 없기 때문에 '非心非火 乃至 非世出世法'이라 한 것이다. 여기서 '非心非火'라고 한 것은 七大와 五陰도 아님을 말한 것으로, 만약 '心'이라고 하면 곧 識大이니 五陰에 攝하게 되기 때문이다. (앞의 책 p.757하)

非眼非耳 鼻舌身意이며 非色非聲 香味觸法이며 非眼識界 如是乃至 非意識界이며

또 눈도 아니요 귀·코·혀·몸도 생각도 아니며, 물질도 아니요 소리·향기·맛·느낌·관념도 아니며, 안식계(眼識界)도 아니요, 이와같이 더 나아가 의식계(意識界)도 아니다.

非明無明과 明無明盡이며 如是乃至 非老非死며 非老死盡이며

또 명(明)과 무명(無明)과 명무명(明無明)이 다함도 아니며, 이와같이 더 나아가 노(老)도 아니요, 사(死)도 아니며, 노사(老死)가 다함도 아니다.599)

---

599) 緣覺의 法이 아님을 밝힌 것이다. 緣覺은 十二緣을 觀하되 無明을 돌이켜 明을 삼는 것이니 十二緣에는 生起의 相이 있고, 修斷의 相도 있으니 이를 겸하여 든 것이다. 『계환해』(『卍속장경』17, p.758상)
*우리에게 이러한 고통이라고 하는 상황[生, 老死]이 있게 된 것은 전생에 지은 나쁜 업[有]의 과보이며, 이러한 좋지 못한 업보가 생기는 것은 지나친 욕망[取]과 갈애[愛]가 있기 때문이다. 그리고 이러한 갈애는 受 즉 느낌[受]과 고정관념[想] 충동[思] 등이 있기 때문이며, 이러한 受 등은 觸 즉 根境識 三事和合에서 생기는 것이다. 그러면 이러한 삼사화합은 어떻게 해서 있게 되는가? 하면 行 즉 그 전생의 業에 의해서 이루어지는 것이며, 결국 이러한 모든 것의 근원은 無明이라는 것이다. 이러한 내용을 다시 정리하면 다음과 같다. 즉 우리 인간의 생존[有]은 정신의 주체인 의식[識]과 생활경험[行]이 상호 작용하여 의식의 활동이 계속되는데 의식의 활동이라 하는 것은 의식의 감각기관인 육근[六入]을 통하여 인식의 대상인 名色과 접촉[觸]하되, 이것을 주관 위에서 받아들인다.[受] 그런데 범부에 있어서의 의식[識]은 無明을 근본 원인으로 하고 습관적인 渴愛를 助緣으로 하는 것이어서 객관적 대상에 작용하는 識의 기본적인 모습은 미혹되고 오염되어 있다. 이를 愛 즉 갈애라고 한다. 이 갈애는 더 나아가 모든 것을 나의 것으로 하여 소유하려고 하는 집착[取]이 있게 되고, 그러므로 이와같은 오염된 識의 활동에 의해서 내용 지어진 우리의 잘못된 의식[有]은 그것에 상응하는 생. 노사 등 人間苦를 경험하게 되는 것이다. 그리고 이러한 삶을 되풀이 하는 동안 탐진치(貪瞋痴)로 이루어진 업(業)은 굳어져서 윤회의 주체가 되는데, 불교에서는 팔정도의 계정혜(戒定慧) 삼학을 통해서 탐진치를 녹이고 해탈이 삶으로 인도하게 되는 것이다. 다시 말하면 팔정도와 사념처 등의 수행을 통해서, 受에서 愛로 이어질 때, 또는 觸에서 受로 이어질 때 그것을 확연히 보는 것이다. 이렇게 확연히 보고 있을 때 12연기의 윤회는 끊기게 되고, 자기의 성품인 本心 즉, 一心을 보아 해탈하게 되는 것이다.

非苦非集이며 非滅非道며 非智非得이며 非檀那 非尸羅며 非毗梨耶 非羼提며 非禪那 非般刺若며 非波羅蜜多니라

또 고(苦)도 아니요 집(集)도 아니며, 멸(滅)도 아니요 도(道)도 아니며, 지혜도 아니며 얻음도 아니다.600)

또 보시(布施)도 아니요 지계(持戒)도 아니요 정진(精進)도 아니요 인욕(忍辱)도 아니요 선정(禪定)도 아니요 지혜(智慧)도 아니요 바라밀다(波羅蜜多)도 아니다.601)

如是乃至 非怛闥阿竭이며 非阿羅訶와 三耶三菩요 非大涅槃이며 非常非樂 非我非淨이며

이와같이 더 나아가 여래[怛闥阿竭]도 아니고, 응공[阿羅訶]과 정변지(正徧知, 三耶三菩)도 아니며,602) 대열반(大涅槃)도 아니며, 상락아정(常樂我淨)603)도 아니며,604)

---

600) 성문의 法이 아님을 밝힌 것이다. 성문은 四諦法을 닦아 지혜로써 能證을 삼고, 果로써 所得을 삼는 것이다.『계환해』(『卍속장경』17, p.758상)

*사성제: 諦란 범어 satya 의 번역으로 진실하고 헛되지 않다는 뜻이다. 즉 고집멸도의 네가지 정확하고 그릇됨이 없는 진리를 가리키는 것이다. 이 네가지가 다 眞實不虛하기 때문에 四眞諦라 칭하기도 하고, 또한 고집멸도의 네가지는 성자 만이 알고 보는 것이기에 사성제라 칭하기도 한다. 四諦는 대체로 12연기의 뜻을 우주의 현상적인 면에서 교리적으로 해석한 것이다. 이는 석존최초의 설법으로 원시불교의 敎義體系이며 불교사상의 기본이다. 그 가운데 苦는 苦苦 壞苦 行苦로 나눈다.

601) 보살의 法도 아니라는 것이다. 보살은 육바라밀을 수행하는 것이니 보시 등은 보시 지계 인욕 정진 선정 지혜요, 바라밀은 번역하여 度이다.『계환해』(『卍속장경』17, p.758상)

602) 여래의 법도 아니라는 것이다. 怛闥阿竭(범어 Jtathāgata 달달아갈)을 번역하면 여래이며, 아라하는 應供이며 三耶三菩는 正徧知이니 즉 여래십호의 셋이다. (앞의 책 p.758상)

603) 常樂我淨: (一)大乘涅槃과 如來法身이 구족한 바 四德이다. 또한 涅槃四德이라고도 한다. 열반의 세계를 통달한 것이 깨달음이며, 영원불변한 것이 깨달음이니 이를 일러 常이라 하고, 그 세계는 고통이 없고 안락하기 때문에 樂이며, 자유자재하여 털끝만큼도 구속됨이 없는 것이 我이며, 번뇌가 없고 더러움이 없는 것이 淨이다. (二)범부는 하나의 자기와 세계의 진상이 본래 無常 苦 無我 不淨임을 알지 못하고 네 가지 잘못된 견해를 낸다. 그 가운데 첫째 常顚倒는 사람이 영원한 존재라고 생각하는 것이요, 둘째 樂顚倒는 인생이 쾌락이라 생각하는 것이요, 셋째 我顚倒는 自由와 自主가 있어

3.深窮萬法 決通疑滯 2)如來決答 ②答四大相容

以是俱非 世出世故일새

이와같이 세간도 출세간도 모두 아니기 때문에605)

(ㄴ)依用圓卽

卽如來藏 元明心妙는 卽心卽空이며 卽地卽水며 卽風卽火며 卽眼卽耳鼻舌身意며 卽色 卽聲香味觸法이며 卽眼識界며

여래장의 원명심묘(元明心妙)606)는 그대로가 분별심이고 허공이며, 흙이고 물이고 바람이고 불이며, 눈이고 귀 코 혀 몸 뜻이며, 색성향미촉법(色聲香味觸法)이고 안식계(眼識界)며,

如是乃至 卽意識界며 卽明無明이며 明無明盡이며 如是乃至 卽老卽死이며 卽老死盡이며 卽苦卽集 卽滅卽道이며 卽智卽得이며 卽檀那卽尸羅이며 卽毗梨耶이며 卽屬提卽禪那이며 卽般刺若이며 卽波羅蜜多이며

이와같이 더 나아가 의식계(意識界)이며, 명(明)과 무명(無明)이고 명(明)과 무명(無明)이 다한 것이며 이와같이 더 나아가 노(老)이고 사(死)이고 노사(老死)가 다함이며, 고집멸도(苦集滅道)이며, 지혜이고 얻음이며, 보시 지계 인욕 정진 선정 반야이고 바라밀다이며,

---

서 가히 손바닥에 쥘 수 있는 주체라고 생각하는 것이요, 넷째 淨顚倒는 몸과 마음이 청정히다고 생가하는 것이다. 이것이 四顚倒이며, 인도의 초기불교에서는 이 사전도를 대치하기 위하여 四念處를 修習하게 하였다. 『佛光大辭典』(台灣 佛光出版社 1988) p.1852 참조.
604) 佛果의 法도 아니라는 것이다. 상락아정은 열반의 四德이다.『계환해』(『卍속장경』 17, p.758하)
605) 위를 결론짓고 아래를 일으킨 것이다. 七大로부터 십팔계에 이르기까지 다 세간법이 되고, 연각으로부터 대열반에 이르기까지는 출세간법이다. (앞의 책 p.758하)
606) '元明心妙라'한 것은 元이지 本이 아니며, 明이지 體가 아닌 바로 如나한 묘용이기에 일체법에 나아간 것이라 했다.『계환해』(『卍속장경』17, p.759상)

如是乃至 卽怛闥阿竭이며 卽阿羅訶三耶三菩이며 卽大涅槃이며 卽常卽樂 卽我卽淨이니

이와같이 더 나아가 달달아갈(怛闥阿竭·如來)이고, 아라하(阿羅訶·應供)이며, 삼약삼보(三耶三菩·正徧知)이며, 대열반(大涅槃)이고 상락아정(常樂我淨)인 것이니607)

㈐雙會圓泯
以是俱卽 世出世故로 卽如來藏 妙明心元은 離卽離非며 是卽非卽이늘

이와같이 참마음 그대로가 곧 세간과 출세간의 법이기 때문에 곧 여래장의 묘명원심(妙明圓心)608)은 일체에 즉(卽)한 것도 여의고, 일체에 즉(卽)하지 않음도 여의었으며, 일체에 즉(卽)하기도 하고, 일체에 즉(卽)하지 않기도 한 것이다.609)

---

607) 본체는 비록 변함이 없으나 작용은 항상 如如한 까닭에 마음이 곧 법이며 법이 곧 마음인 것이다. 『계환해』(『卍속장경』17, p.758하)
608) '妙明心元이라'한 것은 妙의 명이며 心의 元으로 徵와 妙를 아울러 觀한 것이기에 그런 것도 아니요[離卽] 그런 것 아님도 아니며[離非], 그렇기도 하고[是卽] 그렇지 않기도[非卽] 한 것이니 妙하게 이러한 경계에 나아가면 體用이 원만히 없어지고 情謂가 끊어져서 藏心의 妙性이 확연하여 티끌만큼도 가려짐이 없는 것이다. 『계환해』(『卍속장경』17, p.759상)
609) 이미 일체에 卽한 것이 아니로되 일체에 卽한 것이라 하고, 일체에 卽한 것이로되 卽한 것이 아니라 했으니, 心言을 묘하게 끊어서 測度함을 용납하지 않는 것이다. 이 글이 흡사 矯亂한 것 같으나 각기 주장되는 바가 있으니 처음에 本妙圓心이라 한 것은 본체에서 한 말이고, 다음에 元明心妙라 한 것은 작용에서 한 말이며, 나중에 妙明心元이리 힌 것은 체용을 합하여 한 말이나. 『계환해』(『卍속장경』17, p.758하)
　*離卽離非 是卽非卽는 離卽 離非卽이며 是卽 是非卽이라는 뜻이다. 李耘虛,『능엄경강화 2』(서울 東國譯經院 1993) pp.92-93.

㈐結責妄度

如何世間 三有衆生과 及出世間 聲聞緣覺이 以所知心 測度如來의 無上菩提하야 用世語言 入佛知見고

어찌하여 세간의 삼유중생(三有衆生)610)과 출세간의 성문연각(聲聞緣覺)들이 각자 아는 마음으로, 여래의 위없는 깨달음을 추측해 헤아려서 세간의 언어로써 부처님의 지견(知見)에 들어가고자 하는가?611)

譬如琴瑟과 笙篌琵琶가 雖有妙音이라도 若無妙指이면 終不能發인달하야

비유하면 마치 거문고·공후·비파가 비록 오묘한 소리를 지니고 있다 하더라도 만약 사람의 손가락이 없으면 끝내 소리를 낼 수 없듯이

汝與衆生 亦復如是하야 寶覺眞心 各各圓滿이나

너와 중생도 이와 같아서 보각진심(寶覺眞心)이 각각 원만하지만

如我按指하면 海印發光하고

만약 내가 손가락을 놀리면 해인(海印)612)이 빛을 발하고,

---

610) 三有는 욕유 색유 무색유이다.
611) 앞의 내용을 총결하여 心言을 묘하게 끊게 하고, 허망하게 계탁함을 책망한 것이니 대개 마음을 헤아려 생각을 움직이면 곧 법체를 어기게 되기 때문이다.『계환해』(『卍속장경』17, p.759상)
612) 大集經에 이르기를 '염부제의 온갖 모습이 바다 가운데 다 나타나는 것과 같기 때문에 海印이라 한다' 하다.『계환해』(『卍속장경』17, p.759하) *삼매에는 여러가지 종류의 삼매가 있는데, 화엄경을 설할 때의 삼매를 특히 해인삼매(海印三昧)라 하며, 붓다가 해인삼매에 든 상태에서 법을 설하셨기 때문에 해인삼매 정중설(海印三昧 定中說)이라고도 한다. 그런데 화엄경은 각품이 시작될 때마다 각기 보살들이 반드시 어떤 특정의 삼매에 들게 되는데, 이를 화엄삼매라 한다. 즉 부처님의 지혜와 자비를 드러내기 위하여, 혹은 부처님이 직접 입출정을 보이시고, 혹은 보살이 부처님의 위신력을 받들이 입출경을 보이기도 히는데, 모두가 해인삼매의 작용이라 말한다. *해인삼매란 총정의 입장으로서 모든 삼매의 근원이다. 입정 그대로가 출정이며 그러므로 모든 설법은 입정 가운데에서 설해지고 있는 것이다.(김잉석 p.112) *해인삼매(海印三昧)는 해인정(海印定)이라고도 하는데, 부처님이 화엄경을 설하시면

汝暫擧心라도 塵勞先起하나니

너는 잠시만 마음을 움직여도 번뇌가 먼저 일어나나니,

由不勤求 無上覺道하고 愛念小乘 得少爲足이라

이는 부지런히 무상각도(無上覺道)를 구하지 않고 소승(小乘)을 좋아하여 적게 얻고도 만족하기 때문이니라."613)

서 드신 부처님의 삼매이다. 이는 모든 삼매의 근원으로서, 입정 그대로가 출정이며, 그러므로 모든 설법은 해인삼매의 입정 가운데에서 설해지고 있는 것이다. 여기에서 인(印)은 도장 찍다의 뜻이다. 풍랑이 잔잔해진 바다에 삼라만상이 도장찍혀 비치듯[印象]이 일체법이 부처님의 선정 속에 드러나는 불과(佛果)의 삼매를 가리킨다. *衆生形相各不同하고 行業音聲亦無量이어늘 如是一切皆能現하나니 海印三昧威神力이니라 (교재1권 p.356 현수품) *다음은 60화엄 성기품(대정장 9 p.627 中)의 海印에 대한 설명이다. "비유하면 모든 大海에 일체의 색상이 다 현현하므로 一切印이라 하는 것처럼 시방세계 일체중생의 차별이 無上의 菩提海에 나타나지 않음이 없음." 여기에서 一切印은 海印을 뜻한다. *海印이란 비유를 들어서 표현한 것으로, 즉 큰 바다에 바람이 그치고 파도가 멈추어 물이 맑고 청정할 때에 가지가지 만상의 크고 작은 것들이 바다의 표면에 도장찍혀 나타나지[印現] 아니함이 없는 것을 말한다. 이는 佛陀의 심중에 識浪이 생기지 아니하기 때문에 湛然澄淸하여 지극히 밝고 지극히 고요하되 삼라만상이 일시에 印現하고 삼세의 일체법이 다 드러나서 일체중생의 心念과 根欲이 다 여래삼매의 지혜 가운데 印現하지 아니함이 없는 것에 비유한 것이다.(불광대사전 p.4165) *대략 바다(海)에는 네가지 뜻이 있으니, 一者는 甚深이요, 二者는 廣大이며, 三者는 百寶無窮이요, 四者는 萬像影現이다. 眞如의 바다도 또한 그러함을 알아야 할 것이니, 왜냐하면 모든 잘못을 영원히 끊게 하기 때문이며, 만물을 포용하기 때문이며, 갖추지 않는 德이 없기 때문이며, 나타내지 않는 형상이 없기 때문이니, 그러므로 法性眞如海라고 한 것이다. (卍續藏經71권 p.620 기신론 해동소) *해인삼매의 바탕은 佛陀大悟의 그것으로서 이는 진여본각의 理體와 무한무변의 智用이 冥合해서 평등불이가 된 것이니, 즉 법계 그 자체가 스스로 開顯해 가는 모습을 바다에 비유한 것이다. (김잉석p.113 참조) *다음은 60화엄 성기품(대정장 9 p.627 中)의 海印에 대한 설명이다. "비유하면 모든 大海에 일체의 색상이 다 현현하므로 一切印이라 하는 것처럼 시방세계 일체중생의 차별이 無上의 菩提海에 나타나지 않음이 없다." 여기에서 一切印은 海印을 뜻한다. 이와같이 海印이란 진여본각의 이 우주와 마음, 즉 비로자나불의 세계를 바다의 비유를 통해 표현한 것으로, 예를들어 큰 바다에 바람이 그치고 파도가 멈추어 물이 맑고 청정할 때에, 가지가지 만상의 크고 작은 것들이 바다의 표면에 도장찍혀 나타나지[印現] 아니함이 없는 것처럼, 佛陀의 심중에는 識浪이 생기지 아니하기 때문에, 湛然澄淸하여 지극히 밝고 지극히 고요하되, 삼라만상이 일시에 印現하고 삼세의 일체법이 다 드러나서 일체중생의 心念과 根欲이 다 여래삼매의 지혜 가운데 印現되지 아니함이 없는 삼매를 바다에 비유한 것이다.『佛光大辭典』(台灣 佛光出版社 1988) p.4165.

613) 거문고의 소리가 비록 갖추어졌으나 손가락이 아니면 소리를 發할 수 없고, 사람의 마음이 비록 원만하나 스승이 아니면 깨달을 수 없는 것이다. 앞에서 여러 방면으

3)躡迹疑難二 ⑴富那疑難二 ①問難
富樓那言하대 **我與如來**의 **寶覺圓明 眞妙淨心**은 **無二圓滿**이나

부루나가 말했다. "제가 여래와 같이 본래로 보각(寶覺)이 원명(圓明)하여 진묘정심(眞妙淨心)이 무이(無二)하고 원만하건만,

而我昔遭 無始妄想하야 **久在輪廻**일새 **今得聖乘**이라도 **猶未究竟**어니와

제가 시작이 없는 과거로부터 허망한 생각을 내어, 오랫동안 윤회에 머물러 있었으므로, 지금 성인(聖人)의 과(果)614)를 얻었는데도, 아직 완전하지 못하거니와,

世尊諸妄 一切圓滅하사 **獨妙眞常**이라

세존께서는 모든 허망함이 다 없어져서, 홀로 묘하고 진실하고 항상하십니다.

敢問如來하노니 **一切衆生 何因有妄**하야 **自蔽妙明 受此淪溺**이닛고

감히 여래께 묻습니다. 일체중생은 무슨 원인으로 허망한 생각이 있어서, 스스로 묘명(妙明)을 가리우고, 이렇게 윤회에 빠지게 되었습니까?"615)

로 여래장을 나타냈으니 이는 부처님이 손가락을 놀린 것이요, 身心과 만법이 곳곳에 비추고 있으니 이는 해인이 빛을 발한 것이다.『계환해』(『卍속장경』17, p.759상)
*부루나 등이 말을 따라 알음알이를 내어 생각이 어지러움으로 '塵勞先起'라 한 것이니 이것은 無上覺道를 구하지 아니하고 小乘을 愛念한 허물로 말미암은 것이다. (앞의 책 p.759상)
**지금 宗師께서 께우쳐 주심[扣擊]이 너무나도 역력하기늘 배우는 者들이 이로 囚하여 오히려 다투어 狂解를 내니 이는 다 情塵이 쉽게 일어남으로 말미암은 것이다. 그러므로 동하면 疑妄에 포섭되거니와 저들로 하여금 無上覺道를 알게 한다면 한번 부르고 한 번 대답할 때에 확연하게 천지를 맑히게 되리니 어찌 다시 더럽히고 피곤하게 하는 번뇌가 일어나겠는가? (앞의 책 p.759하)
614) 여기에서 부루나가 얻었다고 하는 성인(聖人)의 과(果)는 초지(初地)이상의 경계를 말한다.
615) 위에서 각각 원만하다는 말을 받아서[牒] 거듭 질문을 발한 것이다. 이미 無二를 깨닫게 하여 익히 허망에 빠져듦을 드러냈거늘, 아직 妄의 말미암은 바를 알지 못했기

②答難三 ㈠原妄所起二 ㈎引喩
佛告富樓那 汝雖除疑나 餘惑未盡이니 吾以世間 現前諸事로 今復問汝호리라 汝豈不聞가
　부처님이 부루나에게 말씀하셨다. "네가 비록 의심은 제거하였으나 아직 나머지 의혹을 다하지 못하였으니 내가 세간의 드러난 가지가지 일을 가지고 다시 네게 묻는다. 너는 어찌 듣지 못하였느냐?

室羅城中 演若達多가 忽於晨朝에 以鏡照面이라가
　실라벌성의 연야달다(演若達多)가 갑자기 이른 새벽에 거울로 자기 얼굴을 비추어 보다가,

愛鏡中頭 眉目可見하고 瞋責己頭 不見面目하여 以爲魑魅하야 無狀狂走하니 於意云何오
　거울 속에 있는 머리는 눈썹과 눈이 가히 볼만한데, 그러나 자기 머리에는 얼굴도 눈도 보이지 않기 때문에 성을 내어, 이것을 도깨비라고 책망하여 까닭없이 미쳐 달아났으니, 너는 이것을 어떻게 생각하느냐?616)

此人何因으로 無故狂走오
　이 사람이 무슨 인연으로 까닭없이 미쳐 달아났겠느냐?"

富樓那言 是人心狂이요 更無他故니다
　부루나가 말했다. "그 사람은 마음이 미쳤을 뿐, 다른 것은 없었습니다."617)

때문에 그 원인을 다해주시기를 청한 것이다. 『계환해』(『卍속장경』17, p.759하)
616) 있는 머리를 없다고 찾아 날뛰는 것이, 마치 소타고 소찾는 격이다. 이는 부처인 자신이 스스로 '나는 왜 부처가 아니며, 언제 중생이 되었는가?' 라고 묻는 것과 같다.
617) 연야달다 이야기는 소를 타고 소를 찾는 중생의 모습[性覺必明]을 설명한 내용으로서, 다시말해 우리에게 무명이 어떻게 해서 있게 되는가를 설명한 것이다.
　*연야달다는 미친 사람이다. 거울 속의 머리에 미혹(愛)하여 자기의 머리에 눈과 얼

㈏法合

佛言 妙覺明圓하야 **本圓明妙**어늘 **旣稱爲妄**인댄 **云何有因**이니 **若有所因**인댄 **云何名妄**이리요

부처님이 말씀하셨다. "묘각(妙覺)이 명원(明圓)하여 본래로 원명묘(圓明妙)이거늘, 지금 이미 허망이 되었다면 거기에는 원인이 있을 것이니, 무슨 원인이 있었으며, 만약 원인이 있다면, 어떻게 허망이라 부를 수 있겠는가?618)

自諸妄想으로 **展轉相因**하야

(본래는 망(妄)이 없는데) 스스로의 망업(妄業) 때문에 가지가지 망상이 전전(展轉)히 서로 원인이 되어,

從迷積迷하야 **以歷塵劫**일새 **雖佛發明**이나 **猶不能返**나라

미혹에다 미혹을 쌓아 수많은 세월을 지내왔으므로, 비록 부처님이 깨우쳐 주었으나, 아직도 돌이키지 못하고 있는 것이다.619)

如是迷因은 **因迷自有**이니

이러한 미혹의 원인은 미혹으로 인하여 스스로 있는 것이니,

굴이 없다고 질책하며 미쳐 달아났다는 것은 거울 속의 영상(影像)이 분명함에 집착하여 마침내 本眞을 미혹하고, 부질없이 流轉을 따르는 것에 비유한 것이다.『계환해』(『卍속장경』17, p.759하)

618) 미친증세가 사실 因이 없다는 것이다. 그럴만한 이유, 즉 까닭이 있다면 妄이 아니겠지만 그러나 因이 없이 있다면 그것은 妄이다. 그러므로 머리에 얼굴과 눈이 없다고 날뛰는 마음은 이유없이 스스로 돌아버린 미친증세이고 이것은 본래부터 허망한 것이니, 그러기에 원인인 미친증세를 허망인줄 알고, 그대로 쉬면 바로 제정신이라는 것이다.

619) '妙覺圓明'이라 한 것은 我와 여래가 無二하고 원만함을 가리킨 것이요, '本圓明妙'라 한 것은 본래 부족함[虧欠]이 없고 본래 迷妄이 없음을 이른 것이다. 이는 다 사람 사람의 본래면목이거늘 어찌하여 허망한 생각으로 둘로 나누고 어그러뜨리되[二之虧之], 드디어 物我를 나누고 억지로 愛憎을 일으켜서 諸妄이 서로 因이 되어 迷輪에서 돌이키지 못하고 있는가?『계환해』(『卍속장경』17, p.760상)

識迷無因하면 妄無所依이라
　미혹에 인(因)이 없음을 알면, 망념이 의지할 데가 없을 것이요,

尙無有生이어늘 欲何爲滅이리요
　이와같이 미혹이 오히려 생(生)이 없거늘, 어떻게 멸(滅)이 있다고 하겠는가?

得菩提者 如寤時人이 說夢中事인달하야 心縱精明이나 欲何因緣으로 取夢中物이며 況復無因으로 本無所有리오
　깨달음을 얻었다는 것도 마찬가지, 마치 잠을 깬 사람이 꿈속의 일을 이야기하는 것과 같아서, 마음에는 비록 꿈속의 일이 분명하지만, 어떻게 꿈속의 사물을 취할 수 있겠으며, 더구나 인(因)이 없어 본래로 있지 않은 것이겠느냐?620)

如彼城中 演若達多가 豈有因緣이리요
　저 실라벌성의 연야달다가 어찌 미친 인연이 따로 있었으리요?

自怖頭走이니 忽然狂歇하면 頭非外得이며
　스스로 머리에 눈과 얼굴이 없다고 두려워 달아났던 것뿐이니, 홀연히 미친 증세가 쉬면, 머리에 눈과 얼굴이 밖에서 얻어진 것이 아님을 알 것이요.

縱未歇狂이라도 亦何遺失가
　비록 미친 증세가 없어지지 않았다 하더라도 또한 어찌 잃어버린 것이리요?621)

---

620) 부루나가 스스로 옛날에 妄想 만남을 한탄하고, 또 세존은 '모든 妄이 원만하게 滅하셨다'고 찬탄하니, 이는 迷에는 원인이 있고 妄에는 滅할 게 있는 것처럼 생각하고 있기 때문에 부처님이 이렇게 말씀해 주신 것이다. 『계환해』(『卍속장경』17, p.760상)
621) 연야달다가 미쳐 달릴 때도 그녀의 머리에 얼굴과 눈은 한번도 없어지지 않았다

富樓那야 妄性如是어니 因何爲在리오

부루나야! 허망한 성품이 이와 같거늘 인(因)이 어찌 따로 있겠느냐?622)

㈢勸息妄緣
汝但不隨 分別世間 業果衆生의 三種相續하면 三緣斷故 三因不生하야 則汝心中 演若達多의 狂性自歇하리라

네가 다만 세간(世間) 업과(業果) 중생(衆生)의 이 세가지 상속을 따르고 분별하지 아니하면, 이러한 삼연(三緣)이 끊어지기 때문에, 삼인(三因)623)도 생기지 아니하여 곧 너의 마음속에 연야달다와 같은 미친 성품이 저절로 사라질 것이다.624)

는 것이다.
622) 밝음(여래장)은 본래부터 잃어버릴 수 있을 것이 아니요, 어둠(무명)은 본래부터 그 因이 없었던 것이니, 그러므로 어둠(무명)을 멸해야 한다는 말은 저절로 성립될 수 없는 것이다.
623) 세간·업과·중생으로 三緣을 삼은 것은 妄心이 이를 반연하여 일어나기 때문이요, 살도음으로 三因을 삼은 것은 妄心이 이로 말미암아 존재하기 때문이다. 이른바 가지가지 망상으로부터 전전히 서로 因이 되기 때문에 이를 끊어 생기지 아니하면 곧 狂性이 스스로 쉬게 된다고 한 것이다.『계환해』(『卍속장경』17, p.760하)
*세가지 상속을 따라 분별하지 아니하는 것이 三緣이 끊어짐이요, 三因은 三細 가운데 흐르고 있는 細念이니, 앞의 三緣(麤)의 深因이 되므로 三因이라 한다.『정맥소』(『卍속장경』18, p.533하)
624) 앞에서 부루나가 묻기를 '일체중생은 무슨 까닭으로 허망한 생각이 있어 스스로 妙明을 가리우고, 이렇게 윤회에 빠져 허덕임을 받습니까?' 했는데 이에 대한 답으로 세간·업과·중생이 모두 妙心 가운데 그림자라. 이는 마치 거울에 비친 머리아 같아서 분별하면 허망에 떨어지는 것이니, 그러므로 분별을 따르지 아니하면 狂性이 스스로 쉰다고 한 것이다.『계환해』(『卍속장경』17, p.760하)

㈢妄息眞現625)

歇卽菩提 勝淨明心이 **本周法界**라 **不從人得**이니 **何藉劬勞 肯綮修證**이리요

　무명을 쉬면 곧 보리[歇卽菩提]라, 승정명심(勝淨明心)이 본래 법계에 두루하여 다른 사람으로부터 얻어진 것이 아님을 알 것이니, 어찌 애써 수고로이 긍계(肯綮)626) 등의 닦고 증득함을 빌리겠는가?

譬如有人이 **於自衣中 繫如意珠**호대 **不自覺知**하고 **窮露他方**으로 **乞食馳走**인달하야

　이는 마치 어떤 사람이 자기의 옷 속에 여의주(如意珠)를 간직하고 있으면서도 스스로 알지 못하고 가난하게 타향에서 걸식하며 돌아다니는 것과 같아서,

雖實貧窮이나 **珠不曾失**일새 **忽有智者 指示其珠**하면 **所願從心**하야 **致大饒富**하며

　비록 가난하기는 하나 일찍이 여의주를 잃어버린 것이 아니니, 홀연히 지혜 있는 사람이 그 여의주를 가리켜 주면, 소원대로 마음을 따라 큰 부자가 될 것이요,

方悟神珠가 **非從外得**하리라

　그때서야 비로소 그 신비로운 여의주가 밖에서 얻어진 것이 아님을 깨닫게 될 것이다."627)

---

625) 말하자면 다만 妄緣만 여의면 바로 그대로 佛이라는 것이다. 『계환해』(『卍속장경』 17, p.760하)
626) 긍계(肯綮): 살(肉)이 뼈에 덮인 것(冂)을 긍(肯)이라 하고, 뼈와 살 사이[小結]를 여는 것을 계(綮)라 한다. 장자 양생주 庖丁편에 '그저 칼(技)이 肯綮를 따를뿐(經) 아직 뼈를 다치지(嘗) 않았아온데 하물며 큰 뼈이겠습니까' 했으니 지금 肯綮로 微細 惑結의 번뇌를 끊으려는 것에 비유한 것이다. 『계환해』(『卍속장경』17, p.760하)
　*대개 힘을 기우려 수증하려 함이 다만 망혹이 되나니 妄因이 이미 쉬면 惑結은 저절로 제거될 것이기에 수고로이 肯綮를 빌리지 않는다고 한 것이다. 『계환해』(『卍속장경』17, p.760하)

(2)阿難疑難二 ①問難628)

卽時阿難 在大衆中이라가 **頂禮佛足 起立白佛**하사대

　그 때 아난이 대중 가운데 있다가 이마를 부처님 발에다 대어 예를 올린 후에 일어나서 부처님께 사뢰었다.

世尊現說 殺盜淫業의 三緣斷故 三因不生하야 **心中達多 狂性自歇**이며 **歇卽菩提라 不從人得**이니

　'세존께서 지금 말씀하신 '살·도·음(殺盜淫)은 삼연(三緣)629)이 끊어지기 때문에 삼인(三因)도 생기지 아니하여 마음에 연야달다(演若達多)의 미친 성품이 자연 없어지는 것이니, 미친 성품이 쉬면 바로 깨달음이요, 이것이 다른 사람에게서 얻어진 것이 아닌 것이다'고 하셨습니다.

斯則因緣이 **皎然明白**어늘 **云何如來**는 **頓棄因緣**이닛고

　만약 이와같다면 인(因)과 연(緣)이 분명한데, 어찌하여 여래께서는 갑자기 인연을 버리라 하시나이까?630)

我從因緣으로 **心得開悟**니다

　저도 인연으로 말미암아 마음이 열려 깨닫게 되었습니다.631)

---

627) 妄을 쉬고 진실이 나타날 때에 수고로이 修證을 가자하지 아니함을 비유로 설한 環解』(『卍속장경』17, p.760하)
628) 윗 글을 이어받아 논란을 일으켜서 後學을 위하여 의심을 決斷해 준 것이다. 『계환해』(『卍속장경』17, p.761상)
629) 世間 業果 衆生
630) 앞의 본문에서 '三緣斷故로 三因不生'이라 했으니 이것이 바로 인연의 뜻이거늘 어찌 앞의 말씀을 버리겠는가? 『계환해』(『卍속장경』17, p 761상)
631) 깨달았다 하지만 본래 있었던 것이기에, 깨달았다 할 것이 없거늘, 아난은 지금 깨달음을 얻었다고 생각하며, 그러기에 인연이라고 주장한 것이다. 그러나 지금 아난은 깨달은 것이 아니다.

世尊 此義가 何獨 我等年少 有學聲聞이리잇고
　세존이시여! 이 이치가 어찌 더 배워야 할 유학(有學)632)의 성문(聲聞) 뿐이겠습니까!

今此會中 大目犍連 及舍利弗 須菩提等도 從老梵志라가 聞佛因緣하고 發心開悟하야 得成無漏어늘
　지금 이 모임에 대목건련(大目犍連)과 사리불(舍利弗)과 수보리(須菩提) 등도 처음에는 외도[老梵志]를 추종하다가633) 부처님의 인연법을 듣고서 발심하고 깨달아 무루(無漏)의 도를 이루게 되었습니다.

今說菩提 不從因緣하시니
　이제 여래께서 '깨달음은 인연을 따라 이루어지는 것이 아니다'고 말씀하시니,

則王舍城 拘舍離等 所說自然 成第一義니다
　그렇다면 왕사성의 구사리(拘舍離) 등이 말하는 '자연(自然)이 제일의제(第一義諦)가 되겠습니다.

---

632) 有學: 이미 불교의 진리인 四諦의 이치를 자각하고는 있으나 아직 번뇌를 다 끊지 못했으므로 번뇌를 斷盡하고 깨달음을 얻기 위해서 항상 계정혜 삼학을 修學하는 것을 말한다. 이에 대하여 모든 번뇌를 다 끊고 極果를 증득한 아라한을 無學이라 한다. 全觀應, 『佛敎學大辭典』(서울 弘法院 1988) p.1191.
633) '從老梵志'라 한 것은 須菩提等이 모두 晚年에 외도로부터 부처님에게 왔기 때문이다. 『계환해』(『卍속장경』17, p.761상)
　*목건련과 사리불은 육사외도 가운데 회의론자인 산자야 벨라티푸타(珊闍耶 毘羅胝子)의 제자였고, 수보리는 기원정사를 기증한 수달장자의 조카였다. 따라서 老梵志는 산자야를 가리킨다.

惟垂大悲하사 **開發迷悶**하소서

바라옵건대 큰 자비를 베푸시어 저희들의 미혹되고 답답함을 열어 주소서!"634)

②答難五 ㈠例前推本
佛告阿難 卽如城中 演若達多 狂性因緣이 **若得滅除**하면 **則不狂性**이 **自然而出**하리니 **因緣自然 理窮於是**니라

부처님이 아난에게 말씀하셨다. "마치 저 성중의 연야달다에게 미친 성품[狂性]의 인연이 소멸하면, 곧 미치지 않은 본성이 자연스럽게 드러날 것이니, 인연과 자연의 이치가 여기에서 다할 것이다.635)

㈡詳明妄立三 ㈎以因緣破自然
阿難 演若達多 頭本自然인댄 **本自其然**하여 **無然非自**어늘 **何因緣故 怖頭狂走**오

아난아! 연야달다의 머리가 본래 자연(自然)이라면, 본래부터 스스로 그러한 것이어서, 자연 아님이 없을 것이거늘, 무엇 때문에 머리가 없다고 두려워하며 미쳐 달아났겠느냐?636)

---

634) '지금 인연을 버리면 어쩔 수 없이 저 외도의 자연이라는 집착에 떨어지지 않겠습니까?'하는 말이다. 부루나 이후에 다시 아난을 등장시켜 질문하게 한 것은, 모든 법이 이미 분명하여 進修함에 걸림이 없으리니, 장차 修證의 문을 보이기 위한 까닭에 근기가 마땅한 사람으로 하여금 질문을 하게 한 것이다. 『계환해』(『卍속장경』17, p.761상)
635) 狂性의 因이 이미 滅하면 저절로 不狂性이 나올 것이요, 不狂의 성품 앞에서는 '인연이다 자연이다' 하는 두 가지가 다 본래 없으리니, 이러한 이치에서 본다면 이른바 인연과 자연이 본래 있지 아니하되, 다 狂妄으로 인하여 세워진 것이다. 그러므로 본문에 '理窮於是'라고 한 것이다. (앞의 책 p.761상)
636) 인연의 사실을 가지고 자연을 파하다(因緣破自然): 만약 자연이라면 본래 스스로 天然이어서 인연을 빌리지 아니할 것이다. 만약 본래 자연이라면 혹 미치거나 혹 미치지 아니히거니 허는 그러한 일이 있을 수 없고 스스로도 그러할 수 없거늘 어찌 다시 거울에 비치는 인연을 빌린 다음에 미쳐 달아났겠느냐? 이는 아난이 연야달다의 본래 머리(여래장)가 자연일 것이라는 계교(相)에 떨어졌기 때문이다. 『계환해』(『卍속장경』17, p.761하)

(나)以自然破因緣

若自然頭가 **因緣故狂**인댄 **何不自然 因緣故失**고

만약 자연(自然)인 머리가 인연(因緣) 때문에 미쳐 달아났다면, 이는 자연인 머리가 거울을 본 인연 때문에 없어져 잃어버림이 어찌 아니겠느냐?

本頭不失이요 **狂怖妄出**이라 **曾無變易**이어늘 **何藉因緣**이리요

그러나 본래 머리는 잃어버릴 수 있는 것이 아니요, 미쳐 두려워함은 다만 망(妄)으로 나왔을 뿐, 일찌기 변할 수 없는 것이거늘 어찌 인연을 빌리겠느냐?637)

(다)明妄立

本狂自然인댄 **本有狂怖**니 **未狂之際**에 **狂何所潛**고

만약 미쳐 두려워함이 본래 자연이라면, 이는 본래 미쳐 두려워함이 항상 있었다는 말이니, 아직 미치지 아니하였을 때에 그 미쳐 두려워함은 어디에 숨어 있었겠는가?

不狂自然인댄 **頭本無妄**이어늘 **何爲狂走**오

만약 미쳐 두려워함이 자연이 아니라면, 머리에는 본래 잘못됨이 없거늘, 무슨 까닭으로 머리에 눈과 얼굴이 없다고 미쳐 달아났겠느냐?638)

---

637) 본래 없어지지 않는 자연의 머리로서 인연을 파하다(以自然破因緣): 만약 본래 자연하여 狂妄일 수 없는데 인연 때문에 狂妄이 되었다고 생각하는 것은, 본래는 자연하여 잃어버릴 수 없는데 대개 인연을 假藉하여 머리가 정말 없어져 미쳐 달아남이 있게 되었다는 것이니, 그러나 머리는 본래 잃어버림이 없고, 다만 狂妄 때문에 그러한 것임을 모르고 있는 것이다. 이는 아난이 연야달다의 본래 머리(여래장)가 인연을 假藉하여 없어졌다는 계교(相)에 떨어졌기 때문이다. (앞의 책 p.761하)

638) 만약 狂怖가 본래 자연이라면 본래부터 狂怖가 있었다는 말이지만, 그러나 이미 숨어 있었던 것이 아니라면 본래부터 있었던 狂怖가 아닌 것이다. 만약 狂怖가 자연에 근본한 것이 아니라면 머리가 본래 妄이 없었을 것이거늘, 어찌 미쳐 달아남이 되었겠느냐? 그러므로 본래부터 不狂이 있었던 것도 아니다. 이미 本狂이 있었던 것도 아니고, 그렇다고 不本狂이

㊂令悟實相

若悟本頭하야 **識知狂走**하면 **因緣自然 俱爲戲論**이리니 **是故我言**호대 **三緣斷故 卽菩提心**이니라

만약 본래의 머리를 깨달아 미쳐서 달아났던 일이 다 허망이었음을 알게 된다면, '인연이다 자연이다' 하는 말도 모두 희론임을 알 것이기에, 그러므로 내가 '삼연(三緣)이 끊어지면 그대로 보리심이다'라고 말한 것이다.639)

㊃示無戲論

菩提心生 生滅心滅이면 **此但生滅**이요 **滅生俱盡 無功用道**에 **若有自然**인댄 **如是卽明 自然心生**하고 **生滅心滅**이니 **此亦生滅**이요

보리심이 생기고 생멸심이 멸한다면 이것도 생멸이요, 생멸이 다하여 공용(功用)이 없는 곳에 '자연(自然)이라는 것'이 있다면 이는 분명 '자연심(自然心)이 생기고 생멸심(生滅心)이 멸한 것'이니 이 또한 생멸이다.640)

無生滅者 名爲自然인댄 **猶如世間 諸相雜和**하야 **成一體者 名和合性**하고 **非和合者 稱本然性**이니

만약 생멸이 없는 것을 자연이라 한다면, 이는 마치 세간의 모든 모습을 섞어서 한덩어리가 이루어지면, 이를 '화합성(和合性)이다' 하고, 화합하지 않는 것은 '본연(本然)의 성품이다'고 말하는 것과 같은 것이다.

있는 것도 아니라면, 가히 자연과 인연이라는 말이 다 妄으로 인하여 세운 것임을 알 수 있을 것이다.『계환해』(『卍속장경』17, p.761하)

639) 만약 본래의 참됨을 깨달으면 모든 허망이 마침내 서로 관계가 없음을 알게 되리니, 참으로 성품을 깨달은 사람은 일체의 妄緣이 활연히 끊어져 큰 해탈을 얻게 되는 것이 바로 이 때문이다. (앞의 책 p.762상)

640) 보리심 가운데에는 본래 생멸이 없으며, 또한 자연도 없다. 만약 보리심이 생하고 생멸심이 멸한 것이라면, 이는 다만 생멸이요 보리가 아니며, 만약 생멸이 다한 無功用의 길에 자연이 있다고 한다면, 이로 인하여 분명히 자연심이 생하고 생멸심이 멸할 것이니, 이 또한 생멸이요 보리가 아니다.『계환해』(『卍속장경』17, p.762상)

本然非然과 **和合非合**의 **合然俱離**하고

그러므로 '본연(本然)이다' '본연이 아니다' '화합이다' '화합이 아니다' 하는 등의 이러한 화합과 본연을 모두 여의고,

離合俱非라야 **此句方名 無戲論法**이라

또한 여의고 합함에서 벗어났다는 생각에도 집착하지 아니하여야[俱非] 이러한 구(句)를 비로소 희론에서 벗어난 진리[無戲論法]라고 하는 것이다.641)

菩提涅槃 尙在遙遠하야 **非汝歷劫**에 **辛勤修證**이니 **雖復憶持 十方如來 十二部經 淸淨妙理**호미 **如恒河沙**라도 **祇益戲論**이라

깨달음과 열반이 오히려 아득하고 멀어서, 그대가 수많은 세월에 노력하여 닦아 증득할 수 있는 것이 아니니, 비록 시방여래 12부경의 청정한 이치를 기억하여, 마치 항하의 모래수와 같더라도 다만 희론만 더할 것이다.642)

㈤結咎勸修643)

汝雖談說 因緣自然호미 **決定明了**하야 **人間稱汝**하야 **多聞第一**이며

네가 비록 인연(因緣)과 자연(自然)의 이치를 설명하는 것이 분명하여, 사람들이 너를 다문제일(多聞第一)이라 하나,

---

641) 다시 無生滅하는 것을 가리켜서 자연이라고 한다면 곧 희론이 될 것이다. 마치 섞어서 한 덩어리가 되면 和合이라 하고, 반대로 和合되지 않는 것을 本然性이라 칭하는 것과 같다. 이는 모두가 경계를 따라 對待하여 妄立한 희론의 법이니, 바로 하여금 自然과 非自然 그리고 화합과 非和合의 일체를 遠離하고, 또한 離와 不離의 마음도 없게 함이라야, 이에 참으로 無功用의 길에 無戲論法이라 할 수 있을 것이다. (앞의 책 p.762상)
642) 이는 妄計戲論이 菩提에 계합하는데 장애가 되는 것을 일깨워 책망한 것이기에 '깨달음의 길이 멀어 그대가 능히 證하지 못한 것이니 비록 많은 經을 외워 지니고 있으나 다만 희론만 더할 것이다'라고 했다.『계환해』(『卍속장경』17, p.762하)
643) 結咎勸修: 결론으로 허물을 들어 부지런히 수행하기를 권하다.

3.深窮萬法 決通疑滯 3)躡迹疑難 (2)阿難疑難   313

以此積劫에 **多聞熏習**이나 **不能免離 摩登伽難**하고 **何須待我 佛頂神呪**고사 **摩登伽心 淫火頓歇**하고 **得阿那含**하야 **於我法中 成精進林**하고 **愛河乾枯**하야 **今汝解脫**고

　이렇게 여러 겁 동안 다문(多聞)을 훈습했으되, 마등가의 난[難]을 벗어나지 못하고, 어찌하여 나의 불정신주[능엄주]를 기다리고 나서야 마등가의 마음에 음욕의 불길이 사라지고 아나함(阿那含)을 증득하여, 나의 법 가운데에서 정진의 숲을 이루고, 애욕의 강물이 말라, 이제야 해탈하게 되었는고?644)

是故阿難 汝雖歷劫에 **憶持如來 秘密妙嚴**이나

　그러므로 아난아! 그대가 비록 여러 겁(劫)에 여래의 비밀한 가르침[妙嚴]을 '잘 기억하고 있다' 하나,

不如一日에 **修無漏業**하야 **遠離世間 憎愛二苦**니라

　이는 단 하루 무루업(無漏業)을 닦아서 세간의 좋아하고 미워하는 두가지 고통을 멀리 여의는 것만 같지 못하다고 하는 것이다.645)

---

644) 여기에서 아나함을 증득했다는 것은 마등가를 두고 한 말이고, 해탈을 이루었다고 한 것은 둘 모두를 두고 한 말이다. 왜냐하면 견도를 마치고 수도분 수행진기편에서 아난이 수타원을 얻었다고 나오기 때문이다.　*마등가녀는 과거 500생 동안 아난과 부부의 인연이 이어졌는데 이제 능엄주의 위력으로 그 인연을 디하게 되었기 때문에 해탈이라고 한 것이다. (운허/능엄경 강화 참조)

645) 인연과 자연이 辯論하는 데에는 유익하겠지만 도에는 이익이 없고, 다문제일이 명성에는 유익하겠으나 실제에는 이익이 없으니 '비록 劫을 쌓아 薰習하여 多聞을 지니는 것이 하루 무루업을 닦는 것만 같지 못하다'는 것이다. 『계환해』(『卍속장경』17, p.762하)
　*무루업이란 바로 首楞眞定이다. 이 선정을 얻은 사람은 영원히 가지가지 漏를 멸하게 되기 때문에 憎愛의 두 가지 고를 여의게 되는 것이다. (앞의 책 p.762하)

如摩登伽는 宿爲淫女로대 由神呪力으로 鎭其愛欲하니 法中今名 性比丘尼라 與羅睺母 耶輸陀羅로 同悟宿因이라

마등가녀는 출가 이전에 음란한 여자였으나 신주(神呪)의 힘으로 애욕을 소멸하고, 불법에 들어와 성비구니(性比丘尼)라는 이름을 얻었으며, 나후라의 어머니인 야쇼다라(耶輸陀羅)와 함께 과거 숙세의 인연을 깨달았으니,

知歷世因 貪愛爲苦하고 一念薰修 無漏善故로 或得出纏 或蒙授記어늘

그동안 수많은 생을 통하여 윤회했던 원인이 탐애 때문에 고(苦)가 되었음을 알고, 일념으로 무루선(無漏善)을 닦아 혹은 출전(出纏)을 얻고, 혹은 수기(授記)를 받았던 것이다.646)

如何自欺하야 尙留觀聽고

그런데도 너는 어찌하여 스스로 속아서 아직도 보고 듣는 데에만 머물러 있느냐?647)

---

646) 무루업을 훈습시키는 것이 빠른 효과가 있음을 밝힌 것이다. 마등가는 本性이라 번역되기 때문에 性比丘尼라 칭한다. 宿因은 숙세에 걸쳐 익힌 탐애의 苦因이다. '出纏'은 마등가를 가리키고, '授記'는
야소다라를 가리킨다. (앞의 책 p.762하)
647) 결론적인 말로 아난을 꾸짖으시되 苦의 근본을 버리고 無漏道를 닦아서 貪愛이 心目에 남아 있지 않게 한 것이다. 『계환해』(『卍속장경』17, p.763상)
*처음 決擇眞妄으로부터 發明覺性하고 더 나아가 深窮萬法 決通疑滯에 이르기까지 다 이것이 最初方便이 되는 것이다. 이는 信解로 하여금 참되고 올바르게하여 因地의 心을 삼게 한 것이니 因地의 마음이 眞正이라야 가히 果地의 修證을 원만히 이루게 되기 때문에 앞의 설명[經]은 여기서 그치고 따로 下文을 일으킨 것이다. 『계환해』(『卍속장경』17, p.763상)

〈修道分〉三[1)]   1.修行眞基二   1)阿難伸請

阿難及諸大衆이 **聞佛示誨**하고 **疑惑銷除**하야 **心悟實相**하야 **身意輕安**하야
得未曾有하고 **重復悲泣**호대 **頂禮佛足長跪合掌**하고 **而白佛言**하사대

아난과 대중이 부처님의 가르침을 듣고 의혹이 소멸해 없어지고, 마음의 실상을 깨달아 몸과 마음이 경안(輕安)[2)]하여 일찍이 없었던

---

1) 비록 性眞임을 보았으나 수행하지 않으면 증득할 수 없기 때문에 앞의 了義에 卽하여 修行門을 보이신 것이다. 『계환해』(『卍속장경』17, p.763하)
　*수도분의 三科 가운데 前二科는 上根修證이거니와 中下根은 第三의 攝持軌則에 의지하여 上根의 깨달은 바 法에 들게 되는 것이니, 軌則의 四種律儀는 中根이 의지할 바요, 說呪는 下根이 의지할 바이다. 上根의 가운데 修行眞基는 앞의 見道 가운데 心淨妄空을 섭렵하여 기본을 삼은 것이니 이른바 無念修요, 修行眞要 가운데 解結眞要는 念念修요, 入圓眞要는 辦事修이니, 합하여 다 相을 따르는 수행이라 할 것이요, 앞(수행진기)의 無念修는 성품을 따르는 수행이기에 妙修行이라 하는 것이다. 『楞嚴蛇足』 (통도사승가대학 1992) p.138 참조.
2) 경안(輕安)의 뜻은 아래와 같으나, 이곳에서의 아난은 앞의 견도분을 통해 여래장성에 대한 믿음 성취하여, 비록 발(足)은 욕계에 있으나 마음은 이미 욕계를 벗어나 색계의 경안을 느끼는 것이다.
　*경안에 대해서 능엄 정맥소(『卍속장경』18, p.839하)에서는 '번뇌를 멀리 여의고 깨달음 속에 몸과 마음이 묘하게 즐거운 것이 輕安이다'라고 했고, 唯識 (김동화-유식철학p.146)에서는 '이러한 心所에 의지하여 혼침을 다스린다'고 했고, 성유식론 (한글대장경193권p.230)에서는 '경안은 오직 선정에서만 존재한다'고 했는데, 이를 종합하여 살펴보면 여기서 경안이란 욕계의 현실적인 번뇌를 멀리 여의고, 색계의 선정을 통해서 몸과 마음이 묘하게 즐거운 것이다. 부처님 당시 沙門들은 존재의 본질이 四大와 같은 불변의 요소라고 주장했고, 바라문들은 브라흐만이라고 주장했다. 그들은 결국 현상적 존재의 본질을 어떤 불변의 실체라고 주장한 것이다. 그러나 불타는 중아함 諸法本經에서 일체의 모든 법은 다 欲(행)을 본질로 한다고 하고 있다. 그러므로 색계의 初禪이란, 욕계의 본질이 欲貪임을 자각하여 欲貪에서 벗어남으로써 생긴 喜樂에 의식이 머무는 상태이다. 그리고 이 喜樂은 모든 色을 욕탐 없이 一想으로 관찰함으로써 생긴 것이다.
　*색계에 대한 실닝을 화엄에서는 세3 발광지 편에서 소개하고 있나. "불사여, 이 보살이 발광지(發光地)에 머물렀을 때에는 곧 욕심과 악한 일과 선하지 못한 법을 여의고, 각(覺)이 있고 관(觀)이 있으되 거친 번뇌를 여의고 희락(喜樂)을 내어 초선(初禪)에 머무느니라. 다음 각관(覺觀)을 멸하고 안으로 일심(一心)을 깨끗이 하여 無覺無觀의 선정으로 희락(喜樂)을 내어 제二선에 머무느니라. 다음 희심을 여의고 중도에 머물되 正念과 正知로 몸에 즐거움이 있으니 제三선에 머무느니라. 다음 모든 희락(喜樂)을 끊되 선천적 고통과 희락과 근심을 제하여, 不苦不樂으로 捨念淸淨하여 제四선에 머무느니라." (80화엄 십지품 제3발광지 편)
　*이상 잡아함474 止息經과 원각경 위덕자재장 내지 화엄에 근거하여 생각해 볼 때, "色界란 욕탐을 버림으로써 얻어지는 희열과 즐거움의 세계로서, 처음 第一禪에서는 현실의 거

일[未曾有]을 얻고는 거듭 감격의 눈물을 흘리면서 이마를 부처님의 발에 대어 절하고 꿇어앉아 합장한 채 부처님께 사뢰었다.

無上大悲 淸淨寶王이 **善開我心**하사 **能以如是 種種因緣**으로 **方便提獎**하며 **引諸沈冥**하야 **出於苦海**나이다

"무상대비(無上大悲)의 청정보왕(淸淨寶王)께서 저희들의 마음을 잘 열어주셨고, 이와같은 가지가지 인연과 방편으로 이끌어서 어둠에 빠진 저희들을 인도하여 고해에서 벗어나게 하셨습니다.3)

世尊 我今雖承 如是法音하고 **知如來藏 妙覺明心**이 **遍十方界**하야 **含育如來十方國土**에 **淸淨寶嚴 妙覺王刹**이나

세존이시여! 제가 지금 비록 이러한 법음(法音)을 듣고 여래장의 묘각명심(妙覺明心)이 시방세계에 두루하며, 이 장성(藏性)에는 모든 여래의 시방국토에 있는 청정보엄 묘각왕찰(淸淨寶嚴妙覺王刹)이 함유되어 있음을 알았습니다.

如來復責 多聞無功하야 **不逮修習**하시니

그러나 여래께서 다시 '다문(多聞) 만으로는 공(功)을 이룰 수 없어서 참으로 닦아 익혀 나아가는 데에는 미치지 못한다'고 꾸짖으시니4)

친 번뇌에서 벗어난 言語寂滅의 희락이고, 다음 第二禪에서는 覺觀寂滅의 희락이고, 다시 第三禪에 이르면 喜心寂滅의 순정한 즐거움의 세계이고, 최후의 第四禪에서는 모든 분별이 사라진 出入息寂滅의 세계이다.
3) 앞에서 法을 설하여 주신 것에 대해 讚謝한 것이다. 의혹이 사라지고 마음에 깨달음이 생겨서 身意가 輕安하다 했으니 覺性을 發明하고 疑滯를 決通케 한 그 도움에 대해서 讚謝한 말이다. 多方으로 誨示함이 無上大悲가 되고, 우리들의 깊은 때를 씻어주는 것이 淸淨寶王의 모습이다.『계환해』(『卍속장경』17, p.763하)
4) 앞을 이끌어서 後를 請한 것이다.『계환해』(『卍속장경』17, p.764상)

1. 修行眞基 317

我今猶如旅泊之人이 忽蒙天王 賜與華屋이니다 雖獲大宅이나 要因門入이니

저는 지금 마치 나그네 생활을 하던 사람이 홀연히 천왕(天王)⁵⁾으로부터 호화로운 집을 받은 것과 같습니다. 비록 큰집을 얻었으나 문을 통하여 들어가는 방법을 알지 못합니다.

唯願如來 不捨大悲하고 示我在會 諸蒙暗者하사 捐捨小乘하고 畢獲如來 無餘涅槃 本發心路게하소서

오직 원컨대 여래께서는 큰 자비를 저버리지 마시고, 저와 이 모임에 여러 어리석은 이들을 깨우치시어 소승(小乘)을 버리고 필경 여래의 무여열반⁶⁾에 들 수 있는 근본 발심의 길을 얻게 하여 주소서!⁷⁾

令有學者로 從何攝伏 疇昔攀緣하야사 得陀羅尼 入佛知見이리잇고

지금 저희들 가운데 더 배워야 할 유학(有學)들이 어떻게 하여야만 옛날처럼 대상에 끌려가는 마음[攀緣]을 항복받고⁸⁾ 진실한 다라니(陀羅尼)⁹⁾를 얻어 부처님의 지견(知見)에 들어갈 수 있겠습니까?"¹⁰⁾

---

5)ˇ 周나라에서는 天子를 天王이라 稱하나니 諸王을 선발하고 임명하기 때문이다. (앞의 책 p.764상)
6) 여래의 무여열반(無餘涅槃)은 대승의 일체종지이며 여래의 대비심이며, 여래의 圓果이다.
7) 남음이 없는 열반은 圓果요, 本發心路는 圓因이요, 다라니는 圓行이며, 불지견은 圓解이다. 이미 성품을 보았는데 다시 불지견에 늘기를 ─한 것은 속 성품을 본다는 것은 처음 開示함이요 성품을 닦는다는 것은 悟入을 뜻하기 때문이다. (앞의 책 p.764상)
8) 법에 집착했던 소승의 마음을 항복받는다는 말이다.
9) 다라니에는 세가지가 있으니, 첫째는 無字 다라니이니 대비심의 실천행이요, 둘째는 一字 다라니이니, 음자요 셋째는 언어이니 일체경전이다.
10) 성품을 잃은 것은 나그네 생활과 같고, 성품을 보는 것은 화려한 집에 있는 것과 같다. 自性을 보았다 하더라도 닦지 아니하면 이는 마치 집을 얻고서도 들어가지 못하는 것과 같다. 그러므로 여래에게 본래 발심했던 길을 청하여 佛知見에 들기를 희망하는 것이다. 『계환해』(『卍속장경』17, p.764상)

作是語已 五體投地하고 在會一心으로 佇佛慈旨하더라

이렇게 말하고는 오체(五體)를 땅에 던지고서 모임 가운데 대중과 함께 일심으로 부처님의 자비하신 가르침을 기다리고 있었다.

2) 佛慈開示二 (1) 叙意標宗
爾時世尊 哀愍會中 緣覺聲聞이 於菩提心未自在者시며 及爲當來의 佛滅度後 末法衆生 發菩提心하사 開無上乘 妙修行路하야 宣示阿難 及諸大衆하사대

그 때 세존께서는 모임 가운데의 연각(緣覺)과 성문(聲聞)들이 여래의 보리심에 자재하지 못한 것을 가엾게 여기시고, 또 앞으로 부처님께서 멸도(滅度)하신 뒤 말세의 중생들 가운데 보리심을 일으키려는 자들을 위하여 최상승의 오묘한 수행의 길을 열어 주시려고 아난과 대중들에게 말씀하셨다.

汝等決定 發菩提心하야 於佛如來 妙三摩提에 不生疲倦인댄 應當先明 發覺初心 二決定義니라

"너희들이 결정코 보리심11)을 내어 부처님의 오묘한 삼마제[妙三摩提]12)를 닦을 때에 싫어하거나 게으름이 생기지 않게 하려면 응당 먼저 깨달음을 일으키려는 최초 마음의 두가지 결정의(決定義)13)를 밝혀야 하느니라.

---

11) '보리심을 낸다'는 것은 이른바 대비심을 발하는 것이니, 널리 일체중생을 구제하기 위한 까닭이다.『80화엄』(『大正藏』10, p.335중)
12) 妙三摩提는 바로 수능엄정이다.『계환해』(『卍속장경』17, p.764하)
13) 두가지 決定義란 因心과 業本이다. 이 두가지 決定義 가운데 첫째는 因心을 살피는 것으로, 응당 因地의 발심 이 果地의 覺으로 더불어 같은가 다른가를 잘 살펴야 하고, 둘째는 業의 근본을 살피는 것이니, 응당 번뇌근본이 무시이래로 業을 드러내고 생멸을 더하게 하되, 누가 짓고 누가 받는가를 잘 살펴야 한다는 것이다.
  *다음은 수도분의 修行眞基편에서 설해지는 '두가지 決定義'에 대한 능엄경 원문이다.
  汝等決定코 發菩提心하야 於佛如來의 妙三摩提에 不生疲倦인댄 應當先明 發覺初心 二決定義이니 云何初心 二義決定인고 阿難아 第一義者는 汝等若欲 捐捨聲聞하고 修菩薩乘을 入佛知見인댄 應當審觀 因地發心이 與果地覺으로 爲同爲異아니라 (이하생략) 第二義者는 汝等必欲 發菩提心하야 於菩薩

⑵開示二義二 ①審因心二14) ㊀總敍

云何初心 二義決定인고 **阿難 第一義者 汝等若欲 捐捨聲聞**하고 **修菩薩乘 入佛知見**인맨 **應當審觀 因地發心**이 **與果地覺**으로 **爲同爲異**아니라

무엇이 처음 발심할 때 갖추어야 할 두가지 결정된 이치인가? 아난아! 첫째 이치는 너희들이 만약 성문(聲聞)을 버리고 보살(菩薩)의 수행(乘)을 닦아서 부처님의 지견(知見)에 들어가려고 한다면 응당 인지(因地)의 발심이 과지(果地)의 깨달음으로 더불어 '같은가 다른가'15)를 자세히 살펴야 한다.

阿難 若於因地에 **以生滅心**으로 **爲本修因**하야 **而求佛乘 不生不滅**은 **無有是處**니라

아난아! 만약 인지(因地)의 생멸심으로 근본수행을 삼아 불승(佛乘)16)의 불생불멸을 구하려 한다면 이는 있을 수 없는 일이기 때문

乘 生大勇猛호대 決定棄捐 諸有爲相인맨 應當審詳 煩惱根本호대 此無始來 發業潤生하나니 誰作誰受아하라

14) 발심에 生滅과 不生滅의 차이

15) 불생불멸의 마음으로 여래장에 합하는 것이 同이요, 생멸심으로 상주과를 구하는 것이 異이다. 『계환해』(『卍속장경』17, p.764하) *불교를 수행하는데 있어서 '무아(부처님의 손발)의 입장에서 시작해야 하는가?' '유아(도통한 큰스님)의 입장에서 시작해야 하는가?'의 문제이다.
   *어떤 수행자가 대주화상(大珠和尙)에게 물었습니다. '어떤 것이 깨달음(대열반)입니까?' 답하시기를 '분별심(생사업)을 짓지 않는 것이 대열반이니라' 수행자가 다시 묻기를 '어떤 것이 생사업입니까?' 답하시기를 '대열반을 따로 찾는 것이 생사업이니라' (서장)
   *바른 수행이란? ①求道心(대서원) ②立正見(불지견) ③敎衆生(대비심)

16) 일불승의 의미: 불교에서 부처님에 대한 믿음은 결국 모든 중생에게 갖추어져 있는 佛性에 대한 믿음으로 심화되고, 마침내는 '나도 부처가 될 수 있다'는 자각을 갖게 되는데 一乘思想은 이러한 믿음을 성취케 하는 입장이다. 즉 근기가 각기 다른 성문 연각과 및 보살들에게 방편으로 삼승을 설한 부처님의 근본 뜻은 본래 一佛乘을 알게 하는데 있었다는 것으로 삼승 뿐만 아니라 심지어는 부처님에게 절 한 번 하거나 혹은 장난으로 이름을 한 번 외우기만 해도 벌써 일불승의 부처님 세계 들어선 보살의 삶이요, 구경에는 모두 부처가 된다는 것이다. 결국 일불승의 수행이 삼승을 떠나 따로 있는 것이 아니라, 삼승이 모두 구경에는 부처를 이루게 된다는 것을 자각하는 것이 일불승의 의미라는 것이다. 즉 부처님의 가르침에 있어 그 방편은 다르더라도 부처

이니라.17)

㊂審察二 ㈎外審
以是義故 汝當照明 諸器世間하라 **可作之法 皆從變滅**이니 **阿難 汝觀世間 可作之法**하라 **誰爲不壞**오

　이러한 까닭에 너는 응당 모든 중생이 의지하는 기세간(器世間)18)을 비추어 보아라. 가히 만들어진 법은 다 변하여 없어질 것이다. 아난아! 네가 지금 세간의 만들어진 모든 법을 살펴볼 때에 무엇이 무너지지 않는 것이냐?

然終不聞 爛壞虛空이니 **何以故 空非可作**일새 **由是始終 無壞滅故**니라

　그러나 허공이 허물어졌다는 말은 듣지 못하였다. 왜냐하면 허공은 본래 만들어지는 것이 아니기에 처음부터 끝까지 허물어져 없어지지 않는 것이다.19)

㈏內審二 ㉮明妄三 ㈀示濁因
則汝身中에 **堅相爲地 潤濕爲水**요 **煖觸爲火 動搖爲風**이니

　너의 몸 가운데 굳은 것은 흙이 되고, 축축한 것은 물이 되며, 따뜻한 촉감은 불이 되고, 움직이고 흔들리는 것은 바람이 된다.

님의 그 근본 뜻은 하나 '모두가 부처를 이루어 부처님의 삶을 살아가게 하는 것'이 일불승의 의미라는 것이다. 이러한 사상은 특히 법화경에서 강조되었다.

17) 若於因地에 以生滅心으로 爲本修因하야 而求佛乘 不生不滅은 無有是處니라 (修行眞基 審因心편 능엄한역)　*佛告阿難하사대 汝等尙以緣心聽法하니 此法亦緣이라 非得法性이니라 (發明覺性 제3 辨斥緣影편 능엄한역)
18) 기세간(器世間): 우리가 살고 있는 山河大地 등을 말하는 것이니, 즉 중생을 수용하는 세간이라는 의미이다.
19) 먼저 유위법이 幻妄 아님이 없음을 살펴서 자신의 몸과 마음이 곧 幻妄의 근본임을 밝힌 것이다. 오직 담연하고 원만한 眞體라야 마침내 壞滅함이 없으리니 이것이 진실한 터전[基]이라는 것이다. 『계환해』(『卍속장경』17, p.764하)

由此四纏이 分汝湛圓 妙覺明心하야 爲視爲聽하며 爲覺爲察하야 從始入終 五疊渾濁이니라

이러한 네가지의 얽히게 하는 것이 너의 맑고 원만한 묘각명심(妙覺明心)을 분산시켜 보고·듣고·느끼고·살피게 하여 처음부터 끝까지 이러한 다섯 겹의 혼탁함이 있게 되는 것이다.20)

(ㄴ)明濁相

云何爲濁고 阿難 譬如淸水 淸潔本然하고 卽彼塵土 灰沙之倫은 本質留礙하야 二體法爾 性不相循이든

어떤 것을 혼탁[濁]이라고 하는가? 아난아! 마치 맑은 물은 청결본연(淸潔本然)하고 저 흙과 모래 등은 본질이 걸리고 장애되는 것이니 이와같이 두가지 체(體)는 원래가 그러하기 때문에 성품이 서로 따르지 않는 것이다.

有世間人 取彼土塵하야 投於淨水하면 土失留礙하고 水亡淸潔하야 容貌汩然하면 名之爲濁이니 汝濁五重 亦復如是하니라

만약 세상 사람들이 흙을 가져다가 맑은 물에 던지면 흙은 유애(留礙)하는 성품을 잃게 되고, 물은 청결한 성품이 없어져서 그 모양이 흐릿하게 되는데, 이를 혼탁함이라 부르는 것처럼 너에게 혼탁[濁]이 다섯 겹으로 쌓이는 것도 이와같다.21)

---

20) 四大가 幻妄의 몸을 빌려서 성품을 얽기게 하였으니 纏이요, 五疊이 見覺의 妄을 짜서 고요함을 어지럽히니 濁이라 한다. 纏은 생사의 근본이 되고 濁은 惑業의 근본이 되므로 응당 살펴서 밝혀야 하는 것이다. (앞의 책 p.764하)
21) 淸水는 각담명성(覺湛明性)이요, 塵沙는 번뇌흑업이다. 性이 서로 따르지 않는다는 것은 진망과 염정이 다르기 때문이요, 세간의 사람은 출세간의 지혜가 없기 때문이다. 그러므로 惑을 일으키고 고요함을 흔들어서 性으로 하여금 혼탁하게 하는 것이다. 『계환해』(『卍속장경』17, p.765상)

(ㄷ)釋濁義五22)　㉠劫濁23)

阿難아 汝見虛空 遍十方界에 空見不分하야 有空無體요 有見無覺이어든 相織妄成하니 是第一重 名爲劫濁이니라

　아난아! 네가 허공이 시방에 두루함을 볼 때에 허공과 견(見)이 구분되지 아니하여 허공은 체(體)가 없으니 견(見)에 섞이게 되고, 견에는 각(覺)이 없으니 허공이 섞이게 되어 서로 짜여 망(妄)을 이루니, 이것이 제일중(第一重)24)으로서 이름이 겁탁(劫濁)이니라.

---

22) 능엄 9,10권의 변마장에서 色陰盡하면 超劫濁 乃至識陰盡하면 超命濁이라 하여 색음과 겁탁이 마장으로서 무명의 어둠이 가장 깊음을 표현하고 있지만 이곳에서의 무명생기를 설명하는 입장은 그와는 반대로 색음의 겁탁에서부터 무명이 점점 깊어짐을 설명하고 있다. 그러므로 서로 배대하여 논할 일이 아니다. 또한 법화경 등에서도 사람의 수명이 百歲에서부터 수명이 점차 짧아져서 마즈막 劫濁의 시대에 이르면 수명이 十歲가 되고 세상이 탁해진다는 의미에서 劫濁이라 하였는데, 이는 능엄의 변마장과 같은 차제이다. 능엄경의 이곳 단락에서는 본래 청정한 가운데 처음 허공과 見이 서로 짜여 색음의 겁탁이 이루어졌다고 하여 오탁에 대한 차제가 다르므로 같이 배대하여 혼돈을 일으킬 필요가 없다.
　*여기 능엄에서 오탁의 뜻은 법화와는 다르다. 대개 법화에서는 오탁의 결과[말세의 모습]에 대해서 말하고, 여기에서는 오탁이 있게 된 원인에 대해서 설하고 있다. 因이란 覺湛明性이 문득 妄惑을 일으킴으로 말미암아 고요함을 어지럽혀서 濁을 이룬 것으로 次第에 다섯이 있다.『계환해』(『卍속장경』17, p.765상)
　*그 가운데 겁탁의 劫은 時分이니, 즉 三細 가운데 초기의 不覺心이 동한 모습으로 무명초기이지, 劫末의 겁탁이 아닌 것이다. 견탁은 轉相과 現相이요, 번뇌탁은 六麤 가운데 前四요, 중생탁은 造業相이요, 명탁은 業繫苦相이다. (앞의 책 p.765상)

23) 겁탁이란, 무명초기의 업상이다. *무명업상(無明業相)이란, 미혹되지 않고 깨어있다면 움직임이 없을 것이지만 불각의 상태에서는 움직이게 되는 것이니, 움직일 때 마다 재앙(苦)이 따르게 되는데 그 움직이는 마음을 무명업(無明業)이라 한다. 이는 어디가 어디인지 모르는 상태에서 가만히 있지 못하고 그냥 움직이는 것이다.

24) 覺은 空色이 아니거늘 일념이 不覺함으로 말미암아 허망하게 허공의 相을 보게 되고, 이로 인하여 두루 迷함을 발하게 된다. 그러므로 空과 見을 구분하지 못하게 되는 것이다. 구분하지 못하기 때문에 허공에 體가 없어 見에 섞이게 되고, 見에 覺이 없어 허공에 섞이게 되나니 이것이 무명초기의 혼망(混茫)한 모습이다. 그러므로 第一重이라 하는 것이다.『계환해』(『卍속장경』17, p.765상)

ⓛ見濁25)

如身現搏 四大爲體호대 見聞覺知를 壅令留礙하고 水火風土를 旋令覺知하야 相織妄成하니 是第二重 名爲見濁이니라

　너의 몸은 지금 사대를 뭉쳐 그것으로 이루어졌기에 견문각지를 막아서 하여금 걸리게 하고, 수화풍토(水火風土)를 돌려서 너로 하여금 분별하고 알게 하여 서로 짜여[相織]26) 망(妄)을 이루니 이것이 제이중(第二重)으로 이름이 견탁(見濁)이니라.

ⓒ煩惱濁27)

---

25) 견탁이니, 사대로 몸을 삼아 견문각지가 막혀서 사대육신으로 하여금 妄作用을 하게 하는 것이다. 지수화풍은 覺知하는 작용이 없는데 견문각지가 들어서 도리어 我見 등을 내나니 轉相이며, 허망하게 보는 것에 의하여 경계가 나타나니 現相이다.
   *전상이란, 能見相이니, 마음이 움직이면 능히 보려고 하는 능견(能見)이 생기기 때문이다. 왜냐하면 움직이지 않으면 볼 수 없기 때문이다. *현상이란, 경계상(境界相)이니, 능견에 의지하지 때문에 경계가 망현(妄現)하며, 견(見)을 여의면 곧 경계가 없기 때문이다.
26) 진성이 廓湛하여 본래 見覺이 없거늘 사대가 搏結함으로 말미암아, 根隔이 이루어졌으니 그러므로 見覺이 生하여 廓湛함이 막히게 되고, 사대가 돌고돌아 알음알이가 生하나니 이를 相織이라 한 것이다. (앞의 책 p.765하)
27) 번뇌탁이니, 마음 가운데 기억하고 의식하고 외우고 익혀서 육근과 육진을 내어 삼세의 모든 것을 보고 듣고하여 좋다 나쁘다 하기 때문에 번뇌가 생기는 것이다. 性은 知見을 발하고, 相은 六塵을 나타내니, 경계를 여의면 相이 없고 견문각지를 여의면 了別性이 없거늘, 塵과 覺이 사로 짜여져 妄을 이루어, 안으로는 妄知見이 생하고 밖으로는 六塵을 나타낸다. 번뇌탁을 기신론의 구상차제로 보면, 塵과 覺이 사로 짜여져 妄을 이루어 法執이 생겨나니 智相이고, 법집의 분별이 끊어지지 않나니 상속상이다. 그 상속상에 의하여 六門을 열어서 온갖 경계를 다 받아들여 밖을 향해 집착을 일으키니 아직의 집취상이요, 그 허망한 집착에 의하여 名字를 분별하니 計名이다.
　*지상(智相)이란, 경계를 보면 그것을 인연으로 하여 상(相) 갖게 되는데, 그것이 지상(智相)이다. 즉 주관적 심리작용인 앞의 능견상(能見相)이 객관의 대상(境界相)에 반영되되, 그 실다운 성품을 알지 못하고, 마음 밖의 존재로 착각하여 이에 대해 애(愛)와 불애(不愛), 시비선악(是非善惡) 등을 분별하기 때문이다.
　*상속상(相續相)이란, 앞의 지상에 의지하여, 좋아하는 대상(愛)에 대해서는 낙(樂)을 일으키고, 싫어하는 대상(不愛)에 대해서는 고(苦)를 일으키어 망념이 지속적으로 일어나 상응하여 끊어지지 않기 때문이다.
　*집취상(執取相)이란, 상속에 의지하여 경계를 기억하고, 괴로움을 피하려고 하며, 즐거움에는 더 머물려고 하는 등 마음에 집착을 일으키기 때문이다.

又汝心中에 憶識誦習하야 性發知見하고 容現六塵하나니 離塵無相이오 離覺無性이어든 相織妄成하니 是第三重 名煩惱濁이니라

다시 너의 마음 속에 기억하고 의식하고 외우고 익히고 하여 성품이 지견(知見)을 발하고, 용모가 육진(六塵)을 나타내나 경계를 여의면 현상이 없고, 견문각지(見聞覺知)를 여의고는 요별(了別)의 성품이 없을 것이거늘 서로 짜여 망(妄)을 이루니, 이것이 제삼중(第三重)으로서 이름이 번뇌탁(煩惱濁)28)이니라.

㉣衆生濁29)

又汝朝夕에 生滅不停하야 知見每欲 留於世間하고 業運每常 遷於國土어든 相織妄成하니 是第四重 名衆生濁이니라

또 네가 조석으로 생멸이 멈추지 아니하여 지견(知見)은 늘 세간에 머물고, 업의 흐름은 항상 저 국토에 옮겨가는데, 그 가운데 서로 짜여 망(妄)을 이루니 이것이 제사중(第四重)으로서 이름이 중생탁(衆生濁)이니라.30)

---

*계명자상(計名字相)이란, 앞의 집착 때문에 허망한 대상에 대해 실재인양 이름을 붙이고, 의미를 부여하여 분별하게 되기 때문이다.
28) '憶識誦習'이라 한 것은 智와 相續과 執取와 計名의 일이다. 이로 말미암아 性의 內分에서 六知根을 발하고, 용모의 外分에서 六塵境을 드러내어 根境이 번거롭게 얽혀 湛性이 괴롭게 되므로 번뇌탁이라고 했다. 『계환해』(『卍속장경』17, p.765하)

29) 중생탁이니, 생멸을 그치지 않아 知見이 항상 세간에 머물려 하고, 업의 흐름은 늘 국토에 옮겨가려고 하여, 知見과 業運이 서로 짜여 망을 이뤄 七趣를 따라 윤회하되, 名字에 의하여 친소가 생겨서 선악을 지어 가지가지 업을 짓나니 이름이 造業相이다.
*조업상이란, 명자(名字)를 의지하여 그에 따라 취착(取著)하고 가지가지 신구의 삼업(三業)을 짓기 때문이다
30) 조석으로 생멸하는 것은 업을 짓는 모습이다. '知見이 늘 세간에 머문다'는 것은 三界에 戀着함이요, '業의 흐름이 항상 국토에 옮겨간다'는 것은 趣에 따라 生을 받음이다. 그러므로 중생이라 한다. (앞의 책 p.765하)

㉰命濁31)

汝等見聞 元無異性언마는 **眾塵隔越**하야 **無狀異生**이라 **性中相知**나 **用中相背**하야 **同異失準**이어든 **相織妄成**하면 **是第五重 名爲命濁**이니라

　너희들이 견문각지에는 원래로 다른 성품이 없었으나, 뭇 번뇌가 가로막아 까닭이 없이 다른 것이 생긴 것이다. 성품은 불이(不二)하여 서로 알고 비추는 것이나, 작용하는 가운데 서로 배반하여 같고 다름이 기준을 잃고 서로 짜여 망(妄)을 이루니, 이것이 제오중(第五重)으로 이름이 명탁(命濁)이니라.32)

㉱審眞

阿難아 **汝今欲令 見聞覺知**로 **遠契如來**의 **常樂我淨**인댄

　아난아! 네가 지금 견문각지하는 것으로써 멀리 여래의 상락아정(常樂我淨)에 계합하기를 바란다면

應當先擇死生根本하고 **依不生滅**하야 **圓湛性成**하야 **以湛旋其 虛妄滅生**하야

　먼저 생사의 근본을 가리고[擇去] 불생멸의 맑고 원만한 성품에 의지하여, 이 원만하고 고요한 성품으로써 허망한 생멸을 돌이켜서,

---

31) 명탁이니, 受報로서 業繫苦相이다. 이는 업의 과보로서 자유롭지 못하기 때문이다. 이러한 구상차제는 우리들 중생들이 불각의 세계에서 오욕락 등 바깥경계에 헤매는 모습을 설명한 것으로 아함에서는 12연기로 설명되어 있다. 결국 기신론의 구상차제나 아함의 12연기의 가르침이 주는 의미는 그동안 우리가 집착했던 경계와 대상들이 사실 모두 자성(自性)이 없는 무상한 것으로 그 모든 것들은 아리야식의 변화일 뿐이며, 아리야식 또한 근경식(根境識) 삼사화합의 연기적 존재로서 참 모습은 여래장이며, 이는 바로 우리들 마음이라는 것이다.
32) 보고 듣는 것이 湛圓으로부터 나누어지는 까닭에 元無異性이요, 가지가지 경계[眾塵]가 圓融의 體를 나누기 때문에 까닭없이 다름을 이룬 것이다. 性에서 觀한다면 동일한 眞常이기 때문에 서로 아는 것이요, 用에서 觀한다면 서로 생멸을 일으키기 때문에 서로 등지게 되어 眞常과 생멸과 同異와 화합이 그 기준으로써의 항상함을 잃게 되나니 이것이 命濁이 허망하게 짜인 모습이다.『계환해』(『卍속장경』17, p.766상)
　*이상과 같이 오탁이 細로부터 麤에 이르러 生이 있는 것은 다 갖추게 되나니 이를 일러 생사근본이 허망하게 滅하고 生한다 하는 것이다. (앞의 책 p.766상)

伏還元覺하고 得元明覺 無生滅性하야 爲因地心한 然後圓成 果地修證이니
　이를 항복 받아 원명(元明)한 깨달음으로 돌이키고, 원명한 깨달음인 생멸이 없는 성품을 얻어 인지(因地)의 마음을 삼아야만 과지(果地)의 수증(修證)을 원만하게 성취하게 되는 것이다.

如澄濁水에 貯於靜器하야 靜深不動하면 沙土自沈하고 淸水現前하리니
　이는 마치 흐린 물을 맑히고자 할 때에 고요한 그릇에 담아서 고요함이 깊어져 흔들리지 않게 되면 모래와 흙은 저절로 가라앉고, 맑은 물이 앞에 나타나는 것과 같다.33)

名爲初伏 客塵煩惱요 去泥純水는 名爲永斷 根本無明이니라
　이와같은 경계를 '처음 객진번뇌(麁煩惱)를 항복 받는 것이다'고 이름하고, 다시 진흙을 버리고 순수한 물만 남게 되면 이를 '영원히 근본무명(細煩惱)을 끊었다' 이름하는 것이다.

明相精純하면 一切變現호대 不爲煩惱하고 皆合涅槃 淸淨妙德하리라
　그리하여 명상(明相)이 정밀하고 순수해지면 일체가 변하여 나타나더라도 번뇌가 되지 아니하고, 모두 열반의 청정한 묘덕(妙德)에 부합하게 되기 때문이다.34)

---

33) 견문각지는 六受用根이요, 상락아정은 열반의 妙德이며, 생사근본은 五濁의 業用이니 대저 동을 돌이켜 眞에 계합하고자 한다면 먼저 응당 생사망본을 擇去하고, 불생멸의 圓湛한 性을 의지하여 功을 이루어야 하는 것이다. 마치 濁水를 맑히고자 할 때에 반드시 靜器를 필요로 하듯이 湛性으로써 그 허망을 돌이켜서 元覺에 돌아가는 것이요, 또 마치 고요하게 沙土를 가라 앉혀서 淸水가 현전하게 하는 것과 같다. 『계환해』(『卍속장경』17, p.766상)

34) 여기에서 '처음 客塵煩惱를 조복한다'라고 했는데, 대개 '객진번뇌를 돌이켜서 하여금 조복한다'는 것은 참으로 無生滅性이라 할 수 없고, 그 本元眞明의 覺인 無生滅性을 얻어야만 무명의 근본이 永斷하고 覺湛明相이 여기에 精純하여 일체를 變現하되 번뇌에 물들지 아니하게 된다. 이는 마치 진흙을 제거하고 물이 순정해지면 아무리 휘젓더라도 다시 흐려짐이 없는 것과 같으며, 이것이 바로 진정한 因地의 마음이라 할 수 있다. 因地의 마음이 이와 같다면 果地의 修證도 원만하지 아니할 수 없으며, 열반의 묘덕에 합하지 아니할 수 없기 때문에 因心을 불가불 잘 살펴야 하는 것이다. 『계

②審業本五35)   ㈠總敎審察

第二義者는 汝等必欲 發菩提心하야 於菩薩乘 生大勇猛호대 決定棄捐 諸有爲相인댄 應當審詳 煩惱根本호대 此無始來 發業潤生하나니 誰作誰受아 하라

둘째 이치는 너희들이 반드시 보리심(菩提心)을 발하여 저 보살의 수행[乘]에 크게 용맹을 내어 결정코 가지가지 유위상(有爲相)에서 벗어나고자 한다면, 응당 번뇌의 근본이 시작이 없는 옛날부터 업을 드러내고 생멸을 더하는데 '누가 업을 짓고, 누가 업을 받는지'를 자세히 살펴야 한다.

阿難 汝修菩提호대 若不審觀 煩惱根本하면 則不能知 虛妄根塵이 何處顚倒하리니 處尙不知어니 云何降伏 取如來位리오

아난아! 네가 보리(菩提)를 닦는데 있어서, 만약 번뇌의 근본을 자세히 살피지 아니하면 허망한 근진(根塵)이 어느 곳에서 전도(顚倒)되었는지를 알 수 없을 것이다. 전도된 곳을 아직 모르는데 어떻게 항복시켜 여래의 지위를 취할 수 있겠는가?36)

阿難 汝觀世間 解結之人하라 不見所結하고 云何知解리오

아난아! 너는 세간에서 매듭을 푸는 사람을 살펴보아라. 매듭이 맺힌 곳을 보지 않고 어떻게 그 푸는 방법을 알겠느냐?

환해」(『卍속장경』17, p.766상)

35) 업(業)의 청정과 六根互用: 육근의 業이 분명하나, 그 성품은 본래 청정하여 하나도 아니고 여섯도 아니니, 하나의 根에서 원통을 얻으면 浮塵根의 한계를 초월하여 六根互用이 되는 것이다.
36) 무명이 業을 發하고 愛取가 生을 더하게 하며 六識이 이를 짓고 八識(梨耶)은 이를 받아들이니 숨어서는 煩惱根本이 되고 드러나면 虛妄根塵이 되는 것이다. 수행하는 사람이 이를 알아야만 가히 항복시킬 수 있고, 이를 항복하여야만 여래의 상주과를 취할 수 있는 것이다. 『계환해』(『卍속장경』17, p.766하)

不聞虛空이 被汝隳裂이니 何以故 空無相形하야 無結解故니라

그러나 허공이 누구에 의해서 매듭이 생기고, 매듭이 깨뜨려졌다는 말은 듣지 못하였다. 왜냐하면 허공은 형상이 없어서 맺히고 풀릴 것이 없기 때문이다.37)

㈢正示業本

則汝現前에 眼耳鼻舌 及與身心이 六爲賊媒하야 自劫家寶하나니 由此無始衆生世界하야 生纏縛故 於器世間에서 不能超越이니라

곧 너의 눈앞에 안이비설신의 이 여섯가지의 몸과 마음이 도적의 앞잡이가 되어 스스로 자기 집의 보배를 훔쳐갔던 것이요, 이로 말미암아 시작이 없는 옛날부터 중생계에 얽히기 때문에 삼계의 괴로움[器世間]에서 벗어나지 못하는 것이다.38)

㈢廣明妙用

阿難 云何名爲 衆生世界오 世爲遷流 界爲方位하니

아난아! 무엇을 중생세계(衆生世界)라 하느냐? 세(世)에는 천류(遷流)가 있고 계(界)에는 방위(方位)가 있다.

汝今當知하라 東西南北과 東南西南과 東北西北과 上下爲界하고 過去未來 現在爲世하니 方位有十이요 流數有三이어든

네가 지금 '동서남북과 동남서남과 동북서북과 상하로 계(界)를 삼고, 과거 미래 현재로 세(世)를 삼았으니, 방위에는 십(十)이 있고 천류에는 삼(三)이 있을 것이다.

---

37) 이상은 반드시 묶이 일어난 곳을 알아야만 거기에서 벗어날 수 있음을 해석한 것이다. 허공의 비유를 인용한 것은 '맺힘이 없으면 풀 것도 없어서 더 말할 것이 없겠으나 세상에 어느 누가 맺힘이 없는 者가 있더냐?'는 뜻이다.『계환해』(『卍속장경』17, p.766하)

38) 허망한 根塵의 顚倒處를 보인 것이다. 眼耳 등은 六賊의 妄根이니 媒하여 六境의 妄塵을 이끌어 내는 것이다. 스스로 진성을 빼앗고 스스로 纏縛을 내는 것이 전도이다. 중생세계는 根身이요, 器世間은 삼계이다.『계환해』(『卍속장경』17, p.767상)

一切衆生 織妄相成일새 身中貿遷하야 世界相涉이니라

이러한 가운데 일체중생이 허망한 것에 얽히어 서로 이루는데, 일신(一身) 가운데에서 바뀌고 옮겨가 세계가 서로 교섭된다'는 것을 알아야 하느니라.39)

而此界性이 設雖十方이나 定位可明은 世間祗目 東西南北이니 上下無位요 中無定方이니라

앞에서 계(界)의 성품을 비록 시방(十方)으로 설명했으나, 정해진 위치로서 가히 분명한 것은 세간에서 다만 동서남북(東西南北) 뿐이고, 상하(上下)는 정해진 위치가 없으며, 중간도 정해진 곳이 없다.40)

四數必明하야 與世相涉하야 三四四三 宛轉십이하야 流變三疊하야 一十百千하니 總括始終컨대 六根之中에 各各功德 有千二百하니라

사방의 수(數) 만이 분명하여 세(世)로 함께 서로 교섭되는데, 삼사사삼(三四四三)이 완연히 곱해져서[轉] 십이(十二)가 되고, 흘러 변함이 세번 거듭하여 일십 백천이 되니41) 처음과 끝을 총괄하면 육근 가운데 각각 공덕이 천이백이 있다.42)

---

39) 중생의 세계 또한 사방을 갖추었으니 '左右前後'가 이것이다. 世는 과거 현재 미래에 이 셋이 번갈아 바뀌는 것이요, 界에는 각기 定位가 있으니 界位에는 열이 있고 世數에는 셋이 있어 이를 一身에 갖추었으니 이치가 저절로 互涉하는 것이기에 '몸 가운데 바뀌고 옮겨 세계가 相涉한다' 한 것이다. 『계환해』(『卍속장경』17, p.767상)
40) 방위에 비록 열이 있으나 常數는 오직 넷 뿐이다. 『계환해』(『卍속장경』17, p.767상)
41) 第一疊: 4방 × 3세 하여 12가 되고, 第二疊: 본래 方所라고 하면 一方이 있는데 이것을 줄여 四方이라고 할 때 동쪽도 十方이 있고 서쪽도..... 등등 하여 40방이 된다. 따라서 40방 × 3세 하여 120 이 되는 것이다. 第三疊: 앞의 120 에 다시 총체적으로 10방을 곱하면 1200 이 된다.
42) 三과 四가 互涉하니 宛轉이요, 三世가 流變하기 때문에 三疊이 있다. 一에서부터 겹쳐져서 十이 되고, 十으로부터 겹쳐져서 百이 되고, 百으로부터 겹쳐져서 千이 되어 千 二百을 이루나니 육근에 각기 갖추어 졌다. 그러나 이것은 방편[權]으로 世論에 의지하여 묘용의 大略을 나타냈거니와, 만약 六結이 풀리면 一巾이라 할 것도 없어서 互用圓照하리니 어찌 수량으로 미칠 수 있으리요? 『계환해』(『卍속장경』17, p.767상)

阿難 汝復於中에 克定優劣인댄 如眼觀見호대 後暗前明하니 前方全明하고 後方全暗하며 左右傍觀은 三分之二니

아난아! 너는 다시 그 가운데에서 우열을 정하여 보아라. 눈은 보는데 있어서 뒤는 어둡고 앞만 밝으니, 앞 방향은 완전하게 밝고, 뒷 방향은 완전하게 어두우며, 왼쪽과 오른쪽은 옆으로 보는 것이기에 삼분의 이만 보는 것이다.

統論所作컨댄 功德不全하야 三分言功하고 一分無德일새 當知眼唯 八百功德이니라

그 작용을 통틀어 논한다면 공덕이 완전하지 못하며, 삼분(三分)으로 공덕을 논한다면 일분(一分)은 공덕이 없다. 그러므로 눈은 오직 팔백의 공덕 뿐임을 알아야 한다.43)

如耳周聽하야 十方無遺하니 動若邇遙이나 靜無邊際하나니 當知耳根 圓滿 一千 二百功德이니라

귀는 두루 들어서 시방에 남김이 없다. 움직임으로 인하여 가깝고 먼 것이 있는 듯하지만 고요한 상태에서는 한계가 없으니, 귀는 천 이백의 공덕이 원만하다는 것을 알아야 한다.44)

---

43) 사방을 의지하여 論한다면 一方이 三百이요, 三分으로 나누어 말한다면 一分이 四百이다. 먼저 妄이 짜여짐을 나타낸 것은 根結의 始原을 밝혀서 하여금 해결할 수 있는 바를 알게 하고자 함이요. 『계환해』(『한속장경』17, p.767하)

 *다음에 우렬을 가린 것은 이근원통을 밝혀서 하여금 선택할 바를 알게 하고자 함이다. (앞의 책 p.767하)

44) 두루 들을 수 있기 때문에 공덕이 완전한 것이다. '動함으로 인하여 邇遙가 있는 것 같다는 等'은 저의 움직이는 것을 따르면 흡사 近遠이 있는 것처럼 보이나 나의 고요함에 있어서는 두루 듣기 때문에 邊이 없다는 것이다. (앞의 책 p.767하)

如鼻齅聞호대 通出入息하나니 有出有入하야 而闕中交하니 驗於鼻根컨댄 三分闕一할새 當知鼻唯 八百功德이니라

　코가 냄새를 맡는 것은 출입식(出入息)을 통한 것이다. 출식(出息)이 있고 입식(入息)이 있어 냄새를 맡으나 중간에 교체되는 동안에는 끊어지니, 코에 대하여 증험해 보면 셋으로 나눈 가운데 하나가 빠진 것이다. 그러므로 코는 오직 팔백의 공덕뿐임을 알아야 한다.45)

如舌宣揚호대 盡諸世間 出世間智하나 言有方分하나 理無窮盡할새 當知舌根 圓滿一千 二百功德이니라

　혀는 말을 함에 있어 가지가지 세간과 출세간의 지혜를 다한다. 즉 언어(言語)에는 그 방법과 분량이 끝이 있으나 혀의 이치는 다함이 없으니, 혀는 천이백의 공덕이 원만하다는 것을 알아야 한다.46)

如身覺觸호대 識於違順호대 合時能覺하고 離中不知하야 離一合雙이니

　몸은 접촉되는 것을 느껴[覺知]서 거슬리고 순함을 아는 것이다. 그런데 합하였을 때에는 알고[覺知] 떨어지면 알지 못하니, 떨어지면 몸 하나만 존재하기 때문이요, 합하면 능소(能所)가 쌍으로 있기 때문이다.

---

45) 숨을 내쉴 때에는 香을 取하고 숨을 들이쉴 때에는 香을 맡지만, 出入하는 중간에는 숨이 멈추게 되어 아무런 공덕이 없으므로 중간에 교체되는 기간에는 끊어진다고 한 것이다. 『계환해』(『卍속장경』17, p.767하)
46) 세간과 출세간의 지혜가 아는 바 경계는 오지 혀라야만 설명하여 드러낼 수 있으니 그 말은 비록 국한되나 그 이치는 끝이 없다. (앞의 책 p.767하)
　*혀[舌]에는 말하는 功能과 맛보는 공능이 있는데 여기서는 말하는 공능을 취하여 설한 것이다.

驗於身根인댄 三分闕一할새 當知身唯 八百功德이니라

　이와같이 신근(身根)으로써 증험해 보면 셋으로 나눈 가운데 하나가 빠졌으니 몸은 오직 팔백의 공덕뿐임을 알아야 한다.47)

如意默容호대 十方三世 一切世間과 出世間法하야 惟聖與凡을 無不包容하야 盡其涯際하니 當知意根 圓滿一千 二百功德이니라

　마음[意]은 시방삼세 모든 세간과 출세간의 법(法)을 묵묵히 포용하는 것인데, 성인(聖人)과 범부(凡夫)를 포용하지 않음이 없어 끝까지 다하였으니, 마음은 천이백의 공덕이 원만하다는 것을 알아야 한다.

㈣牒審圓根二 ㈎總告

阿難아 汝今欲逆 生死欲流하야 返窮流根하야 至不生滅인댄 當驗此等의 六受用根이 誰合誰離며 誰深誰淺이며 誰爲圓通하고 誰不圓滿하나니

　아난아! 네가 지금 생사(生死)의 욕류(欲流)를 거슬러 흐름의 근원으로 돌아가 생사가 없는 곳[不生滅]에 이르고자 한다면48) 마땅히 이러한 등의 여섯가지로 수용하는 근[六受用根]49)이 어느 것은 합하고, 어느 것은 떨어지며, 어느 것은 깊고, 어느 것은 얕으며, 어느 것이 원만하게 통하고, 어느 것이 원만하게 통하지 못하는 지를

---

47) 떠나면 一分이 빠지고 합하면 二分이 완전하니 '離一合雙'이라 한 것이다. 『계환해』(『卍속장경』17, p.768상)

48) 흐르는 감각기관은 妙湛하여 不動한 것이나 터져 나와 流逸하여 경계에 달리는 것을 生死流라 하고, 거슬러 들어와 반대로 흘러 全一하게 되는 것을 불생멸이라 한다. 『계환해』(『卍속장경』17, p.768상).

49) '六受用根'이란 위에서 밝힌 바(卍속장경17, p.766상)와 같이 견문각지 등이다. 원만함을 따르면 성품에 합하여 깊어지고, 원만하지 못하면 성품을 여의어 얕아지나니 深淺이 서로 멀어지기 때문에 지속(遲速)의 功(효과)이 나타나기까지의 시간의 흐름이 倍가 되나니 속히 돌이키고자 한다면 반드시 圓根을 가려야 하는 것이다. (앞의 책 p.768상)
　＊根境을 받아들이는 것이 受요, 功能을 드러내는 것이 用이 되나니 육근이 모두 이 두 가지를 갖추었기 때문에 六受用根이라 한다. 『정맥소』(『卍속장경』18, p.559하)

증험해 알아야 한다.

若能於此에 **悟圓通根**하야 **逆彼無始 織妄業流**하고 **得循圓通**하면 **與不圓根**으로 **日劫相倍**하리라

만약 여기에서 원통(圓通)의 근(根)을 깨달아 시작이 없는 옛날부터 망(妄)을 모아 이루어진 업의 흐름을 거슬리고 원통을 얻는다면 원만하지 못했던 다른 근(根)과 함께 하루와 무량겁으로 서로 배가(倍加)하여 원융하게 될 것이다.

我今備顯 六湛圓明한 **本所功德**의 **數量如是**니 **隨汝詳擇 其可入者**하라 **吾當發明**하야 **令汝增進**호리라

내가 지금 육근(六根)의 담원명(湛圓明)한 본래 갖추어진 공덕의 수량이 이와 같음을 모두 나타내었다. 그 가운데 너의 마음이 가는 대로 어떤 것이 가장 좋은가를 가려 보아라. 내가 응당 드러내어 너희들이 바로 도(道)에 나아가게 하리라.

十方如來는 **於十八界**에 **一一修行**하야 **皆得圓滿 無上菩提**일새 **於其中間**에 **亦無優劣**이라

시방여래는 십팔계(十八界)를 하나하나 수행하면서 모두 원만하고 위없는 깨달음을 증득하여 그 가운데 우열이 없다.

但汝下劣하야 **未能於中 圓自在慧**일새 **故我宣揚**하야 **令汝但於一門深入**이라

다만 너희들은 근기가 하열하여 아직도 그 가운데에서 원만하고 자재한 지혜를 얻지 못했기 때문에, 내가 이를 드러내어 너희들에게 다만 일문(一門)을 택하게 하여 깊이 들어가게 하리라.

入一無妄하면 **彼六知根 一時淸淨**이니라

만약 일문(一門)으로 들어가 일근(一根)의 허망함이 없어지면 여섯 가지 감각기관[六知根]도 일시에 다 청정하게 되기 때문이다."50)

㈏別明二 ㉮問

阿難白佛言하대 **世尊 云何逆流**라야 **深入一門**하야 **能令六根一時淸淨**이닛고

아난이 부처님께 사뢰었다. "세존이시여! 어떻게 업의 흐름을 거슬러야만 깊이 일문(一門)으로 들어가 육근(六根)이 일시에 다 청정하게 할 수 있겠습니까?"

㈎答四 ㈀辯惑

佛告阿難하사대 **汝今已得 須陀洹果**하야 **已滅三界 衆生世間**의 **見所斷惑**이나 **然猶未知 根中積生**한 **無始虛習**이니

부처님이 아난에게 말씀하셨다. "너는 지금 이미 수타원(須陀洹)의 초과(初果)를 증득하여 삼계의 중생세간(衆生世間)들이 견도위(見道位)를 수행할 때에 끊게 되는 견혹(見惑)을 멸하였으나, 아직 육근 가운데 오랫동안 쌓여서 생긴 무시허습(無始虛習)의 사혹(思惑)은 알지 못한 것이다.51)

彼習要因 修所斷得이어든 **何況此中 生住異滅**의 **分劑頭數**아

그 허습은 반드시 수도위(修道位)52)라야 끊을 수 있는데, 하물며 어떻게 그 가운데 생주이멸(生住異滅)에 따른 한계(分劑)와 수량(頭

---

50) 入一無妄하면 彼六知根一時淸淨 (능엄한역)
   *원만하게 자재한 지혜를 얻으면 십팔계가 원통 아님이 없을 것이다. 그러나 하열한 初機라면 바로 원만함을 얻기 어려우므로 우선 一門으로 들어가게 하고, 一根의 妄이 없어지면 육근이 다 청정해지는 것이니, 오직 십팔계만 깨닫게 되는 것이 아니라 塵塵刹刹이 다 원통하게 되는 것이다. 『계환해』(『卍속장경』17, p.768하)
51) 맑고 원만한 것은 미혹으로 인하여 나누어지고, 一과 六도 미혹으로 因하여 생기는 것이기 때문에 一과 六의 이치를 말해 주기 위하여 먼저 미혹을 분별한 것이다. 小乘에서는 見道門에서 삼계의 탐진치 등, 열가지 분별혹을 끊고 초과를 증득하기 때문에 經文에 '이미 수타원과를 얻어서 삼계의 중생세간들이 견도위에서 끊게 되는 見惑을 멸한다' 한 것이다. 『계환해』(『卍속장경』17, p.768하)
52) 견도위에서 소멸되는 혹을 見惑이라 하고, 수도위에서 소멸되는 혹을 修惑(혹은 思惑)이라 한다. 俱舍宗에서는 四諦의 이치에 미혹한 것을 見惑이라 하고, 現象事物에 미혹하여 집착하는 惑을 修惑이라 한다. 유식종에서는 삿된 가르침 등 후천적 번뇌[分別起]를 見惑이라 하고, 태어남과 동시에 생기는 선천적 번뇌[俱生起]를 修惑이라 한다.『불광대사전』(台灣 불광출판사 1988) p.2997.

數)을 알 수 있겠느냐?53)

(ㄴ)推明

今汝且觀하라 現前六根이 爲一爲六가 阿難 若言一者인땐 耳何不見하고 目何不聞이며 頭奚不履하고 足奚無語오

지금 너는 우선 눈앞의 육근(六根)이 '하나인가? 여섯으로 나누어져 있는가?'를 살펴보아라. 아난아! 만약 하나라면 귀로는 왜 보지 못하고, 눈으로는 왜 듣지 못하며, 머리로는 왜 다니지 못하고, 발은 왜 말을 하지 못하느냐?

若此六根 決定成六인땐 如我今會에 與汝宣揚 微妙法門에 汝之六根이 誰來領受오

만약 육근이 결정코 여섯이라면 내가 지금 이 모임에서 너희들과 함께 미묘한 법문을 선양할 때에 너의 육근 가운데 어느 것이 이를 받아들이느냐?"

阿難言 我用耳聞이니다 佛言 汝耳自聞이어늘 何關身口완대 口來問義하고 身起欽承가

아난이 대답하였다. 저는 귀로써 듣습니다. 부처님이 말씀하셨다. (여섯으로 나누어져 있다고 할 때) 너의 귀가 스스로 듣는데 몸과 입은 무슨 관계가 있어서 입으로 질문할 때에 몸이 일어나서 공경히 받들겠느냐?54)

---

53) 修道門에서는 삼계의 貪瞋癡慢의 네 가지 俱生惑을 끊어야 하기 때문에 思惑이라 한다. 이는 곧 六根 가운데 여러 생을 통한 무시의 허습이니 第三果에서만 끊을 수 있기 때문에 아난이 아직 알지 못한 것이다. 더구나 이 六根 가운데는 다시 생주이멸에서 각기 끊어야 할 가지가지 미세혹이 있어서 그 한계와 수량을 아난이 알 수 없었던 것이니, 이 思惑을 斷盡함이라야 여섯 가지 맑음이 원만할 것이다.『계환해』(『卍속장경』17, p.768하)
54) 귀가 보지 못하고, 발이 말하지 못하니 가히 하나라 할 수도 없고, 귀가 法을 들음에, 몸과 입이 함께하니 가히 여섯이라 할 수도 없다.『계환해』(『卍속장경』17, p.769상)

是故應知하라 非一終六이며 非六終一어니와 終不汝根 元一元六이라
　그러므로 응당 '하나가 아니라 여섯이며, 여섯이 아니라 하나이니 마침내 너의 육근은 원래 하나도 아니고 여섯도 아니다'는 것을 알아야 한다.

阿難當知하라 是根非一非六이언만 由無始來 顚倒淪替할새 故於圓湛 一六義生이니
　아난아! '이 육근이 하나도 아니고 여섯도 아니지만, 시작이 없는 옛날부터 전도(顚倒)되어 빠지고 잠겨있기 때문에 본래 원만하고 고요한 가운데 하나이니 여섯이니 하는 의론(義論)이 생겼다'는 것을 알아야 한다.55)

汝須陀洹은 雖得六銷나 猶未亡一이니라
　네가 수타원(須陀洹)으로서 비록 여섯가지 매듭[六結]은 소멸하였으나 아직 하나를 없애지 못한 것이다.56)

---

55) 이미 정해진 意趣가 없다면 一과 六의 뜻도 본래부터 있었던 것이 아니라, 전도로 말미암아 생긴 것이다. 『계환해』(『卍속장경』17, p.769상)
56) 六은 麤惑妄結이요, 一은 法執細識이다. 수타원은 이미 麤惑을 끊어서, 色聲香味觸法의 바깥 경계에 빠지지 아니한 것이기에 六銷을 얻었다고 했다. 그러나 아직 법집에 걸려있다고 한 것은 一을 없애지 못했기 때문이다. (앞의 책 p.769상)
　*이후의 글로써 이를 증명한다면 이는 바야흐로 人空은 얻은 것이나 아직 법해탈을 이루지 못한 것이니, 俱空도 不生함에 이르러야만 一도 없는 경지에 이를 것이다. 그러나 소승은 반드시 六이 소멸된 연후라야 一이 없어진다고 하거니와, 대승은 바로 一을 없애어 하여금 六이 스스로 소멸하게 하는 것이다. 대개 말세에는 도를 궁구하여 비록 그 묘를 얻었다 하더라도 끝내 離微(법집)에 걸리게 되나니 참으로 一까지 없게 한 자는 구하여도 가히 많지가 않다. 다시 성인의 말씀을 미루어 생각하건대 뜻이 깊어 생각을 하게 한다. (앞의 책 p.769상)

如太虛空을 參合群器하면 由器形異하야 名之異空이오 除器觀空하면 說空 爲一어니와

마치 태허공(太虛空)을 여러가지 다른 모양의 그릇에 담아 놓으면 그릇의 모양이 다름으로 말미암아 '허공이 다르다'고 하다가, 이제 그릇을 치우고 빈 공간을 보게 되면 '허공이 하나였구나!'고 말하는 것과 같다.

彼太虛空이 云何爲汝하야 成同不同하리며 何況更名 是一非十가 則汝了知 六受用根도 亦復如是하니라

그러나 저 태허공(太虛空)이 어떻게 너 때문에 같기도 하고, 같지 않기도 하겠으며, 어찌 다시 '하나다, 하나가 아니다'고 하겠느냐? 너의 깨닫고 알아 여섯가지로 수용하는 근[六受用根]도 이와같다.57)

㈐原妄七58) ㉠原眼
由明暗等의 二種相形하야 於妙圓中에 黏湛發見하며

명암(明暗) 등의 두가지가 서로 나타남으로 인하여 묘하고 원만한 가운데 고요한 것에 붙어서 견(見)을 드러내는 것이다.59)

見精映色하고 結色成根하니 根元目爲 淸淨四大하고 因名眼體하니

견의 정미로움[見精]이 색(色)을 비추고, 색이라는 생각이 맺혀서 근(根)을 이루었으니 근의 근원(根元)을 지목하여 청정사대(淸淨四大)라고 하고, 이로 인하여 눈알[眼體]이라 한다.

---

57) 허공이 본래 同異가 없다는 것은 湛圓하여 본래 一과 六이 없는 것에 비유한 것이다. '그릇에 담아 그릇을 치웠다'는 것은 一과 六의 뜻이 생기는 이유를 비유로 밝힌 것으로, 太虛의 同異와 是非가 마침내 세울 수 없는 것임을 알면 곧 一과 六이 모두 없어 圓湛하여 나누어지지 않는다는 것이다. 『계환해』(『卍속장경』17, p.769하)
58) 原妄: 망이 발생하는 근원을 찾아가다. *一과 六이 이미 없거늘 지금 六根이 있는 것은 맑음에 붙이서 妄이 발생힘으로 말미암음 것이니 妄이 발생하는 근원을 찾아서 이로써 보인 것이다. (앞의 책 p.769하)
59) 妙湛圓明이 본래 見覺이 아니지만 妄에 붙어 眞을 잃음으로 말미암아 거기에서 見을 발하게 되는 것이다. (앞의 책 p.769하)

如蒲萄朵이나 浮根四塵 流逸奔色이니라

이는 마치 포도송이와 같으나 지혜가 없어 마침내 부근사진(浮根四塵)60)이 되어 흘러서 물질[色]로 치닫는 것이다.61)

ⓒ原耳
由動靜等 二種相擊하야 於妙圓中에 粘湛發聽이니

동정(動靜) 등 두가지가 서로 부딪혀 묘원(妙圓)한 가운데 담연(湛然)한 것에 붙어 들음[聽識]을 발한 것이다.

聽精映聲하야 卷聲成根하니 根元目爲 淸淨四大요 因名耳體하니

듣는 정기(精氣)가 소리에 비치고, 소리가 말려서 근(根)이 되었으니 근원(根元)을 지목하여 청정사대(淸淨四大)라 하고, 이로 인하여 귀살[耳體]이라 한다.

如新卷葉나 浮根四塵 流逸奔聲이니라

마치 새로 잎을 말아 돋아나는 새싹과 같으나 지혜가 없어 마침내 부근사진(浮根四塵)이 되어 흘러서 소리[聲]에로 치닫는 것이다.62)

---

60) 부근사진: 浮根이란 浮塵根 혹은 扶塵根이라고도 하는데 육근의 작용 가운데 견문각지하는 勝義根의 의미를 제하고, 두개의 포도알 같이 늘어진 眼球와 새로 잎을 말아 돋아나는 새싹과 같은 귀의 두 바퀴와 오이를 드리운 것과 같은 콧등과 초승달과 같은 혀와 장구통과 같은 몸과 어두운 방에서 보는 것처럼 아무런 분별이 없는 의식을 말한 것이니, 모두 識情이 없는 것이다. 四塵이란 지수화풍으로 이루어진 것이요, 흩어지게 되었을 때에는 다시 티끌로 돌아갈 것이기에, 塵이라 한 것이다.
61) 見精은 眼識이요 色은 眼塵이니, 두 가지가 妄結하여 眼根을 이루는 것이다. 이 根의 근원이 四大를 잡아 體를 이루는 것이기에 아직 경계에 치달리지 아니할 때에는 청정하다고 한다. 왜냐하면 이러한 때에는 두 눈알이 마치 포도알이 늘어진 것에 지나지 않기 때문이다. 대저 眼根이 體는 비록 갖추어졌다 하더라도 아직 眼識이 흐르지 아니하니 이른바 '다만 거울 속의 것과 같아서 따로 아는 바가 없다'고 함이 이것이다. 그러나 흘러서 경계에 치달린다면 곧 染이 되는 것이니 浮根四塵이라고 고쳐 부르고 청정사대라 이름하지 않았다. 『계환해』(『卍속장경』17, p.769하)
62) 이 아래는 다 앞의 해석과 같다. '새로 잎을 말았다'는 것은 귀에 구멍이 있음을 가

㉢ 原鼻

由通塞等 二種相發하야 **於妙圓中**에 **粘湛發嗅**이요

통하고 막히는 등 두가지가 서로 발하여 묘원(妙圓)한 가운데 담연한 것에 붙어 맡음[嗅]을 발한 것이다.

嗅精映香하야 **納香成根**이니 **根元目爲 淸淨四大**요 **因名鼻體**하니

맡는 정기(精氣)가 향기에 비치고 그 향기를 받아들여 근(根)이 되었으니 근원을 지목하여 청정사대(淸淨四大)라 하고, 이로 인하여 코[鼻體]라 한다.

如雙垂爪이나 **浮根四塵 流逸奔香**이라

마치 쌍으로 드리운 손톱과 같으나 지혜가 없어 마침내 부근사진(浮根四塵)이 되어 흘러서 냄새[香]로 치닫는 것이다.

㉣ 原舌

由恬變等 二種相參하야 **於妙圓中 黏湛發嘗**이요

그대로 있거나 변화하는[恬變] 등 두가지가 서로 섞여서 묘원(妙圓)한 가운데 담연한 것에 붙어 맛봄[嘗]을 발생한 것이다.

嘗精映味하야 **絞味成根**이니 **根元目爲 淸淨四大**요 **因名舌體**하니

맛보는 정기가 맛에 비치고, 맛을 짜내어 근(根)이 되었으니 근원을 지목하여 청정사대(淸淨四大)라 하고, 이로 인하여 혀[舌體]라 한다.

如初偃月이나 **浮根四塵 流逸奔味**니라

마치 초승달[初偃月]과 같으나 지혜가 없어 마침내 부근사진(浮根四塵)이 되어 흘러서 맛[味]으로 치닫는 것이다.[63]

리킨 것이다. (앞의 책 p.770상)
63) 항상한 성품이 恬이요, 맛으로 달리는 것이 變이다. 초승달이 누운 모습이니 舌相이

㉤原身

由離合等 二種相摩하야 **於妙圓中 黏湛發覺**이요
　합하고 여의는 등 두가지가 서로 마찰하여 묘원(妙圓)한 가운데 담연한 것에 붙어서 느끼는 성품[覺]을 드러낸 것이다.

覺精映觸하야 **搏觸成根**이니 **根元目爲 淸淨四大**요 **因名身體**하니
　느끼는 정기[覺精]64)가 촉(觸)에 비추이고, 촉을 뭉쳐서 근(根)이 되었으니 근원을 지목하여 청정사대(淸淨四大)라 하고, 이로 인하여 몸[身體]이라 한다.

如腰鼓顙이니 **浮根四塵 流逸奔觸**이니라
　마치 허리가 가는 장구통[腰鼓]과 같으니65) 지혜가 없어 마침내 부근사진(浮根四塵)이 되어 흘러서 느낌[觸]으로 치닫는 것이다.

㉥原意

由生滅等 二種相續하야 **於妙圓中 黏湛發知**이요
　생멸(生滅) 등 두가지가 상속하여 묘원(妙圓)한 가운데 담연한 것에 붙어서 아는 성품[知]을 드러낸 것이다.

知精映法하야 **覽法成根**이니 **根元目爲 淸淨四大**요 **因名意思**하니
　아는 정기가 법66)에 비추이고, 법을 모아서 근(根)이 되었으니, 근원은 청정사대(淸淨四大)라 하고, 이로 인하여 의사(意思)67)라 부

　이와같다. 모두 無情物을 비유한 것은 體는 비록 갖추어졌으나 識이 아직 흐르지 않는 상태이다. 『계환해』(『卍속장경』17, p.770상)
64) 느끼는 정기[覺精]란 身識을 가리킨다. (앞의 책 p.770하)
65) 腰鼓顙[장구통]과 같다고 한 것은 한갓 觸體만 있고 觸用은 없는 것이니 淸淨根元에 비유한 것이다. 이마[顙]가 根元을 비유한 것이라면 북은 浮根에 비유한 것으로 본래 浮根을 말미암은 다음에 흐르게 되는 것이 마치 이마[顙]가 북을 이룬 다음이라야, 觸이 흐르게 되는 것과 같다. 『계환해』(『卍속장경』17, p.770하)
66) 육경 가운데 意에 대상인 법(法)이다.
67) 思란 유식에서 5변행의 하나로서 受와 想의 분별 위에서 의지(意志)가 身語意 세 방면으

른다.

如幽室見이나 **浮根四塵 流逸奔法**이니라
　마치 어두운 방에서 보는 것처럼, 지혜가 없어 마침내 부근사진(浮根四塵)이 되어 흘러서 법(法)으로 치닫는 것이다.68)

㋥結顯
阿難 如是六根이 **由彼覺明**에 **有明明覺**하야 **失彼精了**하고 **黏妄發光**이니라
　아난아! 이와같이 육근(六根)이 각명(覺明)에 밝히려는 명각(明覺)69)이 있으므로 말미암아 정미롭게 아는 것을 잃고 허망에 붙어서 빛을 드러낸 것이니,70)

是以汝今에 **離暗離明**이면 **無有見體**요 **離動離靜**이면 **元無聽質**이오
　그러므로 그대가 지금 명암(明暗)을 여의면 보는 작용의 자체가 없을 것이고, 움직임과 고요함을 여의면 원래로 듣는 성질의 작용이 없을 것이며,

無通無塞이면 **齅性不生**이오 **非變非恬**이면 **嘗無所出**이오 **不離不合**이면 **覺觸本無**요 **無滅無生**이면 **了知安寄**리오
　통색(通塞)이 없으면 맡는 성품의 작용도 생기지 않을 것이며, 변화와 담담함이 없으면 맛보는 작용도 나오지 않을 것이며, 합리(合離)를 여의면 느낌(覺觸)의 작용도 본래 없을 것이며, 생멸(生滅)이 없으면 분별해 아는 작용이 어디에 의지할 수 있겠느냐?71)

　　로 나타나는 것을 말한다.
68) 어두운 방에서 보는 것이기에 아직 식정(識情)이 흐르지는 아니하나 그래도 그 體는 있는 것이다. 『계환해』(『卍속장경』17, p.770하)
69) '밝히려는 明覺이 있다'는 것은 이른바 性覺必明와 같아서 허망하게 明覺이 된 것이다. (앞의 책 p.770하)
70) '妄에 붙어서 빛을 드러낸다'는 것은 妄에 見覺의 작용이 있음을 가리킨다. (앞의 책 p.770하)

㈃顯圓四　㉠開發

汝但不循 動靜合離와 恬變通塞과 生滅明暗의 如是十二 諸有爲相하고 隨拔一根하야 脫黏内伏하야 伏歸元眞하면 發本明耀하리니

　네가 다만 동정(動靜)과 합리(合離)와 염변(恬變)과 통색(通塞)과 생멸(生滅)과 명암(明暗) 등 이와같은 열두가지의 여러 유위(有爲)의 모습을 따르지 아니하고, 육근(六根) 가운데 하나의 근(根)을 골라 집착에서 벗어나고, 안으로 마음을 다잡아서 원래의 참된 상태로 돌아가면 저절로 본래의 밝은 빛이 드러날 것이다.

耀性發明하면 諸餘五黏도 應拔圓脫하리라

　이와같이 밝은 성품이 환히 드러나면 나머지 오근(五根)에 대한 집착도 사라져서 원만히 해탈하게 될 것이다.72)

不由前塵 所起知見하면 明不循根이늘 寄根明發일새 由是六根互相爲用이라

　앞의 대상에 의해서 일어난 지견(知見)을 따르지 아니하면, 밝음이 근(根)을 따르지 아니하고 오히려 근을 의지하여 밝음이 드러나기 때문에 이로 말미암아 서로서로 묘용이 될 것이다.73)

---

71) 위에서는 妄을 의지하여 발생되었기 때문에 六根이 다 허망이라고 해석한 것이다. 그러므로 만약 六塵을 여의면 다 자체가 없다고 한 것이다. 了知는 意의 작용이다.『계환해』(『卍속장경』17, p.770하)
72) 動靜 등 열두가지 相이 육근에 붙어서 湛明함을 장애하는 까닭에 一根을 뽑으면 本明이 발하리니 本明이 한번 발하면 妄粘에서 다 벗어나 원만하리라. (앞의 책 p.771상)
73) 진실을 잃고 허망에 붙게 되면 前塵으로 말미암아 浮根을 따르는 까닭에 隔礙를 이루거니와, 妄粘에서 벗어나면 말미암지도 않고 따라지도 아니하여 다만 根에 의탁할 뿐이기에 互用이라고 한 것이다.『계환해』(『卍속장경』17, p.771상)

ⓛ引證74)

阿難 汝豈不知아 今此會中에 阿那律陀는 無目而見하고 跋難陀龍은 無耳而聽하며 殑伽神女는 非鼻聞香하고 驕梵鉢提는 異舌知味하며

아난아! 너는 어찌하여 '지금 이 모임 가운데 아나률타(阿那律陀)75)는 눈이 없는데도 보고, 발란타용(跋難陀龍)76)은 귀가 없는데도 들으며, 긍가신녀(殑伽神女)77)는 코가 없는데도 냄새를 맡고, 교범바제(驕梵鉢提)78)는 혀가 다른데도 맛을 알며,

舜若多神은 無身有觸하니 如來光中에 映令暫現이나 旣爲風質일새 其體元無하며

순야다신(舜若多神)79)은 몸이 없는데도 촉감을 느끼는데, 그것은 여래광명(如來光明) 가운데에 비침은 잠깐이나 이미 바람의 체질이므로 그 몸이 원래 없기 때문이며,

---

74) 根이 없다는 것은 浮根四塵이 없다는 것이다.
75) '아나률존자'는 精進으로 인하여 失明하였으나 능히 볼 수 있었다. 『계환해』(『卍속장경』17, p.771상)
76) 跋難陀龍을 賢喜라 번역 한다. 귀로 듣는 것이 아니라 뿔로 듣는 나고 한다.
77) '恒河之神'은 코가 없는데도 향기를 맡았다. 『계환해』(『卍속장경』17, p.771상) *殑伽神女는 항하의 梵音이니 항하의 女神을 가리킨다.
78) '驕梵'은 소의 되새김하는 과보를 받았기에 혀가 다르다고 한 것이다. (앞의 책 p.771상) *교범바제는 소와 같이 되새김질을 한다는 뜻에서 牛呵라 번역한 것이다.
79) '舜若多'는 허공을 주재하는 神이니 그 본질이 바람과 같으나 능히 覺觸하였다는 것이다. 『계환해』(『卍속장경』17, p.771상) *舜若多神은 허공의 神으로 몸이 없는 것이 늘 고통이었는데 부처님이 광명을 놓아 그 광명 속에서 몸이 없으면서도 감촉을 얻게 하여 그 몸이 바람과 같은 줄을 알게 하였다 한다.

諸滅盡定에 得寂聲聞이 如此會中 摩訶迦葉은 久滅意根이로대 圓明了知를 不因心念하나리라

또 여러 멸진정(滅盡定)80)을 닦아 고요를 얻은 성문(聲聞) 가운데 마하가섭(摩訶迦葉)81) 같은 이는 이미 오래 전에 의근(意根)을 멸하였지만 '마음을 쓰지 않고도 뚜렷이 밝게 안다'는 것을 생각하지 못하느냐?

㉢結示
阿難 今汝諸根을 若圓拔已하고 內瑩發光하면 如是浮塵 及器世間의 諸變化相이 如湯銷冰하야 應念化成 無上知覺하리라

아난아! 네가 만약 지금 여러 근(根)을 원만하게 뽑고, 안으로 환하게 광명을 발한다면 이와같은 부진근(浮塵根)과 기세간(器世間)의 가지가지 변화하는 현상이 마치 끓는 물에 얼음 녹듯하여 염(念)을 따라 변화하여 최상의 깨달음을 이루게 될 것이다.82)

㉣驗顯
阿難 如彼世人이 聚見於眼이라가 若令急合하야 暗相現前하면 六根黯然하야 頭足相類라가

아난아! 마치 세상 사람들이 보는 힘[見]을 눈에 모았다가 갑자기 눈을 감아 눈앞이 온통 어두우면 육근(六根)이 캄캄함이 머리에서 발끝까지 한결같을 것이다.83)

---

80) '멸진정을 닦아 空寂을 얻었다'는 것은 意根이 소멸한 것이다. 『계환해』(『卍속장경』 17, p.771상)
81) '大迦葉은 비록 意根은 멸하였으나 모든 것을 요달해 알았으니, 이는 모두 타를 의지하거나 따르지 않고 본래의 밝은 지혜의 빛을 발한 것이다. (앞의 책 p.771상)
82) 저 精了함을 잃고 塵을 말미암아 見을 일으킨다면 根과 境이 장애를 이루게 되리라. 그러므로 집착에서 벗어나고 원만히 빼어나 眞光이 瑩發하게 되면 浮塵幻相이 마치 끓는 물에 어름이 녹듯하여 하나의 원융한 淸淨實覺을 이루리게 되리라.『계환해』(『卍속장경』17, p.771하)
83) '보는 힘을 눈에 모았다'는 것은 明을 반연하여 見이 있을 때이다. '갑자기 눈을 감아 어둡다'는 것은 어두워서 보이는 것이 없을 때이다. 『계환해』(『卍속장경』17, p.771하)

彼人以手로 循體外繞하면 彼雖不見이나 頭足一辨하야 知覺是同이니라

그러나 그 사람이 손으로 몸을 따라 더듬어 가면 그가 비록 보지는 못하더라도 머리와 발을 단번에 가려서 깨닫는 것이 밝을 때와 같을 것이다.

緣見因明이라 暗成無見어니와 不明自發하면 則諸暗相이 永不能昏하리니

반연하여 대상을 보는 것은 밝음을 의지하기 때문에 어두우면 볼 수 없으나 설사 밖이 밝지 않더라도 스스로의 심성을 발한다면 곧 가지가지 어두움이 영원히 어두울 수는 없을 것이다.

根塵旣銷인댄 云何覺明 不成圓妙리요

(이와같은 이치에서 볼 때에) 근진(根塵)이 이미 소멸했다면 어찌 깨달음의 밝은 성품[覺明]이 진정한 원묘(圓妙)을 이루지 못하겠는가?84)

⑤牒審常性二 ㈎問難
阿難 白佛言호대 世尊 如佛説言하야 因地覺心으로 欲求常住인댄 要與果位로 名目相應이니다

아난이 부처님께 사뢰었다. "세존이시여! 부처님께서는 '인지(因地)의 깨닫고자 하는 마음이 여래의 상주과(常住果)를 구하고자 할 때에는 그 과위(果位)의 명목(名目)에 상응해야 한다'고 하셨습니다.

---

84) '六根 가운데 머리에서 발끝까지 이미 암연(黯然)하여 보이는 것이 없으나 이를 감촉함에 하나하나 능히 가릴 수 있는 것이 밝을 때와 같다'고 했으니 이로 말미암아 징험해 보건대 빛이 없더라도 스스로 지혜를 발한다면 어둠이 능히 어둡게 하지 못하는 것이다. 이는 사람이면 누구나 갖추고 있는 것으로 다만 집착에서 벗어나 塵을 소멸한다면 스스로 圓妙를 이루게 되기 때문이다. 『계환해』(『卍속장경』17, p.771하)

世尊 如果位中에 菩提涅槃과 眞如佛性과 菴摩羅識과 空如來藏과 大圓鏡
智의 是七種名이 稱謂雖別이나

　세존이시여! 과위(果位) 가운데 보리와 열반과 진여와 불성과 암
마라식[제9식]과 공여래장과 대원경지 등 일곱가지 명칭이 그 이름
은 비록 각기 다르나

淸淨圓滿하며 體性堅凝이 如金剛王하야 常住不壞어늘

　청정하고 원만하여 그 자체의 성품이 단단하고 응어리져 있음은
마치 금강왕(金剛王)이 항상 머물러 무너지지 않는 것과 같습니
다.85)

若此見聽이 離於明暗과 動靜通塞코는 畢竟無體인댄 猶如念心이 離於前塵
코는 本無所有니다

　만약 보고 듣는 것이 명암(明暗)과 동정(動靜)과 통색(通塞)을 여
의고는 필경에 몸[體]이 없는 것이 마치 사물을 생각하는 마음이
전진(前塵)을 떠나서는 본래 아무 작용이 없는 것과 같습니다.

云何將此 畢竟斷滅하야 以爲修因하야 欲獲如來 七常住果리잇고

　어떻게 필경 아무 것도 없는 허망한 모습[斷滅]으로 수행의 인
(因)을 삼아 여래의 일곱가지 상주과(常住果)를 얻을 수 있겠습니

---

85) 여러 부처님의 얻은 바가 보리요, 寂靜常樂이 열반이며, 不妄不變이 진여이고, 離過
絶非가 불성이며, 일체를 분별하여 染着이 없는 것이 庵摩羅識[제9식]이요, 한 법도 세
우지 아니하여 번뇌가 없는 것이 공여래장이며, 만법을 洞照하여 분별이 없는 것이 대
원경지이다. 암마라는 無垢라 번역하니 즉 第九 白淨識이다. 이미 지혜를 이루었는데
도 識이라 이름한 것은 능히 분별을 할 수 있기 때문이다. 楞伽에 '분별이 識이요, 무
분별이 지혜라' 하다. 『계환해』(『卍속장경』17, p.772상)
　*공여래장이 있고 불공여래장이 있으며 空不空 如來藏도 있다. 보적경에 이르대 '공여
래장은 해탈하지 못한 일체번뇌를 여읜 것이요, 불공여래장은 河沙諸佛의 부사의법을
갖춘 것이며, 空不空 如來藏은 형편에 따라 空色이 되어서 널리 일체에 응한다' 하였
으니 뒤의 두가지는 用의 입장에서 붙여진 이름이요, 오직 공여래장만이 참다운 體라
할 수 있으므로 果라고 부르는 것이다. (앞의 책 p.772상)

까?86)

世尊 **若離明暗**코는 **見畢竟空**인땐 **如無前塵**이면 **念自性滅**이니다

세존이시여! 만약 '명암을 여의고는 보는 작용이 필경 공(空)하다'고 하신 것은 마치 '전진(前塵)이 없으면 염(念)의 자성도 멸한다'라는 말과 같습니다.

進退循環하야 **微細推求**라도 **本無我心** **及我心所**하니 **將誰立因**하야 **求無上覺**리잇고

제가 이리저리 생각하여 자세하게 찾아보아도 본래 나의 마음과 마음의 대상을 찾을 수 없으니, 장차 무엇으로 인(因)을 삼아 최상의 깨달음을 구할 수 있겠습니까?

如來先說하신 **湛精圓常**이 **違越誠言**하야 **終成戲論**이리니 **云何如來**를 **眞實語者**리잇고 **惟垂大慈**하사 **開我蒙恡**하소서

여래께서 앞에서 '담정(湛精)하고 원상(圓常)하다'고 설하신 진실한 말씀에 위배[違越]되어 마침내 희론이 된다면 어떻게 여래를 진실한 말씀을 하시는 분이라 할 수 있겠습니까? 오직 큰 자비를 드리우시어 저희들의 어리석음을 열어 주소서."87)

---

86) 幻妄을 여의고 참다운 본래의 것을 회복해서 항상 머물러 무너지지 않는 것이 七常住果이다. 보고 듣는 여섯 가지 작용은 경계[塵]를 여의고는 따로 체가 없으니 斷滅法이다. 이러한 斷滅因을 의지하여 상주과를 구하거니 어찌 서로 응할 수 있겠는가? 이는 緣塵을 오인하고 비록하여 상주하는 진성을 잃은 것이다. 常性을 잃음으로 밀미암아 常果에 계합하기 어렵게 된 것이니 實地를 修證하고자 함에는 큰 장애[患]가 되기 때문에 밝히기 어렵다고 한 것이다.『계환해』(『卍속장경』17, p.772상)
87) 다시 헤아리기를 '경계를 여의고는, 필경 여섯가지 작용이 斷滅이다'고 하신 말씀에 의심이 생겨서 도리어 '앞에 부처님께서 湛常이라 하심이 진실하지 못하고, 희론에 가까운 것이어서 진실어라고 함 수 없다'라고 한 것이다.『계환해』(『卍속장경』17, p.772하)
  *여래께서 앞에서는 '湛精圓常'이라 하시고 여기에서는 '若離明暗 見畢竟空'이라 하시니 앞뒤도 맞지 않고 희론이어서 眞實語라고 할 수 없다'는 말이다. 여래께서 먼저 '湛

(나)興審二 ㉮辨迷三 ㈎叙迷
佛告阿難 汝學多聞 未盡諸漏라 心中徒知 顚倒所因하고 眞倒現前호대 實未能識하나니

부처님이 아난에게 말씀하셨다. "네가 다문(多聞)만 배우고 가지가지 번뇌를 다하지 못한 것이니 그러므로 마음속에 다만 전도(顚倒)의 원인만 알고, 참으로 전도가 드러나도 이를 깨닫지 못하는 것이다.

恐汝誠心 猶未信伏일새 吾今試將 塵俗諸事하야 當除汝疑호리라

그대가 성심으로 신복(信伏)하지 못할까 염려스러워 내 이제 세속의 여러가지 일을 들어 너의 의혹을 제거해 주리라."88)

(ㄴ)驗倒二 ㈀約根驗
卽時如來 敕羅睺羅하사 擊鐘一聲하고 問阿難言하사대 汝今聞不아

그 때 여래께서 나후라에게 명하여 종을 한 번 치게 하시고, 아난에게 물으셨다. "너는 지금 듣느냐?"

阿難大衆이 俱言我聞이니다 鐘歇無聲커늘 佛又問言하사대 汝今聞不아 阿難大衆 俱言不聞이니다

아난과 대중이 함께 대답했다. "저희들은 들었습니다." 종소리가 없어지자 부처님이 다시 물으셨다. "너는 지금도 듣느냐?" 아난과 대중이 함께 대답했다. "듣지 못합니다."

精圓常'이라고 설하신 것은 불생멸의 眞體인 여래장을 가리킨 것이요, '若離明暗 見畢竟空'이라고 하신 것은 眞體가 연에 따라 생멸작용함을 가리킨 것이거늘 아난이 혼동한 것이다.
88) 아난이 전도하게 된 원인은 번뇌를 다하지 못하고 허망하게 의심하고 분별하기 때문이다. 본문에 眞顚倒란 항상한 것을 무상[斷]이라고 여기는 것이다. 『계환해』(『卍속장경』17, p.772하)

時羅睺羅 又擊一聲ᄒᆞ늘 佛又問言 汝今聞不ᄋᆞ 阿難大衆 又言俱聞이니다
佛問阿難ᄒᆞ사대 汝云何聞이며 云何不聞고

 그 때 나후라가 다시 한 번 종을 치자 부처님이 또 물으셨다. "너는 지금 들었느냐?" 아난과 대중이 또 대답했다. "모두 들었습니다." 부처님이 아난에게 물으셨다. "너는 어떤 것을 들었다고 하고, 어떤 것을 듣지 못했다고 하는가?"

阿難大衆 俱白佛言ᄒᆞ대 鐘聲若擊ᄒᆞ면 則我得聞이오 擊久聲銷ᄒᆞ야 音響雙絶ᄒᆞ면 則名無聞이니다

 아난과 대중이 함께 부처님께 말씀드렸다. "종을 쳐서 소리가 나면 듣는다고 하고, 종을 친 지가 오래 되어 소리가 사라져서 메아리까지 없어지면 듣지 못한다고 합니다."89)

ㄴ)約塵驗
如來又敕 羅睺羅 擊鐘ᄒᆞ시고 問阿難言ᄒᆞ사대 汝今聲不ᄋᆞ

 여래께서 다시 또 나후라에게 명하여 종을 치게 하시고 아난에게 물으셨다. "너는 지금 종소리가 있다고 생각하느냐?"

阿難大衆 俱言有聲이니다 少選聲銷어늘 佛又問言ᄒᆞ사대 爾今聲不ᄋᆞ 阿難大衆 答言無聲이니다

 아난과 대중이 함께 대답했다. "종소리가 있습니다" 조금 있다가 소리가 없어지자 부처님이 다시 물으셨다. "너는 지금도 소리가 있다고 생각하느냐?" 아난과 대중이 대답했다. "소리가 없습니다."

---

89) 이는 다만 소리는 없어지더라도 들음이 없어진다고 생각해서는 안된다는 것이니, 반드시 두 번 종을 치게 하여 거듭 물은 것은 자세히 살펴서 깨닫게 하려는 것이다. 『계환해』(『卍속장경』17, p.773상)

有頃羅睺 更來撞鐘이어늘 佛又問言하사대 爾今聲不아 阿難大衆이 俱言有聲이니다

　잠깐 있다가 나후라가 다시 와서 종을 치니 부처님이 또 물으셨다. "너는 지금 소리가 있다고 생각하느냐?" 아난과 대중이 함께 대답했다. "소리가 있습니다."

佛問阿難하사대 汝云何聲이며 云何無聲고

　부처님이 아난에게 물으셨다. "너는 어떤 것을 소리가 있다고 하고, 어떤 것을 소리가 없다고 하느냐?"

阿難大衆이 俱白佛言호대 鐘聲若擊하면 則名有聲이오 擊久聲銷하야 音響雙絶하면 則名無聲이니다

　아난과 대중이 모두 부처님께 말씀드렸다. "종을 쳐서 소리가 나면 소리가 있다고 하고, 종을 친 지가 오래 되어 소리가 사라지고 메아리까지 없어지면 소리가 없다고 합니다."

(ㄷ)責惑

佛語阿難 及諸大衆하사대 汝今云何 自語矯亂고 大衆阿難이 俱時問佛호대 我今如何 名爲矯亂이닛고

　부처님이 아난과 대중에게 말씀하셨다. "너희들은 지금 어찌하여 스스로 하는 말이 두서가 없느냐?" 아난과 대중이 함께 부처님께 여쭈었다. "저희들이 지금 어떠하기에 두서가 없다고 하십니까?"

佛言 我問汝聞에 汝則言聞하고 又問汝聲에 汝則言聲하야 唯聞與聲에 報答無定하니 如是云何 不名矯亂이리요

　부처님이 말씀하셨다. "내가 너에게 '듣느냐'고 물으면 너는 곧 '들었다'고 하고, 또 너에게 '소리가 있느냐'하고 물으면 너는 곧 '소리가 있다'고 말하여 '들음과 소리'에 대한 대답이 일정하지 아니하니 이것을 어찌 '두서없다'고 부르지 않겠느냐?90)

⑭正審四 (ㄱ)顯常

阿難 聲銷無響을 汝說無聞하니 若實無聞인댄 聞性已滅하야 同于枯木이어늘
　아난아! 소리가 사라지고 메아리까지 없어지면 너는 이를 들음이 없다고 말했는데, 만약 참으로 들음이 소멸하였다면 듣는 성품이 이미 멸하여 고목과 같을 것이다.

鐘聲更擊에 汝云何知리오
　종을 다시 친들 네가 어떻게 알겠느냐?

知有知無는 自是聲塵이 或無或有언정 豈彼聞性이 爲汝有無아
　소리가 있음을 알고, 소리가 없음을 아는 가운데 스스로 이 소리가 혹 있기도 하고 혹 없기도 할지언정 어찌 저 듣는 성품이 너에게서 '있었다 없었다' 하겠느냐?

聞實云無인댄 誰知無者리오
　만약 듣는 성품이 참으로 없다면 무엇이 없는 줄을 아느냐?91)

是故阿難아 聲於聞中에 自有生滅이언정 非爲汝聞은 聲生聲滅이라도 令汝聞性으로 爲有爲無어늘
　그러므로 아난아! 소리는 그 듣는 가운데 스스로 생멸이 있을 수 있으나 너의 듣는 성품은 소리가 생기고 소리가 멸하더라도 '있었다 없었다' 하게 하는 것이 아니다.92)

---

90) 앞에서 들음이 없다고 답한 것은 잘못된 것이요, 여기서 종소리가 없다고 답한 것은 잘못이 아니다. 대저 종소리에는 생멸이 있을지언정 그 듣는 성품은 항상한 것이거늘, 미혹된 마음으로 요달하지 못하여 들음과 소리가 같다고 했으니, 이는 항상한 것을 끊겼다고 집착한 것이다. 『계환해』(『卍속장경』17, p.773상)
91) 소리는 혹 없기도 하고 혹 있기도 하나 듣는 성품은 일찍이 없지 아니하였으니 이른바 소리가 없더라도 듣는 성품은 滅이 아니요, 소리가 있더라도 듣는 성품은 生이 아니니 이것이 바로 不生不滅한 眞常한 聞性의 모습이다. 대저 소리가 없는 것을 아는 것도 聞根을 말미암는 것이므로 소리가 없어졌다고 하여 듣는 성품마저 없다고 하는 것은 잘못이다. 『계환해』(『卍속장경』17, p.773하)

(ㄴ)警發
汝尙顚倒하야 惑聲爲聞하니 何怪昏迷하야 以常爲斷이리요
　네가 아직도 전도(顚倒)되어 있기에 소리에 미혹하여 소리가 있을 때만 듣는다고 생각하는 것이다. 어찌 그렇게 혼미하여 '항상한 것을 없어지는 것이다'라고 이상하게 생각하느냐?

終不應言호대 離諸動靜과 閉塞開通코는 說聞無性이니라
　부디 가지가지 동정(動靜)과 개폐(開閉)와 통색(通塞)을 여의면 그 듣는 성품도 없어진다고 말하지 말라.93)

(ㄷ)驗常
如重睡人이 眠熟床枕에 其家有人이 於彼睡時에 擣練舂米하면
　마치 깊이 잠든 사람이 침대에서 한참 자고 있을 때에 가족들이 다듬질이나 방아를 찧으면

其人夢中에 聞舂擣聲하고 別作他物호대 或爲擊鼓하며 或爲撞鐘하야 卽於夢時에 自怪其鐘이 爲木石響이라가
　그 사람이 잠결에 방망이 소리와 절구소리를 듣고 다른 소리로 착각하여 혹은 북을 치거나 혹은 종을 치는 줄로 알고 꿈에서 스스로 '종소리가 마치 나무나 돌을 두드리는 소리와 같다'고 괴이하게 여기다가

---

92) 앞의 내용에 덧붙여서 듣는 성품의 항상함을 드러낸 것이다. (앞의 책 p.773하)
93) 앞의 내용에 덧붙여서 경책을 발하되 항상한 성품을 깨닫게 한 것이다. (앞의 책 p.773하)

於時忽寤하야 遄知杵音하고 自告家人호대 我正夢時에 惑此舂音하야 將爲鼓響이니라

그때에 문득 깨어서 절구소리인 줄을 알고는 스스로 집안 사람들에게 '내가 지금 꿈을 꾸었는데 이 절구소리를 그만 북소리로 잘못 들었었다'고 말하는 것과 같다.

阿難 是人夢中에 豈憶靜搖와 開閉通塞이리요 其形雖寐나 聞性不昏이니

아난아! 이 사람이 꿈속에서 어떻게 고요함과 흔들림과 열림과 닫힘과 통함과 막힘을 기억할 수 있으리요? 그것은 그가 몸은 비록 잠을 자고 있었으나 듣는 성품은 어둡지 않기 때문이다.

縱汝形銷하야 命光遷謝런들 此性云何 爲汝銷滅이리요

가령 너의 몸이 없어져서 목숨이 바뀐다 하더라도 이 성품이야 어찌 너에게서 있었다 없어졌다 하겠느냐?94)

(ㄹ)結告95)

以諸衆生 從無始來로 循諸色聲하되 逐念流轉하고 曾不開悟 性淨妙常하니

모든 중생들이 시작이 없는 옛날부터 가지가지 성색(聲色)을 따르되 그 따르는 마음을 쫓아 윤회[流轉]하고, 일찍이 성정묘상(性淨妙常)을 깨닫지 못하니,

---

94) 이는 모든 중생이 비록 妄에 전도되어 생사에 있으나 常性은 不昏不滅함을 징험한 것이다. 『계환해』(『卍속장경』17, p.773하)
95) 성품의 항상힘을 깨닫지 못했기 때문에 諸生滅을 쫓는 것이니, 만약 常性을 지킨다면 상주과를 바랄 수 있을 것이다. 앞에서 '常性을 가려서 因地의 마음을 삼으라' 하였거늘 아난이 앞의 내용을 들어 다시 힐란한 까닭에 결론지어 답한 것이다. 『계환해』(『卍속장경』17, p.774상)

不循所常하고 逐諸生滅일새 由是生生에 雜染流轉어니와

 이렇게 항상한 것을 따르지 아니하고, 가지가지 생멸을 따르기 때문에 이로 말미암아 세세생생에 어지러운 생각으로 윤회[流轉]하게 되는데,

若棄生滅하고 守於眞常하면 常光現前하야 根塵識心이 應時銷落하리라

 만약 생멸을 버리고 진실되고 항상함을 지킨다면 영원한 광명이 눈앞에 드러나 근진식심(根塵識心)이 바로 사라질 것이다.

想相爲塵이오 識情爲垢니 二俱遠離하면 則汝法眼이 應時淸明이어니 云何不成無上知覺이리요

 추리하고 상상하는 것[想相]은 어지러운 티끌이요, 분별하고 사량하는 것[識情]은 더러운 때이다. 이 두 가지를 멀리 여의면 바로 너의 진리의 안목[法眼]이 청명할 것인데, 어찌 최상의 깨달음을 이루지 못하겠느냐?96)

---

96) '영원한 광명이 눈앞에 드러나 根塵과 識心이 바로 사라진다'는 것은 常住眞心을 얻으면 眞妄이 스스로 없어짐을 설명한 것이다. 眞妄이 이미 멸했다면 法眼이 스스로 밝아질 것이요, 이로써 因地를 삼는다면 七常住果를 가히 얻게 되기 때문에 '어찌 최상의 깨달음을 이루지 못하겠느냐?'라고 한 것이다. 『계환해』(『卍속장경』17, p.774상)

大佛頂 如來密因 修證了義 諸菩薩萬行 首楞嚴經 제5권

2.修行眞要二97) 1)解結眞要二 (1)阿難牒請

阿難白 佛言世尊이시여如來雖説 第二義門이나 今觀世間 解結之人컨대 若不知其 所結之元이면 我信是人이 終不能解이니다

아난이 부처님께 사뢰었다. "세존이시여! 여래께서 비록 제2의문(第二義門)98)을 말씀하셨으나 지금 세간에서 맺힌 것을 풀려는 사람을 볼 때에 만약 맺히게 된 것의 근원을 알지 못한다면 저는 참으로 '이 사람이 마침내 매듭을 풀지 못할 것이다'고 생각됩니다.

世尊 我及會中 有學聲聞 亦復如是하야 從無始際 與諸無明히 俱滅俱生하나니 雖得如是 多聞善根하야 名爲出家이나 猶隔日瘧하노이다

세존이시여! 저와 이 모임에 더 배워야 할 유학(有學)인 성문(聲聞)들 또한 이와 같아서 시작이 없는 옛날부터 온갖 무명[諸無明]99)과 함께 소멸하고 함께 태어났기에, 비록 이와같이 다문(多聞)의 선근(善根)을 얻어 이름이 출가라 하지만 아직 하루걸러 찾아오는 학질100)과 같습니다.

---

97) 修行眞要: 아난이 성품은 보았으나 아직 證入하지 못한 것이 마치 華屋을 만나고도 그 문을 찾지 못한 것과 같기 때문에 마침내 수행의 바른 방편을 청한 것이다. 앞에서 眞基를 보인 것은 華屋의 터전이요, 여기서 眞要를 보인 것은 華屋의 門이다. 『계환해』(『卍속장경』17, p.774하)
98) 앞의 第二義의 문(審業本)은 중생들로 하여금 업의 근본을 살피게 한 글이었다. 그 글에서 부처님이 이르시기를 '不見所結하고 云何知解리요'라고 하였으므로 여기에서 그 내용을 거론하며 다시 청한 것이다. (앞의 책 p.774하)
99) 諸無明이란 근본무명과 지말무명에 다 통하는 것이다. 『계환해』(『卍속장경』17, p.774하)
100) 잠시 잠복하고 영원히 끊어진 것은 아니기에 '마치 하루씩 거르는 학질과 같다'고 한 것이다. 이는 解結眞要를 알시 못했기 때문이나. (앞의 책 p.774하) *학질을 '말라리아'라고도 하는데 말라리아 원충이 학질모기의 타액과 함께 인체의 모세관 속에 들어가 적혈구에 기생하여 격일 또는 매일 일정한 간격으로 오한이나 열이 생기게 하는 병이다.

惟願大慈 哀愍淪溺하소서 今日身心 云何是結이며 從何名解이닛고 亦令未來 苦難衆生으로 得免輪廻하고 不落三有닛가

　오직 바라옵건대 큰 자비를 드리우시어 미혹에 빠져 헤어나지 못함을 불쌍히 여기소서! 오늘날 이 몸과 마음이 어찌하여 이렇게 맺혔으며, 어떻게 해야 이 매듭을 풀 수 있으며, 또한 미래에 고난 받는 중생들이 윤회를 면하고 삼계에 떨어지지 않겠습니까?"101)

作是語已 普及大衆으로 五體投地하고 雨淚翹誠하야 佇佛如來無上開示니라

　이렇게 말하고는 대중들과 함께 오체투지(五體投地)102)하고 눈물을 흘리면서 정성을 다하여 부처님의 위없는 가르침을 기다리고 있었다.

(2)眞慈開示四　①金手摩頂

爾時世尊 憐愍阿難 及諸會中의 諸有學者하고 亦爲未來 一切衆生하사 爲出世因하고 作將來眼코저 以閻浮檀 紫金光手로 摩阿難頂하신대

　그 때 세존께서 아난과 이 모임의 여러 더 배워야 할 유학(有學)들을 가엾게 여기시고, 또한 미래의 일체중생을 위하여 세간을 벗어나는 인(因)이 되고, 장래의 법안(法眼)을 열어 주시려고 염부단(閻浮檀)의 금빛 나는 손으로 아난의 정수리를 어루만지셨다.103)

---

101) 몸과 마음에 맺혀 있는 의혹은 정말 미래고난의 근본이 되고, 맺힌 것을 푸는 근원은 참으로 윤회를 벗어나게 하는 핵심이 되는 것이다. 『계환해』(『卍속장경』17, p.775상)
102) 五體投地는 두 팔과 두 다리 그리고 머리를 땅에 대어 聖人을 공경하는 예법으로 인도에서 시작된 것이다.
103) 먼저 그 이마를 만지신 것은 無上의 법을 開示하려는 것이다. 『계환해』(『卍속장경』17, p.775상)

②光瑞助顯

卽時十方 普佛世界가 六種震動하며 微塵如來의 住世界者가 各有寶光이 從其頂出하야 其光同時 於彼世界에 來祇陀林하야 灌如來頂하시니 是諸大衆 得未曾有러라

 그러자 즉시 시방의 한없는 부처님의 세계가 육종(六種)으로 진동하고104) 수많은 여래께서 머무시는 세계에서 각기 보배의 빛이 여래의 정수리로부터 나와 그 광명이 동시에 이 곳 지타림으로 이어져 석가여래의 정수리에 비추니105) 모든 대중들이 미증유(未曾有)를 얻게 되었다.

於是阿難 及諸大衆이 俱聞十方 微塵如來가 異口同音으로 告阿難言하사대

 이 때 아난과 대중들은 "시방의 수많은 여래께서 이구동음(異口同音)106)으로 아난에게 말씀하시기를,

善哉阿難아 汝欲識知 俱生無明이 使汝輪轉한 生死結根인댄 唯汝六根 更無他物이며

 '착하다 아난아! 그대는 구생무명(俱生無明)107)이 그대로 하여금 생사에 윤회케하는 결근(結根)을 알고자 한다면, 오직 그대의 육근(六根)이요 다른 것이 아니며,

---

104) 육종진동이란 움직이고 일어나고 솟구치고 진동치고 흔들리고 벼락치는 섯이다. 이는 육근의 妄結이 부서짐을 표한 것이다. 『계환해』(『卍속장경』17, p.775상)
105) '여러 부처님의 頂光이 釋迦의 정수리에 대었다'는 것은 누구나 똑같이 無上의 頂光法을 發明할 수 있음을 보이고자 한 것이다. 그러므로 다시 同音으로 아난에게 고한 것이다. (앞의 책 p.775상)
106) '異口同音으로 告했다'라고 한 것은 제분이 생사를 벗어나고 보리를 증득하는 것이 다. 이러한 요체로 말미암은 것임을 보이고자 한 것이다. (앞의 책 p.775상)
107) 俱生이란 태어날 때부터 선천적으로 몸과 함께 일어나는 累世業力의 근본무명이다.

汝復欲知 無上菩提가 令汝速證 安樂解脫과 寂靜妙常_{인댄} 亦汝六根 更非他物이니라

  그대는 다시 무상보리(無上菩提)가 그대로 하여금 안락(安樂)·해탈(解脫)·적정(寂靜)·묘상(妙常)을 증득하게 하는 것임을 알고자 한다면, 그것 역시 그대의 육근에 의지할 뿐 다른 것이 아니다'라고 하심"을 함께 들었다.108)

③阿難疑問
阿難雖聞 如是法音이나 心猶未明하야 稽首白佛호대

  아난이 비록 이와같은 법음(法音)을 들었으나 마음이 아직 분명치 못하여 머리를 조아리고 부처님께 사뢰었다.

云何令我로 生死輪廻와 安樂妙常이 同是六根 更非他物이닛고

  "어찌하여 저희들을 생사에 윤회하게 하고 또한 안락하고 묘상(妙常)하게 하는 것이 모두 육근이요, 다른 물건이 아니라고 하십니까?"

④正示眞要二 ㊀總示二 ㈎長行
佛告阿難 根塵同源 縛脫無二하며 識性虛妄 猶如空華니라

  부처님이 아난에게 말씀하셨다. "육근(六根)과 육진(六塵)이 동원(同源)이요, 속박과 해탈이 무이(無二)이며, 인식하는 성품[識性]의 허망함이 마치 공화(空華)와 같기 때문이다.109)

---

108) '생사와 妙常이 다같이 육근을 인연한다'고 한 것은 知見에 앎이 있기 때문에 생사에 윤회하는 것이요, 知見에 見解가 없으면 바로 妙常을 증득하게 된다는 것이다. 이것은 아래에서 밝히는 바와 같다. 『계환해』(『卍속장경』17, p.775하)
109) 根과 塵이 본래 진실이기 때문에 同源이라 했고, 結과 解가 모두 幻이기 때문에 無二라 했으며, 夢識이 본래 시작이 없으므로 空華라 한 것이다. (앞의 책 p.775하)

阿難 由塵發知하며 因根有相이나 相見無性함이 同於交蘆하며

아난아! 육진으로 말미암아 분별이 생기고, 육근으로 말미암아 대상이 있게 되었으나, 대상과 분별에 성품이 없는 것이 마치 갈대의 단[交蘆]이 서로 의지한 것과 같다.110)

是故汝今 知見立知하면 卽無明本이오 知見無見하면 斯卽涅槃으로 無漏眞淨이어늘 云何是中 更容他物이리요

이러한 까닭에 너희들이 지금 청정한 지견(知見)에 알음알이[知]를 세우면 곧 무명의 근본이 되고, 지견에 따로 견해[見]가 없으면 곧 열반이어서 번뇌가 없는 참다운 청정인데,111) 어떻게 그 가운데에 다시 다른 물건이 용납되겠느냐?"112)

(나)偈頌二

爾時世尊 欲重宣此義 而說偈言이라

그 때 세존께서 거듭 이 뜻을 밝히기 위하여 게송(偈頌)으로 말씀하셨다.113)

---

110) 물질인 대상이 있기 때문에 이 경계[塵]로 말미암아 분별의 知를 발하고, 根으로 말미암아 相이 있게 된 것이다. 이러한 根塵識 셋이 마치 갈대가 서로 의지하는 것과 같아서, 비록 그 모양은 있으나 그 體는 온전히 空한 것이기에 '대상과 분별이 자성이 없는 것이 마치 交蘆와 같다'고 한 것이다. 『계환해』(『卍속장경』17, p.775하)
111) 이미 無自性이라면 다만 緣을 따라 轉變할뿐이니 그러므로 '知見에 識知의 마음을 세우면 얽혀서 무명의 근본이 되고, 知見에 見覺의 妄이 없으면 풀려서 涅槃眞淨이 된다'고 한 것이다. 『계환해』(『卍속장경』17, p.775하)
112) 이미 眞淨이라면 어찌 다시 知 세움을 용납하리요? 그러므로 '云何是中 更容他物'이라 한 것이다. 이 단락은 妄結이 根塵識 셋을 의시하여 일어남을 총괄하여 밝힌 것으로 다만 妄識을 세우지 아니하면 妄結이 스스로 풀릴 것이요, 이것이 解結의 眞要이니 그러므로 學道者는 힘써 識情을 제거해야 한다는 것이다. 『계환해』(『卍속장경』17, p.776상)
113) 長行이란 긴 散文을 말하고 偈頌은 짧은 문구를 말하는데 偈頌에는 祇夜와 伽陀가 있다.
   *祇夜(geya)는 번역하여 應頌 혹은 重頌이라 하는데 長行에 응하여 거듭 頌한 것이다. 즉 앞의 본문을 요약하면서 이를 韻文으로 나타낸 것이다. 『계환해』(『卍속장경』17, p.776상) *伽陀(범 gāthā)는 번역하여 諷誦 혹은 孤起頌(長行에 관계없이 홀로 일으

㉗祇夜

眞性有爲空이라 **緣生故如幻**이며 **無爲無起滅**하니 **不實如空華**하니라
　참다운 성품에는 본래 집착된 모든 행위[有爲]가 공함이라114) 다만 인연으로 생긴 것이니 그러므로 환(幻)과 같도다.115) 집착이 없는[無爲] 마음에는 본래 기멸이 없으니, 기멸은 진실하지 못하여 마치 공화(空華)와 같은 것이다.

言妄顯諸眞이면 **妄眞同二妄**이라 **猶非眞非眞**이어니 **云何見所見**이리요
　허망에 상대하여 진실을 나타내고자 하면, 망(妄)과 진(眞)이 모두 망(妄)이라. 오히려 진(眞)도 비진(非眞)도 아니거니, 어떻게 견(見)과 소견(所見)116)이 있으리요.

中間無實性할새 **是故若交蘆**니라 **結解同所因**이오 **聖凡無二路**라
　중간(中)이란 실성이 없나니, 그러므로 갈대의 단이 서로 의지한 것과 같다117) 하노라. 맺히고 풀림이 다 그 원인이 같고, 성인과 범부가 본래 두 길이 아니다.118)

킨 것)으로 앞의 본문에 관계없이 偈頌이 이어지는 것을 말한다. (앞의 책 p.776상)

114) '眞性 가운데에 有爲의 법이 다 空하다'고 한 것은 根과 塵이 본래 공하다는 것이다. 이는 根塵同源을 노래한 것이다. 『계환해』(『卍속장경』17, p.776상)
115) '緣生之法 皆幻'이라 한 것은 縛脫 또한 幻과 같은 것이니 이는 縛脫無二를 노래한 것이다. (앞의 책 p.776상)
116) 見은 根이요, 所見은 塵이다. 『楞嚴蛇足』(통도사승가대학 1992) p.147.
117) '起滅之法 皆無'라 한 것은 妄識이 원래 없다는 것으로 이는 識性이 허망함이 마치 空華와 같다는 것이다. 妄法이 이미 없다면 眞도 세울 수 없는 것이요, 만약 妄을 설하여 眞을 나타낸다면 眞이 도리어 妄과 같음이라, 眞과 非眞이 오히려 쌍으로 아니거니 見과 所見이 다시 어디에 있을 수 있겠는가? 응당 모두 실체가 없는 것이 마치 交蘆와 같음을 알아야 하기 때문에 '所相과 能見이 다 성품이 없어서 交蘆와 같다'고 한 것이다. 『계환해』(『卍속장경』17, p.776상)
118) '맺히고 풀림이 본래 원인이 같고, 성인과 범부가 두 길이 아니다'라고 한 것은 모두가 육근이요 다시 他物이 아님을 노래한 것이다. 『계환해』(『卍속장경』17, p.776하)

汝觀交中性하라 **空有二俱非**하니 **迷晦卽無明**이오 **發明便解脫**이니라

그대는 갈대단 가운데 성품을 보아라. 공(空)과 유(有)의 두 가지가 모두 없을 것이다.119) 어두워 미혹되면 곧 무명이요, 열리어 밝으면 그대로 해탈이니라.120)

㈏伽陀

解結因次第라 **六解一亦亡**이니 **根選擇圓通**하면 **入流成正覺**하리라

매듭을 푸는 데는 차례를 따르나, '여섯의 매듭'이 풀리면 '하나'라 할 것도 없나니, 근(根) 가운데에서 가려, 원통(圓通)121)을 택하면, 그대로 흐름에 들어 정각(正覺)을 이룰 것이다.122)

陀那微細識은 **習氣成暴流**하니 **眞非眞恐迷**일새 **我常不開演**하노라

아타나(阿陀那)123)의 미세한 식(識)은, 습기로 사납게 유전(流轉)하나니124) 다시 진(眞)과 비진(非眞)으로 미혹될까 염려스러워, 나는 항상 말하지 않았노라.125)

---

119) '汝觀下'는 根塵이 體가 없고 다만 妄으로 인하여 얽힌 것이라는 내용을 거듭 밝힌 것이다. (앞의 책 p.776하)
120) '迷晦下'는 知見에 知를 세우면 곧 무명의 근본이요 知見에 見이 없으면 바로 열반임을 노래한 것이다.『계환해』(『卍속장경』17, p.776하)
121) 깨닫는 방법으로서의 周圓融通한 경계이다.
122) 앞의 解結의 뜻을 이어 받아서 뒤의 원통의 글을 일으킨 것이다. 六이 풀리면 根이 뽑히고 一마저 없어진다면 湛圓이니 圓根을 선택하면 聖流에 들어 聖果를 증득하게 되리라. (앞의 책 p.776하)
123) 阿陀那(adāna)를 執持라 번역하니 제8식의 다른 이름이다. 物心諸法의 종자와 根을 범부의 位로부터 佛位에 이르기까지 변함이 없이 執受하고 任持한다는 뜻으로 執持라 한다. 습기는 阿陀那識이 지닌 바 종자를 말하고, 暴流라 한 것은 이 종자가 諸趣에 태어나게 하는 根身器界를 일으키고 유전하게 하여 쉬지 않는 것을 가리킨다. 李耘虛,『수능엄경 註解』(서울 동국역경원 1974) p.202.
124) 根의 얽힘이 처음 일어나게 된 이유를 노래한 것이다. 阿陀那는 번역하여 執持이니 말하자면 種子를 執持하여 현행을 發起하는 것이다. 즉 제8 아뢰야식 초기의 모습이기에 미세라고 한 것이다. 종자를 함장하여 習氣가 되고 識浪이 모여 暴流가 되나니 고요함이 이로 말미암아 나누어지고 매듭이 이로 말미암아 生起하는 것이다.『계환해』(『卍속장경』17, p.776하)

自心取自心하면 非幻成幻法어니와 不取無非幻이니 非幻尙不生이어늘 幻法 云何立이리요

자기의 마음에서 자기 마음을 얻고자 하면, 환(幻) 아닌 것이 환법(幻法)이 되거니와,126) 취하지 아니하면 비환(非幻)이라 할 것도 없고, 비환(非幻)도 오히려 생기지 않는데, 환법(幻法)이 어떻게 성립되겠느냐?127)

是名妙蓮華며 金剛王寶覺하고 如幻三摩提이며 彈指超無學하리니 此阿毗達磨가 十方薄伽梵이 一路涅槃門이니라

이것을 이름하여 묘연화(妙蓮華)라 하며, 금강왕보각(金剛王寶覺)이라 하고, 여환삼마제(如幻三摩提)라 하네128) 이를 얻으면 손가락을 퉁기는 짧은 순간에, 더 배울 것이 없는 무학(無學)을 초월하게 되니129) 이러한 가르침[阿毗達磨]130)이 바로, 여러 부처님[薄伽

---

125) 이 識이 진여에 의지하고 생멸에 합하여 眞妄之間에 섞이기 때문에 眞과 非眞이라고 한 것이다. 만약 眞이라 한다면 妄習에 迷惑되어 스스로 잘못될까 염려한 것이요, 만약 非眞이라 한다면 자성에 미혹하여 밖으로 구하게 될까 염려한 까닭에 교화의 수단으로 小敎에서는 모두 開演하지 아니하였던 것이다. (앞의 책 p.776하)
*해심밀경에 이르기를 '阿陀那識은 심히 微細하여 일체종자가 暴流를 이루게 되나니 내가 凡愚에게 開演하지 못했던 것은 저들이 이를 분별하고 집착하여 我를 삼을까 염려되었기 때문이다'고 했으니 외도들이 집착한 바 神我가 바로 이 識이다. (앞의 책 p.776하)
126) 삼라만상이 自心에서 생기는 유식의 見分과 相分임을 알지 못하고 心(견분)으로 境(상분)를 집착하기 때문에 환 아닌 것이 幻法이 되었다는 것이다. 이운허, 『수능엄경 註解』(서울 동국역경원 1974) p.203.
127) 매듭을 풀고 圓妙에 드는 진실한 요체를 노래한 것이다. 일체의 모든 法이 오직 마음의 나타난 바이거늘 그 가운데에서 取着하여 부질없이 根結을 이루었으니 이것이 自心으로 自心을 취하면 非幻이 幻法을 이룬다는 것이요. 妄을 取하므로 말미암아 幻과 非幻이 있는 것이니 만약 허망하게 取하지 아니하면 非幻도 없을 것이요, 非幻도 오히려 없거늘 幻法이 어찌 있겠는가? 幻法이 성립되지 아니하면 곧 根과 塵이 그대로 청정하여 원통함이 눈앞에 드러나리라. 『계환해』(『卍속장경』17, p.777상)
128) 금강왕각은 법신이요, 여환삼매는 보신이요, 묘연화는 화신이다.
129) 탄지(彈指)에 무학을 초월하는 것은 본래구족이기 때문이다.
*참다운 요체를 결론지어 노래한 것이다. 이러한 법문은 깨끗한 것에도 집착하지도 않고 더러운 것에도 물들지 않아야 妙蓮華라 이름한다는 것이요. 根境의 結惑이 이에

梵]131)께서 경유하셨던, 오직 한 길, 열반에 이르는 문이로다.

㈢詳明二 ㈎重請
於是阿難 及諸大衆이 **聞佛如來 無上慈誨**이 **祇夜伽陀**가 **雜糅精瑩**하야 **妙理淸徹**하고 **心目開明**하야 **歎未曾有**러니

이에 아난과 여러 대중들이 부처님의 한없는 가르침인 지야(祇夜)와 가타(伽陀)가 서로 섞여 있으면서도 정밀하고 밝아 묘한 이치가 맑게 통함을 듣고132) 심목(心目)133) 밝게 열려서 미증유(未曾有)라 찬탄했다.

阿難合掌 頂禮白佛호대 **我今聞佛 無遮大悲**이 **性淨妙常**한 **眞實法句**나 **心猶未達 六解一亡**의 **舒結倫次**로소니

아난이 합장하고 이마를 대어 절한 후에 부처님께 사뢰었다. "제가 지금 부처님께서 차별없는 대자비134)로 성정묘상(性淨妙常)의 진실어구(眞實法句)135)를 들었으나 마음에는 아직도 '육결이 풀리면

의거하여 소멸되기에 金剛王覺이라 부르며, 해도 함이 없어서 情이 멸하고 解가 끊어지기 때문에 如幻三昧라 부르는 것이니 이를 의지하여 수행해 나아가면 손가락을 한번 퉁기는 사이에 無學을 초월하고 圓位에 들게 되는 것이다. 『계환해』(『卍속장경』17, p.777상)

130) 아비달마는 번역하여 無比法이니 시방의 여래가 멀리 생사를 벗어나 속히 寂常을 증득하게 되는 것이 이를 말미암지 아니함이 없기에 '十方薄伽梵들의 오직 한길 涅槃門이라' 한 것이다. (앞의 책 p.777상)

　*아비달마(범 abhidharma): 阿는 無의 뜻이요, 毘는 比의 뜻이요, 達磨는 법이다. 번역하여 無比法·大法·對法이라 번역되는데, 三藏中에서 論部를 總稱하는 말이다. 특히 對法이라 한 것은 시혜의 別名이니 지혜로 諸法의 진리를 人觀한다는 뜻이다.

131) 薄伽梵(범 bhagavat)에서 薄伽는 德이요, 梵은 有이니 번역하면 世尊이다.

132) 重頌(祇夜)과 孤起頌(伽陀)의 이 두 가지 偈를 같이 頌하여 쌍으로 찬미한 것이기에 雜糅精瑩이라 한 것이다. 『계환해』(『卍속장경』17, p.777하)

133) 心目: 마음과 눈, 즉 지혜를 가리킨다.

134) '차별 없는 대자비'란 널리 구제한다는 뜻이다. 『계환해』(『卍속장경』17, p.777하)
　無遮大悲는 言其博濟也니라

135) '性淨妙常 眞實法句'란 眞妄을 다 잊어버린 성품의 담연한 모습을 가리킨 말이다. 『계환해』(『卍속장경』17, p.777하)

하나라 할 것도 없다[六解一亡]라는 매듭을 푸는 차례'를 알지 못하고 있습니다.136)

惟垂大慈하사 **再愍斯會 及與將來**하야 **施以法音**하사 **洗滌沈垢**하소서
　부디 큰 자비를 베푸시어 여기에 모인 대중들과 장래의 중생들을 가엾게 여기시고, 법음(法音)을 베풀어 깊이 잠긴 번뇌의 때[沈垢]137)를 씻어 주소서!"

㈏巧示二 ㉮示結之由
卽時如來 於師子座에서 **整涅槃僧 斂僧伽梨**하시고 **擎七寶几**하사 **引手於几**하야 **取劫波羅天 所奉華巾**하사 **於大衆前 綰成一結**하시고 **示阿難言此 名何等**고
　그 때 여래께서 사자좌(獅子座)에서 열반승(涅槃僧)을 정돈하시고 승가리(僧伽梨)를 여미신 다음, 칠보(七寶)로 단장한 책상을 손으로 끌어당겨서 겁바라천(劫波羅天)이 바쳤던 화건(華巾)을 가져다가 대중 앞에서 매듭을 한번 지어 아난에게 보이면서 말씀하셨다. "이것을 무엇이라 하느냐?"

阿難大衆 俱白佛言호대 **此名爲結**이니다
　아난과 대중이 함께 부처님께 사뢰었다. "그것은 매듭이옵니다."138)

---

136) 앞에서 '一門(하나의 근)으로 들어가 一根의 허망함이 없어지면 여섯가지 감각기관[六知根]도 일시에 다 청정하게 된다(入一無妄하면 彼六知根 一時淸淨)'라고 한 것은 육근이 각각 따로 있는 것이 아니기 때문에 육근 가운데 어느 하나에서 원통을 얻으면 육근이 일시에 청정해진다는 뜻이고, 여기 '六解一亡'에서 六은 각각의 根에 六結를 가리키고, 一은 육결에서 벗어난 시비가 없는 세계이니 곧 육결이 풀린 하나의 수건이다. 그러므로 어느 根을 택하든지 간에 하나의 根에서 六結을 푼다는 것이며, 풀고 나면 一이라 할 것도 없다는 것이다. 그리고 六結에 대해서 정맥소에서는 이근원통의 入流亡所편에 근거하여 動靜根覺空滅 등 六結을 세웠다.
137) 침구(沈垢)는 微細惑結을 가리킨 것이다.『계환해』(『卍속장경』17, p.777하)
138) 열반승(涅槃僧)은 궐수라(厥修羅)라고도 하는데 치마 모양으로 허리에 두르는 속옷이다.

2. 修行眞要 1) 解結眞要

於是如來 綰疊華巾하사 **又成一結**하고 **重問阿難**하사대 **此名何等**고 **阿難大衆又白佛言**호대 **此亦名結**이니라

이에 여래께서 매듭지어진 화건(華巾)을 묶어 또 한개의 매듭을 만드시고는, 다시 아난에게 물으셨다. "이것을 무엇이라고 하느냐?" 아난과 대중이 또 부처님께 사뢰었다. "그것도 매듭이옵니다."

如是倫次 綰疊華巾하사 **總成六結**하되 **一一結成**에 **皆取手中 所成之結**하야 **持問阿難**하사대 **此名何等**고

이와같이 차례로 첩화건(疊華巾)을 매어 모두 여섯개의 매듭을 만드시고 하나하나 매듭을 지을 때마다 손안에 이루어진 매듭을 취하여 아난에게 물으셨다. "이것을 무엇이라고 하느냐?"

阿難大衆 亦復如是히 **次第酬佛**호대 **此名爲結**이라

아난과 대중도 그와같이 차례로 부처님께 대답하였다. "그것은 매듭입니다."139)

佛告阿難 我初綰巾하니 **汝名爲結**이나 **此疊華巾 先實一條**어늘 **第二第三 云何汝曹 復名爲結**고

부처님이 아난에게 말씀하셨다. "내가 처음 첩화건(疊華巾)을 묶으니 너는 이를 매듭이라고 이름하였으나 이 첩화건이 애초부터 본래 한가닥이었는데, 제이(第二) 제삼(第三)을 어찌하여 너희들은 다시 매듭이라고 하느냐?"

승가리(僧伽梨)는 大依라 번역하며, 九條이상으로 설법하거나 걸식할 때 사용한다.
　*열반승은 속옷이요 승가리는 大衣이다. 劫波羅는 번역하여 時分이니 劫波羅巾은 즉 時分天(夜摩天)이 바친 華巾이다. 『계환해』(『卍속장경』17, p.777하)
139) 관(綰)은 매듭을 지었다는 것이다. 巾은 하나의 성품에 비유하고, 綰은 허망하게 動한 것에 비유했고, 結을 六妄에 비유하여 하나하나 자세히 물을 것은, 저들로 하여금 무릇 妄動한 바가 다 結業이 됨을 깨닫게 하고자 함이다. 『계환해』(『卍속장경』17, p.777하)

阿難이 白佛言호대 世尊 此寶疊華 緝績成巾은 雖本一體나 如我思惟컨댄 如來一綰 得一結名이오 若百綰成 終名百結이어든

아난이 부처님께 사뢰었다. "세존이시여! 이 보배 화건(華巾)은 짜서 이루어진 화건으로 비록 본래는 하나이지만 제가 생각해 볼 때에 여래께서 한번 맺으시면 한개의 매듭이라고 하고, 만약 백번을 맺으시면 마침내 백개의 매듭이라고 부르게 됩니다.

何況此中이 祇有六結하야 終不至七이오 亦不停五어늘 云何如來 祇許初時하고 第二第三 不名爲結이닛고

더구나 이 화건은 다만 여섯개의 매듭 뿐이어서 일곱은 되지 못하였고, 다섯에도 머물지 않았습니다. 어찌하여 여래께서는 다만 처음만 허락하시고, 제이 제삼의 것은 매듭으로 인정하려 하지 않으십니까?"

佛告阿難 此寶華巾은 汝如此中 元止一條이로대 我六綰時 名有六結이니

부처님이 아난에게 말씀하셨다. "이 보배 화건은 너도 알다시피 원래는 하나였으나 내가 여섯번 매듭을 만들었을 때에 여섯 개의 매듭이란 이름이 있게 되었다.

汝審觀察하라 巾體是同이나 因結有異니라

너는 자세히 관찰해 보아라. 이 화건이 몸[體]은 같은 것이면서도 매듭으로 인하여 달라진 것이다.

於意云何오 初綰結成 名爲第一이오 如是乃至 第六結生이니 吾今能將 第六結名하야 成第一不아

너의 생각에는 어떠하냐? 처음 맺어서 매듭이 된 것을 제일결(第一結)이라 이름하고, 그렇게 하여 제육결(第六結)의 이름까지 생겼는데, 내가 지금 제육결이라 이름하는 것을 제일결이라 부를 수 있겠느냐?"

不也世尊 六結若存이면 **斯第六名**이오 **終非第一**이니다 **縱我歷生 盡其明辯**인들 **如何令是 六結亂名**이닛고

아난이 부처님께 사뢰었다. "아니옵니다. 세존이시여! 제육결이 그대로 있으면 이는 제육결이라 부르는 것이지 제일결이라 부를 수는 없습니다. 제가 비록 여러 생을 두고 끝까지 밝혀 본다고 한들 어떻게 제육결의 이름을 제일결로 바꿀 수[亂] 있겠습니까?"

佛言如是하니라 **六結不同**이나 **循顧本因**컨댄 **一巾所造**이니 **令其雜亂**는 **終不得成**이니라

부처님이 말씀하셨다. "그렇다. 이와같이 여섯개의 매듭[六結]이 각각 그 이름은 같지 아니하나 그 근본원인을 돌아보면 하나의 화건으로 이루어진 것이다. 그러니 그 매듭만 바꾸[雜亂]고자 하는 것은 마침내 이루어질 수 없는 일이다."140)

則汝六根 亦復如是하야 **畢竟同中 生畢竟異**니라

너의 육근(六根)에 맺힌 각각의 육결 또한 이와같아서 필경 같은 가운데 다른 것이 생겼느니라.

㉮示解之要二 ㈠總敍
佛告阿難 汝必嫌此하야 **六結不成**하고 **願樂一成**인댄 **復云何得**고

부처님이 아난에게 말씀하셨다. "네가 반드시 이를 싫어하여 육결(六結)을 이루지 아니하고, 하나가 이루어지기를 바란다면 다시 어떻게 하여야 하겠느냐?"

---

140) 오직 하나인 진여의 체는 無異無同하건만 六妄이 根에 맺혀서 확연히 다르다고 집착하게 된 것이다. 『계환해』(『卍속장경』17, p.778상)

阿難言 此結若存이면 是非鋒起하야 於中自生 此結非彼오 彼結非此니다

아난이 말하였다. "이 매듭을 만약 그대로 두면 시비가 끝없이 일어나서 그 가운데 자연히 '이 매듭은 저것이 아니고, 저 매듭은 이것이 아니다'고 할 것입니다.

如來今日 若總解除하사 結若不生하면 則無彼此하야 尙不名一어늘 六云何成이닛고

여래께서 금일에 만약 매듭을 모두 풀어서 매듭이 생기지 않게 하시면 곧 '이것이다, 저것이다' 하는 일이 없어 오히려 '하나'라 이름할 것도 없을 것인데, '육결'의 이름이 어떻게 성립되겠습니까?"141)

佛言 六解一亡 亦復如是하니라

부처님이 말씀하셨다. "여섯의 매듭이 풀리면 하나라 할 것도 없다"는 이치도 그와같다.

由汝無始로 心性狂亂하야 知見妄發하고 發妄不息에 勞見發塵하나니

그대가 시작이 없는 옛날부터 심성(心性)이 광란(狂亂)하여 지견(知見)이 허망하게 발생하고, 발생한 허망이 쉬지 아니하니 견(見)을 더욱 피로케 하여 거친 번뇌를 발생시키는 것이니142)

如勞目睛에 則有狂華가 於湛精明에 無因亂起인달하야

이는 마치 눈동자가 피로해지면 곧 허공에 광화(狂華)가 본래 맑고 정명(精明)한 가운데 까닭없이 어지럽게 일어나는 것처럼,

---

141) '願樂一成'은 매듭이 있으면 풀지 않을 수 없는 것이니 만약 結惑이 생기지 아니하면 同異도 원만하여 있지 아니할 것이기에 '尙不名一 六云何成'이라 한 것이다. (앞의 책 p.778하)

142) 心性(진여)이 狂(무명)하고 亂(8식)하야 知見이 妄發(智相)하고 發妄이 不息(상속)하니 勞見(집취계명조업)하야 發塵(수보)하나니라 (능엄본문)

一切世間山 河大地와 生死涅槃이 皆卽狂勞 顚倒華相이니라
 일체세간의 산하대지와 생사열반이 다 광화와 피로의 전도몽상(顚倒華相)에 의한 것이니라."143)

(ㄴ)詳示
阿難言 此勞同結인댄 云何解除고하니
 아난이 부처님께 말씀드리되 "이러한 피로[勞]가 저 매듭과 같다면 어떻게 풀어 없애야 되겠습니까?" 하니,

如來以手로 將所結巾하사 偏製其左하시고 問阿難言하사대 如是解不아
 여래께서 손으로 매듭이 맺힌 화건을 잡고 그 왼쪽을 당기시며 아난에게 물었다. "이와같이 하면 풀리겠느냐?"

不也世尊이시여
 "아니옵니다. 세존이시여!"

旋復以手로 遍牽右邊하시고 又問阿難하사대 如是解不아
 부처님이 다시 손을 돌려 그 오른쪽을 당기면서 또 아난에게 물으셨다. "이와같이 하면 풀리겠느냐?"

不也世尊이시여
 "아니옵니다. 세존이시여!"

佛告阿難吾今以手로 左右各牽이나 竟不能解하니 汝設方便하라 云何解成고
 부처님이 아난에게 말씀하셨다. "내가 지금 손으로 왼쪽과 오른쪽으로 각각 당겼으나 마침내 풀리지 않는다고 하였으니, 네가 한번 방법을 말해 보아라. 어떻게 하여야 매듭이 풀리겠느냐?"

---

143) 앞에서는 맺은 바 惑業의 이치를 밝히고, 여기서는 능히 맺는 狂妄의 마음을 밝힌 것이다. 『계환해』(『卍속장경』17, p.778하)

阿難白 佛言호대 世尊 當於結心애 解卽分散이니다
　아난이 부처님께 사뢰었다. "세존이시여! 마땅히 매듭의 중심144)에서 풀면 바로 풀릴 것입니다."

佛告阿難 如是如是라 若欲除結인댄 當於結心이니라
　부처님이 아난에게 말씀하셨다. "그렇다. 만약 매듭을 풀려거든 응당 매듭의 중심에서 풀어야 하느니라.145)

阿難아 我說佛法 從因緣生함은 非取世間 和合麤相이라
　아난아! 내가 설법을 하는 가운데 '모든 것이 인연을 따라 생긴다'고 설명했던 것은 세간의 고정된 체성을 가진 것[麤相]의 화합을 취한 것이 아니다.

如來發明 世出世法호대 知其本因이 隨所緣出하며
　여래는 세간과 출세간의 법(法)을 드러내되, 그 근본 인(因)이 다만 인연을 따라 나오는 것임을 알며,

如是乃至 恒沙界外에 一滴之雨라도 亦知頭數호대
　이와같이 더 나아가 항하의 모래 수와 같이 많은 세계에 내리는 빗방울의 수효까지도 아는 것이니,

---

144) 매듭의 중심에 선다는 것은 妄心이 육근을 떠나 따로 실체가 있는 것이 아니므로 오른쪽에서 풀려고 한다거나 왼쪽에서 풀려한다거나 하는 有無斷常 떨어지지 말고, 중도의 입장에서 비추어 보는 것이 매듭의 중심에 서는 것이다.
145) '치우쳐 좌우로 잡아당겼다'는 것은 다만 방편[偏權]의 가르침에 의지하고 眞要를 알지 못하면 다만 狂勞만 거듭될 뿐임을 밝힌 것이다. 그러므로 狂勞를 풀고자 한다면 응당 狂心을 알아야하는 것이다. 만약 狂心을 알게 되면 따로 방편의 긍계수증(肯綮修證)을 빌리지 않더라도 六結의 풀림이 눈앞에 드러나기 때문이다. 『계환해』(『卍속장경』17, p.779상)

2.修行眞要 1)解結眞要   371

現前種種 松直棘曲과 **鵠白烏黑** 皆了元由니라

　즉 앞에 나타나는 가지가지 현상 가운데 소나무는 곧고 가시나무는 굽었으며, 따오기는 희고 까마귀는 검은 것에 대하여도 그 근원과 연유를 모두 안다.

是故阿難아 **隨汝心中**하야 **選擇六根**하라 **根結若除** 塵相自滅이니 諸妄消亡 不眞何待리요

　아난아! 너의 마음대로 육근(六根) 가운데 어느 하나를 선택하여 그 근(根)의 매듭이 만약 풀리면 마음을 더럽히는 모든 대상은 스스로 소멸하게 되는 것이니, 이와같이 모든 허망한 것이 사라진다면 참되지 않는 것이 어디에 기댈 수 있겠느냐?146)

阿難 吾今問汝리라 **此劫波羅巾 六結現前**하니 **同時解縈**하야 **得同除不**아

　그러므로 아난아! 내가 지금 네게 묻는다. "이 겁바라천왕이 바친 수건에 여섯 개의 매듭이 분명한데 이 매듭을 한꺼번에 풀려고 하면 모두 풀릴 수 있겠느냐?"

不也世尊이시여 **是結本以 次第綰生**이니 **今日當須 次第而解**니이다

　"아니옵니다. 세존이시여! 그 매듭이 본래 차례로 맺혀진 것이니 금일에 응당 차례로 풀어야 할 것입니다.

六結同體나 **結不同時**어늘 **則結解時 云何同除**이섯고

　여섯 개의 매듭이 몸[體]은 같으니 그 매듭은 동시에 맺혀진 것이 아닌데, 매듭을 푸는 데에 있어서 어떻게 한꺼번에 풀 수 있겠습니까?"147)

---

146) 출세간의 올바른 지혜를 의지하여 根結本因을 살펴 가리고 이를 해설하게 한 것이다. 만약 正智를 얻으면 오직 根結의 원인만 알게 되는 것이 아니라 비록 사바세계의 萬類라 하더라도 다 그 근원과 연유를 알게 되는 것이다. 『계환해』(『卍속장경』17, p.779상)

佛言 六根解除도 亦復如是하니라 此根初解 先得人空하고 空性圓明 成法解脫하며 解脫法已 俱空不生하리니

부처님이 말씀하셨다. "육근(六根)에 생긴 번뇌를 풀어 제거하는 것도 이와같아서 근(根)에서 처음 매듭이 풀어질 때에 먼저 인공(人空)을 얻고, 공성이 원명해지면 법해탈(法空)을 이루며, 법해탈을 이루고 나서 구공(俱空)도 불생하게 되리니,

是名菩薩 從三摩地로 得無生忍이니라

이것을 '보살이 삼마지(三摩地)를 통해 무생법인(無生法忍)을 얻었다[148]'라고 하느니라."

---

147) 여섯 개의 매듭이 한꺼번에 풀리는 것이 아니라 반드시 그 차례를 밟아야함을 보인 것이다. 『계환해』(『卍속장경』17, p.779상).
　*앞에서 '소멸해야 할 六과 一이 空하여 여섯이 풀리면 하나라 할 것도 없다'라는 六解一亡은 悟解의 理性을 밝힌 것이고, 여기에서 '次第而解'라 한 것은 매듭이 풀릴 때 人空 내지 俱空不生의 차례를 따른다는 것이니, 修證의 事相을 두고 한 말이다.
148) 번뇌가 맺히는 것이 다 我에 집착함으로 말미암은 것이니 我에 집착함이 없어져야 번뇌의 장애를 여의고 人空을 얻게 되는 것이다. 所知의 결박이 다 법에 집착함으로 말미암은 것임을 알아 법에 집착이 없어야 所知의 장애를 여의고 법공을 얻게 되는 것이니 이를 법해탈이라 부른다. 人空과 法空을 쌍으로 알아야만 俱空이라 부르는 것이요, 俱空이라는 생각에도 머물지 아니하여 마음이 일어나는 바가 없어야만 삼매로부터 無生忍을 얻게 되는 것이다. 『계환해』(『卍속장경』17, p.779하)

2)入圓眞要二.149) (1)牒請

阿難 及諸大衆이 蒙佛開示하고 慧覺圓通하야 得無疑惑코는 一時合掌하야 頂禮雙足 而白佛言호대

아난과 여러 대중들이 부처님의 가르침을 입어 지혜의 각(覺)이 원통하여 모든 의혹이 없어졌다. 그리고 그들은 모두 합장하여 부처님의 발에 이마를 대고 절하며 사뢰었다.

我等今日 身心皎然하고 快得無礙하야 雖復悟知 一六亡義이나 然猶未達 圓通本根이니다

저희들이 오늘에야 몸과 마음이 밝고 쾌활하여 의혹이 없어져서 비록 하나와 여섯이 본래 없다는 뜻[一六亡義]을 깨달았으나 아직 원통(圓通)의 근본을 요달하지 못하였습니다.150)

世尊 我輩飄零하야 積劫孤露라가 何心何慮로 預佛天倫하니 如失乳兒 忽遇慈母니이다

세존이시여! 저희들이 정처없이 헤매면서 여러 겁을 외롭게 떠돌다가 어찌 어찌 간신히 부처님의 천륜에 참여하게 되었으니, 마치 젖을 잃은 어린아이가 어머니를 만난 듯합니다.

若復因此 際會道成하면 所得密言 還同本悟라 則與未聞으로 無有差別니다

그러나 만약 이 모임에서 말씀하신 내용[解結眞要]에 의지해서

---

149) 入圓眞要편에서 二十五圓通이 설해지는데, 그 핵심은 무아(無我)의 체득을 통해 원통을 깨닫는 구조이다. 그 중에서도 특히 앞의 십팔원통은 모두가 십이연기의 무명촉을 중심으로 원통을 깨닫는 구조이다. 각자의 근기따라 육근 육진 육식에 의지하되 이 촉(觸)이 본래 허망하여 인연도 자연도 아니며, 그 근본은 여래장성임을 자각하는 것이 원통을 이루는 것이다.

150) '지혜의 覺이 원통하나'한 것은 오식 一心에 합한 것이니 이미 이러한 開示를 입었기 때문에 身心이 皎然하다고 한 것이다. *'아직 원통의 본근을 요달하지 못했다'는 것은 만법에 어두워 아직 통달하지 못했기 때문에 부처님의 그윽한 敎授를 바란 것이다. 『계환해』(『卍속장경』 p.779하)

수행의 길을 삼는다면 이렇게 얻은 밀언(密言)151)이 다시 앞에서 말씀하신 본오법문(本悟法門)152)과 같아서 들었어도 듣지 않는 것이나 다름이 없습니다.153)

惟垂大悲 惠我秘嚴하야 **成就如來 最後開示**하소서

 오직 큰 자비를 드리우시사 저희들에게 비엄(秘嚴)154)을 베푸시어 여래의 최후 가르침을 성취하게 하소서!

作是語已 五體投地하고 **退藏密機 冀佛冥授**러라

 이 말을 마치고는 오체투지하고 물러나 밀기(密機)를 간직하고155) 부처님의 은밀한 가르침을 기다리고 있었다.156)

(2)廣示四 ①總發

爾時世尊 普告衆中의 **諸大菩薩 及諸漏盡 大阿羅漢**하사대 **汝等菩薩 及阿羅漢**이 **生我法中 得成無學**이니 **吾今問汝**리라

 그 때 세존께서 대중 가운데 여러 대보살(大菩薩)과 번뇌가 다한 대아라한(大阿羅漢)들에게 널리 고하여 말씀하셨다. "너희들 보살과

---

151) 密言은 지혜의 깨달음을 발명하게 하는 密言이다. 『계환해』(『卍속장경』17, p.779하)

152) 本悟法門이란 앞의 견도분에서 설명한 여래장성의 법문이다.

153) '지혜의 覺이 원통하다 이하'의 글은 '나에게 참으로 그것[本悟藏性]이 있기 때문에 비록 수도분의 解結眞要에서 密言을 듣게 되었으나, 다시 앞의 견도분에서의 本悟法門과 같아서 모르기는 마찬가지이다. 만약 한층 더 높은 秘嚴을 열어 보여주지 아니하시면 듣지 않는 것으로 더불어 다르지 않기 때문에 다시 특별히 개시해 주기를 구한 것이다. 『계환해』(『卍속장경』17, p.780상)

154) 秘嚴이란 계환해에서 '원통에 나아가는 根本秘要라' 했듯이 여래의 최후 가르침을 성취할 수 있는 궁극의 秘密因이다.

155) '退藏密機'라 한 것은 모든 분별을 쉬고 마음을 모았다는 것이다. (앞의 책 p.780상)

156) 스물다섯 분의 성인이 根塵과 七大에서 각기 원통을 깨달았다는 것은 곧 본래의 根이 만법에 冥合함을 깨달은 것이다. 부처님이 顯說하지 아니하시고 대중으로 하여금 펴보이게 했으니 이것이 冥顯하게 敎授한 것이다. (앞의 책 p.780상)

아라한들이 나의 법 가운데 들어와 더 배울 것이 없는 무학(無學)을 이루었으니 내가 지금 너희에게 묻는다.

最初發心하야 **悟十八界**에 **誰爲圓通**이며 **從何方便**으로 **入三摩地**요

그대들이 각자 처음 발심하여 십팔계(十八界)를 깨달았을 때에 무엇으로 원통(圓通)을 삼았으며, 어떠한 방편으로 삼마지(三摩地)에 들어가게 되었느냐?"157)

②詳明五 ㊀六塵悟入六 ㈎聲塵

憍陳那 五比丘가 **卽從座起 頂禮佛足 而白佛言**호대 **我在鹿苑 及於雞園**하야 **觀見如來 最初成道**하고 **於佛音聲 悟明四諦**니이다

교진녀 등 다섯 비구가 자리에서 일어나 부처님의 발에 이마를 대어 절하고 부처님께 사뢰었다. "제가 녹야원(鹿野苑)과 계원(雞園)158)에 있을 때에 여래께서 최초에 성도하심을 보고, 부처님의 음성에서 사성제(四聖諦)를 깨달았습니다.

佛問比丘하사대 **我初稱解**하고 **如來印我 名阿若多**하시니 **妙音密圓**하야 **我於音聲 得阿羅漢**하니

부처님께서 비구들에게 사성제의 이치를 물으셨을 때에 제가 최초로 '알았다'고 하여, 부처님이 저를 인가하시어 '아야다(阿若多)'라고 이름하셨듯이 묘음(妙音)이 밀밀하고 원만하여159) 저는 그 음성

---

157) 원통의 스물다섯 가지 門은 바로 十八界와 七大를 가리키며, 七大는 十八界로부터 열리기 때문에 여기에서는 언급하지 아니하였다. 대저 根身과 器界의 萬法이 오식 十八界와 七大에 攝盡되기 때문에 여기에 그 의미를 갖추어 修行人으로 하여금 根身器界의 가지가지 法上에서 어떠한 경우라 할지라도 참다운 圓通을 얻게 하여 조금도 걸림이 없게 한 것이다. (앞의 책 p.780상)
158) 계원은 녹야원에서 그리 멀지 않는 곳으로, 인도 마가다국 無憂王이 지어서 부처님에게 바친 雞頭末寺를 말한다. 『세환해』(『卍속장경』17, p.780하)
159) '아야다'는 소리를 인하여 圓悟하였다. 그러므로 妙音密圓이라 한 것이다. 아래에 이른바 '妙色密圓과 妙香密圓 因味覺明 妙觸宣明 妙法開明'함도 글의 뜻이 다 이와같다. (앞의 책 p.780하) *二十五門 가운데 처음 聲塵을 내세운 것은 이러한 방편이 敎法의

으로 인하여 아라한이 되었습니다.

佛問圓通일새 **如我所證**에는 **音聲爲上**이니다
　부처님께서 원통(圓通)을 물으시니 저의 증득한 바로는 음성이 제일(第一)이라 하겠습니다."

㈏色塵
優波尼沙陀가 **卽從座起 頂禮佛足**하고 **而白佛言**호대
　우파니샤타160)가 자리에서 일어나 부처님의 발에 이마를 대어 절하고 부처님께 사뢰었다.

我亦觀佛 最初成道하고 **觀不淨相**이라가 **生大厭離 悟諸色性**이니다
　"저도 부처님께서 최초에 성도하심을 보고, 부정상(不淨相)을 관하다가 크게 싫어하고 벗어나려는 마음을 내어 모든 색(色)의 본성을 깨닫게 되었습니다.

以從不淨하야 **白骨微塵 歸於虛空**하고 **空色二無 成無學道**니다
　부정(不淨)한 모습을 관함으로써 백골(白骨)과 미진(微塵)이 허공으로 돌아가고, 공(空)과 색(色)이 둘이 아니어서 더 닦을 것이 없는 무학(無學)의 도(道)를 이루었습니다.

如來印我 名尼沙陀시니 **塵色旣盡 妙色密圓**이라 **我從色相 得阿羅漢**호이다
　여래께서 인가(印可)하시어 '우파니샤타'라고 하셨는데, 마음을 더럽히는 진색(塵色)이 이미 다하고 묘색(妙色)이 밀밀하고 원만하였으니, 저는 색(色)으로 인하여 아라한이 되었습니다.

體가 되기 때문이다. (앞의 책 p.780하)
160) '우파니샤타'란 번역하여 塵性이니 塵을 말미암아 悟解하여 얻은 이름이다. 옛날에 탐욕이 많아 부처님이 그로 하여금 부정관을 짓게 했더니, 이 색신이 다 空塵임을 관하다가 색을 인하여 圓悟하게 되었다. 『계환해』(『卍속장경』17, p.780하)

佛問圓通하시니 **如我所證**컨댄 **色因爲上**이니다

　부처님께서 원통을 물으시니 제가 증득한 바로는 색을 인하여 수행하는 것[色因]이 제일(第一)인가 합니다."

㈐香塵

香嚴童子가 **卽從座起 頂禮佛足**하고 **而白佛言**호대 **我聞如來**가 **敎我諦觀 諸有爲相**이니다

　향엄동자161)가 자리에서 일어나 부처님의 발에 이마를 대어 절하고 부처님께 사뢰었다. "저는 여래께서 저에게 가지가지 유위(有爲)의 모습을 자세히 살피라고 하시는 가르침을 들었습니다.

我時辭佛 宴晦淸齋라가 **見諸比丘燒沈水香**하니 **香氣寂然**하야 **來入鼻中**커늘

　저는 바로 부처님을 하직하고 깨끗한 방에서 편안히 생각에 잠겼다가, 여러 비구들이 침수향 태우는 것을 보고, 그 향기가 은연중에 콧속으로 들어오자,

我觀此氣 非木非空이며 **非煙非火**라 **去無所著**하며 **來無所從**이라

　제가 그 때 '이 향기는 나무에서 온 것도 아니고, 허공에서 온 것도 아니며, 연기에서 온 것도 아니요, 불에서 온 것도 아니어서 가도 끝닿는 데가 없고, 와도 시작된 곳이 없다'고 관하였습니다.

由是意消 發明無漏하며 **如來印我 得香嚴號**니다

　이로 말미암아 분별의식이 사라지고 무루(無漏)를 발명하게 되었으며, 여래께서 저를 인가(印可)하여 '향엄(香嚴)'의 호(號)를 주셨습니다.

---

161) 두루 有爲를 관하다가 香을 인하여 圓悟하고 童眞位를 얻었기 때문에 이름이 童子이다. 『계환해』(『卍속장경』17, p.781상)　＊동자란 천진한 20세 미만의 剃髮得度하지 않는 남자이고, 여자는 동녀라 한다. 또 보살을 동자라고도 한다. 이는 곧 여래의 왕자이며 음욕이 없는 동자와 같기 때문이다.　全觀應, 『佛敎學大辭典』(서울 弘法院 1988) p.326.

塵氣倏滅하고 妙香密圓하며 我從香嚴 得阿羅漢하니

이와같이 마음을 더럽히는 향진(香塵)의 기운이 문득 사라지고, 묘향(妙香)이 밀밀하고 원만하였으며,162) 저는 이 향엄(香嚴)으로 인하여 아라한을 얻었습니다.

佛問圓通하실새 如我所證에는 香嚴爲上이니다

부처님께서 원통을 물으시니 제가 증득한 바로는 향엄이 제일(第一)인가 합니다."

㈑味塵

藥王藥上 二法王子와 幷在會中 五百梵天이 卽從座起 頂禮佛足하고 而白佛言호대

약왕과 약상의 두 법왕자163)가 모임 가운데 같이 있다가 오백(五百)의 범천(梵天)과 함께 자리에서 일어나 부처님의 발에 이마를 대어 절하고는 부처님께 사뢰었다.

我無量劫 爲世良醫하야 口中嘗此 娑婆世界의 草木金石하되 名數凡有 十萬八千이어든

"저는 한량없는 세월 동안 세상의 좋은 의사가 되어, 입으로 이 사바세계의 초목금석(草木金石)을 맛보았는데, 그 수(數)가 무릇 십만 팔천이나 됩니다.

---

162) 향기가 '나무와 연기에서 생긴 것도 아니요, 去來가 있는 것도 아니라' 하여 뜻이 반연한 바가 없었기에 '이로 말미암아 분별의식이 사라지고, 無漏를 발명하여 더 나아가 마음을 더럽히는 香塵의 기운이 멸하였기 때문에 妙香이 密圓했다'고 한 것이다.
 (앞의 책 p.781상)
163) 중생을 잘 구제하는 공을 이루어 佛位를 이어 감당할 만한 자를 법왕자라 부르는 것이니 수많은 세월을 두고 法의 의사가 되어 항상 잘 사람을 구해주었기 때문이다.
 (앞의 책 p.781상)

2)入圓眞要 ㈠六塵悟入 379

如是悉知 苦醋鹹淡과 甘辛等味하고 並諸和合과 俱生變異와 是冷是熱과 有毒無毒을 悉能遍知니다

　이와같이 쓰고 시고 짜고 담백함과 달고 매운 것 등의 맛을 알고, 또한 화합(和合)164)해서 생긴 맛과 본래부터 있던[俱生]165) 맛과 변하여 생긴[變異]166) 맛과 찬 맛과 더운 맛, 그리고 독이 있고 없는가를 두루 맛보아 다 알 수 있었습니다.

承事如來로 了知味性 非空非有며 非卽身心이며 非離身心하고 分別味因하야 從是開悟호이다

　이제 여래를 받들어 모시게 되면서부터 맛의 성품이, 없는 것도 아니고 있는 것도 아니며, 몸과 마음에 붙어 있는 것도 아니고, 몸과 마음을 떠나 있는 것도 아님을 알아 맛의 인연을 분별하여 이로 인하여 깨닫게 되었습니다.167)

蒙佛如來 印我昆季를 藥王藥上 二菩薩名하고 今於會中 爲法王子하며 因味覺明하야 位登菩薩이라

　부처님께서 저희 형제를 인가(印可)하시어, 약왕(藥王)과 약상(藥上)의 두 보살로 불러주심을 입고, 지금 이 모임에서 법왕자가 되었으며, 맛을 인하여 발명하여 지위가 보살의 위에 올랐습니다.

佛問圓通하시니 如我所證컨댄 味因爲上이니다

　부처님께서 원통을 물으시니 제가 증득한 바로는 맛의 인[味因]

---

164) 和合: 두 가지 이상의 맛이 합하여 화한 것.
165) 俱生: 금석이나 목석과 같이 그 성을 본래부터 가지고 있는 것.
166) 變異: 고추가 처음에는 맵지 않다가 빨개지면서 매워지는 것, 참외가 처음에는 쓰다가 익으면서 단 맛이 생기는 것 등등.
167) '맛의 因을 분별하였다'는 것은 味性을 了知하여 空과 有와 卽과 離가 實性이 아님을 발명한 圓因이니 이는 바로 원통의 根本因을 가리킨 것이요, 그로 인하여 바로 悟入의 果를 얻었다는 말은 아니다. 앞에서는 色因을 말하고, 뒤에서는 水因 法因 등을 말했지만 다 같은 것이다. 『계환해』(『卍속장경』17, p.781상)

으로 닦는 것이 제일(第一)인가 합니다."

㈣觸塵

跋陀婆羅 幷其同伴이 十六開士가 卽從座起 頂禮佛足 而白佛言호대

　발타바라168)와 그의 도반 열여섯 명의 수행자들이 자리에서 일어나 부처님의 발에 이마를 대어 절하고 부처님께 사뢰었다.

我等先於 威音王佛에 聞法出家러니 於浴僧時 隨例入室라가 忽悟水因호니

　"저희들이 지난 세상에 위음왕불(威音王佛)의 처소에서 법을 듣고 출가한 이후 대중과 함께 목욕할 때에 차례로 욕실에 들어갔었는데 홀연히 수인(水因)을 깨닫게 되었습니다.

旣不洗塵이며 亦不洗體라 中間安然 得無所有호이다

　그 근본에 있어서는 때[塵]를 씻는 것도 아니고, 몸을 씻는 것도 아니어서, 그 가운데 편안히 무소유(無所有)를 얻게 되었습니다.

宿習無忘하야 乃至今時 從佛出家하야 今得無學하니 彼佛名我 跋陀婆羅하시며 妙觸宣明하야 成佛子住니다

　그동안 속세의 습기를 잊지 못하다가 지금에 이르러서 부처님을 따라 출가하여 이제 더 배울 것이 없는 무학(無學)을 얻게 되었으니 부처님께서 저를 '발타바라'라고 이름하였으며, 묘촉(妙觸)이 선명하여 불자(佛子)로 머물게 되었습니다.

佛問圓通하시니 如我所證컨댄 觸因爲上니다

　부처님께서 원통을 물으시니 제가 증득한 바로는 촉인(觸因)이 제

---

168) '발타파라'는 번역하여 賢護이니 때를 씻고 몸을 씻되 때와 몸을 씻는 가운데 조금이라도 얻은 바가 있었다면 다 妄觸이요 妄覺이었으리라. 그러나 얻은 바가 없었기에 곧 妙觸이 宣明하여 부처님의 진정한 아들을 이루었으므로 佛子住라 부르는 것이요, 이를 잘 守護하여 妄이 일어나지 않게 하고, 覺이 흔들리지 않게 하기 때문에 이름을 賢護라 했다.『계환해』(『卍속장경』17, p.781상)

일(第一)인가 합니다."169)

㈐法塵

摩訶迦葉 及紫金光 比丘尼等이 卽從座起 頂禮佛足 而白佛言하대 我於
往劫에 於此界中 有佛出世하시니 名曰月燈이라

마하가섭170)과 자금광 비구니 등이 자리에서 일어나 부처님의 발에 이마를 대어 절하고 부처님께 사뢰었다. "제가 지나간 세월 그 세계에 있을 때에 부처님이 세상에 출현하셨으니 이름이 일월등(日月燈)이었습니다.

我得親近하야 聞法修習하고 佛滅度後에는 供養舍利하고 然燈續明호대 以紫
光金 塗佛形像이러니 自爾已來 世世生生에 身常圓滿 紫金光聚하며

저는 그 부처님을 가까이 모시어 법을 듣고 수학하였으며, 그 부처님이 멸도(滅度)하신 뒤에는 사리에 공양하고, 등(燈)을 켜 불을 밝히고 나아가 자광금(紫光金)으로 부처님의 형상에 도금하였더니, 그 후부터 세세생생 몸이 항상 자금광(紫金光) 빛이 모여 원만하였나이다.

---

169) 능엄경에 말씀하시기를 '발타바라는 그 동료 16명의 수행자와 함께 목욕하는 날 대중을 따라 욕실에 들어갔다가, 홀연히 水因을 깨닫고 妙觸이 선명해져서 佛子로 머무르게 되었다'하였다. 天童覺이 이 이야기를 듣고 상당하여 말하기를 "마음으로 마음을 볼 수는 없으나 기동하기 전에 이미 안목이 갖추어지고, 물로써 물을 씻지는 못하지만 그 자리에서 온몸에 통할 것이다. 그러므로 능엄에서 말씀하시기를 '성품이 물인 眞空과 성품이 空인 眞水가 청정하고 본연해서 법계에 두루하다'고 한 것이니 그렇다면 그 妙觸이 선명한 곳을 어떻게 알겠는가? 다른 사람이 더러운 물을 뿌리기 전에 차고 더움을 자기가 알아야 하는 것이다' 하였다. 『선문염송』(『한글대장경』72, p.156) 제52 水因 참조.
170) 마하가섭은 번역하여 大飮光으로 그의 몸이 金色이다. 지혜의 광명은 일월을 삼키고 六塵이 무상[塵變]함을 관찰하되 法의 空寂을 깨달아 드디어 滅盡定을 닦았다. 이로써 意根을 멸하며 法塵(意根이 대상)에 반연하지 아니하고, 無生滅을 얻었으므로 百千劫을 초월하되 마치 손가락을 퉁기는 사이라고 한 것이며, 지금에 계족산에서 미륵을 기다리는 것이 바로 이 선정에 들어 있는 것이다. 頭陀는 번역하여 抖擻이니 능히 法塵을 털어 버리는 것으로 이름을 삼은 것이다. 『계환해』(『卍속장경』17, p.782상)

此紫金光 比丘尼等은 卽我眷屬으로 同時發心이니다 我觀世間 六塵變壞호대 唯以空寂으로 修於滅盡하야 身心乃能 度百千劫호대 猶如彈指니다

　여기에 자금광의 비구니들은 다 저의 권속으로 그 때 함께 발심하였으며, 저희들은 세간의 육진(六塵)이 무상[變壞]함을 관찰하여 오직 공적(空寂)으로써 멸진정(滅盡定)을 닦았기에 몸과 마음이 백천겁을 지내어도 마치 손가락을 한 번 튕기는 것과 같았습니다.

我以空法으로 成阿羅漢이라 世尊說我 頭陀爲最요 妙法開明 消滅諸漏니다

　저희들은 공적(空寂)을 관찰하는 방법으로 아라한을 이루었기 때문에 세존께서 저희들을 인가(印可)하시어 '두타(頭陀)의 최고'라고 하셨고, 이와같이 묘법(妙法)이 밝게 열려서 가지가지 번뇌를 소멸시켰습니다.

佛問圓通하시니 加我所證컨댄 法因爲上이니다

　부처님께서 원통을 물으시니 제가 증득한 바로는 법인(法因)이 제일(第一)인가 합니다."

㈢六根悟入五　㈀眼根

阿那律陀가 卽從座起 頂禮佛足 而白佛言호대

　아나율타[171]가 자리에서 일어나 부처님의 발에 이마를 대어 절하고 부처님께 사뢰었다.

我初出家하야 常樂睡眠한대 如來訶我가를 爲畜生類라시니 我聞佛訶하고 啼泣自責하야 七日不眠이라가 失其雙目호이다

　"제가 처음 출가하여 늘 수면을 즐겼었는데, 여래께서 저에게 '네가 계속 그리하면 축생의 무리가 될 것이다'고 꾸짖으시니, 저는 부처님의 꾸지람을 듣고 울면서 스스로 책망하며 칠일을 잠자지 아니

---

171) 아나율타는 번역하여 無貧이니 白飯王의 아들로 천안을 증득한 사람이다.『계환해』(『卍속장경』17, p.782상)

하고 그만 두 눈이 멀었습니다.

世尊示我 樂見照明의 金剛三昧어시늘 我不因眼하고 觀見十方호대 精眞洞然하야 如觀掌果하니 如來印我 成阿羅漢이니다

그러나 세존께서 저에게 낙견조명(樂見照明)의 금강삼매(金剛三昧)를 가르쳐 주셨으므로172) 저는 눈으로는 시방 세계를 보지 못하였지만 정견(精見)이 환히 열려서 마치 손바닥에 있는 과일을 보는 듯 하였으며173) 여래께서 저를 인가(印可)하시어 아라한을 이루었다고 하셨습니다.

佛問圓通하시니 如我所證컨댄 旋見循元 斯爲第一이니다

부처님께서 원통을 물으시니 제가 증득한 바로는 견(見)174)을 돌이켜서 근원(根元)을 따르는 것175)이 제일(第一)인가 합니다."

㈏耳根 後特標176)

㈐鼻根

周利槃特迦가 卽從座起 頂禮佛足하고 而白佛言호대

주리반특가177)가 자리에서 일어나 부처님의 발에 이마를 대어 절

---

172) 樂見이란, 見을 돌이켜 塵을 잊음이요, 照明은 본래의 빛을 발함이니, 天眼의 선정이다. 금강은 이러한 心眼이 눈앞에 드러나면 그 心眼의 지혜가 금강과 같이 견고한 것에 비유한 것이다. 李耘虛,『首楞嚴經 註解』(서울 東國譯經院 1974) p.217.
173) '樂見照明'은 즉 天眼定이니 이 선정이 이루어지자 四大의 깨끗한 모습이 半頭에서 발하여 障暗을 다 보게 되어 大天界를 훤히 비추므로 '정견이 참으로 환히 열여서 洞然하다' 했다.『계환해』(『卍속장경』17, p.782상)
174) 이때 見은 보는 것이니, 妄見이다.
175) '見을 돌이켜 근원을 따른다'는 것은 妄을 돌이켜 眞에 맡긴다는 것이다.『계환해』(『卍속장경』17, p.782상)
176) 능엄 제6권에서 따로 자세히 밝혔다.
177) 주리반특가는 번역하여 繼道이니 송추비구이다. 과거세에 대종사가 되었으되 법을 아낌으로 말미암아 성품이 散鈍한 과보를 받았거늘, 부처님이 그로 하여금 수식관으로 섭심(攝心)하게 하셨다. 이로 인하여 생주이멸의 제행무상을 깨닫고 생멸의 息을 돌이켜 無生의 空에 循合하여 圓證을 얻게 된 것이다.『계환해』(『卍속장경』17, p.782하)

하고 부처님께 사뢰었다.

我闕誦持하야 **無多聞性**이러니 **最初値佛**하야 **聞法出家**하야 **憶持如來**의 **一句伽陀**함에 **於一百日**에 **得前遺後**하고 **得後遺前**이니다

"저는 외울 수 있는 능력이 없어서 다문(多聞)을 이루지 못했습니다. 일찍이 부처님을 만나 가르침을 듣고 출가하였으나 여래의 한 구절 게송을 기억해 지니는데 있어서도 100일 동안에 앞의 것을 외우면 뒤의 것을 잊어버리고, 뒤의 것을 외우면 앞의 것을 잊어버렸습니다.178)

佛愍我愚하사 **敎我安居**하야 **調出入息**이어늘

부처님께서 저의 어리석음을 가엾게 여기시어 저에게 '안거(安居)하여 출입식(出入息)을 제어하라'고 하셨는데,

我時觀息하야 **微細窮盡 生住異滅 諸行刹那**하고 **其心豁然**하야 **得大無礙**며

제가 그 때 출입식을 관찰하여 미세하게 생주이멸(生住異滅)하는 모든 행이 찰나임을 궁구하고, 그 마음이 활연(豁然)하여 대무애(大無碍)를 얻었으며,

乃至漏盡 成阿羅漢하야 **住佛座下**하니 **印成無學**호이다

더 나아가 번뇌가 다하고 아라한을 이루어 부처님의 자리 아래에 머무르니 부처님께서 더 배울 것이 없는 무학(無學)을 이루었다고 인가(印可)하셨습니다.

---

*주리반특가: 繼道, 小路라 번역. 부모가 여행하다가 路上에서 兄을 낳고 이름을 路[범어 槃特迦]이라 하고 다시 아우를 路上에서 낳으니 이름을 小路[범어 周利槃特迦]라 하다. 李耘虛,『首楞嚴經 註解』(서울 東國譯經院 1974) p.217.

178) 주리반특가를 송추비구(誦箒比丘)라고도 하는데 부처님께서 '비로 쓸어'라는 말을 외우게 하여 100일을 외웠으나 '비로'를 외우면 '쓸어'를 잊고 '쓸어'를 외우면 '비로'를 잊었기에 붙여진 이름이라 한다. 전관응,『불교학대사전』(서울 홍법원 1988) p.873. *또는 빗자루와 쓰레받이를 함께 기억하지 못했다는 말도 있다.

2)入圓眞要 ㈢六根悟入 385

佛問圓通하시니 如我所證컨댄 返息循空 斯爲第一이니다

　부처님께서 원통을 물으시니 제가 증득한 바로는 출입식을 반조하여 공(空)으로 돌아감이 제일(第一)인가 합니다."

㈃舌根
憍梵鉢提가 卽從座起 頂禮佛足 而白佛言호대
　교범바제179)가 자리에서 일어나 부처님의 발에 이마를 대어 절하고 부처님께 사뢰었다.

我有口業하야 於過去劫에 輕弄沙門이라가 世世生生 有牛伺病이러니
　"저에게는 구업이 있었습니다. 제가 오랜 과거에 사문(沙門)을 조롱했던 까닭으로 세세생생 소처럼 되새김하는 병이 있었습니다.

如來示我 一味淸淨 心地法門어늘 我得滅心하야 入三摩地하며 觀味之知가 非體非物하고
　여래께서 저에게 한결같이 청정한 심지법문(心地法門)을 개시(開示)해 주셨으므로, 제가 잡념이 없어짐을 얻고 삼마지에 들어가 혀가 맛을 알아지는 것이 몸에서 생기는 것도 아니고, 맛보는 대상에서 생기는 것도 아님을 관찰하고,

─────────────
179) 교범바제는 번역하여 우시(牛呞)이니 노승을 輕弄한 과보로 받은 것이다. 이에 부처님이 다른 이의 비방을 막아주고자 염주를 주어 그로 하여금 항상 부처님을 念하게 하였으니 이것이 一味의 심지법문이었다. 즉 능히 心緣을 밀하고 正受를 얻게 하되, 이 가르침으로 '舌根이 맛을 아는 것'을 관하게 하여 도에 들게 하였다. 그러므로 舌根의 知가 體에서 나온 것이 아니며 物을 인하여 있는 것도 아님을 觀하게 하여 妄緣이 모두 끊어지게 하였으니 이를 '잡념이 없어짐을 얻어 삼마지에 들었다'고 이름하는 것이다. 『계환해』(『卍속장경』17, p.782하)
　＊교범발제는 牛呞라 번역하는데 과거에 어느 老僧이 밥을 더디게 먹으므로 조롱하여 말하기를 '마치 소가 여물을 먹는 것과 같다'라고 한 그 과보로 혀가 다른 이와 달랐다. 이에 부처님이 다른 이의 비방을 면하게 하고자 念珠를 주어 염불을 하게 하되, 一味의 심지법문을 開示해 주었다.

應念得超 世間諸漏하야 內脫身心 外遺世界하야 遠離三有 如鳥出籠이라

바로 세간의 가지가지 번뇌를 초월하여 안으로는 몸과 마음에서 해탈하고 밖으로는 세계를 떠나 삼계를 멀리 벗어나는 것이 마치 새가 새장에서 벗어남과 같았습니다.180)

離垢消塵에 法眼淸淨 成阿羅漢하니 如來親印 登無學道호이다

이와같이 허물을 여의고 번뇌를 소멸하여 진리의 눈[法眼]이 맑아져 아라한을 이루었으니 여래께서 친히 더 배울 것이 없는 무학(無學)의 도(道)에 올랐다고 인가(印可)하셨습니다.

佛問圓通하시니 如我所證컨댄 還味旋知 斯爲第一이니다

부처님께서 원통을 물으시니 제가 증득한 바로는 맛을 돌이켜 신령스럽게 아는 것[知, 返照]에 돌아가는 것181)이 제일(第一)인가 합니다."

㈐身根

畢陵伽婆蹉가 卽從座起 頂禮佛足 而白佛言호대

필릉가바차182)가 자리에서 일어나 부처님의 발에 이마를 대어 절하고 부처님께 사뢰었다.

我初發心에 從佛入道하야 數聞如來가 說諸世間 不可樂事니다

"제가 처음으로 발심하여 부처님을 따라 입도(入道)할 때에 여래께서 '세간(世間)에는 가히 즐길 만한 일이 없다183)'고 자주 말씀하

---

180) 중생들이 미혹에 잠겨서 無漏를 얻지 못하는 것은 마음의 반연함이 끊어지지 않기 때문이다 그러므로 마음을 멸하고 반연을 끊으면 가지가지 번뇌를 초월하고 고통이 세계에서 벗어날 수 있는 것이다.『계환해』(『卍속장경』17, p.782하)
181) 마음을 더럽히는 味塵에 집착하지 않고 허망한 覺知를 따르지 않는 것이 맛을 돌이켜 知에 돌아가는 것이다. (앞의 책 p.782하)
182) '필능가바차'는 번역하여 餘習이니 아만의 習이 많은 사람이다.『계환해』(『卍속장경』17, p.783상)

시는 것을 들었습니다.

乞食城中할재 **心思法門**이라가 **不覺路中**에 **毒刺傷足**하야 **擧身疼痛**호이다
　성(城)에서 걸식할 때에 항상 마음으로 그 법문(法門)을 생각하다가 저도 모르게 길에서 독한 가시에 발을 다치니 온몸이 몹시 아팠습니다.

我念有知하야 **知此深痛**이니 **雖覺覺痛**이나 **覺淸淨心**에는 **無痛痛覺**이라하고 **我又思惟**호대 **如是一身**에 **寧有雙覺**리요하야
　제가 생각하기를 '앎이 있으므로 이러한 심한 통증이 느껴지는 것이다. 비록 촉각(觸覺)이 있어 아픔을 느끼지만 깨달음의 청정한 심체(心體)에는 아픔과 아픔을 아는 것이 없다'고 관찰하고184) 다시 더 나아가 사유하기를 '이와같이 하나의 몸에 어떻게 두 개의 느낌[雙覺]이 있을 수 있겠는가?'

攝念未久 身心忽空하고 **三七日中 諸漏虛盡**하야 **成阿羅漢**하고 **得親印記 發明無學**호이다
　이렇게 생각한지 얼마되지 아니하여 몸과 마음이 홀연히 비워지고, 삼칠일(三七日) 동안에 모든 번뇌가 다 없어져 아라한을 이루게 되니 부처님께서 친히 인가(印可)하시어 '무학(無學)을 발명하였다'고 수기(授記)하셨습니다.

---

183) '가히 즐길 만한 법이 없나는 것'은 일체가 다 苦事라는 말이다. 『계환해』(『卍속장경』17, p.783상)
184) '가히 즐길 만한 법이 없는 것'을 사유하다가 기쁘지 못한 일을 감촉하고, 이로 인하여 正觀하되 '앎이 있기 때문에 통증을 아나니 비록 아는 마음이 있기 때문에 능히 통증을 느끼는 줄 알지만 청정심에는 본래로 痛覺이 없음을 反覺'했다는 것이다. 그러나 雙覺이 있으면 그 覺이 아직 純淨하지 못한 것이기에 또 다시 사유하고 더 나아가 몸과 촉각이 다 없는 곳에 이르렀으므로 '모든 번뇌가 다 없어졌다'한 것이요, 痛을 아는 것과 痛이 함께 寂然했기 때문에 '깨달음을 순일하게 지키고 몸을 버리는 것'이라 했다. (앞의 책 p.783상)

佛問圓通하시니 如我所證컨댄 純覺遺身호미 斯爲第一이니다
　부처님께서 원통을 물으시니 제가 증득한 바로는 깨달음을 순일하게 지키고 몸을 버리는 것이 제일(第一)인가 합니다."

⑹意根

須菩提가 即從座起 頂禮佛足 而白佛言호대
　수보리가 자리에서 일어나 부처님의 발에 이마를 대어 절하고 부처님께 사뢰었다.

我曠劫來 心得無礙하야 自憶受生이 如恒河沙니다
　"저는 오랜 세월 이전에 이미 마음에 걸림이 없어서185) 이 세상에 태어난 것이 항하의 모래 수와 같이 많았음을 스스로 기억하고 있습니다.

初在母胎하야 即知空寂하고 如是乃至十方成空하며 亦令衆生 證得空性하니
　처음 어머니의 태에 있을 때부터 공적(空寂)을 알았고, 이와같이 더 나아가 시방에 이르기까지도 공적하였으며, 또한 모든 중생들에게 공(空)의 성품을 증득하게 하였습니다.186)

蒙如來發 性覺眞空일새 空性圓明 得阿羅漢하고 頓入如來의 寶明空海하야 同佛知見이니 印成無學호대 解脫性空에는 我爲無上호이다
　그러다가 여래께서 성각(性覺)인 진공(眞空)을 밝혀 주셨으므로,

---

185) 수보리는 광겁이래로 解空第一이요, 오직 一世에만 몸이 공적함을 깨달은 사람이 아니다. 그러므로 '마음에 걸림이 없었다'고 한 것이다. 『계환해』(『卍속장경』17, p.783하)
186) 宿命을 통달하여 경계의 공적마저도 깨달았기에 '十方成空'이라 한 것이다. (앞의 책 p.783하)
　*스스로 깨닫고 남도 깨닫게 하기 때문에 '중생으로 하여금 空性을 증득하게 한다'고 했다. 그러나 이는 오직 소승의 증한 바 空이요, 性覺眞空에는 아직 圓明하지 못했기 때문에 性覺眞空을 발명함에 이르고 나서야 이에 寶明妙性인 眞空의 바다에 바로 들어가게 되어 이승의 견해를 여의고 불지견과 같아진 것이다. (앞의 책 p.783하)

공성(空性)이 원만하게 밝아져서 아라한을 증득하고, 바로 여래의 보명(寶明)한 공의 바다에 들어가 부처님의 지견(知見)과 같아졌기에, 부처님께서 무학(無學)을 이루었다 인가(印可)하시고, 성공(性空)을 해탈함에는 저보다 더할 사람이 없다고 하였습니다.

佛問圓通하시니 **如我所證**컨댄 **諸相入非**호대 **非所非盡**하야 **旋法歸無 斯爲第一**이니다

부처님께서 원통을 물으시니 제가 증득한 바로는 '모든 상(相)이 상(相)이 아니다'고 부정하고, 아니라는 생각[非]과 아니라고 생각하는 대상[所非]까지도 모두 다하여187) 모든 유위법(有爲法)을 돌이켜 시비(是非)가 없는 곳으로 돌아가는 것188)이 제일(第一)인가 합니다."

㈢六識悟入六189) ㈎眼識

舍利弗 卽從座起 頂禮佛足 而白佛言호대

사리불190)이 자리에서 일어나 부처님의 발에 이마를 대어 절하고

---

187) '모든 相을 非相이라 부정[入]하고, 아니라는 생각[非]과 아니라고 생각하는 대상 [所非]까지도 모두 다하였다'고 한 것은 寶明의 空海에 융화함을 말한 것이다. 『계환해』(『卍속장경』17, p.783하)
188) '모든 유위법을 돌이켜 시비가 없는 곳으로 돌아갔다'는 것은 寶明한 空海에 돌아 감을 뜻한다. (앞의 책 p.783하)
189) 앞에 根塵은 攝心이니 止에 의지하고, 이곳 육식은 駐心이니 觀에 의지한다. (계환해 참조)
190) 혹설에 사리불이 마승비구의 偈를 듣고 불법에 귀의했다고 하나 이는 소승의 인연으로 여기 원통에서 취할 바는 아니다. 사리불[身子]은 지혜제일로 명성과 덕망이 으뜸이기에 장자라 칭한 것이다. 『계환해』(『卍속장경』17, p.784상) *사리불은 부처님의 십대제자 가운데 하나이다. 혹 舍利弗羅 舍利弗怛羅 奢利富多羅 舍利子라고도 칭한다. 또한 이름이 우파저사(優波低沙) 혹은 優波提舍라고도 하는데 번역하면 大光으로 아버지의 이름을 따라 얻은 명칭이다. 그 아버지는 천축 바라문으로 提舍라는 이름의 논사이고, 그 어머니는 마가다국 왕사성 바라문론사의 딸이었는데 出生時 그 눈이 흡사 舍利라는 새와 같았으므로 이에 舍利라 불렀으며, 그 어머니의 성을 따서 舍利라 불렀다. 弗은 아들이라는 뜻이다. 처음에 사리불은 목련과 함께 산자야의 제자였으나 부처님 성도 후 오래지 아니하여 왕사성 죽림정사 계셨는데 제자 아설시(馬勝比丘)가

부처님께 사뢰었다.

我曠劫來 心見淸淨하야 **如是受生**이 **如恒河沙**하며 **世出世間 種種變化**를 **一見則通**하야 **獲無障礙**호이다

"저는 광겁이래(廣劫以來)로 심견(心見)191)이 청정하여 이와같이 세상에 태어난 것이 항하의 모래 수와 같았으며, 세간과 출세간의 가지가지 변화를 한 번 보고 바로 통달하여 장애가 없었습니다.

我於路中에 **逢迦葉波 兄弟相逐**하며 **宣說因緣**하야 **悟心無際**하고 **從佛出家**하야 **見覺明圓**하고 **得大無畏 成阿羅漢**하며 **爲佛長子**호니

제가 거리에서 가섭파(迦葉波) 형제192)가 인연에 대하여 이야기 하는 것을 듣고, 마음이 끝이 없음을 깨달아 부처님에게 출가하여 보고 깨닫는 것이 명원(明圓)해지고 크게 두려움 없음을 증득하여 아라한을 이루고, 부처님의 장자(長子)가 되었습니다.

從佛口生 從法化生이라

그러므로 저는 부처님의 입으로부터 태어나고, 법으로부터 화생한 것입니다.

佛問圓通하시니 **如我所證**컨댄 **心見發光**하야 **光極知見 斯爲第一**이니다

부처님께서 원통을 물으시니 제가 증득한 바로는 심견(心見)이 지혜의 광명을 발하여 그 광명이 극에 달한 그 지견(知見)193)이 제

성에 들어거 걸식하던 중 사리불이 그 위의가 단정하고 行步가 穩重함을 보고 드디어 그 스승이 누구이며 무슨 가르침을 익히는가를 물으니 아설시가 이에 불타의 설한 바 인연법인 '諸法從緣生 緣盡法還滅 我師釋迦文 常作如是說'이라는 내용을 듣고 그로 인하여 제법무아의 이치를 알게 되었다. 이 후 사리불은 목련과 함께 부처님의 제자가 되었다. 『佛光大辭典』(台灣 佛光出版社 1988) p.3498.
191) 心見은 眼識를 가리킨 것이다. 識이 청정하기 때문에 종종으로 通利한 것이요, 마음에 끝이 없기 때문에 見覺이 圓明한 것이다. 『계환해』(『卍속장경』17, p.784상)
192) 가섭형제는 우루빈라 등이다. (앞의 책 p.784상)

일(第一)인가 합니다."

㈎耳識

普賢菩薩 卽從座起 頂禮佛足 而白佛言하대

보현보살194)이 자리에서 일어나 부처님의 발에 이마를 대어 절하고 부처님께 사뢰었다.

我己曾與 恒沙如來로 爲法王子호니 十方如來 敎其弟子 菩薩根者에 修普賢行 從我立名이니다

"저는 이미 항하의 모래수와 같은 여래와 함께 일찍이 법왕자195)가 되었으며, 시방의 여래께서 그 제자 가운데 보살의 근기가 있는 자들을 가르칠 때에 보현행(普賢行)196)을 닦으라고 한 것은 저로 인하여 그 이름을 세운 것입니다.

世尊 我用心聞하야 分別衆生의 所有知見하야

세존이시여! 저는 마음으로 듣기 때문에 중생들이 지니고 있는 지견(知見)을 다 분별합니다.197)

若於他方 恒沙界外에 有一衆生이라도 心中發明 普賢行者면

만약 타방의 항사세계(恒沙世界) 밖에 어떤 한 중생이라도 그 마음에 보현행을 실천하려는 자가 있다면,

---

193) '心見이 發光하여 光極의 知見'이라 한 것은 心見이 발명함으로 말미암아 만법을 圓照하게 된다는 것이다. (앞의 책 p.784상)
194) 중국에 아미산과 한국에 묘향산에 상주하며, 코끼리를 타고 자비를 상징한다.
195) 보살을 가리킨다.
196) 행이 두루하지 아니함이 없는 것이 普요, 위를 돕고 아래를 이롭게 함이 賢이니 두루두루 돕고 이롭게 하기 때문에 大根을 구족하여 보살행을 수행하면 이것이 다 보현의 수행인 것이다.『계환해』(『卍속장경』17, p.784하)
197) '중생의 知見을 분별한다'는 것은 보현행을 가려서 이를 성취한다는 것이다. (앞의 책 p.784하)

我於爾時 乘六牙象하고 分身百千하야 皆至其處하며
　저는 그때 어금니가 여섯 개인 흰 코끼리[六牙白象]를 타고, 백천(百千)의 분신(分身)을 통해서 다 그들이 있는 처소에 이르며,

縱彼障深하야 未得見我라도 我與其人으로 暗中摩頂하고 擁護安慰하야 令其成就니다
　비록 그 사람이 업장이 깊어서 응당 저를 보지 못하더라도 저는 몰래 그 사람의 이마를 만져 주고 보호하여 편안하게 하고 그에게 성취하도록 하였습니다.

佛問圓通하시니 我說本因컨댄 心聞發明하야 分別自在 斯爲第一이니다
　부처님께서 원통을 물으시니 저의 근본 인(因)을 말씀드리자면 마음으로 듣는 것[心聞)198]이 발명되어 분별이 자유자재하게 되는 것이 제일(第一)인가 합니다.”

㈎鼻識
孫陀羅難陀가 卽從座起 頂禮佛足 而白佛言호대
　손타라난타가 자리에서 일어나 부처님의 발에 이마를 대어 절하고 부처님께 사뢰었다.

我初出家에 從佛入道하야 雖具戒律이나 於三摩提心常散動하야 未獲無漏러니 世尊教我 及拘絺羅로 觀鼻端白어늘
　"제가 처음으로 출가하여 부처님을 따라 입도(入道)하여 비록 계율은 갖추었으나 저 삼마제(三摩提)에는 마음이 항상 흩어지고 움직여서 아직 무루(無漏)를 얻지 못하였는데, 세존께서 저와 구치라(拘緻羅)에게 비단백(鼻端白)199)을 관찰하게 하셨습니다.200)

---
198) 心聞은 耳識이다. (앞의 책 p.784하)
199) 코 끝의 출입식을 관하여 하얗게 청정해지는 것이다.
200) '손타난타'는 번역하여 염희(艷喜)이며 부처님의 親弟이다. 앞의 주리반특가편에서

我初諦觀 經三七日에 見鼻中氣가 出入如煙하며 身心內明에 圓洞世界하야
遍成虛淨 猶如瑠璃러니

　제가 처음부터 이를 자세히 관찰하여 삼칠일이 경과하니 코끝의 출입식(出入息)이 하얀 연기처럼 보이면서 몸과 마음이 안으로 밝아져서 세계가 뚜렷이 열리고 두루 비어서 깨끗해진 것이 마치 맑은 유리(瑠璃)와 같았습니다.

煙相慚消 鼻息成白하야 心開漏盡호대 諸出入息 化爲光明하고 照十方界
得阿羅漢이라 世尊記我하사 當得菩提니이다

　그러다가 연기의 모양이 차츰 사라지고, 코의 숨이 청정[白]해지고, 마음이 열리어 번뇌가 다하였으며, 모든 출입식이 변화하여 광명이 되고, 이 광명이 시방세계를 비추어 마침내 아라한을 이루게 되니201) 세존께서 저에게 '반드시 깨달음을 얻을 것이다'라고 수기(授記) 하셨습니다.

佛問圓通하시니 我以消息컨댄 息久發明하고 明圓滅漏 斯爲第一이니다

　부처님께서 원통을 물으시니 저는 출입식이 청정해지고, 그것이 오래되어 광명을 발하며, 지혜의 광명이 원만하여 모든 번뇌가 없어지게 되는 것이 제일(第一)인가 합니다."

의 數息은 鼻根에 의지한 것이다. 그 이유는 攝心[止]에 있고, 여기에서의 觀白은 識에 의지했으니 이유는 駐心[觀]에 있다. 숨쉬는 것이 風火로 말미암아 일어나 번뇌탁을 고무시키는 것이기에 그 모습이 연기와 같다고 했거늘 우매한 자는 깨닫지 못하거니와, 오직 자세히 관찰하여야 볼 수 있다. 『계환해』(『卍속상경』17, p.785상)

*觀白(觀鼻端白): 코 끝의 흰 것을 관한다는 것은 바로 鼻息을 회광반조하는 것이다.
201) 능엄 제8권 六交報편(p.597)에 이르기를 '임종시 불을 보게 되는데 맹열한 불길이 숨을 태우게 되면 능히 黑烟紫焰이 된다'고 했거니와, 이것이 다 번뇌탁으로 일어난 것이다. 淨觀으로 發明하게 되면 바로 번뇌탁이 점차 소멸할 것이기에 內明外虛하여 연기가 사라져 하양게 되는 것이요, 漏가 다하게 되면 다시 번뇌가 없어져서 안으로 밝게 빛을 발하는 것이기에 출입식이 변화하여 지혜의 광명이 된다고 한 것이다. 消息은 즉 煙消成白를 뜻하고 滅漏는 心開漏盡을 가리킨 것이니, 다 鼻識을 관찰함으로 말미암아 발명된 것이다. 『계환해』(『卍속장경』17, p.785상)

㈣舌識

富樓那彌 多羅尼子가 **卽從座起 頂禮佛足 而白佛言**하대

부루나미다라니자202)가 자리에서 일어나 부처님의 발에 이마를 대어 절하고 부처님께 사뢰었다.

我曠劫來 辯才無礙하야 **宣說苦空**호대 **深達實相**하고

"저는 오랜 겁으로부터 변재(辯才)가 걸림이 없어서 고(苦)와 공(空)을 말하고 깊이 실상을 통달하였으며203)

如是乃至 恒沙如來 秘密法門을 **我於衆中**에 **微妙開示 得無所畏**호이다

이와같이 더 나아가 항하의 모래수와 같은 여래의 비밀한 법문(法門)을 제가 대중 가운데에서 열어 보이더라도 전혀 두려움이 없었습니다.

世尊知我 有大辯才하시고 **以音聲輪**으로 **敎我發揚**어늘

세존께서는 저에게 대변재(大辯才)가 있음을 아시고, 음성(音聲)의 수레로써204) 저에게 이를 드러내도록 하셨는데,

我於佛前 助佛轉輪하고 **因師子吼 成阿羅漢**호니 **世尊印我 說法無上**이니이다

저는 부처님 앞에서 부처님을 도와 법륜을 굴리어 이와같이 사자후(獅子吼)를 함으로써 아라한을 이루었으니, 세존께서 저에게 '설법에는 부르나가 최상이다'라고 인가(印可)하셨습니다.

---

202) 부루나는 설법제일이어서 辯才가 무애하고 이로써 마구니를 항복받아 번뇌를 멸하였으니 다 舌識의 힘이었다. 『계환해』(『卍속장경』17, p.785상)   *부루나는 인욕존자로서 수행하다가 순교자가 되시었다.
203) '苦空의 實相'이란 세간의 모든 법이 일체가 무상하고 일체가 다 苦이며 일체가 다 空이나 그 가운데 眞常이 있어 不苦不空하니 涅槃四德이 곧 이 실상이다. (앞의 책 p.785상)
204) 부처님도 신구의 三輪으로 중생을 구제하시되 걸림이 없으셨으니 여기서 음성이란 곧 口輪이다. 『계환해』(『卍속장경』17, p.785상)

佛問圓通하시니 我以法音으로 降伏魔冤하고 消滅諸漏 斯爲第一이니다

　부처님께서 원통을 물으시니 저는 법음(法音)으로 악마와 원수를 항복 받고, 모든 번뇌를 소멸시키는 것이 제일(第一)인가 합니다.”

㈎身識
優波離가 卽從座起 頂禮佛足 而白佛言호대

　우파리205)가 자리에서 일어나 부처님의 발에 이마를 대어 절하고 부처님께 사뢰었다.

我親隨佛하고 踰城出家하야 親觀如來 六年勤苦러니

　"저는 친히 부처님을 따라 성을 넘어 출가하여 친히 여래께서 육년 고행하심을 관찰하였습니다.

親見如來 降伏諸魔하고 制諸外道시며 解脫世間貪欲諸漏하고 承佛敎戒하야

　여래께서 모든 마구니들을 항복 받고, 여러 외도들을 제압하여 세간의 탐욕 따위의 모든 번뇌에서 해탈하시는 것을 가까이서 보고서 부처님께서 가르쳐 주신 계율을 받들어

如是乃至 三千威儀와 八萬微細 性業遮業이 悉皆淸淨하고 身心寂滅 成阿羅漢호니

　이와같이 더 나아가 삼천가지 위의와 팔만가지206) 미세한 성업(性業)과 차업(遮業)207)이 모두 청정하고 몸과 마음이 적멸(寂滅)하

---

205) 우바리는 수두라 출신으로 세존께서 성도하신 후 고향을 방문하셨을 때 석가족의 왕자들과 함께 출가했다. 선원에서 결가부좌로 몸을 조복 받으려 하듯이 수행자는 먼저 계율을 통해 몸을 조복 받아야 하는 것이다.
206) 행주좌와에 있어 律儀가 각기 二百五十이 있으니 三聚(正定聚 邪定聚 不定聚)에 대해서 三千威儀를 이루고, 다시 三千으로 身三口四의 七支에 배대하고 여기에 다시 四分煩惱를 곱하여 八萬四千이 되는 것이다. 『계환해』(『卍속장경』17, p.785하)
207) 性業은 殺盜婬等이니 性에 근본한 계(戒)이고 遮業은 지말적인 건실(愆失)이니 작은 과실을 경계함으로 인하여 큰 허물을 미리 막고 그치게 하려는 율(律)이다. 『계환해』(『卍속장경』17, p.785하) 참조

여 아라한을 이루었습니다.208)

我是如來 衆中綱紀라하야 **親印我心**하사 **持戒修身 衆推無上**이니다
　그리하여 저는 여래의 대중 가운데 규율[紀綱]을 세우는 책임을 맡았고, 부처님께서 저의 마음을 인가(印可)하시어 '계(戒)를 지녀 몸을 닦는 데는 우파리가 대중 가운데 가장 으뜸이다'라고 하셨습니다.209)

佛問圓通하시니 **我以執身**하야 **身得自在**하고 **次第執心**하야 **心得通達**한 **然後 身心**이 **一切通利 斯爲第一**이니다
　부처님께서 원통을 물으시니 저는 몸을 단속하여 몸이 자유자재하게 되고, 다음에는 마음을 단속하여 마음이 통달한 후에 몸과 마음이 모두 통하게 되는 것210)이 제일(第一)인가 합니다."211)

(바)意識
大目犍連이 **卽從座起 頂禮佛足 而白佛言**호대
　대목건련212)이 자리에서 일어나 부처님의 발에 이마를 대어 절하고 부처님께 사뢰었다.

---

208) 우파리를 번역하면 近執이니 부처님을 친근히 하고 계율을 執持한다는 뜻이다. 말하자면 친히 부처님을 따르고 친히 가까이 뵈며 더 나아가 모든 욕심에서 벗어나 가르침을 받드는 것이 다 身識으로 공경하고 받들었음을 밝힌 것이다. (앞의 책 p.785하)
209) 계율을 가짐이 대중 가운데 綱紀이 되었기 때문에 부처님이 친히 우파리의 마음을 인가하셨던 것이니 이는 곧 '대중 가운데 지계가 최상이어서 이를 인가했다'는 것을 말한다. 『계환해』(『卍속장경』17, p.785하)
210) '저는 몸을 단속하여 몸이 자유자재하게 되고, 다음에는 마음을 단속하여 等'이라 한 것은 戒를 가짐으로 말미암아 '身과 身識이 원통 아님이 없게 되었다'는 말이다. (앞의 책 p.785하)
211) 律中得度는 우파리가 第一이요, 僧中得度는 교진여가 최초이기에 지금의 僧堂에는 교진여를 두고 戒壇에는 우파리를 두었다. 이것은 각기 근본을 세우기 위해서이다. (앞의 책 p.785하)
212) 부처님 보다 나이가 더 많았다고 하며, 효성이 지극했다. 나중에 전법포교에 전념하다가 순교하였다 한다.

2) 入圓眞要　㈢六識悟入

我初於路에 乞食逢遇 優樓頻螺와 伽耶那提 三迦葉波가 宣說如來 因緣深義하고
　"제가 처음 거리에서 걸식하다가 우루빌라(優樓頻螺)와 가야(伽耶)와 나제(那提) 등 삼가섭파(三迦葉波)가 여래의 가르침인 인연의 깊은 뜻에 대해서 설명하는 것을 듣고213)

我頓發心하야 得大通達하며 如來惠我하시니 袈裟著身하고 鬚髮自落이니다
　저희들이 바로 발심하여 크게 통달함을 얻었으며, 여래께서 은혜를 주시니, 저의 몸에 가사(袈裟)가 입혀지고 수염과 머리털이 저절로 떨어졌습니다.

我遊十方호대 得無罣礙하며 神通發明에 推爲無上하고 成阿羅漢호니
　저는 시방세계에 돌아다녀도 걸림이 없었으며 세존께서 '신통을 발휘함에는 목건련이 최상이다'라고 추천하심을 입고 아라한을 이루었습니다.

寧唯世尊이닛고 十方如來도 歎我神力이 圓明淸淨하야 自在無畏니이다
　어찌 오직 세존 뿐이겠습니까? 시방여래도 저의 신력(神力)이 원명청정(元明淸淨)하고 자재무애(自在無碍)함을 찬탄하였습니다.

佛問圓通시니 我以旋湛하야 心光發宣호대 如澄濁流에 久成淸瑩 斯爲第一이니다
　부처님께서 원통을 물으시니 저는 맑은 데로 돌아가214) 마음이

---

213) 불교에서 주장하는 인연의 깊은 뜻은 세간에서 화합하는 麤相의 의미가 아니다.(p.356참조) 이는 바로 세간과 출세의 모든 이치[法]를 드러내는 근본이니 이를 말미암아 발심하고 대통달을 얻기 때문에 신통이 如意한 것이다.『계환해』(『卍속장경』17, p.786상)
214) '맑은 곳에 돌아간다'는 것은 의식을 돌이켜 妙湛을 회복하는 것이기에 흐린 물을 가라앉혀 오래되어 청정을 이루고 通力이 圓明하여 청정자재하게 되는 것이다.『계환해』(『卍속장경』17, p.786상)

지혜광명을 드러내는 것이 마치 흐린 물[濁流]을 가라앉혀 오래되면 청정을 이루는 것과 같이하는 것이 제일(第一)인가 합니다."

㈣七大悟入七 ㈎火大215)
烏芻瑟摩가 **於如來前**에서 **合掌頂禮 佛之雙足 而白佛言**호대
　오추슬마216)가 자리에서 일어나 부처님의 발에 이마를 대어 절하고 부처님께 사뢰었다.

我常先憶호니 **久遠劫前**에 **性多貪欲**이니이다 **有佛出世**하시니 **名曰空王**이라
　"저는 항상 오랜 옛날부터 성품에 탐욕이 많았다고 기억되는데 어떤 부처님이 세상에 출현하시니 이름이 공왕(空王)이었습니다.

說多淫人은 **成猛火聚**라하사
　그 부처님께서 '음욕이 많은 사람은 맹렬한 불덩어리가 된다'217)고 말씀하시며,

敎我遍觀 百骸四肢의 **諸冷暖氣**어늘
　저에게 육신(肉身)의 백해(百骸)와 사지(四肢)의 가지가지 차고 따뜻한 기운을 두루 관찰하게 하시니218)

神光內凝에 **化多淫心**하야 **成智慧火**라
　신비한 지혜의 광명이 안에서 엉키면서 수많은 음란한 마음이 변

---

215) 칠대 가운데 먼저 火大를 설명한 것은 생사근본을 對治하고자 한 것이니 經文 가운데 '多淫云云'한 것이 바로 이것이다. 『楞嚴蛇足』(통도사승가대학 1992) p.152.
216) '조추슬마'는 번역하여 火頭이니, 즉 火頭金剛力士이다. 『계환해』(『卍속장경』17, p.786하)
217) '多婬之人'은 본래 煖觸의 핍박으로 발생하기 때문에 살아서는 欲火가 되고 죽어서는 業火가 되나니 업력이 增熾하는 까닭에 '맹렬한 불덩어리'를 이루는 것이다. 『계환해』(『卍속장경』17, p.786하)
218) '두루 煖氣를 관찰하였다'는 것은 火大가 無礙流通함을 깨닫는 것이다. (앞의 책 p.786하)

화하여 지혜의 불을 이루었습니다.

從是諸佛이 皆呼召我호대 名爲火頭시니 我以火光 三昧力故 成阿羅漢하며
　　그로부터 여러 부처님이 모두 저를 지혜의 불[火頭]219)이라 부르셨는데 저는 이 화광삼매(火光三昧)의 힘으로 아라한이 되었으며

心發大願하기를 諸佛成道에 我爲力士하야 親伏魔寃호이다
　　마음에 항상 서원하기를 '제불이 성도하시면 나는 금강력사(金剛力士)가 되어 친히 마구니[魔寃]를 물리치겠다'라고 하였습니다.

佛問圓通하시니 我以諦觀 身心煖觸이 無礙流通하야 諸漏旣消하고 生大寶焰하야 登無上覺 斯爲第一이니다
　　부처님께서 원통을 물으시니 저는 몸과 마음에 따뜻한 감촉이 걸림없이 유통하는 것을 자세히 관찰하여 모든 번뇌가 이미 소멸하고 큰 보배의 불꽃이 생겨나220) 최상의 깨달음에 오르는 것이 제일(第一)인가 합니다."

㈏地大
持地菩薩이 卽從座起 頂禮佛足 而白佛言호대 我念往昔에 普光如來가 出現於世어시늘
　　지지보살이 자리에서 일어나 부처님의 발에 이마를 대어 절하고 부처님께 사뢰었다. "제가 지난 옛날을 기억해 보니 보광여래(普光如來)께서 세상에 출현하셨습니다.

---

219) 모든 장애가 이미 소멸했기 때문에 神光이 內凝하여 지혜의 불을 이루어 頭上에서 발하기 때문에 火頭라 한 것이다. (앞의 책 p.786하)
220) '큰 보배의 불꽃이 생겨난다'는 것은 火光三昧이다. 『계환해』(『卍속장경』17, p.786하)

我爲比丘하야 常於一切 要路津口에 田地險隘하야 有不如法하야 妨損車馬
어든 我皆平塡호대 或作橋梁하며 或負沙土하야 如是勤苦를 經無量佛이 出
現於世호이다

그 때 저는 비구가 되어서 항상 중요한 길목과 나루에서 밭과 길이 험악하고 법답지 못하여 수레와 말의 통행에 방해되거나 손상될 것 같으면 제가 모두 땅을 메워 평탄하게 하여 혹은 다리를 놓고 혹은 흙과 모래를 져다 메우기도 하면서 이와같이 노력하기를 수많은 부처님이 세상에 출현할 때까지 하였습니다.221)

或有衆生이 於闠闠處에 要人擎物어든 我先爲擎코 至其所詣하야는 放物卽
行하고 不取其直하며

또 어떤 중생이 복잡한 곳에서 삯꾼을 구하여 짐을 지우려고 하면 제가 먼저 짐을 지고, 그 목적지에 이르러 짐을 내려놓고는 곧 돌아오되 삯은 받지 않았습니다.

毗舍浮佛 現在世時에 世多飢荒어늘 我爲負人하야 無問遠近하고 唯取一錢
하며 或有車牛가 被於陷溺어든 我有神力하야 爲其推輪 拔其苦惱호이다

또 비사부불(毘舍浮佛)222)이 세상에 계실 때에는 여러해 동안 흉년이 들었는데 저는 그때에도 짐꾼이 되어 원근(遠近)을 가리지 아니하고 오직 일전(一錢)만 받았으며, 또 수레를 멘 어떤 소가 흙구렁에 빠지게 되면 저의 신통력으로 그 바퀴를 밀어 주어 고뇌에서 벗어나게 해 주었습니다.

---

221) 험한 곳을 평탄하게 하고, 허물어진 곳을 보수하며, 사람의 일을 대신해 주고, 소의 고통을 구제하되 彼我의 相이 없었던 것은 心地를 평탄하게 하여 高下가 없음을 表한 것이다.『계환해』(『卍속장경』17, p.787상)

222) 비사부(毘舍浮)는 번역하여 遍一切自在이니 이 또한 平心을 말미암은 것이기에 一切自在라한 것이다.『계환해』(『卍속장경』17, p.787상)

2)入圓眞要　㈣七大悟入　401

時國大王이 延佛設齋어늘 我於爾時에 平地待佛이러니 毘舍如來 摩頂謂我
하사대 當平心地하면 則世界地 一切皆平이라

　그때 국왕이 부처님을 맞아 재(齋)를 베풀었는데 저는 그 때에 머리를 풀어 길을 평탄하게 닦아 놓고 부처님을 기다렸더니 비사부불(毘舍浮佛)께서 저의 정수리를 만지시며 저에게 '응당 마음을 평탄하게 가지면 곧 온 세계의 땅도 평탄해질 것이다'고 말씀하셨습니다.

我卽心開하야 見身微塵이 與造世界한 所有微塵으로 等無差別하야 微塵自
性 不相觸摩하며 乃至刀兵 亦無所觸이라

　저는 그 말씀을 듣고 바로 마음이 열리어223) 몸에 있는 미세한 티끌(세포)이 세계를 이루고 있는 미세한 티끌(세포)과 평등하여 차별이 없음을 보고, 안팎의 수많은 자성(自性)이 서로 부딪히더라도 전혀 저촉되지 않았으며, 더 나아가서는 칼과 창[刀兵]으로 내리치더라도 전혀 저촉됨이 없었습니다.224)

我於法性에 悟無生忍 成阿羅漢하니 迴心今入 菩薩位中하야 聞諸如來가
宣妙蓮華 佛知見地하고 我先證明 而爲上首호이다

　저는 이로 인하여 법성(法性)의 무생인(無生忍)을 깨닫고 아라한225)이 되었으며, 지금은 마음을 돌이켜 보살의 지위에 들어가 여래로부터 묘연화(妙蓮華)의 불지견지(佛知見地)226)에 대해 말씀하시

---

223) '我卽心開' 이하는 다 地大를 의지하여 圓悟한 것을 가리킨 것으로 身界二塵이 本如來藏에서 虛妄發生한 것이기에 不相摩觸이라 한 것이니 본래 허망임을 요달하면 곧 無生法忍을 깨닫게 되는 것이다. (앞의 책 p.787상)
224) 法空을 部分的으로 통달하여 微塵의 자성이 공하여 있는 것이 아님을 알았으니 곧 能觸의 地大와 所觸의 地大도 다 그러하다. 그러므로 刀兵인 外地大로 육신인 內地大에 접촉하되 빛을 가르고 그림자를 끊는 것[斬光截影]과 같아서 마침내 損傷이 없었던 것이나. 『정맥소』(『한속장경』18, p.617/상)
225) 소승으로서의 아라한이다.
226) '妙蓮華 佛知見地'라 한 것은 제불의 심지법문을 가리킨 것이니 행동과 實地가 원만히 계합하고 染淨을 쌍으로 잊게 되는 것을 과거 모든 부처님이 설하셨던 묘법연화

는 것을 듣고, 제가 먼저 증명하여 상수(上首)가 되었습니다.

佛問圓通하시니 **我以諦觀 身界二塵**이 **等無差別**이라 **本如來藏 虛妄發塵**하야 **塵消智圓**에 **成無上道 斯爲第一**이니다

부처님께서 원통을 물으시니 저는 몸과 세계의 두가지 미세한 티끌[身界二塵]이 평등하여 차별이 없고, 본래 청정한 여래장에서 허망하게 미세한 티끌이 생긴 것임을 자세하게 관찰하여 그 미세한 티끌이 사라지고 지혜가 원만하게 되어 최상의 도(道)를 이루는 것이 제일(第一)인가 합니다.”

㈐水大

月光童子가 **卽從座起 頂禮佛足 而白佛言**호대 **我憶往昔 恒河沙劫**에 **有佛出世**하시니 **名爲水天**이라

월광동자227)가 자리에서 일어나 부처님의 발에 이마를 대어 절하고 부처님께 사뢰었다. “제가 지난 옛날의 항하의 모래 수와 같은 세월을 기억해 볼 때에 어떤 부처님이 세상에 출현 하셨으니 그 이름이 수천(水天)이었습니다.

敎諸菩薩 修習水精하야 **入三摩地**라하야늘

그 부처님께서는 모든 보살들에게 물의 정밀한 성품을 관(觀)하여228) 삼마지에 들게 하시니

라 하고, 멀리 삼승을 벗어나 깊이 一實를 짓는 것을 불지견이라 한다. 지지보살이 지닌 바 마음이 여기에 있었던 것이기에 身과 界의 妄塵이 소멸하고 無上의 지혜가 원만함을 얻게 되었던 것이다. 『계환해』(『卍속장경』17, p.787상) 참조

227) 동자란 佛種을 이어갈 수 있는 음욕없는 보살을 가리킨다. *달은 太陰인 水精이다. 옛날에 水天을 스승으로 삼고 水觀을 修習함에 水性이 圓明하였기 때문에 號가 月光인 것이다. 『계환해』(『卍속장경』17, p.787하)

228) '修習水精'는 水의 精性을 觀한다는 말이다. 『계환해』(『卍속장경』17, p.787하)

觀於身中 水性無奪하고 初從涕唾로 如是窮盡 津液精血과 大小便利히 身中旋復한 水性一同이며

　몸 가운데 수성(水性)을 빼앗지 않고229) 처음에는 눈물과 침으로부터 이와같이 율액(津液) 정혈(精血) 대변(大便) 소변(小便)에 이르기까지 다 살펴서 몸속에 돌아다니는 모든 수성(水性)이 동일한 것임을 관찰하게 하며,

見水身中 與世界外의 浮幢王刹 諸香水海로 等無差別이니다

　그 수성이 몸속에 있는 것과 세계 밖의 부당왕찰(浮幢王刹)230)의 향수해(香水海)가 서로 평등하여 차별이 없음을 보라고 하셨습니다.

我於是時初成此觀하니 但見其水요 未得無身이라 當爲比丘하야 室中安禪에

　저는 그 때 처음 그 관법(觀法)을 이루었기에 다만 물만 보일 뿐, 아직 몸이 없어짐은 얻지 못한 상태로231) 당시 비구가 되어서 방안에서 편안히 참선을 하고 있었습니다.

我有弟子가 窺牖觀室이라가 唯見淸水가 遍在屋中이오 了無所見어늘

　그 때 저의 제자가 창문을 뚫고 방안을 엿보다가 오직 맑은 물이 방에 가득할 뿐 다른 것은 보이지 않자

---

229) '水性無奪'이란 안으로 津血과 밖으로 刹海가 水相이 비록 다르나 그 성품은 서로 빼앗을 수 없는 것이니 이러한 물의 성품을 인하여 圓妙를 깨닫는 것이다. (앞의 책 p.787하)
230) '浮幢王刹'이란 世界海 밖의 諸香水海의 通號이다. (앞의 책 p.787하)
　*화엄경에 말하기를 '화장세계의 바다 가운데 大蓮華가 있고, 그 蓮華 가운데 많은 香水海가 있으며, 낱낱 香水海가 여러 불찰의 種이 되어서 화장세계가 향수해 가운데 있으므로 浮幢王刹이라 한다' 했다.『정맥소』(『卍속장경』18, p.618하)
231) '但見其水'라 한 것은 다만 一觀에 전념했을 뿐 아직 四大를 녹이지 못했기 때문에 아직 몸이 사라짐을 얻지 못한 것이다.『계환해』(『卍속장경』17, p.787하)

童稚無知일새 取一瓦礫 投於水中하야 激水作聲하고 顧眄而去러니
  어린것이 무지하여 하나의 기와조각을 취하여 물속에 던져 소리가 나게 하고는 힐끔 돌아보며 가버렸습니다.

我出定後에 頓覺心痛이 如舍利弗 遭違害鬼일새
  제가 선정(禪定)에서 나온 후에 갑자기 가슴에 통증을 느끼는 것이 마치 사리불이 위해귀(違害鬼)232)를 만났을 때와 같았으므로,

我自思惟호대 今我已得 阿羅漢道하야 久離病緣어늘 云何今日 忽生心痛고 將無退失가러니
  제가 스스로 생각하기를 '지금 나는 이미 아라한의 도(道)를 얻어 오래 전에 병의 인연을 여의었는데 어찌하여 금일에 홀연히 가슴이 이렇게 아픈가? 장차 퇴보하여 잃게 되는 것은 아닌가?' 하였습니다.

爾時童子 捷來我前하야 說如上事어늘 我則告言호대 汝更見水어든 可卽開門 入此水中하야 除去瓦礫하라
  그때 동자(童子)가 저에게 와서 이상과 같은 일을 말하기에, 저는 곧 그에게 '네가 다시 물을 보게 되거든 반드시 곧 문을 열고 물속에 들어가 기와조각을 건져내라'고 하였습니다.

童子奉敎하야 後入定時에 還復見水하니 瓦礫宛然이라 開門除出이러니 我後出定 身質如初러이다
  동자가 가르침을 받들어 나중에 제가 선정(禪定)에 들었을 때에 다시 물을 보니 기와조각이 분명하게 있으므로 동자가 문을 열고

---

232) 사리불이 저 항하의 언덕에서 定에 들었다가 위해귀에게 뺨을 맞고서 出定後에 頭痛이 있었던 것 또한 아직 몸이 사라짐을 얻지 못했기 때문이다. (앞의 책 p.787하)
  *違害鬼는 正理를 違背하고 어두운 가운데 사람을 해치는 것이니 귀신 가운데 가장 나쁜 자이다. 『정맥소』(『卍속장경』18, p.781상)

들어가 건져내었던 것입니다. 그런 다음에 제가 선정에서 나와 보니 그때야 비로소 몸의 상태가 처음과 같았습니다.233)

逢無量佛하야 如是至於 山海自在 通王如來코사 方得亡身하야 與十方界 諸香水海로 性合眞空하야 無二無別하며

 그로부터 한량없는 부처님을 만났었는데, 산해 자재통왕여래234)에 이르러서야 비로소 몸이 사라짐을 얻어서 시방세계의 모든 향수해로 더불어 성품이 진공(眞空)에 합하여 둘이 아니고 차별이 없었으며,

今於如來 得童眞名하야 預菩薩會호이다

 이제 여래로부터 동진(童眞)이란 이름을 얻어 보살의 모임에 참여하게 되었습니다.

佛問圓通이니 我以水性 一味流通으로 得無生忍하야 圓滿菩提 斯爲第一이니다

 부처님께서 원통을 물으시니 저는 물이 성품이 한결같이 유통함을 관찰하는 것으로 무생인(無生忍)을 얻어서 깨달음을 원만하게 하는 것이 제일(第一)인가 합니다."

---

233) '저는 그 때 처음 觀法을 이루었기 때문에......乃至....몸의 상태가 처음과 같았습니다' 까지의 내용은 관을 짓게된 인연을 서술한 것이다. 『계환해』(『卍속장경』17, p.787하)

234) 산해자재통왕은 地水 등 諸大에서 妙圓通을 얻은 분이다. 月光이 이에 이르러 四大를 融解한 까닭에 方得無身하여 性이 眞空에 합하니 이는 애초부터 水性의 一味流通함을 말미암은 것이다. 漢州 綿竹縣 水觀和尙이 자취가 月光과 같고 稱禪師가 火光定에 들어 그 집을 태우는 것이 이러한 類와 같다. 『계환해』(『卍속장경』17, p.788상)

㈃風大

瑠璃光 法王子가 卽從座起 頂禮佛足 而白佛言호대 我憶往昔에 經恒沙劫하야 有佛出世하니 名無量聲이라

유리광보살이 자리에서 일어나 부처님의 발에 이마를 대어 절하고 부처님께 사뢰었다. "제가 저의 지난날의 항하의 모래수와 같은 세월을 기억해 볼 때에 어떤 부처님이 세상에 나오셨으니 이름이 무량성(無量聲)이었습니다.

開示菩薩 本覺妙明하사대 觀此世界 及衆生身이 皆是妄緣 風力所轉어늘

그 부처님께서 보살들에게 본각의 묘명(妙明)을 열어 보이셨는데 '세계와 중생의 몸이 다 허망한 인연인데 바람의 힘으로 움직이는 것임을 관찰하라'고 하셨습니다.

我於爾時 觀界安立하고 觀世動時하며 觀身動止하고 觀心動念하니 諸動無二 等無差別이니다

저는 그때 공간[界]의 안립(安立)과 시간[世]의 동시(動時)와 몸의 동지(動止)와 마음의 동념(動念)을 관찰하니 모든 움직임이 둘이 아니고 평등하여 차별이 없었습니다.

我時了覺 此群動性이 來無所從 去無所至하야 十方微塵 顚倒衆生이 同一虛妄이며

저는 그때 이러한 여러가지 움직이는 성품이 와도 온 곳이 없고, 가도 간 곳이 없어서 시방의 미세한 티끌같이 수많은 전도된 중생들이 다같이 허망하며,

如是乃至 三千大千 一世界內 所有衆生이 如一器中에 貯百蚊蚋 啾啾亂鳴하야 於分寸中 鼓發狂鬧니이다

이와같이 더 나아가 삼천대천세계 안에 있는 중생들이 마치 하나의 그릇 속에서 백 마리의 모기[蚊蚋]들이 우는데235) 좁은 곳[分寸]

에서 고동치고 발광하며 소란스럽게 구는 것과 같았습니다.

逢佛未幾 得無生忍하니 爾時心開하야 乃見東方 不動佛國하고 爲法王子하야 事十方佛하며 身心發光 洞徹無礙호이다

그러다가 부처님을 만나 얼마되지 아니하여 무생인(無生忍)을 얻었으며, 그때 마음이 열리어 동방(東方)의 영원한 불국토를 보았고236) 법왕자가 되어 시방의 모든 부처님을 섬겼으며, 몸과 마음이 광명을 발하여 온통 밝게 사무치고 걸림이 없게 되었습니다.237)

佛問圓通하시니 我以觀察 風力無依하야 悟菩提心 入三摩地하야 合十方佛하고 傳一妙心 斯爲第一이니다

부처님께서 원통을 물으시니 저는 바람의 힘이 의지할 데가 없음을 관찰하여 보리심(菩提心)을 깨닫고 삼마지에 들어가서 시방의 불덕(佛德)에 합하고, 하나의 묘심(妙心)을 전하는 것238)이 제일(第一)인가 합니다."

---

235) 추추(啾啾): 방울 같은 것이 가늘게 우는소리, 가늘게 또는 처량하게 우는소리, 음산하게 내리는 빗소리.
236) 무생법인을 깨달았으므로 본각의 마음이 열리어 動中에서 不動을 보고 동방의 부동여래를 친견한 것이다.『정맥소』(『卍속장경』18, p.621하)
237) 風大로 인하여 悟圓하고 몸과 마음이 광명을 발하여 온통 밝게 사무치고 걸림이 없는 것을 瑠璃光이라 한다. 無量聲佛 또한 風大를 의지하여 보살도를 열어 보여서 하여금 본각이 無動하되 身과 界가 움직이게 되는 것은 다 風力의 所轉임을 알게 하는 분이다. 瑠璃光이 이로 말미암아 觀界 觀世 觀身 觀心함에 遷流와 運止가 다 오직 風力임을 알았기 때문에 諸動無二라한 것이요, 이로 말미암아 大千群動이 다 狂勞인 것이 마치 백 마리의 모기가 좁은 方寸에서 서로 두들기는 것과 같음을 깨닫게 한 것이니 이미 狂勞임을 요달한다면 바로 부동불을 보게 될 것이다. 東은 群動의 근본이 되나니 佛號가 不動인 것은 動에 나아가되 靜이기 때문이요, 능히 動에 나아가되 靜인 까닭에 身心이 無礙한 것이다.『계환해』(『卍속장경』17, p.788상)
238) '傳一妙心'이란 風力이 의지한 곳이 없기 때문에 가지가지 動이 결국은 다 妄임을 알고 홀로 無動本覺을 증득한 것이다.『계환해』(『卍속장경』17, p.788하)

㈄空大

虛空藏菩薩이 **卽從座起 頂禮佛足 而白佛言**호대 **我與如來**로 **定光佛所**에 **得無邊身**이니다

허공장보살239)이 자리에서 일어나 부처님의 발에 이마를 대어 절하고 부처님께 사뢰었다. "저는 여래와 함께 정광불(定光佛)의 처소에서 무변신(無邊身)을 얻었습니다.240)

爾時手執 四大寶珠하고 **照明十方 微塵佛刹**하야 **化成虛空**하며 **又於自心 現大圓鏡**호대

그때 손에 사대보주(四大寶珠)를 들고서241) 시방의 수많은 부처님의 세계를 조명하여 허공으로 변화시켰으며, 또 스스로의 마음에 크고 원만한 거울[大圓鏡]을 나타내어242)

內放十種 微妙寶光하야 **流灌十方 盡虛空際**하니 **諸幢王刹**이 **來入鏡內**하고

안으로 열가지 미묘한 보광(寶光)을 놓아 시방의 끝없는 허공에까지 비치니 모든 당왕찰(幢王刹)243)이 거울 속으로 들어오고,

---

239) 空性을 증득함으로 인하여 성품 가운데 있는 바 일체가 다 空하여 身과 刹海가 걸림없이 서로 섭입하니 이름이 虛空藏이다. 『계환해』(『卍속장경』17, p.788하)
240) 定光은 즉 연등불이요. '定佛의 처소에서 無邊身을 얻었다'는 것은 법신이 마치 허공과 같아서 변제가 없는 것이기는 하나 그 만덕을 더러내고자 한다면 반드시 心燈을 빌려서 고요히 비친 연후라야 밝게 드러남을 밝힌 것이다. (앞의 책 p.788하)
241) '四大寶珠를 잡았다'는 등은 사대가 의지함이 없음을 觀함으로써 妙力이 圓明하고 법계를 비추어 요달하여 일체가 다 공하게 될 것이다. 이른바 허공이 無二요 佛國이 본래 같다는 것이 이것이다. 『계환해』(『卍속장경』17, p.789상)
242) '또 自心에 大圓鏡을 나타내었다'는 등은 사대가 의지할 곳이 없음을 앎으로 인하여 妙力이 圓明하고 원명하게 사무친 마음에서 안으로 밝아 빛을 발하여 서로 사무쳐 融攝한 것이다. (앞의 책 p.789상)
243) 幢王刹은 바로 華嚴法界刹의 이름이다. (앞의 책 p.789상)

涉入我身ᄒᆞ야는 身同虛空ᄒᆞ야 不相妨礙ᄒᆞ며 身能善入 微塵國土ᄒᆞ야 廣行佛事호ᄃᆡ 得大隨順ᄒᆞ니

나의 몸에 들어와서는 몸과 허공과 같아져서 서로 방해하거나 걸림이 없었으며, 몸이 티끌 수와 같은 수많은 국토에 들어가서 널리 불사(佛事)를 행하고 대수순(大隨順)을 얻었습니다.

此大神力은 由我諦觀 四大無依 妄想生滅이며 虛空無二 佛國本同이라 於同發明 得無生忍호이다

그러나 이러한 대신력(大神力)은 '사대(四大)가 의지할 곳이 없고, 다만 망상으로 생멸하는 것이어서 허공과 다름이 없고, 불국이 본래 같은 것'임을 자세히 관찰함으로 말미암아 얻어진 것이며, 이와 같이 발명하여 무생인(無生忍)을 증득하였습니다.

佛問圓通ᄒᆞ시니 我以觀察 虛空無邊ᄒᆞ고 入三摩地ᄒᆞ야 妙力圓明 斯爲第一이니다

부처님께서 원통을 물으시니 저는 허공이 끝이 없음을 관찰하는 것으로 삼마지에 들어 묘한 힘이 원만히 밝아지는 것이 제일(第一)인가 합니다."

⑻明識大

彌勒菩薩이 卽從座起 頂禮佛足 而白佛言호ᄃᆡ 我憶往昔에 經微塵劫ᄒᆞ야 有佛出世ᄒᆞ니 名日月燈明이라

미륵보살244)이 자리에서 일어나 부처님의 발에 이마를 대어 절하고 부처님께 사뢰었다. "제가 옛날을 기억해 보니 과거 수많은 세월에 어떤 부처님께서 세상에 나오셨는데, 이름이 일월등명(日月燈明)이었습니다.

---

244) 미륵은 번역하여 慈氏이니 인자함이 높아서 현세에 나아가시고, 불쌍해하는 마음[悲]은 후세에까지 미친다. 중생이 識에 미혹됨을 불쌍히 여기는 까닭에 자취를 보여서 발명하시는 것이다. 『계환해』(『卍속장경』17, p.789상)

我從彼佛하야 **而得出家**나 **心重世名**하야 **好遊族姓**이러니 **爾時世尊 敎我修習唯心識定**하야 **入三摩地**어늘

저는 그 부처님을 따라 출가하게 되었으나 마음은 세간의 명성을 중히 여겨 족성(族姓)과 어울려 놀기를 좋아하였습니다.245) 그때 세존께서 저에게 '모든 것이 오직 마음이다' 라는 선정[唯識定]을 닦아 삼마지에 들게 하셨습니다.

歷劫已來에 **以此三昧**로 **事恒沙佛**이러니 **求世名心 歇滅無有**하고

여러 겁(劫)을 지나는 동안 이 삼매(三昧)로써 항하의 모래수와 같은 수많은 부처님을 섬겼더니 세상의 명성을 구하겠다는 마음이 점점 쉬고 멸하였으며246)

至然燈佛 出現於世하야 **我乃得成 無上妙圓**한 **識心三昧**호대 **乃至盡空 如來國土**의 **淨穢有無**가 **皆是我心 變化所現**이니다

연등불(然燈佛)이 세상에 출현하기에 이르러서는 제가 위없고 묘원(妙圓)한 식심삼매(識心三昧)를 증득하고 더 나아가 허공에 가득한 여래국토(如來國土)의 깨끗하고 더럽고 있고 없는 것에 이르기까지 모두 제 마음의 변화로 나타나는 것임을 깨달았습니다.

世尊 我了如是 唯心識故로 **識性流出 無量如來**하고 **今得授記**하야 **次補佛處**호이다

세존이시여! 저는 이와같이 오직 식(心識)이요, 이 식(識)의 성품이 무량한 여래를 유출하였음을 요달하고, 지금 수기(授記)를 얻어 다음에 바로 부처가 될 수 있는 보처불(補處佛)247)의 지위에 처하

---

245) '心重世名 好遊族姓'이라 한 것은 識에 미혹하여 경계에 집착했기 때문에 밖으로 부질없이 구하고 연연해 한 것이다. 『계환해』(『卍속장경』17, p.789상)
246) '燈明佛의 가르침을 따라 세간의 名利心이 바로 쉬었다'는 것은 識이 지혜에 의지함을 요달하면 迷妄이 스스로 제거된다는 것이다. (앞의 책 p.789하)
247) 補佛處: 석존의 佛位를 후보하여 당래에 미륵불이 되리라는 수기를 받은 처지, 즉

게 되었습니다.248)

佛問圓通하시니 **我以諦觀 十方唯識**하야 **識心圓明**에 **入圓成實**하야 **遠離依他 及遍計執**하고 **得無生忍 斯爲第一**이니다

부처님께서 원통을 물으시니 저는 시방이 오직 식(識)임을 자세히 관찰하고, 이 식심(識心)이 원명(圓明)하여 원성실성(圓成實性)에 들어249) 의타기성(依他起性)과 변계소집성(遍計所執性)에서 멀리 벗어나 무생법인(無生法忍)을 증득하는 것이 제일(第一)인가 합니다."250)

다음에 부처님이 되리라는 수기를 받은 候補佛의 처지이다.
248) '연등불이 나타나 바로 妙圓을 이루었다'는 것은 迷妄이 이미 除滅하면 心燈이 곧 나타나는 것이다. 心燈이 이미 나타나면 萬境이 妙圓할 것이요, 이러한 妙圓三昧를 얻게 되면 드디어 三界唯心 萬法唯識임을 요달하게 된다. 그러므로 모든 허공의 여래가 다 我心의 변화이고, 국토의 淨穢도 我心의 변화이다. 無量佛性이 이로 말미암아 발휘되기 때문에 '무량한 여래를 유출한다'고 한 것이요, 補處佛을 얻게 되더라도 이를 여의지 않는 것이다. (앞의 책 p.789하)
249) '識心이 원명하여 원성실성에 든다'는 等은 妙圓識心이 진실한 지혜를 證入하여 다시는 識에 미혹되어 경계를 쫓아 가지가지로 계교하고 집착하지 아니함을 가리킨 것이다. 『계환해』(『卍속장경』17, p.789하)
250) 유식삼성은 아뢰야식설과 함께 요가행파를 대표하는 사상인데, 반야경의 공사상을 보다 논리적으로 설명하기 위하여 요가행파가 만들어낸 개념이다. 인도유식 및 중국 법상종의 근본교의이며, 또한 화엄종 등에서도 채용했다. 三性 또는 三種自相이라고 하는데 (1)遍計所執性이란 예를들어 우리가 일단 책상이라고 이름 붙여서 그것을 名相化하면, 이러한 실체화된 명상은 책상 이외의 물건과 구별을 분명히 하고, 동시에 생각을 제한하기도 한다. 즉 책상을 의자로 사용한다든지, 발판으로 사용한다든지 하는 발상이 작용하지 않게 되는 것이다. 결국 생각이 고정화되고 사유가 자유롭지 못하게 되어, 열린 사고는 기대할 수 없게 되는 것이다. 어떤 일에 대하여 한번 선입견 가지게 되면 좀처럼 그 마음에서 벗어나기가 어려운 것이 사실인데, 이것이 바로 유식에서 말하는 依他起 임을 모르고 상분을 실체화하는 遍計所執인 것이다. (2)依他起性이란, 글자 그대로 다른 것에 의해서 일어난다. 여러가지의 조건이 서로 맺어짐으로써 그 곳에 존재한다는 뜻이며, 한 마디로 우리들의 인식구조이다. 이러한 마음의 상태를 제팔식이라 하는데 이는 무한한 과거로부터 훈습되고 집적된 존재이다. 여기에는 무수한 선악의 종자가 삼사화합에 의해 서로 훈습되고 서로 현행한다는 점에서 의타기성인 것이다. (3)圓成實性이란 의타기의 實性을 의타기로 자각하는 것, 즉 진실을 있는 그

대로 원만성취한다는 뜻에서 원성실성인 것이다. 이는 원성실성의 세계가 따로 있는 것이 아니라 의타기성의 세계를 의타기성의 세계라고 있는 그대로 자각하는 것이 불생불멸의 지혜이며 원성실성이라는 것이다.

*識이란 범어 비즈나나(vijñāna)의 번역이다. 음역으로는 비사나(毘闍那) 비야남(毘若南)이라 하는데, 外境을 분류하여 인식하는 了別作用이다. 이 識을 心(제8식) 意(제7식) 識(전6식)등으로 나누어 설명하기도 한다. 나누어 말할 때의 識이란 눈과 귀 등 육근을 매개로 하는 여섯가지 인식기능(六識)이고, 意란 그것에 수반되는 자아의식(제7식)이며, 心이란 보편적인 인식기능의 근저에 있는 잠재의식(제8식)을 뜻한다. 그리고 6종의 인식기능과 자아의식을 잠재의식에 대하여 '현세적인 識이라 한다. 그리고 잠재의식이 현세화되고 현세적인 識이 그 여력을 잠재의식으로 남기는 것이 '識의 변화'이다. 다시말해 제8식인 잠재의식을 無意識 또는 不相應의 식이라고도 하는데, 이 識은 단절되지 않고 항상 상주하지만 그 작용이 미세하기 때문에 우리들이 느끼기 어려워 무의식 또는 불상응식 이라 하는 것이며, 그러나 제7식인 意와 제6식인 意識은 우리가 보통 분별할 수 있는 것이기에 현세적인 식이라 부르는 것이다. 따라서 우리의 모든 의식은 이 제8식에 근거하여 경계를 따라 나타나지만 그 일어난 순간 제8식에 흔적만 남기고, 그대로 소멸하여 다음 순간의 識과 교차하여 하나의 흐름(業)을 형성한다. 그러므로 인간존재는 이 識의 흐름이며 識을 떠나서 외계에 존재하는 것이라고 일반적으로 인식되고 있는 것도 사실은 이 識이 만들어낸 하나의 表象에 지나지 않는다고 하는 것이 유식의 이론이다.

*제8식: 그러한 입장에서 종자인 제8 아리야식은 의식의 표면에 나타나지 않고 숨겨져 있는 함장식(含藏識)이라는 뜻이다. 또 씨앗이라는 뜻에서 종자식(種子識)이며, 한번 인식되면 없어지지 않는다는 뜻에서 무몰식(無沒識)이며, 활동할 때는 선악이지만 저장될 때에는 무기이기 때문에 무기식(無記識) 불상응식(不相應識) 이숙식(異熟識)이다. 무아(無我)의 입장을 취하는 불교가 그 이론을 전개하는 과정에서 행위(업)에 대한 책임의 주체를 어떻게 생각하여야 할 것인가? 라는 문제에 봉착하였다. 이 문제의 해결을 위하여 소승의 여러 부파불교에서는 무아설에 입각하면서 업·윤회의 주체로서 다양한 원리를 상정하였으나, 충분한 해결책을 얻지 못하였다. 그 주된 이유는 안이비설신의의 육식의 범위 안에서 해결하려고 할 때, 이 현세적인 육식만으로는 식에 단절의 현상이 생기므로 이론상 행위주체의 지속을 설명할 수 없었기 때문이다. 아리야식의 연원을 살펴보면, 아리야란 욕(欲)의 의미와 어느 곳에 '자리잡다' '정착하다' 등의 뜻을 갖는 것으로 보통 장(藏)이라고 표현 했다. 과거로부터 현재에 이르기까지 모든 경험의 여력이 잠재의식으로서 저장되는 것이 아리야식이며, 이러한 용어는 요가행파(瑜伽行派)에 의해 만들어진 것이라 한다. 초기 유식의 요가행파 사람들은 요가 실천의 수행(止觀)을 체험하는 과정에서 아리야식의 존재를 확실히 느꼈던 것이다. 이렇듯 요가행자들은 수행하는 과정에서 평상시에 의식되지 않던 무수한 영상들이 눈앞에 펼쳐지는 것을 직접 경험하게 되었고, 요가 수행시 그들이 직관한 영상은 마음 바깥 어딘가에 따로 존재하는 실재가 아니라, 단지 영상일 뿐이라는 것을 체험하게 되었던 것이다. 그들은 영상으로 나타나는 마음의 세계를 직관함으로써 우리 자신 안에 그런 영상을 만들어 내는 마음이 있음을 발견했던 것이다. 즉 표층적 제6식이나 말나식보다 더 심층의 깊은 곳에 미세한

식이 작용하고 있음을 발견한 것이다. 그들이 발견한 식이 바로 말라식의 소연(所緣)인 '아리야식'이다. 따라서 육식의 밑바닥에 부단히 지속되는 식을 상정하고, 이를 아리야식으로 불렀으며, 그러나 이와같은 아리야식은 불법(佛法)을 거듭 청문하여 그 가르치는 바에 따라 수행을 실천함으로써 점차로 그 수행의 힘이 쌓여 아라야식 그 고유의 기능이 약해지고, 마침내 완전한 질적 전환을 가져오게 된다. 이를 식의 전의(轉依)라 부르며, 이 전의에 의해서 비로소 법신의 작용이 완전히 드러나게 되는데, 이러한 과(果)를 가져오게 하는 수행이 요가행이며, 그 기본이 유식관을 통해 유식성을 체험하여 유식무경(唯識無境)임을 알고 무경(無境) 위에 식도 또한 공함을 알아 경계와 식이 모두 없는 경식구민(境識俱泯)의 상태에서 실성(實性)이 드러난다는 것이다.

*전5식: 우리의 육신에는 안이비설신 등의 감각기관이 있고, 그 기관 마다 바깥 경계에 따른 각각 다른 특유한 기능이 있으며, 이러한 기능에 따라 그것에 해당되는 識이 생겨나는데, 이를 총칭하여 전5식이라고 부른다. 우리들이 대상을 인식하는 방법에 있어서 유식에서는 現量(전오식의 직접적 인식)과 比量(제육식의 추리적 인식)의 두가지를 말하는데, 전오식의 현량은 직관적으로 대상을 인식하는 것으로, 말하자면 꽃을 볼 때 그것이 장미라든가 다알리아라든가 하는 판단 이전의 인식을 전5식의 인식이라 하며, 예술의 경우 특히 이러한 직접적인 감수성이 강하다고 한다.

*제6식이란 육근 가운데 의근에 의존하여 모든 법을 인식하는 마음이다. 그리고 이때 의근은 앞의 5근과 같이 우리 신체에 갖추어져 있는 감각기관이 아니기 때문에 부파불교에서는 無間滅意(직전찰라에 소멸한 생각)를 의근이라 했고, 유식에서는 제7 말라식을 의근이라 했다. 법이란 의근의 대상으로 과거의 기억이나 미래의 일, 또는 숫자나 개념 이미지 등 의근이 생각하는 모든 比量的 내용이 그것이다.

다시 정리하면 우리의 육신에는 眼耳鼻舌身 등의 감각기관이 있고, 그 기관마다 바깥 경계에 따른 각각 다른 특유한 기능이 있으며, 이러한 기능에 따라 그것에 해당되는 識이 생겨나는데, 이를 총칭하여 전5식이라고 했다. 그러나 전5식은 앞의 경계를 순수하게 대하기만 할 뿐 분별하여 표현해 내지는 못하니, 즉 하늘을 나는 물체를 눈으로 보고, 또 그 굉장한 소리를 귀로 들을지라도 안식과 이식만으로는 그것이 무엇인지를 분별할 수가 없고 제6 의식의 활동을 통해서 알게 되는 것이다. 다시말해 경계를 통해 생겨난 안식과 이식 등은 그것들이 생겨나는 즉시 제6식에게로 연결되고 제6식은 그것들을 총체적으로 비교 검토 내지는 종합(취사선택)하여 그 물체가 곧 비행기라든가 독수리라든가 하는 판단을 내리는 것이다. 이와같이 제6식은 자아의식인 의근에 의존하면서 전5식의 내용을 기억(법경화)해서 분별하는 등 이렇게 의식의 활동을 전개하는데, 이것을 불교에서는 의식의 활동 또는 제육식의 작용이라고 한다.

*제7식: 제7식 말라식(末那識)이란, 범어 마나스의 음사어로서 '사량(思量)한다'는 뜻이다. 즉 생각(思)하고 집착(量)된다는 것인데 나와 나의 것에 대해서 무조건직으로 또 신천직으로 나와 나의 것에 대해서 생각하고 집착한다는 것이다. 이때 제7식이 나라고 집착하는 것의 근원은 팔식의 견분이며, 그 특성은 아애(我愛)·아치(我癡)·아견(我見)·아만(我慢)이라고 할 수 있는데, 이것이 자기 모습을 계속 키워 가는 힘으로서 작용한다. 사실 일상의 생활

(사)根大251)

大勢至 法王子가 **與其同倫**인 **五十二菩薩**로 **卽從座起 頂禮佛足**하고 **而白佛言**호대

대세지 법왕자252)가 그의 동료 오십 이인(五十二人)의 보살과 함께 자리에서 일어나 부처님의 발에 이마를 대어 절하고 부처님께 사뢰었다.

我憶往昔 恒河沙劫에 **有佛出世**하시니 **名無量光**이며 **十二如來**가 **相繼一劫**하시니 **其最後佛名 超日月光**이라

"제가 옛날 항하의 모래수와 같은 겁(劫)을 기억해 볼 때에 어떤 부처님께서 세상에 출현하셨으니 이름이 무량광(無量光)이었으며, 이후 12여래(十二如來)가 일겁(一劫)을 상속하여 그 마지막 부처님의 이름이 초일월광(超日月光)이었습니다.253)

가운데 안으로 안으로 아무리 깊이 파고 들어가도 제6식으로는 설명할 수 없는 심층의 아집과 자아의식에 부딪히게 된다. 평소 악한 마음일 때는 물론이고 제6식에서는 착한 마음이라고 생각했던 것도, 사실 그 밑바닥에는 깊이 자아가 잠겨 있는 것이다. 그래서 옛 사람들은 이것을 말라식이라고 불렀다. 이러한 말라식(利己性)에 의해서 자기의 영역은 좁아지고, 밖의 사물을 외곡하여 받아드린다. 다시말해 전5식→제6식으로 받아들인 정보가 여기에서 일단 我라는 필터를 거쳐서 我의 색깔이 칠해지고, 나중에 그것을 아뢰야식에 훈습해 둔다는 것이다. 제육식까지가 대상에 대한 의식의 수동적인 작용이라 한다면, 제7식은 의식의 능동적인 작용으로 그 실체가 따로 있는 것이 아니라, 다만 제8식의 능연작용(能緣作用)으로서 모든 법의 所依가 되는 見分을 오인하여 實我를 삼고 있는 것이다. 즉 제7식의 대상은 자기 뿐이다. 오직 자기만을 대상으로 할 뿐 그 이외에는 일체 눈을 돌리지 않는다. 한결같이 자기에게만 집중하는 마음이다. 사람은 사람대로 짐승은 짐승대로 자기 모습을 키워가는 분별의 힘을 제7식[思量]이라 하고, 이 식을 바탕으로 우리는 我와 我所를 구별하고, 좋아하고 싫어하는 제6식의 활동이 계속되는 것이다.

251) 앞에서는 見大라 하고 여기에서 根大라 한 것은 앞의 견도분에서의 見大는 七大 가운데 하나를 들어 만물에 例로 한 것이요, 여기 수도분에서의 根大는 六根 모두를 들어 아울러 밝힌 것이다. (앞의 책 p.789하)
252) '대세지'를 번역하면 이름이 無量光이다. 觀經에 이르기를 '지혜의 광명으로 널리 일체를 비추어서 하여금 三塗를 여의고 無上의 힘을 얻었기에 大勢至라 부른다' 하였다. 지금 염불삼매로 능히 지혜의 광명을 발하여 삼악도의 고통을 여의게 하는 그 힘이 無上임을 표한 것이다. 『계환해』(『卍속장경』17, p.790상)

彼佛敎我 念佛三昧하사대 譬如有人이 一專爲憶하고 一人專忘이면 如是二人은 若逢不逢이며 或見非見어니와

 그 부처님이 저에게 염불 삼매를 가르치셨는데 "마치 한 사람은 한결같이 기억하기를 전념하고, 다른 한 사람은 잊어버리기를 전념한다면 이러한 두 사람은 서로 만났더라도 만난 것이 아니며, 보았더라도 본 것이 아닐 것이다.

二人相憶하야 二憶念深하면 如是乃至 從生至生히 同於形影하야 不相乖異하리니

 그러나 만약 두 사람이 서로 기억하여 그 기억하는 생각이 깊어진다면 이와같이 더 나아가 이 생으로부터 저 생에 이르도록 형체에 그림자가 따르듯이 서로 어긋나지 아니하리니

十方如來가 憐念衆生 如母憶子이니 若子逃逝하면 雖憶何爲리요

 시방의 여래가 중생을 가엾게 생각하는 것도 마치 어머니가 아들을 생각하는 것과 같은 것이니, 만약 아들이 도망하여 가버린다면 비록 아무리 생각한들 무슨 이익이 있겠는가?

子若憶母를 如母憶時하면 母子歷生토록 不相違遠하리라

 아들이 만약 어머니를 생각하는 것이 마치 어머니가 아들을 생각할 때와 같이 한다면, 어머니와 아들이 여러 생을 지내더라도 서로 어그러져 멀어지지 아니할 것이다.

---

253) '만난 바 부처님의 이름이 無量光이며 이 후 十二如來가 一劫을 서로 이어서 그 마지막 부처님의 이름이 超日月光이라'한 것은 염불하는 사람의 自性如來가 十二時中에 淨念이 서로 이어지면 곧 無量性光이 마침내 스스로 발명되어 일월을 초월하게 됨을 표한 것이다. 『계환해』(『卍속장경』17, p.790상)

 ＊觀經에 이르기를 '대저 염불하는 사람이 一彈指間에라도 세간의 오욕을 생각하지 말라' 했으니 이것이 생각을 묶어두는 수행법이다. 벗어나기를 능히 이와같이 하여 하나도 그 사이에 섞이지 아니하면 無量性光이 자연히 발명하리니 아래에 이른바 방편을 빌리지 아니하고도 스스로 心開함을 얻게 된다는 것이 이것이다. (앞의 책 p.790상)

若衆生心에 憶佛念佛하면 現前當來에 必定見佛이며 去佛不遠하야 不假方便코도 自得心開호미 如染香人이 身有香氣하리니 此則名曰 香光莊嚴이니다

　만약 중생의 마음에 부처님을 기억하고, 부처님을 생각하면 지금이나 뒷세상에 반드시 부처님을 보게 되며, 부처님과의 거리가 멀지 않아, 방편을 빌리지 아니하고도 저절로 마음이 열리는 것이 마치 향기를 물들이는 사람이 몸에 향기가 배는 것과 같을 것이요, 이것을 이름하여 향광장엄(香光莊嚴))이라 하느니라."하였습니다.254)

我本因地에 以念佛心 入無生忍하고 今於此界에 攝念佛人하야 歸於淨土호이다

　제가 본래의 인지(因地)에서 염불하는 마음으로 무생인(無生忍)에 들고255) 지금 이 세계에서도 염불(念佛)하는 사람을 이끌어다가 정토에 돌아가게 합니다.

佛問圓通하시니 我無選擇하고 都攝六根하야 淨念相繼하야 得三摩地 斯爲第一이니다

　부처님께서 원통(圓通)을 물으시니 저는 어느 것을 가리지 않고 육근(六根)을 모두 단속하여 깨끗한 생각이 서로 이어지게 하여 삼마지에 들어가는 것이 제일(第一)인가 합니다."

---

254) '譬如下'는 반드시 繫念한 연후에 상응하게 됨을 보인 것이다. 염불에 전념하지 아니하면 비록 만나도 만나지 못한 것이요, 비록 보더라도 보지 못한 것이다. 향을 물들이면 香이 배어들고 佛을 念하면 佛을 보게 되는 것이기에 念佛妙薰으로 香光莊嚴이라 부르는 것이다.『계환해』『卍속장경』17, p.790상》
255) '염불하여 무생인을 얻었다'는 것은 대개 淨念으로 濁想을 덜고 正念으로 邪受를 멸하여 邪濁이 없어지면 心境이 공적하여 일체에 不生함을 무생인이라 부른다. 이와같이 하면 自性佛土가 청정하게 되어 가히 수행하는 사람을 이끌어 함께 돌아가게 되는 것이다. (앞의 책 p.790상)

2) 入圓眞要　㈤特標耳根 總諸圓通　417

大佛頂 如來密因 修證了義　諸菩薩萬行 首楞嚴經　제6권

㈤特標耳根 總諸圓通三256)　㈎叙本修證二　㉮叙圓證

爾時觀世音菩薩이 卽從座起頂禮佛足하고 而白佛言호대 世尊憶念컨대 我
昔無數恒河沙劫에 於時有佛出現於世하시니 名觀世音이라

　그때 관세음보살257)이 자리에서 일어나 부처님의 발에 이마를 대
어 절하고 부처님께 사뢰었다. "세존이시여! 제가 옛날 헤아릴 수
없는 항하의 모래수와 같은 겁(劫)을 기억해 볼 때에 어떤 부처님
께서 세상에 출현하셨으니 이름이 관세음이었습니다.

---

256) 이근원통이란, 회광반조의 수행인데, 앞의 審業本편에서 육근 가운데 천이백공덕이 갖추
어진 것으로는 舌根과 意根과 耳根의 세가지 인데, 그중에서도 耳根이 가장 좋다고 하셨고,
또 이곳 이근원통 편에서는 부처님께서 이근원통을 포함한 25인 수행방편을 다 들으시고 회
중의 지혜제일인 문수보살에게 묻기를 '이 가운데 어떤 수행이 사바세계 중생들에게 가장
좋은가' 라고 묻자, 문수보살이 명을 받들어 대답하되 '25인의 여러 수행방편은 본래 그 우
열과 전후차별이 없지만 사바세계에서는 음성으로 敎體를 삼아 입으로 말하고, 귀를 통하여
듣기 때문에 관세음의 이근원통 수행이 가장 좋겠다' 라고 하였고, 부처님이 이를 인정하신
내용이다.
　*二十五文 가운데 가장 수승하기 때문에 特標한 것이다. 『계환해』(『卍속장경』17, p.790하)
　*관음원통은 제5권 육근원통에서 두번째에 들어갈 사항이지만 나머지 24 원통보다 수승함을
강조하려는 의도에서 25번째에 넣어 비교적 자세히 설명하고 있다.
　*법화경 관세음보살보문품에서 무진의 보살이 부처님에게 묻기를 '관세음보살은 무슨 인연
으로 관세음이라 부르게 되었습니까?'하니, 부처님이 답하시되 '선남자야 만약 어떤 중생이
가지가지 고통을 받게 되었을 때 간절히 관세음보살을 생각하고 그 이름을 부른다면 관세음
보살이 곧 그 음성을 觀하여 다 해탈을 얻게 하시니라' 라고 하여 得果의 입장에서 설하였
으며, 여기 능엄6권에서는 보살이 자칭 '제가 세상의 음성[世音]을 지혜로써 관하고 들음이
시방에 圓明하였으므로, 이로 말미암아 관세음이라 부르게 되었다'고 하여 修因의 입장에서
설하고 있다.
257) 관음이란 세상의 말과 소리를 관하여 圓悟하고 圓應한다는 뜻에서 붙여진 호칭이
다. 소리를 관한다고 한 것은 관하는 지혜로 이를 비추어 보는 것이지 耳識으로 이를
듣는 것이 아니기 때문이니라. 이른바 '觀하는 흐름에 들어 대상[所]을 벗어났나'고 했으
니 이는 바로 지혜의 觀으로 보는 것이지 분별의 識으로 듣는 것이 아님을 가히 알았
으리라. 스승으로 삼은 부처님 또한 이름이 관음이라고 한 것은 인과가 서로 부합하고
고금이 하나로 통함을 밝힌 것이다. 『계환해』(『卍속장경』17, p.791상)

我於彼佛에 發菩提心이러니 彼佛敎我하사대 從聞思修入三摩地시어늘

저는 그 부처님으로 인하여 보리심을 발하게 되었으며, 그 부처님께서 저에게 '문사수(聞思修)258)로부터 삼마지에 들어가라'라고 가르치셨습니다.

初於聞中 入流亡所하고 所入旣寂하야 動靜二相 了然不生하며

처음 듣는 가운데 깊이 관조(空觀)하는 흐름에 들어 대상에서 벗어나고[入流亡所]259) 대상과 흐름에 들어갔다는 것까지 고요해져서 동정(動靜)의 두가지 상이 전혀 생기지 않게 되었습니다.(初住)260)

如是漸增하야 聞所聞盡하고 盡聞不住하야

이와같이 점차 더욱 정진하여 듣는 주체[聞]와 들을 대상이 다하고, 들음이 다하였다는데에도 머물지 않아[得人空]261)

---

258) 문사수(三慧): 청정한 무분별성(無分別性)의 가르침을 들음으로 해서 얻어지는 지혜가 문혜(聞慧)이고, 들었던 가르침을 회광반조하여 空有에 떨어지지 않고 원(願)을 세우는 것이 사혜(思慧)이며, 이러한 서원을 일상의 삶속에 실천함으로써 얻어지는 지혜가 수혜(修慧)이다.
*문사수의 세가지 지혜로부터 원통에 들게 됨을 해석한 것이다. 귀에 사무침이 聞이요, 마음에 사무침이 思요, 이를 익혀서 다스리는 것이 修이니, 三者가 圓明하면 이를 三慧라 한다. 『계환해』(『卍속장경』17, p.791상)
259) 입류망소(入流忘所)란 止觀을 쌍수하는 것이니 流에 들어가는 觀과, 所를 잊어버리는 止가 이것이다. 『정맥소』(『卍속장경』18, p.835하) 참조
260) 그 가운데 먼저 '入流亡所'라 한 것은 聲塵을 따르지 아니하고 바로 觀法의 흐름에 들어, 들어간 바에도 착함이 없는 것이다. 음성의 성품은 動靜으로 말미암아 나타나는 것이다. 그러므로 所와 入이 이미 寂滅하다면 動靜이 不生할 것이요 이것이 聞慧이다. (앞의 책 p.791상)
261) 이미 귀에 사무치고 나서 다시 마음에 두되 마치 물과 같이 점점 불어나고 흙과 같이 점점 쌓여서 能聞과 所聞으로 하여금 情과 境이 함께 없어지고 聞을 다했다는 마음에도 머물지 아니하여 이것으로 眞覺에 합하니 이것이 思慧이다. 『계환해』(『卍속장경』17, p.791상)

覺所覺空하며 空覺極圓하야 空所空滅하고

깨달음[覺]과 깨달을 대상이 모두 공하고, 공(空)과 각(覺)이 지극히 원만하여 다시 공(空)이라는 생각과 공한 경계가 다 소멸하였습니다.[得法空]262)

生滅旣滅 寂滅現前하며

이와같이 생멸263)이 이미 멸하니[俱空不生] 적멸(寂滅)이 눈앞에 드러났습니다[得無生忍].264) 265)

---

262) 이미 마음에 사무쳤으되 다시 이를 治習하여 能覺과 所覺으로 하여금 다 妙空에 합하게 하여 空과 覺이 不二하면 이것이 極圓이며, 能空과 所空도 다시 세우지 아니하여야 비로소 이것이 盡道요, 이를 修慧라 한다. 『계환해』(『卍속장경』17, p.791상)
  *대저 이러한 후라야 생멸하고 滅生하는 情과 境이 함께 다하여 참으로 적멸하여야만 비로소 원통의 體가 눈앞에 드러나리니, 이것을 이른바 삼마지에 든다고 하는 것이다. 『계환해』(『卍속장경』17, p.791상)

263) 生滅二字에는 動靜根覺空滅 등 六結의 뜻이 있다. 『정맥소』(『卍속장경』18, p.639하) 初於聞中 入流亡所하고 所入旣寂하야 動靜二相 了然不生하며 如是漸增하야 聞所聞盡하고 盡聞不住하야 覺所覺空하며 空覺極圓하야 空所空滅하고 生滅旣滅하니 寂滅現前이라 (능엄 본문)

264) 이를 원각에 배대한다면 '入流亡所等'은 응당 幻妄境界를 멀리 여의는 것에 해당될 것이요, '如是漸增等'은 마음이 幻과 같다는 것도 다시 멀리 여읜 것이요, '覺所覺空'이라 한 것은 幻과 같아 遠離했다는 것도 다시 遠離한 것이요, '空所空滅'은 幻을 遠離했다는 것을 遠離했다는 것까지도 다시 遠離한 것이다. '生滅旣滅'이라 한 것은 모든 것을 遠離했다는 생각도 다시 없어서 諸幻을 완전히 제거했다는 것이다. '寂滅現前'이라 한 것은 마치 거울을 닦으면 때가 다하고, 밝음이 드러나는 것과 같다는 것이다. 이러한 경지에 나아가 이른다면 '원통의 體가 지극하다'는 것이다. 『계환해』(『卍속장경』17, p.791하)

265) 解決眞要의 三空과 六結의 관계 속에서 修證了義를 설명하되 정맥소에서는 다음과 같이 밝히고 있다 '대개 반드시 육결(六結)을 풀고, 三空을 초월히여야만 비로소 了義의 수행이라 할 수 있다. (능엄 정맥소 1권 卍속장경18 p312상)'라고. 이때 六結은 耳根圓通의 入流亡所편에 근거한 動靜根覺空滅등 여섯가지이며, 그 가운데 動은 여러가지 소리에 매임. 靜은 고요함에 매임. 聞(根)은 능근에 매임. 覺은 각상에 매임. 空은 공상에 매임. 滅은 멸상에 매임이다.
  *다시 정맥소 6권에서 말하기를 "첫째 動을 풀어서 動을 滅하면 靜(塵)이 생기고, 둘째 塵(靜)을 풀어서 塵(靜)을 滅하면 根이 생기나니, 이치는 비록 無生이나 아직 生滅이 없지 아니하다.(人空成就) 셋째 根을 풀어서 根이 滅하면 覺이 생긴다. 넷째 覺을 풀어서 覺이 滅하면 空이 생긴다. 다섯째 空을 풀어서 空이 滅하면 滅이 생기는 것이다[法空成就]. 여기에서 다시 진일보하여 여섯째 滅結을 풀고 마침내

⑭敍圓用二 (ㄱ)總

忽然超越 世出世間하고 **十方圓明 獲二殊勝**하니 **一者上合 十方諸佛**의 **本妙覺心**하야 **與佛如來 同一慈力**이오 **二者下合 十方一切 六道衆生**하야 **與諸衆生 同一悲仰**호이다

이렇게 하여 홀연히 세간과 출세간을 초월하고, 시방이 원명(圓明)하여 두가지 수승한 부처님의 경계를 얻었으니, 첫째는 위로 시방제불의 본래부터 묘하게 깨어 있는 마음[本妙覺心]에 합하여 부처님으로 더불어 자비의 묘력이 동일하게 되고, 둘째는 아래로 시방의 일체 육도중생의 마음에 합하여 여러 중생으로 더불어 슬픔과 소망이 같아졌습니다.266)

俱空도 不生하게 되는 것이다' 하다. (정맥소 6권 卍속장경18 p639하)

							佛眼					無學		報身	第一
8식	無色	十地	立塵	業識	無行				劫濁			식음	生	熟眠	
		九地	返本	轉識	滅結	羅漢		俱空	見濁						
		八地	人牛	現識	名六	三摩	法眼			修	證發				應身
7식	色界	七地	忘牛	智識	觸	空結	禪那	那含				행음	住	夢中	修道 所知
		初地	驥牛	相續	受			斯多			法空			宿寐	見道 正定 第二
		十向	牧牛	執取	愛	覺結 三摩		慧眼			煩惱	상음	異	動靜	加行 資糧
6식	欲界	十行	得牛							思	我空	수음			煩惱 化身
		十住	見牛	計名	取	根結	須陀	天眼			解行				
		十信	見迹 尋牛	造業	有	靜塵 奢摩		內凡	肉眼	聞	信成 衆生	색음	滅		不定 第三 邪定
		外道		受報	生死 動塵			外凡			命濁				

266) 根境이 원융하기 때문에 세간과 출세간의 法에 한계와 장애가 없어 시방법계가 원명하고 통달해 있는 것이요, 오직 圓洞이기 때문에 위로는 제불에 합하고 아래로는 群生에 합하여 間然할 수 없는 것이다. 위로 제불에 합하기 때문에 능히 중생을 불쌍히 여기고 자비를 베풀어 機에 응하여 樂를 주는 것이니 즉 삼십이응신이 이것이요, 아래로 群生에 합하기 때문에 그 悲仰을 알아 고통을 뽑아주는 것이니 즉 十四無畏가 이것이다. 『계환해』(『卍속장경』17, p.791하)

2) 入圓眞要　⑤特標耳根 總諸圓通　㉠三十二應　421

(ㄴ)別三　㉠三十二應三267)　Ⓐ總擧

世尊 由我供養 觀音如來하야 **蒙彼如來**가 **授我如幻**하야 **聞薰聞修 金剛三昧**하야

　세존이시여! 제가 관음여래에게 공양함으로 인하여 그 여래께서 저에게 여환문훈문수(如幻聞薰聞修)의 금강삼매(金剛三昧)268) 일러 주심을 입어

與佛如來 同慈力故로 **今我身成 三十二應**하야 **入諸國土**니이다

　부처님으로 더불어 자비의 힘이 같아졌기에, 저의 몸이 삼십이응신(三十二應身)을 이루어 여러 국토에 들어갈 수 있었습니다.269)

---

267) 이는 十法界身을 나타내어 원만히 群機에 응한 것으로 이를 열면 三十二應이요 합하면 오직 사성육범이니 群類를 다 포함한 것이다. (앞의 책 p.7901하)

268) 꿈과 같이 짓고 행하는 것이 본래 주처가 없기 때문에 여기에서 如幻三昧라 하였고, 나중에는 無作의 妙力이라 말했다. 이러한 삼매는 聞慧를 훈수함으로 말미암아 이루어진 것이어서 막거나 무너뜨릴 수 없기 때문에 금강이라 칭한 것이다. 이러한 삼매를 의지하여 연에 따라 應化하기에 무릇 다 환과 같은 것이다. 『계환해』(『卍속장경』17, p.792상)

　*聞薰聞修란 '聞性으로 훈습하고 聞性을 닦는다'는 뜻이니 '觀하는 것을 觀하는 즉 聞機를 돌이켜서 聞性을 返照한다'는 말이며, 선종에서 '회광반조'한다는 것이 이것이다.

269) 자비심은 어디에서 나오는가? 첫째는 묘명한 자성을 보아야 하고, 둘째는 중생의 고통을 보아야 한다.

　*기신론의 대비서원관: 이와같이 생각하라. 일체중생이 무시이래로부터 다 무명훈습 때문에 마음으로 하여금 생멸케하여 이미 두루 몸과 마음에 큰 괴로움을 주었고, 현재에도 한량없는 핍박이 있으며, 미래에도 고통이 끝이 없어서 버리기도 어렵고 여의기도 어려워서 깨닫지 못하게 하나니, 중생이 이와같아서 심히 가히 불쌍함이라. 이러한 생각을 지어서 바로 응당 용맹하게 큰 서원을 세우되, 내 마음이 분별을 여의고 시방에 두루하여 일체 모든 선공덕을 수행하여 미래가 다하도록 하며, 한량없는 방편으로 일체의 고뇌중생을 구원해서 그들로 하여금 열반의 즐거움을 얻게 하리라.

　이와같은 원을 일으키는 까닭에 일체시 일체처의 가지가지 선을 자기의 감당할 바를 따라서 닦고 배움을 버리지 않고 마음에 게으름이 없게 되나니, 다만 좌선으로 止의 수행에 전념할 때만 제하고, 그 나머지 일체에는 다 마땅히 수행자로서 해야 할 것과 하지 말아야 할 것을 잘 관찰하여 게으르지 말아야 할 것이다. 혹 자거나 혹 머물거나 눕거나 일어남에 다 응당 止와 觀을 함께 수행할 것이니, 이른 바 비록 모든 법의 자성이 不生임을 생각하나 아울러 인연화합의 선악의 업과 고락 등의 과보가 없어지지도

Ⓑ詳列二 ⓐ聖四 F1佛
世尊 若諸菩薩이 入三摩地하야 進修無漏하야 勝解現圓커든 我現佛身하야 而爲說法하야 令其解脫하며

세존이시여! 만약 모든 보살이 삼마지에 들어 무루(無漏)를 닦아 수승한 이해가 드러나 원만하기를 바란다면 저는 부처님의 몸으로 나타나 그를 위하여 법을 설하여 그들에게 해탈을 얻게 하였습니다.270)

F2辟支
若諸有學이 寂靜妙明 勝妙現圓하면 我於彼前에 現獨覺身 而爲說法하야 令其解脫이니다

만약 여러 더 배워야 할 유학(有學)들이 적정(寂靜)하고 묘명(妙明)하여 수승한 묘리가 드러나 원만하기를 바란다면 저는 그들 앞에 독각(獨覺)의 몸으로 나타나서 그들을 위해 법을 설하여 그들에게 해탈을 얻게 하였습니다.271)

않고 무너지지도 아니하며, 비록 인연선악의 업보를 생각하나 또한 그 체성을 얻을 수 없음을 생각하는 것이다. 만약 저 止를 닦을 것 같으면 범부가 세간에 집착함을 대치함과 아울러 이승의 겁약한 견해를 버리게 될 것이요. 저 觀을 닦을 것 같으면 二乘들의 대비심을 일으키지 않아 좁고 비열한 마음의 허물을 대치할 수 있을 것이며, 아울러 범부의 선근 닦지 않음을 멀리 여의게 될 것이다. 이와같은 뜻에서 지관의 二門이 함께 서로 도와 이루어서, 버리고 여의지 않는 것이니, 만약 지와 관을 갖추지 못하면 곧 능히 보리도에 들 수 없기 때문이다. (대승기신론)

270) 正定을 닦아서 正果를 취하는 것을 進修無漏라 한다. 경계와 지혜가 雙亡하고 情解의 알음알이가 俱泯한 것을 勝解가 現圓함이라 이름한다. 이것이 가히 부처를 얻을 수 있는 것이기에 佛身을 나타내어 그를 위하여 果法을 설한 것이다. 제십지보살이 花王座에 앉아서 정각을 이룰 때에도 다른 부처님이 說敎하여 최후무명을 끊어주기에, 비로소 불도를 이루게 되었던 것이다. 『계환해』(『卍속장경』17, p.792상)
271) 有學은 작은 성문이다. 獨覺은 기린에 비유하여 말한 것이다. 즉 기린의 외로움에 비유한 것이니 부처님이 없는 세상에 태어나 物의 變易을 관하고 스스로 無生을 깨달았기 때문에 獨覺이라 부른다. 혼자 있기를 즐기고 고요를 좋아하여 자연의 慧를 구하는 까닭에 寂靜妙明이라 하고 능히 만물에 妙應하여 자성을 밝히기 때문에 勝妙라 한 것이다. 『계환해』(『卍속장경』17, p.792상)

2)入圓眞要　ⓑ特標耳根 總諸圓通　㉠三十二應　423

F3 緣覺
若諸有學 斷十二緣하고 緣斷勝性에 勝妙現圓하면 我於彼前에 現緣覺身 而爲說法하야 令其解脫이니다

만약 여러 더 배워야 할 유학(有學)들이 12인연을 끊고, 인연이 끊어진 깨끗한 본성에 수승한 묘리가 드러나 원만하기를 바란다면 저는 그들 앞에 연각(緣覺)의 몸으로 나타나서 그들을 위해 법을 설하여 그들에게 해탈을 얻게 하였습니다.272)

F4 聲聞
若諸有學 得四諦空하고 修道入滅하야 勝性現圓하면 我於彼前에 現聲聞身 而爲說法하야 令其解脫이니다

만약 여러 더 배워야 할 유학(有學)들이 사제(四諦)가 공함을 얻고 도(道)를 닦아 적멸(寂滅)에 들어 수승한 본성이 드러나 원만하기를 바란다면 저는 그들 앞에 성문(聲聞)의 몸으로 나타나서 그들을 위해 법을 설하여 그들에게 해탈을 얻게 하였습니다.273)

ⓑ六凡三　F1 天
若諸衆生 欲心明悟하야 不犯欲塵하고 欲身淸淨인댄 我於彼前 現梵王身하야 而爲說法 令其解脫하며

만약 여러 중생들이 음욕의 마음을 밝게 깨달아 음욕의 번뇌를 범하지 아니하고, 욕심으로 된 몸이 청정해지기를 바란다면 저는 그들 앞에 범왕(梵王)274)의 몸으로 나타나 그들을 위하여 법을 설

---

272) 수승한 성품에 미혹했다가 십이인연을 말미암아 알게 되어 여기에서 이를 끊었으니 無明이 멸함으로부터 憂悲苦惱의 멸함에 이르기끼지 緣이 끊어지면 지성이 드러날 것이다. 성품은 인연이 끊어지고 나타난 것이기에 緣斷勝性이라 한 것이니 緣을 觀하여 悟道했다는 뜻에서 緣覺乘이라 부르는 것이다. (앞의 책 p.792하)
273) 사성제 아래에서 麤惑을 끊어 없애는 것을 四諦空이라 부르고, 道諦에 의지하여 닦아서 滅諦果를 증득하는 것을 修道入滅이라 한다. 이는 아직 만물을 오묘하게 밝히지 못하고 다만 空性만 증득하였기 때문에 勝性現圓이라 한 것이다. 四聖에 보살이 들지 아니한 것은 佛位에 겸해 있기 때문이다.『계환해』(『卍속장경』17, p.792하)
274) 범천은 욕계를 벗어나 색계에 속하기 때문에 마음이 능히 明悟한 것이니 欲塵을 범하지 아니하고 身根이 청정하면 그 곳에 태어날 수 있다.『계환해』(『卍속장경』17,

하여 그들에게 해탈275)을 얻도록 하였습니다.

若諸衆生 欲爲天主하야 **統領諸天**하면 **我於彼前 現帝釋身**하야 **而爲說法 令其成就**니이다
　만약 모든 중생이 하늘의 주인이 되어서 여러 하늘을 통솔하고자 하면 저는 그들 앞에 제석(帝釋)276)의 몸으로 나타나 그들을 위해 법을 설하여 성취277)하게 하였습니다.

若諸衆生이 **欲身自在 遊行十方**인댄 **我於彼前**에 **現自在天身 而爲說法**하야 **令其成就**하며
　만약 여러 중생이 욕심으로 된 몸[欲身]이 자유자재하여 시방에 노닐게 되기를 바란다면 저는 그들 앞에 자재천(自在天)278)의 몸으로 나타나서 그들을 위해 법을 설하여 그들에게 성취하게 하였습니다.

若諸衆生이 **欲身自在 飛行虛空**인댄 **我於彼前**에 **現大自在天身**하야 **而爲說法 令其成就**니이다
　만약 여러 중생이 욕신(欲身)이 자재하여 허공에 날아다니기를 바란다면 저는 그들 앞에 대자재천(大自在天)279)의 몸으로 나타나서 그들을 위해 법을 설하여 그들에게 성취280)하게 하였습니다.281)

---

p.792하)
275) 여기에서 해탈은 욕심으로부터 해탈이다.
276) 제석은 도리천의 天主가 되어서 삼십삼천을 통솔한다.『계환해』(『卍속장경』17, p.792하)
277) 　여기에서의 성취는 욕계에서의 성취이다.
278) 자유롭게 유행하기에 自在天이라 부르나니 욕계의 맨 위 정수리가 타화자재천이다.『계환해』(『卍속장경』17, p.793상)
279) 허공을 비행하기에 大自在天이니 즉 색계의 맨 위 정수리가 마혜수라천이다.『계환해』(『卍속장경』17, p.793상)
280) 앞의 타화자재천은 욕계천의 구경으로 십선을 닦아 오를 수 있는 하늘나라이고, 이곳 대자재천은 색구경천으로 십선과 선정의 힘으로 이를 수 있는 하늘이다. 앞의 자

若諸衆生이 愛統鬼神 救護國土인댄 我於彼前에 現天大將軍身하야 而爲
說法 令其成就하며

만약 여러 중생이 귀신(鬼神)을 통솔하여 국토를 구호하기 좋아
하면 저는 그들 앞에 하늘의 대장군(大將軍)의 몸으로 나타나서 그
를 위해 법을 설하여 그들에게 성취하게 하였습니다.

若諸衆生이 愛統世界 保護衆生인댄 我於彼前에 現四天王身하야 而爲說
法 令其成就하며

만약 여러 중생이 세계를 통솔하여 중생을 보호하기를 좋아하면
저는 그들 앞에 사천왕(四天王)의 몸으로 나타나서 그를 위해 법을
설하여 그들에게 성취하게 하였습니다.

若諸衆生이 愛生天宮하야 驅使鬼神인댄 我彼於前에 現四天王國 太子身하
야 而爲說法 令其成就니이다

만약 모든 중생이 천궁에 태어나서 귀신 부리기를 좋아하면 저는
그들 앞에 사천왕국 태자(四天王國 太子)의 몸으로 나타나서 그를
위해 법을 설하여 그들에게 성취하게 하였습니다.282)

재천이 자동차의 세계라면 이곳 대자재천은 비행기의 세계이다. 그리고 이곳에서 성취
라는 용어를 사용한 것은 비록 그곳이 색계의 구경이기는 하나 해탈이 목적이 아니고
성취가 목적이기 때문에 성취라고 한 것이다.

281) 처음에 범왕을 들고, 여기에 이르러 욕계천 색계천으로부터 초월하여 색세의 꼭내
기에 이른 것은 뜻이 무색계를 겸하여 세계마다 나타나지 아니함이 없음을 밝힌 것이
다. 『계환해』(『卍속장경』17, p.793상)
282) 위에서는 바로 통솔함을 들고, 여기에서는 신하로서 보필함을 든 것이다. '대장군'
은 제석의 上將軍이 되어서 귀신을 統領하고, '사천왕'은 제석의 신하가 되어서 세계를
統領하며, 사천왕의 태자란 那吒이 무리이니 귀신을 부릴 수 있다. 『계환해』(『卍속장
경』17, p.793상) *나타(那吒)는 북방 毘沙門天王의 태자로 불법을 보호하는 善神의 역
할을 한다.

F2 人三　一王臣庶

若諸衆生이 樂爲人王인댄 **我於彼前**에 **現人王身 而爲說法**하야 **令其成就**하며

만약 모든 중생이 사람 가운데 왕이 되기를 좋아하면 저는 그들 앞에 인왕(人王)283)의 몸으로 나타나서 그들을 위해 법을 설하여 그들에게 성취하게 하였습니다.

若諸衆生이 **愛主族姓 世間推讓**인댄 **我於彼前**에 **現長者身**하야 **而爲說法 令其成就**하며

만약 모든 중생들이 가문[族姓]의 맹주가 되어서 세상에서 추앙받기를 좋아하면 저는 그들 앞에 장자(長子)284)의 몸으로 나타나서 그들을 위해 법을 설하여 그들에게 성취하게 하였습니다.

若諸衆生이 **愛談名言 淸淨自居**인댄 **我於彼前**에 **現居士身**하야 **而爲說法 令其成就**니이다

만약 모든 중생이 고상하고 우아한 말[高談名言]로 청정하게 살기를 좋아하면 저는 그들 앞에 거사(居士)285)의 몸으로 나타나서 그를 위해 법을 설하여 그들에게 성취하게 하였습니다.

若諸衆生이 **愛治國土 剖斷邦邑**인댄 **我於彼前**에 **現宰官身**하야 **而爲說法 令其成就**하며

만약 모든 중생이 국토를 다스리되 나라를 쪼개고 제도를 바로잡고자 하면 저는 그들 앞에 재상의 몸으로 나타나서 그들을 위해

---

283) 전륜성왕으로부터 粟散에 이르기까지 다 人王이다. 『계환해』(『卍속장경』17, p.793상)　*粟散은 제후국의 작은 왕으로 천하에 많이 흩어져 있는 것이 마치 조와 같이 많기 때문이다. (앞의 책 p.793상)
284) 長者는 十德을 갖춘 사람으로 성품이 고귀하고 지위가 높은 큰 부자이고 위엄이 있고 용감하며 지혜가 깊고 나이가 있으며 行이 청정하고 禮가 구비되어 윗사람으로부터는 찬탄을 받고 아랫사람으로부터는 귀의를 받기에 族性의 主가 되어서 세간에서 推讓을 받는 것이다. 『계환해』(『卍속장경』17, p.793상)
285) 隱居하되 뜻을 세워 義를 行하고 道를 통달하였기에 居士라 부른다. (앞의 책 p.793하)

2)入圓眞要　⑤特標耳根 總諸圓通　㉠三十二應

법을 설하여 그들에게 성취하게 하였습니다.

若諸衆生이 **愛諸數術 攝衛自居**인댄 **我於彼前**에 **現婆羅門身**하야 **而爲說法 令其成就**니이다

만약 모든 중생이 술수(術數)286)로써 자신을 호위하며 거기에 살기를 좋아하면 저는 그들 앞에 바라문의 몸으로 나타나서 그들을 위해 법을 설하여 그들에게 성취하게 하였습니다.

二入道四衆
若有男子가 **好學出家 持諸戒律**인댄 **我於彼前**에 **現比丘身**하야 **而爲說法 令其成就**하며

만약 어떤 남자가 배우기를 좋아해 출가하여 계율을 지니고자 하면 저는 그 앞에 비구의 몸으로 나타나서 그를 위해 법을 설하여 그에게 성취하게 하였습니다.

若有女子가 **好學出家 持諸禁戒**인댄 **我於彼前**에 **現比丘尼身**하야 **而爲說法 令其成就**하며

만약 어떤 여자가 배우기를 좋아해 출가하여 계율을 지니고자 하면 나는 그녀 앞에 비구니의 몸으로 나타나서 그녀를 위해 법을 설하여 그녀에게 성취하게 하였습니다.287)

若有男子 樂持五戒인댄 **我於彼前**에 **現優婆塞身**하야 **而爲說法 令其成就**하며

만약 어떤 남자가 오계(五戒)를 지니기를 좋아하면 저는 그 앞에

---

286) 劃는 나누는 것이다. 약을 제조하는 것[和合]과 점치고 相을 보는 것과 절기와 달을 살피고 계산하는 것[推步]과 해의 기운을 살피는 것[盈虛] 등이 다 數術이다. 『계환해』(『卍속장경』17, p.793하)

287) 戒에 있어서 비구계는 250이요, 비구니계는 그 倍이다. 律을 禁하는 것이라 말하는 것은 비구가 지녀야 하는 것은 평상의 율 뿐이지만, 비구니는 禁하고 절제해야 하는 것이 더욱 상세하기 때문이다. 『계환해』(『卍속장경』17, p.793하)

청신사[優婆塞]의 몸으로 나타나서 그를 위해 법을 설하여 그에게 성취하게 하였습니다.

若復女子 五戒自居인땐 **我於彼前**에 **現優婆夷身**하야 **而爲說法 令其成就**니다

만약 어떤 여자가 오계(五戒)를 지니고 그렇게 살기를 바란다면 저는 그녀 앞에 청신녀[優婆夷]의 몸으로 나타나서 그녀를 위해 법을 설하여 그녀에게 성취하게 하였습니다.288)

三主婦童眞
若有女人이 **內政立身 以修家國**하면 **我於彼前**에 **現女主身 及國夫人 命婦大家**하야 **而爲說法 令其成就**니이다

만약 어떤 여인이 집안을 다스려서[內政] 입신(立身)하고 가정과 나라를 다스리려고 하면289) 저는 그녀 앞에 여주인(女主人, 后妃)의 몸이나 국부인(國夫人)290) 혹은 명부(命婦)291)나 대가(大家)292)의 몸으로 나타나서 그를 위해 법을 설하여 그녀에게 성취하게 하였습니다.

---

288) '우바색와 우바이'는 가까이에서 불법을 섬기는 남녀를 말한다. 오계는 殺盜婬妄酒의 禁戒이니 이는 모든 戒의 근본이 되며 萬善의 바탕이다. 五分眞體 가운데 앞의 四는 戒定慧解脫을 갖춘 것이고, 나중의 一은 解脫知見을 갖추었으니 대개 昏昏한 자로 하여금 昭昭하게 하고자 한 까닭이다. 『계환해』(『卍속장경』17, p.793하)
289) 천자가 三公과 九卿 등에게 外政을 맡기고 三后와 九妃 등으로 하여금 內政을 맡겼는데 그 까닭은 국가를 다스리려는 것이다. 『계환해』(『卍속장경』17, p.794상)
290) 제후(諸侯)의 부인
291) 命婦는 公候의 妻이니 命을 하사 받은 者이다. (앞의 책 p.794상) *命婦: 남편의 벼슬에 따라 나라에서 하사 받는 존칭. 貞敬夫人, 淑人夫 등.
292) 大家: 漢나라 반혜희(班惠姬)가 황후의 스승이 된 사례가 있기 때문에 大家라 호칭한 것이다. (앞의 책 p.794상) *後漢 曹世叔의 妻는 班彪(반표)의 딸로 이름이 惠姬인데 皇后 貴人 등의 스승이 될새 大家라 칭하다. 家는 音을 '고'라 해야 한다. 이운허, 『수능엄경 주해』(서울 동국역경원 1974) p.245.

2)入圓眞要 ⓔ特標耳根 總諸圓通 ㉠三十二應

若有衆生 不壞男根인댄 我於彼前에 現童男身하야 而爲說法 令其成就하며
 만약 어떤 중생이 남근(男根)을 더럽히지 않으려고 하면 저는 그 앞에 동남(童男)의 몸으로 나타나서 그를 위해 법을 설하여 그에게 성취하게 하였습니다.

若有處女가 愛樂處身 不求侵暴인댄 我於彼前에 現童女身하야 而爲說法 令其成就니이다
 만약 어떤 처녀가 처녀의 몸으로 있기를 좋아하여 난폭한 침략을 당하지 않으려고 하면 저는 그녀 앞에 동녀(童女)의 몸으로 나타나서 그녀를 위해 법을 설하여 그녀에게 성취하게 하였습니다.293)

F3 神294)
若有諸天 樂出天倫인댄 我現天身하야 而爲說法 令其成就하며
 만약 어떤 천신(天神)들이 그 천신의 무리에서 벗어나고자 하면 저는 그들 앞에 천신의 몸으로 나타나서 그들을 위해 법을 설하여 그들에게 성취하게 하였습니다.

若有諸龍이 樂出龍倫인댄 我現龍身하야 而爲說法 令其成就니이다
 만약 어떤 용(龍)들이 용의 무리에서 벗어나고자 하면 저는 그들 앞에 용의 몸으로 나타나서 그들을 위해 법을 설하여 그들에게 성취하게 하였습니다.

若有藥叉 樂度本倫인댄 我於彼前에 現藥叉身하야 而爲說法 令其成就하며
 만약 어떤 야차(藥叉)295)들이 그 야차들의 무리에서 벗어나고자

---

293) 不壞男根은 不汚男根의 의미이고, 不求侵暴은 不被侵暴의 뜻이다.
294) 이는 天龍八部등의 무리를 든 것이다.『계환해』(『卍속장경』17, p.794하)
 *六凡에 지옥 아귀 축생이 들어가지 아니한 것은 이 무리들이 幽昏에 잠겨서 아직 聞法을 할 수 없고, 無畏力을 베풀어야만 이를 拔濟할 수 있기 때문이다. (앞의 책 p.794하)
295) 야차: 날아다니는 포악한 귀신으로 발심하게 되면 불법을 보호하게 된다.

하면 저는 그들 앞에 야차의 몸으로 나타나서 그들을 위해 법을 설하여 그들에게 성취하게 하였습니다.

若乾闥婆가 樂脫其倫인맨 我於彼前 現乾闥婆身하야 而爲說法 令其成就하며

　만약 건달바(乾闥婆)296)들이 그 무리에서 벗어나고자 하면 저는 그들 앞에 건달바의 몸으로 나타나서 그들을 위해 법을 설하여 그들에게 성취하게 하였습니다.

若阿修羅 樂脫其倫인맨 我於彼前 現阿修羅身하야 而爲說法 令其成就며
　만약 아수라(阿修羅)297)들이 그 무리에서 벗어나고자 하면 저는 그들 앞에 아수라의 몸으로 나타나서 그들을 위해 법을 설하여 그들에게 성취하게 하였습니다.

若緊那羅 樂脫其倫인맨 我於彼前 現緊那羅身하야 而爲說法 令其成就며
　만약 긴나라(緊那羅)298)들이 그들의 무리에서 벗어나고자 하면 저는 그들 앞에 긴나라의 몸으로 나타나서 그들을 위해 법을 설하여 그들에게 성취하게 하였습니다.

若摩呼羅伽 樂脫其倫인맨 我於彼前 現摩呼羅伽身하야 而爲說法 令其成就하며
　만약 마후라가(摩呼羅伽)299)들이 그 무리에서 벗어나고자 하면 저는 그들 앞에 마후가라의 몸으로 나타나서 그들을 위해 법을 설하여 그들에게 성취하게 하였습니다.

---

296) 건달바 음식의 냄새를 맡고 그 음식을 얻기 위하여 춤을 추는 중생이다.
297) 아수라는 번역하여 非天이라 한다. 福力은 범천과 같으나 범천의 行이 없고 성냄이 많다.『계환해』(『卍속장경』17, p.866하)
298) 긴나라: 人非人이라 번역하는데 사람인지 짐승인지 분간 할 수 없는 괴물로 음악을 좋아하는 귀신이다.
299) 摩呼羅伽: 뱀의 머리에 몸은 사람 형상을 한 음악을 좋아하는 귀신이다.

2) 入圓眞要　ⓑ特標耳根　總諸圓通　㉠三十二應　431

若諸衆生 樂人修人인댄 **我現人身**하야 **而爲說法 令其成就**하며

　만약 어떤 중생들이 사람을 좋아하여 사람되는 법을 닦고자 하면300) 저는 그들 앞에 사람의 몸으로 나타나서 그들을 위해 법을 설하여 그들에게 성취하게 하였습니다.

若諸非人이 **有形無形 有想無想**이 **樂度其倫**인댄 **我於彼前 皆現其身**하야 **而爲說法 令其成就**니이다

　만약 사람이 아닌[非人] 유형무형(有形無形)과 유상무상(有想無想)의 중생들이301) 그 무리에서 벗어나고자 하면 저는 그들 앞에 그들의 모습으로 나타나서 그들을 위하여 법을 설하여 그들에게 성취하게 하였습니다.302)

ⓒ結

是名妙淨 三十二應으로 **入國土身**이니 **皆以三昧 聞薰聞修**의 **無作妙力**으로 **自在成就**니이다

　이것을 이름하여 '묘정(妙淨)한 삼십이응신(三十二應身)303)으로 국토에 들어간 몸이다' 하나니, 모두가 삼매(三昧)인 문훈문수(聞薰聞修)의 무작묘력(無作妙力)으로써 자재(自在)하게 성취한 것입니다.304)

---

300) '樂人修人'이라 한 것은 이러한 무리들이 흡사 사람과 같으나 사람이 아닌 까닭에 人道에 태어나기를 바라는 것이다. 『계환해』(『卍속장경』17, p.794하)
301) 여러 非人은 有形無形 有想無想을 가리키는 것이니 休咎精明과 空散消沈[無色]의 類이다. (앞의 책 p.794하)
302) 이상은 천용팔부등의 무리를 든 것이다. 『계환해』(『卍속장경』17, p.794하)
　*六凡에 지옥 아귀 축생이 들어가지 아니한 것은 이 무리들이 幽昏에 잠겨서 아직 聞法을 할 수 없고, 無畏力를 베풀어야만 이를 拔濟할 수 있기 때문이다. (앞의 책 p.794하)
303) 응화신이 둘 다 모두 중생을 제도하기 위해 나투시는 몸이지만, 중생 쪽에서 보면 화신이고, 수행자 쪽에서 보면 응신이다. 그러므로 화신이란 外熏의 뜻이고, 응신이란 스스로 보신을 이루어 가는 과정 속에 내가 남에게 보살로서 나타나는 모습이니 內熏의 뜻이다.
304) 그 자취를 同類로써 보였으나 마음에 愛慾과 邪見을 끊었기에 이름이 妙淨이요,

432 능엄경 제6권 修道分

ⓒ十四無畏三305)　Ⓐ總擧

世尊 我復以此 聞薰聞修한 金剛三昧 無作妙力이 與諸十方 三世六道 一切衆生으로 同悲仰故로

　세존이시여! 저는 또 이 문훈문수 금강삼매(聞熏聞修 金剛三昧)의 무작묘력(無作妙力)을 수행하여 여러 시방삼세 육도의 일체중생과 함께 슬퍼하고 부처님을 갈망함이 같기 때문에

令諸衆生 於我身心에 獲十四種 無畏功德이니다

　여러 중생들에게 저의 몸과 마음에서 십사종(十四種)의 무외공덕(無畏功德)을 얻게 하였습니다.306)

Ⓑ詳烈三　ⓐ脫外業七　Ｆ1脫衆故

一者由我 不自觀音하고 以觀觀者일새

　첫째는 제가 스스로 음성(音聲)을 따르지[觀] 않고307) 관(觀)하는 것을 돌이켜 관(觀)하여 원통을 얻었기 때문에308)

令彼十方 苦惱衆生으로 觀其音聲하야 卽得解脫이니다

　시방의 모든 고뇌하는 중생들로309) 하여금 나와같이310) 그 음성

집착이 없는[無作] 지혜를 의지하여 大神用을 일으켰기 때문에 이름이 妙力이요, 無作無爲이지만 緣을 따라 널리 應하기에 이름이 自在成就이다.『계환해』(『卍속장경』17, p.794하)

305) 앞의 삼십이응신은 직접 나투는 것이고, 이곳 십사무애는 직접 나투지 않으시고 보이지 않는 곳에서 음밀히 구원하는 것이다.

306) 내가 스스로 음성을 따르지[觀] 아니함으로 말미암아 네가 고통에서 벗어나고, 내가 知見을 돌이킴으로 말미암아 네가 불에 타지 아니할 것이므로 '於我身心 獲無畏德'이라 한 것이다. (앞의 책 p.794하)

307) 소리를 따르지[觀] 않는다는 것은 중생들처럼 소리에 집착하지 않는다는 것이다.

308) 앞에서 이미 '시방이 원명하여 두가지 수승한 경계를 얻었다' 라고 했으니 이것이 관음의 이근원통이다. (十方圓明 獲二殊勝)

309) 一心稱名하는 모든 중생들이다.

310) 법화에서는 悲救衆生의 果用을 말한 것이지만 이곳 능엄에서는 反聞圓通의 因行

2) 入圓眞要　㉤特標耳根　總諸圓通　㊀三十二應　433

을 관하게 하여 해탈을 얻게 하였습니다.311)

F2 脫三災
二者 知見旋復일새

둘째는 제가 사물에 대해서 알고 보는 작용[知見]을 돌이킴으로 인하여 원통을 얻었기 때문에,

令諸衆生으로 **設入大火**라도 **火不能燒**니이다

모든 중생들로 하여금 나와같이 수행하여 설사 큰 불에 들어가게 되더라도 그 불이 능히 태우지 못하게 하였습니다.312)

을 말하는 것이기에, 지나치게 불보살의 신비하고 무한한 작용을 강조하기 보다는 모든 중생들로 하여금 관음과 같이 이근원통을 수행하면 반드시 해탈을 얻게 된다는 것을 강조해야 된다고 본다. 그래야만 뒤의 능엄주의 공덕을 설하는 내용과도 통하게 되는 것이다. 본래 다라니에는 세가지가 있으니 첫째가 글자없는 다라니로 이근원통의 수행으로 드러나는 수능엄정이 그것이요. 둘째는 음자 다라니로서 능엄주가 그것이요, 셋째는 일체경전이 그대로 다라니이니, 이러한 다라니를 제대로 지니게 되면 설사 큰 재앙이 닥치더라도 이를 무난히 극복할 수 있다는 것이 능엄의 뜻이다.
　*탄허스님은 "현토역해능엄경 3 p158"에서 고뇌중생 아래에 蒙我二字을 첨가함이 옳다" 하다.

311) '不自觀音'이라 한 것은 聲塵으로 일어난 바 知見을 따르지 않는 것이요, '以觀觀'이라 한 것은 聞機를 돌이켜서 자성을 반조하는 것이니 知見을 일으키지 아니하면 허망함이 없을 것이요, 자성을 반조하면 일체가 眞寂하여 다시는 고뇌가 가히 생기지 아니할 것이니 이것이 곧 眞觀이요 淨觀이며, 大智慧觀으로 능히 癡暗을 파하고 災難을 항복 받을 수 있기 때문에 고뇌중생으로 하여금 자기의 眞觀을 입어 해탈을 얻게 한 것이다. 『계환해』(『卍속장경』17, p.795상)
312) 관음인 내가 그들이 一心稱名하는 소리를 관하여 그 중생들로 하여금 구원을 얻게 하겠다는 것이다. 옛날 서울 대연각 호텔에서 불이 나 많은 사람이 희생되었다. 그 중 어떤 사람은 관세음을 염했는데 누군가 부르는 소리를 듣고 그 쪽으로 움직였고, 나오고 보니 출구였다고 합니다.
　*안과 밖의 사대가 항상 서로 교감하니 見覺은 火에 속하고, 聞聽은 水에 속하기 때문에 見業이 교치하면 猛火를 보게 되고, 聞業이 교자하면 파도를 보게 되시니와 지금 知見을 돌이킨다면 見業이 없을 것이요, 觀聽을 돌이킨다면 聞業이 없을 것이기 때문에 水火가 능히 태우거나 빠뜨리게 할 수 없는 것이다. 『계환해』(『卍속장경』17, p.795상)

三者 觀聽旋復일새

셋째는 듣는 것에 따름[觀聽]313)을 돌이킴으로 인하여 원통을 얻었기에.

令諸衆生 大水所漂라도 水不能溺니이다

모든 중생들로 하여금 나와같이 수행하여 큰물에 떠내려가게 되더라도314) 그 물이 빠뜨리지 못하게 하였습니다.

F3脫鬼害
四者 斷滅妄想하야 心無殺害일새

넷째는 제가 망상(妄想)을 끊고 소멸하여 마음에 살해할 생각을 없애고 원통을 얻었기에,

令諸衆生 入諸鬼國이라도 鬼不能害니이다

모든 중생들로 하여금 나와같이 수행하여 설사 귀신의 세계에 들어가게 되더라도 그 귀신이 능히 해칠 수 없게 하였습니다.315)

F4脫刑戮
五者 薰聞成聞에 六根消復하야 同於聲聽일새

다섯째는 제가 돌이켜 들음을 훈습하여 문성(聞性)을 성취하고, 육근(六根)이 소멸하여316) 소리와 들음이 나누어지지 않기 때문에

---

313) 聽을 觀한다고 말한 것은 音을 觀한다고 말한 것과 같다. (앞의 책 p.795상)
314) 바다에서 널판자나 거북의 등을 타게 된다든가 등등..   *大水에 표류한다는 것은 뜻이 풍재(風災)를 겸한 것이다.『계환해』(『卍속장경』17, p.795상)
315) 이로부터 감옥에서 벗어나고 원한를 여의는 일에 이르기까지 다 육근의 훈을 소멸하고 육근의 본성을 회복함으로 말미암아 마음에 부르는 바가 없어졌기 때문에 경계가 어떻게 할 수 없었던 것이다. (앞의 책 p.795상)   *鬼는 어두운 쪽이고, 神은 밝은 쪽이라 한다.
316) 聞慧로써 그 聞根을 훈습하게 하여 圓聞을 이루게 한 것이니 一根이 이미 원만하면 육근도 消復될 것이기 때문이다. (앞의 책 p.795하)   *於食等者 諸法亦等 (유마경)

2) 入圓眞要 ⑤特標耳根 總諸圓通 ㉠三十二應 435

能令衆生으로 **臨當被害**라도 **刀段段壞**하고
　모든 중생들로 하여금 나와같이 수행하여 상해(傷害)를 입게 되더라도 칼이 조각조각 부러지고317)

使其兵戈로 **猶如割水**하고 **亦如吹光**호대 **性無搖動**나이다
　병장기가 마치 물을 베는듯 하고, 또한 입으로 빛을 부는듯 하여318) 본래의 성품에는 전혀 흔들림이 없게 하였습니다.319)

F5 脫幽邪
六者 聞薰精明하야 **明遍法界**하면 **則諸幽暗 性不能全**인달하야
　여섯째는 듣는 성품을 훈습함이 정명(精明)하여 그 정명이 법계에 두루 비치면, 모든 어두움이 그 성품을 온전하게 보전하지 못하듯이,

能令衆生으로 **藥叉 羅刹 鳩槃茶鬼 及毗舍遮**와 **富單那等**이 **雖近其旁**이라도 **目不能視**나이다
　모든 중생들로 하여금 나와같이 수행하여 야차·나찰·구반다귀320)·비사차321)·부단나322)등이 비록 그 곁에 가까이 가더라도 눈으로

---

317) 옛날 손경덕이라는 사람이 억울하게 역적으로 몰려 형장으로 끌려갔는데 세 번이나 목을 내리쳤는데도 칼만 부러지고 목이 상하지 않았다고 한다. 그래서 나라에 보고되었고, 조사해 보니 죄가 없어 방면되었다. 그런데 집에 와보니 평소에 지성으로 모시던 관음보살상의 목에 칼금이 세군데나 나 있었다 한다.　(운허스님 보왕경 이야기)

318) '同於聲聽'이란 소리와 들음이 모두 無形의 법이 되어 형체에 장애됨이 없기 때문에 '마치 물을 베이듯 빛을 불듯하다'고 한 것이다.『계환해』(『卍속장경』17, p.795하)
319) 물감을 허공에 칠한들 허공이 물들며, 칼로 물을 끊은들 물이 어찌 끊기랴, 사람 마음 안정됨이 물과 허공 같으면, 누구를 만나든 밉고 고움 있으랴　彩筆描空空不染　利刀割水水無痕　人心安靜如空水　與物自然無怨恩
320) 구빈다귀는 사람의 精氣를 빨아믹는 귀신이요, 비사차는 血肉을 먹는 귀신이며, 부단나는 臭鬼라 번역되는데 惡鬼의 일종이다.
321) 비사차는 용신과 함께 廣目天을 따라 서방을 수호하는 일종의 귀신이다.
322) 부단나는 건달바와 함께 持國天의 권속으로 동방을 수호하는 귀신이다.

볼 수 없게 하였습니다.323)

[F6] 脫囚繫
七者 音性圓消하고 觀聽返入하야 離諸塵妄일새
 일곱째는 제가 음성의 성품이 원만하게 사라지고, 듣는 것에 따름[觀聽]을 돌이켜 그 성품에 들어가 모든 진망(塵妄)을 여의었기 때문에,

能令衆生으로 禁繫枷鎖라도 所不能著니이다
 중생들로 하여금 나와같이 수행하여 설사 밧줄로 묶고 쇠고랑을 채우게 되더라도 능히 묶일 수 없게 하였습니다.324)

[F7] 脫冤賊
八者 滅音圓聞하야 遍生慈力일새
 여덟째는 제가 소리를 멸하고 들음이 원만해져서 자비의 힘이 두루 미치게 되었기 때문에,

能令衆生 經過險路라도 賊不能劫이니다
 모든 중생들로 하여금 나와같이 수행하여 험악한 길을 지나가게 되더라도 도적이 능히 겁탈할 수 없게 하였습니다.325)

---

323) 聞性을 훈습하여 精明해지면 저 모든 幽暗을 태워버리기 때문에 그 幽暗을 볼 수 없는 것이다. 『계환해』(『卍속장경』17, p.795하) *이러한 여러 귀신들은 어두운 것이고, 관음의 무외력은 밝은 것이기에 어두움이 저절로 없어지게 되는 것이다.
324) 소리의 성품이 원만히 소멸하면 안으로 얽매인 바가 없을 것이요, 聽覺에 따름을 돌이켜 성품에 들어가면 밖으로 얽매인 바가 없을 것이므로 枷鎖 등에서 스스로 벗어나게 되는 것이다. 『계환해』(『卍속장경』17, p.795하) *禁繫: 오랏줄로 얽어 매는 것. 枷鎖: 칼을 씌우고 쇠고랑을 채우는 것.
325) 소리와 들음이 兩立하면 物我가 적을 이루게 되지만 소리가 멸하고 들음이 원만해지면 안과 밖이 서로 상대함이 없어지기 때문에 두루 자비의 묘력이 생겨서 다시는 원적이 없게 되는 것이다. 『계환해』(『卍속장경』17, p.795하)

ⓑ脫內業三   F1 脫欲
九者 薰聞離塵하고 色所不劫일새
  아홉째는 제가 듣는 성품을 훈습함으로 인하여 성진(聲塵)을 여의어 이성[色]의 겁탈이 없게 되었기에,

能令一切 多淫衆生으로 遠離貪欲이니다
  가지가지 음욕이 많은 중생들로 하여금 나와같이 수행하여 멀리 탐욕을 여의도록 하였습니다.326)

F2 脫恚
十者 純音無塵하야 根境圓融하니 無對所對일새
  열째는 소리를 들음이 순일하고 성진(聲塵)도 사라져서 근경(根境)이 원융하고 능대(能對)와 소대(所對)가 없어졌기 때문에,

能令一切 忿恨衆生으로 離諸瞋恚니이다
  일체의 성내고 한을 품은 중생들로 하여금 나와같이 수행하여 가지가지 성냄에서 영원히 벗어나게 하였습니다.327)

F3 脫癡
十一者 消塵旋明하야 法界身心猶如瑠璃하야 朗徹無礙일새
  열한 번째는 제가 경계를 소멸하고 밝은 지혜를 돌이켜서 법계와 신심(身心)이 마치 유리와 같고 밝게 사무쳐 걸림이 없어졌기에,

---

326) 중생은 欲習으로 塵에 합하기 때문에 色의 劫奪한 바가 되거니와, 능히 금강삼매로써 聞性을 훈습하여 聞性을 이루게 되면 마침내 塵을 여의게 되나니 성품을 이루면 欲愛가 乾枯하고 塵을 여의면 근경이 서로 짝하지 않기 때문이다. 그러므로 비록 妖色이 있더라도 劫奪하고자 하는 마음이 동하지 않게 되는 것이다. (앞의 책 p.796상)
327) 瞋恚는 뜻을 어김으로 말미암아 일어나며, 경계를 대하여 생기는 것이기에 소리의 성품이 純淨하면 다시 妄塵이 없을 것이다. 그러므로 '圓融無違하여 無能所對'라고 한 것이니 無違하고 無對하다면 瞋恚가 생기지 않기 때문이다. 『계환해』(『卍속장경』17, p.796상) *운허스님은 본문의 '純音無塵'에서 音자는 聞字가 되어야 한다고 하고, 계환스님은 音자를 음성의 '音性'의 뜻으로 보았다.

能令一切 昏鈍性障한 諸阿顚迦로 永離癡暗이니다

일체의 혼둔(昏鈍)과 각성(覺性)이 막혀있는 모든 아전가(阿顚迦)328)들로 하여금 나와같이 수행하여 어리석음에서 영원히 벗어나게 하였습니다.329)

ⓒ示福應

十二者 融形復聞에 不動道場하고 涉入世間호대 不壞世界하고 能遍十方하야 供養微塵 諸佛如來하고 各各佛邊에 爲法王子일새

열두 번째는 제가 형상이 원융해지고 듣는 성품을 회복함으로 인하여 도량에서 움직이지 아니하고 세간을 다 거두어 들이며, 세계를 무너뜨리지 아니하고 시방계에 두루하게 하여 수많은 제불여래(諸佛如來)를 공양하고, 각각 그 부처님의 곁에서 법왕자가 되었기 때문에330)

能令法界 無子衆生의 欲求男者인댄 誕生福德 智慧之男이니다

법계의 자식이 없는 중생 가운데 남자를 구하는 자가 있으면 그들로 하여금 나와같이 수행하여 복덕이 있고 지혜가 많은 남자로 태어나게 하였습니다.331)

---

328) 아전가는 번역하여 無善心이다. 안으로 업이 열 가지가 있으나 법신을 壞滅하는 데에는 그 중 오직 淫怒癡가 더욱 심하기 때문에 三을 들어서 나머지를 겸한 것이다. (앞의 책 p.796상) *아전가는 필경이라 번역한다. 즉 영원히 성불할 수 없다는 뜻이다. 전관응,『불교학대사전』(서울 홍법원 1988) p.1016.
329) 癡暗은 妄塵의 가리움과 무명의 덮임 바로 말미암은 것이니 妄塵이 소멸하면 가림움이 없을 것이요, 明으로 돌이키면 덮임이 없을 것이다. 그러므로 밖으로 법계와 안으로 身心이 밝게 엉기고 맑게 사무쳐서 癡暗을 여의게 될 것이다. 성품을 장애하는 것이 癡暗이다.『계환해』(『卍속장경』17, p.796상)
330) 형상이 원융하면 어리석음이 滅할 것이요, 듣는 성을 회복하면 성품이 진실할 것이기 때문에 세간에 涉入하되 움직임도 없고 무너짐도 없어서 능히 시방에 두루하여 微塵의 부처님을 공양하고 그 법을 받아 이어서 각기 그 법왕자가 된 것이다. 곧 부처님을 공양하여 복덕이 구족하고 법을 품수하여 지혜가 구족한 것이다.『계환해』(『卍속장경』17, p.796하) *법왕자가 되어 法王을 이었다는 것은 이는 男子에게 있는 길이기 때문에 능히 그 求함에 응할 수 있는 것이다. (앞의 책 p.796하)

2) 入圓眞要　⑤特標耳根　總諸圓通　㉠三十二應

十三者 六根圓通에 明照無二호대 含十方界하야 立大圓鏡과 空如來藏하고 承順十方 微塵如來의 秘密法門하야 受領無失일새

　열세 번째는 육근(六根)이 원통함으로 인하여 밝게 비치어 둘이 없으며 시방세계를 온통 포함하여 대원경(大圓鏡)과 공여래장(空如來藏)을 설립하고, 시방의 수많은 여래의 비밀법문(秘密法門)을 받아들여 잃어버리지 않기 때문에,

能令法界 無子衆生의 欲求女者로 誕生端正 福德柔順하야 衆人愛敬한 有相之女니이다

　법계의 자식 없는 중생 가운데 여자를 구하려는 자가 있으면 그들로 하여금 나와같이 수행하여 단정하고 복덕이 있고 유순하여 모든 사람들이 사랑하고 공경할 만한 착한 딸로 탄생하게 하였습니다.332)

十四者此 三千大千世界의 百億日月에 現住世間 諸法王子가 有六十二 恒河沙數어든

　열네 번째는 이 삼천대천 세계의 백억일월(百億日月)아래 현재 세간에 머무는 여러 법왕자가 육십이억 항하사수(恒河沙數)가 있으니,

---

331) 보살이 耳門을 수행하는 과정에서 수많은 제불여래에게 공양하여 각각의 그 한량없는 부처님의 법왕자가 되어 나중에 법왕의 혜명을 이을 수 있는 공덕을 지어 법계에 중생들이 혹 남자를 구하면 그 구하는 대로 얼마든지 남자의 몸을 나타내어 중생의 원을 성취케 하고, 결국은 각각 그 부처님의 혜명을 이을 수 있었기 때문에, 법계의 중생 가운데 혹 남자를 구하는 자가 있으면 그 음성을 관하여 그들로 하여금 옛날의 자기와 같이 법왕자로 태어나게 하겠다는 것이다.
332) 원만하기 때문에 無二하고, 원통이기 때문에 含界인 것이다. 明照는 대원경지의 바탕이요 含界는 공여래장의 본체이다. 이를 갖추었기 때문에 법문을 받들어 따르고[承順 받아들여[受領] 잃어비림이 없게 된 것이다. 承順은 황후의 모습 가운데 柔德이요, 受領는 규수가 갖추어야 할 사항이다. 모두 여자에게 있는 길이기에 그 구하는 바에 응할 수 있었다는 것이다. 『계환해』(『卍속장경』17, p.796하)

修法垂範ᄒᆞ야 敎化衆生ᄒᆞ대 隨順衆生 方便智慧가 各各不同이나
　법을 닦고 모범을 보여서 중생을 교화하고 중생을 따라 순응하는데, 그 때 방편과 지혜가 각각 같지 않았습니다.333)

由我所得 圓通本根이 發妙耳門ᄒᆞᆫ 然後身心이 微妙含容ᄒᆞ야 周徧法界일새
　그러나 제가 얻은 원통의 근본은 묘하게 이문(耳門)의 수행을 닦은 다음에 몸과 마음이 미묘하게 함용(含容)하여 법계에 두루하게 하는 것이기에,

能令衆生ᄋᆞ로 持我名號라도 與彼共持 六十二恒河沙 諸法王子로 二人福德이 正等無異ᄂᆞ이다
　모든 중생들로 하여금 저의 명호(名號)만 지니게 하더라도 저들이 육십이억 항하의 모래수와 같은 많은 법왕자를 함께 부르는 것으로 더불어 두사람의 복덕이 똑 같아서 다름이 없을 것입니다.334)

世尊 我一名號가 與彼衆多 名號無異ᄂᆞᆫ 由我修習ᄒᆞ야 得眞圓通이며
　세존이시여! 이와같이 저 한 사람의 명호가 저 모든 명호와 다름이 없는 것은 제가 성품을 수습(修習)하여 진원통(眞圓通)을 얻었기 때문이며,335)

---

333) 먼저는 多佛을 들고, 다음에 多福을 드러내었다. 一刹은 하나의 해와 하나의 달이 있는 세계이니 百億日月은 百億刹土이다.『계환해』(『卍속장경』17, p.796하)
334) 일심으로 관세음보살의 명호만 부르는 것과 다른이들의 육십이억 항하사수의 보살들을 부르는 것과 그 공덕이 같다는 것이다.
335) 원통의 근본이 묘하게 법계에 함용하여 一多平等하고 彼我無二하기 때문에 나의 名號를 지니는 자로 하여금 福이 저와 평등하게 한 것이다. 그러니 응당 耳門을 수습하여 眞圓通을 얻으면 一身과 多身, 他方과 此界, 一福德과 一名物이 각각 圓徧하여 다시 치우치거나 다름이 없을 것이다.『계환해』(『卍속장경』17, p.797상)

2) 入圓眞要　ⓑ特標耳根 總諸圓通　ⓒ四不思議　441

ⓒ結
是名十四 施無畏力하야 **福備衆生**이니이다

　이것을 '열네가지 무외력(無畏力)을 베풀어서 중생들에게 복을 구비하여 주는 것이라 이름합니다.

ⓒ四不思議二336)　Ⓐ總擧
世尊 我又 獲是圓通하야 **修證 無上道故**로 **又能善獲 四不思議 無作妙德**이니다

　세존이시여! 제가 또한 이러한 원통을 얻어서 최상의 도(道)를 닦아 증득하였기 때문에, 이와같이 네가지 부사의한 무작묘덕(無作妙德)을 얻을 수 있었나이다.337)

Ⓑ詳列四　ⓐ現容
一者 由我初獲 妙妙聞心에 **心精遺聞**하야

　첫째는 제가 처음 묘하고도 묘한 듣는 마음을 얻어[**妙妙聞心**]338) 마음이 정밀해지고 들음에서 벗어나[**心精遺聞**]339)

---

336) 앞의 삼십이응과 십사무애가 보살도를 행하는 구체적 방법론에 대해서 자세히 설명하였다면 여기서는 그러한 무애보살도를 실천할 수 있는 이근원통의 부사의한 총체적인 의미를 네가지로 설명한 것이다.
337) 가지가지 묘용을 나타내고 하나하나의 주문을 외어서 중생을 攝化하고 원만히 구하는 바에 응하는 것이니 이치는 無爲에서 나오지만 그러나 신령스럽게 응하여 주는 것은 가히 측량할 수 없기에 이름이 不思議 無作妙德인 것이다. 그러나 앞에서는 또한 형체를 나타내어 구하는 것에 응한다고 했거늘, 유독 여기에서 부사의라고 이름한 것은 앞에서는 略하여 나타낸 것이고, 여기에서는 다시 깊이 밝힌 것이다. 예를들어 一身에 八萬억 머리와 팔을 나타낸 것 등은 참으로 부사의한 일이기 때문이다.『계환해』(『卍속장경』17, p.797상)

338) 妙妙聞心이라는 것은, 이는 진실하게 자성을 반문할 때이니, 그 가운데 反聞하는 聞은 始覺이요, 자성 그 자체는 本覺이다. 시각과 본각이 합一하여 둘 다 묘하게 되었으므로, 妙妙聞心이라고 한 것이다.『정맥소』(『卍속장경』18, p.654하)
　*'처음으로 ...얻었다'는 것은 本因을 가리킨 말이다.『계환해』(『卍속장경』17, p.797하)
339) 眞妙聞으로 쫓아서 거듭 眞妙를 드러내는 것이 妙妙聞心이요, 聞을 돌이켜서 소리에서 벗어나 홀로 眞圓을 반조하는 것이 心精遺聞이니 妙를 얻어 聞을 버렸기 때문에

見聞覺知가 **不能分隔**하며 **成一圓融 淸淨寶覺**일새

견문각지가 서로 나누어지지 아니했으며340) 한결같이 원융하고 청정한 보배의 깨달음을 이루었기 때문에,

故我能現 衆多妙容하고 **能說無邊 秘密神呪**이니다

저는 가지가지 묘한 용모를 나타내고 한없이 신비한 이 주문을 설할 수 있었습니다.

其中或現 一首三首와 **五首七首**와 **九首十一首**로 **如是乃至 一百八首**와 **千首萬首**와 **八萬四千 爍迦囉首**하며

그 가운데는 혹 머리가 하나이거나 셋 또는 다섯·일곱·아홉·열 하나로 나타나기도 하며, 이와같이 더 나아가 일백 팔에서부터 천·만·팔만사천의 견고(爍迦羅)341)한 머리를 나타내기도 하며342)

二臂四臂 六臂八臂와 **十臂十二臂**와 **十四十六**과 **十八二十**으로 **至二十四**하고

혹은 팔이 둘·넷·여섯·여덟·열·열둘·열넷·열여섯·열여덟·스물·스물 넷으로 나타나기도 하며,

衆塵이 이를 가로막지 못하고, 一覺이 圓融하여 應現함에 걸림이 없었던 것이다. (앞의 책 p.797하)
340) 견문각지가 나누어지지 않았다는 것은 육근이 互用임을 뜻한다.
341) '삭가라(爍迦羅)'는 번역하여 금강이니 堅固不壞의 뜻이다. 『계환해』(『卍속장경』17, p.797하)
342) 혹 팔만사천이라 한 것은 다만 법을 표한 말이지 一身에 어떻게 이를 다 펼 수 있겠는가? 이는 다만 사유하는 마음으로 보살이 圓通境界를 測度한 것이다. 대저 一身이 十虛를 含吐하고 毛端이 塵刹을 나타내나니 저 空과 刹에 또한 어찌 머리와 팔 뿐이겠는가? 『계환해』(『卍속장경』17, p.797하)

2) 入圓眞要　㊄特標耳根 總諸圓通　㉢四不思議　443

如是乃至 一百八臂와 千臂萬臂와 八萬四千 母陀羅臂하며
　이와같이 더 나아가 일백 팔에서부터 천·만·팔만사천의 모다라(母陁羅, 印)343)의 팔을 나타내기도 하며344)

二目三目과 四目九目으로 如是乃至 一百八目과 千目萬目과 八萬四千 淸淨寶目한대 或慈或威 或定或慧로 救護衆生하야 得大自在니다
　혹은 눈(目)을 둘·셋·넷·아홉으로 나타나기도 하며, 이와같이 더 나아가 일백 팔에서부터 천·만·팔만사천의 청정하고 보배로운 눈[淸淨寶目]을 나타내기도 하는데, 혹은 자비·위엄·선정·지혜 등으로 중생들을 구호하여345) 대자재(大自在)를 얻게 합니다.346)

―――――――――――
343) '모다라'는 번역하여 印이니, 각기 妙印이 있다는 것이다. (앞의 책 p.797하) *모타라를 번역하면 妙印이다. 印이란 범어 mudra의 번역으로 바꾸거나 변하게 할 수 없는 것[不動不變]이며, 모든 것의 규범이 되고 旗幟가 되는 것이니 모든 것은 이를 통해 증명된다는 뜻이다. 그러므로 母陀羅手하면 手印이고, 母陀羅臂는 臂印이라는 뜻이다.
344) 팔만사천의 手臂를 나타낸다는 것은 마치 사람에게 팔만사천의 毛孔이 있는 것과 같은 것이니 족히 이상하게 생각할 일은 아니다. 성인의 말씀에 卽理卽事하여 이미 부사의한 묘덕이라 했으니 한정된 뜻으로 이를 생각하지 말라. (앞의 책 p.797하)
345) '淸淨寶目'은 離塵合覺의 뜻이다. 자비 이것으로 攝化하는 것이요, 威嚴은 이것으로 折伏하는 것이며, 선정은 이것으로 復湛하는 것이며, 지혜는 이것으로 開覺하는 것이니 모두 衆多妙用을 가리키는 것이다. (앞의 책 p.797하)
346) 머리는 六用의 總을 가리키고, 팔은 하나의 슬픈 모습으로 提接함을 표한 것이며, 눈은 비추는 지혜이니 각기 本數를 의지하여 이를 채워서 팔만사천에 이르게 한 것은 根本六用과 根本悲智를 의지하여 널리 塵勞에 응하여 대자재를 얻게 됨을 나타낸 것으로 이것이 十一地 等覺 妙覺의 행이다. 십지 이전에는 本智를 의지하여 大悲를 장양하고, 十一地에 이르러 장양의 공을 마치면 순수한 대비로써 법계의 체를 삼아 지혜로 더불어 圓現하게 하기 때문에 관음의 전수천안이 通身하고 偏身하뇌 대비로써 정하게 되는 것이다. 『계환해』(『卍속장경』17, p.797하)
　*하나의 몸 가운데 塵勞의 만법과 慈威의 정혜가 구비되지 아니함이 없거늘 이십사성을 계승하여 示現한 것은 저의 나타난 바가 비록 각기 一端이 있기 때문이다. 그러나 원만히 이를 모아 통찰해 본다면 다 수행하는 데 각기 극진함을 밝힌 것으로 悟入者로 하여금 이십오문에 그치지 아니하고, 바로 八萬塵勞와 法界理事가 나의 하나의 圓融한 淨覺의 체를 여의지 아니하여 能同能異하고 卽一卽多하여 無邊利海에 덕용이 두루하고, 十方身土의 境과 相이 相入하며, 邪正吉凶의 기술과 養生安物의 방법이 모두 원통하고, 모두 구족해 있다는 것을 깨닫게 하려는 것이다. 『계환해』(『卍속장경』17,

ⓑ說呪

二者 由我聞思하야 脫出六塵호미 如聲度垣에 不能爲礙일새

　둘째는 제가 문사수(聞思修)의 수행을 통해서 육진(六塵)에서 벗어나는 것이 마치 소리가 담을 넘어갈 때에 장애가 없는 것처럼

故我妙能 現——形하며 誦——呪하야 其形其呪가 能以無畏 施諸衆生일새

　저는 묘하게347) 가지가지 형상(形象)을 나타내고 가지가지 주문을 외우는데, 그 형상과 주문이 무외(無畏)가 되어 모든 중생들에게 베풀어지기 때문에,

是故十方의 微塵國土에 皆名我爲 施無畏者니이다

　시방의 수많은 국토에서 다 저를 아낌없이 베푸는 자[施無畏者]라고 부르나이다.

ⓒ攝化

三者 由我修習 本妙圓通한 淸淨本根일새

　셋째는 제가 본묘원통(本妙圓通)한 청정본근(淸淨本根)348)을 수습(修習)했기 때문에,

所遊世界에 皆令衆生으로 捨身珍寶하고 求我哀愍이니이다

　지나다니는 세계의 모든 중생들이 몸과 귀중한 보배를 버리고349) 나에게서 자기를 가엾게 여겨주시기[哀愍]를 구하나이다.350)

---

p.797하)
347) 문사수의 지혜로 말미암아 塵에서 벗어나고 걸림이 없기 때문에 형체를 나타내고 주문을 외워서 신통변화의 묘력이 하나하나 마다 장애가 없는 것이니, 그러므로 묘하다고 했다. 『계환해』(『卍속장경』17, p.798하) 참조
348) 本妙圓通한 淸淨本根은 여래장성이다.
349) 근본이 청정하면 곧 일체에 無着할 것이기에 능히 중생으로 하여금 諸慳着을 버리게 하는 것이다. 『계환해』(『卍속장경』17, p.798하)
350) '求我哀愍'이라 한 것은 가엾게 여겨줌을 받음으로 하여 佛事를 베풀어 짓게 되기 때문이다. 『계환해』(『卍속장경』17, p.798하)

2)入圓眞要 　㈏結答圓通　445

ⓓ應求
四者 我得佛心하고 **證於究竟**하야 **能以珍寶**로 **種種供養 十方如來**하며
　넷째는 제가 불심(佛心)을 얻고 구경을 증득하여 진귀한 보배 등을 가지가지로 시방의 여래에게 공양하며,

傍及法界의 **六道衆生**일새 **求妻得妻**하고 **求子得子**하고 **求三昧得三昧**하고 **求長壽得長壽**하야
　그 밖에 법계의 육도중생에 미치기까지 아내를 구하면 아내를 얻게 하고, 아들을 구하면 아들을 얻게 하고, 삼매를 구하면 삼매를 얻게 하고, 장수(長壽)를 구하면 장수를 얻게 하며,

如是乃至 求大涅槃하면 **得大涅槃**이니다
　이와같이 더 나아가 대열반(大涅槃)을 구하면 대열반을 얻게 하나이다.351)

㈏結答圓通
佛問圓通하시니 **我從耳門**의 **圓照三昧**로 **緣心自在**일새
　부처님께서 원통을 물으시니 저는 이문(耳門)을 원만히 관조(觀照)하는 삼매(三昧)로 인하여 반연하는 마음이 자유자재하게 되었기 때문에,

因入流相하야 **得三摩地**하고 **成就菩提**함이 **斯爲第一**이니다
　이러한 관조의 흐름에 드는 수행[入流相]을 통해 삼마지(三摩地)를 얻고 깨달음을 성취하는 것이 제일(第一)인가 합니다.352)

---

351) 佛心을 증했다는 것은 지혜가 만족한 것이요, 珍寶로 공양했다는 것은 복덕이 만족한 것이다. 福慧兩足이기에 餘波가 곁으로 미쳐서 저의 구하는 바로 하여금 세간과 출세간의 법에 願을 따르지 아니함이 없는 것이다. (앞의 책 p.708히)
352) 앞의 6권 초(p.396)에서 '於初聞中 入流亡所'라 하여 耳門으로 좇아 圓照를 얻었다고 했으니 圓照를 얻음으로 말미암아 隨緣應化하여 대자재를 얻은 것이요, 다시 또 漸證하여 空과 覺이 원만하고 寂滅을 증득하기에 이르나니 이는 流에 드는 수행으로 말

㈜結顯圓號

世尊 彼佛如來가 歎我善得 圓通法門하시고 於大會中에 授記我爲 觀世音 號인달하야

세존이시여! 부처님께서 제가 원통법문(圓通法門)을 잘 증득하였다고 찬탄하시고, 이 모임에서 저에게 '관세음(觀世音)'이라 수기(授記)하셨듯이

由我觀聽이 十方圓明일새 故觀音名이 遍十方界니이다

저는 '듣는 것을 돌이켜 관하는 것[觀聽]353)'이 시방에 원명(圓明)함으로 말미암아 관세음이란 이름이 시방세계에 두루 퍼지게 되었습니다."354)

③瑞應355)

爾時世尊 於師子座에 從其五體하야 同放寶光하사 遠灌十方 微塵如來와 及法王子 諸菩薩頂하신대

그 때 세존께서 사자좌(獅子座)에서 온몸으로 동시에 보광(寶光)을 내시어, 시방의 수많은 여래와 법왕자인 여러 보살의 이마 위에 비추셨다.

미암아 깨달음[菩提]을 성취하게 됨을 밝힌 것이다. 『계환해』(『卍속장경』17, p.798하)
353) 듣는 것을 돌이켜 관하는 것은, 귀로 듣는 것이 아니라 마음으로 듣는 것이니, 廻光返照이다.
354) 능히 듣는 것을 돌이켜 觀하기 때문에 그 결과로 관음이라 불리게 된 것이요, 참으로 시방에 洞然하기 때문에 또한 遍十方界라 부르는 것이다. 『계환해』(『卍속장경』17, p.799상)
355) 앞에서는 원통의 법을 설명하고, 여기에서는 원통의 상서로움을 나타내어 응한 것이다. 『계환해』(『卍속장경』17, p.799상)

2)入圓眞要 ③瑞應 447

彼諸如來도 亦於五體에 同放寶光하사 從微塵方하야 來灌佛頂하며 幷灌會中 諸大菩薩과 及阿羅漢하시니

  그리고 저 모든 여래 또한 온몸[五體]으로 동시에 보광(寶光)을 내시어, 티끌처럼 많은 곳을 거쳐 부처님의 정상에 비추셨으며, 아울러 이 모임의 여러 대보살과 아라한에까지 비추셨다.356)

林木池沼도 皆演法音하며 交光相羅하야 如寶絲網이어늘

  그러자 숲속의 나무와 웅덩이와 늪까지도 모두 법음(法音)을 연설하며, 광명이 교차되어 서로 펼쳐짐이 마치 보배의 실로 짠 그물과 같았다.357)

是諸大衆이 得未曾有하야 一切普獲 金剛三昧러니

  이에 대중들이 미증유(未曾有)를 경험하고 모두가 두루 금강삼매(金剛三昧)를 얻게 되었다.358)

卽時天雨 百寶蓮華호대 靑黃赤白이 間錯紛糅하야 十方虛空이 成七寶色하며 此娑婆界의 大地山河가 俱時不現하고

  그 때 하늘에서 백보연화(百寶蓮華)가 쏟아져서 청황적백(靑黃赤白)이 사이사이에 섞여 찬란하였으며, 시방의 허공이 칠보색(七寶色)으로 장엄되어 사바세계의 대지와 산하가 일제히 보이지 않고,

---

356) '서로서로 그 頂上에 대었다'는 것은 정수리는 원만하고 지극함의 표상이다. 다시 말해 제불의 성품을 증득한 것이 원만하고 지극하여 정수리와 같음을 타나낸 것이다. 이 모임 가운데 보살과 나한은 二十四聖의 무리이다. '佛光이 또한 그 이마에 대었다'는 것은 그 닦고 증득함이 평등하여 우렬이 없음을 확정한 것이다. (앞의 책 p.799상)
357) '숲속의 나무와 웅덩이와 늪까지도 모두 法音을 연설하며, 광명이 교차되어 서로 펼쳐진다'는 것은 원통이 눈앞에 드러나면 일체의 소리가 그대로 佛聲이며, 일체의 色이 그대로 悟入의 장소가 아님이 없고, 원통의 이치 아님이 없다는 것이다. (앞의 책 p.799상)
358) '대중들이 널리 金剛三昧를 얻었다'는 것은 이로 말미암아 다 능히 惑障을 파하고 원통을 깨달았기 때문이다. 『계환해』(『卍속장경』17, p.799하)

唯見十方 微塵國土가 合成一界하야 梵唄詠歌가 自然敷奏러라
　오직 시방의 수많은 국토가 합하여 하나의 세계를 이루어359) 범패와 노래가 자연스레 울려 퍼지는 것만 보였다.360)

④勅選三　㊀告勅文殊
於是如來가 告文殊師 利法王子하사대
　그때 여래께서 문수사리보살에게 말씀하셨다.

汝今觀此 二十五無學이 諸大菩薩 及阿羅漢하라
　"너는 이제 이십 오인(二十五人)의 수행을 완성한 무학(無學)과 여러 대보살들을 관찰하여 보아라.

各說最初 成道方便호대 皆言修習 眞實圓通이라하니 彼等修行은 實無優劣 前後差別어니와
　각기 최초의 성도했던 방법을 말하였는데, 모두가 진실한 원통을 수습(修習)하였다고 하였으니 그들의 수행은 정말 우열도 앞뒤의 차별도 없는 것이었다.

我今欲令 阿難開悟인댄 二十五行에 誰當其根고
　그러나 내가 지금 아난에게 깨달음을 얻게 하려고 하니, 이십오인(二十五人)의 수행 가운데 어느 것이 그 근기에 적당하겠으며,

---

359) '하늘에서 百寶가 쏟아지고 허공이 寶色으로 장엄되며, 대지가 山河에 숨고 세계가 塵利를 머금었다'는 것은 원통의 성을 증득하면 無作妙行이 자연스럽게 펼쳐지며, 보배롭고 밝아 허공같은 깨달음 자연스럽게 드러나고 有爲의 習漏가 응당 다시 생하지 아니하며, 가지가지 번뇌가 확연하여 다시 넘치지 아니할 것임을 나타낸 것이다. (앞의 책 p.799하)
360) '범패와 노래가 자연스레 울려퍼진다'는 것은 능히 법계(法界)로 하여금 영원히 衆苦를 여의고 항상 妙樂을 얻게 함을 말한 것이다. 성인이 말씀하신 원통법문의 그윽한 뜻과 오묘한 이로움의 자세함이 다 이와 같으므로 衆瑞로써 자세히 펴서 이에 응한 것이다. (앞의 책 p.799하)

兼我滅後에 此界衆生이 入菩薩乘하야 求無上道인댄 何方便門으로아 得易成就아

　아울러 내가 멸도한 다음 사바세계의 중생들이 보살의 수행(乘)에 들어가서 최상의 도(道)를 구하려고 하면 어떠한 방법의 문(門)이라야 쉽게 성취할 수 있겠느냐?"361)

㈢奉命選擇二　㈎緝綴
文殊師利 法王子가 奉佛慈旨하고 卽從座起하야 頂禮佛足하고 承佛威神하야 說偈對佛하사대

　그때 문수사리보살이 부처님의 자비하신 뜻을 받들어 곧 자리에서 일어나 부처님의 발에 이마를 대어 절하고 부처님의 위신력을 받들어 게송으로 부처님께 답하였다.

㈏正文二　㈎總敍四　㈀標本
覺海性澄圓하며 圓澄覺元妙어늘

　바다와 같은 각성(覺性)은 본래로 징원(澄圓)이며, 원징(圓澄)의 깨달음이 원래로 오묘하거늘,362)

㈁敍妄
元明照生所하고 所立照性亡이라

　원래 밝음[元明]이 일부러 비치어 대상[所]을 만들고, 대상이 세워지니 반조(返照)의 본성은 들어가 숨어버리네.363)

---

361) 근원에 돌아가 성품을 증득함에는 비록 차별이 없으나 방편에 의지하여 근기에 응하는 것은 스스로에게 難易가 있기 때문이다. 그러므로 반드시 문수의 대지혜로 선택함을 빌리는 것이다. 『계환해』(『卍속장경』17, p.800상)

362) '바다같은 깨달음의 성품은 본래 스스로 澄圓이라' 한 것은 圓體를 표한 것이요. '圓澄의 깨달음 만물에 오묘하다' 한 것은 圓用을 표한 것이다. 이는 누구나 본래로 원만하게 통달할 수 있다는 것이다. (앞의 책 p.800하)

363) 원래로 묘한 가운데 홀연히 妄明이 일어난 것이기에 元明이요, 妄에 비치는 바가 있어 그 대상이 생긴 것이니, 이른바 覺 그 자체는 밝은 것[所明]이 아니지만 明을 인하여 밝은 것이 세워지고, 밝은 것[所明]이 이미 세워지면 返照하는 성품은 숨게 되는 것이다. 『계환해』(『卍속장경』17, p.800하)

迷妄有虛空하고 依空立世界하며 想澄成國土하고 知覺乃衆生이니다

  어리석음으로 인하여 허공이 있게 되고, 허공을 의지하여 세계가 성립한다. 생각이 엉키어 국토가 이루어지고, 알음알이로 분별하니 중생이 됨이로다.

(ㄷ)融通364)

空生大覺中호미 如海一漚發거늘

  허공이 대각(大覺) 가운데에서 생겨나는데365) 이는 마치 바다에서 하나의 거품이 일어나는 것과 같습니다.

有漏微塵國이 皆從空所生이라 滅空本無어늘 況復諸三有잇가

  번뇌가 가득한 유루(有漏)의 모든 국토는, 이것이 다 허공을 의지하여 생겨나는 것이기에, 거품이 사라지면 허공 또한 본래 세울 수 없음이라366) 하물며 다시 가지가지 삼유(三有)367)가 어디에 있겠습

---

    *亡은 없다는 것이 아니라 들어가 숨었을 뿐이다. 성품의 참다움이 이미 숨었었기에 空과 覺이 마침내 나누어지고, 根身과 器世의 二界가 드디어 迷頑의 망상으로 인하여 성립되는 것이다. 그러므로 망상이 凝結하면 無情의 국토를 이루고 妄識이 知覺하면 有情의 중생이 이루어져서, 저 明澄하고 奧妙한 것이 마침내 圓을 얻지 못하고 通을 얻지 못하게 되는 것이다.『계환해』(『卍속장경』17, p.800하)

364) 앞의 내용에 이어서 맑고 원만한 본성에 미혹하면 根身과 器世가 이루어지고, 根身과 器世가 원융하면 澄圓에 돌아가게 됨을 밝힌 것이다.『계환해』(『卍속장경』17, p.800하)

365) 허공은 아뢰야식이고, 대각은 여래장이다.   *無邊虛空 覺所顯發 (원각경)

366) 大覺의 바다에는 본래 허공과 만유가 없거늘 미혹의 바람이 휘몰아침[飄鼓]으로 말미암아 부질없이 허망한 거품이 생겨서 諸有가 생긴 것이다. 미혹의 바람이 쉬면 허망한 거품 또한 소멸하여 의지했던 諸有을 마침내 얻을 수 없기 때문에, 空과 覺이 원융하여 원래로 오묘한 본성에로 돌아가게 되는 것이다.『계환해』(『卍속장경』17, p.800하)

367) '諸三有'는 여러 국토 가운데 欲과 色과 無色의 三有이다. (앞의 책 p.800하)
    *삼유란 欲有·色有·無色有로서 뜻은 삼계와 같다. (一)欲有에는 욕계천·인·수라·축생·아귀·지옥이 있어 각기 그 業因을 따라 몸과 마음의 고통을 받기 때문에 欲有라 한다. (二)色有에는 색계사선의 諸天이 여기에 해당된다. 여기에는 비록 물질적인 것[色]은 있어도 감관의 욕망을 떠난 청정의 세계이다. (三)無色有는 무색계의 四空諸天이 여기에 해당된다. 정신적인 세계로써 비록 색신의 장애는 벗어났으나 아직 지은

니까?

㈜料揀

歸元性無二나 方便有多門하고 聖性無不通하야 順逆皆方便이어니와 初心入三昧에는 遲速不同倫이니다

 근원으로 돌아가면 성품이 둘이 아니지만, 돌아가는 방법[方便]에는 여러 가지 문이 있고, 성스러운 성품에는 통하지 아니함이 없어, 따르고 거역함이 모두 방편이지만, 초심자가 삼매에 들어가는 데에는, 더디고 빠름이 같지 않습니다.368)

㈁別選五 ㈀揀六塵369)

色想結成塵하야 精了不能徹하니 如何不明徹으로 於是獲圓通리잇고

 색(色)이란, 망상이 맺히어 진(塵)을 이루었기에, 마음을 내어 정요(精了)하려 한다면 오히려 통할 수 없거늘, 어떻게 이처럼 명철(明徹)하지 못한 것으로 원통을 얻을 수 있겠습니까?370)

音聲雜語言이니 但伊名句味일새 一非含一切어늘 云何獲圓通리잇고

 음성(聲)은 언어가 모인 것이니 다만 이름과 구절과 의미 뿐이기에 한 마디 말이 일체를 포함할 수 없는데, 어떻게 원통을 얻을 수

바 業因을 따라 그 과보를 받는 고통이 있기 때문에 무색유라고 부른다. 『불광대사전』(대만 불광출판사 1988) p.548.
368) 이십오성의 한결같은 원통이 이른바 구경에는 둘이 아니지만 그러나 多門이 있는 것은 대저 성스러운 성품에 있어서는 逆順이 모두 통하기 때문에 헤아려 가릴 것이 없으나, 초심자에게는 遲速이 다르다는 것을 알아야하기 때문에 반드시 선택하게 한 것이다. 『계환해』(『卍속장경』17, p.801상)
369) 교진여와 대가섭 등이 각기 육진을 말미암아 원통을 깨달았으되, 여기에서 다 가린 것은 저들이 말하는 성인이 성품 그 자체에는 통하지 아니함이 없으나 여기에서 이른바 초심자는 저들 무리와 같지 않기 때문이요, 무릇 취하지 않는 것은, 모두 초심자에게 마땅하지 않기 때문이니, 뜻이 오직 耳根을 취함이 마땅하다는 것이다. 『계환해』(『卍속장경』17, p.801상)
370) '精了'라는 말은 '色을 만약 마음을 내어 일부러 정미롭게 알려 한다면 마침내 透徹할 수 없을 것이다'라는 뜻이다. 『정맥소』(『卍속장경』18, p.663상) 참조

있겠습니까?371)

香以合中知하고 **離則元無有**하야 **不恒其所覺**어늘 **云何獲圓通**리닛고
　향기(香)는 코와 합해야만 느낄 수 있고 코를 떠나서는 원래 있는 것이 아니어서 항상 깨닫는 것이 아닌데, 어떻게 원통을 얻을 수 있겠습니까?

味性非本然이라 **要以味時有**하고 **其覺不恒**一커늘 **云何獲圓通**리닛고
　맛(味)이라는 성품이 본래 있는 것이 아니어서 반드시 맛을 볼 때에만 있고, 그 느낌이 항상한 것이 아닌데, 어떻게 원통을 얻을 수 있겠습니까?

觸以所觸明하나니 **無所不明觸**하고 **合離性非定**이어늘 **云何獲圓通**리닛고
　감촉[觸]372)은 느낄 몸[所觸]으로 밝아집니다. 만약 몸이 없으면 감촉을 밝힐 수 없고, 합하고 여읨[合離]에 따라 성품이 일정치 않는데, 어떻게 원통을 얻을 수 있겠습니까?

法稱爲內塵니와 **憑塵必有所**하야 **能所非遍涉**어늘 **云何獲圓通**이리요
　법(法)을 내진(內塵)373)이라고도 하나 경계[塵]에 속한 것으로 반드시 처소가 있어서 능소(能所)에 널리 통하지 못하리니, 어떻게 원통을 얻을 수 있겠습니까?

---

371) 지금 여기에서 六塵을 가린 것은 色이 능히 想을 일으키고, 塵을 얽히게 하여 情性으로 하여금 사무치지 못하게 하고, 聲은 오직 句節과 의미에 국집하여 두루하지 못하게 하는 것이다. 『계환해』(『卍속장경』17, p.801상)
372) 觸(능촉)은 범어 sparśa 의 번역으로 根境識의 三者和合에 의해서 생기는 마음의 작용이다. 이를 能觸이라 한다면 所觸은 범어 sparṣṭavya 번역으로 身根에 의해서 감각될 수 있는 대상 자체를 가리킨다. 『佛光大辭典』(台灣 佛光出版社 1988) p.6802.
373) 法塵은 相이 아닌 것을 獨自的인 뜻으로 일부러 반연하여 안으로 意根에 숨은 것이니 內塵이라 칭한 것이다. 『계환해』(『卍속장경』17, p.801상)

(ㄴ)揀六根

見性雖洞然이나 **明前不明後**하야 **四維虧一半**어늘 **云何獲圓通**이리요

　견(見)의 성품이 비록 밝다고 하여도 앞만 밝고 뒤는 밝지 못하여 사유(四維)에서 하나 반이 모자라는데, 어떻게 원통을 얻을 수 있겠습니까?

鼻息出入通이나 **現前無交氣**라 **支離匪涉入**이어니 **云何獲圓通**이리요

　코(鼻)는 숨쉬는 것으로 출입(出入)에 통하기는 하나 교차하는 순간에는 그 기운이 없고 지리(支離)하여374) 섭입(涉入)하지 못하는데, 어떻게 원통을 얻을 수 있겠습니까?

舌非入無端이오 **因味生覺了**하니 **味亡了無有**어늘 **云何獲圓通**이리요

　혀(舌)는 맛을 볼 대상이 없이는 성립될 수 없고, 맛을 통해야만 느낌이 생깁니다. 이와같이 맛이 없으면 느낄 수도 없는데375) 어떻게 원통을 얻을 수 있겠습니까?

身與所觸同하야 **各非圓覺觀**이니 **涯量不冥會**어니 **云何獲圓通**이리요

　몸[身]은 소촉(所觸)과 같아서376) 원만한 각관(覺觀)이 아니기에 몸과 대상이 서로 떨어져 있을 때[涯量]377)에는 어두워 알지 못하리니378) 어떻게 원통을 얻을 수 있겠습니까?

---

374) 코의 작용이 중간의 교차점에서는 闕하게 되니 支離라고 말한 것이다. 『계환해』(『卍속장경』17, p.801하) ＊支離: 형체가 이리저리 흩어지고 완전하지 못한 것을 가리킨다.(支離滅裂)
375) 혀가 맛을 인하지 아니하고도 능히 분별할 수 있다면 無端이라 할 수 있을 것이다. 『계환해』(『卍속장경』17, p.801하)
376) 앞에서 觸은 所觸이 있어야 밝아진다고 했듯이, 이곳에서 말하는 몸도 소촉이 있어야 분별할 수 있으므로 서로 같다고 한 것이다.
377) 涯量은 변제(邊際)와 같은 것이다. 즉 身의 변세와 觸의 변세가 서로 널어서 있을 때를 가리킨다. 『정맥소』(『卍속장경』18, p.665상)
378) 몸[身]과 대상[所觸]이 각기 한계가 다름을 이루는 것은 무명으로 깨닫지 못하기 때문이다. 『계환해』(『卍속장경』17, p.801하)

知根雜亂思일새 湛了終無見이요 想念不可脫어늘 云何獲圓通이리요
　의지근(意知根)은 어지러운 생각이 모인 것이기에 묘담(妙湛)을 끝내 보지 못하는 것이요, 이처럼 상념(想念)에서 벗어나지 못하는데, 어떻게 원통을 얻을 수 있겠습니까?

(ㄷ)揀六識
識見雜三和하니 詰本稱非相이라 自體先無定어니 云何獲圓通이리요
　식(識)으로 본다는 것은 근경식(根境識)의 삼사화합(三事和合)으로 섞인 것이니 근본을 따져 보면 실상이 아니다[非相].379) 자체가 애당초 결정됨이 없는데, 어떻게 원통을 얻을 수 있겠습니까?

心聞洞十方은 生于大因力이라 初心不能入어늘 云何獲圓通이리요
　마음으로 듣는 것이 시방계에 통하는 것은 보살만행의 큰 인행(因行)의 힘으로 생긴 것이기에, 초심자로서는 쉽게 들어갈 수가 없거늘 어떻게 원통을 얻을 수 있겠습니까?380)

鼻想本權機니 只令攝心住라 住成心所住어니 云何獲圓通이리요
　코끝에 생각을 두게 한 것은 본래가 방편으로 다만 섭심(攝心)하여 마음을 머물게 하고자 함이니 머문다면 마음이 매인 것이 되는데, 어떻게 원통을 얻을 수 있겠습니까?381)

---

379) 삼사화합이란 根境識을 가리킨 말이다. 眼識은 三者和合을 말미암은 것이니 이를 궁구하면 본래 스스로 體가 없기 때문에 非相이라 한 것이다. 『계환해』(『卍속장경』17, p.802상)
380) 보현보살은 마음으로 듣기 때문에 능히 타방 沙界外事를 아는 것이니 이는 법계의 만행을 닦음으로 말미암아 大因이 생긴 것이기에, 初心이 능히 들어갈 수 없다고 한 것이다. 『계환해』(『卍속장경』17, p.802상)
381) 능엄 5권(pp.375-)에서 孫陀가 산란하였기 때문에 부처님은 그 마음을 攝住케 하려고 그로 하여금 코끝을 觀하게 하였다. 이는 다만 방편수행[權機]일 뿐 대개 그 眞心은 거기에 머물게 하여는 것이 아니었으니 머문다면 妄이기 때문이다. (앞의 책 p.802상)

說法弄音文이니 **開悟先成者**라 **名句非無漏**어니 **云何獲圓通**이리요

 법을 설하는 것은 말과 글로 희롱하는 것이니 알음알이[開悟]가 먼저 이루어짐이라 이러한 명구(名句)로는 무루(無漏)가 될 수 없거늘 어떻게 원통을 얻을 수 있겠습니까?382)

持犯但束身이니 **非身無所束**이라 **元非遍一切**어늘 **云何獲圓通**이리요

 계율을 지킴은 다만 몸을 단속하는 것이니 몸이 없으면 단속할 수도 없음이라, 원래가 일체에 두루하지 않거늘 어떻게 원통을 얻을 수 있겠습니까?383)

神通本宿因이니 **何關法分別**이며 **念緣非離物**어늘 **云何獲圓通**이리고

 신통은 본래 숙세(宿世)의 인연으로 얻은 것이니 법(法)을 분별하는 의식과 무슨 관계가 있겠으며, 망념(妄念)과 망연(妄緣)으로는 물에서 벗어날 수 없거늘(念緣非離物)384) 어떻게 원통을 얻을 수 있겠습니까?385)

㈃ 揀七大

若以地性觀하면 **堅礙非通達**이라 **有爲非聖性**어늘 **云何獲圓通**이리요

 만약 흙의 성품[地]을 관찰해 보면 단단하고 장애되어 통달함이 없고 유위(有爲)는 성스러운 성품이 아닌데, 어떻게 원통을 얻을 수 있겠습니까?386)

---

382) 부루나의 설법제일은 舌識을 말미암아 발한 것으로 알음알이[開悟]가 먼저 이루어지게 되는데, 초심자에게는 미땅히즉 않는 것이다. 『계환해』(『卍속장경』17, p.802상)
383) 우파리의 지계는 수행자로 하여금 범하지 못하게하여 다만 一身을 단속하고자 한 것 뿐이니 다 갖추지 못하고 두루하지 못한 것이다. 『계환해』(『卍속장경』17, p.802상)
384) 念緣非離物: 비록 의식을 말미암는다 해도 이 또한 緣塵이요 離塵의 보편한 법이 아니니 원통을 얻기 어려운 것이다. 『정맥소』(『卍속장경』18, p.667상)
385) 목련의 신통이 망념을 반연하는 의식인 것 같으나 그러나 이는 숙세의 훈습에 근본함이요 의식에 관련하지 아니하니 妄念이 있고 妄緣이 있어 원통이 될 수 없는 것이다. 『계환해』(『卍속장경』17, p.802상)
386) 지지보살의 땅을 고르고 메우는 것이 오히려 有爲에 涉獵되는 것이기에 실다운

若以水性觀하면 想念非眞實이라 如如非覺觀이어니 云何獲圓通이리요

 만약 물의 성품[水]을 관찰해 보면 분별[想念]387)은 진실이 아니고, 참다운 여여(如如)는 분별[覺觀]이 아닌데, 어떻게 원통을 얻을 수 있겠습니까?388)

若以火性觀하면 厭有非眞離라 非初心方便이어니 云何獲圓通이리요

 만약 불의 성품[火]을 관찰해 보면 유(有)를 싫어하는 것은 참으로 여읜 것이 아니요, 초심자에게 맞는 방편이 아니거늘 어떻게 원통을 얻을 수 있겠습니까?389)

若以風性觀하면 動寂非無對이니 對非無上覺이늘 云何獲圓通이리요

 만약 바람의 성품[風]을 관찰해 보면 움직임과 고요함으로 상대[對]가 끊어지지 아니했으며, 상대가 있음은 최상의 깨달음이 아닌데, 어떻게 원통을 얻을 수 있겠습니까?390)

若以空性觀하면 昏鈍先非覺이라 無覺異菩提어니 云何獲圓通이리요

 만약 허공의 성품[空]을 관찰해 보면 혼둔(昏鈍)은 애당초 깨달음이 아니요, 깨달음이 없는 것은 보리(菩提)의 길과 다르거늘 어떻게

聖性이 되지 못한 것이다. 『계환해』(『卍속장경』17, p.802하)
387) 계환스님은 능엄 제9권초(p.633)에서 想念에 대해 설명하기를 "想念이란 그 가운데 거친 것이 尋이요 미세한 것이 伺이다. 初禪에 二天은 이를 겸했고, 大梵天은 尋은 없고 오직 伺 뿐이다. 二禪은 尋伺가 없고 喜樂만 있다. 三禪은 喜樂을 여의었으나 出入識이 있다"고 했는데, 尋伺란 거칠고 미세한 모든 분별심이라는 뜻으로 범어 vitarka(尋)와 vicara(伺)의 신역이다. 구역에서는 覺觀이라 번역했다.
388) 月光의 水觀도 아직 想念을 여의지 못했기에 如如에 계합하기 어려웠던 것이다. 대개 如如한 이치는 覺觀(분별)의 法이 아니기 때문이다. 『계환해』(『卍속장경』17, p.802하)
389) 烏芻瑟摩는 欲火의 법문을 듣고 厭離의 마음이 생겼으니, 이는 三有를 싫어한 것이다. (앞의 책 p.802하)
390) 瑠璃光은 바람의 움직이는 성품이 고요함으로 더불어 상대가 됨을 관찰한 것이니 만약 對가 있으면 覺이 아니기 때문이다. 『계환해』(『卍속장경』17, p.802하)

원통을 얻을 수 있겠습니까?391)

若以識性觀하면 **觀識非常住**라 **存心乃虛妄**이니 **云何獲圓通**이리요
만약 인식하는 성품[識]을 관찰해 보면 관찰하려 해도 식(識)은 항상 머무는 것이 아니어서 마음을 붙들어 둔다는 것이 이처럼 허망한 것인데, 어떻게 원통을 얻을 수 있겠습니까?392)

諸行是無常이니 **念性元生滅**이라 **因果今殊感**어늘 **云何獲圓通**이릿고
제행(諸行)이 무상하고 염성도 원래 생멸이라, 수행의 인(因)과 증득의 과(果)가 지금 다르게 감득(感得)되리니, 어떻게 원통을 얻을 수 있겠습니까?393)

㈅選耳根七   ㉠叙已見
我今白世尊하오니 **佛出娑婆界**하야 **此方眞敎體**는 **淸淨在音聞**이니
제가 지금 세존께 아뢰옵니다. 부처님께서 이곳 사바세계에 오시어 여기에서 설하신 진실한 가르침의 실체는 청정하게 소리를 듣는 데 있습니다.394)

---

391) 晦昧하여 허공이 된 것이기에 昏鈍이라 한 것이다. (앞의 책 p.802하)
392) 彌勒은 唯識觀을 닦았으나 觀한 바 識이 念念에 생멸하니 마음을 두어 이를 觀한다면 이미 妄이거늘 하물며 어떻게 원통을 얻겠는가? (앞의 책 p.802하)
393) 대세지보살은 염불행을 닦았으나 念性은 곧 생멸법으로 生滅의 因을 의지하여 常住의 果를 구하려하니 이는 감응의 결과가 다를 수 밖에 없는 것이다. (앞의 책 p.802하)
394) 성인이 가르침을 시설한 것이 곳에 따라 같지 아니했다. 혹은 어떤 佛土에서는 佛光明으로 불사를 짓기도 하고, 혹 어떤 불토에서는 佛菩提樹로써 불사를 짓기도 하고, 더 나아가 혹은 동산 수풀 누각으로 하기도 하고, 혹은 허공으로, 혹은 고요하여 아무런 설명이나 보이시는 것이 없기도 하며, 저 香積佛國처럼 문자나 설명이 없고 다만 모든 香으로 많은 天人으로 하여금 律行에 들게 하기도 했다. 그러나 이곳 사바세계의 敎體는 소리이기에 반드시 소리로써 불사를 짓게 되는 것이다. 『계환해』(『卍속장경』17, p.802하)

欲取三摩提인댄 實以聞中入이니다

그러므로 만약 삼마제를 닦아 얻으려 한다면 이문(耳聞)의 수행으로 들어가는 것이 좋겠습니다.395)

ⓛ歎觀音396)

離苦得解脫하니 良哉觀世音이여

고통에서 벗어나 해탈을 얻게 하니 훌륭합니다 관세음이여!397)

於恒沙劫中에 入微塵佛國하야 得大自在力하고 無畏施衆生하여

항사겁(恒沙劫)을 통하여 미진국(微塵國)에 들어가398) 대자재력(大自在力)을 얻고, 무외(無畏)를 베풀어399)

妙音觀世音과 梵音海潮音으로 救世悉安寧하여 出世獲常住니이다

묘음(妙音)과 관세음(觀世音)과 범음(梵音)과 해조음(海潮音)으로 세상을 구제하여 다 편안케 하며 세상을 벗어나 상주(常住)를 얻게 하나이다.400)

---

395) '삼마제를 취하고자 하면 반드시 耳門을 통해 들어가야 한다'는 것은 각기 機緣을 따르기 때문이다. 대개 저 여러 불토의 수행이 예리한 지혜 아님이 없기 때문에 機緣에 묵묵히 계합하여 말이나 형상에서 벗어나게 되는 것이다. 그러나 이곳 사바세계의 중생들이 근본에 迷하고 소리를 좇아 어두운 미혹의 장애가 무겁기 때문에 반드시 聞熏聞修하여 이것으로 塵을 소멸하고 장애를 제거한 후에 들어가야 되는 것이다. 그러니 耳門으로 들어간다는 것은 다만 그 門을 사용하는 것 뿐이니, 반드시 그 聞을 버리고 다시 反聞한 연후라야 구경에 이르게 되는 것이다. 대저 聞을 버리고, 反聞에 이르렀다면 佛光明과 菩提樹와 더 나아가 고요한 無說時處에 다 가히 들어갈 수 있는 것이니, 육조와 달마 등이 진정 이것으로 佛事를 삼았던 것이다. (앞의 책 p.802하)

396) 歎觀音: 문수보살이 이근원통에 대해서 설명하면서 관음을 찬탄한 것이다.
397) 처음 구절은 세상의 말과 소리를 관하여 苦를 벗기고 樂 주는 것을 총체적으로 찬탄한 것이다. (계환해 卍속장경17, p.803상) *두 구절을 하나의 聯이라 한다. (柱聯)
398) '於沙劫에入塵國'이라 한 것은 三十二應을 찬탄한 것이다. (앞의 책 p.803상)
399) '得自在 施無畏'는 四不思議와 十四無畏를 찬탄한 것이다. (앞의 책 p.803상)
400) '妙音觀音'이라 한 것은 德을 따라 찬탄한 것이요, '梵音潮音'은 이름을 따라 찬탄한 것이다. 法을 설하되 걸림이 없는 것이 妙音이요, 응하되 때를 잃지 아니함이 潮音

ⓒ明眞選三401)　Ⓐ圓眞

我今啓如來하노니 如觀音所説하야 譬如人靜居에 十方俱擊鼓어든 十處一時聞하나니 此則圓眞實이니다

　제가 이제 부처님께 아뢰옵니다. 관음도 설명했지만, 이는 마치 사람들이 조용히 쉬고 있을 때에 시방에서 한꺼번에 북을 치면 열 곳의 소리를 일시에 듣는 것과 같은 것이니 이것이 원진실(圓眞實)입니다.402)

Ⓑ通眞

目非觀障外하고 口鼻亦復然하며 身以合方知하고 心念紛無緒어니와

　눈은 담장 밖의 것을 보지 못하고, 입과 코도 다시 그러하며, 몸은 접촉하는 대상과 합해야 앎이 생기고, 마음과 생각은 분잡하여 단서가 없는 것이지만,

隔垣聽音響하고 遐邇俱可聞하여 五根所不齊하니 是則通眞實이니다

　이근(耳根)은 담장에 막혀도 음향을 듣고, 멀거나 가깝거나 모두 들을 수 있어 앞의 오근(五根)과는 같지 아니하니, 이것이 통진실(通眞實)입니다.403)

　　이다. (앞의 책 p.803상) 마지막 구절은 衆德을 총괄하여 결론지은 것이니 세간의 고통을 구제하고 출세간의 樂을 준다는 것이다. (앞의 책 p.803상)

401) 圓眞實: 치우치지 않는 것이 圓이니, 시방의 소리를 일시에 다 듣기 때문이요.
　　通眞實: 막힘이 없는 것이 通이니 원근에 무관하기 때문이요.
　　常眞實: 끊어짐이 없는 것이 常이니 소리의 유무에 무관하기 때문이다.

402) 관음의 설한 바는 耳門圓照로부터 시작하여 참다운 원통 등의 일을 얻는 것이니 지금 그 圓照의 眞體를 노래한 것이다.『계환해』(『卍속장경』17, p.803상)

403) 처음에는 眼鼻舌身意가 참다운 원통이 아니라고 배척하고, '담장에 막혀도 음향은 듣고' 이하는 오직 이근원통 만을 취하여 진실이라 찬탄한 것이다.『계환해』(『卍속장경』17, p.803하)

ⓒ常眞404)

音聲性動靜하야 聞中爲有無이라 無聲號無聞이나

  소리의 성품은 움직이기도 하고 고요하기도 해서 듣는 가운데 있기도 하고 없기도 합니다. 소리가 없을 때 들음도 없다고 말하나405)

非實聞無性이니다 聲無旣無滅이며 聲有亦非生이니 生滅二圓離일새 是則常眞實이니다

  참으로 듣는 성품은 없는 것이 아니요, 소리가 없더라도 그 성품은 없어진 것이 아니며, 소리가 있어도 생긴 것이 아닙니다. 이와같이 생멸의 두 가지를 다 여의었으니, 이것이 곧 상진실(常眞實)입니다.

縱令在夢想하여 不爲不思無이며 覺觀出思惟하니 身心不能及이니다

  비록 꿈속에서 사유하지 않더라도 들음이 없지 않듯이, 이근(耳根)의 원만한 각관(覺觀)은 사유에서 벗어났으니 몸이나 마음으로는 능히 미칠 수가 없습니다.406)

ⓔ明契機

今此娑婆國은 聲論得宣明이어늘 衆生迷本聞하고 循聲故流轉이니다

  지금 이 사바세계는 소리와 언어라야 밝힐 수 있는데, 중생들이 본래의 듣는 성품을 미혹하여 소리만 따라가기 때문에 한없이 윤회[流轉]하게 됩니다.

---

404) 동정과 유무가 다 聲塵에 속하거니와, 耳根은 모든 차별을 원만히 여의어서 생멸을 따르지 아니하니 이것이 常性의 참다움이다. (앞의 책 p.803하)
405) '無聲號無聞'이라 한 것은 아난의 聞鐘事를 가리킨 것이다. (앞의 책 p.803하)
406) 常性을 찬탄하여 드러낸 것이다. 五根은 다 意思를 의지하기 때문에 有無가 항상하지 아니하거니와, 오직 耳根은 설사 꿈속이라도 능히 두드리는 소리를 들을 수 있으니 이는 생각하지 아니하여도 없는 것이 아니다. 원만한 覺觀은 사유에서 벗어나게 하는 것이니 나머지 五根보다 수승하다는 것이다. 『계환해』(『卍속장경』17, p.803하)

2)入圓眞要 ③瑞應 461

阿難 縱强記나 不免落邪思니 豈非隨所淪이리요 旋流獲無妄이니다

아난이 비록 많이 기억했다 하나 사악한 생각에 떨어짐을 면치 못했으니 어찌 소리에 빠진[淪溺] 것이 아니리요, 그러나 흐름만 돌이키면 허망이 본래 없음을 깨닫게 될 것입니다.407)

㈐宣告阿難七 Ⓐ令諦聽
阿難 汝諦聽하라 我承佛威力하야 宣說金剛王의 如幻不思議한 佛母眞三昧호리라

아난이여! 그대는 자세히 들으라. 내가 이제 부처님의 위신력을 받들어 마치 금강왕(金剛王)의 환(幻)과 같고 불가사의한 부처님의 모체(母體)인 진실한 삼매를 말하려고 하노라.408)

Ⓑ令反聞
汝聞微塵佛 一切秘密門이나 欲漏不先除하고 畜聞成過誤니라 將聞持佛佛하나니 何不自聞聞고

그대가 비록 모든 부처님의 가지가지 비밀법문(秘密法門)을 들었다고 하나 먼저 애욕의 번뇌를 제거하지 못하고, 듣는 것만 쌓아 과오를 이루었도다! 들음을 통해 불성[佛佛] 지녔으면서도 어찌하여 스스로 듣는 성품은 듣지 못하는가[聞聞]?409)

---

407) '소리와 언어' 이하는 소리와 말을 의지하여 본래의 듣는 자성을 밝혀 이로써 깨닫게 한다는 것이다. 『계환해』(『卍속장경』17, p.804상)
  *근본에 迷하여 소리를 쫓아 허망하게 淪替함을 취하는 것이 마치 아난과 같다는 것은 한갓 强記만 일삼아서 그릇 사특한 생각에 떨어짐이 어찌 소리를 쫓는 허물이 아니겠는가? 그러나 그로 하여금 능히 전도를 돌이켜 反聞하게 하면 곧 妄淪이 없을 것이니 사바세계의 배우는 者들이 다분히 한갓 强記만 일삼아 잘못된 무리의 허망함에 떨어져 근본으로 돌이킬 줄을 알지 못하기 때문에 아난을 의탁하여 이를 경계한 것이다. (앞의 책 p.804상)
408) 금강의 幻과 같은 삼매라고 한 것은 관음여래가 가르쳐 준 바 如幻 聞熏聞修 金剛三昧를 가리킨 것이요, 삼세세불이 나 이로부터 나왔기 때문에 佛母라고 이름한 것이다. 『계환해』(『卍속장경』17, p.804상)
409) '佛佛'은 부처님의 불성을 지닌다는 말이고, '聞聞'은 나의 聞性을 돌이켜 듣는다는 말이다. 아난이 제불의 秘藏을 호지했으되, 헛되이 다문만 쌓아, 능히 反悟하지 못하기

ⓒ令脫塵

聞非自然生이요 因聲有名字니 旋聞與聲脫하면 能脫欲誰名가 一根旣返源
하면 六根成解脫하리라

　듣는 것이 저절로 생긴 것이 아니라, 소리로 인하여 그 이름이
있게 되었으니 그 듣는 것을 돌이켜 소리에서 벗어나면 이미 해탈
이니, 이것을 다시 무엇이라 이름하리요! 하나의 감각기관이 이미
근원으로 돌아가면 여섯의 감각기관[六根] 또한 해탈을 이루게 되
리라.410)

ⓓ獲淨覺

見聞如幻翳이요 三界若空華라 聞復翳根除하면 塵銷覺圓淨하리라

　보고 듣는 것은 허환[幻]의 티끌이요, 삼계 또한 허공의 꽃이다.
듣는 성품을 회복하여 눈에 가림이 제거되면 허망한 티끌은 저절로
없어지고, 깨달음이 원만하고 청정할 것이다.411)

ⓔ示解脫相三　ⓐ法

淨極光通達하고 寂照含虛空이니 却來觀世間컨대 猶如夢中事로다 摩登伽在
夢이어니 誰能留汝形이리요

　맑음이 지극하면 광명이 사무치고, 고요하게 비추면 허공을 삼키
리니 돌아와 세간을 관찰함에 마치 꿈속의 일이다. 마등가의 일도

　때문에 부질없이 부처님의 불성만 지니고, 스스로 聞性을 돌이켜 듣지 못함을 책망한
　것이다. 그러니 뜻이 저로 하여금 문사수로 좇아서 삼마지에 들어 힘써 자성을 返聞하
　게 하는데 있는 것이다. 『계환해』(『卍속장경』17, p.804상)

410) 듣는 것은 耳根이요 소리는 耳境이니 根이 境을 인하여 있는 것이다. 모두가 다
　妄塵이기 때문에 응당 돌이켜 벗어나서 벗어났다 할 것도 없어야만 이것이 眞源에 돌
　아간 것이다. 하나의 근원이 眞으로 돌아가면 여섯의 妄에서도 다 벗어나게 되는 것이
　다. 『계환해』(『卍속장경』17, p.804하)
411) 보고 듣는 것이 幻翳라 한 것은 모두 妄根을 가리킨 것이요, 삼계가 空花라한 것
　은 모두 妄境을 가리킨 것이다. 모두가 妄이기 때문에 聞을 회복하여 幻翳가 제거되면
　塵이 소멸하고 覺이 청정하리니 그러므로 하나를 근원에 돌이키면 여섯도 해탈하게
　된다고 한 것이다. 『계환해』(『卍속장경』17, p.804하)

오히려 꿈속의 일이거늘, 누가 그대의 몸을 허망에 머물게 하겠는가?412)

ⓑ喩
如世巧幻師가 **幻作諸男女**하야 **雖見諸根動**이나 **要以一機抽**니 **機歸寂然**하면 **諸幻成無性**인달하야

　마치 세상의 교묘한 환술사가 환술로 여러 남녀를 만들어 놓은 것과 같아서 비록 여러 감각기관[諸根]의 움직임이 있지만 핵심은 하나의 고동을 잡는데 있으니 고동을 잡아 고요한 곳으로 돌아가면 모든 허망한 것은 성품이 없어 저절로 사라질 것이다.413)

ⓒ合
六根亦如是하야 **元依一精明**하야 **分成六和合**이니 **一處成休復**하면 **六用皆不成**이라 **塵垢應念消**하야 **成圓明淨妙**하리니 **餘塵尙諸學**이오 **明極卽如來**니라

　육근 또한 이와 같아서 원래는 하나의 정명(精明)한 것에서 이것이 나뉘어 여섯가지 화합을 이루었으니 하나가 회복되면 여섯가지 작용이 다 이루어지지 않더라도 티끌과 때가 곧 바로 소멸하여 원명정묘(圓明淨妙)한 성품을 이루게 될 것이니414) 티끌이 남은 사람은 아직도 더 배워야겠지만 밝음이 지극하면 그대로 여래이니라.415)

---

412) '맑음이 지극하면 광명이 사무치고, 고요하게 반조하면 십허를 다 함섭하게 된다'라 한 것은 根解脫을 뜻하고, '돌아와 세간을 관하건대 夢事와 같다'한 것은 境解脫을 뜻한다. 그러니 마등가의 일도 다 꿈속의 일이라서 마침내 얻을 수 없는 일이거늘 누가 능히 너를 머물게하여 너로 하야금 해탈하지 못하게 하겠는가? 하는 뜻이다. (앞의 책 p.804하)
413) 환술을 잘하는 사람은 妄性에 비유한 것이요, 하나의 고동은 妄識에 비유했다. 根이 識을 말미암아 동하기 때문에 그 근본[機]을 쉬어 寂然에 돌아가면 諸幻이 그대로 성품을 이루어 각기 해탈이 되리라.『계환해』(『卍속장경』17, p.804하)
414) '一精明'은 識精元明이다. 육근이 이로 인하여 塵과 화합하니 幻으로 諸妄을 짓기 때문에 一處가 休復하면 六用을 다 이루지 아니하여도 想塵과 識垢가 비로 銷亡하여 妙圓通을 얻게 되는 것이다. (앞의 책 p.805상)
415) 細惑이 아직 다하지 못한 것을 餘塵이라 하고, 나누어 證하여 아직 가득하지 못한 것이 諸學이니 미혹이 맑아져 밝음이 지극하면 그대로 여래이니라. (앞의 책 p.805상)

ⓕ結益

大衆及阿難이여 **旋汝倒聞機**하라 **反聞聞自性**하면 **性成無上道**하리니 **圓通實如是**니라

대중이여! 아난이여! 그대들의 전도된 들음[聞機]을 도리켜, 듣는 성품을 듣는다면, 그 성품은 바로 최상의 도(道)를 이루게 될 것이니416) 원통의 진실이 이와같은 것이다.417)

ⓖ策進

此是微塵佛의 **一路涅槃門**이라 **過去諸如來**도 **斯門已成就**시며 **現在諸菩薩**도 **今各入圓明**하며 **未來修學人**도 **當依如是法**이며 **我亦從中證**이라 **非唯觀世音**이니라

이것이 수많은 부처님들의 한결같은 열반의 문에 이르는 길이어서 과거의 모든 여래도 이 문으로 이미 성취하셨고, 현재의 모든 보살도 지금 각기 원만하게 밝은 이 문으로 들어가며, 미래의 수행하는 사람도 응당 이러한 법문을 의지할 것이며, 나도 그 가운데에서 증득했으니 오직 관세음의 혼자만이 아니다."418)

ⓗ印定所選

誠如佛世尊이 **詢我諸方便**하야 **以救諸末劫**에 **求出世間人**하야 **成就涅槃心**인댄 **觀世音爲最**요 **自餘諸方便**은 **皆是佛威神**으로 **卽事捨塵勞**언정 **非是長修學**할 **淺深同說法**이니다

그렇습니다. 부처님께서 저에게 여러 방편을 물으신 것은 앞으로 미래의 겁(劫)에 출세간의 도(道)를 구하려는 사람을 구제하고 열반

---

416) '성품이 최상의 道를 이루었다'는 것은 이른바 一切心에 性이라는 것이다.『계환해』(『卍속장경』17, p.805상)
417) 倒妄을 돌이켜서 자성을 反聞하면 반드시 이 성품을 바탕으로 최상의 道를 이루리니 이것이 원통법문의 實效라는 것이다. (앞의 책 p.805상)
418) 열반에 이르는 門이란 생사에서 벗어나고 眞常을 증득하는 중요한 길이다. 그러기에 삼세에 있어 果位에 이른 사람이라면 누구나 이를 경유하지 아니함이 없기 때문에 未來學人도 응당 이 법을 의지하게 되는 것이다. (앞의 책 p.805상)

의 묘심을 성취케 하는데에는 관세음이 최상이요, 그 나머지 다른 방편은 모두가 부처님의 위신력으로419) 사정에 따라서 번뇌[塵勞]를 버리게 했을지언정 시종 이를 영원히 수학(修學)하게 하거나 깊고 얕은 모든 근기에 한결같이 설하신 법은 아닙니다.420)

㈧結讚勸學
頂禮如來藏의 **無漏不思議**하노니 **願加被未來**하사 **於此門無惑**케 하소서

번뇌가 없어 불가사의한 여래장에게 머리를 대어 절하옵니다. 부디 미래의 중생들에게 가피를 내리시어 이 수행의 문에 의혹이 없게 하소서!

方便易成就하야 **堪以教阿難及 末劫沈淪**이라 **但以此根修**하면 **圓通超餘者**하리니 **眞實心如是**니이다

이 문(門)의 방편이 성취가 쉬운 것이기에 감히 아난과 미래의 중생들에게 가리칠만 하오니, 오직 이 이근(耳根)으로 수행하면 원통을 얻는 것이 다른 것보다 뛰어나리니 진실한 마음에서 이와같이 권하옵니다.421)

---

419) 아나율과 같이 失明하고도 오히려 見을 돌이켜서 근원에 돌아간 것과 필능가바차처럼 가시에 찔리고 오히려 覺을 청정하게 하여 몸을 버린 것과 오추슬마처럼 애욕을 싫어하여 깨달음에 오른 것과 지지보살처럼 부처님을 기다림으로 인하여 妄塵을 소진한 것 등은 모두 부처임의 위신력으로 자기 사정에 따라 道를 이루게 한 例이다. 『계환해』(『卍속장경』17, p.805하)
420) 불생불멸의 涅槃妙心을 성취하고자 하면 오직 耳根이 최상이요, 나머지는 부처님의 威神力과 加被로써 수행자로 하여금 자기의 사정에 따라 塵勞를 버리게 한 것이니, 처음부터 끝까지 수행하게 하거나 누구에게나 한결같이 설할 수 있는 法은 아니다. 始終 길이 닦을 수 있고, 深淺에 한결같이 설하려고 한다면 관음법문 만한 것이 없다. 『계환해』(『卍속장경』17, p.805하)
421) 결론으로 聞薰聞修의 금강삼매가 진정 여래장의 무루법문임을 찬탄하여 미래의 중생들에게 이를 의지하여 修證한다면 可히 다른 삼매를 초월하게 될 것임을 勸한 것이니 진실한 心要가 이와 같을 뿐이다. 『계환해』(『卍속장경』17, p.805하)

㈢時衆獲益422)

於是阿難 及諸大衆이 身心了然 得大開示하고 觀佛菩提 及大涅槃하니 猶如有人이 因事遠遊라가 未得歸還이나 明了其家 所歸道路하며

그 때 아난과 모든 대중들이 몸과 마음이 밝아져서 크게 깨우침을 얻고, 부처님의 깨달음과 대열반(大涅槃)을 관찰하는 것이 마치 어떤 사람이 볼일이 있어 멀리 나갔다가 미처 돌아오지는 못했으나 그 집으로 돌아가는 길을 환히 알고 있는 것과 같았다.423)

普會大衆이 天龍八部 有學二乘과 及諸一切新 發心菩薩이 其數凡有十恒河沙하니 皆得本心 遠離塵垢하고 獲法眼淨하니

그리고 모임 가운데 천용팔부(天龍八部)와 유학이승(有學二乘)과 새로 발심한 보살들이 그 수효가 무릇 십항하사(十恒河沙)이었으나 모두 본심을 깨달아 번뇌를 멀리 여의고, 법안정(法眼淨)424)이 되었으니,

性比丘尼는 聞說偈己 成阿羅漢하고 無量衆生도 皆發無等等한 阿耨多羅三藐三菩提心하니라

성비구니[摩登伽]는 이 게송을 듣고 아라한이 되고425) 수많은 중생들도 모두 비할 수 없는426) 아뇩다라삼먁삼보리의 마음을 발하게

---

422) 원통의 妙門을 언하에 頓開하니 諸佛正果를 이로 말미암아 바라볼 수 있기 때문에 佛菩提와 대열반을 觀하게 되었다고 한 것이다. 『계환해』(『卍속장경』17, p.806상)
423) '身心了然'이라 한 것은 다만 조금 進趣가 있었다는 말이다. 그러므로 '遠遊未歸 明了道路'에 비유하였다. (앞의 책 p.806상)
424) '널리 모임에 하늘과 사람들이 다 본심을 얻고, 더 나아가 법안정을 얻었다'고 한 것은 본래의 聞性을 깨달아서 塵을 소멸하고 明으로 돌이키기 때문이다. (앞의 p.806상)   *法眼淨: 진리를 깨달아 청정한 법의 눈이 된 것이다.
425) '性比丘尼 成阿羅漢'이라 한 것은 妙性에 원통하여 諸漏를 영원히 다했다는 것이다. 『계환해』(『卍속장경』17, p.806상)
426) '無等等'이라 한 것은 어떤 물(物)하고도 같을 수 없으면서도 물로 더불어 같을 수 있는 것이니 이는 妙圓通을 얻어 위로 동화하고 아래로 화합하는 덕[上同下合之德]을 말한 것이다. 『계환해』(『卍속장경』17, p.806상) 참조

되었다.

3.攝持軌則二 1)阿難請問

阿難整衣服하고 **望大衆中**에 **合掌頂禮**하고 **心跡圓明**하고 **悲欣交集**하야 **欲益未來諸衆生故**로 **稽首白佛**호대

 그 때 아난이 의복을 정돈하고 대중 가운데에서 합장하고 절을 하였다. 마음이 뚜렷이 밝아져서[心跡圓明]427) 슬픔과 기쁨이 북받히는데, 이제 미래의 많은 중생을 위하여 머리를 조아려 부처님께 사뢰었다.

大悲世尊이시여 **我今已悟成佛法門**하야 **是中修行得無疑惑**어니와 **常聞如來說如是言**하사대 **自未得度**코 **先度人者**는 **菩薩發心**이요 **自覺已圓**코 **能覺他者**는 **如來應世**이니다

 "크게 자비하신 세존이시여! 저는 지금 이미 성불의 법문을 깨달아 이 가운데에서 수행함에 의혹이 없게 되었으나 제가 듣기로 항상 부처님께서는 '스스로 아직 제도되지 못하였으나 먼저 남을 제도하는 것은 보살의 발심이요428) 스스로 깨달음이 이미 원만하게 되어 다른 이를 깨닫게 하는 것은 여래가 세상에 응하시는 것이다'

---

 *'무량중생이 다 보리심을 발했다'는 것은 이 도를 들음으로 인하여 修證하기를 希慕願樂한다는 것이다. 『계환해』(『卍속장경』17, p.806상)

427) '心迹圓明'이라 한 것은 앞에서 根結을 풀어 器界를 초월한 자취가 원명하다는 것이다. 이는 원통을 깨달아 塵이 사라지고 覺이 청정하여 마음이 원명한 것이다. 여기에 옛날에 미혹했던 것을 슬퍼하고, 지금의 깨달음을 기뻐한 것은 앞으로 이 법으로 세상에 응하여 중생을 제도하려고 한 것이다. 그러나 다만 말세에 어려움이 많아서 邪魔가 妄作하니 쉽게 覺心에서 퇴보하고 正定에 들기 어려움을 염려한 까닭에 攝心으로 魔를 멀리하고 도량에 安立하는 淸淨軌則을 청한 것이다. 『계환해』(『卍속장경』17, p.806하)   *운허스님은 心迹圓明을 마음과 자취라고 하였다. 이때 마음은 본심에 합하는 마음이고, 자취는 道眼을 말한 것이다.

428) 보살의 진정한 발심이 이루어지려면 문사수의 수행이 있어야 하나니, 聞은 下心 속에서 널리 배우는 것이고, 思는 소욕지족으로 지관을 닦는 것이니 부정관 實性觀 자비관 서원관 등이요 修는 만행을 통해 고통받는 중생과 만나는 것이다.

고 말씀하셨습니다.

我雖未度나 **願度末劫 一切衆生**이니다

제가 비록 아직 제도되지는 못하였으나 말세의 여러 중생들을 제도 하려고 합니다.429)

世尊 此諸衆生이 **去佛漸遠**에 **邪師說法**이 **如恒河沙**거늘 **欲攝其心 入三摩地**인댄 **云何令其 安立道場**하야사 **遠諸魔事**하고 **於菩提心 得無退屈**이리잇고

세존이시여! 이 모든 중생들은 부처님과의 거리가 점점 멀어짐에 사악한 외도의 설이 항하의 모래 수와 같습니다. 말세의 중생들이 마음을 바로잡아 삼마지에 들어가려면 어떠한 방법으로 도량을 세워야[安立道場] 모든 마구니의 일을 멀리하고 보리심(菩提心)에서 물러나지 않겠습니까?"

2)佛慈開示二 (1)讚許
爾時世尊 於大衆中에 **稱讚阿難**하사대

그때 세존께서 저 대중 가운데 아난을 칭찬하며 말씀하셨다.

善哉善哉 如汝所問하야 **安立道場**하야 **救護衆生**의 **末劫沈溺**인댄 **汝今諦聽**하라 **當爲汝說**호리라 **阿難大衆**이 **唯然奉敎**이러라

"훌륭하고 훌륭하다! 네가 묻는 것과 같이 도량을 세워 말세중생의 미혹에 빠져[沈溺]있음을 구호하려면 너는 지금 자세히 들어라.

---

429) 여기에서 아난이 비록 증과인 地上에 완전히 이르지는 못했으나 이미 십신의 믿음을 성취하고, 因으로써 색계의 수행을 쌓고 있기 때문에 이러한 큰 서원을 발하게 된 것이다.
  *문(問): 어떻게 제도되지 못한 사람이 중생을 제도할 수 있는가? 답(答) 중생이 본래 부처이기 때문이다. 아난은 이를 믿기 때문에 이러한 말을 할 수 있는 것이다. 만약 먼저 깨닫고 나중에 중생을 제도하겠다는 생각을 낸다면 이는 생멸심이니 끝내 스스로도 제도될 수 없는 것이다.

마땅히 너를 위하여 설명하리라." 아난과 대중이 '예!' 하면서 가르침을 받들었다.

⑵正示二 ①內攝軌則二 ㊀總示三學
佛告阿難 汝常聞我 毗奈耶中에 宣說修行 三決定義이니 所謂 攝心爲戒하고 因戒生定이며 因定發慧하니 是則名爲 三無漏學이니라

부처님이 아난에게 말씀하셨다. "너는 항상 내가 계율(毘奈耶) 가운데 수행의 세 가지 결정된 뜻이 있으니 이른바 '마음을 다잡는 것[攝心]으로 계(戒)를 삼고, 계로 인하여 선정이 생기며, 정(定)으로 인하여 지혜가 드러난다'고 설했던 것을 들었을 것이다. 이것을 이름하여 세 가지 무루학(無漏學)이라 한다.430)

㊁別示四重四 ㈎婬六 ㊀持則出纏431)
阿難 云何攝心을 我名爲戒오 若諸世界 六道衆生이 其心不淫 則不隨其生死相續하리라

아난아! 어찌하여 섭심(攝心)을 내가 계(戒)라고 이름하겠느냐? 만약 모든 세계 육도의 중생들이 그 마음이 음란하지 아니하면 생사의 상속을 따르지 않게 되기 때문이다.432)

---

430) 삼장 가운데 비내야는 율장으로 대소승 戒의 통칭이다. 소승에서는 법을 받는 것으로 戒를 삼아 틀을 짜서 그 지말을 다스리고, 대승은 섭심(攝心)으로 戒를 삼아 미세하게 그 근본을 끊고자 한 것이니 품법(稟法)으로써 戒를 삼는 것은 無犯이면 그만이거니와, 攝心으로써 戒를 삼는 것은 생각으로도 범함이 없어야 하는 것이다. 『계환해』(『卍속장경』17, p.806하)
 *대저 섭심하면 定이 이로 말미암아 생기고, 慧가 이로 말미암아 드러나서, 三者가 圓明하면 諸漏가 길이 다하기 때문에 三無漏學이라 한 것이다. 이러한 궤칙을 지니는 것보다 더한 것은 없다. (앞의 책 p.806하)
 *섭심이라고 할 때 마음은 곧 불심(佛心)이니, 이 마음이 染淨의 근본이 되기 때문에 戒로써 이를 단속하는 것이다. 『沙彌律儀要略述義』(『卍속장경』106, p.362상) 참조
 *무루(無漏)란 모든 것이 일심(心)의 여래장성으로 귀결되기 때문에 무루라고 하는 것이다.
431) 네가지 重한 계율은 十戒의 처음에 위치하는데 네가지 바라이가 근본의 重罪가 된다. 『계환해』(『卍속장경』17, p.807상)

㈁犯則墜墮
汝修三昧는 本出塵勞이라 淫心不除하면 塵不可出이니라
　너에게 삼매를 닦게 한 것은 본래 진로(塵勞)에서 벗어나게 하려는 것이다. 만약 음란한 마음을 제거하지 아니하면 진로(塵勞)에서 벗어날 수 없기 때문이다.

縱有多智하야 禪定現前이라도 如不斷淫하면 必落魔道하야 上品魔王하고 中品魔民하며 下品魔女하니
　그러니 비록 지혜가 많아 선정이 앞에 나타난다 하더라도 만약 음란한 마음을 끊지 않으면 반드시 마구니의 무리에 떨어져서 상품은 마왕(魔王)이 되고, 중품은 마민(魔民)이 되며, 하품은 마녀(魔女)가 될 것이다.

彼等諸魔 亦有徒衆하야 各各自謂호대 成無上道하니라
　그리고 마구니들도 역시 무리가 있어서 각기 스스로 '무상도(無上道)를 성취했다'고 말할 것이니,433)

㈂預令戒備
我滅度後 末法之中에 多此魔民이 熾盛世間하야 廣行貪淫하되 爲善知識하야 令諸衆生 落愛見坑하고 失菩提路게하리라
　내가 멸도한 후 말법시대에는 이러한 마민(魔民)들이 세상에 많이 번성하여 널리 음욕을 탐내고 행하면서 선지식이 되어 모든 중

---
432) 중생이란 모두 婬欲으로 인하여 性命을 결정하기 때문에 생사에 얽히거니와, 만약 欲愛가 마른다면 殘質이 계속되지 아니할 것이다. 그 마음에 음란함을 갖지 말고 그 마음에 훔치려는 생각을 갖지 말라고 한 것은 다 저로 하여금 생각으로도 범함이 없게 하려는 것이다. 『계환해』(『卍속장경』17, p.807상)
433) 마구니 또한 지혜가 있어서 禪을 닦기도 하나 음란함을 끊지 못했기 때문에 聖道를 이루지 못하는 것이다. 그러니 음란한 그대로 禪을 닦으면 반드시 이러한 무리에 떨어지는 것이다. 『계환해』(『卍속장경』17, p.807상)
　＊만약 비구가 음행을 범했다면 바라이죄에 해당되어 35事를 잃게 될 것이요, 만약 사미(沙彌)가 음행을 범했다면 돌길라(참회)죄에 해당되나 추방된다.

생들을 애욕의 구덩이에 떨어지게 하고 보리의 길을 잃게 할 것이다.434)

㉱令宣明誨

汝敎世人으로 修三摩地인댄 先斷心淫이니 是名如來 先佛世尊의 第一決定淸淨明誨니라

네가 세상 사람들에게 삼마지를 닦게 하려면 먼저 마음에 음욕을 끊게해야 할 것이니, 이것이 여래와 지난 세상의 부처님께서 제일(第一)로 결정하신 청정하고 분명한 가르침이다.435)

㉲重彰過失二 ㈀喩明

是故阿難아 若不斷淫하고 修禪定者는 如蒸沙石하야 欲成其飯이니

그러므로 아난아! 만약 음란한 마음을 끊지 아니하고, 선정을 닦는다는 것은 마치 어떤 사람이 모래를 삶아서 밥을 지으려는 것과 같다.

經百千劫 只名熱沙니라 何以故 此非飯本거늘 沙石成故니라

백천겁이 지나더라도 다만 뜨거운 모래일 뿐이니 왜냐하면 이는 밥이 될 수 있는 근본이 아닌데도 모래로써 밥을 지으려 하기 때문이다.436)

---

434) 말세의 중생들은 정법의 안목이 없어서 거의 魔의 유혹을 입기 때문에 미리 반드시 경계하고 대비하게 하여 유혹에 끌려감을 만나지 않게 하려 한 것이다. 다만 欲愛만을 탐하여 구덩이에 떨어지는 것을 돌아보지 않게하는 것을 愛見坑이라 한다. 『계환해』(『卍속장경』17, p.807상)

435) 모든 경에 殺戒가 먼저 있는 것은 부처님이 교화를 시설함에 자비로써 근본을 삼기 때문이요, 이 경에서 婬戒를 머리에 둔 것은 수행에 있어 離欲으로 근본을 삼기 때문이다. 대개 欲氣는 추타(麤濁)하여 妙明을 染汚하며, 欲習의 狂迷가 쉬 正受를 잃게 하나니 생사를 계속하고 眞常을 喪하는 것이 이 보다 심함이 없기 때문에 반드시 首戒를 삼아서 제일의 淸淨明誨를 삼은 것이다. 『계환해』(『卍속장경』17, p.807하)

436) 본질이 아름답지 아니하면 구하여 바라더라도 헛수고일 뿐이다. (앞의 책 p.807하)

(ㄴ)結顯

汝以淫身으로 求佛妙果하면 縱得妙悟 皆是淫根이라

　네가 음란한 몸으로 부처님의 묘과(妙果)를 구하려고 하면 비록 오묘한 깨달음을 얻었다고 하더라도 이는 모두 음욕의 근본에 불과한 것이다.

根本成淫일새 輪轉三途하야 必不能出하리니 如來涅槃 何路修證이리요

　근본이 음욕으로 이루어졌으므로 삼악도(三惡道)에 윤회[輪轉]하게 되고 반드시 그 윤회에서 벗어나지 못할 것인데, 어떻게 여래의 열반을 닦아 증득하리요?437)

(ㅂ)勸令必斷

必使淫機를 身心俱斷하고 斷性亦無라야 於佛菩提에 斯可希冀리라

　반드시 음란한 종자를 몸과 마음에서 모두 끊어버리고, 끊었다는 성품마저도 없어야만 부처님의 깨달음을 가히 바라볼 수 있는 것이다.438)

如我此說 名爲佛說이요 不如此說 卽波旬說이니라

　나와 같이 이렇게 설하는 것은 불설(佛說)이요, 이와같이 설하지

---

437) 이른바 金으로 그릇을 만들면 그릇마다 다 金이요, 흙으로 그릇을 만들면 그릇마다 다 흙일 것이니 因行을 가히 삼가하지 아니할 수 없는 것이다. 『계환해』(『卍속장경』17, p.807하)
438) 이러한 음욕에서 벗어나기 위해서는 앞에서 설했던 문사수(聞思修)의 수행이 반드시 필요한 것이다. 먼저 많이 듣고(聞), 다음 이를 깊이 사유(思)하는 것이니, 不淨觀 實性觀 慈悲觀 誓願觀 등 止觀이 그것이며, 끝으로 실천(修)이니 중생과 함께하는 것이다. 이를 다시 능엄에 의지하여 정리하면 앞의 견도분의 내용을 통해 믿음을 성취하고, 修行眞基편의 두가지 결정의(審因心 審業本)로서 믿음에 근거한 방향을 잡고, 먹는 음식과 주변의 인연을 다스리되, 항상 實性을 반조하면서 중생의 의지처가 되어 주는 것이니, 이것이 음욕에서 벗어나는 길이다.
　*'機'라는 것은 婬心을 발하게 하는 어떤 契機를 가리키나니 性을 끊었다는 着이 아직 있게 되면 다시 契機를 만나면 재발하는 것이다. 『계환해』(『卍속장경』17, p.808상)

않은 것은 곧 마왕 파순(波旬)의 말이다.439)

㈏殺九 ㉮持則出纏
阿難아 又諸世界 六道衆生이 其心不殺하면 則不隨其 生死相續하리라
　아난아! 모든 세계 육도의 중생들이 그 마음에 남을 해치려는 마음이 없게 되면 생사의 상속440)을 따르지 않을 것이다.

㉯犯則墜墮
汝修三昧는 本出塵勞어니와 殺心不除하면 塵不可出이니
　그대가 삼매를 닦는 것은 본래 진로(塵勞)에서 벗어나려는 것인데, 만약 살생할 마음을 제거하지 아니하면 번뇌에서 벗어나지 못할 것이다.

縱有多智 禪定現前이라도 如不斷殺하면 必落神道하야
　비록 지혜가 많아서 선정이 앞에 나타난다 하더라도 만일 살생할 마음을 끊지 않으면 반드시 귀신의 세계에 떨어져서441)

上品之人 爲大力鬼하고 中品卽爲 飛行夜叉와 諸鬼帥等이며 下品當爲 地行羅刹이니 彼諸鬼神 亦有徒衆하야 各各自謂 成無上道하리라
　상품은 큰 힘을 가진 귀신[大力鬼]이 되고, 중품은 나르는 야차(夜叉)와 여러 귀사(鬼師) 등이 되고, 하품은 땅으로 기어다니는 나찰(羅刹)442)이 되며, 저 모든 귀신들도 역시 그 무리가 있어서 각기

---

439) 후학들로 하여금 바른 말임을 믿게 하려는 것이다. 波旬은 마구니의 이름이다. (앞의 책 p.808상)
440) 너는 나의 命을 빚지고 나는 너의 빚을 갚아야 하기 때문에 상속이라 한다. 『계환해』(『卍속장경』17, p.808상)
441) 살생의 마음을 끊지 아니하고 禪을 닦는다면 반드시 귀신이 무리에 떨어지리라. (앞의 책 p.808상)
442) 나찰은 소의 머리에 사람의 손을 가진 중생으로 남자는 추하고 여자는 아름답게 생겼으나, 항상 사람의 血肉을 먹고 사는 惡神이다.

스스로 무상도(無上道)를 성취했다고 할 것이다.443)

㈐預令誡備
我滅度後 末法之中에 **多此鬼神 熾盛世間**하야 **自言食肉**코도 **得菩提路**리라
　내가 멸도한 후 말법의 시대에는 이러한 귀신들이 세상에 치성하여 스스로 '고기를 먹고도 보리의 길을 얻을 수 있다'고 말할 것이다.444)

㈑令曉權宜
阿難 我令比丘로 **食五淨肉**이나 **此肉皆我 神力化生**이라 **本無命根**이니라
　아난아! 내가 비구들에게 오정육(五淨肉)445)을 먹게 하였으나 이 고기는 모두 나의 신통의 힘으로 변화해서 생긴 것이기에 본래 생명이 없는 것이다.

---

443) 고양이 눈은 불안하고 사슴의 눈은 청정하니, 살생은 항상 살생을 부르기 때문이다. 누에가 먹는 뽕잎에 색소를 넣으면 나중에 그 실로 짠 비단에 염색이 필요없다고 한다. 우리의 업도 마찬가지 육식을 즐기다 보면 자비심에서 멀어지기 때문이다.
444) 미리 경계하고 대비하게 하여 유혹에 끌려감을 만나지 않게 한 것이다.『계환해』(『卍속장경』17, p.808상)
445) 五淨肉: 부처님의 가르침이 처음 시작될 때에, 사정에 따라 점차 계율을 제정하여 가되, 방편으로 다섯 가지 깨끗한 肉食을 허용하였다. 죽임을 직접 보지 아니한 것, 죽임을 직접 듣지 아니한 것, 나를 위하여 죽였으리라 의심되지 아니한 것, 수명이 다하여 스스로 죽은 것, 다른 짐승이 먹다 남은 것 등이다. 이것은 부처님의 위신력으로 변한 것이다. 본래 命根이 없기 때문에 淨이라 하는 것이나 이는 소승의 방편이요, 만약 진정한 자비와 진정한 지혜에서 본다면 다 끊어야 하는 것이기에 범망경에서 처음 말씀하였고, 열반경에서 마지막 당부하시어 간절하게 금하지 아니함이 없었느니라. 여기에서는 五淨을 들었으나 다른 경에서는 或三 或七하고, 열반에서는 或九를 설하였는데 이는 다만 開合일 뿐이다.(앞의 책 p.808하)

汝婆羅門이 地多蒸濕하고 加以沙石하야 草菜不生일새 我以大悲 神力所加
라 因大慈悲하야 假名爲肉이요 汝得其味어니와 奈何如來 滅度之後에 食衆
生肉을 名爲釋子리요

　너희들 수행자들아! 이곳은 토지가 열습(熱濕)하고, 더구나 사석
(沙石)까지 겹쳐서 풀이나 채소가 자라지 못하기 때문에 내가 대비
의 신통력으로 만들어 낸 것이니 대자비로 인하여 가명으로 고기라
했고, 너희들이 그것을 맛보았으나 어찌 여래 멸도 후에 중생의 고
기를 먹는 자를 부처님의 제자[釋子]라고 부를 수 있겠느냐?446)

㈃示惡根本
汝等當知하라 是食肉人은 縱得心開하야 似三摩地 皆大羅刹이라 報終必沈
生死苦海하리니 非佛弟子니라

　너희들은 마땅히 알라. 고기를 먹는 사람은 비록 마음이 열려서
흡사 삼마지를 얻게 되더라도447) 모두 대나찰(大羅刹)이 되고, 과보
가 끝나면 반드시 생사의 고해에 빠지게 되리니 부처님의 제자가
아니다.

如是之人 相殺相呑하야 相食未已하리니 云何是人 得出三界리요

　이러한 사람은 서로 죽이고 서로 잡아 먹어서 서로 먹고 먹힘이
그치지 않을 것이니 어떻게 이러한 사람이 삼계(三界)에서 벗어날
수 있겠는가?448)

---

446) 지리적 시대적 상황을 고려한 말인데, 지금의 티베트 같은 곳을 예로 들 수 있다.
447) '흡사 삼마지와 같다'는 것은 似라고 하면 非眞이니 근본이 妄이기 때문이다. 『계
　　환해』(『卍속장경』17, p.808하)
448) 근본이 착하지 못하기 때문에 마침내 善을 이루지 못한 것이다. (앞의 책 p.808하)

(ㅂ)令宣明誨

汝敎世人 修三摩地_{인댄} 次斷殺生_{이니} 是名如來 先佛世尊_의 第二決定 淸淨明誨_{니라}

   그대가 세상 사람들에게 삼마지를 닦게 하려면 음행 다음으로 살생하는 마음을 끊게 해야 할 것이다. 이것이 여래와 지난 세상의 부처님께서 제이(第二)로 결정하신 청정하고 분명한 가르침이다.

(사)重彰過失二 (ㄱ)喩明

是故阿難_아 若不斷殺_{하고} 修禪定者_는 譬如有人_이 自塞其耳_{하고} 高聲大叫_{하며} 求人不聞_{이니} 此等名爲 欲隱彌露_{니라}

   그러므로 아난아! 만약 남을 해치고자 하는 마음을 끊지 않고서 선정(禪定)을 닦는다는 것은 마치 어떤 사람이 자신의 귀를 막고 크게 소리를 지르면서 다른 사람이 듣지 않기를 바라는 것과 같아서 이러한 것을 이름하여 '숨고자 하나 더욱 드러난다'고 하는 것이다.449)

(ㄴ)結顯

淸淨比丘 及諸菩薩_은 於岐路行_에 不蹋生草_{어든} 況以手拔_가 云何大悲_로 取諸衆生_의 血肉充食_{이리요}

   청정한 비구나 보살들이 길을 다닐 적에는 산 풀도 밟지 않으려 하는데 하물며 손으로 뽑겠으며, 어찌 대비심를 가르치면서 중생의 혈육(血肉)을 취하여 배를 채우겠느냐?450)

---

449) 선정을 닦는다는 것은 죄를 피하려는 것이거늘 도리어 살생을 행하고, 귀를 막는 것은 사람을 피하려는 것이거늘 도리어 고성을 지르니, 이를 '숨고자하나 더욱 드러난다'하는 것이다.『계환해』(『卍속장경』17, p.808하)
450) 살아 있는 풀을 장난삼아 밟지 아니하고 일부러도 뽑지 아니하여 자비의 지극함이 오히려 초목에까지 미치거늘 하물며 중생을 먹겠는가? (앞의 책 p.809상)

㈏ 廣明緣對

若諸比丘가 **不服東方**의 **絲綿絹帛** **及是此土**의 **靴履裘毳**와 **乳酪醍醐**하면 **如是比丘** **於世眞脫**하야 **酬還宿債**일새 **不遊三界**하리라

만일 모든 비구가 동방의 비단이나 이 땅451)의 가죽신과 털옷과 그리고 우유 등을 수용하지 아니하면 이러한 비구는 이 세상에서 참으로 벗어나서 묵은 빚452)을 갚고 삼계에 노닐지 않을 것이다.

何以故 服其身分하면 **皆爲彼緣**이니 **如人食其 地中百穀**에 **足不離地**니라

왜냐하면 그 몸의 한 부분으로 이뤄진 것을 먹거나 입으면 이것이 모두 서로 인연이 되는 것이 마치 사람이 땅에서 생산되는 온갖 곡식을 먹음으로 인하여 발이 땅에서 떨어지지 않는 것과 같기 때문이다.453)

㈐ 勸令必斷

必使身心으로 **於諸衆生**의 **若身身分**을 **身心二途**에 **不服不食**하면 **我說是人 眞解脫者**니라 **如我此說 名爲佛說**이오 **不如此說 卽波旬說**이니라

반드시 몸과 마음으로 모든 중생들의 몸이나 몸의 일부분을 입거나 먹지 아니하면 나는 이런 사람이 '참으로 해탈할 것이다'고 말할 것이다. 이와같이 설하는 것은 불설(佛說)이요, 이와같이 설하지 않는 것은 곧 마왕 파순(波旬)의 말이다.454)

---

451) 이 땅은 인도 내지는 서역(중앙아시아)을 가리키는 말이다.
　*동방에 가죽신과 털옷이 없지 아니하고 또 서토에도 비단이나 솜이 없지 아니하지만 각기 많은 쪽을 가지고 말한 것이다.『계환해』(『卍속장경』17, p.809상)
452) 묵은 빚이란 반드시 갚아야 할 빚이다.
453) 劫初의 사람들은 몸에 날으는 광명이 있어서 발이 마치 구름을 부리는 듯하였는데, 사람들이 고기를 먹고 쌀을 삼킴으로 말미암아 그 몸은 단단하여 무거워지고, 발은 땅을 벗어나지 못하게 된 것이다.『계환해』(『卍속장경』17, p.809상)
454) 몸이란 피와 살과 뼈 그리고 골수이고, 몸의 부분이란 옷과 음식이다. 몸은 음식을 먹고, 마음은 貪求하기 때문에 二塗라고 한 것이니, 반드시 모두 끊어야 한다. (앞의 책 p.809상)
　*청정한 가르침에서 모든 악연을 금하는 것이 이와 같거늘, 요즘 사람들이 거의 우유

㈐盜八 ㉮持則出纏

阿難 又復世界 六道衆生이 **其心不偸**하면 **則不隨其 生死相續**하리라

　아난아! 모든 세계 육도의 중생들이 마음에 훔칠 생각이 없으면 생사의 상속을 따르지 않게 될 것이다.455)

㉯犯則墜墮

汝修三昧는 **本出塵勞**어니와 **偸心不除**하면 **塵不可出**이라

　너희들이 삼매를 닦는 것은 본래 번뇌에서 벗어나려는 것인데, 만약 마음에 훔칠 생각을 없애지 아니하면 번뇌에서 벗어나지 못할 것이다.

를 취하여 식사에 사용하되, 드러나게 씹고 멋대로 먹어 훈예(葷穢)를 피하지 아니하니 이는 정말 무슨 마음인가? 가만히 헤아려 보건대 이는 腥臊交遘에서 발한 것이요, 膿血雜亂의 餘液이라. 이는 欲惡의 精과 지육(脂肉)의 기름이니, 더러운 몸에서 나와 不淨의 지극에 이른 것이다. 그 精을 먹으니 참으로 欲惡의 맛이 되고, 그 기름기를 먹으니 또한 어찌 脂肉과 다르리요?『계환해』(『卍속장경』17, p.809상)

*청정하여 참으로 벗어난 사람이라면 어찌 이와 같겠는가? 五辛은 채소에 속해도 오히려 먹지 아니하거늘, 이러한 過惡에 비교하건대 곱하고 곱하여도 계산할 수가 없다. 그러니 속히 응당 이를 제거하되 먹는 즐거움과 창자의 살찌움을 탐하여 드러내 놓고 청정한 가르침을 어기지 말라. (앞의 책 p.809하)

*혹 어떤이가 묻기를 '옛날 대각께서 수자타의 우유공양을 받았고, 아난의 구함을 들어준 것은 또한 무엇인가?' 이는 소승의 방편으로 마르고 주린 환자를 위하여 시설한 것으로 내지 草座의 근기에 응한 일로서 濁世에 현행했던 법이거니와, 七寶樹 아래의 金剛體 중에 어찌 이러한 일이 있겠는가? 대승의 요의로 올바름을 삼지 아니하고 방편의 불요의설에 빠진다면 오직 우유를 취하여 식사에 보탤 뿐만 아니라 응당 五淨의 가명을 평계하고 淨筵의 법석에 가변열조(加邊列俎)로 대나찰이 될 것이다.『계환해』(『卍속장경』17, p.809하)

455) 주지 않는 것을 취하는 것이 다 偸盜가 된다. 분수에 넘게 갚음을 받은 것도 오히려 나머지를 거두게 되거늘, 하물며 몰래 취함에 어찌 돌려 거둠이 없겠는가? 이러한 까닭에 생사가 상속되는 것이다.『계환해』(『卍속장경』17, p.809하)

3.攝持軌則　①內攝軌則　㈋盜　479

縱有多智하야 禪定現前이라도 如不斷偸하면 必落邪道리니 上品精靈하고 中品妖魅하며 下品邪人이라

　비록 지혜가 많아 선정이 앞에 나타난다 하더라도 만일 훔칠 마음을 끊지 아니하면 반드시 사도(邪道)에 떨어지게 되어456) 상품은 정령(精靈)457)이 되고, 중품은 요매(妖魅)가 되며, 하품은 사인(邪人)이 될 것이다.

諸魅所著인 彼等群邪 亦有徒衆하야 各各自謂 成無上道하리니

　그리고 여러 요매(妖魅)가 붙은 저들도 또한 무리(徒衆)가 있어 각기 스스로 '무상도(無上道)를 성취했다'고 할 것이다.

㈐預令誡備
我滅度後 末法之中에 多此妖邪 熾盛世間하야 潛匿姦欺 稱善知識하고

　내가 멸도한 후 말법시대에는 다분히 이러한 요망한 사귀(邪鬼)가 세상에 치성(熾盛)하여 몰래 숨어서 간사하게 선지식이라 칭할 것이다.

各自謂己 得上人法호대 詃惑無識하야 恐令失心하야 所過之處에 其家耗散하리라

　그리고 각기 스스로 상인법(上人法)을 증득했다고 말하면서 무식한 자를 현혹하여 그들에게 본심을 잃게하고 가는 곳마다 그 집안을 망하게 할 것이다.458)

---

456) 사도는 간사하게 속이는 것이기 때문에 훔치려는 마음으로 선정을 닦으면 반드시 마구니의 길에 떨어지는 것이다.『계환해』(『卍속장경』17, p.810상)
457) 정령은 山精, 水怪와 같이 신통을 갖추어 흡사 仙이나 神과 같으나 仙도 神도 아닌 것이다. 요매는 세간에 출몰하면서 항상 사람에게 붙어서 정기를 뺏앗기도 하고, 재물을 훔치기도 하는 것이다. 사인은 사특한 사람이니 邪를 입었기 때문에 그 언행이 괴이하고 다른 사람을 惑亂하게 하는 것이다.『정맥소』(『卍속장경』18, p.690상)
458) 유혹에 끌려감을 막고자 함이다.『계환해』(『卍속장경』17, p.810상)

㉒責其貪竊

我敎比丘로 循方乞食은 令其捨貪코 成菩提道며

　내가 비구들에게 방편(方便)459)으로 걸식(乞食)460)을 하게 한 것은 그들에게 탐심을 버리고 보리도(菩提道)를 이루게 하려는 것이다.461)

諸比丘等 不自熟食하고 寄於殘生하야 旅泊三界함은

　그리하여 모든 비구들에게 스스로 밥을 짓지 말고, 남은 생애를 붙어살면서 삼계의 나그네가 되라고 한 것은462)

示一往還에 去已無反어늘

　그 동안의 수행의 공덕으로 천상에 태어났다가 인간에 한 번 왕래하여 남은 번뇌를 끊고, 아라한이 되어 삼계를 벗어나 또 다시 고통의 세계에 돌아오지 아니함을 보여 주려는 것이었다.463)

---

459) 方은 방편의 法이다. 『계환해』(『卍속장경』17, p.810상)
460) 승지율에 이르되 '걸식이란 말하자면 分衛이니 즉 衆僧에 나누어 베풀어 道力을 衛護하고자 한 것이다' 하고, 肇法師가 이르되 '걸식에 四意가 있으니 一은 群生을 복되고 이롭게 하고자 함이요, 二는 스스로의 憍慢을 折伏코자 함이요, 三은 몸에 苦가 있음을 알게 하고자 함이요, 四는 걸리고 집착함을 제거하고자 함이다' 하다. 지금 經에서 저들로 하여금 탐착함을 버리고 스스로 음식을 짓지 못하게 한 것은 걸리고 집착함을 제거하고자 한 것이다. (앞의 책 p.810상)
461) '깨달음의 길을 이룬다'는 것은 도력을 衛護하여 群生을 복되고 이롭게 한다는 것이다. (앞의 책 p.810상)
462) 이 몸이 붙어사는 것임을 알고 이 세상은 旅泊임을 알아서 사물을 畜藏하지 아니하고 돌아보고 미련을 갖지 않는 것이, 다 말하자면 방편의 법을 따르는 것이다. 방편의 법을 따르지 아니하고 탐내어 업을 짓는 것, 이것이 법칙을 패하는 것이기에 賊人이라 부른다. 비록 불자의 복장을 입었으나 부정하게 活命하니 이는 나의 의복을 훔치고 불법에 붙어서 이양을 탐하는 장사꾼일 뿐이다. 『계환해』(『卍속장경』17, p.810상)
463) '인간에 한 번 왕래하여 남은 번뇌를 끊고 아라한이 되어 삼계를 벗어나 또 다시 고통의 세계에 돌아오지 아니함을 보여 준다'는 것은 聲聞四果 가운데 제2 斯陀含果를 두고 한 말이다. 斯陀含을 一往來라고 번역하는데 一往來라고 하는 것은 욕계의 修惑9품 가운데 6품을 끊고 3품이 남은 상태이며, 6품을 끊은 공덕으로 욕계의 하늘에 태어나지만 인간에 한 번 다시 와서 나머지 3품을 끊어야 아라한이 되기 때문이다.

3.攝持軌則　①內攝軌則　㈎盜　481

云何賊人이 假我衣服하고 裨販如來하야 造種種業호대 皆言佛法이라면서
　그런데 어찌하여 많은 도적들이 나의 옷을 빌려 입고, 부처님을 팔아 갖가지 죄업을 짓되 모두가 불법(佛法)이라고 말하면서

却非出家 具戒比丘하야 爲小乘道오 由是疑誤 無量衆生하고 墮無間獄이라
　도리어 출가하여 구족계(具足戒)를 받은 비구를 소승의 도(道)라고 비방하는가? 이로 말미암아 수많은 중생을 의혹하게 하고, 목숨을 마친 뒤에는 모두 무간지옥에 떨어지게 될 것이다.

㈓敎令懺捨
若我滅後에 其有比丘가 發心決定 修三摩地하되 能於如來 形像之前에 身然一燈이어나 燒一指節이어나 及於身上에 爇一香炷하면
　만약 내가 멸도한 후에 어떤 비구가 발심하여 삼마지 닦는데, 여래의 형상 앞에 몸으로써 한 등을 켜거나 손가락을 태우거나 몸 위에 향을 한 개라도 태운다면

我說是人은 無始宿債를 一時酬畢하야 長揖世間하고 永脫諸漏하며 雖未卽明無上覺路라도 是人於法에 已決定心이니라
　나는 이 사람이 시작 없는 과거로부터 묵은 빚을 한꺼번에 갚고, 길이 이 세상을 하직하고 영원히 가지가지 번뇌에서 벗어나게 되며,464) 비록 최상의 깨달음에 이르는 길을 밝히지 못하였다 하더라도 이 사람은 저 법(法)에 대하여 이미 마음을 결정한 사람이라고 설할 것이다.465)

---

464) 身은 업의 근본이요 有漏의 緣이 되나니, 무시이래로 貪求하고 積債하다가 지금 몸을 버리고 無上業을 지었기 때문에 宿債를 갚고 諸漏에서 벗어나게 된 것이다. 『계환해』(『卍속장경』17, p.810하)
465) 대개 일체의 어려움을 버려 허물이 이미 몸에 없으니 難捨를 能捨하면 그 밖에 貪愛를 결정코 버리게 되기 때문에 이 사람이 法에 이미 마음을 결정한 사람이라 한 것이다. (앞의 책 p.810하)
　＊참으로 몸을 버리고도 마음을 결정하여 버리지 못하면 한갓 業苦만 더하고 저 도에

若不爲此 捨身微因하면 縱成無爲라도 必還生人하야 酬其宿債호대 如我馬麥하야 正等無異하리라

만일 이와같이 몸을 버리는 작은 인이라도 짓지 아니하면 비록 집착이 없는 무위(無爲)를 이루었다 하더라도 반드시 인간으로 태어나서 묵은 빚을 갚게 될 것이니, 마치 내가 마맥(馬麥)을 먹었던 일과 다르지 않을 것이다.466)

㈐令宣明誨

汝敎世人 修三摩地인댄 後斷偸盜니 是名如來 先佛世尊의 第三決定 淸淨明誨니라

그대들이 세상 사람들에게 삼마지를 닦게 하려면 이 후 훔치려는 마음을 끊게 해야 할 것이니 이것이 여래와 지난 세상의 부처님께서 제삼(第三)으로 결정하신 청정하고 분명한 가르침이다.467)

㈑重彰過失

是故阿難아 若不斷偸하고 修禪定者는 譬如有人이 水灌漏巵하며 欲求其滿하야 縱經塵劫이라도 終無平復하리라

그러므로 아난아! 만약 훔치려는 마음을 끊지 아니하고, 선정을 닦으려는 사람은 마치 어떤 사람이 새는 잔에 물을 부으면서 가득 차기를 바라는 것과 같아서 비록 수많은 겁을 지낸다고 하더라도

이익이 없기 때문에 아래에 이르기를 '반드시 몸과 마음으로 하여금 利害의 둘 길을 함께 버리라' 한 것이다. (앞의 책 p.810하)

466) 부처님이 숙세에 비구를 비방하여 말하기를 '馬麥이나 먹어라' 했기 때문에 증과한 후에도 이 과보로 비난읍(毘蘭邑)에서 마맥을 드셨는데 이는 숙세의 빚은 반드시 갚아야 함을 보이신 것이다. 『계환해』(『卍속장경』17, p.810하) *마맥: 부처님이 과거 전생에 외도를 닦다가 비구들이 공양청을 다녀오는 것을 보고 '마맥이나 먹을 것이지 무엇 때문에 공양청에 다니는가' 하고 비방했는데 그 과보로 증과 후 어느 여름 毘蘭城의 비난야 바라문의 청을 받고 그 곳에서 안거하시다가 마침 흉년이 들어 오백비구와 함께 3개월 동안 마맥을 드셨다 한다. 부처님의 九難 가운데 하나. 全觀應,『佛敎學大辭典』(서울 弘法院 1988) p.129, 616 참조.

467) 바라이죄가 성립되는데는 5전이상이니 관가에 구속되는 정도이다. 不共住란 비구로써 35事를 박탈당하는 것을 의미한다.

마침내 가득 채울 수 없을 것이다.468)

㉯勸令必捨
若諸比丘가 **衣鉢之餘**는 **分寸不畜**호대 **乞食餘分**을 **施餓衆生**하며 **於大集會**에 **合掌禮衆**하야 **有人捶詈**라도 **同於稱讚**하며

만약 모든 비구들이 입을 옷과 발우, 그 외에는 조금도 쌓아두지 말고, 걸식하여 남은 것은 굶주린 중생에게 나누어 주며, 대중이 모인 곳에 합장하고 예배하며, 어떤 사람들이 때리고 욕을 하더라도 오히려 칭찬과 같이 여겨야 한다.469)

必使身心으로 **二俱捐捨**하야 **身肉骨血**을 **與衆生共**하며 **不將如來 不了義說**로 **廻爲己解**하야 **以誤初學**하면

이와같이 반드시 몸과 마음으로 하여금 이롭고 해로운 두 길을 모두 버리게 하여 온몸을 중생과 함께하며, 여래의 진실한 가르침이 아닌 것을 자기 마음대로 해석하여 처음 배우려는 이들을 그르치지 아니하면

佛印是人 得眞三昧니 **如我所說 名爲佛說**이요 **不如此說 卽波旬說**이니라

부처님께서는 '이 사람이 참으로 삼매를 얻은 사람이다'라고 인가(印可)하실 것이다.470) 이와같이 설하는 것은 불설(佛說)이요, 이와같이 설하지 않는 것은 마왕 파순(波旬)의 말이다.

---

468) 수도의 그릇이 완전하지 못하면 수도의 결과도 마침내 무너지는 것이다. 『계환해』(『卍속장경』17, p.811상)
469) '의발을 쌓아두지 말고 헐뜯더라도 칭찬과 같이 여기라'고 한 것은 이러한 利害의 두 길에 身心을 모두 버리라는 것이다. 『계환해』(『卍속장경』17, p.811상)
470) '온몸[身肉骨血]을 衆生과 함께 한다'는 것은 그 몸이 私事롭지 아니하며 그 生命을 돌아보지 아니하는 것이니, 이 또한 버림의 지극을 이른 것이다. 수행이 여기에 이르면 그 마음이 찌꺼기도 훔시지 아니할 것임을 가히 알 수 있을 것이나. 阿含에 이르기를 '쌓은 바 물건은 반드시 그것으로 몸이 道에 나아가는데 자본을 삼으라'고 하고, 薩婆多論에서는 '여러 가지 물건을 허락하되 각기 하나 씩만 쌓아두라' 했는데 이는 다 了義의 뜻은 아니다. 『계환해』(『卍속장경』17, p.811상)

㈐妄六 ㉮犯則墮失

阿難 如是世界의 六道衆生이 雖則身心 無殺盜婬하야 三行已圓이라도 若大妄語 卽三摩地에 不得淸淨하고 成愛見魔하야 失如來種하리니

아난아! 이와같이 세계 육도의 중생들이 비록 몸과 마음에 살도음(殺盜婬)이 없어져서 이 세 가지 행실이 이미 원만하게 되었더라도 만약 큰 거짓말(大妄語)471)를 하게 되면 삼마지에 나아가 청정을 얻지 못하고, 애마(愛魔)와 견마(見魔)를 이루어 여래의 종자를 잃게 될 것이니

所謂 未得謂得하고 未證言證하며

말하자면 얻지도 못한 것을 얻었다고 하거나 증득하지도 못한 것을 증득하였다고 하며,

或求世間 尊勝第一하야 謂前人言호대 我今已得須陀洹果와 斯陀含果와 阿那含果와 阿羅漢道와 辟支佛乘과 十地地前의 諸位菩薩이라하야 求彼禮懺하며 貪其供養하리라

혹은 세간에서 높고 수승한 제일의 명예를 구하려고 사람들에게 '내가 지금 이미 수타원과와 사타함과와 아나함과와 아라한도와 벽지불승과 십지와 지전(地前)의 모든 보살의 지위를 얻었다'라고 말하여 저들이 공경을 구하고, 저들이 공양 올리기를 탐하는 것이다.

---

471) 성문의 四果와 보살의 十地 등 아직 얻지 못하고서 얻었다고 하는 것을 大妄語라고 부른다. 『계환해』(『卍속장경』17, p.811하)
  *공양을 탐하고 명예[尊勝]을 구하는 것이 愛魔이고, 허망하게 邪見을 일으켜서 자기가 성인과 같다고 하는 것이 見魔이니 다 大妄語이다. (앞의 책 p.811하)

3.攝持軌則　①內攝軌則　㈐妄　485

是一顚迦는 消滅佛種이 如人以刀 斷多羅木이니 佛記是人은 永殞善根하고 無復知見하야 沈三苦海 不成三昧니라

　이러한 일전가(一顚迦)472)들이 깨달음의 종자[佛種]를 끊는 것은 마치 사람이 톱으로 다라목(多羅木)473)을 자르는 것과 같기에 부처님은 '이러한 사람은 영원히 선근이 소멸되어 다시는 불지견(佛知見)이 없게 되며, 삼계의 고통바다에 빠져서 삼매를 이루지 못하게 된다'고 수기(授記)하셨던 것이다.474)

㈑學眞顯妄

我滅度後에 勅諸菩薩 及阿羅漢하야 應身生彼 末法之中하야 作種種形하야 度諸輪轉호대

　내가 멸도한 후에 너희들 모든 보살과 아라한들은 "응신(應身)으로 말법 가운데 태어나서 가지가지 형상을 지어 여러 윤회[輪轉]하는 이를 제도하여야 할 것이다.

或作沙門과 白衣居士와 人王宰官 童男童女와 如是 淫女寡婦와 姦偸屠販하야 與其同事하야 稱讚佛乘하야 令其身心으로 入三摩地호대

　그 때 사문(沙門)·백의거사(白衣居士)·인왕(人王)·재상(宰相)·동남(童男)·동녀(童女) 등 이와같이 더 나아가 음녀(婬女)·과부(寡婦)·간사한 도둑(姦偸)·도살하여 판매하는 사람(屠販)이 되기도 하여 그들과 함께 행동하고 부처님의 수행[佛乘]을 칭찬하여 몸과 마음이 삼마지에 들게하되,

---

472) '一顚迦'는 一闡提이다. 『계환해』(『卍속장경』17, p.811하)
　＊一顚迦(혹은 一闡提)는 斷善根. 信不具足이라 번역하는데 善根이 없어 成佛할 수 없는 자이다. 全觀應,『佛敎學大辭典』(서울 弘法院 1988) p.1325.
473) '貝多羅樹'는 칼로 끊으면 다시 살지 못하는 것이니, 大妄人의 영원히 善根이 끊어짐에 비유한 것이다. 三苦는 三惡道이다. 『계환해』(『卍속장경』17, p.811하) ＊貝多羅樹는 종이가 없던 시대에 이 나무를 사용하여 글을 남겼다. 이 나무는 한 번 자르면 다시 살지 못하기 때문에 악한 사람이 선근을 영원히 끊는 것이 비유한다.
474) 다만 增上慢은 제외하나니, 여기에서 증상만이란 잠시 착각을 일으킨 경우이다.

終不自言 我眞菩薩이며 **眞阿羅漢**이라면서 **洩佛密因**하야 **輕言末學**어니와

이때 반드시 너희들 스스로가 '나는 참다운 보살이며, 나는 참다운 아라한이다'라고 말하여 부처님의 밀인(密因)을 잘못되게 하거나 헛되이 후학을 어지럽혀서는 안된다475)"고 칙명(勅命)하셨으며,

唯除命終 陰有遺付어늘 **云何是人 惑亂衆生**하야 **成大妄語**오

다만 목숨이 다해가는 사람에게 가만히 방편으로 말해주는 것[遺付] 만은 제(除)하였던 것이다. 어찌 나의 칙명을 받은 그러한 사람들이 중생들을 현혹하고 혼란하게 하여 대망어(大妄語)을 할 수 있겠느냐?

㈎令宣明誨
汝敎世人 修三摩地인댄 **後復斷除 諸大妄語**니 **是名如來 先佛世尊**의 **第四決定 清淨明誨**니라

그대가 세상 사람들에게 삼마지를 닦게 하려면 이후 대망어를 끊게 하여야 하니 이것이 여래와 지난 세상의 부처님께서 제사(第四)로 결정하신 청정하고 분명한 가르침이다.

㈏重彰過失
是故阿難아 **若不斷其 大妄語者**는 **如刻人糞**하야 **爲旃檀形**이라 **欲求香氣**라도 **無有是處**니라

그러므로 아난아! 만약 이 대망어를 끊지 않고 수행하는 사람은 마치 사람의 배설물[糞]을 깎아 전단으로 된 형체를 조각하려는 것과 같아서 향기를 구하려고 하나 그렇게 될 수 없는 것이다.476)

---

475) 진정한 聖人은 자취에 응하지만 마침내 스스로 감출지 언정 부처님의 密因을 아무렇게나 末學에게 설하지 않는다는 것이다. 『계환해』(『卍속장경』17, p.811하)

476) 妄을 끼고 선정을 닦는 것은 그 본질이 마침내 아름답지 못한 것이다. 『계환해』(『卍속장경』17, p.812상)

㈑深責虛誑

我敎比丘호대 **直心道場**이라하야 **於四威儀**의 **一切行中**에도 **尙無虛假**어늘 **云何自稱 得上人法**이리요

 내가 비구들에게 '직심(直心)이 바로 도량이다'고 하여 저 사위의(四威儀)의 일체행위 가운데 오히려 조금도 거짓됨이 없어야 한다고 했는데, 어떻게 자칭 상인법(上人法)을 얻었다고 할 수 있겠느냐?

譬如窮人이 **妄號帝王**이라가 **自取誅滅**어늘 **況復法王**을 **如何妄竊**이리요

 마치 가난한 사람이 거짓으로 제왕이라 자칭하다가 스스로 벌을 받는 것과 같다. 더구나 다시 법왕(法王)을 어떻게 도둑질할 수 있겠느냐?

因地不直이면 **果招紆曲**이라 **求佛菩提**라도 **如噬臍人**하리니 **欲誰成就**리요

 초심자의 인지(因地)가 바르지 아니하면 깨달음의 결과(結果)도 얽히고 굽음을 초래할 것이다. 부처님의 깨달음을 구하는 것이 마치 배꼽을 깨물려는 사람과 같을 것이니 어떻게 성취할 수 있으리요?477)

---

477) 아직 얻지 못한 것을 얻었다고 하여 이미 尊勝을 구하였던 일을 거론하여 깊이 책망하신 것이다. 淨名은 이르기를 '直心이 바로 도량이니 虛假가 없기 때문이다'고 하였다. '四儀'는 행주좌와이다. 左傳에 서제(噬臍)라 한 것은 마침내 미칠 수 없음을 뜻한 것이다. 지금 자칭 '上人法을 얻었다'고 하여 허망하게 법왕을 훔치는 자가 많으니 마땅히 經言으로써 경계한 것이다. 經言은 경전의 언구이다 『계환해』(『卍속장경』17, p.812상).

 *서제(噬臍): 배꼽을 물어뜯으려 하여도 입이 닿지 않는다라는 뜻으로 구하고자 하여도 될 수 없는 일에 비유하는 말이다. 噬臍: 씹을서 배꼽제

⑾ 勸令眞實

若諸比丘가 **心如直絃**하면 **一切眞實**하야 **入三摩地**에 **永無魔事**하리니 **我印是人 成就菩薩**의 **無上知覺**하노라

만약 모든 비구가 마음이 활의 줄과 같이 곧다면 일체가 진실하여 삼마지에 들어가 영원히 마구니의 일을 끊게 될 것이다. 나는 '이러한 사람이 보살 가운데 최상의 깨달음을 성취한 것이다'라고 인가(印可)하리라.478)

如我所說 名爲佛說이오 **不如此說 卽波旬說**이니라

나와 같이 이렇게 설하는 것은 불설(佛說)이요, 이와같이 설하지 않은 것은 곧 마왕 파순(波旬)의 말이다.479)

---

478) 위에서는 紆曲이기 때문에 마침내 성취할 수 없다고 하고, 여기에서는 絃直이기 때문에 성취할 것이라 인정하신 것이다. 『계환해』(『卍속장경』17, p.812상)
479) 이상의 글은 모두 四重戒를 밝힌 것으로 처음에는 三學을 표하고 끝에 四戒에 그친 것은 定慧가 이미 前文에 구비되어 있기 때문이다. (앞의 책 p.812상)

大佛頂 如來密因 修證了義 諸菩薩萬行 首楞嚴經 제7권

②外攝軌則二480) ㊀徵引內攝

阿難 汝問攝心할새 **我今先説 入三摩地 修學妙門**호니 **求菩薩道**인댄 **要先持此 四種律儀**호대 **皎如冰霜**하면

　아난아! 네가 섭심(攝心)을 물었기 때문에 내가 지금 우선 삼마지에 들어가 수행할 묘문(妙門)을 말하였으니 만약 보살도를 구하려고 한다면 반드시 이 네 가지 계율을 지니어 깨끗하기 얼음과 같고 서릿발과 같이 하여야 할 것이다.

自不能生 一切枝葉이며 **心三口四**가 **生必無因**하리라

　이와같이 하면 일체의 지엽적(枝葉的)인 번뇌가 생기지 아니할 것이며, 마음으로 짓는 살생(殺生) 투도(偸盗) 음행(淫行)과 입으로 짓는 망어(妄語) 기어(綺語) 양설(兩舌) 악구(惡口)는 반드시 그 생길 인(因)이 없을 것이다.481)

阿難 如是四事를 **若不遺失**이면 **心尚不緣 色香味觸**이어늘 **一切魔事**가 **云何發生**이리요

　아난아! 이 네 가지 일[持戒]을 잃어버리지 아니하면 마음이 색향미촉(色香味觸) 등의 경계에 반연하지 아니할 것인데, 일체의 마구니의 일이 어떻게 발생하겠느냐?482)

---

480) 앞에서는 內攝(持戒)을 보이고, 여기에서는 外攝(持呪)을 보인 것이다. 『계환해』(『卍속장경』17, p.813상)
481) 십선은 십악을 행하지 아니한 것이다. 여기에는 몸으로 짓는 세 가지와 입으로 짓는 네 가지와 뜻으로 짓는 세 가지가 있다. 아함에서는 십선을 지으면 인천의 과보를 받고, 십악을 지으면 삼악도에 떨어진다고 했다. 全觀應,『佛敎學大辭典』(서울 弘法院 1988) p.962 참조.
482) 안으로 攝心하는 것이 중요하기 때문에 먼저 妙門을 설하여 네 가지 계율을 지니게 했다. 네 가지 계율이 근본이고 나머지 계율은 지말이기 때문이다. 四律이 깨끗하면 枝葉이 不生하고, 緣塵을 만나지 아니하면 魔事가 멸하게 되어 正定에 들게 되는 것이다.『계환해』(『卍속장경』17, p.813상)

㊂正示外攝四　㈎勸誦神呪483)

若有宿習하야 不能滅除어든 汝敎是人으로 一心誦我佛頂光明摩訶悉怛多般怛囉無上神呪에하라

만약 숙세에 습기(習氣)가 있어 소멸하기가 어렵거든, 너는 그 사람에게 일심으로 나의 불정광명(佛頂光明)인 마하 실달다 반달라(摩訶悉怛多般怛囉)의 한없이 신비로운 이 주문을 외우게 하라.484)

---

483) 능엄주를 지송하는 것은 마사(魔事)를 극복하는데 그치는 것이 아니라 깊은 선정을 얻고자 할 때에도 사용되나니, 이때 四緣이 갖추어 져야 한다. 첫째는 壇을 세워 도량이 청정해야 하고, 둘째는 眞僧으로부터 수계하여 계율이 청정해야 하고, 셋째는 本淸淨의 능엄주에 대한 믿음이 굳건해야 하며, 넷째는 보살의 大悲願이 있어야 한다.
　＊현재의 업은 쉽게 제어되기에 스스로의 수행으로 능히 막을 수 있지만, 숙세의 습기는 제거하기가 어려워 반드시 신비한 주문의 힘을 빌려야 하는 것이다.『계환해』(『卍속장경』17, p.813하)
　＊지금 수행하는 사람들이 올바른 것을 좋아하면서도 사특하고, 청결하고자 하면서도 한편 汚染되며 가르치지 아니한대도 잘하고, 바라지 아니한대도 하게 되는 것이 은연 중에 채찍을 가하는 것과 같아서 스스로도 어떻게 할 수 없는 것은 숙세의 業習에 끌려다니기 때문이다. 德이 높아도 福이 낮고 善을 행하는데도 몸이 凶하여 장애가 많고 원수가 많으며 자주 病들고 자주 괴로운 것이 면연(綿然)히 짜여진 것과 같아서 스스로도 풀수 없는 것은 숙세의 業習으로 불러들였기 때문이다. 이러한 것은 一生이나 一劫의 인연이 아니라 무시이래의 생각생각에 受熏한 것이기에 神力이 아니면 벗어날 수 없는 것이다. (앞의 책 p.813하)
484) '摩訶悉怛多 般怛囉'는 번역하여 大白傘盖이니 즉 여래장심이다. 量이 확연하여 沙界와 같아 大라 하고, 體에 妄染이 끊어졌기 때문에 白[청정]이요, 작용이 일체를 덮기 때문에 傘盖[우산]이며, 神呪가 이로부터 흘러 퍼지기 때문에 心呪라 한다.『계환해』(『卍속장경』17, p.813하)
　＊摩訶薩怛多般怛囉는 大白傘盖이니 無上神呪까지 겸하면 大楞嚴呪의 梵名이다. 李耘虛,『首楞嚴經 註解』(서울 東國譯經院 1974) p.292.

斯是如來無見頂相이 無爲心佛이 從頂發輝하고 坐寶蓮華하야 所說心呪니라

　이것은 여래의 끝없이 높고485) 청정한 마음의 부처님이 정상(頂上)으로부터 광명을 내어 보배의 연꽃 위에 앉아서 말씀하신 심주(心呪, 능엄주)이니라.

㈏示呪神力

且汝宿世에 與摩登伽로 歷劫因緣이라 恩愛習氣가 非是一生及與一劫이어늘
我一宣揚에 愛心永脫하고 成阿羅漢하니

　우선 네가 숙세에 마등가녀(摩登伽女)와 함께 오랜 겁(劫)을 지내는 인연이 있어 은애(恩愛)와 습기(習氣)가 일생이나 일겁 만이 아니었으나, 내가 한 번 이 주문을 선양(宣揚)함으로 말미암아 애욕의 마음에서 완전히 해탈하고 아라한을 이루었던 것이다.

彼尙淫女라 無心修行이로대 神力冥資로 速證無學어든

　그리고 그녀도 음란한 여자로서 수행할 마음이 없었지만 신력(神力, 능엄주)의 도움으로 인하여 더 배울 것이 없는 무학(無學)을 증득하였던 것이다.

云何汝等 在會聲聞으로 求最上乘가 決定成佛이요 譬如以塵으로 揚于順風이라 有何艱險이리요

　그런데 하물며 그대들은 이 모임의 성문(聲聞)들로서 최상의 수행[最上乘]을 구함이겠는가? 결정코 성불할 것이니 마치 순풍에 먼지를 날리는 것 같을 것인데, 무슨 어려움이 있겠느냐?486)

---

485) '無見頂'이라 한 것은 화엄에 九地의 知識이 스스로 말하되, '佛乳母가 되어서 처음 태어날 때부터 친히 捧持하여 諦觀했으나 정수리를 볼 수 없었다' 했으니 부처님의 頂法은 가히 시견으로 볼 수 없음을 보인 것이다. 『계환해』(『卍속장경』17, p.813하)
486) 마등가는 바탕이 음란한 사람이었는데도 오히려 바로 道를 증득하였거늘, 하물며 聲聞은 道器이니 저 보다 쉽게 은근히 道를 도울 수[冥資] 있다는 것이다. 『계환해』(『卍속장경』17, p.813하)

㈐持呪軌則

若有末世 欲坐道場이댄 **先持比丘 淸淨禁戒**호대 **要當選擇 戒淸淨者**인 **第一沙門**하야 **以爲其師**니

만약 비록 말세라 하더라도 부처님의 도량에 머물고자 한다면 먼저 비구의 청정한 금계(禁戒)를 지녀야 하고, 그렇다면 먼저 계행이 청정한 제일가는 사문(沙門)을 가려서 계사(戒師)로 삼아야 한다.

若其不遇 眞淸淨僧이면 **汝戒律儀**가 **必不成就**하리라

만일 참으로 청정한 스승을 만나지 못하면 너의 계율은 성취될 수 없기 때문이다.487)

戒成已後에는 **著新淨衣**하고 **然香閑居**하야 **誦此心佛 所說神呪**호대 **一百八遍**한

계(戒)가 성취된 후에는 새로 깨끗한 옷을 입고 분향하고 고요히 앉아서 여기에 심불(心佛)이 말씀하신 신비로운 주문을 일백 팔편 외우는 것이다.488)

然後結界建立道場하고 **求於十方現住國土**한 **無上如來放大悲光**하야 **來灌其頂**이니라

그러한 후에 한계를 설정[結界]489)하여 도량을 건립하고, 시방국토에 머물러 계시는 무상최존(無上最尊)의 여래께서 대비광명을 놓아 이마에 비추어 주시기를 구해야 하느니라.

---

487) 스승이란 사람의 모범으로 正邪가 이로부터 나오는 것이다. 그러므로 '第一의 眞僧을 만나지 못하면 律儀가 성취되지 못한다'고 한 것이다. 『계환해』(『卍속장경』17, p.814상)
488) '誦呪百八'은 百八煩惱가 소멸하는 것을 나타낸 것이다. (앞의 책 p.814상)
489) 結界: 불도를 수행하는 데 장애를 없애기 위하여 비구의 의식주를 제한하는 것이며, 魔의 장난을 막기 위하여 법에 따라 도량을 정하고 이를 淨潔히 하는 것이다. 예를 들어 女人結界하면 男子의 출입이 금지되는 것이다.

3.攝持軌則 ②外攝軌則 493

阿難_아 如是末世의 淸淨比丘와 若比丘尼와 白衣檀越이 心滅貪淫_{하고} 持佛淨戒_{하야} 於道場中 發菩薩願_{호대}

아난아! 이와같이 말세의 청정한 비구와 비구니와 백의단월(白衣檀越)이 마음에 탐음(貪淫)을 소멸하고, 부처님의 청정한 계율을 지니어, 도량에서 보살의 원(願)을 발하여야 한다.

出入澡浴六時行道_{하야} 如是不寐코 經三七日_{하면} 我自現身至其人前_{하야} 摩頂安慰_{하면서} 令其開悟_{케호리라}

그리하여 출입할 적마다 반드시 목욕하고, 육시(六時)로 도(道)를 행하여490) 삼칠일을 지내도록 잠을 자지 아니하면 내가 몸을 나타내고 그 사람의 앞에 가서 정수리를 만지면서 편안히 위로하고 깨닫게 할 것이다.491)

㈑結壇軌則二 ㈎阿難詳問492)

阿難 白佛言_{호대} 世尊 我蒙如來 無上悲誨_{하고} 心已開悟_{일새} 自知修證無學道成_{어니와}

아난이 부처님께 사뢰었다. "세존이시여! 저는 여래의 위없이 자비하신 가르침을 입고 마음이 이미 열리어 스스로 더 배울 것이 없는 무학(無學)의 도(道)를 닦아 증득하게 될 것임을 알게 되었습니다.493)

---

490) 六時行道는 日晝夜(十二時)가운데 一時는 行道하고, 一時는 靜坐하는 것이 六時行道이다.
491) 戒의 뿌리가 청정하고 願行이 정미롭고 간절하여야만 감응이 있게 되는 것이다. 『계환해』(『卍속장경』17, p.814상)
492) 壇을 설세하는 궤칙에 대해서 서세히 청문한 것이나. 『계환해』(『卍속상성』17, p.814상)
493) '自知修證等'이라 말한 것은 呪力이 은근히 도와주어[冥資]야만 聖果를 가히 기약할 수 있음을 알았다는 것이다. (앞의 책 p.814상)

末法修行建立道場인맨 云何結界라아 合佛世尊淸淨軌則이닛고

그러나 말세에 수행하는 이로서 도량을 건립하려고 하면 어떻게 결계(結界)하여야 부처님의 청정한 궤칙(軌則)에 부합될 수 있겠습니까?"

⑭佛慈詳答五 (ㄱ)壇場用度
佛告阿難 若末世人 願立道場인맨 先取雪山 大力白牛의 食其山中 肥膩香草니라 此牛唯飮 雪山淸水일새 其糞微細하니 可取其糞하야 和合栴檀하야 以泥其地니라

부처님이 아난에게 말씀하셨다. "만일 말세의 사람들이 도량을 건립하려고 하면 먼저 설산(雪山)494)에서 살찌고 기름진 향초(香草, 지혜)만 먹는 대력(大力)의 흰 소[白牛, 大根機로서의 수행의 자세]495)를 구해야 한다. 왜냐하면 그 백우(白牛)는 설산(雪山, 淨信)에서 맑은 물만 먹었기 때문에496) 배설물[糞, 願力]이 매우 미세하고 청정하니497) 이를 취하여 전단과 화합하여 지면(地面)에 바르는 것이다.

若非雪山이면 其牛臭穢하야 不堪塗地니

만일 설산의 백우(白牛)가 아니면 그 소의 변[糞]이 더러워서 땅에 바를 수가 없을 것이다.

---

494) '산'은 흙이 높아져서 된 것이니 '설산'은 순정한 최상의 믿음을 뜻한다. (앞의 책 p.814하)
495) '大力白牛'는 여래장에 합한 순정한 대근기이다. (앞의 책 p.814하)
496) '香草와 淨水'는 妙善의 순정한 지혜이다. 『계환해』(『卍속장경』17, p.814하)
497) '먹고 남은 것'이란 大力白牛의 充實한 찌꺼기이니 즉 수행이 가득하여 넘친 원력을 가리킨다. (앞의 책 p.814하)

別於平原에 穿去地皮하고 五尺已下하고 取其黃土하야

그러니 따로 평원(平原)498)에서 오척 이상(五尺以上)의 지피(地皮)499)를 파 버리고, 그 이하의 황토를 취하여500)

和上旃檀과 沈水蘇合과 熏陸鬱金과 白膠靑木과 零陵甘松과 及雞舌香하야 以此十種細羅爲粉하야 合土成泥 以塗場地니라

최상의 전단(旃檀)501)향과 침수(沈水)향과 소합(蘇合)과 훈육(熏陸)과 울금(鬱金)과 백교(白膠)와 청목(靑木)과 영능(零陵)과 감송(甘松)과 계설(雞舌) 등의 열 가지 향[十波羅密]502)을 골고루 섞고 곱게 갈아 가루를 만들어 황토와 배합하여 진흙을 만들어 도량의 지면에 바르는 것이다.503)

---

498) '原'은 平土이니 그 가운데 淨信을 뜻한다. (앞의 책 p.814하)
499) '地皮'는 아직 청정하지 못한 곳이다. (앞의 책 p.814하)
500) '五'는 數 가운데 中이고, '黃'은 色 가운데 中이니 中中의 淨信을 취한 것이다. (앞의 책 p.814하)
501) '최상의 栴檀'이란 十香 가운데 우두머리이니 십바라밀(十度)을 총괄하고 만행의 으뜸이 되는 것이다.(앞의 책 p.814하)
502) '十香'은 십바라밀의 法香이다. (앞의 책 p.814하)
 *蘇合香은 페르시아가 원산인 낙엽교목에서 추출한 향유이고, 훈육(熏陸)은 乳香을 가리킨다. 울금(鬱金)은 고대 鬱鬯酒(울창주)의 원료로 사용하던 鬱金草이니 즉 鬱金草를 쪄서 鬯酒에 섞어 옛날 神할이 내릴 때 썼다. 백교(白膠)는 단풍나무의 진으로 止血, 皮膚病 등에 약으로 쓴다. 靑木은 中國 處處에 자생하는 것이다. 零陵은 中國 湖南省 일대에서 自生하는 蘭草의 일종으로 한 줄기에서 꽃이 여러 개 달리며, 보통의 蘭보다 향기가 더 강하다. 보통 性情의 아름다움에 비유한다. 甘松은 중국의 貴州 四川 등지에서 自生한다. 雞舌은 일명 丁子香이라고도 하는데 더운 지방에서 자생한다.
503) 법왕의 법다운 말씀은 事에도 나아가고 理에도 나아간 것이기에 法이 홀로 일어날 수 없고 事가 허망하게 시설될 수 없는 것이니 화엄의 一字法門은 자 바다를 먹물 삼아 써도 그 끝이 없기에 住行向地等妙의 五位行相으로 世諦에 나아가 이로써 밝혔다. 무릇 시설한 바가 반드시 다 像을 취한 것이요, 여기에서 壇場에 장엄되는 가지가지 용도도 다 像을 취하여 法을 표하는 것 아님이 없다.『계환해』(『卍속장경』17, p.814하)
 *'곱게 갈고 가루를 만든다' 했는데 이를 추궁하면 微妙한 萬行을 가리킨다. 대저 여래의 寂滅場地을 취하고자 한다면 반드시 광대한 信心에 근본하고, 淨智와 妙善에 바탕하여 이로써 순일한 大根을 양성한다면 충실한 遺餘는 오히려 法香에 합하여 十度

方圓丈六으로 爲八角壇하야 壇心置一金銀銅木의 所造蓮華하야 華中安鉢하고 鉢中先盛八月露水하야 水中隨安 所有華葉이니라

　모나고 둥근 장육(丈六, 480cm)의 팔각단을 만들고504) 단(壇)의 중심에는 금(金)·은(銀)·동(銅)·목(木)으로 하나의 연꽃을 만들어505) 연꽃 속에 발우(鉢盂)를 놓고, 발우 안에는 먼저 팔월의 이슬을 담은 후에 그 물 속에 꽃잎을 띄우는 것이다.

　의 으뜸이 될 것이기에 寂滅場地을 장엄하게 되는 것이다. 上信大根을 얻지 못했다면 그 다음을 구하게 되기 때문에 中中의 信心을 취하는 것이니 비록 十度萬行의 으뜸이 되지는 못하나 이를 구족하게 되면 가히 그것으로 도량을 장엄할 수 있는 것이다.『계환해』(『卍속장경』17, p.814하)
504) 壇은 고요하고 평탄하며 진실 그 자체이니 體가 八正을 구족했기 때문에 八角이요, 능히 八邪를 섭수하기 때문에 方이 丈六인 것이다.『계환해』(『卍속장경』17, p.815상)
505) '단(壇)의 중심에 연화'라 한 것은 中道妙行이다. 연화로 物을 삼은 것은 꽃과 열매가 體가 같고 오염과 청정이 근원이 같다는 것이니 妙行의 큰 이치를 나타낸 것이다. (앞의 책 p.815상)
　*金銀銅木으로 만들었다는 것은 妙行의 실천[云爲]을 표한 것이다. 金銀은 백 번 단련해도 더욱 정미로우니 불변을 뜻하고, 銅은 굳세어서 義를 닮은 것이요, 木은 위를 뾰족하게 하여 아래를 덮었으니 仁을 닮은 것이다. (앞의 책 p.815상)
　*대저 體를 의지하여 行을 일으킴에 金銀은 精微로워 불변하고, 銅은 剛하기 金銀과 같아서 혹은 義로써 制御하고 혹은 仁으로써 덮되 過不及이 없이 무릇 다 中道에 부합하니 그 까닭은 妙行이기 때문이다. 鉢은 應器이니 量에 따라 物에 응함을 표한 것이다. 이슬은 陰德(陰澤)이니 가을에 내리는 것이다. 八月은 가을의 중앙이요, 水中의 꽃잎은 仁으로써 덮은 덕행이니 陰德(澤)을 따라 베풀어진 것으로 이 또한 隨量應物하되 몰래 이롭게[陰利]하고 가만히 교화함의 표현이다. (앞의 책 p.815상)

取八圓鏡 各安其方하야 圍繞華鉢하고 鏡外建立 十六蓮華와 十六香鑪호대 間華鋪設하야 莊嚴香鑪하고 純燒沈水호대 無令見火니라

다시 여덟 개의 둥근 거울506)을 각 방향에 걸어 꽃과 발우를 에워싸게 하고507) 거울 밖에는 열여섯 개의 연꽃과 열여섯 개의 향로를 설치하여508) 연꽃 사이사이에 차려놓아 향로를 장엄하고, 향로에는 순전히 침수향(沈水香) 만을 태워서 불이 보이지 않게 하라.509)

(ㄴ)獻享儀式

取白牛乳하야 置十六器하고 乳爲煎餠하며 幷諸砂糖과 油餠乳糜와 蘇合蜜薑과 純酥純蜜을 於蓮華外에 各各十六으로 圍繞華外하야 以奉諸佛과 及大菩薩호대

흰 소[白牛]의 젖을 가져오는데 열 여섯 개의 그릇에 담아 그 젖으로 떡(煎餠)510)을 만들고, 사탕[沙糖]511)과 유병(油餠, 튀김)512)과 유미(乳糜)513)와 소합(蘇合)514)과 밀강(蜜薑)515)과 순소(純酥)516)와

---

506) 둥근 거울은 大圓鏡智이다. 『계환해』(『卍속장경』17, p.815상)
507) '각 방향에 걸어 꽃과 발우를 에워싼다'는 것은 智行이 서로 의지하여 方圓을 따라 應한다는 것이다. (앞의 책 p.815상)
508) '거울 밖에 연화향로를 각기 열여섯을 설치한다'는 것은 연화는 妙行을 표하고, 香은 妙德을 표하는 것으로 '鏡外'라 한 것은 즉 正智 밖에 방편으로 十六을 건립하되, 邪와 正이 相攝하고 德과 行이 相熏하여 오래도록 교화의 덕이 구비되고, 邪와 正의 두가지를 다 잊게 되기를 바랜 것이다. (앞의 책 p.815하)
509) '순수한 침수향을 태우되 불이 보이지 않게 한다'한 것은 德에 돌아가되 用을 含藏하여 覺觀을 소멸해야함을 말한 것이다. 그러한 후라야 능히 寂滅場地에 계합하기 때문이다. 혹자가 밀하기를 '法을 표힘에는 우선 그렇다 할 수 있겠으나 시금에 이르도록 古德들이 해석하지 아니한 것은 법을 상한 臆說이 되지 아니할까 염려한 것이 어찌 아니겠느냐?' 이에 答하여 말하기를 '내가 지금까지 말했던 것은 나의 臆說이 아니고 화엄의 내용이니 만약 화엄을 자세히 보고 나면 이러한 것이 나의 억설이 아님을 알게 되리라'. (앞의 책 p.815하)
510) 煎餠은 찹쌀가루 밀가루 등을 반죽하여 둥글고 넓게 만든 떡이다.
511) 沙糖은 石蜜이라고도 하는데 엿의 일종이다.
512) 油餠은 기름에 튀긴 떡이다.
513) 乳糜는 우유죽이다.

순밀(純蜜)517)을 섞어서 각기 열 여섯의 그릇에 담아 연꽃을 에워싸게 하여 여러 부처님과 대보살에게 공양하는 것이다518)

每以食時와 **若在中夜**에 **取蜜半升**하고 **用酥三合**하야 **壇前別安一小火爐**하고
　그 방법은 항상 식사 시간과 밤중[中夜]519)에 꿀 반되(半升)와 우유 세 홉[三合]을 취하여520) 단(壇) 앞에 따로 조그만 화로(火爐) 하나를 놓고521)

以兜樓婆香으로 **煎取香水沐浴其炭**하야 **然令猛熾**케하고 **投是酥蜜於炎爐內**하고 **燒令煙盡**하야 **享佛菩薩**이니라
　도루바향(兜樓婆香)522)으로 다린 향수로 숯을 목욕시켜 태워서523) 불꽃이 타오르게 하고, 우유와 꿀을 활활 타는 화로 속에 던져서 연기가 늘 나도록 하여 불보살에게 공양하여야 한다.524)

---

514) 蘇合은 페르시아가 원산인 낙엽교목에서 추출한 향유이다.
515) 密薑은 생강에 꿀을 발라 말린 것이다.
516) 純酥는 우유 또는 양유를 끓여서 만든 酥酪醍醐이다.
517) 純密은 벌꿀이다.
518) 法喜禪悅을 가지고 불보살의 二尊에게 바친 것이다. 權敎에서 방편으로 乳酪을 허락했으나 實敎에서는 일체 금하였거늘, 다시 향봉(享奉)한다고 한 것은 뜻이 權實을 융회하고 邪正이 동등함을 표하고자 한 것이다. 그러므로 八味를 또한 각기 十六으로 이름하여 '연꽃을 밖으로 에워쌌다'고 했으니, 이것은 權을 융회하고 邪를 攝受한 法喜를 가지고 행을 따라 시설하였음을 나타낸 것이다. 『계환해』(『卍속장경』17, p.815하)
519) 부처님은 하루의 중앙에 식사를 받으시기 때문에 항상 하루의 중앙에 올리는 것이니 中夜는 日中에 비례된 말이다. (앞의 책 p.815하)
520) 蜜은 꽃을 이루는 것이니 和融의 法行을 표한 것이다. 연유[酥]는 젖으로 이루어진 것이니 和融의 法味를 표한 것이다. 半은 중간의 數요, 三은 완성된 數이다. 『계환해』(『卍속장경』17, p.816상)
521) '조그만 화로'라 한 것은 가슴속의 구도심[覺心]이다. (앞의 책 p.816상)
522) 兜樓婆香은 白茅香이라 번역하며 蘇合香의 다른 이름이다.
523) '향으로 숯을 목욕시켜 등등'은 구도심을 발하게 하는 법이다. '藥王燃身에 先服兜樓婆香이라 했듯이 뜻이 능히 지혜의 불꽃을 발하고자 한 것이기에 향수에 목욕시킨 숯을 취하여 하여금 활활 타게 한다고 한 것이다. 『계환해』(『卍속장경』17, p.816상)
524) '우유와 꿀을 화로에 던져 태운다'는 것은 행과 법이 이미 이루어지면 그치거나

㈐像設儀式

令其四外애는 遍懸幡華하고 於壇室中애는 四壁敷設十方如來와 及諸菩薩所有形象호대

그 사방 밖에는 깃발[幡]과 꽃을 두루 달고525) 단실(壇室)의 네 벽526)에는 시방의 여래와 보살들의 가지가지 형상을 걸되

應於當陽애는 張盧舍那와 釋迦彌勒과 阿閦彌陀하고 諸大變化한 觀音形像과 兼金剛藏은 安其左右하며 帝釋梵王과 烏芻瑟摩와 幷藍地迦와 諸軍茶利와 與毗俱胝와 四天王等과 頻那夜迦는 張於門側하야 左右安置하고

정면 남쪽[當陽]527)에는 노사나불과 석가불과 미륵불과 아촉불과 아미타불을 모시고528) 여러 가지로 변화된 관음형상과 금강장보살의 형상을 좌우에 모시며529) 제석과 범왕과 오추슬마와 남지가와 군다리와 비구지와 사천왕 등과 빈나와 야차를 문 옆의 좌우에 안치한다.530)

걸리지 아니하고 覺心에 당하여 용맹스럽게 단련하여 습기를 모두 녹이고 緣影을 함께 잊어서 豁然함이 이른바 紅爐點雪과 같다는 것이다. 그러한 후라야 부처님에게 올린 바가 되나니 대저 적멸도량에 머물러 선열을 얻고자 하면 여기에 마땅히 마음을 다해야 하는 것이다. (앞의 책 p.816상)

525) '사방으로 번과 꽃을 등등'은 밖으로의 수행을 장엄하게 꾸민 것이다. (앞의 책 p.816상)

526) '단실 속의 사방 벽에 배렬한 것'은 自性四依를 가리킨다. 孤山이 大經四依를 송하여 이르되 '五品(隨喜 讀訟 說法 兼行六度 正行六度) 가운데 十信은 第一이요 十住는 第二요 行向地는 第三이요 等覺妙覺은 第四라' 하다.『계환해』(『卍속장경』17, p.816상)

527) '當陽'은 正位(南向)를 가리킨다. (앞의 책 p.816상)

528) 盧舍那等은 적멸도량의 眞主요, 미륵은 當來娑婆의 眞主요, 阿閦은 東에 살고 彌陀는 西에 사니 智悲의 眞主이다. (앞의 책 p.816상)

529) '諸大變化 觀音形像'이라 했으니 위로 같이하고 아래로 화합하는 眞主요, 금강장은 항상 금강의 신장을 거느리고 呪를 지니는 사람을 보호하되 마구니를 항복받고 장애를 끊는 眞主이고, 문 옆의 좌우 제석 범왕 등은 힘있는 역사들은 外護의 주인이다. 말법의 수행이 무릇 이들을 의뢰하여야 하니 하나라도 부족하면 반드시 성취할 수 없기 때문이다. (앞의 책 p.816상)

530) 오추슬마는 火頭金剛이요, 남지가는 靑面金剛이요, 군다리는 금강의 다른 이름이다. 비구저에게도 大神變이 있다. 그래서 毘盧神變經에 칭하기를 '左邊毘俱胝는 세 개

又取八鏡하야 覆懸虛空호대 與壇場中所安之鏡으로 方面相對하야 使其形影으로 重重相涉하니라

또 거울의 팔면을 허공에 엎어 달아 단(壇)에 안치한 거울과 면이 서로 마주하게 하여 형상과 그림자가 거듭거듭[重重] 거두어 들이게 하라.531)

(ㄹ)持呪儀式532)

於初七日中에는 至誠頂禮十方如來와 諸大菩薩과 阿羅漢號하고 恒於六時에 誦呪圍壇하야 至心行道호대 一時常行一百八遍이니라

처음 칠일 동안은 지성으로 시방의 여래와 대보살과 아라한의 명호에 머리를 대어 절하고, 항상 육시(六時)로 주문을 외우면서 단(壇)을 돌아 지극한 마음으로 도(道)을 행하는데, 일시(一時)에 항상

의 눈[三日]과 환계(鬟髻)을 가졌다'는 것이 이것이다. 빈나(頻那)와 야가((夜迦)는 되지 머리와 코끼리 코의 두가지 사자이다. (앞의 책 p.816하) *三日은 세 개의 눈이다. (세조언해본 참조) *鬟髻(환계)는 부인들의 쪽과 같고, 남자들의 상투와 같은 것이다.
531) 壇 가운데 거울은 物相에 나아가 의지함이 있으니 수행인의 지혜요, 허공의 거울은 物相를 여의어 의지함이 없으니 제불의 지혜이다. 混物有依라 하는 것은 바야흐로 物은 비추나 아직 스스로를 비추지 못한 것이니 반드시 離物無依의 지혜를 얻어서 서로 작용한 연후라야 物我互照하고, 心鏡雙融하여 제불과 중생이 身土相入하여 힘써 걸음을 움직이지 아니하고, 마음으로 헤아림을 기다리지 아니하고서 法法이 두루하고 事事가 걸림이 없어 눈을 들어 千聖을 가지런히 보게 되고, 부딪치는 곳마다 만상이 昭然하여 一花一香으로 두루 塵利에 공양하고, 一行一相으로 充擴함이 무궁하되 신통을 빌리지 아니하고, 情謂에 섭수되지 아니하리니 적멸도량의 법과 법이 본래 이와 같아서 密因修證의 묘가 여기에 지극하리라. 『계환해』(『卍속장경』17, p.816하)
532) 一이 변하여 七이 되고, 七이 변하여 九가 되나니 이는 다 陽數이다. 七이 그 가운데 있어 過不及이 없기 때문에 도량은 이 칠일로써 일주기를 삼되 삼칠일을 취하여 완성을 삼은 것이다. (앞의 책 p.817상)
*무릇 부처님을 향하여 기도하는 데 있어서 귀의삼보로써 최초로 도에 드는 수행의 바른 수단을 삼기 때문에 초칠일에 지성으로 여래 보살 라한의 명호에 정례하는 것이니 이유는 그 불가사의한 힘을 빌려서 행을 발하고 도를 돕자는 것이다. 그러나 원력이 아니면 이를 기대할 수 없기 때문에 제이칠일에 계율의 가르침에 의지하여 전심으로 발원하게 한 것이다. 행원이 견고하여지면 대용맹심을 얻을 수 있기 때문에 제삼칠일에 잠시도 쉼이 없고 주문을 두루 제한함이 없이 외우되 한결같이 誦持하면 드디어 정성에 감응하여 이르게 되리니 進力의 성과이다. (앞의 책 p.817상)

일백 팔번씩 행하라.533)

第二七中에는 一向專心으로 發菩薩願호대 心無間斷이니 我毗奈耶에는 先有願敎니라

 제이칠일(第二七日)에는 한결같은 마음으로 보살의 원(願)을 발해야 하는데, 마음에 끊어짐이 없게 해야 하는 것이다. 나의 계율[毗奈耶]에는 원을 발하는 가르침이 있다.

第三七中 於十二時에 一向持佛 般怛囉呪니라

 제삼칠일(第三七日)에는 십이시(十二時)에 한결같이 부처님의 반달라주(般怛囉呪, 능엄주)를 지송하라.

至第七日하야는 十方如來가 一時出現하야 鏡交光處 承佛摩頂하리니 卽於道場 修三摩地니라

 이렇게 하여 제칠일(第七日)이 되면 시방의 여래가 일시에 거울의 광명이 어우러진 곳534)에 출현하시어 친히 이마를 어루만져 주실 것이니, 바로 이 도량에서 삼마지를 닦아야 한다.

能令如是 末世修學으로 身心明淨 猶如琉璃하리라

 그리고 이와같이 말세에 수학하는 사람들은 몸과 마음이 맑고 깨끗하게 해야하는데535) 마치 유리와 같아야 하느니라.

---

533) 일시(一時)란, 한번 시작하면 간단없이 주문을 외운다는 뜻이다. *'百八'은 주문이 두루함을 뜻하는 것이니 만약 도를 행하고자 하면 두루하여야 함을 가리킨 것이다. 『계환해』(『卍속장경』17, p.817상)
534) '광명의 거울이 어울리는 곳'이란 중생과 부처가 지혜로써 비추어 감응의 도가 교차하는 곳이다. 『계환해』(『卍속장경』17, p.817상)
535) '身心이 明淨하다는 것'은 宿習인 인연과 장애가 모두 끊어짐을 말한 것이니 이것은 감응으로 이루어진 공덕이다. (앞의 책 p.817상)

阿難아 若此比丘의 本受戒師 及同會中의 十比丘等이 其中有一 不淸淨者
면 如是道場은 多不成就니라
　　아난아! 만약 이 비구가 본수계사(本受戒師, 전계사)나 혹은 같은 모임의 십비구(十比丘, 三師七證) 등 그 가운데 한 사람이라도 청정하지 못한 이가 있으면 이와같은 도량은 성취될 수 없다.536)

從三七後로 端坐安居하야 經一百日하면 有利根者는 不起于座하고 得須陀洹이며
　　삼칠일(三七日) 이후부터는 단정히 앉아 안거(安居)하기 일백 일을 지내는데, 근성이 예리한 자는 자리에서 일어나지 아니하고 수타원과(須陀洹果)를 얻을 것이며,537)

縱其身心에 聖果未成이라도 決定自知 成佛不謬하리니 汝問道場 建立如是
하니라
　　비록 몸과 마음이 아직 성과(聖果)는 이루지 못하였다 하더라도 결정코 틀림없이 성불하게 될 것임을 알수 있을 것이니 네가 질문했던 도량을 건립하는 것도 이와같다.

㈐正說神呪三　㈀阿難哀請
阿難 頂禮佛足 而白佛言호대
　　아난이 부처님의 발에 이마를 대어 절하고 공경히 사뢰었다.

---

536) 현재의 도량에서 조금이라도 감응을 얻은 것이 있다면 대개 이로 말미암은 것이다. (앞의 책 p.817상)
537) 의식이 구비되고 계율이 완성되면 결정코 果를 이루는 감응을 얻게 될 것이다.『계환해』(『卍속장경』17, p.817하)
　　＊'수타원을 얻었다' 한 것은 마침내 凡地로부터 聖流에 들게 되었다는 것으로 小果를 가리키는 것은 아니다. 그러므로 '비록 聖果는 아직 얻지 못했다 하더라도 결정코 성불하게 될 것임을 안다'고 한 것이요, 영락경에 이르기를 '十地第四를 수타원이라 부른다' 했으니 단정코 小果가 아니다. (앞의 책 p.817하)

自我出家로 恃佛憍愛하고 求多聞故 未證無爲하야 遭彼梵天 邪術所禁이라
 "제가 출가한 이후로 부처님의 사랑을 믿고 교만하여 다문(多聞)만 구하였지 무위(無爲)를 증득하지 못하였기에 저 범천(梵天)의 사술(邪術)538)에 걸렸던 것입니다.

心雖明了나 力不自由러니 賴遇文殊하야 令我解脫이니다
 그 때에 마음은 비록 명료하였으나 힘은 자유롭지 못하였으며, 문수보살을 만나고서야 벗어날 수 있었습니다.

雖蒙如來의 佛頂神呪에 冥獲其力이나 尙未親聞이로소니 唯願大慈로 重爲宣說하사 悲救此會의 諸修行輩하시며 末及當來의 在輪廻者하사 承佛密音코 身意解脫에 하소서
 비록 여래의 불정신주(佛頂神呪)의 묘력은 입었으나 아직 친히 듣지는 못하였으니 오직 바라옵건대 대자비로 거듭 말씀하시어 이 모임의 여러 수행자들을 구호하시고, 앞으로 말세의 윤회하는 이들이 부처님의 밀음(密音)을 받들고, 몸과 뜻이 해탈하게 하옵소서!"539)

于時會中一切大衆이 普皆作禮하고 佇聞如來秘密章句러라
 이 때에 회중(會中)의 모든 대중이 다 예배하고 여래의 비밀한 말씀을 듣고자 기다렸다.

---

538) 사술은 娑毘迦羅 先梵天呪이다.
539) 아난의 말은 다 후학을 경책하고자 주문의 묘력을 나타내 달라고 청한 것이다.『계환해』(『卍속장경』17, p.817하)

ⓛ如來正說四　Ⓐ現變

爾時世尊이 從肉髻中하야 涌百寶光하신대 光中涌出 千葉寶蓮하고 有化如來가 坐寶華中하사 頂放十道의 百寶光明하시니

그 때 세존께서 머리의 육계(肉髻)로부터 백보(百寶)의 광명을 놓으시니 광명 가운데 천 개의 보배 연꽃이 솟아오르고, 보배의 연화 가운데 화신(化身)의 여래가 앉아 계시어 정상(頂上)으로부터 십도(十道)의 백보광명(百寶光明)을 놓으셨다.

一一光明 皆遍示現 十恒河沙의 金剛密迹호대 擎山持杵하고 遍虛空界어늘

그러자 낱낱 광명 속에서 두루 십항하(十恒河)의 모래 수와 같은 수많은 금강신장[金剛密跡]이 나타나540) 금강저(金剛杵)를 세워 쥐고서 도량과 허공에 가득하였다.

大衆仰觀하고 畏愛兼抱라 求佛哀祐하야 一心聽佛 無見頂相의 放光如來가 宣說神呪러라

이 때 대중들이 우러러 바라보고 두려운 생각과 공경하는 마음으로 부처님께서 불쌍히 여겨 도와주시기를 바라면서 부처님의 무견정상(無見頂相)의 광명 속에 나타난 여래께서 설하시는 신비로운 주문을 일심으로 듣고 있었다.541)

---

540) 金剛密跡은 密跡力士혹은 금강력사라고도 하니 항상 부처님을 모시고 부처님의 秘密한 事迹을 기억한다는 뜻이며, 모두 손에 金剛杵를 들고 불법을 擁護하는 天神의 總稱이다.
541) 광명 가운데 두루 금강의 위엄이 있고 씩씩한 모습을 나타낸 것은 이 주문의 힘에 크게 신비한 작용이 있어서 魔를 파하고 장애를 끊게 됨을 보이고자 한 것이다. 또 이 주문을 외우면 항상 八萬恒沙의 금강장왕보살과 그 권속이 주야로 따르고 모시기 때문에 두루 나타난다고 한 것이다. 나머지 뜻은 經의 머리와 卷初에서 이미 다 해석했다. 『계환해』(『卍속장경』17, p.818상)

②外攝軌則　(ㅁ)正說神呪　505

Ⓑ)說呪(능엄주)542) 제1회 (1 - 137)543)
스타타가토 슈니삼 시타아타 파트라 아파라지탐 프라티앙기람 다라
니544)
나마 스타타 수가타야 아르하테 삼약삼붓다사545)
사트야타 붓다 코티슈니삼546) 나무 사트바 붓다 보디 사트베바547)
나무 샆타남 삼약삼붓다 코티남548) 사쉬라바카 상카남549)
나모로케아르하타남550) 나무스로타　아판나남551)　나무사크리다가미
남552)
나모로케 삼약가타남553) 삼약프라티 판나남554) 나무 데바리쉬남555)
나무 싯다비드야 다라리쉬남556) 샤파아누 그라하 삼마르타남557)

---

542) 능엄주(楞嚴呪)는 수선자(修禪者)가 수선하는 가운데 나타나는 마장(魔障)을 없애고 또 깊은 삼매를 얻기 위해서도 능엄주를 송지(誦持)해 왔다. *능엄주에는 高麗藏經 439句와 新修藏經 427句와 環解刪補記의 능엄주가 있는데, 천수경의 신묘장구 대다라니와 함께 가장 많이 지송되고 있다.
543) 제1회는 귀경(歸敬)하는 부분이니, 여래와 聖衆에게 귀의하고 찬탄하는 내용으로 되어있다.
544) 大佛頂 如來 白傘蓋尊 無能超勝 最强調伏 陀羅尼라 한 것은 능엄주의 제목이다.
*줄여서 白傘蓋陀羅尼라고도 하니 白傘蓋란 힌 비단을 가지고 덮개를 만든 天蓋로서 王位를 상징하는데, 佛智의 공덕이 수승함을 전륜성왕에 비유한 것이다. 능엄주는 대승불교가 밀교화되는 과정에서 인도의 정통사상인 바라문교의 제요소를 받아들여 그것이 불교적으로 수용된 것이다. 鄭泰爀, '楞嚴呪 解義'(불교학보 20, p.209).
545) 지극하신 如來·應供·等正覺에게 귀명합니다. *이 아래의 주문들에 대한 설명은 鄭泰爀, '楞嚴呪 解義(불교학보 20, p.145 이하)와 김진열『楞嚴經硏究入門』p.321 이하'에서 참고한 것이다.
546) 진실하게 일체여래의 수많은 佛頂[칠구지불]에게 귀명합니다.
547) 일체의 불보살에게 귀명합니다.
548) 수많은 七俱胝의 等正覺者에게 귀명합니다.
549) 성문들을 동반한 승가에 귀명합니다.
550) 세상의 應供이신 아라한들에게 귀명합니다.
551) 預流이신 수타원들에게 귀명합니다.
552) 一來이신 사타함에게 귀명합니다.
553) 세상에서 바르게 聖果로 걸어가고 있는 四果의 여러 수행자들에게 귀명합니다.
554) 또 四向의 여러 수행자들에게 귀명합니다.
555) 그리고 천신들과 聖仙에게 귀명합니다.
556) 明呪를 성취하여 신통력을 지니신 聖仙들에게 귀명합니다.
557) 明呪를 지녀 두루 이익을 攝受하시는 대중들에게 귀명합니다.

마무 브라흐마네558) 나무 인드라야559)
나무 바가바테 루트라야 우마파티 사히타야560)
나무 바가바테 나라야나야 판차 마하삼무드라561)
나마 스크리타야562) 나무 바가바테 마하칼라야563)
트리푸라나가라 비드라파나 칼라야 아디무크타카
슈마샤나니바시네 마트리 가남 나마 스크리타야564)
나무 바가바테 타타가타 쿨라야565) 나무 파드마 쿨라야566)
나무 바주라 쿨라야567) 나무 마니 쿨라야568) 나무 가자쿨라야569)
나무 바가바테 드리다 슈라세나 프라하라나 라자야
타타가타야570) 나무 바가바테571)
나무 아미타바야 타타가타야 아르하테 삼약삼붓다572)
나무 바가바테 아크쇼바야 타타가타야 아르하테
삼약삼붓다573) 나무 바가바테 바이샤쥬야 구르바이두르야

---

558) 梵天에 귀명합니다.
559) 인드라신[帝釋天]에게 귀명합니다.
560) 世尊이신 루드라神과 우마파티神과 및 그들의 권속들에게 귀명하나이다. *'루트라'는 시바신을 가리키며 파괴를 뜻한다.
561) 세존이신 나라야나(비시누)神衆과 五大印(판차마하삼무드라)에게 귀명합니다.
    *五大印은 佛智의 내용으로 다섯가지로 표시된 五佛頂尊의 印相을 말하나니, 곧 제불삼매의 內證이다. 鄭泰爀, '楞嚴呪 解義' 註(불교학보 20, p.148).
562) 頂禮하여 귀명합니다.
563) 세존이신 마하칼라야(大黑天神)에게 귀명합니다. *大黑天神은 시바신의 異名이다.
564) 三宮城(트리푸라나가라)을 불태우고(비드라파나 카라야) 아디무크타카神의 묘지에 살고 있는 성스러운 마트리 神衆에게 정례하여 귀명합니다.
    *三宮城은 天·空·地의 삼계에 각각 金·銀·鐵로 된 城을 악마가 환술로 만들었다고 한다. *'아디무크타카'는 시바신의 異名이다.
565) 세존이신 如來部에 귀명합니다.
566) 蓮華部에 귀명합니다.
567) 金剛部에 귀명합니다.
568) 如意寶部에 귀명합니다.
569) 象部에 귀명합니다.
570) 세존이시며 용맹한 군사(드리다 슈라세나)들을 격파한 왕(프라하라나 라자야)이신 여래께 귀명합니다.
571) 세존에게 귀명합니다.
572) 아미타(無量光) 여래와 응공(아르하테)이신 等正覺者에게 귀명합니다.

프라바 라자야 타타가타야574)
나무 바가바테 삼푸슈피타 살랜드라 라자
타타가타야 아르하테 삼약삼붓다야575)
나무 바가바데 샤카무니예 타타가타야
아르하테 삼약삼붓다야576)
나무 바가바테 라트나 케투라자 타타가타야
아르하테 삼약삼붓타야577) 테브효 나마 스크리타야578)
에타 바가밤 스타타가토슈니샴 시타아타파트라579)
나무 아파라지탐 프라티앙기라580)
사르바 부타그라하 니그라하 카라니581)
파라 비드야 체다니582) 아칼라 므리튜 파리트라야나 카리583)
사르바 반다나 모크샤니584)사르바 두슈타 두흐스밥나 니비라니585)
차투르 이쉬티남 그라하 사하스라남 비드방사나 카리586)
아슈타빙샤티남 나트샤트라남 프라사다나 카리587)
아슈타남 마하그라하남 비드방사나 카리588)

---

573) 세존이신 아촉여래(아크쇼바야)와 應供이신 等正覺者에게 귀명합니다.
574) 세존이신 약사유리(바이샤쥬야 구르바이두르야)광왕(프라바 라자야) 여래에게 귀명합니다.
575) 세존이신 개부화왕(삼푸슈피타)과 사라수왕(살랜드라 라자)과 여래와 및 응공이신 等正覺者에게 귀명합니다.
576) 세존이신 석가모니여래와 응공이신 等正覺者에게 귀명합니다.
577) 세존이신 보화당왕(라트나 케투라자) 여래와 응공이신 等正覺者에게 귀명합니다.
578) 그들에게 정례(頂禮)하고 귀명합니다.
579) 이 거룩한(에타 바가바다) 如來佛頂(스타타가토슈니샴) 白傘蓋(시타아타파트라)呪에게 귀명합니다.
580) 모든 것을 다 調伏(아파라지탐)시키는 呪의 힘(프라티앙기라)에게 귀명합니다.
581) 일체의 魔鬼(사르바 부타그라하)들을 완잔히 절복시키며
582) 다른 神衆의 주문을 절단시키고
583) 때 아닌 죽음의 재앙(아칼라 므리튜에서 구호하시는 분입니다.
584) 모든 중생의 결박을 풀어주시는 분입니다.
585) 모든 악한(사르바 두슈타) 악몽을 없애는 분입니다.
586) 팔만사천의 邪魔(차투르이쉬티남 그라하 사하스라남)들을 파멸시키는 분입니다.
587) 스물여덟 가지(아슈타빙샤티남) 星宿(나트샤트라남)들을 청정히 바로 잡는 분입니다.

사르바 샤투루 리바라니589) 고라듀슈타스바파남 니샤나590)
비샤 샤스트라 아그니 우다카 웃타라니591)
아파라지타 구라 마하 발라 찬다 마하 딮타 마하 테자592)
마하 슈베타 쥬바라 마하 발라 판다라 바시니 아르야 타라593)
브리쿠티 차이바 비자야 바쥬라 말레티594) 비슈루타 파드마카595)
바쥬라 지흐바차 마라 차이바 아파라지타 바쥬라 단디596)
비샬라 차 샨타 비데하 푸지타597) 수마야 루파 마하 슈베타598)
아르야 타라 마하발라 아파라 마쥬라 슝링칼라크샤이바
바쥬라 카우마리 쿨란다리599)
바쥬라 아스타 차 비드야 칸차나 말리카600) 쿠슘바 라트니601)
비이로차나 크리야 야르토슈니샤602) 비쥬림바 말라차603)
바쥬라 카나카 프라바 로차나 바쥬라 툰디차604)
슈베타 차카말라605) 아크샤 샤쉬 프라바606)
이티에티 무드라니 가나 사르베 라크샴 쿠르반투607)

---

588) 여덟 가지(아슈타남) 大惡星(마하그라하남)들을 파멸시키는 분입니다.
589) 모든 怨敵을 이기는 분입니다.
590) 또한 무서운 악몽 등을 소멸시키는 분입니다.
591) 독약과 劍의 難과 불과 물의 難으로부터 구제하시는 분입니다.
592) 不敗의 구라女神과 大力의 찬다神과 大火炎의 女神과 大威德光의 女神과
593) 大天女의 炎光神과 大力白衣女神과 賢度天女神과
594) 瞋女神과 最勝女神과 마라티 꽃을 가진 金剛母神과
595) 유명한(비슈루타) 연 꽃에 앉은 여신과
596) 또한 金剛舌女神과 꽃다발을 가진 不敗의 女神과 金剛杵女神과
597) 또한 위대하며(비샬라 차) 아름다운 神들로부터 공양받는 여신과
598) 뛰어난 주술자의 모습(수마야 루파)을 한 太白女神과
599) 賢度天女神과 大力女神과 金剛鎖女神과 金剛童女神과 侍女神과
600) 또한 金剛手女神(바쥬라 아스타 차)과 明呪女神(비드야 칸차나)과 金髮女神(말리카)과
601) 황금의 보물을 가진 女神과
602) 두루 비치는(비이로차나 크리야) 역량의 佛頂女神과
603) 또 開口女神과
604) 인드라신의 무기인 번개와 같고 황금의 빛이 나는(바쥬라 카나카 프라바) 눈이며, 金剛嘴인 여신과
605) 또 흰 연꽃같은 눈을 가진 女神과
606) 빛나는 눈을 가진 月光女神과

이탐 마마샤608)

제2회 (138 - 178)609)
옴 리쉬가나 프라샤스타 스타타가토슈니샴610)
훔 트룸 잠바나611) 훔 트룸 스탐바나612)
훔 트룸 파라비드야 삼바크샤나 카라613)
훔 트룸 사르바 야크샤 라크샤샤
그라하남 비드방사나 카라614)
훔 트룸 차투르 이쉬티남 그라하 사하스라남
비드방사나 카라615) 훔 트룸 라크샤616)
바가밤 스타타가토슈나샴 프라티앙기라617)
마하 사하스라 부자 사하스라 쉬르쉐618)
코티 사하스라 네트레619) 아베드야 쥬발리타 다타카620)

---

607) 이와같이(이티에티) 諸印을 보이는 諸尊(무드라니 가나)들이시여! 모든 것들에 수호(사르베 라크샴)를 베푸시옵소서(쿠르반투)!
608) 이와같이 連誦하는 나에 대하여
609) 제2회는 간절하게 기도하고 讚美한 부분이다.
610) 기원합니다. 聖仙衆(리쉬가나)으로부터 찬미(프라샤스타)되는 如來佛頂이시여!
611) 기원합니다. 惡을 물리치는 破壞者(잠바나)이시여!
　＊훔은 감탄이나 尊의 뜻으로 쓰이는데, '훔·트룸'이라 하여 祈禱句로 사용된 것이다. '훔' 또는 '트룸'은 '옴'이나 '파트' 등과 같이 一字眞言이다. 鄭泰爀, '楞嚴呪 解義'(불교학보 20, pp.167-8).
612) 거룩히 존경하는 制御者이시여!
613) 거룩히 존경하는 他者의 주문을 삼켜버리는 분이시여!
614) 간절히 바라옵니다. 거룩히 존경하는 모든 야차귀와 나찰에 속하는(사르바 야크샤 라크샤샤) 악마(그라하남)들을 꺾어 파괴하시는(비드방사나 카라) 분이시여!
　＊옴의 세계요 길상의 세계인 168의 手頭女神(부자 사하스라 쉬르쉐)를 두고 하는 말이다. 鄭泰爀, '楞嚴呪 解義'(불교학보23, p.158)참고.
615) 거룩히 존경하는 팔만사천의 사특한 마구니의 鬼神들을 파멸시키는 분이여!
616) 이렇게 지극한 마음으로 존경하고 있는 저를 수호하여 주소서!
617) 大如來佛頂으로써 악주를 조복시키는 힘(프라티앙기라)을 가진
618) 수많은 하늘에 있는[人天] 手女神이여! 手頭女神이여! ＊手頭女神은 힌두교의 自在神이 男性神으로서 자재로이 창조와 파괴를 하는 신임에 반하여, 이것이 불교에 수용되면 관자재로서 자재로이 중생을 무명을 照見하는 구제의 보살이 된다. 鄭泰爀, '楞嚴呪 解義'(불교학보23, p.159).

마하 바쥬로다라621) 트리 부바나 만다라622)
옴 스비스티르 바바투 마마 이탐 마마샤623)

제3회 (179 - 272)624)
라자 바야 초라 바야 아그니 바야 우다카 바야625)
비샤 바야 샤스트라 바야 파라 차크라 바야626)
두르 비크샤 바야 아샤니 바야 아칼라 므리튜 바야627)
다라니 부미캄파 카파타 바야 울카 파타 바야628)
라자 단다 바야 나가 바야 비듀윳 바야629)
수파르니 바야 아크샤 그라하 라크샤 그라하630)
프레타 그라하 피샤차 그라하 부타 그라하631)
쿰반다 그라하 푸타나 그라하 카타 푸라나 그라하632)
스칸다 그라하 아파스마라 그라하 운마다 그라하633)

---

619) 일조(一兆)의 눈을 가진 女神이여!
620) 화염처럼 무명을 비추며 춤추는 女神이여!
　*이와같이 手頭女神(관자제)이 중생을 구제하기 위하여 一兆의 눈을 가지고 무명을 비추되 춤추는 모습으로 표현 된 것은 힌두이즘이 불교에 수용되면서 시바신의 창조 능력이 중생제도의 지혜방편으로 바뀌는 것을 보여주는 대목이다. 鄭泰爀, '楞嚴呪 解義'(불교학보23, p.158).
621) 대금강저를 지닌 女神이여!
622) 삼계의 만달라를 지배하는 女神이여!
623) 원컨데 吉相이 있으소서! 나에게(마마) 이와같이 나에 대해서!
624) 제3회는 능엄주를 성취하여 여러 가지 재앙을 극복했을 때의 공덕이 구체적으로 설명된 부분이다.
625) 왕난과 도적의 재앙과 불의 재앙과 물의 재앙과
626) 毒難과 무기의 재앙과 적병의 재앙과
627) 기아(飢餓) 같은 재앙과 벼락같은 재앙과 횡사하는 재앙과
628) 地震의 재앙과 떨어지는 流星에 다치는 재앙과
629) 형벌의 재앙과 뱀의 재앙과 우뢰와 번개[雷電]의 재앙과
630) 독수리의 재앙과 야차귀의 재앙과 나찰귀의 재앙과
631) 아귀의 재앙과 시체만 먹는 귀신을 만나는 재앙과 정령귀(精靈魔)의 재앙과
632) 여자(宮女)만 따라다는 귀신의 재앙과 臭鬼魔의 재앙과 奇臭魔의 재앙과
633) 어린이를 병들게하는 魔를 만나는 재앙과 羊의 머리를 한 귀신의 재앙과 狂病魔의 재앙과

챠야그라하 레바티 그라하634) 자타 아하리뇨 가르바 아하리뇨635)
루디라 아하리뇨 망사 아하리뇨 메다 아하리뇨 맛자 아하리냐636)
오죠하리뇨 지비타 아하리뇨 바타 아하리뇨 반타 아하리남637)
아슈차 아하리냐슈 칫다 아하리나스638)
테샴 사르베샴 사르바 그라하남 비드얌 찬다야미639)
킬라야미640)
파리브 라자카 크리탐 비드얌 친다야미 킬라야미641)
다키니 크라탐 비드얌 친다야미 킬라야미642)
마하 파슈파티 루두라 크리탐 비드얌 친다야미
킬라야미643) 나라야나 크리탐 비드얌 친다야미 킬라야미644)
타트바 가루다 시하야 크리탐 비드얌 친다야미 킬라야미645)
마하칼라 마트리 가나 크리탐 비드얌 찬다야미 킬라야미646)
카팔리카 크리탐 비드얌 친다야미 킬라야미647)
자야 카라 마두 칼라648) 사르바르타 시디나 크리탐649)

---

634) 사악한 影鬼의 재앙과 여자 도깨비[女魅]의 재앙과
635) 살아있는 아이[生兒]를 잡아먹는 鬼女와 태아(胎兒)를 잡아 먹는 鬼女와
636) 피를 빨아 먹는 鬼女와 살을 먹는 鬼女와 손가락을 잘라먹는 鬼女와 골수를 파먹는 鬼女와
637) 精氣를 빨아먹는 鬼女와 목숨을 잡아 먹는 鬼女와 호흡을 삼켜버리는 鬼女와 吐物을 먹는 鬼女와
638) 不淨物을 먹는 鬼女와 마음을 빼앗아 버리는 鬼女와
639) 이와같은 일체의 재앙들을 일으키는 귀신들의 주문을 나는 절단하노라!
640) 묶어 놓겠노라!
641) 외도들이 행하는 주문을 나는 절단하노하! 묶어놓겠노라!
642) 다키니 女神이 행하는 주문을 나는 절단하노라! 묶어 놓겠노라!
643) 큰 짐승의 주인[大獸主]인 루드라신이 행하는 주문을 나는 절단하노라! 묶어 놓겠노라!
644) 나라연천이 행하는 주문을 나는 절단하노라! 묶어 놓겠노라!
645) 저 가루다 새[鳥]와 그 권속들이 행하는 주문을 나는 절단하노라! 묶어 놓겠노라!
646) 天黑天神과 그 부인들이 행하는 주문을 나는 절단하노라! 묶어 놓겠노라!
647) 카팔리카(髑髏外道)들이 행하는 주문을 나는 절단하노라! 묶어 놓겠노라!
　*髑髏外道는 인간의 頭蓋骨을 가지고 食器로 사용하는 敎派이다.
648) 승리한 자, 꿀을 만드는 자 등
649) 일체의 이익을 성취하고자 하는 자들이

비드얌 친다야미 킬라야미650)
차투르 바기니 크리탐 비드얌 친다야미 킬라야미651)
브링그리티카 난디케슈바라 사하야 크리탐
비드얌 친다야미 킬라야미652)
나그나 슈라바나 크리탐 비드얌 친다야미 킬라야미653)
아르하트 크리탐 비드얌 친다야미 킬라야미654)
비타가라 크리탐 비드얌 친다야미 킬라야미655)
바쥬라 파니 구햐카 구햐카 아디파티 크리탐
비드얌 친다야미 킬라야미656)
라크샤맘 바가반 잇탐 마마샤657)

제4회 (273 - 332)658)
바가반 시타아타파트라 나무 아스투테659)
아시타 아날라루카 파라바스바타 비카 시타아타파트라660)
쥬발라쥬발라 다라다라 비디라비디라 친다친다661)
훔훔 파트 파트파트 파트파트 스바하662) 헤헤파트663)

---

650) 행하는 주문을 나는 절단하노라! 묶어 놓겠노라!
651) 네 자매여신(姉妹女神) 행하는 주문을 나는 절단하노라! 묶어 놓겠노라!
652) 투전외도와 환희왕과 그들의 권속들이 행하는 주문을 나는 절단하노라! 묶어 놓겠노라!
653) 나형(裸形)외도들이 행하는 주문을 나는 절단하노라! 묶어 놓겠노라!
654) 아라한들이 행하는 주문을 나는 절단하노라! 묶어 놓겠노라!
655) 離欲者들이 행하는 주문을 나는 절단하노라! 묶어 놓겠노라!
656) 金剛手(바쥬라 파니) 密跡天(구햐카 구햐카)의 주인이 행하는 주문을 나는 절단하노라! 묶어 놓겠노라!   *密跡天은 半神半人의 나찰이다.
657) 나를 수호하소서! 세존이시여! 이와같이 연송(連誦)하는 나에 대해여!
658) 제4회에서는 능엄주를 성취하고 공덕이 內證된 것에 대해서 여러 聖衆에게 감사하되 그 본존인 白傘蓋女神에게 간절히 기도하는 내용이다.
659) 세존이시여! 백산개(白傘蓋) 女神이시여! 머리숙여 귀명합니다.
660) 흰 불빛과 같이(아시타 아날라루카) 빛나는(파라바스바타) 활짝핀 백산개(白傘蓋) 女神이시여!
661) 光輝(쥬발라) 光輝 粉碎(다라) 粉碎 파열파열, 절단절단,
662) 거룩하고 신비한 힘으로 저들을 물리쳐 주옵소서!   *'훔'과 '파트'는 신비한 힘을 가진 神秘音이다. 鄭泰爀,'楞嚴呪 解義'(불교학보 20, p.188).

②外攝軌則　(ㅁ)正說神呪　513

아모가야 파트664) 아프라티하타야 파트 바라 프라다야 파트665)
아수라 비드라카파야 파트 샤르바 데베뱌 파트666)
사르바 나가뱌 파트 샤르바 야크쉐뱌 파트667)
사르바 간다르베뱌 파트 사르바 푸타네뱌 파트668)
카타푸타네뱌 파트 사르바 두르랑기네뱌 파트669)
사르바 두슈타 프레크슈테뱌 파트 사르바 쥬바레뱌 파트670)
사르바 아파스마레뱌 파트 사르바 슈라방네뱌 파트671)
사르바 티르티케뱌 파트 사르바 운마데뱌 파트672)
사르바 비드야 라자 체뱌 파트673)
자야카라 마두카라 사르바 아르타 사다케뱌 파트674)
비드야 차레뱌 파트 차투람 바가니뱌 파트675)
바쥬라쿠마리　비드야라자뱌파트676) 마하프라티앙기레뱌 파트677)
바쥬라 슈링칼라야 프라티앙기라 라자야 파트678)
마하 칼라야 마하 마트리 가니679)
나마스 크리타야 파트 비슈나비예 파트 브라흐마네 파트680)

---

663) 오직 다음의 주문들 까지도
664) 不空(眞實)者의 주문과
665) 無礙者의 주문과 은혜를 베푸는 자의 주문과
666) 아수라를 물리치는 자의 주문과 일체 천신들의 주문과
667) 일체의 龍神들의 주문과 일체의 야차신들의 주문과
668) 일체 건달바(音樂神)들의 주문과 일체 鬼靈들의 주문과
669) 일체 奇臭鬼들의 주문과 재앙을 지나가게하는 모든 신들의 주문과
670) 일체 추악한 재앙을 일으키는 모든 신들의 주문과 모든 열병의 주문과
671) 羊의 머리에 여자의 몸을 가진 여우같은 귀신의 주문과 모든 성문들의 주문과
672) 모든 外道士들의 주문과 모든 광란귀들의 주문과
673) 모든 明呪를 지닌 자들의 주문과
674) 승리한 자와 꿀을 만드는 자와 더 나아가 모든 이익을 성취하고자 하는 자들의 주문과
675) 明呪를 행하는 자들의 주문과 네 자매 여신들의 주문과
676) 金剛童女와 明呪女王神의 주문과
677) 그게 調伏된 女神과 그 권속의 주문과
678) 金剛과 같이 들어간 조복왕의 주문과
679) 大黑天神의 주문과　大聖母의 주문과　*大黑天은 세계의 大破壞者로서 시바신이다.

아그나예 파트 마하 칼리예 파트 칼라 단디예 파트681)
마트리예 파트 루드라야 파트 차문디예 파트682)
칼라 라트리예 파트 카팔리예 파트683)
아디무크티카 슈마샤나 바시니예 파트684)
이에 카치트 사트바스 마마 잇탐 마마사685)

제5회 (333 - 427)686)
두슈타 칫따 아미트라 칫따687)
오자하라 가르바하라 루디라하라 바사하라688)
망사하라 자타하라 지비타하라 발리 아하라689)
간다하라 푸샤파하라 파파 칫따 두슈타 칫따690)
팔라하라 사샤하라 리우드라 칫따691)
야크샤 그라하 라크샤 그라하 프레타 그라하692)
피샤차 그라하 부타 그라하 쿠반다 그리하693)
스칸다 그라하 운마다 그라하 차야 그라하694)

---

680) 예배받는 자의 주문과 비슈누신의 주문과 범천의 주문과
681) 화신(火神)의 주문과 大黑天女神의 주문과 죽음의 신의 주문과
682) 마트리(聖母)신의 주문과 루드라신의 주문과 차문다신의 주문과
683) 흑야신(黑夜神)의 주문과 촉루신(觸髏神)의주문과
684) 기쁘게 아디무크타카신의 묘지에 머무는 시바신의 주문과
685) 이들 어떤 악주(惡呪)라도 모두 파멸시킬 수 있는 힘으로 이와같이 나를 수호하소서! 이와같이 나를!
686) 제5회는 회향의 부분이다. 그래서 그 내용이 '여러 惡鬼와 질병과 재앙의 소굴에서 벗어나 이들을 제도하고 聖域을 지키겠다'고 한 것이다.
687) 나쁜 마음[惡心]과 무자비한 마음을 지니고 있는
688) 식물(精氣)을 먹는 귀신과 태아를 먹는 귀신과 선혈을 먹는 귀신과 기름(膏)을 먹는 귀신과
689) 고기[肉]를 먹는 귀신과 아이를 먹는 귀신[食生兒鬼]과 목숨을 먹는 귀신[食壽命鬼]과 공양물을 먹는 귀신[食供物鬼]과
690) 食香鬼와 食花鬼와 食果實鬼와 食穀物鬼 등의 재앙과
691) 또 죄악(罪惡)의 마음과 나쁜 마음(惡心)과 포학하게 성내는 마음 등이 있는
692) 야차신의 재앙과 나찰신의 재앙과 아귀의 재앙과
693) 시체를 먹는 귀신의 재앙과 정령귀의 재앙과 여자(宮女)만 따라다는 귀신의 재앙과

아파스마라 그라하 다카 다키니 그라하695)

레바티 그라하 자미카 그라하 샤쿠니 그라하696)

만트라 난디카 그라하 아람비카 그라하 칸타 파니 그라하697)

쥬바라 에카히카 드바이트야카 트리티야카 차투르타카698)

니트야 쥬바라 비샤마 바티카 파잇티카699)

슈레슈미카 산니파티카 사르바 쥬바라 쉬로룻티700)

아르다바베다카 아크쉬 로카 무카로카 칸타로샤701)

갈라로카 카르나 슐람 단타슐람 히리다야 슐람702)

마르마 슐람 파르슈바 슐람 프리슈타 슐람703)

우다라 슐람 카티 슐람 바스티 슐람 우루 슐람704)

장가 슐람 하스타 슐람 파다 슐람705)

사르바 앙가 프라티앙가슈람706) 부타 베탈라 다키니 쥬바라707)

다드루 칸두 키티바 루타 비서르파 로하 링가708)

쇼샤 트라사나 가라709) 비샤 요가710) 아그니 우다카711)

---

694) 어린이를 병들게 하는 재앙과 狂病魔의 재앙과 影鬼의 재앙과
695) 羊의 머리에 여자의 몸으로 나타나는 귀신의 재앙과 다카 다키니(壓蠱女鬼)의 재앙과 '다카'는 '카리'여신의 侍者로서 그의 妻이다. 사람의 살을 먹는다. 鄭泰爀, '楞嚴呪 解義' (불교학보 20, p.199).
696) 女魅의 재앙과 독수리 모양을 한 귀신의 재앙과 말의 형상을 한 귀신의 재앙과
697) 주문을 지니기를 기뻐하는 귀신의 재앙과 뱀의 모양을 한 귀신의 재앙과 닭의 모양을 한 귀신의 재앙과
698) 열학질귀의 하루째 발열과 이틀째 발학가 사흘째 발학과 나흘째 발학과
699) 계속되는 의식불명의 높은 학질열과 또 풍병과 저즙질(沮汁質)에 의한 황달병과
700) 염창병(痰瘡病)과 체액의 부조로 인한 이질병과 모든 열병과 두통과
701) 肩頭痛과 眼疾과 口疾과 목병(頸疾)과
702) 인후질(咽喉疾)과 귓병과 치통과 心痛과
703) 관절통과 늑막염(脅痛)과 척추통과
704) 복통과 요통과 방광통과 대퇴통(大腿痛)과
705) 다리의 통증(脚痛)과 수통(手痛)과 족통(足痛)과
706) 일체의 지절통(肢節痛)과
707) 또 정령귀(精靈鬼)나 기사귀(起死鬼)나 압고여귀(壓蠱女鬼)에 의한 열통이나
708) 거미 등과 같은 곤충에 의해 피부에 계속 퍼지는 적반창(赤班瘡)이나
709) 음식독에 의한 놀랄만한 乾枯病이나
710) 또 毒이 있는

마라 비라 칸타카712) 아칼라 므리튜 트리 암부카713)
트리이라타 브리슈치카 샤르파나쿨라714)
싱하 뱌그라 리크샤 티아크슈 차마라 지바 데샴 사르베삼715)
시타아타파트라 마하 바쥬라 우슈니샴 마하 프라티앙기람716)
야밧드 드바다샤 아뱐타레나 비디야 반담 카로미717)
테조 반담 카로미718) 파라 비드야 반담 카로미719) 타드야타720)

옴 아나레 비샤다 비라 바쥬라 다레 반다 반다네
바쥬라 파네파트 훔 트룸 파트 스바하721)

---

711) 火神이나 水神이나
712) 용맹스런 짐승 모양의 神과
713) 不測의 죽음을 가져오는 벌(蜂)과
714) 말등에(馬虻)와 전갈이나 뱀이나
715) 사자 호랑이 여차 등 이상의 모든 재앙들을
716) 백산개(白傘蓋)인 大金剛佛頂의 크게 調伏하여 물리치는 힘으로
717) 적어도 12由旬 안에서 행하는 그 呪文들을 나는 결박하고 도량을 지키겠노라!
718) 광취(光聚)로써 그것들을 나는 결박하여 도량을 지키겠노라!
719) 그리고 다른 명주(明呪)들도 나는 결박하여 도량을 지키겠노라!
720) 그러므로 이와같이 염송(念誦)하라.
721) 원컨데 광명이요, 광취(光聚)이신 금강저(金剛杵)로써 다른 나쁜 장애들을 물리쳐 주시옵소서!

*주문을 또한 다라니라고도 하는데 번역하여 總持라 한다. 즉 諸佛密語의 神智妙用한 무량한 뜻을 총괄하고 무량한 법을 지니고 있어 邪를 꺽고 正을 세우되 악을 물리치고 선을 일으켜 다 총괄하여 지니기 때문이다. 여기에서 설명하지 아니한 것은 경의 五名에 이미 구비되었기 때문이다. (앞의 책 p.822하)

*능엄주 가운데 419句 타드야타(다질타)까지는 다만 삼보에 귀의함과 주문의 공력과 구원과 가피의 일을 설명한 것이요, 이곳 420句 '옴字이하'에 이르러서야 비로소 완전한 正呪가 되는 것이다. 『계환해』(『卍속장경』17, p.822하) 및 『佛光大辭典』(台灣 佛光出版社 1988) p.2064. 등 참조

*灌頂疏云에서는 다섯으로 나누었으니 第一會 초구부터~137句 인토나 마마샤 까지는 毘盧眞法會로서 여래와 聖衆의 명호 앞에 찬탄과 귀의하는 내용이요, 第二會 138句~178句 인토나 마마샤 까지는 釋尊應化會이니 諸聖衆이 무량중생을 구제한다는 내용이요, 第三會 179句~272句 인토나 마마샤 까지는 觀音合同會이니 우리들 중생들이 이 능엄주를 통해서 '일체의 고난과 일체의 불행으로부터 길이 벗어날 수 있다'라는 그 공덕을 설한 내용이요, 第四會 273句~332句 마마인토나 마마샤 까지는 剛藏折攝會로

ⓒ結功722)
阿難 是佛頂光聚의 悉怛多般怛羅인 秘密伽陀 微妙章句는 出生十方 一切諸佛하나니

아난아! 이러한 불정광취(佛頂光聚)의 실달다반달라(悉怛多般怛羅)723)인 비밀스런 가타(伽陀)의 미묘한 장구(章句)가 시방의 일체 제불을 출생시키는 것이다.724)

十方如來가 因此呪心하야 得成無上 正遍知覺하며

시방의 여래가 이 주문[呪心]을 가짐으로 인하여 최상의 정변지각(正徧知覺)을 이루었으며,

서 우리는 이제 諸聖衆 앞에 예배하고 서원과 기도를 통해서 '자기 자신의 내면에 능엄주를 드러내게 된다'는 내용이요, 第五會 333句~427句 파리비다 반담기로미 까지는 文殊弘傳會이니 이제 이 다라니의 힘으로 '우리를 괴롭혔던 여러 중생들까지라도 이들을 제도함으로써 결국 불국을 성취하게 된다'는 내용이다. 李耘虛, 『首楞嚴經 註解』(서울 東國譯經院 1974) p.308 참조.
　*능엄주란 śūraṅgama-samādhi-dhāraṇī 인데 '용맹스럽게 정진하여 선정을 닦는데 힘을 돕는 주문'이라는 뜻이며, 그 핵심은 삼보와 보살의 가피력으로써 다른 모든 惡呪를 소멸하고 불제자들을 보호하려는 의지로 가득차 있다 하겠다.
722) 이른바 呪의 핵심은 大白傘蓋(여래장)이니 廣大無染하고 周覆法界한 여래장심의 비밀스런 법문이다. 오직 이것이 廣大周覆하여 여래장이 되기 때문에 이를 지니고 이로 말미암으면 능히 제불을 출생시키고 無上覺을 이루어 魔를 항복 받고 응화하여 群苦를 발제(發濟)하나니 그 나머지 공덕에 대해서는 항사의 겁을 지내어 설하여도 다할 수 없다. 『계환해』(『卍속장경』17, p.824상)
723) 마하실달다 반달라는 번역하여 大白傘蓋이니 즉 여래장심이다. 量이 확연하여 沙界와 같아 人이라 하고 體가 妄染이 끊어섰기 때문에 白[정성]이요 작용이 일체를 덮기에 傘蓋[우산]이라 한다. 『계환해』(『卍속장경』17, p.813하)
　*白傘蓋란 범어 실달다반달라의 번역으로 다섯가지 佛頂(여래장심)인 白傘蓋·勝·最勝·光聚·除障의 가운데 하나이다. 白傘蓋를 혹은 佛頂尊이라고도 하는데 佛頂이라 한 것은 여래 정수리의 위력을 인격화하여 특히 강조한 것이다. 밀교에서는 부처님의 자비로써 중생들을 熱惱가 개애으로부터 건져주는 것이 마치 일신이 시람을 덮이시 뜨거운 태양으로부터 보호해 주는 것과 같다는 뜻이다. 전관응,『불교학대사전』(서울 홍법원 1988) p.483.
724) 능엄주가 우리들의 수행에 많은 도움이 된다는 것이다.

十方如來가 執此呪心하여 降伏諸魔하고 制諸外道하며
　시방의 여래가 이 주문을 가지고 모든 마구니를 항복받고 외도들을 제어하시며,

十方如來가 乘此呪心하고 坐寶蓮華하야 應微塵國이니라
　시방의 여래가 이 주문을 타고 보배의 연꽃 위에 앉아 수많은 국토에 응하시며,

十方如來가 含此呪心하고 於微塵國에 轉大法輪이니라
　시방의 여래가 이 주문을 간직하고 수많은 국토에서 대법륜(大法輪)을 굴리시며,

十方如來가 持此呪心하야 能於十方 摩頂授記일새
　시방의 여래가 이 주문을 가지고 시방에서 정수리를 만져 수기(授記)하시기에,

自果未成이라도 亦於十方에 蒙佛授記하며
　스스로의 과(果)가 아직 이루지지 않았다 하더라도 시방에서 부처님의 수기(授記)를 받게 되며,

十方如來가 依此呪心하야 能於十方 拔濟群苦하나니
　시방의 여래가 이 주문을 의지하여 시방에서 여러가지 고통을 뽑아 제도하시는 것이다.

所謂地獄과 餓鬼畜生과 盲聾瘖瘂와
　말하자면 지옥 아귀 축생과 눈멀고 귀먹고 말 못하는 괴로움과

②外攝軌則 (ㅁ)正說神呪 519

怨憎會苦와 愛別離苦와 求不得苦와 五陰熾盛과 大小諸橫을 同時解脫하며
원증회고와 애별리고와 구부득고와 오음성고와 크고 작은 횡액을 동시에 해탈하게 하며,725)

賊難兵難과 王難獄難과 風火水難과 饑渴貧窮을 應念銷散이니라
도적의 재난과 병사의 재난과 왕의 재난과 감옥에 갇히는 재난과 물과 불과 바람의 재난과 주리고 목마른 빈궁(貧窮)이 응념(應念)에 바로 소멸되는 것이다.726)

十方如來가 隨此呪心하야 能於十方에 事善知識호대 四威儀中供養如意하며
시방의 여래가 이 주문을 지니고 시방에서 선지식을 섬기는데, 네 가지 위의[四威儀] 가운데 뜻대로 공양하고,

---

725) 인생에 있어서 즐거운 면도 없는 것은 아니지만, 그러나 그것도 긴 안목에서 보면 고통의 씨앗에 지나지 않는다. 따라서 불교는 우리 앞에 주어진 이러한 현실을 뼈아프게 자각하기를 권하고 또 이렇게 자각했을 때 오히려 인생의 고귀한 가치를 찾게 된다는 것이다. 苦에는 四苦와 八苦가 있는데 헛되이 나와 나의 것이라는 相을 앞세우기 때문에 生이 苦가 되는 것이며, 부질없이 늙고 병들고 오래 살기만 바라기 때문에 老病死가 두려운 것이다. 거기다가 어느 한쪽을 편애하거나(愛別離苦), 싫어하거나(怨憎會苦), 그칠줄 모르는 욕망 때문에(求不得苦) 부딪히는 일마다 몸과 마음이 고통(五蘊盛苦)이라는 것이다. 80화엄 십지품 현전지의 내용 중에는 이러한 고통을 세가지로 나누어 설명하고 있는데, 이때 세가지란 첫째가 苦苦이니 주로 육체적 고통을 뜻하고, 둘째는 壞苦이니 늙음 죽음 재물 명예 이성 등 마음의 고통이 이것이며, 셋째는 行苦이니 제법의 실상을 깨닫지 못하고 무명 속에 살고 있는 業 그 자체가 고통이라는 것이다.

726) '지옥아귀 등'은 八難의 일을 대강 든 것이요, '원증애별 등'은 八苦의 일을 대강 든 것이다. 灌頂經에 이르기를 '큰 횡액이 아홉이고 작은 횡액은 수 없이 많다' 하였다. 여기서 親因을 攝受한 것은 모든 인연 있는 이를 다 섭수하여 제도한 다는 뜻이다. 『계환해』(『卍속장경』17, p.824상)

恒沙如來 會中推爲 大法王子니라
　항하의 모래 수와 같은 여래의 모임 가운데 대법왕자(大法王子)가 되며,

十方如來가 行此呪心하야 能於十方에 攝受親因하며
　시방의 여래가 이 주문을 수행했기 때문에 시방에 친인(親因)727)을 섭수하고,

令諸小乘으로 聞秘密藏호대 不生驚怖니라
　모든 소승(小乘)들로 하여금 이러한 비밀장(秘密藏)을 듣고도 놀라지 않게 하셨던 것이다.728)

十方如來가 誦此呪心하야 成無上覺하고 坐菩提樹하야 入大涅槃이니라
　이와같이 시방의 여래가 이 주문을 외워서 최상의 깨달음을 이루고, 보리수 아래 앉아 대열반에 드시며,

十方如來가 傳此呪心하야 於滅度後에 付佛法事하야 究竟住持호대
　시방의 여래가 이 주문을 전하여 멸도한 후에 불법의 일을 부촉하여 구경까지 지니도록 하되,

---

727) 여기에서 친인(親因)은 아난과 마등가 등 능엄주와 직접적인 인(因)이 있는 자이다.
728) 소승들이 이러한 비밀장을 듣고 놀라 달아났던 이유를 80화엄에서는 다음과 같이 설명하고 있다. "본래부터 중생들을 거두어 주지 못한 연고이며, 본래부터 다른 이를 권하여 보살의 바라밀다를 닦게 하지 못한 연고이며, 본래부터 생사에서 헤매면서 중생에게 권하여 가장 훌륭한 큰 지혜의 눈을 구하게 하지 못한 연고이며, 본래부터 온갖 지혜를 내는 착한 뿌리를 닦지 아니한 연고이며 <이하생략>" (卍속장경11, p.383 화엄제60권 입법계품)

嚴淨戒律하야 悉得淸淨이니

　계율을 엄정(嚴淨)하게 지니게 하여 다 청정케 하시는 것이다.

若我說是 佛頂光聚 般怛羅呪인댄

　만약 내가 이 불정광취의 반달라주를 다 말하려 한다면

從旦至暮히 音聲相聯하며 字句中間에도 亦不重疊하고 經恒沙劫이라도 終不能盡이니라

　아침부터 저녁까지 외우기를 계속[音聲相聯]하여 글자가 그 중간에 조금도 중첩되지 않고, 항하의 모래 수와 같은 겁(劫)을 지낸다 하더라도 다 말할 수 없다.

亦說此呪 名如來頂이니

　또 이 주문을 이름하여 여래정(如來頂)이라고도 하나니

汝等有學이 未盡輪廻코 發心至誠하야 取阿羅漢인댄

　너희들 더 배워야 할 유학(有學) 가운데 아직 윤회를 끊지 못한 이로서 지극한 마음으로 발심하여 아라한에 나아가고자 한다면,

不持此呪하고 而坐道場하야 令其身心으로 遠諸魔事는 無有是處라

　이 주문을 지송하지 아니하고, 도량에 앉아서 몸과 마음으로만 마구니의 일[魔事]를 멀리하려 하는 것은 있을 수 없는 일이다.729)

---

729) 위에서는 여래의 경계를 나타내고, 여기에서는 또한 끊임없이 노력해야 함[漸修]을 밝힌 것이다. 『계환해』(『卍속장경』17, p.824하)

ⓓ權持三 ⓐ總勸
阿難 若諸世界에 隨所國土 所有衆生이 隨國所生인 樺皮貝葉과 紙素白氎으로 書寫此呪하야 貯於香囊하며
　아난아! 모든 세계의 여러 국토에 있는 중생들이 그 나라에서 나는 벗나무 껍질[樺皮]이나 패옆(貝葉)이나 종이나 흰천[白氎]에 이 주문을 써서 향낭(香囊)에 넣어 두어야 하며,

是人心昏하야 未能誦憶이라도 或帶身上이나 或書宅中하면 當知是人이 盡其生年토록 一切諸毒이 所不能害니라
　이 사람이 마음이 혼둔하여 외울 수가 없거든, 몸에 지니거나 집안에 써 둔다면, 이러한 사람은 평생에 모든 독(毒)이 해치지 못할 것이다.

ⓑ顯益二 F1標
阿難 我今爲汝하야 更說此呪가 救護世間하야 得大無畏하며 成就衆生 出世間智호리라
　아난아! 내 이제 이 주문이 '세상 사람을 구호하여 대무외(大無畏)를 얻게 하며, 중생들에게 출세간의 지혜를 성취하게 하는 것'임을 말하리라.

F2釋
若我滅後 末世衆生이 有能自誦이어나 若敎他誦하면
　내가 멸도한 후에 말세의 중생들이 스스로 외우거나 다른 이를 시켜 외우게 하면,

當知如是 誦持衆生은 火不能燒하고 水不能溺하고 大毒小毒 所不能害며
　이와같이 지송하는 중생은 불이 능히 태우지 못하고, 물이 능히 빠뜨리지 못하며, 대독(大毒)과 소독(小毒)이 해치지 못하고,

②外攝軌則　㈤正說神呪　523

如是乃至 龍天鬼神과 精祇魔魅 所有惡呪가 皆不能著이며
　더 나아가 용·천·귀신·정지(精祇)730)와 마매(魔魅)들의 악주(惡呪)가 건드리지 못하고,

心得正受일새 一切呪詛와 厭蠱毒藥과 金毒銀毒과 草木蟲蛇와 萬物毒氣가 入此人口에 成甘露味하며
　마음에 삼매[正受]를 얻었기 때문에 일체의 주문과 저주(咀呪)와 염고(厭蠱)와 독약(毒藥)과 금독(金毒)과 은독(銀毒)과 초목충사(草木蟲蛇) 등 만물의 독기가 사람의 입에 들어가면 감로(甘露)의 맛을 이룰 것이며,

一切惡星과 幷諸鬼神과 磣心毒人이 於如是人에는 不能起惡하며
　일체의 악성(惡星)과 모든 귀신과 나쁜 마음으로 사람을 독해(毒害)하려는 것들이 이 사람에게는 악해(惡害)를 일으키지 못하며,

頻那夜迦와 諸惡鬼王과 幷其眷屬이 皆領深恩하야 常加守護하리라
　빈나와 야차와 악귀의 왕과 그 권속들이 깊은 은혜를 받았으므로 항상 수호하게 되는 것이다.731)

---

730) 정지(精祇)란 하늘의 靈을 얻은 것을 精이라 하고 땅의 靈을 얻은 것을 祇라 한다. 正受는 삼매이다. 염고(厭蠱)는 厭은 주술로써 저주하는 것이고, 蠱는 독약으로 몰래 해치는 것이다.
731) 이른바 세간을 구호하여 大無畏를 얻게 하나니 呪를 지송함으로 인하여 저를 이롭게 하기 때문에 모든 惡鬼王이 다 그 권속을 거느리고 깊은 은혜에 답한다고 한 것이다. 金과 銀이 藥에 들어가면 간혹 毒을 발하게 된다. 『계환해』(『卍속장경』17, p.824하)

阿難當知하라 是呪常有 八萬四千 那由他 恒河沙俱胝의 金剛藏王 菩薩 種族하되

   아난아! 이 주문에는 항상 팔만사천 나유타 항하사 구저732)의 금강장왕보살(金剛藏王菩薩)과 그 종족이 있는데,

一一皆有 諸金剛衆으로 而爲眷屬하야 晝夜隨侍하리라

   하나하나 수많은 금강중(金剛衆)으로 권속을 삼아서 주야로 따라다니며 모시는 것이다.

設有衆生이 於散亂心에 非三摩地라도 心憶口持하면

   설사 어떤 중생이 산란한 마음에 삼마지가 아니더라도 이 주문을 마음으로 기억하고 입으로 외운다면

是金剛王이 常隨從彼 諸善男子어늘

   금강장왕(金剛藏王)이 그 선남자를 항상 따라다니는데,

何況決定菩提心者아

   하물며 보리심(菩提心)이 결정된 자이겠는가?

此諸金剛 菩薩藏王의 精心陰速하야 發彼神識일새

   이 모든 금강보살장왕(金剛菩薩藏王)의 정심(精心)이 신속하고도 그윽하여733) 저의 신비로운 마음[神識]을 발명하게 하기 때문에

---

732) 구저(俱胝)는 화엄(아승지품)에서 백이십대수의 처음에 이르되 '일백락차가 일구저가 되고, 구저구저가 일아유다가 되고, 아유다 아유다가 일나유타가 된다' 했으니 이 곳의 일십백천만억조경해에 대비하면 락차는 억(億)에 해당 되고, 구저는 조(兆)에 해당 되며, 나유타는 해(孩)에 해당된다. 『계환해』(『卍속장경』17, p.825상)

733) '精心陰速'이라 한 것은 精妙한 마음이 그윽하면서도 빠르게 저의 神識을 도와서 발하게 한다는 것이다. (앞의 책 p.825상)

是人應時에 心能記憶八萬四千 恒河沙劫하야 周遍了知하고 得無疑惑하리라
　　이 사람이 그때에 팔만사천 항하의 모래 수와 같은 겁(劫)을 기억하여 두루 분명히 알고 의혹이 없게 되는 것이다.734)

ⓒ廣顯十　F1不墮惡趣
從第一劫으로 乃至後身히 生生不生에
　　제일겁(第一劫)으로부터 후신(後身)에 이르기까지 태어날 때마다

藥叉羅刹과 及富單那와 迦吒富單那와 鳩槃茶와 毗舍遮等과 幷諸餓鬼와 有形無形과 有想無想의 如是惡處하며
　　약차나찰 부단나·가타부단나 구반차 비사차 등과 모든 아귀와 유형무형유상무상 등의 나쁜 곳[惡處]에 태어나지 아니하며,

是善男子가 若讀若誦이어나 若書若寫나 若帶若藏하야 諸色供養하면
　　이 선남자가 주문을 읽거나 외우거나 쓰거나 그리거나 몸에 차거나 간직하여 여러가지로 공양하면

劫劫不生 貧窮下賤한 不可樂處하리라
　　언제나[劫] 빈궁하고 하천(下賤)한 좋지 못한 곳에 태어나지 않을 것이다.735)

F2獲功德聚
此諸衆生이 縱其自身不作福業이키도 十方如來가 所有功德을 悉與此人일새
　　이 중생들이 비록 자신이 복을 짓지 못했더라도 시방의 여래가 자기의 공덕을 다 이 사람에게 주기 때문에736)

---

734) 이른바 중생들이 출세간의 지혜를 성취하는 모습이다. (앞의 책 p.825상)
735) 일겁은 수행의 시초를 말한 것이요, 後身은 수행의 완성을 말한 것이다.『계환해』(『卍속장경』17, p.825상)
736) 有爲의 업을 짓지 않기 때문에 스스로 무루의 복을 얻게 되는 것이다. (앞의 책 p.825하)

由是 得於恒河 沙阿僧祇 不可説 不可説劫에 常與諸佛로 同生一處하며
　이로 말미암아 항하사 아승지 불가설 불가설겁(恒河沙阿僧祇不可說不可說劫)동안에 항상 여러 부처님과 함께 같은 곳에 태어나며,

無量功德이 如惡叉聚하야 同處薰修하고 永無分散하며
　한량없는 공덕이 악차취(惡叉聚)737)와 같아서 동처(同處)738)로 훈수(薰修)하고 영원히 흩어짐이 없을 것이다.

F3衆行成就
是故能令 破戒之人으로 戒根淸淨하며
　이러한 까닭에 계(戒)를 파한 사람은 계의 뿌리가 청정하게 되고,

未得戒者로 令其得戒하며 未精進者로 令其精進하며
　계(戒)를 얻지 못한 이는 계를 얻게 되고, 정진하지 못하는 이는 정진하게 되고,

無智慧者로 令得智慧하며 不淸淨者로 速得淸淨하며
　지혜가 없는 사람은 지혜를 얻게 되고, 청정하지 못했던 이는 청정하게 되고,

不持齋戒로 自成齋戒니라
　재계(齋戒)를 갖지 못한 이는 스스로 재계를 이루게 되는 것이다.739)

---

737) 惡叉는 과일의 열매 이름이니 생길 때 반드시 함께 모여 무더기를 이루기 때문이다. (앞의 책 p.825하)
738) 동처(同處)란 늘 대중이 함께 하는 곳이다.
739) 마등가의 得果로써 미루어 보더라도 분명하지만, 呪를 지니면 반드시 참다운 사람을 얻게 될 것이기에 앞에서 하나라도 청정하지 아니하면 성취할 수 없다고 말한 것이며, 나중에 여법하게 戒를 지녀야만 반드시 마음이 통함을 얻게 된다고 말한 것이니 수행인은 이점을 잘 살펴서 부질없이 구하고 넘겨짚지 말라. 『계환해』(『卍속장경』17,

F4 滅輕重罪

阿難 是善男子가 持此呪時에 設犯禁戒를 於未受時라도
　아난아! 이 선남자가 이 주문을 지니게 되면 비록 주문을 수지(受持)하기 전에740) 금계(禁戒)를 범했더라도

持呪之後에는 衆破戒罪가 無問輕重하고 一時消滅하며
　주문을 지닌 후에는 모든 파계한 죄가 경중을 논하지 않고 일시에 소멸하며,

縱經飮酒와 食噉五辛한 種種不淨이라도
　비록 술을 먹고 오신채741)를 먹어 여러가지로 부정(不淨)했더라도742)

一切諸佛과 菩薩金剛과 天仙鬼神이 不將爲過니라
　일체제불과 보살과 금강장왕과 천(天)선(仙)귀신(鬼神)들이 허물을 삼지 않을 것이다.

設著不淨한 破弊衣服이라도 一行一住가 悉同淸淨하며
　설사 더럽고 해진 옷을 입었더라도 일행(一行) 일주(一住)가 모두 청정할 것이며,

縱不作壇하고 不入道場하고 亦不行道라도
　비록 단(壇)을 만들지 않고, 도량에 들어가지 않고, 도(道)를 행하지 않더라도

---

p.825하)
740) 未受는 아직 呪를 지니지 아니한 시절을 가리킨 것이다. (앞의 책 p.826상)
741) 오신채는 殺盜淫을 돕는 즉 助因이다. 『계환해』(『卍속장경』17, p.834상)
742) 술과 오신채를 먹었다는 것은 다 呪를 지니기 전 지난날의 일을 가리킨다. (앞의 책 p.826상)

誦持此呪하면 還同入壇 行道功德하야 無有異也하며

  이 주문을 지송하면 단(壇)에 들어가 도(道)를 행한 공덕과 다르지 아니하며,

若造五逆 無間重罪와 及諸比丘比丘尼의 四棄八棄라도

  만일 오역(五逆)과 무간중죄(無間重罪)와 비구의 네가지 큰 죄[四棄]와 비구니의 여덟가지 큰 죄[八棄]를 지었더라도743)

誦此呪已하면 如是重業이 猶如猛風에 吹散沙聚라 悉皆滅除하야 更無毫髮하리라

  이 주문을 지송하면 이러한 죄업이 사나운 바람에 모래가 날리듯이 모두 사라져 터럭 끝만큼도 남지 않을 것이다.

F5 消除宿障

阿難 若有衆生이 從無量 無數劫來로 所有一切 輕重罪障을 從前世來로 未及懺悔라도

  아난아! 만일 중생이 무량무수(無量無數)의 겁(劫)으로부터 지은 가지가지 무겁고 가벼운 죄장(罪障)을 지난 세상으로부터 참회하지 못했더라도

若能讀誦 書寫此呪하야 身上帶持하며 若安住處 莊宅園館하면

  이 주문을 읽거나 외우거나 쓰거나 그리거나 몸에 차거나 거처하는 집과 별장에 두면

---

743) 비구사기(比丘四棄)는 앞의 四重의 죄를 범한 것이니 응당 모두 버려져서 청정비구와 함께 살수 없는 것이요, 比丘尼八棄는 남자와 접촉[觸], 八事로 남자를 끌어들임[入], 죄인을 덮어줌[覆], 추방자를 따라감[隨]을 추가한 것이다. 『계환해』(『卍속장경』 17, p.826상)

如是積業이 猶湯消雪하야 不久皆得 悟無生忍하리라
　이와같이 쌓인 죄업이 끓는 물에 눈이 녹 듯하며, 오래지 아니하여 무생법인(無生法忍)을 얻게 될 것이다.

F6 所求隨願
復次阿難 若有女人이 未生男女일새 欲求孕者하여
　또 아난아! 어떤 여인이 아기를 낳지 못해 아기 낳기를 구하고자 하여

若能至心으로 憶念斯呪어나 或能身上에 帶此悉怛多 般怛囉者는 便生福德 智慧男女하며
　지극한 마음으로 이 주문을 억념(憶念)하거나 몸에 이 실달다 반달라주(悉怛多般怛囉呪)를 차면 복덕 있고 지혜 있는 남녀를 낳을 것이다.

求長命者는 卽得長命하며
　이와같이 만약 오래 살기를 구하는 자는 장수하게 되며,

欲求果報 速圓滿者는 速得圓滿하며
　과보(果報)가 빨리 원만하기를 구하면 빨리 원만하게 되고,

身命色力도 亦復如是하며
　몸과 명과 모습과 힘도 그와 같으며,

命終之後에는 隨願往生 十方國土하여
　죽은 뒤에는 소원대로 시방국토에 왕생하여,

必定不生邊地下賤이어든 **何況雜形**가
　결정코 변방이나 하천한 곳에 태어나지 아니할 것인데, 하물며 잡된 형색744)이겠느냐?

[F7]能安家國
阿難若諸國土의 **州縣聚落**에 **饑荒疫癘**와 **或復刀兵**과 **賊難鬪諍**과 **兼餘一切 厄難之地**라도
　아난아! 만약 나라[國土] 혹은 주[州]·현[縣]·마을[聚落]에 흉년이나 역병이나 전쟁이나 도적이나 투쟁 등과 같은 일체의 액난이 있을 때에

寫此神呪하야 **安城四門**과 **幷諸支提**와 **或脫闍上**하며
　이 주문을 써서 사방의 문이나 식당[支提]745)이나 연단[脫闍] 등에 봉안하거나

令其國土 所有衆生으로 **奉迎斯呪**하고 **禮拜恭敬**하야 **一心供養**이나
　그 국토에 사는 중생들로 하여금 이 주문을 받들어 예배하고 공경하며 일심으로 공양하게 하거나

---

744) 雜形은 귀신과 축생 등의 무리이다. 『계환해』(『卍속장경』17, p.826상).
745) 지리(支提)는 공양처이니 즉 淨利를 通稱한 말이다. 탕도(脫闍)는 儀仗이나 군대에서 지휘용으로 쓰는 곳이다. (앞의 책 p.826하) *支提(gaitya)는 적취의 뜻으로 토석을 적취하여 무더기를 이룬 것으로 세존의 무량한 복덕이 여기에 적취했음을 일컫는다. 번역하여 靈廟 또는 可供養處라 한다. 또는 舍利가 들어있는 탑을 塔婆라고 하고 사리가 들어있지 아니한 탑을 支提라고도 부른다. 全觀應 『佛敎學大辭典』(서울 弘法院 1988) p.1491.

令其人民 各各身佩하고 或各各安 所居宅地하면 一切災厄 悉皆消滅하리라
　그 백성들로 하여금 각기 몸에 차거나 거처하는 집에 봉안하게 하면 일체의 재액이 모두 소멸할 것이다.

F8 歲農民樂
阿難 在在處處에 國土衆生 隨有此呪인댄
　아난아! 곳곳의 어느 국토이거나 어느 중생이거나 이 주문이 있으면

天龍歡喜하고 風雨順時하야 五穀豊殷하고 兆庶安樂하며 亦復能鎭一切惡星의 隨方變怪하야 災障不起하고
　천룡(天龍)이 환희하고, 풍우가 순조로워 오곡이 풍성하고, 백성이 안락하며, 또 일체의 악성(惡星)이 각지에서 일으키는 변괴를 진압하여 재앙이 일어나지 아니하며,

人無橫夭하며 杻械伽鎖不著其身하고 晝夜安睡하야 常無惡夢하리라
　사람들이 횡액(橫厄)하고 요사(夭死)하는 일이 없고, 어떤 형틀로도 몸을 구속하지 못하며, 밤과 낮으로 편히 잘 수 있어 악몽이 없을 것이다.

F9 災變不作746)

阿難 是娑婆界에 **有八萬四千 災變惡星**이어든

아난아! 이 사바세계에는 팔만사천747) 가지 재앙을 일으키는 나쁜 별이 있는데

二十八大惡星이 **而爲上首**하고 **復有八大惡星**이 **以爲其主**하야 **作種種形**하야

이십 팔 대악성(大惡星)748)이 우두머리가 되고, 팔대악성(八大惡星)이 재상(主宰)가 되어 가지가지 형상을 지어서

出現世時에 **能生衆生 種種災異**이나

세상에 출현하는 것이다. 이 때 중생들에게 여러 가지 재앙과 괴이함을 보이지만

有此呪地에는 **悉皆消滅**하고

이 주문이 있는 곳에는 모두가 소멸되는 것이며,

---

746) 하늘이 때를 어기고 땅에 物이 이치를 거역하는 것이 다 재앙이지만, 이를 돌이키고 이를 바꾸는 것은 오로지 사람을 말미암는 것이요, 天과 物은 거기에 應할 뿐이다. 이른바 災變惡星은 사람이 災惡을 당하는 것이다. 『계환해』(『卍속장경』17, p.826하) * 天反時는 겨울에 비가 내리거나 여름에 눈이 내리는 등이요, 物逆理는 겨울이 꽃이 피거나 여름에 낙엽이 지는 등의 일이다.

747) 팔만사천은 중생이 번뇌업에 응하는 것이다. 『계환해』(『卍속장경』17, p.826하)

748) 이십팔은 사방의 綱紀이고 八은 오행의 經星과 羅睺星과 計都星과 孛星을 가리킨다. 順하면 福應이요 逆하면 災應이니 이른바 은혜로 대하면 吉하고 거슬리면 凶하게 된다. 『계환해』(『卍속장경』17, p.826하)

②外攝軌則　㈁正說神呪　533

十二由旬이 成結界地하야 諸惡災祥이 永不能入하리라
　십이 유순(十二由旬) 안에는 그대로 결계지(結界地)가 되어, 가지가지 나쁜 재앙 등 길흉의 조짐이 영원히 없을 것이다.749)

F10 結告行人
是故如來宣示此呪하야 於未來世에 保護初學의 諸修行者하야 入三摩地호대
　그러므로 여래가 이 주문을 설하시어 미래의 초학(初學)으로 수행하려고 하는 이를 잘 보호하여 삼마지에 들게 하되,

身心泰然하야 得大安隱하며 更無一切 諸魔鬼神과 及無始來 冤橫宿殃과 舊業陳債가 來相惱害하리라
　몸과 마음이 태연하여 크게 편안함을 얻게 하며, 다시 일체마원(一切魔怨)과 귀신(鬼神)이 없게 하고, 무시이래(無始以來)의 원횡(冤橫)과 숙앙(宿殃)과 구업(舊業)과 숙채(宿債)가 와서 괴롭히고 해칠 수 없게 하는 것이다.

汝及衆中에 諸有學人과 及未來世 諸修行者가
　너와 이 모임의 더 배워야 할 유학(有學)들과 미래의 수행자들이

依我道場하야 如法持戒하며
　나의 도량을 의지하여 법대로 계(戒)를 지니고,

---

749) '중생들에게 여러 가지 재앙과 괴이함을 보인다'는 것도 기슬림에 응한 것 뿐이다. 마치 彗孛飛流가 별업에 응하는 것과 같아 별이 만들어 내는 것이 아니니 지금의 呪力으로 百順에 따른다면 그로 말미암아 惡變이 다 하늘에서 없어지고 災祥이 그 경계에 들어오지 못할 것이다. 祥은 길흉의 조짐이다. 『계환해』(『卍속장경』17, p.827상)

所受戒主가 逢淸淨僧하며 持此呪心에 不生疑悔한대도
　수계사(受戒師)가 청정한 스승을 만나 이 주문을 지송하여 의심하지 아니한대도

是善男子가 於此父母所生之身으로 不得心通이면 十方如來가 便爲妄語리라
　이러한 선남자가 부모가 낳아준 몸으로 마음이 통달하지 못한다면 시방의 모든 부처님의 말씀이 다 거짓말일 것이다."750)

ⓒ衆願護持六　Ⓐ金剛衆
說是語已하시니 會中無量 百千金剛이 一時佛前에 合掌頂禮 而白佛言호대
　이와같이 말씀하시니 모임 가운데 한량없는 백천의 금강신(金剛神)이 일시에 합장하여 부처님 앞에 정례(頂禮)하고 부처님에게 사뢰었다.

如佛所說하야 我當誠心으로 保護如是 修菩提者호리이다
　"부처님의 말씀대로 저희들이 응당 성심(誠心)으로 이와같이 보리(菩提)를 닦는 이를 보호하겠습니다."

---

750) 戒가 깨끗하고 마음이 정성스러우면 결정코 감응이 있을 것임을 밝힌 것이다. 心通은 장애가 소멸하고 지혜가 밝아짐이니 앞에서 금강보살장왕이 精心이 신속하여 神識을 발하게 하는 일과 같다. 『계환해』(『卍속장경』17, p.827상)

Ⓑ 天王衆

爾時梵王 幷天帝釋과 四大天王이 亦於佛前에 同時頂禮 而白佛言호대
　이 때에 범왕(梵王)과 제석(帝釋)과 사대천왕(四大天王)이 부처님 앞에 정례(頂禮)하고 부처님께 사뢰었다.

審有如是 修學善人이면 我當盡心으로 至誠保護하야 令其一生 所作如願이니다
　"참으로 이렇게 수학(修學)하는 선인(善人)751)이 있으면 저희들이 응당 마음을 다하여 지성으로 보호하여 그의 일생에 하는 일이 소원과 같게 하겠습니다."

Ⓒ 鬼師衆

復有無量 藥叉大將과 諸羅刹王과 富單那王과 鳩槃茶王과 毗舍遮王과 頻那夜迦와 諸大鬼王과 及諸鬼帥가 亦於佛前에 合掌頂禮호대
　다시 수많은 야차대장과 나찰왕과 부단나왕과 구반다왕과 비사차왕과 빈나야가와 여러 대귀왕과 귀사(鬼帥)들이 또한 부처님 앞에 합장하고 이마를 대어 절하면서 부처님께 사뢰었다.

---

751) 당 도선율사가 길을 가다 발이 미끄러진 적이 있는데 이 일이 이 說에 부합된다 하겠다. 『계환해』(『卍속장경』17, p.827하)
　*당나라 도선율사가 청정하게 계율을 지니면서 수도하는 가운데 하루는 밤에 길을 가다가 발이 미끄러져 넘어지게 되었는데 한 신장이 나타나서 넘어지지 않게 함으로 율사가 놀라서 '그대는 누구인가?' 하니 대답하기를 '나는 북방 비시문천왕의 아들 대위장군으로 천제의 명을 받고 율사(律師)이신 화상을 옹호하는 것입니다' 하다. 『宋高僧傳』(『大正藏』50, p.791a 참조.

我亦誓願 護持是人하야 令菩提心으로 速得圓滿게호리다
"저희들도 이러한 사람을 보호하여 보리심(菩提心)이 빨리 원만해지기를 서원하겠습니다."

Ⓓ天神衆
復有無量 日月天子와 風師雨師와 雲師雷師와 幷電伯等과 年歲巡官과 諸星眷屬이 亦於會中에 頂禮佛足 而白佛言하고
다시 한량없는 일천자(日天子)와 월천자(月天子)와 풍사(風師)와 우사(雨師)와 운사(雲師)와 뢰사(雷師)와 전백(電佰)들과 년세순관(年歲巡官)과 자성권속(諸星眷屬)들이 회중(會中)에서 부처님의 발에 정례(頂禮)하고 부처님께 사뢰었다.

我亦保護 是修行人코자 安立道場하고 得無所畏게호리이다
"저희들도 이러한 수행인을 보호하기 위하여 도량을 세우고 두려움이 없게 하겠습니다."752)

Ⓔ地祇衆
復有無量 山神海神과 一切土地와 水陸空行하는 萬物精祇와 幷風神王과 無色界天이 於如來前에 同時稽首 而白佛言호대
다시 한량없는 산신(山神)과 해신(海神)과 일체토지(一切土地)와 수륙공행(水陸空行)하는 만물의 정기(精祇)와 풍신왕(風神王)과 무색계천(無色界天)들이 여래 앞에서 함께 머리를 조아리고 부처님께 사뢰었다.

---

752) 年歲巡官: 通理는 말하기를 年과 어울리고 歲를 주관하여 선악을 순찰하는 것이니, 十二官神과 九曜星官의 무리(類)라 한다. 眞鑑은 말하기를 土直功曹의 무리이니 도량을 特護하는 것이라 하였다. 이운허,『수릉엄경 주해』(서울 동국역경원 1974) p.317.

我亦保護 是修行人하야 得成菩提에 永無魔事케호리다

"저희들도 이러한 수행인을 보호하여 깨달음을 이루는데 영원히 마사(魔事)가 없게 하겠습니다."753)

Ⓕ菩薩衆

爾時 八萬四千 那由他 恒河沙俱胝의 金剛藏王 菩薩 在大會中이라가 卽從座起하야 頂禮佛足 而白佛言호대

 그 때에 팔만사천 나유타 항하사구저의 금강장왕보살(金剛藏王菩薩)이 모임 가운데에 있다가 자리에서 일어나 부처님의 발에 정례(頂禮)하고 부처님께 사뢰었다.

世尊 如我等輩의 所修功業으로도 久成菩提언마는 不取涅槃하고 常隨此呪호대 救護末世 修三摩地한 正修行者니이다

 "세존이시여! 저희들이 각기 닦은 공업(功業)으로도 벌써 깨달음을 이루었으련만 열반을 취하지 않고 항상 이 주문을 따라다니면서 말세에 삼마지를 닦는 올바른 수행자를 보호하겠습니다.

世尊 如是修心하야 求正定人이 若在道場이나 及餘經行이나 乃至散心으로 遊戲聚落이라도

 세존이시여! 이렇게 마음을 닦아 정정(正定)을 구하는 사람이 도량에 있거나 다른 곳에서 경행하거나 더 나아가 산란한 마음으로 취락에서 노닐더라도

---

753) 風師는 마람을 움직이고, 風王은 바람의 주인이니. 이를을 無色大와 토지의 精祇를 이어서 든 것은 앞에서 帝釋과 梵王을 들어 바야흐로 二天에 미치고, 후에 地水를 들되 아직 風火를 다하지 못하였기 때문에 마침내 風神을 들어서 이로써 사대를 갖추고, 無色을 들어서 삼계를 갖춘 것이다. 『계환해』(『卍속장경』17, p.827하)

我等徒衆 常當隨從하야 侍衛此人이니다
 저희 무리들이 항상 따라 다니며 이 사람을 모시고 지키겠나이다.

縱令魔王과 大自在天이 求其方便이라도 終不可得하며
 비록 마왕(魔王)이나 대자재천(大自在天)들이 그 틈을 노리더라도 얻지 못하게 하며,

諸小鬼神은 去此善人을 十由旬外호대 除彼發心하야 樂修禪者니이다
 여러 작은 악귀들은 이러한 선인(善人)에게서 십유순(十由旬) 밖으로 떨어지게 하겠으며, 다만 발심하여 선정(禪定)을 닦으려는 이는 제외하겠나이다.

世尊 如是惡魔와 若魔眷屬이 欲來侵擾 是善人者인댄
 세존이시여! 이와같이 악마(惡魔)나 마구니의 권속들이 이 선인(善人)에게 와서 침해하려는 이가 있으면

我以寶杵로 殞碎其首를 猶如微塵하며 恒令此人으로 所作如願케호리다
 저희들이 보배의 방망이[寶杵]로 그 머리를 부수어 가루를 만들겠으며, 이 사람의 하는 일이 소원대로 이루어지게 하겠습니다."754)

---

754) 욕계와 색계 사이의 하늘은 타화자재천이고, 색계와 무색계 사이의 하늘이 대자재천이니 즉 마왕천이다. 『계환해』(『卍속장경』17, p.828상)

〈證果分〉二1)　1.阿難請問

阿難 卽從座起하야　**頂禮佛足 而白佛言**호대

　아난이 자리에서 일어나 부처님의 발에 정례(頂禮)하고 공경히 사뢰었다.

我輩愚鈍하야　**好爲多聞**하고　**於諸漏心**에　**未求出離**러니　**蒙佛慈誨**하야　**得正熏修**하고　**身心快然**하야　**獲大饒益**호이다

　"저희가 우둔하여 다문(多聞)만 좋아하고, 모든 번뇌에서 벗어나는 것을 구하지 않다가, 부처님의 자비하신 가르침을 입어, 바르게 훈습하여 수행하는 방편을 얻고, 몸과 마음이 상쾌하여 큰 이익을 얻었습니다.

世尊 如是修證 佛三摩地인댄　**未到涅槃**에　**云何名爲 乾慧之地**와　**四十四心**이라하며

　세존이시여! 이와같이 부처님의 삼마지를 닦아 증득하려면, 열반에 이르기 전에 어떤 것을 간혜지(乾慧地)라 하고, 더 나아가 어떤 것을 구경의 사십사심(四十四心)2)이라 하오며,

---

1) 앞의 密因了義를 의지해 수도하여 가히 높이 불과를 증득하자는 것이다. 아난이 여기에서 유독 修證地位를 묻고 세존께서 답하신 내용 가운데 처음 十二類生을 서술하고 다음에 五十七位를 밝힌 것은, 뜻이 일체중생으로 하여금 이 법문을 의지하여 범부로부터 성인에 들되 重重으로 연구해 다하고 妙覺에 이르러 無上道를 이룬 이후라야 그치기 때문이다.『계환해』(『卍속장경』17, p.828상)

2) 四十四心: 성인의 지위인 極果를 열반이라 하고, 初因을 간혜(乾慧)라 하나니 간혜로부터 信住行向과 四加行에 들어가는 것이 四十四心이다. 즉 信解行位를 지목하여 수행이라 하고, 다시 十地에 나아가면 地中에 들었다고 이름하나니 이것이 처음으로 증득한 것이요, 十一地에 이르면 이름이 등각이 된다. 이와같이 나누어 증득하여 열반에 이르면 이름을 묘각이라 하는 것이요, 이것이 바로 極果를 증득한 것이다. (앞의 책 p.828하)

至何漸次하야아 得修行目이며 詣何方所하야아 名入地中이며 云何名爲 等覺
菩薩이니잇고
　어느 점차(漸次)에 이르러야 비로소 올바른 수행의 덕목(德目)을
얻을 수 있으며, 어느 곳에 나아가야 십지(十地)에 들어갔다 하오며,
무엇을 등각보살(等覺菩薩)이라 합니까?"

作是語已하고 五體投地하사 大衆一心으로 佇佛慈音하야 瞪瞢瞻仰일러라
　이렇게 말하고는 오체(五體)를 땅에 던져 절하니, 대중들도 일심
으로 부처님의 자비로운 음성을 기다리면서, 한없이 그윽하게[瞪
瞢]3) 우러러보고 있었다.

2. 佛慈開示二　1)讚許
爾時世尊 讚阿難言하사대
　이때에 세존께서 아난을 찬탄하며 말씀하시기를

善哉善哉라 汝等乃能 普爲大衆과 及諸末世 一切衆生으로 修三摩地 求
大乘者하야 從於凡夫 終大涅槃히 懸示無上 正修行路로다
　"착하고 착하구나! 그대가 여기에 대중과 말세의 중생 가운데, 삼
마지를 닦아 대승을 구하려는 자들을 위하여, 범부로부터 대열반에
이르기까지의 위없는 올바른 수행의 길을 보여 달라고 하는구나!

汝今諦聽하라 當爲汝說호리라 阿難大衆 合掌刳心하고 默然受敎하니라
　자세히 들어라. 내 너희들을 위하여 말하노라." 아난과 대중이 합
장하고 마음을 깨끗이4)하여 잠자코 가르침을 듣고 있었다.

---

3) 응시하는 것을 징(瞪)이라 하고, 그윽하게 바라보는 마음을 몽(瞢)이라 한다. 『계환
해』(『한속장경』17, p.828하)
4) '마음을 가른다'는 것은 잡된 생각을 제하는 것이니, 마음을 비우고 가르침을 받아들
이는 것이다. (앞의 책 p.828하)

2)廣陳五 (1)本無修證

佛言 阿難當知하라 **妙性圓明**하야 **離諸名相**하야 **本來無有 世界衆生**이요

　부처님이 말씀하였다. "아난아! 묘성(妙性)이 뚜렷이 밝아 모든 명상(名相)을 여의어서 본래 세계와 중생이 없으되,

(2)因妄有修

因妄有生 因生有滅일새 **生滅名妄**이나

　다만 망(妄)으로 인하여 태어남이 있고, 태어남으로 인하여 없어짐이 있기 때문에 생멸을 망이라 하나,

滅妄名眞일새 **是稱如來 無上菩提**와 **及大涅槃 二轉依號**니라

　만약 망을 멸하면 진실이기에 이것을 '여래의 위없는 보리(菩提)와 열반(涅槃)의 두가지 전의호[二轉依號5)]라' 하는 것이다.6)

(3)令識妄因二 ①略擧

阿難 汝今欲修 眞三摩地하야 **直詣如來**의 **大涅槃者**인댄

　아난아! 네가 진정한 삼마지를 닦아 여래의 대열반에 나아가려 한다면

先當識此 衆生世界 二顚倒因이니 **顚倒不生**하면 **斯則如來 眞三摩地**니라

　먼저 중생과 세계의 두가지 전도인(顚倒因)7)을 알아야 하느니, 왜냐하면 전도(顚倒)가 생기지 아니하면 그대로 여래의 진정한 삼마지8)이기 때문이니라.9)

---

5) 轉依號: 무명을 굴려서 보리가 되게 하고, 생사를 굴려서 열반에 이르게 하기 때문에 이름하여 두가지 轉依號라 하는 것이다. 『계환해』(『卍속장경』17, p.829상)
6) 생멸진망과 보리열반이 이른바 諸名相이며, 妙性 가운데는 본래로 원만히 여의어 있으되 迷妄이 서로 인연하기 때문에 修證이 있게 된 것이다. (앞의 책 p.828하)
7) 두가지 전도(顚倒)란 중생전도와 세계전도이다.
8) 삼마지를 닦을 때 능히 倒因을 알아 이를 끊어 다스려서 倒妄이 不生하면 곧 正性을 회복하기 때문에 '斯卽如來 眞三摩地'라 한 것이다. 『계환해』(『卍속장경』17, p.829상)
9) 앞에서 세가지 상속을 밝혔으니, 업이 生起하는 현상을 밝힌 것이요, 여기에서 두가

②詳明三 ㅡ總敍倒因
阿難 云何名爲 衆生顚倒오
　아난아! 어떤 것을 중생전도(衆生顚倒)라 하겠느냐?

阿難 由性明心이 性明圓故로 因明發性하고 性妄見生이니 從畢竟無하야 成究竟有니라
　아난아! 성품이 밝은 마음이 성품이 밝고 원만한 까닭에 그 밝음으로 인하여 성품을 드러내어, 성품에서 망견(妄見)이 생겼으니, 필경 없는 가운데 마침내 유(有)를 이루는 것이다.

此有所有가 非因所因이며 住所住相 了無根本이어늘
　그러므로 이러한 유(有)와 소유(所有)가 인(因)도 소인(所因)10)도 아니고, 능주(能住)와 소주(所住)의 상(相)이 마침내 근본이 없거늘.

本此無住에 建立世界 及諸衆生이니라
　이와같이 본래 머물 수 없는 자리에 세계와 중생이 건립된 것이다.11)

　지 顚到因을 밝혔으니, 修斷의 요령을 밝힌 것이다.
10) 有는 業因이고, 所有는 果報이며, 所因은 因에 대한 果이다.
11) 성품이 밝은 마음이라 한 것은 眞如體를 가리키고, 성품이 밝고 원만하다 한 것은 자성을 지키지 못함을 말한 것이다. 이와같이 不守自性하기 때문에 妄明을 인하여 妄性을 발하고, 妄性으로 말미암아 妄見을 내어서, 여기에 無相의 眞을 좇아서 有相의 妄을 이루는 것이므로 '畢竟無로부터 究竟有를 이룬다' 한 것이다. 그러나 이는 能有와 所有와 能住와 所住가 다 因도 所因도 아니요, 다 마침내 근본이 없이 서로 드러낸 것 뿐이니, 본래 이와같이 無住로부터 세계와 중생이 건립된 것이라면 세계와 중생의 이 두가지는 因도 없고 근본도 없어서 온전히 倒妄일 뿐이로다.『계환해』(『卍속장경』17, p.829상)

㈢派成二倒二12)　㈎衆生顚倒

迷本圓明하야 **是生虛妄**이니 **妄性無體**하고 **非有所依**니라

　본래의 원명(圓明)을 미혹하여 허망이 생겼으니 망성이 본래 자체가 없고, 소의(所依)도 있는 것이 아니다.13)

將欲復眞이면 **欲眞已非 眞眞如性**이어늘

　그런데도 일부러 진실에 돌아가려고 하면, 진에 돌아가려고 하는 그것이 벌써 진을 가리어 이미 진실한 진여성이 아닌 것이다.14)

非眞求復이면 **宛成非相**하야 **非生非住**와 **非心非法**이 **展轉發生**하고

　이와같이 진(眞)이 아닌 것으로 진(眞)에 돌아가기를 구한다면 완연히 비상(非相)을 이루어 비생(非生)과 비주(非住)와 비심(非心)과 비법(非法)이 전전(展轉)히 발생하게 되는 것이다.

生力發明하야는 **熏以成業**호대 **同業相感**하고 **因有感業**하야 **相滅相生**하나니 **由是故有 衆生顚倒**니라

　이와같이 생하는 힘이 드러나면 훈습으로 업을 이루어 동업(同業)이 서로 감응하고, 감응한 업으로 말미암아 상멸상생(相滅相生)하나니, 이로 말미암아 중생의 전도(顚倒)가 있게 된 것이다.15)

---

12) 派成二倒: 갈라져서 두가지 전도를 이루다.
13) 진을 미혹하여 망을 일으켜 衆相이 다투어 생기므로 중생이라 한다. 여기에서는 妄이 일어나는 근본을 밝히고, 아래에서 다투어 생기는 현상을 밝혔다. 『계환해』(『卍속장경』17, p.829하)
14) 본성이 어두워졌기 때문에 眞에 돌아가고자 한 것이다. 그러나 바라는 마음이 있으면 스스로 이미 진을 잃기 때문에, 진에 돌아가고자 하면 이미 진정한 眞如性이 아니라고 한 것이다. 『계환해』(『卍속장경』17, p.829하)
15) 非眞으로 眞에 돌아가기를 구한다면 완전히 굴러서 妄을 이룰 것이다. 그러므로 '宛成非相'이리 한 것이요, 마침내 生住心法의 百非가 다투어 발생하여 展轉히 훈습되고 감응할 것이기에 '衆相競生'이라 한 것이다. 없다가 문득 있으면 生이요, 있다가 잠시 머물면 住요, 서로 반연하여 생각이 계속되는 것이 心이요, 染淨으로 차별된 것이 法이니 중생전도가 이로 말미암아 발생되는 것이다. (앞의 책 p.829하)

(나)世界顚倒

阿難 云何名爲 世界顚倒요

아난아! 어떤 것을 세계전도(世界顚倒)라 하겠느냐?

是有所有로 **分段妄生**일새 **因此界立**하고

유(有)와 소유(所有)로 나누어짐[分段]이 허망하게 생겨나기 때문에 이로 인하여 계(界)가 성립되고,

非因所因이 **無住所住**호미 **遷流不住**일새

인(因)도 소인(所因)도 아니요 주(住)도 소주(所住)도 아닌 것이 그대로 천류(遷流)하여 머물지 않기 때문에

因此世成이니 **三世四方 和合相涉**일새 **變化衆生 成十二類**니라

이로 인하여 세(世)가 이루어지며16) 삼세와 사방이 화합하여 서로 거두어들이기 때문에 변화중생이 12종을 이루는 것이다.

㈢廣明化理二   ㈎原十二變

是故世界가 **因動有聲**하고 **因聲有色**하고 **因色有香**하고 **因香有觸**하고 **因觸知味**하고 **因味知法**하나니

그러므로 세계가 움직임으로 인하여 소리[聲]가 있고, 소리로 인하여 색(色)이 있고, 색으로 인하여 향(香)이 있고, 향으로 인하여 촉(觸)이 있고, 촉으로 인하여 미(味)가 있고, 미로 인하여 법(法)을 아는 것이니,

---

16) 앞의 有와 所有가 因도 所因도 아니라는 등의 뜻을 이어받아 이를 밝힌 것이다. 所有가 있기 때문에 분단이 있는 것이요, 분단이 있기 때문에 방위가 있는 것이다. 界는 방위로 말미암은 것이기에 '因此界立'이라 한 것이요, 所因이 없으면 所住도 없고 所住가 없으면 항상 천류할 것이다. 世는 遷流로 말미암은 것이기에 '因此世成'이라 한 것이다. 삼세와 사방이 완전히 굴러서 십이가 되기 때문에 그 사이에 交涉하는 者는 다 그 변화를 따르게 되는 것이니 이것이 세계전도의 이유이다. 『계환해』(『卍속장경』17, p.830상)

六亂妄想이 成業性故로 十二區分이 由此輪轉이라
　이러한 여섯가지 어지러운 망상(妄想)이 업성(業性)을 이루기 때문에 열두가지 구분이 이로 말미암아 유전(流轉)하며,

是故世間 聲香味觸이 窮十二變 爲一旋復이니라
　이러한 까닭에 세간의 성향미촉(聲香味觸)의 허망한 경계가 열두가지로 변하기를 다하여 한 바퀴 돌고 다시 시작하곤 하는 것이다.17)

㈏辯十二類三　㉮總敍
乘此輪轉 顚倒相故로 是有世界에 卵生胎生과 濕生化生과 有色無色과 有想無想과 若非有色과 若非無色과 若非有想과 若非無想이니라
　이와같이 윤회하는 전도상(顚倒相)을 의지하기 때문에 세계에 난생(卵生)·태생(胎生)·습생(濕生)·화생(化生)·유색(有色)·무색(無色)·유상(有想)·무상(無想)·비유색(非有色)·비무색(非無色)·비유상(非有想)·비무상(非無想)이 있는 것이니라.18)

---

17) 만물이 다 流動함으로 말미암아 형상이 생기는 것이기에, 動하면 소리가 있는 것이니 형상이 바로 색이기 때문이다. 그러므로 '因動有聲 因聲有色'이라 하여 香味觸法이 다 서로 因이 되어 갖추어진다 한 것이요, 이러한 六境을 말미암아 六情이 발기되는 것이기에 '六亂妄想'이라 했고, 바로 혹업의 근본이 되기 때문에 業性이라 이름했으니 十二類生이 이로 말미암아 윤전하는 것이다. 『계환해』(『卍속장경』17, p.830상)
　*'세간의 성향미촉'이라 한 것은 위의 '여섯가지 어지러운 망상'의 類를 이어받아 계속하여 밝힌 것으로 구분이 이미 각기 열두가지이니 窮變함에도 각기 열두가지일 것이다. 그러므로 六亂妄形이 무명으로부터 行을 반연하고, 이와같이 변하여 老死에 이르기까지 마쳤다가는 다시 시작하곤 하기에 '窮十二變 爲 旋復'이라 한 것이다. (앞의 책 p.830상)
18) 윤전하는 전도상이란 色聲香 등 여섯가지 어지러운 망상을 가리킨다. 『계환해』(『卍속장경』17, p.830하)

⑭別明十二　㈠卵生

阿難 由因世界에 虛妄輪廻 動顚倒故로 和合氣成 八萬四千의 飛沈亂想하나니

　　아난아! 세계에서 허망[想]19)한 생각으로 윤회하는 동전도(動顚倒)20)를 말미암은 까닭에 움직이려는 기운[氣]과 화합하여 팔만사천의21) 날고 잠기는 어지러운 생각을 이루는 것이며,

如是故有 卵羯邏藍이 流轉國土하야 魚鳥龜蛇其類充塞이니라

　　이러한 까닭에 난상(卵相)의 갈라람(羯邏藍)22)이 국토에 유전(流轉)하여 물고기·새·거북·뱀과 같은 무리들이 가득하게 되었느니라.23)

㈏胎生

由因世界에 雜染輪廻 欲顚倒故로 和合滋成 八萬四千의 橫竪亂想이니

　　세계에서 잡염(雜染)24)으로 윤회하는 욕전도(欲顚倒)25)를 말미암은 까닭에 의지하려는 마음[滋]과 화합하여 팔만사천가지 가로 세로의 어지러운 생각을 이루었으니

---

19) 卵生은 오직 생각[想]으로 태어나는 것이니 허망은 곧 想이다.『계환해』(『卍속장경』 17, p.830하)
20) 想은 體가 가벼워 들리기 때문에 動顚倒라 이름했다.(앞의 책 p.830하)
21) 十二類가 각기 팔만사천이라 한 것은 각기 팔만번뇌를 말미암아 감응하여 변하기 때문이다. (앞의 책 p.830하)
22) 羯邏藍은 이른바 凝滑이니 入胎初位의 胎卵未分의 현상이다. (앞의 책 p.830하)
23) 卵은 氣가 서로 어울린 것이기에 '和合氣成'이라 했으며, 想은 자주 升沈하는 것이기에 飛沈亂想이라 이름한 것이다. 그러므로 魚鳥飛沈의 類에 감응되는 것이다. (앞의 책 p.830하)
24) 胎는 情으로 인하여 있는 것이니, 雜染은 곧 情이다.『계환해』(『卍속장경』17, p.830하)
25) 情은 애욕에서 생기는 것이기에 欲顚倒라 부른다. (앞의 책 p.830하)

如是故有 胎遏蒱曇이 流轉國土하야 人畜龍仙 其類充塞이니라

이와같은 까닭으로 태상(胎相)의 알포담(遏蒱曇)[26]이 국토에 유전(流轉)하여 사람·축생·용·신선의 무리들이 가득하게 되었도다.[27]

(ㄷ)濕生

由因世界에 執著輪廻 趣顚倒故로 和合煖成 八萬四千의 翻覆亂想이니

세계에서 집착[合][28]으로 윤회하는 취전도(趣顚倒)[29]를 말미암은 까닭에 따뜻함[煖]과 화합하여 팔만사천의 엎어져 꿈틀거리[翻覆]는 어지러운 생각을 이루었으니

如是故有 濕相蔽尸가 流轉國土하야 含蠢蝡動 其類充塞이니라

이와같은 까닭으로 습상(濕相)의 폐시(蔽尸)[30]가 국토에 유전(流轉)하여 엎어져 꿈틀거리는 함준연동(含蠢蠕動)의 무리들이 가득하게 되었다.[31]

---

26) 알포담은 포(皰)이니 즉 胎卵으로 점차 나누어지는 시기의 현상이다. 虛妄雜染과 執着留礙 등은 유정이라면 다 갖추는 것이나 다만 치우쳐 무거운 쪽을 따라 감응하는 것이다. 갈라람 등은 胎卵이 다 이미 갖추었으되 차례 차례로 말한 것은 앞에서는 後를 갖추었으나 뒤에서는 앞을 갖추지 아니한 까닭이다. 『계환해』(『卍속장경』17, p.831상)

27) 胎는 이 情이 교차한 것이기에 '和合滋成'이라 했다. 情에는 치우침과 올바름이 있기에 '橫竪亂想'이라 불렀으므로 사람이나 축생 같은 橫竪의 무리에 감응하는 것이다. (앞의 책 p.830하)

28) 濕相은 合으로 이루어진 것이니, 집착이 곧 合이다. (앞의 책 p.831상)

29) 合은 애욕으로 말미암아 경계와 접촉하여 따라가 부합된 것이니, 이름이 趣顚倒이다. (앞의 책 p.831상)

30) 폐시(蔽尸)는 번역하여 軟肉이니 濕生의 初相이다. 十生이 다 음욕을 근본으로 하여 情想을 일으키고, 迷情으로 妄을 더하기 때문에 변화하는 이치가 더욱 어그러져서 방탕한 것은 허공으로 흩어지고[空散], 완고한 것은 木石이 되나니 妄의 결과는 비록 다르나 妄의 근본은 하나인 것이다. 『계환해』(『卍속장경』17, p.831상)

31) 이러한 습기는 陽으로 인하여 生하는 것이기에 '和合煖成'이라 부르고, 나아가는 곳이 無定이기에 '번복란상(飜覆亂想)'이라 했으므로 엎어져 꿈틀거리는 준연번복(蠢蠕飜覆)의 무리에 감응하는 것이다. (앞의 책 p.831상)

㈃化生

由因世界에 **變易輪廻 假顚倒故**로 **和合觸成 八萬四千**의 **新故亂想**하나니

세계에서 변역(變易)32)으로 윤회하는 가전도(假顚倒)33)를 말미암은 까닭에 촉(觸)과 화합하여 팔만사천 가지 신고(新故)의 어지러운 생각을 이루나니34)

如是故有 化相羯南이 **流轉國土**하야 **轉蛻飛行 其類充塞**이니라

그러므로 화상(化相)의 갈람(羯南)35)이 국토에 유전(流轉)하여 전탈비행(轉蛻飛行)36)하는 무리들이 가득하게 되었다.

---

32) 변화는 몸을 벗어남으로 응하는 것이니 변역의 뜻이 離이다. 『계환해』(『卍속장경』 17, p.831상)
33) 이곳을 여의고 저에 의탁하기에 이름이 假顚倒이다. 『계환해』(『卍속장경』17, p.831상)
34) 같은 류(類)에 접촉하여 변하기 때문에 '和合觸成'이라 하고, 옛을 돌이켜 새로운 것에 나아가니 '新故亂想'이라 부르며, 과보가 감응되는 것도 그러하다. (앞의 책 p.831상)
35) 갈람(羯南)은 번역하여 갱육(硬肉)이니 胎兒生長의 다섯단계를 통칭하는 말로서 허물벗는 것으로 體를 이루어 유연하지 아니한 모습이다. 이 아래에 다 갈람이라 칭하는 것은 모든 무리의 통칭이 여기에서 그치기 때문이다. 다섯단계 가운데 第五의 발라사거(鉢羅奢佉)는 형체가 다 이루어진 모습이니 즉 각기 모양과 형상을 따르게 되기 때문에 이것으로 통칭할 수가 없는 것이다. (앞의 책 p.831하)
　*胎兒生長의 다섯단계를 설명하는데 있어서, 갈라람은 번역하여 凝滑이라 하니 수태직후 初七日의 모습이고, 알포담은 번역하여 포(胞)이니 第二七日의 모습이며, 폐시는 연육(輭肉)이니 第三七日의 모습이고, 갈남은 번역하여 堅肉이니 第四七日의 모습이며, 발라사거(鉢羅奢佉)는 번역하여 형체가 이루어진 位이니 第五七日의 모습이다. 全觀應, 『佛敎學大辭典』(서울 弘法院 1988) p.1595.
36) 허물벗음[蛻]은 옛을 벗고 새로움에 나아가는 것이다. 어린 유충이 나비가 되는 것은 기어다니던 것이 날아다니게 된 것이요, 참새가 조개가 되는 것은 날으던 새가 허물을 벗고 땅 속에 잠기는 것이니 무릇 같지 아니한 형태로써 서로 선위(禪位)함이 다 전탈(轉蛻)인 것이다. 『계환해』(『卍속장경』17, p.831하)

㈤有色

由因世界에 留礙輪廻 障顚倒故로 和合著成 八萬四千의 精耀亂想하나니

　　세계에서 유애(留礙)37)로 윤회하는 장전도(障顚倒)를 말미암은 까닭에 환하게 나타남[著]과 화합하여 팔만사천 가지 정미롭게 빛나는 어지러운 생각[精耀亂想]을 이루었으니38)

如是故有 有色羯南이 流轉國土하야 休咎精明 其類充塞이니라

　　그러므로 유색(有色)의 갈람(羯南)이 국토에 유전(流轉)하여 길하고 흉함을 알리는 휴구(休咎)와 같은 정명(精明)의 무리들이 가득하게 되었다.39)

㈥無色

由因世界에 消散輪廻 惑顚倒故로 和合暗成 八萬四千의 陰隱亂想하나니

　　세계에서 유(有)를 싫어하고 공(空)에 집착하는 소산윤회(消散輪廻)40)의 혹전도(惑顚倒)41)를 말미암은 까닭에 어두움과 화합하여 팔만사천의 음은난상(陰隱亂想)을 이루었으니

---

37) 진성은 원융하고 맑아서 본래 留礙한 것이 아니며, 또한 光輝도 아니지만 미혹으로 말미암아 걸리는 까닭에 留礙의 윤회를 이루어서 근본을 장애하고, 원융하고 맑음을 잃어 허망하게 밝게 나타남에 합하며, 담연(湛然)함에 붙어서 광명을 발하고 정밀하게 빛나는 것을 이루는 것이다. 『계환해』(『卍속장경』17, p.831하)
38) 열반경에 이르되 '八十神이 다 留礙한 想元을 말미암아 정미롭게 빛남을 이루나니 이것이 비록 지극히 정미롭고 지극히 신성하다 하더라도 아직 저 윤회의 顚倒相을 여읜 것은 아니다' 하다. (앞의 책 p.831하)
39) 休는 三光(日月星)이 되고 咎는 유성[字彗]과 같아서 일체의 精明神物이 다 정밀하게 빛나는 것이요, 그 想이 이미 맺혀서 정밀하게 빛남을 이룬 까닭에 다만 有色이라 하는 것이다. (앞의 책 p.831하)
40) 有를 싫어하고 空에 집착하여 몸을 멸하고 無에 돌아가려 하기 때문에 이름이 銷散輪廻이다. 『계환해』(『卍속장경』17, p.831하)
41) 漏에 미혹하여 돌이켜 듣지 못하니 이름이 惑顚倒이다. (앞의 책 p.831하)

如是故有 無色羯南이 流轉國土하야 空散消沈 其類充塞이니라

   그러므로 무색(無色)의 갈람(羯南)이 국토에 유전(流轉)하여 공산소침(空散銷沈)의 무리들이 가득하게 되었다.42)

(ㅅ)有想

由因世界에 罔象輪逈 影顚倒故로 和合憶成 八萬四千의 潛結亂想하나니

   세계에서 망상(罔象)43)으로 윤회하는 영전도(影顚倒)를 말미암은 까닭에 기억[憶想]과 화합하여 팔만사천의 잠결난상(潛結亂想)을 이루었으니

如是故有 有想羯南이 流轉國土하야 神鬼精靈 其類充塞이니라

   그러므로 유상(有想)의 갈람(羯南)이 국토에 유전(流轉)하여 천신(神)·귀신[鬼]·정령(精靈)의 무리들이 가득하게 되었다.44)

---

42) 어두움과 화합하는 것은 '有를 싫어하고 無에 돌아가려 함이니' 이는 晦昧한 공에 의지한다는 것이다. 그러므로 '和合暗成'이라 한 것이다. 그리하여 이름이 陰隱亂想이니 즉 무색계의 外道類이다. 이는 有相의 無色으로 業體가 없는 것이 아니기 때문에 또한 羯南이라 칭한 것이며, 또 惑業이 昏重하나 형색은 소멸하여 흩어져서 體가 空昧에 합하고 識은 陰隱에 붙어 있으니 또한 空散銷沈의 무리라 하는 것이다.『계환해』(『卍속장경』17, p.832상)
43) 罔象은 식음의 모습이니, 식음은 妄覺의 그림자로서 원래 體가 없는 것이요 전도로 말미암아 일어난 것이다. (앞의 책 p.893상) *없는 것과 같은 것을 罔이라 하고, 있는 것과 같은 것을 象이라 하니 그 體가 精微한 것이다. (앞의 책 p.899하)
44) 허망으로 眞을 잃고 邪念으로 그림자에 집탁하되 의탁할 바 그늘이 없고, 憶想 만 생겨나 형상이 없는 가운데 헛된 모양과 형상에 잠기어 맺혔기 때문에 그 神이 밝지 못한 것은 아득하여 귀신이 되고, 精이 완전하지 못한 것은 흩어져 靈魂이 된다. 그러므로 다 實色이 없고 다만 憶想의 相만 있는 것이다.『계환해』(『卍속장경』17, p.832상)

(ㅇ)無想

由因世界에 愚鈍輪廻 癡顚倒故로 和合頑成 八萬四千의 枯槁亂想하니
　　세계에서 우둔(愚鈍)으로 윤회하는 치전도(癡顚倒)를 말미암은 까닭에 완고함[頑]과 화합하여 팔만사천의 고고난상(枯槁亂想)을 이루었으니

如是故有 無想羯南 流轉國土하야 精神化爲 土木金石하는 其類充塞이니라
　　그러므로 무상(無想)의 갈람(羯南)이 국토에 유전(流轉)하여 정신(精神)이 변화한 토목금석(土木金石)의 무리들이 가득하게 되었다.45)

(ㅈ)非有色

由因世界에 相待輪廻 僞顚倒故로 和合染成 八萬四千의 因依亂想하나니
　　세계에서 뿌리없이 서로 기대어 윤회하는 위전도(僞顚倒)를 말미암은 까닭에 오염[染]과 화합하여 팔만사천 가지 인연에 의지[因依]하는 어지러운 생각을 이루었으니

---

45) 진리를 요달하지 못하고 愚惑을 지켜서 愚鈍이 지극하면 癡頑하고 무지하기 때문에 정신이 변화하여 土木金石이 되고, 다시 情想이 없어서 바싹 마른 어지러운 생각이 되느니라. 저 겁비라의 돌이나 연소묘의 나무나 정인완의 잣나무 같은 것은 다 정신이 변화하여 된 것이다. 『계환해』(『卍속장경』17, p.832상)
　＊'劫毘羅之石'은 겁비라라는 외도가 다섯가지 신통을 터득하여 낙수론(略數論)을 지었는데 그 제자에게 이르기를 '내가 변화하여 돌이 될 것이니 다른 종교에서 시비하거든 돌에다 대고 이야기하라' 하였다는 고사이다. '燕昭墓之木'은 '연나라 昭墓의 묘에 木人이 있었는데 그것이 변화하여 요괴가 되었다'는 고사이고, '鄭人緩之栢'은 '정나라 사람 완(緩)이 죽어서 잣나무가 되었다'는 고사이다. 윤양성,『正本首楞嚴經解環解刪補記』(대구 대영문화사 1993) p.1038.

如是故有 非有色相인 有色羯南이 流轉國土하야 諸水母等이 以蝦爲目하는 其類充塞이니라

그러므로 비유색상(非有色相)46)인 유색(有色)의 갈람(羯南)이 국토에 유전(流轉)하여 수모(水母)처럼 새우로 눈을 삼는 무리들이 가득하게 되었다.47)

㈫非無色

由因世界에 相引輪廻 性顚倒故로 和合呪成 八萬四千의 呼召亂想하니

세계에서 서로 당기어 윤회하는 성전도(性顚倒)를 말미암은 까닭에 주문과 화합하여 팔만사천 가지 부름[呼召]에 따르는 어지러운 생각을 이루었으니

由是故有 非無色相 無色羯南이 流轉國土하야 呪詛厭生 其類充塞이니라

그러므로 비무색상(非無色相)인 무색(無色)의 갈람(羯南)이 국토에 유전(流轉)하여 저주하고 싫어하는 무리들이 가득하게 되었다.48)

---

46) 非有色相: 巧僞하게 화합하여 나를 꺽고 다른 이를 따르며, 혹은 因依를 假託하여 번갈아 形勢를 이루어 몸과 마음을 資養하고 業果가 相循하되 自類를 따라 몸을 받지 아니함으로 非有色이라 한다.『정맥소』(『卍속장경』18, p.731하)
47) 水母(해파리)의 종류는 물거품[水沫]으로 몸을 삼고 새우로써 눈을 삼아 본래 有色이 아니었지만 物을 의지하여 色을 이루었으며, 스스로 작용하지 못하고 物을 기다려서 작용이 있게 되니, 미혹하여 天眞을 잃고 이어서 부위(浮僞)에 집착하여 피차(彼此)의 다른 바탕이 緣에 물들어 서로 합하게 되기 때문에 因依라고 한 것이다.『계환해』(『卍속장경』17, p.832하)
48) 사특한 업이 서로 이끌어서 性情으로 하여금 전도하게 하는 것이기에, 呪를 의지하고 識에 가탁하여 태어나는 이치(生理)를 말미암지 아니하고 허망하게 부름을 따라간다. 즉 세간의 邪術로 저주하되 정미로운 도깨비로서 사물을 싫어하여 그로 인하여 사는 것이니 태어나는 이치를 말미암지 않기 때문에 본래 스스로 無色이지만, 이미 이루어진 바탕에서 감응하기 때문에 非無色인 것이다.『계환해』(『卍속장경』17, p.832하)

㈀非有想

由因世界에 合妄輪廻 罔顚倒故로 和合異成 八萬四千의 廻互亂想하나니

　　세계에서 허망에 합하여 윤회하는 망전도(罔顚倒)를 말미암은 까닭에 다름[異]과 화합하여 팔만사천 가지 서로 돌고 도는[廻互] 어지러운 생각을 이루었으니

如是故 有非有想인 有想羯南이 流轉國土하야 彼蒲蘆等의 異質相成하는 其類充塞이니라

　　그러므로 비유상(非有想)인 유상갈람(有想羯南)49)이 국토에 유전(流轉)하여 포노(蒲蘆)50)처럼 바탕이 다른데 서로 이루는 무리들이 가득하게 되었다.

㈁非無想

由因世界에 冤害輪廻 殺顚倒故로 和合怪成 八萬四千의 食父母想하나니

　　세계에서 원한으로 윤회하는 살전도(殺顚倒)를 말미암은 까닭에 괴이함[怪]과 화합하여 팔만사천 가지 부모를 잡아먹는 어지러운 생각을 이루었으니51)

---

49) 두가지(本末) 妄이 서로 화합하여 性情이 罔昧하고 다른 물질이 서로 이루어져서 태어나는 이치[生理]가 서로 돌고 도니[廻互], 마치 蒲蘆는 본래 뽕나무 벌레로서 벌의 생각이 없었지만 이제 벌의 생각을 이룬 것과 같다. 또 다른 물질인 까닭에 非有想이요, 이루어졌으므로 有想羯南이라 한 것이다. 『계환해』(『卍속장경』17, p.832하)

50) 蒲蘆(포노, 나나니): 범어 gandholī 의 음역으로 벌의 일종(나나니벌, 螺蠃)이다. 全觀應, 『佛敎學大辭典』(서울 弘法院 1988) p.1633.

51) 원수가 되어 서로 살해하고 서로 갚아서 傷殺이 상반하여 사는 이치가 괴이하고 방탕하여 천륜과 의리를 버리기 때문에 土梟(새의 일종)의 무리에 강응된 것이다. 土塊와 毒果로 인하여 형체를 이루었기 때문에 새가 될 생각이 없었던 것은 아니나 근본은 無想인 것이다. 『계환해』(『卍속장경』17, p.833상)

　　*이러한 중생은 원래 원한을 품고, 그 앙갚음을 도모하려고 온 것으로 非無想이라 한다. 윤회와 전도가 다 怨殺으로 인하여 생긴 이름이다. 부모가 낳아 길렀기 때문에 恩愛가 지중하거늘 먹힘을 입고, 자식이 지중한 은애를 받고도 도리어 잡아 먹으니 차마 들을 수 없는 괴이한 일이므로 '괴이함과 화합하여 부모를 잡아먹는 想을 이룬다'고 한 것이다. 『정맥소』(『卍속장경』18, p.732하)

如是故 有非無想인 無想羯南 流轉國土하야 如土梟等은 附塊爲兒하고 及破鏡鳥는 以毒樹果로 抱爲其子어든 子成父母가 皆遭其食하는 其類充塞이며

 그러므로 비무상(非無想)인 무상갈람(無想羯南)이 국토에 유전(流轉)하여 토효(土梟) 등은 흙덩이를 붙들고 새끼를 삼고, 파경(破鏡)은 독수(毒樹)의 열매를 품고 새끼를 삼기 때문에 새끼가 성장하여 부모를 잡아먹는 그러한 무리가 가득하게 되었으며52)

㉣結
是名衆生 十二種類니라
 이것을 중생의 12종류(十二種類)라 하느니라.53)

---

52) 土梟와 破鏡은 史記 孝武本記에 黃帝에게 제사할 때에 一梟鏡을 쓴다 하였는데 孟康이 말하기를, 土梟는 새의 이름인데 자기의 어미를 잡아먹는 새이고, 破鏡은 짐승의 이름인데 자기의 아비를 잡아먹는다고 하였다. 破鏡은 모양이 추(貙)와 비슷하고, 눈은 범과 같다고 하고, 이를 破鏡鳥라 한 것은 譯人의 잘못이다. 『정맥소』(『卍속장경』18, p.732하)

53) 이는 다 妙覺明心을 알지 못하고 미혹되어 情欲에 빠졌기 때문에, 妄이 발생하고 妄을 따라 윤전하는 것이다. 그러므로 바른 수행이 아니면 능히 免脫할 수 없기 때문에 다음에서 妄을 제거하는 수증(修證)의 법을 보인 것이다. 『계환해』(『卍속장경』17, p.833상)

⑷令除妄本　555

大佛頂 如來密因 修證了義　諸菩薩萬行 首楞嚴經　제8권

⑷令除妄本二54)　①牒擧本因

阿難 如是衆生의 一一類中에 亦各各具 十二顚倒호미

아난아! 이와같이 중생의 하나하나 종류 가운데 각기 열두가지 전도(顚倒)55)를 갖추고 있는데,

猶如捏目에 亂華發生인달하야 顚倒妙圓 眞淨明心하야 具足如斯 虛妄亂想이니라

이는 마치 눈을 누르면 허공에 어지러운 꽃이 발생하는 것처럼 묘원(妙圓)하고 진정(眞淨)한 밝은 마음이 전도(顚倒)되어 이와같은 허망난상(虛妄亂想)이 구족되느니라.56)

---

54) 여기에서 '망의 근본을 제거한다'고 한 것은 증과의 점차를 밝힌 것이다. 앞에서 이미 도적을 알게 하였는데 여기에서 다시 망본을 제거해야 한다고 한 것은 도적의 소재를 알고 바로 토벌하여 오음의 도적들을 다 소탕하여 성품의 집이 편안하고 淸雅한 후라야 넉넉히 證에 나아가 노닐되 어려움이 없기 때문이다.『계환해』(『卍속장경』17, p.833하)

55) 전도(顚倒)란 범어 viparyāsa의 번역으로 간략히 倒라고도 한다. 말하자면 常道나 正理에 위배되는 것을 말하는데, 마치 무상한 것으로 常을 삼는다거나 苦를 가지고 樂을 삼는 등 근본적이고 진실한 사리에 어긋나는 妄見이다. 전도망견의 종류에 대해서는 여러 경론의 설한 바가 각기 다르다.『불광대사전』(台灣 불광출판사 1988) p.6731

56) 열두가지 전도란 즉 動顚倒와 欲顚倒로부터 殺顚倒에 이르기까지이다. 이러한 妄이 진심을 흔들어서 팔만사천의 亂想을 이루는 것이다.『계환해』(『卍속장경』17, p.833하)

②正令除妄二　㊀總告三法
汝今修證 佛三摩地인댄 **於是本因**인 **元所亂想**에 **立三漸次**하야사 **方得除滅**하리니

　그대가 이제 부처님의 삼마지를 닦아 증득하려면 본인(本因)[57]인 원래의 난상(亂想)에 삼점차(三漸次)를 세워야 비로소 소멸될 수 있을 것이니,

如淨器中 除去毒蜜인댄 **以諸湯水**와 **幷雜灰香**으로 **洗滌其器**하고 **後貯甘露**니라

　마치 깨끗한 그릇에 묻은 독밀(毒蜜)을 제거하려면 뜨거운 물과 재와 향으로 그릇을 세척한 다음이라야 감로수[58]를 담을 수 있는 것과 같다.

云何名爲 三種漸次오 **一者修習**이니 **除其助因**이오 **二者眞修**니 **刳其正性**이오 **三者增進**이니 **違其現業**이니라

　무엇을 삼점차(三漸次)라 하겠느냐? 첫째는 닦아 익힘[修習]이니 수도에 장애가 되는 간접적인 원인을 제거하는 것[除其助因]이요, 둘째는 참된 닦음[眞修]이니 살도음 등 그 본성의 실상을 바로 아는 것[刳其正性]이요, 셋째는 노력[增進]이니 현재 진행 중인 업을 어기는 것[違其現業]이다.[59]

---

57) 마음이 전도되어 생긴 허망난상이다.
58) 감로란 不死 또는 天酒라고 번역되는데 천신들의 음료 또는 하늘에서 내리는 단 이슬의 뜻으로 甘露라 한다.　전관응,『불교학대사전』(서울 홍법원 1988) p.23.
59) 오신채는 살도음을 돕는 즉 助因이 되고, 성욕 등 살도음은 正因이니, 正性 그 자체가 되고, 육근이 외진에 치달리는데, 그 인연을 막는 것이 現業을 어기는 것이다.『계환해』(『卍속장경』17, p.834상)

㈢詳明三法三 ㈎除助因

云何助因고 阿難아 如是世界 十二類生이 不能自全하고 依四食住하나니

무엇을 가리켜 조인(助因)이라고 하겠느냐? 아난아! 이와같은 세계의 열두가지 중생들이 스스로 완전하지 못하고, 사식(四食)60)에 의지하여 머무나니,

所謂 段食觸食과 思食識食이라 是故佛說 一切衆生이 皆依食住니라

말하자면 단식(段食)과 촉식(觸食)과 사식(思食)과 식식(識食)이 그것이다. 이러한 까닭에 부처님은 '일체의 중생들이 모두 식(食)을 의지하여 머문다'라고 하시느니라.

---

60) 四食이란 중생들의 식사법이다. 인간은 段食이니 말하자면 먹는 것을 씹어서 반드시 쪼개기 때문이요, 귀신은 觸食이니 다만 감촉을 흠향하는 것으로 배부름을 삼기 때문이요, 색계[禪天]는 思食이니 밥을 보고[食至] 다만 생각하기만 하면 배가 불러지기 때문이요, 무색계[識天]는 識食이니 밥을 보지 아니하고도 다만 생각으로 배가 불러지기 때문이다. 이는 바로 중생계가 다 먹는 것에 의지해서 삶이 이어짐[住]을 밝힌 것이요, 먹는 것이 그러하기 때문에 오신채를 경계하고 끊게 한 것이지 반드시 다른 뜻이 있는 것은 아니다. (앞의 책 p.834상)
 *四食가운데 段食은 香味觸 등 色法으로 體를 삼는 飮食物을 말하는데, 이런 것을 통해 諸根을 資益되게 하기 때문이다. 觸食은 정신의 주체가 감각기관을 통하여 외계의 대상을 포착하였을 때에 일어나는 접촉작용을 말한다. 思食은 意思食念食意食業食이라고도 하는데 意志를 갖게하는 작용을 말한다. 識食은 정신의 주체를 말한다.

阿難아 一切衆生이 食甘故生하고 食毒故死하나니 是諸衆生 求三摩地인댄 當斷世間 五種辛菜니라
　아난아! 일체중생이 단 것을 먹기 때문에 태어나고, 독한 것을 먹기 때문에 죽게 되는데, 이 모든 중생들이 만약 삼마지를 구하려 한다면, 먼저 세상의 다섯가지 독한 채소[五辛菜]61)를 끊어야 하느니라.

是五種辛은 熟食發淫하고 生噉增恚하나니
　오신채(五辛菜)는 익혀 먹으면 음란한 마음을 발생시키고, 날 것으로 먹으면 성내는 마음을 더하나니,

如是世界 食辛之人은 縱能宣説 十二部經이라도 十方天仙이 嫌其臭穢하야 咸皆遠離하며
　그러므로 이 세상에서 오신채를 먹는 사람은 비록 12부(十二部) 경전을 다 설한다 하더라도 시방의 하늘이나 신선들이 그 냄새를 싫어하여 모두가 멀리 떠날 것이요,

諸餓鬼等이 因彼食次하야 舐其脣吻일새 常與鬼住하야 福德日消하고 長無利益이니라
　모든 아귀(餓鬼)들은 그가 밥 먹을 때에 그 입술을 핥기 때문에, 항상 귀신과 함께 있게 되어 복덕이 날로 소멸하고 영원히 이익이 없을 것이다.

---

61) 오신채는 첫째 대산(大蒜, 마늘) 둘째 각총(茖蔥, 달래) 셋째 자총(慈蔥, 파) 넷째 난총(蘭蔥, 부추) 다섯째 흥거(興渠)이다. 이 다섯 가지가 다 매웁고 더러워서 안으로는 淫慾과 瞋恚를 돋구고 밖으로는 사특한 귀신에 이끌리게 하기 때문에 돕는 원인 [助因]이라 했으니, 세속의 齋에서도 사용하지 않는데 하물며 진실하게 수행하는 사람이겠는가? 『계환해』(『卍속장경』17, p.834상) *흥거(興渠)는 우전국에서 자생하며 희고 냄새는 마늘과 같다고 한다.

⑷令除妄本 559

是食辛人은 修三摩地라도 菩薩天仙十方善神이 不來守護일새 大力魔王이
得其方便하야 現作佛身하야 來爲說法호대

　또 오신채를 먹는 사람은 비록 삼마지를 닦더라도 보살과 하늘과
신선과 시방의 선신(善神)들이 와서 지키고 보호하지 않으므로 힘
센 마왕(魔王)이 그 틈을 타서 부처님의 몸으로 가장하고 나타나
설법을 하는데,

非毁禁戒하고 讚淫怒癡하야 命終自爲 魔王眷屬하고 受魔福盡에 墮無間獄
이니라

　금(禁)하는 계율을 그르다고 비방하고, 음욕과 성냄과 어리석음
[淫怒癡]을 찬탄할 것이다. 그리하여 죽어서는 마왕의 권속이 되었
다가 마복(魔福)이 다하면 무간지옥에 떨어지는 것이다.

阿難아 修菩提者는 永斷五辛이니 是則名爲 第一增進 修行漸次니라

　그러므로 아난아! 보리(菩提)를 닦는 자라면 영원히 오신채를 끊
어야 하는 것이니, 이것이 수행을 증진해 나아가는 첫 번째 점차(漸
次)이니라.

(나)刳正性

云何正性고 阿難 如是衆生이 入三摩地인댄 要先嚴持 淸淨戒律이니 永斷
淫心하고 不餐酒肉하며 以火淨食하야 無噉生氣니라

　무엇을 가리켜 정성(正性)이라고 하겠느냐? 아난아! 이와같이 중
생들이 삼마지에 들어가고자 한다면 응당 먼저 청정게율을 엄히 지
켜서 영원히 음란한 마음을 끊고, 술과 고기를 먹지 않으며, 불로써
음식을 깨끗이 하여 날것의 기운을 먹지 말아야 하느니라.

阿難 是修行人이 若不斷淫 及與殺生이면 出三界者가 無有是處니 當觀淫欲을 猶如毒蛇하며 如見寃賊이니라

아난아! 수행하는 사람이 만약 음란한 마음과 살생할 마음을 끊지 않고 삼계(三界)에서 벗어나려고 하는 것은 있을 수 없는 일이기에 항상 음욕을 보면 마치 독사보다 더 무섭게 여기고 원수나 도적을 보는 것처럼 해야 하느니라.62)

先持聲聞 四棄八棄하야 執身不動하고 後行菩薩 淸淨律儀하야 執心不起니라

먼저 성문(聲聞)의 사바라이[四棄]와 팔바라이[八棄]를 잘 지녀서 몸을 가다듬어 흔들리지 말고, 다음에 보살의 청정율의(淸淨律儀)를 행하여 마음을 가다듬어 일어나지 않게 해야 하는 것이다.63)

禁戒成就하면 則於世間에 永無相生 相殺之業이요 偸劫不行하면 無相負累일새 亦於世間에 不還宿債하리라

금계(禁戒)를 성취하면 이 세상에서 영원히 서로 낳고 죽이는 일이 없어지고, 훔치고 빼앗는 일을 행하지 아니하면 서로 빚을 지는 일이 없을 것이기에, 또한 세간에서 갚아야 할 묵은 빚64)도 없게 될 것이다.65)

---

62) 淫殺 등 正性을 멸하고자 한다면 반드시 계율을 가져야 하나니 不飮酒라 하는 것은 어지러움을 막는데 지극한 것이요, 不噉生은 살생을 막는데 지극한 것이다. 律 가운데 다섯가지 과일을 다 반드시 불로써 깨끗이 한다는 것은 날것[生氣]를 먹지 말아야 함을 보인 것이다. 음욕의 해로움이 毒蛇나 怨賊과 같다고 한 것은 능히 법신을 해치고 혜명을 살해하기 때문이다.『계환해』(『卍속장경』17, p.834하)
　*律中五果는 核果(사과 배 등)와 膚果(오이 참외 등)와 穀果(호도 석류 등)와 角果(콩팥 등)와 檜果(잣 등)이다.
63) 몸을 가다듬는 것은 몸으로 하여금 범함이 없게 하는 것이요, 마음을 가다듬는 것은 생각으로도 범함이 없게 하는 것이다.『계환해』(『卍속장경』17, p.834하)
64) 묵은 빚이란 반드시 갚아야 할 빚이다.
65) 음행과 살생이 서로 엄습하고, 훔치고 겁탈함이 서로 빚을 지우는 것은, 금하고 막지 못함으로 말미암은 것이니, 그러므로 禁戒를 성취하면 두가지 업이 영원히 없어지

是淸淨人 修三摩地하면 父母肉身에 不須天眼코도 自然觀見 十方世界하며

　이렇게 청정한 사람이 삼마지를 닦는다면 부모가 낳아 준 이 육신에서 반드시 천안(天眼)이 아니더라도 자연 시방세계를 볼 수 있을 것이요.

觀佛聞法하며 親奉聖旨하야 得大神通하고 遊十方界호대 宿命淸淨하야 得無艱險하리니

　그리하여 부처님을 뵙고 법문을 들으며 친히 성인의 뜻을 받들어서 큰 신통을 얻고 시방세계에 노닐게 되는데, 숙명(宿命)이 청정하여 수행의 길에 험란함이 없을 것이니66)

是則名爲 第二增進 修行漸次니라

　이것이 수행을 증진해 나아가는 두 번째 점차(漸次)이니라.

㈐違現業

云何現業고 阿難 如是淸淨 持禁戒人은 心無貪淫 於外六塵 不多流逸하며

　무엇을 가리켜 현업(現業)이라고 하겠느냐? 아난아! 이와같이 청정하게 금계(禁戒)를 지니는 사람은 마음에 탐욕과 음욕이 없어져서 바깥 경계에[六塵] 휘말려 치달리지 않을 것이요.67)

因不流逸하야 旋元自歸하고 塵旣不緣하니 根無所偶하며

　휘말려 치달리지 않기 때문에 근원을 돌이켜 스스로 돌아가게 되고, 밖의 육진(六塵)에 이미 반연하지 않기 때문에 육근(六根)도 상대가 끊어지는 것이다.

　는 것이다. (앞의 책 p.835상)
66) 業性이 다하면 妙性이 圓明하게 되리라.『계환해』(『한속장경』17, p.835상)
67) 흘러서 육진으로 치달려 現前의 업을 일으키나니 계로써 禁制하여야만 流逸하지 아니하고 여기에서 벗어날 수 있는 것이다. (앞의 책 p.835상)

反流全一하면 六用不行하야 十方國土가 皎然淸淨호미 譬如琉璃의 內懸寶月이라

 이와같이 반류전일(反流全一)하면 여섯가지 작용도 행해지지 아니하여 시방의 국토가 밝고 깨끗하기 마치 유리 속에 밝은 달을 달아 놓은 것과 같을 것이다.

身心快然호대 妙圓平等하야 獲大安隱하며 一切如來의 密圓淨妙가 皆現其中하니

 몸과 마음이 상쾌하되 묘원평등(妙圓平等)하여 크게 안은(安隱)함을 얻고, 일체여래의 밀원정묘(密圓淨妙)가 다 그 속에서 나타날 것이기에68)

是人卽獲 無生法忍하리라

 이 사람이 곧 무생법인(無生法忍)69)을 얻게 되는 것이며,

從是漸修하야 隨所發行 安立聖位하리니

 이로부터 점점 닦아 나아가 가는 곳마다 행을 일으키고, 성인의 자리에 안립(安立)하게 되리니,

是則名爲 第三增進 修行漸次니라

 이것이 수행을 증진해 나아가는 세 번째 점차(漸次)이니라.70)

---

68) 流逸하게 되면 湛然한 것이 분산되어 경계에 합하기 때문에 流逸하지 아니하면 근원에 돌아가 짝하지 아니하고 마침내 六用의 희롱을 돌이켜서 한결같이 참되고 湛然할 것이다. 이를 시냇물에 비유하면 마치 흐름을 돌이켜 한결같이 하면 이에 저절로 맑아지는 것과 같다. 그러므로 국토와 身心이 妙圓淸淨하여 여래와 합할 것이요, 그러므로 일체여래의 密圓之心과 精妙之性이 다 그 가운데 나타나게 될 것이다. 『계환해』 (『卍속장경』17, p.835상)

69) 무생법인에서 法忍이라 한 것은 二乘의 伏忍과는 다르다는 것을 구별하기 위해서이다. (앞의 책 p.835하) *伏忍: 번뇌를 눌러서 작용은 못하게 하는 것이니, 아직 斷滅하지 못한 賢聖의 지위이다.

70) 업이 청정해야 性이 밝아져서 가히 行을 발하고 聖位에 升進하리라. 57位는 각기

(5)歷示聖位十―71)　①乾慧地72)

阿難 是善男子 欲愛乾枯하야 **根境不偶**하면 **現前殘質 不復續生**하고 **執心虛明**하야 **純是智慧**리니

아난아! 이 선남자가 욕애(欲愛)가 말라 근경(根境)이 서로 만나지 아니하면 현전(現前)의 남은 번뇌가 다시는 상속되지 아니하고 집착했던 마음이 허명(虛明)하여 순전히 지혜만 있을 것이다.

慧性明圓하야 **瑩十方界**호대 **乾有其慧**일새 **名乾慧地**니라

이와같이 지혜의 성품이 명원(明圓)하여 시방세계에 빛나되, 마른 지혜가 있으리니, 이것을 간혜지(乾慧地)라고 부른다.73)

行相을 따라 이름을 세운 것이니, 수행자로 하여금 그 名義를 관하여 修進하여야 할 바를 알게 한 것이다. 『계환해』(『卍속장경』17, p.835하)

71) 십주(十住)란 十信으로부터 10주에 들어가 정(定)으로써 이(理)에 회통하여 진(眞)에 계합하는 문이다. 十行은 진(眞)에 의거하여 모든 행(行)을 발기하는 문이다. 십회향은 이지(理智)와 대비(大悲)와 원행(願行)이 융화 회통하는 문이다. 十地는 자비와 지혜를 닦고 쌓아서 덕(德)을 성취하는 문이다. 『신화엄경론』(『한글대장경』212, p.332)
 *화엄의 점차는 10住로 見道를 삼고 10行·10回向·10地·11地로 加行을 삼아 보현의 悲願으로 지혜와 자비의 大用을 익숙하게 하되 始終과 成壞를 두지 않는 것이다. 『신화엄경론』(『한글대장경』212, p.390 참조)

72) 간혜지(乾慧地): 욕애가 마르고 지혜가 생기는 자리이니, 十信에 들기 전의 발심이다.

73) 欲愛가 미혹을 윤택하게 하고 근경이 업을 짓나니, 생사가 상속함은 오직 이것 뿐이다. 그러므로 욕애가 마르고 근경이 끊이지면 殘質이 계속되지 아니하여 어지럽게 섞이는 것이 없고, 집착하는 마음이 허명하여 순전히 지혜일 것이다. 그러나 처음 지위에 들었을 때 아직 여래의 法流水로 더불어 접하지 못하게 되면 다만 마른 지혜만 있을 뿐이다. 聖位가 十住에서 시작하되 信으로 초인을 삼고 또 信前에 간혜(乾慧)를 세우고 地前에 四加行을 세우며 妙前에 금강간혜를 세운 것은 이 세가지가 轉位의 關要가 되고 昇進의 방편이 되기 때문이다. 처음 범부로부터 자취를 발하되 慧性이 원만하지 못하면 능히 信位에 들어서 賢位을 이루지 못할 것이다. 賢行이 이미 이루어지지 못하고 공용(功用)을 가하지 아니하면 능히 地位에 올라 聖位를 이룰 수 없으며, 聖位를 이미 마쳤더라도 金剛慧로 最後細惑을 끊어서 前位의 緣影을 다 소탕하지 아니하면 妙位를 지어서 성불할 수 없기 때문이다. 『계환해』(『卍속장경』17, p.835하)

②十信十74)   ㊀信心

欲習初乾에 **未與如來 法流水接**일새 **卽以此心**으로 **中中流入**하야 **圓妙開敷**하며

　이는 애욕의 습기가 처음 마르기 시작한 것으로 아직 여래의 법류수(法流水)와는 만나지 못한 것이기에 이러한 마음이 안으로 안으로 흘러 들어가 뚜렷하고 묘한 경계가 열리는 것이다.

從眞妙圓으로 **重發眞妙**하야 **妙信常住**하고 **一切妄想**이 **滅盡無餘**하야 **中道純眞 名信心住**니라

　이와같이 참되고 묘한 경계로부터 거듭 진묘(眞妙)를 발하게 되면 오묘한 믿음이 상주하게 되고 일체의 망상이 남김없이 없어져서 중도(中道)가 순수하고 진실하리니, 이것을 신심주(信心住)라 한다.75)

㊁念心

眞信明了하야 **一切圓通**하면 **陰處界三**이 **不能爲礙**하며

　진실한 믿음이 명료해서 일체가 원만하게 통하게 되면 음처계(陰處界)의 세가지가 장애하지 못하며,

---

74) 성인의 지위에 信으로 초인을 삼은 것은 純眞하고 無妄한 것이 信이기 때문이다. 또 진리에 상응하게 하는 것이 信이기 때문에 반드시 먼저 中中圓妙한 道을 살펴서 純眞無妄하게 한 연후에 行을 발하여 心과 法이 상응하게 하면 등각과 묘각에는 비록 아득하다 하더라도 곧바로 나아가게 될 것이다.『계환해』(『卍속장경』17, p.836상)

75) 욕애를 버리고 乾慧를 초월했다 하더라도 오히려 범부의 지위요, 아직 法流에 들어간 것은 아니다. 그러므로 반드시 여래 일체지의 바다에 中으로 中으로 流入하여 치우치고 걸림이 없게 되면 圓妙한 성품이 이 곳에서 열리어 퍼지게 되는 것이다. 그러나 아직 妄習이 남아 있으면 眞妙圓이 아니니 다시 참된 妙圓으로부터 거듭 妙圓을 발하여 妙信에 상주하고 일체망상을 멸진하여 남음이 없게 하되, 中中의 도가 純眞하여 妄이 없기 때문에 信心住라 이름하는 것이다. 나머지는 다 이로 말미암아 증진하는 것이요, 다시 특별한 法이 없다. 다만 位를 따라서 眞妙性을 의지하여 惑習을 다스리되 單複으로 연마하여 纖塵도 서지 못하게 하면 묘각에 오르게 될 것이다. (앞의 책 p.836상)   *單複: 一字가 다만 一位에 국한되면 單(홑)이요, 一字가 十位를 포함하게 되면 複(겹)이다.『정맥소』(『卍속장경』18, p.764-)

如是乃至 過去未來의 無數劫中에 捨身受身하는 一切習氣가 皆現在前커든
　이와같이 과거로부터 미래에 이르기까지 무수한 겁을 지내는 동안 몸을 버리고 몸을 받던 일체의 습기가 모두 앞에 나타나는데,

是善男子가 皆能憶念하야 得無遺忘 名念心住니라
　선남자가 그것을 모두 기억(憶念)하여 잊어버리지 않으리니, 이것을 염심주(念心住)라 한다.76)

㊂精進心
妙圓純眞하야 眞精發化하야 無始習氣가 通一精明이면
　묘원(妙圓)함이 순진(純眞)하여 진실한 정기가 조화를 발하고, 무시(無始)의 습기가 하나의 정명(精明)으로 통하게 되면,

唯以精明으로 進趣眞淨호미 名精進心이니라
　오직 이 정명(精明)에 의지하여 진실하고 청정한 데에 나아가리니, 이것을 정진심(精進心)이라 한다.77)

㊃慧心
心精現前하야 純以智慧를 名慧心住니라
　마음의 정미로운 상태가 현전하여 순일하게 지혜로써 일관하리니, 이것을 혜심주(慧心住)라 한다.78)

---

76) 마음이 진실하고 밝으면 일체가 원통하여 오음 등이 장애하지 못한다. 그러므로 능히 宿習을 사무치게 비추어 기억해 다스리되 빠뜨리지 않는 것이다.『계환해』(『卍속장경』17, p.836하)　*앞의 信心住는 본래 있는 불성을 깊이 믿는 것이요, 여기에 念心住는 가까운 習氣의 種性을 기억하는 것이다.『정맥소』(『卍속장경』18, p.743상)
77) 妙圓通한 성품이 이미 순수하고 이미 진실하다면 妄習이 변화하여 오직 하나의 精明이 될 것이다. 그러므로 진실하고 청성함에 나아가 그 행이 쉼임이 없기 내문에 精進이라 부르는 것이다.『계환해』(『卍속장경』17, p.836하)
78) 망습이 이미 다했기 때문에 마음의 정기가 눈앞에 드러나, 나아가고 움직임에 순수한 지혜일 뿐 다른 습기가 없는 것이다.『계환해』(『卍속장경』17, p.836하)

㈤定心

執持智明하야 **周遍寂湛**호대 **寂妙常凝 名定心住**니라

　지혜의 밝음을 보호해 유지[執持]하고 두루 고요하게 하여 그 고요하고 오묘한 것이 항상 응어리져 있으리니, 이것을 정심주(定心住)라 한다.79)

㈥不退心

定光發明하야 **明性深入**하야 **唯進無退 名不退心**이니라

　선정 속에 광명이 밝은 빛을 발하여 명성(明性)에 깊이 들어가 오직 나아가기만 하고 물러나지 않으리니, 이것을 불퇴심(不退心)이라 한다.80)

㈦護法心

心進安然에 **保持不失**하야 **十方如來**에 **氣分交接 名護法心**이니라

　밝은 마음으로 정진해 나아가 안연(安然)81)함을 잘 보호하여 잃어버리지 않기 때문에82) 시방여래의 기분과 서로 부합되리니, 이것을 호법심(護法心)이라 한다.83)

---

79) 지혜가 이미 純明하다면 반드시 선정으로 이를 지켜서 주변한 寂湛寂妙의 體가 항상 엉겨 불변하게 되는 것을 定心住라 부른다. (앞의 책 p.836하)
80) 定으로 慧를 지켜서 고요하고 담연함에 이르렀기 때문에 성품의 광명이 明을 발하여 깊이 道에 드는 것이다. (앞의 책 p.836하)
81) 안연(安然)하다는 것은 定力을 설명한 말로서 앞에서 비록 不退라고 했으나 이것은 오히려 부지런히 공부에 힘쓴다는 것이요, 여기에서 안연(安然)이라 한 것은 일부러 힘써 노력하지 않아도 공부가 이루어지기에 安然이라 한 것이다.『정맥소』(『卍속장경』18, p.744상)
82) 보호하여 지닌다[保持]는 것은 앞의 執持와 같은 것이니, 선정의 문에 속한 것이다. 대개 마음이 安然하다는 것은 이미 定力이 이루어졌다는 것이니, 이를 늘 보호해 지녀서 누락함이 없게 한다는 것이다.『정맥소』(『卍속장경』18, p.744상)
83) 이미 깊이 들어가고 또 보호해 가져서 道가 시방에 통하고, 기분이 여래와 합하는 것을 호법이라 한다.『계환해』(『卍속장경』17, p.837상) *여래의 기분은 곧 법신의 기분이니 그대로 묘각의 眞精에서 벗어나지 않는 것이다.『정맥소』(『卍속장경』18, p.744상)

㈧回向心

覺明護持에 **能以妙力**으로 **廻佛慈光**하야 **向佛安住**호미

각명(覺明)의 진심을 호지(護持)하여 능히 묘력(妙力)으로써 부처님의 자비광명에 돌이켜 부처님을 향하여 편안히 머무르는 것이다.

猶如雙鏡의 **光明相對**에 **其中妙影**이 **重重相入**을 **名廻向心**이니라

마치 두개의 거울[雙鏡]이 빛을 서로 대하는 것처럼 그 가운데 오묘한 비침이 거듭거듭 상입(相入)하리니, 이것을 회향심(廻向心)이라 한다.84)

㈨戒心

心光密廻하야 **獲佛常凝**한 **無上妙淨**하고 **安住無爲**하야 **得無遺失**을 **名戒心住**니라

마음의 빛을 밀밀히 돌이켜서 부처님의 항상한 무상묘정(無上妙淨)을 얻고, 무위(無爲)에 안주하여 잃어버림이 없으리니, 이것을 계심주(戒心住)라 한다.85)

㈩願心

住戒自在하야 **能遊十方**호대 **所去隨願**을 **名願心住**니라

계율(戒律)에 머무름이 자재하여 시방에 다니되 가는 곳마다 소원대로 되리니, 이것을 원심주(願心住)라 한다.86)

---

84) 법을 보호하는 마음으로 말미암아 나아가 여래에 합하고 妙覺明을 얻어서 호지하여 잃지 않기 때문에 能妙回向이라 했다. 부처님의 자비광명을 돌이킨다는 것은 果를 돌이켜 因에 향하는 것이요, 부처님을 향하여 안주하는 것은 因을 돌이켜 果에 향하는 것이니 인과가 서로 섞이고 체용이 서로 섭하여 雙鏡에 비유하여 云云한 것이다.『계환해』(『卍속장경』17, p.837상)   *覺明은 진심이요, 雙鏡은 여러 부처님의 果智와 여러 수행자의 因智이다.『楞嚴蛇足』(통도사승가대학 1992) p.179.
85) 부처님의 자비광명을 돌이킴으로 말미암아, 그것을 나에게서 얻기 때문에 佛常凝의 無上妙淨을 얻는 것이니 常凝이면 경계를 대함에 움직임이 없고, 妙淨이면 六塵을 섭렵함에 오염되지 아니하여 戒心이 이루어지는 것이다.『계환해』(『卍속장경』17, p.837상)
86) 사물을 대하되 움직임이 없고 육진을 섭렵하나 물들지 않는데 이것이 住戒自在이

③十住十　㈠發心住[87]

阿難 是善男子가 **以眞方便**으로 **發此十心**하야 **心精發輝**하고 **十用涉入**하야 **圓成一心**을 **名發心住**니라

　아난아! 선남자가 진방편(眞方便)으로 십심(十心)을 발하여 마음의 정기가 빛을 발[心精發輝]하고, 십용(十用)이 섭입(涉入)되어 원만히 일심(一心)을 이루게 되리니, 이것을 발심주라 한다.[88]

다. 움직임도 없고 물들지도 아니하면 가는 곳마다 불가함이 없다. 그러므로 시방에 노닐되 가는 곳마다 원하는 대로 되는 것이다. (앞의 책 p.837상)
　*수행을 시작할 때에 반드시 욕애를 끊어서 심성으로 하여금 虛明하게 한 후라야, 능히 법의 흐름에 들어서 妙圓性을 열고, 진성이 明圓하여 細習이 이에 나타난다. 그리하여 마침내 행을 발하여 이를 다스려서 純智로 하여금 습기에 빠지지 않게 하고, 또 선정을 잘 지켜서 寂湛으로 하여금 빛을 발하게 하여 깊이 도에 들어가 護持하고 잃지 아니하면 능히 佛慈光에 돌이키고 佛淨戒를 얻어서 육진을 섭렵하되 물들지 아니하고 가는 곳마다 원하는 대로 된다. 이것이 十信의 차례이다. (앞의 책 p.837상)
　*이것은 念力을 설명한 것이다. 앞의 戒에 머무는 마음을 잡아서 自在하다고 말한 것은 앞에서는 오히려 부동의 體에 국집하더니 여기에 이르러서는 自在한 用을 점차 드러낸 것이다.『정맥소』(『卍속장경』18, p.745)
87) 믿음으로부터 달려가 如來家에 태어나되 無住의 지혜에 의지하여 영원히 물러나거나 돌아가지 아니하는 것을 住라고 이름한다.『계환해』(『卍속장경』17, p.837하)
88) 진방편은 十信以前의 妙慧(乾慧地)요, 十心은 十信이니, 十心이 頓發하여 一心을 원만히 이루어 佛智地에 머무는 것을 發心住라 한다.『계환해』(『卍속장경』17, p.837하)
　*성인의 지위가 十信으로 초인을 삼고, 十住와 十行과 十願과 十地로써 점차를 삼아, 等妙에서 마치나니 다 서로 거두어 베풀어서, 수행하는 사람으로 하여금 믿음으로부터 달려 들어가 佛智地에 머물게 하고, 지혜에 의지하여 行을 일으켜 행하는 대로 願이 가지런하게 하고자 한 것이니 이로 말미암아 삼현을 초월하고, 십성에 들어 등묘에 오르는 것이요, 이것이 수증의 차례인 것이다. (앞의 책 p.837하)

㊂治地住
心中發明이 **如淨瑠璃**에 **內現精金**이어든 **以前妙心**으로 **履以成地**를 **名治地住**니라

심중(心中)에 광명을 발하는 것이[89] 마치 맑은 유리 속에 정금(精金)이 빛나는 것처럼 앞의 묘심(妙心)[90]으로 이를 잘 밟아 지단(地段)을 이루리니, 이것을 치지주라 한다.[91]

㊂修行住
心地涉知하야 **俱得明了**어든 **遊履十方**에 **得無留礙**를 **名修行住**니라

마음과 지단(地段)[92]이 서로 섭지(涉知)하고 함께 명료하여 시방을 옮겨 가는데 걸림이 없으리니, 이것을 수행주라 한다.[93]

---

89) '心中에 광명을 발하여 內外가 精瑩'이라 한 것은 心精發輝의 뜻에 덧붙여 밝힌 것이다. (앞의 책 p.837하)
90) 妙心은 앞의 十用으로 성취한 初住의 心이요 (정맥소 卍속장경18 pp.745-746) 참조
91) 밟아서 地段을 이룬다는 것은 지혜가 이치에 계합하여 이치로 하여금 더욱 精明하게 하기 때문에 治地住라 한 것이다. 이는 中陰이 업력을 타고 맺혀 경계가 되어 부질없이 그 가운데 의지처를 이루는 것과 같은 것이다. (정맥소 卍속장경18 pp.745-746)
　*이러한 妙心을 밟고서 眞基를 이루기 때문에 治地라 이름한 것이다. 마치 집을 지으려 할 때에 반드시 먼저 땅을 고르고 나서야 비로소 기둥을 세우고 집을 지을 수 있는 것과 같다. (앞의 책 p.837하)
92) 心은 智니 곧 시각이요, 地는 理니 곧 본각이다. 모두 동일한 覺體이므로 다 明了한 것이다. 『정맥소』(『卍속장경』18, p.746상)
93) 안과 밖이 정미롭게 밝음으로 인하여 心地를 닦아 이룰 수 있기 때문에 所涉과 所知가 함께 明了하면 자유로히 修進함에 걸림이 없는 것이다. 『계환해』(『卍속장경』17, p.838상)

㈣生貴住

行與佛同하야 **受佛氣分**호미 **如中陰身**이 **自求父母**에 **陰信冥通**하야 **入如來種**을 **名生貴住**니라

　행(行)이 부처님으로 더불어 같아서 불(佛)의 기분(氣分)을 받는 것이 마치 중음신(中陰身)94)이 스스로 부모(父母)를 구할 때에 중음(中陰)에서의 믿음이 그윽히 통하듯, 이와같이 여래의 종성(種性)에 들어가리니, 이것을 생귀주95)라 한다.

㈤方便具足住

旣遊道胎하야 **親奉覺胤**胤이 **如胎已成**에 **人相不缺**을 **名方便具足住**니라

　이미 도(道)의 태(胎)에 들어 친히 부처님의 자손으로 받들어지는 것이, 마치 뱃속에서 태가 이미 이루어지면 사람으로서 대접을 받는데 결함이 없으리니, 이것을 방편구족주라 한다.96)

㈥正心住

容貌如佛하고 **心相亦同**을 **名正心住**니라

　용모가 부처님과 같고, 마음 또한 그러하리니, 이것을 정심주라 한다.97)

---

94) 中陰이란 그윽하게 감득되는 이치에 비유한 것으로 現陰의 前身은 이미 죽고 後陰의 後身은 아직 태어나지 아니한 그 가운데를 中陰이라 한다. 『계환해』(『卍속장경』17, p.838상)
95) 妙行이 밀밀하게 계합하면 妙理가 그윽하게 감득되어 장차 불가에 태어나 법왕의 종족이 된다. 그러므로 生貴住라 이름한 것이다. (앞의 책 p.838상)
　*삼계의 업에서 벗어나 부처님의 집안에 태어나는 것을 生貴住라 한다. 『신화엄경론』(『한글대장경』212, p.352)
96) 妙行의 기분이 부처님과 같고 妙理가 中陰에 그윽히 감응하여 道의 胎에 노닐고 覺의 자손으로 받드는 것이다. 道의 胎가 이미 이루어졌기 때문에 妙相이 어그러지지 아니하여 수행의 바른 수단이 구족되는 것이다. 『계환해』(『卍속장경』17, p.838상)
97) 모든 행동[容止]이 밖으로 같더라도 心相이 안으로 다르면 正心이 아니다. 『계환해』(『卍속장경』17, p.838상)

㈐不退住

身心合成하야 **日益增長**을 **名不退住**니라

　몸과 마음이 도(道)와 합해져서 날로 더욱 증장하리니, 이것을 불퇴주라 한다.98)

㈑童眞住

十身靈相이 **一時具足**을 **名童眞住**니라

　십신(十身)의 신령한 모양이 일시에 구족되는 것이니, 이것을 동진주라 한다.99)

㈒法王子住

形成出胎하야 **親爲佛子**를 **名法王子住**니라

　형체가 이루어지고 태에서 벗어나 친히 불자(佛子)로 태어나는 것이니, 이것을 법왕자주라 한다.100)

---

98) 부처님의 덕과 같아서 나아가기만 하고 물러남이 없는 것이다. (앞의 책 p.838상)
99) 몸은 갖추어졌으나 아직 미미하기 때문에 童이라 칭한 것이다. 그 열가지 몸이란 菩提身과 願身과 化身과 力身과 莊身과 威勢身과 意生身과 福身과 法身과 智身이다.『계환해』(『卍속장경』17, p.838상)
100) 발심주로부터 生貴住에 이르기까지를 聖胎에 들었다 하고, 방편구족주로부터 童眞住에 이르기까지를 長養聖胎라 하나니, 여기에 이르러 長養의 공이 마치는 까닭에 出胎의 법왕자주라 하는 것이다. (앞의 책 p.838하)
　　*법왕자주에서는 법의 자재로움을 얻은 것이니, 즉 십바라밀 가운데 力波羅蜜의 법력이 자재하므로 외도와 동일함을 보여서 五熱炙身[동사섭]으로 삿된 무리들을 이끌어 바른 지혜로 돌아가는 것이다.『신화엄경론』(『한글대장경』212, p.370)

⑩灌頂住:101)

表以成人호대 **如國大王**이 **以諸國事**로 **分委太子**하며 **彼刹利王**이 **世子長成**에 **陳列灌頂**일새 **名灌頂住**니라

성인이 되었음을 인정하는 것이 마치 국왕이 나라의 모든 일을 태자에게 나누어 맡기는 것과 같고, 저 찰리왕이 세자102)가 장성하자 이마에 물을 붓는 의식을 진행하는 것과 같은 것이니, 이것을 관정주103)라 한다.

④十行十:104)　㈠歡喜行

阿難 是善男子 成佛子已에 **具足無量 如來妙德**하고 **十方隨順 名歡喜行**이니라

아난아! 이 선남자가 부처님의 아들이 되어 부처님의 한량없는 묘한 덕을 구족하고, 시방에 수순하리니, 이것을 환희행이라 한

---

101) 제10 灌頂住의 법문은 부처가 머무는 바에 스스로 머묾을 밝힌 것이며, 이하 10行의 경문은 자리이타의 행을 밝힌 것이다. 『신화엄경론』(『한글대장경』212, p.378)

102) 나라의 大王은 天子이니 그 嫡嗣를 太子라 하고, 利王은 그 안의 여러 왕 가운데 하나이니 그 嫡嗣를 世子라 한다. 『계환해』(『卍속장경』17, p.838하)

103) 國位를 부촉하고자 할 때에 大海의 물을 취하여 그 정수리에 붓는 것은 왕이 되면 응당 衆智를 사용하여야 함을 표한 것이다. 지금의 이러한 지위가 衆德을 속으로 갖추어서 佛事를 맡길만 하기 때문에 성인으로써 나타내어 灌頂의 의식을 보인 것이다. 『계환해』(『卍속장경』17, p.838하)

＊이곳 십주에서 국가의 일을 나누어 위임한다고 한 것은 정식으로 국왕의 지위를 위임한 것이 아니고, 다만 성인을 표하는 의식일 뿐이다. 대개 이것은 바야흐로 十住에 지극하였지만 十地의 行이 가득하여야 이에 정식으로 부촉할 수 있기 때문이다. 그러므로 화엄에서 十地의 보살이 부처님의 직위를 받는 것을 전륜성왕의 태자가 직위를 받는 것에 비유했던 것이다. (앞의 책 p.838하)

＊대저 발심함에 반드시 治地하고, 治地하면 이에 수행하고, 수행한 연후에 如來家에 태어나 覺相을 구족하여 佛心과 같이 하며, 道體를 길러서 十身을 원만히 하고 佛子가 되어 佛事를 맡나니 이것이 十住의 처음에서 끝까지 그 순서이다. (앞의 책 p.838하)

104) 이미 부처님의 넓은 지혜에 의해서 부처님이 계시는 곳에 머물게 되었으므로 마침내 妙行을 일으켜서 스스로도 이롭고 남도 이롭게 하는 것이다. 『계환해』(『卍속장경』17, p.838하)

다.105)

㈢饒益行

善能利益 一切衆生을 名饒益行이니라

　능히 일체중생을 이익되게 하는 것이니, 이것을 요익행이라 한다.106)

㈢無瞋恨行

自覺覺他에 得無違拒를 名無瞋恨行이니라

　자신도 깨닫고 남도 깨닫게 하여 거스르고 막음이 없는 것이니, 이것을 무진한행이라 한다.107)

㈣無盡行

種類出生하야 窮未來際하며 三世平等하고 十方通達을 名無盡行이니라

　갖가지 중생들이 태어나서 미래제가 다하도록 삼세(三世)에 평등하며 시방(十方)에 통달하게 함이니, 이것을 무진행이라 한다.108)

---

105) 부처님의 妙德을 갖추었기 때문에 능히 시방에 수순하되 가는 곳마다 不可함이 없어서 자타가 이롭게 됨을 구비하여 根機와 應化가 함께 기뻐하기에 이름이 환희행이다. (앞의 책 p.839상) *이것은 보시바라밀을 설명한 것이다. 『정맥소』(『卍속장경』 18, p.748상)
106) 妙德을 잘 받들어 지녀서 자기도 이롭고 남도 이롭게 하는 것이다. 『계환해』(『卍속장경』17, p.839상) *이것은 지계바라밀을 설명한 것이다. 『정맥소』(『卍속장경』18, p.748하)
107) 성냄과 원한은 어기고 막는데서 생기는 것이다. 『계환해』(『卍속장경』17, p.839상) *이는 忍辱波羅蜜을 설명한 것이다. 화엄경에 '보살이 인욕을 항상 행하기에 이름이 無違逆行이라 한다' 하였다. 『성맥소』(『卍속상경』18, p.748하)
108) 類에 접촉하여 생장하고 機에 따라 응하기에 남을 이롭게 함이 끝이 없는 것이다. 『계환해』(『卍속장경』17, p.839상) *이는 精進波羅蜜이다. 『정맥소』(『卍속장경』18, p.749상)

㈤離癡亂行

一切合同한 種種法門에 得無差誤를 名離癡亂行이니라

　모든 것에 두루 합하는 갖가지 법문을 얻어서 착오가 없으리니, 이것을 이치란행이라 한다.109)

㈥善現行

則於同中에 顯現群異하고 一一異相에 各各見同을 名善現行이니라

　같은 가운데 가지가지 다른 것을 나타내고, 하나하나 다른 형상에서 각기 같은 것을 보나니, 이것을 선현행이라 한다.110)

㈦無着行

如是乃至 十方虛空 滿足微塵히 一一塵中에 現十方界하야 現塵現界호대 不相留礙를 名無著行이니라

　이와같이 시방의 허공에 가득한 작은 티끌에 이르기까지 그 티끌 하나하나에 시방의 세계를 나타내어, 티끌을 나타내고 세계를 나타내되 서로 걸림이 없으리니, 이것을 무착행이라 한다.111)

---

109) 법에 밝지 못한 것이 癡요 行이 어지러운 것이 亂이니 지금 능히 한결같이 法에 합하여 착오가 없게 되었기 때문에 癡亂을 여의게 된 것이다. 『계환해』(『卍속장경』17, p.839상)　*이것은 禪定波羅蜜이다. 『정맥소』(『卍속장경』18, p.749하)
110) 痴亂이 없기 때문에 능히 종종의 법문에 서로 나타내고 따라 응하여 圓融自在하니 이를 일러 善現이라 한다. 『계환해』(『卍속장경』17, p.839상)　*이는 智慧波羅蜜이다. 『정맥소』(『卍속장경』18, p.750상)
111) 이는 선현행을 말미암아 채우고 넓혀서 원융해진 것이니 티끌 가운데 刹土가 나타나는 것을 現界라 한다. 이 때 塵相을 毁損하지 않는 것을 現塵이라 한다. 『계환해』(『卍속장경』17, p.839하)　*이는 사사무애의 지혜이니 즉 십현문 가운데 廣狹自在無碍門이다. 『정맥소』(『卍속장경』18, p.750상)

㈧尊重行

種種現前이 咸是第一波羅蜜多를 名尊重行이니라

가지가지로 앞에 나타나는 것이 모두 제일 반야바라밀을 이루리니, 이것을 존중행이라 한다.112)

㈨善法行

如是圓融하야 能成十方 諸佛軌則을 名善法行이니라

이와같이 원융하여 시방제불의 법문을 능히 성취하리니, 이것을 선법행이라 한다.113)

㈩眞實行

一一皆是 淸淨無漏하야 一眞無爲의 性本然故로 名眞實行이니라

하나하나의 모든 것이 청정무루(淸淨無漏)하고 일진무위(一眞無爲)하여 성품의 본연(本然)함에 합하리니, 이것을 진실행이라 한다.114)

---

112) 가지가지 나타난 것이 다 般若性德의 無作妙力으로 자재하게 성취한 것이기에 尊重이라 이름한 것이다. 금강경에 제일바라밀이라 칭하는 것이 바로 이 반야이다. 『계환해』(『卍속장경』17, p.839하) *이는 究竟彼岸의 지혜이다. 가지가지가 모두 第一波羅蜜이다 한 것은 四卷에 말한 '가지가지 變現이 번뇌가 되지 않고 모두 여래의 涅槃妙德에 합한다'는 것이 이것이다. 『정맥소』(『卍속장경』18, p.750하)
113) 선법이란, 시방제불이 이것[軌則]으로 성도하고, 이것으로 중생을 이롭게 하는 것이다. 『계환해』(『卍속장경』17, p.839하)
*선법이란, 軌生物解의 지혜이다. 화엄경에서는 이 행으로 설법하는 것이 무애임을 밝혔다. 이와같이 원융하여 시방제불의 궤칙을 이룬다는 것은 두가지 無碍智를 거두어 究竟利他의 교법을 건립함을 밝힌 것이다. 『정맥소』(『卍속장경』18, p.750하)
114) 앞의 행이 眞性의 본연한 묘용 아님이 없음을 총괄한 것이니, 모습은 비록 만가지로 다르나 體는 오직 하나의 진성이기 때문에 진실이라 이름했다. 이와같이 십행과 더 나아가 마지막 지위에 이르기까지 앞의 법을 벗어나지 아니하거늘 모두 서로 이어서 딛고 따로 설치한 것은 한결같이 수행하는 사람으로 하여금 지위에 따라 더욱 증진하되 性覺을 열어 넓히고 惑障을 밝히고 나스려서 불과를 성숙하게 하고사 한 것이다. 『계환해』(『卍속장경』17, p.839하)
*진실행이란, 실상을 어기지 않는 지혜이며, 또한 인연을 모아 실상에 들어가는 지혜이다. 『정맥소』(『卍속장경』18, p.751상)

⑤ 十廻向十115) ㊀救護衆生 離衆生相回向116)
阿難 是善男子가 **滿足神通**하야 **成佛事已**에 **純潔精眞**하야 **遠諸留患**이어든
　아난아! 이 선남자117)가 신통을 만족하게 갖추어118) 불사(佛事)를 이루고119) 순결하게 정진하여120) 가지가지 근심을 멀리 여의게 되는데121)

當度衆生호대 **滅除度相**하고 **回無爲心**하야 **向涅槃路**이니
　응당 중생을 제도하되 제도한다는 생각[相]까지도 없애고, 무위심(無爲心)으로 돌아가 열반로((涅槃路)에 향하는 것이니,

---

115) 십회향은 十願이라고도 부른다. 앞의 十住 十行은 세속에서 벗어나려는 마음은 많으나 대비행이 부족하기 때문이다. 그러나 여기에서는 반드시 悲願으로써 구제하고, 세속에 처하여 중생을 이롭게 하되 眞을 돌이켜 俗에 향하게 하고, 智를 돌이켜 悲를 향하게 하여 眞俗이 원융하고 智悲가 不二하게 하는 것을 회향이라 하나니 닦아 나아가는 妙行이 이에 이르러야 비로소 갖추어지게 되는 것이다.『계환해』(『卍속장경』17, p.839하)
116) 救護衆生 離衆生相回向: 중생을 구호하되 중생을 구호했다는 생각[相]을 가지지 않는 회향이다.
117) 선남자는 이미 十行을 닦아 마친 사람이다.『정맥소』(『卍속장경』18, p.751하)
118) 신통을 만족했다는 것은 앞의 第八行까지를 總攝한 말이니 대개 초행으로부터 제8행의 단계에 다다르면 신통이 이미 지극하여 조금도 모자람이 없는 것이다.『정맥소』(『卍속장경』18, p.751하)
119) 불사를 이루었다는 것은 제九 선법행을 말함이니 대개 부처님의 궤칙을 성취하는 것이 곧 불사는 이룬 것이다.『정맥소』(『卍속장경』18, p.751하)
120) 純潔하고 精眞하다는 것은 第十行을 말함이니 청정한 無漏는 純潔이요, 一眞無爲는 精眞이기 때문이다.『정맥소』(『卍속장경』18, p.751하)
121) '신통을 만족…… 근심을 멀리 여읜다'는 것은 앞의 제칠 무착행의 '티끌경계를 나타내고 세계를 나타내되 서로 머물러 걸림이 없다' 등의 일을 이어 말한 것이다. 이른바 이 行이 만족하게 되면 응당 회향을 닦아야 하기 때문이다.『계환해』(『卍속장경』17, p.840상)

名救護一切衆生하대 離衆生相回向이니라
　이것을 일체중생을 구호하되 중생을 구호했다는 생각에도 머물지 않는 회향[救護衆生 離衆生相回向]122)이라 한다.

㈢不壞回向123)
壞其可壞하고 遠離諸離를 名不壞回向이니라
　무너뜨려야 할 것은 무너뜨리고, 여의어야 할 것은 멀리 여의는 것이니, 이것을 불괴회향이라 한다.124)

㈢等一切佛回向125)
本覺湛然하야 覺齊佛覺을 名等一切佛回向이니라
　본각(本覺)의 담연(湛然)으로 깨달음이 부처님의 깨달음과 같아졌으니, 이것을 등일체불회향(等一切佛回向)이라 한다.126)

---

122) 회향의 수행이란 悲願이 가장 깊기 때문에 그 맡은 바가 度生에 있는 것이다. 그러나 가히 제도하려고 하면 곧 有爲가 되어서 열반의 길을 등지게 되기 때문에 반드시 제도한다는 相을 멸하고 無爲의 마음에 돌이켜야 진정한 열반의 길에 향하게 되는 것이다. 『계환해』(『卍속장경』17, p.840상)
123) 不壞回向: 무너뜨려야 할 것은 무너뜨리고, 여의어야 할 것은 멀리 여의어 진정 무너짐이 없는 믿음에 회향하는 것이다.
124) 무너뜨릴 수 있는 것을 무너뜨린다는 것은 이른바 일체의 허망한 경계를 멀리 여읜다는 것이요, 가지가지 여의어야 할 것을 멀리 여의었다는 것은 이른바 멀리 여의어야 할 幻을 여의었다는 것까지도 다시 멀리 여읜다는 것이니 여읠 바가 없게 되면 諸幻을 세하고 不壞를 증득하게 되는 것이다. 『계환해』(『卍속장경』17, p.840상)
125) 等一切佛回向: 부처님과 같이 일체에 고루 평등하게 회향하는 것이다.
126) 무너지고 무너지지 않고가 없고, 여의고 여의지 아니하고가 없어야 湛然하여 부처님과 가지런하게 되리라. 『계환해』(『卍속장경』17, p.840상)

㈣至一切處回向127)

精眞發明하야 **地如佛地**를 **名至一切處回向**이니라

　정진(精眞)이 발명되어 지위가 부처님의 지위와 같아졌으니, 이것을 지일체처회향(至一切處廻向)이라 한다.128)

㈤無盡功德藏回向129)

世界如來가 **互相涉入**호대 **得無罣礙**를 **名無盡功 德藏回向**이니라

　세계와 여래가 서로 섭입(涉入)하되 걸림이 없으니, 이것을 무진공덕장회향(無盡功德藏回向)이라 한다.130)

㈥隨順平等善根回向131)

於同佛地에 **地中各各 生淸淨因**하고 **依因發輝**하야 **取涅槃道**를 **名隨順平等善根回向**이니라

　부처님의 지위와 같아 그 지위에서 각기 청정인(淸淨因)이 생기고, 그 인에 의해 빛을 발휘하여 열반도(涅槃道)를 취하니, 이것을 수순평등 선근회향(隨順平等善根回向)이라 한다.132)

---

127) 至一切處回向: 자기가 닦은 선근 공덕이 모든 곳에 베풀어지게 하는 회향이다.
128) 깨달음이 맑고 고요하기 때문에 精眞함이 드러난 것이요, 지위가 佛地와 같다는 것은 앞에서 깨달음이 等一切라고 했으니 즉 진여의 體가 두루한 것이다. 여기에 至一切라고 한 것은 즉 진여의 세계가 두루한 것이다. 『계환해』(『卍속장경』17, p.840상)
　*精眞은 본각의 體요, 發明은 묘용을 발휘한 것이다. 『정맥소』(『卍속장경』18, p.753상)
129) 無盡功德藏回向: 지난 세상에 지은 모든 공덕을 다 회향하는 것이다.
130) 진정한 세계와 진정한 본체의 두 가지가 모두 원만하고 두루하기 때문에 涉入하여도 無礙하고, 任運하게 發揮하여 德用이 다함이 없는 것이다. 『계환해』(『卍속장경』17, p.840하)
131) 隨順平等善根回向: 평등한 선근을 수순하여 생멸을 떠나 불생멸에 이르는 회향이다.
132) 佛地와 같다는 것은 앞에서 '지위가 佛地와 같다'라고 한 것이니 일체처에 각기 淨因을 일으켜서 열반의 도를 취하는 것을 평등선근이라 한다. 『계환해』(『卍속장경』17, p.840하)

⑸歷示聖位 ⑤十廻向

㈦隨順等觀衆生回向133)

眞根旣成하면 **十方衆生**이 **皆我本性**이라 **性圓成就**하여 **不失衆生**을 **名隨順等觀 一切衆生回向**이니라

　참된 선근이 이미 이루어지면 시방의 중생들이 다 나의 본성으로 여겨지기에 그 성품이 원만히 성취되어 중생을 잃지 않으리니, 이것을 수순등관 일체중생회향(隨順等觀一切衆生回向)이라 한다.134)

㈧眞如相回向135)

卽一切法하고 **離一切相**호대 **唯卽與離 二無所著**을 **名眞如相回向**이니라

　일체법(一切法)에 나아가고 일체상(一切相)을 여의되, 나아가고 여의는 두가지에 집착함이 없으니, 이것을 진여상회향(眞如相回向)이라 한다.136)

㈨無縛解脫回向137)

眞得所如하야 **十方無礙**를 **名無縛解脫回向**이니라

　참으로 여여(如如)한 것을 얻어서 시방에 걸림이 없으니, 이것을 무박해탈회향(無縛解脫回向)이라 한다.138)

---

133) 隨順等觀衆生回向: 일체중생을 평등히 觀하는 것에 수순하는 회향이다.
134) 평등한 선근은 그 성품이 참되고 원융하여 법계에 두루하기 때문에 시방의 중생이 다 나의 본성이다. 나의 선근이 이미 이루어졌기 때문에 능히 일체중생의 선근을 성취하여 잃어버림이 없고, 高下가 없는 것을 等觀을 수순한다 하는 것이다. 『계환해』(『卍속장경』17, p.840하)
　*이 글이 회향중생인 듯 하나 실은 회향불도이다. 首句는 위의 淸淨因과 평등선근을 말한 것이니 곧 眞根이다. 이 根의 수修가 곧 性이며, 이 性이 중생을 모두 거두기 때문에 皆我本性이라 한 것이다. 『정맥소』(『卍속장경』18, p.754상)
135) 眞如相回向: 모든 것에 나아가고 모든 모양을 여의되 나아가고 여의는 두 가지에 집착함이 없는 것이 진여상회향이다.
136) 如如하기 때문에 나아가고, 진실하기 때문에 벗어나는 것이지만, 나아가고 벗어남이 있는 것은 진여를 빌린 것이다. 이 두 가지에 집착이 없어야 진정한 진여가 되는 것이다. 『계환해』(『卍속장경』17, p.840하)
137) 無縛解脫回向: 어떠한 형상에도 집착하지 않고 어떠한 견해에도 얽매이지 않는 자유자재한 해탈심으로 모든 선근을 회향하는 것이다.
138) 假眞如를 의지하면 걸림이 없지 아니하리니 이는 有縛解脫이거니와, 오직 참으로

㊉法界無量回向139)

性德圓成하야 **法界量滅**을 **名法界無量回向**이니라

성품의 덕이 원만하게 이루어져서 법계에 한량이 없으니, 이것을 법계무량회향(法界無量廻向)이라 한다.140)

⑥四加行二 ㊀牒前總標141)

阿難 是善男子가 **盡是淸淨**한 **四十一心**하야는 **次成四種 妙圓加行**이니라

아난아! 이 선남자가 이렇게 청정한 마흔 한가지 마음을 다하고 나면 다음에는 네가지 묘원(妙圓)한 가행(加行)을 이루게 되느니라.142)

㊁詳開行位四 ㈎煖位143)

卽以佛覺 用爲己心이나 **若出未出**이 **猶如鑽火**에 **欲然其木**을 **名爲煖地**니라

부처님의 깨달음으로 자기의 마음을 삼았으나 나아갈 듯 하면서도 아직 나아가지 못하는 것이 마치 불을 피울 적에 나무를 태우는 것과 같나니, 이것을 난지(煖地)라고 한다.144)

여여한 것을 얻었기 때문에 모든 것에 걸림이 없는 것이니 그 이름이 無縛解脫이니라. 『계환해』(『卍속장경』17, p.840하)
139) 法界無量回向: 법계와 같이 모든 선근을 중생에게 회향하는 것이다.
140) 처음 性德을 증득하여 '부처님과 나란하다, 부처님과 같다'고 하여 '일체처에 평등하게 이르렀다' 하는 것은 다 헤아림으로 보는 것이다. 즉 法界의 性이 아직 그 헤아림을 여의지 못했거니와, 性德이 圓成함이라야 이에 헤아림으로 보는 것이 소멸하고 헤아림이 없음을 얻게 되는 것이다. 이는 前位의 限量情見을 통틀어 다스린 것이니 이 性이 圓成하면 가히 三賢을 초월하고 十聖에 들게 될 것이다.『계환해』(『卍속장경』17, p.841상)
141) 煖: 보리심으로 마음을 삼아 훈습하는 지위. 頂: 보리심을 깨달아 확신하여 물러섬이 없는 지위. 忍: 일체의 法忍을 얻은 지위. 世第一: 진공묘유의 세제일 지위.
 *삼현의 位가 지극함이 응당 여기에 해당하니 다시 공행을 가하면 聖位에 들게 되리라.『계환해』(『卍속장경』17, p.841상)
142) 四十一心이란 乾慧가 그 하나요, 信住行向에 각기 十이 있기 때문이다. 小乘通敎에도 다 四加行이 있으나 妙圓하지 못하기 때문에, 여기에서 특별히 妙圓加行이라 칭한 것이다.『계환해』(『卍속장경』17, p.841상)
143) 煖位: 여래의 깨달음으로써 내 마음을 삼아 따뜻하게 훈습하는 지위이다.
144) 부처님의 깨달음이 果覺이니 앞에서 비록 나란하다 했으나 아직 바른 증득이라

(5)歷示聖位 ⑥四加行 581

㈏頂位145)

又以己心으로 成佛所履나 若依非依가 如登高山하야 身入虛空이나 下有微
礙를 名爲頂地니라

 또 자기의 마음으로 부처님께서 밟아오신 것을 이루었으나 의지
한 듯 하면서도 의지하지 못하는 것이, 마치 높은 산을 오를 적에
몸은 허공에 들어갔으나 아래는 약간 걸림이 있는 것과 같나니, 이
것을 정지(頂地)라 한다.146)

㈐忍地147)

心佛二同하야 善得中道호미 如忍事人이 非懷非出을 名爲忍地니라

 마음과 부처 이 두가지가 같아서 중도를 잘 증득하는 것이, 마치
모든 일에 잘 참는 사람이 마음에 품고 있지도 않고, 밖으로 드러
내지도 않는 것과 같나니, 이것을 인지(忍地)라 한다.148)

할 수 없거니와, 지금 賢位에 지극하여 장차 聖果에 나아가려 할 때에, 부처님의 果覺
을 수용하는 것으로 자기의 因心을 삼고, 다시 功行을 더하여 이로써 正證을 구하는
것이다. 火은 果覺에 비유하고 木은 因心에 비유하고 鑽은 加行에 비유했으니, 처음
因位에 든 것은 아직 果를 얻지 못한 것이기 때문에 불을 지피는 것[鑽火]에 비유하여
바야흐로 煖相을 얻었다고 한 것이다. 『계환해』(『卍속장경』17, p.841상)
145) 頂位: 자기의 마음으로 여래의 밟으셨던 자리에 다다른 지위이다.
146) 앞에서는 '부처님의 깨달음으로 자기의 마음을 삼는다' 하고, 여기에서는 '자기의
마음으로 佛行을 이룬다' 하니 因心과 果覺이 이미 지극한 경지에 가까워진 것이다.
그러므로 '마치 높은 산에 오름에 몸이 虛空에 있는 것과 같다'고 한 것이니 다만 因
果가 아직 원융하지 못해서 마음의 자취가 오히려 걸린 것뿐이다. 그러므로 '아래는
약간 걸림이 있다'고 한 것이니, 그러나 이미 정상의 지위에 이르렀으니 조그만 더 나
아가면 작은 걸림도 없어질 것이다. 『계환해』(『卍속장경』17, p.841하)
147) 忍位: 부처님의 마음과 하나되어 法忍을 얻은 지위이다.
148) 자기의 마음과 부처님의 깨달음이 융회하여 一體가 된 것을 '두가지가 같다' 하고,
인과의 두가지를 다 잊어서 두가지의 邊이 성립되지 못하는 것을 中道라 하는 것이다.
여기에서는 장차 中道의 果覺을 증득하려는 것이요, 아직 증득하지 못했기 때문에 '마
치 일을 잘 참는 사람이 마음에 품고 있지도 않고, 밖으로 드러내지도 않는 것과 같
다'고 한 것이다. 『계환해』(『卍속장경』17, p.841하)

㈘世第一地149)

數量消滅하야 **迷覺中道 二無所目**을 **名世第一地**니라

일체의 헤아림이 소멸하면 미혹과 깨달음의 두가지가 중도(中道)150)에서 모두 벗어나 지목(指目)할 것이 없게 되나니, 이것을 세제일지(世第一地)라 한다.151)

⑦十地十 ㈀歡喜地152)

阿難 是善男子가 **於大菩提**에 **善得通達**이라 **覺通如來**하고 **盡佛境界**를 **名歡喜地**니라

아난아! 이 선남자가 대보리(大菩提)에 잘 통달하였기 때문에 그 깨달음이 부처님과 통하고 부처님의 경계를 다한 것, 이것을 환희지(歡喜地)라 한다.153)

---

149) 世第一地: 일체의 분별이 사라져 앞의 法忍(中道)에서도 벗어난 제일의 지위이다.
150) 迷覺의 두 글자는 아래의 中道에 쌍으로 영향을 미치고 있다. 그러므로 迷中道란 中道를 미혹한 것이 아니다. 迷는 未覺位를 말한 것이니 迷中道란 未覺位의 因位에 있는 사람이 닦는 中道이다. 다음에 覺中道란 中道를 깨달았다는 말이 아니다. 覺은 大覺位를 말한 것이니 覺中道란 大覺位의 과위에 있는 사람이 증득할 中道이다. 그렇다면 迷中道는 보살의 因心이고 覺中道는 부처님의 果智이니 이 두 가지를 지목할 수 없다는 것은 아래로 自心을 보지 않고 위로 佛智를 보지 아니하여 마음과 佛을 쌍으로 잊고 수량을 두지 않는 것이다.『정맥소』(『卍속장경』18, p.757하)
151) 앞의 지위에서 '두가지가 같다'고 했으니, 이는 이미 數量에 떨어진 것이다. 만약 中과 邊을 본다면 억지로 迷覺을 분별한 것이 되지만, 여기에서는 모두 泯滅하여 이름도 세우지 않나니 세간의 情量을 벗어나고 三賢을 초월한 것이기에 이름이 世第一인 것이다. 만약 十聖에 나아가 묘각에 지극하다면 世第一에서도 벗어나리라.『계환해』(『卍속장경』17, p.841하)
152) 앞의 법을 쌓아서 實을 이루는 곳에 이르고 일체불법이 이를 의지하여 발생한다. 그러므로 이를 일러 地라고 한다. 十信으로부터 이미 돌아와 지위마다 그 자취를 딛고 서로 도와서 곧바로 묘각에 나아가니 그 가운데 끊고 증득함이 없지 아니하나, 이것이 다 끊지 아니한 가운데 끊음이며 證하지 아니한 가운데 證한 것이다. 혹자는 말하기를 '每 지위마다 하나의 장애와 두 가지 우치를 끊고, 하나의 바라밀을 닦는다'고 하나 名相이 번거롭고 어지러우며 辭義가 외곡되고 광활함이라. 그러므로 여기에서는 이를 생략하고 바로 자취를 밟고 서로 돕는 뜻을 취하여 해석했으니 닦아 나아가고자 하는 자가 煥然하여 쉽게 깨달을 수 있기를 바랜 것이다.『계환해』(『卍속장경』17, p.841하)
153) 앞에서 비록 깨달음이 부처님의 깨달음과 나란하다고 했으나 이는 아직 佛菩提의

㊂離垢地
異性入同하고 **同性亦滅**을 **名離垢地**니라

 모든 차별의 성(性)이 녹아 동일한 세계에 들어가고, 동일성(同一性)이라는 생각 또한 소멸한 것, 이것을 이구지(離垢地)라 한다.154)

㊂發光地
淨極明生을 **名發光地**니라

 맑음이 지극하여 밝음이 생기는 것, 이것을 발광지(發光地)라 한다.155)

㊃焰慧地
明極覺滿을 **名焰慧地**니라

 밝음이 극진하여 깨달음이 원만한 것, 이것을 염혜지(焰慧地)라 한다.156)

경계에 다한 것은 아니거니와, 지근 加行의 妙圓을 말미암은 까닭에 잘 통달하여 거기에 다한 것이다. 이로 말미암아 法喜가 다시 더하는 까닭에 또다시 歡喜라고 이름한 것이다.『계환해』(『卍속장경』17, p.842상)

154) 앞의 初地는 覺이 여래와 통함으로 異性이 멸하여 유일한 부처님의 경계에 이른 것이고, 二地에서는 同性이 멸하여 부처님의 경계라는 생각도 잊은 것이다.『정맥소』(『卍속장경』18, p.760상)

*큰 깨달음을 통해서 부처님의 경계를 다하면 일제상애가 그대로 究竟覺이요, 중생과 국토가 同一法性일 것이다. 이는 異性이 同性에 들어간 것이다. 그러나 異와 同을 보는 것이 다 情의 허물이니 同性도 滅하여야만 비로소 離垢라 말할 수 있는 것이다.『계환해』(『卍속장경』17, p.842상)

155) 情의 허물이니 청정하면 바로 묘각의 明이 발생할 것이다.『계환해』(『卍속장경』17, p.842상)

156) 밝음이 지극하고 깨달음이 원만한 것이 마치 큰 불덩어리가 일체의 반연하는 그림자를 다 능히 태워 없애는 것과 같기 때문에 明焰慧라고 한 것이다.『계환해』(『卍속장경』17, p.842상)

㈤難勝地

一切同異의 所不能至를 名難勝地니라

일체의 같고 다름을 벗어나 생각으로는 능히 이를 수 없는 경지, 이것을 난승지(難勝地)라 한다.157)

㈥現前地

無爲眞如의 性淨明露를 名現前地니라

무위(無爲)의 진여(眞如)가 되어서 성품이 맑고 밝게 드러나는 것, 이것을 현전지(現前地)라 한다.158)

㈦遠行地

盡眞如際를 名遠行地니라

진여(眞如)의 궁극까지 다한 것, 이것을 원행지라 한다.159)

㈧不動地

一眞如心을 名不動地니라

한결같이 진여(眞如)의 마음인 것, 이것을 부동지(不動地)라 한다.160)

---

157) 앞에서 '다른 성품이 같은 곳으로 들어가고 같은 성품까지도 없어졌다'고 했으나 오히려 능히 이르[能至]는 경계는 남아 있거니와, 여기에서는 焰慧로써 태워 끊었기 때문에 일체의 同異가 능히 이를 수 없는 것이다. 이르는 것도 오히려 없는데 어떻게 수승하다고 하겠는가?『계환해』(『卍속장경』17, p.842상)
158) 사람이면 누구나 眞如의 淨性이 없지 아니하건만, 대개 항상 일체의 同異에 가리고 덮인 바가 되기 때문이니, 만약 同異에 이르지 아니하면 밝게 드러나 저절로 현전하리라.『계환해』(『卍속장경』17, p.842하)
159) 진여가 눈앞에 드러나더라도 分證이면 局이요 끝까지 다하여야 遠이다. 멀리 초월하여 궁극에 나아가기 때문에 遠行이라 이름한 것이다.『계환해』(『卍속장경』17, p.842하)
160) 이미 그 끝까지 다하고 온전히 그 體를 얻어서 오직 절대의 진여[一眞]가 응어리져 항상하기 때문에 그 이름이 不動인 것이다.『계환해』(『卍속장경』17, p.842하)

㈨善慧地

發眞如用을 名善慧地니라

진여(眞如)의 작용이 발휘된 것, 이것을 선혜지(善慧地)라 한다.161)

阿難 是諸菩薩이 從此已往에 修習畢功하야 功德圓滿할새 亦目此地하야 名修習位라

아난아! 이 모든 보살들이 이곳 제구지부터 이 아래는 닦고 익히는 공부를 다하여 그 공덕이 원만해야 하기 때문에 이러한 지위를 지목하여 수습위(修習位)라 하느니라.162)

㈩法雲地

慈陰妙雲이 覆涅槃海를 名法雲地니라

자비의 그늘이 되는 묘운(妙雲)이 열반의 바다를 덮는 것이니, 이것을 법운지(法雲地)라 한다.163)

---

161) 이미 眞體를 얻어서 眞用을 발한 것이니, 무릇 그 비추이고 응해주는 것이 참되지 아니한 바가 없으며, 알지 아니한 바가 없기 때문에 善慧라고 이름한 것이다. 『계환해』(『卍속장경』17, p.842하)
  *앞의 제팔 부동지에서 진여의 體를 얻고 이곳 제구 선혜지에서 진여의 用을 발휘하니, 體로부터 用을 일으킴은 자연의 이치이다. 『정맥소』(『卍속장경』18, p.761하)
162) 이는 앞의 것을 결론짓고 뒤의 것을 나타낸 것이다. 聖位에 통틀어 다섯이 있다. 一은 資粮이니 삼현요, 二는 加行이니 사가행이요, 三은 通達이니 초지요, 四는 修習이니 바로 이곳 九地요, 五는 無學이니 묘각이다. 『계환해』(『卍속장경』17, p.842하)
  *처음 信을 발한 것으로부터 超賢入聖에 이르기까지가 다 修習의 일이지만, 이곳에서 이미 八地의 無功用의 道를 초월하여 智悲가 나란히 원만하여 修習의 功이 마침내 여기에서 다하기 때문에 修習이라 한 것이다. 이로써 十地의 因을 결론지은 것이요 이후부터는 十地의 果이니 다시 修習이 없는 지위이다. (앞의 책 p.843상)
  *화엄십지에 금강장보살로 因을 드러내고 해탈월로 果를 드러냈으니 이 또한 因地에는 수습이 있고 果地에는 無修임을 밝힌 것이다. (앞의 책 p.843상)
  *問이라. 後位에 이미 修習이 없거늘 다시 상애를 끊는 일이 있는 것은 무엇 때문인가? 答曰 이는 지비의 공용을 마치고 十地의 果를 얻음을 밝힌 것이거니와, 만약 斷障의 일만 논한다면 등각의 지위도 오히려 이 修習이기 때문에 묘각에 이르러야 無學이라 할 수 있는 것이다. (앞의 책 p.843상)

⑧等覺位

如來逆流이어든 **如是菩薩**은 **順行而至**하야 **覺際入交**를 **名爲等覺**이니라

여래는 흐름을 거슬러 중생으로 향하지만, 보살은 순행으로 깨달음을 향해 들어가 어울리니, 이것을 등각(等覺)이라 한다.164)

⑨金剛慧

阿難 從乾慧心으로 **至等覺已**하야사 **是覺始獲 金剛心中**의 **初乾慧地**니라

아난아! 처음 간혜심(乾慧心)으로부터 등각(等覺)에 이르러 그 깨달음으로 다시 처음부터 시작하여 금강심(金剛心) 속에서 그 처음의 간혜지(乾慧地)를 얻는 것이다.165)

---

163) 자비의 그늘과 미묘한 구름은 제십지의 果德이요, 열반의 바다는 묘각의 果海이다. 十地의 果가 가득하면 지혜와 자비의 공덕이 원만하여 다시 自利할 것이 없고 순전히 利他 뿐이기 때문에, 대비의 그늘이 가득히 법계에 두루하여 마음도 없고 인연도 없다. 그러나 저들의 마음과 인연에 응하며 이롭고 윤택함을 베풀되 본래 고요하여 짓는 바가 없어서 여래의 大寂滅海에 칭합하는 까닭에 '덮는다'고 한 것이다. 『계환해』(『卍속장경』17, p.843상)

164) 십지보살이 세속에 뛰어들어 중생을 이롭게 하는 것이 비록 여래와 같으나 다만 그 달려가는 逆順은 여래와 다르다. 대개 여래는 생사의 흐름을 거슬러서 만물과 함께 나오시고, 보살은 열반의 흐름을 따라 묘각을 향하여 들어가니 이미 깨달음의 경지에 이르렀기 때문에 '들어가 어울린다' 함이요, 부처님과 더불어 차이가 없기[無間] 때문에 등각이라 부른다. 즉 解脫道의 직전 無間道를 가리킨 것이다. 이 지위가 비록 나란하고 비슷한 것 같으나 아직 저 묘각에는 다하지 못한 것으로 대개 能順能入일 뿐이니, 반드시 大寂滅海에서 逆流하여 나와 미묘함이 만물과 같아야 비로소 묘각이라 할 수 있을 것이다. 『계환해』(『卍속장경』17, p.843상)

165) 이러한 선나의 수행은 화엄에서 선재가 미륵의 가르침에 의지하여 다시 문수를 찾는 것과 같다.

*금강간혜라고 이름한 것은 등각 이후의 마음이고 묘각 앞에 엎드린 길이니, 묘각의 道는 따로 行相이 없고, 다만 처음 乾慧로부터 시작하여 등각에 이르고 나서 다시 금강심을 일으켜서 처음부터 거듭 諸位를 거쳐서 微細緣影인 最後無明을 파하여 끊고 纖塵도 세우지 아니하여야 가히 묘각에 들었다 할 수 있기 때문이다. 『계환해』(『卍속장경』17, p.843하)

*다시 初位로부터 시작하기 때문에 金剛心 속에서의 처음 乾慧地라고 한 것이니 식음이 다한 자는 능히 보살의 金剛乾慧에 든다는 것이 이것이다. 앞에서 乾慧라고 부른 것은 아직 여래의 法流水에는 접하지 못한 것이요, 여기에서 乾慧라 이름한 것은 아직 여래의 妙莊嚴의 바다에는 접하지 못한 것을 이른 것이니, 이름이 비록 같으나 뜻은

⑩妙覺

如是重重 單複十二하야사 **方盡妙覺**하야 **成無上道**니라
　이와같이 거듭거듭 단복으로 열두번166)을 겹쳐야만 비로소 묘각(妙覺)을 다하여 무상도(無上道)를 이루는 것이다.167)

是種種地는 **皆以金剛**으로 **觀察如幻 十種深喩**이니
　이러한 종종지(種種地)168)는 모두 금강(金剛)의 마음으로 환(幻)과 같은 열가지 깊은 비유169)를 관찰한 것이니,

奢摩他中에 **用諸如來 毗婆舍那**하야 **淸淨修證**으로 **漸次深入**하나니라
　사마타(奢摩他)를 닦는 가운데 모든 여래의 비파사나(毗婆舍那)를 써서170) 청정하게 닦아 증득하여 점차 깊이 들어가게 되는 것이다.171)

　전혀 다르다. (앞의 책 p.843하)
166) 열두번이라는 숫자는 乾信住行向 煖頂忍世 地等金의 지위이니, 十二로써 因을 삼고, 묘각이 果가 되기 때문에 十二를 單複하여 바야흐로 묘각을 다하고, 無上道를 이루게 되는 것이다. (앞의 책 p.843하)
167) 원각에는 單複으로 圓修한다는 뜻이 있거니와, 지금 여기에서는 유독 信心으로 말미암아 諸位를 지나가기 때문에 '單[홑]이라' 하고, 金剛心을 겸하여 거듭 諸位를 거치기 때문에 '複[겹]이라' 한다. 『계환해』(『卍속장경』17, p.843하)
168) 種種地는 앞의 열두가지 지위이니, 乾信住行向 煖頂忍世 地等金이 이것이다. (앞의 책 p.844상)
169) 열가지 비유란 허수아비[幻人]·아지랑이[陽焰]·물에 비친 달[水月]·허공의 꽃[空華]·골짜기의 메아리[谷響]·신기루[乾城]·꿈[夢]·그림자[影]·형상[像]·변화[化]이다. 法을 요달함이 이와 같다면 바로 情解를 잊어 纖塵도 세우지 않기 때문에 淸淨修證이라 하는 것이다. (앞의 책 p.844상)
170) 사마타와 비파사나는 합하여 지관이라 하니, '모든 여래'라 말한 것은 소승과 다름을 말한다. 『계환해』(『卍속장경』17, p.844상)
171) 이상은 金剛心을 사용하여 묘각을 성취하는 방법을 설명한 것이다. 『계환해』(『卍속장경』17, p.844상)

⑪總結功用

阿難 如是皆以 三增進故로 善能成就 五十五位 眞菩提路니

아난아! 이와같은 것은 모두 세가지 증진[三增進]172)으로 수행하는 것이기 때문에 오십오위(五十五位)173)의 참된 보리(菩提)의 길을 잘 성취할 수 있는 것이니,

作是觀者는 名爲正觀이요 若他觀者는 名爲邪觀이니라

그러므로 이와같이 관찰하는 것은 올바른 관찰이요, 이와 다르게 관찰하는 것은 사특한 관찰이라 하느니라.

---

172) 세가지 증진은 三漸次를 말한 것이니, 聖位가 다 이를 의지해서 성취되기 때문이다. 혹자는 金剛觀察과 止觀를 가리켜서 三增進이라 하기도 한다. (앞의 책 p.844상)
173) 信住行向地가 합하여 五十이요 乾慧와 四加行과 等覺妙覺을 더하야 五十七位가 된다. 그런데 오직 五十五位를 가리켜 菩提의 길이라 한 것은 등각과 묘각이 菩提의 果이기 때문이다. 즉 이러한 길을 말미암아 증득에 나아가기 때문이다. 『계환해』(『卍속장경』17, p.844상)
  *三漸次·乾慧地·十信·十住·十行·十回向·四加行·十地·等覺·妙覺의 60단계로 설해져 있는데 55위라 한 것은 앞의 三漸次와 乾慧地를 생략하고 뒤의 等妙를 하나로 보기 때문이다.

〈結經分〉二174)   1.請問經名

爾時 文殊師利 法王子가 在大衆中이라가 卽從座起하야 頂禮佛足 而白佛
言호대
  그 때 문수사리 법왕자가 대중 가운데 있다가 자리에서 일어나
부처님의 발에 이마를 대어 절하고 부처님께 사뢰었다.

當何名是經이며 我及衆生이 云何奉持리잇고
  "이 경전의 이름을 무엇이라 해야 하며, 저와 중생들이 그것을 어
떻게 받들어 지녀야 하겠습니까?"

---

174) 정종분이 아직 끝나지 아니했는데 갑자기 結經한 것은 처음 密因[견도분]을 보인
것으로부터 다음에 수증[수도분]을 열어서 極果[증과분]에서 마치기까지 경전의 바른
법이 나아왔기 때문에 여기에서 結經한 것이다. 『계환해』(『한속장경』17, p.844상)
  *이 후 두 과목(結經과 助道)은 수행자가 잘못될까 경계하여 미리 대비한 것이며, 사
특하게 되어 그르칠까 깊이 방비한 것으로 다만 助道일 뿐이기에 나중에 따로 배열한
것이니 즉 正과 助를 구별하기 위한 것이다. (앞의 책 p.844상)

2.如來標示五 1)標藏心法眼

佛告 文殊師利하사대 **是經名 大佛頂 悉怛多 般怛羅 無上寶印 十方如來 清淨海眼**이며

부처님이 문수사리에게 말씀하셨다. 이 경전의 이름은 '대불정 실달다 반다라 무상보인 시방여래 청정해안' 이며175)

2)明濟度妙力

亦名救護親因호대 **度脫阿難 及此會中性 比丘尼**하야 **得菩提心 入遍知海**이며

또 다른 이름은 '친인(親因)을 구호하되 아난과 이 모임의 성비구니를 제도하여 보리심(菩提心)을 얻게 하고 변지해(遍知海)에 들게 하다.'이며176)

---

175) 大佛頂 悉怛多般怛羅[白傘蓋] 無上寶印이라는 것은 體가 함부(含覆)함이 지극하여 情을 초월하고 見을 여의었으니 즉 여래장의 心印이다. 부처님의 心要를 증득하고자 한다면 반드시 여기에 계합해야 하는 것이다.『계환해』(『卍속장경』17, p.844하)
  *十方如來 淸淨海眼이라는 것은 刹海를 다 비추어 청정하여 纖塵도 다 끊어진 것이니 즉 爍迦羅[견고심]의 법안인 것이다. 만약 불지견을 열고자 한다면 반드시 이를 바탕으로 해야 하는 것이다. 이는 참으로 일대사인연이요 小智의 法이 아니기 때문에 문수로 하여금 請問하게 한 것이다. (앞의 책 p.844하)
  *大佛頂 悉怛多般怛羅: 大는 당체가 크다는 것이니 칭찬하는 말이다. 佛頂은 위가 없이 가장 높다는 뜻과 볼 수 없이 가장 妙하다는 뜻이니 一眞法界를 나타낸 말이다. 悉怛多般怛羅는 白傘蓋라 번역하며 含覆의 뜻으로 白은 모든 色의 本이요, 傘蓋는 일산(日傘)이니 자비가 모든 중생을 덮다는 뜻이다. 無上寶印은 더 높을 이가 없는 해인삼매의 心印을 가리키고, 十方如來淸淨海眼은 시방에 계시는 무량한 부처님이 함께 증득하신 바 분별할 수 없는 청정한 心海의 智眼을 가리킨 말이다. 이운허,『수능엄경 주해』(서울 동국역경원 1974) p.357.
176) 아난으로 親을 삼고 마등가녀로 因을 삼았다. 이 둘을 들어서 인연이 있는 자 다 제도한다는 것을 밝힌 것이다. 즉 無上正覺도 이 경을 말미암아 얻게 되고 一切智海도 이 경으로 말미암아 들어간다는 것이다.『계환해』(『卍속장경』17, p.844하)
  *참으로 慶喜[아난]와 성비구니[마등가녀]를 제도함은 다 이 주문의 힘을 의지한 것이다. 그러므로 이 제목의 18자는 비밀의 공능을 말한 것이요, 아난과 마등가녀는 이 경의 근기에 마땅함을 든 것이다. 그러므로 무릇 다문만 힘쓰고 정력을 온전히 하지 못하면 다 아난과 같이 될 것임을 기준한 것이요, 무릇 음욕이 치연하여 出要를 생각하지 않는 자는 다 마등가녀와 같이 될 것임을 기준한 것이다. 보리심은 三諦가 원융한 마음이요 徧知海는 앞에서 三諦를 두루 비친다는 海眼이니 아난과 성비구니를 度脫하

3) 明果人同修

亦名如來密因 修證了義며

또 다른 이름은 '여래밀인 수증요의'이며177)

4) 明衆德大備

亦名大方廣 妙蓮華王十方佛母 陀羅尼呪며

또 다른 이름으로 '대방광 묘연화왕 시방불모 다라니주'이며178)

여 보리心을 얻고 偏知海에 들어가게 한다는 것은 주문의 이익을 말한 것이다. 『정맥소』(『卍속장경』18, p.768상)
177) 여래의 正果는 이를 의지하여 因을 삼나니 權敎로써 닦아 증득한다 함은 다 了義라 할 수 없는 것이다. 『계환해』(『卍속장경』17, p.844하)
  *如來密因은 密이요, 修證了義는 顯이다. 이를 통틀어 제목으로 삼은 것은 대개 수행하는 사람들이 제불의 本有性具한 自心果性을 보고 이를 의지하여 수행을 일으켜서 바야흐로 참다운 因을 이루게 되는데, 權小는 이를 다 알지 못하기에 如來密因이라 한 것이다. 修證了義는 비록 本有한 줄은 알지만 無修無證에 떨어지지 않고 有修有證에 방해롭지 아니함을 말한 것이다. 즉 無修證의 의지하여 수증하기 때문에 修證了義라 하는 것이다. 『정맥소』(『卍속장경』18, p.768하)
178) 體가 지극하여 밖을 헤아릴 수 없고 方正하고 平等하여 두루 모든 덕을 含容하며 그 활용이 광대한 깃을 대빙광이라 하고, 因果가 함께 드러나고 染淨이 서로 상애되지 아니하여 모든 법에 자재한 것을 妙蓮華王이라 하고, 시방의 일체제불을 출생하여 일체법을 총괄하고 無量義를 攝持한 것을 十方佛母 陀羅尼呪라 한다. 『계환해』(『卍속장경』17, p.84하

5) 明因人同證

亦名灌頂章句諸菩薩萬行首楞嚴이니 **汝當奉持**하라

또 다른 이름은 '관정장구 제보살만행 수능엄'이니 너희들은 마땅히 받들어 지녀야 하느니라."179)

---

179) 보살이 이로 말미암아 부처님의 직위를 받기 때문에 灌頂章句라고 부르는 것이다. 『계환해』(『卍속장경』17, p.845상)

*灌頂章句는 密이 되고 나머지는 顯이다. 吳興이 이르되 '이 경은 천축 灌頂部 중에서 유출하였으므로 灌頂章句라 한다.' 하다. 『정맥소』(『卍속장경』18, p.769상)

*큰 책의 이름을 章이라 하고 작은 句節은 句라 한다. 이 經題의 다섯가지 이름 중에서 第一名에서는 대불정을 취하고, 第二名은 전부 버리고, 第三名은 여래밀인 수증료의를 전부 취하고, 第四名은 전부 버리고, 第五名에서는 제보살만행 수능엄을 취하였다. 이 經名은 동토와 인도에서 총칭하고 있다. 이운허,『수능엄경 주해』(서울 동국역경원 1974) p.358.

〈助道分〉二 1.別明諸趣 戒備失錯二1) 1)阿難繼請二 (1)結前讚謝2)
說是語已하신대 **卽時阿難 及諸大衆**이 **得蒙如來 開示密印**인 **般怛囉義**하고
兼聞此經 了義名目하며

　　그때 세존께서 이렇게 경전의 이름을 말씀하시니 즉시 아난과 모든 대중들이 부처님께서 앞에서 열어 보이신 밀인(密印)3)인 반달라(般怛囉)4)의 이치를 받아 새기고, 아울러 이 경(經)의 완전한 뜻[了義]인 그 이름[名目]을 들었다.

頓悟禪那로 **修進聖位**하는 **增上妙理**하고

　　그리고 선나(禪那)로 성위(聖位)에 닦아 나아가는 수승한[增上] 묘리(妙理)를 돈오(頓悟)하고5)

---

1) 경문에 이르기를 '戒를 지니는 사람으로 하여금 몸가짐을 삼가고 깨끗이 하여 犯함이 없게 하되 邪見이 들어오지 못하게 하라' 했으니 곧 경계하고 방비하라는 뜻이다. 『계환해』(『卍속장경』17, p.845상)
2) 여기에서는 그 당시 대중들이 이익 얻은 것에 대해서 결론지어 설명하고, 이 아래는 讚謝한 것이다. 『계환해』(『卍속장경』17, p.845상)
3) 密印이란 秘密心印이니 앞에서 偈에 이르되 '眞과 非眞에 미혹될까 염려스러워 내가 항상 설명[開演]하지 못했다'고 한 것이 바로 秘密의 뜻이며, 사마타 가운데 三如來藏과 삼마제 가운데 圓妙耳門과 解巾示結 등이 모두 心印을 전한 것이다. 『정맥소』(『卍속장경』18, p.770상)
　*開示密印으로 增上妙理에 이르기까지는 앞의 경문에 대한 깊은 뜻을 통털어 가리킨 것이니 藏心이 청정하게 함부(含覆)함을 인증하여 일체를 분명하게 요달하는 것을 密印般怛羅了義라 한 것이다. 『계환해』(『卍속장경』17, p.845상)
4) 반달라는 '摩訶悉怛多般怛囉의 약이니 번역하여 大白傘盖이니, 즉 여래장심이다. 量이 廓然하여 沙界와 같아 大라 하고, 體에 妄染이 끊어졌기 때문에 白[청정]이요, 작용이 일체를 덮기 때문에 傘盖[우산]이라 한 것이다. 『계환해』(『卍속장경』17, p.813하)
5) 마음을 밝히고 성품을 보는 것으로 因을 삼고 등각과 묘각을 완전하게 증득하는 것으로 果를 삼아, 纖塵도 세우지 아니하고 情解를 兩忘하여 心慮를 꺼진 새가 모인 것처럼하여 細惑을 頓斷하는 것이니 이것을 禪那로 닦아 나아가는 수승한 妙理라 한다. 『계환해』(『卍속장경』17, p.845상)
　*선나를 頓悟했다는 것은 증과분을 두고 한 말이다. 앞의 견도분이 사마타를 설명한 것이라면 수도분은 삼마제를 설명한 것이고, 증과분은 선나를 설명한 것이다.

心慮虛凝하야 **斷除三界修心**의 **六品微細煩惱**러시다

마음과 생각이 시원하고 뿌듯하여 삼계의 수도위(修道位)에서 닦아야 할 육품(六品)의 미세한 번뇌를 끊어 제거하였다.6)

---

6) 사과에 대한 이야기는 금강경에서도 나오지만, 지금 아난이 욕계의 6품을 다 끊었다는 것은 제2 사타함과를 증득하였다는 것이다.
　*제1 須陀洹果는 入流, 預流 도는 初果라고 번역하는데, 不壞의 淨信을 얻어 범부를 버리고 처음으로 聖道에 들어가는 것을 말한다. 이때 다섯가지 거친 번뇌(五利使)인 견혹을 끊은 것이다.　제2 斯陀含果는 一來라고 번역한다. 사다함은 사혹(思惑)을 끊어 가는 가운데 貪 瞋 등이 상당히 정화되어 거의 제거된 상태지만 완전히 제거된 것은 아니다. 이는 9품의 欲界 思惑 가운데 6품을 끊고 3품이 남은 상태이며, 이제 마즈막으로 인간에 한번 와서 나머지 3품의 欲界思惑을 끊고, 궁극의 阿羅漢果를 증득하기 때문에 一來라고 부른다.　제3 阿那含果는 不來 또는 不還이라 번역한다. 욕계의 思惑 9품을 다 멸하고 초월하여 色界의 경계에 있으면서 더욱 수행하여 미세혹을 끊고 궁극의 阿羅漢果를 얻게 된다. 不來 또는 不還이라 부르는 것은, 不退轉 즉 다시는 욕계에 떨어지지 아니함으로 그렇게 부른다.　제4 阿羅漢果는 殺賊, 應供, 不生이라 번역한다. 일체의 見惑과 思惑을 끊었으므로 殺賊이라 하고, 이미 極果를 얻어 人天에 供養을 받으므로 應供이라 하며, 영원히 涅槃에 들어 다시는 三界의 욕망에 집착(生)하지 않으므로 不生이라 한다.　*欲界九品의 번뇌 가운데 第五品를 끊기까지 舍陀含向이라 하고, 第六品까지 끊은 것을 舍陀含果라 하며, 第八品를 끊기까지 阿那含向이라 하고, 第九品까지 끊은 것을 阿那含果이라 한다. 七生이란, 九品 가운데 처음 三品이 四生에 해당하고, 중간 三品이 二生에 해당하며, 끝의 三品이 一生에 해당한다. 그러므로 6품을 끊어 舍陀含果에 이르면 한번 인간의 몸을 받게 되는 것이다. 忍이란 곧 無間道로서 바로 煩惱를 끊을 때요, 智란 解脫道로서 끊고 났을 때를 말한다. 따라서 忍에 이르렀을 때를 須陀洹果向이라 하고, 智에 이르렀을 때를 須陀洹果證이라 한다.
　*수도를 통해 끊게 되는 俱生의 細惑을 대승은 地에 들어 영원히 항복받고 불지에 이르러 비로소 끊게 되거니와, 소승에서는 삼계를 九地로 나누어 구품을 두고 初果를 얻은 후 욕계의 前六品를 끊어 第二果를 증하고, 나중에 後三品을 끊어 第三果를 증득하며, 第4는 앞의 두 과에서 닦은 바 九品에 미세혹까지 묘하게 끊어 無學을 증득하게 되는 것이다. 『계환해』(『卍속장경』17, p.845상)
　*지금 여기에서는 점점 올라가 頓斷한 것이기에 三界六品이라 말한 것이다. 그 나머지 三品은 반드시 佛地라야 바야흐로 완전히 끊게 되는 것으로 비록 第三果에서 능히 九品을 끊는다고 하나 다만 分斷하여 잠시 엎드린 것 뿐이다. 『계환해』(『卍속장경』17, p.845상)
　*思惑은 수도위에서 끊게 되므로 修心이라 하고, 思惑 全分이 三界에 통하므로 三界修心이라 한 것이다. 『정맥소』(『卍속장경』18, p.770-)

卽從座起하야 頂禮佛足하며 合掌恭敬 而白佛言호대

이때 아난이 곧 자리에서 일어나 부처님의 발에 이마를 대어 절하고 공경히 부처님께 사뢰었다.

大威德世尊이 慈音無遮하야 善開衆生의 微細沈惑하사 令我今日에 身意快然호대 得大饒益이니다

"큰 위엄과 덕을 갖추신 세존이시여! 자비하신 말씀으로 중생들의 미세한 침혹(沈惑)7)을 잘 드러내시어 저희들의 몸과 마음을 상쾌하게 하시고 큰 요익을 얻게 하셨습니다.

⑵正請後法三 ①正問
世尊 若此妙明하고 眞淨妙心이 本來遍圓인댄 如是乃至 大地草木과 蝡動含靈이 本元眞如라

세존이시여! 만약 이 묘명(妙明)하고 진정(眞淨)한 묘심(妙心)이 본래 두루하고 원만하다면 저 대지와 초목과 꿈틀거리는 중생들이 본래 그대로 진여(眞如)일 것입니다.

卽是如來 成佛眞體로 佛體眞實이어늘 云何復有 地獄餓鬼와 畜生修羅와 人天等道니있고

이는 곧 여래성불의 진정한 본체로서 불성(佛性)의 본체가 이미 진실하거늘 어찌하여 다시 지옥·아귀·축생·수라·인간·신선·천상 등이 있습니까?8)

---

7) 俱生은 幽隱한 것이기 때문에 沈惑이라 한다. 『계환해』(『卍속장경』17, p.845하)
8) 앞에서 말하기를 '眞淨妙心이 본래로 圓徧하다면 법계가 一眞이요, 萬動이 一體라면 마땅히 여러 갈래의 다름이 없어야 한다'고 하였다. 그러나 지금 이렇게 차별로 드러나 있으니 일반의 생각으로는 의심할 수 밖에 없는 것이다. 그러므로 혹 諸趣에 집착하여 妙圓의 體를 미혹하고, 혹은 妙圓에 집착하여 諸趣의 업을 발하니, 이로써 失錯하여 타락하게 되기 때문에 특별히 請問하여 수행하는 사람들에게 자세히 밝혀서 경계하고 대비해야 함을 알게 하려고 한 것이다. 『계환해』(『卍속장경』17, p.845하)

世尊 此道爲復 本來自有아 爲是衆生 妄習生起니잇가

　세존이시여! 이러한 일곱가지 세계는 본래 저절로 생긴 것입니까? 아니면 중생의 허망한 습기(濕氣)로 인하여 생긴 것입니까?9)

②引事
世尊 如寶蓮香 比丘尼는 持菩薩戒라가 私行淫欲하고 妄言行淫은 非殺非偸일새 無有業報라하야

　세존이시여! 보련향 비구니는 보살계를 지니다가 남모르게 음행을 저지르고서 방자하게 '음행은 살생도 아니고 훔치는 것도 아니어서 업보가 있을 수 없다'라고 했었는데,

發是語已한대 先於女根에 生大猛火하고 後於節節에 猛火燒然하야 墮無間獄하며

　말을 마치자 그녀의 음근(淫根)에서 맹렬한 불길이 시작되어 나중에 사지(四肢)의 마디마디를 태우고 마침내 무간지옥에 떨어졌습니다.

瑠璃大王과 善星比丘는 瑠璃爲誅 瞿曇族姓하고 善星妄説 一切法空이라가 生身陷入 阿鼻地獄하니

　또 유리왕(瑠璃王)10)과 선성비구(善星比丘)11)가 있었는데 유리는 구담족성(瞿曇族姓, 석가족)을 해치고, 선성(善星)은 망녕되이 '모든

---

9) 망업(妄業)으로부터 발생한 것일 뿐 본래부터 있었던 것이 아님을 알게 하려는 것이다. (앞의 책 p.845하) 참조
10) 유리는 부왕인 바사익왕과 형인 기타태자를 폐위하고 왕이 되어 석가족을 해치려 했던 인물이다. 앞의 제1권에서 바사익왕이 등장하고, 이곳 제8권에서 유리왕이 등장하기 때문에 이곳 조도분은 별행본이라고 보아야 하지 않은가? 생각되기도 한다.
11) 善星比丘는 능히 십이부경을 설하여 四禪의 과를 얻었으되 뒤에 邪友를 가까이 함으로 인하여 망언으로 '부처님이 없고 법이 없으며 열반이 없다'고 하다가 산 채로 무간지옥에 떨어졌으니 이 모두가 잘못 妙圓을 집착하여 業趣를 撥無했기 때문이다. 『계환해』(『卍속장경』17, p.846상)

것이 끝내 아무 것도 없다'고 외치다가 산 채로 모두 아비지옥에 떨어졌습니다.

此諸地獄이 **爲有定處**아 **爲復自然**히 **彼彼發業**하야 **各各私受**니잇가
  그렇다면 이러한 모든 지옥이 따로 정해진 곳이 있습니까? 아니면 자연히 저마다 업보를 일으켜 사사(私私)로이 받는 것입니까?12)

③結請
唯垂大慈하사 **發開童蒙**하야
  부디 큰 자비를 베푸시어 어리석고 어두운 저희들을 일깨워 주십시오!

令諸一切 持戒衆生으로 **聞決定義**하고 **歡喜頂戴**호대 **謹潔無犯**에 하소서
  그리하여 계율을 지키는 모든 중생들로 하여금 이러한 결정된 이치를 듣고 기뻐하며 이마 위에 받들고 조심하여 범함이 없게 하소서!"

2)如來開示二 (1)讚許
佛告阿難 快哉此問이여 **令諸衆生**으로 **不入邪見**이니 **汝今諦聽**하라 **當爲汝說**호리라
  부처님이 아난에게 말씀하셨다. "시원하구나 그 물음이여! 너의 뜻이 모든 중생들로 하여금 잘못된 소견에 빠지지 않게 하려는 것이구나! 너는 이제 자세히 들어라. 그대들을 위하여 말해 주리라.

---

12) 삼업을 끊지 못하고 각각 私가 있으면, 衆同分(각자의 업따라)으로 그 가운데 定處가 없지 아니한 것이다.『계환해』(『卍속장경』17, p.846상)

⑵正示四 ①因妄生習二 ㉠總標

阿難 一切衆生이 實本眞淨이언만 因彼妄見하야 有妄習生이니 因此分開 內分外分이니라

　아난아! 모든 중생이 사실은 본래 참되고 깨끗한데 허망한 소견으로 인하여 허망한 습기가 생긴 것이다.13) 이것을 내분(內分)14)과 외분(外分)15)으로 나누어서 설명하리라.16)

㉡別明二 ㈎內分積情

阿難 內分卽是 衆生分內이니 因諸愛染하야 發起妄情하고 情積不休하니 能生愛水니라

　아난아! 내분(內分)이란 바로 중생의 분내(分內)이다. 즉 가지가지 더러운 애욕으로 인하여 허망한 정(情)이 생겨나고, 그 정이 쌓이고 싸여 애욕의 물[愛水]이 생기는 것이다.

是故衆生 心憶珍羞하면 口中水出하고 心憶前人하야 或憐或恨하면 目中淚盈하며

　그러므로 중생들이 마음에 좋은 음식을 생각하면 입속에서 침이 생기고, 마음으로 앞에 만났던 사람을 생각하여 가엾게 여기거나 원한을 품으면 눈에 눈물이 고이는 것이다.

---

13) 본래는 청정한데, 스스로의 묘진여성을 믿지 못하고, 따로이 소견을 내어 밖으로 치달린다는 것이다.
14) 마음이 안으로 동(動)하는 것이 情이니, 그러므로 情을 內分이라 한다. 이 情은 사람의 陰氣이니, 즉 애욕(欲)이 있다는 것이다.『계환해』(『卍속장경』17, p.847상)
15) 뜻이 밖으로 반연(攀緣)하는 것이 想이니, 그러므로 想을 外分이라 한다. 이 想은 사람의 陽氣이니, 즉 갈망(冀)이 있다는 것이다.『계환해』(『卍속장경』17, p.847상)
16) 內分外分: 妄見은 곧 惑이요 妄習은 곧 業이니, 이 둘이 다 因이 되기 때문에 內外를 나누어 설명한 것이다.『정맥소』(『卍속장경』18, p.773하)

貪求財寶하야 心發愛涎하면 擧體光潤하고 心著行淫하면 男女二根 自然流液이니라

또 재물과 보배를 탐내어 마음으로 연연해 하여 침을 흘리면 온 몸이 빛나고, 마음에 집착하여 음욕을 행하면 남여의 두 음근(淫根)에서 저절로 액체가 흐르는 것이다.17)

阿難 諸愛雖別이나 流結是同이라

아난아! 이러한 모든 애욕[情]이 비록 서로 다르다고 하나 그 흐르고 맺힘은 같은 것이다.

潤濕不升하야 自然從墜이니 此名內分이라

그러므로 윤택하고 촉촉한 습기는 올라가지 못해 자연히 아래로 떨어지는 것이니 이것을 내분(內分)이라 한다.18)

(나)外分發想

阿難아 外分卽是衆生分外니 因諸渴仰하야 發明虛想하고 想積不休하면 能生勝氣니라

아난아! 외분(外分)이란 바로 중생의 분외(分外)이다. 즉 모든 갈앙심(渴仰心)으로 인하여 허망한 생각이 발생하게 되고, 그 허망한 생각이 쌓여서 그치지 아니하여 수승한 기운이 생기는 것이다.

---

17) 가지가지 愛染의 情이 일어나 陰이 쌓이는 까닭에 능히 愛水를 내어서 潤業潤生하나니 윤회가 끊어지지 아니하는 것이 오직 이 때문이다. 『계환해』(『卍속장경』17, p.847상)
18) 모든 애욕이 한결같지 아니하나 다 물에 감응하여 미혹이 되기에 흐르고 맺힘이 같다고 했다. 水性은 아래로 가라앉기 때문에 情으로 쌓인 업은 주로 밑으로 떨어지게 되는 것이다. 『계환해』(『卍속장경』17, p.847상)

是故衆生 心持禁戒하면 擧身輕淸하며 心持呪印하면 顧眄雄毅하고 心欲生天하면 夢想飛擧하고 心存佛國하면 聖境冥現하며 事善知識하면 自輕身命이라

　그러므로 중생이 마음에 금계(禁戒)를 지니면 온몸이 가볍고 맑아지며, 주문을 지니면 눈매가 거룩해지고, 하늘에 태나기를 바라면 꿈속에서 늘 날아다니게 되고, 마음속으로 부처님의 나라에 살기를 원하면 성스러운 경계가 그윽하게 나타나며, 선지식을 잘 섬기면 스스로 몸과 목숨이 가벼워지는 것이다.19)

阿難 諸想雖別이나 輕擧是同이라 飛動不沈일새 自然超越이니 此名外分이라

　아난아! 이러한 모든 바라는 생각[想]이 비록 다르나 가볍게 들리는 것[輕擧]은 마찬가지이다. 그러므로 날아 움직이는 것은 잠기지 않기 때문에 자연 뛰어넘게 되는데, 이것을 외분(外分)이라 하는 것이다.20)

②從習感業三21)　㊀標感變之時
阿難 一切世間이 生死相續하야 生從順習하고 死從變流하나니 臨命終時에 未捨煖觸할새 一生善惡이 俱時頓現하야 死逆生順 二習相交하나니라

　아난아! 일체 세간이 생사를 상속하되 태어나서는 업습을 따르고, 죽어서는 변하여 흘러감을 따르는데, 임종시 아직 따뜻한 감촉이 남아 있을 때에, 일생의 선악이 한꺼번에 나타나서, 죽음을 거역하고 삶을 따르려는 두가지 습성이 서로 어울리게 되는 것이다.22)

---

19) 이러한 외분은 渴仰으로 인하여 발하여 陽이 쌓인 것이기 때문에 능히 勝氣가 생기는 것이니, 가볍고 맑은 것과 웅장하고 굳센 것 등의 일이 다 勝氣의 일이다. 想은 이와같이 勝氣를 내나니, 卵生은 이러한 想으로 인하여 태어나되 染淨의 다름을 의지하는 것이다. 『계환해』(『卍속장경』17, p.847상)
20) 모든 想이 한결같지 아니하나 다 가볍고 맑으며 날리고 들리는 것이기 때문에 '가볍고 들림이 같다'고 한 것이니 가볍게 들리기 때문에 대개 초월하게 되는 것이다. 『계환해』(『卍속장경』17, p.847상)
21) 업습을 따라 업보를 감득한다.
22) 사람들의 情習이 生을 좋아하고 死를 싫어하여 生으로 順을 삼고 死로써 變을 삼나니, 그러므로 逆順이 서로 어울리는 것이 바야흐로 生死之間이니, 일생에 선악의 業이

㈢辯感變之理五　㈎純想

純想卽飛 必生天上하나니

　순수한 생각[純想]은 위로 오르는 것이기에 반드시 천상에 태어나겠지만,

若飛心中에 兼福兼慧하고 及與淨願하면 自然心開하야 見十方佛하고 一切淨土 隨願往生하리라

　만약 오르는 마음에 복과 지혜를 겸하고 깨끗한 서원까지 더하였으면 저절로 마음이 열리어 시방의 부처님을 뵙고 여러 정토에 원을 따라 왕생할 것이다.23)

㈏情少想多

情少想多하면 **輕擧非遠하야 卽爲飛仙과 大力鬼王과 飛行夜叉와 地行羅刹**하야 **遊於四天호대 所去無礙**하니라

　정(情)이 적고 상(想)이 많으면 멀리 날지는 못하지만 가볍게 들리어 날아다니는 신선이나 큰 힘을 지닌 귀왕(鬼王)이나 날아다니는 야차(夜叉)나 걸어다니는 나찰(羅刹)이 되어 사방의 하늘에 노닐면서 가는 곳마다 걸림이 없을 것이다.24)

　이 때에 그 情想의 경중을 따라 감응하여 변하는 것이다. 『계환해』(『卍속장경』17, p.847하)

23) 想의 體는 가벼워 들리는 것이기 때문에 순수하면 곧 날아 오르는 것이다. 그러나 다만 純善이기 때문에 生天에 그치거니와, 만약 福慧를 닦고 청정한 서원을 겸한다면 두가지 습기가 서로 어울려 감응의 변화가 倍로 수승하리라. (앞의 책 p.847하)

24) 수승한 생각이 순일하지 못해서 조금은 邪情에 막히기 때문에 감응이 이와같은 것이다. 『계환해』(『卍속장경』17, p.847하)

其中若有 善願善心하야 護持我法이어나 或護禁戒하야 隨持戒人이어나 或護
神呪하야 隨持呪者어나 或護禪定하야 保綏法忍이면
　그 가운데 만약 착한 서원이나 착한 마음이 있어서 나의 법을 잘
보호하고 지키는 사람을 따르거나, 혹은 신비로운 주문을 보호하고
신주(神呪)를 지닌 사람을 따르거나, 혹은 선정을 보호하여 지혜(法
忍)을 편안히 보전한다면

是等親住 如來座下니라
　이러한 무리는 친히 부처님의 자리 아래에 머물 것이다.25)

㈐情想均等

情想均等하면 不飛不墜하야 生於人間하나니 想明斯聰하고 情幽斯鈍이니라
　정(情)과 상(想)이 균등하면 날지도 않고 떨어지지도 아니하여 인
간에 태어나게 되는데, 이상은 밝아서 총명하고, 감정은 어두워서
우둔 할 것이다.26)

㈑情多想少

情多想少하면 流入橫生하야 重爲毛群하고 輕爲羽族하나리
　정(情)은 많고 상(想)이 적으면 축생의 세계에 흘러 들어가 무거
운 것은 털 달린 무리가 되고, 가벼운 것은 깃 달린 족속이 될 것
이다.27)

---

25) 비록 邪情에 걸림이 있으나 좋은 서원이 있기 때문에 善緣에 감응하나니 즉 천룡팔
　　부의 무리가 이것이다.『계환해』(『卍속장경』17, p.848상)
26) 사람에게는 총명과 우둔함이 있으니 그 이치가 이와같다. (앞의 책 p.848상)
27) 이것이 六情四想이다. 情多이기 때문에 淪變하고, 想에 걸리기 때문에 날리어 들리
　　는 것이니 무거운 業으로는 날지 못하기 때문에 다만 털 달린 무리가 되는 것이다. 橫
　　生은 머리가 옆에 달린 것으로 다니는 것이 올바르지 않기 때문이다.『계환해』(『卍속
　　장경』17, p.848상)

七情三想은 沈下水輪하야 生於火際하나니 受氣猛火하야 身爲餓鬼일새 常被焚燒하며 水能害已할새 無食無飲코 經百千劫이니라

정(情)이 7할이고 상(想)이 3할이면 수륜(水輪)에 잠겨서 화륜(火輪)의 경계에 태어나는데, 맹렬한 불의 정기를 받아 아귀의 몸이 되기 때문에 항상 불에 타게 되고, 물도 몸을 태우기 때문에 먹지도 마시지도 못하고 백천 겁(劫)을 지내게 된다.28)

九情一想은 下洞火輪하야 身入風火二交過地하야 輕身有間하고 重生無間二種地獄하리라

정(情)이 9할이고 상(想)이 1할이면 밑으로 화륜(火輪)을 뚫고 내려가서 몸이 바람과 불의 두가지가 서로 어울리는 곳에 들어가, 가벼우면 유간지옥에 태어나고 무거우면 무간지옥에 태어나게 된다.29)

㈃純情
純情卽沈 入阿鼻獄이어니와

순전히 정(情) 뿐이면 곧 잠겨서 가장 큰 아비지옥에 떨어지게 되며,

---

28) 구사에 말하기를 '大地最下에 金水風輪이 있는데 八寒八熱의 지옥이 이 三輪의 위에 있다' 했다. 이 글에서 '水火風輪에 잠긴다' 하고, 또 흡사 지옥이 三輪의 아래에 있는 것 같다고 했으나 그 가리키는 것이 땅 아래 三輪이 아니고 지옥의 三輪이 아닌가 생각된다. 『계환해』(『卍속장경』17, p.848상)
  *水輪火際라고 말한 것은 寒獄第八이다. 受氣猛火는 火氣를 받아서 이로써 몸을 삼기 때문에 항상 불에 태워짐을 입으며, 혹 물을 얻어 마시더라도 변하여 불이 되기 때문에 물이 오히려 자기를 해치게 되는 것이다. (앞의 책 p.848상)
29) 情의 業이 더욱 막히기 때문에 지옥의 과보가 더욱 잠기게 되는 것이요, 아래로 火輪을 뚫고 아래로 내려간다는 것은 곧 八熱地獄을 가리킨 것이다. 風火가 서로 어울려 지나가는 곳에 들어간다는 것은 寒獄을 지나 熱獄에 들어가는 것을 말한 것이다. 熱獄第八은 이름이 五無間이니 有間은 그 나머지 七地獄을 가리킨다. 『계환해』(『卍속장경』17, p.848하)

若沈心中에 有謗大乘이나 毁佛禁戒어나 誑妄說法이나 虛貪信施어나 濫膺恭敬어나 五逆十重이면 更生十方 阿鼻地獄이니라

　만약 탐닉하는 마음에 대승을 비방하거나 부처님의 금계(禁戒)를 헐뜯거나 허망하게 거짓 법을 설하거나 헛되이 시주의 보시를 탐내거나 외람되이 공경을 받거나 오역죄(五逆罪)나 십중죄(十重罪)를 지으면 다시 시방의 아비지옥에 떨어질 것이다.30)

㈢結所感以答
循造惡業하야 雖則自招나 衆同分中에 兼有元地니라

　이와같이 지은 바 악업(惡業)을 따라 비록 스스로 그 과보를 초래하되, 중동분(衆同分)31)으로 과보를 받는 가운데 처소[元地]가 있게 되는 것이다.32)

---

30) 아비지옥은 번역하면 무간지옥이다. 罪와 苦와 身量과 劫數와 壽命 등 다섯지가 다 無遮間이기에 이름이 五無間獄이다. 이는 오직 情業이 가장 무거운 쪽으로 떨어져 들어가 겁이 무너져야 이에 나오게 되는데, 만약 대승을 비방한 등의 죄를 겸하게 되면 이 겁이 비록 무너진다 하더라도 다시 시방의 아비지옥에 들어가 벗어날 기약이 없는 것이다. 法을 비방하고 戒을 헐뜯어 무궁한 사람으로 하여금 邪見에 떨어지게 했기 때문이다. 『계환해』(『卍속장경』17, p.848하)
31) 중동분이란 동업(同業)의 의미이다.
32) 앞에서 묻기를 '지옥에 定處가 있는가 자연인가' 하고 물었기 때문에 답하기를 '情을 따라 지은 것으로 비록 스스로 그 과보를 초래했으나 동업으로 감응한 것이니, 그 定處가 없지 않다'고 한 것이다. 元地란 각기 원래의 이유를 따른다는 것이다. 『계환해』(『卍속장경』17, p.848하)

③從業分趣七33) ㈠地獄趣二 ⑺結前起後
阿難아 **此等皆是 彼諸衆生**의 **自業所感**이니 **造十習因**하야 **受六交報**니라
 아난아! 이러한 것들은 모두 저 중생들 스스로가 지은 업에 의해서 감응된 것이니34), 즉 열가지 익힌 버릇[十習因]이 씨앗이 되어, 여섯가지 과보[六交報]35)를 받은 것이다.36)

㈏總徵別明五 ㉮十習因十37) ㈠婬習
云何十因고 **阿難一者婬習**이라
 무엇을 열가지 씨앗(因)이라고 하는가? 아난아! 첫째는 음란한 버릇[婬習]이다.

交接 發於相磨하고 **硏磨不休**하면
 이러한 음란한 마음[交接]38)은 끌어 안고 비비는 데에서 생겨나고 이를 그치지 아니하면

---

33) 본래 나누어질 수 없는 여래장 묘진여성의 세계를 각자의 업습과 미혹으로 인하여 일곱가지 분취(分趣)가 있다고 굳게 집착하고 있는 것이다. 七趣는 보통 육도에 仙趣 보태진 것이다.

34) 육식으로 業因을 삼고, 육근을 통해 業報를 드러내는 것이 六交報의 중생이다.
35) 육교보란, 見報・聞報・嗅報・味報・觸報・思報 등 여섯가지 과보이니, 뒤에 자세히 설명된다.
36) 앞에서는 간략히 情과 想이 감응하여 변하는 것을 밝히고, 여기에서는 자세히 根과 境의 구조를 밝힌 것이다. (앞의 책 p.849상)
  *十習은 음욕과 탐진치 등 十惑에 근본하여 익혀 惡業을 이루고, 六交는 육근으로 인하여 사귀어 惡報를 일으킨 것이다. (앞의 책 p.849상)
37) 악업이 情惑을 일으키되 음란함이 情感 가운데 가장 심하기 때문에 앞 뒤에서 모두 첫머리에 이를 밝힌 것이다. 열 가지 習業에서 모두 먼저 감응할 바 경계를 말하고, 다음에 업보의 고통을 말하였다. (앞의 책 p.849상)
38) 정맥소(卍속장경18, p.778상)에 '交란 결구(結搆)의 시초이고, 接이란 染心會合이다' 했으니 交接은 음란한 마음이다.

如是故有 大猛火光이 於中發動호미 如人以手로 自相磨觸에 煖相現前이니라
그 가운데 맹렬한 불길이 일어나게 되는데, 마치 사람이 손을 서로 비비면 뜨거운 기운이 앞에 나타나는 것과 같다.39)

二習相然일새 故有鐵床나 銅柱諸事하나니
이와같이 두가지 버릇40)이 서로 타오르기 때문에 지옥에 들어가 무쇠로 된 평상과 구리로 된 기둥으로 가하는 등의 고통을 받게 되나니41)

是故十方一切如來가 色目行淫하야 同名欲火하고 菩薩見欲 如避火坑이니라
그러므로 시방의 일체 여래가 음란함[行淫]을 지목하여42) '애욕의 불'이라고 이름하였고, 보살은 음욕 보기를 마치 불구덩이를 피하듯 하느니라.43)

---

39) 불길 같은 음란한 버릇[婬惑火業]은 미혹된 마음으로 치성해져 서로 문질러 발생한 것이다. 그러므로 미혹된 바 대상에서 大猛火를 보게 되는 것이다. 舒州의 왕안석이 이르되 '婬習으로 비비기를 쉬지 아니하여 스스로 그 정력을 소모하면 火界가 치연하여 살아서는 오히려 消渴內熱 등의 질병이 있고, 죽어서는 大猛火를 보게되는 것이 마땅하다' 하다. 『계환해』(『卍속장경』17, p.849상)
40) 두가지 버릇[二習]이란 現行과 種子를 가리킨 것으로, 이른바 業習과 種習의 두가지이다. 대개 業習은 種子에 영향[薰]을 주고 種習은 果를 갖게 한다. 『정맥소』(『卍속장경』18, p.778상)
41) 능소가 서로 타오르는 것을 '두가지 습기가 相然함이라' 한다. 그러므로 鐵床과 銅柱의 과보가 있는 것이니 이는 그 習業에 감응한 것이다. 『계환해』(『卍속장경』17, p.849상)
42) 色目은 諸目과 같은 말이다. (앞의 책 p.849상)
43) 여래는 導師이기 때문에 명목으로 이를 경계하시는 것이요, 보살은 수행하는 사람이기 때문에 깊이 두려워하여 이를 피하는 것이다. (앞의 책 p.849상)

1.別明諸趣 戒備失錯 ③從業分趣 ㈠地獄趣

㈝貪習

二者貪習이라 **交計 發於相吸**하야 **吸攬不止**하면

둘째는 탐욕의 버릇[貪習]이다. 이러한 탐내는 마음[交計]44)은 서로를 빨아들이는 데서 생겨나고 빨아들이는 일을 그치지 아니하면

如是故有 積寒堅冰하야 **於中凍冽**호미 **如人以口**로 **吸縮風氣**하면 **有冷觸生**이니라

이러한 까닭으로 추위가 쌓이고 얼음이 굳어져서 그 가운데서 결빙되는 것이 마치 사람이 입으로 바람을 들이키면 차가운 감촉이 생기는 것과 같다.45)

二習相陵일새 **故有吒吒 波波羅羅**와 **青赤白蓮 寒冰等事**하나니

두가지 버릇이 서로 능멸하기 때문에 지옥에 들어가 몹시 춥고 [吒吒波波羅羅] 청색·적색·백색의 빙판에 버려지는 고통이 있는 것이니,46)

是故十方一切如來가 **色目多求**하야 **同名貪水**하고 **菩薩見貪如避瘴海**니라

그러므로 시방의 모든 여래가 구함이 많은 것을 지목하여 한결같이 '탐욕의 물'이라고 이름하였고, 보살은 탐욕 보기를 마치 풍토병[瘴海] 피하듯 하느니라.47)

---

44) 計는 執이니, 我와 我所를 집착하여 탐욕을 일으키는 마음이다. 정맥소(卍속장경 18, p.778하)
45) 貪習이 물을 感하는 것은 愛心이 計着함으로 인하여 吸取하여 發한 것이다. 吸取하여 바람을 쌓으니 寒이 되고 바람이 물을 맺게 하여 얼음이 된다. 그러므로 찬 것을 쌓아서 얼음의 경계가 있게 된 것이다. 『계환해』(『卍속장경』17, p.849하)
46) 吒吒는 寒氷의 과보이니 즉 寒氷獄이다. 구사에 이르기를 '吒吒·波波·羅羅 등은 추운 고통을 참는 소리요, 青赤白蓮은 찬 얼음의 색살이다' 하다. 『계환해』(『卍속장경』17, p.849하)
47) 탐욕의 물은 능히 業을 더하게 하고, 장해(瘴海)의 바다는 능히 그 독성으로 몸을 침몰케 하리라. (앞의 책 p.849하)

㈢慢習

三者慢習이라 交陵 發於相恃하고 馳流不息하면 如是故有 騰逸奔波호대 積波爲水호미

셋째는 거만한 버릇[慢習]이다. 이러한 업신여기는 마음[交陵]은 서로가 뽐내는 데서 생겨나고, 이러한 마음이 치달려 그치지 아니하면 위로 오르고 앞으로 나아가 파도가 쌓여 물이 되는 것이다.

如人口舌로 自相綿味에 因而水發이니라

이는 마치 사람이 혀를 스스로 맛보면 그로 인하여 물이 생기는 것처럼

二習相鼓일새 故有 血河灰河와 熱沙 毒海와 融銅灌吞 諸事하나니

두가지 버릇이 서로 고동치기 때문에 지옥에 들어가 핏물(血河)·잿물(灰河)·뜨거운 모래[熱沙]·독기 있는 바다[毒海]와 구리 녹인 물을 마시는[融銅灌吞]등의 고통을 받나니,48)

是故十方 一切如來가 色目我慢하야 名飮癡水하고 菩薩見慢호대 如避巨溺이니라

그러므로 시방의 모든 부처님께서 거만함을 지목하여 '마시기만 하면 바보가 되는 물이라49)' 이름하였고, 보살은 거만함을 보면 거친 물을 피하듯 하느니라.50)

---

48) 만습(慢習)과 교일(驕逸)은 남을 업신여기고 스스로를 뽐내는 데서 발한다. 교만으로 달려가기 때문에 허공으로 오르고 파도에 치달리는 경계를 느끼는 것이요, 사악한 독기가 쌓이기 때문에 핏물을 마시는 과보가 있는 것이다. (앞의 책 p.849하)
49) 痴水는 서역의 있다는 '마시면 바보가 된다'는 물의 이름이다. 『계환해』(『卍속장경』17, p.849하)
50) 교만이 능히 어리석음을 더하는 까닭에 마치 痴水를 마시면 능히 深害에 이르게 되므로 큰 물에 빠지는 일에 비유한 것이다. 『계환해』(『卍속장경』17, p.849하)

㈃瞋習

四者瞋習이라 **交衝 發於相忤**하고 **忤結不息**하면 **心熱發火**하고 **鑄氣爲金**일새
    넷째는 성내는 버릇[瞋習]이다. 이러한 찌르려는 마음[交衝]51)은 서로를 거스르는 데서 생겨나고, 거스름이 맺혀서 그치지 아니하면 마음의 열이 불길을 발하고 그 기운이 녹아서 쇠가 되는 것이다.

如是故有 刀山鐵橛 劍樹劍輪과 斧鉞鎗鋸호미 **如人銜冤**에 **殺氣飛動**이니라
    그러므로 칼산[刀山]과 쇠곤장[鐵橛]과 세워진 칼[劍樹]과 칼수레[劍輪]와 도끼[斧]와 작두[鉞]와 창[鎗]과 톱[鋸] 등으로 가하는 고통을 받게 되는데, 이는 마치 사람이 원한을 품으면 살기(殺氣)가 날아 움직이는 것과 같다.

二習相擊일새 **故有宮割 斬斫剉刺 椎擊諸事**하나니
    두가지 버릇이 서로 공격하기 때문에 지옥에 들어가 궁형(宮刑)을 당하고 손발을 잘리우고[割]52) 목을 베이고[斬] 도끼로 찍히고[斫] 톱으로 썰리고[剉] 송곳으로 찔리고[刺] 몽둥이로 맞고[椎] 마차에 치이는[擊] 등의 고통을 받게 되나니,

是故十方 一切如來가 **色目瞋恚**하야 **名利刀劍**하고 **菩薩見瞋**호대 **如避誅戮**이니라
    그러므로 시방의 모든 부처님이 성내는 것을 지목하여 '예리한 칼이다'고 이름하였고, 보살은 성내는 것 보기를 죽음 피하듯 하느니라.53)

---

51) 교충(交衝)은 피차에 거스르고 부딪치는 것이다. 『정맥소』(『卍속장경』18, p.779하)
52) 斷刑을 宮이라 하고 肉刑을 割이라 한다. 『계환해』(『卍속장경』17, p.850상)
53) 마음은 불에 속하고 기운은 金에 속하니 성내는 것은 마음으로 인하여 기운이 생겨서 도리어 마음을 움직이는 것이다. 여기에 충격과 거스름을 더하게 되면 心火가 더욱 무성하고 기운인 金이 더욱 강해지는 것이기에 마음이 번열하면 火를 발하고 칼 같은 기운이 金이 되는 것이다. 『계환해』(『卍속장경』17, p.850상)

(ㅁ)詐習

五者詐習이라 **交誘 發於相調**하고 **引起不住**일새 **如是故有 繩木絞校**호미 **如水浸田 草木生長**이라

다섯째는 간사한 버릇[詐習]이다. 이러한 유혹하려는 마음[交誘]은 서로 이끌려는 데에서 생기고, 그렇게 이끌어서 그치지 않기 때문에 이와같이 더 나아가 밧줄과 나무로 목을 조르거나 비틀게 되는데, 마치 밭에 물을 대면 풀과 나무가 생기고 자라는 것과 같다.

二習相延일새 **故有 杻械枷鎖 鞭杖檛棒 諸事**하나니

두가지 버릇이 서로 뻗어나서 마침내 지옥에 들어가 쇠고랑[杻]·수갑[械]·칼[枷]·족쇄[鎖]·채찍[鞭]·곤장[杖]·회초리[檛]·몽둥이[棒]등의 형구로 가하는 고초를 받게 되나니,

是故十方 一切如來가 **色目姦僞**하야 **同名讒賊**하고 **菩薩見詐**호대 **如畏豺狼**이니라

그러므로 시방의 모든 여래께서 간사함을 지목하여 '남을 헐뜯는 도적이다'고 이름하였고, 보살은 간사한 것 보기를 승냥이나 이리처럼 두려워 하느니라.54)

(ㅂ)誑習

六者誑習이라 **交欺發於相罔**하고 **誣罔不止**하면 **飛心造姦**일새 **如是故有 塵土屎尿**의 **穢汙不淨**호미 **如塵隨風**호대 **各無所見**이니라

여섯째는 속이는 버릇[誑習]이다. 이러한 속이려는 마음[交欺]은 서로를 무고하는 데서 생겨나고, 무고함이 그치지 아니하면 들뜬 마음이 간사해져서 이와같이 더 나아가 티끌[塵]·흙[土]·변[屎]·오줌

---

54) 詐習은 간사한 지혜를 의지하여 惡을 일으켜서 점점 불어나게 하므로 마치 물이 밭을 들어가면 草木이 生長하는 것과 같다는 것이다. 아첨하여 유인함으로 말미암아 서로 뻗어나갈 것이기 때문에 밧줄이나 나무로 몸을 묶어 늘이거나 비트는 듯한 상태를 느끼는 것이다. 헐뜯고 해친다는 것은 간사함이 正道를 패망시키는 것을 말한다. 『계환해』(『卍속장경』17, p.850상)

[尿]처럼 더럽고 부정하게 되는데, 마치 티끌이 바람에 날리면 아무도 보지 못하는 것과 같다.

二習相加일새 故有沒溺과 騰擲飛墜와 漂淪諸事하나니
 두가지 버릇이 서로 더해가므로 지옥에 들어가서 빠지거나[沒溺] 던져 올려지거나[騰擲] 날았다 떨어졌다 하거나[飛墜] 뜨고 가라앉는[漂淪] 등의 고통을 받게 되나니,

是故十方 一切如來가 色目欺誑하야 同名劫殺하고 菩薩見誑호대 如踐蛇虺이니라
 그러므로 시방의 모든 여래께서 속이는 것을 지목하여 '겁살(劫殺)55)이다'고 이름하였고, 보살은 속이는 것 보기를 뱀을 밟는 것과 같이 하느니라.56)

(ㅅ)冤習
七者冤習이라 交嫌發於銜恨하고 如是故有 飛石投礪과 匣貯車檻과 甕盛囊撲호미 如陰毒人이 懷抱畜惡이니라
 일곱째는 원망하는 버릇[冤習]이다. 이러한 싫어하는 마음[交嫌]은 서로가 원한을 품은 데서 생겨나며, 이와같이 더 나아가 돌을 날리고[飛石] 바위를 던지며[投礪] 뒤주에 가두고[匣貯] 함거에 싣고[車檻] 독 속에 담고[甕盛] 부대에 넣어 메치는[囊撲]등의 고통을 느끼게 되는데, 이는 마치 음흉하고 독한 사람이 가슴에 악을 품어 쌓아두는 것과 같다.

---

55) 劫殺이란 三殺의 합니다. 이 煞이 있는 방위를 범하면 갑자기 죽는다고 한다. 煞이란 사람이나 물건을 해치는 독하고 모진 기운이다.
56) 속인다는 것은 狂言으로 남을 속이는 것이니 그 뜻이 誣罔하고 그 마음이 飛揚한 것이 마치 바람이 티끌을 일으켜 사람으로 하여금 볼 수 없게 하는 것과 같다. 그러므로 塵土穢惡의 경계와 浸溺騰墜의 과보를 느끼는 것이다. 『계환해』(『卍속장경』17, p.850하)

二習相吞일새 故有投擲과 擒捉擊射와 挽撮諸事하나니

두가지 버릇이 서로 한을 머금고 있기 때문에 지옥에 들어가 던지고[投擲]·묶고[擒]·때리고[捉]·매치고[擊]·쏘고[射]·당기고[挽]·쥐어짜는[撮] 등의 고통을 느끼게 되나니,

是故十方 一切如來가 色目寃家하야 名違害鬼하고 菩薩見寃호대 如飮鴆酒니라

그러므로 시방의 모든 여래가 원한 품은 집을 지목하여 '위해귀(衛害鬼)57)이다'고 하였고, 보살은 원한 있는 이를 보기를 마치 짐독(鴆毒)의 술을 마시는 것과 같이 하느니라.58)

(ㅇ)見習

八者見習이라 交明은 如薩迦耶와 見과 戒禁取라

여덟째는 나쁜 소견[見習]이다. 이러한 주장[交明]은 살가야견(薩迦耶見)·견취견(見取見)·계금취견(戒禁取見)59) 등으로

---

57) 違害鬼는 正理를 위배하고 어두운 가운데 사람을 해치는 것이니 귀신 가운데 가장 나쁜 자이다. 짐조(鴆鳥)는 매우 독해서 날개의 털 하나만 술에 적셔도 이를 마시면 장부가 마디마디 끊어지게 된다.『정맥소』(『卍속장경』18, p.781상)
58) 원망하는 버릇이 한을 머금어 陰隱한 가운데 남을 상해하기 때문에 마치 음흉하고 독하여 악을 쌓는 사람처럼 돌을 던지고 부대에 담아 매치는 경계와 던지고 당기고 움켜쥐는 과보를 느끼나니 돌을 던지고 몸이 던져짐과 수레에 갇히고 우리에 얽매이는 등이 다 陰隱한 가운데 일어나는 일이다.『계환해』(『卍속장경』17, p.850하)
59) 견해의 業習에는 다섯 가지가 있어 五見이라 한다. 첫째는 薩迦耶見(번역하여 身見)이니 몸이 있다고 집착하여 我와 我所 등 가지가지로 計着하는 것이요, 두번째는 邊見이니 身見을 바탕으로 하여 일체의 법에 有無常斷등 극단의 견해에 치우치는 것이요, 세번째는 邪見이니 사특하게 깨닫고 잘못 이해하여 삼보를 믿지 않고 인과를 부정하는 것이요, 네번째는 見取見이니 올바른 과가 아닌 것을 과라고 계탁하는 것으로 마치 非想天이나 神仙道 등으로 열반을 삼는 무리가 이것이다. 다섯째는 戒禁取見이니 올바른 因(계율)이 아닌 것을 인이라 집착하는 것이니 마치 狗戒(개의 행동)를 지녀서 生天의 因을 삼는 類와 같다. 이 다섯가지를 통틀어 惡見이라 부르며 邪를 따르고 正을 거슬리기 때문에 어기고 거역하여 서로 반복하게 되고, 어기고 반복하기 때문에 왕이 증집(王吏證執)의 경계나 권사추국(權詐推鞫)의 과보를 느끼는 것이다.『계환해』(『卍속장경』17, p.850하)

邪悟諸業이 **發於違拒**하야 **出生相反**일새
　사특한 깨달음과 가지가지 업이 서로 어기고 거부하는 데서 생겨나고, 이를 지속하여 서로 반목하기 때문에

如是故有 王使主吏가 **證執文籍**하리니 **如行路人**이 **來往相見**이니라
　더 나아가 왕사(王使)나 관리[主吏]가 문서로 증명하게 되나니, 마치 길을 가는 사람이 서로 오고 가면서 마주 보는 것과 같다.60)

二習相交일새 **故有勘問**과 **權詐考訊**과 **推鞫察訪**과 **披究照明**과 **善惡童子**가 **手執文簿 辭辯諸事**하나니
　두가지 버릇이 서로 어우러지기 때문에 심문하고 고문하고 조사하고 수색하고 들추어내고 증거를 대고 선동자(善童子) 악동자(惡童子)가 손에 문서를 들고 변론하는 일들이 있는 것이다.

是故十方 一切如來가 **色目惡見**하야 **同名見坑**하고 **菩薩見諸 虛妄遍執**호대 **如入毒壑**이니라
　그러므로 시방의 모든 부처님은 사악한 소견을 지목하여 '소견의 구덩이'라고 이름하였고, 보살은 허망하고 편협한 고집장이 보기를 마치 맹독의 구렁에 빠지는 것처럼 여기느니라.

---

　*이러한 다섯가지 惡見이 능히 법신을 침몰하게 하기 때문에 견해의 구덩이라 부르며, 능히 業苦에 이르게 하기 때문에 맹독의 구렁이라 부르기도 한다. 수행하는 사람은 응당 힘써 소멸할지니라. (앞의 책 p.851상)
60) '길가는 사람이 서로 마주 보는 것과 같다'고 한 것은 한 사람은 가고 한 사람은 돌아오는 것이니 서로 보는 것이 違反함에 비유한 것이다. (앞의 책 p.851상)

㈚枉習

九者枉習이라 **交加 發於誣謗**일새 **如是故有 合山合石**과 **碾磑耕磨**호미 **如讒賊人**이 **逼枉良善**이니라

아홉째는 모함하는 버릇[枉習)61)이다. 이러한 가해하려는 마음[交加]은 무고하게 서로를 비방하는 데에서 생기고, 이와같이 더 나아가 지옥에 떨어져 산에 합하고 돌에 합하며 연자와 맷돌로 갈고 부수는 등의 고통을 느끼게 되는데, 마치 남을 모함하여 해치는 사람이 선량한 사람을 핍박하는 것과 같도다.

二習相排일새 **故有壓捺**과 **推按蹙漉**과 **衝度諸事**하나니

두가지 버릇이 서로 배척하기 때문에 누르고[壓] 비틀고[捺] 때리고[推] 뭉개고[按] 치고[蹙] 쥐어짜고[漉] 장대에 꿰는[衝度] 등의 고통을 받나니,62)

是故十方 一切如來가 **色目寃謗**하야 **同名讒虎**하고 **菩薩見枉**호대 **如遭霹靂** 이니라

그러므로 시방의 모든 부처님이 모함하고 비방하는 것을 지목하여 '모함하는 호랑이다'고 이름하였고, 보살은 바르지 못한 것 보기를 마치 벼락[霹靂]을 만난 것처럼 여기느니라.

---

61) 마땅히 굽어질 것이 아닌 것을 굽어지도록 하는 것을 枉이라 하나니 枉은 眞情이 아니요, 모함하고 비방함으로 인하여 발생하여 타인을 逼壓하기 때문에 感報가 이와같은 것이다. 『계환해』(『卍속장경』17, p.851상)

62) 배(排)는 밀치고 격는 것인데 누르는 것도 같은 뜻이다. 녹(漉)은 거르는 것이다. (앞의 책 p.851상)

*衡은 가로지르는 것이니 몸을 다그치고 대질러 그 피를 거르는 것이요, 또 핍박하여 고통을 주는 기구에 가로질러 매다는 것이니 이른바 아래에 닿도록 그물에 걸어 그 머리를 매다는 것이 다 衝度의 類이다. (앞의 책 p.851상)

*참소하는 것은 능히 사람을 상하게 하기 때문에 참호(讒虎)라 부르는 것이요, 가히 놀라고 두렵게 하기 때문에 벽력(霹靂)에 비유하는 것이다. (앞의 책 p.851상)

(치)訟習

十者訟習이라 **交諠 發於藏覆**일새 **如是故有 鑑見照燭**하니 **如於日中 不能藏影**이니라

열째는 들추는 버릇[訟習]63)이다. 이러한 들추는 마음[交諠]64)은 감추고 숨기는 데서 시작하고, 이와같이 더 나아가 거울로 비춰 보고 촛불로 비춤을 느끼게 되는데, 마치 햇볕에 그림자를 숨길 수가 없는 것과 같다.

二習相陳일새 **故有惡友業鏡**과 **火珠披露**와 **宿業對驗諸事**하나니

두가지 버릇이 서로 고발하므로 나쁜 벗과 업보의 거울과 불붙은 구슬로, 묵은 업보를 파헤치고 대질해서 징험하는 모든 괴로움을 받게 되는 것이다.

是故十方 一切如來가 **色目覆藏**하야 **同名陰賊**하고 **菩薩觀覆**호대 **如戴高山**하고 **履於巨海**니라

그러므로 시방의 모든 부처님이 숨기고 감추는 것을 지목하여 '음흉한 도적'이라 이름하였고, 보살은 덮어 가리는 것 보기를 마치 높은 산을 머리에 이고, 바다를 건너는 것 같이 여기느니라.65)

---

63) 여기에서의 訟은 관청에서의 소송이 아니라 공정하게 덮어졌던 것을 드러내는 것이니 바로 覆習을 가리킨 것이다. 『계환해』(『卍속장경』17, p.851하)
64) 여기에서 덮어 두었던 것을 다시 저기에서 드러내는 것을 서로 드러낸다[交諠]고 한다. 그러므로 거울로 비춰보고 촛불로 비추는 경계와 나쁜 벗과 대질해서 징험하는 과보를 느끼는 것이다. (앞의 책 p.851하)
65) 陰賊이 숨어 있다가 발견되면 스스로 죽게 되듯이, 덮여진 죄는 다만 스스로 압박하고 스스로 추락하기 때문에 마치 산을 이고 바다를 밟는 것과 같다고 한 것이다. 『계환해』(『卍속장경』17, p.851하)

*지금까지 이야기한 十習은 十惑에서 발한 것이니 근본번뇌를 통하면 수번뇌는 응당 겸해지는 것이다. 隨煩惱의 스무가지에는 忿 恨 惱 覆 誑 諂 憍 害등이 있으니 지금에 詐習은 諂이요 寃은 恨이요 枉은 害요 訟은 覆에 해당되기에 간략히 배대해 보았다. (앞의 책 p.851하)

*근본번뇌란 몸과 마음을 번거롭고 요란하게 한다는 의미로서, 이 때문에 미망의 세계로부터 해탈하는 것을 방해하는 것이다. 이 번뇌를 근본으로 하여 뒤따라 일어나

㉴六交報二 ㈠總標

云何六報오 阿難一切衆生이 六識造業하야 所招惡報이며 從六根出이니라

어떤 것을 여섯가지 과보[六交報]66)라고 하는가? 아난아! 이는 모든 중생이 육식(六識)으로 업을 지어서 초래한 나쁜 과보[惡報]이며, 이것이 다 육근(六根)에서 나오기 때문이다.

㈡別明六 ㉠見報二 Ⓐ依根感業

云何惡報가 從六根出고

어떻게 해서 악한 과보가 육근(六根)에서 나오겠느냐?

는 지말적인 번뇌를 隨煩惱라 한다. 근본번뇌인 貪.嗔.痴.慢.疑의 五鈍使와 第六의 惡見 가운데 다섯 가지 五利使를 합하여 十使煩惱라고도 한다.
66) 육식에 의지하여 業因을 짓고, 육근으로 인하여 과보를 드러내니, 업보가 서로 모이는 것을 交라고 한다.『계환해』(『卍속장경』17, p.851하)
  *이러한 여섯가지 과보는 육식이 업을 지어서 초래한 바 惡報요, 육근을 말미암아 交起하기 때문에 六交報라 한다. 이러한 지옥의 十因과 여섯가지 과보가 다 중생의 迷妄으로 생긴 것이다.『불광대사전』(台灣 불광출판사 1988) p.1293- 육보편.
  (1)見報란 임종시 먼저 맹화가 시방세계에 가득함을 보게 되고, 이 때 죽은자의 神識이 연기에 휩싸여 무간지옥에 떨어지되 明見.暗見의 두가지 현상으로 나누어지는 것이다. (2)聞報란 임종시 먼저 파도가 천지를 삼키는 것을 보게 되고, 이 때 亡者의 神識이 쏟아져 흐르는 물과 함께 무간지옥에 떨어지되 開聽.閉聽의 두가지 현상으로 나누어지는 것이다. (3)嗅報란 임종시 먼저 毒氣가 원근(遠近)에 충만함을 보게 되고, 이 때 亡者의 神識이 땅으로부터 솟아올라 무간지옥에 떨어지되 通聞.塞聞의 두가지 현상으로 나누어지는 것이다. (4)味報란 임종시 먼저 鐵網에 猛燄이 熾烈하여 두루 세계를 덮는 것을 보게 되고, 이 때 亡者의 神識이 아래로 떨어져 그물에 걸려 거꾸로 머리가 매달린 상태에서 무간지옥에 떨어지되 吸氣.吐氣의 두가지 현상으로 나누어지는 것이다. (5)觸報란 임종시 먼저 大山의 四面이 좁혀져 합하여지되 벗어날 수 없음을 보게 되고, 이 때 亡者의 神識이 牛頭獄卒과 馬頭羅刹 등이 손에 창칼을 들고 성문으로 몰려들어 무간지옥으로 향하게 하되 合觸.離觸이 두가지 현상으로 나누어지는 것이다. (6)思報란 임종시 먼저 모진 惡風이 불어 국토를 무너뜨리는 것을 보게 되고, 이 때 亡者의 神識이 바람에 휩싸여 허공으로 올라갔다가 바람을 타고 돌면서 무간지옥에 떨어지되 不覺.不迷의 두가지 현상으로 나누어지는 것이다.『불광대사전』(台灣 불광출판사 1988) p.1293- 육보편.

一者見報가 招引惡果니 此見業交 則臨終時에 先見猛火가 滿十方界라

　첫째는 견보(見報)가 나쁜 결과를 불러오는 것이다. 이러한 견업(見業)67)이 서로 어울리면 임종시 맹렬한 불길이 시방에 가득함을 보게 될 것이다.

亡者神識이 飛墜乘煙하고 入無間獄호대 發明二相이니

　이때 죽은 자의 영혼이 연기에 휩싸여 무간지옥에 떨어지는데, 두가지 현상이 나타나리니.

一者明見으로 則能遍見 種種惡物하고 生無量畏요

　첫째는 밝게 보이는 것[明見]으로 두루 가지가지 흉악한 일들을 보아 한량없는 두려움이 생기고,

二者暗見이니 寂然不見하야 生無量恐이니라

　둘째는 어둡게 보이는 것[暗見]이니 어둡고 조용하기 때문에 한량없는 두려움이 생기는 것이다.68)

ⓑ隨根轉變

如是見火가 燒聽能爲 鑊湯洋銅하며 燒息能爲 黑煙紫焰하며 燒味能爲 焦丸鐵糜하며

　이와같이 견화(見火)69)가 들음[聽]에 작용하면 확탕양동(鑊湯洋銅)이 되고, 숨[息]에 작용하면 검은 연기와 붉은 불꽃이 되고, 맛(味)에 작용하면 뜨거운 철환과 쇳물죽이 되고,

---

67) 색을 탐하는 견업(見業)
68) 見覺은 火에 속하기 때문에 맹화를 느끼나니 외(畏)는 경계에 나타나는 것이요, 공(恐)은 마음 속에 간직된 것이다. 六交가 다 바로 무간지옥에 들어가는 것은 업이 무거운 쪽으로 나아가기 때문이다. 成論에 이르기를 '極善極惡은 다 中陰이 없기 때문에 直入한다' 하다. 『계환해』(『卍속장경』17, p.852상)
69) 색을 탐하는 견업(見業)의 불길

燒觸能爲 熱灰鑪炭하며 燒心能生 星火迸灑하야 煽鼓空界하나니라

　감촉[觸]에 작용하면 뜨거운 재와 숯이 되고, 마음[心]에 작용하면 별똥불이 한꺼번에 쏟아져서 허공계에 타오르게 된다.70)

ⓛ聞報二　Ⓐ依根感業

二者聞報가 招引惡果니 此聞業交 則臨終時에 先見波濤가 沒溺天地하고

　둘째는 문보(聞報)가 나쁜 결과를 불러오는 것이다. 이러한 문업(聞業)71)이 서로 어울리면 임종시 파도가 천지를 삼키는 것을 보게 되고,

亡者神識이 降注乘流하고 入無間獄호대 發明二相이니

　이때 망자(亡者)의 영혼이 쏟아져 흐르는 물과 함께 무간지옥에 떨어지는데, 두가지 현상이 나타난다.

一者開聽으로 聽種種鬧하고 精神愁亂이요

　첫째는 귀가 열리는 것[開聽]이니 즉 가지가지 시끄러운 소리를 듣고 정신이 혼란해지고,

二者閉聽으로 寂無所聞하야 幽魄沈沒이라

　둘째는 귀가 막히는 것[閉聽]이니 고요하여 듣지 못하기 때문에 넋이 빠져버리는 것이다.72)

---

70) 聞聽(귀)은 水에 속하기 때문에 듣는 것을 태우면 능히 鑊湯洋銅이 되고, 코[鼻])는 기운을 주재하기 때문에 숨을 태우면 능히 흑연자염(黑煙紫燄)이 되고, 혀[舌]은 맛을 주재하기 때문에 뜨거운 철환과 쇳물죽 등이 되고, 몸[身]은 감촉을 주재하기 때문에 뜨거운 재[熱灰]와 뜨거운 숯[鑪炭] 등의 되고, 뜻[心]은 바로 火에 속하기 때문에 이를 태우면 점점 치연해지는 것이다.『계환해』(『卍속장경』17, p.852상)
71) 소리를 탐하는 문업(聞業)
72) 聞聽이 水에 속하기 때문에 觀聽을 돌이키면 水이 능히 빠뜨릴 수 없고, 이를 의지하여 業을 지으면 능히 波濤를 느끼게 되느니라. 開閉는 通塞과 같다. 瞀은 어둡다는 뜻이다. (앞의 책 p.852상)

1.別明諸趣 戒備失錯 ③從業分趣 ㊀地獄趣 619

ⓑ隨根轉變

如是聞波가 注聞則能 爲責爲詰하며 **注見則能 爲雷爲吼**하고 **爲惡毒氣**하며

이와같이 문파(聞波)73)가 들음에 쏟아 부으면 꾸짖고[責] 따지는 것[詰]이 되고, 보는 것에 쏟아 부으면 우뢰[雷]가 되거나 성난 소리[吼]가 되는 등 악독한 기운[惡毒氣]이 되고,

注息則能 爲雨爲霧하야 **灑諸毒蟲**하야 **周滿身體**하며 **注味則能 爲膿爲血**하야 **種種雜穢**하며

숨쉬는 데 쏟아 부으면 비[雨]가 되고 안개[霧]가 되어 갖가지 독충[諸毒蟲]이 뿌려져서 몸에 두루하게 되고, 맛보는 데 쏟아 부으면 고름[膿]이 되고 피[血]가 되어 갖가지 더러운 것[雜穢]이 되고,

注觸則能 爲畜爲鬼하고 **爲糞爲尿**하며 **注意則能 爲電爲雹**하야 **摧碎心魄**하니라

접촉에 쏟아 부으면 짐승[畜]이나 귀신[鬼]의 변[糞]이 되거나 오줌[尿]이 되고, 뜻[意]에 쏟아 부으면 번개[電]가 되고 우박[雹]이 되어서 마음과 혼[心魄]을 부수는 것이다.74)

---

73) 소리를 탐하는 문업(聞業)의 파도
74) 聞에 쏟아 부으면 소리를 발하게 되기 때문에 죄를 책망하고 감정을 거슬리는 일이 있게 되는 것이요. 見에 쏟아 부으면 능히 우뢰소리가 된다고 한 것은 聞波는 陰이 되고 見火는 陽이 되나니, 음양이 相薄하여 雷를 이루기 때문이다. 息에 쏟아 부어 雨霧가 된다는 것은 水가 氣를 따라 변한 것이요, 味에 쏟아 부어 膿血이 된다는 것은 水가 味을 따라 변한 것이요, 觸에 쏟아 부어 畜鬼를 삼은 것은 水가 形을 따라 변한 것이요, 意에 쏟아 부어 電雹가 된다는 것은 意가 마음에서 나온 것이니 水火가 交感한 것이다. 『계환해』(『卍속장경』17, p.852하)
*일체만물의 이치가 五行을 인연하고 음양을 의지하여 이로써 변화하지 아니함이 없기 때문에 여기에서 그 근본을 따라 전변하는 일이 다 이를 벗어나지 않는다고 한 것이다. (앞의 책 p.852하)

ⓒ齅報二　Ⓐ依根感業

三者齅報가 招引惡果니 此齅報交하면 則臨終時에 先見毒氣가 充塞遠近하고 亡者神識이 從地涌出하야 入無間獄호대 發明二相이니

셋째는 후보(齅報)가 나쁜 결과를 불러오는 것이다. 이러한 후업(齅業)75)이 서로 어울리면 임종시 먼저 독기(毒氣)가 원근(遠近)에 충만함을 보게 되고, 이 때 죽은 자의 영혼이 땅으로부터 솟아올라 무간지옥에 떨어지는데, 두가지 현상이 나타난다.

一者通聞으로 被諸惡氣하고 熏極心擾오 二者塞聞으로 氣掩不通하고 悶絶於地니라

첫째는 통하는 문[通聞]이니 모든 악한 기운을 맡아 숨이 막혀 요동하게 되고, 둘째는 막히는 문[塞聞]이니 기운이 막혀 숨이 통하지 않아 땅에 기절하는 것이다.76)

Ⓑ隨根轉變

如是齅氣가 衝息則能 爲質爲履하며 衝見則能 爲火爲炬하며

이와같이 후기(齅氣)77)가 숨쉬는 것[息]에 충돌하면 막힘[質]이 되거나 통[履]함이 되며78) 보는 것[見]에 충돌하면 불꽃[火]이 되거나 횃불[炬]이 되고,

---

75) 냄새를 탐하는 후업(齅業)
76) 因에서 惡香을 탐하여 가지가지 業을 짓기 때문에 果가 毒氣를 감하여 가지가지 果報를 이루는 것이다. 『계환해』(『卍속장경』17, p.852하)
77) 냄새를 탐하는 후업(齅業)의 기운
78) 戒環은 '質은 걸리는 것이요 履는 通하는 것이다'하고, 通理스님은 '質은 죄를 質證함이요 履는 몸을 밟는 것이다'하였다.　李耘虛,『首楞嚴經 註解』(서울 東國譯經院 1974) p.373.

1. 別明諸趣 戒備失錯 ③從業分趣 ㊀地獄趣

衝聽則能 爲投爲溺하고 **爲洋爲沸**하며 **衝味則能 爲餒爲爽**하며

들음[聽]에 충돌하면 빠짐[沒]이 되거나 가라앉음[溺]이 되거나 넘침[洋]이 되거나 들끓음[沸]이 되며, 맛[味]에 충돌하면 배고픔[餒]이 되거나 상쾌함[爽]이 되며,

衝觸則能 爲綻爲爛하고 **爲大肉山**하야 **有百千眼**이어든 **無量咂食**하며

감촉[觸]에 충돌하면 터짐[綻]이 되거나 문드러짐[爛]이 되거나 큰 고기산[大肉山]이 되어 백천안(百千眼)이 있게 되는데 수많은 중생들이 빨아먹게 되고,

衝思則能 爲灰爲瘴하고 **爲飛砂礰**하야 **擊碎身體**하니라

생각[思]에 충돌하면 재[灰]가 되거나 풍토병[瘴]이 되거나 날리는 모래[飛沙]가 되어 몸을 망치는 것이다.79)

㉣味報二　Ⓐ依根感業

四者味報가 **招引惡果**니 **此味業交**하면 **則臨終時**에 **先見鐵網**에 **猛焰熾烈**하야 **周覆世界**하고 **亡者神識**이 **下透挂網**하야 **倒懸其頭**코 **入無間獄**호대 **發明二相**이니

넷째는 미보(味報)가 나쁜 결과를 불러오는 것이다. 이러한 미업(味業)80)이 서로 어울리면 임종시 먼저 철망(鐵網)에 맹염(猛焰)이 치열(熾烈)하여 두루 세계를 덮는 것을 보게 되고, 이 때 죽은 자의 영혼이 아래로 떨어져 그물에 걸려 거꾸로 머리가 매달린 상태에서 무간지옥에 떨어지는데, 두가지 현상이 나타난다.

---

79) 質은 걸리는 것이요 履는 通하는 것이다. 顙業의 의지한 바는 通塞을 여의지 않기 때문에 息에 부딪히면 능히 막히거나 통하게 되고, 見에 부딪히면 火炬가 되고, 聽에 부딪히면 빠지거나 뜨거나 하는 것이다. 그러니 見覺은 火에 속하고 聞聽은 水에 속하는 것이 분명하다. 배고픔과 상쾌함은 味로 인하여 氣를 따라 변한 것이요, 터지고 문드러짐은 體를 말미암아 氣를 따라 변한 것이요, 思에 부딪쳐 재모래[灰砂]가 되는 것은 氣가 土를 의지하여 느낀 것이다. 『계환해』(『卍속장경』17, p.853상)
80) 맛을 탐하는 미업(味業)

一者吸氣으로 結成寒氷하야 凍裂身肉이오 二者吐氣로 飛爲猛火하야 燋爛骨髓니라

　첫째는 숨을 마시는 것[吸氣]이니 들이쉰 숨이 맺히어 찬 얼음이 되어 살이 얼어 터지게 되고, 둘째는 숨을 토하는 것[吐氣]이니 맹렬한 불길이 되어 골수를 태우는 것이다.81)

ⓑ隨根轉變
如是嘗味가 歷嘗則能 爲承爲忍하며 歷見則能 爲然金石하며

　이와같이 맛을 탐하는 업[嘗味]이 맛보는 데 닿으면 받들거나 참게 되고, 보는 것에 닿으면 타는 쇠나 돌이 되고,

歷聽則能 爲利兵刃하며 歷息則能 爲大鐵籠하야 彌覆國土하며

　듣는 것에 닿으면 예리한 무기가 되고, 숨쉬는 데에 닿으면 큰 철망이 되어 국토를 가득 덮으며,

歷觸則能 爲弓爲箭하고 爲弩爲射하며 歷思則能 爲飛熱鐵하야 從空而下하니라

　감촉에 닿으면 활이나 화살이나 노(弩, 큰활)나 사(射, 작은 활)]이 되며, 생각에 닿으면 나는 뜨거운 쇠가 되어 공중에서 비오듯 쏟아지는 것이다.82)

---

81) 舌根은 心에 속하나니 말로써 사람을 속이고 맛을 탐하여 物을 거두어 들이는 데에서 발하기 때문에 鐵網에 불꽃이 치열하고 세계를 뒤덮게 되는 것이다. 舌業의 의지한 바가 吸吐를 여의지 아니하니 吸氣가 寒이 되고 吐氣가 熱이 되는 것은 대개 평상의 도리이다.『계환해』(『卍속장경』17, p.853상)
82) 혀는 다른 이의 생명을 먹어 저로 하여금 고통을 참게 하기 때문에, 맛을 만나면 苦를 발하여 스스로 참게 하는 것이요, 보는 것에 의하여 맛을 탐하기 때문에 능히 타는 金石이 되고, 들음으로 인하여 惡을 발하기 때문에 능히 날카로운 병장기가 되고, 냄새로 인하여 탐욕을 내어 群味를 취하기 때문에 능히 큰 철망이 되고, 맛을 느껴 物을 해치기 때문에 활과 화살이 되어 스스로 傷함을 느끼는 것이요, 맛을 연하여 物을 생각하기 때문에 나르는 쇠철이 되어 맛이 가득함을 느끼는 것이다.『계환해』(『卍속장경』17, p.853하)

㉢觸報二 Ⓐ依根感業

五者觸報가 **招引惡果**니 **此觸業交**하면 **則臨終時**에 **先見大山**이 **四面來合**호대 **無復出路**하고

다섯째는 촉보(觸報)가 나쁜 결과를 불러오는 것이다. 이러한 촉업(觸業)83)이 서로 어울리면 임종시 먼저 큰 산의 사면이 좁혀지고 합해져서 벗어날 수 없음을 보게 되고,

亡者神識이 **見大鐵城**에 **火蛇火狗**와 **虎狼獅子**이든 **牛頭獄卒**과 **馬頭羅刹**이 **手執鎗矟**하고 **驅入城門**하야 **向無間獄**호대 **發明二相**이니

이때 죽은 자의 영혼이 우두옥졸(牛頭獄卒)과 마두나찰(馬頭羅刹) 등이 손에 창칼을 들고 성문으로 몰려들어 무간지옥으로 향하게 하는데, 두 가지 현상이 나타난다.

一者合觸으로 **合山逼體**하야 **骨肉血潰**오 **二者離觸**으로 **刀劍觸身**하야 **心肝屠裂**이니라

첫째는 합해지는 업[合觸]이니 즉 산이 합해져서 몸을 핍박하여 뼈와 살과 피가 무너져 터지고, 둘째는 떨어지는 업[離觸]이니 칼이 몸에 닿아 심장과 간장이 찢어지는 것이다.84)

---

*爲承: 지은 죄에 대해서 괴롭지만 承認하는 것. 爲忍: 인정하고 그 과보를 참고 받아 들이는 것.인 것이
83) 느낌을 탐하는 촉업(觸業)
84) 신업은 주로 惡觸을 받고 또한 惡觸을 일으키기 때문에 報가 大山이 와서 합하는 것과 鐵城과 火狗 등을 부르는 것이니 다 惡觸이 섞여 感하는 것이다. 觸業의 의지하는 바가 離合을 여의지 아니하니 찢어짐은 곧 離相이다. (앞의 책 p.853하)

ⓑ隨根轉變

如是合觸이 **歷觸則能 爲道爲觀**하고 **爲廳爲案**하며 **歷見則能 爲燒爲爇**하며

　　이와같이 합촉(合觸)85)이 몸에 닿으면[身觸] 길[道]이나 옥문을 지키는 루관(樓觀)이나 관청(官廳)이나 죄를 문초하는 곳[案]이 되고, 보는 것에 닿으면[見觸] 태우거나 사르게 되며,

歷聽則能爲撞爲擊하고 **爲剚爲射**하며 **歷息則能 爲括爲袋**하고 **爲考爲縛**하며

　　듣는 것에 닿으면[聞觸] 때리거나[撞] 치거나[擊] 찌르거나[剚] 쏘게[射] 되고, 숨쉬는 것에 닿으면[息觸] 조이거나[括] 자루에 넣거나[袋] 두들기거나[考] 묶이게[縛] 되고,

歷嘗則能爲耕爲鉗하고 **爲斬爲截**하며 **歷思則能爲墜爲飛**하고 **爲煎爲炙**니라

　　맛봄에 닿으면 혀에 밭갈이[耕]하거나 목에 칼[鉗]을 씌우거나 베거나[斬] 잘리게[截] 되고, 생각하는 것에 닿으면 떨어뜨리거나[墜] 날리거나[飛] 삶거나[煎] 굽게[炙] 되는 것이다.86)

---

85) 느낌을 탐하는 촉업(觸業)의 합함
86) 길[道]은 지옥에 나아가는 길이요 樓觀은 獄王의 門闕兩觀이다. 廳案은 죄를 다스리는 곳이니 다 身觸에 의지한 것이다. 불에 탐은 見觸이요 두들겨 맞음은 聞觸이요 자루에 담김은 息觸이요 쟁기에 갈림은 舌觸이요 허공에서 떨어짐은 思觸이다. 찌르고 쏘고 고문하고 얽매는 등은 서로의 因을 널리 든 것이니 사(剚)은 칼로 고기를 찌르는 것이요, 괄대(括袋)는 묶어서 氣를 거두어들이는 것인데 思業이 회오리치기 때문에 날고 떨어짐을 느끼는 것이다. 『계환해』(『卍속장경』17, p.853하)

1.別明諸趣 戒備失錯 ③從業分趣 ㈠地獄趣   625

㈥思報二 Ⓐ依根感業

六者思報가 招引惡果니 此思業交하면 則臨終時에 先見惡風이 吹壞國土하야 亡者神識이 被吹上空이라가 旋落乘風하고 墮無間獄호대 發明二相이라

여섯째는 사보(思報)가 나쁜 결과를 불러오는 것이다. 이러한 사업(思業)87)이 서로 어울리면 임종시 먼저 모진 악풍(惡風)이 불어 국토를 무너뜨리는 것을 보게 되고, 이 때 죽은 자의 영혼이 바람에 휩싸여 허공으로 올라갔다가 바람을 타고 돌면서 무간지옥에 떨어지는데, 두 가지 현상이 나타난다.

一者不覺으로 迷極則荒하야 奔走不息이오 二者不迷으로 覺知則苦하야 無量煎燒를 痛深難忍이니라

첫째는 모르고 있는 상태[不覺]이니 미혹함이 지극하여 거칠고 분주함이 쉬지 않을 것이고, 둘째는 알고 있는 상태[不迷]이니 고통을 알고 있는 가운데 한없이 삶거나 태우기 때문에 그 고통을 참기 어려운 것이다.88)

Ⓑ隨根轉變

如是邪思가 結思則能 爲方爲所하며 結見則能 爲鑑爲證하며

이와같이 사특한 사업[邪思]이 뜻에 맺히면 방(方)이 되고 소(所)가 되며, 보는 것에 맺히면 거울이나 증명하는 것이 되며,

結聽則能 爲大合石하고 爲冰爲霜하고 爲土爲霧하며 結息則能 爲大火車와 火船火檻하며

듣는 것에 맺히면 대합석(大合石)이 되고 얼음이 되고 서리가 되고 흙이 되고 안개가 되고, 숨쉬는 것에 맺히면 큰불수레와 불배와

---

87) 법을 담하는 사업(思業)
88) 思는 土에 속하여 飄蕩하기 때문에 惡風이 불어 국토를 무너뜨리는 등의 일을 보는 것이다. 事業의 의지할 곳이 迷와 覺에서 벗어나지 아니하니 거칠게 분주함은 迷가 생각함이요, 苦를 아는 것은 覺이 생각함이다.『계환해』(『卍속장경』17, p.854상)

불함거가 되고,

結嘗則能 爲大叫喚하고 **爲悔爲泣**하며 **結觸則能 爲大爲小**하고 **爲一日中**에 **萬生萬死**하고 **爲偃爲仰**이니라

맛봄에 맺히면 크게 울부짖고 후회하고 울게 되며, 감촉에 맺히면 크게도 되고 작게도 되어 하루 가운데 만번 태어나고 만번 죽으며, 엎치락 뒤치락하게 되는 것이다.89)

㈐結由妄造
阿難 是名地獄의 **十因六果**니 **皆是衆生**의 **迷妄所造**니라

아난아! 이것을 '지옥의 열가지 원인과 여섯가지 결과이다'라고 하는 것이니 모두가 중생들의 미망(迷妄)으로 만들어진 것들이니라.

㈑詳明輕重五 ㈀極重
若諸衆生이 **惡業同造**하면 **入阿鼻獄**하야 **受無量苦**호대 **經無量劫**이니라

만약 모든 중생들이 육근으로 악업을 한꺼번에 지으면 이 사람은 즉시 아비지옥에 들어가 한량없는 고통을 받으면서 끝없는 세월을 지내게 될 것이다.90)

---

89) 思에는 반드시 장소가 있기 때문에 思가 맺히면 죄를 받는 方所가 있게 되고, 見은 능히 감증(鑑證)하기 때문에 見이 맺히면 죄인의 일을 증거하게 되는 것이다. 聽이 맺히어 능히 크게 합하는 돌 등이 되는 것은 水土가 交感하기 때문이요, 嗅가 맺히어 불수레 불배 불함거 등이 되는 것은 숨쉬는 기운이 어지러운 생각의 변하는 바를 의지하여 된 것이다. 嘗은 舌根이니 聲를 스스로 발하는 것이요, 大小이하는 다 그 몸을 말한 것이니 觸業이 어지러운 생각을 의지하여 변한 것이다. 『계환해』(『卍속장경』17, p.854상)

90) 한꺼번에 육근에서 十因을 지어 육경을 겸하고 육근을 겸하기 때문에 '惡業를 同造한다'고 한다. 그 罪가 극중하기에 바로 아비지옥에 들어가 五無間을 갖추게 되느니라. 『계환해』(『卍속장경』17, p.854하)

(ㄴ)次重

六根各造어나 **及彼所作**이 **兼境兼根**이면 **是人則入 八無間獄**이니라

　육근이 각각 지었거나 그 지은 것이 밖의 육경(六境)과 안의 육근을 겸했으면 이 사람은 즉시 팔무간지옥에 들어갈 것이요.91)

(ㄷ)又次

身口意三으로 **作殺盜淫**하면 **是人則入 十八地獄**이니라

　몸과 입 그리고 뜻의 세가지 업으로 살생·투도·음행을 행하였다면 이 사람은 즉시 십팔 지옥에 들어갈 것이다.92)

(ㄹ)稍輕

三業不兼하고 **中間或爲 一殺一盜**하면 **是人則入 三十六地獄**이니라

　세가지 업을 겸하지 않고, 중간에 혹 살생 하나만 지었거나 다른 한가지 훔치기만 하였다면 이 사람은 즉시 삼십육 지옥에 들어갈 것이요.93)

---

91) 각기 짓는다면 선후와 間歇이 있어서 極重 다음의 次重이 되기 때문에 八無間에 들어가는 것이니 즉 八熱獄이다. 마음에 유의하고서 범하지 아니하면 境을 겸하지 아니한 것이요, 無心으로 잘못 범한 것이라면 根을 겸한 것이 아니므로 특별히 범했다는 것은 두 가지를 다 겸한 것이다. 『계환해』(『卍속장경』17, p.854하)

92) 신구의 삼업으로 살도음을 범한 것은 중죄이나 육근이 다 범한 것은 아니며, 十因을 갖춘 것이 아니기 때문에 또한 그 다음이 되는 것이다. 大獄은 다만 八寒八熱 만이 있으나 다른 경에서 말하는 십팔 격자지옥과 팔만사천 권속 등의 지옥은 다 大獄에서 나누어진 것이다. 『계환해』(『卍속장경』17, p.854하)

93) 삼업을 겸하지 아니했다는 것은 둘은 갖추어지고 하나가 闕한 것이다. (앞의 책 p.854하)

㈁次輕

見見一根으로 **單犯一業**하면 **是人則入 百八地獄**이니라

망견으로 망경계를 보되[見見]94) 어느 한 감각기관[一根]으로 단순하게 하나의 업을 범하였다면 이 사람은 즉시 백팔지옥에 들어갈 것이다.

㈂結答所問

由是衆生이 **別作別造**이나 **於世界中**에는 **入同分地**하니 **妄相發生**이오 **非本來有**니라

이와같이 중생들이 따로따로 지었으나 업의 세계에서는 분(分)이 같은 지옥에 들어가는 것이요. 그러나 다 허망한 생각으로 생긴 것이지 본래부터 있었던 것은 아니니라.95)

㈢鬼趣三 ㈎標緣起

復次阿難아 **是諸衆生**이 **非破律儀**어나 **犯菩薩戒**어나 **毁佛涅槃**이어나 **諸餘雜業**으로 **歷劫燒然**이라가 **後還罪畢**에 **受諸鬼形**이니라

다시 아난아! 이 모든 중생들이 계율을 그르다 하여 지키지 않거나 보살계를 범하거나 부처님의 열반을 헐뜯거나 그 밖에 여러 가지 업보(業報)로 오랜 세월 동안 불에 타는 과보를 받은 뒤에 죄가 끝나면 다시 가지가지 귀신의 형상을 받게 되나니96)

---

94) '見見'에 대해 通理스님은 '妄見으로 妄境을 볼 때이다'라고 하고, 吳興은 能見과 所見이라 하였다. 李耘虛,『首楞嚴經 註解』(서울 東國譯經院 1974) p.376.
95) 따로 同分을 짓는다는 것은 '마치 따로따로 극중을 지었으되 함께 아비지옥에 들어가고, 따로 次輕을 지었으되 함께 百八獄에 들어가는 것과 같은 것'이 이것이다. (앞의 책 p.855상)
96) 그르다고 하여 율의을 파하는 것은 正範이 없기 때문이요, 보살계를 범하는 것은 正因이 없기 때문이요, 佛涅槃을 훼손하는 것은 正果가 없기 때문이니 三者가 바르지 아니하면 그 밖의 모든 나머지도 다 사특하게 되는 것이다. 그러므로 지옥에 떨어져 죄가 다하면 곧 귀신의 무리에 들어가는 것이다.『계환해』(『卍속장경』17, p.855상)

(나)明感類97)

若於本因으로 **貪物爲罪**하고 **是人罪畢**에 **遇物成形**하리니 **名爲怪鬼**이고

　만약 본래의 업인(業因)으로 물질을 탐하여 죄가 된 사람은 죄가 끝나고 물질을 만나 형체를 이룰 것이니, 그 이름이 괴귀(怪鬼)98)이고,

貪色爲罪하면 **是人罪畢**에 **遇風成形**하나니 **名爲魃鬼**이며

　미색을 탐하여 죄가 된 사람은 죄가 끝나고 바람을 만나 형체를 이룰 것이니, 그 이름이 발귀(魃鬼)99)이다.100)

---

97) 明感類: 업에 따라 감응되는 종류에 대해서 밝히다.
　＊이러한 종류는 바로 惑習이 섞인 모습이니 이른바 여러가지 雜業이다. 반드시 앞의 十習因에다 국한 시키지 말라. 글의 이치가 따르지 않느니라. (앞의 책 p.855상)
98) 괴귀(怪鬼): 물건을 탐하면 아까움에 집착하여 벗어나지 못하기 때문에 물건에 붙어 괴귀가 된다. 『계환해』(『卍속장경』17, p.855상)
　＊괴귀는 탐욕의 餘習으로 이루어진 것이니 金銀鏡劒 등과 또 돌에 의지하고 나무에 의지하는 것이 이것이다. 『정맥소』(『卍속장경』18, p.790하)
99) 魃鬼[풍발귀]는 음욕의 餘習으로 이루어진 것이니 원래 미색을 탐하여 그로 인하여 죄를 지은 것이다. 『정맥소』(『卍속장경』18, p.790하)
　＊발귀란 미색을 탐하여 요사(妖邪)에 미혹되기 때문에 요사한 귀신[妖魃]에 떨어진 것이다. 이 발귀가 風을 만나 형체를 이루는데, 그것은 마치 매귀가 축생을 만나는 것과 려귀가 쇠운을 만나는 것과 같은 것으로 각기 그 本類의 교화하는 이치를 따른 것이다. 『계환해』(『卍속장경』17, p.855상)
　＊발귀는 옛날에 음난하고 요사한 재앙[妖孼]이었는데 그 餘習으로 다시 구징(咎徵)이 된 것이다. 구징이란 凶事의 징조[前驗]이니 마치 다람쥐[鼯鼠]가 사람을 불러 흉년을 알리는 것과 商羊이 물에서 춤을 추어 장마를 알리는 종류와 같은 것이다. 『계환해』(『卍속장경』17, p.856상)
100) 괴귀(怪鬼)는 물건을 탐하는 귀신이고, 풍발귀(風魃鬼)는 여색을 탐하는 귀신이다.

貪惑爲罪하면 是人罪畢하고 遇畜成形하나니 名爲魅鬼이고

남을 미혹하게 하기를 탐하여 죄가 된 사람은 죄를 마치고 요괴(妖怪)한 짐승을 만나 형체를 이룰 것이니, 이름이 매귀(魅鬼)101)이고,

貪恨爲罪하면 是人罪畢하고 遇蟲成形하나니 名蠱毒鬼니라

남에게 원한 사는 것을 탐하여 죄가 된 사람은 죄가 끝나고 독충(毒蟲)을 만나 형체를 이룰 것이니, 그 이름이 고독귀(蠱毒鬼)102)이다.103)

貪憶爲罪하면 是人罪畢하고 遇衰成形하나니 名爲癘鬼이고

숙세의 원한을 기억해 보복하기를 탐하여 죄가 된 사람은 죄가 끝나고 쇠퇴한 운수를 만나 형체를 이룰 것이니, 그 이름이 여귀(癘鬼)104)이고,

---

101) 매귀(魅鬼): 사람을 미혹했기 때문에 귀신이 되더라도 요사하고 괴이한 짐승[妖獸怪禽]이 된 것이니 마치 정귀(根鬼)가 호랑이에게 붙은 것과 같다. 『정맥소』(『卍속장경』18, p.790하) *매(魅)는 精魅이다. 『계환해』(『卍속장경』17, p.855하)
102) 고독귀(蠱毒鬼)는 성냄의 餘習으로 이루어진 것이다. 이러한 眞毒의 餘習이 있기 때문에 毒蟲에 붙어서 사람을 蠱害하는 것이다. 남방에 요술이 있어 사람으로 하여금 蠱病을 이루게 하는 것은 다 이 고독귀가 主가 되는 것이다. 『정맥소』(『卍속장경』18, p.790하)
103) 매귀(魅鬼)는 남을 의심하고 끝내는 어리석게 만들기를 좋아하는 귀신이고, 고독귀(蠱毒鬼)는 성을 잘 내는 귀신이다.
    *남을 미혹하게 하기를 탐하면 매귀가 되고, 남에게 원한 사는 것을 탐하면 고독귀가 되는 것이 참으로 그러한 이치이다. 『계환해』(『卍속장경』17, p.855하)
104) 기억[憶]이 항상 간사하고 사나움을 품기 때문에 재앙이나 쇠운[災衰處]을 만나면 여학귀(癘虐鬼)가 되는 것이요, 『계환해』(『卍속장경』17, p.855하)
    *여학귀는 원한의 餘習으로 인하여 이루어진 것이니 寃은 숙세의 원한을 추상하여 잊지 못하다가 그 사람의 쇠운을 엿보아 보복을 구하는 것이다. 『정맥소』(『卍속장경』18, p.791상)

貪慠爲罪하면 是人罪畢에 遇氣成形하나니 名爲餓鬼이며
 거만함을 탐하다가 죄가 된 사람은 죄가 끝나고 굶주린 기운을 만나 형체를 이룰 것이니, 그 이름이 아귀(餓鬼)105)이다.106)

貪罔爲罪하면 是人罪畢하고 遇幽爲形하나니 名爲魘鬼이고
 속이기[罔]를 탐하여 죄를 이룬 사람은 죄를 마치고 어리석은 자[幽暗]를 만나 형체를 이룰 것이니, 이름이 염승귀(魘勝鬼)107)이고,

貪明爲罪하면 是人罪畢하고 遇精爲形하나니 名魍魎鬼이며
 밝은 견해[明]를 탐하여 죄를 이룬 사람은 죄를 마치고 정령(精靈)을 만나 형체를 이룰 것이니, 이름이 망량귀(魍魎鬼)108)이다.109)

---

105) 거만[慠]은 허세와 교만으로 스스로를 믿는 기운이기 때문에 굶주린 虛氣를 타고 아귀의 類가 되느니라.『계환해』(『卍속장경』17, p.855하)
106) 여학귀는 원한을 버리지 못하는 귀신이고, 餓鬼는 허세와 교만을 탐하는 귀신이다.
107) 염승귀(魘勝鬼): 속이기[罔]를 탐하는 자는 잠심(潛心)으로 陰昧하기 때문에 어두움을 만나 염승귀가 되는 것이니 이것이 다 陰昧의 일이다.『계환해』(『卍속장경』17, p.855하)
  *염승귀는 속임의 餘習으로 이루어진 것이니 속인다[罔]는 것은 곧 사실을 외곡하여 말하는 것이다. 선량한 사람을 핍염(逼魘)한 죄로 염승귀가 된 것이다.『정맥소』(『卍속장경』18, p.791하)
108) 망량귀(魍魎鬼)란 밝은 견해[明]를 탐하는 자로서 妄意가 高明하기 때문에 은근히 精明에 붙어서 망량의 무리를 이루는 것이다.『계환해』(『卍속장경』17, p.855하)
  *망량귀는 高見의 餘習으로 이루어진 것이니 밝은 견해[明]라는 사사로이 종명을 지어서 바른 지혜를 잃게 되는 것이다.『정맥소』(『卍속장경』18, p.791하)
109) 염승귀는 잘 굽히고 아첨하여 거짓말을 잘하는 귀신이고, 망량귀는 지식을 탐하는 귀신이다.

貪成爲罪하면 是人罪畢하고 遇明爲形하나니 名役使鬼이고

　사술로써 욕심 이루기를 탐하여 죄를 이룬 사람은 죄를 마치고 명주(明呪)를 만나 형체를 이룰 것이니, 이름이 역사귀(役使鬼)110)이고,

貪黨爲罪하면 是人罪畢하고 遇人爲形하나니 名傳送鬼니라

　아첨[黨]을 탐하여 죄가 된 사람은 죄를 마치고 사람[人]을 만나 형체를 이룰 것이니, 이름이 전송귀(傳送鬼)111)이다.112)

㈐結虛妄

阿難아 是人皆以 純情墜落이라가 業火燒乾하면 上出爲鬼하니

　아난아! 이러한 중생들은 모두 온통 정(情)만이 가득하여 지옥에 추락하였다가 업보(業報)의 불이 다 타서 말라지면 위로 올라와 귀신이 될 것이니,

此等皆是 自妄想業之所招引이라 若悟菩提하면 則妙圓明하야 本無所有니라

　이러한 세계가 모두 스스로의 망상 업보로써 불러들인 것이라. 만약 부처님의 진리[菩提]를 깨달아 오묘한 성품이 원만하게 밝아지면 본래 있지 않음을 알게 될 것이다.113)

---

110) 역사귀(役使鬼)란 이기기를[成]을 탐하는 자로서 뜻이 남이 양보[曲從]해 주기를 바래기 때문에 그림자가 明靈에 붙어서, 역사귀가 되는 것이니 靈廟에 의지하여 사람들의 부림[驅使]이 되는 것이다. 『계환해』(『卍속장경』17, p.855하)
　*역사귀는 사술[詐]의 餘習으로 이루어진 것이니 첨사(諂詐)로 사람을 유혹하여 탐심을 채우고 죄를 이룬 것이다. 明은 呪이니 이는 因(수행) 가운데 오로지 사술로써 이끌어서 사람을 구사(驅使)하기 때문에 이로 인하여 귀신이 되어 오로지 사람들의 呪術에 심부름하는 귀신이 되어 자재하지 못하고 번번히 사람들의 呪願을 성취시키는 것이다. 『정맥소』(『卍속장경』18, p.792상)
111) 전송귀(傳送鬼): 아첨을 탐하는 자는 아부하고 간사한 무리에 붙기 때문에 사람을 만나 형체를 이루어 전송귀가 되나니 무당의 주문[巫祝]에 붙어서 길흉을 전하는 것이 이것이다. 『계환해』(『卍속장경』17, p.855하)
112) 역사귀는 힘이나 주문을 써서 이기기[成]를 좋아하는 귀신이고, 전송귀는 무리지어 따르기를 좋아하는 귀신이다.

㈢畜趣三114) ㈎標緣起

復次阿難아 **鬼業旣盡**하면 **則情與想 二俱成空**하야 **方於世間**에 **與元負人**으로 **冤對相值**나니 **身爲畜生**하야 **酬其宿債**니라

또 아난아! 이들의 귀신의 업보가 다 끝나면 정(情)과 상(想)의 두가지가 다 공해지고 비로소 세상에서 원래 빚졌던 사람이나 원수끼리 서로 만나되, 그 몸이 축생이 되어 묵은 빚을 갚게 될 것이다.115)

㈏明感類

物怪之鬼는 **物銷報盡**하면 **生於世間**호대 **多爲梟類**하고

물건을 탐했던 괴귀(怪鬼)는 물건이 사라지고 업보가 다하면 세상에 태어나는데, 대부분 올빼미[梟]의 종류가 되고116)

風魃之鬼는 **風消報盡**하야 **生於世間**호대 **多爲咎徵 一切異類**하며

바람에 붙어 이성[色]을 탐했던 풍발귀(風魃鬼)는 바람이 사라지고 업보가 다하여 세상에 태어나는데, 대부분 재앙을 알리는 구징(咎徵)같은 괴이한 무리가 된다.117)

---

113) 情業에는 水가 쌓이기 때문에 아래로 떨어지고, 태우고 마르면 情業이 이미 다하기 때문에 다시 想業을 타고 위로 오르는 것이니, 다 迷妄으로 된 것이다. 圓明한 覺心에는 본래 이러한 일이 없는 것이다. 『계환해』(『卍속장경』17, p.856상)

114) 지옥은 情業의 과보로 이루어진 곳이요, 鬼報는 想業의 과보로 이루어진 곳이다.

115) 지옥은 情業이요, 鬼報는 想業이기 때문에 鬼業이 다하면 두가지 과보가 모두 사라지고(空) 다시 축생이 되어 묵은 빚을 갚게 되는 것이다. 『계환해』(『卍속장경』17, p.856상)

116) 올빼미[土梟]가 흙덩이에 의지하는 것은 사특한 집착의 餘習이다. (앞의 책 p.856상)

117) 魃鬼는 옛날에 음난하고 요사한 새잉[妖孼]이었는데 그 餘習으로 다시 구징(咎徵)이 된 것이다. 咎徵이란 凶事의 징조이니 마치 다람쥐[鼯鼠]가 사람을 불러 흉년을 알리는 것과, 상량(商羊)이 물에서 춤을 추어 장마를 알리는 종류와 같은 것이다. (앞의 책 p.856상)

畜魅之鬼는 畜死報盡하면 生於世間호대 多爲狐類니라

　남을 의심하다 짐승에게 붙었던 매귀(魅鬼)는 짐승이 죽고 업보가 다하면 세상에 태어나는데, 대부분 여우[狐]같은 종류가 되고,118)

蟲蠱之鬼는 蟲滅報盡하야 生於世間호대 多爲毒類니라

　성을 잘 내다 곤충에 붙었던 고독귀(蠱毒鬼)는 곤충이 죽고 업보가 다하여 세상에 태어나는데, 대부분 독사(毒蛇)의 무리가 된다.119)

衰癘之鬼는 衰窮報盡하면 生於世間호대 名爲蛔類하고

　원한을 버리지 못하고 쇠운을 만났던 여학귀(癘虐鬼)가 쇠운이 끝나 업보를 다하면 세상에 태어나는데, 대부분 회충(蛔蟲) 같은 종류가 되고120)

受氣之鬼는 氣消報盡하야 生於世間호대 多爲食類니라

　배고픔의 기운을 받았던 아귀(餓鬼)는 기운이 사라지고 업보가 다하여 세상에 태어나는데, 대부분 잡아 먹히는[充食] 종류가 된다.121)

---

118) 매(魅)는 축생에 의지하기 때문에 餘習으로 여우가 된 것이다. 『계환해』(『卍속장경』17, p.856상)
119) 蛇는 훼할복(虺蝎蝮)의 무리이니 다 毒類이다. 『계환해』(『卍속장경』17, p.856상)
120) 여귀(癘鬼)는 사람을 엄습하는 것이기에, 蟯蛔이 되어 사람에게 붙는 것이다. (앞의 책 p.856하)
121) 귀취(鬼趣) 가운데 항상 배가 고픈 아귀(餓鬼)는 나중에 축생으로 태어나되, 항상 잡아 먹히는데 충당되느니라 (앞의 책 p.856하) *만습(慢習)으로 교만하고 인색하여 진 빚이 많기 때문에 아귀가 되어서는 배가 고프고, 축생이 되어서는 잡아 먹히어[充食] 빚을 갚는 것이다. 『정맥소』(『卍속장경』18, p.793하)

綿幽之鬼는 幽消報盡하면 生於世間호대 多爲服類하고

　잘 굽히고 아첨하여 어두움[幽暗]에 붙었던 염승귀(魘勝鬼)는 저 사람의 유암(幽暗)이 사라지고 업보가 다하면 세상에 태어나는데, 대부분 복종[服]하는 무리가 되고122)

和精之鬼는 精消報盡하야 生於世間호대 多爲應類니라

　지식을 탐하다가 정령(精靈)에 붙었던 망량귀(魍魎鬼)는 정영(精靈)이 사라지고 업보가 다하면 세상에 태어나게 되는데, 대부분 계절을 따르는 종류가 된다.123)

明靈之鬼는 明滅報盡하면 生於世間호대 多爲休徵 一切諸類하고

　이기기를 좋아해 주문[明呪]과 어울렸던 역사귀(役使鬼)는 밝음이 사라지고 업보가 다하면 세상에 태어나는데, 대부분 좋은 일을 알리는[休徵] 여러가지 동물이 되고124)

依人之鬼는 人亡報盡하면 生於世間호대 多爲循類니라

　따르기를 좋아해 사람에게 의지했던 전송귀(傳送鬼)는 사람이 죽고 업보가 다하면 세상에 태어나는데, 대부분 사람을 따르는 무리가 된다.125)

---

122) 면(綿)은 계속되는 집착이니 은근[幽]히 사람에게 기대어[魘] 복종하는 무리이다. 또 綿은 사람에게 붙는다는 것이니 누에(蠶虫)와 牛馬의 무리가 이것이다. 『계환해』(『卍속장경』17, p.856하)
123) 和는 합이다. 合精한 餘習으로 능히 계절에 응하니, 제비 기러기 귀뚜라미 등의 무리이다. 『계환해』(『卍속장경』17, p.856하)
124) 밝아 어둡지 않기 때문에 휴징(休徵)이니 봉황과 기린의 무리요. 『계환해』(『卍속장경』17, p.856하)
125) 옛날부터 사람에게 의지했기 때문에 사람에게 길들여지고 복종하는 것이니 고양이 개 닭 돼지의 무리요. 무릇 성정(性情)이 정신(精神)보다 더 묘하고 靈明함이 사람보다 더 지나가니 마치 거북이 상서로움을 알고 말이 능히 길을 아는 것이 이것이요. 더 나아가 기러기와 귀뚜라미의 무리가 역수(曆數)를 빌리지 않고도 그윽히 계절을 아니 이것이 다 餘習인 것이다. 각기 많다고 한 것은 業習의 多分을 잡아서 말한 것이

㈐結虛妄

阿難 是等皆以 業火乾枯일새 酬其宿債하고 旁爲畜生이니 此等亦皆 自虛妄業 之所招引이요

아난아! 이들은 모두 업보의 불길이 말라 이제 묵은 빚을 갚기 위해 다시 축생이 되었으니, 이것이 모두 허망한 업보가 불러들인 것이라.

若悟菩提하면 則此妄緣이 本無所有리라

만약 부처님의 진리[菩提]를 깨달으면 이 허망한 인연이 본래 있었던 것이 아니었음을 알 것이다.

如汝所言하야 寶蓮香等과 及瑠璃王과 善星比丘의 如是惡業은 本自發明이지 非從天降이며 亦非地出이며 亦非人與요

너의 말과 같이 보련향 비구니와 유리왕과 선성비구 등의 악업이 본래 스스로 불러 일으킨 것이지 하늘에서 내려온 것도 아니요, 땅에서 솟아난 것도 아니며, 다른 사람이 준 것도 아니다.

自妄所招를 還自來受어니와 菩提心中엔 皆爲浮虛 妄想凝結이니라

모두 자신의 허망한 생각으로 불러들인 것이기에 스스로 받는 것이니, 부처님의 보리심 속에서 본다면 다 허망한 망상이 엉켜 있는 것에 지나지 않는 것이다.

요, 반드시 다 그러한 것은 아니다. 『계환해』(『卍속장경』17, p.856하)

㈣人趣三　㈎明酬業二　㉮反徵其剩126)

復次阿難　從是畜生으로 **酬償先債**에 **若彼酬者**가 **分越所酬**하면 **此等衆生**은 **還復爲人**하야 **反徵其剩**하나니

다시 아난아! 이러한 축생들이 묵은 빚을 갚을 때에 그 갚는 것이 갚을 것 보다 더 갚았다면 그러한 중생은 다시 사람이 되어서 지난 날 더 갚았던 것을 도로 찾게 될 것이다.

如彼有力하고 **兼有福德**이면 **則於人中**에 **不捨人身**코 **酬還彼力**이어니와 **若無福者**인댄 **還爲畜生**하야 **償彼餘直**이니라

이 때 만약 더 받은 사람이 힘이 있고 겸하여 복덕이 있으면 인간에서 사람의 몸을 잃지 않고 더 받은 것을 갚겠지만 만일 복(福)이 없는 자라면 다시 축생이 되어서 더 받았던 것을 갚게 되느니라.127)

㈏因徵交讎128)

阿難當知하라 **若用錢物**이어나 **或役其力**이면 **償足自停**이어니와

아난아! 마땅히 알아야 한다. 만약 돈이나 물건으로 갚을 만큼 갚아주면 그만 두어야 한다.

如其中間에 **殺彼身命**이어나 **或食其肉**이면 **如是乃至 經微塵劫**토록 **相食相誅**호미

만약 그러한 가운데 상대의 목숨을 빼앗거나 그 고기를 먹는다면 이와 같이 더 나아가 티끌 같이 오랜 세월이 지나가더라도 서로 잡아먹고 서로 죽이게 되는 것이

---

126) 反徵其剩: 갚은 것이 많게 되면 도리어 나머지를 받게 되다.
127) 축생이 되어 정당하게 갚았더라도 그 갚은 것이 分을 지났다면 다시 사람이 되어 되돌려 거두게 되는데, 過分은 불합리 하기 때문이니, 苦役이나 食噉에 있어 공평하지 못한 것은 모두 되돌려 받게 되는 것이다. 그러므로 무릇 먹고 취하는 것에 응당 過分이 없어야 할 것이다.『계환해』(『卍속장경』17, p.857상)
128) 因徵交讎: 업보를 갚음으로 인하여 번갈아 원수가 되다.

猶如轉輪이 互爲高下하야 無有休息하리니 除奢摩他와 及佛出世코는 不可停寢이니라

　마치 굴러가는 바퀴가 서로 오르락 내리락 하는 것처럼 쉬지 않을 것이니, 사마타(奢摩他)를 닦거나 부처가 세상에 출현할 때를 제외하고는 그치게 할 수가 없는 것이다.129)

(ㄴ)明感類

汝今應知하라 彼梟倫者는 酬足復形하야 生人道中하면 參合頑類하고

　너는 지금 마땅히 알아야 한다. 저 올빼미의 종류[梟倫]130)가 갚을 만큼 갚고 형상을 회복하여 사람의 세계에 태어나게 되면 어리석고 포악한 무리[頑類]가 되고,

彼咎徵者는 酬足復形하야 生人道中하면 參合愚類하며

　흉허물을 알리는 종류[咎徵]131)가 갚을 만큼 갚고 형상을 회복하여 사람의 세계에 태어나게 되면 어리석은 무리[遇類]가 되고,

彼狐倫者는 酬足復形하야 生人道中하면 參合很類하고

　저 여우와 같은 무리[狐倫]132)가 갚을 만큼 갚고 형상을 회복하여 사람의 세계에 태어나게 되면 심술궂은 무리[很類]가 되고,

---

129) 보상이 풍족하여 스스로 멈춘다면 서로 원수가 되지 않을 것이거니와, 보상이 풍족한대도 멈추지 않는다면 서로 원수됨이 그치지 아니하리니 만약 正修正力이 아니면 이를 막아 끊어지게 하지 못하느니라.『계환해』(『卍속장경』17, p.857상)
130) 올빼미[梟]는 흙덩이에 붙어서 서로 잡아먹고 살아가기 때문에 餘習이 완고하고 어리석어 의롭지 못하느니라. (앞의 책 p.857하)
131) 발(魃)은 음란하여 성품을 미혹했기 때문에 餘習이 우둔하여 지혜롭지 못하는 것이다.『계환해』(『卍속장경』17, p.857하)
132) 여우(狐, 魅)는 축성으로 스스로 고집만 따르기 때문에 사나워서 거느릴 수 없다. (앞의 책 p.857하)

彼毒倫者는 酬足復形하야 生人道中하면 參合庸類하며
　저 독한 무리[毒倫]133)가 갚을 만큼 갚고 형상을 회복하여 사람의 세계에 태어나게 되면 용렬한 무리[庸類]가 되고,

彼蛔倫者는 酬足復形하야 生人道中하면 參合微類하며
　회충의 종류[蛔倫]134)가 갚을 만큼 갚고 형상을 회복하여 사람의 세계에 태어나게 되면 미천한 무리[微類]가 되고,

彼食倫者는 酬足復形하야 生人道中하면 參合柔類하고
　잡아먹히는 종류[食倫]135)가 갚을 만큼 갚고 형상을 회복하여 사람의 세계에 태어나게 되면 유약한 무리[柔類]가 되고,

彼服倫者는 酬足復形하야 生人道中하면 參合勞類하며
　복종하기를 좋아했던 무리[服倫]136)가 갚을 만큼 갚고 형상을 회복하여 사람의 세계에 태어나게 되면 노동하는 무리[勞類]가 되고,

彼應倫者는 酬足復形하야 生人道中하면 參合文類하고
　때에 응하여 알리는 무리[應倫]137)가 갚을 만큼 갚고 형상을 회복하여 사람의 세계에 태어나게 되면 문자를 아는 무리[文類]가 되고,

---

133) 毒은 독빌레로서 스스로 혼미하기 때문에 용렬하고 너럽고 민첩하시 못하나. 『계환해』(『卍속장경』17, p.857하)
134) 회충(蛔, 癪)은 쇠한 기운으로 물에 붙어 있기 때문에 쇠미하여 이빨이 없다. (앞의 책 p.857하)
135) 食倫은 餓噉에서 나왔기 때문에 유약하고 겁이 많아 용맹스럽지 못하다. (앞의 책 p.857하)
136) 服倫(魘)은 계속된 집착[線着]에서 나왔기 때문에 勞役이 쉬지 않느니라. (앞의 책 p.857하)
137) 應倫(망량)은 精明에서 나왔기 때문에 文物이 어둡지 않다. (앞의 책 p.857하)

彼休徵者는 酬足復形하야 生人道中하면 參合明類하고

　좋은 일을 알리는 무리[休徵]138)가 갚을 만큼 갚고 형상을 회복하여 사람의 세계에 태어나게 되면 총명한 무리[明類]가 되고,

彼循倫者는 酬足復形하야 生人道中하면 參合達類니라

　순종하는 무리[循倫]139)가 갚을 만큼 갚고 형상을 회복하여 사람의 세계에 태어나게 되면 통달한 무리[達類]가 된다.140)

㈐結虛妄

阿難 是等皆以 宿債畢酬하고 復形人道나 皆無始來로 業計顚倒일새 相生相殺하나니

　아난아! 그들은 묵은 빚을 다 갚았기 때문에 다시 사람의 형상을 회복하였으나 모두 시작 없는 과거로부터 업보에 얽혀 있기 때문에 뒤바뀌어 서로 낳고 서로 죽이는 것이며,

不遇如來거나 不聞正法하고 於塵勞中에 法爾輪轉하리니 此輩名爲 可憐愍者니라

　부처님을 만나 바른 법을 듣지 못하고, 번뇌 속에서 그렇게 윤회[輪轉]하기 때문에 이러한 무리를 '가련한 자'라고 부르는 것이다.141)

---

138) 休徵은 역사귀의 靈知에서 나왔기 때문에 聽이 맑고 혼미하지 아니하다. 『계환해』 (『卍속장경』17, p.857하)
139) 循倫(전송귀)은 숙세에 世事를 겪었기 때문에 통달하여 昧하지 아니하다. (앞의 책 p.857하)
140) 이들은 다 正報가 아니고 正報 밖의 餘習으로 만나기 때문에 參合이라 한 것이다. 나중에 三은 모두 便巧雜伎와 世智辯聰이요, 賢達文明의 일은 아니다. (앞의 책 p.857하)
141) 삿되고 전도된 業輪은 오직 바른 것이라야 그치게 할 수 있기 때문에 여래를 만나지 못하면 가히 불쌍한 자라 하느니라. 『계환해』(『卍속장경』17, p.857하)

㈤仙趣三 ㈎標緣起

阿難 復有從人호대 不依正覺하야 修三摩地하고 別修妄念하야 存想固形하야 遊於山林의 人不及處하나니 有十仙種이니라

　아난아! 또 어떤 사람이 사람의 몸을 얻었으나 바른 깨달음을 의지해서 삼마지를 닦지 아니하고, 따로 허망한 생각을 닦아, 그 허망한 생각을 지키고 형상을 견고하게 하여 인적이 미치지 않는 산림으로만 다니는 열가지 선인(仙人)이 있다.142)

㈏明感類

阿難彼諸衆生이 堅固服餌하고 而不休息하야 食道圓成을 名地行仙이라하고 堅固草木하고 而不休息하야 藥道圓成을 名飛行仙이니라

　아난아! 저 중생들이 약(藥) 먹는 일을 견고히 하고 쉬지 아니하여 식도(食道)가 원만하게 이루어지면 이를 지행선(地行仙)이라 하고, 풀과 나무 먹는 일을 견고히 하고 쉬지 아니하여 약도(藥道)가 원만하게 이루어지면 이를 비행선(飛行仙)이라 한다.143)

堅固金石하고 而不休息하야 化道圓成을 名遊行仙이요 堅固動止하고 而不休息하야 氣精圓成을 名空行仙이니라

　쇠와 돌 먹기를 견고히 하고 쉬지 아니하여 화도(化道)가 원만하게 이루어지면 이를 유행선(遊行仙)이라 하고, 움직이고 그치기를 견고히 하고 쉬지 아니하여 기운과 정기[氣精]가 원만하게 이루어지면 이를 공행선(空行仙)이라 한다.144)

---

142) 僊(仙)은 옮긴다는 것이니 사람의 形神이 능히 변화하여 不死하려는 것이다. 그러므로 想念을 보존하고 형체를 견고히 하려고 하는 것이다. 그러나 마침내 무너짐[敗毀]에 돌아가나니, 하늘에 비교하면 부족하고[劣] 사람에게 비교하면 조금 나으니[優] 그러므로 따로 開示한 것이다.『계환해』(『卍속장경』17, p.858상)
143) 약을 먹어 一期의 수명에는 머물게 되었으나 몸이 가벼워지지 못한 것을 地行仙이라 부르고, 黃精이나 松栢의 類를 오래 먹어 몸이 가벼워진 자를 飛行仙이라 하나니 여기에서 행은 功行이다.『계환해』(『卍속장경』17, p.858상)
144) 금석과 보단의 종류를 단련하여 골격을 변화시키고 형체를 바꾸며 흙을 한 줌 쥐어다가 돌에 점찍는 등으로 세상에 돌아다니는 것을 流行仙이라 하고, 음양의 기운을

堅固津液하고 而不休息하야 潤德圓成을 名天行仙이요 堅固精色하고 而不休息하야 吸粹圓成을 名通行仙이니라

　진액(津液)을 견고히 하고 쉬지 아니하여 윤덕(潤德)이 원만하게 이루어지면 이를 천행선(川行仙)이라 하고, 정색(精色)을 견고히 하고 쉬지 아니하여 기운 마시는 것[吸粹]이 원만하게 이루어지면 이를 통행선(通行仙)이라 한다.145)

堅固呪禁하고 而不休息하야 術法圓成을 名道行仙이요 堅固思念하고 而不休息하야 思憶圓成을 名照行仙이니라

　주문과 금하는 계율을 견고히 하고 쉬지 아니하여 술법(術法)이 원만하게 이루어지면 이를 도행선(道行仙)이라 하고, 생각[思念]을 견고히 하고 쉬지 아니하여 생각과 기억[思憶]이 원만하게 이루어지면 이를 조행선(照行仙)이라 한다.146)

堅固交遘하고 而不休息하야 感應圓成을 名精行仙이요 堅固變化하고 而不休息하야 覺悟圓成을 名絶行仙이니라

　사귀어 어울림을 견고히 하고 쉬지 아니하여 감응(感應)이 원만하게 이루어지면 이를 정행선(精行仙)이라 하고, 변화를 견고히 하고 쉬지 아니하여 각오(覺悟)가 원만하게 이루어지면 이를 절행선(絶行仙)이라 한다.147)

　타고 운행하거나 머물러서 기운을 조련하고 정기를 견고하게 하여 형체를 버리고 허공에 다니는 이를 功行仙이라 한다. (앞의 책 p.858상)
145) 天池를 두드리고 津液을 삼켜서 氷雪처럼 예쁘게 하되 世俗에 어울리지 아니하여 하늘로 더불어 다르지 않는 것을 天行仙이라 하고, 精色을 삼키되 무지개를 먹고 안개를 마셔 粹氣가 가만히 통하는 것을 通行仙이라 부른다. (앞의 책 p.858상)
146) 術法으로 도를 지어 자연스럽게 된 것을 道行仙이라 부르고, 精思가 맑게 응어리져 오래동안 비추어 응하는 것을 照行仙이라 부르나니 혹 생각이 頂門에 있어 신통을 내거나 마음을 배꼽에 모아 단전을 단련시키는 것이 다 思憶이 圓成한 것이다. 『계환해』(『卍속장경』17, p.858하)
147) 안으로는 坎男과 离女로 夫妻를 배정하고 밖으로는 陰을 채취하여 陽을 도와 精氣를 攝衛하는 것을 精行仙이라 하고, 생각을 두어 이치를 변화시켜 마음이 邪悟를 따

㈐結虛妄

阿難 是等皆於 人中鍊心호대 不修正覺하고 別得生理하야 壽千萬歲호대 休止深山과 或大海島의 絶於人境어니와

아난아! 이들은 모두 사람들 중에서 마음을 단련하면서도 바른 깨달음을 닦지 않고 따로 오래 사는 이치를 터득하여 수명이 천만 세에 이르기도 하는데, 깊은 산속이나 혹은 큰 바닷가 섬 등의 인적이 없는 곳에서 산다.

斯亦輪廻하는 妄想流轉하야 不修三昧일새 報盡還來하야 散入諸趣하니라

그러나 이들이 윤회하는 망상으로 유전(流轉)하면서 부처님의 삼매를 닦지 않기 때문에 과보가 다하면 돌고 돌아 여러 세계에 윤회하는 것이다.

㈥天趣三 ㈎欲界六天二 ㉮列明六 ㈀四天王天

阿難 諸世間人이 不求常住일새 未能捨諸 妻妾恩愛나 於邪淫中에는 心不流逸하야 澄瑩生明하면 命終之後에 鄰於日月하나니 如是一類名四王天이니라

아난아! 모든 세상 사람들이 상주(常住)를 구하지 않기 때문에 아내와 첩의 은애(恩愛)를 버리지는 못하지만 그러나 저 사특한 음욕에 마음이 휘말리지 않고, 맑고 고요하여 빛을 발하는 사람이라면, 죽은 뒤에 해와 달을 이웃하게 되는데, 이와같은 일부 무리를 사천왕 천(四天王天)이라 부른다.148)

라 능히 크게 變化하게 하여 그 행이 세상에 끊어지는 것을 絶行仙이라 한다.『계환해』(『卍속장경』17, p.858하)

148) 아직 능히 欲을 여의지 못했으나 다만 欲을 막아서 愛水로 하여금 흐르지 않게 하면 湛性이 맑기 때문에 능히 첫 번째 하늘에 태어나느니라. 욕계 육천은 오계와 십선을 닦음으로 인하여 이르는 것이거늘 지금 다만 음욕이 더욱 적은 수승한 자를 잡아서 말한 것은 욕애가 윤회의 근본이 되기 때문이다.『계환해』(『卍속장경』17, p.859상)

*앞에서 아래로 타락함을 밝힐 때에도 욕(欲)에서 시작하였고 위로 오름을 밝힘도 욕(欲)에서 시작했음을 다시 한번 밝힌 것이다. 이것은 뜻이 初心으로 하여금 아직 능히 선정과 지혜를 성취하지 못하였다 하더라도 근본을 힘써 끊으면 윤회를 벗어날 수 있

㈝三十三天

於己妻房에 淫愛微薄하야 於淨居時에 不得全味하면 命終之後에 超日月明하야 居人間頂하나니 如是一類를 名忉利天이니라

　자기의 아내에게도 음욕과 애욕이 엷아지고 깨끗하여 온전한 재미를 느끼지 않는 이는, 죽은 뒤에 해와 달의 밝은 경계를 초월하여 인간의 정상에 살게 되는데, 이러한 일부 무리를 도리천(忉利天)이라 부른다.149)

㈜時分天

逢欲暫交나 去無思憶하야 於人間事에 動少靜多하면 命終之後에 於虛空中에 朗然安住하야 日月光明이 上照不及함은 是諸人等은 自有光明이니 如是一類를 名 須焰摩天이니라

　만나면 애욕에 잠깐 어울리나 떠나면 생각이 없어져서 인간 세상의 일에 동요함은 적고 고요함이 많은 이는 죽은 뒤에 허공 가운데 밝게 편안히 머물러, 해와 달의 광명이 올려 비추어도 미칠 수 없는 것은 이 모든 사람들이 스스로 광명이 있기 때문이니 그러한 일부 무리를 수염마천(須焰摩天)이라 부른다.150)

　　기 때문이다. (앞의 책 p.859상) 참조
149) 이 하늘에서의 애욕은 앞의 것보다 얇기 때문에 과보가 그 위에 있으니 이 후는 번갈아 다 그러한 것이다. 淨居는 청정에 스스로 居하는 때를 말한 것이요, 청정한 味을 완전히 하지 못했다고 한 것은 微愛가 있기 때문이다. 일월이 수미의 허리에 걸려 있는데 도리천은 수미의 꼭대기에 있어서 澄瑩增明하기 때문에 이를 초월해 있다고 한 것이다. 『계환해』(『卍속장경』17, p.859상)
150) 잠깐 어울리나 욕심을 짓지 않기 때문에 動少靜多라 한다. 육욕천 가운데 下二는 이름이 地居天이요, 上四는 이름이 空居天이니 日月을 가리지리 않고도 항상 밝아서 연화가 開合하는 것으로 주야를 나누기 때문에 時分이라 한다. 『계환해』(『卍속장경』17, p.859상)

㈃知足天

一切時靜이라가 有應觸來에 未能違戾하면 命終之後에 上昇精微하야 不接下界諸人天境하야 乃至劫壞라도 三災不及하니 如是一類名 兜率陀天이니라

모든 시간에 언제든지 고요했다가도 꼭 접촉해야 할 대상이 오면 이를 거절하지 않는 이는 이러한 정력(定力)으로 죽은 뒤에 위로 올라가 정미(精微)해져서 모든 인간세계와 하늘세계에는 접하지 않나니, 그러므로 설사 세계는 다하더라도 삼재(三災)가 미치지 못하는 것이요. 이러한 일부 무리를 도솔타천(兜率陀天)이라 부른다.151)

㈄樂變化天

我無欲心이연만 應汝行事어니와 於橫陳時에도 味如嚼蠟하면 命終之後에 生越化地하나니 如是一類 名樂變化天이니라

자신은 애욕의 마음이 없으나 상대방의 요청에 따라서 행동하므로, 무심하게 행동할 때에 그 맛이 밀랍을 씹는 것과 같은 사람은 죽은 뒤에 초월하여 변화하는 곳에 태어나는데, 이러한 일부 무리를 낙변화천(樂變化天)이라 부른다.152)

---

151) 비록 靜心이 많으나 아직 應觸을 면하지 못했으니 이는 少欲이기는 하나 아직 無心이 되지 못했기 때문이다. 도솔천에는 內院과 外院이 있으니 三災가 三禪에 이르렀으되 도솔천에 이르지 못했다고 한 것은 內院을 잡아서 말한 것이다. 精微不接이라 한 것도 다 內院의 일을 말한 것이다. (앞의 책 p.859하)
152) 나는 무심한데도 경계가 스스로 이르는 것을 橫陳이라 한다. 밀을 씹는다[嚼蠟]는 것은 맛이 매우 남남한 것을 날한다. 諸天이 나 업보의 대상이 있거늘 이 하늘은 즐거움이 저절로 變化하여 受用함이 아래의 하늘을 초과함으로 越化라고 부르는 것이다.『계환해』(『卍속장경』17, p.859하)
　*橫陳: 그렇게 하려고 한게 아닌데 어쩌다 생긴 일　橫: 뜻밖의 횡 (橫財 橫死)

(ㅂ)他化自在天

無世間心호대 同世行事어니와 於行事交에 了然超越하면 命終之後에 遍能出超化無化境하나니 如是一類는 名他化自在天이니라

세상에는 마음이 없으면서도 세상과 함께 일을 행하거니와, 일을 행하고 어울리더라도 분명히 초월한 이는 죽은 뒤에 변화가 있고 변화가 없는 것을 두루 초월하여 벗어나는데, 이러한 일부 무리를 타화자재천(他化自在天)이라 부른다.153)

(ㅅ)結妄

阿難 如是六天이 形雖出動이나 心迹尙交일새 自此已還을 名爲欲界니라

아난아! 이와같이 여섯 하늘이 형상은 비록 움직임[動]에서는 벗어났으나 마음의 자취가 아직은 서로 어울리기 때문에 처음부터 여기까지를 욕계(欲界)라고 부르는 것이다.154)

---

153) 밝게 초월했다는 것은 온전히 無味임을 말한 것이다. 化는 第五天이요 無化는 그 아래 낙변화천이니 모든 음욕을 즐기는 경지가 힘들이지 않고도 스스로 변화하기 때문이요, 다른 이까지 변화하여 자재하게 수용하게 하는 것을 타화자재천라고 부른다. (앞의 책 p.859하)
154) 비록 번뇌의 어지러움에서는 벗어났으나 아직 음욕이 끊어지지 않았기 때문에 통틀어 욕계라고 한 것이다. 『계환해』(『卍속장경』17, p.860상)

大佛頂 如來密因 修證了義 諸菩薩萬行 首楞嚴經　제9권

(나)色界十八天二155)　㉮列明四　㈀初禪三天四　㉠梵衆天

阿難아 世間一切所修心人이 不假禪那하야 無有智慧호대 但能執身하야 不行淫欲하고 若行若坐에 想念俱無하야 愛染不生하면

　아난아! 이 세상의 모든 마음을 닦는 사람들이 비록 선나(禪那)를 의지하지 않아 지혜가 없더라도 다만 몸을 단속하여 음욕을 행하지 아니하고, 다니거나 앉거나 간에 분별심[想念]이 모두 없어져서 애욕의 더러움이 생기지 않는다면

無留欲界하고 是人應念에 身爲梵侶하나니 如是一類 名梵衆天이니라

　욕계(欲界)에 머물지 않고, 이 사람이 즉시 그 몸이 색계(色界)인 범천(梵天)의 무리가 되는데156) 이와같은 일부 무리를 범중천(梵衆天)이라 부른다.157)

---

155) 色界: 비록 애욕의 더러움에서는 벗어났으나 아직 色質이 있기 때문에 이름이 색계이다. 통히 범천의 세계라고 이름한 것은 이미 欲染에서 벗어났기 때문이요, 통히 四禪이라 부르는 것은 이미 산란하고 동요함을 여의었기 때문이다.『계환해』(『卍속장경』17, p.860하)
　*욕계의 하늘은 다만 십선으로 감응하여 태어나지만, 이 색계의 하늘은 선정을 겸하는 것으로 감응하여 태어나는 곳이다. 그러나 다만 有漏禪觀의 六事를 행할 뿐이니 六事를 행한다는 것은 욕계가 '이것이 苦이고 麤이며 障이다' 하여 싫어하고, 색계는 '이곳이 淨이고 妙이며 離라' 하여 기뻐하는 이러한 여섯가지 행이다. (앞의 책 p.860하)
156) '선나를 의지하지 않는다'는 등은 비록 참다운 삼마지를 닦지 아니하여 바른 지혜는 없더라도 다만 六事의 行을 닦아 애욕을 조복받고 愛染으로 하여금 생기지 않게 하면 욕계에 머물지 아니할 것이기에 麤惑에 물들지 아니하고 淨報가 눈앞에 드러날 것이니, 그러므로 범천의 세계에 태어나게 된다고 말한 것이다.(앞의 책 p.860하)
157) 처음에 梵衆이라 이름한 것은 大梵天의 백성이 된다는 것이요, 다음에 梵輔라 이름한 것은 大梵天의 신하가 된다는 것이며, 마침내는 大梵天의 왕이 되는 것이니, 이것이 그 나아가는 차례이다.『계환해』(『卍속장경』17, p.861상)

㉡梵輔天

欲習旣除하고 離欲心現하야 於諸律儀에 愛樂隨順하면 是人應時하야 能行梵德하나니 如是一類 名梵輔天이니라

애욕의 습기가 이미 없어지고 애욕을 여읜 마음이 나타나서 모든 계율을 좋아하고 따르면 이 사람은 즉시 범천의 덕(德)을 행하게 되는데, 이와같은 일부 무리를 범보천(梵輔天)이라 부른다.158)

㉢大梵天

身心妙圓하야 威儀不缺하고 淸淨禁戒에 加以明悟하면 是人應時하야 能統梵衆하는 爲大梵王하나니 如是一類 名大梵天이니라

몸과 마음이 묘하고 원만해서 위의(威儀)에 결함이 없고, 금계(禁戒)를 깨끗하게 지켜 밝은 지혜로 환히 깨닫게 되면 이 사람은 바로 범천의 무리를 통솔하는 왕이 되는데, 이와같은 일부 무리를 대범천(大梵天)이라 부른다.159)

---

158) 처음 梵衆天에서는 다만 몸을 단속하여 애욕을 조복받거니와, 이 곳 梵輔天에서는 다시 定共戒를 얻어서 律儀를 따르고 梵德을 행하기 때문에 이를 벗어나게 되는 것이니, 즉 定을 닦음으로 해서 저절로 생기는 색계의 戒體를 定共戒라 한다.『계환해』(『卍속장경』17, p.861상)
159) 앞의 淨心과 威儀과 계행을 의지하여 정진하되 妙圓淸淨에 이르고 또 明悟하고 超達하는데까지 이른다면 덕이 지극할 것이므로 범왕이 되는 것이다. (앞의 책 p.861상)

1.別明諸趣 戒備失錯 ③從業分趣 ㊅天趣 ㈏色界

㉣結

阿難 此三勝流은 一切苦惱의 所不能逼하야 雖非正修 眞三摩地나 淸淨心 中에 諸漏不動하면 名爲初禪이니라

아난아! 이 세가지 수승한 무리에게는 어떤 고뇌로도 핍박을 가할 수 없으니, 그것은 이들이 비록 참다운 삼마지를 바르게 닦지는 못했으나 깨끗한 마음속에 모든 번뇌가 동요하지 않기 때문이며, 이를 초선천(初禪天)이라 부른다.160)

㈔二禪三天四 ㉠少光天

阿難 其次梵天은 統攝梵人호대 圓滿梵行하고 澄心不動하야 寂湛生光이리니 如是一類 名少光天이니라

아난아! 다음의 범천은 범천의 무리를 통솔하는 가운데 원만한 범행으로 맑고 부동하여 고요한 빛을 발할 것이니 이와같은 일부 무리를 소광천(少光天)이라 부른다.161)

---

160) 모든 것이 流 아님이 없으니 無明流와 生死流와 欲流와 四果流와 涅槃流가 있어서 모두 각기 흐름의 종류를 따라 달려가는 것이다.『계환해』(『卍속장경』17, p.861상)
  *색계초선: 欲流는 생사에 치달리기 때문에 비록 六天에 이르렀다 하여도 아직 수승하지 못하거니와, 이 색계의 하늘에서는 이미 欲流를 초월하여 생사를 등지고, 勝淨에 치달리기 때문에 四禪를 다 勝流라 칭하는 것이다. 이미 욕계의 八苦를 여의었기 때문에 苦惱가 핍박할 수 없고, 이미 散動과 欲心을 여의었기 때문에 諸漏가 부동이라고 한 것이다. 구사에 이르기를 '이를 이름하여 離生喜樂地라 한다' 했으니 말하자면 욕계의 雜惡이 생기는 것을 여의고 경안락을 얻었다는 것이다. (앞의 책 p.861상)
161) 이는 大梵天의 행을 밟아 升進하여 계정혜를 갖추었기 때문에 원만이라 한 것이다. 그러니 원만하기 때문에 그 마음이 맑아 경계의 움직임을 따르지 아니하고, 寂湛하여 광명이 생기는 것이다. 그러나 이것은 처음 집착에서 벗어나 湛然한 것에 돌아간 것으로 그 빛이 오히려 보잘 것 없는 것이기에 이름이 少光인 것이다. (앞의 책 p.861하)

ⓛ無量光天

光光相然하야 **照耀無盡**하며 **映十方界**하야 **遍成瑠璃**하면 **如是一類 名無量光天**이니라

빛과 빛이 서로 어울려서 밝게 비침이 끝이 없으며, 시방 세계를 두루 비추어 유리와 같으니 이와같은 일부 무리를 무량광천(無量光天)이라 부른다.162)

ⓒ光音天

吸持圓光하야 **成就教體**하고 **發化清淨 應用無盡**하면 **如是一類 名光音天**이라

원만한 광명을 받아들여서 교화의 뼈대를 성취하고, 깨끗한 교화의 방편을 발휘하여 응용에 다함이 없으면 이와같은 일부 무리를 광음천(光音天)이라 부른다.163)

ⓔ結

阿難此三勝流는 **一切憂愁**의 **所不能逼**이니 **雖非正修眞三摩地**나 **清淨心中**에 **麤漏已伏**일새 **名爲二禪**이니라

아난아! 이 세가지 수승한 무리에게는 모든 근심과 걱정이 핍박할 수가 없나니, 이들이 비록 참다운 삼마지를 닦아 이루지는 못했으나 깨끗한 마음속에 거친 번뇌를 이미 항복 받았으므로 이를 제이선(第二禪)이라 부르는 것이다.164)

---

162) 선정의 힘이 점점 밝아져서 그 妙光이 서로 비추되 그 대상이 빛을 따라 맑아져서 두루 유리와 같을 것이다.『계환해』(『卍속장경』17, p.861하)
163) 모든 세계에는 그 教體가 같지 않기 때문에 사바에서는 문자를 사용하지만 香積 世界에서는 문자 없이 설하되 다만 가지가지 香을 사용하고, 이 하늘에서는 圓光으로 音을 이루어 교화의 법을 드날리기 때문에 光音이라고 부르는 것이다.『계환해』(『卍속장경』17, p.861하)
164) 第二禪에서는 모든 근심을 여의고 지극한 喜樂을 얻기 때문에 憂愁가 핍박할 수 없는 것이다. 初禪에서 비로소 번거로운 마음은 동하지 않게 되었으나 아직 조복하지는 못했던 것이요, 이 곳에서는 이미 거친 번뇌를 조복했으니 業이 점차 약해지고 行이 점점 수승해진 것이다. 구사에 이르되 '이를 定生喜樂地라 불렀으니 말하자면 定力

㈐三禪三天四 ㉠小淨天

阿難 如是天人은 圓光成音하고 披音露妙하며 發成精行하야 通寂滅樂하면 如是一類 名少淨天이니라

아난아! 이러한 하늘 사람들은 원만한 광명으로 음성을 이루고, 그 음성으로 묘한 이치를 나타내어 정밀한 행동을 이루고 적멸의 즐거움에 통하게 되면 이와같은 일부 무리를 소정천(少淨天)이라 부른다.165)

㉡無量淨天

淨空現前에 引發無際일새 身心輕安하야 成寂滅樂하면 如是一類 名無量淨天이니라

깨끗한 허공이 앞에 나타나 끝없이 펼쳐져서 몸과 마음이 가볍고 편안하여 적멸의 즐거움을 이루면 이와같은 일부 무리를 무량정천(無量淨天)이라 부른다.166)

의 물이 있어서 業을 윤택하게 하기 때문에 憂愁가 핍박할 수 없는 것이다' 하다. (앞의 책 p.862상)
165) 第三禪에서는 앞의 喜樂을 여의고 淨樂이 생긴 것이다. 그러나 이 즐거움은 경계를 통해서 생긴 것이 아니고 바로 淨性에서 나온 것이기에 편안하게 머물어 적정하니, 이를 적멸락이라 부르는 것이다. 그러나 淨力이 아직 부족하기 때문에 통하기만 할 뿐 아직 이루지는 못한 것이며, 이처럼 아직 부족하기 때문에 少淨이라 부르는 것이다.『계환해』(『卍속장경』17, p.862상)
166) 깨끗한 허공이라 하는 것은 가지가지 희락의 움직임을 여의어서 사물의 경계에 반연하지 아니하는 선정의 모습이다. 이로 말미암아 충만하고 넘쳐 청정한 모습이 한없이 妙性에 화합하기 때문에 신심이 경안하여 性樂이 이루어지며, 이것이 끝이 없기 때문에 無量淨이라 부르는 것이다. (앞의 책 p.862상)

㉢偏淨天

世界身心이 一切圓淨하고 淨德成就하야 勝託現前에 歸寂滅樂하면 如是一類 名遍淨天이니라

　세계와 몸과 마음이 모두 원만하고 청정하며 깨끗한 덕이 성취되어 최상의 의지처가 앞에 나타나 적멸의 즐거움으로 돌아가면 이와 같은 일부 무리를 변정천(遍淨天)이라 부른다.167)

㉣結

阿難 此三勝流는 具大隨順하야 身心安隱하고 得無量樂이니 雖非正得 眞三摩地나 安隱心中에 歡喜畢具일새 名爲三禪이니라

　아난아! 이 세가지 수승한 무리는 크게 수순함을 이루고 몸과 마음이 편안하고 한량없는 즐거움을 얻게 되는데, 이들이 비록 참다운 삼마지를 닦아 이루지는 못했으나 편안한 마음에 환희가 다 갖추어져 있으므로 삼선(三禪)이라 부른다.168)

---

167) 청정한 허공이 한계가 없기 때문에 세계와 身心이 모두 원만하고 청정한 것이니 淨德이 성취되면 곧 이 性樂이 변정천에 돌아가는 것이요, 따라서 一切圓淨이기 때문에 遍淨이라 부르는 것이다.『계환해』(『卍속장경』17, p.862하)
168) 精妙한 행과 性樂을 갖추었기에 大隨順이라 부르며, 그러므로 安隱이 무량한 것이다. '歡喜畢具'라 한 것은 이 하늘이 기쁨을 여의고 妙樂을 갖춘 경지임을 뜻한 것이다. 말하자면 마음이 비록 기쁨에 집착함을 여의었으나 묘한 기쁨이 저절로 갖추어진 것이다. (앞의 책 p.862하)

㈃四禪九天二. ㉠四根本天五169) Ⓐ福生天

阿難 復次天人은 不逼身心 苦因已盡이나 樂非常住하야 久必壞生일새

  아난아! 이러한 하늘 사람은 몸과 마음이 핍박을 당하지 않기 때문에 괴로움의 원인은 이미 다하였으나 그 즐거움도 항상한 것이 아니어서 오래 머물지는 못하는 것이다.

苦樂二心 俱時頓捨하야 麤重相滅하고 淨福性生하면 如是一類 名福生天이니라

  그러므로 괴롭고 즐거운 두가지 마음을 함께 버려서 거칠고 무거운 현상이 없어지고 깨끗한 복의 성품이 생겼으면 이와같은 일부 무리를 복생천(福生天)이라 부른다.170)

Ⓑ福愛天

捨心圓融하야 勝解淸淨하고 福無遮中에 得妙隨順하야 窮未來際하면 如是一類 名福愛天이니라

  버리는 마음이 원융해져 수승한 이해가 청정하고 복덕이 막힘 없는 가운데 묘하게 수순함을 얻어 미래의 세계가 다하도록 계속되면 이와같은 일부 무리를 복애천(福愛天)이라 부른다.171)

---

169) 四禪에 과보로서의 경계가 다만 三天 만이 있으니, 第四의 無想天은 第三 廣果天에서 따로 凡夫의 報境을 연 것이다. 이 네 가지 하늘 위에 五不還天이 있으니 이는 聖賢이 따로 靜慮를 수행하되 廣果天을 밑천으로 삼아 그 업으로 생긴 것이다. 그러나 범부와 같지 않기 때문에 따로 배열한 것이다. 『계환해』(『卍속장경』17, p.862하)
 *앞의 第一禪까지의 수행은 다만 자리일 뿐 아지 이타가 없었거니와, 第四禪에 이르러서는 자비희사의 이타심을 겸수하기 때문에 이름이 四無量禪이며, 無漏觀慧와 諸禪의 三昧가 이로부터 나오기 때문에 근본이라 부르는 것이다. (앞의 책 p.862하)
170) 앞에서는 비록 逼苦가 이미 다하여 無量樂을 얻었으나 終樂이 아니기 때문에 壞苦가 반드시 다른 것이지만 이 하늘에서는 이를 깨달았으므로 苦樂을 頓捨한 것이다. 苦樂을 버렸기 때문에 麤重이 相滅한 것이요, 생각을 버리고 청정하기 때문에 청정한 福의 성품이 생기는 것이다. (앞의 책 p.862하)
171) 고락의 두가지를 다 잊었기 때문에 버리는 마음이 원융하고 마음에 번뇌가 없기 때문에 勝解가 청정하여 이로 말미암아 복덕에 막힘이 없어 묘를 얻어 수순하는 것이다. 有漏禪定에서 시작하여 무루행을 발하고 구경에 이르는 것이기에 미래제를 다한다

ⓒ廣果天

阿難 從是天中하야 有二岐路하니 若於先心에 無量淨光으로 福德圓明하야 修證而住하면 如是一類 名廣果天이니라

 아난아! 이 하늘에는 두 갈래가 있다. 만약 앞의 마음에서 한량없는 깨끗한 광명으로 복덕이 원만하게 밝아져서 이와같이 닦아 증득하면 이와같은 일부 무리를 광과천(廣果天)이라 부른다.172)

ⓓ無想天

若於先心에 雙厭苦樂하고 精硏捨心호대 相續不斷하고 圓窮捨道하면 身心俱滅하고 心慮灰凝하야 經五百劫이니와

 만약 앞의 마음에서 괴로움과 즐거움의 두가지를 모두 싫어하고 버려서 이 마음을 정밀하게 연마하여 상속이 끊어지지 아니하고 버리는 길을 끝까지 다하면, 몸과 마음이 다 멸하고 마음과 생각이 식은 재처럼 엉켜서 오백 겁을 지내게 될 것이다.

是人旣以 生滅爲因일새 不能發明 不生滅性하야 初半劫滅하고 後半劫生하리니 如是一類 名無想天이니라

 그러나 이 사람이 이미 생멸(生滅)로 인(因)을 삼았기 때문에 불생멸성(不生滅性)을 발명하지 못하여 처음 반 겁(半劫)은 멸하여 없어지고, 뒤의 반 겁은 태어나 따르게 되는데, 이와같은 일부 무리를 무상천(無想天)이라 부른다.173)

 고 말한 것이다. 선정과 복덕도 이와 같아서 愛樂할 만 한 것이기에 福愛라고 부르는 것이다.『계환해』(『卍속장경』17, p.863상)
172) 福愛天에서 두가지 길로 나누어진다 했는데, 하나는 바로 가는 길이니 廣果天에 나아가고, 하나는 피해 돌아가는 길이니 無想天으로 달리는 것이다. 만약 앞의 마음에서 다른 집착에 걸리지 아니하고 바로 선정을 닦아 無量光天으로부터 福愛에 이르기까지 닦은 바 福德이 圓明하면 이 하늘에 머물게 되리니, 이 하늘의 선정과 복덕이 심히 넓기 때문에 廣果라고 부르는 것이다. (앞의 책 p.863상)
173) 앞의 복애천의 버림을 닦는 마음에서는 비록 미혹을 조복하고 선정을 닦되 妄에 포섭되고 다름에 걸리어 有心으로 생멸을 삼고 無想으로 열반을 삼았으나, 여기에서는 쌍으로 고락을 싫어하고 오로지 버리는 마음을 연마하여 無想으로 치달린 것이다. 物

ⓔ 結

阿難 此四勝流는 一切世間의 諸苦樂境으로 所不能動이니

아난아! 이 네 가지 수승한 무리는 일체 세간의 가지가지 괴로움과 즐거움으로는 움직이게 할 수 없는 것이다.

雖非無爲의 眞不動地나 有所得心엔 功用純熟일새 名爲四禪이니라

이것이 비록 집착이 없는[無爲] 참다운 부동지(不動地)는 아니지만 그 얻고 싶은 마음에 공용(功用)이 순숙(純熟)해졌기 때문에 이를 사선(四禪)이라 부르는 것이다.174)

ⓛ 五不還天三　Ⓐ 總叙

阿難 此中復有 五不還天하니

아난아! 이 가운데 다시 다섯가지 불환천(不還天)175)이 있으니

에서부터 몸에 이르고 心想에 이르기까지 일체를 다 버리는 것을 '버리는 길을 원만히 궁구하면 몸과 마음이 다 멸하고 마음과 생각이 식은 재처럼 엉키게 된다'고 했으니 이것이 無想定이요, 이러한 감응의 과보로 無想天에 태어나는 것이니 수명이 五百劫이다. 『계환해』(『卍속장경』17, p.863상)

174) 想念이란 그 가운데 거친 것이 尋이요, 미세한 것이 伺이다. 초선의 아래 二天은 둘을 겸했고, 大梵天은 尋은 없고 오직 伺 뿐이요, 二禪은 尋伺가 없고 喜樂만 있으며, 三禪은 喜樂을 여의고 出入識이 있는 것이다. 尋伺는 불에 감응하고, 喜樂은 물에 감응하며, 출입식은 바람에 감응하나, 四禪은 이를 모두 여의어서 三災의 움직이는 바가 되지 않기 때문에 不動地라 부르는 것이다. 그러나 그 器世間도 眞常은 아니어서 情에 생멸을 갖추었으니, 비록 집착이 없는 무위의 경계는 아니지만 유위의 공용이 여기에 이르러 이미 純熟된 것이다. 『계환해』(『卍속장경』17, p.863하)

175) 제3 아나함과가 사람이 欲界의 미혹을 끊어 다하면 바로 이 천상에 태어나 다시는 욕계에 受生하지 않기 때문에 不還이라 부른다. 그 머무는 장소가 이름이 五淨居天이니 말하자면 애욕을 벗어나 淨身으로 사는 세계이다. 『계환해』(『卍속장경』17, p.863하)

於下界中에 九品習氣를 俱時滅盡하고 苦樂雙亡하야 下無卜居일새 故於捨心이 衆同分中에 安立居處니라

　이들은 아래 세계에서 구품(九品)의 습기(習氣)176)를 모두 끊고 괴롭고 즐거움의 두가지를 다 잊어서 아래 세계에는 있고 싶은 마음이 없기 때문에 사심(邪心)이 같은 무리[衆同分]를 찾아서 있을 만한 곳을 정하여 거기에 머무는 것이다.177)

ⓑ別列五　ⓐ無煩天

阿難 苦樂兩滅하야 鬪心不交하면 如是一類 名無煩天이니라

　아난아! 고락(苦樂)이 둘 다 없어져서 다투는 마음이 서로 어울리지 아니하면 이러한 일부 무리를 무번천(無煩天)이라 부른다.178)

ⓑ無熱天

機括獨行하야 硏交無地하면 如是一類 名無熱天이니라

　기괄(機括)179)이 따로따로 행해져서 서로 상대하지 아니하면 그러한 일부 무리를 무열천(無熱天)180)이라 부른다.

---

176) 습기는 種子惑이다. 현행으로 더불어 다 멸하는 것이기 때문에 俱盡이라 한 것이니, 이는 욕계에 태어나는 업이 상속하지 아니함을 가리킨 것이다. (앞의 책 p.863하)

177) '苦樂雙忘'이라 한 것은 四禪 이하에 상속되는 업보가 없음을 아울러 가리킨 것이기에 하계에는 살 만한 곳을 정하지 못했다고 한 것이다. 여기에 五天은 四禪에서 別立한 것이니 모두 망념을 버린 청정이라 부르는 것이기에 捨心同分이라 한 것이다. (앞의 책 p.862하) (앞의 책 p.864상)

178) 앞에서 고락에 대해 버리거나 싫어하는 마음이 있게 되면 心과 境이 다투어 번뇌가 없을 수 없으니 오직 心과 境의 둘 다 놓아버려야만 번뇌가 여기에서 끊어지게 되는 것이다. 『계환해』(『卍속장경』17, p.864상)

179) 이 하늘은 中品에 해당한 듯 하며, 定生喜樂地의 九品思惑을 斷除한 듯하다. 機는 곧 노아(弩牙, 여러개의 화살을 쏠 수 있는 큰 활의 입)이니 念을 放出하는 것과 같고, 括은 주머니[囊括]이니 念을 收去하는 것과 같다. 『정맥소』(『卍속장경』18, p.812상)

180) 매우 뜨거운 것을 煩이라 하고, 조금 번거로운 것을 熱이라 한 것이다. 앞에서는 비록 鬪心이 서로 어울리지는 아니하나 그래도 아직은 어울릴 곳이 있는 듯 하기 때문에 바야흐로 麤相을 멸하여 無煩이라 하거니와, 여기에서는 다시 수승함이 증가되어 心機가 서로 상대하지 않고, 서로 부딛힐 곳이 없어서 능히 緣影을 멸할 수 있기에 無

ⓒ 善見天

十方世界를 妙見圓澄하야 **更無塵象一切沈垢**하면 **如是一類 名善見天**이니라

시방세계를 오묘하게 보는 것이 원만하게 맑아서 다시 티끌의 형상과 일체의 깊이 잠긴 허물이 없으면 그러한 일부 무리를 선견천(善見天)이라 부른다.181)

ⓓ 善現天

精見現前하야 **陶鑄無礙**하면 **如是一類 名善現天**이니라

정밀하게 보는 것이 앞에 나타나 지혜로 비추어[陶鑄]182) 걸림이 없으면 이러한 일부 무리를 선현천(善現天)이라 부른다.183)

ⓔ 色究竟天

究竟群幾하고 **窮色性性**하야 **入無邊際**하면 **如是一類名 色究竟天**이니라

모든 기괄(幾括)184)을 끝까지 궁리하고 색(色)의 성품까지 궁리해서 끝이 없는 경지에 들어가면 이러한 일부 무리를 색구경천(色究竟天)이라 부른다.185)

熱이라고 한 것이다.『계환해』(『卍속장경』17, p.864상)
181) 능히 緣影을 멸했기 때문에 妙見이 圓澄하여 染心의 진상(塵像)과 累性의 침구(沈垢)가 여기에서 다 없어져서 원만하게 시방이 훤히 드러나므로 善見이라 한 것이다. (앞의 책 p.864상)
182) 진흙으로 반죽하여 본뜨는 것을 도(陶)라 하고, 쇠붙이를 녹여서 만드는 것을 주(鑄)라 하니, 이는 지혜로 비춤을 성취한 것이다.
183) 精見이란 지혜로 비추어 보는 것이다. 지난날에 塵垢에 걸려서 능히 發化하지 못하다가 지금에 이미 澄圓함이 마치 明鏡이 緣을 따라 顯現하는 것과 같기 때문에 이름이 陶鑄無礙라고 한 것이다.『계환해』(『卍속장경』17, p.864상)
184) 기괄(機括)이라 할 때 機는 드러내는 것이고, 括은 거두는 것이다.
185) 幾란 色의 기미(機微)요 性은 相의 근본이니, 아직 究了하지 못하면 色相에 국집되어 스스로 한계에 걸리게 되거니와, 이는 능히 궁구하고 궁구한 것이기에 형상의 장애에서 벗어나 끝없는 경지에 들어가 이름이 색구경인 것이다.『계환해』(『卍속장경』17, p.864하)

ⓒ結勝

阿難아 此不還天은 彼諸四禪의 四位天王도 獨有欽聞이요 不能知見하나니

아난아! 이러한 불환천(不還天)에 대해서는 저 모든 사선(四禪)의 천왕들도 유독 공경하고 듣기만 할 뿐 알거나 보지 못하는데,

如今世間의 曠野深山에 聖道場地는 皆阿羅漢의 所住持故로 世間麤人의 所不能見이니라

이는 마치 세간의 넓은 들과 깊은 산의 성스러운 도량에 여러 아라한들이 머물러 있을 때 세간의 추악한 눈으로는 볼 수 없는 것과 같다.186)

㈃總結

阿難아 是十八天은 獨行無交어니와 未盡形累일새 自此已還을 名爲色界니라

아난아! 이상의 열여덟 하늘은 홀로 다닐 뿐 정욕으로 어울리지는 않으나 아직 형상의 더러움을 다하지 못하였으므로 여기까지를 색계(色界)라고 부르는 것이다.187)

---

186) 아래 천상은 有漏凡定을 닦은 것이거니와, 이 곳 천상은 無漏聖業을 닦은 것이니 麤細가 다르기 때문에 볼 수가 없는 것이다.『계환해』(『卍속장경』17, p.864하)
187) 이미 欲染에서 벗어났기 때문에 홀로 행하고 어울림이 없다고 한 것이다. 그러나 아직 色質이 남아 있기 때문에 形累를 다하지 못했다고 한 것이다. (앞의 책 p.864하)

1.別明諸趣 戒備失錯 ③從業分趣 ㊅天趣 ㈐無色界   659

㈐無色界四天㈣188)   ㉖分岐超出

復次阿難아 從是有頂인 色邊際中하야 其間復有 二種岐路하니

다시 아난아! 색구경천[有頂天]의 색변제(色邊際)189)로부터 그 사이에 다시 두 갈래 길이 있나니,190)

若於捨心에 發明智慧하야 慧光圓通하면 便出塵界하야 成阿羅漢하야 入菩薩乘하나니 如是一類는 名爲回心 大阿羅漢이니라

만약 사심(捨心)에서 지혜를 발명하여 그 지혜의 빛이 원만하게 통하게 되면 곧 번뇌의 티끌을 벗어나 아라한을 이루어 보살의 수행[乘]에 들어가게 되나니, 이러한 일부 무리를 회심(回心)191)할 수 있는 대아라한(大阿羅漢)이라 부른다.

---

188) 무색계란 業果의 色은 없고 定果의 色은 있는 것이니, 依正이 다 그러한 것이다. 몸을 멸하여 無에 돌아간 정성성문의 사는 곳이며, 혹 無想外道의 別報이다. 혹 厭을 버린 天人의 雜處이니 그 종류가 하나가 아니다. 그러나 모두 色蘊이 없는 것이다. 『계환해』(『卍속장경』17, p.864하)
189) 色究竟天은 색계의 정수리에 있어 무색으로 더불어 이웃했으니 이름이 色邊際이다. 『계환해』(『卍속장경』17, p.865상)
190) 두가지 갈림길이란 첫째 삼계에서 벗어나는 것이니 즉 이곳(分岐超出)의 길[科]이요, 둘째는 무색정에 드는 것이니 즉 다음(隨定趣入)의 길[科]이다. 『계환해』(『卍속장경』17, p.865상)
191) 색계의 四禪이 나 捨念修定을 의지하거늘 여기에서 말하는 捨心은 有頂에서의 因心을 가리킨 것이다. 因心이 능히 무루지혜를 발하여 塵惑을 다하여 圓明에 이른다면 삼계에서 벗어나 小果에 머물지 아니하고 보살승에 들어가나니 이름이 回心인 것이다. 『계환해』(『卍속장경』17, p.865상)

(ㄴ)隨定趣入四192) (ㄱ)空處

若在捨心하야 **捨厭成就**하고 **覺身爲礙 消礙入空**하면 **如是一類名爲空處**니라

　만약 마음을 비워서 버리는 것을 성취하고, 몸이 장애가 됨을 깨달아 장애를 없애고 공(空)에 들어가면 이러한 일부 무리를 공처(空處)라고 부른다.193)

(ㄴ)識處

諸礙旣消하고 **無礙無滅**하면 **其中唯留 阿賴耶識**과 **全於末那**에 **半分微細**하면 **如是一類 名爲識處**니라

　모든 장애가 이미 소멸하고 장애가 없어졌다는 것마저도 멸하면 그 가운데 오직 아뢰야식(阿賴耶識)과 온전히 말라식(末那識) 가운데 반 분(半分)의 미세한 것만 남게 되면 이러한 일부 무리를 식무변처천(識無邊處天)이라 부른다.194)

---

192) 여기에 네 가지 천상이 있으니 다 偏空에 의지해서 닦아 나아간 것이다. 처음은 色을 싫어하고 空을 의지한 것이요, 둘째는 空을 싫어하고 識을 의지한 것이요, 셋째는 色空識 등이 다 멸하여 識性에 의지한 것이요, 넷째는 識性에 의지하여 滅로써 窮硏하되 眞滅을 얻지 못했으니 다 有爲의 增上善果로 아직 윤회를 벗어나서 聖道를 이룬 것은 아니다. 『계환해』(『卍속장경』17, p.865상)

193) 空處定: 이는 오로지 捨를 의지하여 지혜를 닦지 아니하고 자기의 형질이 장애됨을 싫어하여 굳게 空觀을 닦아서 몸을 滅하고 無에 돌아간 것이다. 色을 싫어하고 空을 의지한 것으로 이름이 空處定이다. 그러므로 空處에 태어나는 과보를 받는 것이다. (앞의 책 p.865상)

194) 識處定: 가지가지 장애가 이미 소멸하여 없어지면 色에 의지하지 아니하고, 無礙마저 없다는 것 또한 멸하면, 空에도 의지하지 아니할 것이요, 오직 아뢰야식과 말나식만 남게 된다. 이것이 곧 空을 싫어하고 識에 의지한 것으로 이름이 識處定이다. 그러므로 識處에 태어나는 과보를 받는 것이다. 『계환해』(『卍속장경』17, p.865하)

　*뢰야는 제팔식이요 말나는 제칠식이니, 身根이 이미 소멸하면 다시 육식도 없을 것이기 때문에 오직 두가지만 남는 것이다. 末那가 반연하는 것은 色空識 이 셋이거늘 이곳 지위에서는 色空을 싫어하고 識에 의지한 것이니, 色空의 麤緣이 이미 없기 때문에 오직 半分의 微細한 것만 온전한 것이다. 『계환해』(『卍속장경』17, p.865하)

1.別明諸趣 戒備失錯 ③從業分趣 ㈥天趣 ㈐無色界   661

㈐無所有處

空色旣亡하고 **識心都滅**하면 **十方寂然**하야 **迥無攸往**하면 **如是一類 名無所有處**니라

　공(空)과 색(色)이 이미 없어지고 식심(識心)까지 멸하면 시방이 적연(寂然)하고 아득[迥]하여 갈 곳이 없게 되는데, 이러한 일부 무리를 무소유처천(無所有處天)이라 부른다.195)

㈑非想非非想處

識性不動거늘 **以滅窮硏**하야 **於無盡中**에 **發宣盡性**하야

　식(識)의 성품이 움직임이 없는 가운데 적멸로써 끝까지 궁구하여 다함이 없는 가운데 다함이 없는 성품을 드러낸 것이다.

如存不存이며 **若盡非盡**이니 **如是一類**는 **名爲非想 非非想處**이라호대

　이와같이 있는 듯 하면서도 있는 것이 아니요, 다한 듯 하면서도 다한 것이 아니니, 이러한 일부 무리를 비상비비상처천(非想非非想處天)이라 하나니,196)

---

195) 無所有處定: 앞의 지위에서는 능히 空色은 멸하였으되 아직 識心을 멸한 것은 아니었으나, 여기에서는 모두 멸했기 때문에 시방이 寂然하고 아득하여 갈 곳이 없는 것이니 寂然하여 갈 곳이 없기 때문에 무소유라고 부르는 것이다.『계환해』(『卍속장경』17, p.865하)

　*그러나 여기에서 비록 識心은 멸하였으나 아직 식성은 멸하지 못했거늘 지금 수행하는 사람들이 성품을 보는 것이 깊지 못해서 주로 여기에 걸리는 것이다. 비록 色空을 훤히 깨달아서 心廬를 식은 재처럼 멸하여 무소유에 이르지는 못했으나 마침내 식성이 幽幽하고 綿綿하여 스스로 生死窟穴에서 벗어나지 못하는 그 현실[實存]이 여기에 있는 것이다.『계환해』(『卍속장경』17, p.865하)

196) 識性이란 식심에 숨어 있는 근본이요, 不動이란 고요하여 갈 곳이 없는 것이니, 이미 不動하고 이를 다시 궁구하여 멸한 것이다. 그러나 識性에 의지하여 멸하는 것이기에, 마침내 眞滅은 아니니 이는 억지로 다함이 없는 가운데 다한다는 성품을 발명한 것이다. 그러므로 흡사 있는 것 같으나 있는 것이 아니요, 흡사 다한 것 같으나 다한 것이 아닌 것이다. 흡사 있는 듯 하면서도 있는 것이 아니기 때문에 非想이요, 흡사 다한 것 같으나 다한 것이 아니기 때문에 또한 非想도 아니니 이것이 바로 幽幽하고 綿綿하게 계속되는 지극히 미묘한 非想非非想天의 모습이다.『계환해』(『卍속장경』17, p.866상)

此等窮空하나 不盡空理이니 從不還天하야 聖道窮者히

이들은 공(空)을 궁구하나 공한 이치를 다하지 못한 것이요. 그러므로 앞의 다섯가지 불환천(不還天)으로부터 성인의 도(道)를 다한 비상비비상처천(非想非非想處天)에 이르기까지

如是一類는 名不廻心한 鈍阿羅漢라하고

이러한 일부 무리를 '회심(廻心)하지 못한 둔근(鈍根)의 아라한'이라 하느니라.

若從無想하야 諸外道天이 窮空不歸하야 迷漏無聞하면 便入輪轉이니라

만약 무상(無想)의 모든 외도천(外道天)들이 공(空)을 궁구하다 공에 집착하여 돌아오지 못했다면 번뇌에 미혹되어 부처님의 법을 듣지 못하고 문득 윤회의 세계에 들게 될 것이다.197)

㈃通辯凡聖
阿難 是諸天上의 各各天人은 則是凡夫의 業果酬答일새 答盡入輪어니와

아난아! 이 모든 천상의 천인들이 본래 범부에서 업과를 받은 것이므로 그 과보가 끝나면 다시 윤회에 들게 되거니와,

---

197) 이렇게 幽幽하고 綿綿하게 계속되는 識性에서 벗어나지 못했기 때문에 空理를 다하지 못하였다고 한 것이거늘, 성문은 이를 의지하여 구경을 삼아 마침내 鈍果를 이루고, 외도는 이를 의지하여 돌아가 머물 곳이 없어서 마침내 有漏에 미혹되는 것이다. 세속을 벗어나려는 마음으로 법을 닦아 여기에 이르러 마침내 지극해지면 麤業은 이미 사라졌으되 오직 識性에 걸리게 되니, 만약 참다운 수행으로 분연(奮然)히 여기에서 벗어나야만 비로소 삼계를 초월하게 되는 것이다. 諸天의 수행지위가 다 이것이 진실한 三摩의 점차요, 한갓 그 行相만 설하려는 것이 아니니, 상섭(相躡)하고 상자(相資)함이 보살의 十聖地位와 같도다. 그러나 다만 여기에서는 무릇 얕은 升進을 보인 것 뿐이니, 만약 깊은 지혜로 이를 체달하면 또한 가히 頓證하게 되리라. (앞의 책 p.866상)

1. 別明諸趣 戒備失錯　③從業分趣　㈥天趣　㈐無色界　663

彼之天王 卽是菩薩이 遊三摩地호대 漸次增進하야 廻向聖倫 所修行路니라
　그러나 그 천왕들은 보살에 나아가 삼마지에 노닐기 때문에 점차 증진해서 성인의 무리에 회향하는 길을 닦게 되느니라.198)

㈃結名顯妄二　㈀結名
阿難 是四空天은 身心滅盡하고 定性現前하야 無業果色일새 從此逮終을 名無色界니라
　아난아! 이 사공천(四空天)은 몸과 마음이 다 없어지고 선정의 성품이 앞에 나타나 업과(業果)의 형색(色)이 없으니 이로부터 끝까지를 무색계(無色界)라고 부르는 것이다.199)

㈁顯妄
此皆不了 妙覺明心하고 積妄發生일새 妄有三界거늘 中間妄隨 七趣沈溺일새 補特伽羅가 各從其類니라
　이는 다 묘각명심(妙覺明心)을 깨닫지 못하고, 망(妄)을 쌓아 허망하게 삼계가 있거늘, 그 가운데 허망하게 칠취(七趣)를 따라 빠져들기 때문에 보특가라(補特伽羅)200)가 각기 그 무리를 따르는 것이다.

---

198) 욕계와 색계와 무색계를 모두 가리킨 것이니, 그 백성들은 업을 따라 과보를 감득한 것이므로 아직 윤회를 벗어나지 못했거니와, 그 王은 작용[行]을 따라 방편[權]으로 응하여 지위에 의지했으니, 더 높이 나아갈 수 있는 것이다. 화엄에 이르되 초지보살은 주로 염부제왕이 되고, 二地는 輪王이 되고, 더 나아가 六欲과 三梵天王이 된다함이 이것이다.『계환해』(『卍속장경』17, p.866상)
199) 몸과 마음이 멸하여 다했다는 것은 色蘊과 추식(麤識)이 없어졌다는 것이다. (앞의 책 p.866하)
200) 삼계는 妄으로 인하여 발생한 것이요 七趣는 妄으로 인하여 집착하는 것이니, 보특가라는 그런 망심으로 중생들이 헛되이 집착하는 幽幽한 根本自我이다.『계환해』(『卍속장경』17, p.866하) 참조

㈐修羅趣

復次阿難 是三界中에 **復有四種** 阿修羅類하니 若於鬼道에 以護法力으로 乘通入空하나니 此阿修羅 從卵而生하며 鬼趣所攝이니라

다시 아난아! 이 삼계 가운데 네가지 아수라(阿修羅)201)의 무리가 있으니 귀신의 길에서 법을 보호한 공덕으로 신통을 얻어 공(空)의 경지에 들어간 것이다. 이러한 아수라는 알[卵]에서 태어나며 귀신의 세계에 속한다.

若於天中에 降德貶墜하면 其所卜居는 鄰於日月하는 此阿修羅는 從胎而出일새 人趣所攝하며

만약 하늘에서 덕이 모자라 아래로 떨어져서 그가 거처하는 곳이 해나 달을 이웃한 이러한 아수라는 태(胎)에서 태어나 사람의 세계에 속하게 된다.

有修羅王은 執持世界하야 力洞無畏하야 能與梵王과 及天帝釋과 四天爭權하나니 此阿修羅 因變化有일새 天趣所攝이니라

어떤 아수라왕은 세계를 붙잡아 둘 정도로 힘이 세고 두려움이 없어서 범왕과 제석천과 사천왕과도 세력을 다투나니 이러한 아수라는 변화[化]로 인하여 생겼으므로 하늘의 세계에 속한다.

---

201) 아수라는 번역하여 非天이라 한다. 福力은 범천과 같으나 범천의 行이 없고 성냄이 많기 때문이니 業의 輕重을 따라서 네가지 태어남의 다름이 있다. 『계환해』(『卍속장경』17, p.866하)

1.別明諸趣 戒備失錯 ㈠通結總答

阿難 別有一分 下劣修羅하니 生大海心하야 沈水穴口하야 旦遊虛空이라가
暮歸水宿하나니 此阿修羅는 因濕氣有일새 畜生趣攝이니라

아난아! 이 밖에 따로 한 등급 낮은 아수라가 있으니 큰바다 속에서 생겨나 수혈구(水穴口)202)에 잠겨 있으면서 아침에는 허공에 돌아다니다가 저녁에는 물로 돌아와서 잠을 잔다. 이러한 아수라는 습기[濕]로 인하여 태어났으므로 축생의 세계에 속한다.

④通結總答四 ㈠通結七趣
阿難 如是地獄과 餓鬼畜生과 人及神仙과 天洎修羅가 精硏七趣하면 皆是
昏沈한 諸有爲相이라 妄想受生하고 妄想隨業어니와

아난아! 이와같이 지옥·축생·인간·신선·하늘·아수라 등 일곱가지 세계의 길을 정밀하게 연구해 보면203) 모두가 어두운 유위(有爲)의 모습들이니 허망한 생각으로 생을 받고 허망한 생각으로 업보를 따르는 것이다.

於妙圓明한 無作本心에는 皆如空華하야 元無所著하고 但一虛妄이라 更無
根緖니라

저 묘원명(妙圓明)한 무작본심(無作本心)에는 모두가 허공의 꽃과 같아서 원래 집착할 것이 없고, 다만 하나의 허망 뿐이어서 다시 어떠한 근거나 실마리도 없는 것이다.204)

---

202) 水穴은 곧 수채구멍의 끝부분[尾閭]이다. (앞의 책 p.866하) *水穴口란 물이 쉴사이 없이 흘러 나간다는 곳이다.
203) 정밀하게 연구한다는 것은 세밀하게 궁구히는 것이다. 『계환해』(『卍속장경』17, p.867상) 精硏細窮也라
204) 이러한 夢識은 혼침으로 허망하게 七趣를 따르는 것이니 覺心이 妙圓해지면 마침내 근거나 실마리가 없을 것이다. (앞의 책 p.867상)

㈢總答前問205)

阿難 此等衆生 不識本心하고 **受此輪廻**하야 **經無量劫**호대 **不得眞淨**은 **皆由隨順 殺盜淫故**로 **反此三種**하면 **又則出生 無殺盜淫**하나니

아난아! 이 모든 중생들이 본래의 마음을 알지 못하고, 이렇게 윤회를 받아 한량없는 세월을 지내도록 참되고 깨끗함을 증득하지 못하는 것은, 모두 살생과 훔치는 일과 음행을 따르기 때문이니, 이 세가지를 범하지 아니하면 또한 살생과 훔치는 일과 음행이 없는 곳에 태어나게 되는 것이다.

有名鬼倫이오 **無名天趣**라 **有無相傾**하야 **起輪廻性**어니와

이러한 업(業)이 있으면 '귀신의 무리'라고 하고206) 없으면 '하늘'이라고 하는데, 이와같이 있고 없는 곳을 서로 왔다 갔다 하면서 윤회하는 성품을 일으키는 것이니,

若得妙發 三摩地者 則妙常寂하야 **有無二無**하고 **無二亦滅**하야 **尙無不殺不偸不淫**하리니 **云何更隨 殺盜淫事**리오

만약 삼마지를 묘하게 발명하면 오묘한 성품이 항상 고요해서 유무(有無)의 두가지가 다 없어지고, 둘이 없어졌다는 것 또한 없어져서 오히려 살생하지 않고 훔치지 않고 음행하지 않는다 할 것도 없는데207) 어찌하여 다시 살생과 훔치는 것과 음행의 일을 따르겠느

---

205) 앞에서 '妙心이 원만하고 두루하거늘 어찌하여 獄鬼人天 등의 길이 있는가?' 하고 물었기 때문에 여기에서 살도음의 세 가지가 근본이 되는 것임을 결론지어 보인 것이다. (앞의 책 p.867상)
206) '이러한 업이 있으면 이름이 귀신의 무리이다'라고 한 것은 반드시 떨어짐을 말한 것이다. '이러한 업이 없으면 이름이 天趣이다'라고 한 것은 반드시 올라감을 말한 것이니 살도음이 없어서 태어나는 곳이 天趣이다. 七趣 가운데 둘만 든 것은 善惡으로 通攝했기 때문이다. 업이 있음으로 인하여 떨어지고 업이 없음으로 인하여 오르기 때문에 유무를 번갈아 相傾하여 輪廻性을 일으킨다 한 것이다. 만약 正定을 얻으면 妙性이 常寂하여 다시 윤회가 없을 것이다. 『계환해』(『卍속장경』17, p.867상)
207) 유무의 두가지가 다 없다고 한 것은 相傾의 업이 끊어짐을 말한 것이요, 二無 또한 멸한다고 한 것은 분별의 情도 없음을 말한 것이다. 업이 끊어지고 정마저 잊으면

냐?

阿難 不斷三業은 各各有私이니 因各各私일새 衆私同分이 非無定處어니와
　아난아! 중생들이 이 세가지 업208)을 끊지 못하는 것은 각기 사사로운 마음이 있기 때문이요. 각기 사사로운 마음이 있기 때문에 중사동분(衆私同分)209)의 정처(定處)가 없지 않는 것이다.

自妄發生이오 生妄無因이라 無可尋究니라
　이는 모두 부질없는 허망에서 생긴 것이며, 부질없는 허망을 일으킬 때에 그 원인이 없어서 찾을 수도 궁구할 수도 없는 것이다.210)

㊂勸斷三業
汝勖修行하야 欲得菩提인댄 要除三惑이니 不盡三惑이면 縱得神通이라도 皆是世間 有爲功用이라 習氣不滅일새 落於魔道며
　네가 힘써 수행하여 깨달음을 얻으려고 한다면 반드시 이 세가지 의혹을 끊어야 하나니, 만약 세가지 의혹을 끊지 않고서는 비록 신통을 얻었다 하더라도 이는 모두가 유위(有爲)의 공용(功用)일 뿐이며, 습기를 없애지 못했기에 결국 마구니의 세계에 떨어지고 마는 것이다.

　三種의 妄本이 그 이름과 자취가 쌍으로 없을 것이요, 허망한 윤회를 끊고자 하면 반드시 正定을 닦아야 한다고 하는 것이다. (앞의 책 p.867상)
208) 三業은 살도음이다. (앞의 책 p.867하)
209) 중사동분(衆私同分)이란 각자의 사사로운 업이지만 같은 업을 가진자들의 모임을 중사동분 혹은 중동분이리 힌다.
210) 앞에서 '지옥이 定處가 있는가? 定處가 없는가? 저들이 업을 발하는 것이 각각 사사로이 받는가?'라고 물었기 때문에 이에 대하여 거듭 답한 것이다. 『계환해』(『卍속장경』17, p.867하)

雖欲除妄이나 倍加虛僞일새 如來說爲 可哀憐者니 汝妄自造라 非菩提咎라

　이와같은 상태에서는 비록 그 허망함을 제거하려고 해도 허위(虛僞)만 더하게 되기 때문에 부처님께서 가련하다고 말씀하신 것이다. 그러나 너의 이 허망이 네 자신 스스로 지은 것이지 보리(菩提)의 허물은 아니니라.211)

㈣結示正說
作是說者는 名爲正說이요 若他說者 卽魔王說이니라

　이와같이 설하는 것은 바른 말[正說]이요, 만약 이와 다르게 설한다면 마왕의 설[魔王說]이다.212)

---

211) 살도음이 惑業의 근본이 되기 때문에 三惑이라 부른다. 위에서 諸趣를 밝혀서 잘못될까 경계하였고, 마지막으로 三惑을 제거하라 권하였으니 이것이 경계하고 대비하는 참다운 요체이다. (앞의 책 p.867하)
212) 마왕 파순은 비록 복덕의 인연으로 욕계 제6 타화자재천에는 태어나지만 그 소견은 잘못되어 있으니, 항상 불교의 정법을 파괴하려고 한다. 왜냐하면 바르게 공부하는 이가 있으면 그의 궁전이 흔들리기 때문이다. 그러나 이러한 마왕이나 천왕들이 따로 있는 것이 아니라 발심을 하지 못한 상태에서는 마왕이지만, 佛法에 발심을 하면 호법선신이 되는 것이다.
　*선가귀감에서는 '마(魔)란 생사를 좋아하는 귀신이니. 팔만사천의 마군이란 바로 중생의 팔만사천 번뇌가 이것이다.'라고 하고, 또 '문자도 마업(魔業)이고 명상(名相)도 마업이며 심지어는 부처님 말씀까지도 마업이다.'라고 하여 마군의 세계가 외부에만 있는 것이 아니라, 우리들 수행자의 내면에 수행에 장애가 되는 일체의 분별 사견 등이 다 마군이라고 했으며, 마가 생기는 원인에 대해서 지도론에서는 '탐진치 삼독에 의해서 생긴다'라고 하고, 대승기신론에서는 '중생이 선근의 힘이 없으면 모든 마구니와 외도와 귀신들에 의해서 어지럽게 된다'라고 하고 있다. 선가귀감에서는 '마가 본래 없는데 수행자가 바른 생각을 잃는데서 마가 생기게 되며, 이와같이 스스로 망견을 일으켜 응하는 것이다'라고 하였다.

2.詳辨魔境 深防邪誤 1)召告宣示

2.詳辨魔境 深防邪誤二213) 1)召告宣示三 (1)召告

卽時如來 將罷法座라가 於師子床에 攬七寶几하사 廻紫金山하야 再來凭倚 하시고 普告大衆 及阿難言 하사대

그때 여래께서 법회를 마치시려다가 사자상(獅子床)에서 다시 칠보로 된 의자를 잡아 당기시어 자금산(紫金山) 같은 몸을 돌려 기대어 앉으시고 대중과 아난에게 말씀하셨다.214)

---

213) 마라(魔羅)는 번역하여 殺者이며 奪者이니, 말하자면 혜명을 죽이고 선법을 빼앗기 때문이다. 이를 펼치면 다섯이 있으니, 음마와 번뇌마와 사마와 천마와 귀마요, 이를 합하면 오직 陰魔와 天魔일 뿐이다. 음마는 생사번뇌이니 오음에 의지하여 일어나는 것이요, 천마는 邪定을 닦으므로 인하여 생겨나 정도를 해칠 것이다. 아직 발심하지 않은 자는 마와 함께 항상 서로 수순하여 구적(寇敵)이 없을 것이나, 오직 바르게 닦는 자는 어기고 따르지 않기 때문에 치우쳐 惱害를 입게 되나니, 그러므로 반드시 가리고 알아야 하는 것이다. 『계환해』(『卍속장경』17, p.867하) 참조
*여기에 五十辨魔는 수행하는 사람들이 오음이 녹아 없어질 때에 만나게 현상으로서 거기에 빠지지 않도록 경계하려는 것이다. 즉 수행하지 않는 사람은 일상생활 그대로가 마장의 세계이므로, 마장이 있어도 이를 모르거니와, 닦아 나아가는 입장에서는 응당 만나게 되는 경계이니 그 제거되는 순서는 거친 색음으로부터 미세한 수상행식의 순서로 차례차례 제거되는 것이다. 즉 색음에 열 가지 마장이 있는데 이를 수행하여 색음의 마장이 사라지면 수음을 비롯한 마장이 남고, 이렇게 수행하여 마지막 미세한 식음의 마장이 사라질 때, 비로소 온갖 마장에서 영원히 벗어나게 되는 것이다.
*여기에 나타나는 오십변마는 수도상에 나타나는 이러한 오십가지 경계는 오음정 또는 오음이 녹아 없어지면서 나타나는 현상들이다. 여기에는 크게 다섯가지가 있으니, 육신에 의지한 色陰의 마경과 감정에 의지한 受陰의 마경과 밖의 이미지에 집착하여 탐욕이 생기는 想陰의 마경과 자아에 의지하여 주의주장이 강하는 등 行陰의 마경과 아래이 色受想行 능 세속적인 시비와 차별에서는 벗어났으되 아직 8식의 고요함이나, 명제 또는 법에 집착하는 외도나 성문 연각의 경계 識陰의 마경이다.

214) 앞에서 이미 法을 다 설명해 마쳤거늘 그 자리에 있던 사람들이 질문이 없기 때문에 法座를 파하려다가 다시 寶几를 잡아당기고, 몸을 돌려서 질문이 없는데도 스스로 설하신 것은 참다운 지견을 닦는 가운데 미세한 마사는 일체가 아니면 분별해 알 수 없기 때문에 그만 寶覺을 허물어뜨려 法王家를 파괴하게 되는 것이다. 그러므로 특별히 말씀하신 것이요 이것이 最後深慈가 되는 것이다. 『계환해』『卍속장경』17, p.868상)

汝等有學이 緣覺聲聞이 今日廻心하야 趣大菩提인 無上妙覺일새 吾今已說
眞修行法이어니와 汝猶未識 修奢摩他와 毗婆舍那의 微細魔事하나니

"너희들 더 배워야 할 유학(有學)인 연각과 성문들이 오늘 마음을 돌려 큰 지혜[大菩提]인 최상의 묘각(妙覺)에 나아가려 하기 때문에 내가 이렇게 참다운 수행법을 말했던 것이다. 그런데 너는 아직도 사마타와 비파사나를 닦는 가운데 나타는 미세한 마구니의 일[微細魔事]215)을 알지 못하고 있구나!

魔境現前이라도 汝不能識하야 洗心非正이면 落於邪見하야 或汝陰魔어나 或復天魔어나 或著鬼神어나 或遭魑魅에

만약 마구니의 경계가 앞에 나타나더라도 네가 알지 못하여 닦는 마음이 바르지 아니하면 사특한 소견에 떨어지게 되리니, 혹은 오음(五陰)에서 일어나는 음마(陰魔)이거나 혹은 천마(天魔)이거나 또는 귀신이 붙거나 도깨비[魑魅]를 만나게 될 것이다.

心中不明하야 認賊爲子하고 又復於中에 得少爲足하리니

이때 마음이 밝지 못하여 도적을 아들인 양 잘못 인정하거나 또는 그 가운데 작은 것을 얻고도 만족을 하게 될 것이니,

---

215) 微細魔事: 이러한 미세한 현상은 수행의 단계에서 나타날 수 있는 당연한 일로서 거기에 집착만 하지 않는다면 아무 문제가 없으나 대개 빠져들기 때문에 여기에서 특히 경계한 것이다.

如第四禪에 **無聞比丘**가 **妄言證聖**이라가 **天報已畢**하야 **衰相現前**에 **謗阿羅漢**도 **身遭後有**라가 **墮阿鼻獄**하리니

 마치 제사선천(第四禪天)의 무문비구[無聞比丘]216)처럼 망령되이 '성과(聖果)를 얻었다217)'고 하다가 하늘의 과보가 다하여 쇠퇴한 모습이 앞에 나타나면, 이제는 '아라한도 몸이 후유(後有)를 받는다'고 비방하여 그만 아비지옥(阿鼻地獄)에 떨어진 것과 같다.

汝應諦聽하라 **吾今爲汝**하야 **子細分別**호리라

 너는 잘 들어라. 내가 이제 너를 위하여 자세히 분별해 설명하리라."218)

阿難起立하사 **幷其會中**의 **同有學者**로 **歡喜頂禮**하며 **伏聽慈誨**하더라

 아난이 일어나서 모임 가운데 유학(有學)들과 함께 기뻐하며 이마를 대어 절하고 자비하신 가르침을 듣고 있었다.

⑵正示四 ①叙魔所起
佛告阿難及諸大衆하사대 **汝等當知**하라

 부처님이 아난과 모든 대중에게 말씀하셨다. "너희들은 마땅히 알아야 한다.

---

216) 無聞比丘란 第四禪天의 無想定으로 최선의 수행을 삼아 더 듣고 배우려 하지 않는 수행자이다.
217) 제사선천의 무문비구를 예로 든 것은 智論에 설하기를 "어떤 비구가 다문의 지혜가 없이 오직 小行만 닦아 제사선에 태어나고는, 문득 '이미 아라한을 증득했다'고 말하다가 하늘의 과보가 이제 끝나고 태어날 곳이 있음을 보고는 드디어 '부처님은 거짓으로 이리힌은 後有를 믿지 않는다'고 했다'라고 비방하다가 이로 인하여 지옥에 떨어졌다"고 했으니, 이것이 사특하게 비방한 허물이다. 『계환해』(『卍속장경』17, p.868상)
218) 무학(無學)은 四陰이 이미 없어졌고 識陰만 남아있어 천마나 귀신등의 마경에 이르지 못하거니와 유학들을 위하여 五陰을 다 말하게 되었다고 할 수 있다. (이운허 능엄경)

有漏世界十二類生의 本覺妙明한 覺圓心體가 與十方佛로 無二無別이언만

　유루세계(有漏世界) 십이류 중생들의 본각묘명(本覺妙明)의 원만한 심체(心體)는 저 시방의 부처님으로 더불어 둘이 아니고 다르지 아니하건만,

由汝妄想으로 迷理爲咎하야 癡愛發生하고 生發遍迷일새 故有空性이며 化迷不息일새 有世界生이니

　다만 너희들의 허망한 생각으로 말미암아 진리에 미혹되고 허물이 되어서 어리석은 애욕이 발생하고, 발생하여서는 두루 미혹해지기 때문에 허공의 성품이 있게 되고 미혹을 따라 변화[化迷][219]가 그치지 않아 세계가 생기는 것이다.

則此十方微塵國土의 非無漏者는 皆是迷頑한 妄想安立이니라

　이와같이 시방의 수많은 국토가 청정[無漏]하지 않는 것은 모두 미혹하고 어리석은 허망한 생각으로 살아가기 때문이다.[220]

當知虛空 生汝心內호미 猶如片雲이 點太淸裡어든 況諸世界가 在虛空耶아

　마땅히 알라. 허공이 너의 마음 속에서 생기는 것이 마치 한 조각 구름이 맑은 하늘에서 생기는 것과 같은데, 하물며 허공 속에 있는 세계이겠느냐?[221]

---

219) 化迷라 하는 것은 迷를 따라 전변하는 것이다. 『계환해』(『卍속장경』17, p.868상)
220) 깨달음의 원만한 심체를 이른바 眞元이라 하니, 이치를 어둡게 하고 진리를 등지게 하기 때문에 미혹을 따라 변화하여 망을 세우고 유루의 세계를 이루어 마의 의지할 바가 되는 것이다. (앞의 책 p.868하)
221) 허공이 大覺 가운데에서 생기는 것이 마치 바다 가운데 하나의 거품이 생기는 것과 같다고 하고, 또한 조각 구름에 비유하여 세계는 虛幻하고 微茫하여 쉽게 없어져 허망한 것임을 밝힌 것이다. 『계환해』(『卍속장경』17, p.868하)

汝等一人이 發眞歸元하면 此十方空이 皆悉銷殞하리니 云何空中에 所有國土가 而不振裂가

너희들 가운데 어느 한 사람이라도 진실을 발명하여 근원으로 돌아간다면 시방의 모든 허공이 다 소멸할 것인데, 어찌 허공 속에 있는 그 국토가 무너지지 않겠느냐?222)

汝輩修禪호대 飾三摩地하야 十方菩薩과 及諸無漏 大阿羅漢으로 心精通㳷하야 當處湛然하면

너희들 비구들이 선정을 닦아 삼마지를 장엄하여 시방의 보살들은 물론 번뇌를 소멸한 여러 대아라한(大阿羅漢)들과 함께 마음의 정미로운 기운이 서로 통하고 합해져서 그 자리에서 고요해진다면

一切魔王과 及與鬼神과 諸凡夫天이 見其宮殿이 無故崩裂하며 大地振坼하야 水陸飛騰이 無不驚慴하리니

바로 여러 마왕(魔王)과 귀신(鬼神)과 모든 범부천(凡夫天)223)들이 그들의 궁전이 까닭없이 무너져서 땅이 갈라지고 터져 물이나 육지에 사는 것들과 하늘을 나는 무리들이 놀라 두려워하는 것을 보게 될 것이다.

---

222) 원래로 참된 실체는 본래 스스로 廓然한 것이요, 허공과 국토는 다 이것이 미혹하고 완고한 망상으로 安立된 것이다. 眞을 발하여 미혹되지 아니하면 安立될 수 없기 때문에 저절로 멸하여 없어진다[殞裂]고 한 것이다.『계환해』(『卍속장경』17, p.868하)
*어떤 사람이 말하기를 "유루의 空界는 衆生同感이어늘 어찌하여 한 사람 민이 消殞하겠는가? 더구나 고금에 眞을 발하는 자가 많았는데도 空界는 여전[依然]했으니 어찌 消殞이라 할 수 있겠는가?" 대답하기를 "同業의 감득한 바가 晦昧를 여의지 아니하니 眞을 발하여 明으로 돌이키기 때문에 消殞할 수 있는 것이다. 그러나 중생을 다할 수 없고 세계도 다할 수 없는 것이다. 그러므로 비록 一人이 眞을 발했더라도 대중이 다시 感結하기 때문에 전과 같[依然]거니와 동업의 모든 사람으로 하여금 다같이 眞을 발하게 하면 山河器界가 바로 無上知覺으로 변하여 淨妙佛土가 이루어질 것이다."하다. (앞의 책 p.868하) *허망이 다하고 본래의 마음이 열린 것이다.
223) 凡夫天은 마왕천을 가리킨 것이니 다만 아직 루진통을 얻지 못했기 때문이다.『계환해』(『卍속장경』17, p.869상)

凡夫昏暗하야 不覺遷訛어니와 彼等咸得 五種神通이요 唯除漏盡일새 戀此塵勞어늘 如何令汝로 摧裂其處리오

(이와같이 저들이 놀라고 두려워하는 것은) 저들 범부(凡夫)들이 어리석어 그 변천의 근본을 알지 못했기 때문이다. 즉 저들이 모두 오신통(五神通)을 얻었으나 다만 누진통(漏盡通)을 얻지 못하였기 때문에 이와같이 진로(塵勞)에 연연(戀戀)해 하는 것이니, 어찌 너에게 번뇌의 궁전을 무너뜨릴 수 있도록 내버려 두겠느냐?

是故鬼神과 及諸天魔와 魍魎妖精이 於三昧時에 僉來惱汝하니라

그러므로 귀신과 여러 천마(天魔)와 허깨비[魍魎]와 요사한 정기들이 삼매(三昧)를 수행할 때에 모두 와서 너를 괴롭히는 것이다.224)

②悟則無惑

然彼諸魔가 雖有大怒라도 彼塵勞內라 汝妙覺中에는 如風吹光하고 如刀斷水하야 了不相觸이며

그러나 저 모든 마구니가 비록 크게 성을 내더라도 저들은 번뇌 속에 살고 있고, 너는 묘한 깨달음 속에 있으니, 마치 바람이 빛을 부는 것 같고, 칼로 물을 베는 것과 같아서 마침내 서로 부딪치지 않을 것이다.

汝如沸湯하고 彼如堅冰하야 煖氣漸鄰에 不日銷殞하리라

또 너는 끓는 물과 같고, 저들은 꽁꽁 얼은 얼음과 같아서 더운 기운에 점점 가까워지면 날을 다하지 아니하고 바로 녹아 없어질 것이다.225)

---

224) 마구니는 어두움[晦昧]으로써 의지를 삼는데 지금 비구들이 禪을 닦고 定을 꾸미게 되면 妙心이 精明하여 보살과 아라한으로 더불어 같기 때문에 魔界가 허물어지는 것이니 이에 드디어 비구의 삼매를 惱害하는 것이다. (앞의 책 p.868상)
225) 묘각의 眞體는 움직임도 없고 무너짐도 없는 것이니 올바른 힘으로 녹이면 邪氣는 스스로 소멸할 것이다. 『계환해』(『卍속장경』17, p.869상)

徒恃神力이나 但爲其客이라 成就破亂은 由汝心中에 五陰主人이니 主人若迷하면 客得其便이어니와 當處禪那하야 覺悟無惑하면 則彼魔事가 無奈汝何리라

　　한갓 신통력을 믿으나 다만 그것은 객이요, 성취와 파괴는 너의 마음속 오음(五陰)의 주인에게 달린 것이니, 오음의 주인이 만약 혼미하면 도둑[客]이 그 틈을 노리겠지만 응당 바른 선나(禪那)에 처하여 미혹이 없다면 저 마구니들이 너를 어떻게 하지 못할 것이다.

陰消入明하면 則彼群邪는 咸受幽氣이니 明能破暗하야 近自銷殞이어늘 如何敢留하야 擾亂禪定이리요

　　오음의 어두움이 사라지고 깨달음의 밝음[覺明]에 들어가면 저 사특한 무리들은 모두 어두운 기운을 받는 자들이기 때문에 밝음이 어두움을 무너뜨릴 수 있듯이 가까이 가면 저절로 사라지는 것이니, 어떻게 감히 머물러 너의 선정(禪定)을 어지럽히겠느냐?226)

③迷則遭害

若不明悟하야 被陰所迷하면 則汝阿難이 必爲魔子하야 成就魔人하리라

　　만약 밝게 깨닫지 못하여 오음(五陰)의 미혹함을 입게 된다면 그대 아난은 반드시 마구니의 가족이 되어서 마인(魔人)이 될 것이다.

如摩登伽는 殊爲眇劣연마는 彼唯呪汝하야 破佛律儀호대 八萬行中에 只毁一戒라

　　마등가가 비록 하열한 무리지만 그가 주문만으로도 너를 유혹하고 부처님의 계율을 깨뜨려 팔만가지 수행 가운데 오직 한가지 계율을 무너뜨리려 하였다.

---

226) 한갓 神力을 믿는다고 한 것은 諸魔를 말한 것이고, 오음의 주인은 眞心을 가리킨 것이다. 오음의 어두움이 사라지고 覺明의 밝음에 들어간다는 것은 진리[여래장]가 발현됨을 가리킨 것이다. (앞의 책 p.869하)

心淸淨故로 尙未淪溺어니와 此乃隳汝의 寶覺全身이니 如宰臣家가 忽逢籍沒하야 宛轉零落하야 無可哀救하리라

다행이 너의 마음이 청정하였기에 거기에 빠져들지 아니하였으나 마구니의 구경목표는 바로 너의 보배로운 깨달음 전체를 완전히 무너뜨리는데 있으니227) 이는 마치 재상의 집이 갑자기 가산을 몰수당하여 완전히 무너져 구원할 수 없는 지경에 이른 것과 같느니라.228)

④隨陰詳辨五. ㅡ色陰三229) (가)示陰相230)

阿難當知하라 汝坐道場하야 消落諸念호대 其念若盡하면 則諸離念에 一切精明하야 動靜不移하고 憶忘如一리니

아난아! 마땅히 알라. 네가 도량에 앉아서 모든 잡념이 사라지고 그 잡념이 만약 다 끊어진다면 모든 잡념을 여읜 그 곳에 일체가 정미롭게 밝아서 움직이고 고요함에 흔들리지 않고 기억과 잊음이 한결같으리라.

---

227) 마등가는 작고 용열[眇劣]하여 한 가지 戒體를 훼손하려 했거니와, 諸魔는 매우 포악하여 寶覺全身을 무너뜨리려 하니 참으로 마땅히 깊이 방어해야 하는 것이다. 『계환해』(『卍속장경』17, p.869하)를

228) 재상의 집안이 가산을 몰수 당했다는 것은 거의 覺位에 이르렀다가 惡趣에 빠져 떨어지는 것에 비유한 것이다. (앞의 책 p.869하)

229) 색음이란, 수행을 하다가 보면 자기도 모르게 몸이 가벼워지고 알 수 없는 깊이의 우주 속으로 빠져 들기도 하는 등 고요해지는데, 이는 깨달음이 아니라 수행하는 가운데 나타날 수 있는 하나의 과정으로 이를 집착하면 색음(色陰)의 마경(魔境)에 떨어지는 것이다.

230) 색음의 相: 모든 생각이 사라졌다는 것은 담연(湛然)한 것으로 허망한 생멸을 돌이킨 것이요, 생각을 벗어나 정밀하게 밝다는 것은 원래로 밝은 무생멸성을 깨닫는 것이다. 담적(湛寂)하기 때문에 동정(動靜)에 옮기지 아니하고, 離念이기 때문에 憶念에 한결같은 것이다. 정력은 비록 그러하나 색음을 아직 파하지 못했기 때문에 마치 밝은 눈이 어두움에 처하여 비록 精性이 妙淨이나 마음은 아직 광명을 발하지 못한 것과 같은 것이니 이것이 색음에 갇힌 모습이다. 『계환해』(『卍속장경』17, p.869하)

2. 詳辨魔境 深防邪誤 ㊀色陰 677

當住此處하야 **入三摩地**하면 **如明目人**이 **處大幽暗**하야 **精性妙淨**이나 **心未發光**리니 **此則名爲 色陰區宇**니라

　그러한 곳에 머물러 삼마지에 들면 마치 눈 밝은 사람이 매우 유암(幽暗)231)한 곳에 있는 것처럼 정미로운 성품은 묘하게 깨끗하나, 마음은 아직 빛을 발하지 못하리니232) 이것을 '색음구우(色陰區宇)233)'라 이름하느니라.

若目明朗하야 **十方洞開**하면 **無復幽黯**이리니 **名色陰盡**이라하고 **是人卽能 超越劫濁**하리니 **觀其所由**컨댄 **堅固妄想**으로 **以爲其本**이니라

　만약 안목이 밝아져서 시방이 훤히 열린다면234) 다시 유암(幽暗)하지 않을 것이요. 이것을 '색음이 다한 것이다235)'라 이름하며, 이 사람은 다만 능히 겁탁(劫濁)236)을 초월할 것이니, 그 까닭은 견고

---

231) 유암(幽暗): 청정하고 고요하나 지혜가 아직 완전하지 못하고 어두운 상태이니, 色陰定의 상태이다.
232) '마음이 아직 빛을 발하지 못한다'고 한 것은 色陰이 아직 열리지 못해서 心光이 나오지 못하고 끝없이 幽暗하여 허공처럼 고요한 상태이다. 『정맥소』(『卍속장경』18, p.828상) 참조
233) 色陰區宇란 색음의 幽暗한 상태로서 마치 어두운 집과 같은 것이다. 이때 區란 담장에 둘러쌓인 것이고, 宇란 집 속에 갇힌 것이다. 『정맥소』(『卍속장경』18, p.828상) 참조
　*陰이란 가리워 덮는 것으로 뜻을 삼나니, 性眞을 잡아 가둔 것[區局]이기에 區宇라 했다. 『계환해』(『卍속장경』17, p.870상)
234) 시방이 훤히 열린다는 것은 오음이 없어져가는 모습으로 滅身하여 無로 돌아가는 것이 아니라 관조하는 힘이 있어 미혹에 걸리지 아니함을 말한 것이기에 마치 눈이 밝아지면 시방이 洞開한 것과 같다고 한 것이다. 『계환해』(『卍속장경』17, p.870상)
　*눈이 밝아 시방이 洞開했다는 것은 지혜의 心光이 밝아져서 육안을 쓰지 아니하고도 시방이 환하게 밝아지며, 전에 어둡던 것이 바람에 구름이 벗겨지듯이 밝아져서, 안으로는 오장 百骸를 통철하고 밖으로는 산하대지를 洞開하여 천상과 인간을 보되 모두 손바닥을 보는 것과 같음을 말한 것이다. 여기에서 색음이 다한 모습은 마치 다섯 겹의 옷 가운데 우선 겉옷을 벗은 것과 같다. 『정맥소』(『卍속장경』18, p.828상)
235) 이때 색음이 나하였나는 것은 色을 다하여 空을 이루었다는 것이 아니고, 다만 색음에 가리운 것만 다하였다는 것이다. *눈밝은 사람이 캄캄한 방에 있다가 이에 이르러 다시 광명을 이룸이 색음이 다한 것이다. 『정맥소』(『卍속장경』18, p.835하)
236) 이곳 변마장에서의 오탁은 수도분 審因心편에서의 오탁과는 그 次第가 다르

망상(堅固妄想)237)으로 근본(根本)을 삼고 있기 때문이다.238)

(나)辨現境十239) (가)身能出礙240)

阿難當在此中하야 **精研妙明**하야 **四大不織**하면 **少選之間**에 **身能出礙**하리니 **此名精明**이 **流溢前境**이니라

　아난아! 이 가운데241) 묘명(妙明)242)을 연마하면 사대(四大)의 얽힘이 성그러져서 잠깐 동안에 몸이 장애에서 벗어나게 되는데243) 이것을 '정미로운 밝음[精明]이 앞의 경계244)로 인하여 흘러넘치게

　　다. 그러므로 이곳의 겁탁은 색음의 體이기는 하나 第一重인 최초일념의 입장이 아니고 第五重의 입장이라고 보아야 할 것이다.
　　*겁탁(劫濁): 최초의 일념 속에 空과 見이 나누어지지 않는 것을 劫濁이라 이름하나니 이것이 色陰의 體이다. 그러므로 色陰이 다했다면 오탁 가운데 겁탁을 초월하게 되는 것이다. 『계환해』(『卍속장경』17, p.870상)
237) 몸이 망상으로 인하여 태어나고, 마음은 망상으로 인하여 일어나며, 목숨은 망상으로 인하여 이어지니, 가지가지 망상이 서로 굳어져서 색음을 이루기 때문에 堅固妄想이라고 한 것이다. 『계환해』(『卍속장경』17, p.898하)
　　*또 색음은 처음 父와 母와 자기 등 이러한 세가지 허망한 것들이 서로 맺히어 이루어진 것이기 때문에 堅固妄想으로 근본을 삼는다고 한 것이다. 『계환해』(『卍속장경』17, p.870상)
　　*五陰의 그 허망한 근본에 대해서는 經의 末尾(pp.753-756)에 자세히 해석하였다. 『계환해』(『卍속장경』17, p.870상)
238) 색음이 다하고 겁탁을 초월하는 과정에서 10가지 색음의 마가 나타나는데, 이처럼 색음의 마가 나타나는 것은 견고한 망상으로 근본을 삼아, 아직 나머지 수상행식 등 四陰이 견고하기 때문이다.
239) 辨現境: 나타나는 경계를 밝히다.
240) 身能出礙: 몸이 색의 장애에서 벗어나 가벼워지다.
241) '이 가운데'라고 한 것은 色陰區宇이니, 곧 色陰定이다. *이 가운데라고 한 것은 앞에서 惺寂이 쌍으로 흐르고, 境心이 어지럽지 않는 그 가운데이니 곧 色陰이 幽暗한 상태이다. 『정맥소』(『卍속장경』18, p.829하)
242) 묘명(妙明)이란, 묘하게 밝은 성품이니 곧 우리의 불성(佛性)이며, 능엄에서 말하는 여래장 묘진여성이다.
243) 묘체가 본래 원융하거늘 허망한 색질로 인하여 장애를 이루었으므로 정밀하게 궁구하여 묘하게 밝아지면 사대의 짜여짐이 성그러져서 몸이 장애를 벗어나게 되는 것이다. 그러나 이는 다만 定力의 영향으로 精明이 흘러 넘친 것이니 잠시 그러한 것이요, 항상한 것은 아니기 때문에 聖證이 아니라고 한 것이다. 『계환해』(『卍속장경』17, p.870상)

된 것245)이다'라고 이름하느니라.

斯但功用으로 暫得如是연정 非爲聖證이니 不作聖心하면 名善境界어니와 若作聖解하면 卽受群邪하리라

그러나 이것은 다만 정력(定力)의 공용(功用)으로 잠시 이와 같을 뿐 성인(聖人)이 된 것은 아니니, 이 때 성인이 되었다는 마음을 짓지 아니하면 좋은 경계[善境界]라고 할 수 있으나, 만약 성인이 되었다는 견해를 짓는다면 곧 많은 마구니들의 유혹을 받게 될 것이다.

㈐體拾蟯蛔246)
阿難復以此心으로 精研妙明하야 其身內徹하면 是人忽然於其身內에 拾出蟯蛔호대 身相宛然하며 亦無傷毀하리니 此名精明이 流溢形體라

아난아! 다시 이러한 마음247)으로 묘명(妙明)을 정밀하게 연마하여 몸속으로 비쳐 밝게 사무치면 이러한 사람은 홀연히 몸속에서 요충이나 회충을 집어내더라도 몸의 형태는 완연하여 조금도 상처가 나지 않으리니248) 이것을 '정미로운 밝음[精明]이 형체를 극복하여 넘친 것이다'라고 이름하느니라.

---

244) 색음정 속에 갇힌 견애(堅礙)한 경계이다.
245) '흘러 넘친다'라고 한 것은 녹아서 샌다는 뜻이니, 색음이 점차 녹아내림을 말한다. 대개 眞心이 虛融光寂하여 조금이라도 견애(堅礙)한 경계에 반응(發洩)함이 있으면 곧 虛豁無礙하게 되기 때문이다. 『정맥소』(『卍속장경』18, p.830상) 참조
246) 體拾蟯蛔: 몸속의 회충을 집어내다.
247) 色陰定이니, 색음의 幽暗한 상태이다.
248) 몸이 상하지 않는 것은, 색음이 다하는 과정에서 정밀한 밝음으로 형체가 극복되어 막힘이 없고 장애가 없기 때문이다.

斯但精行으로 暫得如是어정 非爲聖證이니 不作聖心하면 名善境界어니와 若作聖解하면 卽受群邪하리라

이는 다만 정미로운 수행의 힘으로 인하여 잠시 이와 같을 뿐 성인(聖人)이 된 것은 아니니, 성인이 되었다는 생각을 내지 아니하면 좋은 경계[善境界]이겠지만, 만약 성인이 되었다는 견해를 짓는다면 곧 많은 마구니들의 유혹을 받게 될 것이다.249)

㈓空聞密義250)

又以此心으로 內外精硏호대 其時魂魄 意志精神하니 除執受身코 餘皆涉入하야 互爲賓主어늘

또 이러한 마음(色陰定)으로 안과 밖을 정밀하게 연마하여 그 때에 혼과 넋과 마음과 의지와 정신 등이 밝아지는데, 집수신(執受身)251)을 제외하고 나머지 혼백 등 모두를 거두어들여, 서로 손님이 되기도 하고 주인이 되기도 하되,

---

249) 眞精妙明이 앞의 경계를 인하여 넘치게 되면 밖으로 가로막는 것이 없게 되고, 형체로 인하여 넘치게 되면 안으로 장애되는 것이 없게 되므로 능히 몸 안에서 회충을 주어 내는데, 이것이 또한 잠시 그러하다는 것이다. 『계환해』(『卍속장경』17, p.870하)
250) 空聞密義: 허공에서 비밀한 가르침을 듣다.
251) 혼과 넋과 意(意體)와 志(意用)와 神은 오장(五藏)의 주인이요. 執受는 제팔식이니 칠식의 총이요, 身은 오근의 총이니 이미 總統이 되었기 때문에 서로 관계되는 바가 없어 제한다고 한 것이다. 『계환해』(『卍속장경』17, p.870하)
  *執受身을 제한다는 것은 그 형체가 安然하여 遷改되지 않기에 이를 제한다는 것이요, 나머지 모두를 거둬들인다는 것은 계환스님의 이른바 '혼과 넋 등이 모두 옛날의 항상함을 잃고 번갈아 서로 거두어 들인다'고 한것이 이것이다. 『정맥소』(『卍속장경』18, p.830하)
  *執受의 執은 攝持의 뜻이 있고, 受는 領 또는 覺의 뜻이다. 바깥 경계를 접촉할 때에 그것을 攝持하여 잃어버리지 않고 고락 등을 覺知하는 것을 執受라 한다. 全觀應, 『佛教學大辭典』(서울 弘法院 1988) p.1512.

2. 詳辨魔境 深防邪誤 ㉠色陰 681

忽於空中에 聞說法聲하며 或聞十方에 同敷密義하리니 此名精魄이 遞相離合하야 成就善種이니라

 홀연히 공중에서 설법하는 소리를 듣기도 하고, 혹은 시방에서 비밀한 이치를 설하는 것을 듣기도 하는데, 이것을 '정신과 혼백이 서로 번갈아 떨어졌다 합해졌다 하면서 좋은 종자를 성취시키는 것이다'라고 이름한다.

暫得如是언정 非爲聖證이니 不作聖心하면 名善境界어니와 若作聖解하면 卽受群邪하리라

 이는 잠시 이와같을 뿐 성인(聖人)이 된 것은 아니니, 성인이 되었다는 생각을 하지 아니하면 좋은 경계라 하겠지만 만약 성인이 되었다는 견해를 짓는다면 곧 많은 마구니의 유혹을 받게 될 것이다.252)

㉣默現佛境253)

又以此心으로 澄露皎徹하야 內光發明하면 十方遍作 閻浮檀色하고 一切種類가 化爲如來어든

 또 이러한 마음[色陰定]으로 매우 맑아 맑음이 지극하면 내광(內光)이 드러나 시방세계가 두루 염부단(閻浮檀)의 금빛으로 변하고, 일체의 모든 것이 변하여 여래로 나타나리니,

---

252) 앞에서 정밀하게 궁구한다는 것은 처음은 外虛요 다음은 內徹이요, 여기에서 다시 內外를 정미롭게 궁구하여 모두 虛徹해졌기 때문에 五神과 七識이 모두 옛날의 항상함을 잃고 번갈아 서로 거두어 들이게 된다. 그러므로 일찍이 옛날에 들어서 훈습되었던 것이 스스로 발휘되어 문득 듣게 된 것이다. 지금 마음을 가다듬고 정신을 모아 생각이 지극해지면 기이한 문양과 화려한 무늬 등 일찍이 경험하지 못했던 것을 자주자주 환연(煥然)하게 보뇌 마지 잠자다 꿈꾸듯 하리니, 정밀하게 연구하고 격발(激發)함에 신비한 것이 우연히 나타나는 것임을 이러한 類로써 가히 알 수 있는 것이다. 『계환해』(『卍속장경』17, p.870하)
253) 默現佛境: 고요한 가운데 부처님이 나타나다.

于時忽見 毘盧遮那가 踞天光臺하사 千佛圍繞하며 百億國土와 及與蓮華가 俱時出現하리니 此名心魂이 靈悟所染하야 心光研明하고 照諸世界니라

 그 때 문득 비로자나 부처님이 천광대(天光臺)에 앉으시고, 일천 부처님이 주위를 에워싸며, 백억의 국토와 연꽃이 동시에 출현하시는 것을 보게 되는데, 이것을 '심혼(心魂)이 신령스러운 깨달음에 물들어 그 심광(心光)이 밝아져서 모든 세계를 비추는 것이다'라고 이름하느니라.

暫得如是언정 非爲聖證이니 不作聖心하면 名善境界어니와 若作聖解하면 卽受群邪하리라

 이는 잠시 그와 같을 뿐 성인(聖人)이 된 것은 아니니, 성인이 되었다는 마음을 내지 아니하면 좋은 경계라고 하겠지만 만약 성인이 되었다는 견해를 짓는다면 곧 많은 마구니의 유혹을 받게 될 것이다.254)

㈣空色如實255)

又以此心으로 精研妙明호대 觀察不停하야 抑按降伏하야 制止超越하면 於時忽然 十方虛空이 成七寶色하고

 또 이러한 마음(色陰定)으로 묘명을 연마해서 끊임없이 관찰하고 잡념을 억제하여 항복받아 제어하고 초월하면 그 때 홀연히 시방의 허공이 칠보색(七寶色)을 이루기도 하고,

---

254) 깨끗하고 더러운 경계는 항상 마음을 따라 느끼는 것이기 때문에 맑게 사무침이 지극하면 心魂이 靈悟에 물들고 佛境이 心光에 나타나리니, 이는 마음이 佛國에 있으면 聖境이 아련히 나타나는 것과 같다.『계환해』(『卍속장경』17, p.871상)
255) 空色如實: 허공에 칠보가 가득함을 보다. (空成寶色)

或百寶色하야 **同時遍滿**호대 **不相留礙**하야 **青黃赤白**이 **各各純現**하리니 **此名抑按**의 **功力逾分**이라하나니라

　혹은 온갖 보배의 색이 되기도 하여 동시에 두루 가득하여 서로 걸리지 아니하고 청황적백(青黃赤白)이 각각 순수하게 나타나리니, 이것을 '억제하는 공부의 힘이 한계를 넘은 것이다'라고 이름하느니라.256)

暫得如是언정 **非爲聖證**이라 **不作聖心**하면 **名善境界**어니와 **若作聖解**하면 **卽受群邪**하리라

　이는 잠시 그와 같을 뿐 성인(聖人)이 된 것은 아니니, 성인이 되었다는 마음을 내지 아니하면 좋은 경계라 하겠지만 만약 성인이 되었다는 견해를 내면 곧 많은 마구니의 유혹을 받게 될 것이다.

㈛暗室如晝257)

又以此心으로 **研究澄徹**하고 **精光不亂**하면 **忽於夜半**에 **在暗室內**하야 **見種種物**호대 **不殊白晝**하고 **而暗室物**도 **亦不除滅**하리니

　또 이러한 마음(色陰定)으로 연마하여 맑게 사무치고 정밀한 빛이 산란하지 아니하면 홀연히 밤중에 어두운 방안에서 가지가지 물건을 보되 대낮과 다르지 아니하고258) 어두운 방안의 물건도 없어지지 아니하리니259)

---

256) 묘명한 성품을 정미롭게 연마하여 색음이 녹아내리는 과정에서 잡다한 생각을 억복하고 마음을 제어하여 수승함에 의탁하면 그 힘의 작용이 뛰어나기 때문에 묘명이 핍극(逼極)되어 그 밝음이 흩어져 나타난 것이다. 『계환해』(『卍속장경』17, p.871상)
257) 暗室如晝: 어두운 방에서도 낮과 같이 모든 것을 꿰뚫어 보다.
258) 그 사람에게 참다운 광명이 있는 것은 아니나, 스스로 광명을 발하여 어두움을 능히 어눕지 않게 하는 것은, 오직 미세한 定心으로 맑혀서 어지럽지 않게 된 이후에 능히 나타내는 경계이다. 『계환해』(『卍속장경』17, p.871하)
259) '어두운 방에 물건이 없어지지 않는다'는 것은 모두가 실재의 경계로서 선정의 변화를 따르지 않는다는 말이다. 『계환해』(『卍속장경』17, p.871하)

此名心細하고 密澄其見하야 所視洞幽니라
　이것을 '마음이 미세하고 보는 것이 치밀하게 맑아져서 어둠을 뚫는다' 라고 이름하느니라.

暫得如是연정 非爲聖證이니 不作聖心하면 名善境界어니와 苦作聖解하면 卽受群邪하리라
　이는 잠시 그와 같을 뿐 성인(聖人)이 된 것은 아니니, 성인이 되었다는 마음을 내지 아니하면 좋은 경계[善境界]라 하겠지만 만약 성인이 되었다는 견해를 갖게 되면 곧 많은 마구니의 유혹을 받게 될 것이다.

(사)身無所覺260)
又以此心으로 圓入虛融하면 四肢忽然 同於草木하야 火燒刀斫이라도 曾無所覺하며 又則火光이 不能燒爇하며 縱割其肉이라도 猶如削木하리니
　또 이러한 마음으로 원만하게 텅 비고 원융한 곳에 들어가면 온 몸(四肢)이 홀연히 풀이나 나무와 같아져서 불로 태우거나 칼로 베어내도 조금도 아픔을 느끼지 아니하며, 또한 불이 능히 태울 수 없고, 비록 그 살을 깎더라도 마치 나무를 깎는 것과 같으리니261)

此名塵倂하고 排四大性하야 一向入純이니라
　이것을 '번뇌가 모두 소멸되고 사대(四大)의 성품을 배척하여 한결같이 순수한 경지에 들어간 것이다'라고 이름하느니라.

───────────────

260) 身無所覺: 몸을 태우거나 깎아내어도 아프지 않음 (燒斫無礙)
　　*색음이 다해가는 과정에서 번뇌를 소멸하고 사대(四大)의 성품을 배척하여 한결같이 순수한 경지에 들어갔기에 몸을 태우거나 깎아내어도 아프지 아니하다.
261) 선정의 힘이 虛融하게 되면 곧 五塵四大를 떨쳐버리고 순수한 覺性이 몸에 남게 되리니, 그러므로 傷觸하는 바가 없게 되고 선정의 힘을 가졌으므로 불에 태울 수 없게 되는 것이다. 세상에서 단정하게 생활하여 나를 잊은 것도 오히려 형체가 마른 나무와 같고 마음은 타버린 재와 같을 수 있거든, 하물며 참된 선정의 힘을 닦는 사람에 있어서 더 말할 필요가 있겠는가? 『계환해』(『卍속장경』17, p.871하)

暫得如是연정 非爲聖證이니 不作聖心하면 名善境界어니와 若作聖解하면 卽受群邪하리라

이는 잠시 그와 같을 뿐 성인(聖人)이 된 것은 아니니, 성인이 되었다는 마음을 내지 아니하면 좋은 경계라 하겠지만 만약 성인이 되었다는 견해를 내면 곧 많은 마구니의 유혹을 받게 될 것이다.

⑥ 見能洞觀262)

又以此心으로 成就淸淨하야 淨心功極하면 忽見大地와 十方山河가 皆成佛國하야 具足七寶하고 光明遍滿하며

또 이러한 마음으로 청정함을 성취하여 마음을 깨끗이 하는 공부가 지극하면 홀연히 대지와 시방의 산하가 모두 불국토를 이루어 칠보(七寶)를 구족하고 광명이 두루 가득함을 보며,

又見恒沙 諸佛如來가 遍滿空界하고 樓殿華麗하며 下見地獄하고 上觀天宮호대 得無障礙하니

또 항하의 모래 수와 같은 제불여래가 허공에 두루 가득하고 누각과 궁전의 화려함을 보며, 아래로는 지옥을 보고 위로는 천궁을 보더라도 장애가 없으리니,

此名欣厭이 凝想日深하야 想久化成이라

이것을 '좋아하고 싫어하는 생각이 엉켜 날로 깊어지다가 그 생각[想]이 오래되면 저절로 변화한 것이다'라고 이름하느니라.263)

---

262) 見能洞觀: 모든 세계를 두루 보게된다. (徧觀諸界)
  *색음이 소멸되어 가는 과정에서 좋아하고 싫어하는 생각이 엉켜 날로 깊어져서 그러한 선정이 가운데 변화로 모든 세계를 두루 보게 된다.
263) 추탁(麤濁)한 質礙를 싫어하고 淨妙한 虛融을 좋아하는 것을 청정성취라 이름하나니 얽힌 생각이 날로 깊어져서 오래되면 化現되는 것이니, 그러므로 능히 洞觀하여 장애가 없게 되는 것이다. 『계환해』(『卍속장경』17, p.871하)

非爲聖證이니 不作聖心하면 名善境界어니와 若作聖解하면 卽受群邪하리라
　이는 잠시 그와 같을 뿐 성인(聖人)이 된 것은 아니니, 성인이 되었다는 마음을 내지 아니하면 좋은 경계라 하겠지만 만약 성인이 되었다는 견해를 하게 되면 곧 많은 마구니의 유혹을 받게 될 것이다.

㉝夜或隔見264)
又以此心으로 硏究深遠하면 忽於中夜에 遙見遠方의 市井街巷과 親族眷屬하며 或聞其語하리니 此名迫心으로 逼極飛出일새 故多隔見이라
　또 이러한 마음으로 깊고 넓게 연마하면 문득 밤중에 멀리 시정이나 거리의 친족이나 권속들을 보기도 하고, 혹은 그들이 하는 말을 듣기도 하는데, 이것을 '마음을 억제하고 그 핍박이 지극하여 나온 빛이기에 막힌 것이 잘 보이는 것이다'라고 이름하느니라.265)

非爲聖證이니 不作聖心하면 名善境界어니와 若作聖解하면 卽受群邪하리라
　이는 잠시 그와같을 뿐 성인(聖人)이 된 것은 아니니, 성인이 되었다는 마음을 내지 아니하면 좋은 경계라 하겠지만 만약 성인이 되었다는 견해를 하게 되면 곧 많은 마구니의 유혹을 받게 될 것이다.

---

264) 夜或隔見: 밤에도 먼 곳까지 보게 된다. (夜見遠方)
　　＊색음이 소멸되는 과정에서 마음을 지나치게 억제하여 그로 인하여 마음이 광명을 발하여 밤에도 먼 곳까지 보게 되는 것이다.
265) 마음을 연마하되, 멀리 궁구하고 정신을 핍박하면 몸을 버리고 탈출하여 가만히 이르는 바가 있으리니, 능히 遠方의 일을 보고 들을 수 있는 것이다. 이상은 모두 色陰을 여의지 못하고 다만 定力으로 장애에서 벗어나 보고 들음이 멀리 미칠 수 있음을 설하였거니와, 만약 色陰이 다하면 시방이 확 트여서 다시는 어둠이 없으며 육신통을 그대로 無爲에 맡겨서 산과 벽을 뚫고 곧게 지나가는데 실로 의심이 없을 것이다. 『계환해』(『ᄒᆞᆫ속장경』17, p.872상)

㈘漸發魔事266)

又以此心으로 硏究精極하면 見善知識이 形體變移하야 少選無端히 種種遷改하리니

또 이러한 마음으로 연마하기를 정밀하고 지극히 하면 선지식의 형체가 달라져서 잠깐 사이에 까닭없이 여러가지로 바뀌는 것을 보게 되는데,

此名邪心으로 含受魑魅커나 或遭天魔가 入其心腹하여 無端說法호대 通達妙義라

이것을 '사특한 마음으로 인하여 도깨비가 들렸거나 혹은 천마(天魔)가 그 마음 속에 들어가 무단설법(無端說法)을 하면서 오묘한 이치를 통달하게 하는 것이다'라고 이름하느니라.267)

非爲聖證이니 不作聖心하면 魔事消歇이어니와 若作聖解하면 卽受群邪하리라

이는 잠시 그와 같을 뿐 성인(聖人)이 된 것은 아니니, 성인이 되었다는 마음을 내지 아니하면 마구니의 일이 사라지겠지만 만약 성인이 되었다는 견해를 내면 곧 많은 마구니의 유혹을 받게 될 것이다.

---

266) 漸發魔事: 가지가지 선지식을 보게된다. (知識遷移)
  *색음이 다해가는 과정에서 사특한 마음으로 도깨비가 들렸거나 혹은 천마가 들려 가지가지 선지식의 모습을 보게 된다.
267) 선지식을 보게 된다는 것은 마구니의 變現을 말한 것이니, 外魔요, 앞의 아홉가지는 內魔로서 다만 定力을 밝힌 것이다 그리고 유독 여기에서 外魔의 일을 밝힌 것은 정력이 이루어지지 아니할 때에는 마구니가 움직이지 아니하다가 연마함이 지극하고서야 점차 魔事가 빌하게 되기 때문에 그러므로 마즈막에 外魔의 일을 자세히 밝힌 것이다. 『계환해』(『卍속장경』17, p.872상)

㈐結勸深防

阿難아 如是十種 禪那現境은 皆是色陰의 用心交互일새 故現斯事어늘

　아난아! 이와같은 열가지 선나(禪那)에서 나타나는 경계는 이것이 다 색음(色陰)에서 작용하는 마음268)이 서로 얽힘[交互]269)으로 인하여 나타나는 일이다.270)

衆生頑迷하야 不自忖量하고 逢此因緣에 迷不自識하야 謂言登聖이라하야 大妄語成하야 墮無間獄하리니

　그런데도 중생들이 미련하여 스스로 헤아리지 못하고, 이러한 인연을 만났을 때에 미혹하여 '성인의 경지에 올랐다'라고 하여 대망어(大妄語)를 하게 되면 무간지옥에 떨어질 것이다.

汝等當依하야 如來滅後 於末法中라도 宣示斯義하야 無令天魔로 得其方便하고 保持覆護하야 成無上道하라

　너희들은 응당 이를 의지하여 여래 멸후 말법시대라 하더라도 이러한 뜻을 펴서 천마(天魔)들에게 그 기회를 얻지 못하게 하고, 바른 법을 잘 보호하고 지켜서 무상도(無上道)를 이루도록 하라.

---

268) 색음에서 작용하는 마음이란 색음정에서 작용하는 마음이니, 곧 색음이 녹는 과정에서 나타나는 마음이다.
269) 교호(交互)에서 交는 색음의 정 가운데 연마하되 陰의 망상과 交戰하는 것이고, 互는 서로 이기기도 하고 지기도 하는 것이다. .『정맥소』(『卍속장경』18, p.834하) 참조
270) 색음이 다했다는 것은 색음의 十境에서 모두 경험하였거나 일부를 경험하였거나 혹은 서로 비슷한 가운데 더 많거나 한 것이니, 대저 모두 분명히 알아야 의혹이 있지 않고 공부가 끝나는 날에 색음이 문득 다할 것임을 말한 것이다. 아래 四十魔도 그와 같다. 눈밝은 사람이 캄캄한 방에 있다가 이에 이르러 광명을 이룸이 색음이 다한 형상이다. 『정맥소』(『卍속장경』18, p.835하)

㈢受陰三271) ㈎示陰相272)

阿難 彼善男子가 **修三摩提**와 **奢摩他中**에 **色陰盡者**는 **見諸佛心**호대 **如明鏡中**에 **顯現其像**하되

 아난아! 저 선남자가 삼마제[觀]와 사마타[止]를 쌍수273)하는 가운데 색음(色陰)이 다 녹아 없어진 사람은 이제 모든 부처님의 마음을 보게 되는데 마치 거울 속에 비치는 자신의 모습을 보는 것과 같을 것이다.

若有所得이나 **而未能用**호미 **猶如魘人**이 **手足宛然**하고 **見聞不惑**호대 **心觸客邪**하야 **而不能動**이니 **此則名爲 受陰區宇**니라

 그러나 얻은 듯하면서도 작용할 수가 없는 것이 마치 가위눌린 사람과 같아서 손발이 온전하고 보고 듣는 것이 분명하지만 마음이 객귀(客鬼)나 사귀(邪鬼)에 눌려 움직일 수 없으리니, 이것을 '수음(受陰)에 갇힌 것이다' 이름하느니라.274)

---

271) 선정에만 치우쳐 지혜가 부족하기 때문에 자기도 모르게 스스로 억누르고 자책함이 지나쳐서, 미물을 보더라도 많은 비애를 느끼거나 스스로 근심에 빠져 죽고 싶어 하기도 하며, 또는 자기의 수행이 수승하다는 생각으로 인하여 맹렬한 용기가 생겨 부처님과 같다고 여기기도 하는데, 이는 깨달음이 아니라 수행하는 가운데 나타날 수 있는 하나의 과정으로 이를 집착하면 수음(受陰)의 마에 걸리게 되는 것이다.
272) 수음의 相: 수음이란 앞의 경계를 받아들이는 것으로 뜻을 삼는다. 그러므로 이미 색음을 파하고 안과 밖으로 虛融한 까닭에 모든 부처님의 마음을 보는 것이며, 이는 마치 거울 속에 자신의 모습이 나타나는 것과 같다. 말하자면 모든 부처님의 마음이 곧 나의 妙覺明心이기 때문에 '마치 거울에 모습이 나타나는 것과 같다'고 했으니 청정하고 虛凝하여 형체가 걸림이 없음을 깨달았다는 것이다. 비록 이와같이 妙體를 갖추었으나 아직 運用하지 못하는 것은 대개 수음에 덮여있기 때문이니, 이는 마치 가위눌린 사람이 사지와 몸이 온전하고 육근이 명료한데도 움직이지 못하는 것과 같으며, 이것이 수음에 갇힌 모습이다.『계환해』(『卍속장경』17, p.873상)
273) 삼마제와 사마타를 닦는 것은 지관을 쌍수하는 것이니, 이근원통에서 말하는 流에 들어가는 觀과, 所를 잊어버리는 止가 이것이다.『정맥소』(『卍속장경』18, p.835하)
274) 색음이 다하고 수음성의 상태이다. 이 수음정의 상태에서 마사(魔事)가 나타나는데, 연마하여 수음이 녹아 다하는 동안 가지가지 경계가 나타난다.

若魘咎歇이면 其心離身하야 反觀其面하며 去住自由하야 無復留礙니

만약 이러한 가위눌린 증세가 사라지면 그 마음은 몸을 떠나 도리어 제 얼굴을 보게 되고, 가고 머무는 행동이 자유로워서 다시는 걸림이 없으리니275)

名受陰盡이요 是人則能 超越見濁하리니 觀其所由컨댄 虛明妄想 以爲其本이니라

이것을 '수음(受陰)이 다한 것이다276)'라고 이름하고, 이 사람은 다만 능히 견탁(見濁)을 초월하게 되리니277) 그 까닭을 살펴보면 허명(虛明)한 망상278)으로 근본을 삼았기 때문이다.

---

275) 색음이 다한 자는 이미 형애(形礙)를 여의어 자재하나, 아직 수음에 가위눌린 바가 되어 감정의 작용은 할 수 없는 것이다. 그러나 수음이 녹기 시작하면 감수작용의 차원에서 몸을 떠나 돌이켜 자기 모습을 보기도 하고, 가고 머무는 것이 무애한 것이다. 『계환해』(『卍속장경』17, p.873하)
276) 왕래가 무애하다는 것은, 색음과 수음이 모두 열리어 체용이 함께 칭합하고 거래에 걸림이 없게 되는 것이다. (이운허 수능엄경 역주 p.424)
277) 견탁이란 허망하게 見覺을 일으켜서 湛性을 혼란하게 하는 것을 견탁이라 부르나니 이것이 수음의 體이다. 그러므로 수음이 다하면서 이를 초월하게 되는 것이다. 『계환해』(『卍속장경』17, p.873하)
278) 虛明妄想: 어기고 따르는 幻과 같은 경계로 인하여 損益의 허망한 수음이 생기나니, 이 수음에 실체가 없고 다만 허망하게 밝은 것이 있을 뿐이다. (앞의 책 p.873하)

(나)辨現境十 ㉮抑伏生悲279)

阿難 彼善男子가 當在此中하야 得大光耀하고 其心發明호대 內抑過分하면 忽於其處에 發無窮悲하야 如是乃至 觀見蚊蝱하야도 猶如赤子하야 心生憐愍하야 不覺流淚하리니 此名功用으로 抑摧過越이니

아난아! 저 선남자가 이러한 가운데280) 대광명 얻고281) 마음이 열리리니, 이 때 안으로 억제함이 분수에 지나치면 홀연히 그곳에서 한없는 슬픔이 생겨나서282) 모기[蚊]나 등에[蝱] 따위를 보더라도 마치 어린 자식처럼 여기어 연민하는 마음이 생겨나 저도 모르게 눈물을 흘리게 되는데, 이를 '수행의 공용(功用)으로 억제함이 지나친 것이다'고 이름하느니라.283)

悟則無咎어니와 非爲聖證이니 覺了不迷하야 久自消歇어니와 若作聖解하면 則有悲魔가 入其心腑하야 見人則悲하고 啼泣無限하리니 失於正受일새 當從淪墜하리라

이를 깨달으면 허물이 없겠지만 성인(聖人)이 된 것은 아니니, 이를 깨달아 미혹되지 않고 오래되면 저절로 사라지겠지만 만약 성인이 되었다는 견해를 짓는다면 비마(悲魔)가 심장 깊숙이 들어가서 사람만 보면 슬퍼하며 한없이 울고, 마침내 삼매[正受]를 잃게 되어 타락하게 될 것이다.

---

279) 抑伏生悲: 미물을 보고 비애를 느낀다.
　　＊스스로 억누르고 자책함이 지나쳐서 문득 미물을 보더라도 많은 비애를 느끼게 되다. (見物生悲)
280) '이 가운데'라고 한 것은 수음정(受陰定)으로서 색음이 사라지고 수음이 명백한 상태이다.
281) 이미 색음을 파하여 다시 幽暗이 없기 때문에 大光耀를 얻는 것이다.『계환해』(『卍속장경』17, p.873하)
282) 수음의 허물임을 알았기 때문에 안으로 스스로 억누르고 조복[抑伏]하여 이로써 파하는 것이나, 抑伏이 너무 지나치면 慈柔를 잃어버리기 때문에 흔히 悲愍하게 되어 悲魔가 붙게 되는 것이다.『계환해』(『卍속장경』17, p.873하)
283) 이는 모두 수음이 다하고 견탁을 초월하는 상태에서 나타나는 경계이다. 이는 모두 궁극이 아니고 과성일 뿐이니, 왜냐하면 아직 무아가 되지 못하고 허명한 망상으로 근본을 삼아 상음 행음 내지 최후 일념이 남아 있기 때문이다.

⑭感激生勇284)

阿難 又彼定中에 諸善男子가 見色陰消에 受陰明白하야 勝相現前하고
　아난아! 다시 이러한 수음정(受陰定) 가운데 모든 선남자가 색음이 사라지고 수음이 명백하리니285) (수음이 다하면서) 수승한 모습이 앞에 나타나는 것을 보게 될 것이다.

感激過分하면 忽於其中에 生無限勇하야 其心猛利하고 志齊諸佛호대 謂三僧祇를 一念能越이리니
　이 때 감격함이 분수에 지나치면 홀연히 마음속에 한없는 용기가 생겨나서286) 용맹스럽고 날카로워지며 모든 부처님과 같다는 생각을 하고 삼아승지겁을 한 생각에 초월할 수 있다고 여길 것이니,

此名功用으로 陵率過越이라 悟則無咎니와
　이것을 '수행의 공용(功用)으로 업신여기거나 경솔하게 대함이 지나친 것이다'라고 이름하느니라.287)

非爲聖證이니 覺了不迷하야 久自消歇어니와
　이를 깨달으면 허물이 없겠지만 성인(聖人)이 된 것은 아니니, 이를 깨달아 미혹되지 않고 오래되면 저절로 사라질 것이지만

─────────────

284) 感激生勇: 맹렬한 용기가 생겨 부처를 이룬 것으로 착각한다.
　　＊수음이 다하는 가운데 수승하다는 생각으로 인하여 맹렬한 용기가 생겨 부처님과 같다고 여기는 것이다. (勇志齊佛)
285) 색음이 사라지고 수음이 명백하다는 것은 受陰定의 상태이다.
286) 색음의 定이 다하고 다시 수음의 定이 다함이 나타난 것이기에 禪定 가운데 勝相이라 했으며, 기쁨으로 功을 이루었기에 감격하여 용기가 솟구친 것이다.『계환해』(『卍속장경』17, p.874상) 참조
287) 佛果가 멀지 않고 功行을 이룸이 쉽다하여 업신여기고 경솔함이 지나친 까닭에 狂魔가 붙은 것이니, 지금 적은 것으로 만족을 삼되 교만으로 분수를 범하여 눈앞에 보이는 것이 없는 것은 다 남을 업신여기고 경솔함이 지나친 허물 때문이다.『계환해』(『卍속장경』17, p.874상)

2.詳辨魔境 深防邪誤 ㈢受陰 693

若作聖解하면 則有狂魔가 入其心腑하야 見人則誇하며 我慢無比하야 其心乃至 上不見佛하고 下不見人하리니 失於正受일새 當從淪墜하리라

만약 성인이 되었다는 견해를 짓는다면 광마(狂魔)가 심장 깊숙이 들어가 사람만 보면 뽐내리니, 그 아만(我慢)을 비교할 수 없고 더 나아가 위로는 부처님도 보이지 않고 아래로는 사람도 보이지 않게 될 것이니, 마침내 삼매[正受]를 잃고 타락하게 될 것이다.

㊁慧劣迷憶[288]
又彼定中에 諸善男子가 見色陰消에 受陰明白하야 前無新證하며 歸失故居하고

다시 이러한 수음정 가운데 선남자가 색음(色陰)이 사라지고 수음(受陰)이 명백하여 앞으로는 새로 증득할 것이 없고, 돌아서서는 옛날에 거처하던 곳도 없음을 보게 되리니,[289]

---

288) 慧劣迷憶: 모든 생각(憶)이 가라앉고 침울하다.
　　*치우쳐 정력만 닦기 때문에 지혜의 힘이 모자라 모든 생각(憶)이 가라앉고 침울하다. (渴心沈憶)
289) 수음정의 상태이다. *앞으로 새로 증득함이 없다는 것은 수음이 파하지 못했기 때문이요, 돌아서서 옛터가 없다는 것은 색음이 이미 다했기 때문이다. 이러한 때를 당하여 응당 定과 慧를 等持하여 流에 들어 所를 잊으면 오래되어 功을 얻게 되는 것이다. 『정맥소』(『卍속장경』18, p.838상)

智力衰微하야 入中墮地하야 逈無所見하고 心中忽然 生大枯渴하야 於一切時에 沈憶不散어든 將此以爲 勤精進相하리니

이때 지혜의 힘이 쇠미하여 중휴지(中隳地)290)에 들어가 멀리 보지 못하고 마음에 문득 크게 고갈(枯渴)이 생겨서 모든 기억이 가라앉아 흩어지지 아니할 것이다.291) 그리고 이것으로 부지런히 정진하는 모습을 삼을 것이니,

此名修心에 無慧自失이라 悟則無咎어니와

이것을 '마음을 닦되 지혜가 없어 스스로 잃어버린 것이다'라고 이름하느니라.

非爲聖證이니 若作聖解하면 則有憶魔가 入其心腑하야 旦夕撮心하야 懸在一處하리니 失於正受일새 當從淪墜하리라

이를 깨달으면 허물이 없겠지만 성인(聖人)이 된 것은 아니니, 만약 성인이 되었다는 견해를 짓는다면 억마(憶魔)가 심장 깊숙이 들어가 조석으로 마음을 주도하여 한곳에 매달리게 하리니, 삼매[正受]를 잃고 타락하게 될 것이다.

---

290) 중휴지(中隳地): 선정이 너무 강하고 지혜가 미미하여 나타는 증상이다.
　*무릇 觀行을 닦음에 있어서 반드시 정혜를 等持하여야 실수가 없을 것이거늘 여기에서 선정이 강하고, 지혜가 미미하여 수음을 다하지 못했기 때문에 나아가도 새로 증득할 것이 없고, 색음이 이미 소멸했기 때문에 물러나고자 하나 옛터를 잃어버린 것이다. 나아가고 물러남에 아득히 의지할 곳이 없어 이를 중휴지라 한 것이다.『계환해』(『卍속장경』17, p.874상)
　*돌아보건대 智力이 쇠미하면 수음의 體가 본공임을 비추어 보지 못하고, 塵을 잊으면 根도 다한다는 것을 기억하지 못하기 때문에 迷悶하여 나아가려고 하지 않는 것이요, 그러므로 中隳地에 들어가 보는 것이 없게 되는 것이다.『정맥소』(『卍속장경』18, p.838상)

291) 의지할 곳도 없고 보이는 것도 없기 때문에 고갈(枯渴)하고 沈憶하여 憶魔가 붙은 것이다. 기억하는 마음이 허망하게 걸려있기 때문에 마치 움켜쥐고 매달아 놓은 것과 같은 것이다.『계환해』(『卍속장경』17, p.874상)

㉣定劣失審292)

又彼定中에 諸善男子가 見色陰消하야 受陰明白하고 慧力過定하야 失於猛利하면 以諸勝性으로 懷於心中하야 自心已疑 是盧舍那하야 得少爲足하리니 此名用心호대 亡失恒審하야 溺於知見이라

다시 이러한 수음정 가운데 선남자가 색음이 사라지고 수음이 명백함을 보게 되는데293) (수음이 다하면서) 혜력(慧力)이 정력(定力)보다 지나쳐 너무 맹리(猛利)하면 여러가지 수승한 성품을 마음에 품어 자기 마음이 이미 노사나불(盧舍那佛)인가 의심하고 적게 얻은 것으로 만족하게 되리니, 이것을 '마음을 쓰되 항상하게 살피지 못하고, 지견(知見)에 빠진 것이다'라고 이름하느니라.294)

悟則無咎어니와 非爲聖證이니 若作聖解하면 則有下劣한 易知足魔가 入其心腑하야 見人自言호대 我得無上 第一義諦라하리니 失於正受일새 當從淪墜하리라

이를 깨달으면 허물이 없겠지만 성인(聖人)이 된 것은 아니니, 만약 성인이 되었다는 견해를 짓는다면 바로 하열(下劣)하여 쉽게 만족하는 지족마[知足魔]가 심장 깊숙이 들어가 사람만 보면 '나는 위없는 제일의제(第一義諦)를 얻었다'라고 말하리니, 삼매[正受]를 잃고 타락하게 될 것이다.

---

292) 定劣失審: 자신이 부처인 줄로 착각한다.
  *정력은 부족한데 지혜만 넘쳐 자신이 부처인 줄로 착각한다. (疑是舍那)
293) 색음이 사라지고 수음이 명백하다는 것은 수음정의 상태이다.
294) 앞에서는 定力이 강하고 智力이 미약했으나 여기서는 慧力이 定力보가 지나친 것이다. 모두 잘못이 있으므로, 정혜를 등지하게 하려는 것이다. 大意는 앞의 과목과 같다. 『계환해』(『卍속장경』17, p.874하)

㈣失守生憂295)

又彼定中에 諸善男子가 見色陰消하야 受陰明白하고 新證未獲이나 故心已亡일새 歷覽二際하고

다시 이러한 수음정 가운데 선남자가 색음이 사라지고 수음이 명백함을 보게 되는데296) 새로 증득하지는 못했으나 예전 마음이 이미 없어짐을 보았기 때문에 두가지297)를 두루 볼 수 있으리라.

自生艱險하면 於心忽然 生無盡憂하야 如坐鐵床하고 如飮毒藥하야 心不欲活하야 常求於人호대 令害其命하면 早取解脫이리니 此名修行에 失於方便이라

이 때 스스로 어지러운 생각을 내면 문득 마음에 끝없는 근심이 생기어 불편하고 딱딱한 의자에 앉은 것 같고, 마치 독약을 먹은 것 같아서 살고 싶은 생각이 없어 항상 사람들에게 '내 목숨을 끊어주면 빨리 해탈을 얻게 될 것이다'라고 말하리니 이것을 '수행하다가 방편(方便)을 잃은 것이다'라고 이름하느니라.

悟則無咎어니와 非爲聖證이니 若作聖解하면 則有一分 常憂愁魔가 入其心腑하야 手執刀劍하고 自割其肉하야 欣其捨壽하며 或常憂愁하야 走入山林하야 不耐見人하리니 失於正受일새 當從淪墜하리라

이를 깨달으면 허물이 없겠지만 성인(聖人)이 된 것은 아니니, 만약 성인이 되었다는 견해를 짓는다면 하나의 우수마(憂愁魔)가 심장 깊숙이 들어가서 손에 칼을 잡고 스스로의 살을 깎으면서 죽기를 좋아하기도 하고, 혹은 항상 근심하면서 산림(山林)속으로 달아나 사람을 보지 않으려 하는데298) 마침내 삼매[正受]를 잃고 타락

---

295) 失守生憂: 근심에 빠져 죽고 싶어한다.
  *경책이 너무 지나쳐서 수행의 방편을 잃고, 스스로 근심에 빠져 죽고 싶어한다. (生無盡憂)
296) 색음이 사라지고 수음이 명백하다는 것은 수음정의 상태이다.
297) 두가지를 두루 본다는 것은 色과 受의 두가지를 두루 관찰한다는 것이다.『정맥소』(『卍속장경』18, p.839상)
298) 나아가고 물러남에 항상함을 잃었기 때문에 마음에 어려움이 생기고 사특한 근심

하게 될 것이다.

㈕妄着生喜299)

又彼定中에 諸善男子가 見色陰消하야 受陰明白하고 處淸淨中하야 心安隱後하면 忽然自有 無限喜生하야 心中歡悅을 不能自止하리니 此名輕安을 無慧自禁이라

다시 그러한 선정 가운데 선남자가 색음이 사라지고 수음이 명백함을 보게 되는데300) 청정에 처하여 마음이 편안해지면 문득 스스로 한량없는 기쁨이 생겨 마음속에 즐거움을 금하지 못하리니, 이것을 '경안(輕安)301)을 제어할 지혜가 없다'라고 하느니라.

悟則無咎어니와 非爲聖證이니 若作聖解하면 則有一分 好喜樂魔가 入其心腑하야 見人則笑하고 於衢路旁에 自歌自舞하야 自謂已得 無礙解脫이리니 失於正受일새 當從淪墜하리라

이를 깨달으면 허물이 없겠지만 성인(聖人)이 된 것은 아니니, 만약 성인이 되었다는 견해를 짓는다면 곧 하나의 희락마(喜樂魔)가 심장 깊숙이 들어가서 사람만 보면 웃기도 하고, 길거리에서 혼자 노래하고 춤추면서 혼자 '걸림없는 해탈을 얻었다'고 말하게 되는데, 마침내 삼매[正受]를 잃고 타락하게 될 것이다.302)

을 이루어 스스로 근심하고 해치는 것이다. 『계환해』(『卍속장경』17, p.874하)
299) 妄着生喜: 기쁨에 빠져 마냥 노래하고 날뛴다.
　　＊경안(輕安)을 제지할 지혜가 부족하여 기쁨에 빠져 마냥 노래하고 날뛴다.
300) 색음이 사라시고 수음이 명백하다는 것은 受陰定의 상태이고, 청정에 처하여 마음이 편안해진다는 것은 수음이 소멸되어 가는 과정이다. 이러한 수음이 소멸되어 가는 과정에서 가지가지 경계가 나타남을 이야기 하고 있는 것이다.
301) 경안: 깨달음 속에 묘하게 즐거운 것이 경안이니, 만약 지혜로 관찰하여 이것이 淺證인줄 알면 어찌 반드시 깊이 기뻐하겠는가? 그러므로 이것이 허망임을 알면 喜風이 스스로 그치겠지만, 지금 그런 지혜가 없기 때문에 그치지 못하는 것이다. 『정맥소』(『卍속장경』18, p.839하)
302) 정력으로 잠시 그러한 것이거늘 지혜가 없어 스스로 믿기 때문에 허망하게 집착하여 허물을 이룬 것이다. 『계환해』(『卍속장경』17, p.875상)

㈐見勝生慢303)

又彼定中에 諸善男子가 見色陰消하야 受陰明白하고

다시 이러한 수음정 가운데 선남자가 색음이 사라지고 수음이 명백함을 보게 되는데,304)

自謂已足이면 忽有無端 大我慢起하고 如是乃至 慢與過慢과 及慢過慢과 或增上慢과 或卑劣慢이 一時俱發하야 心中尙輕十方如來어든 何況下位의 聲聞緣覺가 此名見勝코 無慧自救라

스스로 만족해하면 문득 까닭없이 큰 아만(我慢)이 일어나고 더 나아가 만(慢)과 과만(過慢)과 만과만(慢過慢)과 증상만(增上慢)이 일시에 발생하여305) 마음 가운데 시방의 여래도 가볍게 여기게 되는데, 하물며 하위의 성문(聲聞)이나 연각(緣覺)이리요? 이것을 '수승함만 보았지 스스로 구원할 지혜는 없다306)'라고 하느니라.

---

303) 見勝生慢: 아만이 생겨 남을 업신여긴다. (起大我慢)
　　*수음이 다하여 명백해진 수승한 경계를 보고, 아만이 생겨 남을 업신여긴다.
304) 이러한 수음정의 상태에서 수행을 통해 수음이 소멸하는 과정에서 스스로 만족을 하면……
305) 七慢: 거만의 이름에 일곱 가지가 있으니, 자기를 믿고 남을 업신여기는 것을 我慢이라 하고, 덕이 같은 사람끼리 서로 잘난체 하는 것을 慢이라 하며, 자기와 동등한 자에게는 자기가 높다고 생각하고 자기보다 높은 사람에게는 자기와 동등하다고 생각하는 것을 過慢이라 하며, 자기보다 수승한 사람을 오히려 자기보다 못하다고 생각하는 것을 慢過慢이라 하고, 아직 깨달음을 얻지 못하고서 얻었다고 착각하는 것을 增上慢이라 하며, 자기보다 월등히 낮은 자에 대하여 자기가 조금 못할 뿐이라고 생각하는 것을 卑劣慢이라 하고, 덕이 없음에도 불구하고 자기가 덕이 있다고 내세우고 성현이나 탑묘등에 경솔히 대하는 것을 邪慢이라 한다. 『계환해』(『卍속장경』17, p.875상)
306) 수음이 다하여 명백해질 때 약간의 지혜가 나오는데 이에 집착하여 그만 스스로 구원할 수 있는 완전한 지혜에 나아가지 않음을 말한 것이다. (見勝 無慧自救)

悟則無咎어니와 非爲聖證이니 若作聖解하면 則有一分 大我慢魔가 入其心腑하야 不禮塔廟하고

　이를 깨달으면 허물이 없겠지만 성인(聖人)이 된 것은 아니니, 만약 성인이 되었다는 견해를 짓는다면 하나의 대아만마(大我慢魔)가 심장 깊숙이 들어가서 탑묘(塔廟)에 예배하지 아니하고307)

摧毁經像하야 謂檀越言호대 此是金銅이며 或是土木이오 經是樹葉이며 或是㲲花라 肉身眞常이어늘 不自恭敬하고 却崇土木은 實爲顚倒이면

　경전과 불상을 부수면서 단월(檀越)에게 '이것은 금동(金銅)이요, 이것은 토목(土木)이며, 경전[經]은 나뭇잎이나 첩화(㲲華)일 뿐이나 육신은 진실하고 항상하거늘 이를 공경치 아니하고, 도리어 토목을 숭배하는 것은 참으로 전도(顚倒)된 것이다'라고 말하기도 하는데,

其深信者도 從其毁碎하고 埋棄地中하야 疑誤衆生하야 入無間獄하리니 失於正受일새 當從淪墜하리라

　신심(信心)이 깊은 이도 그를 따라 불상(佛像)을 부수어 땅에다 묻는 등 중생을 의혹케 하여 무간지옥에 들어가게 되며, 마침내 삼매[正受]를 잃고 타락하게 될 것이다.

---

307) 요즈음 허망한 사람들이 탑묘에 예배하지 아니하고 경전을 외우지 않는 것은 다 아만의 마구니가 되었기 때문이다. 『계환해』(『卍속장경』17, p.875하)

㈎得少爲足308)

又彼定中에 諸善男子가 見色陰消하야 受陰明白하고 於精明中에 圓悟精理하야 得大隨順하면 其心忽生 無量輕安하야

다시 이러한 선정 가운데 모든 선남자가 색음이 사라지고 수음이 명백함을 보고, 정명(精明)한 가운데309) 정밀한 이치를 원만하게 깨달아서 크게 수순함을 얻게 되면310) 그 마음에 문득 한량없는 경안(輕安)311)이 생겨날 것이요.

已言成聖하야 得大自在라하리니 此名因慧하야 獲諸輕淸이라

이때 스스로 '성인(聖人)이 되어 매우 자유자재함을 증득했다'고 말하리니312) 이를 '경안의 지혜로 인하여 가볍고 청정함을 얻은 것이다'라고 이름하느니라.

悟則無咎어니와 非爲聖證이니 若作聖解하면 則有一分 好輕淸魔가 入其心腑하야 自謂滿足하고 更不求進하리라

이를 깨달으면 허물이 없겠지만 성인(聖人)이 된 것은 아니니, 만약 성인이 되었다는 견해를 짓는다면 하나의 좋은 경청마(輕淸魔)가 심장 깊숙이 들어가서 스스로 만족하고 다시 더 정진하기를 바

---

308) 得少爲足: 약간의 경안을 얻고 그것으로 만족해 한다.
309) 명백하다는 것은 수음정의 상태이고, 정명(精明)은 返聞工夫이니, 곧 入三摩地이다.
　*정명(精明)은 부처님이 처음 말씀하신 識精明元이니 뒤에 耳門의 듣는 성품[聞性]이 원래 이로부터 三摩地에 들어가는 것이다. 지금 여기에서 색음과 수음이 열리어 부처님의 마음 보기를 거울 속에 영상보듯 하므로, 지극하고 정미로운 이치를 원만히 깨달았다 한 것이다.『정맥소』(『卍속장경』18, p.841상)
310) 크게 수순함을 얻었다는 것은 수음이 다한 경계로서 보려고 하면 보아져서 막힘이 없는 것을 뜻한다.『정맥소』(『卍속장경』18, p.841상) 참조
311) 경안이란 몸과 마음이 추중(麤重)을 여의어서 자재하다는 뜻이나, 여기에서의 경안은 드디어 스스로 성인을 이루어 대해탈을 얻었다고 만족해 하는 것이다.『정맥소』(『卍속장경』18, p.841상)
312) 수음이 다한 것으로 精明을 삼고 精明으로 圓悟를 삼아서 마침내 지나치게 隨順하여 輕淸하고 自在하다고 하나니, 모두 적게 얻은 것으로 만족을 삼는 無聞比丘의 무리들이다.『계환해』(『卍속장경』17, p.875하)

라지 않을 것이다.

此等多作 無聞比丘하야 **疑誤後生**하야 **墮阿鼻獄**하리니 **失於正受**일새 **當從淪墜**하리라

이러한 무리는 대부분 더 듣고 배우려하지 않는 무리[無聞比丘]가 되어 후생(後生)을 그르치고 무간지옥에 떨어지게 할 것이니, 마침내 삼매[正受]를 잃고 타락하게 될 것이다.

㉗執空撥無313)

又彼定中 諸善男子가 **見色陰消**하야 **受陰明白**하고 **於明悟中**에 **得虛明性**하면 **其中忽然 歸向永滅**하야 **撥無因果**하고 **一向入空**하야 **空心現前**하고 **乃至心生 長斷滅解**하리라

다시 이러한 수음정 가운데 모든 선남자가 색음이 사라지고 수음이 명백함을 보고, 밝은 깨달음 속에 비고 밝은 성품을 얻으면 그 가운데 문득 영원히 없다는 생각에 마음이 쏠려 인과(因果) 마저 없다고 부정하고, 한결같이 공(空)을 향해 들어가 공하다는 마음이 앞에 나타나고, 더 나아가서는 마음에 모든 것이 단멸(斷滅)이라는 잘못된 견해를 낼 것이다.

悟則無咎어니와 **非爲聖證**이니 **若作聖解**하면 **則有空魔**가 **入其心腑**하야 **乃謗持戒**하야 **名爲小乘**하고 **菩薩悟空**이어니 **有何持犯**하야

이를 깨달으면 허물이 없지만 성인(聖人)이 된 것은 아니니, 만약 성인이 되었다는 견해를 짓는다면 공마(空魔)가 심장 깊숙이 들어가 계율을 지키는 사람을 소승이라고 비방하며 '보살은 공(空)을 깨달았는데 어찌 계행을 지키고 범함이 있겠는가?'라고 할 것이다.

---

313) 執空撥無: 허무에 빠져 모든 계행을 부정한다. (撥無因果)

其人常於 信心檀越에 飮酒噉肉하며 廣行淫穢호대 因魔力故로 攝其前人하야 不生疑謗하며

　또 이 사람이 신심이 있는 시주[檀越] 앞에서 항상 술 마시고 고기 먹으면서 음란한 행위를 마구 행하여도 마구니의 힘에 의지한 것이기 때문에 앞에 있는 사람들의 마음을 사로잡아 의혹이나 비방이 생기지 않게 한다.

鬼心久入일새 或食屎尿호대 與酒肉等하야 一種俱空이라하며 破佛律儀하야 誤入人罪하리니 失於正受일새 當從淪墜하리라

　또 귀신의 마음이 들린지 오래되면 오줌이나 똥을 먹어도 술이나 고기같이 생각하면서 한결같이 '모두가 공한 것이다'고 하며, 부처님의 계율을 깨뜨리고 사람을 잘못 가르쳐 죄를 짓게 하는데, 마침내 삼매[正受]를 잃고 타락하게 될 것이다.314)

㈱綿味發愛315)
又彼定中에 諸善男子가 見色陰消하야 受陰明白하고 味其虛明하야 深入心骨하면 其心忽有 無限愛生하고 愛極發狂하야 便爲貪欲하리니

　다시 그러한 선정 가운데에서 모든 선남자가 색음이 사라지고 수음이 명백함을 보고, 텅 비고 밝음에 맛들어 뼛속 깊이 스며들면 그 마음에 문득 한없는 애욕이 생겨나고 애욕이 극에 달하면 미친 증세가 발동하여 문득 탐욕을 일으키게 되느니라.

此名定境의 安順入心을 無慧自持하야 誤入諸欲이라

　이것을 '수음정의 경지에서 편안하고 수순함이 마음에 들어 갔는데 스스로 지킬 만한 지혜가 없어서 모든 애욕에 잘못 빠져 들어간 것이다'라고 이름하느니라.316)

---

314) 虛明을 얻음으로 인하여 그릇 斷空에 집착하고 가지가지 사특한 허물을 저지르게 되니, 무릇 이렇게 되는 것은 다 空魔로 인한 것이다. 『계환해』(『卍속장경』17, p.876상)
315) 綿味發愛: 깊은 虛明에 빠져 오히려 음욕을 생각한다. (愛極發狂)

悟則無咎어니와 非爲聖證이니 若作聖解하면 則有欲魔가 入其心腑하야 一向 說欲하야 爲菩提道라하고 化諸白衣하야 平等行欲하야 其行淫者를 名持法子
라호대

　이를 깨달으면 허물이 없겠지만 성인(聖人)이 된 것은 아니니, 만약 성인이 되었다는 견해를 짓는다면 곧 욕마(欲魔)가 심장 깊숙이 들어가서 한결같이 음욕을 행하는 것이 깨달음의 도(道)라고 말하여 깨끗하게 계율을 지키는 모든 신도들을 유혹하여 골고루 음욕을 행하게 하고, 음욕을 행하는 자에게 법왕의 아들을 가지게 될 것이라고 한다.

神鬼力故로 於末世中에 攝其凡愚하야 其數至百하며 如是乃至 一百二百과 或五六百과 多滿千萬이라가

　이것이 모두 귀신의 힘으로 이루어진 것이기 때문에 말세의 어리석은 범부들을 사로잡아 그 수가 일백까지 이르며, 이와같이 더 나아가 일백 이백 혹은 오륙백에서 천만에 이르기도 한다.

魔心生厭하야 離其身體하면 威德旣無하야 陷於王難하며 疑誤衆生하야 入無間獄하리니 失於正受일새 當從淪墜하리라

　그러다 마구니가 마음에 싫증이 생겨 그 사람의 몸에서 떠나버리면 위덕(威德)이 이미 없어져서 왕난(王難)에 빠지게 되며, 중생들을 그르쳐서 무간지옥에 떨어지게 했으니, 삼매[正受]를 잃고 타락하게 될 것이다.

---

316) 애욕의 마음은 주로 순종을 인하여 일어나기 때문에 선정의 경지가 마음에 따르면 邪愛의 허물을 이루는 것이다. 『계환해』(『卍속장경』17, p.876상)
　*이것은 虛明한 맛에 탐착한 것으로 愛樂이 지극하면 狂을 發하여 음욕을 이루는 것이다. 이것이 바로 受陰定의 허물이다. 『정맥소』(『卍속장경』18, p.842하)

㈐結勸深防

阿難 如是十種 禪那現境은 皆是受陰 用心交互일새 故現斯事어늘
　아난아! 이와같은 열 가지 선나(禪那)에서 나타나는 현상은 모두가 수음(受陰)에서 작용하는 마음317)이 서로 얽혀서 이런 일이 나타나는 것이다.

衆生頑迷하야 不自忖量하고 逢此因緣에 迷不自識하야 謂言登聖이라하면 大妄語成하면 墮無間獄하리니
　그런데도 중생들이 미련[頑迷]하여 스스로 헤아리지 못하고, 그런 인연을 만났을 때에 미혹하여 스스로 알지 못해서 '성인의 경지에 올랐다'고 말하여 큰 거짓말[大妄語]을 하게 되면 무간지옥에 떨어지는 것이다.

汝等亦當 將如來語하야 於我滅後에 傳示末法하야 遍令衆生으로 開悟斯義하며 無令天魔로 得其方便하고 保持覆護하야 成無上道하라
　너희들은 응당 여래의 진실한 말씀을 간직하여 내가 멸도(滅度)하더라도 말법의 세상에 잘 전해 주어 모든 중생들에게 골고루 이러한 이치를 깨닫게 하며, 천마(天魔)들에게 그 기회를 얻지 못하게 하고, 바른 법을 잘 보호하고 지켜서318) 무상도(無上道)를 이루게하라.

---

317) 이때 작용이란 마음이란, 수음정에서 작용하는 마음이니, 곧 수음이 녹아지면서 나타나는 마음이다.
318) 색음 등 오음의 그 결론 짓는 글에 다 이르기를 '보호하여 잘 지키라는 등'은 삿되고 잘못됨을 깊이 막아서 道 얻음을 도우려는 뜻이다. 『계환해』(『卍속장경』17, p.876하)

㈢想陰五319) ㈎示陰相320)

阿難 彼善男子가 修三摩地하야 受陰盡者는 雖未漏盡이나 心離其形이 如鳥出籠이라

아난아! 저 선남자가 삼마지를 닦아 수음(受陰)이 다 녹아 없어져서 비록 누(漏)가 다하진 못하였으나321) 마음이 그 형체에서 벗어난 것이 마치 새가 새장에서 벗어난 것과 같을 것이다.322)

已能成就 從是凡身으로 上歷菩薩六十聖位하야 得意生身하야 隨往無礙호미

이미 범부의 몸으로부터 위로 보살이 겪는 육십가지 거룩한 지위를 성취하고, 의생신(意生身)323)을 얻어서 가는 곳마다 걸림이 없는 것이

---

319) 이는 선정이 깊어진데 비하여 아직 탐욕이 남아 있기 때문에 남의 전생사도 척척 알아맞히고 불보살의 행세가 가능하는 등 갖은 기교와 신통이 생겨나는데, 이는 깨달음이 아니라 지혜가 부족하나 선정이 깊으므로 해서 나타날 수 있는 하나의 과정으로 이를 집착하면 자기도 모르게 상음(想陰)의 마(魔)에 걸리는 것이다.

320) 상음의 相: 상음이란 마음의 들뜬 모습이요, 識情의 허망한 습관이다. 妙明을 덮고 聖道를 장애하는 것이기 때문에 비록 受陰이 다하여 그 마음이 몸을 여의어, 나아가고 머무름이 자유로워 이미 聖位를 성취하여 몸을 뜻대로 할 수 있는 因을 얻었으나 아직 想陰의 덮인 바가 되어 있으니, 이를 깊이 잠들어 잠꼬대하는 것에 비유한 것이다. 비록 구경을 증득하지는 못했으나 因을 이미 성취했기 때문에 마치 꿈에 비록 따로따로 다 알지는 못해도 그 말에는 이미 뚜렷한 음성과 순서[音韻]가 분명한 것과 같다고 했으니, 이것이 상음의 모습이다.『계환해』(『卍속장경』17, p.876하)
*꿈은 잠을 잘 때의 생각이요 생각은 잠 가운데 꿈이니, 이것이 모두 독두의식(獨頭意識)으로 상음의 제상이다. 그러므로 상음이 다한 자는 꿈과 생각이 없는 것이다.『정맥소』(『卍속장경』18, p.856상)

321) 루(漏)가 다하지 못했다는 것은 아직 상음과 행음과 식음이 견고하기 때문이다.
322) 수음의 魔가 다하고 想陰定의 상태이다. 想陰의 상태 내지 녹는 과정에서 가지가지 魔事가 나타는 것이다.
323) 의생신(意生身)은 意成身이라고도 하는네, 성혈(精血) 등의 연을 빌리지 않고 단지 의(意)에 의해서 만들어진 몸을 말한다. 예를들면 초지이상의 보살들이 중생의 제도를 위한 뜻(意志)에 의해서 만들어진 몸이나, 사람이 죽은 후 다음 생명을 받을 때까지외 中有身 등을 가리긴나.

譬如有人이 熟寐寱言에 是人雖則 無別所知나 其言已成 音韻倫次하야 令不寐者로 咸悟其語니 此則名爲 想陰區宇니라

　마치 어떤 사람이 깊은 잠에 빠져서 잠꼬대를 할 적에 잠꼬대를 하는 사람은 비록 알지 못해도 그 말에는 이미 또렷한 음성과 분명한 순서가 있어서 잠을 자지 않는 사람들에게 그 말을 다 알아듣게 하는 것과 같다. 이것을 상음(想陰)에 갇힌 것이라 한다.324)

若動念盡하고 浮想消除하야 於覺明心에 如去塵垢하면 一倫死生의 首尾圓照하리니 名想陰盡이라하고 是人則能 超煩惱濁하리니 觀其所由컨댄 融通妄想으로 以爲其本이니라

　만약 움직이던 생각이 다 끊어져서 부질없는 생각이 사라지면 밝게 깨어 있는 마음이 마치 때를 씻어버린 듯하여 한 차례 나고 죽는 시작과 끝을 원만하게 비추게 되리니, 이것을 이름하여 '상음이 다한 것이다'고 하며, 이 사람은 다만 번뇌탁(煩惱濁)을 초월하게 되는데325) 그 까닭을 살펴보면 융통(融通)한 망상326)으로 근본을 삼았기 때문이니라.

---

324) 상음이란 망습으로 낮이면 생각이 되고 밤이면 꿈이 된다. 그러므로 상음이 녹아지면 꿈이 없어지고 자나 깨나 한결 같아서(寤寐一如) 맑은 허공과 같게 되는 것이다. (백용성 각해일륜 p.201, 성철 선문정로 p.120 대혜서장(寤寐恒一) 참조)
325) 부질없이 움직이는 번뇌가 소멸했기 때문에 覺明의 허물이 없게 된 것이니, 움직임이 없으면 生滅想이 사라지고, 깨달음이 청정하면 始終의 망념이 소멸할 것이다. 그러므로 한줄기 生死의 首尾를 원만하게 비추게 되는 것이다. 기억하고 인식하고 외우고 익혀서 분별을 드러내고 번뇌를 나타내는 것을 번뇌탁이라 하니, 이것이 곧 상음의 體이다. 그러므로 상음이 다하면 이를 초월하리라.『계환해』(『卍속장경』17, p.876하)
326) 融通妄想: 생각이 원융하게 변해서 마음으로 하여금 경계를 따르게 하고, 경계로 하여금 마음을 따르게 하는 것이 마치 신 매실을 생각하면 막힌 質礙를 통하게 하는 것과 같기 때문에 원융하게 통하는 망상이라고 한 것이다.『계환해』(『卍속장경』17, p.877상)

2. 詳辨魔境 深防邪誤 ㈢想陰

(ㄴ)辨現境十 ㈐想愛善巧三327) ㉠定力過失

阿難 彼善男子가 受陰虛妙하면 不遭邪慮하고 圓定發明하야 三摩地中에 心愛圓明하고 銳其精思하야 貪求善巧리라

 아난아! 저 선남자가 수음(受陰)이 비고 오묘해지면 사특한 생각을 만나지 아니하고 뚜렷한 선정이 환하게 열려서 삼마지 가운데 마음이 원만하게 밝음을 좋아하고, 그 정밀한 생각을 날카롭게 하여 훌륭한 기교를 탐내고 구할 것이다.328)

(ㄴ)天魔得便

爾時天魔가 候得其便하야 飛精附人하야 口說經法이어든 其人不覺 是其魔著하고 自言謂得 無上涅槃이라하야 來彼求巧 善男子處하야 敷座說法호대

 그 때 천마(天魔)가 그 틈을 기다렸다가 정기를 날려 수행하는 사람에게 붙어 그에게 경전의 이치를 설하게 하는데, 이 사람이 처음에는 마구니가 붙은 줄을 알지 못하고, 스스로 말하기를 '최상의 열반을 증득했다'고 하면서 수행의 좋은 방법을 구하는 선남자가 있는 곳에 와서 자리를 펴고 설법을 하게 된다.

其形斯須에 或作比丘하야 令彼人見하며 或爲帝釋하고 或爲婦女하며 或比丘尼하고 或寢暗室에 身有光明하면

 이 때 그 모습이 잠깐 사이에 비구가 되어서 저로 하여금 보게 하고, 혹은 제석(帝釋)이 되기도 하고, 혹은 부녀자가 되기도 하며, 혹은 비구니가 되기도 하고, 혹은 어두운 방에서 잠을 잘 적에 몸에서 광명을 발하기도 한다.

---

327) 想愛善巧: 괴기(怪鬼)는 재물을 탐하는 귀신이다. 수행자가 선정은 있으나 지혜가 부족하고 탐욕이 많으면 그로 인하여 괴기(怪鬼)가 붙어 天魔가 되어 여러가지 모습으로 나타나되, 기교와 신통을 부리고 싶어한다. (貪求善巧)
328) 수음이 다한 것을 虛妙라 하고 이미 마구니의 방해를 받지 아니하는 것을 不遭라 한다. 원만한 선정 등이라 한 것은 상음정 가운데 일이다. 圓明을 좋아하고 선교를 구하는 것은 虛妙로 인하여 원명한 체를 좋아하는 생각을 내어 방편[漚和]의 작용을 일으킨 것이다.『계환해』(『卍속장경』17, p.877상)

是人愚迷하야 惑爲菩薩하야 信其教化하고 搖蕩其心하야 破佛律儀하고 潛行貪欲하리라

  그러면 사람들은 어리석고 혼미하여 보살로 착각하여 그 교화를 믿고 마음이 흔들려 방탕해져서 부처님의 계율을 깨뜨리고 몰래 탐욕을 행하게 되는 것이다.329)

㈐鬼魔兼附

口中好言 災祥變異하야 或言如來 某處出世하고 或言劫火하며 或説刀兵하야 恐怖於人하야 令其家資로 無故耗散하리니

  입으로 재앙과 상서로움과 변하여 달라지는 것에 대해 예언하기를 좋아하여 어느 때는 부처님이 모처에 나타났다고 말하기도 하고, 어느 때는 겁화(劫火)330)가 일어난다고 하며, 혹은 난리가 일어난다고 하여 사람을 두렵게 만들고 그 집의 재산을 까닭없이 흩어지게 한다.

---

329) 변현하여 교화한 것은 방편(漚和)으로 훌륭한 기교를 보여준 것이다. 사람에게 붙는다는 것은 타인에게 붙는다는 말이다. 그 사람이란 붙을 대상의 사람이다. '저 사람이 사람'이라 한 것은 선정을 닦는 사람을 가리킨 것이다. 어리석고 미혹하다는 것은 선정은 있으나 지혜가 없다는 것이다. 『계환해』(『卍속장경』17, p.877상)
330) 劫火는 三災 가운데 합니다.

此名怪鬼가 年老成魔라 惱亂是人이라가 厭足心生하야 去彼人體하면 弟子與師가 俱陷王難하리니 汝當先覺하면 不入輪廻어니와 迷惑不知하면 墮無間獄하리라

　이것을 이름하여 '괴귀(怪鬼)331)가 나이 늙어 마구니가 된 것이다'고 한다. 이와같이 사람을 괴롭히다가 싫증이 나서 그 사람의 몸을 떠나버리면 제자와 스승이 함께 왕난(王難)에 빠지게 되는데, 그대가 먼저 이를 깨달으면 윤회에 들어가지 않겠지만 미혹하여 알지 못하면 무간지옥에 떨어질 것이다.332)

---

331) 怪鬼: 만약 본래의 業因으로 물질을 탐하여 죄가 된 사람은 죄가 끝나고 물질을 만나 형체를 이루리니 그 이름이 '괴귀(怪鬼)'이다. (卍속장경17, 855)
　＊物을 탐하게 되면 아까움에 집착하여 벗어나지 못하기 때문에 物에 붙어 怪鬼가 되는 것이다.『계환해』(『卍속장경』17, p.855상)
　＊怪鬼는 貪의 餘習으로 이루어진 것이니 金銀鏡劒 등과 또 돌에 의지하고 나무에 의지하는 것이 이것이다.『정맥소』(『卍속장경』18, p.790하)
332) 상음에서의 十段이 다 앞에는 천마를 들고 다음에 귀마를 밝혔거늘 舊科에서 나누지 아니했기 때문에 지금 경을 의지하여 나눈 것이다. 앞에서 통틀어 말하기를 '사마타 가운데 미세마사는 혹은 너의 음마이며, 혹은 다시 천마이며 혹은 귀신에 붙은 것이며, 혹은 도깨비(魍魎)를 만난 것이라' 하고, 나중에 총결하여 이르기를 '이 십종의 마가 혹은 인체에 붙고, 혹은 제 모습 그대로 나타나기도 해서 마사(魔師)가 음욕을 相傳하기도 하고, 邪精이 그 心腑를 매혹시키기도 한다' 했으니, 마치 수음 가운데 슬픔 등 十類를 든 것은 다 陰魔의 일이고, 상음에서 처음 十類를 든 것은 천마이며, 다음에 겸하여 든 것은 귀신과 도깨비 등의 일이다.『계환해』(『卍속장경』17, p.877하)
　＊처음 천마편의 글에서 '다 몰래 貪欲을 행한다'고 한 것은 魔師의 婬婬相傳을 가리킨 것이요, 다음 글에서 한결같이 이르되 '口中好言'이라 한 것은 邪精이 心腑를 매혹시킨 것이다. 怪鬼魃鬼 등은 다 앞에서 서본한 것이다.『계환해』(『卍속장경』17, p.877하)

(14)想愛經歷三333)　　(ㄱ)定力過失

阿難아 又善男子가 受陰虛妙하면 不遭邪慮하고 圓定發明하야 三摩地中에 心愛遊蕩하고 飛其精思하야 貪求經歷하리라

아난아! 또 선남자가 수음(受陰)이 다하여 오묘해지면 사특한 생각을 만나지 아니하고 뚜렷한 선정이 환하게 열려서 삼마지 가운데 마음이 방탕하기를 좋아하고, 정밀한 생각을 날려 사방으로 돌아다니기를 탐내고 구할 것이다.334)

(ㄴ)天魔得便

爾時天魔가 候得其便하야 飛精附人하야 口說經法이어든 其人亦不 覺知魔著하고 亦言自得 無上涅槃이라하야 來彼求遊 善男子處하야 敷座說法에

그 때 천마(天魔)가 그 틈을 기다리고 있다가 정기를 날려 수행하는 사람에게 붙어 그에게 경전의 이치를 설하게 하는데, 이 사람이 혼미하여 마구니가 붙은 줄은 알지 못하고, 스스로 말하기를 '최상의 열반을 얻었다'고 하면서 놀기를 구하는 선남자의 처소에 와서 자리를 펴고 설법을 하게 된다.

自形無變이나 其聽法者가 忽自見身이 坐寶蓮華하야 全體化成 紫金光聚하면 一衆聽人 各各如是하야 得未曾有라하리니

이 때 스스로의 모습은 변함이 없으나 그 설법을 듣는 사람에게는 문득 자신이 보배로운 연꽃에 앉아서 온몸이 자금광(紫金光)의 덩어리로 변화되어 있는 것을 보이면 온 청중이 각각 그렇게 생각하여 일찍이 없었던 일을 얻었다고 한다.

---

333) 想陰經歷: 발귀(魃鬼)는 특히 여색을 탐하는 귀신이다. 수행자가 선정은 있으나 지혜가 부족하여 음욕이 있으면 이 귀신이 인체에 붙어 천마가 되어 불보살의 행세를 하고 싶어하는 것이다. (貪求經歷)
334) 상음정이니, 상음의 상태에서는 다른 경지에서 놀기를 좋아하는 것이다. (앞의 책 p.877하)

是人愚迷하야 **惑爲菩薩**하고 **淫逸其心**하야 **破佛律儀**하고 **潛行貪欲**하리라

이리하여 사람들이 어리석고 혼미해서 이를 보살로 착각하고 그를 따라 마음이 음란하게 되어서 부처님의 계율을 깨뜨리고 몰래 탐욕을 행하는 것이다.

(ㄷ)鬼魔兼附

口中好言 諸佛應世하야 **某處某人**은 **當是某佛**의 **化身來此**며 **某人卽是 某菩薩等**이 **來化人間**이라하면 **其人見故**로 **心生傾渴**하고 **邪見密興**하야 **種智消滅**하리니

입으로 '모든 부처님이 세상에 응화(應化)하였다'고 말하기를 좋아하여 어느 곳의 아무개는 어느 부처님의 화신으로 이 세상에 온 것이며, 아무개는 보살이 인간으로 화하여 왔다고 하면 그 사람이 직접 보았기 때문에 애타게 쏠리는 마음이 생겨서 사특한 소견이 끊임없이 일어나고 지혜의 씨앗마저 사라지는 것이다.

此名魃鬼가 **年老成魔**라 **惱亂是人**이라가 **厭足心生**하야 **去彼人體**하면 **弟子與師**가 **俱陷王難**하리니 **汝當先覺**하면 **不入輪廻**어니와 **迷惑不知**하면 **墮無間獄**하리라

이것을 이름하여 '발귀(魃鬼)335)가 나이 늙어 마구니가 된 것이다'고 하며, 이와같이 사람을 괴롭히다가 싫증이 나서 그 사람의 몸을 떠나버리면 제자와 스승이 함께 왕난(王難)에 빠지게 되는데, 그대가 응당 이를 깨달으면 윤회에 빠져들지 않겠지만 미혹하여 깨닫지 못하면 무간지옥에 떨어질 것이다.

---

335) 발귀(魃鬼)는 풍발귀(風魃鬼)라고도 하는데 억색을 탐하는 귀신이다.

㈅想愛契合三336)　　㈀定力過失

又善男子가 受陰虛妙하면 不遭邪慮하고 圓定發明하야 三摩地中에 心愛綿
胲하고 澄其精思하야 貪求契合하리라

　또 선남자가 수음(受陰)이 비고 오묘해지면 사특한 생각을 만나지 아니하고, 뚜렷한 선정이 환하게 열려서 삼마지 가운데 마음이 밀밀하게 계합하기를 좋아하고, 그 정밀한 생각을 맑혀서 계합하기를 탐내고 구할 것이다.337)

㈁天魔得便

爾時天魔가 候得其便하야 飛精附人하야 口說經法이어든 其人實不 覺知魔
著하고 亦言自得 無上涅槃이라하야 來彼求合 善男子處하야 敷座說法호대

　그 때 천마(天魔)가 그 틈을 기다렸다가 정기를 날려보내 그 사람에게 붙여 경전의 이치를 설하게 하면 그 사람은 마구니가 붙은 줄을 알지 못하고, 또한 스스로 말하기를 '최상의 열반을 얻었다'고 하면서 계합하기를 구하는 선남자의 처소에 와서 자리를 펴고 설법을 하게 된다.

其形及彼 聽法之人은 外無遷變이나 令其聽者로 未聞法前에 心自開悟하야
念念移易하야

　이 때 자신의 모습이나 설법을 듣는 사람이 모두 겉으로는 형체가 변함이 없으나 설법을 듣는 이들이 법을 듣기도 전에 마음이 스스로 열리어 생각마다 달라지고 변하게 되는데,

---

336) 想愛契合: 묘리에 은밀히 계합하고 싶어하면 요사스러운 매귀(魅鬼)가 붙어 가지가지 신통을 들어내어 탐욕을 행한다. (貪求契合)
337) 면면히 이어져 꼭 맞기[綿胲]를 좋아한다는 것은 은밀히 妙理에 계합하고자 한 것이다. 『계환해』(『卍속장경』17, p.876하)

或得宿命하고 或有他心하며 或見地獄하고 或知人間의 好惡諸事하며 或口
說偈하고 或自誦經하야 各各歡娛하야 得未曾有리니

 혹은 숙명통(宿命通)을 얻기도 하고, 때로는 타심통(他心通)을 얻
기도 하며, 혹은 지옥(地獄)을 보기도 하고, 혹은 인간(人間)의 좋고
나쁜 모든 일들을 미리 알기도 하며, 혹은 입으로 게송(偈頌)을 읊
기도 하고 경전(經典)을 외우기도 하면서 각각 즐거워하여 일찍이
없었던 일을 얻었다고 한다.

是人愚迷하야 惑爲菩薩하며 綿愛其心하야 破佛律儀하고 潛行貪欲하리라

 이와같이 사람들이 어리석고 혼미하여 보살로 착각하고 (그의 교
화를 따라) 마음에 애착이 내어 부처님의 계율을 깨뜨리고 몰래 탐
욕을 행하는 것이다.338)

㈃鬼魔兼附

口中好言 佛有大小하야 某佛先佛 某佛後佛이며 其中亦有 眞佛假佛과 男
佛女佛이며 菩薩亦然이라하면 其人見故 洗滌本心하고 易入邪悟하리니 此名
魅鬼가 年老成魔라

 입으로 '부처님도 크고 작은 것이 있다'고 말하기를 좋아하여 어
느 부처는 앞에 태어난 부처이고, 어느 부처는 뒤에 태어난 부처이
며, 그 중에도 진짜 부처와 가짜 부처가 있고, 남자 부처와 여자 부
처가 있으며, 보살도 이와 마찬가지라고 하면 사람들은 직접 보았
기 때문에 본심을 잃어버리고 사특한 깨달음에 쉽게 빠져들게 되니
이것을 이름하여 '매귀(魅鬼)339)가 나이 늙어 마구니가 된 것이다'
고 한다.

---

338) 계합하기를 희망하기 때문에 마구니가 開悟하게 한 것이니 開悟로부터 이하는 다
 은밀하게 계합하는 일이다 면애(綿愛)는 말하자면 마음에 愛着을 낸 것이다.『계환해』
 (『卍속장경』17, p.878하)
339) 매귀(魅鬼): 요사하고 괴이한 짐승[妖獸怪禽]에게 붙어 수행자를 미혹하게 하는 귀
 신이다..『정맥소』(『卍속장경』18, p.790하) 참조

惱亂是人이라가 厭足心生하야 去彼人體하면 弟子與師가 俱陷王難하리니 汝
當先覺하면 不入輪廻어니와 迷惑不知하면 墮無間獄하리라

  이와같이 사람을 괴롭히다가 싫증이 나서 그 사람의 몸을 떠나버
리면 제자와 스승이 함께 왕난(王難)에 빠지게 되는데, 그대가 응당
이를 깨달으면 윤회에 들어가지 않겠지만 미혹하여 깨닫지 못하면
무간지옥에 떨어질 것이다.340)

㈣想愛辨析三341)　㈀定力過失

又善男子가 受陰虛妙하면 不遭邪慮하고 圓定發明하야 三摩地中에 心愛根
本하고 窮覽物化의 性之終始하야 精爽其心하야 貪求辨析하리라

  또 선남자가 수음(受陰)이 비고 오묘해지면 사특한 생각을 만나
지 아니하고, 뚜렷한 선정이 환하게 열려서 삼마지 가운데 마음으
로 근본을 사랑하고 만물이 변화하는 성품의 시작과 끝을 궁구해
보아 그 마음이 정밀하고 상쾌해져서 분별하고 분석하기를 탐내고
구할 것이다.342)

㈁天魔得便

爾時天魔가 候得其便하야 飛精附人하야 口説經法이어든 其人先不 覺知魔
著하고 亦言自得 無上涅槃이라하며 來彼求元 善男子處하야 敷座説法호대

  그 때 천마(天魔)가 그 틈을 기다렸다가 정기를 날려 사람에게
붙어 입으로 경전의 진리를 설하게 하면 그 사람이 마구니가 붙은
줄은 깨닫지 못하고, 스스로 말하기를 '최상의 열반을 얻었다'고 하
며, 진리[元]을 추구하는 선남자의 처소에 와서 자리를 펴고 설법을
하게 된다.

---

340) 男女의 佛身을 이야기 한다는 것은 뜻이 애욕의 감미로움을 드러내어 수행자를
    그릇되게 하려는 것이다.『계환해』(『卍속장경』17, p.878하)
341) 想愛辯析: 성냄의 고독귀(蠱毒鬼)나 속이고 탐내는 염승귀(歸)가 붙어 자주 따지고
    분석하기를 좋아한다.
342) 만물이 변화하는 근본이라 생각하여 궁구하고 사랑하기 때문에 그 마음이 상쾌(爽
    快)해져서 분별하고 분석하게 되느니라.『계환해』(『卍속장경』17, p.878하)

身有威神하야 摧伏求者하며 令其座下로 雖未聞法이나 自然心伏일새 是諸
人等이 將佛涅槃과 菩提法身하야 卽是現前의 我肉身上이라하고

 이 때 몸에 위엄과 신통력이 갖추어져 있어서 진리를 추구하는 이를 굴복시킨다. 그러면 그 자리에 있는 사람들이 비록 법은 듣지 못하였더라도 마음으로 복종하기 때문에 그곳에 모인 여러 사람들이 부처님의 열반(涅槃)과 보리(菩提)와 법신(法身)은 바로 '현전의 우리들 육신 상의 일이다'라고 한다.343)

父父子子가 遞代相生이 卽是法身의 常住不絶이라하며 都指現在하야 卽爲
佛國이오 無別淨居와 及金色相하니라

 또 '아버지와 아들이 번갈아 서로 태어나는 것이 바로 법신이 항상 머물러 없어지지 않는 것이다'고 하면서, 오로지 현재를 가리켜서 이것이 부처님 세상이지 또 다른 깨끗한 거처나 금색의 형상이 없다고 한다.

其人信受하야 亡失先心하고 身命歸依하야 得未曾有하리니 是等愚迷하야 惑
爲菩薩하고 推究其心하야 破佛律儀하고 潛行貪欲하리라

 그들은 그것을 믿고 받아들여 먼저의 마음344)은 잊어버리고, 몸과 목숨을 다 바쳐 귀의하여 일찍이 없었던 일을 얻었다고 여기는데, 이들이 어리석고 혼미하여 보살로 착각하고, 그 마음을 추구해서 부처님의 계율을 깨뜨리고 몰래 탐욕을 행하는 것이다.

---

343) 부처님의 열반 등이 현전의 일이다 하는 등은 肉身으로 果德을 삼고 幻生으로 常住를 삼아 淨十와 報體를 부정(撥無)히는 깃이니, 이는 나 변화의 근원을 분별하고 분석함으로 인하여 허망하게 뒤섞인 말을 하게 되는 것이다. 『계환해』(『卍속장경』17, p.879상)
344) 어디에도 집착함이 없는 수행자의 마음

㈢鬼魔兼附

口中好言 眼耳鼻舌이 皆爲淨土며 男女二根이 卽是菩提와 涅槃眞處라하면 彼無知者가 信是穢言하리니 此名蠱毒과 魘勝惡鬼가 年老成魔라

입으로 '눈과 귀와 혀가 모두 정토이며, 남근(男根)과 여근(女根)이 곧 보리와 열반의 참된 곳이다'고 말하면345) 저 무지한 자들은 이러한 더러운 말을 믿게되니, 이것을 '고독귀(蠱毒鬼)346)나 염승귀(魘勝鬼)347)등의 악귀가 오래되어 마구니가 된 것이다'라고 하는 것이요.

惱亂是人이라가 厭足心生하야 去彼人體하면 弟子與師가 俱陷王難하리니 汝當先覺하면 不入輪廻어니와 迷惑不知하면 墮無間獄하리라

이와같이 사람을 괴롭히다가 싫증이 나서 그 사람의 몸을 떠나버리면 제자와 스승이 함께 왕난(王難)에 빠지게 되는 것이다.

그대가 응당 이를 깨달으면 윤회에 들어가지 않겠지만 미혹하여 깨닫지 못하면 무간지옥에 떨어질 것이다.

㈣想愛冥感三348)　㈀定力過失

又善男子가 受陰虛妙하면 不遭邪慮하고 圓定發明하야 三摩地中에 心愛懸應호대 周流精硏하야 貪求冥感하리라

또 선남자가 수음(受陰)이 비고 오묘해지면 사특한 생각을 만나지 아니하고, 뚜렷한 선정이 환하게 열려서 삼마지 가운데 마음이 미리 감응하기를 좋아하고 두루 돌아다니며 정밀하게 연구하여 남

---

345) 더럽고 물든 것으로 眞淨을 삼은 것은 그 뜻이 문란해지는 욕망[媟欲]으로 이끌려는 것이다. (앞의 책 p.879상)
346) 고독귀(蠱毒鬼)는 성냄의 餘習으로 이루어진 것이다. 이러한 眞毒의 餘習이 있기 때문에 毒蟲에 붙어서 사람을 蠱害하는 것이다. 『정맥소』『卍속장경』18, p.790하)
347) 염승귀(魘勝鬼): 속이기(罔)를 탐하는 자는 숨는 마음으로 陰昧하기 때문에 어두움을 만나 염승귀(魘)가 되는 것이다. 『계환해』『卍속장경』17, p.855하)
348) 想愛冥感: 원한으로 이루어진 여귀(癘鬼)가 붙어 자기의 예언 등의 설법을 듣고 다른 사람들이 감동하기를 좋아하다. (貪求冥感)

몰래 감응하기를 탐하고 구할 것이다.349)

(ㄴ)天魔得便
爾時天魔가 候得其便하야 飛精附人하야 口說經法이어든 其人元不 覺知魔著하고 亦言自得 無上涅槃이라하야 來彼求應 善男子處하야 敷座說法에
　그 때 천마(天魔)가 그 틈을 기다렸다가 정기를 날려 사람에게 붙어서 경전의 진리를 설법하게 하면 그 사람은 본래 마구니가 붙은 줄을 깨닫지 못하고 스스로 '최상의 열반을 얻었다'고 말하면서 감응(感應)하기를 구하는 선남자의 처소에 와서 자리를 펴고 설법을 한다.

能令聽衆으로 暫見其身이 如百千歲하면 心生愛染하야 不能捨離코 身爲奴僕하야 四事供養호대 不覺疲勞하며
　이 때 듣는 사람들에게 잠시 그 몸이 백년 천년이나 된 것처럼 느끼게 하면 사람들은 마음으로 이[愛染]를 좋아해서 버리거나 여의지 못하고, 몸이 그 사람의 종[奴僕]이 되어 여러 가지로 공양하더라도 피로를 느끼지 않게 된다.

各各令其 座下人心으로 知是先師와 本善知識하고 別生法愛하야 粘如膠漆하야 得未曾有거늘
　이와같이 각각 그 자리에 있는 청중들의 마음으로 하여금 선세(先世)의 스승이거나 근본 선지식인 줄로 착각하게 하고 더구나 특별히 법에 사랑하는 마음을 내게 하여, 마치 아교에 붙은 것처럼 일찍이 없었던 일을 얻었다고 생각하게 하는데,

---

349) 자기가 이룬 공부의 작용이 효험이 있기를 바라는 것이다. 『계환해』(『卍속장경』17, p.879상)

是人愚迷하야 惑爲菩薩하며 親近其心하야 破佛律儀하고 潛行貪欲하리라
　사람들이 어리석고 혼미하여 보살로 착각하고 그 마음을 친근히 하여 부처님의 계율을 깨뜨리고 몰래 탐욕을 행하는 것이다.350)

(ㄷ)鬼魔兼附
口中好言 我於前世에 於某生中에 先度某人호니 當時是我 妻妾兄弟러니 今來相度하야 與汝相隨하나 歸某世界하야 供養某佛이라하고
　입으로 '나는 전세에 어느 생에서 먼저 아무개를 제도하였는데 당시에 나의 처첩과 형제였었으나 지금에 이르러서 또 서로를 제도하여 너와 함께 어느 세계에 가서 어느 부처님을 공양할 것이다'고 예언하기를 좋아한다.

或言別有 大光明天하니 佛於中住하야 一切如來의 所休居地라하면 彼無知者가 信是虛誑하고 遺失本心한대 此名癘鬼가 年老成魔라하나니
　또 '따로 대광명천(大光明天)이 있으니 부처님이 거기에 계시는데 모든 부처가 쉬고 계시는 곳이다'고 말하면 저 무지한 사람들은 그와같은 허황된 거짓말을 믿고, 본래의 마음은 잃어버리게 되는데, 이것을 이름하여 '여귀(癘鬼, 癘虐鬼)351)가 나이 늙어 마구니가 된 것이다'고 한다.

惱亂是人이라가 厭足心生하야 去彼人體하면 弟子與師가 俱陷王難이요 汝當先覺하면 不入輪廻어니와 迷惑不知하면 墮無間獄하리라
　이 사람을 괴롭히다가 싫증이 나서 그 사람의 몸을 떠나버리면 제자와 스승이 함께 왕난(王難)에 빠질 것이니 그대가 응당 이를 깨달으면 윤회에 들어가지 않겠지만 미혹하여 알지 못하면 무간지

---
350) 백년 천년의 모습으로 변화하는 것은 과거세의 선지식을 의지하여 가만히 감응한 것을 나타낸 것이다.『계환해』(『卍속장경』17, p.879하)
351) 여학귀(癘虐鬼)는 원한(寃)의 餘習으로 인하여 이루어진 것이니 寃은 숙세의 원한을 추상하여 잊지 못하다가 그 사람의 쇠운을 엿보아 보복을 구하는 것이다.『정맥소』(『卍속장경』18, p.791상)

옥에 떨어질 것이다.352)

㈥想愛靜謐三353)　㈀定力過失
又善男子가 受陰虛妙하면 不遭邪慮하고 圓定發明하야 三摩地中에 心愛深入하야 剋己辛勤하고 樂處陰寂호대 貪求靜謐하리라

　또 선남자가 수음(受陰)이 비어지고 오묘해지면 사특한 생각을 만나지 아니하고, 뚜렷한 선정이 환하게 열려서 삼마지 가운데 마음이 깊이 들어가기를 좋아하여 제 마음을 억제하고 부지런히 애써서 은밀하고 고요한 곳을 좋아하여, 이를 탐내고 구할 것이다.354)

㈁天魔得便
爾時天魔가 候得其便하야 飛精附人하야 口說經法이어든 其人本不 覺知魔著하고 亦言自得 無上涅槃이라하야 來彼求陰 善男子處하야 敷座說法에

　그 때 천마(天魔)가 그 틈을 기다렸다가 정기를 날려 사람에게 붙어 입으로 경전의 이치를 설하게 하면 그 사람이 본래 마구니가 붙은 줄을 깨닫지 못하고, 스스로 말하기를 '최상의 열반을 얻었다'고 하면서 저 음침한 곳을 구하는 선남자의 처소에 와서 자리를 펴고 설법을 하게 된다.

---

352) 이는 다 그윽히 감응함을 나타낸 것이다. 光明天을 거론한 것은 장차 마구니의 경계로 이끌어 들이려는 것이다. 『계환해』(『卍속장경』17, p.879하)
353) 想愛靜謐: 그져 고요하기만을 좋아하다 삿된 선정으로 人力鬼가 붙어 남의 마음을 미리알고 예언하기를 좋아한다.
354) 깊이 幽靜에 들기를 애착하여 맑은 것으로 신통력을 기르는 것이다. 『계환해』(『卍속장경』17, p.879하)

令其聽人으로 各知本業하며 或於其處에 語一人言호대 汝今未死에 已作畜生이라하고 敕使一人으로 於後蹋尾하야 頓令其人으로 起不能得하면
　이 때 듣는 사람들로 하여금 제각기 본래의 직업을 알게 하며, 혹은 그 가운데 한 사람을 가리켜 '너는 지금 죽기도 전에 벌써 축생이 되었다'고 말하면서 다른 사람을 시켜 뒤에 가서 꼬리를 밟게 해서 갑자기 그 사람을 일어나지 못하게도 한다.

於是一衆이 傾心欽伏하며 有人起心에 已知其肇하고 佛律儀外에 重加精苦하야 誹謗比丘하고 罵詈徒衆하며 訐露人事하야 不避譏嫌하나니라
　이와같이 모든 대중이 마음을 다해 공경하고 복종하게 하며, 어떤 사람이 마음을 내면 벌써 그것을 먼저 알아 부처님의 계율보다 더 정밀하고 까다로운 일을 시키면서 비구를 비방하고 대중을 꾸짖으며 남의 비밀스런 일을 들추어내되(訐露) 비방과 혐의에 거리낌이 없다.355)

(ㄷ)鬼魔兼附
口中好言 未然禍福호대 及至其時하야는 毫髮無失하나니 此大力鬼가 年老成魔라
　입으로 미래의 재앙과 복에 대하여 예언하기를 좋아하는데, 그 때에 이르면 조금도 틀림이 없으니 이를 이름하여 '대력귀(大力鬼)356)가 오래되어 마구니가 된 것이다'고 한다.

---

355) 사특한 선정으로 신통을 갖춘 것이다. 본업은 宿業이요, 축생은 後報이니 이 두가지는 숙명통이다. 비롯함을 아는 것은 타심통이요, 사사로운 일을 들추어 내는 것은 천안통과 천이통이니 사람의 사사로움을 들추어 내는 것을 알로(訐露)라 한다. 『계환해』(『卍속장경』17, p.880상)
356) 신통력이 큰 귀신이다.

惱亂是人이라가 厭足心生하야 去彼人體하면 弟子與師가 俱陷王難하리니 汝
當先覺하면 不入輪廻어니와 迷惑不知하면 墮無間獄하리라

　이와같이 사람을 괴롭히다가 싫증이 나서 그 사람의 몸을 떠나버리면 제자와 스승이 함께 왕난(王難)에 빠지게 되는데, 그대가 응당 이를 깨달으면 윤회에 들어가지 않겠지만 미혹하여 알지 못하면 무간지옥에 떨어질 것이다.

㉔想愛宿命三357)　　㈀定力過失
又善男子가 受陰虛妙하면 不遭邪慮하고 圓定發明하야 三摩地中에 心愛知
見하고 勤苦硏尋하야 貪求宿命하리라

　또 선남자가 수음(受陰)이 비고 오묘해지면 사특한 생각을 만나지 아니하고, 뚜렷한 선정이 환하게 열려서 삼마지 가운데 마음이 알고 보기를 좋아하여 부지런히 숙명(宿命)을 탐내고 구할 것이다.

㈁天魔得便
爾時天魔가 候得其便하야 飛精附人하야 口說經法이어든 其人殊不 覺知魔
著하고 亦言自得 無上涅槃이라하야 來彼求知 善男子處하야 敷座說法에

　그 때 천마(天魔)가 그 틈을 기다렸다가 정기를 날려 사람에게 붙어 입으로 경전의 이치를 설하게 하면 그 사람이 마구니가 붙은 줄을 깨닫지 못하고, 스스로 말하기를 '최상의 열반을 얻었다'고 하면서 알기를 구하는 선남자의 처소에 와서 자리를 펴고 설법을 하기도 한다.

---

357) 想愛宿命: 산림이나 토지 등의 귀신이 붙어 숙명을 탐하고 전생의 일을 말한다.(貪求宿命)

是人無端히 於說法處에 得大寶珠하며 其魔或時엔 化爲畜生하야 口銜其珠
와 及雜珍寶와 簡策符牘의 諸奇異物하야 先授彼人하고 後著其體하며

　그 때 이 사람358)이 까닭없이 설법하는 곳에서 보배의 구슬을 얻기도 하며, 혹은 마구니가 때로는 축생으로 변하여 입으로 구슬과 갖가지 보배(珍寶)와 문서(簡策)와 부적(符牘) 등 기이한 물건들을 가져다가 먼저 이 사람에게 주고, 뒤에 그의 몸에 붙기도 한다.

或誘聽人하야 藏於地下하고 有明月珠로 照耀其處어든 是諸聽者가 得未曾
有라하며

　혹은 청중(聽衆)을 꾀어서 먼저 땅속에 숨겨두고 뒤에 밝은 구슬[明月珠]로 이것을 비추어 보이기도 하는데, 이를 보고 들었던 모든 사람들이 일찍이 없었던 일을 얻었다고 환호하기도 한다.

多食藥草하고 不餐嘉饌하며 或時엔 日餐一麻一麥호대 其形肥充하리니

　또 약초만 많이 먹고 음식은 먹지 않으며, 때로는 하루에 삼씨 한알과 보리 한알만 먹어도 몸에 살이 찌기도 한다.

魔力持故로 誹謗比丘하고 罵詈徒衆호대 不避譏嫌하리라

　이러한 일들이 다 마구니의 힘으로 유지되기 때문에 비구를 비방하고 대중을 꾸짖으며 이와같이 비방과 혐의를 피하지 않는다.

---

358) '이 사람'은 숙명 등을 탐하여 천마가 붙은 자이다.

㈐鬼魔兼附

口中好言 他方寶藏과 十方聖賢의 潛匿之處어든 隨其後者가 往往見有 奇異之人하리니

　입으로 다른 곳에 감춰져 있는 보배와 시방의 성현(聖賢)들이 숨어 있는 곳에 대하여 예언하기를 좋아하는데, 뒤를 따르는 사람들이 가끔 기이한 사람을 볼 수 있을 것이다.

此名山林과 土地城隍과 川嶽鬼神이 年老成魔라 或有宣淫하야 破佛戒律하고 與承事者로 潛行五欲하며 或有精進하야 純食草木하고 無定行事라

　이것을 이름하여 '산림이나 토지 또는 성황당이나 산천의 귀신이 오래되어 마구니가 된 것이다'고 하는데, 혹은 음행을 하여 부처님의 계율을 깨뜨리고, 이것을 계승한 자와 더불어 몰래 오욕을 행하기도 하며, 혹은 정진하면서 순수하게 풀과 나무껍질 만을 먹고, 일정하게 하는 일도 없이 지내기도 한다.

惱亂是人이라가 厭足心生하야 去彼人體하면 弟子與師가 多陷王難하리니 汝當先覺하면 不入輪廻어니와 迷惑不知하면 墮無間獄하리라

　이와같이 사람을 괴롭히다가 싫증이 나서 그 사람의 몸을 떠나버리면 제자와 스승이 함께 왕난(王難)에 빠지게 되니 그대가 응당 이를 깨달으면 윤회에 들어가지 않겠지만 미혹하여 알지 못하면 무간지옥에 떨어질 것이다.

㉔想愛神力三359)　(ㄱ)定力過失

又善男子가 受陰虛妙하면 不遭邪慮하고 圓定發明하야 三摩地中에 心愛神通의 種種變化하고 硏究化元하야 貪取神力하리라

　또 선남자가 수음(受陰)이 비어지고 오묘해지면 사특한 생각을 만나지 아니하고, 뚜렷한 선정이 환하게 열려서 삼마지 가운데 마음이 신통의 갖가지 변화하는 것을 좋아해서 변화의 원리를 연구하고 신비한 힘을 탐내고 구할 것이다.360)

(ㄴ)天魔得便

爾時天魔가 候得其便하야 飛精附人하야 口說經法이어든 其人誠不 覺知魔著하고 亦言自得 無上涅槃이라하야 來彼求通 善男子處하야 敷座說法에

　그 때 천마(天魔)가 그 틈을 기다렸다가 정기를 날려 사람에게 붙어 입으로 경전의 이치를 말하게 하면 이 사람이 마구니가 붙은 줄을 깨닫지 못하고, 스스로 '최상의 열반을 얻었다'라고 말하면서 신통을 구하는 선남자의 처소에 와서 자리를 펴고 설법을 하게 될 것이다.

是人或復 手執火光하고 手撮其光하야 分於所聽 四衆頭上하야 是諸聽人의 頂上火光이 皆長數尺호대

　그 때 이 사람이 혹은 손으로 화광(火光)을 움켜 쥐기도 하고, 다시 그 화광을 들어다가 설법을 듣고 있는 사부대중의 머리 위에 뿌려 모든 청중의 이마 위에서 불빛이 몇 자씩 뻗어나가게 한다.

---

359) 想愛神力: 상음정 속에서 신통력에 집착하여 하늘과 땅 사이에 기운이 센 산의 정기나 바다의 정기 등 귀신이 붙어 물과 불 등에 자재하게 될 것이다. (貪求神力)
360) 化元이란 만 가지 변화의 근본이니, 이를 타고서 신통변화를 발하는 것이다. 『계환해』(『卍속장경』17, p.880하)

亦無熱性하고 曾不焚燒하며 或上水行호대 如履平地하고 或於空中에 安坐不動하며 或入甁內하며 或處囊中하며 越牖透垣호대 曾無障礙어니와 唯於刀兵에는 不得自在라

　그러나 뜨겁지도 않고 타지도 않으며, 혹은 물위에 다니기를 평지와 같이 하고, 혹은 공중에서 편안히 앉아 움직이지 않기도 하며, 혹은 병 속에 들어가거나 주머니 속에 들어가기도 하며, 들창으로 나가고 담을 뚫고 나가더라도 걸림이 없지만 다만 칼이나 창 같은 무기에 대해서는 자재(自在)하지 못하다.

自言是佛이라하고 身著白衣하고 受比丘禮하며 誹謗禪律하야 罵詈徒衆하며 訐露人事호대 不避譏嫌하리라

　이와같이 스스로 자신이 부처라고 하면서 몸에 흰옷을 입고 비구들의 예배를 받으며, 참선하는 사람과 계율 지키는 사람을 비방하여 대중들을 꾸짖고 남의 비밀을 들추어내어 이와같이 비방과 혐의에 거리낌이 없다.361)

㈐魑魅兼附

口中常說 神通自在하며 或復令人으로 旁見佛土하나 鬼力惑人이오 非有眞實이며

　입으로 항상 신통이 자재함을 말하고 때로는 사람들에게 불국토를 엿보게 한다. 그러나 이는 다 귀신의 힘으로 사람을 현혹시키는 것이지 진실한 것이 아니다.

---

361) 신통변화를 사랑하기 때문에 불빛을 잡고 물을 밟는 등의 일이 나타나거니와, 만약 참다운 신통변화라면 칼이나 무기를 두려워하지 않을 것이다.『계환해』(『卍속장경』17, p.881상)

讚歎行淫하고 不毀麤行하며 將諸猥媟하야 以爲傳法하리니 此名天地의 大力山精과 海精風精과 河精土精과 一切草木의 積劫精魅와 或復龍魅와 或壽終仙이 再活爲魅와 或仙期終하야 計年應死어늘 其形不化하야 他怪所附가 年老成魔라

  그런데도 음란한 행동을 찬탄하고, 추잡한 행동도 탓하지 않으며, 음란하고 더러운 행위를 가지고 법을 전한다고 하니, 이것을 이름하여 '하늘과 땅 사이에 힘을 가진 산의 정기와 바다의 정기와 바람의 정기와 강의 정기와 흙의 정기와 모든 풀과 나무 등의 여러 겁 동안 쌓아온 정기로 뭉쳐진 도깨비이거나 또는 용도깨비 이거나 수명이 끝난 신선이 다시 살아나 도깨비가 되었거나 신선이 기한이 찼는데 그 형체가 변하기 전에 다른 요괴가 붙은지 오래되어 마구니 것이다'고 한다.

惱亂是人이라가 厭足心生하야 去彼人體하면 弟子與師가 多陷王難하리니 汝當先覺하면 不入輪廻어니와 迷惑不知하면 墮無間獄하리라

  이 마구니가 사람을 괴롭히다가 싫증이 나서 그 사람의 몸을 떠나버리면 제자와 스승이 함께 왕난(王難)에 빠지게 되니 그대가 응당 이를 깨달으면 윤회에 들어가지 않겠지만 미혹하여 알지 못하면 무간지옥에 떨어질 것이다.362)

---

362) 외설(猥媟)이란 음욕으로 치우쳐 방종하는 일이다. 『계환해』(『卍속장경』17, p.881 하)

2.詳辨魔境 深防邪誤 ㈢想陰 727

㈐想愛深空三363)　㈀定力過失

又善男子가 受陰虛妙하면 不遭邪慮하고 圓定發明하야 三摩地中에 心愛入
滅하고 硏究化性하야 貪求深空하리라

　또 선남자가 수음(受陰)이 비고 오묘해지면 사특한 생각을 만나지 아니하고, 뚜렷한 선정이 환하게 열려서 삼마지 가운데 마음이 적멸에 들어가기를 좋아하고 변화하는 성품을 연구하여 깊이 공(空)에 잠기기를 탐내고 구할 것이다.364)

㈁天魔得便

爾時天魔가 候得其便하야 飛精附人하야 口說經法이어든 其人終不 覺知魔
著하고 亦言自得 無上涅槃이라하야 來彼求空 善男子處하야 敷座說法호대

　그 때 천마(天魔)가 그 틈을 기다리다가 정기를 날려 사람에게 붙어 경전의 이치를 설하게 하면 그 사람은 끝내 마구니가 붙은 줄을 깨닫지 못하고, 스스로 '최상의 열반을 얻었다'고 말하면서 공(空)을 탐구하는 선남자의 처소에 와서 자리를 펴고 설법을 하게 된다.

於大眾內에 其形忽空하야 眾無所見이라가 還從虛空으로 突然而出하야 存沒
自在하며

　이 때 대중 가운데서 그 형체가 홀연히 공(空)하게 되어 대중들이 볼 수 없다가 다시 허공으로부터 갑자기 나타나서 없어졌다가는 다시 나타나는 등 행동이 자유자재하다.

---

363) 想愛深空: 일식(日蝕)이나 월식(月蝕)의 정기와 쇠나 옥이나 초목의 정기 등이 붙어 깊이 그로 인하여 空에 떨어지고 인과를 부정한다. (貪求深空)
364) 滅定에 들어서 비고 고요한 곳에 나아가고자 하는 것이다. 『계환해』(『卍속장경』17, p.881하)

或現其身ᄒ호대 洞如瑠璃ᄒ하며 或垂手足ᄒ하야 作旃檀氣ᄒ하며 或大小便이 如厚石蜜ᄒ하야 誹毁戒律ᄒ하고 輕賤出家ᄒ하며

혹은 그 몸이 유리처럼 투명하게 나타나기도 하며, 혹은 손발을 내밀면 전단향 냄새가 나기도 하며, 혹은 대소변이 두꺼운 석밀 같기도 하면서, 계율을 비방하고 출가한 이를 가볍게 여긴다.365)

(ㄷ)精怪兼附

口中常說 無因無果ᄒ하며 一死永滅ᄒ하야 無復後身 及諸凡聖이리니

그리하여 입으로 항상 '원인도 없고 결과도 없으며 한 번 죽으면 아주 없어져서 죽은 뒤엔 다시 몸을 받는 일도 없고 범부와 성인이 따로 있는 것도 아니다'고 말하는 것이다.366)

雖得空寂이나 潛行貪欲ᄒ하니 受其欲者 亦得空心ᄒ하야 撥無因果ᄒ하리니 此名 日月의 薄蝕精氣와 金玉芝草와 麟鳳龜鶴이 經千萬年토록 不死爲靈ᄒ하야 出生國土ᄒ호대 年老成魔라

비록 비고 고요함을 얻었다고는 하나 남몰래 탐욕을 행하는 것이기에 그 음욕을 당[受]하는 자도 공심(空心)이 되어 인과가 없다고 하는 것이니, 이것을 이름하여 '일식이나 월식의 정기와 금·옥·지초·기린·봉황·거북·학 등 천만 년을 지나도록 죽지 않는 영물이 되어 국토에 태어나 오래되어 마구니가 된 것이다'고 한다.

---

365) 空을 좋아하고 허공에 의지하여 현혹된 것이다. 『계환해』(『卍속장경』17, p.881하)
366) 因果撥無: 여기에서 설하는 것은 다 허공을 의지하여 보는 것으로 인하여 발생한 것이다. 근세의 사특한 무리들이 허망하게 말하기를 '참여하려면 반드시 진실하게 참여하고, 보려거든 반드시 진실하게 보라'고 하여 마침내 인과와 後身과 천당과 지옥을 친히 보지 못했다고 하면서 부정하기 때문에 그 말을 듣는 자는 모두 '善惡이 아득하고, 허망한 인생 다시 태어남이 없다'고 생각한다. 이에 금하는 계율을 잊고 방자하게 음란한 일을 즐기며, 술을 마시고 방탕하여 착한 행실을 스스로 끊고 부정하다가 바라지 않던 배[儻倖]가 나타나면 상대를 윽박지르고 학대하여 '정말이지 천당지옥은 없는 것이다' 하나니 내가 늘 이러한 것을 가슴 아프게 생각하다가 이번에 능엄을 해석하면서 느낀대로 붓을 대었으니 魔說임을 깨달아 스스로 빠져들지 않기를 바라노라. 『계환해』(『卍속장경』17, p.881하)

惱亂是人이라 厭足心生하야 去彼人體하면 弟子與師가 多陷王難하리니 汝
當先覺 不入輪廻어니와 迷惑不知 墮無間獄하리라

이와같이 사람을 괴롭히다가 싫증이 나서 그 사람의 몸을 떠나버리면 제자와 스승이 함께 왕난(王難)에 빠지게 되는데, 그대가 응당 이를 깨달으면 윤회에 들어가지 않겠지만 미혹하여 알지 못하면 무간지옥에 떨어질 것이다.367)

㉗想愛長壽三368)　　㈀定力過失

又善男子가 受陰虛妙하면 不遭邪慮하고 圓定發明하야 三摩地中에 心愛長
壽하야 辛苦硏幾하고 貪求永歲하며 棄分段生하고 頓希變易호대 細相常住라

또 선남자가 수음(受陰)이 비고 오묘해지면 사특한 생각을 만나지 아니하고, 뚜렷한 선정이 환하게 열려서 삼마지 가운데 마음으로 오래 살기를 좋아하여 애써 기회를 찾고 영생을 구하며, 중생의 삶[分段生死]를 버리고, 불보살의 삶[變易生死]을 희망하여 미세한 생각에 항상 머물기를 바랄 것이다.369)

---

367) 일식과 월식의 精氣가 흘러서 金玉의 종류가 된다. 『계환해』(『卍속장경』17, p.882상)

368) 想愛長壽: 수명을 관장하는 自在天魔 등이 붙어 보살도에는 뜻이 없고 오래살기를 구한다. (貪求永生)

369) 삼계의 미혹이 다하여야 비로소 分段生死를 여의고 變易生死를 얻을 것이거늘 지금 功力이 아직 이루어지지 않은 상태에서 허망하게 바라고 있으니 이것이 미혹이다. 硏幾란 미세한 계기[機微]를 연구하여 깊이 탐구하는 것이요, 細想이란 거친 것이 변하여 미세한 것이 되어 세상에 오래 머물기를 바라는 것이다. 『계환해』(『卍속장경』17, p.882상)

(ㄴ)天魔得便

爾時天魔가 候得其便하야 飛精附人하야 口說經法이어든 其人竟不 覺知魔著하고 亦言自得 無上涅槃이라하야 來彼求生 善男子處하야 敷座說法호대

그 때 천마(天魔)가 틈을 기다렸다가 정기를 날려 사람에게 붙어 입으로 경전의 이치를 설하게 하면 이 사람이 끝내 마구니가 붙은 줄을 깨닫지 못하고, 스스로 '최상의 열반을 얻었다'고 말하면서 영생을 구하는 선남자의 처소에 와서 자리를 펴고 설법을 하게 된다.

好言他方으로 往還無滯하며 或經萬里라가 瞬息再來호대 皆於彼方에 取得其物하며

이 때 다른 세계에 왕래함에도 걸림이 없으며, 혹은 만리 밖을 순식간에 갔다가 다시 돌아오면서 번번이 그 지방의 특산물을 가져 오기도 한다.

或於一處에 在一宅中하야 數步之間을 令其從東으로 詣至西壁호대 是人急行하야 累年不到어든

혹은 다른 사람과 같은 곳이나 같은 집안에 있으면서 몇 걸음 쯤 되는 거리인데도 그 사람에게 동쪽에서 서쪽의 벽으로 가보라고 하면 이 사람이 아무리 빨리 걸어 몇 년이 걸려도 이르지 못하도록 한다.

因此心信하야 疑佛現前하리라

이와같은 등의 일로 인하여 마음에 믿음이 생겨 부처님이 세상에 출현했다고 의심하게 된다.[370]

---

370) 만리를 순식간에 왕래한 다는 것은 다 신통을 얻은 자의 일이다. 『계환해』(『卍속장경』17, p.882하)

㈃魔眷兼附

口中常說 十方衆生이 皆是吾子며 我生諸佛이요 我出世界니 我是元佛이라 出生自然이요 不因修得이리니

입으로 항상 '시방의 중생들이 모두 나의 아들이며, 내가 모든 부처님을 냈으며 내가 세계를 만들었으며 나는 원래로 부처였으니 자연스레 세상을 초월한 것이지 닦아서 얻은 것이 아니다'고 말할 것이다.

此名住世 自在天魔가 使其眷屬이 如遮文茶와 及四天王의 毗舍童子로 未發心者로 利其虛明하야 食彼精氣하며

이는 세상에 머무는 자재천마(自在天魔)가 그의 권속인 차문다(遮文茶)와 사천왕의 비사동자(毘舍童子) 가운데 아직 발심하지 못한 자를 시켜서 그의 비고 밝음을 이용하여 그371)의 정기를 먹게 한 것이다.372)

或不因師하고 其修行人에 親自觀見호대 稱執金剛하며 與汝長命하고 現美女身하야 盛行貪欲하야 未逾年歲에 肝腦枯竭하며 口兼獨言이 聽若妖魅하야 前人未詳하니

때로는 스승을 인연하지 않고 바로 수행하는 사람 앞에 나타나373) 집금강신(執金剛神)이라 칭하면서 너를 오래 살도록 해 주겠다고 하고, 미녀의 몸으로 나타나서 탐욕을 크게 부리도록 하여 수명을 다하지 못하고 간과 뇌가 메마르게 하며, 입으로 혼잣말을 하는 것이374) 마치 도깨비 소리처럼 들리게 하여 앞에 있는 사람도

---

371) 상음정에 빠져있는 수행자
372) 다라니경에 遮文茶天에 毘舍童子가 있으니 즉 毘舍遮鬼는 사천왕의 부하이다. 발심했을 때에는 사람을 보호하나 아직 발심하지 못했을 때에는 사람을 해치나니 저의 정력이 비고 밝아짐으로 이익을 삼기 때문에 그 精氣를 먹는 것이다. 『계환해』(『卍속장경』17, p.882하)
373) '혹 스승을 인하지 않는다'고 한 것은 마구니가 붙은 스승을 따르지 않고 바로 마구니로 나타나는 것을 본다는 것이다. 『계환해』(『卍속장경』17, p.882하)

자세히 알지 못하게 한다.

多陷王難하야 未及遇刑에 先已乾死하며 惱亂彼人하야 以至殂殞하리니 汝當先覺하면 不入輪廻어니와 迷惑不知하면 墮無間獄하리라

(이와같이 사람을 괴롭히다가 싫증이 나서 그 사람의 몸을 떠나 버리면) 대개 왕난(王難)에 빠져 재판도 받기 전에 먼저 말라죽게 되며, 마침내 그 사람을 괴롭혀서 죽음에 이르게 하니, 그대가 응당 먼저 이를 깨달으면 윤회에 들어가지 않겠지만 미혹하여 알지 못하면 무간지옥에 떨어질 것이다.

㈐總會詳示

阿難當知하라 是十種魔가 於末世時에 在我法中하야 出家修道하야 或附人體하며 或自現形하야 皆言已成 正遍知覺이라하야 讚歎淫欲하고 破佛律儀하며 先惡魔師와 與魔弟子가 淫淫相傳하며

아난아! 마땅히 알라. 이 열가지 마구니가 말법 세상에 나의 법 가운데 있으면서 출가하여 도(道)를 닦는 척하면서 혹은 사람의 몸에 붙기도 하고, 혹은 스스로 형체를 나타내기도 하여, 바르고 두루한 지혜와 깨달음을 이미 이루었다고 말하는데, 음욕을 찬탄하고 부처님의 계율을 깨뜨려서 먼저의 악한 스승과 마귀가 붙은 제자가 음욕과 음욕을 서로 전할 것이다.

如是邪精이 魅其心腑호대 近則九生이요 多逾百世하야 令眞修行으로 總爲魔眷이라가 命終之後에 必爲魔民하야 失正遍知하고 墮無間獄에하리라

이와같은 사특한 정기가 그 마음과 장부를 매혹시켜 가까우면 아홉생 동안이고, 오래면 백생(百生)을 훨씬 넘겨서 진실하게 수행하는 이들을 마구니의 권속이 되게 하니, 끝내는 모두 올바른 지혜[正遍知]를 잃고 무간지옥에 떨어질 것이다.375)

---

374) 입으로 혼자 말한다는 것은 간혹 이상한 말을 한다는 것이다. 『계환해』(『卍속장경』17, p.882하)

㈣勅令弘宣

汝今未須 先取寂滅이니 縱得無學이라도 留願入彼 末法之中하야 起大慈悲하야 救度正心 深信衆生하야 令不著魔하고 得正知見케하라

너는 이제 적멸(寂滅)에 집착하지 말라. 비록 더 배울 것이 없는 무학(無學)을 얻었다 하더라도 서원(誓願)을 세워서 저 말법세상에 들어가 큰 자비심을 내어 바른 마음으로 믿음이 깊은 중생들을 제도하여 마구니가 붙지 못하게 하고, 올바른 지혜를 얻게 해야 한다.376)

我今度汝하야 已出生死호니 汝遵佛語하면 名報佛恩이니라

내가 이제 너를 제도하여 이미 생사를 벗어나게 하였으니 네가 부처님의 말씀을 따르는 것이 부처님의 은혜에 보답하는 것이다.377)

㈤結勸深防

阿難 如是十種 禪那現境은 皆是想陰 用心交互일새 故現斯事어늘

아난아! 이와같이 열 가지 선나(禪那)의 경지가 나타나는 것은 모두가 상음(想陰)에서 작용하는 마음이 서로 어울리기 때문에 그러한 일이 나타나는 것이다.

---

375) 열반경에 이르기를 말세의 마구니 권속이 비구나 아라한 등의 형상으로 나타나서 정법을 混壞하고 계률을 그르다고 헐뜻으니 그 뜻이 이와같도다. 『계환해』(『卍속장경』 17, p.883상)

376) 이 단락에서의 강조점은 상음에 빠져 마구니에 붙들리는 바가 되지 않으려면 특히 올바른 지견으로 대비심과 대서원이 있어야 한다는 것이다.

377) 처음 아난으로 인하여 교설을 일으키고 마지막에는 다시 아난에게 부탁하여 그에게 널리 선포하게 하였으니 大敎의 源流가 깊이 발하여 멀리까지 미치게 한 것이 아난의 힘 아님이 없는 것을 족히 알 수 있다. 魔事와 만나는 일을 보인 것과 眞心을 밝히고 眞見을 가린 것은 다 말법중생을 위해서 대자비를 일으켜서 수행자에게 마구니가 붙지 않고 바른 知見을 얻게 하려는 것이다. 응당 알아야 한다. 옛날에는 비록 네 가지로 滅을 보이셨으나 이제 법의 교화가 항상하여 곳에 따라 영향을 끼치되 서원의 몸 아님이 없는 것이다. 『계환해』(『卍속장경』17, p.883상)

衆生頑迷하야 不自忖量하고 逢此因緣하면 迷不自識하고 謂言登聖이면 大妄語成하야 墮無間獄이니

 그런데도 너희들 중생들은 미련하고 혼미해서 스스로 생각하여 헤아리지 못하고, 이런 인연을 만나면 혼미하여 스스로 깨닫지 못하고, 성인의 경지에 올랐다고 하니 큰 거짓말(大妄語)이 되어 무간지옥에 떨어지는 것이다.

汝等必須 將如來語하고 於我滅後 傳示末法하야 遍令衆生으로 開悟斯義하며 無令天魔로 得其方便하고 保持覆護하야 成無上道하라

 너희들은 반드시 부처님의 말씀을 지니고, 내가 멸도한 뒤 말법세상에 전해서 널리 중생들에게 이러한 이치를 깨닫게 하며, 천마(天魔)들에게 그 기회를 얻지 못하게 하고, 바른 법을 잘 보호하고 지켜서 최상의 도(道)를 이루게 하라.

大佛頂 如來密因 修證了義 諸菩薩萬行 首楞嚴經 제10권

㈣行陰㈣378)　㈎示陰相379)

阿難 彼善男子가 修三摩地하야 想陰盡者는 是人平常에 夢想消滅하고 寤寐恒一하야 覺明虛靜이 猶如晴空하야 無復麤重한 前塵影事하며

　아난아! 저 선남자가 삼마지를 닦아 상음(想陰)이 다한 자는 이 사람이 평상의 몽상(夢想)이 소멸하고 오매(寤寐)가 한결같아 각명(覺明)의 비고 고요함이 마치 갠 허공과 같아서 다시는 추중(麤重)한 전진영사(前塵影事)가 없을 것이다.380)

---

378) 비록 상음의 천마에서는 벗어났으나 부처님의 경전이나 선지식을 가까이 하지 않고 치우쳐 선정만 닦기 때문에 자아의 근원을 보게 되더라도 이것이 무아인줄 알지 못하고 이를 굳게 집착하게 되는데, 만약 지혜를 얻지 못하면 행음에 마에 빠져 죄업을 짓게 된다.

379) 부질없이 움직이는 妄習이 밝은 낮에는 잡념이 되고, 어두운 밤에는 꿈이 되어 性眞을 어지럽혀서 한결같지 못하게 하며, 이와같이 각의 밝음[覺明]을 흔들어서 고요하지 못하게 하는 것이 상음이기 때문에 상음이 다한 자는 잠시 꿈과 잡념이 소멸하고 자나 깨나 항상하여 각명(覺明)이 비고 고요한 것이 마치 개인 허공과 같은 것이다. 『계환해』(『卍속장경』17, p.884상)

380) 오음의 진행이 다 앞에는 麤하고, 뒤에는 細하기 때문에 상음이 다한 자는 麤重한 前塵의 影事가 없어 비록 만상을 본다하더라도 想念이 없기 때문에 마치 거울의 밝음과 같아서 붙지 않고 자취도 없어 걸림없이 받아들이고 비추는 대로 응하여 마침내 陳習가 없고 오직 하나의 精眞이 있을 뿐이다. 밝음의 지극함이 이와같기 때문에 幽隱한 행음이 여기에서 드러나게 되는 것이다. (앞의 책 p.884상)

觀諸世間에 大地山河호대 如鏡鑑明하야 來無所粘하고 過無蹤跡하야 虛受照應에 了罔陳習하고 唯一精眞이리니 生滅根元이 從此披露라

　또한 세간의 대지(大地)와 산하(山河)를 보더라도 마치 거울에 물건이 비치는 것처럼 와도 붙은 것이 없고, 가도 남은 자취가 없어 허공처럼 받아들이고 비추는대로 응하여 마침내 묵은 습기[陳習]가 없고, 오직 하나의 정미로운 진리 뿐이기에, 생멸의 근원이 여기에서 드러나는 것이다.381)

見諸十方의 十二衆生호대 畢殫其類하며 雖未通其 各命由緒나 見同生基호대 猶如野馬의 熠熠淸擾하리니 爲浮根塵의 究竟樞穴이요 此則名爲 行陰區宇니라

　그러므로 시방의 열두가지 중생을 다 볼 수 있게 되는 것이니, 비록 각각 그 생명의 실마리에는 통달하지 못하나 동생기(同生基)382)가 마치 아지랑이처럼 밝고 맑게 피어오름을 보게 되는데, 이것이 부근진(浮根塵)383)의 마지막 구덩이요 이를 '행음(行陰)에 갇힌 것이다'고 한다.

---

381) 생명의 근원이 여기에서 들어난다는 것은 행음정의 상태이다.
　*행음이 바로 변화하는 생멸의 근원이기 때문에 그 相이 드러나면 十二類生의 근원을 다 보게 되는데, 각기 그 命의 실마리가 識에 있다는 것이다. 『계환해』(『卍속장경』17, p.884상)
382) 同生基(태어날 때부터 함께하는 생명의 근원)는 행음이다. 이것이 요동하고 幽隱한 것이므로 아지랑이에 비유했다. 잠시 생겼다가 금방 멸하기 때문에 熠熠이라 하고, 거친 그림자가 없기 때문에 淸擾라 한 것이다. 근진의 움직이고 멈춤이 다 여기에 근본하기 때문에 究竟樞穴이라 했다. 『계환해』(『卍속장경』17, p.884상)
383) 부근진(浮根塵)이라는 용어가 사용된 것은, 무병장수 등 마치 도교의 도사들처럼 몸에 근거한 자아에 집착하기 때문이다.

若此淸擾 熠熠元性이 **性入元澄**하야 **一澄元習**호미 **如波瀾滅**에 **化爲澄水**하리니 **名行陰盡**이니라

 이와같이 맑게 피어오르는 원성(元性)이 원징(元澄)으로 들어가 원습(元習)가 한 번 맑아지는 것이 마치 파도가 사라져 맑은 물이 되는 것과 같은데384) 이것을 이름하여 '행음(行陰)이 다한 것이다'고 한다.

是人則能 超衆生濁하나니 **觀其所由**컨댄 **幽隱妄想**으로 **以爲其本**이니라

 이 사람은 다만 능히 중생탁(衆生濁)을 초월하게 되는데385) 그 까닭을 살펴보면 유은(幽隱)한 망상386)으로 근본을 삼았기 때문이다.

---

384) 행음은 동요하는 습성으로 성품을 이루었기 때문에 '元性이니 元習이니' 하는 것이니 이러한 움직이는 습성을 멸하면 원징(元澄=識陰)으로 돌아가 遷流의 相이 다할 것이기에 '마치 파도가 멸하면 변화하여 맑은 물[澄水]이 되는 것과 같다'고 한 것이다. 『계환해』(『卍속장경』17, p.884상)
385) 중생탁: 생멸이 멈추지 아니하되 업의 운행이 항상 멈추지 아니하는 것을 중생탁이라 하나니, 이것이 바로 행음의 體요, 행음이 다하면 이를 초월하게 되는 것이다. 『계환해』(『卍속장경』17, p.884상)
386) 幽隱妄想: 행음이 밀밀히 옮겨가되 일찍이 이를 깨닫지 못하기 때문에 幽隱妄想이라 한 것이다. (앞의 책 p.884상)

(나)明狂解十 ㉮於圓元 計二無因三387) (ㄱ)總叙

阿難當知하라 **是得正知**한 **奢摩他中**에 **諸善男子**가 **凝明正心**이면 **十類天魔**가 **不得其便**이어든

아난아! 마땅히 알라. 정지(正知)388)의 사마타 가운데389) 여러 선남자가 움직임 없고 맑고 바른 마음[凝明正心]390)이면 열가지 천마는 그 기회를 얻지 못할 것이다.391)

方得精研하야 **窮生類本**하리니

이 때 선남자가 바야흐로 정미롭게 연마하여392) 태어나는 모든 무리의 근본을 다할 것이니393)

---

387) 於圓元計二無因: 사물이 본니 그 가운데에는 근원[本]도 없고 결말[末]도 없다는 두가지 無因論에 빠지다.
388) 正知란 사특하게 생각하지 않는 것이다.『정맥소』(『卍속장경』18, p.857하)
389) 사마타 中이라 한 것은 圓定이 발명된 것이다.『정맥소』(『卍속장경』18, p.857하)
390) 凝은 不動이니 始終에 愛求를 일으키지 않는 것이요, 明은 不迷니 魔가 오는 것을 먼저 깨닫고 미혹되지 않는 것이다. 正心은 不動不迷를 쌍으로 들어서 머리도 바르고 꼬리도 바른 것이다.『정맥소』(『卍속장경』18, p.857하)
391) 꿈이나 생각이 消亡하고 寤寐가 항상하기 때문에 '正知의 사마타라' 하고, 또한 '움직임이 없고 밝은 바른 마음[凝明正心]이라' 한 것이니 다 상음이 다한 모습이다. 외마가 다 마음으로 인하여 불러들인 것이기 때문에 상음이 다하여 밝음이 엉키면 천마가 이를 수 없는 것이다. 이로부터 오직 선정을 닦되 본래의 뜻을 잃고 狂解妄計하니, 이것이 행음의 魔이다.『계환해』(『卍속장경』17, p.884하)
392) 정미롭게 연마한다는 것은 비로소 상음을 힘써 파한 것이다.『정맥소』(『卍속장경』18, p.858상)
393) 모든 무리의 근본을 궁진한다는 것은 처음으로 행음에 사무쳐 이른 것이다.『정맥소』(『卍속장경』18, p.858상)

於本類中에 生元露者가 觀彼幽淸한 圓擾動元호대 於圓元中에 起計度者는
是人墜入二無因論이니라

 이렇게 근류(本類) 가운데 생명의 근원[生元]을 드러난 자는394) 거기에서 그윽하게 맑고 원만히 요동하는 근원을 보아395) 원만한 근원을 보는 가운데 계탁을 일으키는데, 이러한 사람은 두가지 무인론[二無因論]396)에 떨어질 것이다.

(ㄴ)別明二 ㉠計本無因397)

一者是人이 見本無因이니 何以故오 是人旣得生機全破하고 乘于眼根 八
百功德하야 見八萬劫 所有衆生호대

 첫째는 이 사람이 근본이 무인[本無因]398)이라고 보는 것이다. 왜냐하면 이 사람이 태어나는 기틀이 모두 부서짐[想陰盡]을 느끼고는 안근(眼根)의 팔백공덕을 의지하여 팔만겁 안에 있는 중생들을 보게 되는데399)

---

394) 태어나는 모든 종류의 근본이 다 同生基(行陰)이니 本類 가운데에서 생명의 근원이 드러났다는 것은 同生基에서 자기의 행동에 대한 근원을 본 것이다. 『계환해』(『卍속장경』17, p.884하)
  *본류는 十二類生이고, 生元은 행음이다. 『정맥소』(『卍속장경』18, p.858상) 참조
395) 幽淸動元이란 곧 행음이니, 이미 모든 생멸의 근원이 행음이라고 보았기 때문에 드디어 일체의 생멸이 다 여기에서 원만해졌다고 하여 식음의 본말을 궁구하는 것에 나아가지 아니하고, 드디어 두 가지 無因論을 세운 것이다. 『계환해』(『卍속장경』17, p.884하)
396) 두가지 無因論이란 다 외도의 견해이다.
397) 計本無因: 신통력이 부족하여 팔만겁 밖은 보지 못하고, 또 보지 못하기 때문에 중생들의 근본이 팔만겁이래 因이 없이 스스로 생겼다고 계탁한다.
398) 本無因: 행음에서 벗어나지 못하는 것은 정력에 한계가 있기 때문이다. 그러므로 팔만겁 밖은 어두어 보지 못하는 것이요, 보는 바가 없기 때문에 本無因이라 계탁하는 것이다. 本因을 알지 못하는 것은 妄識에 있기 때문이니 이것이 이른바 正徧知를 잃은 것이다. 『계환해』(『卍속장경』17, p.885상)
399) 태어나는 기틀이 이미 부서지면 根이 樞穴을 벗어나] 眼이 청정해졌기 때문에 사무쳐 보게 되는 것이다. 『계환해』(『卍속장경』17, p.884하)

業流灣環하야 死此生彼라 只見衆生이 輪廻其處하고 八萬劫外에는 冥無所觀일새 便作是解호대 此等世間의 十方衆生이 八萬劫外에 無因自有라하나니

　업보의 흐름이 굽이쳐 돌아400) 여기서 죽어 저기에서 태어나기 때문에 다만 중생들이 그곳에서 윤회하는 것만 보고, 팔만 겁 밖에는 어두워 보지 못하는 것이다.

由此計度일새 亡正遍知하고 墮落外道하야 惑菩提性이니라

　그러므로 문득 '이러한 세간의 시방중생들은 팔만겁 이래로 인(因)이 없이 스스로 생긴 것이다'고 이해하는 것이니, 이렇게 계탁하기 때문에 정변지(正遍知)를 잃고 외도에 떨어져 보리의 성품을 의혹(疑惑)하는 것이다.

㉡計末無因401)

二者是人이 見末無因이니 何以故오 是人於生 旣見其根일새 知人生人하고 悟鳥生鳥하며 烏從來黑이오 鵠從來白이며 人天本豎요 畜生本橫이며 白非洗成이요 黑非染造라

　둘째는 이 사람이 결말도 무인(無因)402)이라고 보는 것이다. 왜냐하면 이 사람이 이미 태어나는 근본을 보았기 때문에 '사람은 사람을 낳고, 새는 새를 낳고, 까마귀는 본래부터 검고, 학은 본래부터

---

400) 업의 흐름이 굽이쳐 돈다고 한 것은 업이 유전을 따르는 것이 마치 물이 만(灣)에 있으면 그 곳에서 굽이쳐 돌아 스스로 나오지 못하는 것과 같은 것이다.『계환해』(『卍속장경』17, p.884하)
401) 計末無因: 태어나는 근본에 집착하고 변화의 이치에 미혹하여 사람은 사람을 낳고 새는 새를 낳고 까마귀는 본래부터 검고 학은 본래부터 희고 등등 마침내 다시 고쳐질 수 없다고 계탁하는 것이다.
402) 末無因: 태어나는 근본에 집착하고 변화의 이치에 통달하지 못해서 사람은 마침내 사람이 되고 더 나아가서는 黑은 마침내 黑이 되어서 다시 고쳐질 수 없다고 잘못 생각하는 것이니, 그로 인하여 나를 예로들어 본래의 道를 보지 못한다면 末 또한 이루질 수 없다고 한 것으로 이것이 末無因이다.『계환해』(『卍속장경』17, p.885상)
　*末無因이란 팔만 겁이 다하면 마침내 단멸을 이루어서 다시 인과가 없음을 주장한 것이다.『정맥소』(『卍속장경』18, p.859하)

희고, 사람과 천상은 본래 서서 다니고, 축생은 본래 기어다니며, 흰 것은 씻어서 된 것이 아니고, 검은 것은 물들여 만든 것이 아니다.

從八萬劫으로 無復改移일새 今盡此形하야도 亦復如是하리라 而我本來로 不見菩提어니 云何更有 成菩提事리오 當知今日에 一切物象이 皆本無因이라 하니라

이와같이 팔만 겁 이래로 변하거나 달라진 것이 아니기 때문에 이제 형체가 다하더라도 또한 다시 그럴 것이다. 내가 본래로 보리를 보지 못하였거니 어찌 다시 보리를 이루는 일이 있으리요, 그러므로 오늘의 일체 만물이 다 그 결말403)이 본래 무인(無因)임을 알아야 한다'라고 하는 것이다.

(ㄷ)結失

由此計度일새 亡正遍知하고 墮落外道하야 惑菩提性하나니 是則名爲 第一外道의 立無因論이니라

이렇게 계교하고 헤아리기 때문에 정변지(正遍知)를 잃고 외도에 떨어져 깨달음의 성품을 의혹하게 되니 이것을 첫번째로 외도가 무인론(無因論)을 세움이라 한다.

(ㄴ)於圓常 計四徧常三404) (ㄱ)總叙

阿難 是三摩中에 諸善男子 凝明正心에 魔不得便어든 窮生類本리니

아난아! 이 삼마지 가운데 선남자가 움직임 없이 맑고 바른 마음이면 마구니가 기회를 얻지 못하는데, 이 때 선남자는 태어나는 모든 무리의 근본을 궁구하게 될 것이다.

---

403) 結文에 本字는 합당히 末字로 해야 할 것이다. 『계환해』(『卍속장경』17, p.885상) 結文本字는 合是末字니라 *仁岳(卍속장경17권 熏聞記)스님이 이르되 '本字는 합당히 末字로 해야한다' 했으니 그것이 옳다. 『정맥소』(『卍속장경』18, p.859하)
404) 於圓常計四徧常: 모든 것이 원만하고 항상하다고 궁구하는 가운데, 중생의 생사도 영원하다는 네가지 견해에 빠지다.

觀彼幽淸한 常擾動元호대 於圓常中에 起計度者는 是人墜入四遍常論이라

이와같이 그윽하고 맑게 항상 요동하는 근원을 관찰하여 원만하고 항상하다고 궁구하는 가운데 계탁을 일으키는데, 이러한 사람은 네가지 변상론(遍常論)에 떨어질 것이다.405)

(ㄴ)別明四 ㉠依心境計常406)

一者是人 窮心境性이 二處無因이라하야 修習能知 二萬劫中에 十方衆生의 所有生滅이 咸皆循環하야 不曾散失하야 計以爲常이니라

첫째는 이 사람이 '마음과 경계의 두가지 성품이 다 인(因)이 없다'고 궁구하여 이렇게 수습(修習)하고 '이만겁(二萬劫) 가운데 시방중생의 있는 바 생멸이 다 순환하는 것이요, 일찍이 흩어짐이 없다'고 헤아려서 항상한 것이다"고 계탁한다.407)

---

405) 네가지 변상론은 다 외도의 견해이니, 대의는 다만 행음을 다하여야 하나 아직 덮여 있기 때문에 그 幽隱하게 遷流함을 보지 못하고, 마침내 두루하지도 않고 항상하지도 않는 것을 徧常이라 계교한 것이니 이것이 常見外道의 견해이다.『정맥소』(『卍속장경』18, p.859하)

  *앞에서 원만하게 요동하는 근원을 말하고 여기에서 항상 요동하는 근원을 말했던 것은 生滅의 근원이 다 여기에서 원만해진다고 생각하여 드디어 항상한 것에 집착하여 徧常論을 일으킨 것이니 遍은 圓의 뜻이다. 그러므로 이를 표명하여 遍常이라 이름하고, 나중에는 결론지어 圓常이라 이름한 것이다.『계환해』(『卍속장경』17, p.885하)

406) 중생의 생사가 이만겁에 걸쳐 항상한다라고 고집함

407) 행음이 다 '생멸의 圓元이 된다'고 妄計함으로 인하여 마침내 心境의 사대와 팔식 등에 대해서 모두 妄計를 일으킨다. 혹은 생멸을 부정하여 항상함을 고집하고, 혹은 생멸을 인정하여 항상함을 집착하고, 혹은 識神을 오인하여 항상함을 계탁하고, 혹은 邪見을 일으켜서 항상함을 계교하나니 지금 여기에서 心境의 성품이 본래 스스로 因이 없어 무생멸이라 생각하기 때문에 시방중생의 생멸하는 이치가 다 순환하여 본래 散失이 없다'고 궁구한 것이다. 이것이 생멸을 부정하고 항상함을 계탁한 것이다.『계환해』(『卍속장경』17, p.885하)

  *상음이 다한 자는 心境의 二法을 의지하여 修觀하기 때문에 功力이 능히 이만 겁의 일을 알게 되나니, 이후의 사만과 팔만 등은 이에 준할 것이다. (앞의 책 p.885하)

  *二萬 四萬 八萬이라 한 것은 수행기간의 정도에 따라 견해(행음의 魔)가 다름을 나타낸 것이다.

ⓛ依四大計常408)

二者是人이 窮四大元의 四性常住하야 修習能知 四萬劫中에 十方衆生의 所有生滅이 咸皆體恒하야 不曾散失하고 計以爲常이니라

둘째는 이 사람이 사대근원(四大根元)의 네 가지 성품이 항상하다고 궁구하여 이렇게 수습(修習)하고, 사만겁(四萬劫) 가운데 시방의 중생에게 있는 생멸이 '모두 몸이 항상한 것이기에 일찍이 흩어짐이 없다'고 헤아려서 '항상한 것이다'라고 계탁한다.409)

ⓒ依八識計常410)

三者是人이 窮盡六根과 末那執受호대 心意識中의 本元由處가 性常恒故라

셋째는 이 사람이 육식[六根]411)과 말라식(末那識)과 집수식(執受識, 八識)을 궁구하여 '심의식(心意識) 가운데 본원412)에서 비롯된 것이기에 성품이 항상한 것이다'고 여긴다.413)

---

408) 중생의 생사가 사만겁에 걸쳐 항상한다라고 고집함
409) 중생이 지수화풍에 의지하여 생멸하나 四性의 근원은 상주하여 모든 생멸법이 다 그 體가 상주한다고 생각하는 것이니 이는 생멸인 것을 상주라고 생각하는 것이다. 『계환해』(『卍속장경』17, p.885하)
410) 중생의 생사가 팔만겁에 걸쳐 항상한다 라고 고집함
411) 육근의 根은 識의 誤字이니 반드시 능소로 해석할 것은 없다. 『정맥소』(『卍속장경』18, p.860하)
412) 本元由處에 대해서 仁岳스님((卍속장경17권 熏聞記)은 '행음을 가리킨다' 했으니 옳은 말이다. 『정맥소』(『卍속장경』18, p.860하)
413) 육근과 말나와 執受識은 팔식이요 심의식 가운데 本元은 識性이다. 팔식으로 근원을 삼는 이유는 오직 부처님과 八地菩薩이라야 궁구할 수 있기 때문이다. 만약 참으로 窮盡하려고 한다면 智境에 들어 심의식을 여의어야 하는데, 지금 여기에서는 오직 심의식 가운데 본원에서 말미암았다[本元由處]고 한 것은 '그 본성이 항상한 것이기에 중생이 이를 의지하여 순환하여 머물러 일찍이 散失하지 않는 것이다'고 생각하나니, 이는 識神을 오인하여 이를 토대로 妄計하기 때문이다. 『계환해』(『卍속장경』17, p.886상)

修習能知 八萬劫中에 一切衆生이 循環不失하야 本來常住하고 窮不失性일새 計以爲常이니라

　그리고 이것을 의지하여 수행하되 '팔만 겁 가운데 일체의 중생이 순환하여 없어지지 아니하고, 본래부터 상주하여 모두 그 성품을 잃지 않는다'고 헤아려 '항상한 것이다'라고 계탁하는 것이다.

㉣依想滅計常414)

四者是人이 旣盡想元하니 生理更無 流止運轉하고 生滅想心이 今已永滅하니

　넷째는 이 사람이 이미 상음(想陰)의 근원을 다하였기에, 태어나는 이치가 다시 흐르고 멈추는 등의 운전(運轉)이 없고, 생멸하는 상심(想心)이 이미 멸하였다.

理中自然 成不生滅이라하고 因心所度하야 計以爲常이니라

　그러므로 이러한 이치 가운데 자연히 '불생멸(不生滅)을 이루었다'라고 마음으로 헤아려 '중생의 생사가 영원히 항상한 것이다'라고 계탁하는 것이다.415)

㈂結失

由此計常일새 亡正遍知하고 墮落外道하야 惑菩提性하나니 是則名爲 第二外道의 立圓常論이니라

　이와같이 '항상하다'고 계탁하기 때문에 올바른 지혜를 잃고 외도에 떨어져서 깨달음의 성품을 의혹하게 되니 이것을 두번째로 외도가 원상론(圓常論)을 세움이라 한다.

---

414) 중생의 생사가 영원히 항상하다 라고 고집함
415) 생각의 근원은 상음이고 태어나는 이치는 행음이니, 부질없이 유전생멸하는 것이 다 想心에 속하는 것이라 생각했다가 지금 이미 永滅했기 때문에 불생멸의 이치는 자연히 行에 속한다고 생각하여 행음이 바로 생멸의 근원임을 알지 못하니, 이는 邪見을 일으켜서 妄計한 것이다. 『계환해』(『卍속장경』17, p.886상)

㈑ 於自他 計四顚倒三　㈀總叙416)
又三摩中에 **諸善男子**가 **堅凝正心**에 **魔不得便**이어든

　또 삼마지 가운데 선남자가 견고하여 움직임 없는 바른 마음이면 마구니가 기회를 얻지 못할 것이다.

窮生類本하야 **觀彼幽淸**한 **常擾動元**하고 **於自他中**에 **起計度者**는 **是人墜入 四顚倒見**인 **一分無常**하고 **一分常論**이니라

　이때 선남자는 태어나는 모든 종류의 근본을 다하고, 그윽하게 맑고 항상 요동하는 본원을 관찰하여, 자타(自他) 가운데 계탁를 일으키는데, 이러한 사람은 네 가지 전도된 견해[四顚倒見] 가운데 일분(一分)은 무상(無常)하고 일분(一分)은 항상(恒常)하다는 논리(論)에 떨어질 것이다.

㈒別明四　㈀由自及他起分計417)
一者是人이 **觀妙明心**이 **遍十方界**하고 **湛然以爲 究竟神我**이니

　첫째는 이 사람이 묘명(妙明)한 마음이 시방세계에 두루함을 보고, 담연(湛然)한 것으로 구경의 신아(神我)를 삼으리니,

從是則計 我遍十方하야 **凝明不動**이어든 **一切衆生**이 **於我心中**에 **自生自死** 하나니 **則我心性**은 **名之爲常**이요 **彼生滅者**는 **眞無常性**이니라

　이리하여 '아(我)가 시방에 변만하여 밝게 엉켜 움직임이 없으며, 일체의 중생은 나의 이 마음속에서 스스로 태어나고 스스로 죽는 것이다. 그러므로 나의 심성(心性)은 항상한 것이고, 저의 생멸(生滅)은 참으로 무상한 성품이다'라고 헤아리는 것이다.418)

---

416) 於自他計四顚倒: 자타의 경계에 대해서 허망한 顚倒見을 일으키되, 그 종류가 네 가지가 있으니 각기 一分은 無常을 계탁하고 一分은 有常을 계탁하는 것이다. 『계환해』(『卍속장경』17, p.886하)
417) 由自及他起分計: 자타을 중심으로 '나의 心性은 항상하고 저의 생멸은 無常하다'고 분별계탁한다.
418) 妙明하고 圓湛하여 我와 我所를 여의었거늘, 외도는 여기에 부질없이 神我를 세워

ⓒ離心觀土起分計[419]

二者是人이 不觀其心하고 遍觀十方의 恒沙國土하야 見劫壞處코는 名爲究竟의 無常種性이요 劫不壞處 名究竟常이니라

둘째는 이 사람이 마음을 보지 않고, 시방의 수많은 국토만을 두루 관찰하여 세월이 흘러 무너지는 곳을 보고는 이를 '구경의 무상(無常)한 종성(種性)이라' 하고, 세월이 흘러도 무너지지 않는 곳을 보고는 '구경의 항상(恒常)한 것이다'고 한다.

ⓒ別觀心精起分計[420]

三者是人이 別觀我心이 精細微密호미 猶如微塵하야 流轉十方하야도 性無移改호대 能令此身으로 卽生卽滅이라하야

셋째는 이 사람이 '자기의 마음[我心]이 정밀하고 미세한 것이 마치 가는 티끌과 같아서 시방에 유전(流轉)하여도 성품은 바뀌지 않고, 이 몸을 태어나게도 하고, 또 바로 멸하게도 하는 것이다'고 관찰한다.

서 이로부터 我가 偏凝不動하고 諸衆生이 그 가운데에서 生死한다고 계교하다가 마침내 자신은 항상하고 남은 무상이라고 계교하는 것이다. 『계환해』(『卍속장경』17, p.886하)

419) 離心觀土起分計: 마음을 보지않고 마음 밖의 국토를 관하여 분별계탁한다.
　*앞에서는 마음에 의지하여 관찰하고 여기에서는 국토에 의지하여 관찰하여 種種으로 두루 계교한 것이다. 一法이 이미 사특하면 萬法이 다 전도되는 것이다. 『계환해』(『卍속장경』17, p.886하)
420) 別觀心精起分計: 마음과 정기를 따로 관찰하여 분별계탁한 것이다.
　*몸과 마음이 다 自己이거늘 마음은 능히 미세하게 轉變하지 아니하니 常이라 하고, 몸은 생사하고 變壞하니 無常이라 別觀한 것이다. 『정맥소』(『卍속장경』18, p.862상)
　*몸이 곧 마음일 수 없다 하여 別觀을 짓는 것이다. 微塵이란 精微에 비유한 것이다. 心精이 密運함으로 말미암아 몸으로 하여금 생멸하게 하되 마음은 壞滅하는 것이 아니니 앞에서는 一法에 二計를 짓고 여기에서는 一性에 二計를 지은 것이다. 『계환해』(『卍속장경』17, p.886하)

其不壞性은 名我性常이요 一切死生이 從我流出은 名無常性이니라

　이와같이 무너지지 않는 것은 내 마음의 성품이 항상하기 때문이요, 일체의 생사[몸]는 나의 마음에서 유출된 것이니 이것을 '무상한 성품이다'고 부르는 것이다.

㉢謬於四陰起分計421)

四者是人이 知想陰盡하야 見行陰流하고 行陰常流으로 計爲常性하고 色受想等은 今已滅盡일새 名爲無常이니라

　넷째는 이 사람이 상음이 다하고 행음이 유전(流轉)하는 것을 보고는 행음이 항상 유전(流轉)하는 것으로 헤아려 '항상한 것이다'하고, 색음과 수음과 상음 등은 이미 멸하였으므로 '무상한 것이다'고 한다.

(ㄷ)結失

由此計度 一分無常하고 一分常故로 墮落外道하야 惑菩提性하나니 是則名爲第三外道의 一分常論이니라

　이와같이 일분(一分)은 무상하고, 일분(一分)은 항상하다고 계탁하기 때문에 외도에 떨어져서 깨달음의 성품을 의혹하게 되니, 이것을 세번째로 외도가 일분상론(一分常論)을 세움이라 한다.422)

---

421) 謬於四陰起分計: 四陰을 잘못 이해하여 분별계탁을 일으키다.
　　＊幻陰이 一體요 遷流가 一相이거늘 옳은 것에 집착하고, 그른 것에 미혹하여 지금을 보고 옛을 잊었기 때문에 흐르는 것을 항상하다고 하고, 옮기는 것을 적멸이라 한 것이다. 『계환해』(『卍속장경』17, p.887상)
422) 요즈음 사람들은 性으로써 眞을 삼고 相으로써 幻을 삼아 이치에는 원융하나 현실에는 장애되기 때문에 이러한 四種의 分計에 떨어짐을 면할 수 없는 것이다. (앞의 책 p.887상)

⑭ 於分位 計四有邊三423)　㈠總敍

又三摩中에 **諸善男子**가 **堅凝正心**이면 **魔不得便**어든

　또 삼마지 가운데 선남자가 견고하여 움직임 없는 바른 마음이면 마구니가 기회를 얻지 못하게 된다.

窮生類本하야 **觀彼幽淸**한 **常擾動元**호대 **於分位中**에 **生計度者**는 **是人墜入 四有邊論**이니라

　이때 선남자가 태어나는 모든 종류의 근본을 다하고, 그윽하게 맑고 항상 요동하는 본원을 관찰하여 시분(時分)과 방위(方位) 가운데에서 계탁을 일으키는데, 이러한 사람은 네 가지 유변론(有邊論)에 떨어질 것이다.424)

㈏別明四　㉠三際邊計425)

一者是人이 **心計生元**의 **流用不息**하야 **計過未者**는 **名爲有邊**이오 **計相續心** 은 **名爲無邊**이라하나니라

　첫째는 이 사람이 마음으로 태어나는 근원의 흐르는 작용이 쉬지 아니한 것을 계탁하여 과거와 미래는 '유변(有邊)이라'고 계탁하고, 지금 상속하는 마음은 '무변(無邊)이라'고 계탁한다.426)

---

423) 於分位計四有邊: 시간과 공간을 중심으로 끝이 있다는 네가지 견해에 빠지다.
424) 유변과 무변의 分位에는 넷이 있으니 三際分位와 見聞分位와 彼我分位와 生滅分位가 이것이다. 『계환해』(『卍속장경』17, p.887상)
425) 三際邊計: 과거와 미래는 보이지 않으니 有邊이요, 현재는 볼 수 있으니 無邊이다 라는 견해이다.
426) 생원(生元)의 흐르는 작용이 행음이라 하여, 이러한 遷流를 인하여 三際를 계교하되 과거는 이미 滅하였고 미래는 아직 보이지 않기 때문에 이름이 有邊이요, 현재는 상속하므로 이름이 無邊이라 한 것이니 眞際가 본래 有邊도 아니고 無邊도 아님을 알지 못한 것이다. (앞의 책 p.887상)

ⓒ見聞邊計427)

二者是人이 觀八萬劫은 則見衆生이요 八萬劫前앤 寂無聞見일새 無聞見處는 名爲無邊이요 有衆生處는 名爲有邊이니라

둘째는 이 사람이 팔만 겁까지는 중생을 보고, 팔만 겁 이전은 적연(寂然)하여 보고 들음이 없다고 관찰하기 때문에, 보고 들음이 없는 곳은 '무변(無邊)이라' 하고, 중생이 있는 곳은 '유변(有邊)이라' 한다.428)

ⓒ彼我邊計429)

三者是人이 計我遍知니 得無邊性하고 彼一切人은 現我知中거니와 我曾不知 彼之知性이니 名彼不得 無邊之心이라 但有邊性이니라

셋째는 이 사람이 "아(我)는 두루 아는 것이니 '무변성(無邊性)을 얻었다' 하고, 저 모든 사람들은 나의 아(我)는 가운데 나타난 것이지만 나는 저의 아는 성품을 알지 못하니 '저는 끝없는 마음을 얻은 것은 아니다'고 하여 다만 '유변성(有邊性)이다'라고 헤아리는 것이다.430)

---

427) 見聞邊計: 과거 미래 현재를 떠나 중생이 보이고 들리면 有邊이요, 중생이 보이고 들리지 않으면 無邊이다 라는 견해이다.
428) 앞에서는 보지 못한다 하여 과거와 미래가 有邊이라 했거니와, 여기서는 보고 듣지 못한다하여 현재를 無邊이라 하니 다 서로 전도된 망계이다. 『계환해』(『卍속장경』 17, p.887하)
429) 彼我邊計: 나는 無邊이요, 저는 有邊이다 라는 견해이다.
430) 내가 상대방의 성품을 알아야만 同體이거늘 지금은 알지 못하고 있으니 이것이 상대와 내가 다른 것이나, 나는 無邊을 얻고 상대는 有邊을 얻은 것이다. (앞의 책 p.887하)

㉣生滅邊計431)

四者是人이 **窮行陰空**하고 **以其所見 心路籌度**호대 **一切衆生**이 **一身之中**에 **計其咸皆 半生半滅**하야 **明其世界**의 **一切所有 一半有邊**이요 **一半無邊**이니라

넷째는 이 사람이 행음이 공(空)하다고 궁구하고, 그 보는 마음을 따라 헤아리기를 '일체중생의 일신(一身) 가운데 모두 반(半)은 태어나고 반(半)은 소멸한다'고 생각하여 '세계의 모든 것이 일반(一半)은 유변이요, 일반(一半)은 무변이다'라고 계교하는 것이다.432)

㈄結失

由此計度 有邊無邊일새 **墮落外道**하야 **惑菩提性**하나니 **是則名爲 第四外道**의 **立有邊論**이니라

이와같이 유변(有邊)과 무변(無邊)으로 계탁하기 때문에 외도에 떨어져 깨달음의 성품을 의혹하게 되니 이것을 네번째로 외도가 유변론(有邊論)을 세움이라 한다.433)

---

431) 生滅邊計: 존재의 반은 생이니 有邊이요, 존재의 반은 멸이니 無邊이다는 견해이다.
432) 행음이 공임을 궁구함으로 인하여 옛날에는 있었으나 지금은 없어졌다고 생각하기 때문에 마침내 一陰으로 半은 生이고, 半은 滅이라고 생각하되 內根과 外器의 일체가 다 그러하다고 여겨서 生으로 有邊을 삼고 滅로 無邊을 삼는 것이다. (앞의 책 p.887하)
433) 모두가 다 道를 궁구하면서도 나아갈 곳을 잃어서 展轉히 妄計하니 이른바 선나를 狂解하여 미혹되고 잘못된 것이 여기에 이른 것이다.『계환해』(『卍속장경』17, p.887하) 諸

2.詳辨魔境 深防邪誤 ㈣行陰　751

㈣於知見計四矯亂(三434)　㈠總叙

又三摩中에 諸善男子가 堅凝正心에 魔不得便이어든

또 삼마지 가운데 선남자가 견고하여 움직임 없는 바른 마음이면 마구니가 기회를 얻지 못하게 된다.

窮生類本하고 觀彼幽淸한 常擾動元호대 於知見中에 生計度者는 是人墮入 四種顚倒 不死矯亂한 遍計虛論이니라

이때 선남자가 태어나는 모든 종류의 근본을 다하고, 그윽하게 맑고 항상 요동하는 본원을 관찰하여 지견(知見)으로 계탁을 일으키는데, 이러한 사람은 네가지 전도(顚倒)의 죽지 않으려고 교란(矯亂)하는 변계희론(遍計虛論)에 떨어질 것이다.435)

㈡別明四　㊀觀化迷理矯亂436)

一者是人이 觀變化元호대 見遷流處를 名之爲變하고 見相續處를 名之爲恒 이라하며 見所見處를 名之爲生하고 不見見處를 名之爲滅이며

첫째는 이 사람이 변화하는 본원을 관찰하는데, 천류(遷流)하는 곳을 보고는 '변한다' 하고, 상속하는 곳을 보고는 '항상하다' 하며, 대상을 보면 '생(生)이다' 하고, 대상을 보지 못하면 '멸(滅)이다'고 한다.

---

434) 於知見計四矯亂: 네가지 不死論이니, 즉 不死에 대한 견해가 잘못되어 네가지로 矯亂하여 계교한다.
435) 사특하게 전도되었기 때문에 知見 가운데 狂解를 결단하지 못하고, 마침내 그 말이 矯亂된 것이다. 婆沙論에 이르기를, 외도는 하늘이 常住한다고 계교하기 때문에 不死라고 부르면서 교란이 아니라고 하여야만 生天하게 된다고 생각하여 묻는 자가 있으면 감히 사실대로 답하지 못하고 교란이 생길까 두려워 하나 부처님은 이를 참으로 교란이라 말씀하시는 것이다. (앞의 책 p.888상)
436) 觀化迷理矯亂: 첫째는 변화를 관찰하나 참된 이치를 모르는 교란이다.

相續之因의 性不斷處를 名之爲增이요 正相續中에 中所離處를 名之爲減이며 各各生處를 名之爲有요 互互亡處를 名之爲無라하야 以理都觀하고 用心別見일새

또 상속하는 인(因)의 그 성품이 끊어지지 않으면 '증(增)이다' 하고, 상속하는 가운데 그 가운데 사이가 뜨면 '감(減)이다' 하며, 각각 생기는 곳은 '유(有)다' 하고, 서로서로 없어지는 곳은 '무(無)다'고 하여 이치로는 통털어 보고, 용심은 따로 보는 것이다.

有求法人이 來問其義하면 答言我今 亦生亦滅이며 亦有亦無며 亦增亦減이라하야 於一切時에 皆亂其語하야 令彼前人으로 遺失章句니라

그러므로 법을 구하는 사람이 와서 그 이치를 물으면 '내가 지금 생(生)이며 다시 멸(滅)이며, 유(有)이며 다시 무(無)이며, 증(增)이며 다시 감(減)이다'고 말하며, 어느 때나 말을 교란(矯亂)하게 하여 사람들에게 문장과 구절의 의미를 잃게 하는 것이다.437)

ⓛ觀心執無矯亂438)
二者是人이 諦觀其心의 互互無處하고 因無得證일새 有人來問하면 唯答一字하야 但言其無하고 除無之餘에는 無所言說이니라

둘째는 이 사람이 마음의 서로서로 없는 곳을 사무쳐 보고, 무(無)로 인하여 증득하였으므로, 사람이 와서 물으면 다만 한마디로 무(無)라고만 답하고 무(無)를 제외한 그 밖에는 아무 말도 하지 못하는 것이다.439)

---

437) 이는 온갖 변화를 관찰하되 그 가지런하지 아니함을 보고 마침내 異解를 낸 것이니 마음을 써서 달리 보는 것이 異解이다. 그러므로 능히 판단해 가리지[決擇] 못하고 그 말이 교란(矯亂)되어 있는 것이다.『계환해』(『卍속장경』17, p.888상)
438) 觀心執無矯亂: 둘째는 마음을 관찰하여 없다고 집착하는 교란이다.
439) 이는 妄心으로 관찰하기 때문에 生滅을 보는 것이니, 서로 서로 없다는 것은 念念에 滅하는 모습이다. 得證이라 한 것은 일체법이 다 없음을 깨닫는 것이다.『계환해』(『卍속장경』17, p.888하)

㈢觀心執有矯亂440)
三者是人이 諦觀其心의 各各有處하고 因有得證일새 有人來問하면 唯答一字하야 但言其是하고 除是之餘에는 無所言說이니라

  셋째는 이 사람이 마음의 각각 있는 곳을 사무쳐 보고, 유(有)를 인하여 증득하였으므로, 사람이 와서 물으면 다만 한마디로 시(是)라고만 답하고 시(是)를 제외한 그 밖에는 아무말도 하지 못하는 것이다.441)

㈣觀境亂心矯亂442)
四者是人이 有無俱見하야 其境枝故로 其心亦亂하야 有人來問하면

  넷째는 이 사람이 유(有)와 무(無)를 함께 보아서 경계가 두 갈래인 까닭으로 마음도 어지러워져서 사람이 와서 물으면

答言亦有 卽是亦無며 亦無之中 不是亦有라하야 一切矯亂일새 無容窮詰이니라

  '역유(亦有)가 바로 역무(亦無)이며, 역무(亦無)한 가운데 역유(亦有)가 아니다'라고 답하여 일체를 교란(矯亂)하므로, 끝까지 대화[窮詰]할 수가 없는 것이다.443)

---

440) 觀心執有矯亂: 셋째는 마음을 관하여 있다고 고집하는 교란이다.
441) 각각 있다는 것은 생각생각이 생겨는 모습이다. 無라고 말하거나 是라고 말하는 것은 다 분명하게 답한 것이 아니다. 『계환해』(『卍속장경』17, p.888하)
442) 觀境亂心矯亂: 넷째는 경계를 보고 有無에 마음이 어지러워진 교란이다.
  *그릇되게 집착하여 이치를 따르지 않는 것이 矯요, 마음에 正當한 主張이 없는 것이 亂이다. 지금의 第一과 第四를 관찰하건대 두 가지에 다 통하지만 亂意가 많은 가운데 矯를 兼하였고, 第二와 第三은 한편으로 矯意가 많은 가운데 亂을 겸한 것이다. 그러므로 모두 矯亂이라 이름한 것이다. 『정맥소』(『卍속장경』18, p.864하)
443) 갈래란 마치 나무 가지가 서로 어긋나 한결같지 아니함과 같은 것이다. 『계환해』(『卍속장경』17, p.888하)

(ㄷ)結失

由此計度 矯亂虛無일새 **墮落外道**하야 **惑菩提性**하나니 **是則名爲 第五外道**의 **四顚倒性**에 **不死矯亂**한 **遍計虛論**이니라

　이와같이 교란(矯亂)하여 허무하게 헤아리므로, 외도에 떨어져서 깨달음의 성품을 의혹하게 되니 이것을 다섯 번째로 외도가 죽지 않으려고 교란(矯亂)하는 네 가지 전도된 성품[顚倒性]의 변계희론(遍計虛論)이라 한다.444)

(ㅂ)於行相續 計後有三445)　(ㄱ)總敍

又三摩中에 **諸善男子**가 **堅凝正心**이면 **魔不得便**이어든

　또 삼마지 가운데 선남자가 견고하여 움직임 없는 바른 마음이면 마구니가 기회를 얻지 못하게 된다.

窮生類本하야 **觀彼幽淸**한 **常擾動元**호대 **於無盡流**에 **生計度者**는 **是人墜入 死後有相**이라하는 **發心顚倒**니라

　이때 선남자가 태어나는 모든 종류의 근본을 다하고, 그윽하게 맑고 항상 요동하는 본원을 관찰하여 다함이 없는 흐름에 대해서 계탁를 일으키게 되는데, 이러한 사람은 '죽은 뒤에도 일정한 모습[相]이 있다'고 하는 마음의 전도[心顚倒]를 발생하게 된다.446)

---

444) 요즈음 간사한 사람들이 허망하게 도를 증득했다고 하되 심중에 올바른 주장이 없어서 사람을 교란하게 하는 자가 있으니 대부분 여기에 네 가지와 같다.『계환해』(『卍속장경』17, p.888하).

　*허무는 허망하여 진실치 못함이요, 顚倒性은 所見이 眞正하지 않음이요, 遍計虛論은 노끈을 뱀이라고 집착함과 같이 허망함을 말함이다.『정맥소』(『卍속장경』18, p.865상)

445) 於行相續計後有: 행음의 흐름이 끝없이 상속한다는 생각 때문에 죽은 뒤에도 열여섯 가지 모습[相]이 있다는 견해에 빠진다.

446) 無盡流란 행음의 모습이 상속되는 모습이다. 生滅하고 滅生하는 것이 서로 이어져 끊어지지 않기 때문에 사후에 모습이 있다고 아는 것이다.『계환해』『卍속장경』17, p.889상)

(ㄴ)別明二 ㉠正計

或自固身하야 **云色是我**라하며 **或見我圓**하야 **含遍國土**하고

　혹 스스로 육신을 고집하여 '색(色)이 곧 아(我)이다' 하며, 혹 아(我)가 원만하여 국토를 두루 함장하였음을 보고

云我有色하며 **或彼前緣**이 **隨我廻復**하야 **云色屬我**하며

　'아(我)가 색(色)을 소유하였다' 하며, 혹 저 '눈앞의 인연들이 아(我)를 따라 회복한다' 하여 '색(色)이 아(我)에 속하였다' 하며,

或復我依 行中相續하야 **云我在色**하나니 **皆計度言 死後有相**일새 **如是循環**하야 **有十六相**하며

　혹은 '아(我)가 행음 가운데에서 상속하니 아(我)가 색(色)에 있다' 하여 모두 계탁하기를 '죽은 뒤에도 모습[相]이 있다'고 하기 때문에 이렇게 순환하여 십육상(十六相)이 있다고 주장하는 것이다.447)

㉡旁計

從此或計호대 **畢竟煩惱**며 **畢竟菩提**하야 **兩性並驅**하야 **各不相觸**이니라

　이로부터 혹은 '필경에 번뇌이며, 필경에 깨달음이어서 마침내 두 가지 성품이 함께 치달려, 각기 서로 만나지 못한다'고 헤아리는 것이다.448)

---

447) 마음이 전도되었기 때문에 색신을 고집하여 色이 我라 하고, 또 我體가 圓徧하여 色이 我의 소유라 하나니 前緣이란 目前의 色을 말하고, 行이 상속하는 모습 또한 色이다. 色에 대해서 이러한 네 가지 계탁을 짓고 受想行에 대해서도 또한 그러하기 때문에 十六相을 이루는 것이니 다 사후에 다시 있다고 생각하기 때문이다. 식음을 계탁하시 않았넌 것은 깊고 은밀하여 나타나지 않기 때문이다.『계환해』(『능속장경』17, p.889상)

448) 유위와 무위의 모든 법을 계탁한 것이다. 필경에 함께 달린다는 것은 번뇌와 보리가 서로 릉멸하지 아니하고 모두 後有가 있다고 생각하는 것이다. (앞의 책 p.889상)

(ㄷ)結失

由此計度 死後有故로 墮落外道하야 惑菩提性하나니 是則名爲 第六外道의 立五陰中에 死後有相이라하는 心顚倒論이니라

 이와같이 죽은 뒤에도 모습[相]이 있다고 헤아리므로, 외도에 떨어져서 깨달음의 성품을 의혹하게 되니 이것을 여섯 번째로 외도가 오음(五陰) 속에서 '죽은 뒤에 상(相)이 있다'고 하는 심전도론[心顚倒論]를 세움이라 한다.

(사)於諸陰滅計後無三449) (ㄱ)總敍

又三摩中에 諸善男子가 堅凝正心이며 魔不得便이어든

 또 삼마지 가운데 선남자가 견고하여 움직임 없는 바른 마음이면 마구니가 기회를 얻지 못하게 된다.

窮生類本하고 觀彼幽淸하 常擾動元호대 於先除滅한 色受想中에 生計度者는 是人墜入 死後無相의 發心顚倒니라

 이때 선남자가 태어나는 모든 종류의 근본을 다하고, 그윽하게 맑고 항상 요동하는 본원을 관찰하여, 앞에서 제거하여 소멸한 색음·수음·상음에서 계탁을 일으키게 되는데, 이러한 사람은 '죽은 뒤에는 상(相)이 없다'는 마음의 전도를 일으킬 것이다.

(ㄴ)別明二 ㉠正計

見其色滅하고 形無所因하며 觀其想滅하고 心無所繫라하며

 그 색음(色陰)이 없어짐을 보고는 '형체가 원인이 없다' 하고, 그 상음(想陰)이 없어짐을 보고는 '마음이 얽매인 바가 없다' 하며,

---

449) 於諸陰滅計後無: 앞의 色受想이 소멸한 가운데 죽어서는 여덟가지 상(相)이 없다는 견해에 빠지다.

知其受滅하고 **無復連綴**하야 **陰性消散**이니 **縱有生理**나 **而無受想**일새 **與草木同**이니

　그 수음이 없어짐을 알고는 다시 '몸과 마음이 서로 관련(連綴)이 없다' 하여 여러 음(陰)의 성품이 소멸해 흩어졌으니 비록 생겨나는 이치는 있으나 수음과 상음이 없으므로 초목과 같은 것이다 하며

此質現前이라도 **猶不可得**이어든 **死後云何 更有諸相**이리요하여 **因之勘校 死後相無**일새 **如是循環**하야 **有八無相**하니라

　이와같이 그 형질(形質)이 나타나더라도 오히려 얻을 수 없는데, 죽은 뒤에 어떻게 다시 형체가 있으리요? 하여 '죽은 뒤에는 상(相)이 없다'고 헤아리기 때문에, 이렇게 순환하여 '여덟가지 상(相)이 없다'는 견해를 지니되450)

㉡旁計

從此或計호대 **涅槃因果**는 **一切皆空**하야 **徒有名字**오 **究竟斷滅**이니라

　이로부터 혹은 '열반의 인과(因果)도 일체가 모두 공(空)하여 한갓 이름만 있고 구경에는 아무 것도 없다'고 헤아리는 것이다.451)

---

450) 陰性이 消散한다는 것은 色陰과 受陰과 想陰이 없어졌다는 것이다. 태어나는 이치는 行陰에서 비롯되는 것이니 受陰과 想陰이 없어지면 行陰 또한 滅하게 되는 것이다. 이는 四陰의 現前因이 없어지면 未來果도 滅하는 것을 잡은 것으로 인과를 합하여 論하였기에 八相을 이룬 것이다. 『계환해』(『卍속장경』17, p.889하)

451) 앞에서는 널리 제법이 사후에도 실상이 있다고 하였고, 여기에서는 널리 제법이 사후에는 실상이 없다고 생각한 것이다. (앞의 책 p.889하)
  *위에서는 앞의 三陰을 미루어 행음도 없다 하고, 여기서는 제법이 모두 그러하여 함께 단멸하게 된다고 한 것이다. 『정맥소』(『卍속장경』18, p.867상)

㈢結失

由此計度 死後無故로 墮落外道하야 惑菩提性하나니 是則名爲 第七外道의 立五陰中에 死後無相이라 한 心顚倒論이니라

이와같이 '죽은 후에는 아무것도 없다'고 헤아리므로, 외도에 떨어져 깨달음의 성품을 의혹하게 되니 이것을 일곱번째로 외도가 오음(五陰) 속에서 '죽은 후에는 상(相)이 없다'고 하는 심전도론(心顚倒論)을 세움이라 한다.

㈐於存滅中 計八俱非三452) ㈀總敍

又三摩中에 諸善男子가 堅凝正心이면 魔不得便이어든

또 삼마지 가운데 선남자가 견고하여 움직임 없는 바른 마음이면 마구니가 기회를 얻지 못하게 된다.

窮生類本하고 觀彼幽淸한 常擾動元호대 於行存中에 兼受想滅이라하여 雙計有無하야 自體相破라하나니 是人墜入 死後俱非라한 起顚倒論이니라

이때 선남자가 태어나는 모든 종류의 근본을 다하고, 그윽하게 맑고 항상 요동하는 본원을 관찰하여 '행음이 있는 가운데 수음과 상음이 소멸하였다'고 하여 쌍으로 유(有)와 무(無)에 대해서 '자체(自體)가 서로 파괴한다'고 헤아리게 되는데, 이러한 사람은 '죽은 뒤에는 모두 아니다'는 전도론(顚倒論)을 일으키게 될 것이다.453)

---

452) 於存滅中 計八俱非: 행음은 있고 前三이 이미 멸한 가운데 四陰이 모두 有도 無도 아니라는 八非의 견해에 빠지다.
453) 행음이 있다는 것은 相이 있다는 것이요, 수음과 상음이 멸하였다는 것은 相이 없다는 것이다. 이와같이 전후의 相으로 예로 들었으니, 즉 있는 것은 마침내 없어지므로 비록 있으나 있는 것이 아니요, 없어졌다는 것은 일찍이 있었던 것이므로 비록 없으나 없는 것이 아니기 때문이다. 이와같이 四陰에 대해 쌍으로 계교함으로 八非를 이루게 되는 것이다.『계환해』(『卍속장경』17, p.889하)

(ㄴ)別明二　㉠正計

色受想中엔 **見有非有**요 **行遷流內**엔 **觀無不無**라하며 **如是循環**하야 **窮盡陰界**에 **八俱非相**하되

　'색음·수음·상음이 소멸한 입장에서는 유(有)로 보려 해도 유가 아니고, 행음이 천류(遷流)하는 입장에서는 무(無)로 보려 해도 무가 아니다'고 하여, 이렇게 순환하여 음계(陰界)를 궁진함에 '여덟가지가 모두 아니다'라는 견해[相]를 세우되,

隨得一緣하야 **皆言死後**엔 **有相無相**이라하며

　다만 하나 행음의 인연을 따름에 있어서는 모두 '죽은 후에는 유상(有相)과 무상(無相)이 된다'라고도 말한다.454)

㉡旁計

又計諸行이 **性遷訛故**로 **心發通悟**하야 **有無俱非**라하야 **虛實失措**니라

　그러면서도 다시 모든 행음의 성품이 변천한다고 헤아리므로, 마음이 온통 깨달음을 내어 '유(有)와 무(無)가 모두 아니다'라고 하여 허(虛)와 실(實)을 도무지 종잡을 수가 없다.455)

---

454) 세가지 陰이 다 滅相이 되었기 때문에 있는 것을 보더라도 있는 것이 아니요, 遷流는 그 모습이 있는 것이기 때문에 없는 것을 보더라도 없는 것이 아니다 했다. 한가지 인연을 얻음에 따른다는 것은 四陰에서 들음을 따라 다 계교하여 집착하기 때문이다. (앞의 책 p.890상)
455) 諸行이란 일체가 遷流하는 법을 가리키나니 행음이 遷訛하여 일정하지 아니함을 봄으로 인하여 마침내 잘못된 깨달음을 내어서 일체법이 유무 모두가 아니라 하여 가히 정하여 가리키지 못하는 것이다. 『계환해』(『卍속장경』17, p.890상)
　＊모든 行은 만법을 말한 것이요, 행음을 가리킨 것은 아니다. 이는 마치 제행무상이 또한 만법을 가리키는 것과 같다. 『정맥소』(『卍속장경』18, p.868상)

(ㄷ)結失

由此計度 死後俱非라하야 **後際昏瞢**하야 **無可道故**로

이와같이 '죽은 후에는 모두 아니다'고 헤아려서 다음 생에 대해서는 어두워 말하지 못하는 것이다.

墮落外道하야 **惑菩提性**이니 **是則名爲 第八外道**의 **立五陰中**에 **死後俱非**라 한 **心顚倒論**이니라

그러므로 외도에 떨어져 깨달음의 성품을 의혹하게 되는데, 이를 여덟 번째로 외도가 오음 속에서 '죽은 후에는 모두 아니다'고 하는 심전도론(心顚倒論)을 세움이라 한다.456)

㉔於後後無 計七斷滅三457) (ㄱ)總敍

又三摩中에 **諸善男子**가 **堅凝正心**이면 **魔不得便**어든

또 삼마지 가운데 선남자가 견고하여 움직임 없는 바른 마음이면 마구니가 기회를 얻지 못하게 된다.

窮生類本하야 **觀彼幽淸**한 **常擾動元**호대 **於後後無**에 **生計度者**는 **是人墜入 七斷滅論**이니라

이때 선남자가 태어나는 모든 종류의 근본을 다하고, 그윽하게 맑고 항상 요동하는 본원을 관찰하여 다음과 다음 세상이 없다는 계탁을 내게 되는데, 이러한 사람은 일곱 가지 '아무 것도 없다'는 논리에 떨어질 것이다.458)

---

456) 어둡고 아득하여 가히 말할 수 없다는 것은 사후의 일을 분명하게 알 수 없다는 것이다. 요즈음 사람들은 俗論에 미혹되어 사후의 유무에 대해서 의심하는 자가 많으니 모두가 아니다라는 類에 들어가는 것이다. 『계환해』(『卍속장경』17, p.890상)
457) 於後後無 計七斷滅: 사후에는 後生이 없어 단멸이라는 일곱가지 견해에 빠지다.
458) 행음이 念念에 멸하는 것을 보았으므로 이름이 '사후에는 後有가 없다'이니, 이로 말미암아 妄計하여 설하기를 '人天등 七處에 떠어나더라도 사후에는 모두 단멸이다' 하는 것이다. 『계환해』(『卍속장경』17, p.890하)

(ㄴ)正計
或計身滅하며 **或欲盡滅**하며 **或苦盡滅**하며 **或極樂滅**하며 **或極捨滅**이라하야

혹은 몸(欲界人天)이 소멸한다 헤아리며, 혹은 욕심이 다한 곳[初禪]이 소멸한다 헤아리며, 혹은 고(苦)가 다한 곳[二禪]이 소멸한다 헤아리며, 혹은 극락(三禪)이 소멸한다 헤아리며, 혹은 극사(極捨, 四禪及無色界)가 소멸한다 헤아려서

如是循環하야 **窮盡七際**호대 **現前消滅**에 **滅已無復**이니라

이와같이 '고리가 돌듯이 칠제(七際)459)를 궁구하여 다하는데, 눈 앞에서 소멸하고는 다시 회복되지 않는다'고 한다.460)

(ㄷ)結失
由此計度 死後斷滅일새 **墮落外道**하야 **惑菩提性**하나니 **是則名爲 第九外道**의 **立五陰中**에 **死後斷滅**이라한 **心顚倒論**이니라

이와같이 죽은 뒤에는 '아무 것도 없다'고 헤아리기 때문에 외도에 떨어져서 깨달음의 성품을 의혹하게 되니 이것을 아홉 번째로 외도가 오음(五陰) 속에서 '죽은 뒤에는 아무 것도 없다'는 심전도론(心顚倒論)을 세움이라 한다.

---

459) 七際란 인간과 欲天·初禪·二禪·三禪·四禪·無色界이다.
460) 身滅이란 欲界와 人天의 二處요, 欲盡은 初禪이요, 苦盡은 二禪이요, 極樂은 三禪이요, 極捨는 四禪과 무색계를 가리켜 이것을 七際라 부른다. 七際의 事相이 다 현전에서 소멸하여 다시 태어남이 없으므로 마침내 단멸에 돌아가는 것이다.『계환해』(『卍속장경』17, p.890하)

*이것은 오음의 성품이 근원이 없는 물과 같아서 가까이 흐르다가 마르기도 하고 멀리 흐르다가 마르기도 하나니 가까이 흐름은 인간에서의 滅과 같고 멀리 흐름은 有頂(色究竟天)이 비로소 滅함과 같다. 七際는 四洲와 六欲과 初禪. 二禪. 三禪. 四禪. 四空의 七處이다. 소멸은 태어나는 이치가 영원히 없는 것이요, 無復은 다시 有로 돌이킬 수 없다는 말이다.『정맥소』(『卍속장경』18, p.868하)

㉷於後後有 計五涅槃三461) ㈀總敍

又三摩中에 諸善男子가 堅凝正心이면 魔不得便어든

또 삼마지 가운데 선남자가 견고하여 움직임 없는 바른 마음이면 마구니가 기회를 얻지 못하게 된다.

窮生類本하고 觀彼幽清한 常擾動元호대 於後後有에 生計度者는 是人墜入五涅槃論이니라

이때 선남자가 태어나는 모든 종류의 근본을 다하고, 그윽하게 맑고 항상 요동하는 본원을 관찰하여 다음과 다음 세상이 있다는 계탁을 내게 되는데, 이러한 사람은 다섯 가지 열반론(涅槃論)을 세움에 떨어질 것이다.462)

㈁正計

或以欲界로 爲正轉依하니 觀見圓明하고 生愛慕故며

혹은 욕계(欲界)로써 죽고 난 뒤의 바른 의지처[正轉依]를 삼는데, 이는 원명(圓明)함을 보고 애모(愛慕)하는 까닭이며,

或以初禪이니 性無憂故며 或以二禪이니 心無苦故며 或以三禪이니 極悅隨故며 或以四禪이니 苦樂二亡하야 不受輪迴의 生滅性故니라

혹은 초선(初禪)으로써 이를 삼는데 성품에 근심이 없기 때문이며, 혹은 이선(二禪)으로 이를 삼는데 마음에 고통이 없는 까닭이며, 혹은 삼선(三禪)으로 이를 삼는데 지극한 즐거움이 따르는 까닭이며, 혹은 사선(四禪)으로 이를 삼는데 고락(苦樂)이 다 없어져서 윤회하는 생멸을 받지 않는 까닭이다.463)

---

461) 於後後有 計五涅槃: 사후에도 다시 生이 있어 그대로 열반이라는 다섯가지 견해에 빠지다.

462) 행음이 없어졌다가 다시 생기는 것을 보고, 이를 사후의 後有라고 하여 부질없이 五處에 열반의 果가 있다고 계교하는 것이다. 『계환해』(『卍속장경』17, p.890하)

463) 轉依라는 것은 생사를 굴려서 열반에 의지하는 것이다. 혹은 욕계에서 圓明한 이치를 깨달아 마침내 욕계로써 轉依處를 삼기도 하며, 혹은 초선의 離憂와 二禪의 離苦

迷有漏天하야 作無爲解하고 五處安隱으로 爲勝淨依하나니 如是循環하야 五處究竟이니라

이와같이 번뇌가 가득한 유루천(有漏天)을 잘못 알아464) 무위(無爲)라는 견해를 내고는 '이상의 오처(五處)가 편안하여 수승하고 청정한 의지처가 된다'고 하니 이처럼 고리가 돌 듯 오처(五處)465)로써 구경을 삼는 것이다.

㈐結失

由此計度 五現涅槃일새 墮落外道하야 惑菩提性하나니 是則名爲 第十外道의 立五陰中에 五現涅槃이라한 心顚倒論이니라

이와같이 '오처(五處)가 그대로 열반이다'고 헤아림으로 인하여 외도에 떨어져 깨달음의 성품을 의혹하게 되니 이것을 열 번째로 외도가 오음 속에서 '오처(五處)가 그대로 열반이다'는 심전도론(心顚倒論)을 세움이라 한다.

㈑結勸深防

阿難 如是十種 禪那狂解는 皆是行陰의 用心交互일새 故現斯悟어늘

아난아! 이 열 가지 선나(禪那)에 대한 잘못된 견해는 다 행음(行陰)에 대해 마음이 서로 작용하여 계속된다고 생각하는 까닭에 이러한 알음알이가 나타난 것이다.

와 三禪의 極喜와 四禪의 極捨로 轉依處를 삼기도 하나니 이것이 五涅槃이다. 『계환해』(『卍속장경』17, p.891상)
464) '유루천(有漏天)을 잘못 알았다' 이하는 이 하늘이 다 有漏에 속해서 無爲의 果가 아니며 구경처가 아님을 알지 못했다는 것이다. (앞의 책 p.891상)
465) 五處란 欲界·初禪·二禪·三禪·四禪이다.

衆生頑迷하야 不自忖量하고 逢此現前에 以迷爲解하야 自言登聖이라하면 大妄語成하야 墮無間獄하리라

그런데도 중생이 미련(頑迷)하여 스스로 헤아리지 못하고, 이러한 현상을 만날 때에 미혹으로 지해(知解)를 삼아 스스로 성인(聖人)의 경지에 올랐노라 한다면 대망어(大妄語)를 이루어 무간지옥에 떨어질 것이다.466)

㈃勅勸弘宣

汝等必須 將如來語하야 於我滅後에 傳示末法하야 遍令衆生으로 覺了斯義호대 無令心魔로 自起深孼호대

너희들이 반드시 여래의 말을 가져다가 내가 멸도한 뒤 말법시대에 전해서 중생들에게 이 뜻을 깨닫게 하고, 심마(心魔)467)에게 스스로 깊은 죄를 일으키지 않게 하라.

保持覆護하야 消息邪見하며 敎其身心으로 開覺眞義하며 於無上道에 不遭枝岐하며 勿令心祈로 得少爲足하야 作大覺王의 淸淨標指하라

그리하여 바른 법을 잘 보호하고 수지하여 사견(邪見)을 쉬고 몸과 마음의 참다운 이치를 깨달으며, 최상의 도(道)에 대하여 갈림길을 만나지 않고, 마음속에 조금 얻고 크게 만족하지 않아 대각왕(大覺王)의 청정한 표지(標指)가 되게 하라.468)

---

466) 앞에서 말한 선나에서 나타난 경계는 천마가 그 편리함을 기다려 얻은 것이요, 여기에서 말한 선나의 狂解는 心魔가 스스로 깊은 재앙을 일으킨 것이니, 무릇 見道가 진실치 못해서 여러 갈래로 妄計하는 것이 다 狂解이며 이것을 心魔라고 하나니 가장 철저히 막아야 하는 것이다. 『계환해』(『卍속장경』17, p.891상)
467) 여기에서 心魔란 안으로 보면 陰魔요, 밖으로 보면 天魔이다.
468) 널리 포교할 사람들에게 여래의 진실어를 가져서 두루 群生을 위하여 보호하고 지키게 하되 마구니들이 침범하지 못하게 하며, 재앙이 일어나지 않고 사특한 길에 떨어지지 아니하며 작은 깨달음을 취하지 아니하고, 바로 覺位에 오르게 하는 것이 이것이 大覺王의 標指가 되는 것이다. 그러나 능엄의 가르침에서 群生을 대하는 것은 심히 두껍고, 수행자에게 바라는 것이 가볍지 아니했으니, 우리들은 마땅히 힘써야 할 것이다. (앞의 책 p.891하)

2.詳辨魔境 深防邪誤 ㊄識陰 765

㊄識陰五469) ㈎示陰相470)

阿難 彼善男子 修三摩提하야 行陰盡者는 諸世間性의 幽淸擾動이 同分生機에 倏然隳裂 沈細綱紐하고

아난아! 저 선남자가 삼마제를 닦아 행음이 다한 자는 세간의 성품이라고 해야 할 그윽하게 맑고 요동하여 태어날 때부터 함께하는 생의 기틀[同分生機]471)의 깊고 미세한 벼리의 끈[綱紐]이 문득 부서질 것이다.472)

---

469) 이러한 식음의 마에 붙들리게 되는 것은 비록 정혜를 쌍수하기는 하나 아직 제불의 무분별지를 다하지 못하고, 유소득심이 있기 때문에 명제에 집착하는 외도나 성문연각에 떨어져서 자비심이 없이 고요함으로 자성을 삼는 것이다.

470) 행음이 소멸하고 식음이 나타남을 서술한 것이다. 『계환해』(『卍속장경』17, p.892상)

　*식음의 相: 열반의 性天이 오음의 덮인 바 되어 어둡기가 마치 깊은 밤과 같다. 앞의 색수상의 三陰이 다하면 마치 닭이 처음 우는 것과 같아서 비록 새벽의 조짐과 같기는 하나 아직 二陰에 잠겨 있어 精色이 분명하지 않거니와, 여기에서 행음이 다하면 마치 닭이 나중에 우는 것과 같아서 오직 하나의 陰만 남기 때문에 장차 크게 明悟하게 되는 것이다. 생명을 받는 근원이 바로 식음인데, 행음이 멸하여야 식음이 나타나기 때문에 深達이요, 마지막 구덩이(樞穴)가 없기 때문에 可觀이요, 遷流가 없기 때문에 可執이요, 태어나는 기틀이 없기 때문에 不召요, 마침내 시방의 依正이 다 識의 변한 것이기에 이미 동일함을 얻었다[已獲其同]고 한 것이다. 이와같이 性天의 精色에는 비록 밝게 사무치지 못했으나 깊고 비밀한 모양이 이미 점차 發現하니 이것이 식음에 갇힌 모습이다. 『계환해』(『卍속장경』17, p.892하)

471) 정맥소(卍속장경18, p.871하)에서 "同生基에서 基는 태어나는 근원을 가리키고 同分生機에서 機는 動하는 始發을 밝힌 것이니 그 뜻이 같다"고 했듯이 同分生機는 앞의 행음편에 同生基, 즉 행음을 뜻한다.

472) 앞의 행음이 바로 세간에 천류(遷流)하는 뼈대와 요동하여 태어나는 벼리끈[綱紐]과 보특가라의 업을 따르게 하는 깊은 맥박이 되는 것이다. 이것이 열반의 性天을 숨기고 육근으로 치달려서, 안으로 고요함을 흔들어 浮根塵의 마지막 구덩이(樞穴)가 되기 때문에 이러한 행음이 다한 자라야 태어나는 기틀의 벼리의 끈[綱紐]이 문득 망가지고, 보특가라의 깊은 맥박으로 감응하는 것이 다하여 본래의 性天을 크게 깨닫고 육근으로 다시 치달리지 않게 되는 것이다. 『계환해』(『卍속장경』17, p.892상)

補特伽羅의 酬業深脈이 感應懸絶하여 於涅槃天 將大明悟호대

  이와같이 보특가라473)가 업을 따르는 깊은 명맥(命脈)의 감응이 아주 끊어지면 열반의 하늘이 크게 밝아질 것이다.474)

如雞後鳴에 瞻顧東方하면 已有精色인달하야 六根虛靜하야 無復馳逸하고 內內湛明하여 入無所入하며

  이는 마치 닭이 맨 나중에 울면 동방에 정미로운 빛이 있는 것을 보는 것처럼, 육근이 비고 고요하여 다시 밖으로 치달리지 않고 안과 밖이 고요하고 밝아서[內內湛明]475) 들어가고자 하나 들어갈 곳이 없을 것이다.

深達十方 十二種類의 受命元由하고 觀由執元하여 諸類不召하고 於十方界 已獲其同하야 精色不沉하고 發現幽秘리니 此則名爲 識陰區宇라하니라

  이와같이 시방의 열두가지 중생들의 목숨을 받는 근원적인 이유를 통달하고 그 연유를 관찰하여 근원을 잡았기에 어디에도 불려가지 않고 시방세계에 한결같이 정색(精色)에 침몰하지 아니하여, 그 나타남이 그윽하고 은밀할 것이니, 이것을 식음(識陰)에 갇힌 것이라 한다.

---

473) 보특가라: 생사의 주체
474) 분단생사의 근원인 행음이 다하고, 변역생사의 근원인 식음이 드러난 상태이다.
475) 內內: 육근이 다시 치달리지 않기 때문에 안과 안이 고요하고 밝게 되는 것이며, 구덩이(樞穴)가 없어지기 때문에 들어가려 해도 들어갈 곳이 없는 것이니 움직임을 돌이켜 고요하게 해서 깊고 또 깊게 되었으므로 內內라고 말한 것이다. 『계환해』(『卍속장경』17, p.892하)
  *內外가 湛明하다는 것은 근진이 변화하여 一味湛明한 경계가 되었음을 말한 것이다. 『정맥소』(『卍속장경』18, p.872상)
  *신수대장경과 정맥소의 편의 능엄경 원문에는 內外로 적혀있다. 『首楞嚴經』(『大正藏』19, p.153 b)

若於群召에서 已獲同中에 銷磨六門하고 合開成就하면 見聞通鄰하고 互用
清淨하며 十方世界와 及與身心 如吠琉璃하야 內外明徹하리니 名識陰盡이라

　만일 여러 종류에 태어나 동일함을 얻은 가운데 육문(六門)을 소
멸하고 개합(開合)을 성취하면 보고 듣는 작용이 서로 통하고 어울
려 호용(互用)에 일체가 청정할 것이며, 시방세계와 몸과 마음이 마
치 폐유리(吠瑠璃)476)처럼 내외가 명철(明徹)할 것이니, 이것을 '식
음(識陰)이 다한 것이다'고 이름한다.477)

是人則能 超越命濁하리니 觀其所由컨대 罔象虛無의 顚倒妄相으로 以爲其
本이니라

　이 사람은 능히 명탁(命濁)478)을 초월하리니 그 까닭을 살펴보면
망상허무(罔象虛無)479)한 전도망상(顚倒妄想)480)으로 근본을 삼았기
때문이다.

---

476) 吠琉璃는 범어 vaidurya의 음역으로 보통 유리라 부르는데 청색으로 칠보의 하나
이다.
477) '여럿이 태어나는 동일한 가운데'라고 한 것은 十二類의 命元識陰이다. 만약 이
가운데에서 定과 慧의 힘으로 六門을 소멸하여 根으로 하여금 합하여 나누어지지 않
게 하고, 세계로 하여금 열리게 하여 막히지 아니하면 見聞이 원통하고 육근이 互用하
며 이로 말미암아 밖의 세계와 안의 身心이 장애가 없으리니, 이것이 식음이 다한 모
습이다.「계환해」(『卍속장경』17, p.892하)
478) 성품은 본래 하나의 진리이거늘 번뇌[塵]로 말미암아 성품과 隔越되고, 성품이 작
용하는 사이에 同異가 기준을 잃게 되니 이것을 이름하여 명탁이라 한다. 이것이 식음
의 體가 되기 때문에 식음이 다하면 이를 초월하게 되는 것이다.『계환해』(『卍속장경』
17, p.892하)
479) 있는 듯 없는 듯 미세한 것을 罔象이라 한다.
480) 식음이란 妄覺의 그림자로서 원래로 체가 없는 것이요, 다만 전도로 말미암아 일
어난 것이기에 罔象虛無한 顚倒妄想이라 말한 것이다.『계환해』(『卍속장경』17, p.893
상)

㈏明狂解十　㉗立眞常因 成外道481)

阿難當知하라 **是善男子**가 **窮諸行空**하고 **於識還元**하야 **已滅生滅**이나 **而於寂滅**에 **精妙未圓**이니

아난아! 마땅히 알라. 이 선남자가 모든 행음이 공(空)함을 궁구해 다하고, 식음(識陰)의 근원에 돌아가482) 생멸이 이미 멸하였으나 적멸(寂滅)한 가운데 정묘(精妙)가 원만하지는 못한 것이다.

能令己身으로 **根隔合開**하고 **亦與十方**의 **諸類通覺**하야 **覺知通㳷**하야 **能入圓元**하리니

그러나 자기의 몸으로 하여금 그동안 육근에 막혔던 것이 합하여 열리고, 시방의 가지가지 무리들과 함께 각(覺)이 통하고 각지(覺知)가 통하여 원만한 근원에 들어가게 할 것이니483)

若於所歸에 **立眞常因**하야 **生勝解者**는 **是人則墮** **因所因執**하야

이 때 만약 돌아갈 곳이 '진실되고 항상하다' 하여 이러한 인(因)을 세워 수승하다는 견해를 낸다면 이러한 사람은 '소인(所因)을 인(因)이다'고 하는 집착[因所因執]에 떨어질 것이다.484)

---

481) 立眞常因成外道: 본래 의지할 곳이 아닌 허망한 因을 眞常의 因이라 집착하여 마침내 외도를 이루는 것이다.
482) '식음의 근원에 돌아갔다'는 것은 행음이 공해지고 식음의 정(定)이 나타난 것이다. 『정맥소』(『卍속장경』18, p.873하) 참조
483) 식음이 행음으로 말미암아 흘러가기 때문에 행음이 비어지면 식음의 근원으로 돌아게 되는 것이다. 이미 행음이 비어졌기 때문에 생멸은 멸하였으나 아직 식음의 근원을 의지하고 있어 적멸이 원만하지 못한 것이요, 그러나 능히 점차 식음을 파하고, 六門이 소멸하기 때문에 자기의 六知根이 흐르는 것과 결합하여 막힘이 없게 되고, 諸類의 覺性이 通融不二하여 능히 식음정의 원만한 근원에 들어가는 것이다. 『계환해』『卍속장경』17, p.893상)
484) 所因은 非依處요 因은 依處이다.

娑毗迦羅의 所歸冥諦로 成其伴侶하야 迷佛菩提하고 亡失知見하되

그리하여 사비가라(娑毘迦羅)들이 '명제(冥諦)로 돌아가야 한다'는 주장과 반려(伴侶)가 되어485) 부처님의 깨달음을 모르고 불지견(佛知見)을 망실하게 되는데,

是名第一에 立所得心하야 成所歸果라하나니 違遠圓通하고 背涅槃城하야 生外道種이니라

이것을 '제일(第一)의 소득심(所得心)을 세워 소귀과(所歸果)를 이루려 하는 것이다'고 부르며,486) 이들은 원통을 어기고 열반의 성(城)을 등지어 외도의 무리에 태어날 것이다.

㈐計我生彼 成徧圓487)

阿難 又善男子가 窮諸行空하고 已滅生滅이나 而於寂滅에 精妙未圓이니

아난아! 또 선남자가 모든 행음이 공(空)함을 궁진하고 생멸이 이미 멸하였으나 적멸(寂滅)한 가운데 정묘(精妙)가 원만하지 못하였으니,

---

485) 원만한 근원이란, 육근의 믹힘을 녹이고 諸類의 識元에 통하는 것이니, 만약 이로써 참다운 돌아갈 곳을 삼아, 이를 세워 眞因을 삼는다면 망인(所因)을 진인(因)이라 하는 집착에 떨어질 것이다. 대개 眞因이란, 있는 것이 아니라 있다면 다 妄이요, 저 사비가라 외도가 아뢰야식에서 아직 형체로 나타나기 이전인 冥然初相을 오인하여 所歸의 眞因을 삼고 있는 것이 바로 이와같은 것이다. 『계환해』(『卍속장경』17, p.893상)
486) 마음에 얻을 것이 있으므로 果에도 돌아갈 곳이 있어서, 卽因卽果가 다 所妄에 떨어지기 때문에 원통을 어기고 열반을 등지는 것이다. 지금의 수행하는 사람들이 眞性中에 문득 識心을 일으켜서, 인과를 헤아리고 견해를 내나니 얻을 바가 있고 돌아갈 곳이 있는 지는 다 識元을 일어서 冥諦에 돌아가는 것이다. 『계환해』(『卍속장경』17, p.893상)
487) 計我生彼成徧圓: '본래 할 수 없는 것을 할 수 있다'라고 하는 집착이니, 즉 내가 저를 태어나게 했다고 집착하여 두루 圓類를 이루는 것이다.

若於所歸에 覽爲自體하야 盡虛空界의 十二類內 所有衆生이 皆我身中에 一類流出이라하야 生勝解者는

이때 만약 식음의 근원이 구경에 돌아가야 할 자신의 몸이라고 보아 '모든 허공계의 열두가지 중생들이 다 나의 이 몸에서 한결같이 유출하였다'고 생각하여 수승하다는 견해를 낸다면

是人則墮 能非能執하야 摩醯首羅의 現無邊身으로 成其伴侶하야 迷佛菩提하고 亡失知見하며

이러한 사람은 '할 수 없는 것을 할 수 있다'고 하는 집착[能非能執]488)에 떨어져 끝없는 몸을 나타내는 마혜수라(摩醯首羅)489)와 반려(伴侶)가 되어 부처님의 깨달음을 모르고 불지견(佛知見)을 망실하게 된다.

是名第二에 立能爲心하야 成能事果라하나니 違遠圓通하고 背涅槃城하야 生大慢天의 我遍圓種이니라

이것을 이름하여 '제이(第二)의 능위심(能爲心)을 세워 능사과(能事果)를 이루려 한다'고 하는데490) 이들은 마침내 원통을 어기고 열반의 성(城)을 등지게 되어 대만천(大慢天, 마혜수라)491)의 '내[我]

---

488) 식음의 근원이 자신의 몸이라고 집착하면서 一切衆生이 이로부터 流出했다 하여 마침내 내가 능히 저를 태어나게 했다고 고집하나, 진실은 그러하지 못하기 때문에 能非能執이라 한 것이다. 『계환해』(『卍속장경』17, p.893하)
489) 摩醯首羅는 色頂魔王으로 내가 능히 끝없는 중생을 태어나게 한다고 妄計하나니 이 또한 非能을 能하다고 하는 무리들이다. 能爲心과 能事果라는 것은 내가 능히 저의 의지가 되어서 능히 저의 일을 이루게 한다고 계탁하는 것이다. (앞의 책 p.893하)
490) 上科에서 이미 식음을 가져 所歸의 果를 지었기 때문에 지금 所歸二字는 앞의 식음에 섭(躡)하여야 할 것이다. 앞에서는 다만 歸托의 性이 됨을 계탁하고, 여기에서는 스스로의 몸이 된다고 본 것이니, 이것이 그 차별이다. 能爲心은 능히 만들어낸다는 마음이요, 能事果는 능히 성취했다고 분별하는 것이다. 『정맥소』(『卍속장경』18, p.874하)
491) 大慢天은 마혜수라를 가리킨 것이니 不能을 能하다고 하기 때문에 大慢이라 이름한 것이다. 徧圓이란 我體가 허공계에 두루하다는 것이다. 『계환해』(『卍속장경』17, p.893하)

가 두루 원만하다'고 하는 무리에 태어날 것이다.

㉰ 計彼生我 成倒圓種492)
又善男子가 窮諸行空하고 已滅生滅이나 而於寂滅에 精妙未圓이니 若於所歸에 有所歸依라하야 自疑身心도 從彼流出하고 十方虛空 咸其生起리라
　또 선남자가 모든 행음이 공(空)함을 궁진하고 생멸이 이미 소멸하였으나 적멸(寂滅)한 가운데 정묘(精妙)가 원만하지 못하였으니, 이 때 '돌아가 귀의할 곳이 있다'고 하여, 자기의 몸과 마음도 거기서 유출되었고, 시방허공도 모두 거기에서 생기지 않았나 의심할 것이다.

旣於都起의 所宣流地에 作眞常身하야 無生滅解호대 在生滅中하야 早計常住하야
　이미 이와같이 '모든 것이 생겨나 흐르는 곳이 진실되고 항상한 몸이다'고 하여 생멸이 없다는 견해를 내어, 이렇게 생멸하는 가운데 상주하는 것이라 미리 계탁하여,

旣惑不生하고 亦迷生滅하야 安住沈迷하면서 生勝解者
　이미 불생멸(不生滅)도 모르고 생멸(生滅)도 미혹하여 미혹에 안주하면서 수승하다는 견해를 내게 되는데,

是人則墮 常非常執하야 計自在天으로 成其伴侶하야 迷佛菩提하고 亡失知見하리니
　이러한 사람은 '항상하지 않는 것을 항상한 것이다'고 하는 집착[常非常執]493)에 떨어져 자재천(自在天)의 주장494)과 반려(伴侶)가

---

492) 計彼生我成倒圓種: 항상하지 않는 것을 항상하다고 집착하는 것이니, 즉 저가 나를 태어나게 했다고 집착하여 전도(顚倒)된 무리[圓種]을 이루는 것이다.
493) 常非常執: 식음의 근원으로 의지할 곳을 삼기 삼기 때문에 저들이 나와 일체의 법을 생기게 한다고 의심하고, 마침내 生起하여 流出하는 곳을 계탁하여 眞常하고 無生의 體를 삼으니 이것이 生滅中에 있으면서 常住라고 妄計하는 것이다. 이미 참으로 不

되어 부처님의 깨달음을 모르고, 불지견(佛知見)을 잃을 것이다.

是名第三에 **立因依心**하야 **成妄計果**라 **違遠圓通**하고 **背涅槃城**하야 **生倒圓種**이니라

　　이것을 이름하여 '제삼(第三)의 인(因)에 의지한다는 주장[因依心]495)을 세워 잘못된 결과[妄計果]를 이룬 것이다'고 하니 원통을 어기고 열반의 성(城)을 등지게 되어 전도된 원만한 무리[倒圓種]496)에 태어날 것이다.

㉣計物有情 成倒知497)

又善男子가 **窮諸行空**하고 **已滅生滅**이나 **而於寂滅**에 **精妙未圓**이니 **若於所知**에 **知遍圓故**로

　　또 선남자가 행음이 공(空)함을 궁구해 다하고 생멸이 이미 소멸하였으나 적멸(寂滅)한 가운데 정묘(精妙)가 원만하지 못하였기 때문에 '일체를 분별해 아는 소지(所知)498)의 지(知)가 두루 원만하다'고 하는 것이다.

生性에 미혹하고, 또 현재의 生滅法에 미혹하여 非常으로 常을 삼았기 때문에 常非常執이라 이름한 것이다. 『계환해』(『卍속장경』17, p.894상)

494) 저들이 능히 나를 생기게 한다는 계탁을 일으킨다면 自在天이 능히 일체를 생하게 한다는 것으로 더불어 같은 것이다. 『계환해』(『卍속장경』17, p.894상) 起計彼能生我_{인댄} 卽與計自在天_이 能生一切者同矣_{니라}

495) 식음의 근원을 가지고 常住라고 주장하기 때문에 因에 의지하는 마음을 세워 잘못된 果를 이루려 한다고 한 것이다. 『계환해』(『卍속장경』17, p.894상) *因依心: 因에 의지하는 마음 (내가 저것을 의지하여 나왔다고 하는 주장)

496) 倒圓: 앞의 偈頌에서는 내가 저들(物)을 원만히 생겨나게 한다고 하였고, 여기에서는 저들이 나를 원만히 생겨나게 한다고 계탁하기 때문에 倒圓이라 한 것이다. (앞의 책 p.894상)

497) 計物有情成倒知: 만물에게 다 情이 있다고 집착하여 전도된 知見을 이루는 것이다.

498) 소지(所知)는 관찰할 바 식음(識陰)으로 삼는 知이다.

因知立解호대 十方草木도 皆稱有情하야 與人無異라하며 草木爲人하고 人死還成 十方草木이라하야 無擇遍知로 生勝解者는

　이와같이 지(知)로 인하여 수승하다는 견해를 세우는데 '시방의 초목도 다 정(情)이 있어서 사람과 다를 것 없다 하되, 초목이 사람이 되고 사람이 죽어서 시방의 초목이 된다고 하는 등, 가리지 않고 두루 아는 수승한 것이다499)'라는 견해를 내는 것이다.

是人則墮 知無知執하야 婆吒霰尼의 執一切覺으로 成其伴侶하야 迷佛菩提하고 亡失知見하리니

　이러한 사람은 앎이 없는 것으로 지(知)를 삼는 집착500)에 떨어져 바타(婆吒)와 선니(霰尼) 등 '일체가 다 깨달음[覺]이다'라고 고집하는 자로 더불어 반려(伴侶)가 되어 부처님의 깨달음을 모르고 불지견(佛知見)을 잃게 된다.501)

是名第四에 計圓知心하야 成虛謬果라하나니 違遠圓通하고 背涅槃城하야 生倒知種이니라

　이것을 이름하여 '제사(第四)의 원만히 아는 마음[圓知心]을 계탁하여 그것으로 헛되고 잘못된 결과[虛謬果]를 이룬 것이다'고 하니 원통을 어기고 열반의 성(城)을 등져 전도(顚倒)된 지견(知見)의 무리[倒知種]에 태어날 것이다.

---

499) 이와같이 識에 知가 있어서 일체법이 知로부터 變起하였다 생각하기 때문에 知의 體가 제법에 두루했다고 妄計하고, 마침내 다른 견해를 내어서 無情들도 두루 다 知가 있다라고 하여 가리지 않고 두루 아는 것[無擇遍知]이다 한다. 『계환해』(『卍속장경』17, p.894상)
500) 앎이 없는 것으로 知를 삼는 까닭에 知無知執이라 이름 한 것이다. 『계환해』(『卍속장경』17, p.894상)
501) 婆吒와 霰尼는 둘 다 외도이다. 일체가 다 깨달음이라고 집착하는 것은 모든 것에 知가 있다고 생각하기 때문이다. 이는 원만한 知를 잘못 집착하여 因心을 삼은 것이니 결과도 마침내 잘못되는 것이다. 知가 없는 것으로 知를 삼는 것이 전도된 知인 것이다. (앞의 책 p.894하)

㊃崇水事火 成顚化502)

又善男子가 窮諸行空하고 已滅生滅이나 而於寂滅에 精妙未圓이니 若於圓融한 根互用中에 已得隨順하면

　또 선남자가 행음이 공(空)함을 궁진하고, 생멸이 이미 멸하였으나 적멸(寂滅)한 가운데 정묘(精妙)가 원만하지 못하였으니 이 때 만약 원융하여진 근(根)이 서로 작용하는 가운데 수순함을 얻게 되면

便於圓化에 一切發生이라하야 求火光明하고 樂水淸淨하며 愛風周流하고 觀塵成就하야 各各崇事하야 以此群塵으로 發作本因이라하야 立常住解하리니

　문득 '원융하게 사대(四大)가 변화하는데서 일체가 발생한다'고 하여 불의 광명을 구하고, 물의 청정함을 좋아하며, 바람의 유통함을 사랑하고, 티끌의 성취함을 보아, 제각기 숭배하여 섬기면서 '사대(四大)가 여러 가지 경계[塵]를 만들어 내는 본인(本因)이다'고 하여 상주한다는 견해를 세우리니,

是人則墮 生無生執하야 諸迦葉波와 幷婆羅門의 勤心役身하야 事火崇水하야 求出生死로 成其伴侶하야 迷佛菩提하고 亡失知見이요

　만약 그렇다면 이러한 사람은 무생(無生)을 생(生)이라고 하는 집착[生無生執]에 떨어져 몸과 마음으로 불을 섬기고 물을 숭배하면서 생사에서 벗어나기를 구하는 가섭파(迦葉波)와 바라문(婆羅門)들의 반려(伴侶)가 되어 부처님의 깨달음을 모르고 불지견(佛知見)을

---

502) 五崇水事火成顚化: 불을 숭상하고 물을 숭상하는 등 사대를 숭상하여 이것이 모든 것의 근원이요, 모든 것을 변화하여 이룬다고 집착하는 것이다.
　*生無生執: 식음이 다한 자는 六門을 소멸하고 연마하여 諸根이 互用될 것이나, 지금 이곳에서는 아직 식음을 다하지 못하고 겨우 수순함을 얻었을 뿐이다. 다만 수순하여 圓互하기 때문에 여기에 일체법이 다 능히 원만히 변화하여 勝果를 발생한다고 계탁하여 불이 능히 光明을 발현하며, 더 나아가서는 塵이 능히 器界를 성취할 것이라 여기고, 마침내 사특한 바람과 사특한 관찰로 마음을 써서 崇事하되 능히 勝果를 낼 것이라고 집착하지만 실로 불가능한 일이기 때문에 無生을 生이라고 하는 집착이라 이름한 것이니 三迦葉과 諸外道의 무리가 이들이다. 『계환해』(『卍속장경』17, p.894하)

잃게 될 것이다.

是名第五에 **計著崇事**하야 **迷心從物**하고 **立妄求因**하야 **求妄冀果**라하나니 **違遠圓通**하고 **背涅槃城**하야 **生顚化種**이니라

이것을 '제오(第五)의 제멋대로 숭배하고 섬기는 일을 헤아려 어두운 마음으로 사물을 따르면서 허망한 인(因)을 세우고 허망한 과(果)를 바라는 것이다'라고 한다. 이들은 마침내 원통을 어기고 열반의 성(城)을 등지게 되어 사대(四大)가 굴러서 모든 것을 변화시킨다고 주장하는 무리[顚化種]503)에 태어날 것이다.

㈐計永滅依 成斷滅504)
又善男子가 **窮諸行空**하고 **已滅生滅**이나 **而於寂滅**에 **精妙未圓**이니 **若於圓明**에 **計明中虛**하야 **非滅群化**하고 **以永滅依**로 **爲所歸依**하야 **生勝解者**는

또 선남자가 모든 행음이 공(空)함을 궁진하고 생멸이 이미 멸하였으나 적멸(寂滅)한 가운데 정묘(精妙)가 원만하지 못하였으니, 이때 식음의 원명(圓明)한 가운데 허(虛)하다고505) 계탁하여 잘못되어 모든 변화를 멸(滅)이라 하고, 영원히 소멸한 곳[永滅依]으로써 귀의할 곳을 삼아 수승하다는 견해[勝解]를 내게 내는 것이다.

---

503) 이미 眞心을 미혹하여 사물을 따라 구하고 바라는 것이니 인과가 다 허망한 것으로 전도되어 변화되기 때문에 顚化種이라 이름한 것이다. 『계환해』(『卍속장경』17, p.894하)
504) 計永滅依成斷滅: 영원히 소멸하는 것으로 의지처를 삼아 단멸상(斷滅相)에 떨어진 견해이나.
505) 원명(圓明)은 바로 식음의 區宇이다. 원명한 가운데 虛하다고 계탁하는 것은 이러한 경지에서 앞의 四陰이 다하여 諸有가 모두 空함을 처음 보고 허무로써 구경의 性을 삼은 것이다. 『정맥소』(『卍속장경』18, p.877하)

是人則墮 歸無歸執하야 無相天中의 諸舜若多로 成其伴侶하야 迷佛菩提하고 亡失知見하리니

이러한 사람은 돌아갈 곳이 아닌 곳을 돌아갈 곳이라고 하는 집착[歸無歸執]506)에 떨어져 무상천(無想天) 가운데 순야다(舜若多) 등과 반려(伴侶)가 되어 부처님의 깨달음을 모르고 불지견(佛知見)을 잃을 것이다.507)

是名第六에 圓虛無心으로 成空亡果라하나니 違遠圓通하고 背涅槃城하야 生斷滅種이니라

이것을 이름하여 '제육(第六)의 원만하게 허무하다는 마음508)으로 모든 것이 공하여 아무 것도 없다는 과[空亡果]를 이룬다'고 하는 것이니, 이들은 마침내 원통을 어기고 열반의 성(城)을 등지게 되어 '구경에는 아무 것도 없다'고 주장하는 무리[斷滅種]에 태어날 것이다.

---

506) 歸無歸執: 이치를 觀함이 자세하지 못하여 그릇 허무에 떨어졌기 때문에 圓明한 성품 가운데 다 空虛한 것이라고 계탁한 것이다. 이는 모든 변화를 絶滅하고 永滅에 돌아간다는 것인데, 그것이 잘못임을 알지 못하기 때문에 歸無歸執이라 이름한 것이다. 『계환해』(『卍속장경』17, p.895상)

*無歸를 歸라고 집착한 것은 대개 斷空을 잘못 계탁하여 休歸處를 삼으려 한 것이니 환멸의 허망한 경계는 공화와 같아서 진실한 귀의처가 아님을 알지못하기 때문이다. 『정맥소』(『卍속장경』18, p.877하)

507) 舜若多는 空이라 번역한다. 無想天과 순야다를 말한 것은 斷空에 집착하는 外道들 때문이다. 斷空에 집착하기 때문에 虛無로써 因心을 삼아서 空亡의 斷果를 이루었으니 永滅에 의지한다는 것은 外道의 涅槃를 가리킨 것이다. 『계환해』(『卍속장경』17, p.895상)

*無想天은 非非想天을 간략히 들어서 四空를 말한 것이요, 四禪의 無想을 취한 것이 아니다. 순야다는 趣空天衆으로 同類가 됨을 總擧한 것이다. 『정맥소』(『卍속장경』18, p.877하)

508) 圓虛한 無心이라 한 것은 趣空心으로 因을 삼은 것이요, 空亡果를 이루었다는 것은 斷滅의 경계로서 果를 삼은 것이다. 『정맥소』(『卍속장경』18, p.877하)

㈎貪常固身 成妄延509)

又善男子가 **窮諸行空**하고 **已滅生滅**이나 **而於寂滅**에 **精妙未圓**이니 **若於圓常**에 **固身常住**호대 **同于精圓**하야 **長不傾逝**라하야 **生勝解者**는

또 선남자가 모든 행음이 공(空)함을 궁진하고 이미 생멸이 멸하였으나 적멸(寂滅)한 가운데 정묘(精妙)가 원만하지 못하였으니 이 때 만약 원만하고 항상한 곳[圓常]510)에서 견고한 몸으로 항상 머물고 싶어서 '정미롭고 원만한 성품과 같이 목숨도 영원히 죽지 않는다'고 하여 수승하다는 견해를 내는 것이다.

是人則墮 貪非貪執하야 **諸阿斯陀**의 **求長命者**로 **成其伴侶**하야 **迷佛菩提**하고 **亡失知見**하리니

이러한 사람은 탐낼 수 없는 것을 탐내는 집착[貪非貪執]511)에 떨어져 오래 살기를 구하는 아사타(阿斯陀)512) 등과 반려(伴侶)가 되어 부처님의 깨달음을 모르고 불지견(佛知見)을 잃게 되는데,

---

509) 貪常固身成妄延: 탐낼 수 없는 몸을 항상하고 견고하다고 탐하여 부질없이 오래 살기를 바라다.
510) 圓常한 곳 또한 식음의 區宇이다. 『정맥소』(『卍속장경』18, p.878상)
511) 貪非貪執: 식음에 의지하여 圓常을 觀하고 識元에 집착하여 圓精을 삼아 마침내 그 몸을 굳게 보존하여 그로 더불어 함께 있고자 하되 부질없이 堅久를 탐하여 그 그릇됨을 알지 못하기 때문에 탐낼 수 없는 것을 탐내는 집착이라 이름한 것이다. 『계환해』(『卍속장경』17, p.895상)
512) 阿斯陀는 번역하여 비교될 수 없[無比]는 長壽仙이라 한다. 저가 비록 수명은 연장시키나 마침내 壞滅에 돌아가기 때문에 지금 여기에서 妄身을 견고히 하여 상주하기를 구한 것이다. 그러나 공연히 오래도록 수고로울 뿐이며 부질없이 수명만 연장할 뿐이다. 『계환해』(『卍속장경』17, p.895하)

是名第七에 執著命元하야 立固妄因하야 趣長勞果라하나니 違遠圓通하고 背涅槃城하야 生妄延種이니라

　이것을 이름하여 '제칠(第七)의 장명(長命)의 본원을 집착하여 그것으로 견고(固)한 망인(妄因)을 세워 수명만 늘이는 피곤한 과[長勞果]에 나아가는 것이다'513)고 한다.
　이들은 마침내 원통을 어기고 열반의 성(城)을 등지게 되어 부질없이 오래 살기를 바라는 무리[妄延種]에 태어날 것이다.

㉑留欲固命 成天魔514)

又善男子가 窮諸行空하고 已滅生滅이나 而於寂滅에 精妙未圓이니

　또 선남자가 모든 행음이 공(空)함을 궁진하고 생멸이 이미 멸하였으나 적멸(寂滅)한 가운데 정묘(精妙)가 원만하지 못하였으니

觀命互通하고 却留塵勞호대 恐其消盡하야 便於此際에 坐蓮華宮하야 廣化七珍하며 多增寶媛하고 恣縱其心이라하야 生勝解者는

　이때 만약 목숨이 서로 통함515)을 보고 진로(塵勞)516)을 잡아두고 싶고, 또 소멸할까 두려워 문득 '이 기회에 연화궁(蓮華宮)에 앉아서 일곱 가지 보배를 널리 진열해 놓고 미인[寶媛]을 모아 마음대로 즐겨야 한다'고 하며 '이것이 가장 수승한 일이다'라고 견해를

---

513) 長命의 본원을 집착한다는 것은 식음으로 長命의 본원을 삼은 것이다. 固妄因은 因中의 功夫가 견고한 妄性妄命을 구하는 것이요, 長勞果에 나아간다는 것은 '所趣의 果가 한갓 목숨만 연장하는 수고로움일 뿐 구경의 상주가 아니다'라는 말이다. 『정맥소』(『卍속장경』18, p.878하)
514) 留欲固命成天魔: 소멸을 두려워하고 식음의 욕에 머물러 수명이 견고하기를 집착하나니, 진실이 아닌 것으로 진실을 삼아 天魔를 이룬 것이다.
515) 식음으로 목숨의 근원을 삼아 三際에 서로 통하려는 것이다. 『계환해』(『卍속장경』17, p.895하)
　*여기에서의 命은 앞의 身命과는 다르다. 天魔는 몸을 사용하지 않기 때문이다. 그러므로 계환스님이 '識으로써 목숨의 근원을 삼고 있다'고 한 것이다. 그러나 이것도 세상에 수명을 가지고 머무는 相에 지나지 않는다. 『정맥소』(『卍속장경』18, p.787하)
516) 塵勞란 마음이 움직여 色에 치달리는 가지가지 세속적 욕망과 근심이다. 『정맥소』(『卍속장경』18, p.787하)

내는 것이다.

是人則墮 眞無眞執하야 **吒枳迦羅**로 **成其伴侶**하야 **迷佛菩提**하고 **亡失知見**하리니

이러한 사람은 진실이 아닌 것을 진실이라고 하는 집착[眞無眞執]517)에 떨어져 타지가라(吒枳迦羅)518)들과 반려(伴侶)가 되어 부처님의 깨달음을 모르고 불지견(佛知見)을 잃을 것이다.

是名第八에 **發邪思因**하야 **立熾塵果**리니 **違遠圓通**하고 **背涅槃城**하야 **生天魔種**이니라

이것을 이름하여 '제팔(第八)의 사특한 생각의 인[邪思因]을 내어 치성한 욕망의 과[熾塵果]를 세우려 한다'고 하나니, 원통을 어기고 열반의 성(城)을 등지게 되어 천마(天魔)의 무리[天魔種]에 태어날 것이다.

---

517) 眞非眞執: '식음이 만약 다하면 자기의 수명도 다할 것이니 누가 眞常을 증득하리요'라고 생각하기 때문에 문득 이 식음의 定 속에서 모든 욕망의 대상을 변화시켜 塵勞에 머물게 하여 없어지지 않게 하려는 것이다. 이러한 사특한 생각에 의지하여 眞常을 증득하려 하면서도 이것이 잘못임을 알지 못하니 이것을 '진실이 아닌 것을 진실이라고 하는 집착[眞非眞執]'이라고 이름한 것이다. 『계환해』(『卍속장경』17, p.895하)

518) 吒枳迦羅는 능히 욕망의 대상을 변화시켜 스스로 즐기나니 욕계의 정상인 自在天類이다. 이러한 사특한 생각으로 인하여 天魔에 감응하여 태어나 오직 마음대로 塵欲을 움직이기 때문에 熾塵果라 이름하는 것이다. 媛은 美女이다. (앞의 책 p.895하)

㉗證滅自休 成纏空519)

又善男子 窮諸行空하고 已滅生滅이나 而於寂滅 精妙未圓이니 於命明中 分別精麤하며 疏決眞僞 因果相酬라하야 唯求感應 背淸淨道하니

　또 선남자가 모든 행음이 공(空)함을 궁진하고 생멸이 이미 멸하였으나 적멸(寂滅)한 가운데 정묘(精妙)가 원만하지 못하였는데도, 이 때 목숨이 밝아진 가운데에서520) '정미로움과 거침을 분별하고, 진실과 허위를 밝히며, 인과(因果)가 서로 갚아지는 것이다'고 하여 오직 감응(感應)만 구하고 청정한 도(道)를 등지는 것이다.

所謂 見苦斷集하며 證滅修道하야 居滅已休 更不前進하야 生勝解者

　말하자면 고(苦)를 보고 집(集)을 끊으며, 멸(滅)을 증득하려고 도(道)를 닦아서 멸(滅)에 이르고는 그만 쉬어 다시 전진하지 아니하면서 수승하다는 견해를 내는 것이다.

是人則墮 定性聲聞하야 諸無聞僧 增上慢者로 成其伴侶하야 迷佛菩提 亡失知見하리니

　이러한 사람은 정성성문(定性聲聞)521)에 떨어져 증상만(增上慢)522)인 더 듣고 배우려하지 않는 비구[無聞比丘]들과 반려(伴侶)가 되어 부처님의 깨달음을 모르고 불지견(佛知見)을 잃을 것이다.

---

519) 證滅自休成纏空: 성문의 적멸을 증득하여 거기에 노닐면서 소승의 空에 집착하다.
520) 목숨이 밝아졌다는 것은 식음을 다함으로 인하여 중생이 命元을 받는 이유를 깊이 밝혔다는 것이다. 『계환해』(『卍속장경』17, p.896상)
521) 定性聲聞: 生滅이 識陰을 연유하고 精麤가 業을 말미암은 까닭에 四諦에 의하여 분별하고 밝혀서 苦集으로 麤僞를 삼은 것이다. 그러므로 滅에 居하여 휴식하는 것이며, 이들은 특별히 定性聲聞인 增上慢의 무리들이다. 이들은 圓精에 감응하는 것으로 因心을 삼아 적멸에 나아가는 小果를 이룬 것이다. (앞의 책 p.896상)
522) 증상만이라, 아직 깨달음을 얻지 못하고서 얻었다고 착각하는 것을 말한다.

是名第九 圓精應心하야 成趣寂果하니 違遠圓通 背涅槃城하야 生纏空種이니라

 이것을 이름하여 '제구(第九)의 정미롭게 응하는 마음[精應心]523)을 원만히 성취하여 고요에 떨어진 과[趣寂果]를 이루었다'고 하나니, 원통을 어기고 열반의 성(城)을 등지게 되어 공(空)에 집착하는 무리[纏空種]에 태어날 것이다.

㉛存覺立證 成不化圓524)
又善男子가 窮諸行空하고 已滅生滅이나 而於寂滅에 精妙未圓이니 若於圓融 淸淨覺明에 發硏深妙하야 卽立涅槃하고 而不前進하야 生勝解者는

 또 선남자가 모든 행음이 공(空)함을 궁진하고 생멸이 이미 멸하였으나 적멸(寂滅)한 가운데 정묘(精妙)가 원만하지 못하였으니 이때 원융(圓融)하고 청정(淸淨)한 각명(覺明)에서525) 심묘(深妙)한 것을 연구 발명하고, 이것이 열반이라 하여 전진하지 않으면서 수승하다는 견해를 내는 것이다.

---

523) 精應이라는 것은 麤業을 끊고 오직 정밀하게 감응하기를 구해서 치우친 참다움을 증득하여 空에 얽히고 寂에 나아갈 뿐이다.『계환해』(『卍속장경』17, p.896상)
524) 存覺立證成不化圓: 벽지불의 경계에 떨어져 覺을 두고 證을 세우되 중생교화를 하지 않는 圓寂의 집착을 이루다.
525) 원융하고 청정한 覺明이라 하나, 자비심이 없다면 식음의 정기일 뿐이다. 비록 惑習이 없어서 원융하고 청정하기는 하나 아직 식음을 여의지 않았기 때문에 다만 覺明이라 이름한 것이니 만약 이로써 深妙를 삼아 果의 증득을 삼는다면 이는 定性인 緣覺이나 獨覺에 떨어질 것이다. 이들은 圓覺의 상에 맞추어[腔] 그것으로 因心을 삼아 湛明한 滯果를 이룬 것 뿐이다.『계환해』(『卍속장경』17, p.896상) *六根을 소멸하고 一에 들어간 것이 圓融이요, 有를 파하고 空으로 돌아간 것이 淸淨이요, 목숨을 받게 되는 근원을 보는 것이 覺明이기 때문이다.『정맥소』(『卍속장경』18, p.880상)

是人則墮 定性辟支하야 諸緣獨倫이 不廻心者로 成其伴侶하야 迷佛菩提하고 亡失知見하리니 是名第十에 圓覺䏲心으로 成湛明果라하나니

　이러한 사람은 정성벽지(定性辟支)에 떨어져서 회심(廻心)하지 못하는 연각(緣覺)과 독각(獨覺)들의 반려(伴侶)가 되어 부처님의 깨달음을 모르고 불지견(佛知見)을 잃게 되는데, 이것을 이름하여 '제십(第十)의 원융한 깨달음에 통하는 마음526)으로 고요하고 밝음에 머무는 과[湛明果]를 이루었다'고 한다.

違遠圓通하고 背涅槃城하야 生覺圓明 不化圓種이니라

　이들은 마침내 원통을 어기고 열반의 성(城)을 등지게 되어 깨달음은 원명(圓明)하나, 중생교화가 없는 원적(圓寂)의 무리[不化圓種]527)에 태어날 것이다.528)

---

526) 원각에 맞았다는 것은 마음이 정밀하게 通䏲하고 覺知가 通䏲한 것이다. 그러나 겨우 正覺과 通䏲할 뿐 전진하지 못하고 있는 것이다.『계환해』(『卍속장경』17, p.896하)
527) 不化圓種란, 湛明한 것으로 비록 원융한 覺明을 가리킨 것이나 覺이 圓明하되 識精에 그쳐서 定性으로 돌이키지 못하기 때문에 覺이 圓明하되 중생교화가 없는 圓寂의 무리라는 것이다. (앞의 책 p.896하) 湛明은 卽圓融覺明也니 所覺이 止於圓明識精하야 而定性不回일새 故名覺圓明 不化圓種也니라
　　*不化圓種이란 깨달음에 집착하야 空淨한 圓影을 능히 融化하고 透過하지 못한 것이다.『정맥소』(『卍속장경』18, p.880상)
528) 이상으로 五十魔境이 다 識精으로 錯解하고 邪悟하여 아직 정견을 얻지 못함을 설명했다. 그러니 마음으로 헤아리고 생각을 움직이면 다 그 가운데 떨어져서 비록 緣覺과 辟支를 증하였더라도 아직 佛菩提에 미혹되어 知見을 亡失했기 때문에 覺皇께서 입이 쓰도록 자비를 드리우시어 마음을 다해 가리고 분석하여 사람들로 하여금 不迷 不失하게 하신 것이다. 그렇다면 어떻게 하여야 가히 얻을 수 있는가? 응당 오십가지 마구니 종류에 대해 자세히 관찰하여 자기의 心念이 그 가운데 떨어지지 아니함을 깨달으면 이것이 얻는 것이다.『계환해』(『卍속장경』17, p.896하)

㈐結勸深防

阿難如是 十種禪那로 **中途成狂**이어나 **因依迷惑**하야 **於未足中**에 **生滿足證**은 **皆是識陰**의 **用心交互**일새 **故生斯位**어늘

아난아! 이 열 가지 선나(禪那)로 중도에 잘못된 견해[狂解]를 이루거나 미혹으로 말미암아 만족스럽지 못한 것을 만족하게 증득했다고 생각하는 것은 다 식음(識陰)에서 작용하는 마음이 서로 교차하여 이러한 지위에 태어나는 것이다.

衆生頑迷하야 **不自忖量**하고 **逢此現前**에 **各以所愛 先習迷心**으로 **而自休息**하야 **將爲畢竟 所歸寧地**하고 **自言滿足 無上菩提**라하야 **大妄語成**하리니

그런데도 중생이 어리석어 스스로 헤아리지 못하고, 이러한 현상을 만났을 때에 제각기 본래 애착하고 미혹된 마음으로 필경에 돌아갈 곳[歸寧]인 줄 여기고, 무상보리를 만족하였노라 하여 대망어(大妄語)를 이루는 것이다.

外道邪魔는 **所感業終**하면 **墮無間獄**하고 **聲聞緣覺**은 **不成增進**하리라

그러므로 외도나 사특한 마구니는 받는 업보(業報)가 끝나면 무간지옥에 떨어질 것이며, 성문과 연각은 더 나아가지 못하는 것이다.529)

---

529) 道를 궁구함에 있어 나아갈 곳을 잃었기 때문에 중도에서 狂解를 이루었고, 전전히 갈림길을 만났기 때문에 因依迷惑이라 한 것이다. 所愛先習이라 한 것은 사특하게 전하고 그릇 이해한 것이니 비밀하게 진리를 얻은 것처럼 하여 마침내 마음을 쉬고 장차 필경 돌아갈 바 寧地를 삼는 것이다. 마침 스스로를 그릇되게 하는 것이러므로 邪魔가 이를 의지하여 마침내 惡道에 떨어진다. 二乘이 이를 의지하여 增進을 이루지 못하나니 가장 먼저 깊이 막아야 하는 것이다. 『계환해』(『卍속장경』17, p.896하)

㈣勅令弘宣

汝等存心하야 秉如來道호대 將此法門하야 於我滅後에 傳示末世하야 普令衆生으로 覺了斯義하며 無令見魔로 自作沈孼하고 保綏哀救하야 消息邪緣하며 令其身心으로 入佛知見하면 從始成就하고 不遭岐路하리라

너희들은 온 마음으로 여래의 도(道)를 붙들어 이 법문을 가져다가 내가 멸도한 뒤의 말세에 전하여서 중생들에게 이 뜻을 깨닫게 하고, 식음의 견마(見魔)530)에게 스스로 깊은 죄를 짓지 않게 할 것이며, 또한 부처님의 법을 잘 보호하고 구원하여 사특한 인연을 쉬고 몸과 마음이 불지견(佛知見)에 들어가서 처음부터 성취하고 기로(岐路)를 만나지 않게 하라.

㈤勉令究竟

如是法門 先過去世에 恒沙劫中에 微塵如來가 乘此心開하야 得無上道하니

이러한 법문531)은 과거 항하의 모래 수와 같은 세월에 수많은 여래께서 이것을 의지하여 마음이 열리어 최상의 도(道)를 얻었던 것이니,

識陰若盡하면 則汝現前에 諸根互用이며 從互用中하야 能入菩薩의 金剛乾慧하야 圓明精心이 於中發化호대 如淨瑠璃의 內含寶月하며

이와같이 식음(識陰)이 다하면 너의 모든 근(根)이 현전에 호용(互用)할 것이며 호용하는 가운데 보살의 금강간혜(金剛乾慧)에 들어가 원만하게 밝은 정미로운 마음이 그 속에서 변화하여 마치 깨

---

530) 邪見과 錯解가 재앙이 되어 身心을 뒤엎는 것이니 이를 見魔라 한다. 마음은 안으로 칼집[鞘]이 되고, 견해는 응당 밖으로 빗장[鍵]이 되기 때문에 앞에서는 心魔를 막았고 여기에서는 見魔를 막았으니 助道의 요체를 다한 것이다.『계환해』(『卍속장경』17, p.897상)
531) 先聖이 이를 의지하여 마음을 열고 도를 얻었으니 後學은 마땅히 힘써 궁구할지어다.『계환해』(『卍속장경』17, p.897상)
　*이러한 법문이란 오음 中의 辨魔法門을 총칭하여 가리킨 것이다.『정맥소』(『卍속장경』18, p.881하)

끗한 유리 속에 달을 넣은 것과 같을 것이다.

如是乃超 十信十住와 十行十廻向과 四加行心하야 菩薩所行인 金剛十地
와 等覺圓明하고 入於如來의 妙莊嚴海하야 圓滿菩提하야 歸無所得하리라

이와같이 십신(十信)과 십주(十住)와 십행(十行)과 십회향(十回向)과 사가행(四加行)의 마음을 초월하여 보살의 수행인 금강십지(金剛十地)와 등각(等覺)이 원명(圓明)하고 여래의 묘장엄해(妙莊嚴海)532)에 들어가 보리(菩提)를 원만히 하고 무소득(無所得)에 돌아갈 것이다.533)

---

532) 妙莊嚴海라 한 것은 衆德을 통솔하여 異流에 합하되 장엄이 없는 것으로 장엄하고, 증득이 없는 것으로 증득한 과보의 바다이기 때문이다. 앞에서 首楞萬行이 妙莊嚴路가 된다고 칭한 것도 이를 두고 한 말이다.『계환해』(『卍속장경』17, p.897하)
 *妙莊嚴海는 萬德莊嚴이 구족된 果海요, 圓滿菩提란 一切種智를 완전히 회복한 것이요, 歸無所得이란 낱낱이 性眞本有에 契合하되 밖에서 얻어진 것이 아님을 가리킨 것이다.『정맥소』(『卍속장경』18, p.883)
533) 식음이 다하면 六門이 소멸되기 때문에 諸根이 互用되는 것이니 互用中으로부터 金剛慧에 들어 圓明心을 발하는 것은 心開의 일이요, 바로 信等을 초월하여 如來海에 들어 無所得에 돌아가는 것은 得道의 일이다.『계환해』(『卍속장경』17, p.897상)
 *金剛乾慧는 等覺의 後心이 되고 十信諸位는 進修의 漸次가 되거늘 여기에서 능히 바로 초월하고 제위를 거치지 않는다고 한 것은 諸位를 進修하는 것이 惑習을 다스리는 것이 되기 때문이다. 지금 식음이 다하고 惑習이 없기 때문에 능히 이를 초월하게 되는 것이다. (앞의 책 p.897상)
 *等覺이 圓明하여 無所得에 돌아간다는 것은 처음 乾慧로부터 수습하여 等覺에 이르더라도 圓明이 되지 못하는 것은 마치 有所得과 같아서 식음이 아직 다하지 못했기 때문이거니와, 金剛心을 얻음에 이르러, 細識을 다 파하여야만 이에 능히 圓明하게 되어 妙覺의 바다에 들어 無所得이 되는 것이니 이것을 참으로 닦아 도를 다한 것이라 하는 것이다.『계환해』(『卍속장경』17, p.897하)

(3)總結534)

此是過去 先佛世尊이 **奢摩他中**의 **毗婆舍那**로 **覺明分析**하신 **微細魔事**니

　이것이 과거 여러 부처님의 사마타 가운데 비파사나535)로서 覺明을 분석하신536) 미세(微細)한 마구니의 일이니,

---

534) 기신론 魔事편에서 원효스님은 마사(魔事)의 진위를 가리는 방법으로 다음의 세가지를 말한다. 첫째는 '磨'이니, 선정으로 연마하는 것이요,(以定硏磨) 둘째는 '打'이니, 본래 닦던 수행으로 다스리는 것이며,(依本修治) 셋째는 '燒'이니, 지혜로 관찰하는 것이다(智慧觀察).
(磨): 선정으로서 연마한다는 것은, 만약 선정 중에 경계의 모습이 일어날 때에 그릇되고 바름을 알기 어려우면, 마땅히 깊이 정심(定心)에 들어가 저 경계의 모습에 不取不捨하여 다만 평등히 선정에 머물러야 한다. 만약 이것이 선근(善根)에서 나온 것이라면 정력(定力)이 더욱 깊어져서 선근이 더욱 일어날 것이고, 만약 마구니의 짓이라면 오래지 않아 그 경계가 저절로 무너질 것이다.
(打): 본래 닦던 수행으로 다스린다는 것은, 만약 본래부터 부정관(不淨觀)의 선을 닦고 있었다면, 이제 곧 본래대로 부정관을 닦는 것이니, 만약 이와같이 닦아서 경계가 더욱 밝아진다면 이는 거짓이 아닐 것이요, 만약 본래 닦던 것으로 다스려서 점점 경계가 없어진다면 이는 거짓된 것이다.
(燒): 지혜로 관찰한다는 것은, 나타난 모습을 관찰하여 근원을 추구해 보면 生한 곳을 보지 못하리니, 깊이 공적함을 알아 마음이 거기에 住着하지 않으면, 그 진위가 저절로 드러날 것이다.
535) 사마타 가운데 비파사나를 말한 것은 선정 가운데 지혜이다.『계환해』(『卍속장경』17, p.897하)
536) 각명을 분석하는 것은 여래장의 청정광명으로 비춰보는 것이니, 모든 차별상에서 벗어나는 것이다. *覺明을 分析한다는 것은 제불이 因 가운데에서 始覺의 智明으로 자세하게 魔事를 분석한다는 것이다. 害를 이루는 것이 비록 魔에게 달린듯 하지만 魔를 끌어오는 것은 다 마음의 허물이기 때문이다.『정맥소』(『卍속장경』18, p.883상) *이른바 覺明分析은 覺明을 분석한다는 것이니 이것이 西天의 문법이다.『계환해』(『卍속장경』17, p.897하)

魔境現前이어든 汝能諳識하야 心垢洗除하고 不落邪見하면 陰魔消滅하고 天魔摧碎하며 大力鬼神은 褫魄逃逝하고 魑魅魍魎은 無復出生이니라

 만약 마구니의 경계가 나타나거든537) 네가 잘 알아서 마음의 때를 씻어버리고 사견(邪見)에 떨어지지 않으면 음마(陰魔)는 저절로 소멸되고 천마(天魔)는 부숴지며 대력귀신(大力鬼神)은 넋을 잃고[褫魄]538) 도망하고 도깨비[魑魅]와 허깨비[魍魎]는 다시 나오지 못할 것이다.

直至菩提토록 無諸乏少니 下劣增進하야 於大涅槃에 心不迷悶하리라

 그리하여 바로 깨달음에 나아가더라도 부족함이 없을 것이요, 하열한 이는 증진(增進)하여 대열반에 어두워지지 않을 것이다.

若諸末世의 愚鈍衆生이 未識禪那하며 不知說法호대 樂修三昧인댄 汝恐同邪이니 一心勸令 持我佛頂 陀羅尼呪하라 若未能誦이어든 寫於禪堂하며 或帶身上하면 一切諸魔의 所不能動이니라

 만약 모든 말세의 어리석은 중생 가운데 선나를 알지 못하고, 설법을 할 줄 모르면서 삼매 닦기를 좋아하는 자들이 있다면539) 나는 이들이 사도(邪道)와 같이될까 염려스러우니 일심(一心)으로 나의 불정다라니주(佛頂陀羅尼呪)를 지니도록 권하라. 그리고 만일 외우지 못하거든 선당(禪堂)에 써 두거나 몸에 차거나 하면 모든 마구니가 흔들지 못할 것이다.

---

537) 각명(覺明)으로 연마하되 지혜가 부족하면[性覺必明] 마경으로 빠져들고, 삿된 마음이 없다면[性覺妙明] 오히려 마경에서 벗어나 견고한 해탈을 이룰 것이다.
 *마경(魔境)도 다 覺明으로 인하여 밝혀지는 것이다.『계환해』(『卍속장경』17, p.897하)
538) 치(褫)는 喪과 같은 뜻이다.『계환해』(『卍속장경』17, p.897하)
539) 선나를 알지 못한다는 것은 모든 마구니의 경계를 밝게 알지 못한 것이고, 설법을 히지 못한다는 깃은 부처님의 말씀을 많이 알지 못하기 때문이며, 삼매 닦기를 좋아 한다는 것은 홀로 간편한 법만을 알아서 고요를 즐긴다는 것이니, 다만 反聞의 定만 닦는다는 것이 이것이다.『정맥소』(『卍속장경』18, p.884상)

汝當恭欽 十方如來의 究竟修進하는 最後垂範하라

 이것이 시방여래의 구경(究竟)까지 닦아 나아가는 최후수범(最後垂範)540)이니, 그대들은 마땅히 공경하여 받들도록 하라.

2請益詳盡二 (1)阿難請益
阿難이 卽從坐起하야 聞佛示誨하고 頂禮欽奉하며 憶持無失하고 於大衆中에서 重復白佛호대

 아난이 자리에서 일어나 부처님의 가르침을 듣고 이마를 땅에 대어 절하고 가르침을 받들어 잃어버리지 않고 대중 가운데서 다시 부처님께 사뢰었다.

如佛所言하야 五陰相中엔 五種虛妄이 爲本想心이니와 我等平常에 未蒙如來의 微妙開示니이다

 "부처님께서는 '오음 가운데 다섯가지 허망한 생각으로 근본을 삼았다'고 말씀하셨으나 저희들은 평상시 여래께서 미세한 곳까지 열어 보이시는 것은 아직 듣지 못하였습니다.

又此五陰은 爲併消除아 爲次第盡가 如是五重은 詣何爲界니잇고

 그러면 이 오음은 한꺼번에 소멸되는 것입니까? 차례로 끊어지는 것입니까? 또 이러한 다섯 겹[五重]은 어디까지가 경계입니까?

---

540) 여기에서 구경(究竟)은 필경견고인 수능엄이고, 은 그 수능엄을 이루는데 도움이 되는 능엄의 최후의 자비법문, 즉 조도분의 내용이라고 할 수 있다.
 *중간의 化城에서 쉬지 않고 구경까지 닦아 나아가는 것은 自利의 지혜이고. 最後垂範은 利他의 자비이다. 『정맥소』(『卍속장경』18, p.884상)
 *경에 말한 바 最後垂範이라는 것도, 바로 저 변마장의 글을 결론지은 것으로 第十卷末에 해당되나니, 실로 楞嚴法會의 최후요 臨滅의 최후가 아닌 것이다. (계환해 序文)

2.詳辨魔境 深防邪誤　2)請益詳盡　789

唯願如來는 發宣大慈하사 爲此大衆의 淸明心目하시며 以爲末世 一切衆生하사 作將來眼에하소서

　원컨대 여래께서는 대자비를 베푸시어 대중의 청명(淸明)한 심목(心目)이 되어 주시고, 말세의 일체중생을 위하여 미래의 눈을 열어 주소서!"

(2)佛與詳盡三　①總叙妄本
佛告阿難하사대 精眞妙明하고 本覺圓淨하야 非留死生과 及諸塵垢와 乃至虛空이언마는 皆因妄想 之所生起니라

　부처님이 아난에게 말씀하셨다. "정진(精眞)이 묘명(妙明)하고 본각(本覺)이 원정(圓淨)하여 생사(生死)와 진구(塵垢)와 더 나아가서는 허공까지도 거기에 머물 수 없는 것이니, 모두 망상으로 생겼기 때문이니라.

斯元本覺의 妙明眞精이 妄以發生 諸器世間이니 如演若多가 迷頭認影이라

　이와같이 본각의 묘명(妙明)하고 진정(眞精)한 것이 허망하게 가지가지 기세간(器世間)을 발생한 것이니, 마치 연야달다(演若達多)가 제 머리를 모르고 그림자를 오인하는 것과 같다.541)

妄元無因이어늘 於妄想中에 立因緣性하고 迷因緣者하여 稱爲自然이니와 彼虛空性도 猶實幻生이어늘 因緣自然은 皆是衆生 妄心計度이니라

　이와같이 허망은 원래 인(因)이 없는데, 망상 가운데 인연을 세우고, 또한 인연을 모르는 이는 자연이라 말하겠지만 저 허공도 사실은 환(幻)으로 생긴 것이다. 그런데도 '인연이다, 자연이다' 하는 것은 다 중생의 망심(妄心)으로 헤아리는 것이니라.

―――――
541) 생사이 妄業과 塵垢외 妄緣이 眞淨한 성품 가온데 이미 머문 바가 없고, 온전히 妄으로 말미암아 일어나는 것이, 마치 자기의 머리를 미혹하는 것과 같나니, 오음의 相 가운데에서 다섯가지 망상으로 근본을 삼는 이치를 이로부터 가히 알 수 있을 것이다. 『계환해』(『卍속장경』17, p.898상)

阿難 知妄所起하면 說妄因緣이어니와 若妄元無하면 說妄因緣이라도 元無所有어늘 何況不知면서 推自然者아

　아난아! 허망의 생긴 곳을 알면 허망의 인연을 말할 수 있겠지만 허망이 원래 없는 것이라면 허망의 인연을 말한다하더라도 원래 있는 것이 아닌데, 하물며 알지 못하면서 자연이라 추측함이겠는가?542) 그러므로 여래는 오음(五陰)의 근본 상(相)이 다 망상(妄想)이라고 하는 것이다.

②別答所問三　㊀答五陰妄本五　㈎色本堅固

汝體先因 父母想生이니 汝心非想이면 則不能來 想中傳命이리라

　너의 몸이 당초에 부모의 망상(妄想)으로 태어났으며, 또한 너의 마음도 이러한 염애(染愛)의 망상이 아니었더라면 아마 망상 가운데에서 명(命)을 전하지 않았을 것이다.543)

如我先言호대 心想酢味하면 口中涎生하고 心想登高하면 足心酸起인달하야 懸崖不有며 酢物未來라

　내가 앞에서 '마음에 신맛을 생각하면 입에 침이 생기고, 마음으로 높은데 오를 것을 생각하면 발바닥이 저리게 된다'라고 말했으나, 높은 벼랑이 참으로 있는 것 아니며, 신 물건이 스스로 올 수 없는 것이다.544)

---

542) 妄이 因이 없어서 계탁을 용납하지 아니함을 밝힌 것이다. 妄이 일어나는 곳을 안다면 가히 인연이라 말할 수 있을 것이거니와, 일어나는 곳을 알지 못하니 어떻게 인연이라 할 수 있으리요? 하물며 自然이라 추측을 하니 어찌 妄計가 아니겠는가? (앞의 책 p.898상)

543) 망상이 허망한 형상과 欲愛의 깊은 맥박을 이루나니, 이처럼 태어난 몸[遺體]이 想愛로부터 유출되기 때문에 '몸이 부모의 망상을 인하여 태어난다' 했던 것이요, 中陰의 마음이 想愛를 타고서 은근히 구하게 되기 때문에 마음이 망상 가운데에서 命을 전한다고 한 것이다. 『계환해』(『卍속장경』17, p.898하)

544) 신 매실 등을 설한 것은 몸이 허망으로 인하여 맺어진 것이기에 허망의 이치와 상응한 것이니, 만약 허망한 것이 아니면 妄이 감응될 수 없음을 징험한 것이다. (앞의 책 p.898하)

汝體必非 虛妄通倫인맨 口水如何 因談酢出이리요 是故當知하라 汝現色身
을 名爲堅固 第一妄想이니라

　너의 몸이 반드시 허망한 것이 아니라면 입에 침이 어떻게 신 이
야기로 인하여 나올 수 있겠느냐?545) 그러므로 알라. 너의 지금의
색신(色身)을 '견고(堅固)한 첫 번째 망상(妄想)546)이다'라고 하는
것이다.

(나)受本虛明

卽此所説臨高想心이 能令汝形으로 眞受酸澁이라 由因受生하야 能動色體요

　앞에서 말했듯이 높은 곳에 오른다는 생각이 곧 너의 몸으로 하
여금 진실로 저려옴을 받게 하는 것이니, 이러한 수음(受陰)이 생기
므로 인하여 색체(色體)가 움직이는 것이요.

汝今現前에 順益違損하는 二現驅馳를 名爲虛明 第二妄想이니라

　그리하여 그대가 지금 눈앞에서 이익을 따르고, 손해를 어기는
두가지에 치달리나니, 이것을 '허명(虛明)한 두 번째 망상(妄想)547)
이다'라고 하는 것이다.

---

545) 몸이 허망한 것이기에 신매실의 이야기를 통해 침이 나오게 되는 것이다.
546) 몸은 망상으로 인하여 태어나고, 마음은 망상으로 인하여 일어나고, 목숨은 망상
　　으로 인하여 이어지니, 가지가지 망상이 서로 굳어져서 色陰을 이루기 때문에 堅固妄
　　想이라 한 것이다.『계환해』(『卍속장경』17, p.898하)
　　＊색음이 비록 五根과 六塵을 겸하였으나 이제 쉽게 想으로 더불어 상응함을 들어 나
　　타냄을 도모했기 때문에 우선 홀으로 육신에 대하여 말한 것이다. 부모의 망상으로 태
　　어났다는 것은 父母가 모두 染愛의 想을 움직인 후에 赤白의 두가지 陰이 있게 되기
　　때문이나.『성백소』(『卍속상경』18, p.886하)
547) 높은 곳에 오르는 것이 空想이거늘 새그로움[酸澁]을 느끼고, 違順이 모두 妄이거
　　늘 損益에 치달리면 受陰이 體가 없으나 허망하게 밝음이 있게 되는 것이다. 그러므로
　　虛明妄想이라 한 것이다.『계환해』(『卍속장경』17, p.898하)

㈐想本融通

由汝念慮하야 使汝色身하나니 身非念倫이어늘 汝身何因으로 隨念所使하야 種種取像호대 心生形取하야 與念相應고

　너가 생각함[念]으로 말미암아 그 생각이 너의 색신(色身)을 부리는 것이니, 몸이 생각의 무리가 아니거늘 너의 몸이 어찌 생각의 시킴을 따라 가지가지로 물상을 취하고, 몸이 생각으로 더불어 상응하겠느냐?

寤卽想心이요 寐爲諸夢이니 則汝想念의 搖動妄情을 名爲融通 第三妄想이니라

　깨어나면 생각이고 자면 꿈이라. 이것이 너의 상음(想陰)의 요동하는 망정(妄情)이니, 이것을 '융통(融通)한 세번째 망상(妄想)548)이다'라고 하는 것이다.

㈑行本幽隱

化理不住하고 運運密移일새 甲長髮生하며 氣消容皺하야 日夜相代호대 曾無覺悟하나니

　변화하는 이치가 항상 머물지 아니하고, 돌고 돌아 은밀히 옮겨가기 때문에, 손톱이 자라고 모발이 나며, 기운이 소멸하고 얼굴이 주름져서 밤낮으로 상대하되 일찍이 깨닫지 못하는 것이다.

---

548) 생각[念慮]은 虛精이요 色身은 實質이니 虛實이 같지 아니하거늘 능히 서로 부리는 것은 想으로 인하여 통하는 것이요, 마음이 허상을 내면 형상은 實物을 취하는 것이다. 마음과 형상이 작용을 달리하거늘 또한 상응하는 것도 想으로 인하여 통하게 되는 것이다. 寤寐에 搖變하여 마음으로 하여금 경계를 따르게 하고 경계로 하여금 마음을 따르게 하는 것이 다 融通妄想이다. 『계환해』(『卍속장경』17, p.899상)

阿難아 此若非汝인댄 云何體遷이며 如必是眞인댄 汝何無覺고 則汝諸行이 念念不停을 名爲幽隱 第四妄想이니라

아난아! 이것이 만일 네가 아니라면 어찌 몸이 변천하며, 만약 반드시 이것이549) 진실한 것이라면 네가 어찌 깨닫지 못하겠느냐? 이와같이 너의 모든 행(行)이 생각생각에 머물지 아니하니, 이것을 '유은(幽隱)한 네 번째 망상(妄想)550)이다'라고 하는 것이다.551)

㈎識本罔象

又汝精明이 湛不搖處를 名恒常者인댄 於身不出 見聞覺知하리라

또 너의 정명(精明)이 고요하고 요동하지 아니하여 항상한 것이라면 몸에 견문각지도 생기지 않을 것이다.552)

若實精眞인댄 不容習妄이어늘

만약 참으로 정미롭고 진실한 것이라면 망습(妄習)을 용납하지 않을 것인데,

何因汝等이 曾於昔年에 覩一奇物하고 經歷年歲하야 憶忘俱無라가

어찌하여 너희들이 옛날 어떤 기이한 물건을 보고 나서 여러 해를 지내 '기억하는지 잊었는지'를 모두 알지 못하다가

---

549) 이것은 행음을 두고 한 말이다.
550) 幽隱妄想: 행음이 밀밀히 옮겨가되 일찍이 이를 깨닫지 못하기 때문에 幽隱妄想이라 한 것이다. 『계환해』(『卍속장경』17, p.884상)
551) 처음에는 행음의 유은(幽隱)한 모습을 지적하고, 아난 이하는 거듭 허망한 이치를 분별하여 결론지은 것이다. (앞의 책 p.899상)
552) 고요하여 흔들리지 않는다는 것은 識體를 가리킨 것이요, 견문각지는 識用을 가리키는 것이다. 여기에서의 항상은 眞常이 아닌 것을 常이라 집착한다는 뜻에서 항상이라 말한 것이다. (앞의 책 p.899상)

於後忽然 覆觀前異에 記憶宛然하야 曾不遺失하며 則此精了하야 湛不搖中에 念念受熏이 有何籌算이리요

  뒤에 문득 그것을 다시 보면 기억이 완연하여 조금도 잊어버리지 않으며, 이와같이 정미롭게 고요하고 움직임이 없는 가운데 '생각생각에 훈습 받고 있었다'는 것을 어떻게 헤아릴 수 있겠느냐?553)

阿難當知하라 此湛非眞이라 如急流水가 望如恬靜이나 流急不見이언정 非是無流니

  아난아! 마땅히 알라. 이 고요가 참되지 아니하여 마치 급류의 물이 보기에는 고요한 듯 하나 흐름이 빨라서 볼 수 없을지언정 그 흐름이 없지 않는 것과 같도다.

若非想元이면 寧受妄習이리요 非汝六根이 互用合開면 此之妄想이 無時得滅이니

  만일 상원(想元)554)이 있지 않다면 어찌 망습(妄習)을 받으리요? 이러한 상원이 있어 너의 육근이 서로 작용하여 열리지(開通) 않기 때문에 이러한 망상(妄想)이 없어지지 않는 것이다.555)

---

553) 식음이 허망이기 때문에 기억 등이 가능하다는 것이다.
554) 想元은 식음이다.
555) 精眞이면 妄을 받아들이지 아니할 것이거늘 지금 옛을 간직하여 완연히 유실하지 아니하니 이것이 妄習이다. 담연하여 비록 요동하지 아니하나 念念에 훈습을 받고 있으니 妄을 용납함이 많다. 當知하라 담연하다고 하나 참으로 담연한 것이 아니요, 다만 幽潛하여 느끼지 못할 뿐이므로 急流의 물이 幽潛流注하여 가히 측량할 수 없는 것과 같으니라. 이것이 참으로 憶想의 근원이니 妄을 받아들이는 體이다. 반드시 식음을 파하고 六門을 소멸하여 妄習으로 하여금 의탁하지 못하게 한 후라야 가히 없어지게 될 것이다. 『계환해』(『卍속장경』17, p.899하)

故汝現在에 見聞覺知하는 中串習幾를 則湛了內에 罔象虛無한 第五顚倒
細微精想이니라

그러므로 네가 지금 견문각지하는 가운데 관습(串習)과 기미(機
微)556) 이것을 '고요함 속에 있는 망상허무(罔象虛無)557)한 다섯번
째의 전도 미세정상(顚倒 微細精想)이다'라고 말하는 것이다.558)

㈢答五陰邊際
阿難 是五受陰은 五妄想成이니 汝今欲知 因界淺深인댄

아난아! 이러한 오수음(五受陰)559)은 다섯가지 망상으로 이루어진
것이니, 네가 이제 그 근원[因界]560)의 깊고 얕음을 알고 싶느냐?

---

556) 관(串)이란 항상한 업습이요 幾는 기미(機微)이니 精明하고 담연한 識이 六用常習
의 근본이 되기 때문에 見覺幾微를 湛識이라 한 것이다. 있는 듯 없는 듯 미세[罔象]
하여 見覺 가운데 잠겨있기 때문에 그 가운데 업의 기미[中串習幾]라고 이름한 것이
다. 『계환해』(『卍속장경』17, p.899하)

557) 없는 것과 같은 것을 罔이라 하고, 있는 것과 같은 것을 象이라 하니 그 체가 精
微하기 때문에 罔象虛無한 顚倒精想이라 한 것이다. (앞의 책 p.899하)

558) 이상의 50변마는 선정의 수행 속에 경험할 수 있는 경계로서 색음이 다하면 마음
이 몸을 벗어날 수는 없어도 견문이 두루 자재하며, 수음이 다하면 마음이 몸을 떠나
가고 머무름이 자재하며, 상음이 다하면 잡념과 꿈이 사라지고 오매일여의 경지를 체
험하게 되며, 행음이 다하면 생명의 근원을 알게 되고, 식음이 다하면 생명의 근원이
본래 누아이고 불성임을 알아 모든 미망과 번뇌에서 벗어나는 것이다.

559) 五受陰이란 五取蘊과 같은 것이니, 한 생각 迷妄으로 말미암아 이를 받고 이를 취
하여 스스로 가리고 감춘 것이다. (앞의 책 p.900상)

560) 因界라고 말한 것은 근원적 경계이니, 본래 경계가 없는 것인데 망상으로 말미암
아 있는 것이다. 따라서 色이 스스로의 色이 아니라 空으로 인하여 色이 있기에 색변
제를 이루는 것이요, 더 나아가서 滅이 스스로 滅이 아니라 生으로 인하여 滅이 있나
니, 이것이 행변제이다. 識을 湛了라고 칭하는 것은 湛이 스스로 湛이 아니라 行에
流逸하지 않음으로 인하여 性이 元澄에 들어 湛了에 합하여 식변제를 이루기 때문이
다. (앞의 책 p.900상) 참조

唯色與空 是色邊際요 唯觸及離 是受邊際요 唯記與忘 是想邊際요 唯滅
與生 是行邊際요 湛入合湛 歸識邊際니라

　오직 색과 공은 색변제(色邊際)에 속하고, 감촉과 떨어짐(離)은 수변제(受邊際)에 속하고, 기억과 망실은 상변제(想邊際)에 속하고, 소멸과 생성은 행변제(行邊際)에 속하고 고요함에 들어가고 고요함에 합하는 것은 식변제(識邊際)에 속하는 것이다.561)

㈢答陰滅次第

此五陰元이 重疊生起니 生因識有요 滅從色除니라 理卽頓悟라 乘悟併銷어니와 事非頓除라 因次第盡이니라

　이러한 오음은 원래 겹겹으로 포개어 생기는 것이기에, 생(生)은 식(識)을 인하여 있고, 멸(滅)은 색(色)을 따라 없어지는 것이니,562) 그러므로 이치로는 단박에 깨닫는 것이기에[理卽頓悟] 깨달으면 모두 소멸하지만, 사(事)는 단박에 없어지는 것이 아니니, 차례를 따라 소멸되기 때문이다.563)

---

561) 색을 다하고도 공을 다하지 못하면 색음에서 완전히 벗어남이 아니며, 감촉을 다하고도 떨어짐을 다하지 못하면 수음에서 완전히 벗어남이 아니며, 기억을 다하고도 잊음을 다하지 못하면 상음에서 완전히 벗어남이 아니며, 생을 다하고도 멸을 다하지 못하면 행음에서 완전히 벗어남이 아니며, 고요함에 들어감을 다하고도 고요함에 합함을 다하지 못하면 식음에서 완전히 벗어남이 아니다. 즉 오음이 다 허망한 줄 아는 것은 한꺼번에 아는 것이지 하나씩 아는 것이 아니므로, 이치로는 頓悟이나 현실은 頓除가 아니기 때문에 차례를 따라야 하는 것이다. 그러나 차례를 따른다하여 그 닦음이 어찌 구하여 얻으려는 것이리요, 다만 그 자리를 충실하게 하여 부처님의 대비심에서 벗어나지 않으려는 것 뿐이다. 공부하는 수행자가 의정이 간절하지 못하고 신심이 굳건하지 못하는 것은 대개 대비심이 부족하기 때문이니, 이러한 대비심이 부족하면 적은 것에 만족하고 가지가지 마장에 빠지는 것이다.
562) 識은 겁바라건에 비유하고 色은 최후의 매듭에 비유하였다. 매듭이 수건을 의지하여 있는 것이기 때문에 生이 識으로 인하여 일어나고, 解가 次第를 따르기 때문에 滅이 色을 따라 없어지는 것이다. 『계환해』(『卍속장경』17, p.900상)
　*오음이 생기하는 것은 細로 부터 麤에 이르는 것이니, 迷와 智로 말미암아 識이 있는 것이며 더 나아가서는 수음으로 인하여 색음이 있는 것이요, 滅은 麤로부터 細에 이르는 것이니, 반드시 색음을 파하고 나중에 수음이 나타나며, 더 나아가서는 행음을 파하고 나중에 식음이 나타나는 것이다. (앞의 책 p.900상)
563) 理則頓悟라 乘悟併消라고 한 것은 수건이 本無한 것임을 알면 매듭도 있지 않을

2.詳辨魔境 深防邪誤 2)請益詳盡   797

我已示汝 劫波巾結이어늘 何所不明이완대 再此詢問고
　내가 이미 겁바라건(劫波羅巾)의 매듭을 보였거늘 무엇이 분명치 않아 다시 또 묻고 있느냐?

③結勸弘宣
汝應將此 妄想根元하야 心得開通하고 傳示將來 末法之中에 諸修行者하야 令識虛妄하야 深厭自生하고 知有涅槃하야 不戀三界게하라
　너는 응당 이 망상(妄想)의 근원을 통해서 마음을 열고, 또한 장래 말법의 수행자에게 전하여, 그들이 허망을 알아 싫은 마음을 내고, 열반이 있음을 알아 삼계에 집착하지 않게 하여라.564)

　것이라는 뜻이며, 事非頓除라 因次第盡이라 한 것은 중근기는 頓悟하더라도 반드시 漸修를 의지해야 하기 때문이다. 만약 頓悟로 인하여 漸修를 잊는다면 이치만 증득하고 행이 없는 병에 걸릴 것이며, 이치만 향유하고 현실을 도외시한다면 그만 偏邪에 떨어질 것이니, 이는 결국 바르게 三摩地를 닦는다고 할 수 없을 것이다. 『계환해』(『卍속장경』17, p.900상)　　*사(事)는 현실의 업습(業習)이다.
　*대혜스님은 서장에서 이참정의 깨달음을 인정한 후 능엄의 이 부분을 인용하여 행주좌와에 항상 기억하여 잊어버리지 않기를 권하고 있다.
　*理卽頓悟는 如陽光除陰이요 事非頓除는 如湯銷冰이라 暗可頓滅이나 冰須漸化라 …중간생략.. 이는 先悟藏性하여 頓獲法身하고 次除根中積生虛習이라　(海仁法師 능엄경 강기 참조)
564) 이러한 이치를 자각하고 覺他하게 하여 길이 妄元을 끊고 가지런히 正果에 돌아가게 한 것이다. 『계환해』(『卍속장경』17, p.900하)

《流通分》二 1.顯勝勸持
阿難 若復有人이 遍滿十方 所有虛空에 盈滿七寶를 持以奉上 微塵諸佛하고 承事供養호대 心無虛度하면 於意云何오 是人以此 施佛因緣으로 得福多不아

아난아! 만약 어떤 사람이 두루 시방의 허공에 칠보를 가득히 쌓아 이로써 수많은 부처님을 받들어 섬기고 공양하여 마음에 헛되이 지내지 않는다면 어떻게 생각하느냐? 이 사람이 이렇게 부처님에게 보시한 인연으로 복(福)을 많이 얻겠느냐?"

阿難答言호대 虛空無盡이오 珍寶無邊이니다

아난이 대답하였다. "허공이 다함이 없고 진보(珍寶)가 끝이 없는 것과 같습니다.

昔有衆生이 施佛七錢코도 捨身猶獲轉輪王位어든

옛날에 어떤 중생이 부처님께 칠전(七錢)을 보시하고 죽어서 전륜성왕이 되었는데,

況復現前에 虛空旣窮하고 佛土充遍하야 皆施珍寶하니 窮劫思議하야도 尙不能及이어늘 是福云何更有邊際리잇가

하물며 허공을 다하고 부처님의 세계에 가득하도록 귀한 보물을 보시하였으니 겁(劫)이 다하도록 생각하여도 미칠 수 없을 터인데, 그 복이 어찌 끝이 있겠습니까?"

佛告阿難 諸佛如來는 語無虛妄이니 若復有人이 身具四重과 十波羅夷하고 瞬息卽經此方他方의 阿鼻地獄하며

부처님이 아난에게 말씀하셨다. "여러 부처님의 말씀은 허망하지 않나니, 만일 어떤 사람이 몸으로 사중죄(四重罪)와 십바라이죄(十波羅夷罪)를 짓고, 순식간에 이 곳과 저 곳의 아비지옥을 낱낱이 돌아다니며,

乃至窮盡 十方無間하야 靡不經歷이로대
　더 나아가서는 시방의 무간지옥을 다 지나가지 아니함이 없게 되었더라도,

能以一念 將此法門하야 於末劫中에 開示未學하면 是人罪障이 應念消滅하고 變其所受 地獄苦因하야 成安樂國하며
　한 생각에 이 법문을 가져다가 말법 가운데 후학에게 열어 보인다면, 이 사람의 죄가 소멸하고 그가 받아야 할 지옥의 고인(苦因)이 변하여 안락한 나라가 될 것이다.

得福超越 前之施人하야 百倍千倍와 千萬億倍며 如是乃至算數譬喩로도 所不能及이니라
　또한 그가 얻는 복덕은 앞에 보시한 사람보다 백배 천만억 배가 되며, 더 나아가 수로 헤아리거나 비유로는 미칠 수 없느니라.565)

阿難 若有衆生이 能誦此經이어나 能持此呪하면 如我廣說하야 窮劫不盡이며
　아난아! 어떤 중생이 이 경을 외우거나 이 주문을 지닌다면 내가 아무리 겁(劫)이 다하도록 그 공덕을 말하여도 다할 수 없으며,

---

565) 보배를 베푸는 것은 다힘이 있어 그 福은 一身에 그치거니와, 法施는 다함이 없나니, 그 이익이 끝이 없기 때문에 오직 복만 얻게 되는 것이 아니라 겸하여 중죄도 멸하게 되는 것이다.『계환해』(『卍속장경』17, p.900하)
　*법을 사람에게 전해 보임으로 해서 능히 惡報를 소멸하고 苦가 변하여 樂이 되게 하는 것이 이와같이 수승하다. 이것은 모든 사람으로 하여금 그로 인하여 마음을 밝혀 성품을 보게 하여 얽매임에서 벗어나 담연함을 회복히어 六을 풀이 하나라 할 것도 없게 하며, 오음을 파하고 마구니를 항복받아 아승지겁을 거치지 아니하고 寶王의 업과를 이루게 하는 것이다. 저가 이미 이와 같으니, 惡報를 소멸한다는 것은 오히려 淺近한 말이 될 뿐, 진실은 저와 더불어 함께 증득함에 있는 것이다. (앞의 책 p.900하)

依我敎言하야 如敎行道하면 直成菩提하야 無復魔業하리라

　나의 말을 의지하여 가르침대로 도(道)를 행한다면 바로 깨달음을 성취하되 다시 아무런 장애가 없을 것이다."566)

2. 聽衆欣奉

佛說此經已하시니 比丘比丘尼와 優婆塞優婆夷와 一切世間天人阿修羅 及諸他方菩薩二乘과 聖仙童子와 幷初發心한 大力鬼神이 皆大歡喜하야 作禮而去하니라

　부처님이 이 경(經)을 말씀하여 마치시니, 비구 비구니와 청신사 청신녀와 일체세간의 천상과 인간과 아수라와 타방의 보살과 이승(二乘)과 성선동자(聖仙童子)와 처음 발심한 대력귀신(大力鬼神)들이 다 크게 환희하여 예배하고 물러갔다.567)

---

566) 위에서는 流通을 권하고 이 곳에서는 誦持를 권한 것이다. (앞의 책 p.901상)
567) 모두 모임에 있는 청중들이다. 성선동녀(聖仙童子)는 천신과 신선의 무리들이다. 大力鬼神은 모두 법을 얻은 자들이니, 증득한 바의 량을 따라 모두 法喜를 얻을 것이다. 『계환해』(『卍속장경』17, p.901상)

수능엄경 과목

수능엄 제1권

《序分》
1. 證信序 · 28
2. 發起序 · 32

《正宗分》
〈見道分〉
 1. 決擇眞妄 以爲密因 · 40
  1) 明心見 失眞沈妄 · 40
   (1) 顯大要 因愛染起 · 40
   (2) 明倒妄 因于心目 · 42
    ① 徵顯妄本 · 42
    ② 推窮妄體 · 43
     ㊀ 總推徵 · 43
     ㊁ 別徵破, (七處徵心) · 43

  2) 正決擇 眞心眞見 · 67
   (1) 擇眞心 · 67
    ① 阿難哀請 · 67
    ② 世尊答示 · 68
     ㊀ 光瑞開發 · 68
     ㊁ 總示所迷 · 69
     ㊂ 正與決擇 · 71

   (2) 擇眞見 · 79
    ① 阿難哀請 · 79
    ② 世尊答示 · 81
     ㊀ 光瑞開發 · 81
     ㊁ 許從所請 · 82
     ㊂ 正與決擇 · 82
      ㈎ 問答立義 · 82

㈏正擇眞見······································· 84
　　㈐阿難未諭······································· 86
　　㈑遣拂客塵······································· 86

수능엄 제2권

2.發明覺性 直使造悟································· 93
　1)經家敍意·· 93
　2)問答發明·· 94
　　⑴卽身變異 明不生滅····························· 94
　　⑵依手正到 明無遺失····························· 101
　　⑶辨斥緣影 甄別混疑····························· 107
　　⑷依八境示 見性無還····························· 111
　　⑸卽諸物像 決擇眞性····························· 115
　　⑹明見眞體 本絶限量····························· 121

　　⑺明見與緣 同一妙體····························· 125
　　　①阿難疑異··································· 125
　　　②佛與和融··································· 126
　　　　㈀委曲辨示······························· 126
　　　　　㈎通破前疑··························· 126
　　　　　㈏責辨非實 ㉮辨物無是見············· 127
　　　　　　　　　　 ㉯辨物無非見············· 129
　　　　　㈐初學罔措··························· 131
　　　　　㈑佛慈慰喩··························· 132
　　　　㈁文殊請明······························· 133
　　　　㈂正示同體······························· 134

　　⑻辨明眞說 甄別疑濫,···························· 138
　　　①阿難通難··································· 138
　　　②問答質疑··································· 138
　　　　㈀疑同自然······························· 138
　　　　㈁疑同因緣······························· 141
　　　　㈂疊拂直示······························· 142
　　　　㈃引經再辯······························· 143

(9) 廣明眚妄 重開慧目 · 148
　①阿難牒請 · 148
　②佛與開示 · 149
　　㊀愍衆勅聽 · 149
　　㊁辯妄開示 · 150
　　　㈎總標妄本 · 150
　　　㈏別釋妄狀 · 151
　　　　㉮喩明 · 151
　　　　㉯法合 · 155
　　㊂擧要結答 · 160
　③再淨餘塵 · 160
　　㊀牒疑 · 160
　　㊁辯淨 · 161
　　　㈎擧妄情 · 161
　　　㈏正與辯 · 161
　　　　㉮辯非和 · 161
　　　　㉯辯非合 · 163
　　　　㉰辯非非和 · 165
　　　　㉱辯非非合 · 166

(10) 卽諸根塵 顯如來藏 · 167
　①括前總顯 · 167
　②隨事別明 · 169
　　㊀卽五陰明 · 169
　　　㈎總徵 · 169
　　　㈏別明 · 170
　　　　㉮色陰 170\　㉯受陰 173\　㉰想陰 175
　　　　㉱行陰 177\　㉲識陰 179

수능엄 제3권

```
㈢卽六入 明如來藏·········································· 181
  ㈎總標··················································· 181
  ㈏別明··················································· 181
    ㉮眼入 181\   ㉯耳入 183\   ㉰鼻入 185
    ㉱舌入 187\   ㉲身入 190\   ㉳意入 192
㈢卽十二處 顯如來藏········································ 195
  ㈎總標··················································· 195
  ㈏別明··················································· 195
    ㉮眼色處 195\  ㉯耳聲處 197\  ㉰鼻香處 199
    ㉱舌味處 201\  ㉲身觸處 203\  ㉳意法處 205
㈣卽十八界 明如來藏········································ 208
  ㈎總標··················································· 208
  ㈏別明··················································· 208
    ㉮眼色界 208\  ㉯耳聲界 211\  ㉰鼻香界 214
    ㉱舌味界 219\  ㉲身觸界 222\  ㉳意法界 224

⑾廣擧七大 圓示藏性········································ 228
  ①阿難發起··············································· 228
  ②世尊垂答··············································· 229
    ㈠愍告················································· 229
    ㈡許答················································· 230
    ㈢正答················································· 230
      ㈎總答··············································· 230
      ㈏別答··············································· 232
        ㉮地大 232\  ㉯火大 235\  ㉰水大 238\  ㉱風大 241
        ㉲空大 245\  ㉳見大 249\  ㉴識大 255

3)時衆造悟·················································· 261
  ⑴經家敍悟··············································· 261
  ⑵阿難偈讚,·············································· 262
    ①讚謝················································· 262
    ②重請,················································ 263
    ③總結················································· 264
```

수능엄 제4권

3.深窮萬法 決通疑滯······································· 265
  1)富那疑問··· 265
    (1)叙疑·· 265
    (2)正問·· 267
      ①問藏性清淨 何生諸相 267\ ②問四大各徧 云何相容 267

  2)如來決答··· 268
    (1)通許·· 268
    (2)正答·· 269
      ①答諸相所起·· 269
        ㊀明本·· 269
        ㊁叙妄 272\   (㋐)三細所起 272\ (㋑)六麤所起 274
        ㊂感結·· 274
          (㋐)總明·· 274
          (㋑)別明·· 275
            ㉠世界起始 275\ ㉡衆生起始 277\ ㉢業果起始 281
          (㋒)結答·· 282

        ㊃躡迹疑難·· 283
          (㋐)富那反難···································· 283
          (㋑)佛與曲盡···································· 285

      ②答四大相容·· 289
        ㊀牒·· 289
        ㊁答·· 289
          (㋐)略明能容···································· 289
          (㋑)廣明互現···································· 293
            ㉠隨妄發現···································· 293
            ㉡依眞發現···································· 293
            ㉢離卽圓會···································· 294
          (㋒)結責妄度···································· 299

```
   3) 躡迹疑難································································ 301
      ⑴ 富那疑難···························································· 301
         ① 問難······························································ 301
         ② 答難······························································ 302
            ㊀ 原妄所起···················································· 302
            ㊁ 勸息妄緣···················································· 305
            ㊂ 妄息眞現···················································· 306

      ⑵ 阿難疑難···························································· 307
         ① 問難······························································ 307
         ② 答難······························································ 309
            ㊀ 例前推本···················································· 309
            ㊁ 詳明妄立···················································· 309
               ㈎ 以因緣破自然 309     ㈏ 以自然破因緣 310
            ㊂ 令悟實相···················································· 311
            ㊃ 示無戲論···················································· 311
            ㊄ 結答勸修···················································· 312


〈修道分〉
  1. 修行眞基····························································· 315
     1) 阿難伸請··························································· 315
     2) 佛慈開示··························································· 318
        ⑴ 敍意標宗························································ 318
        ⑵ 開示二義························································ 319
           ① 審因心························································ 319
              ㊀ 總敍························································ 319
              ㊁ 審察························································ 320
                 ㈎ 外審···················································· 320
                 ㈏ 內審···················································· 320
                    ㈀ 明妄················································ 320
                       ㈎ 示濁因·········································· 320
                       ㈏ 明濁相·········································· 321
                       ㈐ 釋濁義·········································· 322
                          ㉠ 劫濁 322\   ㉡ 見濁 323\   ㉢ 煩惱濁 323
                          ㉣ 衆生濁 324\  ㉤ 命濁 325
                    ㈁ 審眞················································ 325
```

②審業本·······································327
　㈠總敎審察·································327
　㈡正示業本·································328
　㈢廣明妙用·································328
　㈣牒審圓根·································332
　　㈎總告···································332
　　㈏別明···································334
　　　㈎問·································334
　　　㈏答·································334
　　　　㉠辯惑·····························334
　　　　㉡推明·····························335
　　　　㉢原妄·····························337
　　　　　㊀原眼 337\　㊁原耳 338\　㊂原鼻 339
　　　　　㊃原舌 339\　㊄原身 340\　㊅原意 340
　　　　　㊆結顯 341
　　　　㉣顯圓·····························342

　㈤牒審常性·································345
　　㈎問難···································345
　　㈏與審···································348
　　　㈎辨迷·································348
　　　　㉠叙迷·····························348
　　　　㉡驗倒·····························348
　　　　㉢責惑·····························350
　　　㈏正審·································351

수능엄 제5권

2.修行眞要·······································355
　1)解結眞要···································355
　　(1)阿難牒請·································355
　　(2)眞慈開示·································356
　　　①金手摩頂·································356
　　　②光瑞助顯·································357
　　　③阿難疑問·································358
　　　④正示眞要·································358
　　　　㈠總示·································358

㈎長行··· 359
㈏偈頌 359\　　㈑祇夜 360\　　㈒伽陀 361
㈢詳明·· 363
㈎重請··· 363
㈏巧示··· 364
㉮示結之由·· 364
㉯示解之要·· 367

2) 入圓眞要··· 373
(1) 牒請·· 373
(2) 廣示·· 374
① 總發·· 374
② 詳明·· 375
㈠六塵悟入·· 375
㈡六根悟入·· 382
㈢六識悟入·· 389
㈣七大悟入·· 398

수능엄 제6권

⑤特標耳根 總諸圓通····································· 417
㈎敍本修證·· 417
㉮敍圓證·· 417
㉯敍圓用·· 420
㈠總·· 420
㈡別·· 421
㈠三十二應 421\　　㈡十四無畏 432
㈢四不思議 441
㈏結答圓通·· 445
㈐結顯圓號·· 446

③ 瑞應·· 446
④ 勅選·· 448
㈠告勅文殊·· 448
㈡奉命選擇·· 449
㈎緝綴·· 449
㈏正文·· 449
㉮總敍·· 449

㉕別選·· 451
　　　㉠揀六塵·· 451
　　　㉡揀六根·· 453
　　　㉢揀六識·· 454
　　　㉣揀七大·· 455
　　　㉤選耳根·· 457
　　　　㉠敍已見·· 457
　　　　㉡歎觀音·· 458
　　　　㉢明眞選·· 459
　　　　　Ⓐ圓眞 459\　　Ⓑ通眞 459\　　Ⓒ常眞 460
　　　　㉣明契機·· 460
　　　　㉤宣告阿難·· 461
　　　　㉥印定所選·· 464
　　　　㉦結讚勸學·· 465
　　㊂時衆獲益·· 466

3.攝持軌則·· 467
　1)阿難請問··· 467
　2)佛慈開示··· 468
　　(1)讚許··· 468
　　(2)正示··· 469
　　　①內攝軌則·· 469
　　　　㊀總示三學·· 469
　　　　㊁別示四重·· 469
　　　　　㈎淫 469\　　㈏殺 473\　　㈐盜 478\　　㈑妄 484

수능엄 제7권

　　　②外攝軌則·· 489
　　　　㊀徵引內攝·· 489
　　　　㊁正示外攝·· 490
　　　　　㈎勸誦神呪·· 490
　　　　　㈏示呪神力·· 491
　　　　　㈐持呪軌則·· 492
　　　　　㈑結壇軌則·· 493
　　　　　　㉮阿難詳問··· 493

㉔佛慈詳答······················494
　㈠壇場用度··················494
　㈡獻享儀式··················497
　㈢像設儀式··················499
　㈣持呪儀式··················500
　㈤正說神呪··················502
　　㈠阿難哀請················502
　　㈡如來正說················504
　　　Ⓐ現變 504\　Ⓑ說呪 505(능엄주)\　Ⓒ結功 517
　　　Ⓓ勸持 522
　㈥衆願護持··················534

〈證果分〉
1.阿難請問······················539
2.佛慈開示······················540
　1)讚許························540
　2)廣陣························541
　　(1)本無修證··················541
　　(2)因妄有修··················541
　　(3)令識妄因··················541
　　　①略擧····················541
　　　②詳明····················542
　　　　㈠總敍倒因··············542
　　　　㈡派成二到 543\　㈎衆生顚倒 543\　㈏世界顚倒 544
　　　　㈢廣明化理··············544
　　　　　㈎原十二變············544
　　　　　㈏辯十二類············545
　　　　　　㉮總敍··············545
　　　　　　㉯別明··············546
　　　　　　　㈠卵生 546\　㈡胎生 546\　㈢濕生 547
　　　　　　　㈣化生 548\　㈤有色 549\　㈥無色 549
　　　　　　　㈦有相 550\　㈧無想 551\　㈨非有色 551
　　　　　　　㈩非無色 552\　㈢非有想 553\　㈣非無想 553
　　　　　　㉰結················554

능엄경 과목　811

수능엄 제8권

　　(4) 令除妄本 · 555
　　　① 牒擧本因 · 555
　　　② 正令除妄 · 556
　　　　㊀ 總告三法 · 556
　　　　㊁ 詳明三法 · 557
　　　　　㈎ 除助因 557　　㈏ 刳正性 559　　㈐ 違現業 561

　　(5) 歷示聖位 · 563
　　　① 乾慧地 · 563
　　　② 十信 · 564
　　　③ 十住 · 568
　　　④ 十行 · 572
　　　⑤ 十廻向 · 576
　　　⑥ 四加行 · 580
　　　⑦ 十地 · 582
　　　⑧ 等覺位 · 586
　　　⑨ 金剛慧 · 586
　　　⑩ 妙覺 · 587
　　　⑪ 總結功用 · 588

〈結經分〉
　1. 請問經名 · 589
　2. 如來標示 · 590

〈助道分〉
　1. 別明諸趣 戒備失錯 · 593
　　1) 阿難繼請 · 593
　　　(1) 結前讚謝 · 593
　　　(2) 正請後法 · 595

　　2) 如來開示 · 597
　　　(1) 讚許 · 597

(2)正示···598
　　　①因妄生習···598
　　　　㊀總標··598
　　　　㊁別明 598\　　㉮內分積情 598\　　㉯外分發想 599
　　　②從習感業···600
　　　　㊀標感變之時···600
　　　　㊁辯感變之理···601
　　　　　㉮純想 601\　㉯情少想多 601\　㉰情想均等 602
　　　　　㉱情多想少 602\　㉲純情 603
　　　　㊂結所惑以答··604
　　　③從業分趣···605
　　　　㊀地獄趣···605
　　　　　㉮結前起後···605
　　　　　㉯總徵別明···605
　　　　　　㉮十習因··605
　　　　　　㉯六交報··616
　　　　　　㉰結由妄造··626
　　　　　　㉱詳明輕重··626
　　　　㊁鬼趣···628
　　　　㊂畜趣···633
　　　　㊃人趣···637
　　　　㊄仙趣···641
　　　　㊅天趣···643
　　　　　㉮欲界六天···643

수능엄 제9권

　　　　　㉯色界十八天···647
　　　　　㉰無色界四天···659
　　　　㊆修羅趣···664
　　　④通結總答···665

2.詳辨魔境 深防邪誤·····(五十辨魔)·····························669
　1)召告宣示···669
　　(1)召告···669
　　(2)正示···671

능엄경 과목   813

　　①敘魔所起·· 671
　　②悟則無惑·· 674
　　③迷則遭害·· 675
　　④隨陰詳辨·· 676
　　　㈠色陰·· 676
　　　㈡受陰·· 689
　　　㈢想陰·· 705

수능엄 제10권

　　　㈣行陰·· 735
　　　㈤識陰·· 765
　(3)總結·· 786

2)請益詳盡·· 788
　(1)阿難請益··· 788
　(2)佛與詳盡··· 789
　　①總敍妄本·· 789
　　②別答所問·· 790
　　　㈠答五陰妄本······································ 790
　　　㈡答五陰邊際······································ 795
　　　㈢答陰滅次第······································ 796
　　③結勸弘宣·· 797

《流通分》
1.顯勝勸持·· 798
2.聽衆欣奉·· 800

색인

(ㄱ)

가릉빈가(迦陵頻伽) ··· 32
가전도(假顚倒) ··· 548
가전연(迦旃延) ··· 94
각관(覺觀) ··· 76
각명(覺明) ······················ 137, 157, 160, 167, 254, 259, 277, 283, 291, 316, 341, 663
간혜심(乾慧心) ··· 586
간혜지(乾慧地) ··· 539, 563
겁바라천(劫波羅天) ··· 364
겁탁(劫濁) ··· 322, 677
견정(見精) ··· 99, 111, 125
견탁(見濁) ··· 323, 690
경안(輕安) ··· 315, 697, 700
공산(空散) ··· 550
광화(狂華) ··· 171, 368
구사리(拘舍離) ··· 110, 308
구징(咎徵) ··· 633
궁자(窮子) ··· 80
금강간혜(金剛乾慧) ··· 784
긍계(肯綮) ··· 306

(ㄴ)

내진(內塵) ··· 192, 452

(ㄷ)

도안(道眼) ··· 81

동분망견(同分妄見) ·· 150

(ㅁ)

마맥(馬麥) ·· 482
말가리(末伽梨) ··· 100, 132
명각(明覺) ·· 271, 277, 341
명제(冥諦) ·· 110, 138, 769
무생법인(無生法忍) ·· 74, 372, 562
문사수(聞思修) ··· 418, 444
물능견아(物能見我) ·· 126

(ㅂ)

방저(方諸) ·· 238
별업망견(別業妄見) ·· 150
보련향비구니(寶蓮香比丘尼) ·· 596
보특가라(補特伽羅) ··· 663, 766
부근사진(浮根四塵) ··· 44, 338
부진근(浮塵根) ·· 211
분별영사(分別影事) ··· 76, 93
비단백(鼻端白) ·· 392
비라저자(毗羅胝子) ·· 94
비파시나(毗婆舍那) ··· 587, 786

(ㅅ)

삼연(三緣) ·· 305, 307, 311
삼인(三因) ··· 305, 307
삼점차(三漸次) ·· 556
성전도(性顚倒) ··· 103, 552
시문수(是文殊) ·· 135

(ㅇ)

악차취(惡叉聚) ··· 69, 526

암마라과(菴摩羅果) ……………………………………………… 115
연야달다(演若達多) …………………………………………… 302, 789
외분(外分) ……………………………………………………… 598
원영(圓影) ……………………………………………………… 156
월영(月影) ……………………………………………………… 111
유리왕(瑠璃王) ………………………………………………… 596
육해일망(六解一亡) …………………………………………… 364
이결정의(二決定義) …………………………………………… 318
이즉돈오(理卽頓悟) …………………………………………… 796
인허진(鄰虛塵) ………………………………………………… 232
일배첨시(一倍瞻視) …………………………………………… 102
일전가(一顚迦) ………………………………………………… 485
입류망소(入流亡所) …………………………………………… 418

(ㅈ)

장악(瘴惡) ……………………………………………………… 159
적생(赤眚) ……………………………………………………… 151
정변지(正徧知) ………………………………………………… 103
제이월(第二月) ……………………………………………… 111, 136, 153
중동분(衆同分) ……………………………………………… 159, 604
집수(執受) …………………………………………………… 680, 743

(ㅊ)

초선(初禪) …………………………………………………… 115, 649
최초방편(最初方便) …………………………………………… 38
최후단월(最後檀越) …………………………………………… 34
최후수범(最後垂範) …………………………………………… 788